Gewußt wie

Gewußt wie

10 000 praktische Tips für alle Tage

EIN
ADAC
BUCH

IMPRESSUM

Autoren: Paul Binsch, Sibylla Busch, Dieter Klaus Franke, Christa Fuglsang, H. Bernhard Geiler, Edgar Gugenhan, Peter Hamann, Fred Heine, Renate Kissel, Andreas Kling, Siegfried Künstle, Rolf Netz, Inge Nischwitz, Ursula Pagenstecher, Otwin und Gisela Schierle, Albert Schreiber, Dirk Schröder, Christa Sturm, Inge Uffelmann, Joachim Vetter, Jürgen Wendnagel, Heidrun Witzigmann-Schmid

Dieses Buch entstand in Zusammenarbeit zwischen dem ADAC Verlag GmbH, München, und dem Verlag Das Beste GmbH, Stuttgart.

Projektleitung: Michael Dultz, Peter Holzwarth

Redaktion: Christian Berndt, Guido Huß, Mina Langheinrich, Olaf Rappold, Andreas Schimkus

Redaktionelle Mitarbeit: Dr. Annette C. Anton, Annette Baldszuhn, Burkhard Brehm, Eva Eckstein, Cornell Ehrhardt, Martina Fiess, Rolf Iben, Claus Keller, Birgit Klein, Brigitte Kußmann, Hildegard Mergelsberg, Petra-Marion Niethammer, Susanne Straub, Erwin Tivig, Joachim Wahnschaffe, Joachim Zeller, Ingrid Zeltwanger

Gestaltung: Werner Kustermann, Rudi K. F. Schmidt, Gabriele Stammer-Nowack

Bildbeschaffung: Monika Nardon

Korrektur: Siglinde Huber

Produktion: Hans-Peter Ullmann

Fotos: siehe Bildnachweis (S. 640)

Titelgestaltung: Graupner & Partner, München; Gabriele Stammer-Nowack

Satz: Setzerei Lihs, Ludwigsburg

Reproduktion: Friedrich Beck, Stuttgart; Eder-Repro, Scharnhausen

Druck und Bindearbeiten: Mohndruck Graphische Betriebe GmbH, Gütersloh

Printed in Germany

ISBN 3-87003-515-3

VORWORT

Es vergeht wohl kein Tag, an dem wir nicht mit zahlreichen kleinen und manchmal auch größeren Problemen konfrontiert werden. Oft wissen wir zwar, daß es eine schnelle und wirkungsvolle Lösung gibt, doch meist fällt einem der richtige Handgriff gerade nicht ein. In solchen Situationen ist *Gewußt wie* eine verläßliche Hilfe. Denn hier sind in einem Band mehr als 10 000 Tips für den täglichen Gebrauch enthalten, die Ihnen bewährte – manchmal verblüffend einfache – Methoden und Mittel für die Bewältigung Ihrer Alltagsprobleme bieten.

Zahlreiche Experten aus den verschiedensten Fachbereichen haben die Tips in ihrer täglichen Praxis erprobt und speziell für dieses Werk in Wort und Bild zusammengestellt. Das Ergebnis ist ein umfassender und einfach zu handhabender Ratgeber, der Ihnen mit zuverlässiger Hilfe bei den vielen Schwierigkeiten des Alltags jederzeit zur Verfügung steht.

Planen Sie eine größere Feier und wollen Sie dazu wissen, was Sie alles beachten müssen? Im Inhaltsverzeichnis stoßen Sie auf das Kapitel *Wenn Gäste kommen*, in dem Sie hilfreiche Hinweise zu all dem finden, was Sie vor und während der Feier erledigen sollten. Und wenn Sie Ihren Gästen auch noch etwas Gutes servieren wollen, finden Sie im Kapitel *Gäste bewirten* wertvolle Tips. Wollen Sie wissen, wie Sie einen Obstfleck aus einem Kleidungsstück entfernen können, schlagen Sie im Register nach. Es enthält sowohl den Begriff Obst als auch das Stichwort Fleckentfernung, und beiden ist die entsprechende Seitenzahl zugeordnet.

In Text und Bild bekommen Sie klare und präzise Anleitungen und wissen dann, was zu tun ist und wie Sie vorgehen müssen, um ein neu aufgetretenes Problem schnell und kompetent zu lösen. So hilft Ihnen *Gewußt wie*, Zeit zu gewinnen, Ihre Nerven zu schonen und – last, but not least – Geld zu sparen.

INHALT

1

Haushalt leicht-gemacht

2

Küche und Keller

3

Spaß mit Hobbys daheim

4

Do it yourself im und am Haus

5

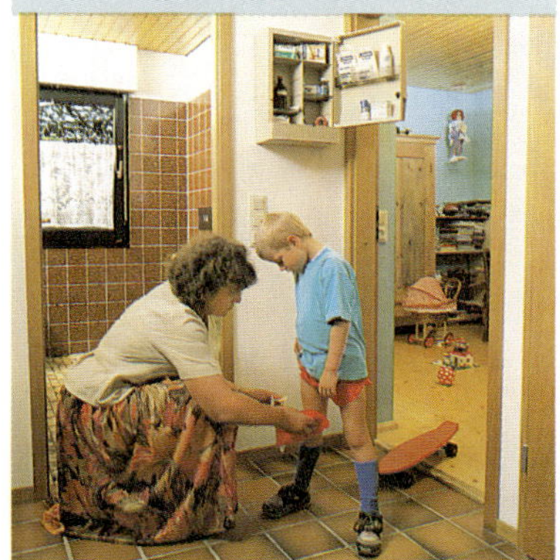

Gesund und fit

6

Sport und Freizeit

7

Urlaub planen und vorbereiten

8

Unterwegs und am Urlaubsort

9

Fahrzeuge warten und pflegen

10

Garten und Terrasse

1

Haushalt leicht-gemacht

KÜCHENEINRICHTUNG

▸ Entsprechend den Arbeiten, die man in der Küche ausführt, gibt es drei Hauptarbeitsbereiche: Abstell- bzw. Arbeitsfläche, Herd, Spüle; sie sollten so angeordnet sein, daß für jede Tätigkeit in der Küche ein effektiver und sicherer Arbeitsablauf möglich ist.

Beleuchtung Um in der Küche gut und sicher arbeiten zu können, ist eine entsprechend helle Beleuchtung wichtig. Eine zentrale Deckenbeleuchtung ist nicht ausreichend, da man sich bei der Arbeit selbst im Licht steht. Deshalb sollten zusätzlich Leuchtstoffröhren, von einer Blende verdeckt, unter den Hängeschränken angebracht werden. Auf diese Weise kann die Arbeitsfläche schattenfrei ausgeleuchtet werden.

Küchenformen Wer die Einrichtung einer Küche plant, muß zunächst Form und Größe des Raumes berücksichtigen.

▸ Die einzeilige Küche ist ideal für lange, enge Räume oder für die Wand eines Einzimmerapartments, bei dem die Küchenzeile mit einer Schiebe- oder Falttür oder einem Vorhang vom übrigen Raum abgetrennt werden soll.

▸ Bei der zweizeiligen Küche stehen sich die Elemente in zwei parallelen Reihen gegenüber; in einer kleinen Küche auf der einen Seite Spüle, Herd und Oberschränke, auf der anderen Kühlschrank, Arbeitsflächen sowie Ober- und Unterschränke.

▸ Bei der L-förmigen Küche sind die verschiedenen Arbeitsbereiche über Eck angeordnet.

▸ Wer relativ viel Schrankraum und Arbeitsfläche haben möchte, kann die Küche U-förmig anlegen, so daß an drei Seiten des Raumes Schränke und Arbeitsflächen angebracht sind.

▸ In sehr großen Küchen kann in der Raummitte als zentraler Arbeitsplatz eine Kücheninsel eingerichtet werden, die mit einer Kochmulde und einem zusätzlichen Becken ausgerüstet ist.

▸ Wer in der Küche einen Eßtisch aufstellen will, sollte ihn möglichst weit vom Herd entfernt plazieren.

▸ In besonders großen Küchen kann man Eßecke und Arbeitsbereich durch Unterschränke, die die halbe Raumbreite einnehmen, trennen. Dieser Raumteiler dient gleichzeitig als praktische Anrichte.

Mindestmaße und Anordnung der Möbel Die Mindestlänge einer Küchenzeile sollte 3 m betragen; dieser Platz ist nötig, um die wichtigsten Arbeitsbereiche unterzubringen. Von der rechten Wand ausgehend, folgen – jeweils mindestens 60 cm breit – auf eine Abstellfläche der Herd oder die Kochmulde, eine Arbeitsfläche, die Spüle und erneut eine Arbeitsfläche. Linkshänder sollten die genannten Arbeitsbereiche in umgekehrter Reihenfolge anordnen.

▸ Für Vorrats-, Besen- und Geschirrschrank sowie Kühl- und Gefrierkombination müssen zusätzlich 2–3 m Breite eingeplant werden. In der einzeiligen Küche muß fehlender Stauraum durch Wandschränke über Herd, Spüle und Arbeitsplatte ersetzt werden.

Küchenmöbel Beim Kauf sollte man darauf achten, daß die Türscharniere aus Metall sind und die Schubladen leicht laufen. Griffe dürfen nicht scharfkantig sein. Griffleisten haben den Nachteil, daß sich in ihnen leicht Schmutz ansammelt. Regalbretter müssen so stark sein, daß sie sich auch beladen nicht durchbiegen.

▸ Offene Regale und Borde sind preiswerter als geschlossene Schränke. Die Regale sollten nicht tiefer als 20 cm sein, um einen guten Zugriff zu ermöglichen. Dekorative Gläser, Flaschen oder Dosen kommen hier gut zur Wirkung. Von Nachteil ist allerdings, daß sie durch Küchendunst schneller verschmutzen als in Schränken.

▸ Die Arbeitshöhe beträgt normalerweise 85 cm. Gute Unterschränke haben höhenverstellbare Sockel, um Unebenheiten des Küchenbodens ausgleichen zu können.

▸ Wer sich eine Einbauküche planen läßt, sollte besonderen Wert darauf legen, daß die Arbeitshöhe den eigenen Bedürfnissen angepaßt wird.

▸ Um Küchenarbeit, z. B. Gemüseputzen, im Sitzen zu ermöglichen, muß der Schrank unter der Arbeitsplatte mindestens 25 cm zurückgesetzt und der Arbeitsstuhl in der Höhe verstellbar sein.

▸ Wer wenig Platz für Arbeitsflächen hat, kann Unterschränke mit herausziehbaren Arbeitsplatten kaufen.

▸ Will man keinen Stauraum verschenken, sollte man auch in die Sockel der Unterschränke Schubladen einbauen lassen.

▸ In einer Küche mit hoch angebrachten Oberschränken kann man in der Sockelschublade eine einschiebbare Trittleiter verstauen.

In der Sockelschublade läßt sich raumsparend eine Trittleiter verstauen.

▸ Schränke mit Auszügen bieten leicht zugänglichen Stauraum. Bei der Auswahl sollte man darauf achten, daß die Auszüge stabil sind, damit man auch schwere Gegenstände dort aufbewahren kann.

Auszüge in Küchenschränken müssen stabil sein.

▸ Wenn die Normgrößen der Schränke nicht zu den Abmessungen der Küche passen, ergeben sich Lücken, in die schmale Schränke eingepaßt werden können. Darin kann man beispielsweise Tabletts oder Kuchenbleche unterbringen.

▸ Wenn man in schmalen Schränken kleinere Gegenstände aufbewahren will, sollte man sie als Ausziehschränke bauen lassen, damit man den ganzen Inhalt des Schranks bequem erreichen kann.

Arbeitsplatten Küchenplatten sollen robust, hitzebeständig, unempfindlich gegen Kratzer und pflegeleicht sein.

▸ Kunststoffbeschichtete Spanplatten sind besonders preiswert und werden im Handel in vielen Farben und Dekors angeboten. Sie sind wasserdicht, pflegeleicht und relativ unempfindlich. Allerdings sollte man keine heißen Töpfe darauf abstellen. Dafür kann man neben dem Herd eine Stahlfläche in die Arbeitsplatte einlassen.

▸ Natursteinplatten, z. B. aus Granit, sind zwar teuer, aber sehr strapazierfähig und unempfindlich gegen Säure, Hitze und Kälte. Natursteinplatten sollte man nur vom Fachmann montieren lassen, da das Material spröde ist und bei unsachgemäßem Einbau leicht brechen kann.

▸ Wenn man häufig – z. B. für die Zubereitung von Mürbeteig – eine kühle Arbeitsplatte benötigt, lohnt es sich, in einen Teil der Arbeitsfläche eine Marmorplatte einzulassen und fest zu installieren. Sie ist dann immer einsatzbereit und kann nicht verrutschen.

▸ Wer die Arbeitsfläche mit hitzebeständigen Keramikfliesen belegen will, sollte bedenken, daß solche Flächen besonders sorgfältig gereinigt werden müssen, denn in den Fugen können sich leicht Schmutzreste festsetzen.

▸ Massivholzplatten sind meist mit Kunststofflack versiegelt oder gewachst, um sie unempfindlicher zu machen. Stark beanspruchte, fleckige Platten können abgehobelt und neu behandelt werden.

▸ Edelstahlplatten sind besonders hygienisch, temperaturbeständig, rostfrei und pflegeleicht.

Offene Räume unter der Arbeitsplatte Eine Lücke unter der Arbeitsplatte eignet sich hervorragend, um ausziehbare Geschirrtuchhalter anzubringen. Neben dem Backofen wird die Lücke zum Trockenraum.

▸ Ein Regal auf Rollen, das leicht an jede andere Stelle, an der es gebraucht wird, gefahren werden kann, paßt unter die Arbeitsplatte. Geschirrtücher, Flaschen, Küchenpapier u. ä. sind hier gut aufgehoben.

Dunstabzugshaube Vor allem in offenen Küchen, die in den Wohnraum integriert sind, und solchen, die nicht problemlos durch das Fenster belüftet werden können, empfiehlt es sich, eine Abzugshaube anzubringen. Ideal ist es, wenn der Herd an einer Außenwand steht; dann kann man leicht eine Abzugshaube installieren, die die Kochdünste direkt ins Freie leitet.

Spüle Hat man genügend Platz zur Verfügung, ist eine Doppelspüle vorteilhaft. Eines der Becken kann bei Bedarf mit einem passenden Brett abgedeckt werden und dient so als zusätzliche Arbeitsfläche.

▸ Im Handel sind auch Eckspülen mit Doppelbecken erhältlich. Sie sind besonders für kleine Küchen geeignet.

Gewürzregal Die Wandfläche zwischen Arbeitsplatte und Hängeschrank bietet Platz für ein Gewürzregal.

Eßplatz Für kleine Mahlzeiten, vor allem für das Frühstück, ist ein Eßplatz in der Küche sehr vorteilhaft. Kinder können hier beim Spielen oder bei den Hausaufgaben beaufsichtigt werden.

▸ In einer kleinen Küche bietet ein Klapptisch mit Klappstühlen Platz für zwei bis drei Personen. Der Tisch läßt sich nach unten an die Wand klappen und wird von einer Konsole mit Gelenk getragen.

Ein solcher Klapptisch eignet sich gut als Eßplatz in einer kleinen Küche.

ORDNUNG IN DER KÜCHE

▸ Dinge, die zusammen verwendet werden, z. B. Kaffee und Kaffeefilter oder Essig und Öl für eine Salatsoße, sollten auch zusammen an einem Ort aufbewahrt werden.

▸ Küchengeräte, Geschirr und Lebensmittel, die beim Kochen häufig gebraucht werden, sollten vorn im Schrank stehen oder griffbereit über der Arbeitsplatte aufgehängt werden.

▸ Geräte, wie z. B. eine elektrische Küchenmaschine, sollten einen festen Standort haben und immer einsatzfähig sein; Küchengeräte, die erst aus dem Schrank geholt und nach Gebrauch wieder weggeräumt werden müssen, werden seltener benutzt, und sie erfüllen so ihren Zweck nicht.

▸ Rezepte hat man beim Kochen immer vor Augen, wenn man sie an der Oberkante der Herdabdeckung oder einem Oberschrank festklebt. Man kann sie auch mit einem Magneten an der Dunstabzugshaube befestigen.

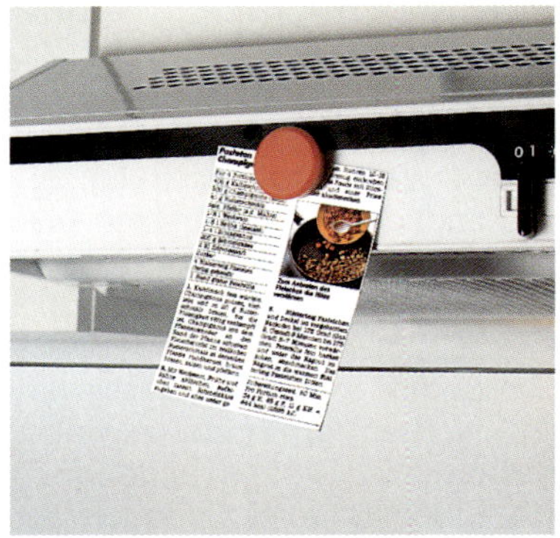

Kochrezepte mit einem Magneten an der Abzugshaube befestigen.

Drahtgitter An einem Drahtgitter, das an der Wand über der Küchenzeile befestigt wird, kann man an Haken und Gestellen alle notwendigen Utensilien, die häufig verwendet werden, griffbereit und leicht erreichbar unterbringen. Eine Lochplatte mit Haken erfüllt denselben Zweck.

Hilfsmittel für die Ordnung in Schränken und Schubladen An den Innenseiten der Türen von Küchenschränken können Drahtregale angebracht werden, in denen man Dinge, die häufig gebraucht werden, übersichtlich unterbringen kann.

Drahtregale sorgen für zusätzlichen Stauraum und Ordnung im Schrank.

▸ An der Innenseite der Tür eines Schrankes, in dem Töpfe aufbewahrt werden, ist ein Deckelhalter praktisch.

In einem solchen Drahtgestell sind Topfdeckel gut und bequem erreichbar aufgehoben.

▸ Die Innenseiten von Schranktüren sind ein praktischer Aufbewahrungsort für Sets aus Bast, Stroh oder Sisal. Als Halterung befestigt man jeweils zwei Gummibänder mit Heftzwecken innen an der Schranktür und schiebt die Sets dahinter.

Sets kann man mit Hilfe einer Halterung aus Gummibändern an der Innenseite einer Schranktür aufbewahren.

▸ Im Besenschrank sollte jedes Teil seinen festen Platz haben. Man sollte möglichst nichts auf dem Schrankboden stehenlassen, sondern Haken und Borde für alle Zusatz- und Zubehörteile der Putzgeräte (Staubsaugerbeutel, Auswechseldüsen usw.)

anbringen; so wird das Saubermachen der Putzecke erleichtert, und außerdem paßt mehr in den Schrank.

▸ Zum Aufhängen von Schrubbern und Besen gibt es praktische Klemmvorrichtungen, die man mit zwei Schrauben und Dübeln an der Schrankwand befestigt.

Schrubber und Besen sollte man im Schrank in Klemmvorrichtungen aufhängen.

▸ Wer einen Bodenstaubsauger mit dem kompletten Zubehör in einem Küchenschrank aufbewahren will, kann an der Schrankinnenwand eine Halterung für das Zubehör anbringen. Schlauch und Stange können dort fest eingeklemmt werden und nehmen dadurch im Schrank weniger Platz weg.

Das Staubsaugerzubehör in eine solche Halterung einhängen.

▸ Praktisch ist ein Auszugskorb für Putzmittel und Putzzubehör. Der Korb wird am besten an der Innenwand eines Unterschrankes befestigt und kann bei Bedarf auf einer Schiene herausgezogen werden.

Zieht man den Korb heraus, sind alle Putzmittel griffbereit.

▸ In Küchenunterschränken kann man ausziehbare Handtuchhalter installieren.

Auf diesem ausziehbaren Handtuchhalter sind Geschirrtücher praktisch untergebracht.

▸ Küchenmesser kann man sicher und griffbereit in einer speziellen Lade verstauen.

So sind Küchenmesser sicher und griffbereit verstaut.

▸ Ist kein spezieller Schubladeneinsatz für die Messer vorhanden, schneidet man Kerben in eine Holzleiste, die man in die Lade klebt, und legt die Messer mit der Schneide nach unten in die Schlitze.

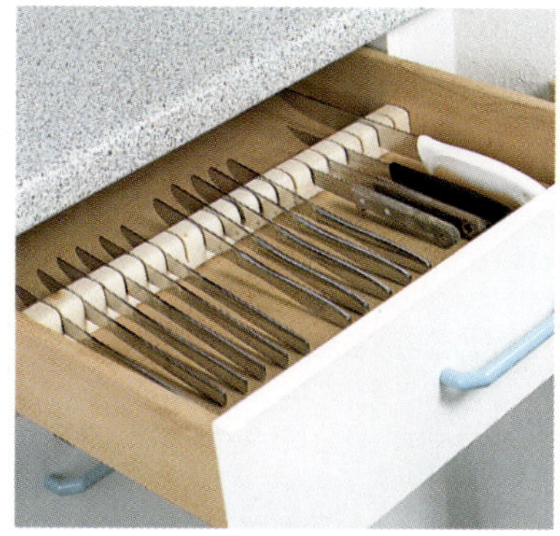

Messer in den Kerben eines Holzeinsatzes aufbewahren.

▸ In Eckschränken kann man schwenkbare Tabletts oder Gitterkörbe einbauen. Sie sollten beim Öffnen der Schranktür mit herausgeschwenkt werden, so daß man bequemen Zugriff auf den Schrankinhalt hat.

▸ Um Abfälle trennen und so der Wiederverwertung zuführen zu können, kann man in einem Unterschrank ein Set mit separaten Abfallsammlern unterbringen.

Den Abfall in separaten Boxen sammeln.

▸ Um Schnurrollen geordnet aufzubewahren, steckt man sie in einen kleinen Karton mit einem

Loch, durch das man das Schnurende zieht.

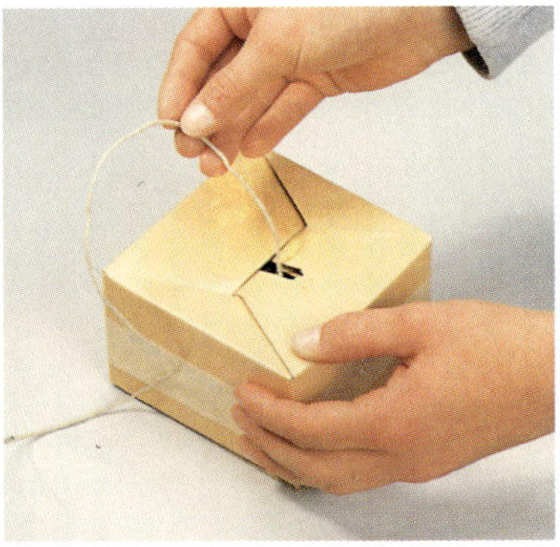

Schnur kann sich nicht verheddern, wenn man sie in einem kleinen Karton mit einem Loch aufbewahrt.

▸ Gläser mit Schraubverschluß sorgen für Ordnung: Gummiringe, Gewürze und viele andere Kleinigkeiten können darin aufbewahrt werden. Eine Beschriftung erübrigt sich meist, da der Inhalt sichtbar ist.

▸ Rasierklingen kann man aufbewahren, indem man ihre Schneideflächen in einen Korken steckt; außerdem bekommen sie auf diese Weise einen praktischen Griff.

Rasierklinge zum Aufbewahren in einen Korken stecken.

▸ Will man die Küchenmesser nicht im Schrank aufbewahren, sind sie in einem Messerblock oder an einer Magnetleiste gut untergebracht.

Abtropfkorb In kleinen Küchen kann über der Spüle ein Drahtkorb angebracht werden, in den das Geschirr nach dem Spülen zum Abtropfen hineingestellt wird. Das Wasser tropft dann direkt in die Spüle oder kann – bei größeren Gestellen – auch in darunter angebrachten, herausziehbaren Schalen aufgefangen werden.

▸ In einem Drahtkorb, den man auf der Ablauffläche neben dem Spülbecken aufstellt, kann das Geschirr abtropfen.

In diesen Korb kann man das gespülte Geschirr platzsparend einstellen und abtropfen lassen.

GRUNDAUSSTATTUNG FÜR KÜCHE UND ESSZIMMER

▸ Bei der Auswahl der Küchengrundausstattung lohnt es besonders, auf gute Qualität zu achten.

▸ Für einen Haushalt mit 1–4 Personen reicht ein Sortiment von Geschirr, Besteck und Gläsern mit jeweils sechs Teilen aus; für eine Familie mit mehr Mitgliedern sollte die doppelte Menge angeschafft werden.

▸ Beim Kauf sollte man darauf achten, daß das Geschirr, das Besteck und die Gläser spülmaschinenfest sind.

▸ Das Geschirr sollte gut stapelbar sein.

Töpfe und Pfannen Sie sind in verschiedenen Materialien erhältlich, die wärmeleitend, stabil, unempfindlich und für alle Energiearten geeignet sein sollten. Die Griffe sollten aus einem nicht wärmeleitenden Material sein, damit man sie auch ohne Topflappen anfassen kann. Kunststoffgriffe sollten backofengeeignet und spülmaschinenfest sein. Deckel müssen gut schließen, damit kein Wasserdampf entweichen kann.

▸ Aluminium ist preiswert, leicht, rostfrei und gut wärmeleitend. Es wird jedoch schnell unansehnlich, verfärbt sich und kann leicht verbeulen; außerdem geht Aluminium mit Säuren Verbindungen ein, die den Geschmack der Speisen beeinflussen können. Kochgeschirr aus eloxiertem Aluminium ist widerstandsfähiger.

▸ Gußeisen ist haltbar und ein guter Wärmeleiter, aber schwer und rostanfällig. Um sie vor Rost zu schützen, sollte man Töpfe und Pfannen aus Gußeisen nach der Verwendung immer mit etwas Öl einreiben.

▸ Gußeisentöpfe und -pfannen an einem trockenen Ort ineinander stapeln und zum Schutz vor Rost Küchenpapier dazwischenlegen.

Küchenpapier schützt Gußeisengeschirr vor Rost.

▸ Edelstahl ist rostfrei, unempfindlich gegen Säure, stoßfest, pflegeleicht und langlebig, aber ein schlechter Wärmeleiter; deshalb haben gute Edelstahltöpfe sogenannte Sandwichböden mit Metallkern.

AUSSTATTUNG FÜR KÜCHE UND HAUSHALTSFÜHRUNG EINES VIERPERSONENHAUSHALTS

Töpfe, Pfannen und Backformen

- *1–3 Bratpfannen mit Deckel, ineinander stapelbar, eine davon aus Gußeisen für Steaks*
- *3–5 ineinander stapelbare Kochtöpfe mit gut schließenden Deckeln*
- *1 Bräter aus Emaille, Gußeisen oder Ton für Braten, Geflügel usw., die im Backofen gegart werden*
- *1 Schnellkochtopf mit mehreren Einsätzen zum gleichzeitigen Garen verschiedener Lebensmittel*
- *1 Auflaufform aus feuerfestem Glas oder Porzellan, möglichst mit Deckel*
- *1 Stielkasserolle*
- *1 Milchtopf*
- *1 Wasserkessel oder elektrischer Wasserkocher*
- *4 Backformen (Kasten-, Spring-, Tortenboden- und Napfkuchenform)*
- *2 Kuchengitter*

Küchenbesteck und -zubehör

- *1 Küchenmesser*
- *1 Gemüsemesser*
- *1 Brotmesser*
- *1 Fleischmesser*
- *1 kurzes Pfannenmesser, um beispielsweise Rührei zu wenden*
- *1 langes Pfannenmesser, um Mürbeteig zu hacken oder Kuchen zu lösen*
- *1 Wetzstahl*
- *1 Geflügelschere*
- *1 Küchenschere*
- *1 Küchenzange zum Wenden von Grillgut und zum Servieren*
- *1 Kartoffelschäler*
- *1 Wiegemesser*
- *1 Dosenöffner*
- *1 Korkenzieher*
- *1 Kapselheber/Flaschenöffner*
- *1 Allzweckreibe*
- *1 Meßbecher*
- *1 Litermaß*
- *1 Küchenwaage*
- *1 Trichter*
- *1 Kaffeefilter*
- *1 Schneebesen*
- *2 Schöpfkellen (rostfrei, in verschiedenen Größen)*
- *1 Schaumlöffel*
- *1 Durchschlag*
- *1 großes Haarsieb*
- *1 kleines Haarsieb*
- *1 Teesieb*
- *1 Nudelholz*
- *1 Bratenwender*
- *1 Fleischklopfer*
- *1 Spicknadel*
- *1 Knoblauchpresse*
- *1 Zitronenpresse*
- *1 Eierschneider*
- *1 Pfeffermühle*
- *3–4 Kochlöffel mit und ohne Loch, aus Holz oder aus Kunststoff*
- *2 Pinsel, einer für Öl, der andere für Zuckerguß*
- *1 Teigschaber*
- *2 Schneidebretter (gegebenenfalls aus Kunststoff), gesondert markiert, z. B. eins für Zwiebeln, das andere für Backwaren*
- *1 Fleischbrett mit Saftrille*
- *1–2 Rührbecher mit rutschfestem Boden*
- *3–4 stapelbare Rührschüsseln mit rutschfestem Boden*
- *1–2 Krüge*
- *Vorratsdosen*
- *1 elektrisches Handrührgerät mit Zusatzteilen; mindestens 1600 W*
- *1 Kurzzeitmesser (kann mit der Küchenuhr kombiniert sein)*
- *1 Block mit Bleistift für Notizen während der Arbeit*
- *1 Spritzbeutel mit Tüllen*
- *1 Nußknacker*
- *1–2 leichte Tabletts mit rutschsicherer Beschichtung*
- *1 Küchenmaschine mit möglichst vielen Funktionen*

Geschirr

- *6 flache Teller*
- *6 tiefe Teller*
- *6 Dessertteller*
- *6 Kompottschälchen*
- *1 Suppenschüssel*
- *1 Sauciere*
- *2 Gemüseschüsseln*
- *1 Fleischplatte*
- *1 runde Platte*
- *6 Kaffeetassen mit Untertassen*
- *6 Teetassen mit Untertassen*
- *6 Kuchenteller*
- *1 Kaffeekanne*
- *1 Teekanne*
- *1 Teewärmer*
- *1 Milchgießer*
- *1 Zuckerdose*
- *2 Kuchenplatten*
- *1 Butterdose*
- *6 Eierbecher*
- *Je 1 Salz- und Pfefferstreuer*

Besteck und Vorlegeteile

- *6 Messer*
- *6 Gabeln*
- *6 Suppenlöffel*
- *6 Kaffeelöffel*
- *6 Kuchengabeln*
- *2 Vorlegelöffel*
- *1 Vorlegegabel*
- *1 Käsemesser*
- *1 Suppenkelle*
- *1 Soßenlöffel*
- *1 Salatbesteck*
- *1 Tortenheber*

Gläser

- *6 Rotweingläser*
- *6 Weißweingläser*
- *6 Longdrinkgläser*
- *6 Sherrygläser*
- *6 Cognacschwenker*
- *6 Sektgläser*
- *6 Biergläser*
- *6 Schnapsgläser*
- *6 Whiskygläser*

▸ Kupfer leitet Wärme besonders gut, ist aber sehr teuer und aufwendig zu pflegen.

▸ Emailliertes Stahlblech ist rostfrei, säurebeständig und pflegeleicht, der Emailleüberzug kann jedoch leicht absplittern.

▸ Feuerfestes Glas nimmt Wärme langsam und gleichmäßig auf; deshalb sollte es vorwiegend im Backofen verwendet werden. Da es ansprechend aussieht und die Wärme gut hält, kann es zugleich zum Servieren von Speisen benutzt werden.

▸ In Dampfdruckkochtöpfen wird unter hohem Druck mit Wasserdampf gegart. Die Töpfe müssen deshalb absolut dicht schließen und ein einwandfrei arbeitendes Ventil haben. Dampfdrucktöpfe können mit Einsätzen ausgestattet werden, die das gleichzeitige Garen verschiedener Lebensmittel ermöglichen.

▸ Antihaftbeschichtete Pfannen sind sehr kratzempfindlich. Beim Kochen damit sollte man ausschließlich Pfannenmesser aus Holz oder Kunststoff verwenden.

Geschirr Zweckmäßiges Geschirr ist gut stapelbar und leicht zu reinigen. Beim Kauf prüfen, ob die Deckel einwandfrei passen und die Henkel sich gut greifen lassen. Außerdem ist wichtig, daß bei Kannen die Tüllen etwas über den oberen Rand des Kannenkörpers hinausreichen, damit beim Eingießen nicht schon bei geringer Neigung der gefüllten Kanne etwas herausläuft. Wenn man Seriengeschirr kauft, können zerbrochene Teile ergänzt werden.

▸ Porzellangeschirr sollte vorsichtig gestapelt werden, weil der Rand auf der Unterseite oft nicht glasiert ist und das Stück darunter verkratzen kann.

▸ Bei der Aufbewahrung von wertvollem Geschirr sollte man Deckchen aus Molton oder Küchenpapier zwischen die einzelnen Teile legen, um sie vor Kratzern zu schützen.

Wertvolles Geschirr mit Molton oder Küchenpapier schützen.

Geschirr für die Mikrowelle
In der Mikrowelle kann Porzellan, feuerfeste Keramik und feuerfestes Glas verwendet werden. Am besten geeignet ist allerdings spezielles Plastikgeschirr.

▸ Kein minderwertiges Plastikgeschirr verwenden, da es leicht schmilzt. Auch Metall oder Alufolie ist ungeeignet, denn Mikrowellen können dieses Material nicht durchdringen.

Küchenmesser Gute Messer haben eine durchgehende, gut befestigte Klinge aus rostfreiem Stahl und vernietete Griffe, die hygienisch und spülmaschinenfest sind und gut in der Hand liegen. Die Schneide darf nicht über den Ansatz des Griffes hinausragen.

▸ Möglichst für die verschiedenen Schneidearbeiten in der Küche jeweils ein Spezialmesser anschaffen.

Gläser Beim Kauf von Trinkgläsern für den täglichen Bedarf sollte man darauf achten, daß sie eine einfache und zweckmäßige Form haben und für mehrere Getränke benutzt werden können. Sie sollten leicht zu reinigen sein und keinen zu dünnen Stil haben.

▸ Das Angebot reicht vom einfachen Preßglas bis zum wertvollen mundgeblasenen Glas. Bleikristallgläser sind scharfkantig geschliffen und sehr teuer. Beim Kauf teurer Gläser sollte man sich über Nachkaufmöglichkeiten informieren.

▸ Um zu verhindern, daß ein Glas beim Einfüllen von heißen Speisen oder Getränken zerspringt, stellt man es am besten auf ein feuchtes Tuch oder gibt einen metallenen Löffel hinein, der die Hitze vom Glas ableitet.

Ein Löffel im Glas verhindert, daß es springt.

▸ Damit Gläser im Schrank nicht so leicht verstauben, ist es sinnvoll, sie mit der Öffnung nach unten aufzustellen.

Schneidebrett Ein großes Hartholzbrett kann für viele Vorbereitungsarbeiten beim Kochen genutzt werden, beispielsweise um Fleisch zu schneiden oder Kräuter mit dem Wiegemesser zu zerkleinern.

▸ Kunststoffbretter sind schlagfest, hitzebeständig und können in der Spülmaschine gereinigt werden.

Besteck Vor dem Kauf sollte man das Besteck einmal so in die Hand nehmen, wie es später benutzt wird, und Gewicht, Schärfe, Größe und Ausgewogenheit der Proportionen prüfen.

▸ Wer Markenfabrikate kauft, hat den Vorteil, daß häufig für mehrere Jahre eine Nachkaufgarantie besteht.

▸ Edelstahlbesteck ist unempfindlich und pflegeleicht.

▸ Bei hart- oder patentversilbertem Besteck ist die Silberauflage an den stark beanspruchten Stellen verstärkt; es ist weniger kratzempfindlich und bleibt länger schön und glänzend.

▸ Der richtige Aufbewahrungsort für Silberbesteck ist eine Besteckschublade, die mit speziellem Tuch ausgeschlagen ist, das gegen Anlaufen schützt. Um die Feuchtigkeit zu binden und damit zu verhindern, daß das Silber anläuft, legt man ein Stück Kreide mit in die Schublade.

▸ Am sichersten schützt man Silber vor dem Anlaufen, indem man die Luftzufuhr verhindert. Wer die Möglichkeit hat, sollte es vakuumverpacken. Man kann es auch in Tücher aus spezialimprägniertem Stoff einschlagen, die man beim Juwelier erhält.

▸ Wenn man die Besteckteile nicht übereinanderlegt, bekommen sie weniger Kratzer.

Teewagen Ein einfacher Teewagen kann bei der täglichen Hausarbeit vielseitig eingesetzt werden. Man fährt damit das Geschirr von der Küche zum Eßplatz, rollt schwere Gegenstände durch die Wohnung und kann beim Saubermachen alle nötigen Putzutensilien darauf verstauen und leicht von einem Zimmer ins andere transportieren.

SCHLAFZIMMER-EINRICHTUNG

▸ Ein Schlafzimmer läßt sich leicht zum Mehrzweckraum umfunktionieren, wenn man verschiedene Arbeitsplätze, wie einen Schreibtisch oder Nähplatz, schon beim Möbelkauf einplant.

▸ Wenn man eine Schlafzimmereinrichtung plant, zunächst Bett, Kleiderschrank, Toilettentisch und Wäschekommode so zweckmäßig wie möglich plazieren.

Betten Bei der Auswahl von Betten ist ihre Höhe ein wichtiges Entscheidungskriterium. Für ältere Leute sollte das Bett so hoch sein, daß sie bequem auf der Bettkante sitzen können.

▸ Besonders praktisch sind Bettkästen, die unter dem Lattenrost reichlich Stauraum bieten. Sie werden – zusammen mit der Matratze – nach oben aufgeklappt und eignen sich deshalb für die meisten Bettgestelle.

▸ Verstellbare Lattenroste bieten die Möglichkeit, Kopf- oder Fußteil in der Höhe zu verstellen und so den individuellen Bedürfnissen anzupassen.

▸ In sehr hohen Räumen besteht die Möglichkeit, auf einem stabilen Gerüst ein Hochbett zu bauen, das vor allem für Kinder und junge Leute attraktiv ist. Der darunterliegende Raum kann anderweitig genutzt werden. Man sollte jedoch bedenken, daß man das Bett nur mühsam über eine Leiter erreicht.

▸ Eine Bettcouch mit einer Schublade, in der das Bettzeug tagsüber aufbewahrt wird, ist eine ideale Lösung für Einzimmerapartments und Gästezimmer.

▸ Wird ein Doppelbett mit dem Kopfteil zur Wand aufgestellt, sollte man darauf achten, daß auf beiden Seiten und am Fußteil mindestens 80 cm Platz bleiben.

▸ Ein japanischer Futon, eine spezielle Matratze in einem kräftigen Baumwollbezug, kann auf einem Unterbau mit Schubladen oder geschlossenen Schrankfächern liegen, der zugleich Stauraum für Wäsche bietet; man kann die Matratze auch zusammenrollen und das Bett als Sitzgelegenheit mit dem Futon als Rückenpolster verwenden.

Matratzen Gute Matratzen haben strapazierfähiges, atmungsaktives Polster- und Bezugsmaterial aus Baumwolle oder Schafschurwolle.

▸ Wer einen Lattenrost mit verstellbarem Fuß- und Kopfteil hat, sollte bei der Auswahl der Matratze berücksichtigen, ob sie flexibel und elastisch genug ist, um sich der veränderten Form anpassen zu können.

▸ Ist ein Doppelbett mit zwei getrennten Matratzen ausgestattet, hat dies den Vorteil, daß man sich nicht gegenseitig stört, wenn man sich im Schlaf umdreht. Allerdings hat man dann, anders als bei einer durchgehenden Matratze, in der Mitte des Bettes einen Spalt.

▸ Nach acht bis zwölf Jahren haben Matratzen so viel Elastizität verloren, daß sie durch neue ersetzt werden sollten, um Schäden an der Wirbelsäule zu vermeiden.

▸ Schaumstoffmatratzen aus Polyester oder Polyurethan sind keimabtötend und weitgehend staubfrei, daher für Allergiker empfehlenswert.

▸ Latexmatratzen aus Schaumstoff und Latexschaum sind elastisch und formbeständig; da sie staubfrei und bakterienabweisend sind, eignen sie sich gut für Allergiker.

▸ Federkernmatratzen bestehen aus elastischen Stahlfedern, die von einer Polsterung umhüllt sind. Schaumstoff-Federkernmatratzen sind sehr flexibel und elastisch und daher besser für verstellbare Lattenroste geeignet als normale Federkernmatratzen.

▸ Futons, japanische Matratzen aus mehreren Lagen Baumwolle mit Zwischenlagen aus Roßhaar oder Schurwolle, müssen häufiger gepflegt werden als herkömmliche Matratzen.

Oberbetten Bei Federbetten werden als Bettfedern Gänse- und Entenfedern verwendet. Gänse- oder Entendaunen (Federn ohne Kiel) sind sehr leicht, aber auch sehr teuer. Je höher der Daunenanteil, um so leichter und wärmender ist das Oberbett. Federbetten sind elastisch, temperaturausgleichend, und sie nehmen Körperschweiß gut auf. Man sollte sie morgens aufschütteln und auslüften, damit die Feuchtigkeit verdunsten kann. Nicht in die Sonne legen, da sonst die Federn spröde und brüchig werden.

▸ Naturfaserfüllungen wie Kamelhaar, Schafschurwolle, Lamahaar usw. sind anschmiegsam, nehmen Körperschweiß gut auf und sind für Personen mit rheumatischen Beschwerden oder einer Bettfederallergie geeignet.

▸ Synthetische Fasern – Polyesterfasern, in die Luft eingearbeitet ist – sind leicht und waschbar. Sie werden meist Personen empfohlen, die z. B. gegen Staub oder Wolle allergisch sind.

▸ Bettzeug für Allergiker muß bei 60 °C waschbar sein. Man sollte nicht nur das Bett des Allergikers, sondern alle Betten im Haushalt entsprechend umrüsten, um zu verhindern, daß sich Milben dauerhaft einnisten.

▸ Sogenannte Schlafdecken sind aus verschiedenen Materialien (Schurwolle, Mischwolle, Kamelhaar, Lamahaar, Chemiefasern, Baumwolle) gewebt. Sie sind leicht und wärmen gut.

Kleiderschrank Den meisten Stauraum im Schlafzimmer beanspruchen Kleider und Wäsche. Am besten lassen sich diese Dinge in Einbauschränken unterbringen, da sie dem Raum angepaßt und nach Bedarf gestaltet werden können. Setzt man Spiegeltüren ein, wird der Raum optisch vergrößert.

▸ Wenn man eine lange Schrankwand durch Glastüren auflockert, wirkt der Schrank nicht so erdrückend.

▸ Besonders viel Stauraum bietet ein begehbarer Kleiderschrank. Zwei Schrankelemente werden einander gegenübergestellt, so daß eine kleine Kammer entsteht, die beispielsweise durch eine Spiegelfront mit Schiebetür zum Schlafzimmer hin abgeschlossen wird. Die Schrankelemente sind vorn offen, so daß man ringsum freien Zugriff hat. Die Inneneinrichtung kann aus einfachen Regalen und Stangen bestehen, ein Rollständer kann hier ebenfalls aufgestellt werden. Auch in kleineren Schlafzimmern kann diese Lösung, die etwa 4 m^2 der Zimmerfläche in Anspruch nimmt, genutzt werden. Eine entsprechend große Raumnische ist besonders gut für einen begehbaren Schrank geeignet.

ORDNUNG IM SCHLAFZIMMER

▸ Um das Bettzeug – z. B. in Einzimmerapartments oder in Kinderzimmern – tagsüber zu verstauen, gibt es verschiedene Möglichkeiten, beispielsweise eine herausziehbare Schublade unter dem Bett, eine frei stehende Truhe oder einen Korb.

▸ Eine Kommode für das Bettzeug, die vorn mit einer Klappe zu öffnen ist, dient gleichzeitig als großzügige Ablage für die Nachttischutensilien.

Ablage am Bett Nachttische sind meist zu klein, um Bücher, Zeitschriften, Wecker und Radio darauf abzustellen. Ein Regal über dem Bett ist besser geeignet; es bietet auch den idealen Platz für eine gut plazierte Leseleuchte. Sie muß aber so angebracht werden, daß man nicht mit dem Kopf dagegenstößt, wenn man sich aufsetzt.

Kleider- und Wäscheschrank Der Schrank sollte eine variable Inneneinteilung haben. Kleiderstangen sollten entsprechend der Länge und Anzahl der Kleidungsstücke angebracht werden.

▸ Man benötigt ein Fach, um Kleidung in voller Länge aufhängen zu können, z. B. für Kleider und Mäntel.

▸ Nach Möglichkeit reichlich Hängeplatz einplanen, um Hemden und Blusen übersichtlich und faltenfrei auf Bügeln unterbringen zu können.

▸ Sehr praktisch und leicht zu montieren sind ausziehbare Drahtkörbe, in denen Wäsche oder auch Kleidungsstücke gut sortiert untergebracht werden können.

Verstaut man die Wäsche in ausziehbaren Drahtkörben, hat man bequem Zugriff.

▸ Besonders praktisch sind Schubladen, deren Vorderseiten so niedrig sind, daß man den

Inhalt auch sieht, wenn sie nicht herausgezogen sind.

- Wenn man zusätzliche Ablagefläche im Schrank benötigt und Zusatzbretter anbringen will, sollten diese nur die halbe Tiefe haben, damit der Zugriff einfach bleibt. Dann kommt man auch an Dinge, die im unteren Fach hinten liegen, leicht heran.

- Pappkartons in verschiedenen Größen sind ideal, um Handschuhe, Schals, Strümpfe, Taschentücher und andere Kleinutensilien aufzubewahren.

- Ist der Platz im Kleiderschrank begrenzt, kann man die Kleidung in Sommer- und Wintergarderobe aufteilen. Was nicht gebraucht wird, verpackt man in Koffer, Kartons oder Plastikfolie und bewahrt sie im obersten Schrankfach oder in einem anderen Raum auf.

- Gürtel hängt man mit den Schnallen an Haken auf, die innen an der Schranktür oder an der Querstange eines Kleiderbügels befestigt werden.

- Ein dünner Stab oder ein Gummiband, das mit zwei Haken oder Schraubösen innen an der Schrankwand befestigt wird, eignet sich als einfacher Krawattenhalter.

- Lange Tischläufer wickelt man über Papprollen, hält sie mit einem Gummiring zusammen und bewahrt sie so im Schrank auf.

- Pelz- und Ledermäntel mit alten Leinentüchern, die luftdurchlässig sind, abdecken. Ledertaschen in alten Kopfkissenbezügen aufbewahren.

- Die Wäsche riecht frisch, wenn man leere Parfumfläschchen geöffnet in den Schrank stellt. Den gleichen Effekt erzielt man, wenn man einmal monatlich mehrere Wattebäusche mit dem Lieblingsparfum besprüht und in den Wäscheschrank legt.

Für frischen Duft im Schrank sorgt ein Wattebausch, den man mit Parfum besprüht.

- Gummibänder, die man an den Enden eines Kleiderbügels anbringt, verhindern, daß das Kleidungsstück abrutscht; dies ist vor allem praktisch, wenn man Röcke oder Kleider mit dünnen Trägern aufhängen will.

Gummibänder verhindern, daß Kleidung vom Bügel rutscht.

- Wenn man ein Stück Karton oder Schaumgummi auf den Querstab eines Kleiderbügels klebt, verhindert man, daß in der Hose eine Querfalte entsteht.

- Wer erfahren will, welche Kleidungsstücke nicht mehr getragen werden – beispielsweise um sie dann auszusortieren –, befestigt Wäscheklammern an den Kleiderbügeln. Wenn man ein Kleidungsstück anzieht, entfernt man die Klammer. Alle Teile, die nach einem Jahr noch immer mit einer Klammer versehen sind, können getrost aussortiert werden.

Wäscheklammern an den Bügeln helfen festzustellen, was nicht mehr gebraucht wird.

KINDERZIMMER

- Da Kinder rasch wachsen, sollten Möbel, Regale und Arbeitsflächen einfach umgestaltet und erweitert werden können, damit sie den sich ändernden Ansprüchen des Kindes angepaßt werden können.

- Die Wände in Kinderzimmern sollten mit Dispersionsfarbe gestrichen werden; Flecke können in diesem Fall leicht mit Seifenwasser entfernt werden.

Möbel Tisch und Stühle sollten in der Höhe verstellbar und robust sein; außerdem sollten sie eine abwaschbare Oberfläche haben.

- Die Platte des Arbeitstisches, auf der Kinder spielen, basteln oder Hausaufgaben machen, sollte sich schräg stellen lassen (in einen Winkel von etwa 16°), damit die Kinder darauf bequem lesen und schreiben können.

- Kunststoffbeschichtete Küchenarbeitsplatten eignen sich für den Arbeitstisch besonders gut, denn sie sind unempfindlich und leicht zu reinigen.

▸ Stapelkästen oder Plastikboxen können zur Aufbewahrung von Spielsachen verwendet werden; ausgeleert können sie selbst als Spielzeug verwendet werden.

▸ Ideal sind verstellbare Wandregale als Stauraum für Spiele und Spielzeug.

▸ Der Kleiderschrank sollte möglichst viele verstellbare Fachböden haben. Kleine Kinder brauchen zunächst wenig Hängeraum für Kleider; später können Fachböden durch eine Kleiderstange ersetzt werden.

▸ Schaumstoffblöcke in verschiedenen Formaten, die leicht und nicht allzu teuer sind, können mit Stoff überzogen werden und sind vielseitig kombinierbar. Kinder können sie vielfältig als Spielzeug, beispielsweise zum Bauen, aber auch als Tische und Hocker benutzen.

Kinderbett Für Kinderbetten sollten Roßhaar- oder Schaumstoffmatratzen, die auf einer festen Unterlage liegen, verwendet werden.

▸ In kleinen Zimmern legt man die Matratze auf ein Podest, das nützlichen Stauraum für Spielzeug bietet; Schubkästen im Podest erleichtern den Zugang.

▸ Müssen sich zwei Kinder ein Zimmer teilen, sind Etagenbetten zu empfehlen.

Beleuchtung Die Lampen im Kinderzimmer sollten fest an Wand oder Decke installiert sein. Frei stehende, zerbrechliche Lampen sind ungeeignet.

▸ Wenn sich Kinder vor der Dunkelheit fürchten, montiert man einen Dimmer, um bei Nacht ganz schwache Beleuchtung einstellen zu können. Man kann auch eine spezielle, im Handel erhältliche Lampe, die fast keinen Strom verbraucht, in eine Steckdose stecken.

Maltafel Eine wenigstens 8 mm dicke Spanplatte, die mit Schultafelfarbe gestrichen und an der Wand befestigt wird, dient als Maltafel. Man kann auch die Zimmertür mit Tafelfarbe streichen oder eine spezielle Tafelfolie aufkleben.

Spielplatte Praktisch ist eine Spanplatte, die unter das Bett geschoben werden kann. Spiele, die man nicht ständig ab- und wieder aufbauen will, z. B. die Spielzeugeisenbahn oder ein Riesenpuzzle, können so aufbewahrt werden. Unter die Platte werden vier arretierbare Möbelrollen geschraubt; eine Leiste an der Vorderkante der Platte, an der ein Griff befestigt ist, erleichtert das Herausziehen.

BADEZIMMER

▸ Bei der Auswahl der fest zu installierenden Einrichtungsteile sollte man bedenken, daß besonders kräftige Farben und außergewöhnliche Formen in kurzer Zeit schon wieder aus der Mode sein können. Wer sichergehen will, wählt neutrale und klassische Formen und Farben.

▸ Ist der Raum für eine normale Badewanne zu klein, kann eine Sitzbadewanne eingebaut werden; die preiswerteste Lösung ist eine Duschwanne in einer Ecke des Badezimmers mit einem Vorhang, der an der Decke oder an einer von der Decke abgehängten Schiene angebracht wird.

▸ Wenn genügend Platz vorhanden ist, sollte man zwei Waschbecken einbauen lassen, damit zwei Personen gleichzeitig das Bad benutzen können.

▸ Als Alternative zu gefliesten Badezimmern kann man auch Kork oder genoppten Kunststoff, der sehr strapazierfähig und pflegeleicht ist, als Boden- und Wandbelag verlegen.

▸ Mit kleinen Veränderungen – z. B. mit bunten Handtüchern oder einem neuen farbenfrohen Duschvorhang – kann man frischen Schwung ins Badezimmer bringen.

▸ Verwendet man einen durchsichtigen Duschvorhang, wirkt das Badezimmer größer.

Stauraum Für kleine Badezimmer empfiehlt sich eine Waschtisch-Unterschrank-Kombination; man gewinnt nicht nur Stauraum, sondern verdeckt auf diese Weise auch die Wasseranschlüsse.

▸ Den Platz über dem Waschbecken, der normalerweise von einem Spiegel eingenommen wird, kann man ökonomischer nutzen, indem man einen Spiegelschrank anbringt.

▸ Ein Rollwagen mit Drahtkörben bietet beweglichen Stauraum für Handtücher, Kosmetika und Toilettenartikel.

▸ Ein Gitterpaneel kann mit Haken zum Aufhängen von Waschlappen und mit Drahtkörben für Seife und Schwamm versehen werden; auch eine Stange für Handtücher kann man daran anbringen.

▸ Glasregale sind leicht zu reinigen und ein attraktiver Aufbewahrungsort. Sie sind besonders für kleine Bäder geeignet, da sie den Raum optisch nicht verkleinern.

▸ Ein Bord über dem Türrahmen bietet Raum für einen Vorrat an Seife, Shampoo und Toilettenpapier.

Handtuchhalter Nach Möglichkeit sollte man einen Handtuchhalter über dem Heizkörper anbringen.

▸ Eine beheizbare Handtuchstange trocknet Badetücher und hält sie angenehm warm.

▸ Um zu verhindern, daß Handtücher herunterrutschen, spannt man einige Gummiringe um die Stangen.

Gummiringe verhindern, daß Handtücher herunterrutschen.

Beleuchtung Wichtig ist eine gute Beleuchtung im Bereich des Waschbeckens. Geeignet sind Leuchtstoffröhren, die über dem Spiegel angebracht werden; zusätzlich je eine Leuchte, rechts und links vom Spiegel angebracht, gewährleistet eine ausreichend helle, schattenlose Beleuchtung.

▸ Die ideale Beleuchtung zum Schminken wird durch Glühlampen, die den Spiegel umrahmen, erzielt.

Tritthocker für Kinder Damit kleine Kinder das Waschbecken gut erreichen können, baut man aus einem Holzkistchen und etwas Schaum- oder Frotteestoff einen transportablen Tritthocker mit rutschsicherer Oberfläche; bei glattem Boden sollte man die Unterseite der Kiste durch Filz- oder Gummiecken rutschfest machen.

Seife In große Seifenstücke kann man mit einem dicken Bohrer Löcher in die Mitte bohren; lange Baumwollschnüre durchziehen, verknoten und in der Dusche aufhängen.

▸ Damit die Seife immer trocken liegt, drückt man einen Kronenkorken in das Stück ein und legt die Seife immer auf dem Kronenkorken ab.

Liegt die Seife auf einem Kronenkorken, trocknet sie besser.

Gummimatte Eine genoppte Gummimatte, die man in die Dusch- oder Badewanne legt, verhindert, daß man ausrutscht.

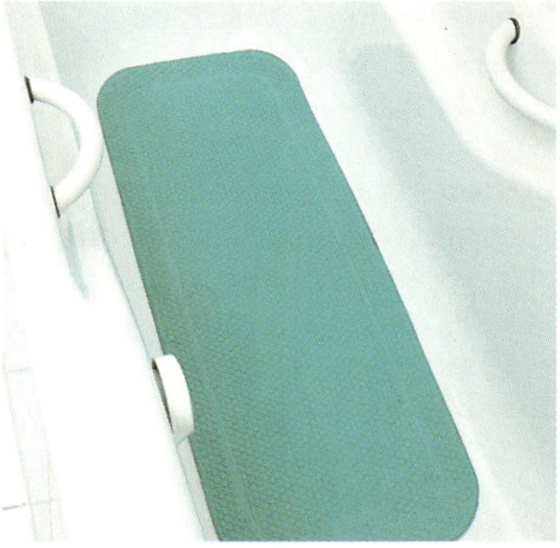

Eine genoppte Gummimatte reduziert die Rutschgefahr.

WOHNBEREICH UND ESSPLATZ

▸ Eine Sitzgruppe, ein Couchtisch oder mehrere Beistelltische und ein Schrank- oder Regalsystem sind die Grundbestandteile einer Wohnzimmereinrichtung. In großen Räumen können verschiedene Funktionsbereiche (Arbeiten, Essen) durch Raumteiler getrennt werden. Offene Regale, halbhohe Schränke oder Pflanzen sind besonders gut geeignet.

Möbel Wertvolle Möbelstücke oder Gemälde sollten nie in der unmittelbaren Nähe einer Heizung, einer hellen Lampe oder eines Kamins aufgestellt werden. Wärme trocknet Farben und Holz aus, und sie splittern leichter ab.

▸ Wer verhindern will, daß Blumenvasen, heiße Töpfe usw. empfindliche Möbel beschädigen, legt Untersetzer darunter.

Untersetzer verhindern Schäden auf empfindlichen Oberflächen.

▸ Wenn Möbel bewegt werden müssen, schiebt man einen Satz Gleitrollen darunter. Auf glatten Böden kann man sich mit einem Rest Teppichboden behelfen, der mit dem Flor nach unten untergeschoben wird.

Mit untergelegtem Teppichboden kann man Möbel bewegen.

▸ Sonnenlicht kann die Farbe von Holz verändern: Helles Holz wird dunkler, dunkles Holz heller. Wertvolle Möbelstücke daher nie unmittelbar an ein Sonnenfenster stellen, vor allem dann nicht, wenn sie Intarsien aus hellem und dunklem Holz haben.

▸ Bei feuchten Außenwänden sollte man zwischen Möbelstück und Wand Pappe oder Styropor anbringen.

▸ In Truhen kann man selten benötigte Dinge verstauen. Die geschlossenen Deckel dienen als Ablagefläche.

Teppich Synthetische Teppichböden laden sich statisch auf, wenn die Luft zu trocken ist. Deshalb sollte man einen Luftbefeuchter aufstellen oder Heizkörperverdunster anbringen; die einfachste und preiswerteste Lösung ist es, den Teppich regelmäßig leicht mit einer Sprühflasche zu befeuchten.

Synthetische Teppichböden leicht befeuchten, damit sie sich nicht aufladen.

Beleuchtung Eine Stehlampe hinter einem Lesesessel sollte so aufgestellt werden, daß der Lichtkegel direkt auf das Buch fällt und man beim Lesen nicht durch den eigenen Schatten behindert wird.

▸ Chinesische Reispapierlampen eignen sich gut als Übergangslösung, wenn man noch keine passenden Lampen gefunden hat. Diese preiswerten Lampenschirme geben ein angenehmes Licht, das nicht blendet.

▸ Im Eßbereich sollte über der Mitte der Tischplatte eine Hängeleuchte mindestens so hoch angebracht werden, daß sie die Sicht zwischen den Sitzenden nicht verdeckt (60–70 cm über der Tischplatte).

▸ Strahler nie direkt auf wertvolle Möbel oder Gemälde richten; sie könnten dadurch beschädigt werden. Strahler mit Niederspannungs-Halogenbirnen erzeugen weniger Hitze als normale Strahlerbirnen; sie sind daher zur Beleuchtung hitzeempfindlicher Gegenstände besser geeignet.

▸ Neben oder hinter dem Fernseher sollte sich eine kleine Lichtquelle befinden, die bei eingeschaltetem Gerät den Kontrast zwischen hellem Bildschirm und dunklem Umfeld und damit die Belastung für die Augen abschwächt.

Bilder Vor einem ruhigen Hintergrund wirken Bilder besonders gut. Sollen Bilder auf bunte Wände gehängt werden, verwendet man Passepartouts, damit sich die Bilder besser vom Untergrund abheben.

▸ Über zierliche Möbel keine großen Bilder hängen. Umgekehrt wirkt ein kleines Bild über ausladenden Möbeln verloren.

Bücher In einem Zimmer, in dem Bücher stehen, darf es nicht feucht sein, weil sich sonst am Papier Schimmel bilden kann. Auch sehr trockene Luft sollte vermieden werden, da das Papier brüchig wird und die Einbände aus dem Leim gehen. Bücher keinesfalls über einer Heizung aufstellen.

▸ Wertvolle Bücher sollte man vor direkter Sonneneinstrahlung schützen.

▸ Eine relative Luftfeuchtigkeit zwischen 40 und 60 %, die man mit dem Hygrometer überprüft, und eine Raumtemperatur von 20 °C sind ideal. Starke Schwankungen des Raumklimas sollten vermieden werden.

▸ Bücher sollten im Regal nicht zu dicht gedrängt aufgestellt sein, damit beim Herausziehen nicht der Einband beschädigt wird. Stehen die Bücher allerdings zu locker und kippen, können sich die Einbände verziehen; hier sollten Bücherstützen verwendet werden.

Eßplatz Ist kein separates Eßzimmer vorhanden, sollte der Eßplatz im Wohnraum möglichst unmittelbar an die Küche anschließen.

▸ Grenzt die Eßecke direkt an die Küchenzeile, kann man einen Einbauschrank, der auf beiden Seiten Türen hat, als Raumteiler benutzen und darin Geschirr, Gläser und Besteck unterbringen.

▸ Ein rechteckiger Tisch, der mit einer Schmalseite an der Wand steht, ist eine platzsparende Lösung; ein runder Eßtisch braucht mehr Raum.

▸ Ein ausziehbarer Eßtisch bietet die Möglichkeit, nach Bedarf zusätzlichen Platz zu schaffen.

▸ Die richtige Tischhöhe beträgt 72–75 cm; die Stuhlsitzfläche sollte 30 cm niedriger sein als die Tischplatte, um ein angenehmes Sitzen zu ermöglichen. Für jede Person rechnet man an der Längsseite des Tisches einen Platzbedarf von 60–70 cm, an der Kopfseite von 80 cm.

▸ Tischdecken rutschen nicht mehr, wenn man ein Moltontuch

unterlegt. Das Tuch rundherum 10 cm größer als die Tischplatte zuschneiden, mit einem breiten Baumwollband einfassen und ein stabiles Band durchziehen, dessen Enden man unter dem Tisch verknotet, damit das Moltontuch nicht verrutscht. Die Tischdecke haftet besser, und auch die Tischplatte wird geschützt.

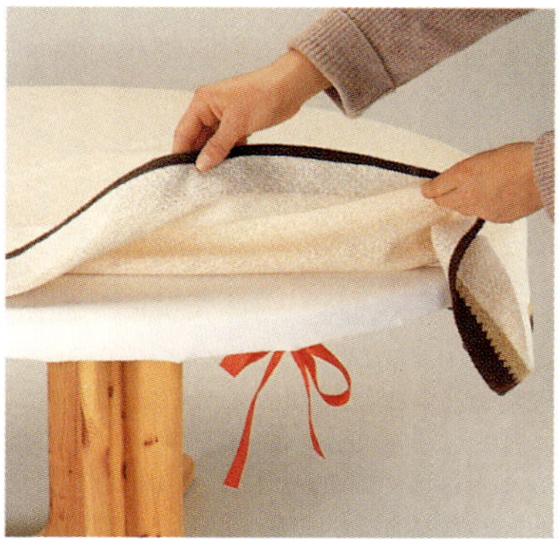

Eine Moltonunterlage verhindert, daß die Tischdecke rutscht und schützt die Tischplatte.

▸ Damit die Tischdecke nicht verrutscht oder herabgezogen werden kann, befestigt man sie mit Tischklammern.

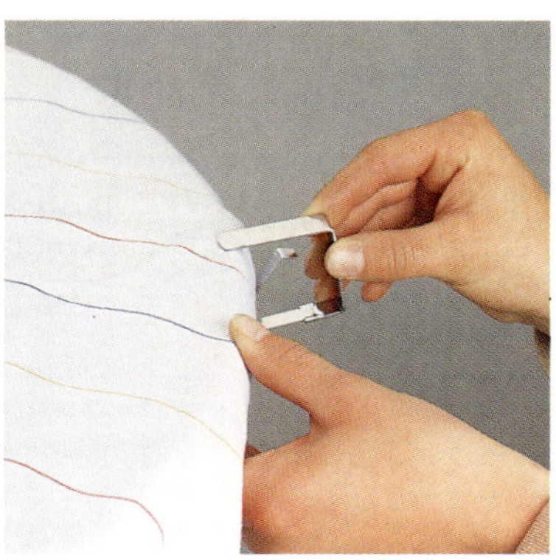

Mit mehreren Tischklammern wird die Tischdecke sicher an der Platte fixiert.

▸ Damit Tischdecken auf dem Balkon auch bei Wind auf dem Tisch liegenbleiben, fertigt man eine Decke aus doppeltem Stoff an und näht in die Ecken große Bleitaler. Alternativ kann man Kieselsteine mit Baumwollgarn umhäkeln, eine Schnur mit einem Clip anbringen und diese Beschwerer an die Tischdecke klemmen. Beschwerer für Tischdecken sind auch im Handel erhältlich.

Beschwerer verhindern, daß die Tischdecke weggeweht wird.

ARBEITSPLATZ

▸ In einer Wohnung, in der kein Arbeitszimmer zur Verfügung steht, kann man einen Arbeitsplatz im Wohn- oder Schlafzimmer bzw. in der Diele einrichten.

▸ Das Mindestmaß für einen Schreibtisch sollte 140 × 70 × 75 cm betragen. Wenn die Schreibtischplatte zu stark reflektiert, kann man eine Unterlage benutzen. Auf der Seite, an der man am Schreibtisch sitzt, braucht man mindestens 80 cm Bewegungsspielraum nach hinten.

▸ Empfehlenswert ist ein Bürostuhl mit Rollen, dessen Sitzhöhe und Rückenlehne verstellbar sind. Beim Kauf darauf achten, daß der Stuhl Rollen hat, die für den Bodenbelag geeignet sein müssen: weiche Rollen für harte Böden (z. B. Parkett), harte Rollen für Teppichböden. Für die Arbeit an Schreibmaschine oder Computertastatur ist ein Stuhl ohne Armlehnen geeigneter.

▸ Den Arbeitsplatz immer mit einer verstellbaren, blendfreien Leuchte ausstatten. Für Rechtshänder sollte das Licht seitlich von links einfallen, für Linkshänder umgekehrt.

DIELE

▸ Um zu verhindern, daß mit den Schuhen Schmutz in die Wohnung gebracht wird, legt man vor alle Eingangstüren Fußmatten.

▸ Der Bodenbelag einer Diele muß strapazierfähig und pflegeleicht sein; Keramikfliesen, Parkett oder Kunststoffböden sind am besten geeignet, doch kann auch ein unempfindlicher Teppichboden verlegt werden.

▸ Kleine Dielen, die in der Regel nur mit Kleiderhaken und einem Regalbrett oder einem schmalen Schränkchen als Ablage ausgestattet sind, werden optisch durch eine Spiegelfläche vergrößert.

▸ Der Platz unter einem Treppenaufgang kann zu einem kleinen Lagerraum ausgebaut werden. Auf genau eingepaßten Borden an der Wand unter der Treppe kann Geschirr untergebracht werden.

▸ Lange Dielen kann man als Bildergalerie nutzen. Für wirkungsvolle Beleuchtung der Bilder einstellbare Spotleuchten anbringen.

Stauraum Ein langer Flur bietet viel Stauraum, wenn man an einer der Längswände Regalbretter bis zur Decke oder eine Garderobe anbringt, die hinter einem Rollo verborgen sein können. Statt des Rollos kann man auch eine Spiegeltür anbringen, die den Raum optisch vergrößert.

▸ In hohen Fluren kann man durch Einbau von Regalbrettern und Böden zusätzlichen Platz für selten benutzte Gegenstände gewinnen. Eine solche Zwischendecke sollte mindestens in 2,2 m Höhe eingebaut werden.

▸ In einer ungenutzten Nische kann man aus Dränagerohren aus Ton, die im Baustoffhandel erhältlich sind, ein Flaschenregal bauen. Die Rohre werden übereinander gestapelt, die Wände der Nische sorgen für Stabilität.

Pinnwand Eine Pinnwand im Flur, neben der Eingangstür so angebracht, daß sie im Blickfeld der Personen liegt, die hinausgehen oder hereinkommen, ist nützlich für Einkaufszettel, Nachrichten und Abholscheine; auch Schlüssel können hier aufgehängt werden.

Schlüssel Wenn man Schlüssel leicht verwechselt, kann man sie mit Nagellack markieren.

Um Verwechslungen zu vermeiden, kann man Schlüssel mit Nagellack markieren.

VORHÄNGE UND JALOUSIEN

▸ Vorhänge sollten die Heizkörper nicht verdecken, damit die Wärme ungehindert in den Raum strahlen kann.

▸ Eine Alternative zu Vorhängen sind Rollos und Jalousien.

▸ Lichtdurchlässige weiße Rollos halten im Sommer den Raum kühl und verhindern Einblicke, ohne zu sehr abzudunkeln.

▸ Jalousien mit senkrechten Lamellen sind besonders gut geeignet, um große Glasfronten von Terrassentüren abzudecken. Sie können auch als Raumteiler eingesetzt werden.

▸ Schmuckjalousien, die mit Mustern oder Motiven verziert sind, verwandeln in geschlossenem Zustand das Fenster in ein hübsches Bild.

INSEKTEN FERNHALTEN UND VERTREIBEN

▸ Lorbeerzweige, Wacholder, Lavendelblüten oder ein Tropfen Lavendelöl helfen, Fliegen fernzuhalten.

▸ Um Fliegen aus der Küche zu vertreiben, kann man gelegentlich einen Tropfen Essig auf einer Herdplatte verdampfen lassen.

Essig auf der heißen Herdplatte vertreibt Fliegen.

Ameisen Sie bleiben fern, wenn man Lorbeerblätter zerkleinert und diese in den betroffenen Schrank legt.

▸ Um Ameisen fernzuhalten, streut man Backpulver oder Kerbelblätter aus oder stellt eine Tomatenpflanze auf die Küchenfensterbank. Auch Tausendgüldenkraut, Lavendelblüten und Lavendelöl nutzen.

▸ In vielen Fällen hilft es schon zu beobachten, welchen Weg die Ameisen nehmen, und an geeigneter Stelle täglich einen Kreidestrich zu ziehen.

Ein Kreidestrich auf dem Fensterbrett hält Ameisen fern.

▸ In hartnäckigen Fällen kann man ein Ameisenvernichtungsmittel, das für Menschen und andere Tiere unschädlich ist, selbst herstellen: Man mischt einen Teil Borax und einen Teil Puderzucker und streut diese Mischung in der Nähe des Nesteinganges aus.

Motten Naturfasern können von Motten befallen werden und sollten verpackt und mit einem natürlichen Mottenschutz versehen werden. Getrocknete Orangenschalen oder mit Lavendel oder Wermut gefüllte Mullsäckchen sind ein wirksamer Mottenschutz.

▸ Wenn man eine Orange dicht mit Nelken spickt und in den Schrank legt, verströmt sie einen intensiven Duft, der die Schädlinge fernhält.

Der Duft einer mit Nelken gespickten Orange hält Schädlinge fern.

HAUSHALTSGERÄTE

KÜHLSCHRANK

▸ Wer sich einen Kühlschrank anschaffen will, kann die erforderliche Größe nach folgender Faustregel berechnen: Für einen Einpersonenhaushalt benötigt man 120 l Nutzraum (ohne das Eisfach); für jede weitere Person sind zusätzlich 60 l zu veranschlagen.

▸ Besonders umweltverträglich sind Kühlschränke, die nicht mit FCKW oder FKW als Kühlmittel, sondern mit Propan und Butan arbeiten.

▸ Die Kälteleistung des Eisfachs wird in der Regel mit Sternen gekennzeichnet. Ein Fach mit einem Stern erreicht –6 °C; darin kann man Tiefkühlkost bis zu drei Tage aufbewahren. Zwei Sterne stehen für eine Kälteleistung von –12 °C; Tiefgefrorenes hält sich darin bis zu zwei Wochen. Ein Fach mit drei Sternen erreicht Temperaturen von –18 °C; darin kann man Tiefgekühltes bis zu drei Monate lagern. Ein Fach mit vier Sternen, dessen Kälteleistung über –18 °C hinausgeht, ist geeignet, um darin Lebensmittel einzufrieren.

▸ Beim Aufstellen muß man beachten, daß die Lüftungsschlitze nicht abgedeckt sind.

▸ Wer ein Kühl- und ein Gefriergerät benötigt und wenig Stellplatz hat, kann ein Kombigerät wählen, bei dem der Kühlschrank auf dem Gefriergerät steht. Das spart Platz, und außerdem ist der Inhalt des Kühlschranks gut sichtbar auf Augenhöhe.

▸ Im Handel sind auch Drei-Zonen-Kühlschränke erhältlich. Im Eisfach mit drei oder vier Sternen bewahrt man gefrorene Lebensmittel auf, in der Kühlzone lagern Lebensmittel zum Frischhalten und in der Kellerzone sind Gemüse und Getränke untergebracht, die Kellertemperatur benötigen. Jede Zone hat eine separate Tür.

▸ Sogenannte Frischezentren bzw. Klimaschränke haben vier unterschiedliche Temperaturbereiche, in denen auch jeweils eine andere Luftfeuchtigkeit herrscht. Lagert man die Lebensmittel in der jeweils geeigneten Zone, halten sie sich länger.

▸ Im Gegensatz zu Kühlschränken mit unterschiedlichen Temperaturbereichen wird bei Kühlschränken mit Umluftgebläse der gesamte Innenraum auf einer einheitlichen Temperatur gehalten.

Energie sparen Schon bei der Wahl des Standortes ist dieser Aspekt zu beachten. So sollte der Kühlschrank nicht direkt neben einem wärmeabstrahlenden Gerät wie beispielsweise dem Herd oder einem Heizkörper aufgestellt werden.

▸ Wenn man den Kühlschrank öffnet, nimmt man gleich alle benötigten Lebensmittel heraus. Je öfter man die Tür aufzieht, desto mehr Energie wird verbraucht.

▸ Nur abgekühlte Speisen in den Kühlschrank stellen. Die verdampfende Feuchtigkeit schlägt sich sonst am Eisfach als Reif nieder; je stärker die Vereisung, desto höher der Stromverbrauch. Außerdem wird zusätzliche Energie verbraucht, um die Speisen herunterzukühlen.

▸ Um zu prüfen, ob die Kühlschranktür gut schließt, klemmt man einen Papierstreifen zwischen die Dichtung der Tür und das Gehäuse. Der Streifen darf sich bei geschlossener Tür nur schwer herausziehen lassen.

Mit einem Papierstreifen, den man in die Tür klemmt, testet man, ob sie gut schließt.

Pflege Die meisten Geräte haben heute eine Abtauautomatik. Wer noch ein älteres Modell besitzt, sollte es in regelmäßigen Abständen abtauen.

▸ Unangenehme Gerüche verschwinden, wenn man einen halben Apfel in den Kühlschrank legt und diesen wöchentlich ersetzt. Auch trockener Kaffeesatz kann unangenehmen Geruch binden.

Eine Apfelhälfte absorbiert Gerüche im Kühlschrank.

Alte Kühlschränke entsorgen

Da in Kühl- und Gefriergeräten häufig die für die Ozonschicht schädlichen Fluorchlorkohlenwasserstoffe (FCKW) als Kühlmittel eingesetzt werden, darf man sie nicht auf die Müllkippe werfen. Die Entsorgung wird von Gemeinde zu Gemeinde unterschiedlich gehandhabt. Wer einen Kühlschrank entsorgen will, sollte sich bei der Gemeindeverwaltung nach der ortsüblichen Entsorgungspraxis erkundigen.

▸ Schmutz entfernt man zunächst mit Wasser, dem man etwas Geschirrspülmittel zugesetzt hat. Anschließend wird der Kühlschrank mit Essigwasser ausgewaschen. Auf diese Weise werden Gerüche beseitigt.

Vakuumdosen Im Kühlschrank werden Lebensmittel am besten in gut schließenden Behältern aufbewahrt. Besonders geeignet dafür sind Vakuumdosen.

▸ Auf den Boden von Vakuumdosen, in denen man beispielsweise Wurst oder Käse aufbewahrt, legt man etwas Küchenpapier, um Feuchtigkeit, die durch das Temperaturgefälle entsteht, aufzusaugen.

Küchenpapier, mit dem man den Boden von Vakuumdosen auslegt, saugt Kondenswasser auf.

GEFRIERGERÄTE

▸ Wer ein Gefriergerät anschaffen will, kann die erforderliche Größe nach folgender Faustregel berechnen: 50–80 l Nutzinhalt pro Person für einen Stadthaushalt, 100–130 l pro Person für einen Landhaushalt.

▸ Wenn man wenig Stellplatz hat, ist ein Gefrierschrank ideal. Dank der herausziehbaren Körbe und Schubladen kann man alles schnell ein- und ausräumen und hat eine gute Übersicht. Nachteile gegenüber einer Gefriertruhe: Wegen der Schubladen ist die Ausnutzung bei gleichem Rauminhalt um 10–20 % niedriger. Außerdem sind Anschaffungskosten und Stromverbrauch höher.

▸ Die Temperatur im Gefriergerät sollte immer –18 °C betragen. Zur Kontrolle legt man ein Thermometer auf die oben liegende Ware.

Mit einem Thermometer die Temperatur kontrollieren.

Energie sparen Das Gefriergerät sollte nicht direkt neben einem wärmeabstrahlenden Gerät wie beispielsweise dem Herd oder einem Heizkörper aufgestellt werden.

▸ Lebensmittel abgekühlt und luftdicht verpackt in das Gefriergerät einräumen, damit kein Reif entsteht, der die Kühlleistung mindert.

▸ Leere Stauräume kann man mit Handtüchern füllen, die man in Plastikbeuteln verpackt. Dadurch sinkt der Energieverbrauch.

Freien Platz im Gefriergerät mit Handtüchern füllen.

▸ Bevor man das Gefriergerät öffnet, sollte man überlegen, welche Produkte benötigt werden, und sie alle gleichzeitig entnehmen. Je öfter die Tür bzw. der Deckel geöffnet wird, desto mehr Energie wird verbraucht.

Pflege Gefriergeräte sollte man einmal im Jahr abtauen und gründlich reinigen.

▸ Den Zeitpunkt für die Reinigung so planen, daß das Gerät möglichst leer ist. Das verbliebene Gefriergut wird entweder in ein anderes Gefriergerät umgeschichtet oder in dicke Lagen Zeitungspapier oder Wolldecken eingewickelt.

Gefriergut während des Abtauens in Zeitungspapier einschlagen.

▸ Für die Reinigung schaltet man das Gerät aus und zieht den Netzstecker. Anschließend wird die Eisschicht entfernt und das Gerät mit einer Spülmittellösung ausgewaschen. Gut austrocknen und das Gerät erst dann einschalten.

▸ Die Eisschicht löst sich schneller und einfacher ab, wenn man in das ausgeschaltete Gerät einen Plastikeimer mit heißem Wasser stellt, den Deckel bzw. die Tür schließt und einige Zeit wartet.

Heißes Wasser in einem Eimer löst die Eisschicht an.

ELEKTROHERD

▸ Vor dem ersten Gebrauch müssen Kochplatten fünf Minuten auf höchster Stufe erhitzt werden, damit der aufgetragene Schutzlack aushärtet. Die Platten sollten regelmäßig mit etwas Maschinenöl eingerieben werden.

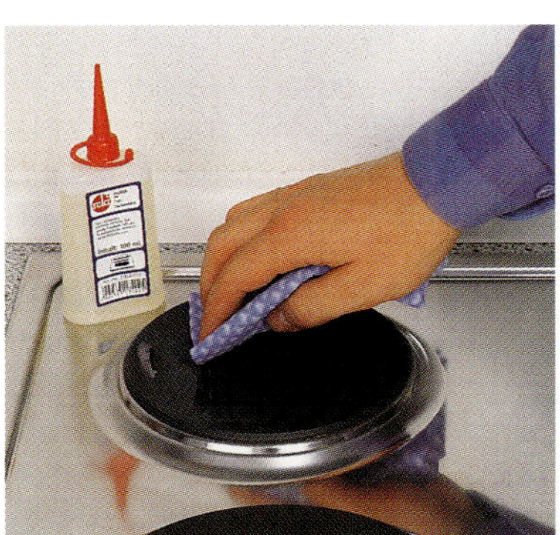

Die Kochplatten regelmäßig mit Maschinenöl pflegen.

▸ Um Schmutz in den feinen Rillen der Kochplatten zu lösen, die Platten leicht erwärmen und mit Backpulver bestreuen. Das Pulver mit einem Spülschwamm verreiben und abwischen.

Das Backpulver auf die erwärmte Kochplatte geben und verreiben.

▸ Meist genügt es, Glaskeramikkochfelder feucht abzuwischen. Übergekochtes muß jedoch sofort mit einem Glasschaber oder Messer abgehoben werden.

Von einem Glaskeramikfeld muß man Übergekochtes sofort vorsichtig entfernen.

ELEKTROBACKOFEN

▸ Zweckmäßig ist es, den Backofen getrennt vom Herd in Sichthöhe zu installieren. Durch die Sichtscheibe kann man den Garprozeß beobachten und muß sich dazu nicht mehr bücken.

▸ Ein Elektrobackofen mit Grill hat den Vorteil, daß kein zusätzliches Einzelgerät gekauft werden muß und Stellfläche eingespart wird. Bei manchen Geräten muß man den Grillheizkörper extra einstecken, bei anderen ist er fest eingebaut.

Vorsicht beim Einsatz von Backofensprays!

- **Mit Backofensprays sollte man immer vorsichtig umgehen, denn sie sind gesundheitsgefährdend. Die aggressiven und hochgiftigen Dämpfe können Verätzungen der Schleimhäute verursachen.**
- **Backofensprays nur bei geöffnetem Fenster verwenden.**
- **Bei der Arbeit mit Backofenspray sollte man Kinder fernhalten.**
- **Wenn nur ein kleiner Spritzer Backofenspray in die Augen gelangt, muß man die Augen sofort unter fließendem Wasser mindestens 15 Minuten lang ausspülen und einen Arzt rufen bzw. aufsuchen. Denn durch das Backofenspray kann die Hornhaut zerstört werden.**

▸ Zur zweckmäßigen Zusatzausrüstung gehört ein Bratthermometer, das man in den Braten steckt. Damit kann der Garvorgang optimal kontrolliert werden.

Das Bratthermometer mitten in den Braten stecken.

Energie sparen Während der Backofen in Betrieb ist, sollte die

Tür so wenig wie möglich geöffnet werden.

▸ Die Nachwärme des Backofens kann man dazu nutzen, Teller vorzuwärmen.

Die Restwärme kann man nutzen, um Teller im Ofen vorzuwärmen.

▸ Mit der Nachwärme Reis oder Hülsenfrüchte vorquellen.

▸ Umluftbacköfen verbrauchen weniger Energie als Öfen mit Ober- und Unterhitze. Man kann gleichzeitig auf mehreren Ebenen backen, und das Vorheizen entfällt.

Pflege Bei frischen Verunreinigungen stellt man einen geeigneten Behälter mit etwas Wasser in den noch heißen Backofen und wartet einige Minuten. Der Schmutz wird angelöst, und man kann ihn dann mit einem Schwamm abwischen.

Wasserdampf löst frische Verschmutzungen an.

▸ Bei Backöfen mit pyrolytischer Selbstreinigung kann man ein Reinigungsprogramm einschalten, bei dem Temperaturen von 500 °C erreicht werden. Dabei werden sämtliche Verschmutzungen zersetzt; die Rückstände kann man leicht auskehren oder auswischen. Der Energieverbrauch für diese Selbstreinigung ist allerdings sehr hoch.

GASHERD UND GASBACKOFEN

▸ Beim Gasherd kann jedes gängige Topfmaterial und jede Topfgröße eingesetzt werden.

▸ Im Vergleich zu Elektroherden sind Gasherde umweltverträglicher, da sie nur halb soviel Energie verbrauchen.

▸ 160 °C im Elektrobackofen entsprechen der Stufe 1 im Gasbackofen, 180 °C der Stufe 2, 200 °C der Stufe 3, 220 °C der Stufe 4, 240 °C der Stufe 5, 260 °C der Stufe 6, 280 °C der Stufe 7 und 300 °C der Stufe 8.

DUNSTABZUGSHAUBE

▸ Im Handel sind sowohl Dunstabzugshauben, bei denen die gereinigte Luft wieder in die Küche zurückgelangt, als auch Ablufthauben, bei denen die gefilterte Luft über einen Abluftkanal ins Freie gelangt, erhältlich. Ablufthauben arbeiten effektiver als Umlufthauben. Der Einbau ist jedoch in der Regel teurer und nicht in jeder Küche möglich.

▸ Das Gerät sollte man zu Beginn des Kochvorgangs einschalten und erst zehn Minuten nach Kochende ausschalten, damit alle Dämpfe und Gerüche abgezogen werden.

Pflege Das Gehäuse muß regelmäßig von innen und außen mit einer Spülmittellösung gereinigt werden.

▸ Hartnäckigen Schmutz entfernt man am besten mit einer Mischung aus flüssigem Geschirrspülmittel und Spülmaschinenpulver. Hierbei sollte man aber Gummihandschuhe tragen.

▸ Metallfilter können in der Geschirrspülmaschine gereinigt werden.

Den Metallfilter einer Dunstabzugshaube kann man in der Geschirrspülmaschine reinigen.

▸ Sogenannte Naßvlies- und Spinnvliesfilter sind waschbar. Bei modernen Geräten wird der Zeitpunkt dafür angezeigt.

MIKROWELLENGERÄT

▸ Mikrowellengeräte eignen sich vor allem als Ergänzung zum konventionellen Herd.

▸ Die Leistung des Gerätes sollte mindestens 600 W betragen. Je höher die Leistung, desto kürzer ist meist die Garzeit.

▸ Wenn sich die Leistung stufenlos einstellen läßt, kann man sie der jeweiligen Angabe im Rezept anpassen.

▸ Hat das Mikrowellengerät eine elektronische Uhr, kann man kurze Garzeiten auf die Minute bzw. Sekunde genau einstellen.

▸ Höhere Leistungsstufen benötigt man, wenn man Lebensmittel garen möchte; zum Auftauen genügen die untersten Stufen. Will man eine Speise besonders schonend auftauen oder erwärmen, stellt man das Gerät auf eine niedrige Stufe und läßt die Speise entsprechend länger darin.

▸ Wer vor allem tiefgefrorene Speisen auftauen und erhitzen will, sollte sich ein Mikrowellen-Sologerät anschaffen. Damit kann man Lebensmittel schmelzen, dünsten und trocknen, aber selbstverständlich auch garen.

▸ Will man mit dem Mikrowellengerät auch braten, grillen und backen, muß man ein Mikrowellen-Kombinationsgerät kaufen. Sie sind jedoch teurer als Sologeräte.

▸ Manche Geräte sind mit einem Speisenthermometer ausgestattet. Es bewährt sich besonders beim Garen von großen Fleischstücken. Man sollte das Thermometer immer in mageres Muskelfleisch einstechen, denn Fett oder Knochen erwärmen sich schneller als mageres Fleisch.

▸ Bei Geschirr muß man darauf achten, daß das Material der Temperatur standhält, die das jeweilige Lebensmittel erreichen soll. So wird beim Auftauen eine Temperatur von etwa 20 °C erreicht, beim Schmelzen etwa 40 °C, beim Erwärmen 60 °C, beim Erhitzen 80 °C, beim Garen, Dünsten und Kochen 100 °C und

UMRECHNUNGSTABELLE FÜR GERÄTE MIT UNTERSCHIEDLICHER HÖCHSTLEISTUNG

600 Watt	*650 Watt*	*700 Watt*	*750 Watt*	*850 Watt*
20 Sek.	*17 Sek.*	*15 Sek.*	*13 Sek.*	*8 Sek.*
35 Sek.	*33 Sek.*	*30 Sek.*	*27 Sek.*	*23 Sek.*
1 Min. 15 Sek.	*1 Min. 10 Sek.*	*1 Min.*	*50 Sek.*	*40 Sek.*
1 Min. 45 Sek.	*1 Min. 40 Sek.*	*1 Min. 30 Sek.*	*1 Min. 20 Sek.*	*1 Min. 05 Sek.*
2 Min. 30 Sek.	*2 Min. 15 Sek.*	*2 Min.*	*1 Min. 45 Sek.*	*1 Min. 15 Sek.*
3 Min.	*2 Min. 45 Sek.*	*2 Min. 30 Sek.*	*2 Min. 15 Sek.*	*1 Min. 45 Sek.*
3 Min. 30 Sek.	*3 Min. 15 Sek.*	*3 Min.*	*2 Min. 45 Sek.*	*2 Min. 15 Sek.*
4 Min.	*3 Min. 45 Sek.*	*3 Min. 30 Sek.*	*3 Min.*	*2 Min. 30 Sek.*
4 Min. 30 Sek.	*4 Min. 15 Sek.*	*4 Min.*	*3 Min. 45 Sek.*	*2 Min. 45 Sek.*
5 Min. 30 Sek.	*5 Min.*	*4 Min. 30 Sek.*	*4 Min.*	*3 Min. 30 Sek.*
6 Min.	*5 Min. 30 Sek.*	*5 Min.*	*4 Min. 30 Sek.*	*3 Min. 45 Sek.*
7 Min.	*6 Min. 30 Sek.*	*6 Min.*	*5 Min. 30 Sek.*	*4 Min. 30 Sek.*
8 Min.	*7 Min. 30 Sek.*	*7 Min.*	*6 Min. 30 Sek.*	*5 Min. 30 Sek.*
9 Min.	*8 Min. 30 Sek.*	*8 Min.*	*7 Min. 30 Sek.*	*6 Min. 30 Sek.*
10 Min.	*9 Min. 30 Sek.*	*9 Min.*	*8 Min. 30 Sek.*	*7 Min. 30 Sek.*
11 Min. 30 Sek.	*11 Min.*	*10 Min.*	*9 Min.*	*8 Min.*
12 Min. 30 Sek.	*12 Min.*	*11 Min.*	*10 Min.*	*9 Min.*
14 Min. 30 Sek.	*13 Min.*	*12 Min.*	*11 Min.*	*10 Min.*
15 Min. 30 Sek.	*14 Min.*	*13 Min.*	*12 Min.*	*11 Min.*
16 Min. 30 Sek.	*15 Min.*	*14 Min.*	*13 Min.*	*12 Min.*
17 Min.	*16 Min.*	*15 Min.*	*13 Min. 30 Sek.*	*12 Min. 30 Sek.*
18 Min.	*17 Min.*	*16 Min.*	*14 Min. 30 Sek.*	*13 Min. 30 Sek.*
20 Min.	*18 Min.*	*17 Min.*	*15 Min. 30 Sek.*	*14 Min. 30 Sek.*
21 Min.	*19 Min.*	*18 Min.*	*16 Min.*	*15 Min.*
22 Min.	*21 Min.*	*19 Min.*	*17 Min.*	*15 Min. 30 Sek.*
23 Min.	*22 Min.*	*20 Min.*	*18 Min.*	*16 Min.*
29 Min.	*27 Min.*	*25 Min.*	*22 Min.*	*18 Min.*
35 Min.	*32 Min.*	*30 Min.*	*27 Min.*	*22 Min.*
41 Min.	*37 Min.*	*35 Min.*	*32 Min.*	*25 Min.*
48 Min.	*42 Min.*	*40 Min.*	*37 Min.*	*30 Min.*
54 Min.	*47 Min.*	*45 Min.*	*42 Min.*	*34 Min.*
60 Min.	*54 Min.*	*50 Min.*	*45 Min.*	*37 Min.*
68 Min.	*61 Min.*	*55 Min.*	*50 Min.*	*40 Min.*
76 Min.	*68 Min.*	*60 Min.*	*54 Min.*	*43 Min.*

Die Garzeiten in Kochbüchern für Mikrowellengeräte sind meist auf eine bestimmte Höchstleistung des Gerätes abgestimmt. Anhand dieser Tabelle kann man die entsprechende Garzeit beim eigenen Gerät herausfinden.

beim Braten 180 °C. Wenn die Mikrowelleneignung des Geschirrs nicht eindeutig ist, kann man sie testen, indem man es bei 600 W für 30 Sekunden in das Gerät stellt. Bleibt das Geschirr kalt oder wird es nicht mehr als handwarm, ist es geeignet.

Pflege Meist genügt es, das Gerät mit einem feuchten Tuch oder Schwamm, auf den man etwas Geschirrspülmittel gibt, auszuwischen.

▸ Man sollte das Gerät regelmäßig reinigen, am besten nach jedem Gebrauch, da Verschmutzungen die Leistungsfähigkeit beeinträchtigen.

▸ Um Gerüche von stark riechenden Speisen aus dem Mikrowellengerät oder dem Backofen zu vertreiben, gibt man etwas Zitronensaft in eine Tasse Wasser und kocht diesen etwa zwei Minuten lang.

GESCHIRRSPÜLMASCHINE

▸ Beim Kauf darauf achten, daß das Geschirr in den Körben so schräg steht, daß das Wasser gut ablaufen kann.

▸ Die meisten Geschirrspülmaschinen kann man an den Warmwasserhahn anschließen lassen. Dadurch verkürzt sich die Spüldauer.

KLEINERE KÜCHENGERÄTE

▸ Grundsätzlich sollte man nur Geräte kaufen, die mit einer Plakette vom VDE, möglichst in Verbindung mit dem GS-Prüfzeichen, versehen sind. Diese sind von den jeweiligen Institutionen auf ihre Sicherheit überprüft worden.

Toaster Hat sich ein Stück Brot im Toaster verklemmt, zieht man den Stecker heraus und löst es mit einem Holzlöffel.

Festgeklemmte Brotscheiben mit einem Holzlöffel vorsichtig lösen.

▸ Toaster reinigt man mit einem trockenen Pinsel.

Getreidemühle Beim Einkauf sollte man besonders darauf achten, daß das Gerät einfach und mit wenigen Handgriffen zerlegt werden kann, weil dadurch die Reinigung erleichtert wird.

▸ Wenn bei der Mühle keine Abdeckung vorhanden ist, mit einem Geschirrtuch verhindern, daß das Gemahlene herausstaubt.

Ein Geschirrtuch verhindert, daß das Mahlgut herausstaubt.

▸ Wenn Ölsaaten vermahlen werden, muß das Mahlwerk anschließend trocken mit einer Bürste oder einem Pinsel gereinigt werden, da das Mahlwerk sonst verklebt.

Kaffeemaschine Um eine Kaffeemaschine auf umweltfreundliche Weise zu entkalken, füllt man die Maschine mit Wasser und gibt 2 TL Zitronensäure (aus der Apotheke) hinzu. Man schaltet die Maschine ein und läßt die Mischung durchlaufen. Danach zweimal klares Wasser durchlaufen lassen.

Küchenmaschine Will man den Lärm einer Küchenmaschine dämpfen, kann man sie auf eine dicke Schreibunterlage stellen.

WASCHMASCHINE

▸ Toplader, d. h. Maschinen, die von oben bedient werden, eignen sich besonders für ältere Menschen und Personen, die sich schlecht bücken können.

▸ Frontlader benötigen meist mehr Stellfläche, bieten aber dafür eine zusätzliche Arbeitsfläche.

▸ Jede Waschmaschine muß waagrecht stehen. Beim Aufstellen überprüft man dies mit einer Wasserwaage.

Eine Waschmaschine sollte man mit Hilfe einer Wasserwaage exakt waagrecht aufstellen.

▸ Wenn man die Trommel überlädt, kann dies dazu führen, daß die Wäsche nicht richtig sauber wird. Als Faustregel gilt, daß nach dem Einfüllen eine Hand hochkant zwischen Wäsche und Trommelrand passen soll.

Zwischen Wäsche und Trommelrand muß noch eine Hand passen.

▸ Moderne Waschmittel entfalten ihre Wirkung am besten, wenn man sie direkt in einem speziellen Waschmittelbehälter in die Trommel gibt.

Das Waschmittel im Spezialbehälter direkt in die Trommel geben.

▸ Um Wasserschäden zu vermeiden, sollte man nach Gebrauch das Wasser jeweils abdrehen.

Energie sparen Man sollte immer möglichst niedrige Waschtemperaturen wählen.

▸ Viele Geräte verfügen über ein Energiesparprogramm. Leichtverschmutzte Kochwäsche wird damit bei 60 °C so sauber wie sonst bei 95 °C.

▸ Für kleinere Wäschemengen das Sparprogramm für die halbe Füllmenge wählen.

Pflege Das Flusensieb muß man regelmäßig säubern.

▸ Der Waschpulverbehälter läßt sich gut mit einer alten Zahnbürste reinigen.

Den Waschpulverbehälter mit einer alten Zahnbürste reinigen.

WÄSCHETROCKNER

▸ Beim Ablufttrockner wird die feuchtwarme Luft über einen Schlauch ins Freie geleitet. Dazu reicht es aus, wenn man für die Zeit des Betriebs der Maschine ein Fenster öffnet und den Schlauch einfach hinaushängen läßt.

Den Abluftschlauch nach draußen legen.

▸ Wer eine feste Installation möchte, kann sich vom Glaser ein passendes Loch in die Fensterscheibe schneiden und den Schlauch dort mit einer Manschette befestigen lassen.

▸ Bei manchen Geräten, sogenannten Kondensationstrocknern, wird die Feuchtigkeit innerhalb des Gerätes in einem Behälter gesammelt. Dieses Wasser ist sehr kalkarm und eignet sich des-

DAS FLUSENSIEB DES WÄSCHETROCKNERS HERAUSNEHMEN UND SÄUBERN

1. Nach jedem Trockenvorgang muß man das Flusensieb herausnehmen.

2. Das herausgenommene Sieb mit einem Tuch sorgfältig abwischen und säubern.

3. Nachdem man das Sieb völlig von Flusen befreit hat, wird es wieder eingesetzt.

halb gut für das Dampfbügeleisen.

Das Wasser aus dem Behälter des Kondensationstrockners kann man für das Dampfbügeleisen verwenden.

▸ Synthetische Fasern laden sich im Trockner elektrostatisch auf, deshalb sollte man sie bügelfeucht entnehmen.

▸ Trikotwäsche, Socken u. a. laufen im Trockner leicht ein. Neue Wäsche sollte man daher am besten gleich eine Nummer größer kaufen.

Energie sparen Vor dem Trocknen die nasse Wäsche mit der höchstmöglichen Anzahl Umdrehungen pro Minute schleudern. Dadurch wird die Trocknungszeit verkürzt.

▸ Übertrocknen vermeiden. Wäsche, die gebügelt werden soll, braucht man nicht vollständig zu trocknen. Dafür sollte man immer das Bügelwäscheprogramm einstellen, bei dem die Wäsche bügelfeucht bleibt.

▸ Nach Möglichkeit die maximale Füllmenge ausnutzen. Wenn man dafür nicht genügend gleichartige Wäsche hat, trocknet man Bügelwäsche zusammen mit Wäsche, die schranktrocken werden soll, und stellt das Bügelwäscheprogramm ein. Nach Programmende wird die Bügelwäsche entnommen. Der Rest wird über das Programm für schranktrockene Wäsche weitergetrocknet.

BÜGELEISEN UND BÜGELMASCHINE

▸ Um Energie zu sparen, sollte man die Bügelarbeiten mit den Wäscheteilen beginnen, die die niedrigste Temperatur erfordern, und das Gerät schon abschalten, bevor man die letzten Stücke bügelt.

Bügeleisen Beim Kauf eines Bügeleisens ist darauf zu achten, daß es handlich ist, ein langes Kabel hat und die Leistung bei etwa 1000 W liegt.

▸ Die Sohle des Bügeleisens läßt sich leicht mit einem essiggetränkten Lappen reinigen. Dafür ist die billigste Sorte Haushaltsessig ausreichend.

Einen Lappen mit Essig tränken und die Sohle des Bügeleisens damit reinigen.

▸ Wenn man ein Kleidungsstück mit Stärke behandelt hat und diese am Bügeleisen klebt oder ein synthetischer Stoff zu heiß gebügelt wurde und deshalb an der Bügelfläche haftet, muß man die Reste sofort mit einem Spezialmittel entfernen. Die Verschmutzung keinesfalls abkratzen.

▸ Dampfbügeleisen nur mit destilliertem Wasser füllen, damit sie nicht verkalken. Bevor man den Wassertank des Dampfbügeleisens nachfüllt, unbedingt vorher den Stecker aus der Steckdose ziehen.

▸ Dampfbügeleisen immer mit leerem Wassertank aufbewahren.

Bügelmaschine Die Walzenbreite voll ausnutzen. Man kann – je nach Größe des Gerätes – beispielsweise Handtücher nebeneinander durch die Maschine laufen lassen.

STAUBSAUGER

▸ Wer ein neues Gerät kaufen will, sollte darauf achten, daß es möglichst geräuscharm (maximal 73 dB) und mit einem Mikrofilter ausgestattet ist.

▸ Wer ein Gerät mit einem Teleskoprohr kauft, kann die Länge des Rohres entsprechend der eigenen Körpergröße einstellen.

▸ Möglichst bei geöffnetem Fenster saugen; für Durchzug sorgen.

▸ Für angenehmen Geruch in den gesaugten Räumen sorgen einige Tropfen Pfefferminzöl, die man in den Filter oder in den Staubbeutel träufelt.

Pflege Den Abluftfilter muß man in regelmäßigen Abständen ersetzen.

Regelmäßig muß der Abluftfilter gewechselt werden.

KLEINE REPARATUREN

WERKZEUG

▸ Um Werkzeug vor Rost zu schützen, legt man ein Stück Kreide, Holzkohle oder einige Mottenkugeln in den Werkzeugkasten. Dadurch wird die Feuchtigkeit gebunden.

MÖBEL

▸ Läßt sich ein Schlüssel schwer im Schloß drehen, legt man ihn in warmes Seifenwasser. Dann trocknet man ihn gut ab und reibt ihn mit Paraffin ein.

▸ Um die quietschenden und schwergängigen Scharniere einer Schranktür zu ölen, hebt man die Tür mit der Hand oder mit Hilfe eines Hebels leicht an, beträufelt die Scharniere mit Öl und läßt die Tür wieder herunter. Dann bewegt man sie ein paarmal hin und her, damit sich das Öl gleichmäßig verteilt.

▸ Um ein Scharnier wieder leichtgängig zu machen, kann man es auch mit der Spitze eines Bleistiftes einreiben, da Graphit ein gutes Gleitmittel ist.

Ein schwergängiges Scharnier reibt man mit einer Bleistiftspitze ein.

▸ Ist der Griff einer Schublade abgebrochen, kann man eine Saugpumpe ansetzen, um sie herauszuziehen.

Die Schublade mit der Saugpumpe öffnen.

▸ Bei klemmenden Schubladen reibt man mit einem Stück Seife oder einem farblosen Kerzenstummel über die Laufflächen.

Laufflächen einer klemmenden Schublade mit Seife bestreichen.

▸ Wasserflecken auf Weichholzmöbeln lassen sich entfernen, wenn man Bienenwachs aufträgt und anschließend fönt. Die heiße Luft verflüssigt das Wachs, und die Oberfläche bekommt wieder einen gleichmäßigen Farbton. Nach mehreren Stunden Trockenzeit kräftig mit einem Stoffballen nachpolieren. Man kann auch flüssiges Bienenwachs aus dem Fachhandel verwenden.

▸ Hängt die Sitzfläche von Rohrstühlen durch, begießt man sie mit heißem Wasser und läßt sie anschließend an einem warmen Ort, möglichst in der Sonne, trocknen. Wenn das Geflecht wieder völlig trocken und straff ist, streicht man es mit Zitronen- oder Zedernöl ein; so bleibt es geschmeidig und splittert nicht. Vor der Benutzung einige Zeit abwarten.

▸ Wackelt ein Holztisch, weil ein Bein zu kurz ist, gibt man flüssiges Holz aus der Tube (im Fachhandel erhältlich) auf Pergamentpapier, stellt das kurze Tischbein hinein und läßt die Masse gut trocknen. Die überstehenden Reste werden mit einer scharfen Klinge entfernt. Mit Sandpapier nachschleifen.

▸ Ein wackliges Stuhlbein hält besser, wenn man den Zapfen, der das Bein mit der Sitzfläche verbindet, vor dem Zusammenbau mit Zwirn oder einem dünnen Streifen einer Nylonstrumpfhose umwickelt. Dann trägt man etwas Holzleim auf und setzt das Stuhlbein wieder ein.

WAND UND BODEN

▸ Bei knarrenden Dielen gibt man etwas Schmierseife in die Ritzen.

▸ Druckstellen auf dem Teppich, die von schweren Möbeln verursacht wurden, können mit dem Bügeleisen entfernt werden. Dazu legt man ein feuchtes Tuch auf die betreffende Stelle und läßt das Bügeleisen leicht darübergleiten. Das Tuch nun entfernen und die Teppichfasern vorsichtig aufbürsten. Alternativ hierzu kann man auch ein sehr stark angefeuchtetes Tuch auf die Stelle legen, es so lange liegen lassen, bis es getrocknet ist, und dann die Teppichfasern aufbürsten.

Ein feuchtes Tuch auf die Druckstelle legen und mit dem Bügeleisen leicht darüberfahren.

▸ Flecken auf Marmor kann man vermeiden, wenn man ein Spezialwachs (im Fachhandel erhältlich) aufträgt.

▸ Schon vorhandene Flecken auf nicht polierten Marmorplatten entfernt man, indem man die Schnittfläche einer halben Zitrone mit Salz bestreut und damit über den Fleck reibt. Die so behandelte Stelle gleich mit Seifenwasser nachwischen, dann mit klarem Wasser spülen.

Eine aufgeschnittene Zitrone mit Salz bestreuen und über den Fleck reiben.

▸ Wer eine schadhafte Stelle an einer Wand mit Gips ausbessern will, muß sie zunächst von losem Putz und Staub befreien. Dann wird die Stelle mit einem Pinsel oder mit Hilfe einer Sprühflasche angefeuchtet und die Füllmasse aufgetragen. Um die Stelle einzuebnen, zieht man ein Holzstück darüber, das dabei hin- und herbewegt wird.

▸ Tiefere Löcher, die mit Gips gefüllt werden sollen, werden in mehreren Arbeitsgängen aufgefüllt. Jede Schicht muß man mindestens eine Stunde lang trocknen lassen.

▸ Gibt man beim Anrühren von Gips einen Schuß Essig oder Zitronensaft hinzu, verlängert sich die Aushärtezeit.

▸ Wenn Gips besonders schnell abbinden soll, fügt man dem angerührten Gipsbrei eine Prise Salz hinzu.

▸ Will man ein Loch oder einen Riß im Putz mit selbst angerührtem Füllspachtel (aus dem Fachhandel) ausbessern, zieht man zunächst mit einem Spachtel die Kanten nach und schrägt sie ab. Dadurch wird die schadhafte Stelle etwas verbreitert. Dann entfernt man mit einer Bürste oder einem Pinsel den Staub. Nun wird mit einem Spachtel Füllmasse in die Vertiefung gedrückt. Die Spachtelklinge sauber abstreifen und überschüssige Masse gleichmäßig auf der Wand verteilen. Nachdem der Füllspachtel getrocknet ist, glättet man die Fläche, indem man sie mit mittlerem oder feinem Sandpapier abschleift.

Schrauben Wenn sich eine Schraube nur schwer lösen läßt, erhitzt man die Spitze des Schraubendrehers möglichst stark. Die Schraube läßt sich dann leichter herausdrehen.

▸ Läßt sich eine Schraube nicht herausdrehen, weil sie festgerostet ist, kann man versuchen, sie mit etwas Cola zu lösen. Man träufelt ein wenig Flüssigkeit auf die Schraube, läßt sie kurz einwirken und versucht dann erneut, sie zu drehen.

▸ Bei Metallschrauben, die sich immer wieder lockern, wird ein Tropfen Schellack unter den Schraubenkopf gestrichen.

▸ Holzschrauben lassen sich leichter eindrehen, wenn man das Gewinde über ein trockenes Stück Seife streicht.

BAD UND WC

▸ Da in Bädern durch das feuchtwarme Raumklima leicht Schimmel entstehen kann, muß man unbedingt häufig lüften.

▸ In feuchten Räumen stellt man ein flaches Gefäß mit Salz – man kann auch Katzenstreu nehmen – auf, um die Feuchtigkeit zu absorbieren. Salz bzw. Katzenstreu bei Bedarf erneuern.

Waschbecken Läuft das Wasser nicht schnell genug ab, gießt man den Saft einer Zitrone in den Abfluß. Die Zitronensäure löst die festsitzenden Schmutzteile; 10–15 Minuten einwirken lassen, dann mit warmem Wasser nachspülen.

▸ Auf aggressive Abflußreiniger sollte man verzichten. Verstopfungen kann man meist mechanisch mit einer Saugpumpe und einer Spirale beheben; notfalls den Geruchverschluß mit einer Rohrzange öffnen.

▸ Riecht der Abfluß unangenehm, löst man Soda in kochendem Wasser auf und spült damit durch.

▸ Wasserhähne und Armaturen werden wieder glänzend, wenn man einen Lappen mit Spiritus tränkt und sie damit abreibt; anschließend mit einem weichen Tuch nachpolieren.

Toilettenbecken Urinstein kann man mit Essig entfernen. Man gibt ihn unverdünnt in das Becken und läßt ihn über Nacht einwirken.

Duschvorhänge Duschvorhänge, die sich nur schwer vor- und zurückziehen lassen, gleiten leichter, wenn man die Stange mit etwas Vaseline einreibt.

KÜCHE

▸ Eine stumpfe Schere schärft man, indem man einigemal mit ihr Sandpapier einschneidet.

Mit der stumpfen Schere in Sandpapier schneiden.

▸ Ein Messer schärft man provisorisch, indem man es auf der rauhen Standfläche eines Keramiktellers wetzt.

Ein Messer an der Standfläche des Tellerrückens schärfen.

▸ Einen mit Wachs verklebten Kerzenständer legt man für etwa eine Stunde in den Gefrierschrank bzw. ins Gefrierfach des Kühlschranks; das Wachs läßt sich dann leicht ablösen.

▸ Kerzenreste lassen sich mit einem Korkenzieher leicht aus einem Leuchter herausholen. Man dreht die Metallspirale in das Wachs und zieht den zurückgebliebenen Stummel wie einen Korken heraus.

Mit dem Korkenzieher werden Kerzenreste aus dem Halter entfernt.

▸ Haben sich zwei Gläser ineinander verkeilt, stellt man das untere Glas in ein Becken mit warmem Wasser und gießt ins obere Glas kaltes Wasser. Durch die Wärme dehnt sich das untere Glas aus, während sich das obere etwas zusammenzieht; die Gläser lassen sich auf diese Weise leicht voneinander lösen.

In das obere Glas kaltes Wasser gießen und das untere in warmes Wasser stellen.

Klebstoffe

Viele Klebstoffe, vor allem Alles- und Kontaktkleber, enthalten giftige Lösemittel. Die Lösemittel verdunsten beim Auftragen. Die Dämpfe sind haut- und schleimhautreizend und können allergische Reaktionen auslösen.

- **Die Hinweise des Herstellers zur Verarbeitung des Klebers sollten auf jeden Fall vor Gebrauch genau gelesen werden!**
- **Möglichst bei offenem Fenster arbeiten.**
- **Kleber von offenen Flammen fernhalten und bei der Arbeit nicht rauchen.**
- **Kinder sollten bei Bastelarbeiten wasserverdünnte Alleskleber verwenden. Für sehr viele Zwecke reichen Papierkleber oder wassergelöste Leime aus.**

KLEBEARBEITEN

▸ Die Flächen, die miteinander verklebt werden, müssen sauber, fettfrei und trocken sein.

Vorbereitung der Klebeflächen Holzflächen säubert man vor dem Klebevorgang mit Schleifpapier. Dabei wird zugleich die Oberfläche etwas aufgerauht; der Klebstoff haftet dann besser.

▸ Porzellan, Glas und Kunststoff mit Geschirrspülmittel reinigen; gründlich nachspülen und die Gegenstände mit einem nichtfusselnden Tuch gut trockenreiben.

▸ Papier und Karton mit einem Radiergummi säubern; lose Verschmutzungen abbürsten.

▸ Metalle mit Geschirrspülmittel abwaschen, trocknen, und ihre Oberfläche mit Schleifpapier oder einer Feile etwas aufrauhen.

Kleber auftragen Auf die vorbereitete Fläche den Klebstoff auftragen. Meist eignen sich die Dosiervorrichtungen der Verkaufsverpackungen gut dafür. Dünnflüssige Klebstoffe trägt man großflächig mit einem Pinsel auf, dickflüssigere Kleber mit einem Zahnspachtel.

- Zum punktgenauen Kleben sehr kleiner Flächen eignet sich eine Heißklebepistole besonders gut. Man verwendet kompakte Schmelzklebesticks, die durch die Hitze verflüssigt werden.

HILFSMITTEL FÜRS KLEBEN

- Entscheidend für den Erfolg beim Kleben ist, die miteinander zu verbindenden Teile exakt zu positionieren und sie so lange völlig unbeweglich zusammenzuhalten, bis der Kleber abgebunden hat.

- Nachdem der Kleber aufgetragen ist, müssen die Teile verpreßt werden. In den meisten Fällen genügt es, die Teile einfach mit der Hand zusammenzudrücken; eventuell kann ein Klebeband verwendet werden, um die Teile zu fixieren. Verbindungen mit weißem Holzleim müssen verspannt werden; man benutzt dafür Schraubzwingen oder einen Schraubstock.

Glasstiel ankleben Ist der Stiel eines Kelchglases abgebrochen, wird das Glas umgekehrt auf die Arbeitsfläche gestellt. Dann drückt man ein Stück Kitt so gegen den Kelch, daß er über die Bruchstelle hinausreicht. Nun trägt man Glaskleber dünn auf die Nahtstelle auf und drückt beide Teile zusammen. Anschließend wird mit dem Kitt der Stiel gut abgestützt. Die Bruchstelle darf dabei jedoch nicht ganz umhüllt sein, da Glaskleber zum Abbinden Licht benötigt. Den Kleber etwa zehn Minuten lang abbinden lassen, den Kitt entfernen und den Kleber aushärten lassen.

Den Stiel mit etwas Kitt gut abstützen. An die Bruchstelle muß aber noch Licht gelangen können.

Sandbett Lassen sich Klebeteile nicht anderweitig fixieren, kann man ein Sandbett benutzen, in dem der anzuklebende Teil durch sein eigenes Gewicht in Position gehalten wird. Dazu füllt man einen Behälter mit Sand und steckt das Werkstück – z. B. eine Tasse ohne Henkel – mit der Klebefläche senkrecht nach oben hinein. Dann trägt man dünn Klebstoff auf die Bruchstellen auf; dabei ist darauf zu achten, daß keine Sandkörner auf die Klebeflächen geraten. Nun die Teile zusammenfügen und andrücken. Mit dem Fingernagel überprüft man die korrekte Position des anzuklebenden Teils. Dann den Kleber abbinden lassen.

Die Tasse so ins Sandbett stecken, daß sie festen Halt hat; dann die Teile zusammenkleben.

Einen Henkel ankleben und fixieren Ist beispielsweise an einer Kanne ein Henkel abgebrochen, trägt man auf beide Bruchflächen eine dünne Schicht Spezialkleber auf, drückt die Teile zusammen und überprüft mit dem Fingernagel, ob sie richtig zusammengesetzt sind. Nun spannt man ein Klebeband quer über den angeklebten Henkel, und zwar so, daß es auf beiden Seiten des Henkels gleich stark gespannt ist, und überprüft erneut die Klebenaht.

Quer über den Henkel ein Stück Klebeband spannen.

Fliesen kleben Ist eine Fliese, für die es keinen Ersatz mehr gibt, zerbrochen, legt man sie mit der Rückseite nach unten auf ein Stück Papier, das auf der Arbeitsfläche als Unterlage dient. Dann trägt man eine dünne Schicht Epoxidharzkleber auf die Bruchflächen auf und drückt die Teile zusammen. Nun prüft man mit dem Fingernagel die Naht. Mit einem entsprechenden Lösungsmittel wird überschüssiger Kleber von der Vorderseite der Fliese entfernt und die Kachel mit einem Klebeband auf dem Untergrund festgeklebt. So läßt man sie über Nacht trocknen. Dann entfernt man mit einer Rasierklinge den überschüssigen Kleber auf der Rückseite der Fliese.

Kleine Gegenstände kleben Um kleine, schwer zu fixierende Gegenstände wie Eierbecher zu kleben, kann man sie mit Gummibändern zusammenhalten.

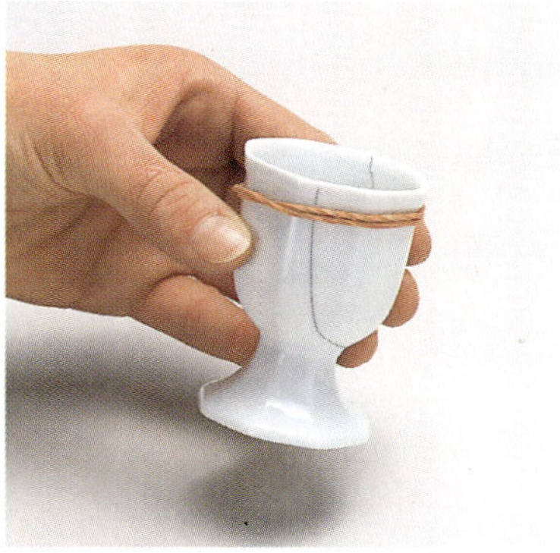

Ein Gummiband dient als Klebehalterung für kleine Gegenstände.

Halterung für größere Gegenstände Wenn man große Teile kleben will und große, stabile Gummibänder benötigt, um sie in der richtigen Position zu halten, kann man einen alten Fahrradschlauch in Streifen schneiden und diese als überdimensionale Gummibänder verwenden.

Teller kleben Ist ein Teller in zwei Teile zerbrochen, kann man eine Schublade als Halterung verwenden. Die größere Scherbe so einklemmen, daß die Bruchstelle heraussteht. Eine dünne Schicht Porzellankleber auf die Bruchfläche auftragen und die kleinere Scherbe sorgfältig andrücken. Den Teller so stehen lassen, bis der Kleber getrocknet ist.

Eine Schublade ist gut als Halterung geeignet, wenn man einen Teller kleben will.

Klebstoffreste beseitigen Bei Klebearbeiten stets ein sauberes Tuch bereithalten und abtropfenden oder hervorquellenden Klebstoff sofort abwischen.

- Meistens reicht warmes Wasser, um Kleber zu entfernen, solange er noch flüssig ist.
- Wenn sich der Kleber nicht mit Wasser beseitigen läßt, kann Aceton verwendet werden.
- Für lösungshaltige Kleber gibt es spezielle Lösungsmittel. Kunstharzkleber entfernt man mit Nitroverdünnung.
- Aufkleber, z. B. Preisetiketten, lösen sich leicht, wenn man sie mit dem Haartrockner anwärmt.
- Zurückgebliebene Kleberreste mit Salatöl einreiben, einwirken lassen und dann mit Geschirrspülmittel oder mit Nagellackentferner beseitigen.

DER RICHTIGE KLEBER FÜR VERSCHIEDENE MATERIALIEN

Klebstoff	*Material*	*Verarbeitungshinweise*
Alleskleber	*Alle Materialien, außer Gummi*	*Kleber einseitig auftragen, die zu klebenden Teile sofort verpressen und die Verbindung fixieren.*
Epoxidharzkleber	*Fast alle Stoffe, die hoher Beanspruchung unterliegen*	*Die beiden Bestandteile des Zweikomponentenklebers muß man mischen und auf beide Klebeflächen auftragen.*
Gummikleber	*Leder, Kautschuk, Stoffe*	*Kleber aus Latex ergeben elastische Verbindungen, sie müssen einseitig aufgetragen werden.*
Harnstoffharzleim	*Trockene und feuchte Hölzer, Furniere, Dekorplatten*	*Dieser Leim ist nur in Heizpressen ab 90 °C zu verwenden.*
Kleister	*Tapeten, Papier, Pappe*	*Kleister mit dem Pinsel auftragen; lange Trockenzeit.*
Kontaktkleber	*Glas, Porzellan, Kunststoffe, Stein, Leder, Stoffe*	*Kleber auf beide Teile auftragen und einige Zeit ablüften lassen; Teile zusammenfügen und kurz verpressen.*
PVC-Kleber	*Hart- und Weich-PVC*	*Die Kleber lösen die PVC-Oberfläche an, deshalb muß man die Teile sofort verpressen und fixieren.*
Schmelzkleber	*Alle temperaturunempfindlichen Stoffe*	*Der Kleber wird mit der Klebepistole bei etwa 300 °C aufgetragen.*
Weißleim	*Trockene Hölzer*	*Leim einseitig auftragen und die einzelnen Teile gut verpressen; für den Außenbereich muß Härter zugegeben werden.*

FUSSBÖDEN

▸ Um die Haltbarkeit von Fußböden aller Art zu verlängern, sollte regelmäßig Staub gesaugt oder gefegt werden. Angesammelter Sand und Staub können glatte Böden zerkratzen oder die Unterseite von Teppichen angreifen.

▸ Alle Böden sollten sand- und staubfrei sein, bevor man sie wischt oder poliert.

▸ Stark beanspruchte Flächen sollten häufig gesaugt werden, besonders im Eingangsbereich.

Fußböden reinigen Glatte Böden reinigt man mit Schrubber, Putzlappen und warmem Wasser sowie Bodenreinigungsmittel.

▸ Beim Wischen glatter Flächen verwendet man am besten zwei Eimer. Einer enthält mit Reinigungsmittel versetztes, der andere klares Wasser. Im klaren Wasser wird der Wischlappen zwischendurch ausgespült und danach wieder in den anderen Eimer getaucht. Man wechselt das Spülwasser, sobald es schmutzig geworden ist.

Beim Putzen zwei Eimer nehmen: einen mit Reinigungsmittel, den anderen zum Spülen des Lappens.

▸ Den Boden nicht zu naß wischen. Vor allem bei Fliesen aus Kunststoff, Linoleum oder Kork kann Wasser in die Ritzen eindringen und die Platten ablösen. Auch der Unterboden kann beschädigt werden.

▸ Auf stark verschmutzten Keramik-, Klinker-, Marmor- und ähnliche Böden kann man das Wischwasser einige Minuten lang einwirken lassen. Besonders stark verschmutzte Stellen schrubbt man ab und nimmt das Wasser mit dem Lappen auf. Dann wird mit klarem Wasser nachgespült.

▸ Verfärbte Fugen zwischen Fliesen lassen sich reinigen, indem man sie mit zusammengelegtem Schleifpapier abreibt. Dabei auf die Glasur der Fliesen achten!

Verschmutzte Fugen zwischen Bodenfliesen säubert man vorsichtig mit Schleifpapier.

▸ Absatzspuren auf Holzfußböden lassen sich mit einem Radiergummi entfernen. Bei hartnäckigen Flecken reibt man die Stelle mit einem petroleum- oder terpentingetränkten Tuch nach.

Fußböden polieren Verschiedene Pflegemittel sollten nicht zusammen verwendet werden. Sie könnten miteinander reagieren und unerwünschte Nebeneffekte wie Farbveränderungen bewirken.

▸ Glanzmittel sollten immer sparsam aufgetragen werden. Ein dicker Auftrag zieht Staub an; außerdem läßt sich der Boden schwerer polieren.

▸ Der gesamte Boden wird mit einer Schicht Glanzmittel behandelt. Stark strapazierte Flächen erhalten einen dickeren Auftrag; dabei sollte man das Glanzmittel in mehreren dünnen Schichten auftragen statt in einer dicken.

▸ Spritzer des Glanzmittels sollten nicht auf die Fußleisten gelangen, da die Flecke nur schwer zu beseitigen sind.

Teppiche reinigen Verschüttete Flüssigkeiten auf Teppichen nimmt man mit alten Handtüchern auf, ohne zu reiben. Dabei geht man von den Rändern des Flecks zur Mitte hin vor. Fleckentferner wird erst eingesetzt, wenn der Teppich völlig trocken ist.

▸ Rotweinflecke werden am besten in frischem Zustand entfernt. Man streut reichlich Salz darauf, läßt es einige Zeit einwirken und saugt es ab. Wenn nötig, kann man mit Teppichshampoo nachbehandeln.

▸ Kerzenwachs im Teppich kratzt man vorsichtig mit dem Messer heraus. Den Fleck mit einem Löschpapier oder einem Papiertaschentuch abdecken und dann darüberbügeln, bis kein Wachs mehr in das Papier einzieht.

▸ Bei Kaugummi wartet man, bis er hart wird. Mit Eiswürfeln kühlt man ihn dann so weit ab, bis er spröde wird und sich mit dem Messer ablösen läßt.

▸ Für größere Flächen kann man

sich im Fachhandel, in Warenhäusern oder in Heimwerkermärkten elektrische Teppichshampooniergeräte ausleihen. Sie massieren speziellen Reinigungsschaum in die Fasern ein, der den Schmutz bindet und sich nach dem Trocknen absaugen läßt. Das Shampoo kann man bei kleineren Schmutzstellen auch mit einem Schwamm oder einer Bürste einreiben.

WÄNDE UND DECKEN

▸ Beim Abstauben von Decken und Wänden ein Staubtuch oder ein altes Handtuch um den Besen legen und von oben nach unten arbeiten. Die Möbel abdecken, damit sie nicht verstauben.

Zum Abstauben der Decke ein Tuch über den Besen ziehen.

Wände abwaschen Man muß verschmutzte Wände, die mit waschbeständigen Farben gestrichen sind, nicht unbedingt neu streichen. Manchmal genügt auch gründliches Abwaschen.

▸ Bevor man eine gestrichene Wand abwischt, wickelt man ein weiches Tuch um einen Besen und staubt sie gründlich ab.

▸ Bei der Reinigung mit einem Schwamm oder einem feuchten Wischtuch wickelt man einen Waschlappen um das Handgelenk oder zieht ein Frotteeschweißband über. So werden Wassertropfen aufgefangen, die sonst am Arm hinablaufen.

▸ Fußleisten müssen zum Schluß gereinigt werden, nachdem die Wände abgewaschen sind. Dazu wischt man sie zuerst mit einem feuchten Tuch ab und reibt sie mit einem alten Handtuch trocken.

Tapeten reinigen Textil-, Gras- und ähnliche Tapeten saugt man mit dem Staubsauger ab. Die Reinigung sehr empfindlicher Gewebe wie Seide überläßt man besser dem Fachmann.

▸ Abwaschbare Tapeten lassen sich mit Spülmittelschaum bearbeiten. Man gibt einen Teil Spülmittel in vier Teile warmes Wasser und schlägt die Flüssigkeit mit dem elektrischen Rührgerät zu einem steifen Schaum. Diesen trägt man mit einem Tuch oder Schwamm auf die Tapete auf und wischt sie gründlich ab.

Flecke auf Tapeten entfernen Flecke sollten entfernt werden, solange sie frisch sind.

▸ Auf der Oberfläche haftendes Fett nimmt man mit Küchenkrepp auf. Tiefer sitzendes Fett löst man heraus, indem man ein Stück Küchenpapier mit dem warmen Bügeleisen auf die betreffende Stelle drückt. Das Bügeleisen darf nicht zu heiß sein. Das Papier wechseln, sobald es fettig ist.

Fettflecke auf Tapeten mit Küchenpapier und Bügeleisen entfernen.

▸ Für alte Fettflecke sind im Fachhandel spezielle Reiniger erhältlich.

▸ Schmutzstellen auf Tapeten können sehr gut mit einem feinen Kunststoffradiergummi bearbeitet werden.

▸ Frisches Weißbrot oder das weiche Innere eines Brötchens kann zum Entfernen von Flecken auf der Tapete verwendet werden. Dazu schneidet man vorher einen Teil der Kruste ab.

Flecke auf Tapeten lassen sich mit frischem Weißbrot oder einem Brötchen entfernen.

▸ Ein Gemisch aus Benzin und Magnesia, das zu einem dicken Brei verrührt wird, dient als Fleckentferner. Das Mittel wird mit einem Wattebausch aufgetragen. Dann läßt man es einige Zeit einwirken und reibt schließlich die Stelle mit einem frischen Wattebausch nach. Wegen der entstehenden Benzindämpfe sollte man bei offenem Fenster arbeiten.

▸ Kugelschreiberflecke auf Tapeten benetzt man mit etwas Wasser und sprüht Haarspray darauf. Die Flecke lassen sich nach kurzer Zeit mit einem trockenen Tuch abwischen.

▸ Mit Silberpolitur, die mit einem sauberen Tuch aufgetragen wird, lassen sich Wachskreidestriche von abwaschbaren Tapeten entfernen.

MÖBEL

▸ Saubere und gepflegte Möbel machen nicht nur die Wohnung attraktiver und gemütlicher. Sachgerechte Pflege verlängert auch ihre Lebensdauer.

▸ Schlecht zugängliche Stellen oder Zierleisten, die man beim Abstauben mit dem Staubtuch nicht oder nur schwer erreicht, können abgesaugt werden. Dazu sollte man jedoch auf dem Staubsaugeraufsatz mit einem Klebeband ein Stück Schaumstoff befestigen, damit die Möbel nicht verkratzt werden.

Kratzer beim Saugen vermeidet man mit einem Schaumstoffpolster an der Staubsaugerdüse.

▸ Sehr praktisch zum Abstauben von Möbeln sind Staubwedel, die sich bei der Benutzung elektrostatisch aufladen und so Staub fest an sich binden.

▸ Möbel mit offenporigen Holzoberflächen, also lasierte, gebeizte oder gewachste Hölzer, werden nur mit einem weichen Tuch trocken abgestaubt.

▸ Lackierte Oberflächen sind geschlossenporig. Zu ihrer Reinigung verwendet man Wasser, dem ein wenig Spülmittel zugesetzt wird. Vor dem Abwischen sollte man den Lappen oder das Leder gut auswringen und die Möbel nur feucht und nie naß behandeln.

Pflegemittel für Holzmöbel Ihre pflegende Wirkung liegt darin, daß beim Polieren eine feine Fettschicht aufgetragen wird, wodurch die Holzoberfläche Glanz bekommt und weniger empfindlich wird. Zudem werden Kratzer abgedeckt. Da die Fettschicht den Staub bindet, vereinfachen Pflegemittel auch das Staubwischen.

▸ Bevor Möbelpflegemittel angewendet werden können, muß die Oberfläche völlig trocken sein.

▸ Bei neuen Möbeln kann vor der ersten Anwendung von Pflegemitteln, abhängig vom Standort, meistens mehrere Jahre gewartet werden.

▸ Für helle und dunkle Möbel sind verschiedene Pflegemittel im Handel. Beste Resultate erzielt man, wenn das jeweils zur Holzoberfläche passende Mittel verwendet wird.

▸ Möbelpolitur immer auf einen Lappen geben. Wenn man sie direkt aufs Holz spritzt, kann es zu Flecken auf dem Holz kommen.

Pflegemittel nie direkt auf das Möbelstück, sondern immer auf das Wischtuch geben.

▸ Zur Möbelpflege dürfen keinesfalls Scheuermittel verwendet werden, da sie die Oberflächen zerkratzen.

▸ Mattierte oder lasierte Möbel können gelegentlich mit einem farblosen Wachs oder flüssiger Möbelpolitur dünn eingerieben und mit kreisenden Bewegungen poliert werden.

Umweltfreundliche Pflegemittel

- **Beim Kauf darauf achten, daß Pflegemittel kein FCKW enthalten. Pumpzerstäuber sind ökologisch verträglicher als Sprühdosen. Sparsamer Verbrauch schont Umwelt und Geldbeutel.**
- **Reinigungs- oder Bleichmittel, die Chlor enthalten, sollten ebenfalls gemieden werden. Sie wirken äußerst aggressiv und sind bei Herstellung und Entsorgung umweltschädlich.**

▸ Sollte sich Schimmel an Möbeln gebildet haben, das Möbelstück trocknen lassen, reinigen und danach mit einem Möbelpflegemittel behandeln.

▸ Gebeizte Möbel werden weniger feuchtigkeitsempfindlich, wenn man sie mit etwas Möbelwachs einreibt.

▸ Lackiertes Holz kann mit Bohnerwachs poliert werden. Sparsam verwenden!

Polster reinigen Im Handel sind Polsterreinigungsmittel erhältlich, die es in fester und flüssiger Form oder als Pumpspray gibt.

▸ Polster kann man auch mit Teppichshampoo reinigen. Das nach Herstellerangabe verdünnte Mittel wird mit einem Schwamm oder einer weichen Bürste eingerieben, wobei das Polster nicht durchnäßt werden sollte. Man läßt es trocknen und bürstet oder saugt es danach ab.

▸ Fusseln, Tierhaare und dergleichen lassen sich von Möbelpolstern mit Hilfe eines Klebebands entfernen, das man sich mehrmals mit der Klebeseite nach außen um die Hand gewickelt hat.

Zum Entfernen von Tierhaaren Klebeband mit der Klebeseite nach außen um die Hand wickeln.

Marmor reinigen Grob verschmutzte Tischplatten oder Fensterbänke aus Marmor bestreicht man mit Schmierseife, die man mehrere Stunden einwirken läßt. Wenn man der Schmierseife etwas Schlämmkreide beigibt, kann man die Platte gleichzeitig auch noch polieren. Abgewaschen wird der Marmor mit heißem Wasser, dem man einen Schuß Salmiakgeist zugegeben hat.

▸ Stark verschmutzte Marmorplatten können mit Bimssteinmehl abgerieben werden. Danach wird abgespült und trockengerieben.

▸ Verschmutzte Marmorplatten kann man mit einem dicken Brei aus gelöschtem Kalk, Wasser und Salmiakgeist einreiben, den man über Nacht einwirken läßt. Dann mit Seifenwasser abwaschen.

▸ Fettflecke lassen sich mit einem dicken Brei aus Magnesia und Waschbenzin entfernen. Man läßt die Mischung über Nacht einwirken und wäscht mit Seifenwasser gründlich nach.

▸ Gegen frische Rostflecke hilft die Behandlung mit einer Kleesalzlösung, die in gut sortierten Drogeriefachgeschäften erhältlich ist. Die Stelle wird dann mit Bohnerwachs nachpoliert. Sind die Flecke bereits älter, muß die ganze Platte abgeschliffen werden.

▸ Poliert man Marmor mit Bohnerwachs, erhält er einen schönen Glanz.

FENSTER

▸ Fenster sollte man nicht nach einem Terminplan putzen, sondern nur, wenn sie wirklich schmutzig sind.

▸ Man sollte auf jeden Fall immer mehrere Fenster nacheinander putzen, damit man die Arbeitsgeräte nur einmal zusammenstellen muß und der Zeitaufwand kleiner ist. Außerdem wird der Verbrauch von Reinigungsmitteln dadurch geringer.

▸ Bei Regen, starkem Frost oder direkter Sonneneinstrahlung sollten Fenster möglichst nicht geputzt werden. Muß im Winter bei Kälte geputzt werden, kann man ein wenig Kochsalz in das Putzwasser geben; dadurch verhindert man das Anfrieren des Wassers am Fenster.

Reinigungsmittel Man kann sie gebrauchsfertig kaufen oder selbst herstellen. Hierzu gibt man ein paar Tropfen Spülmittel und einen Schuß Essig oder Spiritus in warmes Wasser.

▸ Sprühreiniger verwendet man nur zwischendurch, um z. B. Fingerabdrücke zu entfernen. Sie haben den Nachteil, daß sie nicht sparsam dosiert werden können und daher weniger umweltfreundlich sind. Sprühreiniger sind aber besonders gut für die kalte Jahreszeit geeignet.

▸ Farbflecke lassen sich gut mit einer Rasierklinge ablösen. Kalk- und Wasserflecke entfernt man mit Essig. Terpentin hilft bei Ölfarbe und Fliegenschmutz.

Fensterwischer Sie sind vor allem für große Fenster gut geeignet. Man kann sie mit Teleskopstangen ausstatten, so daß man schwer zugängliche Stellen putzen kann, ohne eine Leiter benutzen zu müssen.

▸ Es gibt auch Fensterwischer mit Fellbezug. Sie sind sehr saugfähig und verhindern dadurch, daß überschüssiges Wasser herunterläuft.

Arbeitsweise Zunächst werden die Gardinen zur Seite gezogen oder abgenommen und die Fensterbank abgeräumt. Empfindliche Möbel und Böden deckt man ab, und gröberer Schmutz wird vom Rahmen abgekehrt. Den Fensterrahmen zuerst innen, dann außen mit Spülmittellösung abwaschen und trockenreiben. Das Fensterglas innen, dann außen reinigen.

▸ Die Fensterscheiben mit einem Schwamm oder einem Tuch in Schlangenlinien von oben nach unten putzen. Dann am Rahmen und in den Ecken entlangwischen. Schließlich die Scheiben mit einem nichtfusselnden Tuch oder einem Haushaltspapier abreiben.

▸ Große Flächen teilt man in Abschnitte ein, die man reihenweise nacheinander im Wechsel von links nach rechts und von rechts nach links säubert. Dabei mit den oberen Abschnitten beginnen.

▸ Schwingflügel- und Dachflächenfenster stellt man waagrecht und putzt sie wie einen Tisch.

Nach der Arbeit Fensterleder nach Gebrauch in mildem Haarwaschmittel reinigen und ausspülen.

▸ Fensterleder bleiben weich, wenn sie nach der Reinigung in lauwarmem Salzwasser gewaschen werden. Bereits hart gewordenes Leder weicht man in Wasser mit etwas Salmiakgeist ein. Danach muß es gut durchgewalkt werden.

▸ Fensterleder auf keinen Fall an der Sonne oder auf einer Heizung liegend trocknen lassen.

GEGENSTÄNDE AUS GLAS

▸ Glas ist wegen seiner glatten Oberfläche leicht zu reinigen. Es genügt meist ein normales Geschirrspülmittel.

Gläser Gläser sollte man grundsätzlich vor dem anderen Geschirr spülen.

▸ Gläser sollten nicht in zu heißem Wasser gespült werden. Mit klarem Wasser nachspülen und mit einem nichtfusselnden Geschirrtuch – am besten aus Leinen – abtrocknen. So bleiben keine Wasserflecke zurück.

▸ Bier- und Weingläser sollten besonders gut mit klarem Wasser nachgespült werden.

▸ Hartnäckige Ränder an Gläsern lassen sich mit einer Mischung aus zwei Teilen Essig und einem Teil Salz entfernen.

▸ Um einen besonders strahlenden Glanz zu erreichen, kann man dem Spülwasser etwas Salmiakgeist zusetzen.

▸ Besonders zerbrechliche Gläser spült man einzeln und taucht sie mit der Öffnung nach unten ins Spülwasser.

Empfindliche Gläser einzeln spülen und mit dem Kelch nach unten ins Wasser tauchen.

▸ Gläser dürfen in der Geschirrspülmaschine nur im Fein-, Schon- oder Kurzprogramm gespült werden, da sie bei höheren

FENSTER MIT EINEM TUCH ODER FENSTERLEDER TROCKENREIBEN

1. Das Tuch so einschlagen, daß sich die Innenkanten der eingefalteten Ecken berühren.

2. Danach das Tuch in der Mitte zusammenlegen. Die eingefalteten Ecken liegen dabei innen.

3. Mit einem so zusammengelegten Tuch lassen sich mühelos die Fensterecken trockenreiben.

FENSTER MIT EINEM FENSTERWISCHER ABTROCKNEN

1. In der linken oberen Ecke beginnen und, ohne abzusetzen, den Fensterwischer nach rechts ziehen.

2. Die Ecke trockenwischen, den Wischer nach unten ziehen und Wasser vom Wischerblatt abstreifen.

3. In senkrechten, überlappenden Bahnen von rechts nach links die restliche Scheibe abwischen.

Temperaturen und der größeren Beanspruchung durch den stärkeren Wasserstrahl sonst blind werden können. Bleikristallgläser sollten nicht in der Spülmaschine gespült werden.

▸ Gläser so in die Spülmaschine einräumen, daß sie fest stehen und sich nicht berühren. Dadurch werden Glasschäden und Wasserflecke vermieden.

▸ Bei bemalten Gläsern kann in der Spülmaschine das Dekor verblassen oder sich ablösen.

▸ Stielgläser sollte man zum Abtrocknen immer am Kelch anfassen.

Vasen und andere Ziergegenstände Vasen reinigt man am besten mit einer Flaschenbürste.

▸ Kalkansatz in Blumenvasen kann man mit Essig und Salz oder einem Enthärtungsmittel für Spülmaschinen entfernen.

▸ Kalkablagerungen in enghalsigen Glasvasen lassen sich entfernen, wenn man sie mit lauwarmem Wasser füllt und eine Tablette Schnellreiniger für Zahnprothesen darin auflöst.

▸ Um Grünalgenbelag in Glasvasen zu entfernen, gibt man eine Handvoll Teeblätter in die Vase; mit Essig bedecken und schwenken. Man kann die Vase auch mit Wasser füllen und 2 TL Salmiakgeist dazugeben. Diese Mischung läßt man über Nacht stehen, dann die Vase auswaschen und nachspülen.

▸ Blind gewordene Glasgefäße werden wieder durchsichtig, wenn man sie mit einer Lösung aus Wasser, Pottasche und Salmiakgeist behandelt. Die Flüssigkeit wird in das zu behandelnde Gefäß gefüllt und einige Stunden stehengelassen. Dann gründlich nachspülen.

▸ Einen schönen Glanz bekommen gläserne Ziergegenstände, wenn sie mit einem spiritusgetränkten Tuch abgerieben werden.

Feuerfestes Glas In den meisten Fällen ist es ausreichend, das Glas mit Wasser und Spülmittel zu reinigen, nachzuspülen und abzutrocknen.

▸ Angebranntes in feuerfestem Glas läßt sich mit einem verseiften Putzkissen entfernen, soweit sich die Reste nicht durch Einweichen abgelöst haben. Man sollte keine Scheuermittel verwenden, da sonst die glatte Oberfläche zerkratzt wird.

▸ Feuerfestes Glas kann problemlos in der Geschirrspülmaschine gespült werden.

Spiegel Besonders blank werden Spiegel, wenn sie mit einem spiritusgetränkten Tuch abgerieben werden.

GEFÄSSE UND ANDERE KÜCHENGEGENSTÄNDE

▸ Im modernen Haushalt werden Gefäße und Küchengegenstände aus vielen unterschiedlichen Materialien verwendet. Je nach Material müssen diese unterschiedlich behandelt werden.

Aluminium Gefäße aus Aluminium wäscht man mit heißem Wasser und Spülmittel aus. Mit heißem Wasser nachspülen. Abtrocknen verhindert Wasserflecke.

▸ Stärkere Verschmutzungen lassen sich mit einem verseiften Putzkissen entfernen.

▸ Aluminiumgeschirr nicht in der Spülmaschine spülen, da es anlaufen kann.

▸ Angelaufene Aluminiumtöpfe werden wieder blank, wenn man in ihnen Rhabarberschalen kocht.

Zerbrochenes Glas sammeln

Zu Bruch gegangenes Glas sollte einer Wiederverwertung zugeführt werden. Dafür stehen an vielen Orten Container bereit. Ausnahme: Bleikristall, feuerfeste Glasformen und Fensterglas dürfen nicht so beseitigt, sondern müssen mit dem Hausmüll entsorgt werden. Aufgrund ihrer chemischen Zusammensetzung sowie des unterschiedlichen Schmelzpunktes würden sie den Recyclingprozeß stören.

Aluminiumtöpfe werden wieder blank, wenn man Rhabarberschalen darin auskocht.

▸ Eloxiertes Aluminium darf nicht mit kratzenden Gegenständen bearbeitet werden, da sonst die Oxidschicht zerstört wird.

Edelstahl Heißes Wasser und Spülmittel sind bei normalen Verschmutzungen ausreichend.

▸ Gegen stärkere Verschmutzungen hilft Einweichen. Hartnäckige Schmutzreste kann man mit flüssigen Scheuermitteln, Schlämmkreide oder Edelstahlputzmittel bearbeiten.

▸ Angebrannte Speisereste lassen sich leichter entfernen, wenn man Essig oder Zitronensaft in dem verschmutzten Kochtopf aufkocht und den Topf über Nacht stehenläßt. Auch mit Salz, in hartnäckigen Fällen mit Sodalösung, läßt sich der Belag entfernen.

▸ Um Wasserflecke zu vermeiden, sollte Edelstahl immer abgetrocknet werden.

▸ Gefäße aus Edelstahl können in der Spülmaschine gespült werden. Es sollten sich allerdings nicht gleichzeitig Gegenstände aus Silber in der Maschine befinden, da es anderenfalls durch elektromagnetische Prozesse zu Verfärbungen, Flugrost o. ä. kommen kann.

▸ Besonderen Glanz gewinnt Edelstahl, wenn man ihn mit einer Paste aus Schlämmkreide und Wasser bearbeitet, gut nachspült und anschließend mit einem weichen Tuch nachpoliert.

Emailliertes Stahlblech Spülen mit heißem Wasser und Spülmittel ist im Normalfall ausreichend. Anschließend spült man mit heißem Wasser nach und trocknet ab.

▸ Stärkere Verschmutzungen muß man einweichen und eventuell mit Spülmittellösung auskochen; bei Angebranntem eignet sich pulverförmiges Reinigungsmittel für die Geschirrspülmaschine am besten.

▸ Emailliertes Stahlblech sollte nicht mit Scheuermitteln oder scharfen Gegenständen bearbeitet werden, da diese Kratzer hinterlassen können. Statt dessen kann man einen Scheuerschwamm verwenden, mit dem man entsprechend vorsichtig umgehen muß.

▸ Verwendet man handelsübliche Emailreiniger, müssen diese entsprechend der Gebrauchsanweisung eingesetzt werden.

▸ Nur emaillierte Stahlbleche, die als spülmaschinenfest gekennzeichnet sind, können in der Spülmaschine gereinigt werden.

Gußeisen Eiserne Gerätschaften werden mit warmem Wasser und Spülmittel abgewaschen und nachgespült. Besonders wichtig ist das Abtrocknen, da das Material sehr leicht rostet. Um sicherzustellen, daß der Topf vor dem Wegräumen vollständig abgetrocknet ist, kann man ihn gegebenenfalls kurz in den noch warmen Backofen stellen.

Töpfe aus Gußeisen kann man zum Trocknen kurz in den noch warmen Backofen stellen.

▸ Stark verschmutztes Geschirr weicht man mit Spülmittel ein und bearbeitet es nach Bedarf mit einer Spülbürste oder einem Scheuerschwamm.

Kunststoffbeschichtete Gefäße Leichtere Verschmutzungen entfernt man mit fließend heißem Wasser und einer weichen Spülbürste.

▸ Stärkere Verschmutzungen lassen sich durch Einweichen in Wasser, das mit etwas Spülmittel versetzt ist, lösen.

▸ Auf keinen Fall darf man Scheuermittel oder Topfkratzer benutzen, sie zerstören die Kunststoffbeschichtung.

▸ Flecke auf der Beschichtung kann man entfernen, indem man in der Pfanne 1/8 l Wasser mit 2 EL Backpulver zum Kochen bringt und anschließend gut spült und abtrocknet.

Bei Flecken in einer kunststoffbeschichteten Pfanne 2 EL Backpulver mit Wasser aufkochen.

Kupfer Leichte Verschmutzungen werden mit warmem Wasser und Spülmittel behandelt. Mit einem weichen Tuch wird nachpoliert.

▸ Kupfergeschirr wird wieder blank, wenn man es mit einem mit Essig getränkten und anschließend in Salz getauchten Tuch abputzt.

Mit einem essiggetränkten und in Salz getauchten Tuch reinigt man angelaufenes Kupfer.

▸ Handelsübliches Metallputzmittel ist auch für Kupfer geeignet. Man darf es nur nach den Anweisungen des Herstellers verwenden.

▶ Gegenstände aus Kupfer, die mit einem Schutzlack überzogen sind, dürfen auf keinen Fall mit Scheuermitteln behandelt werden, weil die feinen Schleifkörper die Schutzschicht angreifen könnten.

Holz Gegenstände aus unbehandeltem Holz sollte man ausschließlich mit Wasser säubern und an der Luft vollständig trocknen lassen. Gerüche lassen sich mit Zitronen- oder Essigwasser beseitigen.

▶ Holz darf nicht in der Geschirrspülmaschine gespült werden, da es durch Feuchtigkeit und Hitze aufquellen und sich beim Trocknen verziehen würde.

▶ Holzgeräte müssen langsam an der Luft trocknen. Am besten stellt man sie dazu aufrecht. Keinesfalls dürfen sie am Ofen oder in der Sonne getrocknet werden, da dabei die Gefahr besteht, daß das Holz reißt.

▶ Stärkere Verschmutzungen werden mit Scheuerpulver behandelt. Dabei geht man in kreisförmigen Bewegungen oder in Richtung der Holzmaserung vor. Nicht quer zur Maserung scheuern, denn dann wird die Holzoberfläche rauh und unansehnlich.

▶ Fettflecke, die durch Scheuern nicht verschwunden sind, können mit einem Brei aus Wasser und Pfeifenerde, die im Drogeriehandel erhältlich ist, eingestrichen werden. Nach ungefähr 24 Stunden Einwirkzeit entfernt man den Brei und wäscht den Gegenstand ab. Das Verfahren wird so häufig wiederholt, bis die Flecke vollständig verschwunden sind.

▶ Teakholzbretter reibt man von Zeit zu Zeit dünn mit speziellem Pflegeöl oder gewöhnlichem Salatöl ein. Dabei geht man am besten in kreisförmigen Bewegungen vor.

Teakholzbretter sollte man ab und zu dünn mit Öl einreiben.

▶ Stark verschmutzte und fleckige Tisch- und Arbeitsplatten aus unbehandeltem Holz können, wenn alle angewendeten Mittel keinen Erfolg zeigen, auch abgehobelt werden.

Ton Tontöpfe werden mit heißem Wasser ohne Spülmittelzusatz gereinigt.

▶ Stärkere Verschmutzungen lassen sich durch Einweichen lösen. Nachhelfen kann man mit Bürste oder Spülschwamm.

▶ Scheuermittel sollten nicht verwendet werden, da es in die Poren eindringen und bei Wiederverwendung des Topfes in die Speisen übergehen kann.

▶ Für die Geschirrspülmaschine sind die empfindlichen Tontöpfe nicht geeignet.

Weiß- und Schwarzblech Nach dem Spülen mit Wasser und Spülmittel ist es besonders wichtig, Backbleche gut abzutrocknen. Man kann sie dazu gegebenenfalls in den noch warmen Backofen stellen.

▶ Leichtere Verunreinigungen auf dem Backblech können mit Küchenkrepp trocken entfernt werden.

▶ Am besten lassen sich Verunreinigungen entfernen, wenn man das Blech noch in warmem Zustand nach dem Backen mit Papier und Salz abreibt.

Das noch warme Backblech mit Salz und Papier abreiben.

▶ Starke Verschmutzungen lösen sich durch Einweichen. Falls nötig, hilft man mit einer Bürste nach.

▶ Nicht verwendet werden sollten Scheuermittel oder scharfkantige Gegenstände, da sonst die Metalloberfläche zerkratzt wird und sich Rost bilden kann.

▶ Ein angerostetes Blech mit Salz bestreuen und mit einer Speckschwarte abreiben; mit Küchenpapier nachwischen.

▶ Bleche sollten nicht in der Geschirrspülmaschine gereinigt werden, da die dort verwendeten Mittel das Material angreifen können.

▶ Backbleche nach der Reinigung leicht einfetten.

GESCHIRR

▶ Zum Schutz der Glasur sollte man Tafelgeschirr möglichst bald nach Gebrauch spülen oder zumindest einweichen.

▶ Ei und Milch spült man mit kaltem, andere Speisereste mit warmem Wasser ab.

▸ Teller mit angetrockneten Speiseresten darf man nicht mit einem groben Scheuermittel behandeln oder mit einem scharfen Gegenstand abkratzen. Die Speisereste vor dem Abspülen einweichen.

▸ Um die Ränder des Geschirrs nicht zu beschädigen, sollte man eine Plastikschüssel zum Spülen verwenden.

▸ Das meiste Geschirr, das heute hergestellt wird, kann problemlos in einer Geschirrspülmaschine gereinigt werden. Beim Kauf von Geschirr sollte man aber dennoch im Zweifelsfall nachfragen, ob es spülmaschinenfest ist.

▸ Teures Porzellan mit Aufglasurdekor sollte man besser von Hand spülen und eine Matte oder ein weiches Tuch ins Becken legen.

▸ Geschirr mit Goldrand oder mit Goldverzierungen sollte man nicht längere Zeit im Wasser liegen lassen, da sich sonst das Gold ablösen kann. Für Spülmaschinen ist derartiges Geschirr ebenfalls nicht geeignet.

BESTECK

▸ Edelstahlbesteck bedarf keiner besonderen Pflege. Es kann von Hand oder in der Geschirrspülmaschine gespült werden.

▸ Edelstahlbesteck wird wieder blank, wenn man es mit Zitronensaft abreibt, den man zuvor auf ein Tuch oder einen Schwamm gegeben hat.

▸ Sollten auf Edelstahlbesteck Flecke auftreten, kann man sie mit einem Brei aus Schlämmkreide oder Wiener Kalk bearbeiten. Danach muß gründlich gespült werden, damit keine Reste am Besteck hängenbleiben und ins Essen gelangen.

Flecke an Edelstahlbesteck verschwinden, wenn man sie mit Schlämmkreide behandelt.

▸ Bei handelsüblichen Edelstahlpflegemitteln folgt man der Gebrauchsanleitung. Durch gründliches Nachspülen werden Rückstände des Putzmittels beseitigt.

▸ Alte Stahlmesser, die nicht rostfrei sind, werden wieder blank, wenn man die Klinge, auf die man Scheuerpulver streut, mit einem angefeuchteten Korken kräftig abreibt.

Eine Messerklinge mit einem angefeuchteten Korken und Scheuerpulver säubern.

▸ Besonders angegriffen wird Silberbesteck durch schwefelhaltige Speisen wie Eier, Fisch und viele Salate. Eier sollte man daher möglichst nicht mit Silberlöffeln essen oder das Besteck sofort nach der Benutzung spülen.

▸ Zur Reinigung von Silberbesteck gibt es spezielle Putzmittel, die in verschiedenen Formen im Handel sind: als Tuch, Watte, Paste, Pulver oder Flüssigkeit. Sie sind unterschiedlich wirksam und auch mehr oder weniger umweltbelastend. Zunächst sollte daher zu einem milden Mittel wie etwa dem Silberputztuch gegrif-

SILBERBESTECK REINIGEN

1. Eine Kunststoffschüssel wird mit Alufolie ausgelegt und mit heißem Salzwasser gefüllt.

2. Das angelaufene Besteck wird eingelegt und etwa eine Stunde im Salzwasserbad gelassen.

3. Anschließend die Teile mit einer weichen Bürste abbürsten und mit einem Tuch polieren.

Umweltfreundliche Silberreinigung

Tauchbäder beseitigen zwar Flecke auf silbernen Gegenständen zuverlässig, doch durch ihren Gehalt an Säuren, Lösungsmitteln und anderen Stoffen, die nach Gebrauch ins Abwasser kommen, sind sie stark umweltbelastend. Umweltfreundlicher ist das Einlegen von angelaufenem Silberbesteck in Salzwasser, Buttermilch oder die Reinigung mit heißem Kartoffelwasser.

fen werden. Erst wenn dies wirkungslos bleibt, sollten stärkere Mittel angewendet werden.

▸ Für stärker angelaufene Silbergegenstände gibt es fertige Tauchbäder im Handel. Gegenstände, bei denen zu Dekorationszwecken eine künstliche Oxidschicht aufgebracht wurde, dürfen darin nicht behandelt werden. Neben den Flecken würde sonst auch die Zierschicht verschwinden.

▸ Silber kann in einer mit Alufolie ausgelegten und mit Salzwasser gefüllten Kunststoffschüssel gereinigt werden. Die in der Schüssel entstehende physikalische Reaktion reinigt das Silber. Diese aggressive Methode darf nur in großen zeitlichen Abständen angewandt werden und ist nicht für Silber mit Verzierungen geeignet. Diese würden zerstört.

▸ Silberbesteck und andere silberne Gegenstände, die mit Lebensmitteln in Berührung kommen, sofort nach der Behandlung mit Putzmitteln spülen, damit keine Rückstände zurückbleiben.

▸ Zur Silberreinigung in der Spülmaschine wird ein Spezialkorb aus Aluminium verwendet, der einen ähnlichen Reinigungseffekt wie ein Tauchbad erzielt.

KÜCHENGERÄTE

▸ Alte Kaffeereste in einer Kaffeemühle, die wegen des Gehalts an ätherischen Ölen ranzig werden, muß man immer wieder entfernen. Dazu mahlt man altes, trockenes Weißbrot in der Kaffeemühle.

Trockenes Weißbrot mahlen, um alte Kaffeereste aus der Kaffeemühle zu entfernen.

▸ Kalk und andere Ablagerungen in Kaffeemaschinen und Wasserkesseln lassen sich schonend und gründlich mit Essig und Zitronensäure entfernen. Im Gegensatz zu manchen handelsüblichen Entkalkern sind eventuelle Rückstände, etwa in der Kaffeemaschine, gesundheitlich unbedenklich. Zum Entkalken 3 EL Zitronensäure, die in Apotheken erhältlich ist, in 1/2 l Obstessig auflösen. Die Kaffeemaschine oder den Wasserkessel mit diesem unverdünnten Entkalker auskochen und gründlich durchspülen.

ARMATUREN UND SPÜLBECKEN

▸ Um den Glanz von Armaturenoberflächen und Spülbecken zu erhalten, muß man diese regelmäßig pflegen. Am besten wischt man sofort nach dem Spülen Wassertropfen und Schmutzreste mit einem trockenen Lappen ab. So können sich keine Kalkablagerungen bilden.

▸ Zur Pflege von Armaturen und Spülbecken nur milde Reinigungsmittel wie beispielsweise Seife oder vom Hersteller empfohlene Scheuermittel verwenden. Kalkablagerungen entfernt man mit Essig, der mit etwas Wasser verdünnt wird.

▸ Scheuermittel läßt sich sparsamer dosieren, wenn man am Behälter einen Teil der Streulöcher mit einem Klebeband verschließt.

Wenn man einen Teil der Löcher mit Klebeband abdeckt, geht man sparsamer mit Scheuermitteln um.

▸ Leicht fleckige Armaturen reibt man mit einem petroleumgetränkten Tuch ab.

SCHMUCK

▸ Bei der Reinigung von wertvollem Schmuck muß man besonders vorsichtig vorgehen, damit feine Fassungen nicht beschädigt werden.

▸ Silber- und Goldkettchen reibt man mit einem weichen, trockenen Tuch ab oder reinigt sie mit warmem Wasser und Feinwaschmittel. Wenn nötig, kann man eine feine Bürste zu Hilfe nehmen. Vor dem Trocknen mit reichlich Wasser nachspülen.

▸ Ringe und Schmuck mit Steinen bürstet man mit Salmiakgeist oder Kölnisch Wasser ab.

WASCHMITTEL

▸ Bei Preisvergleichen zwischen Waschmitteln sollte man immer darauf achten, ob die zur Wahl stehenden Produkte überhaupt vergleichbar sind. Denn bei Waschmittelkonzentraten benötigt man für die einzelne Wäsche eine weitaus geringere Menge Waschmittel als bei herkömmlichen Produkten. Auf der Packung findet sich meist ein Hinweis darauf, wieviel Wäsche man mit dem jeweiligen Produkt waschen kann. Diese Angaben sollte man ebenfalls vergleichen.

▸ Um Waschmittel richtig einsetzen zu können, muß man ihre wichtigsten Inhaltsstoffe und deren Wirkungsweise kennen. Alle Waschmittel enthalten waschaktive Substanzen (Tenside) und Enthärter, die Kalkablagerungen an der Wäsche und den Heizstäben der Waschmaschine verhindern sollen.

Bleichmittel Waschmittel, die Bleichmittel enthalten, sind für Weißwäsche und bei Wäsche mit hartnäckigen Flecken sinnvoll. Die Bleichmittel wirken aber erst bei höheren Waschtemperaturen. Einige Produkte enthalten zusätzlich sogenannte Aktivatoren, durch die die Bleichmittel bereits bei Temperaturen unter 60 °C ihre Wirkung entfalten. Bleichmittel haben jedoch den Nachteil, daß sie Farben und Fasern angreifen.

Optische Aufheller Beim Kauf eines Waschmittels sollte man auf der Verpackung nachlesen, ob es optische Aufheller enthält und – wenn ja – möglichst ein anderes Produkt wählen. Denn optische Aufheller tragen nicht zur Reinigung bei und sind daher an sich überflüssig. Sie lassen die Wäsche zwar strahlend weiß erscheinen, das Weiß hat jedoch nichts mit Sauberkeit zu tun.

▸ Optische Aufheller stehen im Verdacht, gesundheitsschädlich zu sein.

Enzyme Sie entfernen eiweißhaltige Flecke wie z. B Blut aus den Textilien. Am wirksamsten sind sie bei Temperaturen zwischen 50 und 60 °C.

▸ Enzyme können allergische Hautreaktionen auslösen. Deshalb sollte man bei Handwäsche auf enzymhaltige Waschmittel verzichten oder zumindest darauf achten, daß das Waschpulver gründlich ausgespült wird, damit keine Enzyme in der Wäsche zurückbleiben.

▸ Grundsätzlich ist es bei der Handwäsche sehr zu empfehlen, Gummihandschuhe zu tragen.

Vollwaschmittel Diese Waschpulver enthalten u. a. Bleichmittel und optische Aufheller und sollten für stark verschmutzte Weißwäsche verwendet werden.

▸ Für empfindliche Buntwäsche sind Vollwaschmittel nicht geeignet, weil sie die Farben ausbleichen.

Flüssige Vollwaschmittel Sie eignen sich für stark fettverschmutzte Buntwäsche und wirken schon bei niedrigen Temperaturen.

Baukastensysteme Sie enthalten die drei Bestandteile Basiswaschmittel, Enthärter und Bleichmittel, die getrennt verpackt sind und die man je nach Wasserhärte und Verschmutzungsgrad der Wäsche exakt dosieren kann.

▸ Bei weichem Wasser und leicht verschmutzter Wäsche reicht das Basiswaschmittel. Den Enthärter, der phosphatfrei sein sollte, gibt man nur bei Wasser ab dem Härtegrad 2 zu.

▸ Nur bei stark verschmutzter Wäsche und Weißwäsche muß Bleichmittel zugesetzt werden.

Fein- und Buntwaschmittel Alle hitzeempfindlichen Textilien sollte man damit pflegen. Sie enthalten weder Bleichmittel noch optische Aufheller und schonen daher die Farben der Textilien. Wegen der in ihnen enthaltenen Enzyme kann man mit Feinwaschmitteln eine gute Waschleistung erzielen.

Spezialwaschmittel Woll- und Seidenwaschmittel eignen sich auch für andere wärmeempfindliche Gewebe, da sie ihre Wirkung schon in kaltem oder lauwarmem Wasser entfalten.

▸ Gardinenwaschmittel enthalten lichtbeständige optische Aufheller, die synthetische Fasern wieder weiß erscheinen lassen.

UMWELTFREUNDLICHES WASCHEN

▸ Auf die Vorwäsche kann man fast immer verzichten. Das spart Strom, Wasser und Waschmittel.

▸ Müssen nur wenige Teile gewaschen werden, kann man dies zwischendurch von Hand erledigen. Manche Wäsche kann man sich sogar sparen, wenn man die Kleidung häufiger auslüften läßt.

Verpackung Weil Waschmittelkonzentrate relativ kleine Verpackungen benötigen, verursachen sie weniger Müll.

▸ Waschmittel, die in Kunststoff verpackt sind, sollte man möglichst nicht kaufen. Pappverpackungen sind umweltverträglicher.

Umweltfreundliche Waschmittel Der Umwelt zuliebe sollte man phosphatfreie Waschmittel verwenden. Die Produkte enthalten den Phosphatersatz Zeolith A, der auch unter dem Namen Sasil bekannt ist. Er belastet die Umwelt in geringerem Umfang als Phosphat.

▸ Empfehlenswert sind Waschmittel nach dem Baukastenprinzip. Abgesehen davon, daß die einzelnen Komponenten (z. B. Bleichmittel und Aufheller) phosphat- bzw. borfrei sind, können sie je nach individuellem Bedarf genau dosiert werden. Dadurch werden unnötige Gewässerbelastungen vermieden.

▸ Flüssige Vollwaschmittel sollte man nur maßvoll einsetzen. Sie sind zwar phosphatfrei, belasten aber wegen des hohen Anteils an waschaktiven Substanzen und wegen der Kunststoffverpackung unnötig die Umwelt.

▸ Fein- oder Buntwaschmittel, die die Umwelt weniger als Vollwaschmittel belasten, können auch bei nicht empfindlichen Textilien eingesetzt werden, wenn diese nur leicht verschmutzt sind.

Weichspüler Diese Mittel sollte man nicht benutzen, weil sie umweltschädlich sind und bei empfindlichen Menschen Hautreizungen hervorrufen können. Zudem setzen sie die Saugfähigkeit der Wäsche- und Kleidungsstücke stark herab, was besonders bei Handtüchern ungünstig ist.

▸ Weichspüler sind nicht nötig, wenn die Wäsche gut geschleudert und im Freien oder in einem luftigen Raum getrocknet wird. Spätestens nach kurzem Tragen fühlen sich die Kleidungsstücke dann wieder weich an.

Dosierung Um Waschmittel bzw. Enthärter so sparsam wie möglich dosieren zu können, sollte man bei dem für den eigenen Wohnbezirk zuständigen Wasserwerk nachfragen, welchen Härtegrad das Wasser hat.

▸ Da die Dosierempfehlungen der Waschmittelhersteller in der Regel für stark verschmutzte Wäsche gelten, reicht es bei normal verschmutzter Wäsche vollkommen aus, wenn man nur etwa 80 % der empfohlenen Waschmittelmenge verwendet.

▸ Besonders bei älteren Waschmaschinen ist es im Sinn einer optimalen Ausnutzung des Waschpulvers empfehlenswert, es in ein Tuch einzuschlagen, das aber nicht färben sollte, und es dann direkt in die Waschtrommel zu geben.

TEXTILIEN WASCHEN UND TROCKNEN

▸ Neue Textilien sollte man vor dem ersten Tragen mindestens einmal waschen, um die darin enthaltenen schädlichen Chemikalien wie z. B. Formaldehyd zu entfernen.

Vor dem Waschen Die Textilkennzeichen, die in die meisten Wäsche- und Kleidungsstücke eingenäht sind, sollte man sich vor der Wäsche anschauen. Sie geben Aufschluß darüber, wie die Textilien zu pflegen sind und ob eventuell eine chemische Reinigung notwendig ist.

▸ Rostanfällige Verschlüsse, Metallknöpfe oder Nadeln vor dem Waschen immer abtrennen.

▸ Taschen von Kleidungsstücken sowie Ecken und Nähte von Bettwäsche sollte man vor dem Waschen ausbürsten.

▸ Reißverschlüsse sollte man immer schließen, da Waschlauge ihre Zähnchen abstumpfen läßt.

▸ Bevor man Schürzen in die Waschtrommel gibt, sollte man die Bänder locker zusammenbinden, damit sie sich während des Waschvorgangs nicht verwickeln.

▸ Da Flecke auf nassen Kleidungsstücken nicht ohne weiteres zu sehen sind, sollte man sie vor der Wäsche mit einem hellen Faden umranden.

Bevor man einen Fleck mit der Hand auswäscht, sollte man ihn mit einem Faden markieren.

▸ Knopflöcher von Strickjacken weiten sich beim Waschen nicht aus, wenn man sie vorher mit ein paar Stichen zunäht.

▸ Verschmutzte Hemd- und Blusenkragen werden leichter sauber, wenn man sie vor dem Waschen erst mit etwas Haarshampoo einreibt.

▸ Um zu vermeiden, daß Wäschestücke bei zu hoher Temperatur gewaschen werden, empfiehlt es sich, sie vorzusortieren und getrennt voneinander zu waschen. Als Wäschekorb verwendet man am besten einen Wäschesortierer mit entsprechenden Fächern.

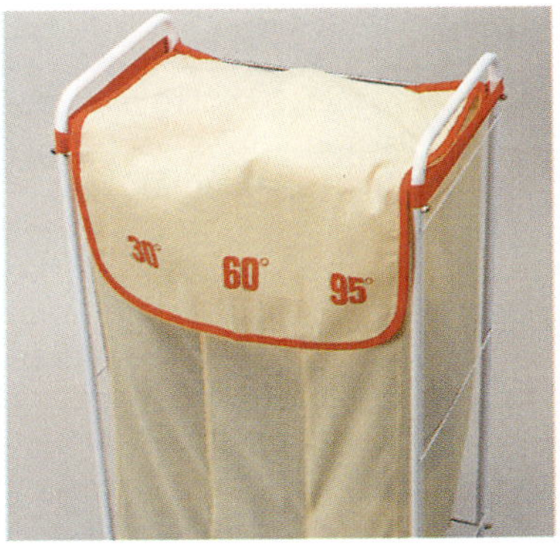

Ein solcher Behälter erspart den Sortiervorgang vor dem Waschen.

Baumwolle waschen Kleidungsstücke und Unterwäsche aus Baumwolle sollten großzügig sitzen, wenn sie gekauft werden, da sie beim Waschen oft etwas einlaufen.

▸ Für weiße und farbige Oberbekleidung aus Baumwolle wie T-Shirts, Blusen und Oberhemden genügt das Feinwaschprogramm bei 30 oder 40 °C. Die niedrigen Temperaturen schonen Farben und Gewebe.

▸ Unterwäsche, Handtücher, Bett- und weiße unbestickte Tischwäsche aus Baumwolle können bei 60 °C gewaschen werden, da die Baumwollfaser relativ unempfindlich gegen Wärme ist.

▸ Da Kleidung aus Baumwollcord, Samt und Nickistoff in der Waschmaschine leicht Druckstellen bekommt, sollte man sie vor dem Waschen auf links wenden.

▸ Wenn man neue Jeans vor dem Waschen für einige Zeit in kaltes Salzwasser legt und anschließend auf links gewendet in einem Kaltwaschgang wäscht, verhindert man, daß die Farbe ausläuft.

▸ Die Farbe ausgebleichter Jeans frischt auf, wenn man sie zusammen mit neuen Jeans gleicher Farbe wäscht, deren überschüssige Farbe sie aufnehmen.

▸ Tennissocken haben nach dem Waschen oft einen Rotstich. Legt man sie über Nacht in eine Boraxlösung und wäscht sie anschließend, werden sie wieder weiß. Auch vergilbte Feinwäsche wird wieder leuchtend weiß, wenn man sie über Nacht in eine Lösung aus 10 l Wasser und 1 EL Borax legt.

Seide waschen Mit dieser empfindlichen Naturfaser muß man besonders behutsam umgehen.

▸ Kleidung und Wäsche aus Seide werden in der Regel mit Feinwaschmittel oder einem speziellen Seidenwaschmittel von Hand in lauwarmem Wasser gewaschen. Das Gewebe darf man nicht reiben oder auswringen.

▸ Textilien aus Seide sollten unbedingt in die Reinigung gegeben werden, wenn dies auf dem Textilkennzeichen vermerkt ist.

▸ Wäscht man Seidenkleidungsstücke im Schonwaschgang in der Waschmaschine, sollte man sie unbedingt in einen alten Kopfkissenbezug oder ein spezielles Waschnetz stecken, um das Gewebe zu schonen.

Seidenblusen im Kopfkissenbezug in die Waschmaschine geben.

▸ Für den letzten Spülgang nimmt man kaltes Wasser mit 2 EL Essig, um die Farbe aufzufrischen und zu fixieren.

▸ Seide darf nicht im Wäschetrockner getrocknet werden, da sie dabei die Form verliert.

▸ Farbige Seide sollte beim Trocknen niemals intensiver Sonneneinstrahlung ausgesetzt werden, da sie sonst ausbleicht.

Wollstoffe auffrischen Statt Pullover, Mäntel oder Jacken aus Wolle in die Reinigung zu geben, genügt es häufig schon, sie gründlich zu lüften. Als Naturfaser lädt sich Wolle nur mäßig elektrostatisch auf und zieht deshalb wenig Schmutz an.

▸ Zum Ausbürsten verwendet man am besten zwei Kleiderbürsten, eine für helle und eine für dunkle Kleidung, um keine Fusseln zu übertragen.

▸ Dunkle Farben frischt man auf, indem man eine Lösung aus Panamarinde vom Seifenbaum oder Quillola, dem Pulver des Seifenbaumes, auf die Kleiderbürste gibt und dann das Kleidungsstück damit ausbürstet. Diese Mittel erhält man in gut sortierten Drogerien.

Wolle waschen Weil Wolle sehr elastisch ist und sich in nassem Zustand leicht verzieht, empfiehlt es sich, Strickwaren vor dem Waschen in Länge und Breite zu vermessen. Zum Trocknen breitet man das Kleidungsstück dann in seiner ursprünglichen Größe aus.

▸ Kleidungsstücke aus Wolle werden mit der Hand gewaschen, es sei denn, sie sind als waschmaschinenfest gekennzeichnet.

▸ Damit die Wolle nicht verfilzt, sollte man Strickwaren nur bei maximal 30 °C waschen.

▸ Bei einer Handwäsche sollte

man die Temperatur mit einem Badethermometer überprüfen.

▸ Wollsachen sollte man schnell und vorsichtig mit Woll- bzw. Feinwaschmittel oder aber mit Haarshampoo auswaschen.

▸ Da sich beim Waschen in der Waschmaschine Flusen lösen können, die sich an anderen Wäschestücken festsetzen, sollte man waschmaschinenfeste Wollsachen vor dem Waschen in der Maschine nach Farben sortieren.

▸ Wenn man dem ersten Spülbad etwas Essig beifügt, gibt das Strickteil weniger Farbe ab.

▸ Ein kurzes Bad in einer Haarspülung macht harte, kratzende Wollpullis wieder weich.

▸ Wollpullover oder -strickjacken nach der Wäsche in ein Frotteehandtuch einrollen und dann vorsichtig ausdrücken. Danach zieht man das Kleidungsstück in Form und läßt es liegend trocknen.

Einen Wollpullover wickelt man in ein Handtuch und drückt ihn vorsichtig aus.

▸ Wollsachen sollte man auf keinen Fall reiben oder auswringen, weil sie sonst verfilzen könnten.

▸ Strickwaren trocknen schneller, wenn man sie leicht anschleudert. Empfindliche Strickteile kann man schützen, indem man sie zum Waschen in einen alten Kissenbezug steckt.

▸ Kleidungsstücke aus Wolle sollten beim Trocknen nie praller Sonne oder direkter Heizungswärme ausgesetzt werden.

Viskose waschen Kleidungsstücke aus Viskose wäscht man bei mittlerer Temperatur.

▸ Die auf dem Pflegeetikett angegebene Waschtemperatur sollte man auf jeden Fall einhalten; bei

TEXTILPFLEGESYMBOLE

Waschen (Maschinenwäsche) Symbol: Waschbottich	95 *Normalwaschgang*	95 *Schonwaschgang*	60 *Normalwaschgang*	60 *Schonwaschgang*	40 *Normalwaschgang*	40 *Schonwaschgang*	30 *Schonwaschgang*	*nicht waschen*
Chloren Symbol: Dreieck	Cl *chloren möglich*							*nicht chloren*
Bügeln Symbol: Bügeleisen	*starke Einstellung*		*mittlere Einstellung*		*schwache Einstellung*			*nicht bügeln*
	Die Punkte entsprechen den auf manchen Reglerbügeleisen verwendeten Temperaturbereichen:							
	Baumwolle, Leinen		*Wolle, Seide, Polyester, Viskose*		*Chemiefasern, z. B. Polyacryl, Polyamid, Acetat*			
Chemisch reinigen Symbol: Kreis	Ⓐ *normale Kleidung*	Ⓟ *normale Kleidung*	Ⓟ *reinigungstechnisch empfindliche Kleidung*		Ⓕ *normale Kleidung*	Ⓕ *reinigungstechnisch empfindliche Kleidung*		*nicht chemisch reinigen*
	Der Kreis sagt, ob in organischen Lösemitteln gereinigt werden kann. Die Buchstaben sind lediglich für die chemische Reinigung bestimmt und geben einen Hinweis für die in Frage kommende Reinigungsart.							
Trocknen Symbol: Kreis im Quadrat	*Trocknen mit normaler thermischer Belastung*			*Trocknen mit reduzierter thermischer Belastung*				*nicht im Trockner trocknen*
	Die Punkte kennzeichnen die Trocknungsstufe der Wäschetrockner.							

zu hoher Temperatur und zu hohem Schleudergang verknittern die Teile.

Synthetics waschen Legt man vergilbte Gardinen für mehrere Stunden in eine Badewanne mit warmem Wasser, in dem einige Tütchen Backpulver aufgelöst sind, sehen sie hinterher aus wie neu. Nach dieser Behandlung die Gardinen wie gewohnt waschen.

▸ Feinstrümpfe und -strumpfhosen gibt man am besten in einem wasserdurchlässigen Beutel in die Waschmaschine, damit sie sich nicht verziehen oder ineinander verheddern.

▸ Bodys, Strümpfe, Strumpfhosen und Badekleidung mit Lycra sollte man nicht auf der Heizung trocknen, da sie sonst die Form verlieren.

▸ Sind bügelfreie Hemden oder Blusen nach der Wäsche doch verknittert, hängt man sie auf einen Bügel und besprüht sie so lange mit kaltem Wasser, bis sie glatt sind.

Wasserabweisendes und Atmungsaktives waschen Manche modernen Chemiefasern, wie beispielsweise Mikrofasern, sind wasserabweisend und zugleich atmungsaktiv. Bei diesen Fasern sollte man darauf achten, daß sie nicht beschädigt werden. Schon kleinste Beschädigungen, z. B. durch Anstecknadeln, führen dazu, daß das Kleidungsstück an dieser Stelle nicht mehr wasserdicht ist. Dies gilt ebenso für Kleidungsstücke, die durch andere Techniken wasserabweisend und atmungsaktiv gemacht wurden.

▸ Microfasern und andere neuartige Chemiefasern kann man im Schonwaschgang bei 40 °C in der Waschmaschine waschen.

▸ Für manche Oberbekleidungsstücke, die wasserabweisend und atmungsaktiv sind, bieten die Hersteller Spezialwaschmittel an, die im Fachhandel erhältlich sind. Diese Waschmittel sollte man benutzen.

▸ Auf Weichspüler unbedingt verzichten, da sonst die wasserabweisende Eigenschaft dieser modernen Gewebe verlorengeht.

▸ Die Kleidungsstücke nach der Wäsche nicht auswringen, sondern tropfnaß aufhängen.

Daunen Textilien mit Daunenfutter werden nach dem Waschen besonders locker, wenn man in die Waschmaschine oder später in den Wäschetrockner einen Tennisball legt.

Wäsche trocknen Blusen und Oberhemden sollte man mit aufgestelltem Kragen trocknen lassen, damit an den Knickstellen keine dunklen Ecken entstehen können.

▸ Pflegeleichte Wäsche und Kleidung trocknen besonders schnell, wenn man sie auf aufblasbare Kunststoffbügel hängt. Vorder- und Rückenteil können so nicht zusammenkleben.

Bei Kleidung, die man auf aufblasbaren Kunststoffbügeln trocknen läßt, können Vorder- und Rückenteil nicht zusammenkleben.

▸ Trocknet man Bett- und Tischwäsche im Trockner, ist es ratsam, die Wäsche sofort herauszuneh-

EIN SPANNBETTUCH GLATT ZUSAMMENLEGEN

1. Das Spannbettuch glattstreichen und so halten, daß die vier Zipfel nicht eingerollt sind.

2. Zwei Zipfel von innen fassen und in die beiden anderen hineinschieben.

3. Das Spannbettuch kann man nun auf die gewünschte Größe zusammenlegen.

men, wenn der Trocknungsvorgang beendet ist, um unnötige Knitterfalten zu vermeiden.

▸ Im Wäschetrockner sollte man möglichst gleichartige Wäschestücke, die die gleiche Trocknungsdauer haben, zusammen trocknen lassen.

TEXTILIEN VOR MOTTEN SCHÜTZEN

▸ Schmutz und Schweißgeruch locken Motten an. Deshalb sollte man immer nur saubere und ausgelüftete Textilien längere Zeit im Schrank aufbewahren.

▸ Kleidungsstücke, die Motten anziehen, sollte man so häufig wie möglich ausklopfen und zum Lüften nach draußen hängen, weil Motteneier durch direkte Sonnenbestrahlung absterben.

▸ Auf chemische Mittel wie Mottenkugeln und -papiere sollte man aus ökologischen Gründen verzichten. Sie sind zudem gesundheitsschädlich, weil sie Gifte enthalten, die über längere Zeit in der Raumluft bleiben und eingeatmet werden.

▸ Bestimmte Hölzer (beispielsweise Zedernholz), Seife sowie in Baumwollsäckchen eingenähte Kräuter (z. B. Lavendel, Waldmeister und Eukalyptus), die man in den Schrank legt, vertreiben die Motten.

▸ Statt Kräuter in Säckchen einzunähen, kann man sie in Waschhandschuhe stopfen und diese in den Schrank legen.

▸ Ein bewährtes Mittel zur Mottenbekämpfung ist Zeitungspapier, weil Druckerschwärze für Motten giftig ist. Deshalb legt man den Schrank mit Zeitungspapier aus. Man sollte jedoch auf das Zeitungspapier noch ein weißes Papier legen, damit die Druckerschwärze nicht auf die Kleidung abfärben kann.

Zeitungspapier im Schrank hält Motten fern.

BÜGELN LEICHTGEMACHT

▸ Faltige und verknitterte Kleidungsstücke müssen nicht unbedingt gebügelt werden. Sie hängen sich in feuchter Luft wieder aus. Dazu hängt man sie am besten über Nacht nach draußen oder ins Badezimmer.

Vor dem Bügeln Da völlig trockene Wäsche nur schwer wieder glattgebügelt werden kann, muß sie vorher mit Wasser eingesprengt werden. Zu feucht sollte die Wäsche jedoch nicht sein, weil sonst der Zeit- und Energieaufwand beim Bügeln zu groß wäre. Wer mit einem Dampfbügeleisen bügelt, kann darauf verzichten, die Wäsche zusätzlich einzusprengen.

▸ Vor dem Einsprengen sollte man Reißverschlüsse und Knöpfe schließen, damit sich die Textilien nicht verziehen können. Bei Bettwäsche braucht man nur jeden zweiten Knopf zu schließen.

▸ Die Wäsche wird gleichmäßig feucht, wenn man zum Einsprengen lauwarmes Wasser verwendet und die Stücke zum Durchfeuchten so zusammenlegt, daß Nähte, Säume und doppelte Teile nach innen geschlagen sind.

▸ Zum Durchfeuchten der eingesprengten Wäsche ist es am besten, wenn man sie für drei bis vier Stunden in einen geschlossenen Plastikbeutel steckt, damit sie nicht wieder trocknet.

▸ Eingesprengte Wäsche keinesfalls mehrere Tage lang liegenlassen, weil sie sonst Stockflecke bekommt, die sich nur sehr schwer wieder entfernen lassen.

▸ Wäschestücke, die sich beim Waschen verzogen haben, kann man nach dem Anfeuchten leichter in Form ziehen, weil feuchte Fasern elastischer sind.

▸ Säume, Ränder, Träger und Bänder lassen sich leichter bügeln, wenn sie vorher glattgestrichen werden.

Bügelplatz Wenn man auf einem Tisch bügelt, sollte er eine Höhe von 70–85 cm haben.

▸ Als Unterlage kann man beispielsweise eine Wolldecke benutzen. Darüber legt man eine Bügeldecke aus Baumwollstoff oder aus einem Stoff mit Spezialbeschichtung.

▸ Das Bügeleisen sollte man während einer Pause auf einem hitzebeständigen Untersatz abstellen können.

▸ Der Vorteil eines Bügelbrettes besteht darin, daß es in der Höhe verstellt und so der Körpergrösse gut angepaßt werden kann. Außerdem ist bereits eine Abstellfläche für das Bügeleisen vorhanden.

▸ Den Bügelplatz sollte man so einrichten, daß man mit angewinkeltem Oberarm bügeln kann. Dies ist weniger anstrengend, als mit ausgestrecktem Arm zu bügeln.

▸ Wer kein Dampfbügeleisen hat, sollte eine mit Wasser gefüllte

Sprühflasche bereitstellen. Versehentlich eingebügelte Fältchen lassen sich angefeuchtet leichter wieder ausbügeln.

Richtig bügeln Die meisten Chemiefasern sind formbeständig und müssen daher nur bei niedrigen Temperaturen leicht übergebügelt werden.

▸ Wenn das Bügeleisen nicht mehr mühelos über den Stoff gleitet, empfiehlt es sich, die Sohle des Bügeleisens mit einem Spezialreiniger von Rückständen zu befreien.

▸ Die auf dem Pflegeetikett angegebene Bügeltemperatur sollte man auf jeden Fall einhalten, weil manche Fasern, z. B. Acetat, bei zu hohen Temperaturen schmelzen können.

▸ Es ist ratsam, zuerst die kleineren Partien wie Träger, Bänder, Kragen oder Manschetten zu bügeln, weil diese nicht so leicht wieder zerdrücken, wenn man die restlichen Partien des Kleidungsstücks bügelt.

▸ Beim Bügeln von Wollstoffen verhindert man Glanzstellen, indem man sie mit einem feuchten Tuch von rechts dämpft und dann fast trocken bügelt. Durch den aufziehenden Dampf richten sich die Wollfasern auf.

▸ Wäsche, die glänzen soll, wie beispielsweise Tischdecken, wird zuerst von rechts und dann von links gebügelt. Genauso bügelt man auch Wäschestücke mit Monogrammen oder Stickereien, damit die Verzierungen plastisch hervortreten.

▸ Bei Faltenröcken lassen sich die Falten leichter bügeln, wenn man sie vorher feststeckt oder heftet, so daß sie nicht verrutschen können.

Die Falten mit Haarklammern feststecken.

▸ Bettwäsche bügelt man am besten von links, damit man sie nicht

HOSEN BÜGELN

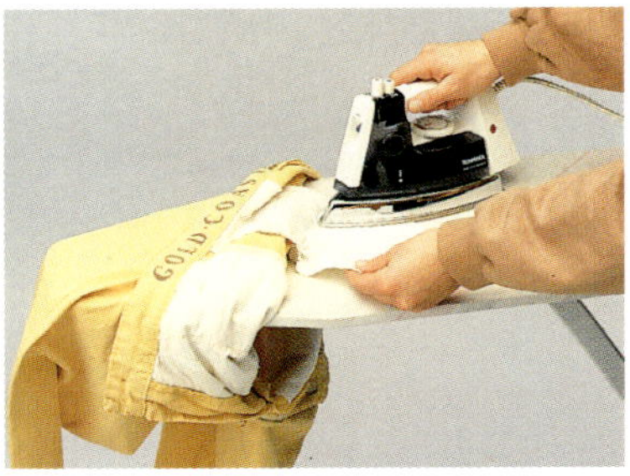

1. Zunächst die Innentaschen separat bügeln, damit sie sich nicht durch den Hosenstoff abzeichnen.

2. Dann den Hosenbund und davon ausgehend bis zum Schritt bügeln.

3. Die Hosenbeine jeweils von innen und außen bügeln. Gegebenenfalls auf die Bügelfalte achten.

HEMDEN BÜGELN

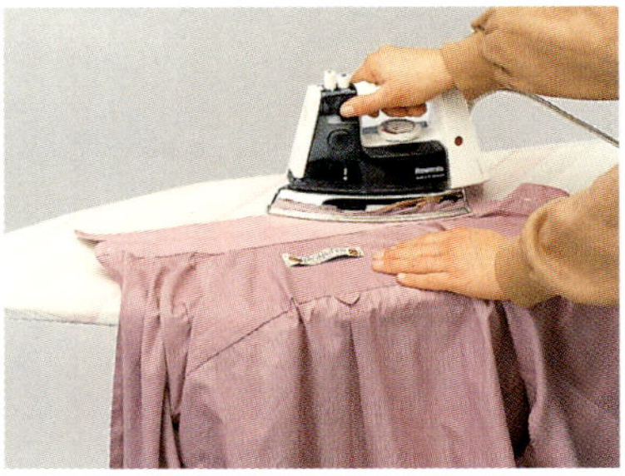

1. Zunächst den aufgestellten Hemdkragen von innen und außen, dann den Koller bügeln.

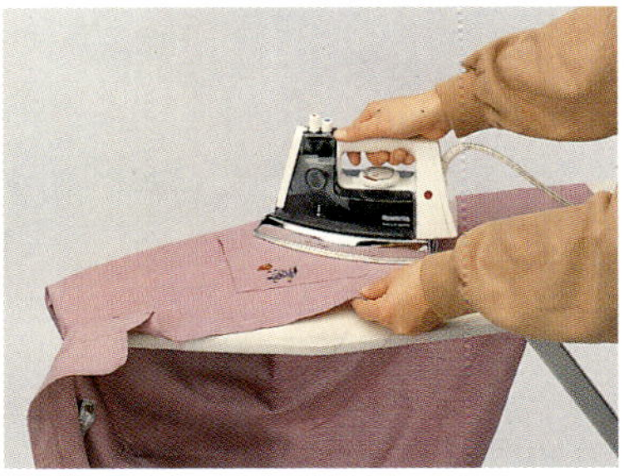

2. Vorder- und Rückseite des Hemdes von rechts vorsichtig glattbügeln.

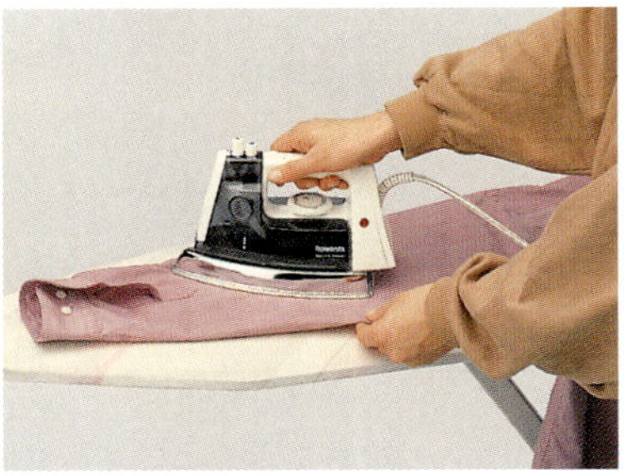

3. Abschließend werden die Ärmel vom Ärmelansatz ausgehend gebügelt.

mehr umdrehen muß, wenn man die Betten bezieht.

Bügeln mit der Bügelmaschine Große Wäschestücke, wie beispielsweise Bett- und Tischwäsche, die breiter sind als die Walze der Bügelmaschine, legt man zunächst der Länge nach zusammen und bügelt sie dann beidseitig.

- Die Wäschestücke müssen immer möglichst fadengerecht in die Maschine eingeführt werden, damit sie sich nicht verziehen können.

- Textilien, die mit Knöpfen versehen sind, werden grundsätzlich von links gebügelt. Sie können dann die Bügelmulde nicht zerkratzen.

- Energie läßt sich dadurch sparen, daß man bei Maschinen mit getrennt heizbaren Seiten für kleinere Wäschestücke nur eine Hälfte benutzt.

Nach dem Bügeln Gebügelte Kleidungs- und Wäschestücke hängt man zum Ausdünsten und Nachtrocknen an einen Ständer und räumt sie erst danach in den Schrank ein. Dann bilden sich keine Stockflecken in der Wäsche.

- Frische, gebügelte Wäsche legt man am besten unter die noch im Schrank liegende Wäsche, damit alle Wäschestücke gleichmäßig abgenutzt werden.

FLECKENTFERNUNG

- Flecke lassen sich leichter entfernen, wenn sie noch frisch sind.

- Nicht waschbare fleckige Textilien sollte man unbehandelt und rasch in die Reinigung geben, damit dort der frische Fleck entfernt werden kann.

- Flecke sollten nur auf einer saugfähigen Unterlage, z. B. Trikot oder Frottee, bearbeitet werden, die die gelöste Flecksubstanz aufsaugen kann.

- Entfernt man einen Fleck, muß man darauf achten, daß man ihn vom Rand zur Mitte hin bearbeitet, damit er sich nicht ausbreitet und sich keine Ränder bilden.

- Einen Fleck zu entfernen versucht man zunächst immer mit dem mildesten Mittel. Man beginnt zuerst mit Wasser und etwas Spülmittel, Haarshampoo oder Feinwaschmittel.

- Bevor man zu chemischen Fleckenmitteln greift, sollte man versuchen, den Fleck mit Gallseife zu entfernen, die in Drogerien erhältlich und nicht gesundheits- und umweltschädlich ist.

- Wenn man spezielle Fleckentferner einsetzt, sollte man deren Gebrauchsanweisung genau lesen und die Mittel dann nur vorschriftsmäßig verwenden.

- Feuergefährliche oder narkotisch wirkende Mittel sollte man nur bei geöffnetem Fenster verwenden. Es sollte auch nicht geraucht werden.

- Fleckentferner dürfen nie in Reichweite von Kindern aufbewahrt werden.

- Einen Fleckentferner erst am Saum oder an einer Innennaht ausprobieren, um zu prüfen, ob er dem Kleidungsstück schadet.

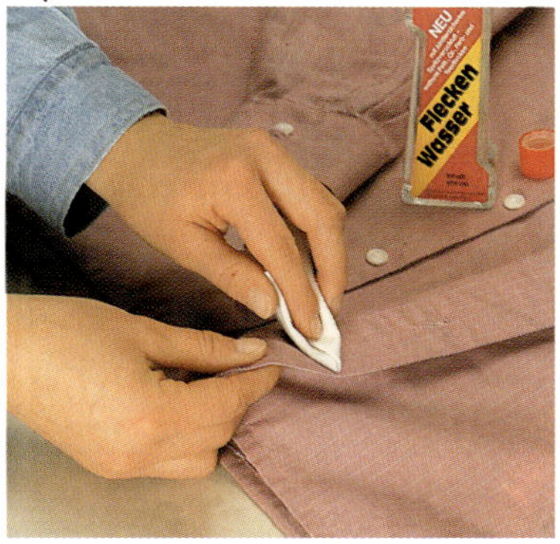

Einen Fleckentferner zunächst an einer verdeckten Stelle des Kleidungsstücks ausprobieren.

EIN RUNDES TISCHTUCH ZUSAMMENLEGEN

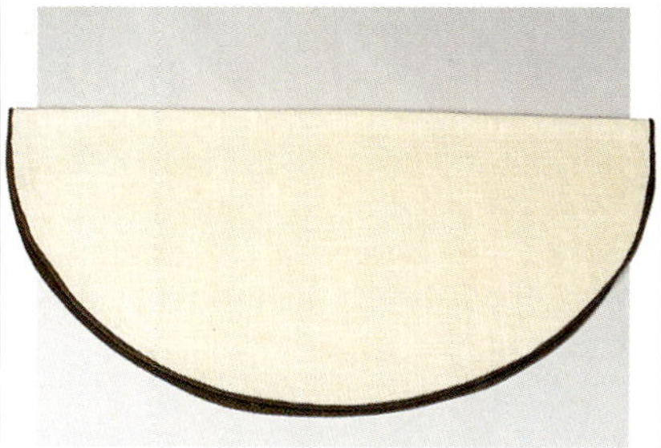
1. Das Tischtuch in der Mitte zu einem Halbkreis zusammenlegen.

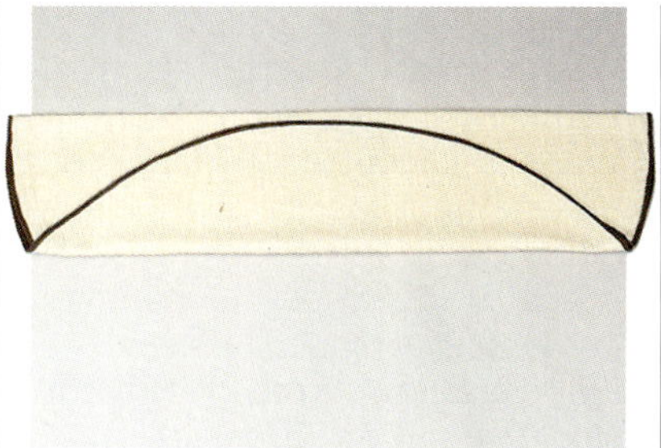
2. Die runde Kante so einschlagen, daß sie bis an die gerade Kante heranreicht.

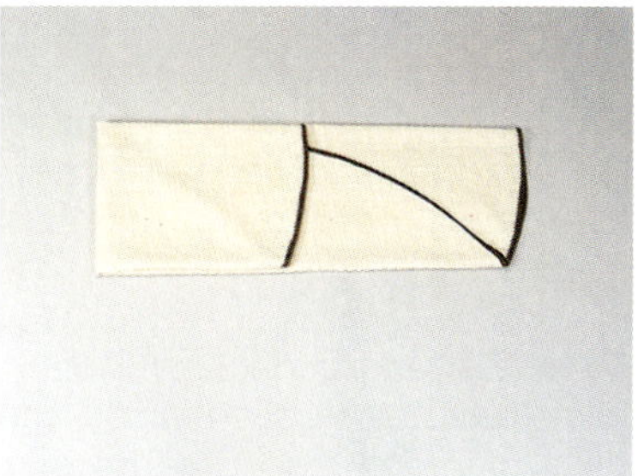
3. Die beiden schmalen Kanten werden gleichmäßig nach innen eingeschlagen.

▸ Um einen Fleck zu beseitigen, legt man einen Lappen zusammen, tränkt ihn mit Fleckentferner und reibt damit vorsichtig kreisend über den Fleck.

▸ Besondere Sorgfalt muß man walten lassen, wenn man verschiedene Fleckenmittel einsetzt. Diese müssen zwischendurch jeweils immer wieder gründlich ausgespült werden.

▸ Damit an der bearbeiteten Stelle keine Ränder zurückbleiben, spült man sie zum Schluß gründlich mit klarem Wasser aus und tupft sie dann trocken.

▸ Läßt sich ein Fleck aus weißen Textilien nicht ganz entfernen, kann man mit Entfärber die Rückstände beseitigen. Entfärber eignen sich jedoch nicht für farbige Textilien, weil die in ihnen enthaltenen Bleichmittel die Farben verblassen lassen. Nach einem Bad in Entfärber spült man das Kleidungsstück gründlich aus und wäscht es danach textilgerecht.

▸ Hartnäckige Flecke werden durch Umfärben des Kleidungsstücks in einen dunkleren Ton unsichtbar gemacht.

Blut Das verschmutzte Wäschestück weicht man zunächst in kaltem Wasser ein. Sind die Flecke schon älter, kann man etwas Salz als Einweichmittel hinzugeben. Anschließend werden die Blutflecke mit einem Feinwaschmittel oder mit Gallseife, die man in der Drogerie erhält, behandelt. Wird das Wäschestück dann in der Waschmaschine gewaschen, kann man, wenn nötig, noch ein Fleckensalz zugeben.

Fett Aus empfindlichen Stoffen, wie beispielsweise Seide, entfernt man Fettflecke, indem man sie mit Hautpuder oder Schneiderkreide bestreut, die das Fett aufsaugen.

▸ Weniger empfindliche Textilien können bei 60 °C mit einem Vollwaschmittel in der Waschmaschine gewaschen werden.

▸ Zur Fettfleckbekämpfung eignen sich auch Gallseife, Fleckenwasser oder Waschbenzin.

Gras Diese Flecke betupft man am besten mit Spiritus oder Alkohol, behandelt sie anschließend mit einer warmen Waschmittellösung und spült das Kleidungsstück zuletzt gut aus.

▸ Ältere Grasflecke kann man mit Zitronensaft betupfen und danach mit klarem, lauwarmem Wasser ausspülen.

Kaffee Man kann versuchen, Kaffeeflecke mit Gallseife zu entfernen, oder man wäscht das Kleidungsstück textilgerecht in der Waschmaschine und gibt Fleckensalz hinzu.

▸ Zur Fleckentfernung kann man auch ein spezielles Kaffee-Entfernungsmittel verwenden.

▸ Hartnäckige Flecke werden vorsichtig mit einem in Spiritus getränkten Wattebausch betupft und danach gründlich ausgewaschen.

Kakao Mit einer einfachen Waschmittellösung – je nach Faserart entweder aus einem Voll- oder Feinwaschmittel – lassen sich diese Flecke problemlos auswaschen.

Kaugummi Damit der Kaugummi fest wird, steckt man das Wäschestück in einen Plastikbeutel und legt es für etwa eine Stunde ins Gefrierfach. Die dadurch gehärtete Kaugummimasse löst man mit einem Messer vorsichtig vom Kleidungsstück ab. Die eventuell noch verbliebenen Kaugummiflecke werden mit einem speziellen Kaugummientferner oder mit Fleckenwasser bearbeitet, bis sie vollständig entfernt sind.

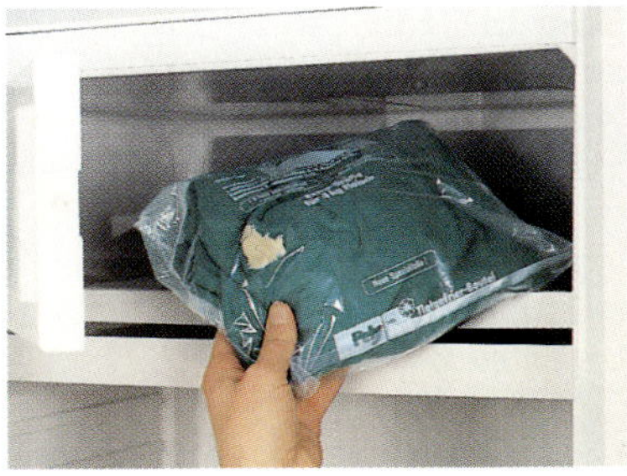

Im Gefrierfach fest gewordenen Kaugummi kann man leicht ablösen.

Klebstoff Diese Flecke lassen sich normalerweise mit Aceton entfernen, das jedoch nicht bei Acetatgeweben – z. B. Acetatseide – verwendet werden darf.

Kugelschreiber Die betroffenen Stellen betupft man vorsichtig mit Fleckenwasser oder Spiritus. Danach behandelt man die Flecke mit einem Feinwaschmittel.

Lippenstift Abhilfe gegen diese Art von Flecken schaffen Waschbenzin, Alkohol oder Fleckenwasser. Nach der Behandlung damit muß man das Wäschestück noch mit einem Feinwaschmittel waschen.

Nagellack Bei solchen Flecken verwendet man Nagellackentferner und wäscht sie dann mit einem Feinwaschmittel aus. Bei Acetat und ähnlichen Stoffen darf man Nagellackentferner nicht verwenden.

Obst Am besten ist es, die Flecke sofort mit Essig oder Zitronensaft zu beträufeln. Mit einem Feinwaschmittel versucht man dann, verbliebene Rückstände auszuwaschen, und spült das Kleidungsstück danach aus.

▸ Gegen hartnäckige Flecke kann man mit Entfärbern, Entrostern, Fleckensalz oder Gallseife vorgehen.

Öl-, Mayonnaise- und Salatsoße Empfindliches Gewebe bearbeitet man mit Gallseife oder Fleckenwasser. Weniger empfindliches Gewebe wäscht man in einem normalen Waschgang in der Waschmaschine.

Rost Diese Flecke werden mit heißem Zitronensaft beträufelt, dann gut ausgespült und mit einem Feinwaschmittel nachbehandelt.

▸ Rostflecke kann man auch mit einem Entroster oder mit Kleesalz (Oxalsäure) entfernen.

Rotwein Den noch feuchten Fleck mit Kochsalz bestreuen. Hat das Salz die Flüssigkeit aufgesaugt, wird es abgeklopft. Danach wird die verschmutzte Stelle im Gewebe mit klarem Wasser ausgewaschen. Ist der Fleck noch etwas zu sehen, kann man ihn mit Gallseife oder Rostentferner weiterbearbeiten.

Spinat Die Flecke mit einer rohen Kartoffel abreiben und das Kleidungsstück anschließend in der Waschmaschine mit etwas Fleckensalz waschen.

Rohe Kartoffeln helfen gegen Spinatflecke.

Stockflecke Wäschestücke, die mit Stockflecken verschmutzt sind, werden zunächst mit einem Entfärber behandelt. Anschließend wäscht man sie textilgerecht in der Waschmaschine.

Tee Frische Teeflecke können mit flüssiger Sahne eingerieben werden. Danach behandelt man sie mit einem Waschmittel und spült gut nach.

▸ Gegen Teeflecke helfen auch spezielle Fleckentferner, die im Handel erhältlich sind.

Teer Einen Teerfleck bestreicht man mit Butter, die den Teer aufweicht, und wäscht ihn mit Feinwaschmittel aus. Gegebenenfalls muß der Fleck danach noch mit Spiritus vorsichtig nachbehandelt werden. Zuletzt spült man gründlich nach.

Tinte Zuerst wäscht man die Flecke mit klarem Wasser aus und reibt sie dann mit etwas Salz oder Zitronensaft ein. Einwirken lassen und das Teil in die Waschmaschine geben.

▸ Tintenflecke kann man auch mit Spiritus, Gallseife oder einem speziellen Tintenentferner bearbeiten.

Wachs Das trockene Wachs kratzt man vorsichtig ab, bedeckt dann den Fleck entweder mit einem Löschpapier oder einem Papiertaschentuch und bügelt ihn so lange, bis in das Papier kein Wachs mehr einzieht. Anschließend wäscht man das Kleidungsstück.

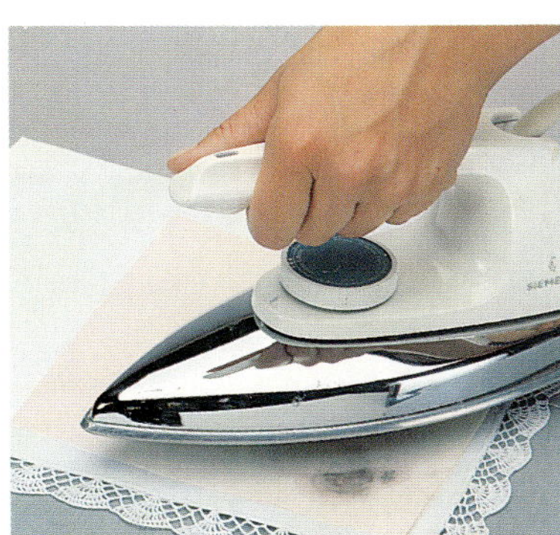

Auf Wachsflecke legt man ein Blatt Löschpapier und bügelt sie heraus.

AUSBESSERN

▸ Beschädigte Kleidungsstücke sollte man immer vor dem Waschen ausbessern, damit die schadhaften Stellen nicht noch größer werden.

▸ Je nachdem, wo die Waschmaschine aufgestellt ist, kann es lohnen, wenn man in ihrer Nähe einige Nadeln und Fäden in den gebräuchlichsten Farben aufbewahrt. Kleinere Ausbesserungsarbeiten kann man dann direkt vor dem Waschen vornehmen.

Nähzubehör Am besten bewahrt man die zahlreichen kleinen Nähutensilien in durchsichtigen Plastikdosen oder Zahnbürstenhüllen auf, weil sie darin leichter zu finden sind.

▸ Ein kleiner Magnet im Nähkorb hält Steck- und Nähnadeln beisammen.

Von einem Magneten werden die Nadeln zusammengehalten.

▸ Sicherheitsnadeln sind schnell aufgeräumt, wenn man sie auf eine Sicherheitsnadel auffädelt.

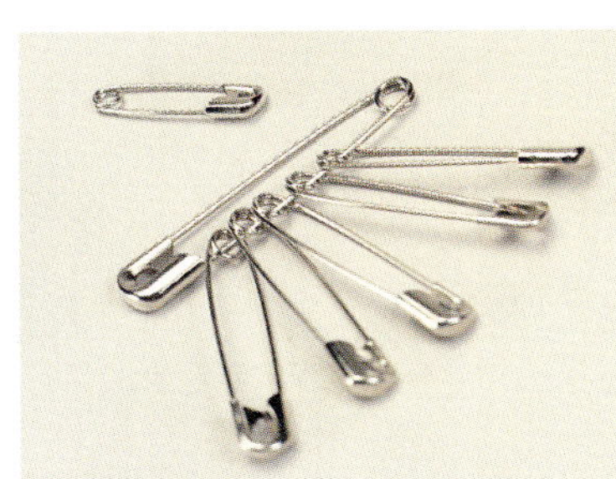

Sicherheitsnadeln auf eine der Nadeln auffädeln.

▸ Sicherheitsnadeln kann man auch gut auf einen gebogenen Pfeifenreiniger aufreihen.

Faden Beim Nähen hat das Suchen nach dem Fadenanfang ein Ende, wenn man ihn um eine Reißzwecke wickelt und diese auf die Fadenspule steckt.

Den Fadenanfang mit Hilfe einer Reißzwecke an der Fadenspule befestigen.

▸ Zum Nähen verwendet man einen Faden, der etwas dunkler als der jeweilige Stoff ist, da die Fäden beim Waschen gewöhnlich schneller ausbleichen als das Gewebe selbst.

▸ Es empfiehlt sich, beim Färben immer einen weißen Faden an das Kleidungsstück zu heften und mitzufärben. Er kann später verwendet werden, um Knöpfe anzunähen oder andere Ausbesserungen durchzuführen.

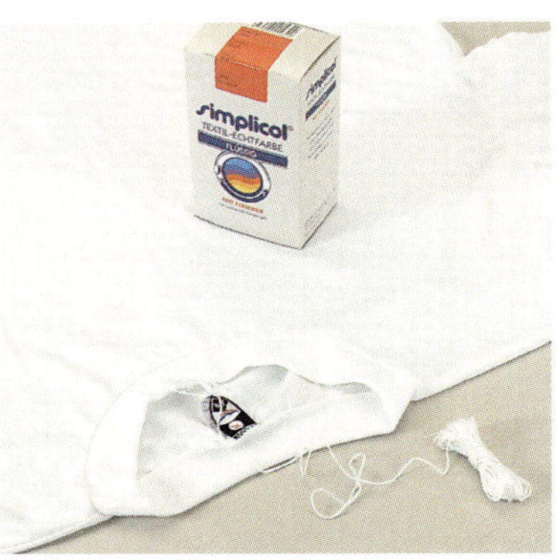

Immer einen weißen Faden für Ausbesserungsarbeiten mitfärben.

Einfädeln Wer Schwierigkeiten beim Einfädeln hat, sprüht sich etwas Haar- oder Stärkespray auf die Finger und benetzt damit den Faden. Dieser wird dadurch steif und läßt sich leichter einfädeln.

▸ Beim Nähen mit doppeltem Faden lassen sich hinderliche Schlingen vermeiden, wenn man beim Einfädeln die beiden Enden des Fadens gleichzeitig durch das Nadelöhr steckt und dann festhält. Danach zieht man die Nadel an dem doppelten Faden so weit hoch, bis sich oberhalb der Nadel eine Schlinge bildet, durch die man die Nadel steckt. Nun zieht man die Schlinge unterhalb des Öhrs zu. Die beiden Fadenstränge bleiben so immer gleichmäßig lang.

▸ Ein dickerer Faden wie beispielsweise ein Wollfaden läßt sich recht einfach einfädeln, wenn man ihn nicht direkt durch das Öhr zu stecken versucht, sondern ein Stück Zwirn zu Hilfe nimmt. Dieses steckt man mit beiden Enden durch das Nadelöhr. Dann legt man den dicken Faden in die Schlinge und zieht ihn durch das Öhr.

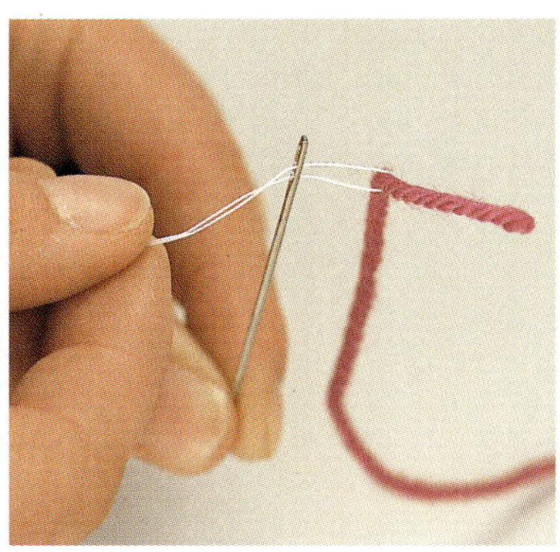

Den Faden in die Schlinge legen und durch das Öhr ziehen.

Knöpfe abtrennen Um Knöpfe z. B. vor der Wäsche schnell von Kleidungs- und Wäschestücken abzutrennen, fährt man mit einem Kamm unter den Knopf und schneidet ihn mit einer Rasierklinge ab.

Den Knopf mit einem Kamm anheben und mit der Rasierklinge vorsichtig abtrennen.

Knöpfe annähen Einen Knopf näht man bei waagrechten Knopflöchern an der richtigen Stelle an, indem man beide Stoffteile passend aufeinanderlegt, mit einer Stecknadel durch das äußere Knopflochende sticht und so die Stelle für den Knopf markiert. Bei senkrechten Knopflöchern sticht man durch die Mitte.

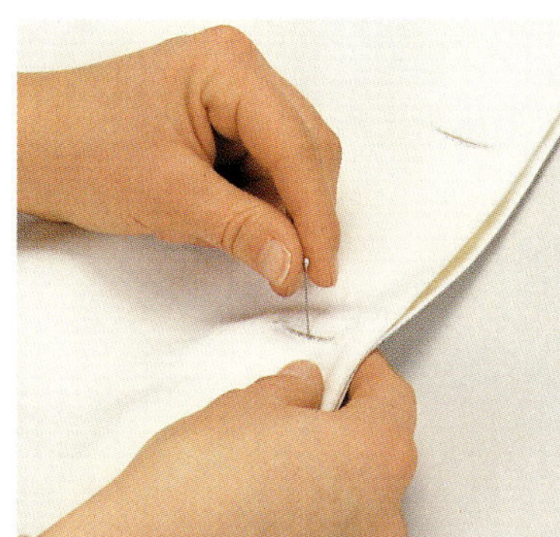

Die Stelle für den Knopf mit einer Stecknadel markieren.

▸ Knöpfe an dickeren Teilen näht man am besten mit einem Garnstiel an, damit beim Schließen genügend Platz für den Oberstoff bleibt. Ein so befestigter Knopf hält auch besser.

▸ Um einen Garnstiel zu bilden, zieht man den doppelten Nähfaden nur so weit nach, daß zwischen Stoff und Knopf ein Abstand bleibt. Zuletzt umwickelt man den Stiel fest mit dem Faden und vernäht ihn auf der Unterseite.

▸ Um gleich lange Garnstiele zu erhalten, legt man ein Streichholz auf den Knopf und näht es mit dem Knopf zusammen fest. Dann zieht man das Streichholz vorsichtig heraus und umwickelt den Garnstiel.

Gleich lange Garnstiele bildet man mit Hilfe eines Streichholzes.

▸ Will man an besonders dicken Teilen Knöpfe annähen, kann man anstelle des Streichholzes einen Bleistift verwenden. Dadurch wird der Stiel länger.

▸ Knöpfe, die häufig geschlossen und geöffnet werden, reißen nicht mehr so leicht ab, wenn man sie mit einem elastischen Faden oder mit Zahnseide annäht. Diese Methode eignet sich besonders für Kinderkleidung.

▸ Näht man unter einem Knopf auf der Unterseite des Stoffes einen Gegenknopf oder ein Ripsband mit an, hält er besser.

Druckknöpfe Um Druckknöpfe exakt zu plazieren, näht man zuerst nur das Teil mit dem Köpfchen an. Dann fährt man mit Schneiderkreide über das Köpfchen, legt das Gegenstück des Stoffes genau auf und reibt mit dem Finger darüber. So ist der Punkt markiert, an dem das andere Teil des Knopfes angenäht werden soll.

▸ Wenn ein Druckknopf nicht mehr richtig schließt, klopft man vorsichtig auf das Köpfchen, das dadurch ein wenig auseinandergetrieben wird.

Mit dem Hammer leicht auf das Köpfchen vom Druckknopf klopfen, damit er wieder schließt.

Reißverschlüsse Schwergängige Reißverschlüsse lassen sich wieder leichter öffnen und schließen, wenn man sie entweder mit Seife einreibt oder auf beiden Seiten des Reißverschlusses mit der Spitze eines Bleistiftes entlangfährt.

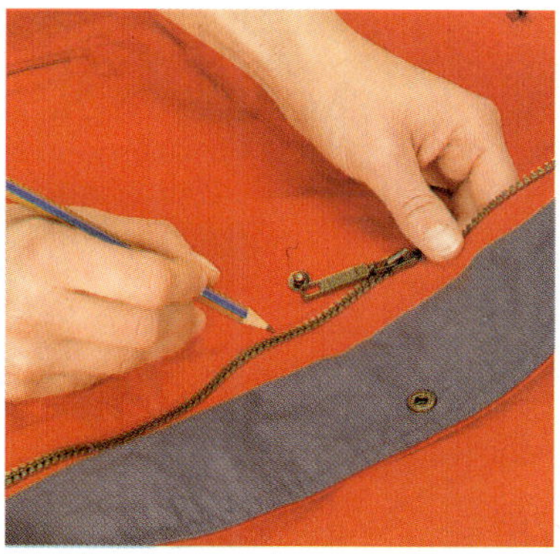

Mit der Bleistiftspitze über beide Seiten des schwergängigen Reißverschlusses fahren.

▸ Wenn die Zähnchen am unteren Ende des Reißverschlusses nicht mehr greifen, näht man sie ab, so daß sich der Schieber nicht mehr bis zur schadhaften Stelle bewegen läßt. Vorher sollte man jedoch ausprobieren, ob sich der Reißverschluß dann noch weit genug öffnen läßt.

Den Reißverschluß oberhalb der schadhaften Zähnchen abnähen.

▸ Geht ein Reißverschluß immer wieder auf, befestigt man am Anhänger eine Schlinge aus einem starken Faden. Wenn man den Reißverschluß geschlossen hat, zieht man die Schlinge über einen Knopf, den man gegebenenfalls vorher annähen muß.

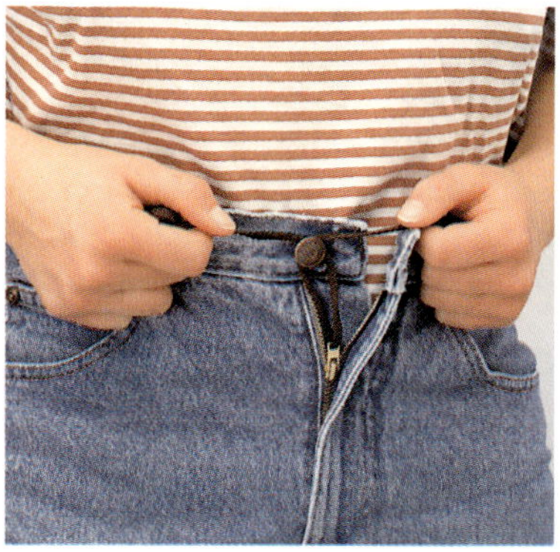

Den Reißverschluß mit einer Schlinge am Knopf befestigen.

▸ Wenn man am Anhänger des Reißverschlusses einen Schlüsselring befestigt, läßt er sich leichter greifen.

Gummibänder Ein ausgeleiertes Gummiband läßt sich mühelos durch ein neues ersetzen, wenn man das neue mit einer Sicherheitsnadel am Ende des alten befestigt. Zieht man dann das ausgeleierte Gummiband heraus, wird gleichzeitig das neue Band eingezogen.

Die Gummibänder mit Hilfe einer Sicherheitsnadel verbinden, bevor man das alte herauszieht.

Schnürsenkel Wenn Schnürsenkel sich immer wieder lösen, sollte man sie anfeuchten, bevor man sie bindet.

Aufhänger Handtuchaufhänger reißen nicht so leicht ab, wenn man elastisches Gummiband dafür verwendet.

▸ Es gibt Aufhänger, die man mit Metallclips am Tuch befestigt und nicht mehr annähen muß. Die Clips müssen vor dem Waschen immer entfernt werden, damit es keine Rostflecken gibt.

Aufnäher Damit sie beim Annähen nicht verrutschen, gibt man vorher einige Tropfen Textilkleber auf ihre Rückseite und fixiert sie damit auf dem Kleidungsstück.

Hosen- und Sakkotaschen Löchrige Hosen- und Sakkotaschen kann man mit fertigen aufbügelbaren Taschen ausbessern, die in der Kurzwarenabteilung erhältlich sind.

Säume Läßt man bei Jeans den Saum heraus, übermalt man den helleren, abgestoßenen Stoffbruch mit einem Buntstift in der passenden Farbe. Anschließend bügelt man die Stelle mit einem zwischengelegten Tuch bei mittlerer Hitze.

▸ Abgestoßene Säume kann man verdecken, indem man Borten oder Litzen aufnäht.

Hosen und Röcke kürzen Läßt man eine Hose abstecken, sollte man bei diesem Arbeitsschritt die Schuhe tragen, die man auch sonst dazu tragen wird, damit die Länge auf die Absatzhöhe abgestimmt werden kann.

▸ Läßt man sich die Hosenbeinlänge abstecken, sollte man darauf achten, daß man aufrecht steht, denn sonst stimmt die Länge nicht.

▸ Muß die Hose nur geringfügig gekürzt werden, kann man auf die Anprobe verzichten. Man trennt den Saum auf und kennzeichnet die neue Saumlinie mit Schneiderkreide, Stecknadeln oder Heftfaden.

▸ Hosenbeine sollte man einzeln abstecken, da die Beine in der Regel nicht exakt gleich lang sind. Sollen die Hosenbeine jedoch die gleiche Länge haben, überträgt man die gewünschte Länge auf das zweite Hosenbein, indem man beide Hosenbeine exakt aufeinanderlegt und die Länge mit Schneiderkreide, Stecknadeln oder Heftfaden markiert.

▸ Für den Saum werden jeweils 2 cm zugegeben. Die noch verbleibende überflüssige Länge schneidet man ab.

▸ Schnittkanten versäubert man entweder von Hand oder mit der Nähmaschine im Zickzackstich.

▸ Bevor man den neuen Saum festnäht, wird er mit Bügeleisen und zwischengelegtem Tuch gedämpft.

▸ Wer einen Rocksaum kürzen will und keinen Rockabrunder zur Hand hat, kann ersatzweise ein längeres Lineal oder einen Stab benutzen. Man stellt das Hilfsmittel neben der Person, bei der die Rocksaumlänge gemessen werden soll, senkrecht auf den Boden und befestigt daran in der gewünschten Saumhöhe ein Gummiband. Nun kann man rundum gehen und die Länge abstecken.

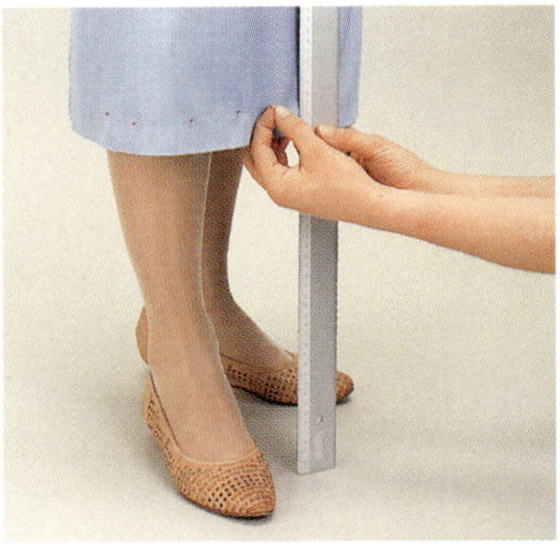

Die Saumlänge eines Rockes kann man mit einem selbstgebastelten Maß gleichmäßig kennzeichnen.

Laufmaschen Stellt man an Nylonstrümpfen eine Laufmasche fest, hält man sie auf, indem man etwas flüssigen Klebstoff oder farblosen Nagellack aufträgt.

Löcher und Risse ausbessern Wenn man Löcher mit einem Gewebefaden des beschädigten Stoffes ausbessert, fällt die Stopfstelle kaum auf. Den Faden zieht man am besten aus einer Innennaht des Kleidungs- oder Wäschestückes.

▸ Einen geraden Riß, d. h. einen Riß, der in Fadenrichtung verläuft, bessert man mit quer über die Rißkanten führenden Stichen aus.

▸ Schräge Risse werden fadengerade waagrecht und senkrecht überstopft.

▸ Um Löcher und Risse zu fixieren, bügelt man vor dem Flicken eine aufbügelbare Einlage über die beschädigte Stelle.

WENN GÄSTE KOMMEN

EINLADUNG

▸ Unabhängig vom Anlaß und der Anzahl der Gäste sollte die Einladung zu einem Fest immer rechtzeitig erfolgen, damit sich auch die Gäste auf den Termin einstellen können.

▸ Im allgemeinen liegt der richtige Zeitpunkt für eine Einladung etwa drei bis vier Wochen vor dem geplanten Termin. In besonderen Fällen, etwa wenn für eine größere Anzahl von Gästen eine Übernachtungsmöglichkeit besorgt werden muß, kann es auch nötig sein, die Einladung schon mehrere Monate vorher auszusprechen, damit man rechtzeitig weiß, wie viele Gäste kommen werden, und gezielt Reservierungen o. ä. vornehmen kann.

Schriftliche Einladung Zu offiziellen Anlässen und großen Familienfesten, wie Hochzeit, Taufe, Konfirmation oder Kommunion, sollte die Einladung in jedem Fall schriftlich erfolgen und Anlaß, Termin, Ort und Uhrzeit enthalten. Man sollte angeben, bis wann die Gäste zu- oder absagen müssen; der Termin für die Antwort sollte mindestens zwei Wochen vor dem Fest liegen. Ferner kann die Einladung einen Hinweis auf die gewünschte Kleidung enthalten.

▸ Wenn gedruckte Einladungen verschickt werden sollen, nicht vergessen, die Karten rechtzeitig bei einer Druckerei in Auftrag zu geben.

▸ Für die Antwort der Gäste kann man Postkarten drucken lassen, auf denen nur noch der Absender, die Zu- oder Absage und die Anzahl der Personen eingetragen werden müssen.

Mündliche Einladung Für kleinere Familienfeiern, Feste mit Freunden und Bekannten, Grill- oder Sommerpartys genügt zumeist ein Anruf, um die Einladung auszusprechen. Wichtig für die Planung ist es, die Gäste auch in diesem Fall um eine verbindliche Zusage zu bitten.

SITZGELEGENHEITEN UND TISCHE

▸ Generell sollte man nur so viele Gäste einladen, wie Platz vorhanden ist, denn eine bedrückende Enge trägt nicht zum Gelingen eines Festes bei.

Festtafel Damit die geladenen Gäste bequem am Tisch sitzen und essen können, benötigt man pro Person 60–70 cm Platz. Die Tischbreite sollte mindestens 90 cm betragen, so daß in der Mitte genügend Platz für Schüsseln und Platten bleibt.

Büfett Bei einem Büfett können die Eßtische schmaler als 90 cm sein, da man alle Speisen auf gesonderte Tafeln stellt.

Gartenfest Auch bei Gartenfesten sollten sich die Gäste zum Essen an Tische setzen können. Geeignete Klappmöbel bekommt man bei Partyzeltverleihern, die im Branchentelefonbuch zu finden sind, und bei Brauereien.

▸ Da man bei einer Gartenparty immer auch mit Regen rechnen muß, sollte das Fest so geplant werden, daß es sich kurzfristig ins Haus verlegen läßt. Ist dies ausgeschlossen, sollte man das Aufstellen eines Partyzeltes oder andere Ausweichmöglichkeiten in Erwägung ziehen.

Kindertisch Sofern es sich nicht um eine Kommunions- oder Konfirmationsfeier handelt, sitzen Kinder beim Essen im allgemeinen gern getrennt von den Erwachsenen an einem separaten Tisch, den man phantasievoll und lustig dekorieren kann. Für kindgerechte Stühle, Bestecke und Gläser sollte gesorgt werden.

TISCHWÄSCHE UND GEDECKE

▸ Ein sorgfältig und einladend gedeckter Tisch wirkt sich positiv auf die Stimmung der Gäste und die gesamte Atmosphäre aus. Dabei sollten Tischdecken, Geschirr, Servietten und Tischschmuck in Stil und Farbe aufeinander abgestimmt sein.

Tischtücher Die gewählten Tischdecken müssen in Material und Farbe zum Anlaß des Festes passen. So eignet sich z. B. für eine Konfirmation oder eine Kommunion ein weißes Damasttischtuch gut, während für eine Kaffeetafel eine helle einfarbige oder dezent gemusterte Tischdecke passend ist. Bei Gartenpartys dürfen die Tischdecken kräftiger gemustert sein. Je nach Art der Tische kann man bei Gartenfesten auf Tischtücher verzichten oder Papiertischtücher auflegen.

▸ Das Tischtuch soll gerade und parallel zu den Tischkanten aufliegen. Es muß so groß sein, daß es an jeder Tischkante 20 bis 30 cm überhängt. Bei runden Tischen ebenfalls darauf achten, daß das Tischtuch überall gleichmäßig herabhängt.

Tischunterlagen Sie schützen die Tischplatte, verhindern das

Rutschen der Tischdecke und wirken gleichzeitig geräuschdämmend. Beim Kauf von Tischunterlagen darauf achten, daß sie kleiner als das Tischtuch sind, damit sie nicht hervorschauen.

Tischsets und Platzdecken Je nach Anlaß können anstelle eines Tischtuchs auch Sets oder Platzdecken aufgelegt werden. Sie dienen ebenfalls dem Schutz der Tischplatte und sind gleichzeitig ein dekoratives Element.

Geschirr Eß- und Serviergeschirr müssen eine optische Einheit bilden. Im Idealfall sind sie aus demselben Service.

▸ Für größere Festtafeln reicht das in einem Privathaushalt vorhandene Geschirr meist nicht aus. Hier gilt es, eine optisch ansprechende Kompromißlösung zu finden, die gleichzeitig den Geldbeutel nicht über Gebühr belastet. Die Teller sollten aber immer einheitlich sein. Besitzt man nicht ausreichend viele Schüsseln und Platten im gleichen Dekor, kann man sich für ein schlichtes Serviergeschirr aus weißem Porzellan, Cromargan oder Glas entscheiden. Fehlende Teile kann man bei Freunden ausleihen, so daß man kein zusätzliches Geschirr kaufen muß.

▸ Geschirr – meist auch Besteck und Gläser – kann man bei einem Geschirrverleih, einem Partyservice oder einer Brauerei leihen.

Teller aufdecken Die Teller werden immer so hingestellt, daß sie etwa 2 cm Abstand zur Tischkante haben.

Platzteller Im allgemeinen werden Platzteller nur bei besonderen Anlässen verwendet. Sie befinden sich bereits auf dem Tisch, wenn die Gäste eintreffen, und bleiben während des gesamten Essens als Unterlage für die anderen Teller stehen.

▸ Platzteller auf einer festlichen Tafel erfüllen auch einen praktischen Zweck: Sie schützen das Tischtuch vor Flecken, und vorgewärmte Teller können keine Abdrücke auf dem Tischtuch oder dem Tisch hinterlassen.

Besteck auflegen Wie die Teller wird auch das Besteck mit 2 cm Abstand zur Tischkante aufgelegt. Rechts neben dem Teller liegt das Messer, wobei die Schneide zum Teller zeigt. Auf der anderen Seite des Tellers liegt die Gabel. Der Suppenlöffel kann rechts neben dem Messer oder quer oberhalb vom Teller liegen. Der Dessertlöffel liegt oben mit dem Griff nach rechts.

EINE SERVIETTE ZU EINER LILIE FALTEN

1. Serviette mit der linken Seite nach oben legen und diagonal falten, so daß der Bruch oben ist.

2. Die beiden seitlichen Ecken der Serviette nach unten auf die Mittelspitze legen.

3. Anschließend die beiden losen Spitzen wieder nach oben auf die Ecke klappen.

4. Den unteren Teil nach oben falten, nochmals einschlagen und bis zur Mitte hochziehen.

5. Die Serviette aufnehmen und die äußeren Ecken auf der Rückseite ineinanderstecken.

6. Die losen Spitzen vorn auf beiden Seiten herunterziehen und in den Rand stecken.

▸ Bei Festtafeln richten sich Anzahl und Anordnung der Besteckteile nach der Menüfolge. Das Besteck wird so aufgelegt, daß man es von außen nach innen aufnehmen kann.

▸ Mehrere Gabeln versetzt nebeneinander legen, damit man sie besser aufnehmen kann.

Versetzt angeordnete Gabeln lassen sich gut aufnehmen.

Servietten Für ein festliches Essen sollte man nach Möglichkeit Stoffservietten oder Servietten aus hochwertigem, festem Vliesstoff benutzen, während z. B. für eine Kaffeetafel oder eine Gartenparty Papierservietten in der Regel ausreichend sind.

▸ Damit sich Stoffservietten gut falten lassen, sollten sie etwas gestärkt sein.

▸ Die gefalteten Servietten legt man entweder auf die Teller oder links neben sie.

Gläser Damit sie entsprechend ausgerichtet werden können, stellt man die Gläser immer zuletzt auf den Tisch.

▸ Die Anzahl und Anordnung der Gläser ergibt sich aus der Getränkefolge. Dabei hat das Glas zum Hauptgericht, das sogenannte Stand- oder Richtglas, seinen Platz über der Spitze des Tafelmessers. Das Glas für das zuvor gereichte Getränk steht leicht nach unten versetzt rechts neben dem Richtglas. Das Glas für das Getränk nach dem Hauptgang, wird so links vor das Richtglas gestellt, daß alle drei Gläser ein Dreieck bilden.

Gläser nach der Getränkefolge zu einem Dreieck aufstellen.

EINE SERVIETTE ZU EINEM FÄCHER FALTEN

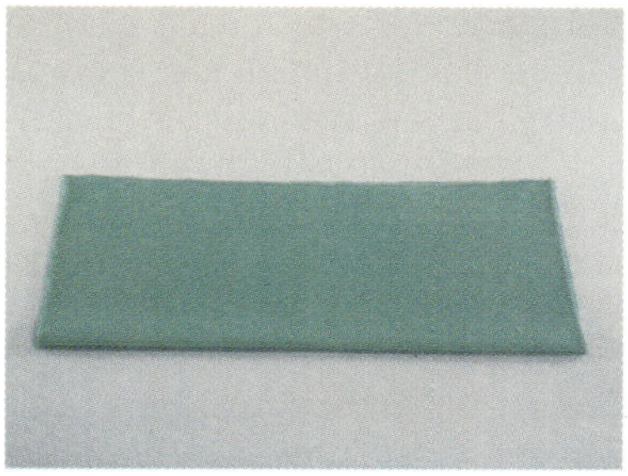

1. Die Serviette mit der linken Seite nach oben legen und in der Mitte zusammenfalten.

2. Zwei Drittel der Länge im Ziehharmonikasystem in gleichmäßige Falten legen.

3. Die Serviette wenden und den gefalteten Teil in der Mitte nach oben knicken.

4. Anschließend wird der glatte Teil der Serviette diagonal nach unten gefaltet.

5. Den überstehenden Teil nach hinten schlagen und den Fächer aufstellen, so daß er sich öffnet.

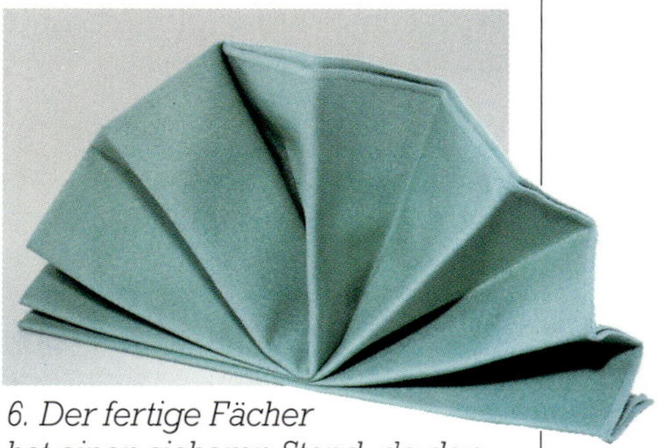

6. Der fertige Fächer hat einen sicheren Stand, da der glatte Teil ihn aufrecht hält.

▸ Eine andere Möglichkeit ist es, die Gläser in einer diagonalen Reihe zum Gedeck aufzustellen, so daß auch hier das zuerst gebrauchte Glas der rechten Hand am nächsten steht.

TISCHSCHMUCK

▸ Als Tischschmuck können beispielsweise hübsch gefaltete Servietten, Blumengestecke, Kerzen und Bänder dienen. Besonders harmonisch wirkt eine Tischdekoration, wenn sie farblich auf die Tischtücher und das Geschirr abgestimmt ist. Man kann durch Farbkontraste oder -abstufungen Akzente setzen.

Tischläufer In der Mitte des Tischtuchs wirkt ein Tischläufer dekorativ, wenn er passend zur Tischwäsche ausgewählt wird. Auf ihm können Blumengestecke, Kerzenleuchter oder andere – dem Anlaß angemessene – Accessoires plaziert werden.

Tischbänder Eine aparte Form der Dekoration sind Bänder aus Stoff oder Papier, die auf den Tisch gelegt werden. Man bekommt sie in unterschiedlichen Ausführungen in Fachgeschäften und bei Innenausstattern.

Blumen Generell sollte man für Tischdekorationen Blumen wählen, die nicht allzustark duften, da sie sonst den Geschmack der Speisen beeinträchtigen können. Damit der Blick zum Gegenüber frei bleibt, sollten die Arrangements nicht zu hoch sein.

▸ Blumenbukette in zarten Farbtönen eignen sich besonders gut, um eine Festtafel zu schmücken. Bunte Wiesen- und Sommersträuße passen dagegen eher auf den Frühstückstisch oder eine rustikale Abendtafel.

▸ Einzelne Blumen, Blüten oder Zweige sollten nicht ohne Vase oder Gesteckuntersatz dekoriert werden, da sie sonst rasch verwelken.

Kerzen Geschmackvolle Kerzenleuchter verwandeln jeden Tisch in eine Festtafel, aber auch einfache Teelichter oder Schwimmkerzen können zu einer stimmungsvollen Atmosphäre beitragen.

▸ Bei der Verwendung von Kerzen sollte man unbedingt darauf achten, daß kein Wachs auf das Tischtuch tropft und andere Gegenstände auf dem Tisch kein Feuer fangen können.

Tischkarten Farblich auf die übrige Dekoration abgestimmte Tischkarten sind ebenfalls ein schmückendes Element. Darüber hinaus erleichtern sie den Gästen, ihren Platz zu finden, und ermöglichen es dem Gastgeber, ohne Umstände eine bestimmte Sitzordnung festzulegen.

ÜBERNACHTUNGSGÄSTE

▸ Wer kein Gästezimmer zur Verfügung hat, kann meist das Wohnzimmer dazu umfunktionieren. Dennoch ist es oft besser, wenn man den Gästen das Schlafzimmer überläßt und selbst im Wohnzimmer schläft, da man in der Regel früher aufstehen muß.

▸ Nachbarn sind vielleicht bereit, einige Gäste aufzunehmen. Man revanchiert sich, indem man sie zu dem Fest einlädt, oder bedankt sich mit einem Geschenk.

▸ Plant man ein Matratzenlager für Kinder, sollte man vorher für ausreichend Schlafsäcke sorgen oder die Gäste bitten, ihre eigenen mitzubringen.

▸ Stehen die Gästebetten im Wohnzimmer, sollte man sie möglichst durch einen Wandschirm abtrennen, um den Besuchern ein Mindestmaß an Privatsphäre zu gewähren, wenn sie sich zurückziehen wollen.

Damit Gäste, die im Wohnzimmer übernachten, ungestörter sind, stellt man einen Wandschirm auf.

Bettzeug Da Bettzeug für Besucher in der Regel nur selten gebraucht wird, sollte man es vor jeder Benutzung gründlich auslüften und aufschütteln.

▸ Wenn in der Wohnung nicht genügend Platz zum Verstauen des Bettzeugs für die Gästebetten vorhanden ist, kann man alles in einem faltbaren Kleiderschrank unterbringen, der auf dem Dachboden oder im Keller aufgestellt wird. Diesen Schrank kann man dann auch im Zimmer der Gäste aufschlagen.

Sonstige Vorbereitungen Damit die Gäste ihre Kleidung aus dem Koffer nehmen können, sollte man ihnen ein Schrankfach und einige Kleiderbügel zur Verfügung stellen.

▸ Im Badezimmer legt man frische Handtücher, Waschlappen und kleine Seifen für die Gäste bereit. Auch sollte man ein paar neue Zahnbürsten vorrätig haben, falls die Besucher ihre eigenen vergessen haben.

▸ Kleine Aufmerksamkeiten, wie Lesestoff, Getränke oder frisches Obst auf dem Nachttisch, zeigen dem Gast, daß er willkommen ist.

SICHERHEIT ZU HAUSE

RUND UM HAUS UND HAUSHALT

▸ Grundsätzlich sollte sich jedermann vergewissern, wo sich die Absperrvorrichtungen für Gas, Wasser und Strom im Haushalt befinden, damit man sie bei einem Zwischenfall schnell erreicht.

▸ Bei der Gartenarbeit keine Geräte und Werkzeuge herumliegen lassen. Besonders gefährlich sind Harken, deren Zinken nach oben zeigen.

▸ Bei der Hausarbeit sollte man zweckmäßige Kleidung tragen. Besonders wichtig sind Schuhe mit rutschfesten Sohlen. Kleidungsstücke mit weiten Ärmeln sind nicht gut geeignet, da man mit ihnen leicht an Türklinken, Möbelgriffen usw. hängenbleiben kann.

▸ Wenn man an ein hohes Fenster, ein höheres Regal oder andere Möbel nicht ohne Hilfsmittel heranreicht, muß man immer eine trittsichere und standfeste Sicherheitsleiter benutzen. Keinesfalls behelfsmäßig Stühle, Hocker, Kisten o. ä. benutzen.

Für Arbeiten im Haushalt immer eine Sicherheitsleiter benutzen.

▸ Niemals Reinigungsmittel, Terpentin, Brennspiritus oder andere für den Verzehr ungeeignete und gefährliche Flüssigkeiten in Getränkeflaschen umfüllen.

▸ Hat sich eine Bodenfliese oder der Bodenbelag gelockert, klebt man ihn am besten sofort fest, damit niemand darüber stolpern kann.

▸ Für die Ecken von Möbeln sind Aufsätze erhältlich, die Stoßverletzungen vermeiden helfen. Sie sind besonders für Haushalte mit Kindern empfehlenswert.

Solche Aufsätze schützen vor Verletzungen.

Treppe und Treppenhaus Jede Treppe muß gut beleuchtet sein. Eine Treppenhaus-Zeitschaltung muß so eingestellt sein, daß auch langsam gehende Personen nach dem Druck auf den Lichtschalter genügend Zeit für ihren Weg durchs Treppenhaus haben, bevor das Licht erlischt.

▸ Lichtschalter im Treppenhaus müssen auch bei Dunkelheit, z. B. durch Leuchtpigmente oder Signallämpchen, erkennbar sein.

▸ Auf jeder Treppenstufe kann man einen selbstklebenden Gleitschutz, der im Fachhandel erhältlich ist, anbringen. Er vermindert die Gefahr auszurutschen.

Solche Streifen senken das Risiko, auf der Treppe auszurutschen.

▸ Eine Treppe sollte man niemals, auch nicht kurzfristig, als Abstellfläche benutzen, z. B. für Putzgerät. Wenn jemand darüber stolpert, ist die Verletzungsgefahr besonders groß.

Elektrogeräte und -kabel Bevor man ein Elektrogerät reinigt oder eine Glühbirne auswechselt, immer den Stromkreis unterbrechen, indem man den Stecker herauszieht oder die Sicherung löst.

▸ Niemals am Kabel, sondern immer am Stecker anfassen, wenn man ein Gerät vom Leitungsnetz trennen will.

Will man ein Kabel aus der Steckdose ziehen, am Stecker anfassen.

▸ Um Knickstellen in Elektrokabeln zu vermeiden, die oft Ursache für das Entstehen von Bruchstellen sind, kann man z. B. hinter Schränken abgewinkelte Schukostecker verwenden.

▸ Steckdosen sollten in genügender Zahl vorhanden und leicht zugänglich sein. So werden Stolperfallen durch frei liegende Kabel vermieden.

▸ Bevor man ein Loch in die Wand bohrt oder einen Nagel einschlägt, sollte man sicherstellen, daß man keine elektrische Leitung treffen kann. Im Zweifelsfall kann man den Verlauf der Leitungen mit einem Metall- und Leitungssuchgerät überprüfen.

KÜCHE

▸ Unter- und Oberschränke sollten stets zugemacht werden. An den scharfen Ecken von Türen und Schubladen kann man sich leicht verletzen.

▸ Verspritztes Fett und hinuntergefallene Obstschalen immer sofort vom Küchenboden aufwischen und wegräumen. Sonst besteht die Gefahr, daß man darauf ausrutscht.

▸ Bei der Arbeit mit Elektrogeräten wie der Küchenmaschine unbedingt darauf achten, daß das Kabel nicht über heiße Flächen, z. B. die erhitzte Herdplatte, geführt wird.

Kochen Beim Kochen die Stiele von Töpfen und Pfannen zur Wand oder zur Herdmitte drehen. Wenn sie vorn über den Herd hinausragen, besteht die Gefahr, daß man an ihnen hängenbleibt und die Töpfe hinunterreißt.

▸ Nutzt man beim Kochen gleichzeitig die vorderen und hinteren Kochstellen, ist besondere Vorsicht geboten, wenn man zu einem der hinten stehenden Töpfe greift. Man kann sich leicht am Arm durch heiße Kochdämpfe verbrühen.

▸ Um bei einem Fettbrand richtig reagieren zu können, sollte man stets den Deckel zu Pfanne bzw. Fritiertopf griffbereit halten, damit der Brand sofort erstickt werden kann. Ist kein Deckel vorhanden, kann man auch eine feuerfeste Decke oder ein nasses Handtuch verwenden. Fritiertopf oder Bratpfanne sollte man während des Kochens niemals unbeaufsichtigt auf dem Herd stehenlassen.

▸ Das Ventil eines Schnellkochtopfes unbedingt sauberhalten. Ein verstopftes Ventil kann dazu führen, daß im Topf ein Überdruck entsteht und er unter Umständen explodiert.

▸ Die Flammen einer Kochstelle eines Gasherds sollten nie über den Boden des Kochtopfes hinausschlagen. Sonst besteht die Gefahr, daß die Griffe heiß werden und man sich an ihnen verbrennt.

▸ Gegen spritzendes Fett kann man sich mit einem Spritzschutz, einem feinen Drahtnetz, das man auf die Pfanne legt, schützen.

BAD

▸ Um Stürze zu vermeiden, legt man eine Gleitschutzmatte in die Dusch- oder Badewanne. Ein Haltegriff an der Wand bringt zusätzliche Sicherheit.

▸ Wenn der Boden naß geworden ist, sollte man das Wasser gleich aufwischen. Man kann sonst leicht darauf ausgleiten.

▸ In der Bade- oder Duschwanne niemals elektrische Geräte benutzen – Lebensgefahr!

▸ Im Badezimmer nur ein kleines batteriebetriebenes Radio benutzen. Es ist wegen seiner niedrigen Spannung ungefährlich.

WOHN- UND SCHLAFRÄUME

▸ Die Stärke von Glühbirnen muß dem Material des Lampenschirms angepaßt sein. Je feiner das Material und je näher es an der Birne ist, desto schwächer muß die Glühbirne sein.

▸ Wenn man das Licht einer Lampe dämpfen will, sollte man zu diesem Zweck niemals Stoff oder Papier über den Lampenschirm legen. Das Material könnte sich entzünden.

▸ Kerzen sollte man keinesfalls unbeaufsichtigt lassen – Brandgefahr!

▸ Wer ein Telefon mit langem Kabel und ohne festen Standort hat, sollte immer darauf achten, daß das Kabel am Boden liegt und keine Stolperfalle bildet.

▸ Teppiche sollte man auf eine rutschsichere Unterlage legen. Entsprechendes Material ist im Fachhandel erhältlich.

Teppiche auf eine rutschsichere Unterlage legen.

▸ Fußmatten, kleine Teppiche und Bettvorleger verrutschen nicht mehr so leicht, wenn man sie unter allen vier Ecken mit Schaumstoffstreifen beklebt. Alternativ kann man auch Einmachringe verwenden.

Gummiringe an den Ecken des Teppichs befestigen.

▸ Teppichecken, die sich aufgerollt haben und daher Stolperfallen bilden, klebt man mit doppelseitigem Klebeband auf der Unterlage fest.

Aufgerollte Teppichecken mit Klebeband fixieren.

▸ Glastüren sollten mit Sicherheitsglas ausgestattet sein. Hilfsweise kann man Plastikfolie auf die Scheiben kleben, damit diese nicht so leicht in Scherben fallen können.

▸ Auf durchsichtige Glastüren sollte man Markierungen aus Folie oder Papier aufkleben. Sie fallen ins Auge und verhindern, daß man die Tür nicht erkennt und dagegen stößt.

SICHERHEIT DES KINDES

▸ Ein Kind im Babysitz immer auf den Boden, nie auf einen Tisch oder eine Arbeitsfläche stellen. Das Kind könnte mitsamt dem Sitz hinunterfallen.

▸ Der Wickeltisch muß kipp- und rutschsicher und gut abgepolstert sein.

▸ Unbedingt dafür sorgen, daß Kinder nicht an Tabakwaren oder die Hausbar herankommen können. Wenn Kinder Tabak essen, kann das für sie ebenso schwerwiegende Folgen haben wie der Verzehr hochprozentiger alkoholischer Getränke. Unter Umständen besteht Lebensgefahr.

▸ Gefährliche Substanzen wie Haushaltschemikalien sollten kindersichere Verschlüsse haben.

▸ Ein Riegel im Bad sollte immer so hoch angebracht sein, daß kleine Kinder ihn nicht erreichen können; sie könnten sich sonst versehentlich selbst einsperren. Türschlüssel sollte man nicht innen steckenlassen.

▸ Die Stäbe des Treppengeländers müssen so eng stehen, daß ein Kind den Kopf nicht dazwischenschieben kann.

▸ Beim Kauf von Spielzeug ist es zu empfehlen, auf das Zeichen *spiel gut zu* achten. Dieses Zeichen wird nur für Spielwaren vergeben, die bruchfest, ohne scharfe Kanten und speichelbeständig sind und deren Farben und Lacke keine gesundheitsschädlichen Stoffe enthalten. Holzspielzeug mit diesem Zeichen ist aus splitterfreiem Holz.

▸ Beim Kochen sollte man zunächst die hinteren Kochstellen benutzen. Kleine Kinder können sich dann nicht so leicht am heißen Topf oder der Kochstelle verbrennen.

▸ Kleine Kinder sollte man nie unbeaufsichtigt in der Küche alleine lassen.

▸ Elektrogeräte nach Gebrauch vom Stromnetz trennen und wegräumen, damit Kinder keinen Zugriff haben.

SICHERHEITSVORKEHRUNGEN FÜR KINDER IM HAUS

Steckdosen im ganzen Haus müssen mit speziellen Kindersicherungen versehen werden.

Bei Treppen empfiehlt sich die Montage von schwenkbaren Schutzgittern.

Herdschutzgitter verhindern, daß sich Kinder verbrennen oder heiße Töpfe vom Herd ziehen.

2

Küche und Keller

GESUNDE ERNÄHRUNG

GRUNDREGELN

▸ Wer sich gesund ernähren will, muß seinen Speiseplan abwechslungsreich und vielseitig gestalten, denn kein Nahrungsmittel allein kann den menschlichen Körper ausreichend mit allen lebensnotwendigen Nährstoffen versorgen.

▸ Mit abwechslungsreichem Essen läßt sich der jeweilige Tagesbedarf an Eiweiß, Fett, Kohlenhydraten, Vitaminen, Mineralstoffen, Spurenelementen und Ballaststoffen problemlos decken, ohne daß man noch zusätzlich Aufbaupräparate o. ä. zu sich nehmen muß.

▸ Der durchschnittliche tägliche Energiebedarf eines erwachsenen Mannes reicht von 10 000 kJ (2400 kcal) bei einer überwiegend sitzenden Tätigkeit bis hin zu 16 800 kJ (4000 kcal) bei schwerster körperlicher Arbeit, wie sie beispielsweise ein Bergmann oder Stahlarbeiter verrichtet. Eine Hausfrau benötigt im Durchschnitt 9250 kJ (2200 kcal) am Tag.

▸ Zu einer gesunden Ernährung gehört auch, daß das Essen je zur Hälfte aus erhitzter Kost und Frischkost besteht. Bei Frischkost sollte man darauf achten, daß sie sich aus 20 % frischem Obst, 30 % frischem Gemüse und 50 % Frischkorn, Nüssen, Vorzugsmilch und Joghurt zusammensetzt.

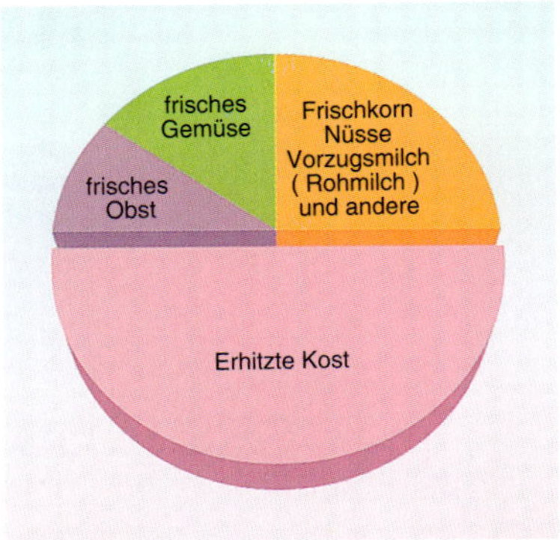

Eine Grundregel gesunder Ernährung ist es, je zur Hälfte von erhitzter Kost und von Frischkost zu leben.

Flüssigkeitsbedarf Pro Tag benötigt ein Erwachsener $1\frac{1}{2}-2$ l Flüssigkeit zur Regelung seines Wasserhaushaltes. Etwa $\frac{3}{4}$ l Flüssigkeit gewinnt der menschliche Organismus schon aus der festen Nahrung. Manche Nahrungsmittel haben einen besonders hohen Wasseranteil. So liegt beispielsweise der Wassergehalt der meisten Obst- und Gemüsesorten bei etwa 80 %. Den restlichen Flüssigkeitsbedarf muß man durch Aufnahme von Getränken decken.

▸ Unbedingt mehr trinken muß man bei erhöhter Körpertemperatur, bei hohen Außentemperaturen sowie bei körperlich anstrengender Arbeit, weil der menschliche Körper dabei mehr Flüssigkeit verliert.

▸ Kinder benötigen mehr Flüssigkeit als Erwachsene. Die Empfehlung lautet: jeden Tag sollen 120 ml pro Kilogramm Körpergewicht vom ersten bis zum dritten Lebensjahr und 100 ml pro Kilogramm Körpergewicht vom vierten bis zum sechsten Lebensjahr getrunken werden.

NÄHRSTOFFE

▸ Damit der menschliche Körper überhaupt richtig funktionieren kann, muß man mit der täglichen Nahrung lebenswichtige Nährstoffe in ausreichender Menge aufnehmen.

Kohlenhydrate Der menschliche Organismus sollte seine Energie überwiegend aus Kohlenhydraten gewinnen. Von der Gesamtkalorienmenge, die zur Deckung seines täglichen Energiebedarfs notwendig ist, sollten ungefähr 55 % von Kohlenhydraten stammen.

▸ Stärke ist eines der wichtigsten Kohlenhydrate. Getreide, Kartoffeln, Vollkornprodukte und Hülsenfrüchte eignen sich als Energielieferanten aus diesem Grund besonders gut, weil sie reichlich Stärke enthalten. Entgegen dem verbreiteten Vorurteil machen sie nicht dick und sind außerdem reich an Vitaminen, Mineralstoffen und Spurenelementen sowie wertvollem Eiweiß und den für die Verdauung not-

TÄGLICHER ENERGIEBEDARF FÜR MENSCHEN MIT SITZENDER TÄTIGKEIT

Alter	*Männer*		*Frauen*	
	kJ	*kcal*	*kJ*	*kcal*
15–18 Jahre	*12 500*	*3000*	*10 000*	*2400*
19–35 Jahre	*11 000*	*2600*	*9000*	*2200*
36–50 Jahre	*10 000*	*2400*	*8500*	*2000*
51–65 Jahre	*9000*	*2200*	*7500*	*1800*
über 65 Jahre	*8000*	*1900*	*7000*	*1700*

wendigen Ballaststoffen. Sie sorgen auch für ein lang anhaltendes Sättigungsgefühl.

▸ Da Haushaltszucker, ebenfalls ein wichtiges Kohlenhydrat, außer Energie (den sogenannten leeren Kalorien) keine weiteren Nährstoffe liefert und kaum sättigt, sollte man auf ihn verzichten.

▸ Zucker verursacht nicht nur Karies, sondern verbraucht zusätzlich wichtige Nährstoffe und Vitamine. Außerdem kann Zucker süchtig machen.

Protein (Eiweiß) Der menschliche Organismus kann Protein, das für den Aufbau neuer Zellsubstanzen, vor allem für Herz und Muskeln, wichtig ist, nicht speichern. Deshalb muß es in der täglichen Nahrung in ausreichender Menge enthalten sein. 15 % der Kalorienmenge, die er zur Deckung seines Energiebedarfs benötigt, sollten von Eiweiß stammen.

▸ Als Faustregel kann gelten: Pro Kilogramm Körpergewicht muß der Mensch täglich etwa 0,8 g Eiweiß zu sich nehmen.

▸ Zwar ist tierisches Eiweiß aus Fleisch, Fisch, Ei oder Milch für den menschlichen Organismus wertvoller als pflanzliches Eiweiß, das die lebensnotwendigen Aminosäuren nicht in ausreichender Menge besitzt; aber es enthält zusätzlich Fette, Purine und Cholesterin. Deshalb ist bei tierischem Eiweiß Zurückhaltung geboten, da es, in großen Mengen verzehrt, zu den Ursachen von Herzinfarkt und Gicht zählt.

▸ Fettarme Fischsorten sowie fettreduzierte Milchprodukte eignen sich als Eiweißlieferanten besonders gut.

▸ Pflanzliches Eiweiß ist vor allem in Getreide, Kartoffeln und Hülsenfrüchten enthalten. Kombiniert mit tierischem Eiweiß, läßt sich die biologische Wertigkeit von pflanzlichem Protein erhöhen (die biologische Wertigkeit gibt an, wieviel Gramm Körpereiweiß aus 100 g Nahrungseiweiß gewonnen wird). Eine solche Kombination ist beispielsweise ein mit Käse oder Wurst belegtes Brot.

Fett Der menschliche Organismus braucht Fette als Energielieferanten, um den Körper vor Kälte zu schützen, und als Lösungsmittel für einige Vitamine. Von der Gesamtkalorienmenge, die man täglich benötigt, sollten 30–35 % durch Fett gedeckt werden.

▸ Pro Tag sollte man nicht mehr als 70–80 g Fett konsumieren, da Fett doppelt so viele Kalorien wie die gleiche Menge Kohlenhydrate oder Eiweiß enthält. Eine Folge von zu fettreicher Kost und zu wenig Bewegung kann Übergewicht sein.

▸ Es ist besonders wichtig, zwischen gesättigten und ungesättigten Fettsäuren zu unterscheiden. Gesättigte Fettsäuren kommen vor allem in tierischen Fetten vor und sind normalerweise bei Raumtemperatur fest. Sie begünstigen die Bildung von Cholesterin im Körper, das wichtig für die Gehirnfunktionen und das Nervensystem ist. Zuviel Cholersterin kann allerdings zu Arterienverkalkung und letztendlich zu einem Herzinfarkt oder einem Schlaganfall führen.

▸ Man sollte darauf achten, daß die Menge des mit der Nahrung aufgenommenen Cholesterins 300 mg am Tag nicht überschreitet. Diese Menge hat man zu sich genommen, wenn man 75 g Schinken oder aber knapp 430 g Forelle verzehrt hat.

▸ Die ungesättigten Fettsäuren, auf denen die pflanzlichen Öle basieren, spielen eine wichtige Rolle im Stoffwechselhaushalt; sie transportieren die fettlöslichen Vitamine A, D, E und K ins Blut und senken zudem den Cholesterinspiegel.

Vitamine Da der Organismus in der Regel Vitamine, ohne die der Stoffwechsel nicht funktioniert, nicht selbst herstellen kann, müssen sie täglich in ausreichender Menge mit der Nahrung aufgenommen werden; ansonsten treten Mangelerscheinungen auf.

▸ Das körpereigene Immunsystem wird durch eine vitaminreiche Ernährung gestärkt.

▸ Der Organismus wird durch Vitamine mit zahlreichen Spurenelementen, Mineralstoffen und Ballaststoffen versorgt.

▸ Zur Deckung des täglichen Vitaminbedarfs eignen sich Obst und Gemüse, Pflanzenöle sowie Milch- und Vollkornprodukte.

Mineralstoffe Diese lebensnotwendigen Stoffe müssen mit der täglichen Nahrung aufgenommen werden, damit die Körperfunktionen aufrechterhalten werden. Die wichtigsten Mineralstoffe sind Calcium, Eisen, Kalium, Magnesium und Natrium.

▸ Genügend Calcium – der Tagesbedarf des Menschen liegt zwischen 0,7 und 0,8 g – hat man schon mit 1/2 l Milch oder 100 g Hartkäse zu sich genommen. Calcium ist notwendig für das Wachstum, stärkt Knochen und Zähne und erhält Nerven- und Muskelfunktionen aufrecht. Auch für die Blutgerinnung ist Calcium erforderlich.

▸ Fisch, Gemüse und Vollkornprodukte sind als gute Calciumlieferanten empfehlenswert.

▸ Eisen ist ein wichtiger Bestandteil des Blutfarbstoffes. Der Tagesbedarf liegt bei 18 mg. Eisenlieferanten sind Bierhefe, Aprikosen und mageres Rindfleisch.

▸ Kalium hilft bei Konzentrationsschwäche und Herzbeschwerden. Bananen, Hülsenfrüchte und Petersilie enthalten viel davon.

▸ Magnesium sorgt für glatte Haut, gesunde Zähne, glänzendes Haar und feste Fingernägel. Es soll zudem vor einem Herzinfarkt schützen. Vor allem grünes Gemüse, Erdnüsse, Milch, Eier, Vollkornprodukte, Hefe und Leinsamen sind magnesiumreich.

▸ Natrium, im Speisesalz, in gesalzenen und in den meisten eiweißhaltigen Nahrungsmitteln enthalten, ist u. a. wichtig für die Regulierung des Flüssigkeitshaushalts. Mehr als 2–3 mg pro Tag sollte man nicht zu sich nehmen – außer wenn man z. B. bei hohen Außentemperaturen viel schwitzt –, denn zuviel Salz kann zu Übergewicht, hohem Blutdruck und der Ansammlung von Flüssigkeit im Gewebe führen.

LEBENSMITTEL EINKAUFEN UND ZUBEREITEN

▸ Um den Körper ausreichend mit Vitaminen, Mineralstoffen, Spurenelementen und Ballaststoffen zu versorgen, sollte man vollwertige Lebensmittel verwenden. Ihre Nährstoffe sind größtenteils erhalten, da sie nicht weiterverarbeitet wurden, wie beispielsweise nicht polierter Reis.

▸ Damit die Nährstoffe soweit wie möglich erhalten bleiben, sollten Nahrungsmittel sachgemäß und nicht zu lang gelagert werden.

▸ Die Speisen nicht länger als nötig garen, sonst gehen wichtige Nährstoffe verloren.

▸ Wenn Gerichte lange warm gehalten werden, gehen wertvolle Vitamine verloren. Man sollte die Speisen lieber abkühlen lassen und dann bei Bedarf wieder kurz aufwärmen.

▸ Die sehr kurzen Gar- und Aufwärmzeiten im Mikrowellengerät schonen die Vitamine und Nährstoffe der Speisen.

Fette und Öle Speiseöle wie Oliven-, Distel- oder Sonnenblumenöl sollten unraffiniert und kaltgepreßt sein sowie, wenn möglich, aus erster Pressung stammen. Denn nur in solchen Ölen sind die Nährstoffe weitestgehend erhalten.

▸ Butter und Bratfett dürfen zum Braten nicht zu stark erhitzt werden, weil sich dadurch Akrolein, ein Stoff der Fett schlecht riechen und schmecken läßt, und Peroxide bilden, die Vitamine zerstören.

Fleisch Reduzieren läßt sich der Fettgehalt von Fleischgerichten dadurch, daß man vor dem Zubereiten das sichtbare Fett vom Fleisch entfernt.

▸ In einer beschichteten Pfanne benötigt man beim Garen von Fleisch kaum zusätzliches Fett.

▸ Fleischgerichte kann man im Römer- und Schnellkochtopf zubereiten, ohne daß man noch Fett zugeben muß.

▸ Fleisch und Fisch lassen sich ohne zusätzliches Fett in Bratfolie garen. Dazugegebenes Gemüse verbessert den Geschmack.

Ohne zusätzliches Fett bereitet man Fleisch in Bratfolie zu.

Getreide und Getreideprodukte Beim Kauf von Getreide etwa für Müsli sollte man darauf achten, daß es von Schmutz und Unkrautsamen, vor allem vom Samen der giftigen Kornrade, gereinigt ist. Beim Roggen sollte das Mutterkorn, ein von Pilzparasiten befallenes Korn, das größer und dunkler ist, entfernt sein.

▸ Bei ungemahlenem Korn bleiben die Nährstoffe besser erhalten. Man mahlt aus diesem Grund immer nur so viel, wie man gerade verarbeiten möchte.

▸ Mehltypen mit einem geringen Ausmahlungsgrad enthalten weniger Nährstoffe als Vollkornmehl.

▸ Vollkornreis ist, weil kaum bearbeitet, nährstoffreicher als polierter Reis.

Milch und Milchprodukte Produkte aus Vorzugsmilch, das ist Rohmilch, die von mehreren Kühen stammt und nicht erhitzt wurde, sollte man eher konsumieren als andere Milchprodukte.

▸ Naturjoghurt, dem man frische Früchte zugibt, ist gekauftem Fruchtjoghurt vorzuziehen; da dieser zur Konservierung sterilisiert wird, enthält er keine lebenden Joghurtkulturen mehr.

Obst und Gemüse Je frischer Obst, Gemüse und Kräuter sind, desto vitaminreicher sind sie.

▸ Man sollte sich erkundigen, an welchem Tag bzw. an welchen Tagen in der Woche der Gemüsehändler mit frischen Produkten beliefert wird, um Gemüse, Obst und Kräuter so frisch wie möglich einkaufen zu können.

▸ Frisches Obst und Gemüse sollte man im Dunkeln aufbewahren, da Vitamine licht- und sauerstoffempfindlich sind.

▸ Obst und Gemüse möglichst

unerhitzt und frisch verzehren, weil es roh noch am meisten Vitamine enthält.

In rohem Gemüse sind die meisten Vitamine enthalten.

▸ Vor dem Zerkleinern Obst und Gemüse waschen, aber nicht im Wasser liegen lassen.

▸ Zerkleinertes Obst und Gemüse möglichst schnell verbrauchen. Die Vitamine bleiben besser erhalten, wenn man das Zerkleinerte mit Salatsoße, Speiseöl oder Zitronensaft mischt und die Schüssel mit einer Folie oder einem Teller abdeckt.

▸ Obst, Gemüse und Kräuter sollten möglichst von Hand gehackt oder geschnitten werden, allerdings nicht zu klein, denn je größer die Schnittfläche ist, desto mehr Sauerstoff kann einwirken, und desto mehr Vitamine gehen verloren.

Kräuter sollen immer von Hand geschnitten oder gehackt werden.

▸ Längere Berührung mit Metallgegenständen, wie mit Messern oder Gabeln, ist bei Obst und Gemüse zu vermeiden. Äpfel enthalten beispielsweise Säuren, die Metalle lösen und binden.

▸ Glas- und Porzellanschüsseln eignen sich am besten für die Zubereitung von Obst, da sie nicht mit der Fruchtsäure reagieren.

▸ Am besten verzehrt man Gemüse roh. Muß es gegart werden, ist Dünsten oder Dämpfen schonender als Kochen.

▸ Gemüse wird mit möglichst wenig Wasser gegart. So bleiben die Nährstoffe besser erhalten.

▸ Die Garflüssigkeit, die einen Teil der Nährwerte enthält, verwendet man als Gemüsebrühe für Suppen, Soßen usw.

Salz Anstelle des gewöhnlichen Kochsalzes sollte lieber jodiertes Speisesalz verwendet werden.

▸ Für kochsalzarme oder -freie Kost eignet sich Sinasalz. Natrium wurde hier durch Kalium ersetzt.

▸ Der Salzkonsum läßt sich dadurch verringern, daß man selbstzubereitete Gerichte mit Kräutern, Gewürzen, Essig oder ein paar Tropfen Zitronensaft abschmeckt.

Suppen und Soßen Ihren Fettgehalt kann man reduzieren, indem man sie nach der Zubereitung abkühlen läßt und dann das obenauf schwimmende Fett abschöpft.

ESSEN UND TRINKEN

▸ Üppige Mahlzeiten machen müde, deshalb lieber öfter kleine Mengen essen.

▸ Bei zu großen Abständen zwischen den einzelnen Mahlzeiten kommt es zu Leistungstiefs. Ißt man stundenlang nichts, bekommt man außerdem leicht Heißhunger und ißt dann mehr, als man eigentlich sollte. Deshalb zwischendurch eine Kleinigkeit essen.

▸ Über den Tag verteilt lieber fünf kleine und leichte als drei große und üppige Mahlzeiten zu sich nehmen.

▸ Als kleine Snacks zwischendurch beim Fernsehen oder beim Lesen eignen sich Milch, Joghurt- oder Quarkspeisen, Vollkornkekse, Obst, rohes Gemüse oder ein dünn belegtes Brot.

▸ Zum Essen sollte man sich ausreichend Zeit nehmen, da das Sättigungsgefühl vom Gehirn erst mit einiger Verzögerung registriert wird. Deshalb gilt: Speisen nicht hastig hinunterschlucken oder während einer anderen Tätigkeit einnehmen.

▸ Speisen gut kauen, da dies die Verdauung fördert.

▸ Größere Mengen Flüssigkeit nimmt man besser zwischen den Mahlzeiten zu sich, weil Trinken während des Essens die Magensäfte verdünnt.

Ballaststoffe Bei einer gesunden Ernährung dürfen Ballaststoffe – nicht oder nur teilweise verwertbare Nahrungsbestandteile – nicht fehlen. Sie regen die Verdauung an und sorgen für ein länger andauerndes Sättigungsgefühl.

▸ Ballaststoffe tragen wesentlich dazu bei, Stoffwechselkrankheiten wie Gefäß- und Darmleiden, z. B. chronische Verstopfung, vorzubeugen.

▸ Den Tagesbedarf an Ballaststoffen, der, abhängig vom Alter, zwischen 40 und 60 g liegt, deckt man mühelos mit Vollkornbrot,

Müsli, Hülsenfrüchten, Obst, Gemüse und Nüssen.

▸ Backwaren aus Auszugsmehl sind arm an Ballaststoffen und sollten daher nur in geringen Mengen genossen werden.

Eiweißhaltige Kost Vor allem ältere Menschen müssen darauf achten, daß sie genügend Eiweiß in Form von Milch und Milchprodukten, magerem Fleisch und Fisch zu sich nehmen.

▸ In der Wachstumsphase ist der Tagesbedarf an Eiweiß größer; deshalb muß man darauf achten, daß die Nahrung von Kindern und Jugendlichen genügend davon enthält.

Fertigprodukte Wegen der geringen Menge der darin enthaltenen Nährstoffe sollte man möglichst wenig Fertigprodukte und Konserven verzehren.

Fette und Öle Für Salate sollte man u. a. Sonnenblumen-, Distel-, Soja- und Maiskeimöl bevorzugen, da in ihnen mehrfach ungesättigte Fettsäuren in hohen Anteilen enthalten sind.

▸ Möglichst ungehärtete Pflanzenmargarine verzehren. Denn bei gehärteten Margarinesorten wurde die darin enthaltene wertvolle Linolsäure bei der Verarbeitung unwirksam gemacht.

▸ Man sollte darauf achten, daß man wenig gesättigte Fettsäuren zu sich nimmt. Sie sind hauptsächlich in Eiern, Fleisch, gehärteter und ungehärteter Margarine enthalten.

▸ Wegen ihres hohen Fettanteils sollte man wenig fritierte oder panierte Gerichte essen.

▸ Für eine fettarme Ernährung eignen sich besonders Geflügelgerichte, da das Fleisch an sich wenig Fett enthält. Vor dem Verzehr sollte man aber die fettreiche Haut entfernen.

▸ In nur sehr wenig Öl werden bei der Pfannenrührtechnik der Chinesen mundgerechte Stücke Fleisch, Fisch und Gemüse im Wok gegart.

Schmackhaft und fettarm gart man Fleisch und Fisch im Wok.

▸ Vorsicht ist bei zahlreichen Lebensmitteln geboten, die einen hohen versteckten Fettanteil enthalten. So bestehen einige Wurstsorten mehr als zur Hälfte aus Fett. Spitzenreiter unter ihnen ist Mettwurst. In 100 g von ihr verstecken sich 55–65 g Fett.

▸ Den Verbrauch von Streichfetten wie Butter oder Margarine reduziert man, indem man sie einige Zeit vor dem Gebrauch aus dem Kühlschrank nimmt. Da sich das zimmerwarme Fett leichter streichen läßt, kommt man mit weniger aus.

▸ Zu einer fettreduzierten Kost gehört auch, daß man Milch und Milchprodukte aus Vollmilch öfter durch Produkte aus entrahmter oder fettarmer Milch ersetzt.

▸ Da der Fettanteil in Nüssen, Kuchen und Schokolade beträchtlich sein kann, sollte man derlei nur in Maßen konsumieren.

Getränke Natriumarmes Mineralwasser mit oder ohne Kohlensäure, ungesüßter Früchtetee, Gemüse- und verdünnte Fruchtsäfte sind ideale Durstlöscher.

▸ Alkoholische Getränke eignen sich nicht dazu, den Flüssigkeitsbedarf zu decken, da sie dem Organismus Flüssigkeit entziehen.

▸ Wegen der großen Kalorienmenge kann Alkohol Übergewicht verursachen. Außerdem ist er – in großen Mengen konsumiert – gesundheitsschädlich.

▸ Fruchtsäfte eignen sich gut, um dem Körper schnell neue Energie zuzuführen, da sie einen hohen Anteil an Fruchtzucker haben. Zugleich vermitteln sie kein großes Sättigungsgefühl.

Hülsenfrüchte Schoten und Samen von Hülsenfrüchten dürfen nicht roh gegessen werden, weil sie das Gift Phasin enthalten. Durch Garen wird es unschädlich gemacht. Vorsicht auch bei Keimen von Hülsenfrüchten, denn hier wird das Gift nur teilweise abgebaut. Deshalb die Keime vor dem Verzehr kurz erhitzen.

Salz Da viele Nahrungsmittel wie Wurst, Käse und Brot schon gesalzen sind, sollte man beim Würzen weitgehend auf Salz verzichten.

Zucker Der Zuckerkonsum läßt sich dadurch verringern, daß man dazu übergeht, Tee oder Kaffee mit Süßstoff zu süßen, oder sich angewöhnt, heiße Getränke ungesüßt zu trinken.

▸ Statt Getränke oder Gebäck mit Haushaltszucker zu süßen, lieber öfter zu alternativen Süßmitteln wie kaltgeschleudertem Honig oder Sirup greifen.

▸ Süßigkeitenkonsum sollte soweit wie möglich eingeschränkt werden, lieber wählt man frisches süßes Obst oder ungeschwefelte Trockenfrüchte für den kleinen Hunger zwischendurch.

KLEINE NÄHRWERTTABELLE

Nahrungsmittel	Energie: Kilojoule (kJ)	Energie: Kilokalorien (kcal)	Eiweiß (g)	Fett (g)	Kohlenhydrate (g)	Ballaststoffe (g)	Vitamine: A (μg)	Vitamine: B_1 (mg)	Vitamine: B_2 (mg)	Vitamine: Niacin (mg)	Vitamine: C (mg)
	Der eßbare Anteil von 100 g Ware enthält										
Milch, Milchprodukte, Ei, Fette											
Trinkmilch, 3,5 % Fett	269	64	3,2	3,5	4,7	0	30	0,04	0,18	0,1	2
H-Milch, 1,5 % Fett	189	45	3,3	1,5	4,7	0	13	0,04	0,18	0,1	2
Joghurt, 1,5 % Fett	202	48	3,6	1,6	4,7	0	14	0,04	0,17	0,1	2
Emmentaler, 45 % Fett i. Tr.	1672	398	27,4	30,5	Sp	0	388	0,05	0,33	0,1	Sp
Speisequark, mager	340	81	17,2	0,6	Sp	0	11	0,04	0,31	0,1	1
Hühnerei	664	158	12,8	11,5	0,7	0	354	0,12	0,34	0,1	0
Butter	3167	754	0,7	83,2	0,7	0	653	Sp	0,02	Sp	Sp
Margarine	3062	729	0,5	80,5	0,5	0	588	–	–	–	Sp
Sonnenblumenöl	3772	898	–	99,8	–	0	–	–	–	–	–
Fleisch, Geflügel, Wurst, Fisch											
Rindfleisch, mager (Filet)	487	116	19,2	4,4	–	–	–	0,10	0,13	4,6	–
Schweinefleisch, mager	665	156	20,8	8,1	–	–	–	0,18	4,0	–	–
Kalbsschnitzel	416	99	20,7	1,8	–	–	–	0,18	0,3	7,5	1
Hammelkotelett	1461	348	14,9	32,0	–	–	–	0,13	0,18	4,3	–
Brathuhn	559	133	20,6	5,6	–	–	10	0,08	0,16	6,8	2
Truthahnbrust	441	105	24,1	1,0	–	–	–	0,05	0,08	11,3	–
Leberwurst	1781	424	12,4	41,2	0,9	–	1,5 mg	0,20	0,92	3,6	–
Salami	2176	518	17,8	49,7	–	–	–	0,18	0,20	2,6	–
Kabeljau	319	76	17,4	0,7	0	–	–	0,06	0,04	2,1	2
Rotbarsch	441	105	18,2	3,6	–	–	12	0,11	0,08	2,5	1
Forelle	428	102	19,5	1,0	Sp	–	45	0,08	0,08	3,4	–
Garnele	336	80	16,8	1,4	–	–	141	0,05	0,03	2,4	2
Getreide, Getreideerzeugnisse, Nüsse											
Haferflocken	1530	365	13,8	7,0	66,0	1	–	0,40	0,15	1,0	–
Reis	1470	350	6,5	0,5	80,0	Sp	0	0,44	0,03	3,5	0
Weizenmehl, Type 405	1473	347	10,6	1,0	73,7	Sp	15	0,06	0,03	0,4	–
Roggenmischbrot	988	233	7,0	1,4	46,4	4	–	0,18	0,08	1,0	0
Eierteigwaren	1541	367	13,0	3,0	72,0	–	60	0,20	0,10	2,0	–
Haselnüsse	2755	656	13,0	61,0	13,7	4	4	0,40	0,20	1,4	3
Walnüsse	2898	690	15,0	64,0	13,5	2	10	0,35	0,10	1,0	15
Gemüse (roh)											
Blumenkohl	113	27	2,4	0,2	4,0	3	21	0,10	0,11	0,6	69
Bohnen, grün	146	35	1,9	0,3	6,1	4	60	0,08	0,11	0,5	19
Gurken	54	13	0,8	0,2	2,0	1	28	0,02	0,03	0,2	Sp
Kartoffeln	301	72	2,0	Sp	16,0	3	2	0,10	0,02	0,5	22
Kopfsalat	71	17	1,4	0,2	2,2	3	150	0,06	0,08	0,4	10
Möhren	108	26	1,1	0,2	8,7	4	1100	0,06	0,05	0,6	8
Spinat	126	30	3,2	0,3	3,7	1	816	0,10	0,20	0,6	51
Tomaten	88	21	1,1	0,2	3,7	3	133	0,06	0,04	0,6	24
Champignons	58	14	2,7	0,3	3,3	3	–	0,10	0,45	4,7	4
Obst, Zucker											
Äpfel	251	60	0,2	0,6	13,5	1	–	0,03	0,02	0,1	4
Apfelsinen	222	53	1,0	0,2	11,9	1	15	0,09	0,04	0,4	50
Bananen	402	96	1,1	0,2	22,5	4	38	0,05	0,06	0,7	11
Birnen	251	60	0,6	0,4	13,4	4	6	0,03	0,04	0,2	4
Erdbeeren	155	37	0,8	0,5	7,3	3	13	0,03	0,04	0,6	62
Johannisbeeren, rot	188	45	1,1	0,2	9,7	12	7	0,04	0,03	0,2	36
Kirschen, süß	301	72	1,1	0,4	16,1	2	13	0,05	0,05	0,4	13
Pfirsiche	180	43	0,7	0,1	9,8	2	73	0,02	0,05	0,9	8
Weintrauben	305	73	0,7	0,3	16,9	2	5	0,05	0,03	0,3	4
Zucker	1680	400	0	0	100,0	0	0	0	0	0	0

Sp = in Spuren *– = keine Angaben vorhanden*

TÄGLICHER EINKAUF

FLEISCH

▸ Fleisch aus dem Supermarkt ist zumeist besonders preisgünstig. Im allgemeinen ist man in Fleischerfachgeschäften mit eigener Schlachtung aber am besten bedient. Dort kann man sich beim Einkauf beraten lassen, kann Sonderwünsche äußern und den Metzger fragen, woher er seine Schlachttiere bezieht und wie sie gehalten wurden.

▸ Gutes Fleisch ist nicht absolut mager, sondern leicht von Fett durchzogen (marmoriert). Die Oberfläche darf weder feucht glänzend noch trocken sein.

▸ Beim Einkauf von tiefgefrorenem Fleisch ist darauf zu achten, daß die Ware keinen Gefrierbrand aufweist. Gefrierbrand erkennt man an verfärbten Stellen an der Fleischoberfläche; er ist ein Zeichen unsachgemäßer Verpackung.

Schweinefleisch Es sollte feinfaserig sein, eine tiefrosa Farbe und weißes bis cremefarbenes Fett haben. Dunkelrotes und grobfaseriges Fleisch ist meist zäh. Auch extrem helles, weiches und wäßriges Schweinefleisch sollte man nicht kaufen. Es stammt von Schweinen mit einer genetisch bedingten Streßempfindlichkeit, schrumpft beim Garen stark, wird zäh und bekommt einen unangenehmen Geruch. Man bezeichnet es als PSE-Fleisch, wobei die Abkürzung sich von den englischen Wörtern *pale* (blaß), *soft* (weich) und *exudative* (wäßrig) herleitet.

Rindfleisch Das Fleisch sollte ziegelrot bis dunkelrot und von weißem Fett durchwachsen sein; gelbes Fett läßt auf alte Tiere schließen, kann bei bestimmten Rassen aber auch ein Zeichen von Weidehaltung sein. Leuchtendrotes Rindfleisch ist noch nicht genug abgehangen und wird beim Garen nicht zart.

▸ Die Faserstruktur von Rindfleisch unterscheidet sich je nach Alter und Geschlecht der Schlachttiere. Bei Färsen – jungen weiblichen Rindern, die noch nicht gekalbt haben – und Jungochsen – kastrierten, männlichen Tieren – ist das Fleisch feinfaserig, bei Jungbullen hat es mittelfeine Fasern. Mastochsenfleisch weist eine grobe Faserstruktur auf, ebenso wie Kuh- und Bullenfleisch, das von älteren Tieren stammt und in der Regel zur Wurstherstellung verwendet wird.

Kalbfleisch Es sollte eine hellrosa Farbe, wenig Fett und feine Fasern haben. Die Knochen sollten weiß oder rosa sein.

Schaffleisch Fleischfarbe und Faserstruktur variieren je nach Alter der Tiere. Am zartesten ist das helle, feinfaserige Fleisch von Milchlämmern. Es stammt von Tieren, die ausschließlich mit Milch gefüttert wurden und bei der Schlachtung nicht älter als sechs Monate waren. Mastlämmer dürfen nicht älter als ein Jahr sein und liefern rosafarbenes, zartfaseriges Fleisch. Dunkelrotes, mittel- bis grobfaseriges Fleisch mit gelblichem Fett stammt von älteren Tieren und hat einen typischen, etwas strengen Geschmack.

Wild Das Fleisch sollte eine dunkelrote Farbe, weißes Fett und eine feine Struktur haben. Außerdem muß es immer angenehm frisch riechen. Wild, das zu lange abgehangen wurde, erkennt man am strengen Geruch und am Grünschimmer.

GEFLÜGEL

▸ Geflügel aus Freilandhaltung hat festes, besonders aromatisches Fleisch, ist in der Regel aber teurer als Geflügel aus Mastbetrieben.

▸ Geflügel sollte immer einwandfrei gerupft sein und keine Verletzungen oder Verfärbungen aufweisen. Das Fleisch muß sauber, fest und trocken sein.

▸ Beim Einkauf von frischem Geflügel ist darauf zu achten, daß die Schlachtung mindestens einen Tag zurückliegt. Frisch geschlachtetes Geflügelfleisch ist zäh, da die sogenannte Muskelstarre, die nach dem Schlachten eintritt, erst nach 24–36 Stunden weicht – und auch nur dann, wenn das Fleisch fachgerecht bei tiefer Temperatur gelagert wurde.

▸ Tiefgefrorenes Geflügel darf keinen Gefrierbrand aufweisen, der sich durch helle, ausgetrocknete Stellen zeigt. Ein rosaroter Eisbelag oder gefrorene Flüssigkeit in der Verpackung ist ein Zeichen dafür, daß das Geflügel mindestens einmal angetaut war. Solches Geflügel sollte man auf keinen Fall kaufen, da es durch das Antauen und Wiedereinfrieren Saft verloren hat, was sich negativ auf die Fleischqualität auswirkt.

▸ Insbesondere bei Puten und Gänsen sollte man auf eine gut ausgebildete Brustpartie mit vollem Fleischansatz achten.

▸ Bei Hähnchen, Poularden und vor allem Enten empfiehlt es sich, möglichst große Tiere auszuwählen, da sie ein besseres Aroma und im Verhältnis zu den Knochen mehr Fleisch als kleine Tiere haben.

FISCH, SCHAL- UND KRUSTENTIERE

▸ Die verschiedenen Arten von Seefischen werden je nach Jahreszeit und Witterung in unterschiedlichen Mengen gefangen, so daß die Preise stark schwanken. Es empfiehlt sich daher, bei frischem Seefisch immer solche Arten auszuwählen, die gerade reichlich angeboten werden und somit preisgünstig sind.

▸ Beim Einkauf von Frischfisch immer darauf achten, daß die Ware auch tatsächlich frisch ist, und im Zweifelsfall lieber auf den Kauf verzichten.

Ganze Fische Ein ganzer Fisch ist frisch, wenn seine Kiemen leuchtend rosa oder rot gefärbt sind. Haben die Kiemen eine graue oder braune Farbe, ist vom Kauf abzuraten.

▸ Weitere Merkmale von fangfrischem Fisch sind glänzende Schuppen, klare, nicht eingefallene Augen und festes Fleisch, das angenehm riecht. Typischer Fischgeruch deutet immer darauf hin, daß die Ware nicht mehr ganz frisch ist.

Fischfilets Frische Fischfilets erkennt man an ihrem durchscheinenden Fleisch. Die Ränder dürfen nicht dunkler oder ausgetrocknet sein.

Räucherfisch Frisch geräucherter Fisch hat eine glänzende Oberfläche und riecht angenehm nach Rauch. Räucherfisch mit matter, ausgetrockneter oder gräulich verfärbter Oberfläche und einem strengen Geruch ist nicht mehr frisch.

▸ Bei ganzen Räucherfischen, wie Makrelen und Forellen, sollte man sich die Schwanzflosse genau ansehen. Ist sie nach oben gebogen und stark ausgetrocknet, ist der Fisch schon älter und sollte nicht gekauft werden.

Muscheln Frische Muscheln müssen einen angenehmen Seewassergeruch und fest geschlossene Schalen haben. Abgestorbene Muscheln erkennt man an ihren auseinanderklaffenden Schalen. Ihr Fleisch ist schlaff und dunkel verfärbt.

Krustentiere Bei frischen oder gekochten ungeschälten Tieren muß der Panzer hart und fest sein. Das Fleisch gekochter Krustentiere sollte eine weiße bis rötliche Farbe haben, fest und geruchlos sein. Weiches und verfärbtes Fleisch ist verdorben.

TEIGWAREN

▸ Teigwaren aus Hartweizengrieß, den man aus Durumweizen gewinnt, sind Teigwaren aus normalem Weizengrieß vorzuziehen, da sie beim Kochen fester bleiben und nicht klebrig werden.

▸ Teigwaren mit Eiern haben eine zartere Konsistenz als Nudeln, die nur aus Wasser und Grieß oder Mehl bestehen.

▸ Bei Nudeln, die mit Eiern hergestellt werden, unterscheidet man zwischen Eiernudeln und Frischeinudeln. Beide Arten gibt es in drei Qualitätsstufen: Nudeln mit normalem, hohem und sehr hohem Eigehalt, wobei der jeweilige Mindestgehalt an Eiern durch das Lebensmittelgesetz festgelegt ist. Für Eiernudeln verarbeiten die Herstellerfirmen in der Regel Flüssig- oder Trockenei. Dagegen dürfen Frischeinudeln nur mit frischen, im Herstellungsbetrieb aufgeschlagenen Eiern produziert werden.

▸ Bei der Auswahl der Nudelform richtet man sich am besten nach der Art der Soße, die zu den Teigwaren gereicht werden soll. So passen beispielsweise zu einer gehaltvollen Soße grobe Nudeln am besten, während man für feine Soßen eher zarte, dünne Nudeln wählt. Hohlnudeln und muschelförmige Nudeln nimmt man für Soßen, die leicht in die Hohlräume eindringen können.

Gefärbte Nudeln Grüne Nudeln werden zumeist mit Spinat, rote Nudeln mit Tomaten oder Paprika eingefärbt – künstliche Farbstoffe sind nicht erlaubt. Gefärbte Nudeln sehen appetitlich aus, unterscheiden sich im Geschmack jedoch nicht wesentlich von normalen Nudeln.

Vollkornnudeln Sie werden aus Vollkornmehlen verschiedener Getreidearten, wie etwa Weizen, Buchweizen, Dinkel oder Hirse, hergestellt. Da das verwendete Mehl aus dem ganzen Korn gemahlen wird, enthalten Vollkornnudeln mehr hochwertige Mineralstoffe, Vitamine und Ballaststoffe als herkömmliche Teigwaren und schmecken kräftiger.

▸ Vollkornnudeln haben eine kürzere Lagerfähigkeit als herkömmliche Nudeln. Deshalb sollte man nie zuviel auf Vorrat kaufen.

▸ Im Angebot finden sich auch zahlreiche Sorten Vollkornnudeln, für die Getreide aus kontrolliert-biologischem Anbau verwendet wird. Man sollte Produkte von solchen Firmen bevorzugen, die ihr Getreide von Betrieben beziehen, die den anerkannten Anbauverbänden der biologischen Wirtschaftsweise angehören.

▸ Auch aus Italien kommen ausgezeichnete Teigwaren aus Vollkornmehl. Sie werden in vielen Naturkostläden und italienischen Feinkostgeschäften angeboten.

▸ Verfärbt sich das Wasser beim Kochen von Vollkornnudeln bräunlich, ist dies ein Zeichen für Ware von minderer Qualität. Dem Nudelteig wurde bei der Herstellung Zuckercouleur zugesetzt, um eine dunklere Farbe zu erzielen. Solche Produkte sollte man nicht wieder verwenden.

REIS

▸ Reis wird in vier Qualitätsstufen angeboten, für die der jeweilige Anteil an gebrochenen Körnern maßgeblich ist. Spitzenreis darf höchstens 5 % Bruchanteil haben, Standardreis 15 % und Haushaltsreis 25 %. Bruchreis hat mehr als 40 % Bruchanteil. Je höher der Bruchanteil, desto mehr Stärke tritt beim Kochen aus, und desto klebriger wird der Reis.

▸ Ein besonders vielfältiges Angebot an Reissorten guter Qualität findet man zumeist in Geschäften, die sich auf asiatische Lebensmittel spezialisiert haben.

Naturreis Dieser Reis wird auch als Braun-, Cargo- oder Vollreis angeboten. Er ist entspelzt, besitzt aber noch das Silberhäutchen und den Keimling mit den wertvollen Nährstoffen. Naturreis schmeckt leicht nußig und behält auch nach dem Kochen seine hellbraune Farbe. Sowohl Langkorn- wie auch Rundkornreis gibt es als Naturreis.

Weißreis Bei weißem Reis werden die Silberhaut und der Keimling durch Schleifen und Polieren der Körner entfernt. Hierdurch gehen bis zu 90 % der Nährstoffe – Fett, Vitamine, Mineral- und Ballaststoffe – verloren, so daß Weißreis ernährungsphysiologisch nicht sehr wertvoll ist.

Parboiled Reis Dieser Reis, der auch als Vollwertreis im Handel ist, wird vor dem Schleifen und Polieren in einem speziellen Dampfdruckverfahren behandelt. Hierdurch werden Vitamine und Mineralstoffe des Silberhäutchens zu einem großen Teil in das Reiskorn gedrückt, so daß sie dem Korn trotz des Schälens erhalten bleiben. Parboiled Reis erkennt man an seiner charakteristischen hellgelben Farbe, die allerdings beim Kochen verschwindet.

KARTOFFELN

▸ Kartoffeln sollen sauber, unbeschädigt, prall und fest sein. Sie dürfen keine dunklen oder grünen Stellen aufweisen.

▸ Neue Kartoffeln, die im Frühsommer auf den Markt kommen, schmecken am besten, wenn sie gleich verarbeitet werden. Es empfiehlt sich daher, nur kleinere Mengen einzukaufen.

▸ Neben der äußeren Beschaffenheit sollte man bei der Auswahl von Speisekartoffeln stets den jeweiligen Kochtyp beachten, da keine Kartoffelsorte für alle Zwecke gleichermaßen gut geeignet ist.

Festkochende Kartoffeln Sie werden für Salate, Gratins und Bratkartoffeln verwendet, da sie beim Kochen ihre feste Struktur behalten. Festkochende Kartoffelsorten sind z. B. die Sorten 'Hansa', 'Nicola' und 'Sieglinde'.

Vorwiegend festkochende Kartoffeln Sie eignen sich für Salz-, Pell- und Bratkartoffeln. Zu den entsprechenden Sorten gehören u. a. 'Clivia', 'Désirée', 'Gloria', 'Grandifolia', 'Granola', 'Grata', 'Hela' und 'Saskia'.

Mehligkochende Kartoffeln Diese Kartoffeln verwendet man vor allem für Kartoffelpüree, Suppen, Eintöpfe, Klöße, Reibekuchen und Kroketten. Mehligkochende Sorten sind z. B. 'Irmgard', 'Datura' und 'Maritta'.

Bintje Holländische Bintje sind mehlig-festkochend und daher außerordentlich vielseitig zu verwenden. Man kann sie sowohl für Brat-, Salz- und Pellkartoffeln wie auch für Pommes frites oder Kartoffelpüree nehmen.

GEMÜSE

▸ Als Orientierungshilfe für den Verbraucher wird Gemüse in vier Güteklassen eingeteilt: Extra, Klasse 1, Klasse 2 und Klasse 3. Grundlage dieser Güteklassen sind die Qualitätsnormen der Europäischen Gemeinschaft sowie die deutschen Handelsklassen.

▸ Die Güteklassen beziehen sich auf Größe, Gewicht und äußere Beschaffenheit der Ware, sagen aber nichts über Geschmack, Nährstoffgehalt und Haltbarkeit aus.

▸ Generell empfiehlt es sich, Gemüse während der jeweiligen Haupterntezeit zu kaufen. Es hat dann einen hohen Nährstoffgehalt, schmeckt aromatisch, und die Preise sind niedrig.

▸ Treibhausgemüse und häufig auch normale Freilandgemüse sind zumeist stark gedüngt und weisen einen hohen Nitratgehalt auf. Nitrat kann im Körper zu Nitrit und krebserregenden Nitrosaminen umgesetzt werden. Aus diesem Grund sollte man Gemüse aus dem eigenen Garten oder aus kontrolliert-biologischem Anbau vorziehen.

Artischocken Sie sollten feste grüne Blütenköpfe und keine braunen oder trockenen Stellen haben. Überreife Artischocken sind trocken und zäh; man erkennt sie an ihren abstehenden Blättern.

Avocados Die Früchte kommen fast immer in unreifem Zustand in den Handel und schmecken dann unangenehm bitter. Zum Nachreifen kann man sie in Zeitungspapier einwickeln und einige Tage bei Raumtemperatur liegenlassen.

▸ Avocados sind reif, wenn sie sich rundum weich anfühlen und die Schale auf leichten Fingerdruck nachgibt.

Auberginen Sie sollen eine glänzende Schale haben, keine weichen oder braunen Stellen aufweisen sowie fest und schwer sein. Kleinere Früchte weisen eine zartere Schale und weniger Samen auf als große Auberginen.

Bohnen Frische Bohnen erkennt man daran, daß sie beim Umbiegen glatt durchbrechen und die Bruchstelle saftig und grün aussieht.

Frische Bohnen brechen beim Umbiegen glatt durch.

Gemüsefenchel Frischen Gemüsefenchel erkennt man an seinen makellosen weißen oder blaßgrünen Knollen. Ware mit blassen, angewelkten Blättern oder braunen Faulstellen sollte man nicht kaufen.

Kohlrabi Beim Einkauf von Kohlrabi sollte man darauf achten, daß er kräftig grünes Laub und keine Risse aufweist. Die Knollen sind am zartesten, wenn sie noch nicht ihre volle Größe erreicht haben.

▸ Freilandsorten sind zumeist kräftiger im Geschmack als Treibhauskohlrabi.

Paprika Beim Kauf von Paprikaschoten sollte man darauf achten, daß die Früchte eine leuchtende Farbe, festes Fruchtfleisch und keine Druckstellen haben.

Pilze Zuchtpilze wie Champignons und Austernpilze werden das ganze Jahr hindurch angeboten und sind im Gegensatz zu Wildpilzen nicht mit Schwermetallen belastet.

▸ Frische Pilze erkennt man an ihrem makellosen Aussehen und dem intensiven, typischen Geruch. Überreife oder überlagerte Ware fühlt sich schleimig an und weist dunkle Stellen auf.

Spargel Frischen Spargel erkennt man daran, daß die Schnittenden hell, glatt und saftig sind.

▸ Es empfiehlt sich, keine ganz dicken Stangen zu kaufen, da sie oftmals holzig und bitter sind.

Tomaten Beim Kauf von Tomaten sollte man nicht auf Schönheit achten. Gleichmäßig runde Sorten sind häufig nicht so aromatisch wie unregelmäßig geformte. Freilandtomaten sollte man in jedem Fall bevorzugen.

KEIME UND SPROSSEN

▸ Speziell im Winter, wenn man außer tiefgefrorenem Gemüse fast nur Treibhausware bekommt, sind Keime und Sprossen ein wertvolles Frischgemüse, das viele Vitamine und Mineralstoffe enthält.

▸ Sprossen lassen sich aus Samen, Getreidekörnern und Hülsenfrüchten ziehen und können z. B. für Salate, Suppen und Beilagen verwendet werden. Alle Samen und Körner, die man keimen läßt, müssen unbehandelt sein. Am besten kauft man sie deshalb im Naturkostladen oder Reformhaus, wo es ein großes Angebot aus kontrolliert-biologischem Anbau gibt.

▸ Bereits gekeimte Sprossen bekommt man – abgepackt in Beuteln – in Naturkostläden, Reformhäusern und vielen Gemüsegeschäften. Darauf achten, daß die Sprossen jung und knackig sind und frische Spitzen haben.

HÜLSENFRÜCHTE

▸ Getrocknete Hülsenfrüchte sollte man nach Möglichkeit in einem Geschäft mit großem Umsatz kaufen, da sie durch zu langes Lagern hart und zäh werden und nicht mehr weich kochen.

▸ Gängige Hülsenfrüchte, wie getrocknete Kidney-Bohnen, weiße Bohnen, Feuerbohnen, gelbe oder grüne Erbsen und helle Linsen, bekommt man im Supermarkt. Ausgefallenere Sorten, wie beispielsweise Augenbohnen, Flageolet- und Limabohnen oder rote Linsen, sind möglicherweise nur im Reformhaus erhältlich.

▸ Die Körner von getrockneten Hülsenfrüchten sollten gut ausgereift, von gleichmäßiger Größe und Farbe sein und keine sichtbaren Schäden aufweisen.

OBST

▸ Neben den Handels- und Güteklassen, die – wie bei Gemüse – nur ein Wertmaßstab für das Äußere der Ware sind, sollte man beim Einkauf von Früchten vor allem auf den Reifegrad achten. Überreifes Obst verdirbt rasch und bekommt schnell faule Stellen, während unreife Früchte oft wenig Aroma haben.

▸ Abgepacktes Obst sollte man nachwiegen bzw. nachwiegen lassen, da es manchmal ein geringeres Gewicht aufweist, als auf der Verpackung angegeben ist.

▸ Bei fast allen Obstsorten gilt: Je größer die Früchte, desto wasserreicher und weniger aromatisch sind sie.

Ananas Eine Ananas ist reif, wenn sie aromatisch duftet und sich ein Blatt aus der Mitte der Krone leicht herauszupfen läßt.

Aprikosen Unreife Aprikosen sollte man nach Möglichkeit nicht kaufen. Die Früchte reifen zwar nach, werden dabei aber nicht saftiger.

Beerenobst Beerenfrüchte verderben besonders rasch und sollten deshalb immer so bald wie möglich verzehrt werden.

▸ Bei abgepacktem Beerenobst empfiehlt es sich, die Unterseite der Schälchen anzuschauen. Ist sie feucht, sind die unteren Beeren zerquetscht und möglicherweise bereits angefault.

▸ Erdbeeren sind reif, wenn sich der Stiel mit den Kelchblättern mühelos herausziehen läßt.

Kirschen Beim Kirschenkauf wählt man pralle Früchte mit glänzender, kräftig gefärbter Schale. Die Stiele sollten grün – nicht dunkel oder ausgetrocknet – sein.

Mangos Man kauft Früchte, die intensiv duften und eine straffe Schale ohne Druckstellen haben. Früchte mit gräulichen Verfärbungen oder schwarzen Flecken sollte man nicht kaufen.

Melonen Honigmelonen sind reif, wenn beim Schütteln die Kerne im Inneren rasseln.

▸ Der Reifegrad einer Wassermelone läßt sich feststellen, wenn man mit der flachen Hand daraufklopft. Klingt die Melone dumpf, ist sie reif.

▸ Ob dünnschalige Zuckermelonen reif sind, erkennt man an ihrem aromatischen Duft.

Nektarinen und Pfirsiche Die Früchte sollten fest, aber nicht hart sein. Reife Nektarinen sind an der Fruchtnaht meist etwas weicher. Früchte, die einen Grünstich, Druckstellen oder eine runzelige Haut aufweisen, sollte man nicht kaufen.

Rhabarber Da Oxalsäure die Bildung von Nierensteinen begünstigen kann, sollte man lieber roten Rhabarber kaufen. Er enthält weniger Oxalsäure als grüner.

Zitrusfrüchte Runde Zitronen mit glatter Schale sind saftiger als längliche Früchte.

▸ Braucht man für ein Rezept abgeriebene oder kleingeschnittene Orangen- oder Zitronenschale, dürfen die Früchte nicht behandelt sein. Unbehandelte Orangen bekommt man meist nur in Naturkostläden und Reformhäusern, ungespritzte Zitronen auch in vielen Supermärkten.

KRÄUTER UND GEWÜRZE

▸ Kräuter und Gewürze kauft man am besten nur in kleinen Mengen, da sie bei längerer Lagerung ihr Aroma und ihre Würzkraft verlieren.

▸ Um den Preisvorteil von Großpackungen ausnutzen zu können, sollte man sich mit Freunden oder Bekannten zusammentun und die eingekauften Mengen untereinander aufteilen.

▸ Gemahlene Gewürze büßen rasch Aroma und Würzkraft ein. Aus diesem Grund sollte man stets ganze Gewürze kaufen und diese erst mahlen, reiben oder im Mörser zerstoßen, wenn sie verarbeitet werden sollen.

▸ Beim Einkauf frischer Kräuter ist darauf zu achten, daß sie weder schlaff noch welk sind. Im Bund angebotene Freilandware ist Treibhauskräutern vorzuziehen.

ÖLE

▸ Öle mit der Bezeichnung Speiseöl, Tafelöl, Salatöl oder Pflanzenöl sind Mischungen aus verschiedenen Pflanzenölen. Sie sind preiswert, geschmacksneutral und hitzebeständig, so daß sie sich gut zum Kochen, Backen und Fritieren eignen.

▸ Reine Öle werden nur aus einer Pflanzenart gewonnen und tragen den jeweiligen Namen der Pflanze. Hochwertige reine Öle mit einem hohen Gehalt an essentiellen Fettsäuren sind beispielsweise Distel-, Sonnenblumen- und Maiskeimöl. Um die wertvollen Fettsäuren nicht zu zerstören, sollten diese Öle niemals stark oder lange erhitzt werden. Am besten nimmt man sie ausschließlich für kalte Speisen und Salate.

▸ Kaltgepreßte Öle der ersten Pressung sind am hochwertigsten, denn sie enthalten die meisten Nährstoffe, Vitamine und Mineralstoffe. Man sollte sie möglichst frisch und – mit Ausnahme von Olivenöl – nur für Speisen verwenden, die nicht erhitzt werden. Da kaltgepreßte Öle recht teuer sind und angebrochene Flaschen rasch aufgebraucht werden sollten, damit das Öl nicht ranzig wird, kauft man sie am besten nur in kleinen Mengen ein.

▸ Öle, die über einen ausgeprägten Eigengeschmack verfügen, wie etwa Walnuß-, Haselnuß-, Mandel-, Pistazien-, Kürbis- oder

Traubenkernöl, verwendet man hauptsächlich für Salate, wo ihr feines Aroma am besten zur Geltung kommt.

Olivenöl Als klassisches Speiseöl ist Olivenöl in vielen Sorten erhältlich, die sich aus unterschiedlichen Ernte- und Preßmethoden, verschiedenen Olivenarten und ihren jeweiligen Wachstumsbedingungen ergeben. Das qualitativ beste Olivenöl ist das unraffinierte Öl der ersten Pressung, das ohne Wärmeeinwirkung gewonnen wird. Solches Öl ist heute als Natives Olivenöl extra oder *Olio extra vergine di oliva* im Handel, was der früher gängigen Bezeichnung kaltgepreßtes Olivenöl entspricht.

▸ Olivenöl enthält einen geringen Anteil an essentiellen Fettsäuren und kann deshalb beim Braten und Grillen stark erhitzt werden.

EIER

▸ Eier werden zum Verkauf in verschiedene Gewichtsklassen – von Klasse 1 (70 g und mehr) bis Klasse 7 (unter 45 g) – unterteilt.

▸ Auf der Verpackung müssen die Güteklasse und das Legedatum angegeben sein. Ausgenommen von der Kennzeichnungspflicht sind nur Eier, die direkt ab Hof, auf dem Wochenmarkt oder an der Haustür verkauft werden.

▸ Koch- und Backrezepte beziehen sich meist auf Eier mit einem Gewicht von etwa 60 g.

▸ Die Schalenfarbe sagt nichts über die Qualität der Eier aus – braune Eier stammen lediglich von anderen Hühnerrassen als weiße. In der Regel sind braune Schalen allerdings etwas dicker und platzen beim Kochen nicht so leicht. Auch die Farbe des Eidotters ist heute kein Qualitätsmerkmal mehr, da sie sich durch natürliche Farbstoffe wie Paprika, die dem Hühnerfutter zugesetzt werden, nach Belieben steuern läßt.

▸ Um die Frische von Eiern zu prüfen, legt man sie in ein Gefäß mit kaltem Wasser. Bleibt das Ei am Boden liegen, ist die Luftkammer am stumpfen Ende noch klein und das Ei frisch. Je weiter das stumpfe Ende nach oben steigt, desto älter ist das Ei. Schwimmt es an der Oberfläche, kann es mehrere Monate alt sein und darf nicht mehr verwendet werden.

Frische Eier bleiben flach im Wasser liegen.

MILCHPRODUKTE

▸ Da die meisten Milchprodukte nur begrenzt haltbar sind, sollte man ausschließlich gut gekühlte Erzeugnisse kaufen und auf das Haltbarkeitsdatum achten.

Butter Butter unterliegt strengen Qualitätskontrollen und wird nach einem amtlichen Bewertungssystem u. a. für Geruch, Geschmack, Aussehen und Konsistenz in die zwei Handelsklassen Markenbutter und Molkereibutter eingeteilt. Markenbutter ist höherwertig als Molkereibutter.

▸ Landbutter gehört nicht zu den Handelsklassen und wird auch nicht in Molkereien, sondern nur direkt beim Bauern hergestellt.

▸ Sauerrahmbutter wird aus gesäuerter Sahne hergestellt und zeichnet sich durch einen herzhaften, frischen Geschmack aus, der auf Brot und Brötchen besonders gut zur Geltung kommt.

▸ Süßrahmbutter wird aus ungesäuertem Rahm gewonnen und hat einen sahnigen, milden Geschmack. Da Süßrahmbutter gut bindet und beim Erhitzen nicht ausflockt, wird sie von vielen Köchen bevorzugt.

▸ Da sich Butter gut einfrieren läßt, kann man Angebote nutzen und Butter auf Vorrat kaufen.

Butterschmalz Im Gegensatz zu Butter läßt sich Butterschmalz stark erhitzen, ohne daß es spritzt oder verbrennt, denn es handelt sich um ausgeschmolzene Butter, die kein Wasser und Eiweiß mehr enthält. Butterschmalz eignet sich zum Braten, Kochen, Backen und Fritieren.

Käse Nach der Konsistenz wird Käse in Frischkäse, Weichkäse, halbfesten Schnittkäse, Schnittkäse und Hartkäse unterteilt.

▸ Frischkäse soll eine helle Farbe und einen süßlichen Geruch haben und feucht, aber nicht wäßrig sein.

▸ Weichkäse sollte sich weich anfühlen und außerdem eine weiße oder cremefarbene Rinde haben. Eine trockene, gerissene Rinde oder eine leicht orange gefärbte Oberfläche zeigt an, daß der Käse schon alt ist.

▸ Halbfester Schnittkäse muß eine feste, aber nicht trockene Rinde und eine weiche Mitte haben.

▸ Bei Schnitt- und Hartkäse dürfen die Schnittflächen nicht ausgetrocknet, aber auch nicht feucht sein. Darauf achten, daß die Rinde trocken ist. Käse ohne Rinde sollte man nicht kaufen.

▸ Käse aus kleineren Käsereien hat oft eine bessere Qualität als industrielle Massenware.

ERFRISCHUNGSGETRÄNKE

▸ Je weniger Zucker ein Erfrischungsgetränk enthält, desto besser löscht es den Durst und desto kalorienärmer ist es.

▸ Mineralwasser ist völlig kalorienfrei, enthält aber wertvolle Mineralstoffe und Spurenelemente, die meist auf dem Flaschenetikett angegeben sind. Aus gesundheitlichen Gründen sollte man darauf achten, daß der Natriumgehalt möglichst niedrig ist. Insbesondere Menschen mit hohem Blutdruck sollten nur natriumarme Wässer trinken.

▸ Der Kaloriengehalt von zuckerhaltigen Erfrischungsgetränken läßt sich reduzieren, indem man sie mit Mineralwasser verdünnt. So löschen sie auch besser den Durst.

▸ Ein Fruchtsaft muß zu 100 % aus gepreßtem Obst bestehen. Bei Fruchtnektar dagegen kann der Fruchtanteil zwischen 25 und 50 % liegen.

MILCHGETRÄNKE UND KAKAO

▸ Milchmixgetränke schmecken mit frischen Früchten der Saison besonders gut. Wichtig ist, erst die Milch und dann die Früchte in das Mixgefäß zu geben und gut zu schütteln oder zu schlagen, damit die Milch nicht gerinnt.

▸ Joghurtmixgetränke sind bei Kindern sehr beliebt. Sie lassen sich aus Joghurt, zerkleinertem Obst, etwas Zitronensaft und kalter Milch bereiten und können nach Belieben mit Honig oder Zucker gesüßt werden.

▸ Für Kakao nimmt man jeweils 1 TL Kakaopulver und 1 TL Zucker auf 1 Tasse Milch. Damit das Kakaopulver nicht klumpt, vermischt man es mit dem Zucker und verrührt es erst anschließend mit der warmen Milch.

KAFFEE

▸ Für einen guten Kaffee nimmt man pro Tasse 6–8 g gemahlenen Kaffee; dies entspricht einem gehäuften Kaffeelöffel. Bei hartem, kalkhaltigem Wasser kann eine größere Menge nötig sein.

▸ Lieber einen zu starken Kaffee nachträglich mit etwas heißem Wasser verdünnen, als den Kaffee zu schwach aufzubrühen.

▸ Kaffee bekommt ein kräftiges Aroma, wenn man eine Prise Salz und etwas Kakao mit in den Filter gibt. Einen feinen Geschmack erzielt man ebenfalls, wenn man ein Stück Vanilleschote oder Schokolade mit in den Filter legt. Auch Zimt, Kardamom oder Muskat verleihen Kaffee eine besondere Note.

▸ Wird Kaffee von Hand gefiltert, empfiehlt es sich, das Kaffeepulver zunächst nur knapp mit dem kochenden Wasser zu bedecken und einige Sekunden quellen zu lassen. Erst dann den Filter vollgießen und mit dem Nachgießen warten, bis das Wasser vollständig durchgelaufen ist.

▸ Milch macht Bohnenkaffee bekömmlicher und verlängert die Wirkung des Koffeins.

▸ Wer einen empfindlichen Magen hat, sollte zum Kaffee ein Glas kaltes Wasser trinken.

Espresso Dieser sehr starke Kaffee wird in kleinen Tassen serviert und mit Zucker, aber ohne Milch oder Sahne getrunken. Er ist trotz seiner Stärke äußerst magenfreundlich.

Mokka Kaffeepulver für Mokka muß staubfein gemahlen sein. Er wird aus der zwei- bis dreifachen Kaffeemenge wie normaler Bohnenkaffee bereitet und zumeist stark gesüßt.

TEE

▸ Je feiner der Geschmack einer Teesorte, desto nachteiliger wirkt sich hartes oder chlorhaltiges Wasser auf das Aroma aus. Deshalb bei der Auswahl von Teesorten die Beschaffenheit des vorhandenen Trinkwassers berücksichtigen. Gegebenenfalls kann man ein geschmacksneutrales Mineralwasser ohne Kohlensäure zur Teebereitung benutzen.

▸ Bei Broken Tea werden die Blätter beim Herstellungsprozeß maschinell gebrochen, also zerkleinert. Solcher Tee ist wesentlich ergiebiger als Blatt-Tee, aber durchaus nicht minderwertiger.

▸ Die besten Teequalitäten kommen aus dem Hochland; beim Einkauf sollte man dies berücksichtigen.

Teesorten Assamtee zeichnet sich durch ein besonders kräftiges Aroma aus, das selbst bei hartem Wasser gut zur Geltung kommt.

▸ Ceylontee hat ein angenehm herbes Aroma, eine goldene Farbe und verträgt auch härteres Wasser.

▸ Darjeelingtee hat einen feinen, zarten Geschmack. Damit sein Aroma nicht verlorengeht, benötigt er weiches Wasser.

▸ Zu Süßspeisen schmeckt aromatisierter Earl Grey.

▸ Zu Lebkuchen, Spekulatius und Früchtebrot paßt Spiced Tea.

▸ Jasmintee, grüner Chinatee und Formosa Oolong passen gut zu fernöstlichen Gerichten.

▸ Zu Käsegerichten kann man den kräftigen Lapsang Souchong mit Rauchgeschmack servieren.

Zubereitung Für eine Kanne Tee nimmt man 1 TL (etwa 2 g) schwarzen Tee pro Tasse und einen zusätzlich „für die Kanne".

▸ Läßt man den Tee bis zu drei Minuten ziehen, wirkt er anregend, von drei bis fünf Minuten beruhigend. Länger als fünf Minuten sollte schwarzer Tee jedoch nicht ziehen, da er dann einen bitteren Geschmack bekommt.

▸ Die Teekanne ausschließlich für die Zubereitung von Tee benutzen, damit der Geschmack nicht verfälscht wird.

▸ Tee-Eier nicht verwenden, da sie den Teeblättern, deren Volumen sich durch das kochende Wasser erheblich vergrößert, nicht genügend Raum zum Quellen lassen. Tee-Eier aus Metall können außerdem den Geschmack beeinträchtigen.

ALKOHOLISCHE MIXGETRÄNKE

▸ Wer für ein Mixgetränk Mineralwasser verwendet, sollte eine geschmacksneutrale Sorte wählen.

Eiswürfel Für Mixgetränke sollte man ausschließlich Eiswürfel aus kohlensäurefreiem und geschmacksneutralem Mineralwasser verwenden: Je besser das Wasser, desto besser das Getränk.

▸ Für Cocktails und Longdrinks müssen Eiswürfel nicht nur aus klarem Wasser bestehen. Man kann auch Beeren oder Fruchtstücke mit einfrieren. Solche Eiswürfel sehen im Glas sehr dekorativ aus.

Dekorative Eiswürfel erhält man, wenn man Beeren mit einfriert.

Longdrinks und Cocktails Unter Longdrinks versteht man alkoholische Getränke, die man mit Mineralwasser, Schaumwein, Fruchtsäften oder Eiswürfeln verlängert. Sie eignen sich besonders gut für heiße Sommertage.

▸ Wird zum Aufgießen kohlensäurehaltiges Mineralwasser oder Sekt verwendet, darf das fertige Getränk nicht mehr umgerührt werden.

▸ Sind Früchte oder Fruchtschnitze im Longdrink enthalten, gibt man dafür ein Cocktailspießchen ins Glas.

▸ Zur Geschmacksverstärkung und -verfeinerung eines Cocktails gibt es spezielle Zutaten: Angostura ist ein Bitterstoff, Zitronensaft macht den Cocktail saurer, Fruchtsäfte wirken als Süßstoff, und Oliven verstärken das Aroma des Getränks.

KRÄUTERTEES HERSTELLEN

1. Möglichst junge Blüten und Blätter an einem schattigen, luftigen Ort zum Trocknen aufhängen.

2. Die getrockneten Kräuter zerkleinern. Für jedes Kraut verwendet man ein eigenes Gefäß.

3. Das Kraut mit Wasser aus einer Sprühflasche gleichmäßig befeuchten.

4. Das Kraut in ein Leinentuch einrollen, einige Tage warm lagern und dann bei max. 25 °C trocknen.

SPIRITUOSEN

▸ Angebrochene Flaschen hochprozentiger Spirituosen gut verschließen, dann halten sie sich praktisch unbegrenzt.

▸ Alle Spirituosen mit einem Alkoholgehalt von mindestens 40 Vol.-% eignen sich zum Flambieren von Speisen.

▸ Manche bittere Aperitifs kann man gut mit Wasser oder Tonicwater, aber auch mit Orangensaft oder Sekt verdünnen.

Anisschnäpse Anisgetränke wie Pastis und Ouzo eignen sich gut als Aperitifs.

Calvados Die beste Qualität dieser französischen Spezialität trägt die Herkunftsbezeichnung *Calvados du Pays d'Auge.*

▸ Calvados wird mit Raumtemperatur serviert. Kenner wärmen das Glas vor dem Einschenken mit den Händen an, damit sich das Aroma voll entfalten kann.

Gin Dieser Wacholderbranntwein wird hauptsächlich für Longdrinks und Mixgetränke verwendet.

Grappa Dieser Branntwein aus vergorenen Preßrückständen von Trauben wird ungekühlt serviert.

Klare Schnäpse Aquavit, Korn und andere klare Schnäpse sollten immer kalt (etwa 0 °C) serviert werden. Dazu die Gläser zuvor für einige Zeit in das Gefriergerät legen, so daß sich eine dünne Eisschicht darauf bildet.

Klare Schnäpse kalt und in vorgekühlten Gläsern servieren.

Liköre Die beste Serviertemperatur für die meisten Liköre liegt bei etwa 10 °C; Kräuterliköre sollten etwas wärmer sein.

▸ Kräuterlikör gewinnt an Geschmack, wenn man einen Schuß Selleriesaft hinzufügt.

▸ Fruchtliköre eignen sich zum Verfeinern von Desserts mit Obst.

Rum Der aus Zuckerrohr gewonnene Rum wird entweder pur getrunken oder für Mixgetränke sowie Grog und andere heiße Getränke verwendet. Darüber hinaus wird er benutzt, um Speisen zu flambieren, Gebäck und Süßspeisen zu verfeinern sowie Früchte einzulegen.

▸ Für Mixgetränke eignet sich am besten weißer Rum, da er im Geschmack milder ist.

▸ Heißer Grog wird aus Rum, Zucker, Zitronen- oder Orangensaft und heißem Wasser bzw. sehr starkem schwarzem Tee zubereitet. Das Glas sollte man mit heißem Wasser vorwärmen, damit es beim Eingießen des Grogs nicht springt.

Weinbrände Armagnac, Cognac und Weinbrand sollten Raumtemperatur haben; ihr Aroma entfaltet sich dann am besten.

▸ Für Cognac und sonstige Weinbrände eignen sich bauchige Gläser, die sich nach oben verjüngen. Das Glas umspannt man mit der Hand, damit sich die Körperwärme auf den Inhalt überträgt. Dann kann das Getränk sein volles Bukett entfalten.

Whisky Wer einen Whisky mit kräftigem Geschmack bevorzugt, sollte sich für einen amerikanischen Bourbon, der hauptsächlich aus Mais hergestellt wird, oder einen schottischen Malt-Whisky entscheiden. Irische und

COCKTAILGLÄSER MIT ZUCKERRAND DEKORIEREN

1. Mit einem Messer quer in das Fruchtfleisch eines Zitronenschnitzes eine Kerbe schneiden.

2. Den Rand eines Cocktailglases in die Kerbe setzen und das Glas einmal vollständig drehen.

3. Den Glasrand leicht in Zucker drücken. Der Zucker bleibt daran haften.

kanadische Sorten schmecken eher mild, während sich der klassische Scotch durch seine Rauchigkeit auszeichnet.

▸ Whisky wird in becherförmigen Gläsern, auch Tumbler genannt, serviert. Man kann ihn pur, mit Eiswürfeln (*on the rocks*) oder mit Sodawasser trinken.

▸ Die Schreibweise Whiskey bedeutet immer, daß es sich um ein amerikanisches oder irisches Erzeugnis handelt.

Wodka Er zeichnet sich durch seinen weichen, reinen Geschmack aus. Der Mindestalkoholgehalt beträgt 40 Vol.-%. Wodka wird stets eiskalt serviert; mitunter würzt man ihn auch mit einigen Körnchen Salz.

Wodka erhält eine besondere Geschmacksnote, wenn man ihn mit etwas Salz würzt.

BIER

▸ Bier nicht länger als vier bis sechs Wochen lagern. Im Winter darf die Lagertemperatur 5 °C nicht unterschreiten, im Sommer sollte sie nicht über 10 °C liegen. Bei dunklem Bier kann die Temperatur etwas höher sein. Weizenbier dagegen sollte man bei 4 bis 6 °C lagern, da es sonst beim Einschenken zu stark schäumt.

▸ Bier schmeckt bei einer Trinktemperatur von 7–10 °C am besten, was der üblichen Kühlschrankkälte entspricht. Zu kaltes Bier verliert an Geschmack; außerdem bildet es beim Einschenken keine Schaumkrone.

▸ Sogenannte obergärige Biere, wie Altbier, Kölsch, Berliner Weiße und Weizenbier, regen den Appetit an und gelten als Nierenspüler.

Alkoholarmes und -freies Bier Alkoholarmes Bier enthält höchstens 1,5 Vol.-% Alkohol. Bier mit weniger als 0,5 Vol.-% Alkohol darf als alkoholfrei bezeichnet werden.

▸ Malzbier hat nur einen recht geringen Alkoholgehalt von weniger als 0,5 Vol.-%, ist aber reich an Kalorien. Es eignet sich gut als Stärkung bei anstrengender körperlicher Arbeit, sportlicher Betätigung oder bei ausgedehnten Wanderungen.

Diätbier Für Diabetiker gibt es spezielle Diätbiere, bei denen der Gehalt an Kohlenhydraten stark reduziert ist und unter 0,75 % liegt. Diätbiere sind stark gehopft und schmecken herb. Ihr Alkoholgehalt liegt bei etwa 4 Vol.-%; es entspricht damit den normalen Vollbieren.

WEIN

▸ Wein sollte dunkel und bei Kellertemperatur aufbewahrt werden. Damit der Korken nicht austrocknet und kein Sauerstoff eindringt, müssen die Flaschen liegen.

▸ Wie lange ein Wein gelagert werden kann, hängt von vielen Faktoren ab. Weiß- und Roséweine sollten im Alter von zwei bis drei Jahren getrunken werden; bessere Qualitäten dürfen auch älter werden. Bordeaux- und Burgunderweine sind nach drei bis fünf Jahren gut gereift.

▸ Wein, den man aus dem Urlaub mitgebracht oder selbst vom Winzer geholt hat, sollte erst einige Zeit ruhen, bevor man ihn probiert.

▸ Manche Weine enthalten Schwefel, auf den empfindliche Menschen mit Allergien reagieren können. Mit einem Teststäbchen, das in Apotheken erhältlich ist, kann man den Schwefelgehalt selbst prüfen.

Mit einem Teststäbchen kann man den Schwefelgehalt des Weins leicht selbst prüfen.

Wein zum Essen Traditionell gilt der Grundsatz: Weißwein zu Fisch und hellem Fleisch, Rotwein zu dunklem Fleisch. Doch auch bei dieser Regel gibt es Ausnahmen, und so sollte man z. B. zu Fischgerichten, die mit Rotwein zubereitet wurden, auch einen Rotwein reichen.

▸ Bei der Entscheidung, ob man einen Weiß- oder Rotwein serviert, sollte man stets auch die Zubereitungsart der betreffenden Gerichte berücksichtigen. Je schwerer und kräftiger eine Speise gewürzt ist, desto voller und schwerer sollte der dazu gereichte Wein sein.

▸ Werden zu einer Mahlzeit mehrere Weine serviert, sollte man immer trockenen Wein vor lieblichem, leichten Wein vor schwerem, jungen Wein vor älterem und weißen Wein vor rotem reichen.

▸ Wer wenig Erfahrung bei der Auswahl von Weinen hat, kann zu allen Gerichten einen gekühlten Rosé anbieten.

Gläser Weinkenner bevorzugen dünnwandige Kristallgläser. Der hohe, dünne Stiel verhindert, daß sich die Wärme der Finger auf den Wein überträgt.

▸ Muß man sich auf einen Glastyp beschränken, wählt man am besten ein kugelförmiges Glas, das nach oben etwas enger wird, oder eine sogenannte Tulpe.

▸ Die Gläser nach dem Abwaschen immer mit heißem Wasser nachspülen und so Fett und andere Rückstände entfernen.

Serviertemperaturen Die Temperatur, bei der ein Wein sein Bukett am besten entfalten kann, ist zumeist auf dem Flaschenetikett angegeben. Grundsätzlich kann man sich jedoch an folgende Temperaturen halten: deutscher Weißwein 6–12 °C; Dessertwein 10–11 °C; deutscher Rotwein 12–13 °C; weißer Burgunder 14–15 °C; roter Bordeaux und Burgunder sowie Südwein 16–18 °C; herber alter Rotwein 18–22 °C.

▸ Selten ist der Weinkeller kalt genug, um Weiß- und Roséweine direkt servieren zu können. Man legt die Flasche daher am besten rechtzeitig vor dem Servieren ins Gemüsefach des Kühlschranks.

Rotwein fachmännisch servieren Bei Rotwein bildet sich nach längerem Liegen in der Flasche ein Bodensatz, der viel Gerbstoff enthält und bitter schmeckt. Damit dieser Satz – in der Fachsprache Depot genannt – nicht ins Glas gelangt, muß man die Flasche behutsam bewegen.

▸ Rotwein braucht Sauerstoff, um sein Bukett voll entfalten zu können. Aus diesem Grund öffnet man die Flasche am besten bereits einige Stunden vor dem Servieren. Man kann ihn auch vorsichtig in eine Karaffe umfüllen, so daß der Bodensatz in der Flasche zurückbleibt (dekantieren).

In eine Karaffe umgefüllt, entfaltet Rotwein sein volles Aroma.

Bowlen Für eine Bowle sollte man nur Qualitätswein nehmen. Je besser der Wein, desto besser und bekömmlicher die Bowle.

▸ Wein für Bowlen muß eiskalt sein. Eiswürfel sind zum Kühlen einer Bowle ungeeignet; sie würden sie verwässern. Besser tiefgefrorene Früchte hinzugeben.

Glühwein Für Glühwein muß man nicht unbedingt Rotwein verwenden. Weißer Glühwein ist geschmacklich oft besser. Den Wein sollte man niemals kochen, sondern nur erhitzen. Andernfalls verliert er sein Aroma.

▸ Die Glühweingewürze gibt man am besten in ein kleines Leinen- oder Mullsäckchen oder in ein Tee-Ei, damit sie leicht entfernt werden können.

Südweine Diese Weine – dazu gehören u. a. Sherry, Portwein, Marsala und Madeira – passen zum Dessert.

▸ Sherry wird in verschiedenen Geschmacksrichtungen angeboten: Fino ist trocken, Amontillado halbtrocken, Oloroso schmeckt kräftig und würzig, Cream mild und süß. Trockener Sherry wird leicht gekühlt als Aperitif getrunken, lieblichere Sorten kann man temperiert als Digestif oder in geselliger Runde servieren.

▸ Roten Portwein kann man nach dem Essen zimmerwarm speziell zu Käse servieren.

▸ Jede Flasche Portwein muß, bevor sie geöffnet wird, mindestens einen Tag stehen.

Schaumweine Der Süßegrad von Schaumweinen läßt sich anhand der Bezeichnung auf dem Flaschenetikett erkennen, wobei der jeweilige Zuckergehalt gesetzlich festgelegt ist: extra herb (extra brut) entspricht einem Zuckergehalt bis 6 g/l; herb (brut) bis 15 g/l; sehr trocken (extra dry, très sec) 12 – 20 g/l; trocken (dry, sec) 17– 35 g/l; halbtrocken (medium dry, demi-sec, demi-doux) 33 – 50 g/l; mild, süß (sweet, doux) über 50 g/l.

▸ Schaumweine sollten kühl, dunkel und trocken gelagert werden; Flaschen mit Naturkorken liegend, Flaschen mit Kunststoffverschluß auch stehend.

▸ Sekt und Champagner werden gut gekühlt (5–10 °C) serviert und aus hohen Gläsern (Kelch oder Flöte) getrunken. Für süße Schaumweine empfehlen sich Sektschalen.

▸ Hat man vergessen, Sekt oder Champagner rechtzeitig kalt zu stellen, kann man die Flaschen für 20 Minuten bis zum Hals in eine Mischung aus Wasser, Salz und Eiswürfeln stellen und so kühlen.

▸ Ein festsitzender Korken löst sich, wenn man ihn mit einer Hand festhält und mit der anderen die Flasche dreht (nicht umgekehrt).

▸ Eine doppelt gefaltete Alufolie, die über den Flaschenhals gestülpt und mit einem Gummi befestigt wird, dient als provisorischer Flaschenverschluß.

KONSERVIEREN UND LAGERN

KONSERVIERUNGS-METHODEN

▸ Wer Lebensmittel konservieren will, sollte bedenken, daß beim Einfrieren nicht so viele Nährstoffe verlorengehen wie beim Einmachen.

Einfrieren Nur frische, einwandfreie Lebensmittel behalten bei längerer Lagerung im Gefriergerät eine gute Qualität.

▸ Auf- oder stark angetaute Lebensmittel dürfen nicht wieder eingefroren werden. Rohe Produkte kann man nach dem Auftauen allerdings garen und dann als fertige Speise erneut einfrieren.

▸ Es ist wichtig, daß die Lebensmittel rasch heruntergekühlt werden. Dauert das Durchgefrieren zu lange, bilden sich große Eiskristalle, die die empfindlichen Zellwände der Nahrungsmittel zerstören und zu erheblichen Qualitätsverlusten führen.

▸ Um ein schnelles Herunterkühlen zu gewährleisten, sollten die einzufrierenden Portionen nicht übereinander gelegt werden und nach Möglichkeit nicht schwerer als 1 kg sein.

▸ Vor dem Einfrieren größerer Mengen das Gefriergerät für einige Stunden auf Höchstleistung schalten, damit eine gewisse Kältereserve geschaffen wird und die Temperatur beim Einlagern der Lebensmittel nicht über –18 °C steigt. Die Höchstmenge, die innerhalb von 24 Stunden neu eingefroren werden kann, ist in der Bedienungsanweisung des Gerätes in Kilogramm Gefriergut angegeben.

▸ Da Kälte das Gefriergut austrocknet, muß es luftdicht verpackt werden. Geeignete Verpackungen sind Kunststoffdosen, Gefrierbeutel und Alufolie.

▸ Wer fertige Speisen einfrieren will, sollte die Speise nicht direkt in eine Folie oder einen Beutel geben, denn die Folie könnte reißen, wenn man sie später von der gefrorenen Masse löst. Es ist besser, die Speise zunächst in einer Plastikschüssel einzufrieren, sie dann kurz in ein kaltes Wasserbad zu tauchen, bis sich das Gefriergut aus der Schüssel löst, und die in Form gefrorene Speise dann in einen Gefrierbeutel zu geben.

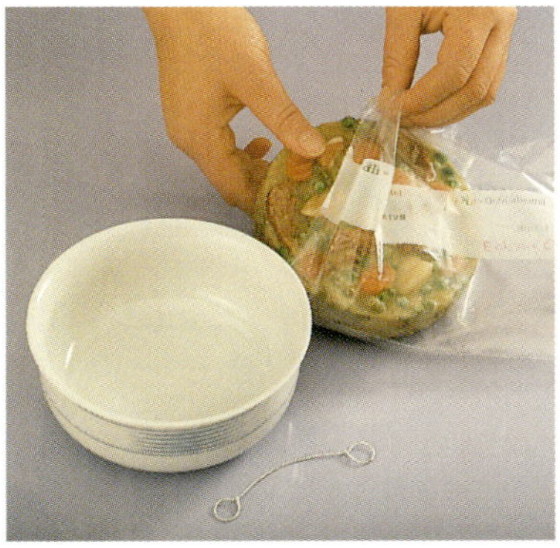

Die in einer Plastikschüssel gefrorene Speise in einen Gefrierbeutel geben.

▸ Durch eine geordnete Lagerung vermeidet man langes Suchen und damit auch unnötige Energieverluste, die entstehen, wenn das Gerät längere Zeit offensteht.

▸ Um Verwechslungen und ein zu langes Lagern zu verhindern, sollte das Gefriergut unbedingt mit einer Angabe über Inhalt, Menge und Einfrierdatum versehen werden. Dazu eignet sich ein wasserfester Folienstift mittlerer Stärke am besten.

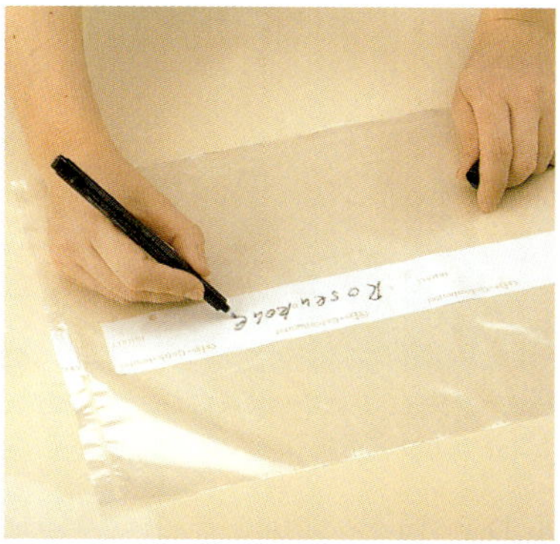

Zum Beschriften des Gefriergutes eignet sich ein wasserfester Folienstift am besten.

Einmachen Um eine lange Haltbarkeit von eingemachtem Obst und Gemüse zu garantieren, müssen Gläser und Deckel gründlich gesäubert und mit kochendem Wasser ausgespült werden. Zum Trocknen stellt man sie am besten umgekehrt in den warmen Backofen.

▸ Damit Einmachgläser beim Einfüllen des heißen Kochgutes nicht springen, werden sie auf ein nasses Tuch gestellt.

Einmachgläser, die beim Füllen auf einem nassen Geschirrtuch stehen, springen nicht.

▸ Einmachgläser immer mit einem Etikett versehen: Inhalt und Datum sollen aufgeschrieben werden.

Auf jedes Einmachglas gehört ein Etikett mit Datum und Inhalt.

▸ Der beste Platz zum Lagern von Eingemachtem ist ein kühler, aber frostsicherer, möglichst dunkler Raum.

▸ Hat sich in Einmachgläsern Schimmel gebildet, darf der Inhalt nicht mehr verzehrt werden. Es genügt nicht, den Schimmel von der Oberfläche zu entfernen, da bereits der ganze Inhalt von Sporen durchzogen sein kann, ohne daß dies erkennbar ist.

▸ Für selbstgemachte Marmelade eignen sich kleine Gläser bis zu 450 g Inhalt am besten, denn sie werden schneller aufgebraucht. Selbst wenn angebrochene Gläser im Kühlschrank aufbewahrt werden, kann die Marmelade bei zu langer Lagerung verderben.

▸ Bereitet man Marmeladen und Gelees mit kleineren Zuckermengen als üblich zu, muß man bedenken, daß ihre Haltbarkeit generell kürzer ist.

KONSERVEN

▸ Konserven lagert man am besten in einem trockenen, frostsicheren Raum bei einer Temperatur zwischen 12 und 17°C. Gläser sollten dunkel stehen.

▸ Dosen und Gläser mit dem längsten Haltbarkeitsdatum im Regal oder Schrank immer nach hinten stellen.

▸ Konserven können bei zu langer Lagerung schlecht werden, was an ihren nach oben gewölbten Deckeln zu erkennen ist. Solche Dosen unbedingt wegwerfen: der Inhalt kann gesundheitsschädlich sein.

▸ Den Inhalt von geöffneten Konservendosen zur weiteren Aufbewahrung immer in Behälter aus Glas, Porzellan oder Edelstahl umfüllen, da das Blech schnell korrodiert. Dies gilt auch für Dosenmilch.

WEIN

▸ Um Weine lange lagern zu können, braucht man einen guten Keller. Dieser sollte möglichst einen Naturboden haben, den man mit Kies bedeckt. Die Temperatur im Keller darf nicht unter 8 °C sinken oder 14 °C übersteigen.

▸ Den Keller sollte man gut lüften, damit der Wein atmen kann. Im Weinkeller keine stark riechenden Produkte und keinen Essig oder Zwiebeln aufbewahren.

▸ Wein möglichst im Halbdunkel lagern. Gegebenenfalls sollte man einen Vorhang vor das Kellerfenster hängen.

▸ Weinflaschen werden immer liegend gelagert und dann im Regal nicht mehr verrückt, denn Wein braucht Ruhe.

▸ Bei größeren Weinbeständen lohnt es sich, ein Kellerbuch zu führen, in das man genaue Bezeichnung, Jahrgang, Kaufdatum, Herkunft und Preis einträgt.

FLEISCH

▸ Fleisch sollte man nach dem Einkauf immer sofort auspacken. Wird es nicht am selben Tag verarbeitet, bestreicht man es mit Öl und stellt es in einer Schüssel in

FLEISCHBRÜHE UND FONDS FÜR SOSSEN EINFRIEREN

1. Den abgekühlten Fond in eine Eiswürfelschale füllen und vorsichtig in das Gefriergerät stellen.

2. Die gefrorenen Würfel aus der Schale herausdrücken und in einen Folienschlauch legen.

3. Die Folie zwischen den Würfeln mit Schnur abbinden, damit sie sich einzeln entnehmen lassen.

den Kühlschrank. Da Fleisch rasch fremde Gerüche annimmt, deckt man die Schüssel am besten ab.

▸ Frisches Schweinefleisch sollte man keinesfalls länger als zwei Tage im Kühlschrank aufbewahren.

▸ Rindfleisch kann nach dem Einkauf noch drei bis vier Tage im Kühlschrank lagern.

▸ Hackfleisch verdirbt besonders schnell und sollte deshalb innerhalb eines Tages verbraucht werden.

▸ Hackfleisch wird am besten in flachen Portionen eingefroren, da es so schneller gefriert und auch schneller wieder auftaut.

▸ Durch Ankochen oder Anbraten läßt sich die Haltbarkeit von Fleisch nur kurzfristig verlängern. Bei Fleisch und Geflügel, die in der Mitte noch roh sind, können sich Bakterien oder Salmonellen rasch vermehren.

▸ Fettarmes Fleisch, wie beispielsweise Wild, hält sich tiefgekühlt neun bis zwölf Monate. Es darf jedoch nicht gespickt eingefroren werden, da Speck – auch tiefgefroren – mit der Zeit ranzig wird.

▸ Gebratenes Fleisch oder Geflügel sollte immer in einer Soße eingefroren werden, da es sonst zu stark austrocknet.

▸ Wenn man rohes Fleisch, Geflügel oder auch Fisch auftaut, sollte man unbedingt darauf achten, daß das Wasser, das dabei von dem Gefriergut abläuft, nicht mit anderen Lebensmitteln in Berührung kommt.

▸ Fleischbrühen und Fonds für Soßen hat man immer griffbereit, wenn man sie auf Vorrat kocht und portionsweise einfriert.

GEMÜSE UND SALAT

▸ Blattgemüse, wie Spinat, und Kürbisgewächse, wie Gurken, bewahrt man im Gemüsefach des Kühlschranks auf.

▸ Luftdichte Verpackungen fördern Schimmel- und Fäulnisbildung. Gemüse sollte man deshalb immer nur locker in Papier oder in ein Tuch einschlagen.

▸ Gemüse immer erst kurz vor der Zubereitung waschen. Feuchtigkeit beschleunigt die Fäulnis und laugt die Vitamine aus.

▸ Fast alle Gemüse lassen sich ausgezeichnet einfrieren. Die meisten müssen zuvor jedoch blanchiert werden, um Keime abzutöten. Hierzu taucht man das geputzte und nötigenfalls zerkleinerte Gemüse für zwei bis vier Minuten in sprudelnd kochendes Wasser. Das Wasser, das in dem Moment, in dem man das Gemüse eintaucht, aufhört zu sieden, muß spätestens eine Minute danach erneut kochen. Dann wird das Gemüse herausgehoben und sofort in einer Schüssel mit Eiswasser abgeschreckt.

Das Gemüse aus dem heißen Wasser nehmen und sofort in kaltem Wasser abschrecken.

Gewürzgurken Gurken zum Einlegen sollten rundum schön glatt sein. Außerdem dürfen sie keine Druckstellen oder Risse aufweisen.

▸ Gurken vor dem Einlegen der Länge nach mit einer Stricknadel durchstechen. Der Essigsud kann dann besser eindringen, und die Gurken gewinnen an Aroma.

Gurken vor dem Einlegen mit einer Stricknadel durchstechen.

▸ Gewürzgurken sollte man niemals mit den Fingern aus dem Glas nehmen, da der restliche Inhalt sonst verderben kann.

Kartoffeln Bei der Einwirkung von Licht auf Kartoffeln bildet sich das giftige Solanin. Deshalb sollte man sie dunkel lagern. Keime und grüngefärbte Stellen müssen restlos entfernt werden, bevor man die Kartoffeln kocht.

▸ Eingekellerte Kartoffeln sollte man so wenig wie möglich bewegen, denn jede Bewegung fördert die Keimbildung, und dadurch gehen wertvolle Inhaltsstoffe verloren.

Kohl Wird für eine Mahlzeit kein ganzer Kohlkopf gebraucht, verpackt man das verbliebene rohe Stück in einen Beutel, der mit einigen Luftlöchern versehen ist, und legt ihn in den Kühlschrank. So verpackt hält sich der Kohl bis zu einer Woche und verliert nur geringfügig an Nährstoffen.

Salat Kopfsalat hält sich einige Tage, wenn man ihn in einem Plastikbeutel in den Kühlschrank legt.

▸ Blattsalat bleibt länger frisch, wenn man ihn in ein feuchtes Tuch oder Küchenkrepp einschlägt und an einem kühlen, luftigen Ort aufbewahrt.

In einem feuchten Geschirrtuch bleibt Salat schön knackig.

Spargel Frischer Spargel hält sich tiefgekühlt sechs bis neun Monate lang. Die geschälten Stangen werden blanchiert und dann portionsweise in Plastikbeuteln verpackt oder – zum besseren Schutz – in Gefrierdosen gelegt und mit Wasser bedeckt. Gegart wird, indem man den Spargel unaufgetaut in kochenden Sud gibt.

Spargel zum Einfrieren in einer Dose mit Wasser bedecken.

OBST

▸ Als Wintervorrat lassen sich Äpfel und Birnen bei Temperaturen über 0 °C auf einem Lattenrost im Keller lagern. Das Obst nicht unmittelbar mit Kartoffeln oder Gemüse zusammen lagern und die Früchte so nebeneinanderlegen, daß sie sich nicht berühren und die Luft frei zirkulieren kann.

▸ Ausgereifte Früchte sollte man immer im Kühlschrank aufbewahren und so rasch wie möglich verzehren.

▸ Beerenobst ist besonders empfindlich und schimmelanfällig. Im allgemeinen hält es sich auch im Kühlschrank nicht länger als zwei bis drei Tage.

▸ Obst, das eingekocht oder eingefroren werden soll, muß reif, darf aber nicht überreif sein. Außerdem sollte es unbeschädigt und unbedingt frisch sein.

▸ Will man Erdbeeren oder Kirschen für Kuchen oder Torten einfrieren, sollte man die verlesenen, gewaschenen und trockengetupften Früchte einzeln auf ein Blech oder Tablett legen und sie so vorgefrieren. Erst danach füllt man sie in geeignete Behälter. So behalten die Früchte ihre Form, frieren nicht aneinander fest und lassen sich bei Bedarf ohne Probleme portionsweise entnehmen.

Beerenfrüchte und Kirschen werden nicht zerdrückt, wenn man sie einzeln vorgefriert und erst dann in einen Gefrierbeutel umfüllt.

MILCHPRODUKTE

▸ Milchprodukte sind luft-, wärme- und lichtempfindlich und sollten deshalb stets zugedeckt, kühl und dunkel aufbewahrt werden.

Käse Ein paar Zuckerwürfel, die man mit unter die Käseglocke legt, saugen die Feuchtigkeit auf und verhindern eine rasche Schimmelbildung.

Mit ein paar Stücken Würfelzucker unter der Käseglocke bleibt Käse länger frisch.

▸ Weichkäse hält sich am besten, wenn man ihn in eine Schüssel legt, mit einem feuchten Tuch abdeckt und in das Gemüsefach des Kühlschranks stellt.

▸ Soll Weichkäse eingefroren werden, muß er die gewünschte Reife haben und darf nicht krümelig sein.

▸ Hartkäse kann man zum Aufbewahren in ein feuchtes Tuch wickeln und in den Kühlschrank legen.

▸ Schnittkäse, wie Gouda oder Edamer, und Hartkäse, wie Parmesan oder Greyerzer, lassen sich gut in geriebenem Zustand einfrieren. Man füllt den geriebenen Käse locker in eine Gefrierdose, so daß man die benötigte Menge, z. B. für einen Auflauf oder ein Gratin, jederzeit mit einem Löffel entnehmen kann.

EIER

▸ Eigelb, das übriggeblieben ist, bleibt einige Tage frisch, wenn man die unverletzten Dotter vorsichtig in eine Tasse gibt, mit kaltem Wasser bedeckt und in den Kühlschrank stellt.

▸ Will man rohe Eier für längere Zeit aufbewahren, legt man jeweils vier bis fünf Stück in ein Sieb und taucht sie für etwa fünf Sekunden in kochendes Wasser. Dadurch wird das Häutchen unter der Eierschale luftdicht.

GEWÜRZE

▸ Gewürze sollten stets nach Arten getrennt, lichtgeschützt und in luftdicht verschlossenen Gefäßen aufbewahrt werden.

▸ Unsachgemäß gelagerte Gewürze verlieren rasch ihre ätherischen Öle und damit Würzkraft. Außerdem können sie schimmeln, Fremdgerüche annehmen und von tierischen Schädlingen befallen werden.

Pfeffer Einige ganze Pfefferkörner im Pfefferstreuer verhindern das Verstopfen der Löcher und verbessern das Aroma des gemahlenen Pfeffers. Generell empfiehlt es sich jedoch, Pfeffer bei Bedarf immer frisch mit der Handmühle zu mahlen.

Salz Damit Salz trocken und streufähig bleibt und nicht verklumpt, werden einige Körner Reis mit in den Streuer gegeben.

Senf Man sollte Senf im Kühlschrank aufbewahren, da sich die darin enthaltenen Öle sonst schnell zersetzen.

▸ Ist Senf im Glas eingetrocknet, etwas Essig, Öl und eine Prise Zucker unterrühren.

KRÄUTER

▸ Frische Küchenkräuter lassen sich nicht nur im Garten, sondern auch auf der Fensterbank ziehen und sind dann bei Bedarf immer frisch vorhanden.

▸ Petersilie und andere frische Kräuter halten sich mehrere Tage, wenn man sie in einem Glas mit Wasser an einen kühlen Ort stellt. Man sollte jedoch darauf achten, daß in unmittelbarer Nähe keine Äpfel oder Tomaten liegen, da die Kräuter sonst rasch welk werden.

▸ Kräuter bleiben einige Tage lang frisch, wenn man sie in ein feuchtes Tuch einschlägt oder in einen Plastikbeutel steckt und in den Kühlschrank legt.

▸ Zum Konservieren von Kräutern sollte man stets nur unbeschädigte Pflanzenteile auswählen. Die geernteten Stengel oder Zweige gründlich ausschütteln, um Insekten zu entfernen. Bei großblättrigen Pflanzen auch die Blattunterseiten überprüfen. Dann die Kräuter unter kaltem Wasser abwaschen und sorgfältig trockentupfen.

Kräuter an der Luft trocknen
Das Trocknen an der Luft ist die einfachste Methode, Kräuter zu konservieren.

▸ Zum Trocknen werden die Zweige oder Stengel mit Gummiringen zu Sträußchen zusammengebunden und kopfüber an einen schattigen, trockenen, luftigen Ort gehängt. Gut geeignet ist eine Veranda oder ein Gartenschuppen; die Küche ist nicht der richtige Platz zum Trocknen von Kräutern.

Die Kräuter mit Gummiringen zusammenbinden.

▸ Damit die Kräuter während des Trocknens vor Staub, Tieren und Licht geschützt sind, steckt man sie in ein luftdurchlässiges Säckchen oder in eine mit Luftlöchern versehene Papiertüte.

GANZE KRÄUTERZWEIGE, -STENGEL UND -BLÄTTER EINFRIEREN

1. Die gesäuberten Kräuterstengel und -blätter in einen Beutel geben und vorgefrieren.

2. Die gefrorenen Kräuter so rasch wie möglich mit den Händen zerdrücken, da sie sonst auftauen.

3. Die zerkleinerten Kräuter in Gefrierdosen umfüllen und diese entsprechend beschriften.

▸ Nach dem Trocknen kann man die Kräuter als Sträußchen oder zerkleinert in luftdicht verschlossenen Gläsern aufbewahren. Getrocknete Kräuter nicht länger als zehn bis zwölf Monate lagern.

Kräuter im Backofen trocknen Zum Konservieren können Kräuter auch im Backofen getrocknet werden. Man legt sie dazu auf ein Backblech und läßt sie bei mäßiger Wärme (etwa 50°C) und leicht geöffneter Backofentür trocknen. Man muß aber darauf achten, daß die Kräuter grün bleiben und nicht zu stark austrocknen. Ist die Temperatur zu hoch oder die Trockenzeit zu lang, werden die Kräuter braun oder grau und büßen den Großteil ihres Aromas ein.

Kräuter einfrieren Das Aroma vieler Kräuter bleibt am besten erhalten, wenn man sie einfriert.

▸ Gehackte oder zarte frische Kräuter für Suppen und Soßen lassen sich gut mit wenig Wasser in einer Eiswürfelschale einfrieren. Die Würfel anschließend aus der Schale nehmen, in entsprechend beschrifteten Gefrierbeuteln verpacken und ins Gefriergerät legen.

Die Kräuter mit Wasser übergießen und einfrieren.

▸ Für Salatsoßen lassen sich geeignete Kräutermischungen herstellen und portionsweise einfrieren. Das Salatdressing dann vor dem Servieren etwa 20 Minuten stehenlassen, damit die Kräuter vollständig auftauen und ihr Aroma entfalten können.

Knoblauch Wenn man Knoblauchzehen geschält in Speiseöl einlegt, bleiben sie lange Zeit frisch. Das auf diese Weise aromatisierte Öl eignet sich ausgezeichnet für Salatdressings.

SPEISEÖL

▸ Speiseöl sollte kühl und dunkel aufbewahrt werden. Mit Ausnahme von Distel- und Sonnenblumenöl muß es allerdings nicht unbedingt im Kühlschrank verwahrt werden.

▸ Speiseöl bleibt klar und dünnflüssig, wenn man eine Prise Salz in die Flasche gibt.

BACKWAREN

▸ Pausenbrote bleiben länger frisch, wenn man sie zwischen zwei Salatblätter legt und erst dann in Pergamentpapier oder Folie einpackt.

Pausenbrote trocknen nicht so rasch aus, wenn man sie zwischen Salatblätter legt.

▸ Brotbehälter sollten einmal wöchentlich mit Essigwasser ausgewischt werden. Mit dieser Maßnahme beugt man Schimmelbildung vor.

▸ Brot und Brötchen lassen sich ausgezeichnet einfrieren und halten sich – je nach Sorte – zwischen zwei und sechs Monaten.

▸ Brot bleibt am längsten frisch, wenn man es in einem möglichst luftdichten Brotkasten aufbewahrt.

▸ Butter- und Käsegebäck sollte man innerhalb von vier Wochen verzehren, da es viel Fett enthält, das nach einiger Zeit ranzig wird.

▸ Stollen und Lebkuchen läßt man vor dem Verzehr mindestens eine Woche durchziehen, damit sich ihr Aroma entfalten kann.

▸ Verschiedene Plätzchensorten sollte man auch in verschiedenen Dosen lagern, damit jede ihr besonderes Aroma bewahrt.

▸ Die einzelnen Lagen von Plätzchen trennt man durch ein Pergamentpapier.

▸ Lebkuchen und anderes Gewürzgebäck bleiben weich, wenn sie in einer luftdicht verschlossenen Blechdose aufbewahrt werden, in die man einige Apfel- oder Orangenschnitze gelegt hat.

Lebkuchen werden nicht hart, wenn man ein Stück Apfel oder Orange mit in die Blechdose legt.

▸ Frische Backhefe hält sich, wenn man sie in Alufolie verpackt, im Kühlschrank bis zu zwei Wochen, tiefgefroren etwa vier Monate. Aufgetaute Backhefe ist zwar breiig, hat aber nichts an Triebkraft eingebüßt.

MENGEN UND GEWICHTE

ZUTATEN ABMESSEN UND ABWIEGEN

▸ Das Abmessen und Abwiegen der Zutaten spielt für das Gelingen der meisten Speisen eine wesentliche Rolle, denn für gute Ergebnisse muß das Verhältnis der Zutatenmengen stimmen. Insbesondere bei Backrezepten sollten die angegebenen Mengen und Gewichte immer genau eingehalten werden.

Küchenwaagen Es gibt Küchenwaagen in den verschiedensten Ausführungen. Im wesentlichen unterscheidet man jedoch zwischen Federwaagen und Hebel- oder Balkenwaagen. Unabhängig von der Art empfiehlt sich für die Küche eine Waage, deren Wiegebereich mindestens bis 2 kg reicht und im unteren Skalenbereich eine Feineinteilung hat.

▸ Das Gewicht des Gefäßes, in dem die Zutaten gewogen werden, muß man beim Wiegen berücksichtigen. Dazu wiegt man es zunächst leer. Entweder wird später vom Gesamtgewicht das Gewicht des Gefäßes abgezogen, oder man addiert es zur gewünschten Menge.

Das Leergewicht des Gefäßes beim Wiegen berücksichtigen.

▸ Mit einer Zuwiegewaage erspart man sich die Arbeit, die Zutaten einzeln und getrennt voneinander zu wiegen. Die bereits mit einer Zutat beladene Waage stellt man einfach wieder auf Null und gibt dann die nächste Zutat hinzu.

Die Zuwiegewaage vereinfacht den Wiegevorgang.

Meßbecher Zum Abmessen von Flüssigkeiten verwendet man Meßbecher aus Metall, Kunststoff oder Glas mit einer Skala in Millilitern (ml) oder Kubikzentimetern (ccm). Viele Meßbecher sind gleichzeitig auch mit Skalen in Gramm (g) für häufig verwendete Zutaten wie Mehl oder Zucker versehen, die sich darin schnell und ausreichend genau abmessen lassen.

▸ Flüssigkeitsmengen werden in Rezepten mitunter auch in Dezilitern (dl) oder Zentilitern (cl) angegeben. 1 dl entspricht 0,1 l bzw. 100 ml, 1 cl entspricht 0,01 l bzw. 10 ml.

Tassen Steht zum Abmessen von größeren Flüssigkeitsmengen kein Meßbecher zur Verfügung, kann man sich mit einer Tasse behelfen. Bis zum Rand gefüllt, faßt sie etwa 200 ml, eine normal gefüllte Tasse etwa 125 ml ($^1/_8$ l). Ebenso ergeben auch 8 EL etwa $^1/_8$ l Flüssigkeit.

▸ Da Tassen eine sehr unterschiedliche Größe haben können, empfiehlt es sich, das genaue Fassungsvermögen des eigenen Geschirrs einmal mit Hilfe eines Meßbechers zu bestimmen und sich die ermittelten Werte zu merken.

Tee- und Eßlöffel Kleinere Mengen an Zutaten lassen sich gut mit einem Tee- oder einem Eßlöffel abmessen.

▸ Wenn als Maßangabe von Teelöffeln (TL) oder Eßlöffeln (EL) die Rede ist, so ist immer ein gestrichen voller, nicht ein gehäufter Löffel gemeint.

Andere Mengenangaben Vor allem für Gewürze sind in Rezepten häufig die Mengenangaben Prise oder Messerspitze zu finden. Eine Prise ist die Menge, die man zwischen Daumen und Zeigefinger nehmen kann. Eine Messerspitze bezeichnet in etwa die gleiche Menge (mitunter auch weniger) und bezieht sich üblicherweise auf Zutaten, die zu fein gemahlen oder pulverisiert sind, um sie mit den Fingern zugeben zu können.

PORTIONSGRÖSSEN

▸ Um bei der Zusammenstellung von Mahlzeiten und dem Einkauf der Zutaten zu vermeiden, daß man die Mengen zu reichlich oder zu knapp bemißt, kann man sich an Durchschnittswerten für die Portion orientieren. Bei einem Menü sollten die Portionen – je nach Anzahl der Gänge – entsprechend kleiner sein.

Suppen Als Vorspeise in Tassen etwa 160 ml; als Vorspeise in Tellern etwa 250 ml; als Hauptgericht 500–750 ml.

Suppeneinlagen Gemüse: etwa 50 g; Reis: 15–20 g; Nudeln: 15–30 g.

Fleisch Koteletts mit Knochen: 180–200 g; panierte Schnitzel: 120–150 g; Steaks: 150–200 g; Schmorfleisch und Braten ohne Knochen: 125–150 g, mit Knochen: 150–200 g; gemischtes Hackfleisch: 100–150 g; Tartar: 150–175 g.

Fisch Als Filet: 150–200 g; mit Gräten: 200–250 g; mit Kopf: 250–350 g.

Geflügel Als Fleisch ohne Knochen: 180–200 g; als Brat- oder Grillhähnchen: 1/2 Tier; als großer Braten: 500–700 g (mit Knochen).

Soßen Bratensoßen 4 EL; gebundene Soße 8 EL.

Kartoffeln Als Beilage serviert: 200–250 g ungeschält; als Hauptgericht (Eintopf oder Gratin): 300–350 g ungeschält.

Reis Als Beilage: 50–70 g; als Hauptgericht: 80 g.

Nudeln Als Beilage: 50–60 g; als Hauptgericht: 80–125 g.

Gemüse Als Beilage serviert: 150–200 g geputzt, 250–300 g ungeputzt; als Hauptgericht (wie etwa Spargel): 400–500 g ungeputzt; Trockenpilze: 15–20 g.

Salate Als Vorspeise: 150 g; als Beilage: 1/4 Kopf Blattsalat oder 50 g Salat; als Rohkost: 100–150 g.

Backwaren Eine Torte schneidet man in 12–16 Scheiben, einen Kastenkuchen in 15–20, einen Napfkuchen in 24 und einen Blechkuchen in 16–24 Stücke.

Süßspeisen Creme, Flammeri, Pudding: 125 g; Quarkspeisen: 65–100 g.

Obst Frische Früchte als Dessert: 1 Stück bzw. 100–150 g; als Kompott: 125–150 g.

Käse Verschiedene Sorten als Nachspeise serviert: insgesamt 100–150 g.

KALORIEN UND JOULE

- Die internationale Maßeinheit für Energie, Arbeit und Wärmemenge ist das Joule (J), benannt nach dem britischen Physiker James Prescott Joule.

- Die Bezeichnung für den 1000fachen Wert des Joule ist das Kilojoule (kJ). Die früher verwendete Einheit Kalorie (cal) bzw. Kilokalorie (kcal) ist offiziell nicht mehr in Gebrauch.

- Wenn man Kalorien in Joule umrechnen will, multipliziert man die angegebene Kalorienzahl mit dem Faktor vier – die Zahlen hinter dem Komma (1 kcal = 4,184 kJ) können für den Hausgebrauch ohne weiteres vernachlässigt werden.

WAS WIEGT WIEVIEL?

	1 (gestr.) TL	*1 (gestr.) EL*
Backpulver (1 Päckchen = 18 g)	*3 g*	*10 g*
Butter, Margarine, Pflanzenfett	*5 g*	*15 g*
Crème fraîche	*5 g*	*15 g*
Gelatine, gemahlen	*3 g*	*10 g*
Gelee, Marmelade, Konfitüre	*10 g*	*25 g*
Grieß	*4 g*	*12 g*
Haferflocken	*3 g*	*10 g*
Honig	*10 g*	*30 g*
Joghurt	*6 g*	*17 g*
Kaffee, gemahlen	*2 g*	*6 g*
Kakao	*2 g*	*6 g*
Kartoffelmehl	*5 g*	*15 g*
Käse, gerieben	*5 g*	*15 g*
Kondensmilch	*6 g*	*18 g*
Mayonnaise	*10 g*	*30 g*
Mehl	*3 g*	*10 g*
Milch	*5 g*	*15 g*
Nüsse, gemahlen	*3 g*	*9 g*
Öl	*3 g*	*10 g*
Paniermehl	*3 g*	*10 g*
Puddingpulver	*3 g*	*10 g*
Puderzucker	*3 g*	*10 g*
Quark	*10 g*	*30 g*
Reis	*5 g*	*15 g*
Sago	*5 g*	*15 g*
Sahne, sauer	*7 g*	*20 g*
Sahne, süß	*5 g*	*15 g*
Salz	*5 g*	*15 g*
Speisestärke	*3 g*	*10 g*
Tee	*2 g*	*6 g*
Wasser	*5 g*	*15 g*
Zucker	*5 g*	*15 g*

Die angegebenen Mengen beziehen sich auf Löffel-Standardgrößen.

KOCHEN

SUPPEN UND SOSSEN

▸ Knochen, die man beim Vorbereiten von Braten-, Schmor- oder Kochfleisch auslöst, sollten nicht einfach weggeworfen werden. Sie lassen sich für eine Suppe oder Brühe auskochen oder zur späteren Verwendung einfrieren.

▸ Werden Suppenknochen vor dem Auskochen angebraten, bekommt die Fleischbrühe eine schöne braune Farbe.

▸ Fleischbrühe bleibt klar, wenn man Möhren oder saubere Eierschalen mitkocht.

▸ Übriggebliebene Fleischbrühe läßt sich gut zum Garen von Reis und Gemüse verwenden.

Soßen binden Soßen lassen sich ausgezeichnet mit Mehlbutter – einer zusammengekneteten Mischung aus Mehl und Butter – binden. Im Gegensatz zu Mehlschwitzen erfolgt dies jedoch am Ende der Garzeit, und es besteht keine Gefahr, daß Klümpchen entstehen. Zum Binden von 1/4 l Soße benötigt man etwa 30 g Mehlbutter, für 1/2 l Soße ungefähr 45 g. Dazu Mehl und Butter zu gleichen Teilen mit einer Gabel verkneten. In kleinen Stücken in die köchelnde Soße geben und kräftig unterrühren, bis die gewünschte Konsistenz erreicht ist.

▸ Mit Mehlbutter kann man eine eher mittelmäßige Soße verbessern.

FLEISCH

▸ Fleischgerichte sollten nicht längere Zeit bei Temperaturen unter 60 °C warm gehalten werden, da sich Bakterien sonst rasch vermehren können.

▸ Will man gekochtes Fleisch kalt servieren, läßt man es immer in der Brühe abkühlen, da es sonst austrocknet und an Geschmack verliert.

Braten Bratenfleisch wird zarter, wenn man es vor dem Garen einige Stunden in Öl mariniert.

▸ Braten bekommt eine leckere Kruste, wenn man ihn zwischendurch mehrmals mit Bier übergießt oder zehn Minuten vor Ende der Garzeit mit Honig bestreicht und bei starker Hitze fertigbrät.

▸ Damit fettarmes Fleisch beim Braten nicht austrocknet, sollte man es mit Speckscheiben umwickeln. Das Spicken mit Speck ist weniger empfehlenswert, da durch das Einstechen beim Garen Fleischsaft verlorengeht.

▸ Ein Braten ist gar, wenn beim Hineinstechen mit einer Nadel klarer Fleischsaft austritt.

▸ Vor dem Servieren sollte ein Braten noch etwa zehn Minuten ruhen. Er läßt sich dann besser aufschneiden, und der Fleischsaft kann sich gleichmäßig verteilen.

▸ In Scheiben geschnittenes Bratenfleisch bleibt beim Aufwärmen schön saftig, wenn man es in gefettete Alufolie wickelt und im vorgeheizten Backofen erhitzt.

Gulasch Für Gulasch sollte man das Fleisch in nicht zu kleine Stücke schneiden, da es sonst viel Saft verliert und austrocknet.

Hackfleisch Frikadellen und Hackbraten schmecken besonders herzhaft, wenn man die Brötchen in Fleischbrühe statt in Wasser einweicht.

▸ Anstelle von eingeweichten Brötchen oder Semmelbröseln kann man zum Binden von Frikadellen und Hackbraten auch Haferflocken, Kartoffelpüree oder gekochten Klebreis nehmen, der in asiatischen Spezialitätengeschäften erhältlich ist.

▸ Beim Durchkneten von Hackfleischmasse bleiben die Hände sauber, wenn man alle Zutaten zum Vermengen in einen Klarsichtbeutel gibt.

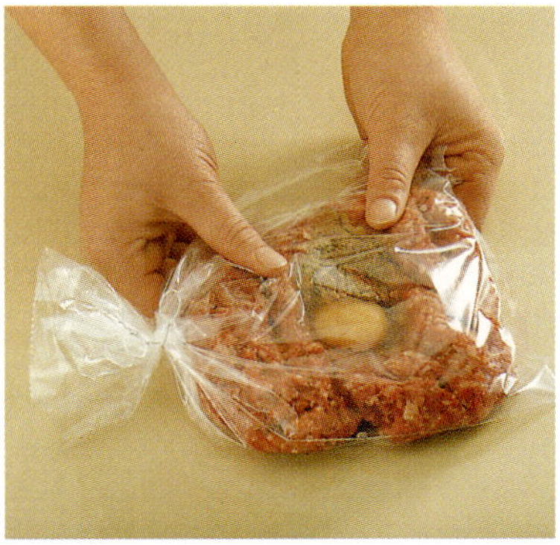

Wenn man Hackfleisch in einem Klarsichtbeutel knetet, bleiben die Hände sauber.

▸ Frikadellen und Fleischklößchen lassen sich leichter formen, wenn man die Hände mit etwas Speiseöl anfeuchtet.

▸ Fleischklößchen bleiben beim Garen rund und bekommen keine Risse, wenn man sie in kochendes Wasser gleiten läßt und dann bei schwacher Hitze gart.

Kurzgebratenes Fleisch Zum Wenden von Schnitzeln, Koteletts oder Steaks sollte man nicht mit einer Gabel in das Fleisch stechen, da sonst Saft austritt und das Fleisch trocken wird.

▸ Zum Grillen nur gut abgehangenes Fleisch nehmen.

▸ Dicke Stücke im Backofen vorgaren, damit sie beim Grillen innen nicht roh bleiben.

Lammfleisch Fettes Lammfleisch muß sehr heiß serviert und gegessen werden, da das Fett bereits bei etwa 40 °C erstarrt.

▸ Soßen sollten vor dem Binden immer entfettet werden.

Rindersteaks Besonders zart werden Steaks, wenn man sie vor dem Braten für etwa zwei Tage in Öl mariniert. Nach Belieben können dem Öl auch Kräuter und Knoblauch hinzugefügt werden. Die Steaks zum Marinieren in den Kühlschrank stellen.

▸ Steaks vor dem Braten mit Küchenkrepp trockentupfen, aber nie mit Wasser abspülen. Man sollte Steaks auch nicht klopfen, da die Fleischfasern sonst zerstört werden und der Saft austritt.

▸ Bei Rumpsteaks den Fettrand mehrmals mit einem scharfen Messer einschneiden, damit sich das Fleisch nicht wölbt, wenn sich die Bindegewebehaut beim Braten zusammenzieht. Den Fettrand jedoch nie wegschneiden.

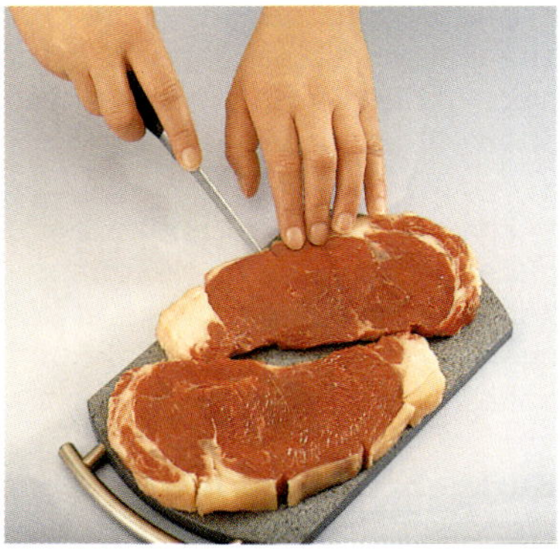

Den Fettrand von Rumpsteaks vor dem Braten einschneiden.

▸ Steaks entweder unmittelbar vor dem Braten oder erst anschließend würzen, da sie sonst Saft verlieren und zäh werden.

▸ Wird ein etwa 2 cm dickes und 200 g schweres Steak bei starker Hitze jeweils eine Minute auf jeder Seite gebraten, ist es außen braun und innen noch roh (engl. *raw/very rare*; franz. *bleu*). Brät man es bei starker Hitze zwei Minuten von jeder Seite, ist es im Kern noch blutig (engl. *rare/underdone*; franz. *saignant*). Wird es auf beiden Seiten jeweils eine Minute bei starker Hitze angebraten und dann noch drei Minuten pro Seite bei mittlerer Temperatur, ist es innen durchgehend rosa (engl. *medium*; franz. *à point*). Brät man es nach dem Anbraten bei mittlerer Hitze fünf Minuten auf jeder Seite, ist es durchgebraten (engl. *well done*; franz. *bien cuit*).

Roastbeef Es empfiehlt sich, Roastbeef immer erst unmittelbar vor dem Servieren oder bei Tisch aufzuschneiden. Bleiben die Scheiben längere Zeit stehen, verliert das Fleisch seine typische rosa Farbe.

Speck Um Speck mühelos in feine Würfel schneiden zu können, legt man ihn zuvor für einige Zeit ins Gefriergerät.

Suppenfleisch Wenn Suppenfleisch schön saftig bleiben soll, legt man es erst in den Topf, wenn das Wasser bereits kocht. Will man hingegen eine kräftige Brühe kochen, setzt man das Fleisch in kaltem Wasser auf.

▸ Suppenfleisch wird mürbe und zart, wenn man dem kochenden Wasser einen Schuß Weinbrand hinzufügt. Dadurch gewinnt auch die Brühe an Geschmack.

Wildgeflügel und Wild Zum Schmoren von Wild eignen sich aromatische Flüssigkeiten wie Rot- oder Weißwein, Apfelwein, Sherry oder Fleischbrühe besonders gut. Auch ungezuckerte Obstsäfte sorgen für eine besondere Note.

▸ Fasan bleibt beim Braten saftig, wenn man ihn mit Speck umwickelt (bardiert) oder ein Stück gut durchwachsenen Speck in die Bauchhöhle legt. Nach dem Braten kann der Speck kleingeschnitten und zur Soße gegeben werden.

▸ Rebhühner sollte man grundsätzlich schmoren, sonst trocknen sie aus.

▸ Wildenten sollten jung sein. Sie sind fettarm und zum Braten und Schmoren geeignet.

▸ Wachteln werden mit Speck umwickelt und geschmort. Pro Person sollte man zwei Wachteln vorbereiten.

▸ Das Fleisch von Perlhühnern hat nur leichten Wildgeschmack, ist mager und sowohl zum Braten als auch zum Schmoren geeignet.

▸ Hasenrücken biegen sich beim Garen nicht nach oben, wenn man eine Stricknadel der Länge nach durch das Rückgrat steckt.

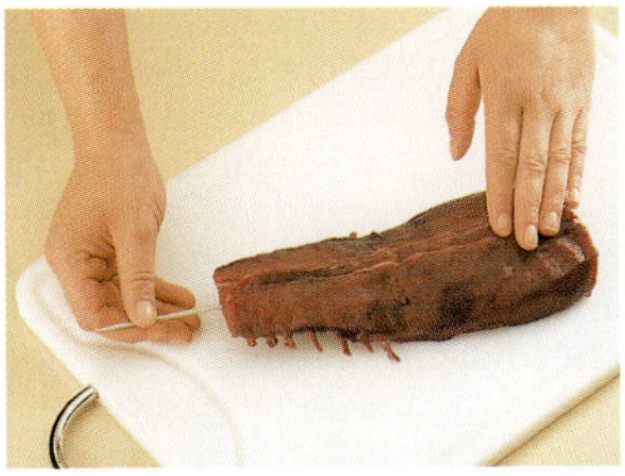

Mit einer durchgeschobenen Stricknadel bleibt der Hasenrücken beim Garen schön gerade.

▸ Ein Wildschweinbraten bekommt eine köstliche Kruste, wenn man ihn am Ende der Garzeit mit ein wenig Brombeergelee bestreicht, anschließend Semmelbrösel darüberstreut und zum Schluß den Braten zum Überbacken noch einmal für kurze Zeit in den Backofen schiebt.

▸ Reh-, Hirsch- und Wildschweinkeulen müssen vor der Zubereitung enthäutet werden, damit das Fleisch beim Garen seine Form behält.

▸ Rehfleisch verliert sein feines Aroma, wenn es zu scharf gewürzt wird.

▸ Wurde Rehfleisch zu stark gewürzt, kann man die Soße gegebenenfalls mit süßer Sahne verlängern.

▸ Wildsoßen erhalten eine besondere Note, wenn man sie mit Brombeergelee und Muskat verfeinert.

Würste Bratwürste platzen nicht auf, wenn man sie mehrmals einsticht.

▸ Die Haut von geräucherten Würsten läßt sich wesentlich leichter abziehen, wenn man sie für eine halbe Minute in kaltes Wasser taucht.

GEFLÜGEL

▸ Damit Geflügel gleichmäßig gart und seine Form behält, wird es nach dem Säubern dressiert, d. h. mit Küchengarn gebunden.

▸ Brät man Geflügel bei zu hohen Temperaturen, wird es außen knusprig, innen jedoch trocken. Die Backofentemperatur sollte deshalb nicht höher als 180 °C (Gasherd Stufe 2–3) sein.

▸ Hähnchen schmecken köstlich, wenn man sie mit Kräutern wie Thymian, Rosmarin, Salbei oder Oregano zubereitet. Ihr Aroma entfaltet sich besonders intensiv, wenn man die Kräuter zwischen Haut und Fleisch schiebt.

▸ Das Fleisch von Suppenhühnern ist meist recht zäh. Deshalb bereitet man aus ihnen Bouillon, vielleicht auch Ragout oder Frikassee.

▸ Poularden sind schwerer und fleischiger und zumeist auch fetter als Hähnchen. Poularden werden wie Hähnchen zubereitet.

▸ Gänse und Enten sind häufig recht fett. Sichtbare Fettpolster sollte man vor dem Garen entfernen. Sie können zu Schmalz ausgelassen und als Brotaufstrich

GEFLÜGEL BINDEN

1. Das Geflügel mit der Brustseite nach oben legen. Die Schenkel an den Gelenken zusammenbinden.

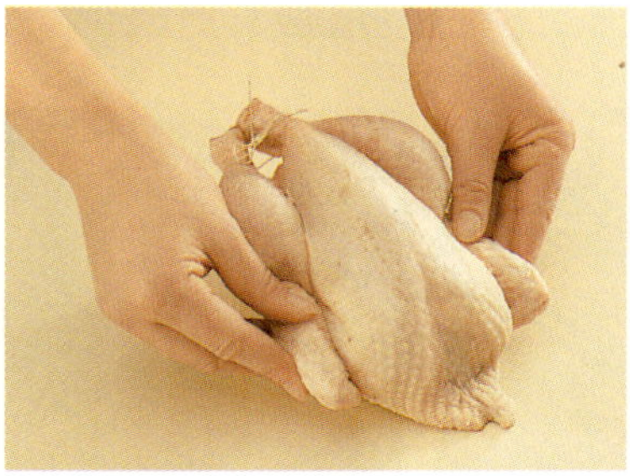

2. Die Flügelspitzen nach hinten unter den Rumpf des Geflügels stecken, so daß sie eng anliegen.

3. Die Halshaut unterschlagen und beide Flügel mit Küchengarn am Rumpf festbinden.

GEFLÜGEL TRANCHIEREN

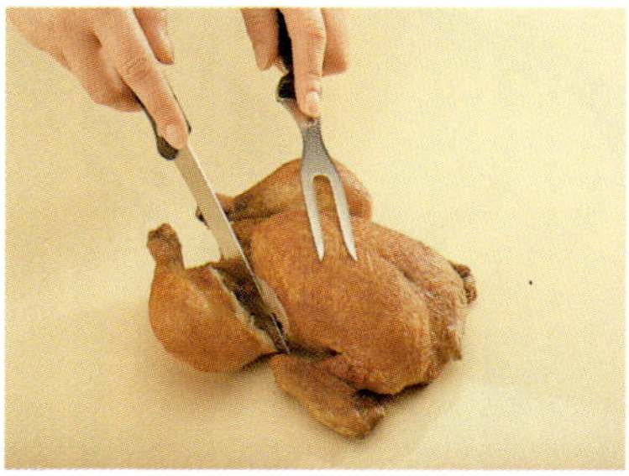

1. Das Geflügel – mit der Brustseite nach oben – festhalten und die Schenkel am Gelenk abtrennen.

2. Zum Abtrennen der Flügel oberhalb der Gelenke waagrecht durch den Brustknochen schneiden.

3. Das Brustfleisch auf beiden Seiten vom Brustknochen lösen; nach Belieben in Stücke schneiden.

EIN HÄHNCHEN IN DER BRATFOLIE ZUBEREITEN

Ein Hähnchen kann ohne viel Aufwand in einer Bratfolie zubereitet werden. Zur Vorbereitung mischt man Salz, Pfeffer und Paprika mit 1 EL Senf und reibt das Hähnchen mit dieser Mischung ein. 1 TL Rosmarinnadeln und wenig Salz in das Innere des Hähnchens streuen. Dann Gemüse (Lauch, 1/2 Karotte, 1/2 Zwiebel und 1/2 Sellerieknolle) putzen, waschen und in kleine Stücke schneiden. Die Schlauchfolie vorbereiten.

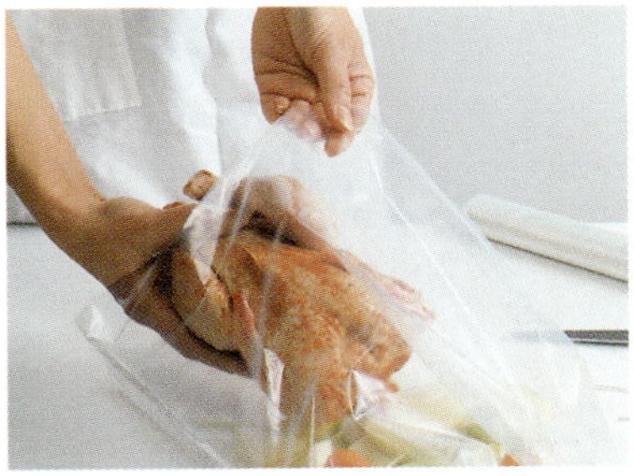

1. Das geputzte Gemüse mit dem gewürzten Hähnchen in die vorbereitete Folie geben.

2. Die gefüllte Folie in eine Schüssel oder einen Topf stellen und 1/8 l Weißwein zugeben.

3. Die Folie nun – wie auf der Packung angegeben – an beiden Seiten gut verschließen.

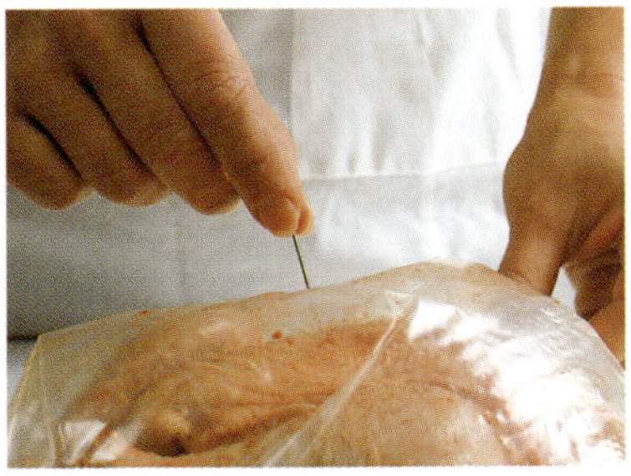

4. Mit einer Nadel auf der Oberseite mehrmals einstechen, damit die Folie nicht platzt.

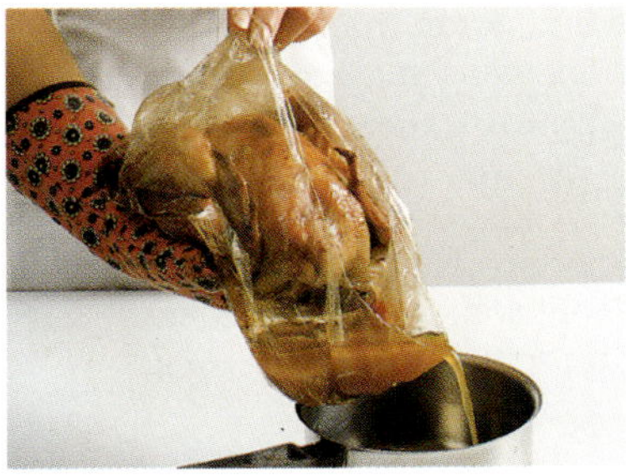

5. 50–60 Minuten bei 200 °C im vorgeheizten Backofen schmoren lassen. Den Bratensaft abgießen.

6. Nun wird das Hähnchen aus der Folie genommen. Aus dem Bratensaft wird danach eine leckere Soße bereitet und das Hähnchen schließlich serviert.

oder für Bratkartoffeln verwendet werden.

▸ Puter sind fleischig und fettarm und deshalb zum Braten und Schmoren geeignet. Ein Puter reicht je nach Größe für sechs und mehr Personen.

▸ Beim Tranchieren von Geflügel sollte man die Tranchiergabel möglichst nicht in das Fleisch stechen, da es sonst sofort Saft verliert. Deshalb ist es besser, das Geflügel mit der flachen Seite der Tranchiergabel festzuhalten.

FISCH, SCHAL- UND KRUSTENTIERE

▸ Fisch wird nach dem Säubern gesäuert und erst anschließend gesalzen. Dieses sogenannte 3-S-System (Säubern, Säuern, Salzen) ist für die Zubereitung wichtig und dient dazu, den Eigengeschmack des Fischs zu heben. Die Säure (Essig oder Zitronensaft) macht das Fischfleisch fester und verhindert Fischgeruch. Fangfrischer Fisch braucht deshalb nicht unbedingt gesäuert zu werden.

▸ Die Weiterverarbeitung des vorbereiteten Fischs sollte innerhalb von zehn Minuten erfolgen, da ihm sonst zuviel Flüssigkeit entzogen wird.

▸ Fisch sollte man nicht auf einem Holzbrett säubern, da der Fischgeruch sonst ins Holz dringt und sich nur schwer wieder beseitigen läßt.

▸ Fischgeruch an Händen und Geschirr läßt sich mit Essigwasser entfernen.

▸ Ganze Fische lassen sich besser schuppen, wenn man sie kurz in heißes Wasser legt und anschließend sofort mit kaltem Wasser abschreckt.

▸ Tiefgefrorener Fisch muß nach dem Auftauen so schnell wie möglich zubereitet und verzehrt werden.

▸ Bei Fischen, die blau gekocht werden sollen, wie Forelle, Schleie, Karpfen oder Aal, darf die zarte Schleimschicht keinesfalls verletzt werden, denn sie bewirkt beim Garziehen im Sud die Blaufärbung. Den Fisch deshalb beim Vorbereiten so wenig und vorsichtig wie möglich anfassen. Aus dem gleichen Grund wird

PLATTFISCHE FILETIEREN

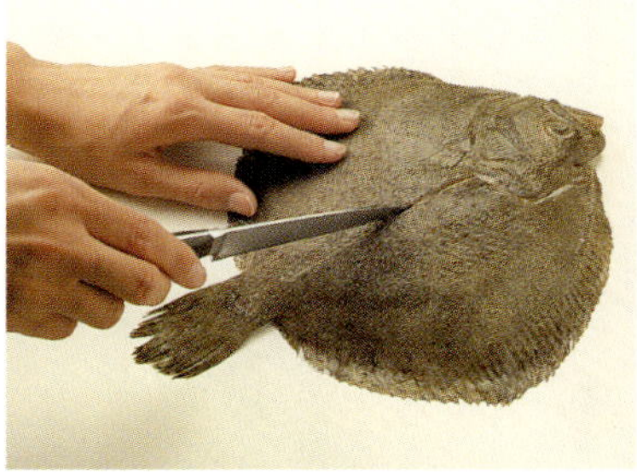

1. Entlang der Mittelgräte einschneiden. Hinter dem Kopf bis zur Mittelgräte einschneiden.

2. Durch einen Schnitt vom Kopf bis zum Schwanz das Filet von den Gräten lösen.

3. Filet kurz vor dem Schwanz durch einen Schnitt lösen. Auf der anderen Seite wiederholen.

RUNDFISCHE FILETIEREN

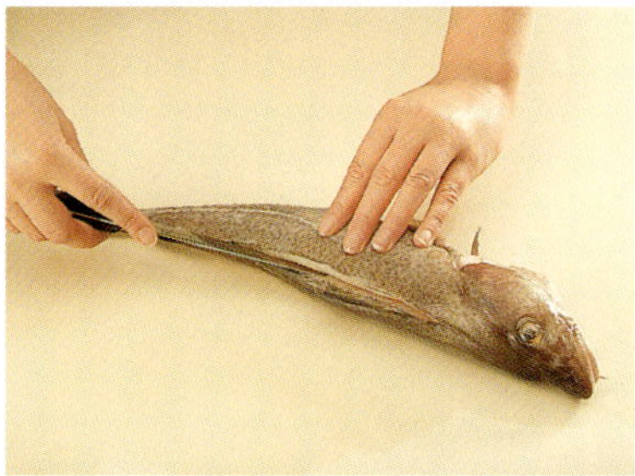

1. Fisch mit einer Hand festhalten und entlang dem Rückgrat vom Kopf zum Schwanz einschneiden.

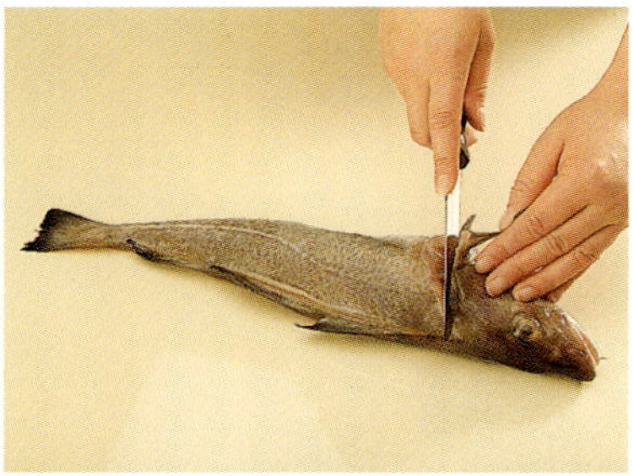

2. Anschließend hinter den Kiemen bis zum Rückgrat des Fischs einschneiden.

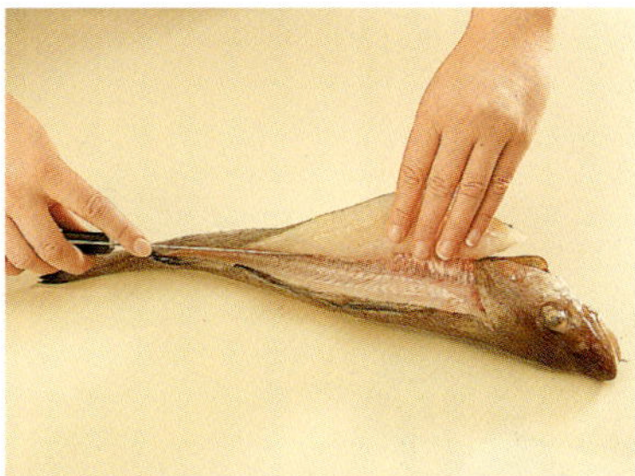

3. Das erste Filet lösen. Fisch drehen, den Vorgang wiederholen und dann den Schwanz abschneiden.

beim Blaukochen auch immer nur der Sud gesalzen und nicht der Fisch.

▸ Soll Fisch gekocht werden, darf das Wasser auf keinen Fall aufsprudeln, da der Fisch sonst zerfällt. Die Temperatur muß man deshalb immer so weit herunterschalten, daß der Fisch im heißen Sud gar zieht.

▸ Ein ganzer Fisch ist gar, wenn sich die Rückenflosse leicht herausziehen läßt.

▸ Zum Pochieren, Dünsten und Dämpfen von Fisch verwendet man am besten einen speziellen Fischkochtopf mit Hebeeinsatz. Steht ein solcher Topf nicht zur Verfügung, legt man zum Garen Alufolie oder Pergamentpapier unter den Fisch. Er läßt sich so leichter aus dem Topf heben und zerfällt dabei nicht.

Untergelegtes Pergamentpapier verhindert, daß der Fisch beim Herausheben zerfällt.

▸ Zum Grillen von Fischen gibt es spezielle Drahthalter, mit denen die Fische im Grill besonders gut befestigt werden können.

▸ Heringe zerfallen beim Braten nicht so leicht, wenn man sie zuvor einige Zeit in Essigwasser legt.

▸ Salzheringe schmecken milder, wenn man sie in Milch einlegt, statt sie zu wässern.

Austern Damit man sich beim Öffnen von Austern nicht an der rauhen Schale verletzt, sollte man sie mit einer doppelt gefalteten Stoffserviette festhalten.

▸ Beim Öffnen der Austern darauf achten, daß die in den Schalen befindliche Flüssigkeit nicht verlorengeht.

▸ Austern, die lebendfrisch verzehrt werden sollen, nach dem Öffnen auf zerstoßenes Eis legen und dann sofort servieren. Bei

FORELLE IN FOLIE GAREN

1. Den vorbereiteten Fisch auf eingefetteter Alufolie mit Zitrone beträufeln. Salzen und pfeffern.

2. In die Bauchhöhle und auf die Forelle frische Kräuter legen. Butterflöckchen daraufsetzen.

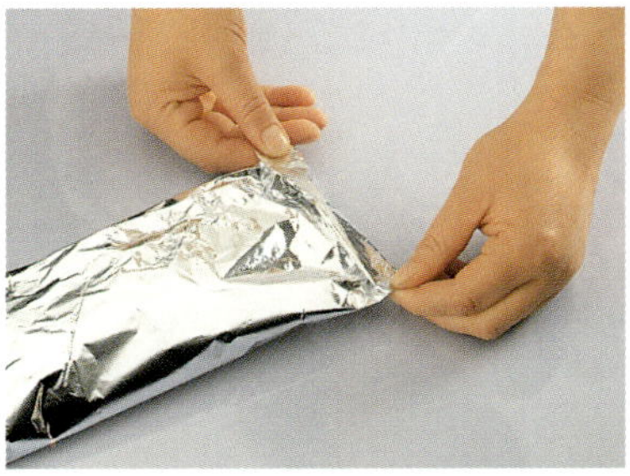

3. Die Folie fest verschließen. Die Forelle 20–30 Minuten bei 200 °C im Backofen garen.

AUSTERN ÖFFNEN

1. Die Auster mit der gewölbten Seite nach unten festhalten. Das Messer am Scharnier einstechen.

2. Die Schalen mit einer kräftigen Drehbewegung öffnen. Den Schließmuskel an den Rändern lösen.

3. Die obere Schalenhälfte wegwerfen. Die Auster von der unteren Schale lösen und servieren.

Tisch beträufelt man sie mit Zitronensaft und schlürft sie zusammen mit ihrer Flüssigkeit aus der Schale.

Muscheln Sind einige Muscheln nach dem Garen noch geschlossen, muß man diese wegwerfen, denn sie sind nicht mehr einwandfrei.

▸ Teppichmuscheln, Herzmuscheln und Venusmuscheln werden meist roh gegessen. Man bereitet und serviert sie genauso wie Austern. Wer jedoch keine rohen Muscheln mag, kann auch diese wie Miesmuscheln garen.

▸ Gedämpfte Miesmuscheln werden in ihren Schalen serviert. Um das Muschelfleisch aus den geöffneten Schalen herauszuheben, nimmt man eine leere Muschelschale, die dann wie eine Zange benutzt wird. Besteck benötigt man dazu also nicht.

So werden gedämpfte Miesmuscheln ohne Besteck stilgerecht gegessen.

Garnelen Bei kleinen Garnelen, wie Granat- oder Tiefseegarnelen, lassen sich die Schalen leicht mit den Fingern entfernen. Bei Riesengarnelen hingegen wird die Unterschale auf beiden Seiten mit einer Schere aufgeschnitten und dann abgezogen.

▸ Schalen und Köpfe gekochter Garnelen lassen sich zur Zubereitung von Garnelenbutter verwenden. Die Garnelen werden dazu ausgekocht; die dabei gewonnene Essenz wird dann unter die Butter gerührt.

Flußkrebse Krebse brauchen rund zehn Minuten, bis sie gar sind; sie müssen beim Kochen ganz vom Sud bedeckt sein. Pro Person benötigt man sechs bis acht Tiere.

▸ Aus den gut gesäuberten Karkassenteilen (das sind die Beine, Scheren, Schwanzflossen und

MIESMUSCHELN VORBEREITEN

1. Die Muscheln unter kaltem Wasser abbürsten. Starken Bewuchs mit einem Messer abschaben.

2. Alle geöffneten oder beschädigten Muscheln aussortieren und wegwerfen.

3. Die Byssusfäden (Bärte) fest zwischen Daumen und Zeigefinger nehmen und abziehen.

GARNELEN AUS DER SCHALE LÖSEN

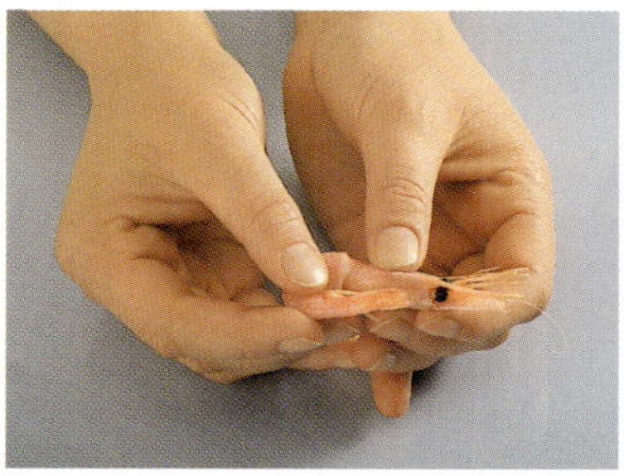

1. Die Garnele am Kopf festhalten. Mit der anderen Hand behutsam die Schale vom Kopf abdrehen.

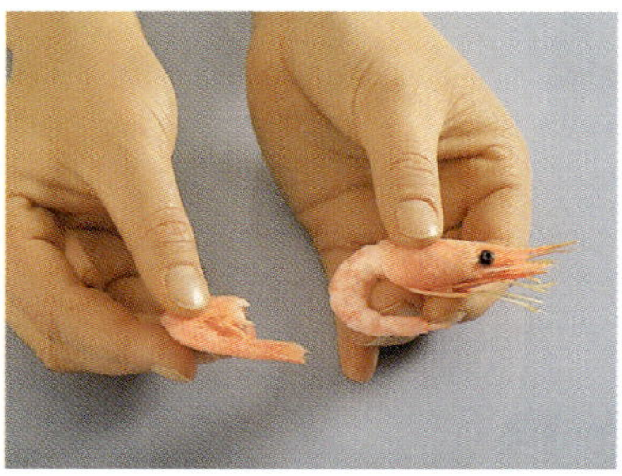

2. Die Schale vorsichtig nach hinten ziehen, so daß sie sich vom Schwanzfleisch löst.

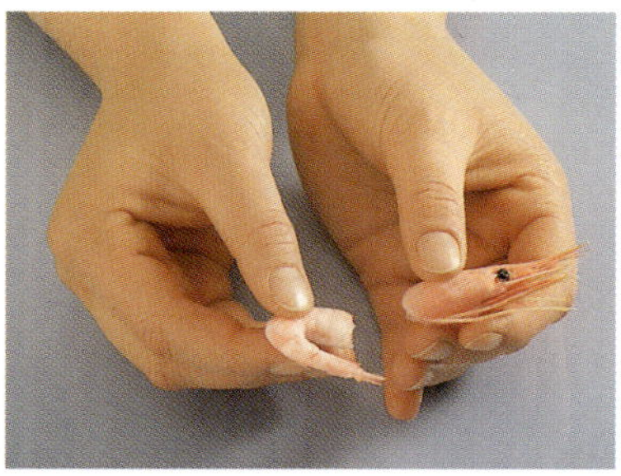

3. Das Schwanzfleisch vom Kopf abziehen. Bei größeren Garnelen den dunklen Darm entfernen.

KREBSE AUSBRECHEN

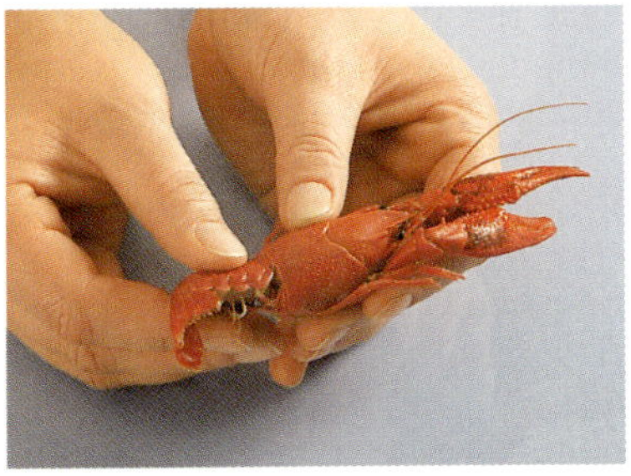

1. Den Schwanz mit einer drehenden Bewegung der rechten Hand vom Körper lösen.

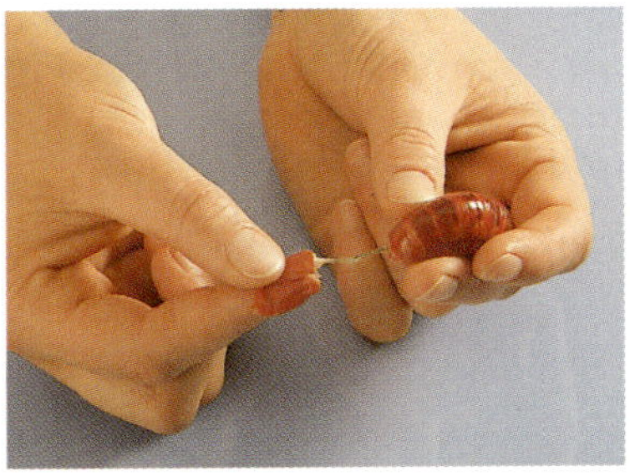

2. Die Schwanzflossen durch vorsichtiges Drehen und Ziehen mit dem Darm vom Körper trennen.

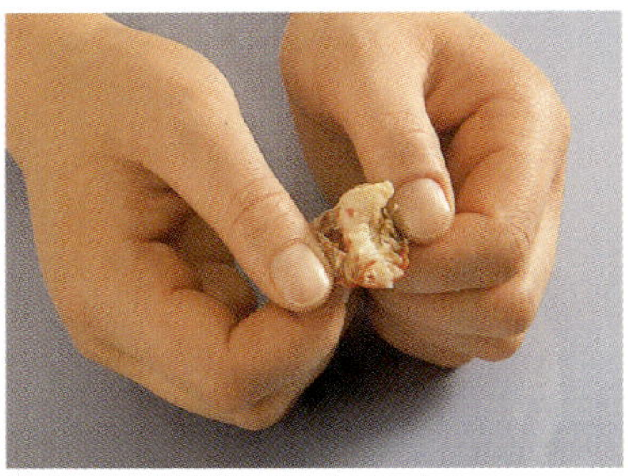

3. Den Panzer so aufbiegen, daß die dünnere Unterseite aufreißt und sich das Schwanzfleisch löst.

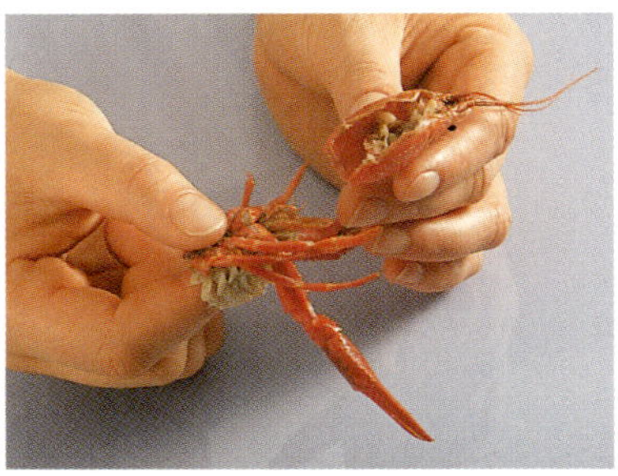

4. Brustpanzer festhalten, Unterteil anheben und durch Drehen die Scheren vom Schild trennen.

Panzer der Flußkrebse) kann ein köstlicher Fond bereitet werden.

▸ Der leuchtendrote Brustpanzer und die Scheren gekochter Krebse sind beliebt als Dekoration von Büfetten.

KARTOFFELN

▸ Sind Salzkartoffeln nach dem Abgießen wäßrig, stellt man sie zurück auf den Herd und läßt das restliche Wasser verdampfen. Die Kartoffeln dabei behutsam im Topf hin- und herbewegen.

▸ Salzkartoffeln schmecken besser, wenn man zusätzlich eine Prise Zucker und ein wenig Butter mit in das Kochwasser gibt.

▸ Bratkartoffeln werden schön knusprig, wenn man die Kartoffeln vorher mit Mehl bestäubt.

▸ Pellkartoffeln für Bratkartoffeln oder einen Kartoffelsalat lassen sich mit einem Eierschneider schnell und einfach in gleichmäßige Scheiben schneiden.

Pellkartoffeln kann man mit dem Eierschneider schneiden.

NUDELN

▸ Nudeln muß man in reichlich kochendem Salzwasser garen, damit sie gelingen. Pro 100–125 g Nudeln benötigt man 1 l Wasser, also etwa die zehnfache Menge.

▸ Das Wasser muß während der ganzen Garzeit weiter sprudelnd kochen. Zwischendurch sollte man die Nudeln umrühren, damit sie nicht zusammenkleben oder am Topfboden haftenbleiben.

▸ Etwas Öl im Wasser verhindert, daß es überschäumt und die Nudeln zusammenkleben.

▸ Da Nudeln – je nach Form und Größe – unterschiedliche Kochzeiten haben, immer rechtzeitig durch eine Bißprobe prüfen, ob sie schon *al dente* sind, d. h. gar, im Kern aber noch fest. Die Nudeln dann sofort abgießen und servieren.

▸ Nudeln, die nicht sofort serviert werden sollen, nach dem Abgießen unter fließend kaltem Wasser abschrecken. So wird der Garprozeß unterbrochen, und die Nudeln bleiben *al dente* (bißfest). Damit sie nicht aneinanderkleben, kann man sie in etwas Butter oder Öl schwenken.

▸ Übriggebliebene Nudeln lassen sich in einem Sieb über Wasserdampf aufwärmen. Man kann daraus aber auch einen leckeren Salat zubereiten, beispielsweise mit gekochtem Schinken, Tomaten, Käse, Mayonnaise oder Joghurt.

Spaghetti Lange, dünne Nudeln, wie Capellini, Vermicelli und Spaghetti, stellt man am Topfrand in das kochende Wasser, fächert sie etwas auf und schiebt sie dann langsam nach unten.

Hausgemachte Nudeln Frische Nudeln haben erheblich kürzere Garzeiten als getrocknete Teigwaren. In der Regel brauchen sie nicht länger als eine bis drei Minuten zu kochen.

▸ Steht zum Ausrollen des Nudelteigs kein Nudelholz zur Verfügung, kann man sich mit einer geraden Flasche behelfen. Die Etiketten vorher ablösen.

Nudelteig läßt sich auch gut mit einer Flasche ausrollen, wenn kein Nudelholz zur Hand ist.

REIS

▸ Um Reis schonend zuzubereiten, nimmt man 1¾–2 Tassen Wasser pro Tasse Reis und bringt es zum Kochen. Danach salzen, den Reis hineingeben, durchrühren, den Deckel auflegen und den Reis etwa zwei Minuten kochen lassen. Den Reis auf niedrigster Stufe 15–18 Minuten quellen lassen, ohne dabei umzurühren.

▸ Naturreis braucht mehr Wasser und muß etwa 40 Minuten gegart werden.

▸ Reis sollte nicht mit zu viel Wasser gekocht werden, da man sonst mit dem Kochwasser auch Mineralstoffe, Vitamine und Eiweißstoffe weggießt.

▸ Zum dekorativen Anrichten läßt sich Reis in eine Schöpfkelle, eine Tasse oder einen Becher drücken und auf den Teller stürzen. Das Gefäß vorher kalt ausspülen oder einfetten, damit der Reis nicht anklebt.

▸ Übriggebliebener Reis kann aufgewärmt werden. Man gibt ihn dazu in ein Sieb, hängt das Sieb über einen Topf mit kochendem Wasser und legt den Deckel auf. Der Reis soll nicht mit dem Wasser in Kontakt kommen, sondern nur vom Wasserdampf erhitzt werden.

Risotto Für Risotto nimmt man nach Möglichkeit den speziellen italienischen Risottoreis.

▸ Zur Zubereitung werden gehackte Zwiebeln, Knoblauch und je nach Rezept weitere Zutaten in Öl oder Butter angedünstet. Den Reis hinzufügen und unter Rühren anrösten, bis die Körner glasig sind. Bei mittlerer Hitze nach und nach heiße Brühe dazugeben. Die Flüssigkeit soll jeweils vom Reis aufgesogen sein, bevor man weitere Brühe hinzufügt. Den Reis im offenen Topf etwa 20–25 Minuten unter häufigem Rühren garen.

Milchreis Für Milchreis benötigt man pro Tasse Rundkornreis drei Tassen Milch.

▸ Die Milch mit etwas Salz und je nach Rezept mit weiteren Zutaten, wie etwa Zucker, Vanille und Zitrone, zum Kochen bringen. Den Reis hinzufügen, kurz aufkochen lassen und durchrühren. Dann bei schwacher Hitze 20–25 Minuten zugedeckt quellen lassen.

GEMÜSE

▸ Beim Abgießen von gekochtem Gemüse oder Kartoffeln kann der Wasserdampf zu gefährlichen Verbrühungen an den Händen führen. Um die Dampfbildung zu verhindern, läßt man am besten gleichzeitig kaltes Wasser in das Spülbecken laufen.

▸ Gemüse wie Schwarzwurzeln und rote Bete lassen sich am besten schälen, wenn man sie bereits gekocht hat.

Artischocken Vorbereitete Artischocken bis zum Garen in Zitronenwasser legen, damit sie sich nicht verfärben.

▸ Zum Garen von Artischocken keinen Aluminiumtopf benutzen, da sich die Artischocken sonst schwarz färben.

▸ Die Artischocken während des Kochens mit einem Teller oder dem Deckel eines kleineren Topfes beschweren, damit sie voll-

ARTISCHOCKEN VORBEREITEN

1. *Den Stielansatz geradeschneiden und die unteren harten Blätter abbrechen.*

2. *Die übrigen Artischockenblätter mit einer Schere gleichmäßig kürzen.*

3. *Eine Zitronenscheibe auf den Stielansatz legen und mit Küchengarn über Kreuz festbinden.*

ständig im Wasser liegen und gleichmäßig garen.

▸ Zur Garprobe ein Blatt aus der Mitte herausziehen. Läßt es sich leicht herauslösen, ist die Artischocke gar.

▸ Die gegarten Artischocken werden mit einem Schaumlöffel aus dem Topf gehoben. Danach umgedreht abtropfen lassen, damit das gesamte Wasser herausläuft.

▸ Zum Vorbereiten von Artischocken die hellen Blütenblätter aus der Mitte mit einer drehenden Bewegung herausheben. Danach mit einem Löffel oder einem Kugelausstecher das sogenannte Heu entfernen.

▸ Will man gegarte Artischocken füllen, die Blätter vorsichtig nach außen biegen und die Füllung mit einem Löffel in die Öffnung geben.

▸ Artischocken, die zusammen mit der Füllung gegart werden sollen, muß man nur etwa zehn Minuten in gesalzenem und mit Zitronensaft gesäuertem Wasser vorkochen.

Auberginen Insbesondere ausgereifte Auberginen, die man beim Aufschneiden an ihren gut entwickelten Samenkernen erkennen kann, enthalten häufig Bitterstoffe. Um ihnen die Bitterstoffe zu entziehen, bestreut man die längs halbierten und in Scheiben oder Stücke geschnittenen Auberginen mit Salz und läßt sie ungefähr 15–30 Minuten stehen, bis sich an den Schnittflächen kleine Wassertropfen bilden. Die Gemüsestücke vor der Weiterverarbeitung abspülen und trockentupfen.

Auberginenstücke werden zum Entbittern mit Salz bestreut. Danach läßt man sie etwa 30 Minuten lang stehen.

▸ Um längs halbierte Auberginen zum Füllen auszuhöhlen, schneidet man das weiße Fleisch im Inneren zunächst vorsichtig rautenförmig ein, ohne dabei die Schale zu verletzen. Es läßt sich dann mühelos herausheben. Damit sich das Fruchtfleisch an der Luft nicht verfärbt, sollte man es vor dem Einschneiden mit Zitronensaft bestreichen.

Zum Aushöhlen der Auberginenhälften das Fruchtfleisch zunächst rautenförmig einschneiden.

Avocados Die Früchte werden vor der Zubereitung längs halbiert und entsteint. Sollen sie dann in Scheiben oder Stücke geschnitten werden, wird die ungenießbare Schale mit einem scharfen Messer entfernt. Bei reifen Früchten läßt sie sich am besten mit den Fingern abziehen.

▸ Die Schnittflächen von Avocados immer sofort mit Zitronensaft beträufeln, damit sich das Fruchtfleisch nicht braun färbt.

▸ Will man eine Avocadohälfte aufbewahren, den großen runden Samenkern keinesfalls entfernen. Die angeschnittene Frucht mit Zitronensaft bestreichen, in Klar-

AVOCADOS VORBEREITEN

1. Die Avocado mit einem scharfen Messer der Länge nach rund um den Samenkern einschneiden.

2. Die Frucht in beide Hände nehmen. Die Hälften gegeneinander drehen, bis sich eine vom Kern löst.

3. Den Kern mit dem Messer oder einem Löffel aus der zweiten Hälfte herausheben.

sichtfolie wickeln und in den Kühlschrank legen.

Bohnen Bohnen sollte man niemals roh verzehren, sondern immer mindestens zehn Minuten kochen, da der in ihnen enthaltene Giftstoff Phasin nur beim Kochen abgebaut wird.

Champignons Zum Vorbereiten gegebenenfalls den sandigen Fuß abschneiden. Die Pilze ansonsten möglichst nur mit einer weichen Bürste oder einem feuchten Tuch säubern. Sind sie zu stark verschmutzt, kann man sie auch kurz unter fließend kaltem Wasser abbrausen. Die Champignons anschließend – je nach Rezept – in Stücke, Scheiben oder Würfel schneiden.

▸ Champignons, die man roh für Salate verwenden möchte, bleiben fest und weiß, wenn man sie mit etwas Zitronensaft beträufelt.

Chicorée Damit Chicorée weniger bitter schmeckt, den Strunk keilförmig herausschneiden.

Bei Chicorée den bitteren Strunk herausschneiden.

▸ Bei gekochtem Chicorée mildert etwas Zitronensaft den bitteren Geschmack.

Kohlgemüse Kohl entwickelt beim Kochen einen starken Geruch, der das ganze Haus durchziehen kann. Um dies so weit wie möglich zu verhindern, gart man ihn am besten im Schnellkochtopf oder aber bei kleiner Hitze in einem Topf mit dicht schließendem Deckel.

▸ Kohl wird leichter verdaulich, wenn man ihn mit etwas Kümmel würzt. Durch Bohnenkraut bekommt er einen kräftigeren Geschmack.

▸ Beim Putzen von Blumenkohl alle Blätter entfernen und kleine dunkle Stellen herausschneiden.

▸ Ungeziefer, das zwischen den Röschen sitzt, läßt sich am einfachsten entfernen, wenn man den Blumenkohl mit dem Strunk nach oben für einige Zeit in kaltes Salzwasser legt. Anschließend gut abspülen.

▸ Soll Blumenkohl im ganzen gegart werden, den Strunk kreuzförmig einschneiden, damit er beim Kochen weich wird.

▸ Wird Blumenkohl zum Garen in Röschen geteilt, den Strunk bis zum Ansatz herausschneiden.

▸ Blumenkohl bleibt schneeweiß, wenn man dem gesalzenen Kochwasser etwas Milch hinzufügt.

▸ Am besten schmeckt Blumenkohl, wenn er noch bißfest ist. Gart man ihn zu lange, wird er weich und fällt beim Anrichten auseinander.

▸ Den gegarten Blumenkohl behutsam mit einem Schaumlöffel aus dem Topf heben. Niemals abgießen; er zerfällt sonst.

▸ Übriggebliebener Blumenkohl schmeckt ausgezeichnet, wenn er mit Käse überbacken wird.

▸ Zum Putzen von Brokkoli Knospen, die bereits geöffnet sind, sowie große Blätter entfernen. Die zähe Haut an den dicken Stielen abziehen. Kleine Blättchen und die Haut an den Röschen können mitgegessen werden. Große Brokkoliröschen längs halbieren. Die Stiele in Stücke schneiden und fünf Minuten vor den Röschen ins kochende Wasser geben, damit alles gleichzeitig gar wird.

▸ Rosenkohl verliert den strengen Geschmack, wenn man ihn vor der Zubereitung zwei bis drei Minuten in kochender Milch blanchiert.

▸ Rotkohl behält beim Kochen seine Farbe, wenn man einige Apfelstücke oder einen Schuß Essig hinzufügt.

▸ Bei Sauerkraut läßt sich der Saft binden, wenn man eine rohe geriebene Kartoffel mitkocht.

Meerrettich Wird geriebener Meerrettich mit Zitronensaft beträufelt, verfärbt er sich nicht.

▸ Geriebener Meerrettich, der zu Fleischgerichten oder Räucherfisch gereicht wird, schmeckt milder, wenn man etwas ungesüßte Schlagsahne unterhebt.

Okraschoten Sie enthalten eine klebrige Flüssigkeit, die wie Speisestärke wirkt, wenn man die Schoten kleinschneidet und lange genug kocht. Um zu verhindern, daß die Flüssigkeit beim Kochen ganzer Okras ausläuft und das Gemüse glitschig macht, den Stielansatz nicht gerade, sondern spitz anschneiden. So bleiben die Schoten unverletzt und geschlossen.

Bei Okras, die im ganzen gegart werden sollen, den Stielansatz nur spitz anschneiden.

▸ Die geputzten Okras bis zur Weiterverarbeitung in mit Zitronensaft gesäuertes Wasser legen. So erreicht man, daß die Schoten beim Kochen nicht aufplatzen.

Paprika Er schmeckt feiner und ist bekömmlicher, wenn man die Haut von den Schoten abzieht.

▸ Da die Haut von grünen Paprikaschoten sehr dünn ist, werden zumeist nur die roten, gelben und violetten Früchte, die eine dickere Schale haben, enthäutet.

▸ Paprikasalat ist leichter verdaulich, wenn man dem Dressing etwas Senf hinzufügt.

Radieschen Wenn man Radieschen mit den Blättern nach unten in ein Glas Wasser stellt, bleiben sie länger knackig.

▸ Welke Radieschen werden wieder knackig, wenn man sie für einige Zeit in kaltes Wasser legt.

▸ Radieschen geben jedem Blattsalat zusätzlich Farbe und Aroma.

Salat Nicht mehr ganz frischer Kopfsalat erholt sich wieder, wenn man die Blätter in eine Schüssel mit kaltem Wasser, etwas Zitronensaft und einigen rohen Kartoffelschalen legt.

▸ Salat muß nach dem Waschen gründlich abtropfen, trockengeschleudert oder mit einem sauberen Tuch trockengetupft werden, da sonst die Salatsoße verwässert wird.

▸ Blattsalat sollte stets mit den Fingern in mundgerechte Stücke gezupft und nicht mit dem Messer kleingeschnitten werden, da dies dem Geschmack des Salats schadet.

▸ Damit der Salat knackig bleibt, die Salatsoße immer erst kurz vor dem Servieren unterheben.

▸ Feldsalat muß sofort nach dem Anmachen gegessen werden, da er sonst zusammenfällt und matschig wird.

▸ Radicchio schmeckt bitter-aromatisch und braucht deshalb eine kräftige Salatsoße.

Sellerie Knollensellerie bleibt beim Kochen weiß, wenn man dem Wasser etwas Zitronensaft hinzufügt.

▸ Als Gemüsebeilage kann Knollensellerie in Pfannkuchenteig

PAPRIKA ENTHÄUTEN

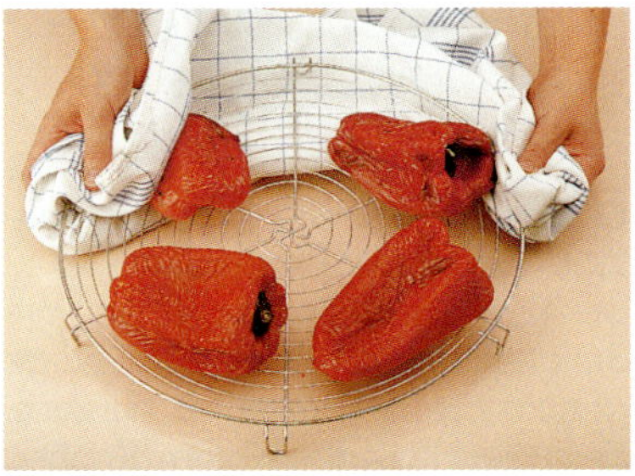

1. Die Schoten bei 220 °C im Backofen rösten, bis die Haut braun wird und Blasen wirft.

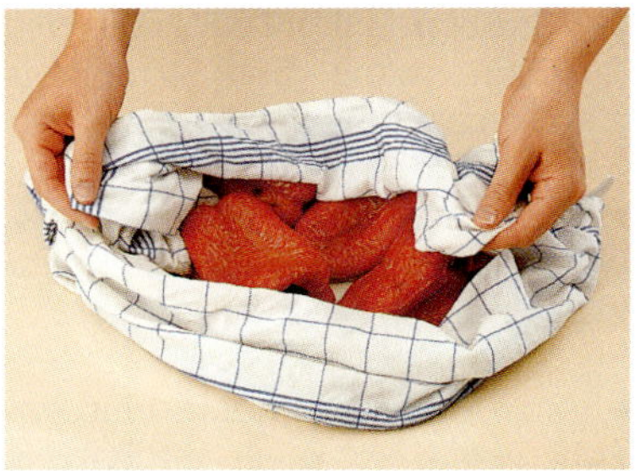

2. In ein feuchtes Küchentuch einschlagen oder in eine Plastiktüte legen und abkühlen lassen.

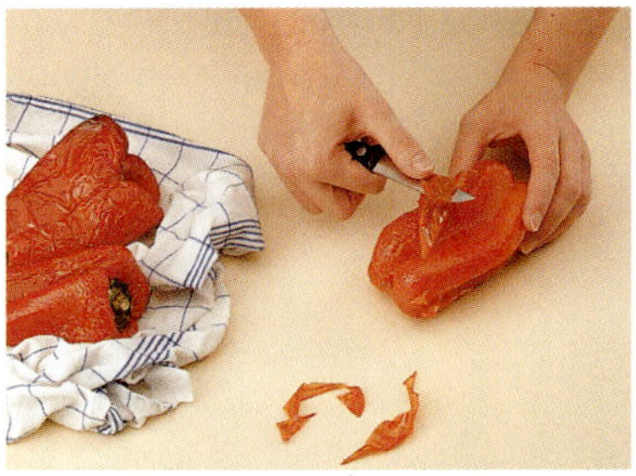

3. Die Haut mit einem Küchenmesser abziehen und die Paprika je nach Rezept weiterverarbeiten.

PAPRIKA IN RINGE SCHNEIDEN

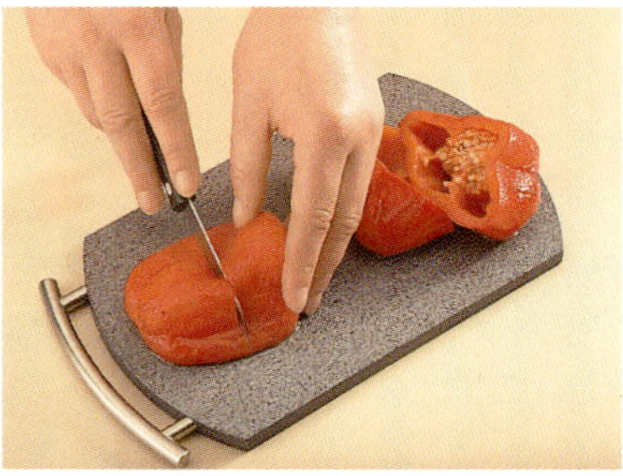

1. Die Paprika waschen, den Stielansatz abschneiden und die Schoten quer halbieren.

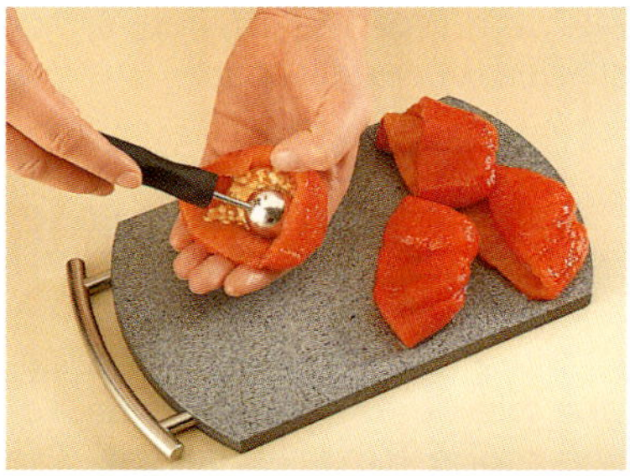

2. Die Kerne mit einem Kugelausstecher oder einem kleinen Löffel herausschaben.

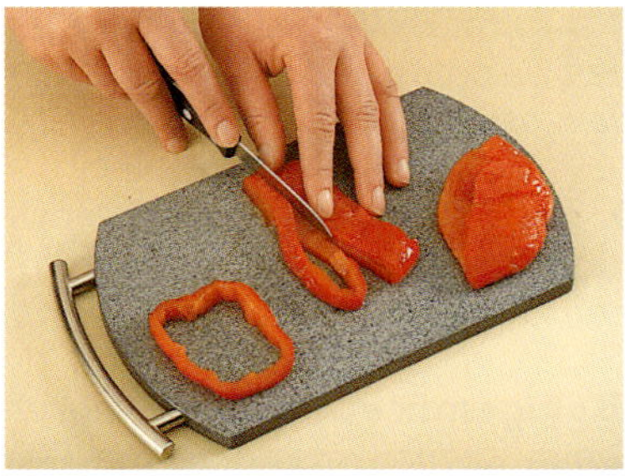

3. Die weißen Rippen entfernen und die Schoten mit einem scharfen Messer in Ringe schneiden.

ausgebacken werden. Dazu wird er geschält, halbiert und mit wenig Wasser bißfest gegart. Anschließend schneidet man ihn in etwa 1 cm dicke Scheiben, taucht diese in Pfannkuchenteig und bäckt sie in heißem Öl aus.

▸ Selleriesalat läßt sich ausgezeichnet mit Ananas verfeinern.

Spargel Spargel wird immer erst kurz vor der Zubereitung geschält – und zwar von oben nach unten. Am besten geht dies mit einem speziellen Spargelschäler.

Tomaten Weiche Tomaten werden wieder schnittfest, wenn man sie etwa 15 Minuten in kaltes Wasser legt.

▸ Für Eintopfgerichte, Suppen und Soßen sollte man abgezogene Tomaten verwenden, denn die Haut zerkocht nicht und ist, wie die Kerne, unverdaulich.

▸ Tomatensoßen und -suppen sollte man immer mit einer Prise Zucker abschmecken.

Zwiebeln Wenn man Zwiebeln unter der eingeschalteten Dunstabzugshaube schneidet, tränen die Augen nicht so stark. Man kann die Zwiebeln aber auch vor dem Schälen und Schneiden in den Kühlschrank legen.

▸ Zum Zwiebelschneiden muß man ein scharfes Messer benutzen, damit die Zwiebel geschnitten und nicht gequetscht wird.

▸ Zwiebelringe werden schön braun und knusprig, wenn man sie vor dem Braten mit etwas Mehl bestäubt.

▸ Um eine angeschnittene Zwiebel aufzubewahren, legt man sie mit der Schnittfläche auf einen Teller und stülpt ein Glas darüber.

▸ Um den Mundgeruch nach dem Verzehr von rohen Zwiebeln zu mildern, sollte man nach der Mahlzeit ein Glas Milch trinken.

HÜLSENFRÜCHTE

▸ Fast alle getrockneten Hülsenfrüchte müssen vor dem Garen – am besten über Nacht – in kaltem Wasser eingeweicht werden. Nur Linsen und Spalterbsen sind meist so weich, daß man sie nicht oder nur kurz einweichen muß.

▸ Natron beschleunigt zwar das Weichwerden von Hülsenfrüchten, verursacht aber einen etwas seifigen Geschmack, macht die Hülsenfrüchte schwerer verdaulich und zerstört das darin enthaltene Vitamin B_1.

▸ Das Einweichwasser wird zum Kochen verwendet, da die Hülsenfrüchte beim Quellen Nährstoffe abgeben.

▸ Hülsenfrüchte immer erst nach dem Garen salzen, sonst kochen sie nicht weich.

▸ Erbsensuppe brennt nicht so leicht an, wenn man Brotscheiben unten in den Topf legt.

KRÄUTER UND GEWÜRZE

▸ Frische Kräuter und gemahlene oder zerstoßene Gewürze werden dem Gericht besser erst am Ende der Garzeit hinzugefügt, da sie sonst Aroma, aber auch Vitamine und Mineralstoffe verlieren.

▸ Getrocknete Kräuter entfalten ihr Aroma sehr viel besser, wenn man sie ungefähr eine Stunde vor Gebrauch in etwas Öl oder Alkohol legt.

Knoblauch Will man Knoblauchzehen in der Knoblauchpresse zerdrücken, brauchen sie nicht unbedingt geschält zu werden. Die Presse läßt sich dann auch einfacher säubern, weil die Löcher nicht verstopfen.

▸ Knoblauch sollte man beim Braten nicht bräunen, er schmeckt sonst bitter.

TOMATEN ABZIEHEN

1. Stielansatz entfernen. Die Tomaten auf der gegenüberliegenden Seite kreuzweise einritzen.

2. Etwa zehn Sekunden in kochendes Wasser tauchen, bis sich die eingeritzte Haut leicht kräuselt.

3. Die Tomaten kurz mit kaltem Wasser abbrausen und mit einem Küchenmesser die Haut abziehen.

Salz Suppen und Eintöpfe – nur nicht solche aus Hülsenfrüchten – immer zu Beginn der Garzeit salzen, gegrilltes und in der Pfanne gebratenes Fleisch erst anschließend. Braten und Geflügel vor dem Garen im Backofen mit Salz einreiben.

▸ Der Geschmack salziger Speisen wird durch eine Prise Zucker abgerundet und gehoben.

▸ Der Eigengeschmack von Süßspeisen läßt sich durch eine Prise Salz verstärken. Man braucht dann auch weniger Zucker.

▸ Ob sich ein versalzenes Gericht noch retten läßt, hängt immer davon ab, wie stark der Salzgeschmack ist. Stark versalzene Gerichte lassen sich in der Regel nicht verbessern und bleiben ungenießbar.

▸ Eine versalzene Soße kann man kurz vor dem Servieren mit Wein, Milch, Sahne oder Wasser verdünnen und dann wieder mit etwas Speisestärke eindicken.

▸ Klare Suppen oder Brühen, die man versalzen hat, lassen sich mit Eiweiß verbessern. Das Eiweiß dazu in die Flüssigkeit quirlen und aufkochen. Das geronnene Eiweiß, das einen Teil des Salzes aufgenommen hat, wird mit einem Schaumlöffel entfernt.

▸ Bei versalzenen Eintöpfen oder gebundenen Suppen läßt man etwas trockenes Brot oder auch ein paar rohe Kartoffelscheiben fünf bis zehn Minuten mitkochen und nimmt sie anschließend wieder heraus.

Schnittlauch Schnittlauch für Salate und Soßen läßt sich am besten mit der Küchenschere schneiden.

Suppengewürze Ganze Gewürze, wie Pfefferkörner, Nelken und Lorbeerblätter, die vor dem Servieren wieder aus der Suppe genommen werden sollen, läßt man am besten in einem Tee-Ei oder einem Mullsäckchen mitkochen. Kräuterstengel und -zweige kann man mit Küchengarn zu einem Sträußchen zusammenbinden und in die Suppe legen.

In einem Tee-Ei mitgekocht, lassen sich Gewürze nach dem Garen leicht aus dem Topf nehmen.

▸ Brühwürfel immer erst am Schluß in die Suppe geben. Läßt man sie von Anfang an mitkochen, verliert die Suppe an Aroma.

FETTE UND ÖLE

▸ Fett hat die richtige Temperatur zum Braten und Fritieren, wenn an einem eingetauchten Holzlöffelstiel rundum kleine Bläschen aufsteigen.

▸ Eine Prise Salz im Fett verhindert das Spritzen beim Anbraten.

▸ Fettreste nie in den Ausguß schütten. Sie belasten das Abwasser stark und können mit der Zeit auch den Ausguß verstopfen.

▸ Altes Fritierfett gehört nicht in den Hausmüll. Man läßt es hart werden und bringt es zu einer Sammelstelle für Problemabfälle.

▸ Hat man heißes Fett verschüttet, sofort kaltes Wasser darübergießen. Das Fett erstarrt dann und läßt sich einfach beseitigen.

▸ Brennendes Fett in der Pfanne oder im Topf nie mit Wasser löschen, sondern die Flammen mit nassen Tüchern ersticken oder das Gefäß abdecken.

EIER UND EIERSPEISEN

▸ Eier platzen beim Kochen nicht, wenn man sie zuvor am breiteren Ende mit einer Nadel oder einem Eierpiekser einsticht.

▸ Hartgekochte Eier bekommen keinen dunklen Rand, wenn man sie fünf Minuten kocht und dann noch acht Minuten im heißen Wasser ziehen läßt.

▸ Damit gesprungene Eier beim Kochen nicht auslaufen, gibt man etwas Essig mit ins Wasser. Man kann auch das Ei zum Kochen in Alufolie wickeln und die Kochzeit um 30 Sekunden verlängern.

▸ Um ein gekochtes Ei von einem rohen zu unterscheiden, versetzt man es wie einen Kreisel in Bewegung. Dreht es sich gleichmäßig weiter, ist es gekocht; kreist es ungleichmäßig, ist es roh.

▸ Eier lassen sich mit Hilfe eines Trichters trennen. Dazu stellt man den Trichter in ein Glas und läßt das aufgeschlagene Ei in den Trichter gleiten, so daß das Eiweiß in das Glas läuft und das Eigelb im Trichter bleibt.

So läßt sich ein aufgeschlagenes Ei in Eigelb und Eiweiß trennen.

▸ Eigelb gerinnt beim Einrühren in eine Soße nicht, wenn man es zuvor in einer Tasse mit etwas warmem Wasser oder Soße verquirlt.

Eierkuchen Wenn man einen Schuß Bier in den Teig rührt, werden Eierkuchen schön locker.

Schaumomeletts Fügt man bei Schaumomeletts pro Ei eine Messerspitze Speisestärke hinzu, fallen sie nicht zusammen.

MILCH UND MILCHPRODUKTE

▸ Milch brennt nicht so leicht an, wenn man den Topf zuvor mit kaltem Wasser ausspült.

▸ Milch kocht nicht über, wenn man den Innenrand des Topfes dünn mit Butter bestreicht.

Pudding Auf Pudding bildet sich keine Haut, wenn man ihn mit Zucker bestreut, solange er noch heiß ist. Man kann ihn aber auch mit Butter oder Sahne bestreichen.

▸ Pudding brennt nicht an, wenn man die Milch zusammen mit dem Zucker erhitzt.

▸ Pudding löst sich beim Stürzen problemlos aus der Form, wenn man sie vor dem Einfüllen mit kaltem Wasser ausspült.

Sahne Wenn Sahne beim Schlagen nicht steif wird, eine Prise Salz, wenige Tropfen Zitronensaft oder ein wenig kaltes Eiweiß hinzufügen.

Käse Alter Käse schmeckt wieder frisch, wenn man ihn einige Tage in dicke, saure Milch legt.

▸ Schnittkäse, wie Gouda oder Edamer, läßt sich besser reiben, wenn man ihn zuvor für etwa 30 Minuten ins Gefriergerät legt.

▸ Hartkäse läßt sich mühelos schneiden, wenn man das Messer vorher anwärmt.

OBST

▸ Dünne Obstschalen, z. B. von Pfirsichen, Nektarinen oder Trauben, lassen sich einfacher abziehen, wenn man die Früchte kurz mit heißem Wasser übergießt.

▸ Werden die Schnittstellen von Obst mit Zitronensaft beträufelt,

FRISCHE ANANAS IN SCHEIBEN SCHNEIDEN

1. Mit einem Messer das Büschel der Ananas abtrennen und dann die Frucht in Scheiben schneiden.

2. In genügend großem Abstand die Schale der Ananas gleichmäßig abschneiden.

3. Abschließend mit dem Messer das Innere der Ananasscheibe ausschneiden.

FRISCHE ANANAS IN DER SCHALE ANRICHTEN

1. Die Ananas in vier Teile zerschneiden. Das Büschel der Ananas nicht abschneiden.

2. Dann das Fruchtfleisch der Ananas sorgfältig von der Schale abtrennen.

3. Das Fruchtfleisch in gleich große Stücke zerschneiden. Die Stücke gegeneinander verschieben.

laufen sie nicht mehr so schnell braun an.

Ananas Frische Ananas sollte nicht zusammen mit Gelatine verwendet werden, da sie Enzyme enthält, die das Gelieren beeinträchtigen. Die Ananas dünsten oder Früchte aus der Dose verwenden.

Äpfel Äpfel, deren Schale schon etwas schrumpelig ist, lassen sich wesentlich besser schälen, wenn man sie mit kochendem Wasser überbrüht.

- Um Apfelkompott zu verfeinern, läßt man nach dem Garen ein kleines Stück Butter darin zergehen.

- Kompott aus wenig aromatischen Äpfeln schmeckt besser, wenn man die Früchte in Wein oder Apfelwein gart.

- Bratäpfel werden nicht runzelig, wenn man sie vor dem Braten mit etwas Butter bestreicht oder die Schale rundum einschneidet.

- Bei Bratäpfeln muß vor der Zubereitung das Kerngehäuse entfernt werden. Hierzu verwendet man am besten einen Apfelausstecher.

- Der leicht säuerliche Geschmack von Bratäpfeln läßt sich mildern, wenn man etwas Honig auf die heißen Äpfel gibt.

Bananen Überreife Bananen sollte man nicht wegwerfen. Man kann sie zerdrücken, mit etwas Zitronensaft vermischen und einfrieren. Dann können sie später für Nachspeisen verwendet werden. Man kann sie auch mit Buttermilch im Mixer pürieren und mit Zucker und Zitronensaft abschmecken und erhält so ein köstliches Mixgetränk.

Erdbeeren Damit Erdbeeren fest bleiben, sollte man die Kelchblätter immer erst nach dem Waschen entfernen.

- Frische Erdbeeren erst kurz vor dem Servieren zuckern. Sie verlieren sonst zuviel Saft und werden weich.

Grapefruit Halbierte Grapefruits rutschen auf dem Teller nicht hin und her, wenn man die Schale auf der Unterseite flach anschneidet.

Johannisbeeren Wenn man Johannisbeeren mit einer Gabel von den Stielen abzieht, werden die Früchte nicht zerdrückt, und außerdem bleiben die Hände sauber.

Johannisbeeren lassen sich am besten mit einer Gabel von den Stielen abziehen.

Kirschen Reife weiche Kirschen lassen sich wesentlich besser entsteinen, wenn man sie zuvor für kurze Zeit ins Gefriergerät legt.

Kiwis Milch, Sahne und Quark bekommen in Verbindung mit rohen Kiwis einen sehr bitteren Beigeschmack. Um diesen zu verhindern, werden die geschälten Kiwis für derartige Speisen zuvor mit heißem Wasser überbrüht.

- Kiwis reifen etwas schneller nach, wenn man sie zusammen mit einem Apfel in eine Papiertüte legt.

Melonen Das Aroma vom Fruchtfleisch wird erheblich intensiver, wenn man die Stücke kurz vor dem Servieren mit einer Prise Salz bestreut.

Orangen Die Schale von Orangen läßt sich leichter entfernen, wenn man die Früchte zuvor kurz in warmes Wasser legt.

Preiselbeeren Sie schmecken aromatischer, wenn sie Frost ausgesetzt waren. Dies läßt sich auch dadurch erreichen, daß man sie eine Nacht lang ins Gefriergerät legt.

Weintrauben Da Weintrauben häufig stark gespritzt sind, sollte man die Früchte immer gründlich unter fließendem lauwarmem Wasser waschen.

- Wenn Weintrauben für ein Rezept entkernt werden sollen, nimmt man dazu am besten eine saubere Haarnadel.

Zitronen Benötigt man nur einen Spritzer Zitronensaft, braucht man die Frucht dazu nicht extra aufzuschneiden, sondern kann mit einer Stricknadel hineinstechen. So bleibt die Zitrone auch weiterhin frisch. Da der Saft dabei jedoch mit der Schale in Berührung kommt, sollte man allerdings nur ungespritzte Früchte verwenden.

Braucht man wenige Tropfen Zitronensaft, sticht man die Frucht nur an.

- Die Schnittflächen halbierter Zitronen trocknen nicht aus, wenn man Zucker auf eine Untertasse streut und die Zitronenhälften daraufstellt.

▸ Zitronen geben viel mehr Saft, wenn man sie zunächst auf der Arbeitsfläche etwas rollt und dann im Mikrowellengerät auf der Auftaustufe kurz erwärmt.

NÜSSE

▸ Mandeln zum Abziehen mit kochendem Wasser übergießen und etwas stehenlassen. Mit kaltem Wasser abschrecken und mit den Fingern aus der Haut drücken.

▸ Haselnüsse zum Enthäuten im Backofen oder unter dem Grill rösten. Anschließend in ein Tuch wickeln und darin kräftig gegeneinanderreiben, damit sich die Haut von den Nüssen löst.

▸ Um Eßkastanien (Maronen) zu schälen, zunächst mit einem sehr scharfen Messer auf der gewölbten Seite kreuzweise einschneiden, ohne das Fruchtfleisch zu verletzen. Anschließend ungefähr zehn Minuten bei 220 °C im vorgeheizten Backofen rösten, bis schließlich die Schale aufspringt. Die harte Außenschale sowie die braune Innenhaut entfernen, solange die Maronen noch warm sind.

▸ Um eine Kokosnuß zu öffnen, zuerst mit einer Ahle, einem kleinen Schraubendreher oder einem Korkenzieher die drei Keimporen – die Augen – durchbohren und die Kokosmilch ablaufen lassen. Anschließend die harte Schale zur Hälfte durchsägen und die Kokosnuß mit einem Hammer aufklopfen.

Kokosnüsse lassen sich leicht mit einer Säge öffnen. Vorher die Kokosmilch ablaufen lassen.

TIPS FÜR DIE MIKROWELLE

▸ Neben speziellem Mikrowellengeschirr kann auch jedes andere Kochgeschirr aus Glas, Keramik, Porzellan und Steingut in einem Mikrowellengerät benutzt werden. Es sollte aber kein metallisches Dekor haben, da es elektrische Überschläge (Funkenbildung) verursachen kann.

▸ Nicht geeignet sind Töpfe und Pfannen aus Edelstahl, Kupfer, Aluminium, Email und Gußeisen, da Mikrowellen Metall nicht durchdringen können. Sie gelangen in diesem Fall also nicht in das Gargut, um es zu erhitzen.

▸ Ob ein bestimmtes Geschirr mikrowellengeeignet ist, läßt sich im Zweifelsfall durch folgenden einfachen Test überprüfen: Das leere Gefäß für etwa 30 Sekunden bei höchster Stufe in das Gerät stellen. Bleibt es kalt oder fühlt sich lediglich handwarm an, ist es für den Gebrauch in einem Mikrowellengerät geeignet. Wird es dagegen heiß, insbesondere am Boden, oder ist es zu einer Funkenbildung gekommen, darf es nicht im Mikrowellengerät benutzt werden.

▸ In runden oder ovalen Formen garen Speisen gleichmäßiger als in rechteckigem oder quadratischem Geschirr, und in flachen Gefäßen erwärmen sie sich schneller als in hohen.

▸ Je größer die Menge an Nahrungsmitteln, desto mehr Zeit wird zum Auftauen, Erhitzen oder Garen benötigt. Hat man andere als die im Rezept angegebenen Mengen, verlängert oder verkürzt man die Einschaltzeit nach folgender Faustregel: doppelte

ESSKASTANIEN MIT HILFE VON KOCHENDEM WASSER SCHÄLEN

1. Eßkastanien mit einem scharfen Messer kreuzweise an der Spitze einschneiden.

2. Eßkastanien portionsweise für etwa zwei Minuten in kochendes Wasser tauchen.

3. Abtropfen lassen. Außenschale und innere Haut entfernen, solange die Maronen noch heiß sind.

Menge = doppelte Zeit, halbe Menge = halbe Zeit.

Auftauen Gefriergut wird bei niedriger Stufe in einem Mikrowellengerät aufgetaut. Die erforderlichen Zeiten für bestimmte Lebensmittel sind in der Bedienungsanleitung des Gerätes angegeben.

▸ Feste Speisen zum Auftauen aus der Verpackung nehmen. Löst sich das Gefriergut nicht aus der Verpackung, hält man es kurz unter heißes Wasser oder legt es für maximal eine Minute bei höchster Stufe in das Mikrowellengerät.

▸ Rohes Fleisch, Geflügel und Fisch zum Auftauen so in das Gerät legen, daß die Tauflüssigkeit ablaufen kann. Andernfalls besteht die Gefahr, daß die Lebensmittel außen schon gar, innen aber noch gefroren sind.

Geflügel legt man auf einen umgedrehten Teller, damit die Tauflüssigkeit abläuft.

▸ Große Stücke beim Auftauen zwei- bis dreimal wenden, Steaks, Schnitzel und Fisch nach der halben Zeit umdrehen.

▸ Beeren und Steinobst möglichst flach ausbreiten und unter Luftabschluß auftauen, d. h. in ein geschlossenes Gefäß legen, damit Farbe und Geschmack erhalten bleiben.

▸ Tiefgekühltes Gemüse wird wie frisches Gemüse behandelt; d. h., man taut es auf und gart es in einem einzigen Arbeitsgang.

▸ Falls sich das Gefriergut an der Oberfläche erwärmt, das Gerät abschalten und eine Ruhepause einlegen. Dann kann ein Temperaturausgleich zwischen der Oberfläche des Gefrierguts und dem Inneren stattfinden.

Flüssigkeiten erhitzen Getränke aus dem Kühlschrank lassen sich in einem Mikrowellengerät in wenigen Sekunden auf eine angenehme Trinktemperatur bringen.

▸ Eine Flasche Rotwein mit Kellertemperatur nimmt nach einer Minute bei mittlerer Stufe Zimmertemperatur an, ohne daß der Wein Schaden erleidet. Die verkorkte Flasche dazu so in den Garraum legen, daß sie die Seitenwände nicht berührt.

▸ Hochprozentige Spirituosen sollten nicht im Mikrowellengerät erhitzt werden, da sie sich entzünden können.

▸ Speiseöl nicht im Mikrowellengerät erhitzen, es könnte sich entzünden.

▸ Vorsicht beim Herausnehmen stark erhitzter Flüssigkeiten! Es kann zu einem Siedeverzug kommen, und die Flüssigkeit fängt erst zu kochen an, wenn das Gefäß bewegt wird. Um Verbrühungen zu vermeiden, die heiße Flüssigkeit besser noch einige Minuten im Mikrowellengerät stehenlassen. Besonders aufpassen sollte man bei Babynahrung, sie muß umgerührt und probiert werden. Viele Gerätehersteller geben auch in der Bedienungsanleitung gerätespezifische Hinweise, wie der Siedeverzug verhindert werden kann.

▸ Kaffee, den man in einem Mikrowellengerät aufwärmt, darf nicht zum Kochen kommen, da er sonst bitter schmeckt.

▸ Milch kocht nicht über, wenn man einen Glasstab mit in das Gefäß stellt.

▸ Erhitzte Flüssigkeiten nach dem Herausnehmen umrühren.

Schokolade schmelzen Schokolade läßt sich im Mikrowellengerät schnell und einfach schmelzen, denn man benötigt kein Wasserbad. Sie darf jedoch nicht zu lange erhitzt werden, da sie sonst von innen heraus verbrennt. Bei mittlerer Stufe sind 50 g nach etwa zwei Minuten und 100 g nach drei bis vier Minuten flüssig. Dabei sollte man sich nicht vom Aussehen der Schokolade täuschen lassen: Sie fällt in der Regel nicht zusammen, obwohl sie flüssig ist.

Gelatine auflösen Eingeweichte und ausgedrückte Blattgelatine löst sich im Mikrowellengerät in wenigen Sekunden auf. Sechs Blatt benötigen bei hoher Stufe nur 10–15 Sekunden.

Trockenobst Zum Quellen von getrockneten Früchten übergießt man das Obst in einer Schüssel mit Wasser und stellt es abgedeckt in das Mikrowellengerät. Bei hoher Stufe quellen 250 g Trockenfrüchte in zwei bis drei Minuten auf.

Gegarte Speisen aufwärmen Mit Ausnahme all jener Speisen und Gerichte, die knusprig bleiben sollen, werden Nahrungsmittel zum Erhitzen im Mikrowellengerät abgedeckt. Das Gerät sollte dazu auf die höchste Leistungsstufe eingestellt werden.

▸ Zum Abdecken der Speisen eignet sich mikrowellenfeste Klarsichtfolie am besten. Sie ist perforiert, so daß der Wasserdampf entweichen kann.

▸ Den Inhalt von Konservendosen zum Erhitzen in mikrowellengeeignete Gefäße umfüllen.

▸ Einmachgläser müssen immer geöffnet, Metallverschlüsse gegebenenfalls entfernt werden.

▸ Beilagen, wie Kartoffeln, Reis, Nudeln und Gemüse, mit wenig Wasser befeuchten und zugedeckt erhitzen; 300 g sind nach zwei bis drei Minuten heiß.

▸ Bratenfleisch, Koteletts oder Schnitzel werden dünn mit Öl oder zerlassener Butter bestrichen und zunächst unabgedeckt erhitzt. Nach etwa der Hälfte der Zeit das Fleisch umdrehen und abdecken. Stücke von 200 g Gewicht benötigen rund 1½–2½ Minuten, 500 g etwa fünf bis sechs Minuten.

▸ Frikadellen oder andere Speisen gleicher Größe legt man am besten ringförmig auf einen großen Teller, damit sie gleichmäßig heiß werden.

Frikadellen legt man zum Erhitzen im Kreis so auf den Teller, daß die Mitte frei bleibt.

▸ Geflügel mit Öl oder zerlassener Butter bestreichen und unabgedeckt erhitzen. Ein halbes Hähnchen braucht vier bis fünf Minuten.

▸ Tellergerichte zum Erhitzen mit Folie abdecken; die Beilagen nötigenfalls mit etwas Wasser anfeuchten. Eine Portion von etwa 400 g ist nach zwei bis drei Minuten heiß.

Garen Da man den Speisen nur wenig oder gar keine Flüssigkeit zufügen muß, laugen sie beim Garen in einem Mikrowellengerät nicht aus, und ihre Nährstoffe bleiben weitgehend erhalten.

▸ Die Speisen, wie z. B. Fische, sollte man immer so flach wie möglich auf dem Geschirr verteilen und einzelne Stücke platzsparend dicht nebeneinanderlegen.

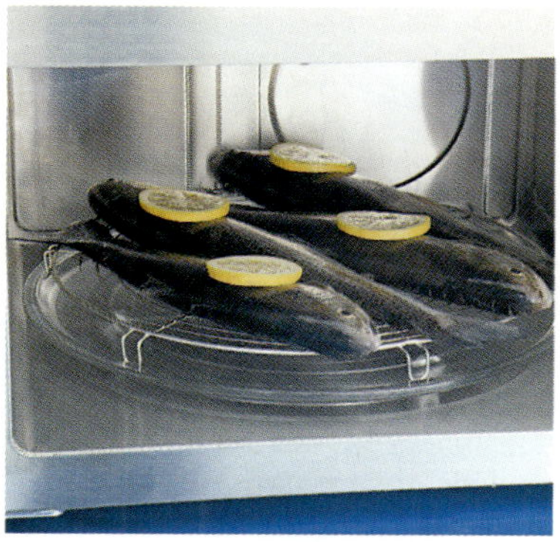

Damit sie gleichmäßig garen, legt man Fische versetzt und so dicht wie möglich nebeneinander.

▸ Die Schale ganzer Paprikaschoten, Tomaten, Auberginen oder Kartoffeln einstechen, damit sie nicht aufplatzt.

▸ Blumenkohl- und Brokkoliröschen zum Garen ringförmig und mit dem Strunk nach außen in eine flache Schüssel legen.

▸ Eintopfgerichte und ähnliche Speisen während des Garens ein- oder zweimal umrühren, damit sich die Hitze gut verteilt.

▸ Eßkastanien werden im Mikrowellengerät bei höchster Stufe innerhalb von 20–40 Sekunden gegart. Dann sofort servieren.

Süßspeisen Süße Speisen mit Grieß, Reis, Sago oder Puddingpulver mehrfach umrühren. Dann bilden sich keine Klümpchen.

Energiesparen in der Küche

Auch beim Kochen ist es wichtig, Energie zu sparen. Man sollte deshalb folgende Grundsätze beachten:

- **Immer das richtige Kochgeschirr benutzen. Töpfe sollten plan auf der Herdplatte aufliegen. Unebene Topfböden übertragen die Wärme nur schlecht. Der Topfboden sollte auch niemals kleiner und höchstens 1 bis 2 cm größer im Durchmesser als die Herdplatte sein.**
- **Man sollte möglichst nur Metallkochtöpfe verwenden. Sie haben eine bessere Wärmeleitfähigkeit als Kochgeschirr aus Glas oder Keramik und verringern so den Energieverbrauch.**
- **Kochtöpfe immer mit dem passenden Deckel abdecken. Damit nichts überkocht, muß man die Energiezufuhr rechtzeitig drosseln.**
- **Die Nachwärme elektrischer Herdplatten nutzen.**
- **Das Mikrowellengerät rechtzeitig abschalten und das Gargut zum Nachgaren noch etwas stehenlassen.**

▸ Will man Konfitüre im Mikrowellengerät zubereiten, muß man hohe Formen verwenden, weil die Fruchtmasse während des Garens nach oben steigt.

Zucker Um Zucker zu karamelisieren mischt man 3 EL Zucker mit 1 EL Wasser und stellt die Mischung zwei bis drei Minuten offen in das Mikrowellengerät.

Popcorn Im Handel ist spezielles, für das Mikrowellengerät geeignetes Popcorn erhältlich. Man stellt die Papiertüte mit den Maiskörnern in das Gerät und schaltet es auf die höchste Stufe. Nach etwas mehr als drei Minuten ist das Popcorn fertig.

BISKUITTEIG

▸ Biskuitteig besteht im wesentlichen aus Eiern, Zucker und Mehl. Je nach Rezept fügt man auch Speisestärke, etwas Wasser und Backpulver hinzu. Außerdem kann Biskuitteig mit Butter oder Margarine angereichert werden. Man verwendet ihn für Tortenböden, Biskuitrollen und Kleingebäck wie Löffelbiskuit oder Mohrenköpfe.

▸ Biskuit bekommt eine besondere Geschmacksnote, wenn man ihn statt mit Wasser mit Orangensaft zubereitet.

▸ Damit Biskuit locker wird und beim Backen schön aufgeht, dürfen Eischnee und Mehl immer nur behutsam unter die Eigelb-Zucker-Masse gehoben, niemals aber untergerührt werden.

▸ Zum Schlagen des Eischnees müssen Schüssel und Schneebesen vollkommen frei von Fett und Eigelb sein, da das Eiweiß sonst nicht steif wird. Die Eier deshalb sorgfältig trennen, damit kein Eigelb in das Eiweiß gelangt. Der Eischnee muß so steif sein, daß ein Schnitt mit dem Messer sichtbar bleibt.

Bleibt ein Messerschnitt sichtbar, ist der Eischnee steif genug.

▸ Das Mehl sollte für Biskuit stets durchgesiebt werden – gegebenenfalls zusammen mit der Speisestärke und dem Backpulver –, um es aufzulockern und um Klümpchen zu beseitigen.

▸ Biskuitteig muß in der Backform oder auf dem Blech glattgestrichen werden, da er beim Backen nicht von selbst zerfließt.

▸ Die fertige Biskuitmasse immer sofort nach der Zubereitung in den vorgeheizten Backofen schieben. Läßt man den Teig stehen, fällt er zusammen.

▸ Einen dunklen Biskuitteig erhält man, wenn unter das Mehl 3 EL Kakao gemischt werden und diese Mischung zusammen mit der Speisestärke und dem Backpulver auf die Eimasse gesiebt und untergehoben wird.

Biskuit für Rollen Eine einfache Biskuitrolle läßt sich in weniger als einer halben Stunde zubereiten und ist deshalb ideal, wenn sich Gäste kurzfristig zum Kaffee ansagen.

▸ Als Zutaten benötigt man: 3 Eier, 6 EL heißes Wasser, 125 g Zucker, 50 g Speisestärke, 100 g Mehl, 1 TL Backpulver.

▸ Für Biskuitrollen muß das Backblech immer mit Pergament- oder Backtrennpapier ausgelegt werden, damit sich die Teigplatte problemlos vom Blech auf ein mit Zucker bestreutes Küchentuch stürzen läßt.

▸ Biskuit für Rollen wird bei 200–230 °C (Gasherd Stufe 3–5) auf der mittleren Schiene ge-

BISKUITTEIG

1. Eigelb, Zucker und Wasser schaumig rühren. In einer zweiten Schüssel Eiweiß steif schlagen.

2. Eischnee, Speisestärke, Backpulver und gesiebtes Mehl auf die Eigelbmasse geben.

3. Alles vorsichtig unterheben, bis der Teig sich gleichmäßig gelb färbt.

backen. Er sollte nie länger als 8–10 Minuten im Ofen bleiben, da er sonst beim Zusammenrollen und Aufschneiden leicht bricht.

▸ Das Backpapier immer sofort vom gebackenen Biskuit abziehen. Am besten geht dies, wenn man das Papier mit Wasser bestreicht.

Biskuit für Tortenböden Biskuitböden, die die Grundlage vieler Torten sind, werden am besten in einer Springform gebacken.

▸ Als Zutaten für einen hellen Biskuitboden benötigt man: 4 Eigelb, 180 g Zucker, ein Päckchen Vanillezucker, 4 Eiweiß, 3–4 EL Wasser, 150 g Mehl, 100 g Speisestärke und 3 gestrichene TL Backpulver.

▸ Damit der Biskuit gleichmäßig hoch wird, fettet man nur den Boden der Form ein und streut ihn mit Semmelbröseln oder Mehl aus.

▸ Tortenböden aus Biskuit im gut vorgeheizten Backofen 25–35 Minuten bei 180–190 °C backen.

▸ Nach dem Backen den Biskuitboden etwa 15 Minuten in der Form stehen lassen, ihn dann mit einem Messer vom Rand lösen und zum Abkühlen auf ein Kuchengitter legen. Vor dem Durchschneiden läßt man ihn am besten über Nacht ruhen.

BLÄTTERTEIG

▸ Blätterteig verwendet man für Pasteten, Torten und Kleingebäck wie Schweinsohren, Schillerlocken, Fleurons und Käsestangen. Die Zubereitung ist relativ zeitaufwendig und erfordert außerdem einige Erfahrung. Es empfiehlt sich daher, auf tiefgefrorenen Blätterteig zurückzugreifen. Die im Handel angebotenen 300-g-Packungen enthalten meist einzelne Teigplatten, die nach dem Auftauen wie selbstgemachter Blätterteig weiterverarbeitet werden.

▸ Tiefgefrorener Blätterteig muß vor der Verarbeitung bei Raumtemperatur auftauen. Die Teigplatten zum Auftauen aus der Verpackung nehmen und gleich nebeneinander auf die Arbeitsfläche legen.

▸ Blätterteig braucht zum Ausrollen nicht mit Mehl bestreut zu

BISKUITROLLE

1. Nach dem Backen den Biskuit auf ein bezuckertes Tuch legen und das Pergamentpapier abziehen.

2. Die warme Teigplatte mit dem Tuch zusammenrollen, abkühlen lassen und wieder aufrollen.

3. Dann die Teigplatte gleichmäßig mit der gewünschten Füllung bestreichen.

EINEN BISKUITBODEN DURCHSCHNEIDEN

1. Mit einem Messer in der gewünschten Höhe rund um den Biskuitboden einschneiden.

2. In diesen Einschnitt einen Faden legen, der etwas länger als der Kuchenumfang sein sollte.

3. Zum Teilen dann die beiden Enden des Fadens überkreuzen und langsam zusammenziehen.

werden, wenn man ihn zwischen Frischhaltefolie legt.

Zwischen zwei Folienstücken läßt sich Blätterteig gut ausrollen.

▸ Beim Ausrollen darf man nicht zu fest aufdrücken.

▸ Den ungebackenen Blätterteig stets mit einem dünnen, scharfen Messer in die gewünschte Form schneiden. Ist das Messer nicht ausreichend scharf, verkleben die Ränder der einzelnen Schichten, und der Teig kann beim Backen nicht blättrig aufgehen.

▸ Teigreste niemals verkneten, sondern übereinanderlegen und erneut ausrollen; so bleiben die Schichten erhalten.

▸ Blätterteig wird immer auf ein mit kaltem Wasser abgespültes Backblech gelegt und bei starker Hitze gebacken.

▸ Soll Blätterteig mit Eigelb bestrichen werden, erfolgt dies immer unmittelbar vor dem Backen. Darauf achten, daß dabei kein Eigelb an den Schnittkanten hinunterläuft, da diese sonst verkleben und der Teig nicht aufgehen kann.

BRANDTEIG

▸ Um Brandteig herzustellen, kocht man zunächst aus Wasser oder Milch, Margarine oder Butter, Salz und Mehl einen dicken Brei, der anschließend zu einem Kloß abgebrannt wird. Damit der Teig weich und geschmeidig wird, rührt man dann noch einige Eier unter die leicht abgekühlte Masse. Für Windbeutel und Eclairs wird Brandteig im Ofen gebacken, für Spritzkuchen und Krapfen fritiert.

▸ Das Abbrennen zum Teigkloß sollte nicht länger als 2 Minuten dauern, da der Brandteig sonst fest und schwer wird. Es empfiehlt sich daher, zur Zubereitung einen breiten Topf zu verwenden, damit das Wasser beim Abbrennen rasch verdampfen kann.

▸ Wenn im Rezept Backpulver angegeben ist, dieses erst zusammen mit den Eiern unter den abgekühlten Brandteig rühren. Fügt man es vor dem Abbrennen hinzu, verliert es seine Triebkraft.

▸ Brandteig hat die richtige Konsistenz, wenn er stark glänzt und schwer vom Löffel fällt.

▸ Brandteig wird immer gespritzt oder löffelweise auf das Backblech gesetzt; zum Ausrollen ist er zu weich.

▸ Da Brandteig beim Backen sehr stark aufgeht, auf dem Backblech große Abstände zwischen den einzelnen Gebäckstücken lassen.

▸ Damit das Gebäck nicht zusammenfällt, darf der Backofen erst während des letzten Drittels der Backzeit geöffnet werden.

▸ Brandteiggebäck möglichst frisch essen, da die zarte Kruste schnell weich wird.

▸ Ungefüllte Gebäckstücke eignen sich ausgezeichnet zum Einfrieren. Bei Bedarf läßt man sie dann etwa 5 Minuten antauen und bäckt sie vor dem Füllen kurz im vorgeheizten Backofen auf.

HEFETEIG

▸ Hefeteig ist von allen Teigen der vielseitigste. Er läßt sich zu Kuchen und süßem Gebäck verarbeiten, aber auch zu herzhaften Backwaren mit pikanten Füllungen oder Belägen. Dazu gehören z. B. Obstkuchen, Christstollen, Napfkuchen, Hefezopf und Pizzaboden.

▸ Damit der Hefeteig gelingt, immer frische Hefe verwenden und den Teig vor dem Backen lange genug gehen lassen.

▸ Die Hefe soll hell aussehen und einen angenehmen, weinähnlichen Geruch haben. Schmierige, braun verfärbte Hefe ist zum Backen ungeeignet, denn sie läßt den Teig nicht aufgehen. Wird anstelle von Frischhefe Trockenbackhefe verwendet, müssen die Vorschriften auf dem Päckchen genau beachtet werden.

▸ Für Hefeteig müssen alle verwendeten Zutaten Raumtemperatur haben. Deshalb nicht vergessen, Eier und Butter oder Margarine rechtzeitig aus dem Kühlschrank zu nehmen. Die Flüssigkeit (je nach Rezept Milch oder Wasser) lauwarm dazugeben; sie darf nie heißer als 40 °C sein, da die Hefezellen sonst absterben und der Teig nicht aufgeht.

▸ Da Hefe durch den direkten Kontakt mit Salz, Fett und Eigelb ihre Triebkraft verlieren kann, den Vorteig stets nur mit Milch oder Wasser, Mehl und – je nach Rezept – mit 1/2–1 TL Zucker ansetzen. Dazu das Mehl in eine Rührschüssel sieben. In die Mitte eine Mulde drücken und die Hefe hineinbröckeln. Die lauwarme Flüssigkeit und gegebenenfalls den Zucker hinzufügen. Das Ganze zu einer dickflüssigen Masse verrühren und diesen Vorteig mit Mehl bestäuben. Die Schüssel mit einem Tuch abdecken. Den Vorteig an einem warmen Ort etwa 15 Minuten gehen lassen, bis er sein Volumen verdoppelt hat und das aufgestreute Mehl starke Risse zeigt.

WINDBEUTEL BACKEN

Windbeutel sind das klassische, mit Sahne gefüllte Brandteiggebäck. Sie werden dann besonders knusprig, wenn der Teig mit Wasser statt mit Milch zubereitet wird.

Für den Brandteig benötigt man folgende Zutaten: 1/4 l Wasser, 60 g Butter, 1 Prise Salz, 200 g Mehl, 4 Eier.

Für die Füllung und zum Bestreuen: 1/2 l Sahne, 60 g Zucker, etwas Puderzucker.

1. Das Wasser mit Butter und Salz zum Kochen bringen. Das Mehl auf einmal in den Topf schütten.

2. Rühren, bis sich ein Teigkloß bildet und der Topfboden von einer weißen Haut überzogen ist.

3. Etwas abkühlen lassen. Die Eier einzeln unterrühren, so daß der Teig glänzt und geschmeidig ist.

4. Den Brandteig eßlöffelweise mit ausreichend großem Abstand auf das Backblech setzen.

5. Im vorgeheizten Ofen bei 230 °C 15–20 Minuten backen. Das warme Gebäck mit der Schere aufschnei-

6. Die Sahne wird anschließend mit dem Zucker steifgeschlagen. Danach werden die Windbeutel damit gefüllt und noch zusätzlich mit Puderzucker bestäubt.

▸ Hefeteig muß kräftig geschlagen und geknetet werden, damit er locker wird. Er hat die richtige Konsistenz, wenn er Blasen zeigt und sich von der Schüssel löst.

▸ Von Hand gekneteter Hefeteig gelingt sehr gut, da sich die Körperwärme günstig auf den Teig auswirkt.

▸ Hefeteig muß mindestens zweimal gehen: einmal als Vorteig und ein zweites Mal, wenn er fertig geknetet ist. Sehr feinporig wird der Teig, wenn man ihn vor dem Backen noch einmal kurz durchknetet und zugedeckt ein drittes Mal gehen läßt.

▸ Zum Gehen stellt man Hefeteig an einen warmen Ort (z. B. auf die Heizung). Die Schüssel mit einem Tuch abdecken, damit keine Zugluft an den Teig gelangt. Ein idealer Platz zum Aufgehen des Hefeteigs ist auch der Backofen, den man bei geöffneter Tür auf die niedrigste Temperatur einstellt.

Hefeteig für süße Backwaren Blechkuchen, Hefezopf, Stollen, Napfkuchen und Kleingebäck werden aus süßem Hefeteig gebacken.

▸ Für einen leichten Hefeteig benötigt man: 500 g Mehl, 30 g Hefe, 1/4 l Milch, 60 g Butter, 60 g Zucker, 2 Eier, 1 Prise Salz.

▸ Mittelschwere Hefeteige, z. B. für Gugelhupf oder Napfkuchen, werden mit etwa 40 g Hefe auf 500 g Mehl zubereitet.

▸ Schwere Stollenteige erfordern auf 500 g Mehl rund 50 g Hefe.

▸ Hefeteig wird meist bei 200–220 °C gebacken. Die Backzeit ist jeweils von Größe und Höhe des Gebäcks abhängig.

Hefeteig für Pizzaböden Eine selbstgemachte Pizza ist nicht nur erheblich preiswerter als eine Pizza aus der Tiefkühltruhe, sondern schmeckt meist auch besser, weil man sie nach eigenem Geschmack belegen kann.

▸ Für vier runde Böden benötigt man diese Zutaten: 500 g Mehl, 10 g Hefe, etwa 1/4 l lauwarmes Wasser, 1 EL Öl und 1 TL Salz.

▸ Sehr knusprig und kräftig im Geschmack wird der Teig, wenn man Vollkornmehl anstelle von normalem Haushaltsmehl nimmt.

▸ Wer oft Pizza oder Brot bäckt, sollte sich eine etwa 2 cm starke Platte aus ungeädertem Marmor, Solnhofener Stein oder Schamotte anschaffen, die auf den Backofenrost gelegt und beim Aufheizen des Ofens mit erhitzt wird. Der Vorteil dieser Platte ist, daß sie die Hitze speichert, so daß die Ofentemperatur beim Einschieben des Backguts kaum absinkt.

MÜRBETEIG

▸ Mürbeteig ist leicht zuzubereiten und gelingt immer, wenn man einige Grundregeln beachtet. Mürbeteig für Obstkuchen- und Tortenböden, Plätzchen und anderes Gebäck wird aus Zucker, Fett und Mehl im Verhältnis 1 : 2 : 3 hergestellt und läßt sich durch Backgewürze und Eier verfeinern. Für Pasteten und Käsegebäck gibt es eine salzige Variante.

▸ Mürbeteig kann von Hand, mit dem elektrischen Handrührgerät oder der Küchenmaschine hergestellt werden. Alle Zutaten sollten möglichst kalt sein und rasch verknetet werden, damit der Teig nicht brüchig wird. Die in kleine Stücke geschnittene Butter oder Margarine kann man direkt aus dem Kühlschrank verarbeiten.

▸ Mürbeteig wird besonders zart, wenn man ihn mit sehr feinem Kristallzucker oder Puderzucker zubereitet.

▸ Einen sehr lockeren Mürbeteig erhält man, wenn man unter die Eier etwas Zitronensaft rührt.

▸ Den fertigen Mürbeteig muß man zu einer Kugel zusammen-

HEFETEIG HERSTELLEN

1. Hefe in das Mehl bröckeln, lauwarme Flüssigkeit zugeben, verrühren und gehen lassen.

2. Das restliche Mehl zugeben und mit einem Holzlöffel schlagen, bis Blasen entstehen.

3. Abdecken, bis zum doppelten Volumen gehen lassen. Ausformen und noch einmal gehen lassen.

nehmen, in Frischhalte- oder Alufolie wickeln und anschließend für 1–2 Stunden in den Kühlschrank legen. Je höher der Fettgehalt ist, desto länger muß die Ruhephase im Kühlschrank sein.

▸ Bei größeren Mengen den Mürbeteig teilen und zur Weiterverarbeitung portionsweise aus dem Kühlschrank nehmen.

▸ Wird Mürbeteig beim Verarbeiten zu weich, darf man auf keinen Fall Mehl unterkneten, sondern muß den Teig zurück in den Kühlschrank legen, damit er wieder fest wird.

▸ Zum Ausrollen den Teig nur leicht mit Mehl bestäuben. Fettreichen Mürbeteig zwischen Pergamentpapier ausrollen.

▸ Eine große Mürbeteigplatte hebt man am besten von der Arbeitsfläche in die Form, indem man sie in der Mitte zusammenklappt. Danach wird der Teig wieder auseinandergefaltet, mit dem Handballen und den Fingerspitzen in die Form hineingedrückt und schließlich am Rand hochgezogen.

▸ Kuchenformen und Backbleche brauchen für Mürbeteiggebäck nicht eingefettet zu werden.

▸ Um große Teigplatten leicht auf das Backblech zu bringen, rollt man diese am besten mit Alufolie oder Backpapier auf.

Um Teigplatten sicher auf das Backblech zu bringen, rollt man sie mit Alufolie auf.

▸ Damit der Rand eines Mürbeteigbodens, der erst später belegt wird, beim Backen nicht zusammenfällt, dreht man aus Teigresten einen Strang und drückt ihn rundum gegen die Form.

Ein gedrehter Teigrand fällt beim Backen ohne Belag nicht zusammen.

▸ Wenn man vor dem Backen öfter mit der Gabel in den Teig sticht, entstehen keine Blasen.

Vor dem Backen mehrmals mit einer Gabel in den Mürbeteig einstechen.

▸ Mürbeteig wird meist bei etwa 200 °C gebacken. Die Backzeit richtet sich nach der Größe des Gebäcks.

▸ Frisch gebackener Mürbeteig bricht leicht auseinander. Man sollte ihn deshalb immer erst einige Minuten abkühlen lassen, bevor er aus der Form gestürzt oder mit einem Messer vom Rand der Springform gelöst wird.

Süßer Mürbeteig Für Obstkuchen und Tortenböden bereitet man einen Mürbeteig aus 250 g Mehl, 1 Ei, 125 g Butter oder Margarine, 65 g Zucker, 1 Prise Salz und 1 Päckchen Vanillezucker.

▸ Benötigt man dunklen Mürbeteig, etwa für Schwarz-Weiß-Gebäck, braucht man nur 20 g Mehl durch Kakao zu ersetzen und die Zuckermenge auf 80 g zu erhöhen.

Salziger Mürbeteig Pasteten und pikant gefüllte Törtchen bereitet man mit salzigem Mürbeteig zu. Die Zutaten: 250 g Mehl, 125 Butter oder Margarine, 1 Ei, 1 Prise Salz und 1–2 EL Wasser.

▸ Salziger Mürbeteig schmeckt besonders herzhaft, wenn man anstelle von Butter Schmalz nimmt.

RÜHRTEIG

▸ Rührteig läßt sich schnell und mühelos zubereiten. Seine wesentlichen Bestandteile sind Fett, Zucker, Eier und Mehl. Backpulver fügt man dann hinzu, wenn die Fett- und Zuckermenge im Verhältnis zur Mehlmenge eher gering ist und wenig Eier genommen werden. Durch weitere Zutaten, wie Rosinen, Nüsse, Kakao, Alkohol oder Obst, läßt sich der Teig variieren. Rührkuchen werden in Kranz-, Kasten- oder Napfkuchenformen gebacken.

▸ Für einen Rührteig müssen alle Zutaten mindestens Raumtemperatur haben, da der Teig sonst gerinnen kann.

▸ Rührteig wird besonders locker, wenn man zunächst nur die Butter schaumig rührt und erst dann den Zucker hinzufügt.

▸ Sobald das Mehl gründlich untergemischt ist, sollte man mit dem Rühren aufhören, da der Teig sonst zäh werden kann.

▸ Der Teig hat die richtige Konsistenz, wenn er zähflüssig vom Löffel fällt. Läuft er vom Löffel ab, ist er zu dünn, und es muß noch Mehl hinzugefügt werden. Bleibt er am Löffel hängen, etwas zusätzliche Flüssigkeit unterrühren.

▸ Backformen werden für Rührteig immer gut eingefettet. Damit sich der Kuchen gut aus der Form stürzen läßt, streut man sie am besten mit Semmelbröseln aus.

▸ Rührteig geht beim Backen stark auf. Die Kuchenform deshalb höchstens zu drei Vierteln füllen, damit der Teig nicht überläuft und in den Backofen tropft.

▸ Rührkuchen sollte man vor dem Stürzen erst etwa 10 Minuten in der Form abkühlen lassen.

▸ Ein abgekühlter Rührkuchen kann wie ein Tortenboden ein- oder zweimal waagrecht durchgeschnitten und mit einer Creme gefüllt und überzogen werden, wie beim Frankfurter Kranz.

Schneller Rührteig Einfach und schnell läßt sich Rührteig mit der Küchenmaschine zubereiten, denn alle Zutaten können in einem Arbeitsgang gerührt werden.

▸ Als Zutaten braucht man: 500 g Mehl, 1 Päckchen Backpulver, 250 g weiche Butter oder Margarine, 250 g Zucker, 1 Prise Salz, 4 Eier und 20 ml Milch.

▸ Mehl und Backpulver werden in die Rührschüssel gesiebt und mit den übrigen Zutaten 1 Minute lang bei höchster Stufe verrührt. Dann wird der Teig mit einem Teigschaber vom Schüsselrand gestrichen und die Maschine nochmals für etwa 2 Minuten bei höchster Drehzahl eingeschaltet. Backzeit: 50–60 Minuten bei 180–190 °C.

Marmorkuchen Beim Marmorkuchen zwei Drittel des Rührteigs in die gut ausgefettete Backform füllen. Den restlichen Teig mit Kakao, etwas Zucker sowie 1–2 EL Milch oder Speiseöl verrühren und dann auch in die Form füllen. Das Muster entsteht, indem man eine Gabel durchzieht.

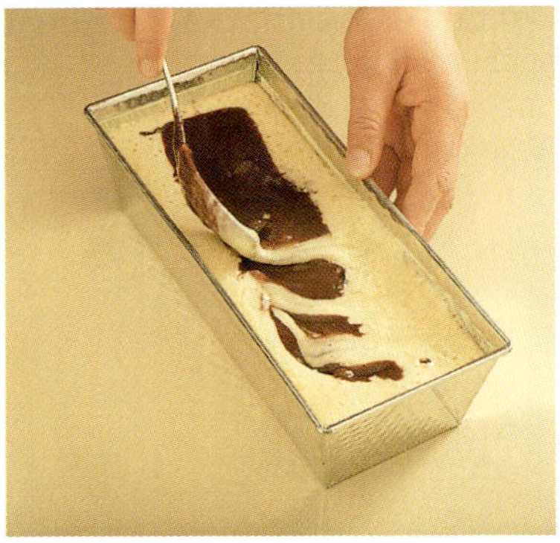

Mit einer Gabel erzeugt man das Marmormuster.

STRUDELTEIG

▸ Strudel sind vor allem in Süddeutschland und Österreich beliebt und können mit Obst, Mohn, Nüssen, Quark oder auch Fleisch gefüllt werden. Der wichtigste Arbeitsschritt bei der Zubereitung ist das Ausziehen des Teigs. Ein guter Strudelteig muß so dünn sein, daß man eine Zeitung durch ihn hindurch lesen könnte. Dadurch sollte man sich aber nicht abschrecken lassen, denn dies zu erreichen, ist weitaus einfacher, als es zunächst erscheinen mag.

▸ Ideal zur Herstellung von Strudelteig ist ein sehr fein gemahlenes, das sogenannte glatte Mehl, wie man es in Österreich verwendet. Mit etwas Glück findet man solches Mehl auch anderenorts in gutsortierten Supermärkten und Lebensmittelgeschäften.

▸ Als Zutaten für einen Strudel nach Wiener Art benötigt man: 250 g Mehl, 1 Ei (bei glattem Mehl nicht notwendig), 1 Prise Salz, knapp 1/8 l lauwarmes Wasser und 2 EL Öl.

▸ Nach dem Verkneten der Zutaten muß der Strudelteig immer wieder mit Schwung auf die Arbeitsfläche geschlagen werden, damit er glatt und elastisch wird. Anschließend nimmt man ihn zu einer Kugel zusammen, be-

RÜHRTEIG HERSTELLEN

1. Butter mit Zucker und Salz schaumig rühren. Die Eier nach und nach zufügen.

2. Die Eier gründlich unterrühren. Mehl und Backpulver mischen und hineinsieben.

3. Milch eßlöffelweise dazugeben. So lange rühren, bis der Teig schwer vom Löffel fällt.

streicht ihn mit Öl und läßt ihn etwa 1 Stunde unter einer vorgewärmten Schüssel ruhen. Die Schüssel stellt man zum Vorwärmen am besten in den Backofen oder füllt sie mit heißem Wasser, bis sie sich außen warm anfühlt. Danach die Schüssel gründlich abtrocknen und über den Strudelteig stülpen.

▸ Während der Teig ruht, kann die Füllung für den Strudel zubereitet werden.

▸ Zum Ausziehen wird der Strudelteig auf einem Tisch auf ein großes bemehltes Leinentuch gelegt und zunächst so dünn wie möglich ausgerollt.

▸ Der ausgezogene Strudelteig muß hauchdünn sein, darf aber keine Löcher haben. Bevor man die Füllung darauf verteilt, wird der Teig mit zerlassener Butter bestrichen.

▸ Teig und Füllung werden durch Anheben des Tuches zu einem Strudel aufgerollt. Bevor man ihn mit der Nahtseite nach unten auf das gutgefettete Backblech gleiten läßt, werden die Enden untergeschlagen, damit die Füllung nicht herausfällt.

▸ Den Strudel vor dem Backen (etwa 40 Minuten bei 200–220 °C) mit Butter bestreichen.

▸ Strudel können warm oder kalt serviert werden – nach Belieben auch mit einer passenden Soße. Sie sollten jedoch immer möglichst frisch sein, da der Teig sonst durchfeuchtet sein kann.

GLASUREN, ÜBERZÜGE UND FÜLLUNGEN

▸ Kuchen bleiben länger frisch, wenn man sie mit einer Glasur überzieht. Zu Sandkuchen paßt gut ein Zitronenguß, zu Marmorkuchen eine Schokoladenglasur.

▸ Um Torten oder Kuchen, die mit einer Glasur versehen sind, problemlos aufschneiden zu können, sollte man das Messer vor jedem Schnitt kurz in heißes Wasser tauchen. Die Glasur läßt sich dann sauber und glatt durchschneiden.

Zuckerglasur Zuckerguß läßt sich besser auftragen, wenn man ihn mit heißer Flüssigkeit anrührt.

▸ Soll die Glasur strahlend weiß werden, rührt man den Puderzucker mit heißer Milch an.

▸ Um Zuckerguß rosa einzufärben, rührt man den Puderzucker mit Kirschsaft oder anderem rotem Fruchtsaft an.

▸ Glasuren werden schön fest, wenn man statt Wasser flüssiges Eiweiß nimmt.

▸ Durch Rosenwasser, Zitronensaft oder Rum bekommt Zuckerguß eine besondere Geschmacksnote. Für eine Schokoladenglasur gibt man Kakao dazu.

▸ Gebäck, das noch heiß mit warmer Aprikosenmarmelade bestrichen und dann glasiert wird, erhält einen schönen Glanz und einen guten Geschmack.

▸ Fügt man Zuckerguß etwas zerlassene Butter oder geschmolzenes Kokosfett hinzu, wird er schneller fest und bekommt einen schönen Glanz.

▸ Wenn man Zuckerguß in zwei oder drei dünnen Schichten aufträgt und diese jeweils gut trocknen läßt, wird die Glasur besonders glatt.

▸ Verzierungen, die aus einer andersfarbigen Glasur bestehen, dürfen immer erst aufgetragen werden, wenn die untere Glasurschicht vollständig getrocknet ist.

▸ Mandeln oder Nüsse zum Verzieren haften besser, wenn sie auf die Glasur gelegt werden, solang diese noch weich und feucht ist.

▸ Mit Hilfe eines Kartoffelschälmessers lassen sich Schokola-

STRUDEL HERSTELLEN

1. Den Teig vom Tuch abheben und von der Mitte her behutsam über die Handrücken nach außen ziehen.

2. Die gewünschte Füllung auftragen bzw. gleichmäßig auf dem Strudelteig verteilen.

3. Den Strudelteig aufrollen, indem man das Tuch hinten vorsichtig anhebt.

denraspeln zum Verzieren einer Torte am besten herstellen.

Schokoladenraspel lassen sich mit einem Kartoffelschäler herstellen.

Buttercreme Zur Herstellung von Buttercreme sollte man stets möglichst frische Süßrahmbutter verwenden. Sauerrahmbutter flockt leichter aus.

▸ Eimasse und Butter müssen beim Verschlagen Raumtemperatur haben. Ist die Butter zu kalt, kann die Creme gerinnen.

▸ Ist Buttercreme geronnen, die Schüssel in ein sehr heißes Wasserbad stellen und die Creme kräftig mit einem Schneebesen durchschlagen, bis sie wieder glatt und geschmeidig ist.

▸ Fügt man Buttercreme etwas Orangenlikör hinzu, erhält man eine köstliche Orangencreme. Für Mokkacreme nimmt man löslichen Kaffee, für Zitronencreme Zitronensaft.

Schlagsahne Mit Puderzucker gesüßte Schlagsahne bleibt länger steif.

▸ Damit Schlagsahne zum Füllen und Verzieren von Torten mehr Stand bekommt, fügt man etwas Sahnesteif oder aufgelöste Gelatine hinzu.

▸ Bleibt beim Verzieren einer Torte Schlagsahne übrig, kann man sie zu Rosetten oder Tupfen auf Alufolie spritzen und auf einer ebenen Unterlage ins Gefriergerät stellen. Die vorgefrorenen Sahneverzierungen können verpackt und später als Garnierung für Süßspeisen benutzt werden.

Papierschablonen zum Verzieren Mit Papierdeckchen oder Schablonen lassen sich Torten auf einfache Weise verzieren. Die Schablone auf die Torte legen, Puderzucker oder Kakao darüberstäuben und das Papier dann vorsichtig abheben.

Mit Hilfe einer Schablone kann man eine Torte mit einem vorher entworfenen Muster verzieren.

▸ Besondere Effekte ergeben sich, wenn man zunächst die gesamte Torte mit Kakao bzw. Puderzucker bestäubt, erst dann die Schablone auflegt und Puderzucker bzw. Kakao darübersiebt.

▸ Ist kein Puderzucker zur Hand, kann man normalen Kristallzucker zwischen zwei Bogen Pergamentpapier mit dem Bügeleisen erwärmen, bis er zu Staubzucker zerfällt. Für größere Mengen ist dieses Verfahren jedoch zu zeitaufwendig.

PLÄTZCHEN UND GEBÄCK

▸ Schmalzgebäck nimmt beim Ausbacken weniger Fett auf, wenn man etwas Essig unter den Teig rührt.

▸ Plätzchen bleiben nicht am Ausstechförmchen kleben, wenn man den Teig zuvor mit Mehl bestäubt und das Förmchen vorher in Mehl drückt.

Kleine Förmchen taucht man kurz in Mehl, bevor man den Teig damit aussticht.

▸ Kekse und Plätzchen bekommen eine appetitliche gelbe Farbe, wenn man sie vor dem Backen mit Eigelb bestreicht.

▸ Eigelb läßt sich leichter auf Gebäck streichen, wenn man es mit etwas Wasser oder Milch verrührt. Eine Prise Salz oder Zucker verbessert den Geschmack.

▸ Baisers werden besonders luftig, wenn man dem Eiweiß vor dem Aufschlagen etwas Backpulver hinzufügt.

▸ Wenn man das Backblech mit Backtrennpapier auslegt, klebt feines Gebäck (wie Baisers, Makronen oder hauchdünne Plätzchen) nicht fest. Ersatzweise läßt sich auch Pergamentpapier verwenden, das auf beiden Seiten mit Butter bestrichen wird.

▸ Plätzchen bekommen eine knusprige Unterseite, wenn das Backblech mit einer Mehl-Zucker-Mischung bestreut wird.

▸ Bei fetthaltigem Plätzchenteig braucht man das Backblech nicht einzufetten, sondern nur mit Mehl zu bestäuben.

▸ Zarte Plätzchen verbrennen nicht, wenn man das Backblech

1–2 Minuten vor dem Ende der Backzeit aus dem Ofen nimmt; durch die Hitze des Blechs backen die Plätzchen noch etwas nach.

▸ Damit Kekse und Plätzchen nicht austrocknen, nimmt man sie nach dem Backen sofort aus dem Ofen und läßt sie auf einem Kuchengitter auskühlen.

Honig- und Lebkuchen Als Backtriebmittel für den Teig eignet sich in Rum aufgelöste Pottasche (Kaliumcarbonat, kohlensaures Kalium) besonders gut.

▸ Wenn man für Honig- und Lebkuchen braunen Zucker verwendet, schmecken sie würziger.

▸ Lebkuchenteig, der mit Hirschhornsalz und Pottasche zubereitet wurde, läßt man vor dem Backen einige Tage kühl ruhen, damit er gut durchzieht.

▸ Honig- und Lebkuchen bekommen ein herrliches Aroma, wenn man das erwärmte Backblech mit naturreinem Bienenwachs einreibt.

▸ Mandeln halten auf Lebkuchen besser, wenn man den Teig zuvor dünn mit Wasser bestreicht.

KUCHEN UND TORTEN

▸ Zutaten wie Rosinen, Nüsse oder Zitronat sinken im Kuchenteig nicht nach unten, wenn man sie abwäscht, gut trockentupft und mit Mehl bestäubt.

▸ Backpflaumen schmecken aromatischer, wenn man sie nicht in Wasser, sondern in schwarzem Tee oder Rum einweicht.

▸ Werden zum Verzieren von Torten oder Kuchen ganze Walnußkerne benötigt, bekommt man sie besser aus der Schale, wenn man die Nüsse vor dem Knacken über Nacht in lauwarmes Wasser legt.

▸ Geriebene Nüsse lassen sich in Kuchenrezepten durch Haferflocken ersetzen, die man in etwas Butter anröstet; nach Belieben kann auch etwas Zucker hinzugefügt werden.

▸ Kuchenteig bleibt nicht am Nudelholz kleben, wenn man es zuvor für einige Zeit ins Tiefkühlgerät legt.

▸ Soll der Boden einer Springform mit Backpapier ausgelegt werden, kann man es größer ausschneiden, zwischen Ring und Boden der Form festklemmen und dann den Überstand abschneiden.

▸ Stellt man Backformen nach dem Einfetten für einige Zeit in den Kühlschrank, läßt sich der Kuchen später besser aus der Form nehmen.

▸ Wenn man bei einfachen Kuchen die Backform nach dem Einfetten noch mit Kokosflocken oder gemahlenen Mandeln ausstreut, verfeinert man den Geschmack, und der Kuchen läßt sich nachher auch besser stürzen.

▸ Kuchen werden schön locker, wenn man eine Schale heißes Wasser mit in den Backofen stellt.

▸ Für hohe Kuchen den Backofen nicht zu heiß einstellen, damit sie gleichmäßig durchbacken. Ist die Hitze anfänglich zu stark, bräunt die Oberfläche zu schnell, und der Kuchen bäckt innen nicht durch.

▸ Nehmen Kuchen oder Tortenböden beim Backen zu rasch Farbe an, kann man die Oberfläche mit Alufolie abdecken.

▸ Um herauszufinden, ob ein Kuchen schon ganz durchgebacken ist, sticht man eine Stricknadel oder einen Holzspieß in die Mitte des Kuchens. Bleibt kein Teig daran haften, ist der Kuchen durchgebacken.

Mit einer Nadel oder einem Spieß prüft man, ob der Kuchen fertig ist.

▸ Kuchen lassen sich leicht auf ein Kuchengitter stürzen, wenn man das Gitter auf die Backform legt, beides mit zwei Tüchern umfaßt und umdreht.

▸ Hat sich ein Kuchen beim Backen in der Mitte aufgewölbt, stürzt man ihn auf Pergamentpapier und läßt ihn 10 Minuten liegen. Dreht man ihn dann wieder herum, ist er gleichmäßig hoch.

Käsekuchen Ein Käsekuchen fällt nicht zusammen, wenn man ihn bei geöffneter Backofentür im abgeschalteten Ofen auf Raumtemperatur abkühlen läßt.

Napfkuchen Ein Napfkuchen bekommt eine Kruste, wenn die Form nach dem Einfetten mit Zucker ausgestreut wird.

▸ Löst sich ein Napfkuchen nach dem Backen nicht aus der Form, hält man ihn kurz über eine Gasflamme oder eine andere Wärmequelle.

Obstkuchen Früchte für Obstkuchen sollten nicht zu reif sein, da sie sonst leicht zerfallen.

▸ Damit der Boden von Obstkuchen nicht durchweicht, bestreicht man den Teig mit Eiweiß.

GÄSTE BEWIRTEN

VORBEREITUNG

▸ Die Art des Festes sollte zum Anlaß, den man feiern möchte, passen. Bei besonderen Gelegenheiten wie Hochzeiten, Jubiläen, Konfirmationen oder Kommunionen ist ein Festessen mit mehreren Gängen angemessen.

▸ Ein kaltes Büfett, bei dem sich die Gäste zum Essen in mehrere Räume verteilen, ist angebracht, wenn man mehr Gäste erwartet, als man Platz an einer Tafel hat.

▸ Die Planung des Festes sollte man nach der Jahreszeit ausrichten. Im Frühjahr, Sommer und Spätsommer bieten sich andere Formen des Feierns, z. B. Gartenpartys und Grillfeste, und andere Speisen an als im Winter.

Speisen und Getränke Die Zusammenstellung der gereichten Speisen und Getränke richtet sich nach der Art des Festes.

▸ Man sollte bei der Auswahl der Gerichte berücksichtigen, daß viele Gäste üppigen Speisen eher ablehnend gegenüberstehen und eine kalorienarme Kost bevorzugen.

▸ Hat man ältere Leute oder Kinder eingeladen, sollte man dies bei der Auswahl von Speisen und Getränken berücksichtigen.

▸ Bei der Zusammenstellung der Getränke sollte man den unterschiedlichen Bedürfnissen der einzelnen Gäste Rechnung tragen. Neben passenden alkoholischen Getränken sollte immer auch ein reichhaltiges Angebot an Säften und anderen alkoholfreien Getränken, z. B. alkoholfreies Bier, vorhanden sein.

Einkauf Um den Einkauf planen zu können, muß man rechtzeitig wissen, wie viele Gäste zu bewirten sind.

▸ Es empfiehlt sich, frühzeitig mit dem Aufstellen einer Einkaufsliste zu beginnen. Immer, wenn einem etwas einfällt, was man besorgen will, sollte man dies sofort auf einem Zettel oder einer Tafel in der Küche notieren, dann muß man nicht in letzter Minute an alles denken.

FESTLICHES MENÜ

▸ Man sollte bedenken, daß die Zubereitung eines festlichen Menüs im allgemeinen recht aufwendig ist und Erfahrung verlangt.

Anzahl der Gänge Bei der Planung eines Menüs gilt es als erstes, die Anzahl der Gänge festzulegen. Im Gegensatz zur klassischen Speisenfolge, die acht oder mehr Gänge beinhalten kann, gehen moderne Menükombinationen selten über fünf oder sechs Gänge hinaus.

▸ Ein Menü besteht mindestens aus Suppe, Hauptgericht und Nachspeise.

▸ Ein klassisches Fünf-Gänge-Menü besteht aus folgenden Speisen: kalte Vorspeise, Suppe, warme Vorspeise, Hauptgang, Nachspeise. Möglich ist auch, einer kalten Vorspeise einen warmen Gang mit Fisch folgen zu lassen, danach serviert man ein Fleischgericht. Nach diesem Hauptgang reicht man Käse, dann ein Dessert. Unter Beibehaltung der Reihenfolge lassen sich die einzelnen Gänge durch unterschiedliche Kombinationen vielfältig variieren.

Menü zusammenstellen Die einzelnen Gänge eines Menüs sollten so aufeinander abgestimmt werden, daß die Speisenfolge abwechslungsreich ist.

▸ Beim Zusammenstellen eines Menüs legt man zunächst das Hauptgericht fest und richtet dann die übrigen Gänge danach aus.

▸ Bei der Auswahl der Gerichte sollte man überlegen, ob alle Zutaten erhältlich sein werden, damit man nicht kurzfristig umdisponieren muß.

▸ Man sollte stets die Möglichkeiten der eigenen Küche bedenken. Benötigt man den Backofen beispielsweise für einen großen Braten oder Geflügel, kann man nicht gleichzeitig als Vorspeise Pastetchen darin backen.

▸ Die Farbe der Speisen sollte variieren. So ist es z. B. nicht empfehlenswert, einer Vorspeise mit rosafarbenem Lachs ein Hauptgericht mit rosa gebratenem Roastbeef folgen zu lassen und als Dessert Erdbeereis zu reichen, das ebenfalls eine rosa Farbe hat.

▸ Grundzutaten sollten sich nicht in verschiedenen Gängen wiederholen, wie dies beispielsweise bei der Speisenfolge Geflügelsalat, Hühnerkraftbrühe und Putenbruststeaks der Fall wäre.

▸ Auch die Zubereitungsart der einzelnen Gänge sollte unterschiedlich sein. Dies bedeutet, daß man z. B. vor einem Braten nicht auch gebratenen Fisch serviert und als Nachspeise dann gebratene Bananen reicht.

Zubereitung des Menüs Die Zubereitung der einzelnen Gänge muß gut geplant sein, damit alle erforderlichen Arbeitsschritte reibungslos aufeinanderfolgen und alle Speisen zum richtigen Zeitpunkt fertig sind. Langes Warmhalten beeinträchtigt den Geschmack der Speisen, und wertvolle Nährstoffe gehen verloren.

▸ Auch bei einem Menü lassen sich viele Dinge vorbereiten, bevor die Gäste eintreffen. Dazu gehört beispielsweise das Putzen und Waschen von Salat. Wird er anschließend gründlich trockengetupft oder -geschleudert, bleibt er in einer abgedeckten Schüssel einige Stunden im Kühlschrank frisch und knackig. Zutaten, die erst kurz vor dem Servieren hinzugefügt werden können, wie etwa kleingeschnittene Tomaten oder Früchte bei einem bunten Salat, notiert man auf einem selbstklebenden Zettel und heftet diesen als Gedächtnisstütze auf die Abdeckfolie.

Was zur Fertigstellung noch fehlt, kann man auf einen Zettel schreiben und ihn auf die Folie kleben.

▸ Zutaten wie Zwiebeln kann man geschält und kleingeschnitten zum Kochen bereitstellen. Zutaten wie Mehl, Wein, Sahne oder Brühe sollten im voraus abgemessen werden.

▸ Die Salatsoße läßt sich ebenfalls im voraus zubereiten und in einem separaten Gefäß aufbewahren. Man braucht sie dann vor dem Servieren nur noch unter den Salat zu heben.

Die fertige Salatsoße in ein verschließbares Gefäß füllen und in den Kühlschrank stellen.

Anbieten und Servieren Für das korrekte Servieren gibt es feste Regeln, welche Arbeiten von der linken Seite des Gastes und welche von seiner rechten Seite her ausgeführt werden.

▸ Gefüllte Suppenteller werden von rechts serviert.

▸ Die Speisen werden von links angeboten und gereicht. Damit die Speisen bequem den Platten und Schüsseln entnommen werden können, müssen diese nah an den Teller des Gastes herangereicht werden. Salatteller werden von links eingestellt.

▸ Die Speisen werden immer zuerst dem Ehrengast angeboten und gereicht.

Getränke servieren Das Einschenken der Getränke erfolgt von rechts. Dabei hält man die Flasche so, daß das Etikett nicht von der Hand verdeckt wird. Weingläser schenkt man nicht voll und achtet darauf, daß die Flasche das Glas nicht berührt. Um zu verhindern, daß das Tischtuch verschmutzt wird, setzt man die Flasche mit einer leichten Drehung ab.

▸ Tassen nimmt man mit den Untertassen vom Tisch und schenkt hinter dem Gast ein.

Abtragen Das Abdecken oder ein Gedeckwechsel während der Mahlzeit erfolgt von rechts.

▸ Salatteller werden von links abgetragen.

▸ Das benutzte Geschirr wird immer erst dann abgetragen, wenn alle Gäste mit dem jeweiligen Gang fertig sind.

KALTES BÜFETT

▸ Für größere Feste und Partys mit mehr als zwölf Gästen sollte man sich für ein kaltes Büfett entscheiden. Es bietet den Vorteil, daß alle Speisen in Ruhe vorbereitet werden können und sich jeder Gast selbst bedient. Darüber hinaus schafft ein Büfett eine zwanglosere Atmosphäre als ein am Tisch serviertes Menü, und es ergeben sich mehr Gesprächsmöglichkeiten für die Gäste und die Gastgeber.

Speisen zusammenstellen Bei der Auswahl der Speisen für ein kaltes Büfett sind der Phantasie keine Grenzen gesetzt. Beliebt sind vor allem Salate, verschiedene Platten mit kaltem Braten, Aufschnitt, Fisch und Meeresfrüchten. Aber auch Pasteten, Terrinen oder Sülzen passen ausgezeichnet auf ein Büfett.

▸ Ein Büfett kann durchaus auch einige warme Gerichte umfassen. So kann man beispielsweise eine heiße Suppe oder eine Gemüsetorte zubereiten oder zu kaltem Braten eine große Pfanne mit Bratkartoffeln oder ein Kartoffelgratin servieren.

▸ Wichtig ist, die Mengen der gereichten Speisen so zu bemessen, daß möglichst wenig übrigbleibt.

▸ Leicht verderbliche Nahrungsmittel, wie etwa Meeresfrüchte oder Räucherfisch, und solche Speisen, die am nächsten Tag nicht mehr schmecken, wie angemachte Blattsalate, sollte man nur in kleinen Mengen anbieten. So werden sie in jedem Fall aufgegessen, und man muß nichts wegwerfen.

▸ Jedes Büfett sollte einige Speisen umfassen, die sich problemlos einfrieren oder zu anderen Gerichten weiterverarbeiten lassen. Dazu gehören beispielsweise die meisten Braten und Geflügel, aber auch frisches rohes Gemüse, zu dem man verschiedene Dips und Soßen auf das Büfett stellt. Bei solchen Speisen kann man die Mengen großzügiger bemessen, um sicherzustellen, daß auch alle Gäste satt werden.

▸ Die Auswahl an Brot und Brötchen sollte vielfältig sein und sowohl helle als auch dunkle Brotsorten umfassen.

▸ Eine Käseplatte darf auf keinem Büfett fehlen. Dazu stellt man verschiedene Sorten Frischkäse, Weichkäse, Schnittkäse und Hartkäse zusammen. Eine beliebte Spezialität ist Rohmilchkäse.

▸ Viele Gäste schätzen auch bei einem Büfett zum Abschluß ein Dessert. Dazu kann man beispielsweise eine große Schüssel mit frischem Obstsalat oder eine leichte Cremespeise zubereiten.

Speisen garnieren Wesentlicher Bestandteil eines optisch ansprechenden Büfetts ist die Garnierung der Speisen. Man sollte jedoch darauf achten, das Büfett nicht mit zuviel Garnierung zu überladen. Einige wenige gezielt gesetzte Akzente sehen zumeist besser aus.

▸ Festfleischiges Obst wie Kiwis, Zitrusfrüchte und Melonen, deren Fruchtfleisch sich an der Luft nicht verfärbt, kann man zum Dekorieren in Blüten schneiden. Dazu werden die Früchte mit einem spitzen scharfen Messer ringsum bis zur Mitte zickzackförmig eingeschnitten und die Hälften anschließend voneinander gelöst.

Für solche Blüten müssen die Früchte rundum gleichmäßig eingeschnitten werden.

▸ Aufgefächerte Äpfel und Tomaten eignen sich als Dekoration für kalte Platten. Man schneidet dazu ein Viertel aus einem Apfel oder einer Tomate heraus, legt es auf die Seite und schneidet das Fruchtfleisch dann in Abständen von etwa 1/2 cm mehrmals von beiden Seiten fast bis zur Mitte ein. Die Schnittflächen mit Zitronensaft bestreichen und die V-förmigen Stücke anschließend versetzt ineinanderlegen.

In gleicher Weise wie Äpfel lassen sich auch Tomatenviertel zu dekorativen Fächern schneiden.

▸ Aus Tomatenschalen lassen sich mit etwas Geschick hübsche Rosenblüten formen. Dazu eine festfleischige Tomate spiralförmig schälen, so daß ein gleichmäßig breiter Streifen entsteht. Den Streifen dann mit der Haut nach außen eng zusammenrollen und zu einer Rosenblüte formen. Die geschälten Tomaten kann man für eine Tomatensuppe oder -soße verwenden.

Für Tomatenrosen runde, schnittfeste Tomaten auswählen und spiralförmig schälen.

▸ Zitrusfrüchte und Salatgurken kann man zum Garnieren mit einem Kanneliermesser, das über eine kurze, U-förmige Schneide verfügt, in gleichmäßigen Abständen der Länge nach einkerben und in Scheiben schneiden.

Die eingekerbten Früchte mit einem scharfen Küchenmesser in dünne Scheiben schneiden.

▸ Von Netz- oder Honigmelonen wird ungefähr ein Drittel als Deckel abgeschnitten, das Fruchtfleisch aus der Melone vorsichtig herausgelöst und zu Würfeln geschnitten oder mit einem Kugelformer zu Kugeln ausgestochen. Die Kugeln oder Würfel zusammen mit Schinkenröllchen oder marinierten Krabben wieder in die ausgehöhlte Melone einfüllen.

▸ Radieschen sind eine beliebte Garnierung für kalte Platten und Salate. Zum Formen von Blüten und Rosetten werden im Handel spezielle Radieschenschneider angeboten, doch kann man auch ein kleines scharfes Küchenmesser verwenden. Die eingeschnittenen Radieschen in kaltes Wasser legen, damit sie sich öffnen.

Damit sich eingeschnittene Radieschen wie Blüten öffnen, muß man sie in kaltes Wasser legen.

▸ Als Garnierung für Käseplatten eignen sich helle und dunkle Weintrauben.

Aufbau eines Büfetts Zum Aufbau eines Büfetts sollte man stabile Tische wählen, die an einer Wand aufgestellt werden. Der Büfettisch kann auch aus einem Tapeziertisch, einer großen Holzplatte oder einer ausgehängten Tür bestehen, die man auf zwei stabile Böcke legt und mit einem großen Tischtuch abdeckt.

▸ Das Büfett sollte nicht zu breit sein, damit die Gäste mühelos alle Platten und Schüsseln erreichen können, oder eine zweite Ebene haben, indem man das hintere Teil, z. B. mit Hilfe von Backsteinen, erhöht.

▸ Teller werden am Anfang des Büfetts aufgestellt, Besteck und Servietten am Ende, wobei man alles für jeden Gast in doppelter Ausführung bereithalten sollte.

▸ Hohe Gefäße und große Schüsseln werden auf dem Büfett hinten plaziert, damit die auf Platten angerichteten Speisen gut zugänglich sind.

▸ Käseplatte und Dessert immer an das Ende des Büfetts stellen und darauf achten, daß Brot und Butter nicht zu weit entfernt vom Käse stehen und genügend Käsemesser bereitliegen.

▸ Damit das Büfett ein appetitliches Aussehen behält, sollte man es im Verlauf des Abends ein- bis zweimal neu ordnen und dabei auch alle Speisereste und Krümel entfernen. Dies sollte allerdings möglichst unauffällig geschehen, damit die Gäste nicht gestört werden und keine Aufbruchstimmung entsteht.

FESTE AM VORMITTAG

▸ Gäste kann man auch für den Vormittag einladen. Ein solches Beisammensein ist für alle Beteiligten in der Regel eine willkommene Abwechslung von den üblichen Feiern.

Sektfrühstück Ein Sektfrühstück findet meist in der Zeit von 11–13 Uhr statt.

▸ Neben gut gekühltem Sekt oder Champagner sollte man immer auch genügend Mineralwasser und Säfte bereithalten.

In einem mit Eis gefüllten Sektkühler behalten die Getränke lange die richtige Temperatur.

▸ Bei einer größeren Anzahl von Gästen empfiehlt es sich, mehrere Sektkühler zu verwenden.

▸ Zum Essen bereitet man kleine Häppchen vor, die auf Platten angerichtet werden. Dazu kann man kleine Toast-, Weißbrot- oder Pumpernickelscheiben mit Lachs, Ei, Pasteten, Aufschnitt oder Käse belegen und garnieren.

Frühschoppen Ein Frühschoppen bietet die Gelegenheit eines geselligen Beisammenseins, zu dem man Freunde und Bekannte zusammen mit ihren Kindern einladen kann. Man reicht Wein, Bier, Säfte und deftig belegte Brote.

Brunch Diese Mischung aus Frühstück und Mittagessen kommt aus Amerika und findet am Vormittag statt. Zu einem Brunch serviert man neben typischen Frühstücksspeisen, wie Brot, Brötchen, Honig, Marmelade, Eier, Wurst und Käse, auch herzhafte warme Speisen wie Steaks, gebratenen Fisch und Bratkartoffeln. Dazu gibt es Tee oder Kaffee und Fruchtsäfte.

▸ Bei einer Einladung zum Brunch kann man auch die Gäste bitten, etwas mitzubringen.

SOMMERPARTYS

▸ Damit sich ein Sommerfest von anderen Festlichkeiten unterscheidet und einen eigenen Charakter erhält, sollte man es einem besonderen Anlaß widmen oder unter ein bestimmtes Motto stellen. So kann man beispielsweise ein Fest zur Sommersonnenwende, eine Kartoffelparty, ein Erntefest oder auch ein Urlaubsfest, das ganz im Zeichen der letzten oder der bevorstehenden Urlaubsreise steht, veranstalten. Der Phantasie des Gastgebers sind keine Grenzen gesetzt. Anlaß und Motto dürfen ausgefallen sein.

▸ Auch bei größeren Sommerfesten sollte man der Umwelt zuliebe kein Wegwerfgeschirr und -besteck benutzen, sondern sich das fehlende Geschirr von Freunden ausleihen.

3

Spaß mit Hobbys daheim

NÄHMASCHINENKAUF

▸ Vor dem Kauf sollte man folgende Fragen klären: Wieviel darf die Nähmaschine kosten? Für welche Näharbeiten benötigt man sie? Wo kann die Nähmaschine aufgestellt werden?

▸ Wer mit der Nähmaschine Kleidung nähen oder ändern, aber keine Stickereien ausführen möchte, sollte sich eine Nähmaschine mit vielen Nutzstichen (Elastik-, Stretch-, Blindstich usw.) kaufen.

▸ Möchte man die Nähmaschine auch für Stickereien einsetzen, empfiehlt sich die Anschaffung einer Maschine, die zusätzlich zu Nutzstichen ein großes Zierstichprogramm bietet.

▸ Wer Stickmotive gern selbst entwirft, kann sie auf einer Nähmaschine mit integriertem Mikrocomputer automatisch ausführen lassen. Es gibt auch Nähmaschinen, die an einen Computer angeschlossen werden können.

▸ Besonders zu empfehlen sind Nähmaschinen mit doppeltem Stofftransport. Er sorgt für eine kräuselfreie Naht bei sehr dünnen Stoffen und bewegt mehrere Stofflagen gleichmäßig vorwärts, ohne daß sie verrutschen.

▸ Nützlich sind Funktionstasten für die Nadelhochstellung bei Nahtende, die Nadeltiefstellung zum Drehen des Stoffes und für das Stich-für-Stich-Nähen.

▸ Wichtig ist, daß der Fachhändler eine gründliche Einarbeitung an der Nähmaschine anbietet und daß es einen Reparaturdienst in der Nähe gibt.

ARBEITSPLATZ

▸ Wer über genügend Raum verfügt, richtet sich ein kleines Nähzimmer oder eine Nähecke ein.

▸ Günstig ist es, wenn man einen Arbeitstisch mit einer Fläche von 1 × 2 m aufstellen kann. Auf einem solchen Tisch kann man bequem abmessen, stecken und zuschneiden. Anstelle von Tischbeinen bieten sich stapelbare Schubfachkästen als Seitenteile an, in denen sich Nähzubehör griffbereit unterbringen läßt.

▸ Spezielle Nähschränke, in denen die Nähmaschine und alle Nähutensilien aufbewahrt werden können und die gleichzeitig als Arbeitsplatz dienen, sind empfehlenswert, wenn man nur wenig Raum hat, aber einen festen Platz zum Nähen haben möchte. Sind sie geschlossen, sieht man diesen Schränken ihre Funktion nicht an.

▸ Wenn man am Eß- oder Küchentisch näht, bringt man das Nähzubehör am besten in einem Rollschränkchen unter, das bei Bedarf leicht zum Arbeitsplatz transportiert werden kann.

▸ Von Vorteil ist ein drehbarer Stuhl, den man dem Nähtisch entsprechend in der Höhe verstellen kann. Der Fußanlasser muß noch bequem zu erreichen sein.

▸ Der Arbeitsplatz sollte gut ausgeleuchtet sein.

▸ Wenn man Nähzubehör in durchsichtigen Kunststoffkästen aufbewahrt, findet man die gesuchten Utensilien schnell. Für Garnrollen und Fadenspulen gibt es spezielle Garnhalter bzw. Spulenboxen.

▸ Um den Arbeitsplatz von abgeschnittenen Fäden und Stoffresten freizuhalten, befestigt man eine kleine Tüte mit einem Klebestreifen an der Tischkante.

▸ Da man beim Nähen zwischen den einzelnen Arbeitsgängen oft bügeln muß, ist es ratsam, in der Nähe des Arbeitsplatzes Bügelbrett, Bügeleisen, Ärmelbrett und Bügeltuch bereitzuhalten.

NÄHZUBEHÖR

▸ Zur Grundausstattung gehören verschiedene Scheren: eine kleine spitze Schere zum Abschneiden von Fäden, eine mittlere Schere zum Zuschneiden von leichten Stoffen und eine Schneiderschere für alle Zuschnitte, besonders für dickere Stoffe.

▸ Unentbehrlich sind Stecknadeln, die es in verschiedenen Längen und Stärken gibt. Für feine bis mittelschwere Stoffe nimmt man die Standardgröße 6. Stecknadeln mit farbigen Kugelköpfen sind besonders praktisch, weil sie gut sichtbar sind, sich gut greifen lassen und nicht so leicht in oder durch locker gewebte Stoffe rutschen.

▸ Mit Durchziehnadeln lassen sich Kordeln oder Gummibänder problemlos in einen Zugsaum einziehen. Durchziehnadeln gibt es mit unterschiedlich großen Nadelöhren.

▸ Wenn an einer Näharbeit viele Kanten mit einem Schrägband aus dem gleichen Stoff eingefaßt werden müssen, empfiehlt sich die Anschaffung eines Schrägbandformers, mit dem man die Kanten des Bandes ohne Mühe gleichmäßig breit umschlagen kann. Man schiebt das Schrägband an der breiten Seite des Formers ein, zieht es an der schmalen Seite wieder heraus und bügelt die Kanten.

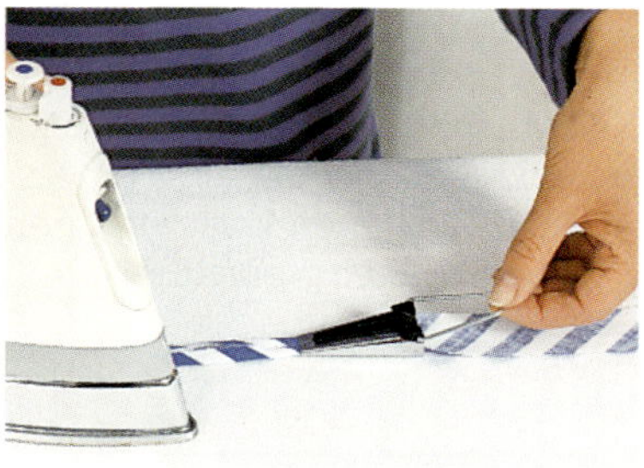

Die mit dem Schrägbandformer umgeschlagenen Kanten bügeln.

▸ Um bestimmte Bereiche wie etwa den Kragen zu verstärken, wird oft eine aufbügelbare Einlage verwendet. Da sie für fast jedes Kleidungsstück benötigt wird, sollte man immer je ein großes Stück weiße und schwarze Aufbügeleinlage zu Hause haben.

Hilfsmittel zum Abmessen und Markieren Praktisch zum Abmessen von Saumbreiten ist ein Handmaß, ein Plastikstreifen mit Maßeinteilung in Millimetern. Auf einer Seite des Handmaßes befinden sich im Abstand von 1 cm Einkerbungen, die ein genaues Markieren ermöglichen.

▸ Mit einem Rockabrunder lassen sich Rocklängen gleichmäßig abmessen. Es gibt Modelle, die mit einem Kreidesprüher, die gewünschte Rocklänge auf dem Stoff markieren, und Geräte, die gleich einen Reihfaden einziehen.

▸ Schneiderkreide, mit der man Details wie Knopflöcher markieren kann, gibt es auch in Stiftform. Dieser Stift hat am Ende eine kleine Bürste, mit der sich die Kreide wieder entfernen läßt.

▸ Für Markierungen, die auf der rechten Stoffseite gemacht werden müssen, verwendet man am besten synthetische Kreide. Solche Markierungen verschwinden nach mehreren Stunden von allein oder durch Bügeln sofort wieder.

▸ Auch Markierungen, die mit einem Strich-Ex- oder Phantomstift aufgezeichnet werden, verschwinden wieder von selbst. Mit einem feuchten Tuch lassen sie sich sofort entfernen.

▸ Mit einem Kreiderad kann man gleichmäßig dünne Striche ziehen und Schablonen leicht übertragen. Es ist mit pulverisierter Kreide gefüllt, die fein dosiert auf den Stoff gebracht wird.

Mit einem Kreiderad läßt sich die Kreide gut dosieren.

▸ Viel Zeit kann man beim Zuschneiden mit einem Doppel-Kopierrädchen sparen. Naht- und Zuschneidelinien werden damit in einem Arbeitsgang markiert. Die Breite der Nahtzugabe kann nach Bedarf variiert werden.

▸ Um Schnittmustermarkierungen auf den Stoff zu übertragen, benutzt man am besten Kopierpa-

DIE WAHL DER RICHTIGEN NADEL

Einfache Nadeln	*Stärke*	*Nadelform*	*Stoffart*
130/705 H	*70–110*	*Normalspitze*	*Feine bis dicke Stoffe, je nach Nadelstärke*
130/705 H-SUK	*70–110*	*Mittlere Kugelspitze*	*Grobmaschige Strick- und Wirkwaren*
130/705 H-PS	*75 und 90*	*Mittlere Kugelspitze*	*Besonders gut geeignet für empfindliche Stretch- und Wirkware*
130/705 H-SKF	*70–110*	*Große Kugelspitze*	*Großmaschige Miederware, Lycra, Lastex*
130/705 H-J	*90–110*	*Normalspitze*	*Berufskleidung, Bluejeans, feines Segeltuch*
130/705 H-LR	*70–120*	*Pfeilförmige Schneidespitze*	*Leder*
130/705 H-PCL	*70–110*	*Pfeilförmige Schneidespitze*	*Kunstleder, Plastik*
130 H-N	*70–110*	*Normalspitze mit langem Öhr*	*Absteppnähte mit Knopflochseide oder Metallicstickgarn*

Zwillingsnadeln für Ziersteppereí	*Stärke*	*Abstand zwischen den Nadeln*	*Geeignet für*
130/705 H-ZWI	*80*	*1,6 mm*	*Normale Biesen*
		2,0 mm	*Normale Biesen*
130/705 H-ZWI	*80–100*	*2,5 mm*	*Breite Biesen*
		3,0 mm	*Extra breite Biesen*
		4,0 mm	*Doppelnähte*

SCHRÄGSTREIFEN

1. Der Stoff wird diagonal zusammengelegt und dann im Stoffbruch durchgeschnitten.

2. Schrägstreifen aufzeichnen und den überschüssigen Stoff abschneiden.

3. Stoffkanten um eine Schrägstreifenbreite versetzt zusammennähen. Schere unten ansetzen.

4. Entlang der Markierungen die Schrägstreifen als lange Spirale abschneiden.

pier, das bei Druck Farbe abgibt. Man legt die gewachste Seite auf die linke Stoffseite und fährt mit einem Kopierrädchen über die Schnittmustermarkierungen. Man kann auch mehrere Stofflagen gleichzeitig markieren, indem man Kopierpapier zwischen die einzelnen Lagen schiebt.

Kopiermatte Um zu vermeiden, daß die Tischplatte beschädigt wird, wenn man Nahtlinien mit dem Kopierrädchen überträgt, kann man eine Kopiermatte mit einer festen Unterlage herstellen. Hierzu benötigt man zwei Bogen Kopierpapier, zwei Graupappen mit 3–5 mm Stärke in der Größe des Kopierpapiers, einen Klebestift und Textilklebeband. Die Graupappen legt man mit den Schmalseiten im Abstand von 2–3 mm nebeneinander und klebt das Textilklebeband gleichmäßig auf beide Pappen. Auch auf der Rückseite werden die Pappen mit Textilklebeband verbunden. Durch den Abstand zwischen den Pappen kann die Kopiermatte zusammengeklappt werden. Anschließend bestreicht man die Pappen auf einer Seite mit Klebestift und klebt das Kopierpapier darauf fest.

Das Kopierpapier sollte man so auf die Graupappen aufkleben, daß keine Falten entstehen.

Nähmaschinenzubehör Nähmaschinennadeln gibt es in verschiedenen Stärken. Je feiner der Stoff und der verwendete Faden, desto feiner sollte die Nadel sein. Stumpfe oder beschädigte Nadeln sollten sofort ausgewechselt werden, da sonst der Stoff beschädigt wird.

▸ Zusätzliche Nähmaschinenfüße helfen bei speziellen Näharbeiten. So gibt es beispielsweise den Reißverschlußfuß, mit dem man besonders bequem Reißverschlüsse einnähen kann, und den Säumerfuß zum Versäubern von Stoffkanten.

SCHNITTMUSTER

▸ Schnitte bewahrt man am besten mit Bild und Stoffmuster in einer Klarsichthülle auf oder, wenn es sich um Fertigschnitte handelt, in der Originalverpackung. Es empfiehlt sich, die Schnitte nach einem bestimmten System zu ordnen. Indem man z. B. alle Rockschnitte zusammenlegt, findet man sie leichter wieder.

▸ Einen zerknitterten Schnitt bekommt man wieder glatt, wenn man ihn auf der niedrigsten Stufe bügelt.

▸ Damit das Schnittpapier an Markierungen, die oft durchgerädelt werden, nicht zu schnell beschädigt wird, sollte man dort zur Verstärkung einen Klebefilm anbringen.

Fertigschnitte In den Stoffabteilungen der Kaufhäuser oder in Stoffgeschäften kann man sich aus Schnittmusterkatalogen einen Fertigschnitt aussuchen.

▸ Für Anfänger bieten die Hersteller von Fertigschnitten spezielle Modelle an, die besonders schnell und einfach zu nähen sind.

▸ Alle Schnitteile sind einzeln aufgedruckt und können sofort ausgeschnitten werden. Auf jedem Schnitteil sind alle Markierungen aufgedruckt, die für das

Nähen notwendig sind, z. B. Fadenlauf, Stoffbruch und Nahtlinien.

▸ Auf der Rückseite der Verpackung findet man Angaben über den Stoffverbrauch und das benötigte Nähzubehör sowie Vorschläge, welche Stoffe besonders geeignet sind.

▸ Den Fertigschnitten liegen Schritt-für-Schritt-Nähanleitungen und Zuschneidepläne für unterschiedliche Stoffbreiten bei, die zeigen, wie man die Schnitteile auf den Stoff legt.

▸ Damit auf dem Schnitt alle Größen erhalten bleiben, wenn man eine kleinere Konfektionsgröße benötigt, sollte man die größte Größe ausschneiden und die überstehenden Zugaben entlang der benötigten Größenmarkierungslinie nach innen falzen.

Schnitte aus Modeheften In Modeheften mit Nähanleitungen ist häufig auch ein Fertigschnitt enthalten. Die meisten Schnitte müssen jedoch vom Schnittbogen abgepaust werden, auf dem alle im Modeheft vorgestellten Modelle mit jeweils einer anderen Kontur aufgedruckt sind. Im Anleitungsteil sind Angaben darüber enthalten, wie der ausgewählte Schnitt auf dem Bogen zu finden ist.

▸ Auf dem Schnittbogen zeichnet man alle Teile des gewünschten Modells – einschließlich der Schnittmarkierungen – deutlich sichtbar mit einem Stift nach, der eine andere Farbe hat als die Linien auf dem Schnittmusterbogen. Dann legt man Seidenpapier darüber und paust alle Schnitteile und Markierungen ab.

Schnittschablone Von Schnitten, die man häufig benutzt, fertigt man eine Schablone an. Dazu klebt man den Schnitt auf Pappe und schneidet ihn dann wieder aus. Diese Schablone legt man einfach auf den Stoff, hält sie fest und zeichnet sie mit Kreide nach.

ZUSCHNEIDEN

▸ Soll ein sehr rutschiger Stoff zugeschnitten werden, legt man ein Bettuch über den Zuschneidetisch, zieht es stramm an und befestigt es an den Tischrändern mit Klebestreifen.

▸ Wenn damit zu rechnen ist, daß ein Stoff einlaufen wird, sollte man ihn vor dem Zuschneiden einmal textilgerecht waschen.

Stoffe mit Strich Bei Stoffen mit Strich, z. B. Florstoffen wie Samt, müssen alle Teile in einer Richtung zugeschnitten werden. Meistens werden diese Stoffe so verarbeitet, daß der Strich von oben nach unten verläuft. Bei Cord und Samt wirkt die Farbe aber satter, wenn der Strich nach oben läuft.

Bei Cord werden alle Schnitteile in einer Richtung aufgelegt.

Gemusterte Stoffe Bei der Verarbeitung von gemusterten Stoffen benötigt man mehr Stoff als bei ungemusterten.

▸ Gemusterte Stoffe sind leichter zu verarbeiten und kommen besser zur Geltung, wenn das ausgewählte Modell schlicht ist.

▸ Wenn man einen Stoff mit Kopfmuster, z. B. Figuren oder Bäume, verarbeiten möchte, sollte man beachten, daß alle Teile nur in einer Richtung zugeschnitten werden können.

Stoffe mit Kopfmuster werden in einer Richtung zugeschnitten.

▸ Beim Zuschnitt von Stoffen mit Karos oder Querstreifen ist darauf zu achten, daß bestimmte Fixpunkte, z. B. beim Vorder- und Rückenteil, symmetrisch aufgelegt sind.

▸ Wenn Stoffe mit Längsstreifen doppelt zugeschnitten werden, müssen die Streifen genau übereinanderliegen.

Stoffreste Mindestens einen Stoffrest sollte man aufbewahren, um z. B. die Bügeltemperatur testen zu können.

NÄHEN

▸ Beim Nähen mit der Maschine befestigt man die Stecknadeln am besten quer zur Stoffkante. So wird der Stoff gut zusammengehalten und kann sich nicht verschieben. Quer gesteckte Nadeln lassen sich sogar mit der Nähmaschine übernähen.

Aufgesetzte Taschen Bei aufgesetzten Taschen mit abgerundeten Ecken kann man mit einer Schablone arbeiten, die man in der gewünschten Taschenform aus Pappe herstellt. Nachdem man die obere Taschenkante versäubert, umgebügelt und festgenäht hat, legt man die Pappschablone auf die Tasche, wobei die oberen Kanten genau übereinanderliegen müssen. Dann befestigt man Pappe und Stoff mit Stecknadeln auf dem Bügelbrett und bügelt die Nahtzugabe über die Pappe. Danach kann man die Tasche an der vorgesehenen Stelle anheften und festnähen.

Nähte Vor Beginn der Näharbeit sollte man auf einem Rest des Kleiderstoffes eine Probenaht anfertigen. Dabei wird überprüft, ob die Maschinennadel in Ordnung ist und ob Stichgröße und Fadenspannung richtig eingestellt sind.

▸ Bei sehr dünnen Stoffen kann sich trotz doppeltem Stofftransport die Nahtlinie etwas kräuseln. Besprüht oder betupft man den Stoff im Nahtbereich mit ein wenig Stärke, wird die Naht glatt.

▸ Nähte, die besonders beansprucht werden, z. B. die Schulternaht oder die Schrittnaht, sollte man mit Nahtband unterlegen, um sie zu verstärken.

Absteppen Mit einem Kantenführer, der an der Grundplatte befestigt wird, kann man Kanten gleichmäßig absteppen. Man kann auch selbst eine Führungshilfe für die Nähmaschine herstellen. Dazu befestigt man auf der Stichplatte in Nährichtung rechts vom Nähfuß ein etwa 5 cm langes Klebeband und im gewünschten Abstand von der Stichstelle.

▸ Ein extrem spitzer Kragen läßt sich leichter absteppen, wenn vor Nähbeginn ein Faden in jede Kragenecke eingeheftet wird. Durch leichtes Ziehen an den Fäden kann nach dem Wenden der Ecken der Transport unterstützt werden.

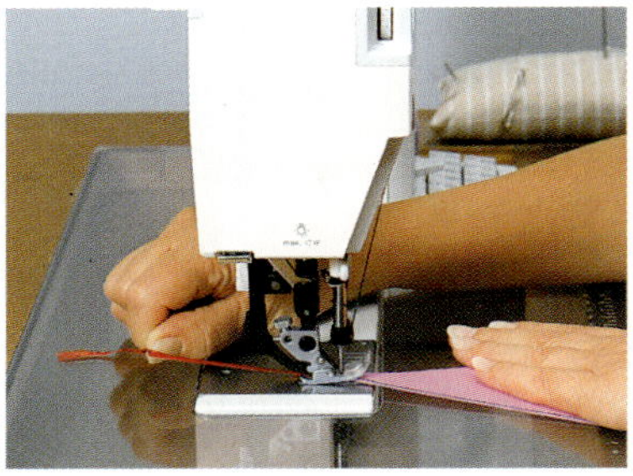

Spitze Ecken lassen sich mit einem Hilfsfaden besser absteppen.

Stoffe kräuseln Wenn man ein mehrere Meter langes Stoffteil kräuseln möchte, werden zwei parallel verlaufende Nahtlinien gearbeitet und beide Fäden gleichzeitig zusammengezogen. Da Kräusel auf kürzeren Strecken besser zu verteilen sind, unterbricht man die Nahtlinien nach etwa jedem Meter. Wenn die Fäden beim Ziehen reißen sollten, braucht dann nur eine kurze Strecke neu genäht zu werden.

Saum Möchte man den Saum eines Kleidungsstückes aus kontrastreich gemustertem Stoff mit der Maschine nähen, verwendet man am besten transparentes Nähgarn.

Gummizug Bei Röcken und Hosen mit Gummizug in der Taille verdreht sich das Gummiband leicht. Um dies zu vermeiden, verteilt man die Kräusel gleichmäßig und steckt im Abstand von etwa 5 cm mit einer Stecknadel Stoff und Gummiband von oben nach unten fest. Dann dehnt man das Gummiband jeweils zwischen zwei Stecknadeln und näht es am Stoff fest.

Maschenware verarbeiten Um Maschenware nähen zu können, sollte man spezielle Nähmaschinennadeln verwenden, die es in unterschiedlichen Ausführungen für grobmaschige und für dünne, empfindliche Ware gibt.

▸ Da Maschenware dehnbar ist, müssen die Nähte elastisch sein, damit sie nicht reißen. Deshalb näht man am besten mit einem Stretchstich oder mit einem schmalen Zickzackstich.

Verarbeitung von Leder und Lederimitation Bei Leder muß mit Fehlern, z. B. kleinen Vernarbungen, gerechnet werden. Deshalb sollte man diese Stellen vor

APPLIKATIONEN AUFNÄHEN

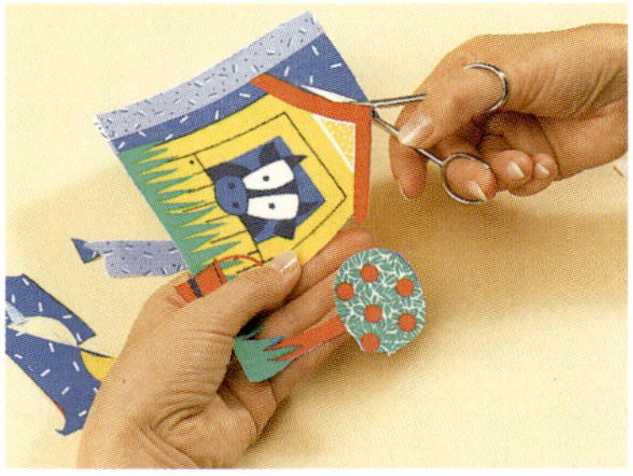

1. Beidseitig haftendes Vlies auf das ausgewählte Motiv bügeln und es dann ausschneiden.

2. Das Schutzpapier entfernen und die Applikation auf das Kleidungsstück aufbügeln.

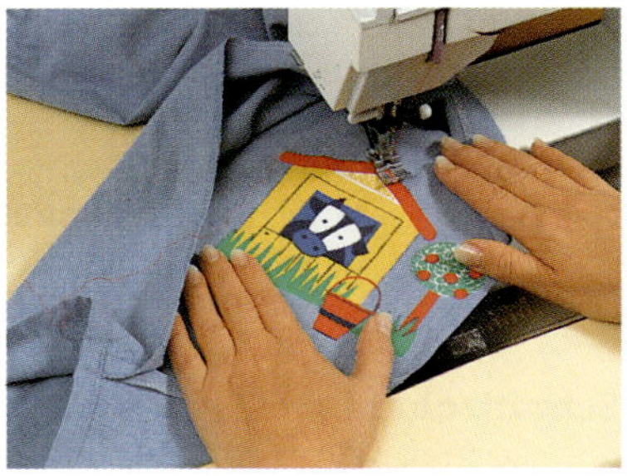

3. Anschließend die Applikation mit einem schmalen und engen Zickzackstich umnähen.

PROBLEME MIT DER NÄHMASCHINE

Symptom	*Ursache*	*Abhilfe*
Spule spult nicht auf.	● *Spulvorrichtung ist nicht eingeschaltet.*	● *Spulvorrichtung einschalten.*
Fäden verschlingen sich.	● *Fadenenden (Ober- und Unterfaden) wurden bei Beginn der Näharbeiten nicht festgehalten.*	● *Bei Beginn einer jeden Naht Fadenenden unter dem Nähfuß nach hinten legen und während der ersten Stiche festhalten.*
	● *Die Maschine wurde in Gang gesetzt, ohne den Stoff weit genug unter den Nähfuß zu legen.*	● *Stoff mindestens bis zur Fußmitte schieben, bevor man mit dem Nähen beginnt.*
Schlechte oder unregelmäßige Stichbildung	● *Ober- und Unterfadenspannung sind nicht richtig aufeinander abgestimmt.*	● *Oberfadenspannung stärken oder lösen.*
	● *Spule wurde nicht richtig in die Spulenkapsel eingesetzt.*	● *Spule muß so eingelegt werden, daß sie sich beim Ziehen des Fadens im Uhrzeigersinn dreht.*
	● *Unterfaden ist unregelmäßig aufgespult.*	● *Den Unterfaden – wie in der Betriebsanleitung beschrieben – neu aufspulen.*
Fehlstiche	● *Falsches Nadelsystem*	● *Nadelsystem überprüfen; genaue Bezeichnung für die richtigen Nadeln findet man auf der Stichplatte oder in der Betriebsanleitung.*
	● *Nadel ist nicht richtig eingesetzt.*	● *Nadel bis zum Anschlag einschieben, das flache Kolbenteil zeigt nach hinten. Bei Rundkolbennadeln kurze Rille dem Greifer zugewandt einsetzen.*
	● *Nadel ist verbogen oder stumpf.*	● *Neue Nadel einsetzen.*
Der Oberfaden reißt.	● *Der Oberfaden ist zu fest gespannt.*	● *Oberfadenspannung regulieren.*
	● *Schlechtes, knotiges oder zu lang gelagertes Nähgarn*	● *Nur hochwertiges Nähgarn benutzen.*
	● *Schartiges Nadelöhr*	● *Neue Nadel einsetzen, Markenqualität aus dem Fachhandel benutzen.*
	● *Faden ist falsch eingefädelt.*	● *Einfädelung überprüfen.*
Die Nadel bricht ab.	● *Nadel ist verbogen und auf die Spulenkapsel aufgeschlagen.*	● *Neue Nadel, eventuell eine etwas dickere einsetzen*
	● *Durch Ziehen des Stoffes wird die Nadel verbogen und stößt auf die Stichplatte oder das Spulengehäuse auf.*	● *Nähgut nur führen, Maschine transportiert selbständig.*
	● *Spulenkapsel ist falsch eingesetzt.*	● *Spulenkapsel neu einsetzen.*
Lauter und schwerer Gang	● *Verschmutzter Transporteur (Zahnreihe) oder Greiferbahn*	● *Stichplatte entfernen, Zahnreihe mit dem Pinsel säubern, Greiferbahn auspinseln.*
	● *Nähmaschine wurde nicht richtig gepflegt.*	● *Alle beweglichen Teile ölen (bei den meisten Maschinen sind die entsprechenden Stellen mit einer Markierung versehen).*
Die Nähmaschine transportiert schlecht oder gar nicht.	● *Transporteur ist versenkt.*	● *Versenkschieber betätigen.*
	● *Nähgut ist zu glatt (z. B. beschichtetes Material).*	● *Seidenpapier mitnähen oder Spezialfuß, z. B. Teflonfuß, einsetzen.*
	● *Der Nähfußdruck ist zu gering.*	● *Nähfußdruck mittels Stellschraube regulieren (falls in der Betriebsanleitung beschrieben) oder vom Mechaniker einstellen lassen.*
Stillstand der Maschine	● *Ein Faden hat sich in der Greiferlaufbahn festgesetzt.*	● *Etwas Öl in die Greiferlaufbahn geben. Handrad hin und her bewegen und dabei die Fadenreste aus der Greiferlaufbahn entfernen. Falls sich der Faden nicht herausnehmen läßt, muß die Maschine in die Werkstatt gebracht werden.*
	● *Motor oder Anlasser defekt*	● *Maschine in die Werkstatt bringen und reparieren lassen.*

dem Zuschneiden auf der linken Seite markieren und sie möglichst aussparen oder an einer unauffälligen Stelle des Kleidungsstücks plazieren.

▸ Bei Leder können Nähte nachträglich nicht verändert werden, da die Nadelstiche kleine Löcher hinterlassen. Deshalb empfiehlt es sich, das Modell zunächst in Nessel zu arbeiten. Notwendige Änderungen können dann gleich am Schnitt vorgenommen werden; das Leder wird bei dieser Vorgehensweise nicht beschädigt.

▸ Mit der Spezialledernadel und dem Spezialnähfuß läßt sich Leder leichter nähen.

▸ Da auch die Einstiche von Stecknadeln im Leder oder im Kunstleder sichtbar bleiben, hält man die einzelnen Lederteile und Säume am besten mit Büroklammern zusammen.

Um Einstiche zu vermeiden, hält man bei Ledernähten die einzelnen Lederteile oder Säume mit Büroklammern zusammen.

▸ Damit Ledernähte auf Dauer flach bleiben, drückt man die Nahtzugaben auseinander und steppt sie beidseitig schmal ab. Man kann die Nahtzugaben auch mit Textilkleber bestreichen und auseinanderdrücken.

Bügeln Nähte, Falten, Kanten und dergleichen werden erst gebügelt, nachdem man die Heftfäden entfernt hat.

▸ Brokat, Lamé und Lurex bügelt man auf einer weichen Unterlage, z. B. einer Wolldecke, Samt auf einem speziellen Samtbrett oder einer Bürste.

▸ Leicht dehnbare Strickware kann sich verziehen, wenn man sie mit zuviel Druck bügelt. Damit Nahtzugaben sich nicht auf der rechten Seite abzeichnen, kann man einen Papierstreifen darunterlegen.

▸ Bei einem Stoff mit Paillettenstickerei schiebt man das Bügeleisen mit der Bügelfläche nach oben über ein Ärmelbrett und

RICHELIEUSTICKEREI MIT NÄHMASCHINE UND WASSERLÖSLICHEM VLIES

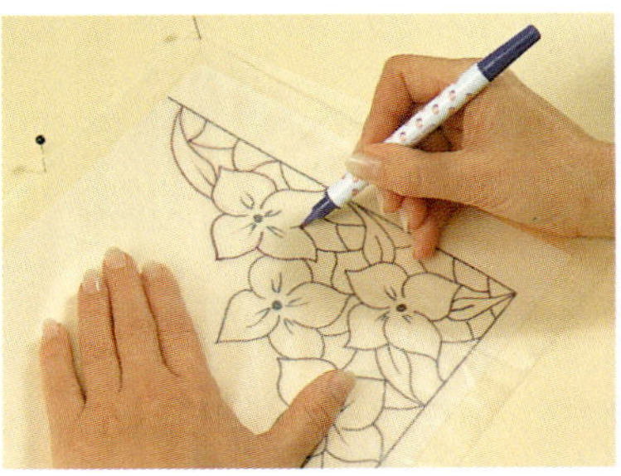

1. Vlies auf die Musterzeichnung legen und mit einem Strich-Ex-Stift das Muster übertragen.

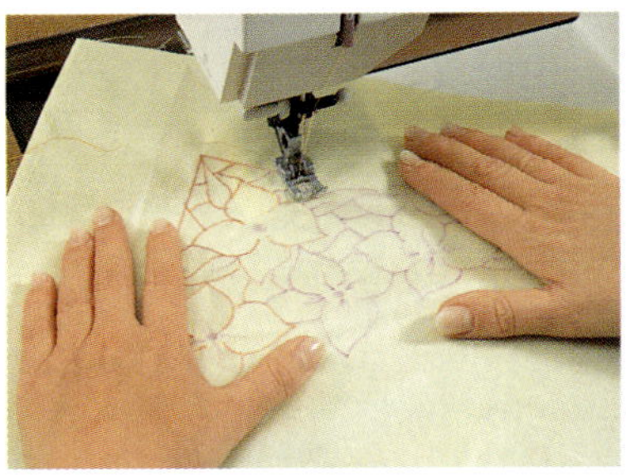

2. Vlies auf den Stoff legen, glattstreichen und das Muster mit kleinen Stichen nachnähen.

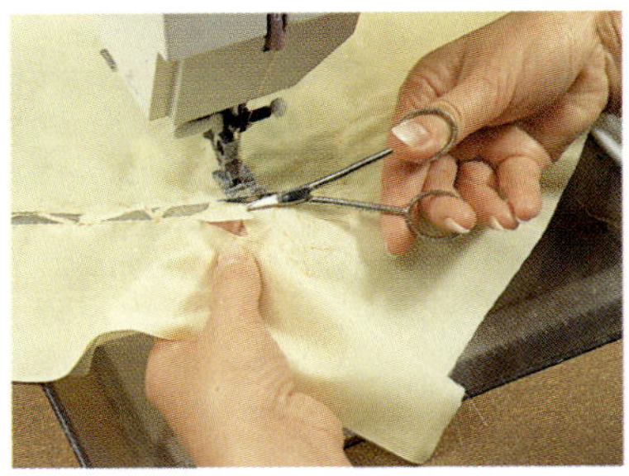

3. Muster hinter der Nählinie ausschneiden; dabei darauf achten, Vlies nicht mit auszuschneiden.

4. Über die Schnittkante einen schmalen, engen Zickzackstich nähen.

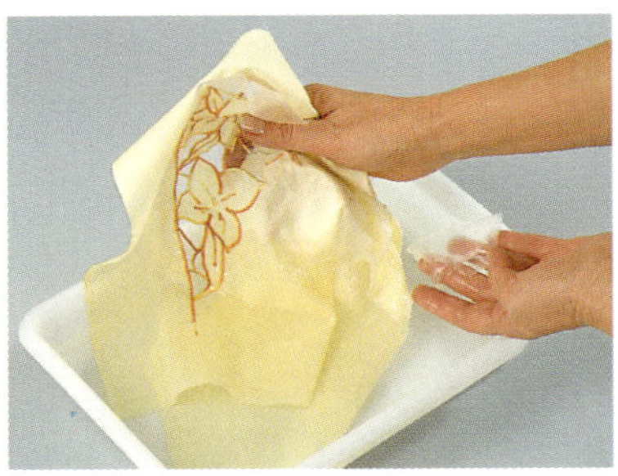

5. Vlies in lauwarmem Wasser auswaschen und die Stickerei in einem Handtuch ausdrücken.

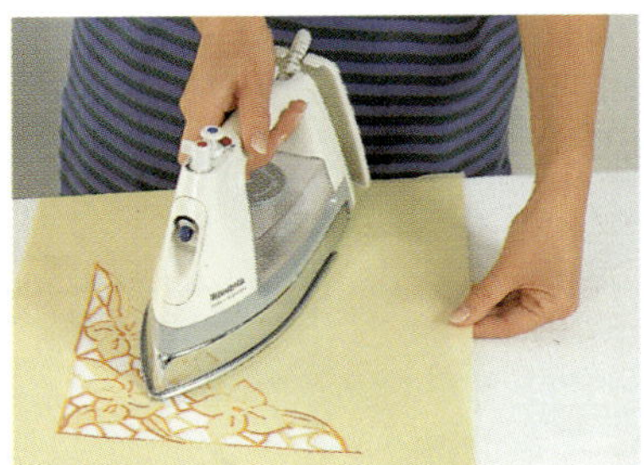

6. Zum Schluß die Stickerei heiß und trocken bügeln. Dicken Stoff zum Trocknen aufspannen.

zieht dann den Stoff straff über die Bügelfläche.

Den Stoff mit Paillettenstickerei straff über das Bügeleisen ziehen.

NÄHEN UND STICKEN VON HAND

▸ Für Stickarbeiten verwendet man einen Stickring oder -rahmen, der den Stoff spannt.

Näh- und Sticknadeln Näh- und Sticknadeln sind in vielen verschiedenen Größen erhältlich. Man unterscheidet zwischen kurz, halblang und lang und den Stärken 3–11, bei Sticknadeln den Stärken 14–24. Für lange Stiche wie beispielsweise bei Heftnähten verwendet man am besten längere Nähnadeln und für kurze Stiche kurze Nadeln.

▸ Für Garnstickereien verwendet man Sticknadeln mit Spitze, für Stickereien auf Stramin Sticknadeln ohne Spitze.

Näh- und Stickgarne Für Handnäharbeiten, die eine besondere Festigkeit erhalten sollen, empfiehlt sich Zwirn. Sonst ist ein Mehrzweckgarn Stärke 50 für die meisten Arbeiten geeignet.

▸ Für Handstickereien gibt es Stickgarn, das aus sechs zusammengezwirnten Fäden besteht. Für feinere Stickereien kann der Fadenstrang ein- oder mehrfach geteilt werden.

Stickmuster übertragen Fertige Aufbügelmuster sind in sehr vielen unterschiedlichen Motiven erhältlich. Man legt das Muster einfach mit der beschichteten Seite nach unten auf den Stoff und bügelt es auf.

▸ Man kann auch ein selbstentworfenes Stickmotiv aufbügeln. Dazu überträgt man mit einem Bügelstift das Muster auf Transparentpapier, legt das Papier auf den Stoff und drückt das Bügeleisen kurz auf. Die Linien können durch Waschen oder Reinigen entfernt werden.

▸ Stickmuster kann man mit Hilfe eines Fotokopierers bequem vergrößern oder verkleinern.

DIE WICHTIGSTEN NUTZ- UND ZIERSTICHE

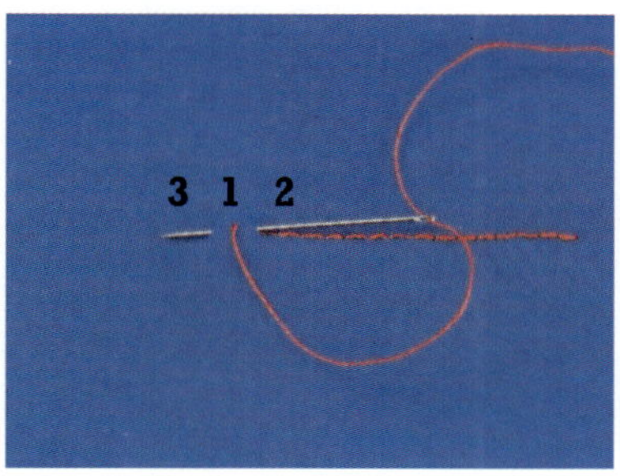

Stepp- oder Rückstich: Bei 1 ausstechen, bei 2 ein- und bei 3 wieder ausstechen.

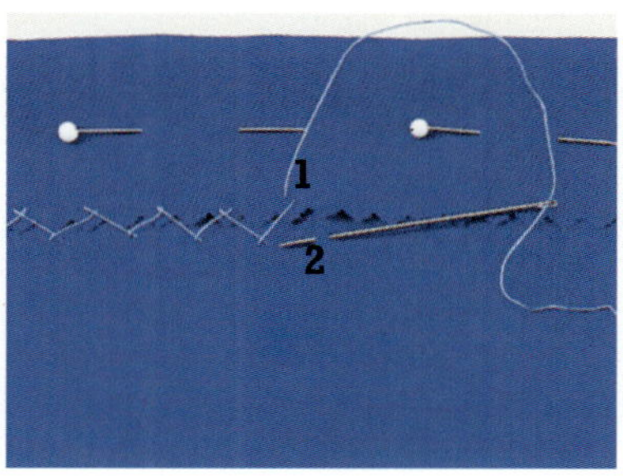

Saum mit Hexenstich: Bei 1 durch Saumkante stechen, bei 2 Fäden aufnehmen, in Saum stechen.

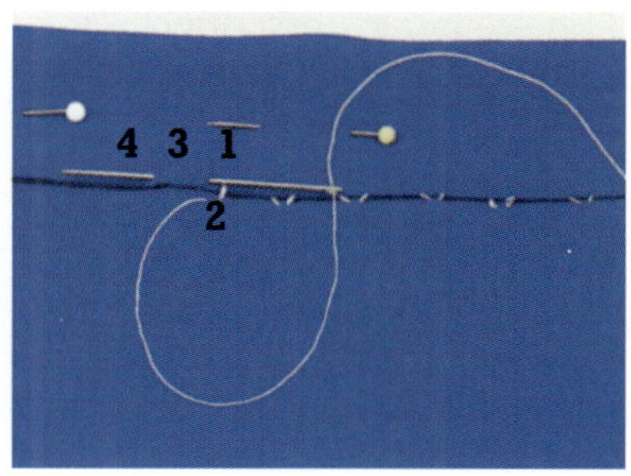

Saum mit Staffierstich: Bei 1 ausstechen, bei 2 Fäden aufnehmen, bei 3 ein- und bei 4 ausstechen.

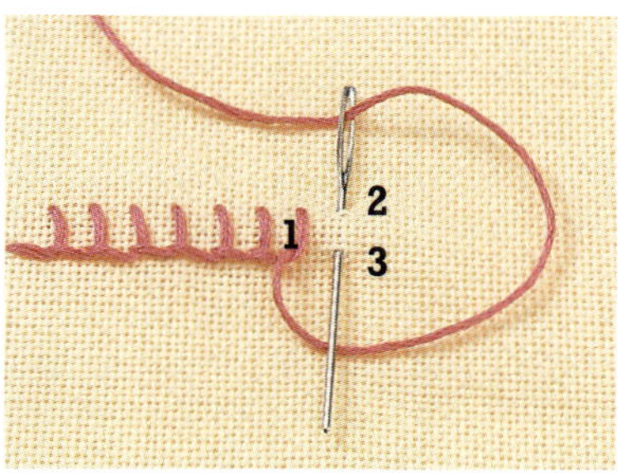

Knopfloch- oder Langettenstich: Bei 1 aus-, bei 2 ein- und bei 3 mit Faden unter Nadel ausstechen.

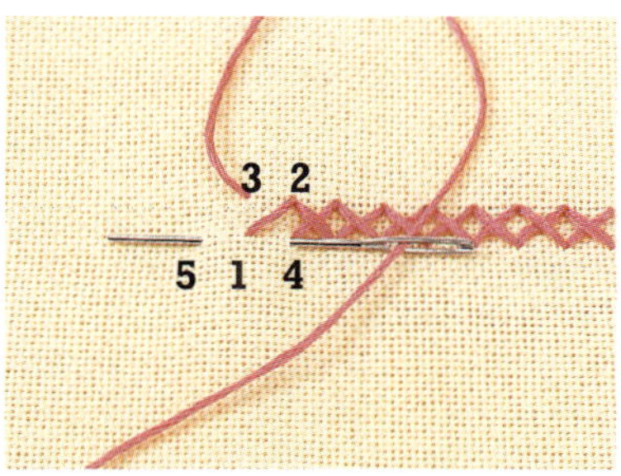

Kreuzstich: Bei 1 aus-, bei 2 ein- und bei 3 ausstechen; dann bei 4 wieder ein- und bei 5 ausstechen.

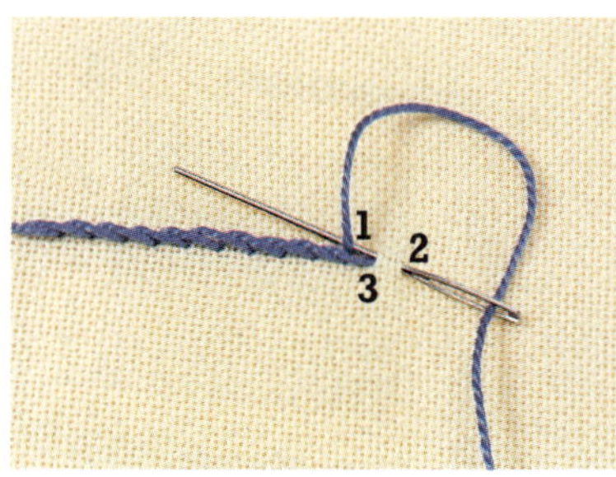

Stielstich: Bei 1 ausstechen, bei 2 ein- und auf halber Länge zwischen 1 und 2 wieder ausstechen.

ARBEITSVORBEREITUNG

▸ Beim Handarbeiten immer auf die richtige Körperhaltung achten, um Verkrampfungen im Hals- und Schulterbereich zu vermeiden. Man sollte den Kopf nicht ständig vornüberbeugen, sondern immer wieder zurücknehmen und für eine leichte Stütze im Rücken sorgen.

▸ Bevor man mit einer Handarbeit beginnt, sollte man die Arbeitsanleitung ganz durchlesen. Wenn man bei verschiedenen Größenangaben die gewünschten Maße farbig markiert und alle unzutreffenden Angaben streicht, findet man sich beim Blick auf die Vorlage schneller zurecht.

Maschenprobe Damit eine Strickarbeit den gewünschten Abmessungen entspricht, muß vorher eine Maschenprobe angefertigt werden. Dazu wird mit der in der Vorlage empfohlenen Garnart und Nadelstärke ein etwa 20 × 20 cm großes Stück gestrickt. Dann wird gezählt, wie viele Maschen in der Breite und Reihen in der Höhe auf 10 cm entfallen. Ein Zählrahmen ist dabei hilfreich.

Ein Zählrahmen erleichtert die Maschenprobe.

▸ Auch bei Häkelarbeiten empfiehlt es sich, eine Maschenprobe anzufertigen, vor allem bei Kleidungsstücken, die eine gute Paßform haben sollen.

▸ Da sich Maschen und Reihen gelegentlich zum Rand hin verziehen, zählt man am besten den mittleren Bereich der Maschenprobe aus.

▸ Stimmen die Ergebnisse der Maschenprobe nicht mit den Angaben in der Vorlage überein, häkelt bzw. strickt man ein neues Probestück mit dickeren oder dünneren Nadeln.

▸ Wenn man die Quadrate der Maschenproben aufhebt, kann man daraus Patchwork-Handarbeiten fertigen, z. B. Kissenhüllen, Decken.

ARBEITSMATERIAL

▸ Welches Garn und welche Nadeln für die jeweilige Strick- oder Häkelarbeit geeignet sind, steht in der Arbeitsvorlage. Wer davon abweichen oder nach einem eigenen Entwurf arbeiten will, sollte sich im Geschäft beraten lassen.

Garn Beim Einkauf die Nummer der Farbpartie auf den Banderolen prüfen, damit die benötigte Gesamtmenge aus derselben Partie stammt.

▸ Lieber ein Knäuel mehr als zuwenig Garn kaufen, da man beim Nachkaufen meist nicht mehr die gleiche Farbnummer bekommt. Die meisten Handarbeitsgeschäfte nehmen nicht angebrochene Stränge oder Knäuel zurück. Muß man trotzdem einmal Garn nachkaufen, strickt man daraus Kragen, Bündchen oder Taschen; so fallen mögliche Farbunterschiede weniger auf.

▸ Wenn das Knäuel in einem Plastikbeutel liegt, verschmutzt das Garn beim Arbeiten nicht. Beim Stricken mit mehreren, z. B. verschiedenfarbigen Garnknäueln kann man für die einzelnen Fäden jeweils ein Loch in die Tüte stechen und sie durchziehen. So verwickeln sich auch die Fäden nicht.

Eine Plastiktüte mit je einem Loch für die verschiedenen Fäden schützt das Garn vor Schmutz.

▸ Angora- oder Mohairgarn läßt sich wesentlich leichter verstricken, wenn man die Knäuel in eine Plastiktüte steckt und sie über Nacht ins Gefrierfach legt.

▸ Das Garnknäuel bleibt ruhig liegen, wenn mit dem Fadenende aus dem Innern des Knäuels begonnen wird. Dazu muß Strangwolle entsprechend aufgewickelt werden.

▸ Aufgetrenntes Garn, das noch einmal verwendet werden soll, wird wieder glatt, wenn man es fest um einen Flaschenbauch wickelt und heißes Wasser in die Flasche füllt. Das Wasser läßt man langsam abkühlen und wickelt dann das Garn wieder zu einem Knäuel auf.

Aufgetrenntes Garn wird wieder glatt, wenn man es um eine Flasche wickelt und darin heißes Wasser abkühlen läßt.

▸ Man kann aufgetrenntes Garn auch fest um ein Brett wickeln, dann in warmes Wasser tauchen, trocknen lassen und aufwickeln.

Nadeln Neue Stricknadeln sind stumpf und daher weniger gängig, da sie erst durch den Gebrauch einen leichten Fettfilm von der Wolle erhalten. Um diesen Effekt schneller zu erzielen, kann man die Nadeln durch die Haare ziehen.

▸ Mit der Rundstricknadel, deren Spitzen mit einem dünnen Perlenseil verbunden sind, kann man nahtlos arbeiten. Sie ist in verschiedenen Längen erhältlich. Als Regel gilt: die Nadel etwa 10 cm kürzer als die Gesamtrunde der Maschen wählen.

▸ Für Strickarbeiten mit großer Maschenzahl eignet sich eine Rundstricknadel besser als lange Stricknadeln, da das Gewicht des Strickstückes auf dem Schoß liegt. Auch bei beengtem Arbeitsplatz sind Rundstricknadeln von Vorteil.

▸ Rundstricknadeln, die sich rollen, legt man in heißes Wasser.

▸ Mit Schnellstricknadeln, die dünnere Schäfte haben, kann man die Strickgeschwindigkeit steigern. Sie sind auch leichter und können mehr Maschen aufnehmen als gleich lange Nadeln herkömmlicher Art.

▸ Wenn man an den Händen leicht schwitzt, sollte man Holzstricknadeln verwenden.

▸ Damit Stricknadeln nicht aus der abgelegten Handarbeit rutschen und die Spitzen niemanden gefährden, kann man auf die Enden ein Stück Korken spießen.

▸ Kunststoffnadeln, die nicht mehr gut gleiten, kann man mit etwas Nähmaschinenöl wieder geschmeidig machen.

▸ Kunststoffnadeln nicht dicht an der Heizung aufbewahren, da sie sonst spröde werden oder sich verziehen können.

▸ Häkelnadeln mit einem Knopf am Ende eignen sich besonders für Arbeiten, bei denen sich häufig eine größere Anzahl Maschen auf der Nadel befindet.

▸ Häkelnadeln lassen sich besonders praktisch in einer durchsichtigen Zahnbürstenschachtel aufbewahren.

MASCHENANSCHLAG

▸ Beim Stricken wird der Maschenanschlag grundsätzlich mit zwei Nadeln ausgeführt. Es wird die Nadelstärke genommen, mit der auch gestrickt werden soll. Bei festem Garn nimmt man für den Anschlag besser dickere Nadeln als später beim Stricken. Wenn die erforderliche Maschenzahl angeschlagen ist, wird eine Nadel herausgezogen.

▸ Der Faden, den man für den Maschenanschlag bei einer Strickarbeit braucht, sollte mindestens dreimal so lang wie der geplante Anschlag sein.

▸ Beim Rundstricken mit großer Maschenzahl verdreht sich der Anschlag leicht. Daher die Lage der Maschen auf der Rundstrick-

STRANGWOLLE WICKELN

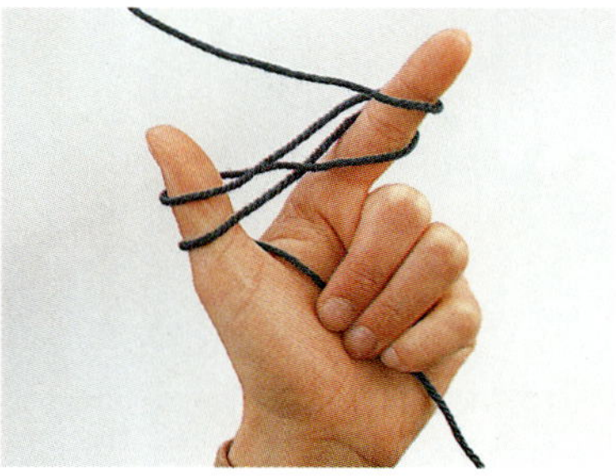

1. Langes Garnende festhalten und um Daumen und Zeigefinger mehrmals eine Acht wickeln.

2. Achterschlingen zwischen Daumen und Zeigefinger halten. Locker mit Garn umwickeln.

3. Knäuel so wickeln, daß sich der Faden leicht aus der Mitte ziehen läßt.

nadel genau kontrollieren, bevor man die erste Runde strickt.

▸ Beim Häkeln besteht der Anschlag aus einer Kette gleichmäßiger Luftmaschen. Für eine elastische Kante verwendet man eine dickere Nadel als für die Häkelarbeit selbst.

▸ Beim Bündchen sollte die erste Reihe nach dem Maschenanschlag grundsätzlich eine Rückreihe sein. Dann kann mit dem Grundmuster begonnen werden.

STRICK- UND HÄKEL-TECHNIK

▸ Um beim Stricken ein gleichmäßiges Maschenbild zu erhalten, wickelt man den Faden zweimal um den linken Zeigefinger.

▸ Für einen sauberen und festen Rand strickt man die erste und die letzte Masche in jeder Reihe immer rechts ab.

▸ Beim Rippenmuster ergibt sich ein gleichmäßigeres Maschenbild, wenn man die rechten Maschen verschränkt abstrickt.

▸ Wer dazu neigt, die linken Maschen lockerer zu stricken als die rechten oder umgekehrt, sollte für die Links- bzw. Rechtsreihe eine um eine halbe Stärke dünnere Nadel nehmen.

▸ Mit einem neuen Faden möglichst am Anfang einer Strickreihe beginnen. Sollte der Faden einmal innerhalb einer Reihe enden, bleibt die Ansatzstelle unsichtbar, wenn man das Ende des alten Fadens und den Anfang des neuen jeweils etwa 5 cm weit auffasert, die Hälfte der einzelnen Fasern abschneidet und die restlichen so zusammenlegt, daß ein durchgehender Faden entsteht.

▸ Eingearbeitete Knoten der Anfangs- und Endfäden gehen häufig, z. B. beim Waschen, auf. Dies kann man verhindern, wenn man die Endfäden durch die Endmaschen durchzieht oder die Anfangsfäden zum Zusammennähen verwendet.

▸ Damit eine Strick- oder Häkelarbeit aus Seide oder schwerer Wolle nicht so schnell ausleiert, kann man beim Verarbeiten einen festen gleichfarbigen Beifaden mitlaufen lassen.

▸ Häkelarbeiten aus Angorawolle behalten ihre Form, wenn man

DREI METHODEN DES ZUNEHMENS

Querfaden zwischen Maschen auf linke Nadel heben und verschränkt abstricken.

Die Masche rechts stricken, nicht fallen lassen; hinten (verschränkt) eine zweite herausstricken.

Dekoratives Zunehmen durch Umschlag: Unter der Masche entsteht ein Loch.

DREI METHODEN DES ABNEHMENS

Eine Masche abheben, die nächste stricken und die abgehobene überziehen.

Erst in die zweite, dann in die erste Masche stechen; zusammen abstricken.

Von hinten durch zwei Maschen stechen und beide zusammen verschränkt abstricken.

gleichfarbiges Nähgarn mithäkelt.

▸ Beim Farbwechsel innerhalb der Reihe die Fäden verkreuzen, damit keine Löcher entstehen.

▸ Beim Stricken verschiedenfarbiger Streifenmuster sollte die Streifenbreite eine gerade Anzahl Reihen betragen, damit der Faden auf einer Seite immer mitgenommen werden kann und das spätere Vernähen vieler Fäden erspart bleibt.

▸ Beim Stricken kann man zum Abnehmen am Rand auch eine Häkelnadel verwenden. Dabei ist aber darauf zu achten, daß die durchgezogenen Maschen nicht zu fest gezogen werden, damit der Rand elastisch bleibt.

▸ Beim Häkeln wird innerhalb einer Reihe zugenommen, indem aus einer Masche der Vorreihe zwei neue Maschen gehäkelt werden.

▸ Bei einer Häkelarbeit aus festen Maschen übergeht man beim Abnehmen innerhalb der Arbeit einfach eine Masche der Vorreihe. Bei einer Stäbchenarbeit häkelt man zwei Stäbchen nur halb und häkelt dann die drei auf der Nadel liegenden Schlingen auf einmal ab.

▸ Wenn man beide Ärmel gleichzeitig auf einer Nadel mit zwei Knäueln strickt, erspart man sich das doppelte Zählen der Reihen.

▸ Damit man beim Stricken oder Häkeln nicht ständig nachzählen muß, kann man jede 10. oder 20. Reihe mit einem Hilfsfaden markieren.

▸ Reihenzähler, die auf die Nadelenden gesteckt werden, erleichtern das Zählen bei allen Strickarbeiten, insbesondere bei Mustern. Man bekommt sie im Fachhandel.

▸ Um Maschen – z. B. beim Halsausschnitt – stillzulegen, verwendet man am besten große Sicherheitsnadeln. Spezielle Sicherheitsnadeln mit stumpfer Spitze sind im Handel erhältlich.

▸ Um wichtige Arbeitsabschnitte, z. B. bei Mustern oder beim Abnehmen, Anfang und Mitte einer Runde usw. zu markieren, verwendet man Hilfsfäden in Kontrastfarben. Im Handel sind Markierungsringe erhältlich.

Markierungsringe kennzeichnen wichtige Abschnitte beim Stricken und Häkeln.

▸ Für Zöpfe aus mehreren Maschen ist der Einsatz einer Hilfsnadel beim Kreuzen erforderlich. Für diese Arbeit gibt es im Fachhandel spezielle Zopfmusternadeln; man kann aber auch eine Strumpfstricknadel passender Stärke verwenden.

Mit einer speziellen Zopfmusternadel lassen sich Zöpfe leichter stricken.

▸ Gefallene Maschen nimmt man mit einer dünneren Hilfsnadel oder mit einer Häkelnadel auf: Dazu sticht man mit der Nadel durch die Masche und zieht den nächsthöheren Querfaden durch. Dies wiederholt man dann mit allen weiteren Querfäden, bis die Masche wieder auf die Arbeitsstricknadel gehoben werden kann.

Eine gefallene Masche kann man einfacher mit einer Häkelnadel wieder aufnehmen.

▸ Ein Rollkragenpullover läßt sich leichter überziehen, wenn in den Kragen Knöpfe und Knopflöcher eingearbeitet sind.

▸ Wenn man selbstgemachte Schulterpolster mit Druckknöpfen oder Klettband befestigt, statt sie einzunähen, kann man sie vor dem Waschen problemlos herausnehmen.

Mit Druckknöpfen befestigte Schulterpolster lassen sich leicht herausnehmen.

VERZIEREN

▸ Um Perlen einzustricken, fädelt man sie vor Arbeitsbeginn auf das Arbeitsgarn auf. Kleine Perlen, die meist feine Löcher haben, muß man in der Regel auf farblich passende Nähseide auffädeln und diese mit dem Arbeitsfaden mitlaufen lassen.

▸ Auf glatt rechts gestrickte Teile kann man nachträglich Muster aufhäkeln oder mit Maschenstichen aufsticken. In fertige Teile lassen sich Muster ebenfalls einarbeiten, indem man Fäden in Kontrastfarben durch die Maschen zieht.

▸ Um einen schlichten Pulli zu verzieren, kann man einen fertigen Kragen – etwa aus Spitze – aufsetzen oder Federn, Knöpfe, Perlen, Pailletten, Applikationen usw. aufnähen.

▸ Ein mit dem Arbeitsfaden mitgeführter Lurexfaden verleiht Strick- und Häkelarbeiten einen Glitzereffekt.

▸ Umhäkelte Knöpfe sehen besonders auf Jacken im Trachtenstil schön aus. Dafür kann man nicht mehr benötigte Stielknöpfe verwenden.

Knöpfe kann man passend zu einem bestimmten Kleidungsstück selbst fertigen, indem man sie umhäkelt.

▸ Mit gehäkelten Einsätzen aus Filetspitze kann man nicht nur Kleider, Blusen, Tischwäsche usw. verzieren, sondern schadhafte Stellen auf originelle Weise ausbessern.

Mit einem solchen Einsatz läßt sich ein Kissenbezug ausbessern.

▸ Mit Häkelborten kann man Sommerröcke aufwerten, Kinderkleider verlängern und Tischdecken verschönern.

Häkelborten bilden an Stoffkanten einen dekorativen Abschluß.

TEILE ZUSAMMENFÜGEN

▸ Strick- und Häkelteile vor dem Zusammenfügen spannen, um sie zu formen, eingerollte Ränder zu glätten und Unregelmäßigkeiten im Maschenbild zu beseitigen. Als Unterlage ist eine Hartschaumplatte geeignet, auf die ein Frotteetuch gelegt wird. Man zieht die Teile in die gewünschte Form und steckt sie mit der linken Seite nach oben ringsum dicht am Strickrand fest. Dazu nimmt man große Stecknadeln, die man mit den Köpfen nach außen schräg einsteckt. Auf die Teile legt man ein feuchtes Handtuch, das liegenbleibt, bis es trocken ist.

▸ Um Strickteile aus dicker Wolle zusammenzunähen, teilt man den Faden und arbeitet mit der halben Stärke. Weiche Wolle kann dadurch verstärkt werden, daß man einen Nähfaden hinzunimmt. Bei Bouclé- oder Effektgarnen näht man die Teile mit einem glatten Garnfaden zusammen.

▸ Beim Zusammennähen jeweils zwischen Randmasche und erster Masche durch die Teile stechen.

▸ Die Schulterteile eines Sommerpullis nicht zusammennähen, sondern mit Satin- oder Spitzenbändern verbinden.

▸ Soll eine Schulternaht glatt und kaum sichtbar sein, werden die Maschen nicht abgekettet, sondern das Vorder- und Rückenteil mit Maschenstich verbunden.

PFLEGE

▸ Eine Banderole vom verarbeiteten Garn mit den Pflegeanleitungen aufbewahren oder die entsprechenden Hinweise mit einem Wäschestift auf einem Stoffstreifen vermerken, den man dann in die Handarbeit einnäht.

▸ War keine Pflegeanleitung beim Garn, die Maschenprobe waschen und dämpfen, um festzustellen, wie sich das Material verhält.

▸ Mit Babyshampoo kann man empfindliche Wollsachen besonders schonend reinigen. Wenn sie hart geworden sind, kann man sie manchmal auf diese Weise retten.

▸ Wollsachen, die in der Waschmaschine gewaschen werden, dreht man vorher auf die linke Seite und steckt sie in einen alten Kopfkissenbezug. So werden sie schonender behandelt.

▸ Zum Trocknen sollte man Strick- und Häkelsachen nicht auf Bügel hängen, da sie sich sonst durch ihr Eigengewicht verziehen können. Sie behalten dagegen ihre Form, wenn sie auf einem Badetuch ausgebreitet werden.

▸ Bei Seidenteilen unbedingt Seidenwaschmittel mit Rückfettungseffekt verwenden.

▸ Mohairteile verfilzen beim Waschen leicht. Sie sollten daher vor dem Trocknen kräftig in die Länge und die Breite gezogen werden, damit die einzelnen Mohairfäden wieder hervortreten. Dann in Form bringen und zum Trocknen flach auslegen.

▸ Angorawolle wäscht man am besten mit Olivenölseife in lauwarmem Wasser im Handwaschbecken. Wenn man in das Spülwasser etwas Glycerin oder Vaseline gibt, wird die Wolle wieder schön weich.

▸ Damit Wollsachen nicht einlaufen, gibt man dem letzten Spülwasser im Handwaschbecken etwas Glycerin, Borax oder verdünnten Salmiakgeist zu.

Aufarbeiten Wenn man Mohairteile aufbürstet, werden sie besonders schön und flauschig. Rundbürsten mit Naturborsten eignen sich dafür am besten.

▸ Teile aus kurzfaseriger Wolle lassen sich leichter aufbürsten, wenn man sie mit Essigwasser einsprüht.

▸ Strick- und Häkelsachen, die man flach ausgebreitet trocknen läßt, brauchen meist nicht gebügelt zu werden. Will man sie dennoch mit dem Bügeleisen in Form bringen, werden sie von der linken Seite auf einem dicken Frotteetuch gedämpft. Dabei das Bügeleisen ganz dicht über das feuchte Bügeltuch halten, aber auf keinen Fall aufsetzen.

▸ Knötchen auf Wollsachen entfernt man leicht mit einem Kleiderrasierer.

▸ Teile aus Angorawolle verfilzen und fusseln nicht, wenn man sie vor dem ersten Tragen in einer Plastiktüte über Nacht in den Gefrierschrank legt.

▸ Gestrickte Strümpfe verfilzen nicht, wenn man vor dem ersten Tragen ein sehr nasses Tuch auf die Fußteile legt und es mit heißem Bügeleisen trockenbügelt.

▸ Wollhandschuhe werden wasserabstoßender, wenn man sie in essigsaure Tonerdelösung taucht.

▸ Blankgewetzte Wolle, z. B. an den Ärmeln von Jacken und Pullovern, bürstet man mit einer Lösung aus neun Teilen Wasser und einem Teil Salmiakgeist ab.

▸ Achselblätter verhindern, daß Wollsachen verfilzen und vergilben.

Aufbewahren Wollsachen, die man für den nächsten Winter im Schrank verstauen will, sollte man vorher waschen oder reinigen lassen, da sie sonst Motten anziehen.

▸ Strick- und Häkelsachen nie auf Bügel hängen, da sie sonst ihre Form verlieren, sondern falten und in den Schrank legen. Eingelegtes Seidenpapier verhindert Knickstellen.

▸ Wollsachen nicht dem prallen Sonnenlicht aussetzen, da sonst die Farben ausbleichen.

ÄNDERN UND AUSBESSERN

▸ Ausgeleierte Bündchen werden wieder elastisch, wenn man feinen Gummifaden einarbeitet. Man fädelt dazu den Gummifaden in eine Stopfnadel und zieht ihn auf der Rückseite des Bündchens durch alle Reihen der Rippen.

▸ Nähte, z. B. an der Schulter, die sich nach längerem Tragen geweitet haben, kann man mit Nahtband wieder in Form bringen. Dabei die überschüssige Weite gleichmäßig einhalten und dann das Nahtband mit Steppstichen innen auf den Nähten festnähen.

▸ Ist ein Pullover viel zu groß geraten und will man das Garn nicht mehr auftrennen, kann man die Einzelteile wie ein Stück Stoff abstecken, zuschneiden und mit der Nähmaschine zusammennähen. Die Kanten werden anschließend gekändelt.

▸ Zu enge Stricksachen kann man erweitern, indem man extra angefertigte Strickzöpfe unter den Armen und an den Seiten einsetzt. So können z. B. auch Kindersachen mitwachsen.

Mit eingesetzten Strickzöpfen lassen sich enge Jacken und Pullover unauffällig erweitern.

▸ Wenn man die Ärmel von Kinderkleidung von der Schulter her strickt, lassen sie sich später ohne große Probleme verlängern, indem man die abgeketteten Maschen am Bündchen auftrennt und ein Stück anstrickt.

▸ Abgenutzte Ellbogen kann man unauffällig ausbessern, indem man die dünnen Stellen mit einem gleichfarbigen Faden überstickt.

VORBEREITUNGEN

▸ Wer viel bastelt, sollte alle dafür verwertbaren Materialien in einer Kiste sammeln und getrennt verpackt aufbewahren. Dazu gehören Papier und andere Reste von früheren Basteleien, doch ebenso können Abfälle aus den verschiedensten Materialien, wie sie in jedem Haushalt oder am Arbeitsplatz anfallen, für phantasievolle Bastelarbeiten verwendet werden. Auch in der freien Natur findet sich vieles, das sich zum Basteln eignet.

▸ Verunglückte Bastelarbeiten nicht gleich wegwerfen. Teile davon sind vielleicht für andere Zwecke verwendbar.

▸ Bastelnde Freunde und Bekannte haben möglicherweise für manches, was mißlungen schien, Verwendung. Mit ihnen kann man auch Restmaterialien tauschen.

▸ Immer wieder benötigtes Werkzeug sollte man ebenfalls gesammelt in einer Kiste aufbewahren. Man muß dann nicht jedesmal alle Einzelstücke mühsam zusammensuchen.

▸ Um unnötige Unterbrechungen zu vermeiden, vergewissert man sich vor Beginn der Bastelarbeit, daß alle für den geplanten Arbeitsschritt benötigten Materialien und Werkzeuge griffbereit am Arbeitsplatz liegen.

▸ Bei Arbeiten mit gefährlichen Substanzen sollte man sich mit Gummihandschuhen schützen. Für Basteleien, die Fingerspitzengefühl erfordern, besorgt man sich in der Apotheke Einmalhandschuhe.

BLEI- UND FARBSTIFTE

▸ In den Lacküberzügen gängiger Blei- und Buntstifte sowie in den bunten Minen können Schwermetalle enthalten sein. Solche Stifte sind für Kinder ungeeignet, da sie gern darauf kauen oder daran lutschen und dabei die giftigen Schwermetalle aufnehmen. Für Kinder sollte man deshalb unlackierte Stifte aus unbehandeltem Holz kaufen. Sie werden in Ökoläden und im Fachhandel angeboten.

▸ Je härter der Bleistift, desto besser läßt er sich mit einem Spitzer anspitzen. Sehr weiche Bleistifte und Buntstifte spitzt man besser mit einem Messer oder einem speziellen, regulierbaren Spitzer aus dem Fachhandel.

Buntstifte und weiche Bleistifte mit einem Messer anspitzen.

RADIEREN

▸ Weiche Radiergummis sind, obwohl sie leicht schmieren, für die Arbeit auf dünnem Papier empfehlenswert. Das Papier um die Radierstelle herum gut festhalten und nur in eine Richtung radieren. Niemals auf feuchtem oder gar nassem Papier radieren!

▸ Staub und Schmutz auf Fotografien und Papieren entfernt man mit Speckgummi.

▸ Wer ganz exakt radieren möchte, sollte eine Schablone, die man im Schreibwarengeschäft erhält, benutzen.

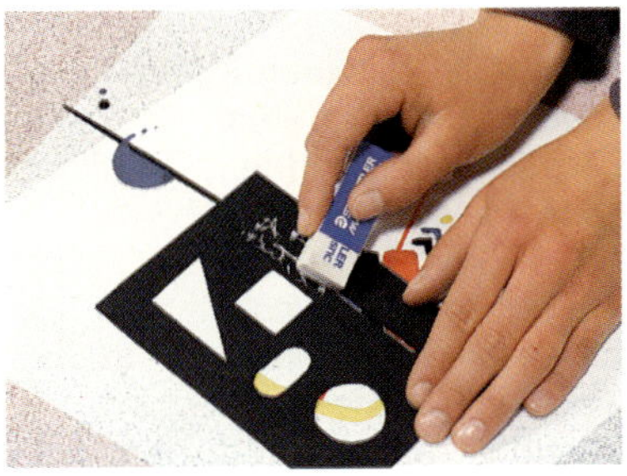

Mit Hilfe der Radierschablone kann man punktgenau radieren.

PINSEL

▸ Pinsel hängend, liegend oder mit den Borsten nach oben stehend aufbewahren. Soll ein Pinsel für längere Zeit in Flüssigkeit eingetaucht werden, klemmt man den Pinselstiel in eine Drahtschlinge oder eine Klammer, die auf beiden Seiten breit genug ist, um auf dem Rand des Gefäßes aufzusitzen.

Den Pinsel so befestigen, daß er in der Flüssigkeit schwebt.

▸ Verliert ein Pinsel Haare, drückt man die Metallmanschette mit einer Flachzange vorsichtig fester zusammen.

▸ Einen Pinsel, den man ausgewaschen hat, muß man zunächst gut trocknen lassen. Dann schlägt man ihn in Packpapier oder ein nichtfusselndes Tuch ein.

FARBEN

▸ Kleinen Kindern sollte man ausschließlich ungiftige Fingerfarben geben. Man kann sie selbst herstellen: Entsprechend dem angegebenen Mischungsverhältnis mit 1 l Wasser Tapetenkleister anrühren, den Kleister auf fünf bis sechs Gefäße verteilen und mit verschiedenen Lebensmittelfarben einfärben. Wenn man die Gefäße verschließt und kühl aufbewahrt, halten sich die Farben einige Wochen.

▸ Reste von Schminke – insbesondere Lippenstifte, Lidschatten (als Puder oder Creme), Kajalstifte, Gesichtspuder, Rouge, aber auch Fastnachtsschminke – kann man als Malfarben benutzen. Besonders geeignet sind sie für Miniaturen in Pastelltönen. Anstelle von Pinseln verwendet man die beigegebenen Applikatoren, Wattestäbchen oder Schwämmchen. Man kann die Farben aber auch einfach mit den Fingern verreiben.

▸ Nagellackreste kann man für kleinere Bastelarbeiten anstelle von Bastellack verwenden. Ist der Lack schon ziemlich eingetrocknet und zäh, verdünnt man ihn mit ein paar Tropfen Aceton oder Nagellackentferner.

GEHEIMTINTE

▸ Mit dem Saft einer Zitrone oder mit Zwiebelsaft – eine geschälte und geriebene Zwiebel durch ein Stück Mull ausdrücken – schreibt man geheime Botschaften auf ein weißes Blatt Papier. Ein hölzerner Schaschlikspieß oder ein Zahnstocher dient als Schreibgerät, das man sehr oft in die Flüssigkeit tauchen muß. Sichtbar wird der Text, wenn man das Papier erwärmt – etwa indem man es vorsichtig mit warmem, nicht heißem Eisen bügelt oder an eine Glühlampe hält.

▸ Geheimschrift mit Milch wird sichtbar, wenn man Zigarettenasche oder Graphitmehl aus dem Bleistiftspitzer darüber verreibt.

PAPIER

▸ Achtung bei Arbeiten mit Papier! Die Kanten sind oft sehr scharf.

Glätten Um ein eingerolltes Papier zu glätten, legt man es mit der Wölbung nach oben auf eine glatte Unterlage und zieht es vorsichtig unter der fest aufgedrückten Kante eines Lineals hindurch.

Schneiden Gerade, lange Schnitte macht man mit dem Cutter (Universalmesser), den man an einer Schiene (z. B. einem Lineal) entlangführt.

▸ Um gezackte Außenränder, etwa bei Sternen, zu schneiden, die Schere stets von außen ansetzen.

▸ Glattgeschnittene Rundungen erhält man, indem man das Papier in die möglichst weit geöffnete Schere hineindreht, statt mit der Schere an der Kontur entlangzuschnippeln.

▸ Um Innenflächen auszusparen, wird das Papier zunächst in der Mitte kreuzweise innerhalb einer zuvor eingezeichneten Kontur eingeschnitten. Dann schneidet man die Innenfläche grob aus, und führt den Feinschnitt entlang der Linie aus.

Giftige Dämpfe beim Basteln

Bei der Arbeit mit Spezialkleber und Kunststoffen können giftige Dämpfe entstehen.

- **Spezialkleber, die Lösungsmittel enthalten, nur verwenden, wenn dies – wie beim Verkleben von Kunststoffen – nötig ist.**
- **Kunststoffe nur im Freien oder zumindest bei geöffnetem Fenster erhitzen oder verkleben.**
- **Vorsicht bei Bastelarbeiten mit offener Flamme!**

▸ Eine symmetrische Form erhält man, wenn man das Papier entsprechend faltet und vom Falz ausgehend eine Kontur ausschneidet. Klappt man das Blatt nun auf, hat man die genau gegengleichen Umrisse vor sich.

Für eine symmetrische Form das Papier zusammenlegen und eine Konturlinie schneiden.

KLEBSTOFFE

▸ Soweit möglich, sollte man lösungsmittelfreie Klebstoffe verwenden. Alle natürlichen Materialien wie Papier, Pappe, Stoff und Holz lassen sich damit ungiftig und umweltschonend verleimen.

▸ Wird der Klebstoff punktförmig aufgetragen, kann man sehr sparsam damit umgehen. Nur beim

Verkleben großer Flächen den Kleber flächig anwenden. Je feiner die Bastelarbeit, desto gezielter und sparsamer sollte man den Klebstoff aufbringen – sonst kann er seitlich austreten.

▸ Beim Verleimen großer Holzstücke reichlich Weißleim verwenden. Er sollte seitlich hervorquellen.

Probeklebung Mit einem elastischen Montagekleber kann man glatte Teile probeweise miteinander verkleben und dann wieder lösen. Der Kleber läßt sich mit dem Finger abrubbeln.

BAST UND STROH

▸ Bastfäden, die Hüllblätter von Maiskolben und Strohhalme sind feucht besser zu verarbeiten. Zum Befeuchten breitet man sie auf einem Tuch aus, besprüht sie mit Wasser, wickelt sie ein und läßt sie über Nacht liegen.

▸ Strohhalme, aus denen man Strohsterne herstellen möchte, werden unter einem feuchten Tuch mit milder Hitze gebügelt.

BLUMEN PRESSEN

▸ Die zarten Blütenblätter werden beim Pressen sehr leicht brüchig. Um das zu verhindern, bestreicht man die Pflanzen vor dem Pressen mit etwas Speiseöl.

EIER

▸ Weiße Eierschalen eignen sich besser zum Bemalen und Färben als braune.

Färben Ganze Eier lassen sich sehr effektvoll mit natürlichen Farbstoffen aus Obst und Gemüse färben. Spinat, Rotkohl, rote Bete, Heidelbeeren, Holunderbeeren, Schalen von Gemüsezwiebeln bzw. roten Zwiebeln oder auch eine Tüte echte Lakritz jeweils in gut 1 l Wasser, dem ein Schuß Essig zugesetzt wird, 30 Minuten kochen. Den Sud durch ein Sieb abgießen, 1 EL Alaun (aus der Apotheke) einrühren und darin weißschalige Eier mindestens zehn Minuten kochen.

Ausblasen Man bohrt an beiden Enden des Eis vorsichtig ein Loch in die Schale. Dafür ist etwa der Dorn des Milchdosenöffners geeignet. Dann fährt man – z. B. mit einem hölzernen Schaschlikspieß – tief in das Ei. Es läßt sich nun mühelos ausblasen. Die Schale gründlich ausspülen und über Nacht trocknen lassen.

▸ Wegen der Salmonellengefahr bläst man Eier am besten mit einem Strohhalm aus.

Umgang mit ausgeblasenen Eiern Wenn die geplante Bemalung oder Verzierung dies nicht ausschließt, kann man dem zerbrechlichen Ei etwas mehr Festigkeit geben, indem man es mit Pappmaché aus unbedruckten Zeitungsrändern kaschiert.

▸ Das Ei läßt sich bequem bemalen oder dekorieren, wenn man es auf einer Stricknadel befestigt. Man schneidet von einem Flaschenkorken zwei Scheiben und spannt das Ei dazwischen.

Auf einer Stricknadel wird das Ei zwischen zwei Korkscheiben befestigt.

▸ Frisch bemalte oder dekorierte Eier in der Halterung auf der Stricknadel zum Trocknen aufstellen.

▸ Bemalten Eiern, ob hartgekocht oder ausgeblasen, verleiht man Glanz, indem man sie mit einer Speckschwarte abreibt. Nur für ausgeblasene Eier kann man auch farblosen Nagellack verwenden.

Dekorieren Statt ausgeblasene Eier zu bemalen, kann man sie auch mit verschiedenen Materialien dekorieren und bekleben. Woll- und Bastfäden, Pfeifenreiniger, Geschenkband und Perlchen sind dafür ebenso geeignet wie gepreßte Blüten, Blätter oder Federn.

Aufhängen Für die Aufhängung ein halbes Streichholz in der Mitte knicken. An der Knickstelle einen Faden oder ein Band am Hölzchen festknoten. Dieses schiebt man zusammengedrückt in das ausgeblasene Ei. Dort öffnet es sich von selbst wieder und hält so den Faden fest.

Das Streichholz mit dem festgeknoteten Faden geknickt in das Ei schieben.

Zerbrochene Schalen Zerbricht ein Ei beim Ausblasen, läßt sich aus der Schale noch ein kleines Osterväschen basteln. Die Schale einfach außen bemalen, etwas Steckmoos hineinlegen und kleine Stoff- oder Trockenblumen einstecken. Die Vase steht sicher, wenn man unten etwas Knetmasse anbringt.

Gießform Ausgeblasene Eier kann man als eine Gießform verwenden, z. B. für Osterkerzen. Dazu eines der beiden Löcher, die zum Ausblasen gebohrt wurden, mit Knetmasse verschließen und das andere etwas vergrößern. Dann ein wenig Speiseöl in die Schale geben und diese bewegen, damit sich das Öl über die Innenseite verteilt. Nun erst die Gießmasse einfüllen.

HOLZ

▸ Schön gelockte Hobelspäne, die beim Heimwerken mit Holz anfallen, sollte man vorsichtig einsammeln – man kann sie z. B. als Kopfputz für selbst gebastelte Marionetten aus Pappmaché verwenden.

Balsaholz Das weiche und leichte, dennoch feste Balsaholz ist für den Modellbau am besten geeignet. Es ist in Stärken ab 1 mm im Handel erhältlich. Sehr dünnes Balsaholz kann man mit einem Universalmesser (Cutter) schneiden; dabei sollte eine Metalleiste als Führung dienen.

▸ Da Kleber und Leime auf Balsaholz rasch trocknen, muß man alle Stoßstellen vor dem Kleben genau ausrichten.

PAPPMACHÉ

▸ Für Arbeiten mit Pappmaché (auch Papiermaché genannt) braucht man meist ein Gerüst, einen Kern. Leichte Materialien wie zusammengeknülltes Papier, in Form gedrückte Alufolie, Wellpappe, feiner Maschendraht oder Dosen eignen sich dafür.

Kaschieren Zeitungspapier, das entlang eines Lineals oder der Tischkante in Streifen gerissen wurde, wird eingekleistert und in Lagen auf den Kern aufgebracht. Man verwendet entweder Weißleim, der im Verhältnis 1:1 mit Wasser angerührt wird, oder – im normalen Mischungsverhältnis – Tapetenkleister. Man kann das Papier in den Kleister tauchen oder es damit bestreichen.

▸ Als Kern für durchsichtige Gegenstände – etwa Lampions – eignen sich Luftballons und als Kaschiermasse Seidenpapier.

▸ Aus oben breiten, nach unten schmal zulaufenden Streifen, die man einleimt und dann vom dicken zum dünnen Ende hin rollt, entstehen geformte Papierperlen, die man bemalt und mit Klarlack überzieht.

Modelliermasse Aus Papier kann man auch einen Brei herstellen, mit dem man fast wie mit Ton modellieren oder ein kaschiertes Objekt weiterbearbeiten kann.

▸ Wenn man eine kleinere Menge Papierbrei besonders schnell herstellen will, gibt man das Papier in heißes Wasser und rührt mit dem Elektroquirl.

Nachbehandeln und Bemalen Der langwierige Trocknungsprozeß wird beschleunigt, wenn man die Arbeiten in den auf höchstens 65 °C geheizten Backofen stellt. Die getrockneten Formen mit Schleifpapier glätten und dann – z. B. mit Dispersionsfarben – bemalen. Eventuell noch mit Klarlack überziehen.

GIPS

▸ Um zu vermeiden, daß Gips klumpt, rührt man ihn in Wasser ein, nicht umgekehrt. Soll die modellierte Masse später bemalt werden, gibt man etwas feinen Sand zu. Die Oberfläche wird dadurch körniger, und die Farbe hält besser.

▸ Soll der Gips rasch abbinden, gibt man etwas Salz in das Wasser. Zu schnelles Abbinden wird verhindert, wenn man das Wasser mit Zitronensaft oder Essig säuert.

PAPIERBREI ZUM MODELLIEREN HERSTELLEN

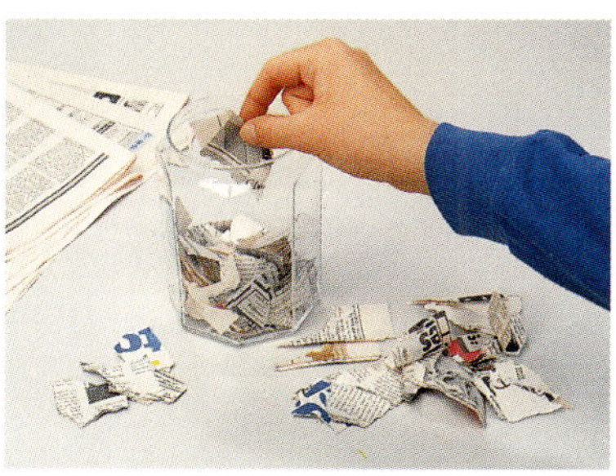

1. Für 1 l Masse vier Zeitungsblätter zerreißen, zwölf Stunden in 2 l Wasser einweichen und aufkochen.

2. Rühren, bis das Papier zerfällt und ein Brei entsteht. Die Masse in ein Sieb geben und ausdrücken.

3. Brei in den Topf zurückgeben und je 2 EL verdünnten Weißleim und Kleisterpulver untermischen.

KNETMASSE

▸ Um selbst Knetmasse herzustellen, mischt man 250 g Mehl (Typ 405), 125 g Salz, 1 Tasse Wasser, 1 EL Speiseöl, 2 TL Weinsteinsäure und Lebensmittelfarbe, die nach Bedarf zugegeben wird, in einem Kochtopf und erhitzt sie, bis sich ein fester Kloß bildet. Die abgekühlte Masse ist sehr gut formbar.

GIESSEN

▸ Viele Behälter (Schachteln, Plastikbecher, Dosen, Gläser usw.), die man in Haushalt und Büro üblicherweise zum Müll gibt, kommen als Gießformen in Frage. Grundsätzlich muß man sich erst vergewissern, daß sie der Hitze der Gießmasse standhalten.

▸ Um eine Gießform zu gestalten, füllt man eine Plastikdose mit feuchtem Sand und drückt eine Vertiefung hinein. Diese wird mit fester Alufolie ausgekleidet, in die gewünschte Form gedrückt und anschließend mit der Gießmasse ausgefüllt.

▸ Immer auch bedenken, daß der Behälter eventuell zerstört werden muß, um die verfestigte Gießmasse zu lösen.

Gießharz Man darf es nur in acetonbeständige Behälter füllen. Zur Prüfung einen Tropfen des Lösungsmittels Aceton, das man in der Apotheke erhält, auf den Behälter geben und sofort mit einem trockenen Tuch wieder abwischen. Bleibt die Oberfläche völlig unverändert, ist die Form geeignet.

Wachs Für Wachs sollte man eine Gießform verwenden, die einer Temperatur von mindestens 85 °C standhält, ohne sich zu verformen. Denn auf diese Temperatur muß das Wachs beim Gießen erhitzt sein. Die meisten Plastikgefäße und auch gewachste Milchkartons halten diese Temperatur aus.

▸ Damit sich das erkaltete Wachs später besser löst, die Form mit Vaseline oder mit Pflanzenöl einfetten.

▸ Wenn das Wachs fest zu werden beginnt, steckt man eine dünne Stricknadel bis zum Boden der Form hinein. Nachdem es völlig erstarrt ist, entfernt man die Nadel. Durch die dabei entstandene Öffnung zieht man den Docht in die Kerze ein.

KERZEN GIESSEN

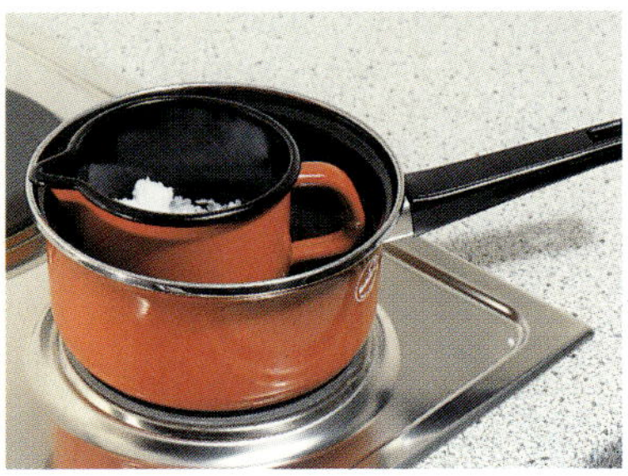

1. Das Wachs wird geschmolzen, indem man es in einem Gefäß ins kochende Wasserbad stellt.

2. Die Form mit Vaseline einfetten. Docht mit einigen Tropfen Wachs am Boden der Form befestigen.

3. Docht zwischen zwei von Klammern gehaltenen Stäben einspannen; Wachs in die Form geben.

KERZEN ZIEHEN

1. Docht in geschmolzenes Wachs tauchen, herausziehen und straff halten, bis das Wachs erstarrt.

2. Docht so oft eintauchen und herausziehen, bis die gewünschte Kerzenstärke erreicht ist.

3. Querstreifen erhält, wer die Kerze immer weniger tief in verschiedenfarbige Wachse taucht.

MOSAIK

▸ Porzellan- und Steingutscherben sowie Scherben aus dickem, farbigem Glas sind hervorragend geeignet für Mosaikarbeiten und Collagen.

▸ Will man ein Gefäß – z. B. eine Flasche – zerschlagen, um Scherben für Bastelarbeiten zu gewinnen, wickelt man es in ein altes Tuch und schlägt mit einem Hammer darauf. Nur die größeren Stücke vorsichtig aussortieren, das Tuch dann locker zusammenlegen und gut über dem Mülleimer ausschütteln, oder das Tuch ganz zum Hausmüll geben.

Eine Flasche, die zerschlagen werden soll, in ein Tuch wickeln.

FIGUREN ZEICHNEN

▸ Mit Hilfe der geometrischen Figuren Kreis, Oval und regelmäßiges Sechseck kann man u. a. phantasievolle Muster und Formen als sogenannte Fadenbilder zeichnen.

Kreis Wer Zirkel oder Kreisschablone nicht zur Hand hat, kann mit Hilfe runder Gegenstände (Tassen, Gläser, Teller usw.) bequem Kreise zeichnen.

▸ Einen provisorischen Zirkel erhält man, wenn man am einen Ende einer Schur einen Nagel, am anderen einen Bleistift befestigt. Auf geeigneter Unterlage den Nagel im Mittelpunkt des zu zeichnenden Kreises einschlagen, die Schnur straff spannen und den Kreis zeichnen.

▸ Für große Kreise oder Kreisbogen kann man aus einer geraden Holzleiste (0,5–1 cm dick, 2–2,5 cm breit) einen Stangenzirkel basteln. In das eine Ende wird 2,5 cm vom Rand entfernt ein Loch gebohrt, in das ein Bleistift genau hineinpaßt. Von der Mitte dieses Lochs mißt man auf der Leiste den gewünschten Radius (Entfernung vom Kreismittelpunkt bis zur Kreislinie) und schlägt dort einen etwa 4 cm langen Nagel ein, der als Zirkelspitze dient.

Den Stangenzirkel fest ansetzen und einen Kreis zeichnen.

Kreisumfang Die Multiplikation des Kreisdurchmessers (doppelter Radius) mit der Zahl π (3,14) ergibt den Kreisumfang.

▸ Berechnet man den Kreisumfang, um z. B. die Länge eines Materials zu bestimmen, das den Kreis umspannen soll, muß man meist etwas zugeben, damit man die Materialenden miteinander verkleben oder verknüpfen kann.

Regelmäßiges Sechseck Man bestimmt die Seitenlänge des Sechsecks, stellt den Zirkel auf dieses Maß ein und zeichnet einen Kreis. Nun setzt man den Zirkel mit derselben Einstellung auf einen beliebigen Punkt auf der Kreislinie und unterteilt diese – von den sich ergebenden Schnittpunkten ausgehend – nacheinander in sechs gleich

EIN OVAL ZEICHNEN

1. Auf zwei sich in C rechtwinklig kreuzenden Linien Breite (A) und Länge (B) des Ovals markieren.

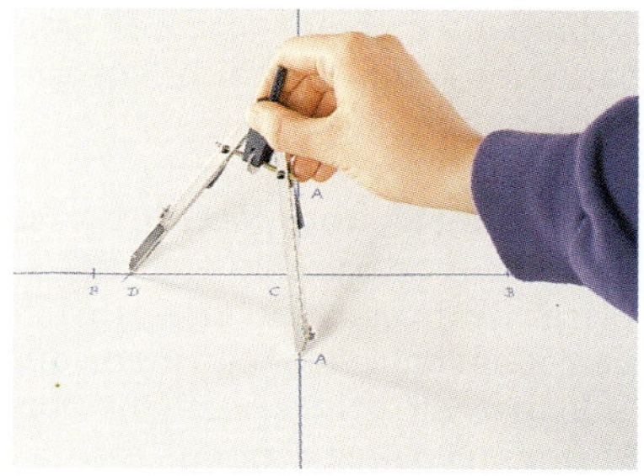

2. Zirkel auf Abstand B–C einstellen, bei A ansetzen und auf waagrechter Linie D und E einzeichnen.

3. An D und E Nägel einschlagen. Diese mit einem Faden, der bis A gespannt werden kann, verbinden.

4. Einen Bleistift hinter einem Nagel ansetzen und am straffgezogenen Faden entlangführen.

große Abschnitte. Man verbindet die sechs Punkte durch Geraden.

▸ Wird nur jeder zweite Punkt durch Geraden verbunden, entsteht ein gleichseitiges Dreieck. Verbindet man danach noch die übrigen Punkte, ergibt das einen sechsstrahligen Stern.

MUSTER ÜBERTRAGEN

▸ Um ein Muster oder eine Abbildung in gleicher Größe zu kopieren, braucht man sie nur mit Kohlepapier oder – besser und sauberer – mit Schneiderkopierpapier abzupausen.

Vergrößern und Verkleinern Soll eine Vorlage maßstabgetreu vergrößert oder verkleinert werden, kann man sich mit einem auf Transparentpapier gezeichneten Raster aus gleich großen Quadraten behelfen – je detailreicher das Muster, desto enger sollte das Raster sein. Es wird über die Vorlage gelegt und unverrückbar mit Klebeband oder Tacker daran befestigt. Dann zeichnet man ein entsprechend größeres bzw. kleineres Quadratraster und überträgt darauf Quadrat für Quadrat die Schnittpunkte von Vorlage und Originalraster. Werden die übertragenen Schnittpunkte entsprechend miteinander verbunden, erhält man das Muster in der gewünschten Größe.

▸ Für besonders genaue Arbeiten in einzelnen Quadraten noch Diagonallinien einzeichnen, um zusätzliche Schnittpunkte von Muster und Raster zu erhalten.

SCHABLONEN

▸ Viele Gegenstände können als Schablonen für Muster dienen: vom Abdeckband (bei Papierarbeiten sollte man leicht abzulösendes Kreppband benutzen) über Tortendeckchen, Kurvenlineale, Unterlegscheiben bis hin zu Blättern und Federn.

▸ Man kann Schablonen auch selbst machen. Je nach dem Zweck kann man die Schablone aus steifem Papier, Karton oder Plastikfolie (Acetatfolie) schneiden. Dazu ist ein senkrecht angesetztes Universalmesser besser geeignet als eine Schere. Karton und Papiere schneidet man auf einer dicken Kartonunterlage.

Arbeiten mit der Schablone Die Schablone zunächst mit Klebeband gut auf der Unterlage fixieren. Dann drückt man sie fest darauf. Schmale Stege mit einem feinen Gegenstand andrücken, damit keine Farbe darunter läuft. Geschieht dies dennoch, die Schablone reinigen oder vor der erneuten Verwendung gut trocknen lassen.

Reparieren Einen gerissenen oder versehentlich eingeschnittenen Steg der Schablone repariert man mit einem Stück Klebeband. Überstehende Ränder des Bandes sauber an der Kontur des Stegs entlang abschneiden.

Mit dem Universalmesser werden die Ränder des Klebebands exakt abgeschnitten.

STEMPEL UND REIBDRUCKE

▸ Um Papier, Stoff oder Modelliermassen zu bedrucken oder zu verzieren, sind Stempel aller Art geeignet. Als Stempel kann man verschiedene Gebrauchsgegenstände, die Muster und Strukturen aufweisen, benutzen – etwa Knöpfe, Werkzeuge, Unterlegscheiben, Dosendeckel, Schuhsohlen, Reste von Fahrradreifen, Glas- oder Tassenränder usw.

▸ Aus Materialien wie Gummi, Kork, Kartoffeln, Linoleum, Holz, Styropor und feuchtem Gips kann man selbst Stempel schneiden.

▸ Blätter mit starken Rippen, Getreideähren, stark strukturierte Papiere, Tortendeckchen, Wellpappe usw. können ebenfalls für Abdrücke auf Modelliermasse o. ä. verwendet werden. Man legt sie auf die zu verzierende Unterlage und drückt ihre Umrisse mit einem Nudelholz ein. Oder man bestreicht sie mit Druckfarbe, legt sie auf die zu bedruckende Unterlage, deckt sie vorsichtig ab und fährt mit einer Walze oder dem Nudelholz darüber.

Reibdrucke Dafür legt man nicht zu dickes Papier über eine strukturierte Oberfläche – etwa Blätter, strukturierte Papiere (Reste von Rauhfasertapete), Münzen, feiner Maschendraht, Gewebe, Netze usw. –, dann reibt man mit einem weichen Blei-, Farb- oder Wachsmalstift über das Papier, bis das Muster sichtbar wird. Diese Technik kann man auch mit der Verwendung von Schablonen kombinieren.

▸ Verwendet man statt der Farbstifte die Breitseite einer weißen Kerze, erhält man einen Negativabdruck der Vorlage, wenn man das Papier anschließend gleichmäßig mit Wasserfarbe einstreicht.

Stempelkissen In eine flache Schale legt man ein Stück Schwammtuch oder mehrere Lagen Filz und tränkt den Stoff mit Plakatfarbe. Eine unterschiedliche Farbintensität erreicht man, wenn man den Stempel nicht vor jedem Druckvorgang erneut einfärbt.

EINEN LINOLSCHNITT ANFERTIGEN

Mit Linoleum kann man auf einfache Weise einen Druckstock herstellen. Man sollte jedoch bereits beim Entwurf des Druckmotivs berücksichtigen, daß sich der Linolschnitt besser für relativ große und einfache als für filigrane Formen eignet. Bei der Bearbeitung sollte das Material warm sein – kaltes Linoleum läßt sich schwerer schneiden. Für den Druck kann man fett- und wasserlösliche Farben verwenden.

1. Das auf Papier entworfene Muster mit einem Stift auf das Linoleum übertragen.

2. Die Konturen des Musters mit Geißfuß, Hohl- und Schrägeisen ausschneiden.

3. Die restliche Linoleumoberfläche, die auf dem Druck nicht sichtbar sein soll, entfernen.

4. Die gesäuberte Platte mit Farbe einwalzen. Nur die erhabenen Stellen nehmen Farbe an.

5. Das zu bedruckende Material auf die Platte legen; mit sauberer Walze andrücken und abziehen.

Mit der Linoldrucktechnik kann man auch T-Shirts und andere Textilien bedrucken. In diesem Fall muß man aber eine spezielle Stoffarbe verwenden.

FOTOGRAFIEREN

▸ Will man seine Urlaubserinnerungen mit dem Fotoapparat festhalten, muß man nicht unbedingt eine umfangreiche und damit meist auch schwere Fotoausrüstung mitnehmen. Es gibt inzwischen kleine und dennoch leistungsfähige Kompaktkameras, die man problemlos bei sich tragen kann. Diese Kameras verfügen meist über Belichtungsautomatik, automatische Scharfeinstellung (Autofocus) und oft sogar über einen eingebauten Blitz und ein Zoomobjektiv.

▸ Empfehlenswert sind Kameras, die mit einem Motor für den Filmtransport ausgestattet sind. Will man z. B. schnell hintereinander zwei Aufnahmen machen, muß man nicht erst umständlich einen Hebel bewegen, um den Film zu transportieren. Besitzt man eine solche Kamera, sollte man aber immer Ersatzbatterien bei sich tragen, denn mit verbrauchten Batterien sind die Kameras nicht mehr funktionsfähig.

Spiegelreflexkameras und Objektive Wer mit verschiedenen Objektiven, z. B. mit Weitwinkel- oder Teleobjektiven, arbeiten will, muß sich eine Spiegelreflexkamera zulegen. Bis man ihre Funktionen vollständig beherrscht, empfiehlt es sich, mit einem Normalobjektiv zu fotografieren.

▸ Objektive mit hoher Lichtstärke benötigt der Fotoamateur höchst selten. Die Anschaffung dieser teuren und auch schweren Objektive lohnt daher meist nicht. Ein kleines Blitzgerät oder ein Film mit höherer Lichtempfindlichkeit bringt häufig denselben Effekt.

▸ Die meisten im Handel erhältlichen Objektive haben eine feste Brennweite. Die gebräuchlichsten Brennweiten werden in folgende Gruppen eingeteilt: Superweitwinkel (15–24 mm), Weitwinkel (28–35 mm), Normalobjektiv (40–55 mm), Teleobjektiv (85–200 mm) und Superteleobjektiv (300–1000 mm). Der Fotoamateuer sollte sich im Fachgeschäft beraten lassen, welche Objektive für seine Zwecke geeignet sind. Eine praktische Kombination aus drei Objektiven wäre beispielsweise: ein 28-mm-, ein 50-mm- und ein 135-mm-Objektiv.

▸ Wer sich den häufigen Objektivwechsel sparen möchte, kann auch auf ein Zoomobjektiv zurückgreifen. Für den Amateur sind dabei Brennweiten zwischen 40 und 80 mm oder allenfalls 35 und 135 mm ausreichend. Die Lichtstärke und die Abbildungsqualität sind jedoch nicht so gut wie bei Einzelobjektiven. Außerdem sollte man bedenken, daß ein Objektiv um so größer und schwerer wird, je ausgedehnter sein Brennweitenbereich ist.

▸ Manchmal ist auch eine Kombination aus Einzel- und Zoomobjektiven vorteilhaft. Hierzu läßt man sich am besten im Fachhandel beraten.

▸ Für jemanden, der sehr häufig Nah- oder Makroaufnahmen machen möchte, lohnt sich wegen der sehr guten Bildqualität die Anschaffung eines teuren Makroobjektivs mit fester Brennweite. Ansonsten sollte man sich beraten lassen, ob es besser ist, mit Nahlinsen, Zwischenringen, einem Balgengerät oder einem Zoom-

DIE KAMERA REINIGEN

1. Mit einem weichen Pinsel, der mit einem Blasebalg ausgestattet ist, Staub vom Objektiv blasen.

2. Genauso das Innere der Kamera, d. h. Transport-, Aufwickelrollen und Filmbahn, reinigen.

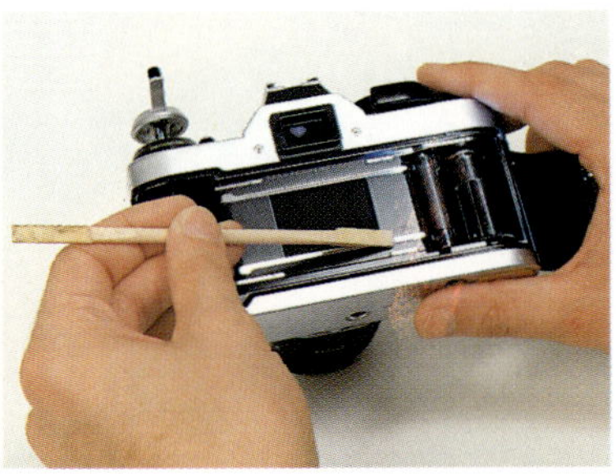

3. Schmutz auf der Filmbahn mit einem um einen Holzstab gewickelten Lederstück entfernen.

Wegwerfkameras

Sehr umweltbelastend sind Wegwerfkameras. Sie bestehen aus einem Film und einer einfachen Kamera. Wenn der Film voll ist, gibt man die Kamera ins Labor, wo der Film entwickelt und die Kamera nur teilweise wiederverwertet wird. Einen neuen Film kann man nicht einlegen. Nicht nur aus Umweltgründen ist von diesen Kameras abzuraten; die Bildqualität ist schlechter als bei herkömmlichen Kameras.

objektiv mit eingebautem Makrobereich zu arbeiten. Letzteres hat jedoch den Nachteil, daß die Qualität der Aufnahmen nicht so gut ist wie bei einem reinen Makroobjektiv.

Filmmaterial Im Amateurbereich findet fast nur der Kleinbildfilm Verwendung. Dabei ist es sinnvoll, sich möglichst früh für ein Filmmaterial zu entscheiden und dann nur noch dieses zu verwenden. Dann kann man nämlich recht gut einschätzen, wie das Material in den unterschiedlichen Lichtsituationen reagiert, und Farbabweichungen vermeiden.

▸ Für den Fotoamateur empfiehlt es sich, mit einem Film von mittlerer Empfindlichkeit (d. h. ISO 100 bis ISO 200) zu fotografieren. Er ist sowohl bei Sonne als auch bis in die erste Dämmerung verwendbar und so feinkörnig, daß man von gelungenen Aufnahmen sogar noch großformatige Vergrößerungen machen lassen kann.

▸ Von einem Negativfilm Dias machen zu lassen ist zwar möglich, aber relativ teuer. Deshalb sollte man im Zweifelsfall lieber einen Diafilm verwenden. Wenn man dann zusätzlich Papierbilder benötigt, kann man diese problemlos in hoher Qualität und preisgünstig anfertigen lassen.

▸ Der Schwarzweißfilm ist im Amateurbereich fast völlig in Vergessenheit geraten, obwohl sich auch mit diesem Material sehr schöne Aufnahmen, insbesondere Porträts, machen lassen. Experimente lohnen sich auf jeden Fall.

▸ Man sollte darauf achten, daß ein Film nicht zu lange in der Kamera bleibt. Farbfilme verändern ihre Eigenschaften mit der Zeit. Deshalb muß immer das Ablaufdatum auf der Verpackung beachtet werden. Wer wenig fotografiert, sollte aus diesem Grund keine Filme für 36 Aufnahmen verwenden. Viele Filmsorten gibt es auch für 24, 20 oder sogar nur 12 Aufnahmen.

▸ Je kälter Filme gelagert werden, desto länger bleibt die Qualität des Materials erhalten. Deshalb sollte man unbelichtete Filme am besten im Kühlschrank oder in einem trockenen Keller aufbewahren.

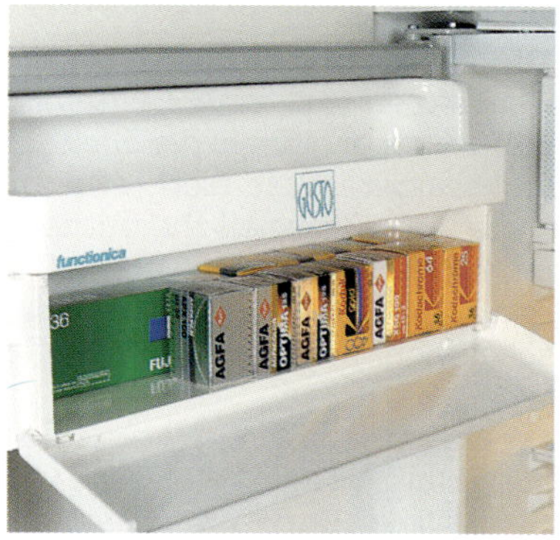

Unbelichtetes Filmmaterial bewahrt man am besten im Kühlschrank auf.

▸ Bevor man einen aus dem Kühlschrank entnommenen Film in die Kamera einlegt, sollte man ihn einige Stunden liegenlassen, damit er sich der Umgebungstemperatur anpassen kann. Sonst besteht die Gefahr, daß sich beim Öffnen der Verpackung Feuchtigkeit auf dem Filmmaterial niederschlägt und es dadurch verdorben wird.

▸ Auch unterwegs sollte man das Filmmaterial grundsätzlich so kühl wie möglich lagern. So emp-

DEN FILM IN DIE KAMERA EINLEGEN

1. Die Rückwand der Kamera öffnen und die Filmpatrone in die dafür vorgesehene Mulde legen.

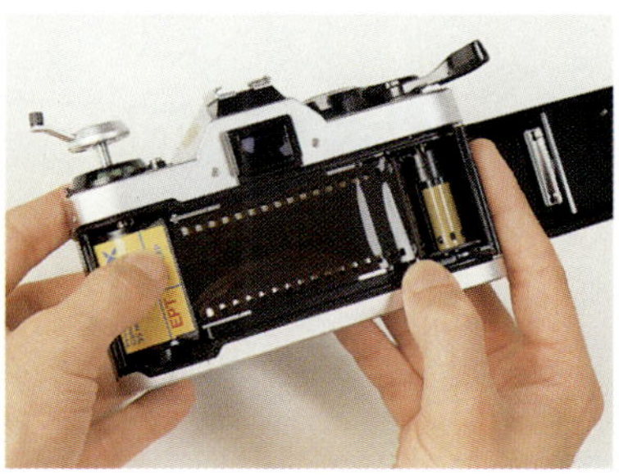

2. Den Film in die Aufwickelspule einfädeln. Dabei muß er in beide Perforationsreihen greifen.

3. Die Kamera schließen. Den Film bis zur Zählwerkstellung 1 transportieren.

fiehlt es sich, im Auto das Material vor Sonne geschützt unter dem Beifahrersitz zu verstauen. Aus Sicherheitsgründen – das Material könnte während der Fahrt nach vorn rutschen und den Fahrer stören – darf man es nicht unter dem Fahrersitz aufbewahren.

Die Kamera schützen Batterien haben nur eine begrenzte Lebensdauer. Wenn die Kamera also längere Zeit nicht benutzt wird, die Batterien herausnehmen. Sonst könnten sie auslaufen und dadurch die Kamera stark beschädigen.

▸ Für eine umfangreiche Fotoausrüstung ist eine Fototasche unverzichtbar. Darin ist die Ausrüstung vor Stößen geschützt. Beim Kauf der Tasche sollte man darauf achten, daß an den Fächern im Innern Klettverschlüsse angebracht sind. Dann kann man sich das Tascheninnere problemlos nach den eigenen Bedürfnissen gestalten.

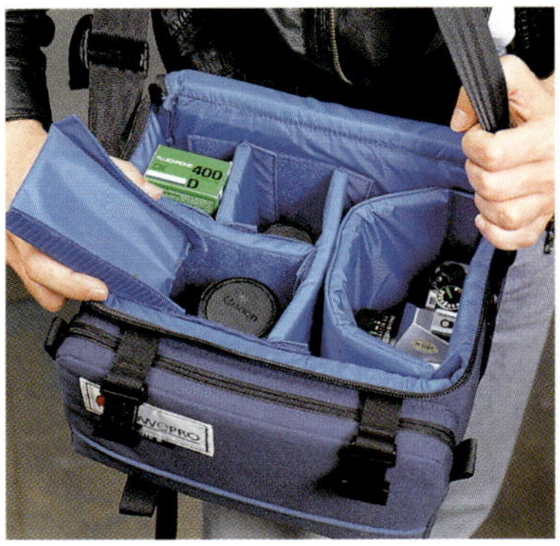

Fototaschen mit variablem Innern sind gut geeignet, eine umfangreiche Fotoausrüstung aufzunehmen.

▸ Fototaschen schützen nur schlecht gegen Staub oder Sand. Da diese einer Kamera stark schaden können, ist es z. B. am Strand zu empfehlen, die Kamera in einen möglichst dichtschließenden Plastikbeutel zu stecken.

Bildinhalt Der Betrachter sollte sofort erkennen, was das wichtigste Motiv einer Aufnahme ist. Dazu muß man sich beim Fotografieren auf die wirklich wesentlichen Dinge beschränken. Um dies zu erreichen, sollte man sich dem Motiv so weit wie möglich nähern.

▸ Bei Porträtaufnahmen beträgt der ideale Abstand etwa 1,5 m.

Die Kamera halten Eine Kamera sollte man immer gerade halten. Kippt man die Kamera beim Fotografieren von Gebäuden, entsteht der Eindruck von stürzenden Linien.

▸ Die Kamera möglichst ruhig halten. Wenn sich die Möglichkeit bietet, sollte man sich irgendwo

BILDINHALTE RICHTIG GESTALTEN

Falsch: Durch diesen Kamerastandort überlagern sich zwei Einzelmotive.

Falsch: Hier bleibt für den Betrachter unklar, welches Motiv das wichtigere ist.

Richtig: Wird der Bildinhalt auf ein Motiv reduziert, erhält die Aufnahme Aussagekraft.

Falsch: Durch den zu großen Abstand hebt sich das Hauptmotiv kaum vom Hintergrund ab.

Falsch: Automatische Kameras stellen den Mittelpunkt scharf. Hier liegt dieser im Hintergrund.

Richtig: Bei automatischen Kameras manuell das Hauptmotiv scharfstellen.

abstützen. Bei Aufnahmen mit längeren Belichtungszeiten ist es besser, ein Stativ zu verwenden. Wenn sich die Anschaffung eines Stativs nicht lohnt, kann man auch mit Hilfe eines kleinen Sandsacks eine stabile Lagerung der Kamera erreichen.

Ein Sandsack dient dazu, eine provisorische stabile Unterlage für die Kamera zu schaffen.

▸ Objektive mit extremen Brennweiten – d. h. mit Brennweiten unter 28 mm und über 135 mm – sind nicht ganz einfach zu handhaben. Bei Weitwinkelaufnahmen von Gebäuden bewirkt bereits ein kleiner Kippwinkel stürzende Linien. Die Kamera ganz gerade halten! Beim Fotografieren mit dem Teleobjektiv ist dagegen die Gefahr, das Bild zu verwackeln, besonders groß. Sicherheitshalber sollte man bei diesen Aufnahmen ein Stativ verwenden.

Lichtgestaltung Unterschiedliche Lichtverhältnisse im Freien schaffen auch verschiedene, oftmals sehr reizvolle Möglichkeiten, eine Aufnahme zu gestalten. Ein sonniger, wolkenloser Himmel ergibt ein sehr hartes Licht. Leichte Bewölkung erzeugt jene Lichtverhältnisse, die uns am natürlichsten erscheinen. Bei ganz bedecktem Himmel entsteht ein weiches Licht, das für viele Motive zu kontrastarm ist. Gerade darin kann aber der Reiz einer bestimmten Aufnahme liegen. Deshalb: viel experimentieren und den eigenen Geschmack entscheiden lassen.

▸ Auch mit Gegenlichtaufnahmen lohnt es sich zu experimentieren. Manche automatischen Kameras sind mit Korrekturtasten ausgestattet, damit man das Motiv etwas länger belichten kann. Manchmal kann man einen Blitz verwenden, um das Motiv im Vordergrund aufzuhellen.

▸ Immer darauf achten, welche Lichtquelle ein Objekt beleuchtet. Ist es direktes Kunstlicht oder Sonnenlicht? Wird Licht von einer farbigen Fläche reflektiert, was zu Farbveränderungen führen kann?

▸ An der See und im Hochgebirge kann der hohe UV-Anteil des Lichts auf dem Film einen leichten Blaustich und eine geringe Unschärfe erzeugen. Abhilfe schafft in diesem Fall ein UV-Sperrfilter. Dieser ist außerdem ein guter Schutz vor Kratzern auf dem eigentlichen Objektiv.

▸ Mit Hilfe von Filtern kann man Farben bewußt verändern. Mit einem roten Trickfilter, der nur oben getönt ist, läßt sich beispielsweise auch tagsüber ein roter Abendhimmel simulieren.

▸ Auch beim Schwarzweißfilm lassen sich mit Farbfiltern interessante Effekte erzielen. So verbessert z. B. ein Gelbfilter den Kontrast zwischen Himmel und Wolken. Ein Rotfilter verstärkt ihn noch mehr, so daß der Eindruck einer Gewitterstimmung entsteht.

Vergrößerungen Die Lieblingsbilder von der letzten Reise können einen schönen Wandschmuck bilden, wenn man sie auf Posterformat vergrößern läßt. Preisvergleiche lohnen sich, denn in vielen Fotogeschäften gibt es dafür Sonderangebote.

Umgang mit Dias Wer seine Fotografien eindrucksvoll präsentieren möchte, sollte Dias machen. Dias sind nicht nur brillanter als Papierbilder, sondern auch wesentlich billiger. Allerdings macht die Organisation einer Diasammlung mehr Arbeit, als ein Album anzulegen.

LICHTGESTALTUNG BEI PORTRÄTAUFNAHMEN

Besteht keine Möglichkeit, das Motiv aufzuhellen, auf Gegenlichtaufnahmen verzichten.

Licht, das direkt von der Seite kommt, verursacht starke Schlagschatten.

Für gelungene Porträtaufnahmen sollte das Licht schräg von vorn auf die Person fallen.

▸ Damit der Diabestand nicht übermäßig anwächst, sollte man mißlungene Aufnahmen sofort wegwerfen.

▸ Eine größere Diasammlung verlangt immer auch ein Ordnungsprinzip, sonst verliert man bald den Überblick. So kann man z. B. die Diaschachteln in chronologischer Reihenfolge numerieren. Jedes Dia wird dann auf dem Rahmen mit der Schachtelnummer und seiner Nummer in der Schachtel versehen (z. B. 15/24). Hierzu verwendet man am besten einen wasserfesten Filzstift.

▸ Will man weitere Informationen zu einzelnen Dias notieren, legt man sich ein Ringbuch an, in dem unter der jeweiligen Dianummer der zugehörige Text eingetragen wird.

▸ Dias müssen gerahmt werden. Dies kann mit oder ohne Glas geschehen. Glasloses Rahmen geht schnell, hat jedoch den Nachteil, daß die Dias nicht so geschützt sind wie hinter Glas. Die Glasrahmung ist aber sehr arbeitsintensiv: Die Gläser müssen vorher geputzt werden, und auch das Rahmen selbst braucht viel Zeit.

▸ In seltenen Fällen kann bei glasgerahmten Dias Pilzbefall auftreten. Um dies zu verhindern, sollte man die Dias immer wieder aus den Rähmchen nehmen, die Gläser säubern und die Dias erneut rahmen.

▸ Newtonsche Ringe, die bei Glasrahmen infolge von Feuchtigkeit entstehen können, lassen sich vermeiden, indem man den Film, nachdem man ihn aus dem Labor zurückerhalten hat, vor dem Rahmen ein bis zwei Tage liegenläßt. Außerdem gibt es Spezialgläser, bei denen dieser Effekt nicht auftreten kann.

▸ Glaslos gerahmte Dias wölben sich bei der Vorführung im Diaprojektor durch die Erwärmung etwas. Dadurch ist das Bild auf der Leinwand nicht überall gleich scharf. Im Handel sind aber Projektoren erhältlich, deren Objektive dies ausgleichen können.

Leinwand Früher benötigte man für die Diaprojektion aufgrund lichtschwacher Projektoren möglichst glänzende Leinwände. Dies hatte den Nachteil, daß Betrachter, die seitlich der Projektionsachse saßen, ein sehr viel lichtschwächeres Bild zu sehen bekamen als die anderen. Um diesen Effekt auszugleichen, verwendet man heute stärkere Projektoren und matte Leinwände, die das Licht mehr streuen. Wer einen neuen, lichtstarken Projektor besitzt, sollte also besser eine matte Leinwand verwenden.

▸ Wenn für eine Diavorführung keine Leinwand zur Verfügung steht, kann man die Dias auch auf eine weiße Wand oder ein aufgehängtes Bettlaken projizieren.

Photo CD Völlig neue Möglichkeiten, Fotos zu betrachten und zu archivieren, bietet die Photo CD. Wer sie nutzen möchte, bringt seinen Kleinbildfilm (Negativ oder Dia) zum Fotohändler. Dieser läßt die Bilder dann auf eine CD überspielen. Mit einem Photo CD-Player kann man die Bilder dann direkt auf dem Fernsehschirm betrachten. Bis zu 100 Aufnahmen passen zur Zeit auf eine CD.

▸ Mit Hilfe des Photo CD-Players kann man die Bilder beliebig sortieren oder auch einen Bildervortrag programmieren. Dabei läßt sich im voraus festlegen, welche Bilder gezeigt werden sollen. Außerdem können Bildausschnitte vergrößert sowie die Helligkeit und der Kontrast bestimmt werden.

▸ Von einer Photo CD können weiterhin normale Papierabzüge angefertigt werden. Man braucht die CD nur beim Fachhändler abzugeben.

▸ Ein Photo-CD-Player ist zudem in der Lage, über die Hi-Fi-Anlage eine Musik-CD abzuspielen.

STILL-VIDEO

▸ Noch nicht lange auf dem Markt ist ein Fotoapparat, bei dem die Bilder nicht mehr auf Filmmaterial belichtet, sondern auf einer kleinen Diskette gespeichert werden. Auf eine Diskette passen 50 Bilder, die auf einem normalen Fernsehapparat wiedergegeben werden können. Bilder, die man nicht mehr benötigt, kann man löschen. Die einer herkömmlichen Kamera sehr ähnliche Still-Videokamera ist zur Zeit noch verhältnismäßig teuer. Zudem läßt die Bildqualität zu wünschen übrig.

▸ Ein kleiner Akku versorgt die Kamera mit Energie für mehrere hundert Aufnahmen. Wenn man jedoch häufig das Blitzlicht benutzt, sollte man sicherheitshalber immer einen Ersatzakku mitnehmen. Bei der Bildwiedergabe ist es besser, den Netzanschluß der Kamera zu verwenden.

▸ Die Still-Videokamera vor schädlichen Einflüssen schützen: Nässe, extreme Hitze, Sand oder auch ein heftiger Stoß können sie beschädigen. Wird die Kamera längere Zeit nicht benutzt, den Akku herausnehmen.

▸ Die Diskette darf nicht in die Nähe von starken Magnetfeldern gebracht werden. Staub und Hitze sind ebenfalls schädlich. Die Magnetschicht der Diskette nicht berühren.

▸ Wie Computerdisketten haben auch Still-Videodisketten eine Löschsperre, mit der man versehentliches Löschen verhindern kann. Die Sperre kann wiederaufgehoben werden.

SCHMALFILM

‣ In den letzten Jahren ist das Angebot im Bereich des 8-mm-Schmalfilms immer kleiner geworden. Kameras und Projektoren werden kaum noch gebaut, Filmmaterial kann man fast nirgendwo mehr kaufen. Neu in dieses Hobby einzusteigen ist daher nicht zu empfehlen. Da die Videotechnik ständig Fortschritte macht, ist auch ein Neuaufleben des Schmalfilms nicht mehr zu erwarten.

Filmmaterial Belichtete Filme sollten auf den Spulen aufgewickelt in Kunststoff- oder Blechdosen möglichst stehend gelagert werden.

‣ Das Filmmaterial sollte einen ganz bestimmten Feuchtigkeitsgrad haben, sonst wird es spröde und reißt bei der Projektion leicht. Im Fotohandel sind kleine Kissen erhältlich, die man in die Filmdose zum Film hinzulegt und die dort konstant in geringen Mengen Feuchtigkeit abgeben. So können Schmalfilme auch nach vielen Jahren meist noch problemlos projiziert werden.

‣ Wer von der Schmalfilmkamera auf Video umsteigen möchte, muß nicht auf seine Schmalfilme verzichten, sondern kann sie auf Video überspielen lassen. Bei der Filmqualität muß man jedoch Abstriche machen, und die Überspielung ist nicht gerade billig. Der Versuch, selbst die Filme von der Leinwand abzufilmen, schlägt meist fehl. Normale Projektoren sind dafür kaum geeignet.

Kamera und Projektor reinigen Da Ersatzteile bzw. neue Kameras und Projektoren rar sind, ist bei einer Schmalfilmausrüstung die Pflege sehr wichtig. Insbesondere in der engen Filmbahn, durch die der Film in einer Kamera oder einem Projektor gezogen wird, können sich Staub und Schmutz absetzen – was zu Kratzern auf dem Film führen kann. Um die Filmbahn zu reinigen, verwendet man am besten einen Holzstab, um den ein Stück weiches Leder gewickelt oder geklebt wurde.

Die Filmbahn einer Schmalfilmkamera mit einem Stab, um den Leder gewickelt wurde, reinigen.

‣ Die Filmbahn eines Projektors nach jeder Vorführung reinigen, da dort die Gefahr von Schmutzablagerungen noch größer ist als in einer Kamera.

FERNSEHER

‣ Die Ankündigung neuer Fernsehnormen hat in den letzten Jahren viele verunsichert, die sich einen Fernseher kaufen wollten. Entscheidungen über die Einführung neuer Normen sind jedoch noch nicht gefallen, und in absehbarer Zeit wird das wohl auch nicht der Fall sein. Beim Kauf eines neuen Fernsehers sollte man also andere Entscheidungskriterien zugrunde legen.

Fernseherkauf Vor dem Kauf sollte man sich klarmachen, wo und wie man das Gerät einsetzen will: Wie groß darf das Gerät sein? Wird es einen festen Standort haben, oder soll es leicht und tragbar sein? Wichtig ist außerdem noch, welche Zusatzgeräte an den Fernseher angeschlossen werden sollen.

Wenn der Fernseher brennt

Viele Brände werden durch den Fernseher ausgelöst. Warnsignale für einen bevorstehenden Fernseherbrand sind: Brandgeruch, Knistern, Zusammenfallen des Bildes oder ein heller Querstreifen auf dem Bildschirm.

- **Tritt eines dieser Anzeichen auf, den Fernseher am Gerät ausschalten und den Stecker ziehen.**
- **Kommt es zum Brand, zuerst die Sicherung im Sicherungskasten ausschalten, dann den Brand mit einem Feuerlöscher löschen.**
- **Sollte sich der Brand nicht schnell löschen lassen, die Feuerwehr alarmieren.**
- **Vorsicht vor giftigen Dämpfen: Fenster öffnen, den Raum verlassen und die Türen schließen.**

‣ Fast alle erhältlichen Fernseher haben heute einen hohen technischen Standard erreicht. Grundsätzliche Fehler kann man beim Kauf eines Gerätes also kaum machen. Man sollte sich aber dennoch in einem Fachgeschäft beraten lassen, wobei die Entscheidung schließlich meist aufgrund der Bedienungsfreundlichkeit und anderer Details gefällt wird.

Standort Den Fernseher so aufstellen, daß sich weder Fenster noch andere Lichtquellen auf der Bildröhre spiegeln können. Notfalls vermindert ein Mattspray, das im Fachhandel erhältlich ist, die Spiegelungen. Auch Gegenlicht, z. B. durch ein Fenster hinter dem Fernseher, sollte man vermeiden. Am besten stellt man den Fernseher in einen leicht abgedunkelten Raum, in dem die Möglichkeit einer indirekten Beleuchtung besteht.

‣ Der empfohlene Betrachtungsabstand zum Fernseher läßt sich auf zwei Arten ermitteln. Entweder multipliziert man die Länge der Bilddiagonale mit vier oder die der Bildhöhe mit sechs. Bei einer Bildröhre mit einer 70 cm langen Diagonale beträgt der Betrachtungsabstand also 2,8 m.

▸ Um Brände zu vermeiden, sollte man Fernseher nicht zu nahe bei einem Heizkörper aufstellen. Zur Überhitzung des Gerätes können auch Kerzen, Decken, Bücher oder Zeitschriften führen, die auf ihm liegen. Auf keinen Fall Blumentöpfe auf das Gerät stellen; beim Gießen besteht die Gefahr, daß Wasser in den Fernseher eindringt, was zu einem Kurzschluß führen kann. Soll der Fernseher in eine Schrankwand oder einen Schrank eingebaut werden, darauf achten, daß zur Luftzirkulation links, rechts und hinten 10 cm und oben 20 cm Raum frei bleiben.

Beim Einbau eines Fernsehers auf genügend Abstand zwischen Schrank und Gerät achten.

Programmeinstellung Die Fernsehprogramme werden an jedem Fernsehertyp anders eingestellt. Deshalb sollte man die Bedienungsanleitung genau beachten. Wer auch nach mehreren Versuchen kein befriedigendes Ergebnis erzielt, läßt sich die Programme am besten vom Fachmann einstellen.

Pflege und Wartung Reparaturen auf jeden Fall von einem Fachmann ausführen lassen! Im Innern eines Fernsehers herrschen Spannungen von bis zu 26 000 V – auch dann, wenn das Gerät ausgeschaltet ist.

▸ Fernseher bedürfen keiner besonderen Pflege. Man sollte sie lediglich in regelmäßigen Abständen mit einem nichtfusselnden Tuch abstauben. Keine aggressiven Reinigungsmittel verwenden. Den Bildschirm bei abgeschaltetem Fernseher mit einem Glasreiniger säubern, den man auf ein Tuch aufsprüht.

▸ Um die Lebensdauer der Bildröhre zu erhöhen, kann man den Kontrast möglichst weit herunterregeln.

▸ Während eines Gewitters sollte man vorsichtshalber den Antennenstecker und das Netzkabel herausziehen, um Schäden durch einen Blitzschlag zu vermeiden.

▸ Um Energie zu sparen, den Fernseher nicht tagelang auf Bereitschaft bzw. Stand-by eingeschaltet lassen. Der Fernseher verbraucht in dieser Funktion immer noch Strom. Will man längere Zeit nicht fernsehen, sollte man das Gerät ausschalten.

Stereoempfang Die meisten Fernseher sind heute für Stereo- bzw. Zweikanalempfang tauglich. Dennoch kommt oft der Stereoeffekt nicht zur Geltung, da die beiden Lautsprecher zu dicht nebeneinander angebracht sind. Wer beste Stereoqualität haben möchte, kann mit Hilfe von sogenannten Cinchsteckern den Fernseher an die Hi-Fi-Anlage anschließen. An viele Fernseher können aber auch Zusatzlautsprecher angeschlossen werden.

Bevor man das Lautsprecherkabel in die Löcher der Klemmen einführt, die Litzen verdrillen.

EINEN FERNSEHER EINSTELLEN

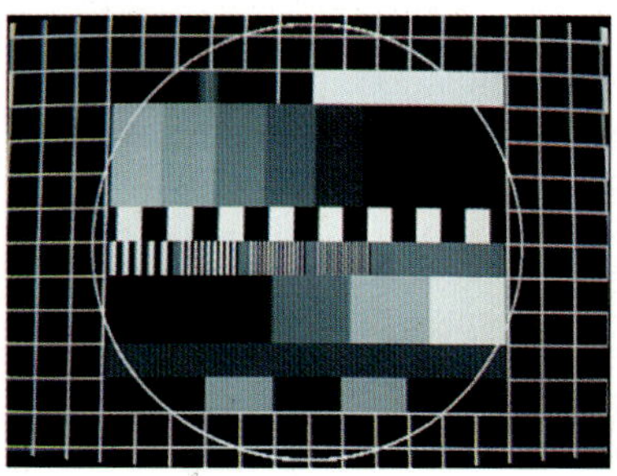

1. Einen Kanal wählen, der ein Testbild sendet. Dann den Farbregler ganz zurückdrehen.

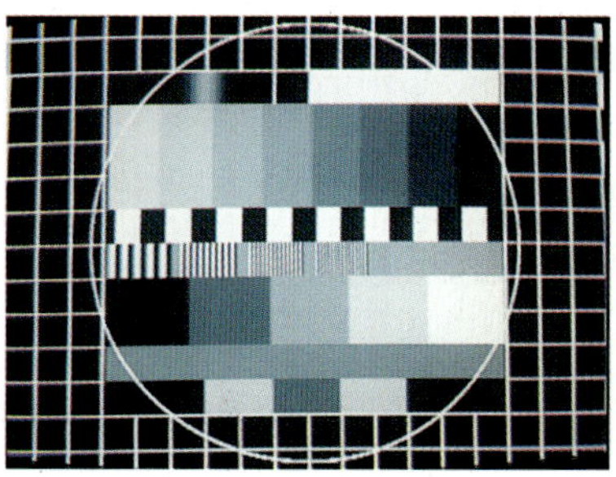

2. Nun mit dem Helligkeitsregler Schwarz und mit dem Kontrastregler Weiß einstellen.

3. Die Farbe so weit nach oben regeln, bis die Farben gut gesättigt sind, aber nicht überstrahlen.

DIE WICHTIGSTEN SATELLITEN UND EINIGE IHRER PROGRAMME (STAND 8/93)

Astra 1 A, Astra 1 B und Astra 1 C

- *ARD 1 Plus*
- *Bayern 3*
- *Childrens Channel*
- *Cinemania (verschlüsselt)*
- *CNN International*
- *Discovery Channel*
- *Documania (verschlüsselt)*
- *3Sat*
- *DSF*
- *Eurosport*
- *Movie Channel (verschlüsselt)*
- *MTV Europe*
- *Nord 3*
- *n-tv*
- *Premiere (verschlüsselt)*
- *Pro 7*
- *RTL*
- *RTL 2*
- *RTL 4 (zeitweise verschlüsselt)*
- *Sat 1*
- *Sky Movies Plus (verschlüsselt)*
- *Sky Movies Gold (verschlüsselt)*
- *Sky News*
- *Sky One*
- *Sky Sports (verschlüsselt)*
- *Teleclub (verschlüsselt)*
- *TV 1000 (D2-MAC)*
- *TV 3 Dänemark (D2-MAC)*
- *TV 3 Norwegen (D2-MAC)*
- *TV 3 Schweden (D2-MAC)*
- *UK Gold (verschlüsselt)*
- *Vox*
- *West 3*

DFS Kopernikus 3

- *ARD 1 Plus*
- *ARTE*
- *Bayern 3*
- *3Sat*
- *DSF*
- *n-tv*
- *Premiere (verschlüsselt)*
- *Pro 7*
- *RTL*
- *Sat 1*
- *Vox*
- *West 3*

Eutelsat II-F 1

- *Euronews*
- *Euro PACE (D2-MAC)*
- *Eurosport*
- *Filmnet Plus Niederlande (verschlüsselt)*
- *Filmnet Plus Belgien (verschlüsselt)*
- *ITN News*
- *Kabelkanal (D2-MAC)*
- *mbc*
- *Reuters TV*
- *RTL 2*
- *Super Channel*
- *TRT International*
- *TV 5 Europe*
- *Worldnet/DW-TV*

TV-Sat und TDF 1/2 und Olympus

- *ARD 1 Plus (D2-MAC)*
- *ARTE (D2-MAC)*
- *Canal plus (D2-MAC, verschlüsselt)*
- *3Sat (D2-MAC)*
- *RAISAT*
- *RTL (D2-MAC)*
- *Sat 1 (D2-MAC)*
- *Setanta Sport (zeitweise verschlüsselt)*

Telecom 2 B

- *Cine Cinemas (D2-MAC, verschlüsselt)*
- *ARTE*
- *France 2*
- *M6*
- *TF 1*

Intelsat 601

- *BBC W.S.TV (D2-MAC, verschlüsselt)*
- *Bravo (verschlüsselt)*
- *Childrens Channel*
- *Kindernet/Learning Channel/ Discovery*
- *EBU*
- *Parliamentary Channel*
- *SSVC TV (verschlüsselt)*

Intelsat 512

- *TV 1 Israel*
- *TV 2 Israel*
- *TV 3 Israel*
- *TV Norge*
- *STV 1 (D-MAC, verschlüsselt)*
- *STV 2 (D-MAC, verschlüsselt)*

DIE WICHTIGSTEN KABELPROGRAMME (REGIONAL UNTERSCHIEDLICH, STAND 8/93)

- *ARD*
- *ZDF*
- *Bayern 3*
- *HR 3*
- *Nord 3*
- *S 3*
- *West 3*
- *ARD 1 Plus*
- *ARTE*
- *CNN International*
- *Deutsches Sportfernsehen*
- *3Sat*
- *Eurosport*
- *Kabelkanal*
- *MTV*
- *n-tv*
- *Premiere (verschlüsselt)*
- *Pro 7*
- *RTL*
- *RTL 2*
- *Sat 1*
- *TV 5*
- *Super Channel*
- *Vox*

Transport Muß man einen Fernseher transportieren, verwendet man dazu die Originalverpackung. Hat man diese nicht mehr zur Verfügung, legt man den Fernseher zum Transport mit der Mattscheibe auf eine weiche Unterlage, denn die Mattscheibe ist so konstruiert, daß sie starkem Druck widerstehen kann. Stellt man den Fernseher aufrecht, ist die Gefahr einer Beschädigung durch Umfallen viel größer.

Mit der Mattscheibe nach unten lassen sich Fernseher am sichersten transportieren.

Entsorgung Alte Fernseher sind kein Sperrmüll. Am besten entsorgt man sie über den Fachhandel.

Kabelanschluß und Satellitenfernsehen Ein Kabelanschluß hat den Vorteil, daß man zahlreiche zusätzliche Fernsehprogramme in hoher Bildqualität empfangen kann. Das Kabel ist wartungsfrei, bei Störungen ist die Telekom zuständig. Der Nachteil: neben den Anschlußkosten fallen jeden Monat Gebühren an.

▸ Eine Alternative zum Kabelanschluß ist der Direktempfang über eine Satellitenantenne und den zugehörigen Satellitenempfänger. Vor der Entscheidung für eine bestimmte Anlage läßt man sich am besten im Fachhandel beraten. Dort kann man sich auch über die aktuelle Programmbelegung der Satelliten informieren.

▸ Satellitenanlagen erhalten ihre Signale meist aus südlicher Richtung, da die Satelliten auf einer geostationären Bahn über dem Äquator positioniert sind. Für einen guten Empfang benötigt man daher freie Sicht auf den südlichen Himmel.

▸ Eine Satellitenantenne kann auf dem Balkon, auf der Terrasse, an der Hauswand oder auf dem Dach angebracht werden. Oft besteht auch die Möglichkeit, sie im Garten aufzustellen. Unter dem Dach ist kein Empfang möglich.

▸ Die Satellitenantenne muß vom Fachmann installiert werden. Man braucht dazu die entsprechenden Meßinstrumente. Außerdem hat man nur bei einer vom Fachmann installierten Anlage den vollen Versicherungsschutz bei Schäden, die z. B. durch eine herabfallende Antenne entstehen können.

▸ Im Winter kann Schnee auf der Satellitenantenne den Empfang beeinträchtigen. Wenn die Antenne gut zugänglich ist, sollte man sie abkehren.

▸ Will man eine Mietwohnung mit einer Satellitenanlage ausstatten, muß man den Vermieter darüber informieren.

VIDEO

▸ Wer einen Videorecorder kaufen möchte, muß sich zunächst darüber klarwerden, wofür er ihn einsetzen will. Wer nur Fernsehsendungen aufnehmen und wieder anschauen will bzw. in der Videothek Filme ausleihen will, braucht keinen technisch aufwendigen Recorder.

▸ Videorecorder sollten mit dem VPS-System ausgerüstet sein. Dieses ermöglicht bei der Aufnahme von Sendungen bestimmter Fernsehkanäle das rechtzeitige Starten und Stoppen des Recorders, auch wenn die Sendung unpünktlich beginnt.

Videosysteme Die Entscheidung für ein bestimmtes Videosy-

EINEN VIDEORECORDER AN DEN FERNSEHER ANSCHLIESSEN

Durch zwei Antennenkabel wird der Recorder mit der Antenne und dem Fernseher verbunden.

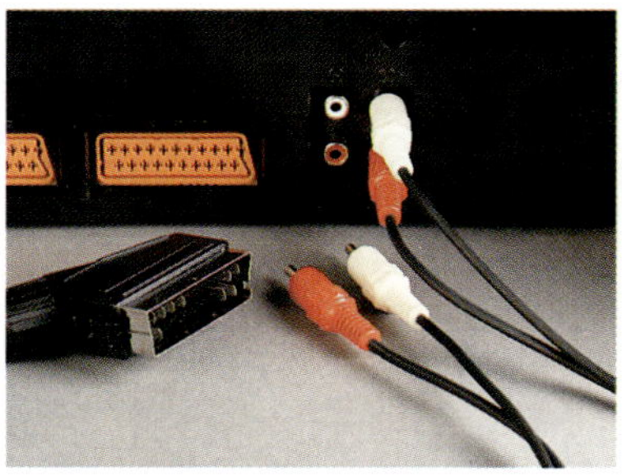

Der Euroscartstecker verbindet Recorder und Fernseher, Cinchstecker Recorder und Hi-Fi-Anlage.

S-VHS- und Hi-8-Recorder verbindet man über eine vierpolige Hosidenbuchse mit dem Fernseher.

stem fällt heute leichter als noch vor einigen Jahren, denn nur zwei Systeme haben den Konkurrenzkampf überstanden: VHS und Video 8. Wer vor allem Filme aufzeichnen möchte, sollte sich für VHS entscheiden; wer hauptsächlich Videofilme drehen möchte, für Video 8.

▸ Die Systeme Video 2000 und Betamax sind inzwischen fast vom Markt verschwunden. Wer einen Recorder dieser Systeme besitzt, muß aber dennoch nicht auf ein anderes System umsteigen: Kassetten und Ersatzteile für Recorder sind noch erhältlich.

▸ Zu VHS und Video 8 sind höherwertige Systeme mit besserer Bildqualität erhältlich: S-VHS (Super-VHS) und Video Hi 8 (High 8). Meist ist aber die Qualität von VHS und Video 8 ausreichend.

▸ Die bessere Bildqualität von S-VHS und Video Hi 8 kommt vor allem zum Tragen, wenn man Kassetten oft überspielen möchte.

▸ Videokassetten verschiedener Systeme können nicht untereinander ausgetauscht werden. Man kann aber von jedem System auf ein anderes überspielen.

▸ Auf einem S-VHS-Recorder können jederzeit normale VHS-Kassetten abgespielt werden, umgekehrt ist das jedoch nicht möglich. Dies gilt entsprechend für Video 8 und Video Hi 8.

Videorecorder einstellen Hat man den Videorecorder an den Fernseher angeschlossen, muß der Fernseher noch auf das Videosignal eingestellt werden: Einen freien Kanal am Fernseher suchen und das Testsignal des Videorecorders einschalten – dabei die Bedienungsanleitung des Recorders beachten! Dann am Fernseher den Kanal des Recorders einstellen – genauso wie man einen Fernsehsender einstellt. Hier hilft die Bedienungsanleitung des Fernsehers.

▸ Hat man den Videorecorder durch ein AV-Kabel mit dem Fernseher verbunden, muß der Fernseher nicht unbedingt noch auf das Signal des Recorders eingestellt werden. Das Videosignal ist dann sofort auf dem AV-Kanal des Fernsehers zu empfangen – und zwar in besserer Bildqualität als mit einem Antennenkabel.

▸ Um Fernsehsendungen aufnehmen zu können, muß man am Recorder die jeweiligen Senderkanäle einstellen. Hierbei die in der Bedienungsanleitung angegebene Vorgehensweise befolgen.

Videokassetten kaufen VHS-Videokassetten sind mit Laufzeiten von bis zu fünf Stunden (E 300) erhältlich. Aufgrund der Bandqualität sollte man aber kürzere Spielzeiten von drei bis maximal vier Stunden bevorzugen (E 180 bzw. E 240). Die kleinen Video-8-Kassetten haben bisher maximal 90 Minuten Laufzeit.

▸ Für VHS-Videokameras ist eine kleinere Version der VHS-Kassette erhältlich, die VHS-C-Kas-

Bedienungstasten am Videorecorder

Die Symbole auf den Bedienungstasten von Videorecordern sind sich – unabhängig von der Herstellerfirma – häufig sehr ähnlich. Oft werden diese Symbole auch bei Bildplattenspielern und CD-Playern verwendet. In Klammern sind die manchmal auf den Bedienungstasten angebrachten englischen Bezeichnungen angegeben.

Hauptschalter (Power on/off)	⏻
Wiedergabe (Play)	▶
Aufnahme (Record)	●
Halt (Stop)	■
Pause, Standbild (Still)	❚❚
Zurückspulen (Rewind)	◀◀
Schneller Vorlauf (Fast Forward)	▶▶

UMGANG MIT VIDEOKASSETTEN

Um Aufnahmen nicht versehentlich zu löschen, die Lasche vorn auf der Kassette herausbrechen.

Mit einem Klebeband kann man den Löschschutz einer Videokassette wiederaufheben.

Videokassetten sollten grundsätzlich aufrecht stehend gelagert werden.

sette. Sie hat maximal 45 Minuten Laufzeit und kann mit Hilfe eines Adapters auch in einen normalen Videorecorder eingelegt werden.

▸ Mit der Longplayfunktion mancher Videorecorder läßt sich die Laufzeit von Videokassetten verdoppeln. Die Qualität von Longplayaufnahmen ist aber wesentlich schlechter als die normaler Aufnahmen.

Videokassetten lagern Das Magnetband in der Videokassette ist sehr empfindlich. Um es vor Staub zu schützen, die Kassetten immer in der Hülle aufbewahren. Die Kassette zurückspulen, bevor man sie ins Regal stellt. Benutzt man eine Kassette längere Zeit nicht, sollte man sie nach etwa einem Jahr umspulen.

▸ Feuchtigkeit, Magnetfelder und Temperaturschwankungen schaden den Bändern. Deshalb müssen die Kassetten trocken aufbewahrt und von Sonneneinstrahlung ferngehalten werden; man darf sie auch nicht auf Lautsprecherboxen oder auf den Fernseher legen.

▸ Um die Übersicht nicht zu verlieren, sollte man Videokassetten beschriften. Dabei sind die der Kassette beiliegenden Aufkleber hilfreich. Reichen diese nicht aus, kann man auch einen Zettel mit in die Hülle legen.

▸ Will man ein größeres Videoarchiv aufbauen, legt man sich am besten eine Kartei an: Die Videokassetten numerieren und die einzelnen Filme auf Karteikarten – eventuell mit Angabe des Zählwerkstandes – notieren. So ist jeder Film schnell wiederzufinden.

Videobänder richtig benutzen Schaltet man am Videorecorder die Pausen- bzw. Standbildfunktion ein, rotiert die Kopftrommel des Recorders, auf der die Aufnahme- und Wiedergabeköpfe montiert sind, weiter. Sie überstreicht dabei immer dieselbe Stelle des Videobandes. Hierbei verschleißen Band und Videoköpfe stärker als beim Normalbetrieb. Die Pausenfunktion deshalb nur selten verwenden.

▸ Ein gerissenes Videoband ist sehr schwer zu reparieren. Hier kann nur der Fachmann helfen. Auf keinen Fall sollte man selbst versuchen, die Kassette zu öffnen. Die Gefahr, das Band dabei endgültig zu zerstören, ist zu groß.

▸ Besonders im Winter darauf achten, daß die Kassette und der Recorder Zimmertemperatur haben, bevor das Gerät eingeschaltet wird. Herrschen größere Temperaturunterschiede – z. B. weil man die Kassette gerade aus der Videothek geholt hat –, kann sich Kondenswasser im Recorder niederschlagen. Im schlimmsten Fall bleibt das Band an der Kopftrommel kleben und reißt. Dann die Kassette im Recorder lassen, das Gerät ausschalten und einen Fachmann zu Rate ziehen.

Störungen Treten beim Abspielen eines Videobandes starke Störungen auf, zunächst die Kassette herausnehmen und neu starten. Hilft dies nicht, die Kassette einmal bis zum Ende und wieder zurückspulen, dann neu starten. Treten dann noch immer Störungen auf, ist die Kassette vermutlich tatsächlich defekt. Man sollte sie dann nicht mehr benutzen oder einen Fachmann befragen.

▸ Leichtere Störungen können manchmal auch durch eine geringfügige Korrektur der Spurlage behoben werden. Dies wird in der Bedienungsanleitung des Recorders erläutert.

Videobänder als Tonträger Mit vielen Videorecordern kann man auch Musik in hervorragender Qualität aufnehmen. Der Videorecorder wird dazu an die Hi-Fi-Anlage angeschlossen. Nähere Auskunft gibt die Bedienungsanleitung des Recorders.

Videonormen Weltweit gibt es mehrere verschiedene Fernsehnormen. Dies hat zur Folge, daß auch die Filme auf den Videobändern unterschiedlich aufgezeichnet werden. Bespielte Videokassetten aus den USA z. B. können zwar in einen normalen europäischen Videorecorder eingelegt werden, das Bild ist jedoch nicht zu erkennen. Deshalb im Ausland nur Kassetten kaufen, die entsprechend der deutschen PAL-Norm aufgenommen wurden.

▸ Videokassetten einer fremden Fernsehnorm können in einem Videostudio auf die PAL-Norm umkopiert werden. Da die dazu notwendigen Geräte aber kostspielig sind, ist eine Normwandlung ebenfalls teuer. Außerdem leidet die Aufnahmequalität etwas.

▸ Wer ausländische Videokassetten kaufen möchte, kann einen Recorder mit mehreren Fernsehnormen kaufen. Der Fernseher muß dann aber ebenfalls für diese Normen geeignet sein.

Videokopien Um Videokassetten kopieren zu können, benötigt man einen zweiten Videorecorder. Zwischen den Recordern schafft man dann eine Bild-Ton-Verbindung. Die dazu benötigten Kabel und Stecker sind je nach Gerätetyp verschieden. Hier hilft jedoch in den meisten Fällen die Bedienungsanleitung des Videorecorders weiter.

▸ Der aufnehmende Recorder sollte während des Überspielvorgangs weiterhin über ein Antennenkabel mit dem Fernseher verbunden bleiben. Dann kann man die zu kopierende Aufzeichnung verfolgen.

▸ Kopien von Videofilmen darf man nur für eigene Zwecke anfertigen. Gibt man diese Kopien weiter oder verkauft man sie sogar, macht man sich strafbar.

Videokameras Technisch aufwendige Kameras beinhalten meist Funktionen, die der Filmamateur gar nicht nutzt. Zudem sind diese Kameras relativ schwer und für einen Urlaubsfilm daher kaum geeignet. Für den privaten Gebrauch sind deshalb einfach zu bedienende, kompakte VHS-C- oder Video-8-Kameras zu empfehlen. Wer aufwendigere Filme drehen möchte, ist mit einer teureren S-VHS- oder einer Video-Hi-8-Kamera besser beraten. Diese genügt beinahe schon professionellen Ansprüchen.

▸ Videokameras werden mit Akkus betrieben. Manche Akkus liefern nicht einmal genügend Strom, um eine Videokassette zu bespielen. Deshalb sollte man immer einen oder zwei Reserveakkus bei sich haben.

▸ Entladene Akkus sind möglichst bald aufzuladen.

▸ Videokameras sind sehr empfindlich. Sie sollten deshalb beim Transport in einer gut gepolsterten Tasche vor Stößen, Staub und Nässe geschützt werden.

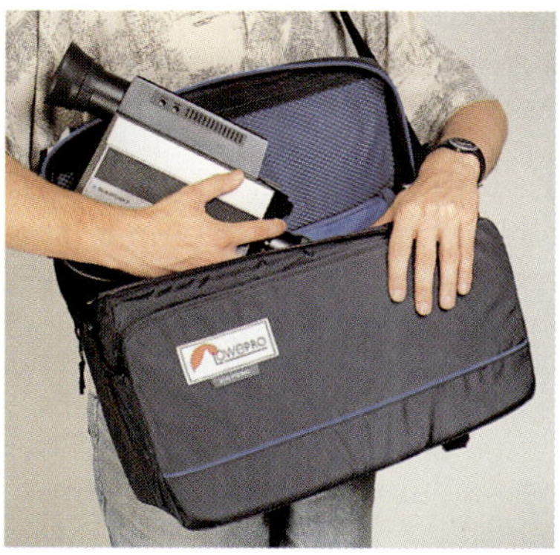

Zwischen den Filmaufnahmen die Videokamera immer geschützt in einer Tasche aufbewahren.

▸ Beim Filmen muß man die Kamera so ruhig wie möglich halten; wackelnde Bilder sind sehr unangenehm. Es ist aber nicht einfach, im Stehen die Kamera völlig ruhig zu halten. Abhilfe schafft hier ein normales Stativ oder, wenn dies zu umständlich ist, ein einbeiniges Stativ. An der Kamera befestigt, läßt es sich schnell zusammenschieben und sogar als Tragegriff verwenden.

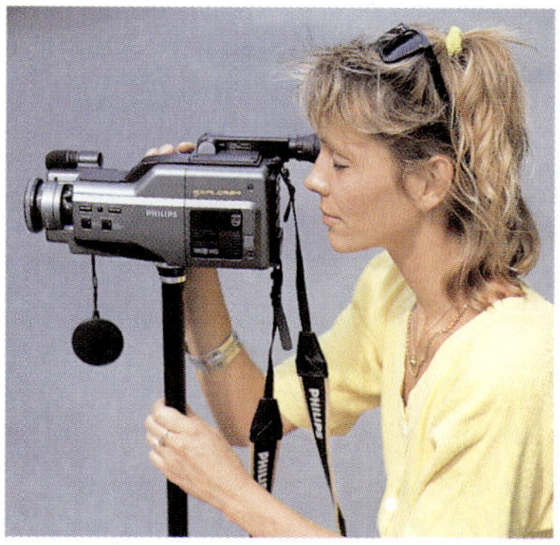

Ein Stativ mit nur einem Bein ist ein nützliches Hilfsmittel, um die Kamera ruhig zu halten.

▸ Besitzt man kein Stativ, sollte man andere Möglichkeiten nutzen, um der Kamera guten Halt zu geben. So kann man sie z. B. an einem Laternenpfahl abstützen.

Auch ein Laternenpfahl kann als Stütze für die Kamera dienen.

▸ Jede neuere Videokamera verfügt über ein eingebautes Mikrofon. Da aber die optimale Entfernung für eine gelungene Tonaufnahme bei nur etwa 20–40 cm von der Geräuschquelle liegt, ist das Ergebnis häufig enttäuschend. Wesentlich bessere Tonqualität erhält man mit Hilfe eines externen Mikrofons, das man an die meisten Kameras anschließen kann. Dies erfordert jedoch größere Vorbereitungen, so daß spontane Aufnahmen kaum möglich sind.

▸ Auch für Videokameras ist eine große Zahl von Farb- und Trickfiltern erhältlich, mit denen man viele verblüffende Effekte erzielen kann.

▸ Beim Videofilmen darf man auf keinen Fall die Regeln des Anstands oder das Persönlichkeitsrecht von Menschen verletzen und z. B. ein Gespräch Fremder aufnehmen.

BILDPLATTE

▸ Bildplatten werden heute unter den Bezeichnungen Laserdisc und Laservision verkauft. Die Platten sind zur Zeit in drei verschiedenen Größen erhältlich. Da noch nicht abzusehen ist, welches Format sich letztendlich durchsetzen wird, läßt man sich zum aktuellen Stand der Entwicklung am besten in einem Fachgeschäft beraten.

▸ Es gibt zwei verschiedene Methoden, mit der auf Bildplatten Filme aufgezeichnet werden, die man CAV und CLV nennt. Die Bild- und Tonqualität ist bei beiden in etwa gleich, bei CLV ist jedoch kein störungsfreies Standbild möglich. Dagegen gibt es bei CLV Laufzeiten von bis zu 60 Minuten pro Seite – bei CAV sind es nur 30 Minuten. CLV-Platten muß man also seltener umdrehen bzw. wechseln.

▸ Es gibt Abspielgeräte, die mit einem Abspielkopf ausgestattet sind, der auf die andere Plattenseite bewegt werden kann. Bei diesen – etwas teureren – Geräten muß man die Bildplatte also nicht selbst umdrehen. Diese Funktion bringt jedoch wenig Vorteile, denn die Zeitersparnis ist nicht sehr groß.

▸ Die Bildplatte ist ein reines Abspielmedium. Beim derzeitigen Stand der Technik kann man also selbst nichts auf eine Bildplatte aufnehmen. Die Bildplatte hat sich deshalb – trotz wesentlich besserer Qualität – noch nicht gegen die Videokassette durchgesetzt. Das Angebot an Spiel- und Musikfilmen ist aus demselben Grund noch sehr klein. Wer auf ein größeres Angebot Wert legt, kann sich einen Bildplattenspieler zulegen, der auch der amerikanischen Fernsehnorm entspricht. Der Fernseher muß ebenfalls für die US-Norm tauglich sein.

▸ Mit Bildplatten vorsichtig umgehen. Fingerabdrücke und Kratzer muß man vermeiden, denn jede Verunreinigung kann sich als Bildstörung auswirken. Die Platten immer stehend nebeneinander aufbewahren. Vor direktem Sonnenlicht und Feuchtigkeit schützen.

▸ Die Bildplatte reinigt man vorsichtig mit einem weichen Lappen, der mit einer Reinigungsflüssigkeit getränkt wurde. Dabei von der Mitte der Platte nach außen putzen.

▸ Als die ersten Bildplatten auf den Markt kamen, war das Herstellungsverfahren noch nicht ganz ausgereift. Manche Platten, die in den 80er Jahren entstanden, lassen sich nicht mehr ohne Störungen abspielen. Deshalb Vorsicht, wenn ältere Platten billig angeboten werden.

RUNDFUNK

▸ Das Angebot an Rundfunksendern ist sehr groß. Wer neben den häufiger gehörten Sendern der Ultrakurz- und der Mittelwelle auch die der Lang- und der Kurzwelle hören möchte, kann im Fachbuchhandel ausführliche und aktuelle Frequenztabellen von deutsch- und fremdsprachigen Sendern weltweit erhalten.

▸ Um einen möglichst guten Empfang zu haben, sollte man zunächst immer darauf achten, daß man seinen Rundfunkempfänger nicht in der Nähe von möglichen Störquellen wie Fernseher, Elektromotoren oder Computer aufstellt.

▸ Fast jeder Rundfunkempfänger hat eine starr eingebaute Ferritantenne für den Empfang von Mittelwelle und Langwelle. Hier findet man bei tragbaren Empfängern durch Drehen des Gerätes den optimalen Empfang.

▸ Die Teleskopantennen für den Kurz- und Ultrakurzwellenempfang auf jeden Fall ganz herausziehen. Um den besten Empfangsplatz für Kurzwellen zu finden, muß man experimentieren. Häufig ist am Fenster der beste Empfang möglich.

▸ Besonders in einem Stahlbetongebäude kann der Rundfunkempfang gestört sein. Hier helfen oft bereits ein paar Meter Draht, die man an der Antenne befestigt und aus dem Fenster hängen läßt.

Ein Draht, den man aus dem Fenster hängen läßt, kann den Empfang verbessern.

▸ Am einfachsten befestigt man ein Kabel zur Antennenverlängerung mit einer Krokodilklemme an der Antenne. Diese Klemme kann man im Elektrofachhandel erhalten.

Umweltfreundlich: Akkumulatoren

Wer oft mit batteriebetriebenen Empfängern Radio hört, sollte statt normaler Wegwerfbatterien besser wiederaufladbare Akkumulatoren (Akkus) verwenden. Das spart nicht nur Geld, sondern schont auch die Umwelt. Lassen sich Akkus nicht mehr aufladen, sind sie verbraucht. Diese Akkus gehören nicht in den Hausmüll – jeder Händler nimmt sie zurück.

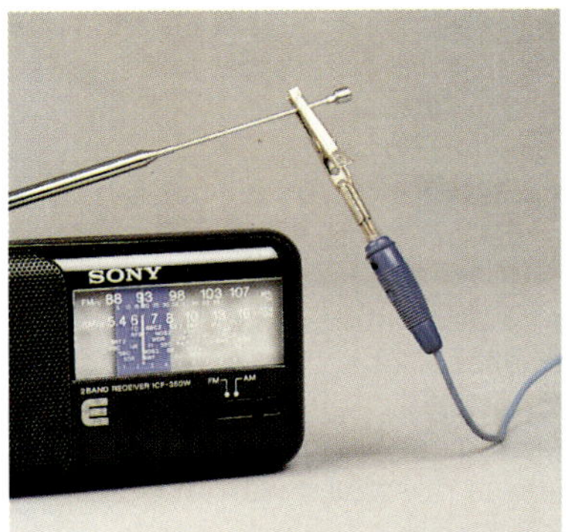

Mit einer Krokodilklemme läßt sich ein Kabel am leichtesten an der Antenne befestigen.

▸ Beim Kauf eines neuen Rundfunkempfängers sollte man immer darauf achten, daß der Empfangsbereich den zur Zeit gesetzlich erlaubten Umfang hat. Ab und zu werden nämlich ältere Geräte angeboten, die noch einen kleineren Empfangsbereich haben.

▸ Rundfunkempfang in sehr guter Qualität bietet der digitale Satellitenrundfunk, der mit sehr kleinen Antennen direkt empfangen werden kann oder zusätzlich in jeder Kabelanlage zur Verfügung steht.

▸ Wer sich ein neues Autoradio zulegen möchte, sollte darauf achten, daß das Gerät bereits das Radio-Daten-System (RDS) nutzen kann. Dieser noch nicht voll entwickelte Dienst ermöglicht nicht nur die Anzeige des Stationsnamens und von Ausweichfrequenzen, sondern in naher Zukunft auch die fortlaufende, aktuelle Anzeige oder Ansage von Verkehrsinformationen.

SCHALLPLATTENSPIELER UND SCHALLPLATTEN

▸ Beim Kauf eines Schallplattenspielers sollte man besonders auf das richtige Tonabnehmersystem achten. Dabei ist ein Magnetsystem mit Diamantnadel den einfacheren Kristallsystemen vorzuziehen. Beim Magnetsystem ist das Auflagegewicht des Tonarms sehr gering, so daß die Schallplatte beim Abspielen kaum abgenutzt wird.

▸ Ein Schallplattenspieler sollte möglichst erschütterungsfrei aufgestellt werden. Ein stabiles Möbelstück ist geeignet. Meist darf man dann aber dessen Schubladen und Türen nur öffnen, wenn der Plattenspieler nicht in Betrieb ist. Ideal als Standort ist – neben speziellen Möbeln für Hi-Fi-Anlagen – eine stabile Konsole an der Wand. Auch ein leicht schwingender Fußboden kann das Gerät dann nicht mehr erschüttern.

▸ Hat man bereits seit längerer Zeit die Abtastnadel nicht mehr ausgetauscht, sollte man sie beim Fachhändler überprüfen lassen. Ist die Nadel abgenutzt oder beschädigt, muß sie auf jeden Fall durch eine neue ersetzt werden.

Schallplattenspieler transportieren Der Schallplattenspieler ist der empfindlichste Teil einer Stereoanlage. Vor dem Transport muß das Gerät deshalb sorgfältig gesichert werden.

▸ Der Plattenspieler ist während des Betriebs zum Ausgleich gegen Vibrationen federnd gelagert. Zum Transport muß deshalb der Plattenspieler arretiert werden. Dies geschieht meist mit Hilfe zweier Schrauben, die – je nach Modell – auf dem federnden Rahmen oder unter dem Plattenteller angebracht sind. Im zweiten Fall die Gummiauflage des Plattentellers anheben und den Teller drehen, bis die Schrauben durch Aussparungen im Teller zu sehen sind. Gegebenenfalls die Bedienungsanleitung des Gerätes zu Rate ziehen.

▸ Das Lager des Plattentellers entlasten, indem man zwei passende Papp- oder Kunststoffteile zwischen den Plattenteller und das Gehäuse schiebt. Der Teller kann sich nun nicht mehr drehen.

▸ Das Abtastsystem mit der empfindlichen Nadel wird durch eine kleine Schutzhaube geschützt. Manchmal ist diese direkt am Tonarm befestigt, so daß man sie nur noch herunterklappen muß. Ansonsten wird die Haube beim Kauf des Gerätes als Einzelteil mitgeliefert.

▸ Den Tonarm entweder durch eine entsprechende Vorrichtung am Gerät oder mit Hilfe eines Klebestreifens arretieren.

Schallplatten Die Schallplatte wird immer mehr von einem neuen, höherwertigen Tonträger verdrängt, der Compact Disc. Es gibt bereits heute Geschäfte, in denen nur noch CDs angeboten werden. Da dieser Trend weiter anhalten wird, kann es sein, daß immer häufiger Lagerbestände abgebaut werden und es so zu günstigen Sonderangeboten kommt. Schallplattensammler sollten darauf achten.

▸ Verschmutzungen auf einer Schallplatte können zu Knister- oder anderen Störgeräuschen bei der Wiedergabe führen. Deshalb jegliche Verschmutzungen vermeiden.

▸ Schallplatten nur ganz außen am Rand oder in der bedruckten Mitte anfassen.

▸ Nach dem Abspielen die Schallplatte sofort wieder in die Hülle zurückstecken.

▸ Trotz größter Vorsicht wird sich dennoch immer wieder Staub auf der Schallplatte absetzen. Dies hängt auch mit der unvermeidlichen elektrostatischen Aufladung der Schallplatte zusammen. Um diesen Staub zu entfernen, verwendet man am besten spezielle Plattenbürsten, die im Fachhandel erhältlich sind. Sie entfernen nicht nur den Staub auf schonende Weise, sondern entziehen dem Schallplattenmaterial auch für einige Zeit die elektrostatische Aufladung.

▸ Sogenannte Antistatictücher sind nicht immer empfehlenswert, da sie auf der Plattenoberfläche Rückstände hinterlassen können.

▸ Schallplatten bestehen aus einem wärmeempfindlichen Kunststoff. Deshalb dürfen Schallplatten keinesfalls in der Nähe einer Heizung oder in der prallen Sonne aufbewahrt werden. Verliert die Schallplatte ihre ebene Form, kann sie kaum mehr abgespielt werden.

▸ Schallplatten immer senkrecht stehend aufbewahren.

▸ Die aufwendigste Methode, eine Schallplatte störungsfrei zu hören, ist die sogenannte Naßabtastung. Dabei wird eine Spezialflüssigkeit so auf die Platte gebracht, daß die Abtastspitze immer durch eine flüssigkeitsgefüllte Rille läuft. Loser Staub wird dadurch einfach zur Seite geschwemmt, elektrostatische Aufladung wird durch die Leitfähigkeit der Flüssigkeit neutralisiert. Leider hinterlassen aber auch diese speziellen Flüssigkeiten nach dem Trocknen leichte Rückstände, so daß man eine Platte, die einmal naß abgespielt wurde, immer naß abspielen muß.

COMPACT-DISC-PLAYER UND COMPACT DISCS

▸ Seit die Compact Disc (CD) immer größere Verbreitung findet, sind die Preise für Compact-Disc-Player stark gefallen. Geräte für wenige hundert Mark bieten fast dieselbe Tonqualität wie Spitzengeräte für über 1000 DM. Die Unterschiede liegen vor allem in der Robustheit der Geräte, in ihrer Ausstattung und ihrem Bedienungskomfort. Wer darauf nur wenig Wert legt, ist auf jeden Fall mit einem billigeren Gerät gut beraten.

▸ Tragbare CD-Player haben dieselbe Tonqualität wie stationäre Geräte. Mit dem im Normalfall mitgelieferten Anschlußkabel können sie auch an eine Stereoanlage angeschlossen werden.

▸ Oft ist die Qualität der bei tragbaren CD-Playern mitgelieferten Kopfhörer schlecht. Beim Kauf eines neuen Kopfhörers sollte man bedenken, daß man ihn wahrscheinlich häufig beim Gehen tragen wird. Ein leichtes Gerät, durch das man auch noch die Umweltgeräusche hört, ist deshalb empfehlenswert.

▸ Auf einer CD wird der Ton in Form kleiner Vertiefungen auf der Unterseite gespeichert. Ein Laserstrahl tastet diese Vertiefungen beim Abspielen der CD ab. Dabei kann das Gerät kleine Verunreinigungen als solche erkennen, und die Wiedergabequalität wird nicht beeinflußt. Dies hat aber auch Grenzen, weshalb man eine CD immer so sorgfältig wie möglich behandeln sollte: Die CD immer in der Hülle aufbewahren, vor starker Erwärmung schützen und beim Gebrauch grundsätzlich nur am Rand anfassen.

Eine CD immer nur am Rand anfassen, damit die Unterseite nicht verschmutzt wird.

▸ Die CD ist auf der Unterseite mit einer dünnen, durchsichtigen Schutzschicht versehen. Um diese zu reinigen, verwendet man einen mit einer speziellen Reinigungsflüssigkeit getränkten weichen Lappen. Damit wird die CD vorsichtig von innen nach außen abgerieben.

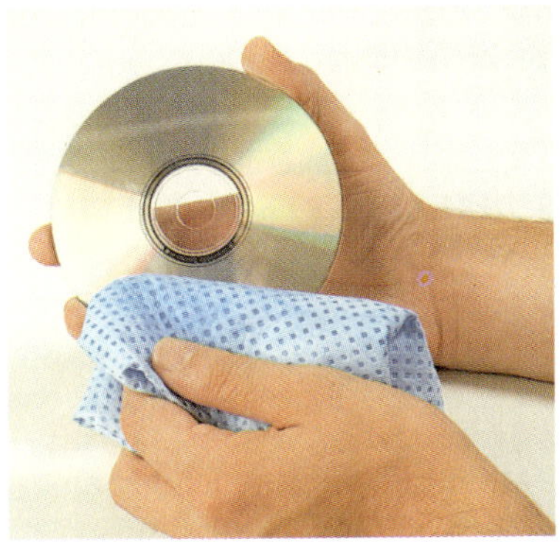

Eine CD mit einem weichen, mit Reinigungsflüssigkeit getränkten Lappen reinigen.

▸ Zum Aufbewahren der CD-Sammlung gibt es inzwischen eine ganze Reihe von verschiedenen CD-Ständern. Die Preise und die Qualität der Ständer sind sehr unterschiedlich, weshalb man die Angebote vor dem Kauf vergleichen sollte. Ein geschickter Heimwerker kann einen einfachen CD-Ständer aber auch selbst zusammenbauen.

▸ Neu auf dem Markt sind wie-

EINEN ADAPTER BENUTZEN

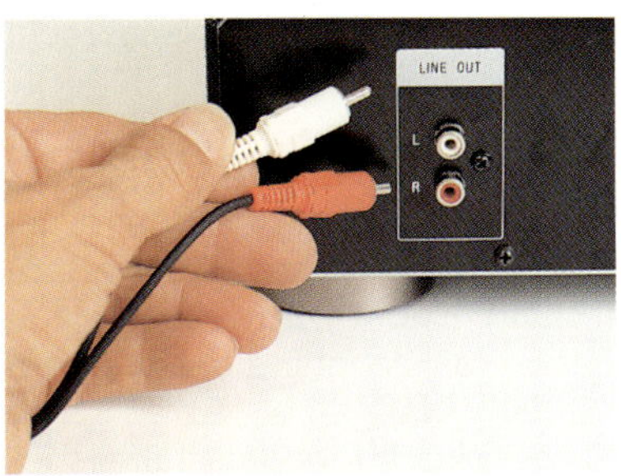

1. Sind am CD-Player Cinchbuchsen vorhanden, benötigt man ein Kabel mit passenden Steckern.

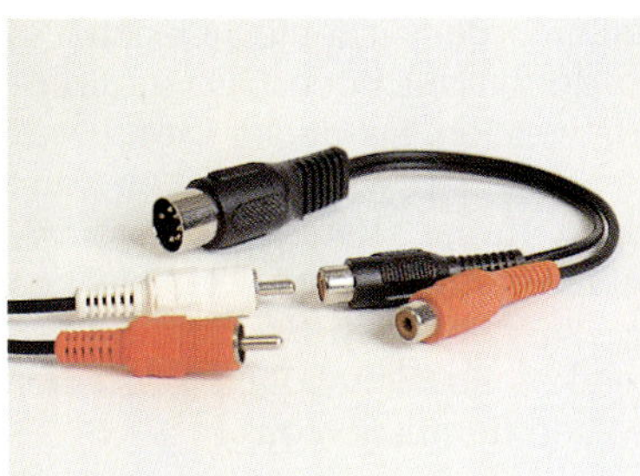

2. Ist der Verstärker mit einer DIN-Buchse ausgestattet, verwendet man ein Adapterkabel.

3. Das Adapterkabel ermöglicht den Anschluß an die DIN-Buchse des Verstärkers.

derbespielbare CDs. Diese können jedoch noch nicht auf einem normalen CD-Player abgespielt werden. Wer also seine CDs selbst aufnehmen möchte, muß sich einen speziellen CD-Player kaufen.

AUDIOKASSETTEN

▸ Bei einer Audiokassette wird – prinzipiell genauso wie bei einer Videokassette – die Information, d. h. Musik oder Sprache, auf ein Magnetband aufgezeichnet. Da die Anforderungen an Aufnahme- und Wiedergabequalität sehr unterschiedlich sind, kann man zwischen einfachen Abspielgeräten und Kassetten mit sehr einfachem Bandmaterial und sehr teuren Geräten und höherwertigen Kassetten wählen.

▸ Aufgrund des verschiedenen Bandmaterials der Kassette unterscheidet man heute hauptsächlich drei Typen: Ferro-Oxid (FE) IEC I, Chromdioxid (CR) IEC II, Metall (ME) IEC IV. FE-Kassetten verwendet man für Aufnahmen von eher geringerer Qualität, CR- und ME-Kassetten sind dagegen auch für hochwertige Aufnahmen geeignet. Da die magnetischen Eigenschaften dieser Bänder unterschiedlich sind, sollte das Aufnahme- bzw. Abspielgerät – sofern dies möglich ist – entsprechend umgeschaltet werden.

▸ Magnetbänder sind recht empfindlich. Für Audiokassetten gelten deshalb wie für Videobänder besondere Pflege- und Vorsichtsmaßnahmen: Die Kassette und das darin befindliche Band sind anfällig gegen Feuchtigkeit, große Hitze und Staub. Nach Gebrauch die Kassette aus diesem Grund immer sofort wieder in die Hülle stecken.

▸ Will man eine Aufzeichnung gegen versehentliches Löschen sichern, bricht man die entsprechende Lasche an der Längsseite der Kassette heraus. Das Kassettengerät kann auf dieser Kassette jetzt nichts mehr aufnehmen. Soll diese Sicherung wiederaufgehoben werden, genügt es, einen Klebestreifen über das durch das Herausbrechen entstandene Loch zu kleben.

Kassettenrecorder Fast alle Kassettenrecorder sind mit einem System zur Rauschunterdrückung ausgestattet. Diese Funktion sollte bei der Wiedergabe grundsätzlich dann aktiviert werden, wenn sie auch bei der Aufnahme eingeschaltet war, da andernfalls der Klang verfälscht wird. Am besten notiert man diese Einstellung sofort nach der Aufnahme auf der Kassettenhülle.

▸ Läßt die Wiedergabequalität des Kassettenrecorders im Lauf der Zeit nach, liegt dies in vielen Fällen daran, daß der Tonkopf des Gerätes verschmutzt ist. Mit einem Wattestäbchen und etwas Isopropanol, das man im Fachhandel oder in einer Apotheke erhält, kann man ihn leicht reinigen. Bei manchen Geräten ist der Kopf jedoch nicht gut zugänglich. In diesem Fall muß man die Abdeckung des Kassettenfachs entfernen. Dies wird meist in der Bedienungsanleitung des Gerätes erläutert.

▸ Der Tonkopf des Gerätes läßt sich auch mit Hilfe von speziellen Reinigungskassetten säubern. Diese haben jedoch den Nachteil, daß bei zu häufiger Benutzung der Tonkopf Schaden nimmt.

▸ Ist bei der Wiedergabe ein stark quietschendes Geräusch zu hören, sind Geräteteile, die für den Bandtransport verantwortlich sind, verschmutzt oder verschlissen. Außer den Bandführungselementen und eventuell der dünnen Antriebsachse, die neben der Gummiandruckrolle angebracht ist, sollte man aber selbst nichts reinigen. Deshalb läßt man den Kassettenrecorder am besten in einer Fachwerkstatt überholen. Dies ist nicht übermäßig teuer, und das Gerät ist danach wieder fast neuwertig.

Kassetten im Auto Im Auto sollte man einen Aufbewahrungsort wählen, an dem die Kassetten möglichst nicht durch direktes Sonnenlicht aufgeheizt werden können. Günstig sind daher besonders das Handschuhfach oder eine geeignete Schachtel unter dem Beifahrersitz.

▸ Einige Hersteller bieten auch wesentlich robustere Kassetten an, die besonders gut für die ungünstigen Bedingungen im Auto geeignet sind.

▸ Vor allem im Auto kann es vorkommen, daß sich – bedingt durch die verhältnismäßig starken Erschütterungen – das Bandmaterial von der Spule wickelt. Dies kann zu dem gefürchteten Bandsalat führen. Deshalb für das Auto grundsätzlich Kassettenhüllen oder Kassettenboxen wählen, bei denen die Spulen durch zwei Laschen fest arretiert werden. Hat sich die Wicklung doch einmal gelockert, kann man sie mit Hilfe eines durch die Spulenlöcher gesteckten Bleistifts wieder straffen.

Mit einem Bleistift lassen sich gelockerte Audiobänder wieder straffen.

COMPUTERKAUF

▸ Bevor man einen Computer anschafft, muß man sich darüber Gedanken machen, wozu er hauptsächlich eingesetzt werden soll. Für verschiedene Anwendungen benötigt man unterschiedliche Programme, die wiederum ganz bestimmte Voraussetzungen beim Gerät selbst – der Hardware – erfordern.

▸ Auch sollte man bedenken, daß die Entscheidung für bestimmte Gerätetypen und systemtechnische Standards mit der geplanten Nutzung zusammenhängt. So eignen sich manche Systeme besser, wenn der Computer hauptsächlich für die Erstellung von Grafiken verwendet werden soll, andere Geräte sind sinvoller, wenn man überwiegend Texte schreiben möchte. Hier ist ausführliche Information nötig. Sowohl Gespräche mit professionellen Computernutzern als auch mit Hobbyanwendern können dabei weiterhelfen.

▸ Auch die Frage, wo man den Computer verwenden will, sollte bei der Auswahl eines Gerätes berücksichtigt werden. In bezug auf die Leistungsfähigkeit unterscheiden sich heute viele große Tower- und Tischgeräte kaum noch von den Notebooks, die – häufig kleiner als ein Ordner – in jede Aktentasche passen.

▸ Computer verschiedener Hersteller haben oft unterschiedliche Betriebssysteme. Dies bedeutet, daß die Daten auf andere Weise gespeichert werden. Die Computer sprechen sozusagen verschiedene Sprachen. Will man mit anderen Computernutzern Daten austauschen, muß also nicht nur gewährleistet sein, daß beide Computer dieselben Programme benutzen. Ebenso wichtig ist, daß sie mit denselben oder kompatiblen, d. h. zusammenpassenden, Betriebssystemen arbeiten.

▸ Bei der Anschaffung sollte darauf geachtet werden, daß die Kapazität des Gerätes auch dann noch ausreicht, wenn man zu einem späteren Zeitpunkt weitere Programme oder Funktionen nutzen möchte. Die Kapazität des Gerätes sollte also in jedem Fall großzügig bemessen sein.

HARDWARE

▸ Unter dem Begriff Hardware faßt man alle Geräte zusammen, die zu einem Computerarbeitsplatz gehören. Wer den Computer nicht beruflich nutzen will, sollte sich genau erkundigen, welche Hardware er eigentlich benötigt.

Hauptspeicher Er wird auch *Random Access Memory* (RAM) genannt und ist das Kurzzeitgedächtnis des Computers, in dem die aktuellen Daten verarbeitet werden. Die Kapazität des Hauptspeichers gibt man in Megabyte (MB) an. Je größer er ist, desto mehr Informationen können gleichzeitig verarbeitet werden, ohne daß der Rechner immer wieder zusätzliche Daten von der Festplatte laden muß. Ein großer Hauptspeicher bringt also vor allem Zeitgewinn.

▸ Jedes Programm benötigt eine fest vorgegebene Kapazität des Hauptspeichers, um überhaupt arbeiten zu können. Manche benötigen nur einen sehr kleinen Teil dieses Speichers; dennoch sollte der Hauptspeicher eine Kapazität von mindestens 4 MB haben, um auch mit umfangreicheren Programmen problemlos arbeiten zu können.

Festplatte (Harddisk) Sie ist das Langzeitgedächtnis des Computers. Daten, die auf einer Festplatte gespeichert wurden, gehen auch dann nicht verloren, wenn es zu einem Stromausfall kommen sollte oder das Gerät aufgrund eines Programmfehlers ausfällt und deshalb ausgeschaltet werden muß. Eine Festplatte mit 20 MB kann etwa so viele Zeichen speichern, wie auf 200 000 Schreibmaschinenseiten Platz finden. Es empfiehlt sich, eine Festplatte mit mindestens 40 MB zu wählen, da inzwischen die meisten Programme selbst viel Speicherplatz benötigen.

Disketten und Laufwerke Neben der Festplatte hat jeder Computer ein oder mehrere Diskettenlaufwerke. Hier sind zwei Typen zu unterscheiden: Laufwerke für 3,5- und solche für 5,25-Zoll-Disketten. Die entsprechenden Disketten unterscheiden sich nicht nur in ihrer Größe, sondern auch in ihrer Speicherkapazität. 3,5-Zoll-Disketten können eine Datenmenge bis zu 1,44 MB, die preiswerteren 5,25-Zoll-Disketten nur bis zu 1,2 MB speichern.

▸ Zu beachten ist, daß die Disketten immer den gerätetechnischen Voraussetzungen des Laufwerks entsprechen, da nicht jede Diskette in jedem Laufwerk verwendet werden kann.

▸ Damit die Disketten selbst bzw. die auf ihnen enthaltenen Daten nicht zerstört werden, sind bestimmte Vorsichtsmaßnahmen zu beachten: Magnetfelder können die Daten auf der Diskette zerstören. Disketten deshalb von Magneten fernhalten. Die Magnetfolie, auf der die Daten gespeichert sind, darf nicht berührt und muß vor Verschmutzung geschützt werden. 5,25-Zoll-Disketten nur mit weichen Stiften beschriften, keinesfalls knicken und nicht ohne Schutzhülle herumliegen lassen.

▸ Disketten bewahrt man am besten bei normaler Zimmertemperatur auf.

Bildschirm Auch bei der Wahl des Bildschirms und der entsprechenden Grafikkarte des Computers sollte man sich von der überwiegenden Verwendung leiten lassen. Wer hauptsächlich Texte bearbeiten möchte, kommt meist mit einer gröberen Auflösung und einem Schwarzweißbildschirm zurecht. Wer dagegen vor allem Grafiken erstellen oder aufwendige Spiele benutzen will, ist wahrscheinlich mit einem hochauflösenden Farbbildschirm besser beraten.

▸ Auch wenn Gesundheitsschäden durch die Bildschirmstrahlen bisher noch nicht nachgewiesen werden konnten, ist es empfehlenswert, einen Bildschirm einzusetzen, dessen Strahlungswerte unterhalb der Grenzwerte liegen. Auskunft darüber gibt der Fachhandel.

Drucker Für die Ausgabe der Daten auf Papier werden im Handel verschiedene Druckertypen angeboten. Die wichtigsten sind Matrix-, Laser-, Thermotransfer- und Tintenstrahldrucker. Für den Einsatz daheim sind die preiswerten Matrixdrucker meist am besten geeignet. Fallende Preise haben in den letzten Jahren aber auch die anderen Druckertypen attraktiver werden lassen.

▸ Matrixdrucker mit 24-Nadel-Technik verfügen über ein schönes Schriftbild und sind daher auch für Briefe geeignet. Sie können Texte und Grafiken in guter bis sehr guter Auflösung ausgeben. Die Druckqualität der noch preiswerteren Neun-Nadel-Matrixdrucker ist dagegen für Korrespondenz nicht unbedingt ausreichend.

Maus Sie ist inzwischen fast unentbehrlich für die Arbeit am Computer. Beim Kauf eines Computers sollte man deshalb keinesfalls auf ihre Anschaffung verzichten, denn viele Programme funktionieren ohne Maus nicht oder sind wesentlich umständlicher zu bedienen.

Zusätzliche Geräte Weitere Geräte, die man sich gegebenenfalls anschaffen kann, sind externe Diskettenlaufwerke, aber auch sogenannte Modems, mit deren Hilfe Daten über das Telefon weitergegeben werden können. Beide Geräte braucht der private Anwender jedoch nur in den seltensten Fällen. Wer dennoch daran interessiert ist, sollte sich von einem Fachmann ausführlich beraten lassen.

Bundles Viele Fachhandlungen verkaufen preisgünstige Komplettsysteme, die sogenannten Bundles. Bei diesen meist sehr empfehlenswerten Angeboten ist oft sogar die notwendige Software im Preis enthalten, und man muß die Festplatte des Computers nicht selbst einrichten.

Was tun mit einem alten Computer?

Ein alter Computer sollte nicht über die Müllabfuhr entsorgt werden, denn viele Teile des Gerätes enthalten gefährliche Umweltgifte. Andererseits sind viele Bauteile wiederverwertbar. Deshalb versuchen zur Zeit einige Firmen die Voraussetzungen für ein bundesweites Computerrecycling zu schaffen. Über ihre Adressen informiert die örtliche Abfallberatung.

DATENTRÄGER VOR VERSEHENTLICHEM LÖSCHEN SCHÜTZEN

Bei 5,25-Zoll-Disketten wird die Schreibschutzkerbe mit dem beiliegenden Aufkleber abgedeckt.

Bei 3,5-Zoll-Disketten bringt man die Schreibschutzzunge in die geöffnete Position.

Bei Wechselfestplatten dreht man mit einer kleinen Münze den Schreibschutzknopf um 90°.

Gebrauchte Computer In vielen Computerzeitschriften werden regelmäßig in Kleinanzeigen Gebrauchtcomputer zum Kauf angeboten. Der Kauf eines solchen Gerätes ist risikoreich, da der Rechner mit Computerviren verseucht sein könnte. In jedem Fall sollte man deshalb nach dem Kauf eines Gebrauchtgerätes den Computer mit Originalsoftware komplett neu einrichten. Für den Computerlaien ist der Kauf eines gebrauchten Computers nicht empfehlenswert, da hier auf die fachkundige Beratung verzichtet werden muß.

DER COMPUTERPLATZ

▸ Der Hobbykeller ist meist kein geeigneter Ort für den Computer, denn oft ist dort die Luftfeuchtigkeit zu hoch. Am besten stellt man den Computer in ein Zimmer mit normalem Raumklima.

▸ Um einen Computerarbeitsplatz auszustatten, braucht man im Normalfall Zentraleinheit (CPU), Bildschirm, Tastatur, Maus und Drucker.

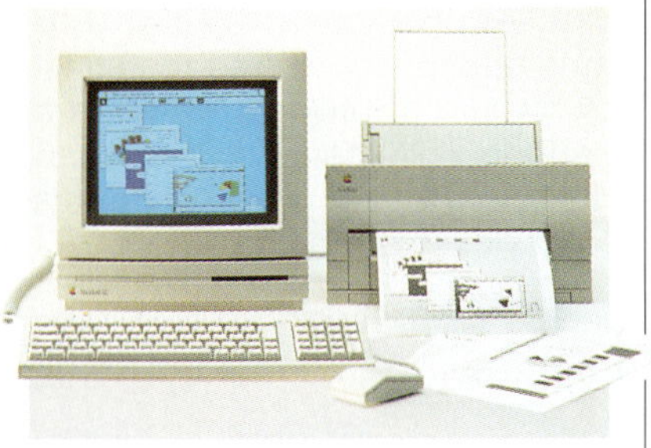

Ein Computerarbeitsplatz besteht in den meisten Fällen aus diesen fünf Komponenten.

▸ Wer viele Texte am Computer schreibt, sollte die Tastatur am besten auf einen Schreibmaschinentisch stellen. Ansonsten ist häufig ein normaler Schreibtisch ausreichend.

▸ Spiegelungen im Bildschirm schaden den Augen. Deshalb sollte der Monitor grundsätzlich so aufgestellt werden, daß sich Fenster und Lampen nicht im Bildschirm spiegeln.

Den Bildschirm blend- und reflexfrei aufstellen. Bei der richtigen Haltung bilden Unter- und Oberarm einen rechten Winkel.

SOFTWARE

▸ Oft sind die Programme, die man verwenden möchte, teurer als der ganze Computer. Dann ist die Versuchung groß, sich diese Software als Raubkopie zu besorgen. Dies ist aus urheberrechtlichen Gründen verboten. Außerdem kann es sein, daß man über Raubkopien Viren auf die Festplatte bringt. Dadurch kann der Datenbestand zerstört werden.

Public-Domain-Software Unter diesem Begriff faßt man sehr interessante Programme zusammen, die von jedermann kopierbar sind und frei weitergegeben werden dürfen. Public-Domain-Software kann gegen eine geringe Gebühr (meist nur die Kosten für die Diskette) von Anbietern bezogen werden, die häufig in Fachzeitschriften inserieren. Manche Entwickler von Public-Domain-Programmen stellen es dem Benutzer frei, eine zusätzliche Zahlung zu leisten.

Shareware-Programme Hierbei handelt es sich um preisgünstige Computerprogramme, die ohne Handbuch und teilweise nicht als Vollversion, d. h. nur mit eingeschränkten Anwendungsmöglichkeiten, ausgeliefert werden. Shareware-Programme sollen Interessenten die Möglichkeit geben, ein Programm kennenzulernen, ohne es kaufen zu müssen. Wer das Programm benutzen möchte, läßt sich beim Hersteller registrieren und bezahlt dafür. Achtung: Shareware ist – wie auch Public-Domain-Software – sehr virenanfällig.

Benutzeroberflächen Diese als Ergänzungen zum Betriebssystem entwickelten Programme erleichtern besonders dem Einsteiger den Umgang mit den vielfältigen Funktionen des Computers. Auf dem Bildschirm werden die Anwendungsmöglichkeiten und Programme in Form von Symbolen und bereits formulierten Befehlen angezeigt, die nur mit der Maus angeklickt werden müssen, wenn sie gestartet oder durchgeführt werden sollen. Das Erlernen von Betriebssystembefehlen kann man so vermeiden.

Tools/Utilities Viele Hersteller von Computerprogrammen bieten Programmpakete mit sogenannten Tools oder Utilities an. Es handelt sich hierbei um eine Vielzahl von kleineren Programmen, die die Arbeit mit dem Computer wesentlich erleichtern; angefangen bei Sortierprogrammen, die die Dateien auf der Festplatte oder den Disketten nach bestimmten Kriterien ordnen, bis hin zu Programmen, die versehentlich gelöschte Dateien wiederherstellen.

COMPUTERVIREN

▸ Bei Computerviren handelt es sich meist um sehr kleine Programme, die illegal verbreitet werden, um in fremde Systeme eingeschleust zu werden und die Funktion von Software und Hardware zu stören. Virenschutzprogramme erkennen die Viren im Rechner und machen sie unschädlich. Das gilt jedoch nur für bekannte Computerviren. Noch unbekannte Viren bleiben so lang aktiv, bis ihre Funktionsweise entschlüsselt und ein Programm gegen sie entwickelt wird. Wer größtmögliche Sicherheit erreichen will, muß sich also regelmäßig die neuesten Virenschutzprogramme besorgen.

Schutz vor Computerviren Auch bei Datenfernübertragung über eine Telefon- oder eine ISDN-Leitung besteht die Gefahr, daß ein Computervirus eindringt. Bei einem Datenaustausch mit einem virenverseuchten Gerät können Viren auf den eigenen Computer übertragen werden. Computer mit der Möglichkeit der Datenfernübertragung sollten nicht unbeaufsichtigt in Betrieb sein; notfalls die Übertragungsleitung vom Rechner trennen.

- In vielen Fällen werden Computerviren durch illegale Raubkopien verbreitet. Aus diesem Grund sollte man ausschließlich Originalprogramme von seriösen Herstellerfirmen verwenden.

DATENORGANISATION

- Damit der Datenbestand auf der Festplatte nicht zu unübersichtlich wird, müssen Dateien und Programme in einer sinnvollen Ordnung auf der Festplatte gespeichert werden. Vor dem Beginn der Arbeit sollte man sich deshalb mit Hilfe des Handbuchs über den Aufbau von Verzeichnissen und Unterverzeichnissen informieren.

- Computer haben bei einer Festplatte, die mit weniger Daten belegt ist, schnelleren Zugriff auf die Dateien. Aus diesem Grund empfiehlt es sich, in regelmäßigen Abständen alle Dateien, die nicht mehr benötigt werden, zu löschen oder zur Archivierung auf Disketten zu übertragen.

DATENSICHERUNG

- Daten, die man nur auf einem Datenträger – z.B. nur auf der Festplatte – gespeichert hat, können aus verschiedenen Gründen unwiederbringlich verlorengehen. Ein Programmfehler oder ein Stromausfall kann auftreten oder eine Festplatte durch einen Defekt zerstört werden. Auch der Hobbynutzer sollte daher bei wichtigen Daten auf eine gute Absicherung achten. Welchen Umfang und Aufwand er der Datensicherung widmen will, muß allerdings jeder selbst ermessen.

Während der Arbeit Arbeitet man mit einem Textprogramm, sollte zumindest nach jeder geschriebenen Seite zwischengespeichert werden, bei anderen Programmen mindestens alle zehn Minuten.

- Manche Programme können auf automatisches Sichern eingestellt werden.

Nach der Arbeit Zum Abschluß sollte alles, was auf die Festplatte geschrieben wurde, zusätzlich auf Disketten kopiert werden. Damit man dabei nicht den Überblick verliert, muß man systematisch vorgehen.

- Um sicher zu sein, daß keine Daten verlorengehen, ist für den Hobbynutzer meist eine Doppelsicherung im Tages- und Wochenturnus ausreichend. Dabei werden alle neuen Daten täglich auf Diskette kopiert. Einmal wöchentlich werden dann alle Daten zusätzlich auf anderen Disketten gesichert. Diese Disketten sollten an einem sicheren Ort aufbewahrt werden.

- Wer seinen Computer sehr intensiv nutzt, kann neben der Tages- noch eine Generationensicherung durchführen: Parallel zur normalen Tagessicherung werden alle Daten auf Disketten gesichert, die ausschließlich für einen bestimmten Wochentag reserviert sind. So stehen zusätzlich zur Tagessicherung immer die Daten der letzten sieben Wochentage zur Verfügung.

Programme Hat man ein Programm neu erworben, empfiehlt es sich, zuerst alle Programmdisketten zu kopieren und nur mit den Kopien zu arbeiten. Die Originaldisketten sollte man separat aufbewahren.

- Kopien von Programmdisketten dürfen aus urheberrechtlichen Gründen grundsätzlich nur von demjenigen verwendet werden, der die Programme auch gekauft hat.

BILDSCHIRM REINIGEN

- Um den Bildschirm zu reinigen, nimmt man am besten handelsüblichen Fensterreiniger. Auf keinen Fall Spiritus verwenden! Den Fensterreiniger auf einen weichen Lappen geben und damit den Bildschirm vorsichtig abwischen. Nicht fest drücken, da bei manchen Geräten – beispielsweise Laptops – die Bildschirmoberfläche sehr weich ist. Das Reinigungsmittel sparsam verwenden. Darauf achten, daß es nicht an der Unterkante des Bildschirms in das Gehäuse läuft.

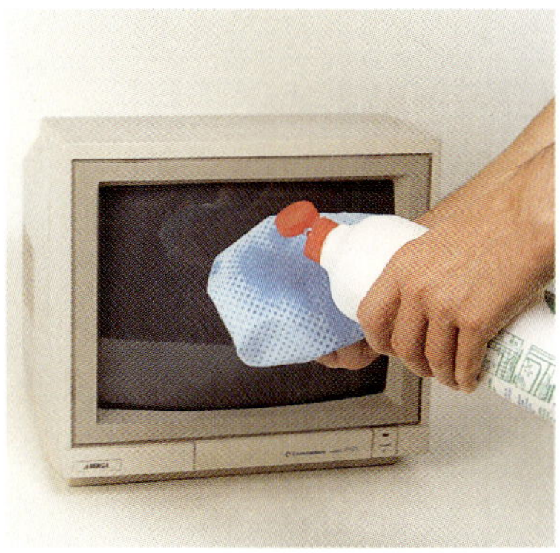

Den Fensterreiniger auf einen Lappen geben und den Bildschirm vorsichtig reinigen.

PROBLEMLÖSUNGEN

▸ Bei der Arbeit mit dem Computer treten immer wieder Probleme auf. Viele davon sind mit wenigen Handgriffen zu lösen, andere durch einen Blick in das Bedienerhandbuch und manche nur mit Hilfe des Fachmannes. Auf keinen Fall darf man aber selbst das Gehäuse eines Computers öffnen!

Schwierigkeiten beim Einschalten Wenn nach dem Einschalten des Rechners gar nichts passiert, ist meist nur die Stromzufuhr unterbrochen. Deshalb zunächst alle Steckverbindungen am Gerät überprüfen und kontrollieren, ob der Rechner richtig an der Steckdose angeschlossen ist. Bringt dies nicht den erhofften Erfolg, kann das Netzteil des Rechners beschädigt sein. In diesem Fall muß man sich an den Kundendienst des Fachhandels wenden.

▸ Bleibt der Bildschirm dunkel, nachdem der Rechner eingeschaltet wurde, hat man vielleicht nur vergessen, den Bildschirm einzuschalten. Möglicherweise wurde aber auch nur der Helligkeitsregler heruntergedreht. Ist dies jedoch nicht der Fall, könnte die Stromzufuhr zum Bildschirm unterbrochen sein. Deshalb alle Steckverbindungen gründlich überprüfen. Sind diese aber in Ordnung, muß man sich an den Kundendienst des Fachhandels wenden.

Mauszeiger erscheint nicht Ist kein Mauszeiger auf dem Bildschirm zu sehen, ist der Fehler meist in einer lockeren Kabelverbindung zu finden.

Diskette wird nicht gelesen Kann der Computer auf eine neu ins Diskettenlaufwerk eingelegte Diskette nicht zugreifen und erscheint deshalb eine Fehlermeldung, wurde vielleicht vergessen, die Verschlußklappe des Laufwerks zu schließen. Dies nachholen und den mit der Fehlermeldung verbundenen Anweisungen des Computers folgen.

▸ Kann der Computer, obwohl die Verschlußklappe geschlossen ist, nicht auf die Daten zugreifen, ist die Diskette defekt oder noch nicht formatiert. Im ersten Fall muß man sie gegen eine andere austauschen, im zweiten Fall zuerst formatieren, bevor man weiterarbeiten kann.

DEN COMPUTER REINIGEN

1. Aus Sicherheitsgründen vor dem Reinigen des Computers das Gerät ausschalten.

2. Zwischen den Tasten setzt sich oft Staub ab, deshalb die Tastatur vorsichtig absaugen.

3. Auch das Gebläse des Rechners ist oft stark verschmutzt. Ebenfalls gründlich absaugen.

EINE MAUS REINIGEN

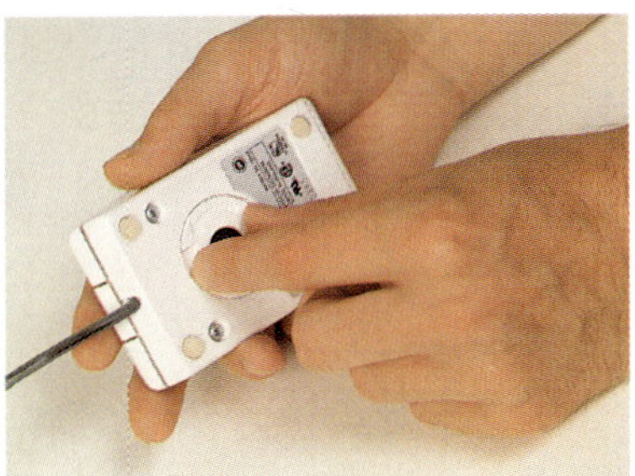

1. Ist eine Maus verschmutzt, durch Drehen des Verschlusses an der Unterseite die Maus öffnen.

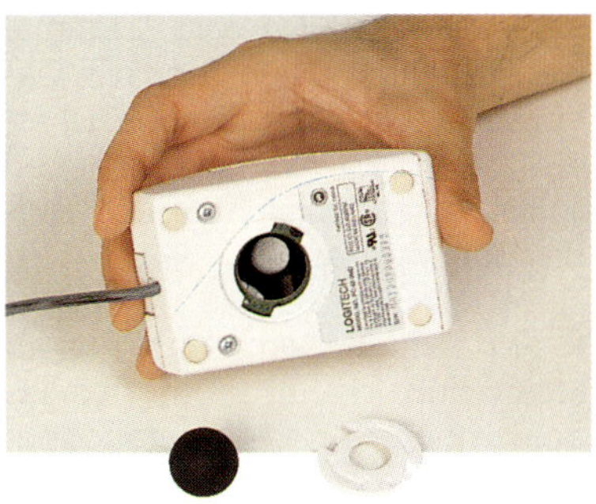

2. Die Kugel herausnehmen und von Verschmutzungen befreien.

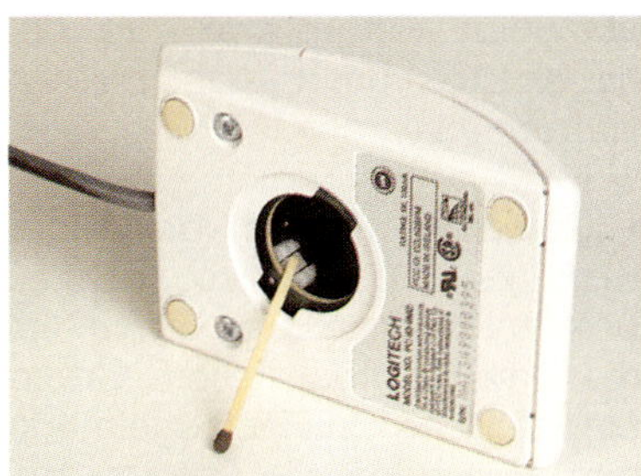

3. Mit einem Streichholz die Schmutzablagerungen an den Halterungen der Kugel entfernen.

HEIMTIERE

EIN HEIMTIER AUSWÄHLEN

▸ Heimtiere bringen viel Freude. Vor dem Erwerb eines Tieres muß man sich aber klarmachen, daß man auf mehrere Jahre hinaus Verantwortung für ein Lebewesen trägt, das Geld, Zeit und Arbeit kostet.

▸ Für Kinder sind viele Heimtiere geeignete Spielgefährten. Sie lernen frühzeitig, Verantwortung zu übernehmen, wenn sie ihre Tiere selbst füttern und pflegen.

▸ Ältere und alleinstehende Menschen finden in einem Heimtier oft einen verläßlichen Gefährten.

▸ Wenn man Heimtiere beim Züchter oder im Fachhandel kauft, hat man eine sehr hohe Sicherheit, was Herkunft, Alter und körperliche Verfassung der Tiere angeht. Die Preise hängen u. a. von der Rasse und der Zucht ab.

▸ In Tierheimen sind die Preise meist niedriger. Man zahlt nur eine Gebühr für Impfungen, Futterkosten usw. Die Höhe wechselt je nach Tierheim. Anschriften findet man im Telefonbuch oder über den Deutschen Tierschutzbund e. V., Baumschulallee 15, 53115 Bonn.

Katze Sie ist in der Regel pflegeleicht und kann auch in kleineren Wohnungen gehalten werden, wenn sie viel Zuwendung bekommt und eine Fensterbank zum Dösen und Beobachten hat.

▸ Im allgemeinen sind kurzhaarige Rassen spielfreudiger und lebhafter als langhaarige.

▸ Rassekatzen kauft man am besten beim Züchter. Anschriften vermittelt der Erste Deutsche Edelkatzenzüchterverband e. V., Berliner Straße 13, 35614 Aßlar.

▸ Oft bekommt man eine Katze auch vom Nachbarn oder über Anzeigen – meistens geschenkt.

Hund Ein Hund braucht Bewegung und Auslauf. Je größer und lebhafter das Tier, desto ausgiebiger muß man mit ihm spazierengehen – was natürlich auch der eigenen Gesundheit nützt. Wie groß der Hund sein darf, hängt davon ab, wieviel Platz man zu Hause zur Verfügung hat.

▸ Meistens ist eine Hündin etwas ruhiger und leichter zu erziehen als ein Rüde.

▸ Mit acht bis neun Jahren können Kinder sich um einen Hund kümmern, wenn er gut erzogen ist.

▸ Ein Hund bringt Sicherheit: Er verteidigt seinen Halter und dessen Eigentum, beispielsweise kann sein Bellen Einbrecher verjagen.

▸ Rassehunde kauft man am besten bei einem seriösen Züchter, der einen fachkundig beraten kann. Anschriften erhält man über die Interessengemeinschaft Deutscher Hundehalter e. V., Auguststraße 5, 22085 Hamburg.

▸ Hunde aus dem Tierheim sind oft besonders anhänglich. In seltenen Fällen erfordern sie anfangs etwas mehr Geduld.

▸ Für Hunde muß man eine Steuer bezahlen. Die Höhe ist von Gemeinde zu Gemeinde unterschiedlich.

▸ Es empfiehlt sich, eine sogenannte Tierhalter-Haftpflichtversicherung abzuschließen.

Goldhamster Dieses Tier schläft tagsüber und wird erst abends bzw. nachts aktiv. Daher ist es für kleine Kinder, die früh zu Bett müssen, nicht geeignet.

▸ Männchen sind meist spielfreudiger als Weibchen.

Meerschweinchen Sie sind sehr verspielt und daher bei Kindern beliebt. Schon Dreijährige können sich sinnvoll mit ihnen beschäftigen.

▸ Tiere, die im Alter von drei bis vier Wochen gekauft werden, gewöhnen sich am besten an die menschlichen Spielgenossen.

Zwergkaninchen Mit diesen Abkömmlingen von Wildkaninchen kann man schon Vierjährigen viel Freude machen.

▸ Beim Kauf darauf achten, daß Fell und Augen glänzen. Das sind sichere Anzeichen für ein gesundes Tier.

Wellensittich Für ein Kind möglichst nestjunge Tiere aussuchen, damit es als Spielgefährte angenommen wird. Nestjunge erkennt man daran, daß sie rosa Nasen und Füße und große schwarze Augen haben.

▸ Die Tiere stammen aus einer zugelassenen Zucht, wenn sie den gesetzlich vorgeschriebenen Fußring tragen.

Kanarienvogel Die Tiere sollten erst gekauft werden, wenn sie mehrere Monate alt sind. Dann ist ihr Federkleid glänzender, und sie singen schöner.

Fische Sie können in jeder Wohnung gehalten werden und sind relativ genügsam. Allerdings sind Einrichtung und Handhabung eines Aquariums nicht ganz einfach. Am besten läßt man sich in einem Fachgeschäft beraten.

HALTUNG UND PFLEGE

- Für sein Heimtier sollte man sich täglich Zeit nehmen.

- Goldhamster, Meerschweinchen und Zwergkaninchen nur unter Aufsicht in der Wohnung laufen lassen, da sie überall nagen, z. B. auch an Elektrokabeln.

Katze Als Schlafplatz dient ein Körbchen an einem ruhigen, zugluftfreien Ort.

- Das Katzenklo, eine rechteckige Plastikschale mit einem 10 cm hohen Rand, wird mit mineralischer Streu gefüllt, die den Geruch bindet.

- Damit die Katze regelmäßig die Krallen wetzen kann, sollte man einen Kratz- und Trimmbaum aufstellen. Darauf kann sie auch liegen oder herumklettern.

Am Kratz- und Trimmbaum kann die Katze ihre Krallen wetzen.

- Jeden Tag putzt sich die Katze sehr ausgiebig. Kurzhaarkatzen nur gelegentlich das Fell ausbürsten, um lose Haare zu entfernen. Langhaarkatzen dagegen täglich bürsten, sonst verfilzen die Haare.

- Die Absonderungen in den Augenwinkeln entfernt man mit einem angefeuchteten Tuch.

- Leere Garnrollen aus Holz und Tischtennisbälle sind geeignetes Spielzeug. Bällchen aus Stanniol oder Wollknäuel bergen die Gefahr, daß sie auseinandergezupft und verschluckt werden können.

Hund Bei der Erziehung eines Hundes ist Lob wichtiger als Tadel. Der Welpe kann in drei Wochen stubenrein werden. Bald darauf hört er auf seinen Namen; danach lernt er die Grundbegriffe der Erziehung: „Komm“, „Sitz“, „Platz“ und „Aus“.

WICHTIGE KRITERIEN BEI DER AUSWAHL EINES HEIMTIERES

Heimtier	*Eigenschaften*	*Was es gern mag*	*Geselligkeit*	*Lebenserwartung*
Katze	*Verschmust, aber manchmal sehr eigenwillig*	*Zwischen den Ohren gestreichelt und unter dem Kinn gekrault werden*	*Kann allein gehalten werden, aber am besten zu zweit*	*Durchschnittlich 14 Jahre, bis 20 Jahre möglich*
Hund	*Anhänglich, treu; mit ausgeprägtem Geruchssinn*	*Gekrault und gestreichelt werden – immer mit dem Fellstrich*	*Kann allein gehalten werden, sonst am besten zwei Welpen aus einem Wurf*	*Je nach Rasse zwischen 10 und 15 Jahren*
Goldhamster	*Zutraulich, drollig; wird erst abends und nachts munter*	*Im Pulloverärmel oder in der Hosentasche kuscheln*	*Allein halten, da in der Natur Einzelgänger*	*2–4 Jahre*
Meerschweinchen	*Gesellig; tagsüber munter*	*Körperwärme spüren und dabei gestreichelt werden*	*Bei viel Zuwendung allein, sonst sollte man zwei Weibchen halten*	*6–8 Jahre*
Zwergkaninchen	*Braucht Bewegung; am Tag munter; macht beim Füttern Männchen*	*Behutsam auf dem Schoß gehalten und gestreichelt werden*	*Allein halten, evtl. mit Meerschweinchen zusammen*	*Bis zu 10 Jahre*
Wellensittich	*Lustig, munter; kann bei geduldiger Anleitung „sprechen“ lernen*	*Mit Artgenossen schnäbeln; ein handzahmes Tier läßt sich kraulen*	*Bei viel Zuwendung allein; sonst am besten ein Pärchen halten*	*12–13 Jahre*
Kanarienvogel	*Lustig, munter; kann einfache Melodien „nachsingen“*	*Mit Artgenossen schnäbeln*	*Bei viel Zuwendung allein; sonst am besten ein Pärchen halten*	*12–13 Jahre*

▸ Dafür sorgen, daß der Hund in Ruhe und unbeobachtet fressen und saufen kann.

▸ Je nach Rasse einmal in der Woche oder täglich bürsten. Das gibt ein schönes Fell.

▸ Hängeohren wischt man jeden Tag mit einem feuchten Tuch ab. Die Ohrmuscheln werden mit einem Zellstofftuch gesäubert.

▸ Absonderungen in den Augenwinkeln mit einem angefeuchteten Tuch regelmäßig entfernen.

▸ Die Krallen läßt man besser von einem Tierarzt schneiden.

▸ Mit dem Hund morgens, mittags und abends mindestens eine halbe Stunde spazierengehen. Öfter einmal neue Wege nehmen; durch die Abwechslung bleibt er interessiert und munter.

Goldhamster Der Käfig sollte mindestens 60 cm lang, 20 cm breit und 30 cm hoch sein. Ein Plastikboden ist besser als einer aus Holz, denn er läßt sich leichter reinigen und wird nicht angenagt.

▸ Ein Laufrad braucht der Hamster, um seinen Bewegungsdrang ausleben zu können. Damit es nicht quietscht, schmiert man es mit Waffenöl, das in Fachgeschäften für Jagdartikel oder Waffen erhältlich ist. Andere Öle können für den Hamster schädlich sein.

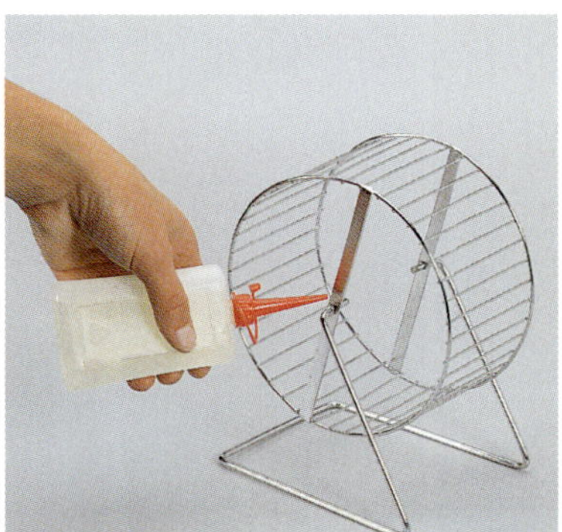
Mit Waffenöl das Laufrad ölen.

▸ Für die Polsterung der Schlafkiste braucht der Hamster Stroh, Wollfäden oder Papierschnipsel. Sie muß täglich kontrolliert werden, da oft Futter darin gehamstert wird, das mit der Zeit verdirbt und schwere Verdauungsstörungen verursachen kann.

▸ Anfangs den Goldhamster nur auf dem Tisch frei laufen lassen, da er sich sonst versteckt.

Meerschweinchen Der Stall für zwei Tiere sollte etwa 100 cm lang, 50 cm breit und 30 cm hoch sein und zwei geschlossene Schlafkisten enthalten.

▸ Meerschweinchen kann man in der Wohnung laufen lassen, da sie für ihr Geschäft in den Stall zurückkehren.

▸ Die ständig nachwachsenden Zähne bleiben kurz, wenn man die Tiere an hartem, schimmelfreiem Brot oder an Obstbaumzweigen nagen läßt.

Zwergkaninchen Der Stall sollte mindestens 80 cm lang und je 50 cm breit und hoch sein. Er darf nicht frei im Raum stehen, da die Tiere von Wildkaninchen abstammen, die es gewöhnt sind, in einem Bau zu leben.

▸ Als Versteck sollte der Stall eine Kiste mit Schlupfloch enthalten.

▸ Man sollte sich nicht unvermittelt über den Käfig beugen, da die Tiere leicht erschrecken.

Wellensittich und Kanarienvogel Der Bauer für zwei Kanarienvögel sollte mindestens 60 cm lang, 35 cm breit und 45 cm hoch sein; zwei Wellensittiche brauchen etwas mehr Platz. Ein Bauer aus Metall ist empfehlenswert, da er leicht zu reinigen ist.

▸ Den Bauer so aufstellen, daß er teils in der Sonne, teils im Schatten, aber nicht in der Zugluft steht.

▸ Zweimal in der Woche den Bodensand auswechseln und die Sitzstangen säubern, bei mehr Vögeln entsprechend öfter.

▸ Man sollte die Tiere in der Wohnung fliegen lassen. Alle Fenster müssen geschlossen sein, da die Vögel nicht in die Wohnung zurückfinden, wenn sie entfliegen. In die Küche sollten sie aus Gründen der Hygiene und der Verletzungsgefahr nicht gelangen. Haben die Vögel Hunger, kehren sie in ihren Bauer zurück.

Fische Für Kaltwasserfische braucht man ein Aquarium, eine Durchlüfterpumpe, einen Filter und eine Beleuchtung, für Warmwasserfische zusätzlich einen Heizstab. Bei Fischen aus den Tropen sollte der Regelheizer konstant auf 24–26 °C stehen. Mit dem Einsetzen der Fische sollte man warten, bis das Wasser nicht mehr trüb ist.

▸ Bei den besonders beliebten Zierfischen Guppy und Schwertträger mehr Weibchen als Männchen halten, da die Männchen die Weibchen dauernd bedrängen.

DIE RICHTIGE ERNÄHRUNG

▸ Alle Heimtiere ausreichend mit frischem Wasser versorgen.

Katze Rohes Fleisch oder Innereien können gefährliche Virusinfektionen verursachen. Auch Essensreste sind nicht zu empfehlen. Am besten und sichersten ist Fertignahrung.

▸ Die Katze regelmäßig morgens und abends füttern.

Hund Die Nahrung soll ausgewogen sein – also keinesfalls nur aus Fleisch bestehen, das im übrigen immer gekocht sein muß. Die ausgewogenste Mischung von Nährstoffen und Vitaminen bietet Fertignahrung. Vom Tisch keine

Essensreste geben, da sie oft dick und krank machen.

▸ Kleine, lebhafte Hunde müssen im Verhältnis zu ihrem Gewicht mehr fressen als größere Tiere.

▸ Die Hauptmahlzeit gibt man mittags. Danach läßt man den Hund eine halbe Stunde ruhen.

Goldhamster Die im Handel angebotenen Pellets garantieren eine ausgewogene Ernährung. Alternativ kann man Käse, Obst, Gemüse, Salat und Körnermischungen für Waldvögel füttern.

▸ Wasser stellt man am besten über einen Tränkeautomaten mit Trinknippel zur Verfügung.

Meerschweinchen Das Tier braucht Heu und etwa 50 g Futter täglich, bestehend aus Getreide, Äpfeln, Karotten, Gurken und grünem Gemüse. Angewelktes Grünfutter kann zu schweren Darmerkrankungen führen.

▸ Zweimal am Tag regelmäßig und pünktlich füttern; bei wenig Grünfutter Vitamin C zugeben.

Zwergkaninchen Auf eine vielseitige Ernährung achten: Gräser, Früchte, frisches Heu, Kohlblätter und Löwenzahn – bis 50 g je Tier und Tag. Kein angewelktes Grünfutter verwenden. Die Nahrung durch Mischfutter aus dem Fachhandel ergänzen.

▸ Gibt man nur Trockenfutter, braucht das Tier das Zehnfache dieser Menge an Wasser.

Wellensittich und Kanarienvogel Im Handel gibt es jeweils Spezialmischfutter, das notwendige Vitamine und Mineralstoffe, etwa Jod für die Sittiche, enthält. Salat sollte man zusätzlich füttern.

▸ Die leeren Hülsen täglich aus dem Futternapf vorsichtig wegblasen und ihn dann neu auffüllen.

▸ Ein mineralischer Bodensand unterstützt die Verdauung und die Versorgung mit Mineralstoffen, da die Tiere ihn zum Teil aufpicken.

Fische Als Grundnahrung gibt man Trockenfutter, das als Flocken, Tabletten oder Granulat angeboten wird. Lebendfutter kann gefährlich sein, da damit möglicherweise Krankheitskeime ins Wasser gelangen. Tiefkühlfutter kann bedenkenlos zusätzlich gegeben werden.

GESUNDHEIT

▸ Die richtige Ernährung und regelmäßige Impfungen sind die wichtigsten Voraussetzungen für ein gesundes Heimtier.

▸ Verhält sich das Tier ungewöhnlich, fragt man den Züchter oder in der Zoohandlung. In Zweifelsfällen zum Tierarzt gehen.

Katze Eine Katze braucht Gras oder einen Ersatz, z. B. Katzengrün aus der Zoohandlung. Sie würgt mit dem Grasgewölle die unverdaulichen Haare wieder heraus, die sie beim Fellputzen verschluckt hat.

▸ Anzeichen von Krankheit sind ein struppiges, stumpfes Fell, trübe Augen, erhöhte Temperatur, auffallendes Hecheln und Speicheln oder Appetitlosigkeit.

Hund Erhöhte Temperatur und glanzlose Augen können auf eine Infektionskrankheit hindeuten – dann sofort zum Tierarzt gehen.

▸ Ist der Fang des Hundes durch einen Insektenstich geschwollen, die Stelle mit Eiswasser kühlen und zum Tierarzt gehen.

Goldhamster Wenn das Tier zumeist döst, aufgebuckelt in einer Ecke sitzt, ein struppiges Haarkleid oder glanzlose Augen hat, deutet dies auf eine Krankheit hin.

Meerschweinchen Verklebte Augen, verschmierte und verkrustete Nasenöffnungen und ein stumpfes Fell sind deutliche Anzeichen für eine Krankheit.

Zwergkaninchen Die Augen dürfen nicht tränen, die Nase sollte trocken sein, und das Fell darf keine Kahlstellen haben.

Wellensittich und Kanarienvogel Hinweise auf Erkrankungen sind struppige Federn außerhalb der Mauser, Appetitverlust, auffälliges Verhalten oder eine Veränderung der Stimme.

Fische Weiße Pünktchen oder ein Belag auf der Haut und ausgefranste Flossen sind Zeichen für eine Erkrankung.

TIPS FÜR DEN ALLTAG

▸ Fotos von Tieren vor ruhigem Hintergrund und möglichst aus der Froschperspektive machen.

Katze Da junge Katzen besonders neugierig sind, sollten Scheren, Nadeln, Chemikalien usw. sicher verstaut sein.

▸ Um eine Katze vom Boden aufzuheben, greift man mit der einen Hand hinter die Vorderbeine, während die andere Hand das Hinterteil stützt. Das Tier nicht am Nackenfell packen.

Eine Katze immer mit beiden Händen vom Boden aufheben.

▸ Katzen sollte man nur streicheln, wenn sie es selbst wollen. Gar kein Zweifel darüber besteht dann, wenn sie sich auf den Schoß kuscheln.

Eine Katze, die sich auf den Schoß kuschelt, läßt sich auch gern streicheln.

▸ Eine freundliche Begrüßung bei einer Katze erkennt man daran, daß sie mit steil aufgerichtetem Schwanz und aufmerksamem Blick auf einen zukommt.

Der steil aufgerichtete Schwanz der Katze signalisiert eine freundliche Begrüßung.

Hund Richtige Knochen zum Nagen und Spielen sind gefährlich: Der Hund kann sich die Zähne ausbeißen; manche Knochen splittern. Besser sind Spielknochen aus kräftiger Büffelhaut.

Goldhamster Im Sommer kann der Käfig auch mal draußen an einem zugluftfreien, schattigen Platz stehen. Das Tier aber nicht in seinem Tagschlaf stören.

Zwergkaninchen Man kann sie im Sommer auf den Balkon lassen. Allerdings muß er gut gesichert sein, da die Kaninchen aus dem Stand mühelos 70 cm hoch springen können.

Wellensittich Handzahm wird ein Sittich, wenn man ihm frische Kolbenhirse durch die geöffnete Käfigtür hinhält. Unter gutem Zureden hüpft er auf die Hirse – und bald auch auf die Hand.

▸ Der Sprachunterricht bei Wellensittichen sollte beginnen, bevor sie zwölf Wochen alt sind. Kurze Wörter mit hellen Vokalen wie „i" oder „e" eignen sich für den Anfang am besten.

DIE SPRACHE DES HUNDES

Ein freundlich gestimmter Hund, dem man sich nähern kann: wedelnde Rute und erhobener Kopf.

Deutliches Zeichen der Freude: Der Hund macht mit wedelnder Rute ein Männchen.

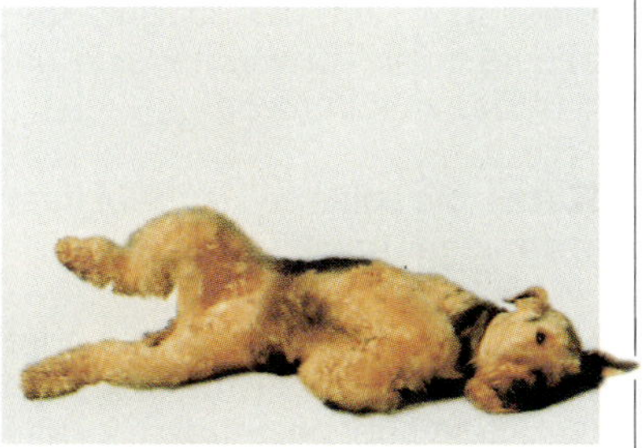

Rollt sich der Hund auf die Seite und zeigt den Bauch, will er spielen oder sich unterwerfen.

Der Hund ist ängstlich und unterwürfig: hängende Ohren, gebeugter Kopf und eingeklemmte Rute.

Der Hund ist aufmerksam: wacher Blick, leicht aufgestellte Ohren und geöffnete Schnauze.

Steife, gerade Rute, gebleckte Zähne und vorgereckter Kopf signalisieren einen Angriff.

▸ Den Bauer in ständig bewohnten Zimmern abends abdecken, damit die Tiere in Ruhe schlafen können.

Für die Nachtruhe der Vögel den Bauer mit einem Tuch abdecken.

WAS ZU TUN IST, WENN MAN VERREIST

▸ Nimmt man das Tier mit, muß man eventuell auf Impf- und Einreisebestimmungen achten.

▸ Nimmt man das Tier nicht mit, bittet man am besten gute Bekannte oder Verwandte, sich um das Tier zu kümmern.

Katze Sie sollte zu Hause in ihrer vertrauten Umgebung bleiben.

▸ Hat man keine Nachbarn oder Verwandten, kann man einem Catsitter-Club beitreten: Die Mitglieder versorgen die Katzen in deren Zuhause. Anschriften gibt es beim Verein Deutscher Katzenfreunde e. V., Postfach 2 20 99, 22119 Hamburg.

Hund Am Tag vor der Fahrt dem Hund wenig zu fressen geben, unterwegs gar nichts. Dafür viel frisches Wasser anbieten.

▸ Muß man den Hund zu Hause lassen, gibt man ihm ein Kleidungsstück zum Beschnuppern. So kann er sich auf die Rückkehr seiner Herrschaften freuen.

Ein Kleidungsstück hilft dem Hund über die Wartezeit hinweg.

▸ Hundepensionen vorher genau prüfen. Adressen erhält man beim Tierschutzverein oder beim Bundesverband der Hundeschulen und -pensionen Deutschlands, Geschäftsführer Gregor van Eysden, Hof Pardick, 49597 Rieste.

Mit dem Hund im Auto

- **Einen jungen Hund langsam ans Autofahren gewöhnen. Zuerst einige Zeit im abgestellten Wagen schlafen lassen.**
- **Den Hund immer an der Leine auf der Seite ein- und aussteigen lassen, die von der Fahrbahn abgewandt ist.**
- **Größere Hunde gehören in den Fond eines Wagens.**
- **Am offenen Fenster kann der Hund leicht eine Bindehautentzündung bekommen.**
- **Ruhige Fahrweise wählen, um das Tier nicht zu erschrecken.**
- **Bleibt der Hund im Auto, muß man so parken, daß sich das Wageninnere in der Sonne nicht aufheizen kann. Das Fenster einen Spalt offenlassen. Das Tier nicht anleinen, es könnte sich sonst selbst erdrosseln.**

Wellensittich und Kanarienvogel Vogelpärchen können allein in ihrer gewohnten Umgebung bleiben und dort versorgt werden. Einzeltiere sollten dagegen nicht ständig allein sein.

Fische Werden sie an einen im Fachhandel erhältlichen Futterautomaten gewöhnt, genügt es, wenn jemand alle zwei bis drei Tage das Aquarium kontrolliert.

WAS DAS MIENENSPIEL DER KATZE VERRÄT

Eine dösende Katze: halb angelegte Ohren, normale Pupillenweite und entspannte Miene.

Ein aufmerksames Tier: nach vorn gestellte Ohrmuscheln und wache, weit geöffnete Augen.

Flach angelegte Ohren und verengte Augenpartien bedeuten eine ernste Abwehrdrohung.

ZIMMERPFLANZEN

ANSPRÜCHE VON ZIMMERPFLANZEN

▸ Viele Zimmerpflanzen stammen aus tropischen und subtropischen Gebieten, wo sie besonderen Wachstums- und Standortbedingungen unterworfen sind. Deshalb können sie sich in Wohnräumen nur dann gut entwickeln, wenn man ihre jeweiligen Ansprüche an Licht, Temperatur, Luftfeuchtigkeit und Wasser berücksichtigt.

▸ Bei der Wahl der Zimmerpflanzen muß man den möglichen Standort beachten. Pflanzen, die viel Licht benötigen, eignen sich für Zimmer mit Süd-, West- und Ostfenstern.

▸ Bereits bei der Auswahl von Zimmerpflanzen empfiehlt es sich, unbedingt auf deren spätere Höhe und Wachstumsform zu achten. Nur wenn genügend Raum vorhanden ist, können sie ihren Blatt- oder Blütenschmuck voll entfalten.

Licht Alle Pflanzen benötigen für ein gesundes Wachstum Licht. Die einzelnen Pflanzen haben allerdings unterschiedliche Lichtbedürfnisse. Dies sollte sowohl bei der Auswahl der Sorten als auch bei der Festlegung des Standortes von Zimmerpflanzen berücksichtigt werden.

▸ Innerhalb eines Raumes liegen in der Regel unterschiedliche Lichtverhältnisse vor. Insbesondere ist zu beachten, daß die Lichtintensität mit zunehmendem Abstand von den Fenstern erheblich abnimmt.

▸ Die Lichtintensität mißt man mit einem im Fachhandel erhältlichen Beleuchtungsmesser (Luxmeter). Die Einheit für die Messung der Beleuchtungsstärke ist Lux (lx).

Zur genauen Ermittlung der Lichtverhältnisse hält man den Belichtungsmesser in Pflanzenhöhe.

▸ Man kann die Beleuchtungsstärke auch mit dem Belichtungsmesser eines Fotoapparates messen. Dazu stellt man den Belichtungsmesser auf eine Filmempfindlichkeit von ISO 50 ein und wählt 1/30 Sekunde Belichtungszeit. Die so ermittelten Blendenwerte entsprechen der in untenstehender Tabelle angegebenen Beleuchtungsstärke.

Blendenwert	*Beleuchtungsstärke (in Lux)*
2	500
2,8	1000
4	2000
5,6–8	5000
8–11	10 000
11–16	20 000
22	50 000

▸ Vielfach werden die Lichtbedürfnisse der Zimmerpflanzen in drei Kategorien eingeteilt: Pflanzen mit geringen (600–800 lx), mit mittleren (800–1000 lx) und mit hohen Lichtansprüchen (über 1000 lx).

▸ Während der lichtarmen Wintermonate und in dunkleren Räumen erhalten die Pflanzen meistens genug Licht, wenn man sie direkt ans Fenster stellt.

▸ Anhaltspunkte für zu wenig Licht sind ein spindeliger Wuchs der Pflanzen mit langen, dünnen Trieben, mangelndem Blütenansatz, Veränderungen der Blätter (die gelbe Zeichnung oder Panaschierung geht verloren, z. B. bei der Efeutute; die Blätter werden ganzrandig und ihre Löcher schließen sich, wie etwa beim Fensterblatt). Die Blätter werden von unten nach oben abgeworfen, auch wenn die Triebe an der Spitze normal weiterwachsen.

▸ Die meisten Pflanzen, selbst solche mit hohen Lichtansprüchen, sollte man während der Sommermonate vor direkter Sonnenbestrahlung schützen, da sie Blattschäden, z. B. Verbrennungen, hervorrufen kann. Deshalb empfiehlt es sich, die Zimmerpflanzen vor allem in den Mittagsstunden zu schattieren. Dazu reicht eine schattenspendende Markise, eine Jalousie oder ein Vorhang.

▸ Wenn man Zimmerpflanzen an einen anderen Platz stellt, sollten sie grundsätzlich genauso zum Licht ausgerichtet sein wie am alten Standort. Beachtet man dies nicht, richten zwar junge Blätter während des Wachstums ihre Oberfläche wieder zum Licht aus, ältere Blätter, die keine wachstumsfähigen Zellen mehr haben, sterben ab.

▸ Das beste Hilfsmittel, um die Pflanzen immer gleichmäßig zum Licht hin auszurichten, ist eine Lichtmarke. Mit einem Stift mar-

BEDÜRFNISSE DER WICHTIGSTEN ZIMMERPFLANZEN

Botanischer Name	Deutscher Name	Lichtansprüche gering	mittel	hoch	Mindest-temperatur (Winter)	Vermehrung
Aechmea	Lanzenrosette	–	–	×	15 °C	Abtrennung der Seitensprosse
Aglaonema	Kolbenfaden	×	–	–	15 °C	Teilung
Anthurium	Flamingoblume	–	–	×	18 °C	Teilung
Aspidistra	Schusterpalme	×	–	–	4 °C	Teilung
Begonia	Begonie	–	×	–	13 °C	Blattstecklinge
Billbergia	Zimmerhafer	–	×	–	14 °C	Kindel
Bougainvillea	Bougainvillea	–	–	×	7 °C	Stecklinge
Calathea	Korbmarante	–	×	–	15 °C	Teilung
Chlorophytum	Grünlilie	–	–	×	8 °C	Teilung; Ausläufer
Chrysanthemum	Chrysantheme	–	–	×	10 °C	Kopfstecklinge
Clivia	Riemenblatt	–	×	–	12 °C	Kindel
Codiaeum	Croton	–	–	×	18–20 °C	Kopfstecklinge; Abmoosen
Cordyline	Keulenlilie	×	–	–	16 °C	Kopfstecklinge; Abmoosen
Cyperus	Zypergras	–	–	×	10 °C	Teilung; Blattstecklinge
Dieffenbachia	Dieffenbachie	–	×	–	15 °C	Abmoosen; Stammstücke
Dracaena	Drachenbaum	×	–	–	16 °C	Stecklinge; Stammstücke
Epipremnum	Efeutute	×	–	–	14 °C	Kopfstecklinge
Euphorbia milii	Christusdorn	–	–	×	15 °C	Stecklinge
Euphorbia pulcherrima	Weihnachtsstern	–	×	–	16–18 °C	Kopfstecklinge
Fatshedera	Efeuaralie	–	×	–	10 °C	Abmoosen; Kopfstecklinge
Fatsia	Zimmeraralie	–	×	×	5–8 °C	Abmoosen; Kopfstecklinge; Samen
Ficus elastica	Gummibaum	–	×	–	12 °C	Abmoosen; Kopfstecklinge
Fuchsia	Fuchsie	–	–	×	5 °C	Kopfstecklinge
Helxine	Bubiköpfchen	–	×	–	3–10 °C	Stecklinge; Teilung
Hibiscus	Eibisch	–	–	×	12–15 °C	Kopfstecklinge
Hippeastrum	Amaryllis	–	–	×	18 °C	Brutzwiebel
Hoya	Wachsblume	–	×	–	10 °C	Kopf- und Stammstecklinge
Hydrangea	Hortensie	–	–	×	4–6 °C	Stecklinge
Impatiens	Fleißiges Lieschen	–	×	–	10 °C	Kopfstecklinge; Samen
Maranta	Pfeilwurz	×	–	–	15–16 °C	Teilung
Monstera	Fensterblatt	–	×	–	12 °C	Teilung
Nephrolepis	Schwertfarn	–	×	–	18 °C	Ausläufer; Teilung
Pelargonium	Pelargonie Geranie	–	–	×	4–6 °C	Kopfstecklinge
Peperomia	Zwergpfeffer	–	×	–	16 °C	Blattstecklinge
Philodendron	Baumfreund	×	–	–	16 °C	Abmoosen; Kopfstecklinge
Phoenix	Dattelpalme	–	–	×	10–13 °C	Samen
Primula	Primel	–	×	–	5–7 °C	Samen; Teilung
Rhododendron simsii	Azalee	–	×	–	5–12 °C	Kopfstecklinge
Saintpaulia	Usambaraveilchen	–	×	–	16 °C	Blattstecklinge
Sansevieria	Bogenhanf	–	×	–	15 °C	Blattstecklinge; Teilung
Saxifraga	Judenbart	×	–	–	4 °C	Ausläufer
Schefflera	Schefflera	–	×	–	15–18 °C	Kopf- und Stammstecklinge
Sinningia	Gloxinie	–	×	–	18 °C	Aussaat; Blattstecklinge
Sparmannia	Zimmerlinde	–	–	×	5–10 °C	Kopfstecklinge
Spathiphyllum	Blattfahne	×	–	–	12–15 °C	Teilung
Syngonium	Purpurtute	×	–	–	15–18 °C	Kopfstecklinge
Tradescantia	Dreimasterblume	–	×	–	10 °C	Kopfstecklinge
Yucca	Palmlilie	–	–	×	5 °C	Seitentriebe; Stammstücke
Zebrina	Zebrakraut	–	×	–	12 °C	Kopfstecklinge

kiert man am Gefäß entweder die Fenster- oder die Zimmerseite.

Mit einer Markierung am Gefäß vermeidet man, daß die Pflanze falsch aufgestellt wird.

Künstliches Licht Wenn Zimmerpflanzen an einem weniger hellen Platz stehen sollen, muß man den Lichtmangel durch Kunstlicht ausgleichen.

Durch den Einsatz von Kunstlicht läßt sich der Mangel an Helligkeit wirksam ausgleichen.

▸ Besonders geeignet sind spezielle Pflanzenleuchten, die in der spektralen Zusammensetzung des Lichts an die Ansprüche der Zimmerpflanzen angepaßt sind und einen hohen Anteil an orangeroten und violettblauen Lichtstrahlen haben.

▸ Pflanzenleuchten sollten möglichst nah über den Gewächsen angebracht werden, da sie nur so ihre optimale Wirkung entfalten können. Je nach den Bedürfnissen der jeweiligen Zimmerpflanze, der Lichtintensität und dem eingesetzten Leuchtentyp kann die Entfernung zwischen Lampe und Pflanze bis zu 50 cm betragen. Deshalb empfiehlt es sich, auch die Herstellerhinweise zu berücksichtigen.

▸ Die tägliche Beleuchtungsdauer hängt vom Standort und von der Jahreszeit ab. Im September/Oktober und im März schaltet man das Kunstlicht zwei bis drei Stunden täglich ein, im November und Februar drei bis fünf Stunden, im Dezember und Januar sechs bis acht Stunden.

▸ Werden die Zimmerpflanzen nur unter Kunstlicht gehalten, sollte die tägliche Beleuchtungsdauer 16 Stunden betragen.

▸ Bei Langtagpflanzen, d. h. Gewächsen, die zur Bildung eines Knospenansatzes täglich mehr als zwölf Stunden Licht brauchen, kann man durch den Lichtreiz einer Pflanzenleuchte einen zusätzlichen Blütenansatz auslösen. Typische Vertreter sind sommerblühende Topfblumen, wie etwa Pelargonien (Geranien), Fuchsien und Nelken.

▸ Will man erreichen, daß Kurztagpflanzen, d. h. Gewächse, die Knospen bei weniger als zwölf Stunden Licht pro Tag ansetzen, außerhalb ihrer natürlichen Blütezeit blühen, muß man sie künstlich verdunkeln.

▸ Einen Weihnachtsstern kann man zu Weihnachten wieder zum Blühen bringen, wenn man ihn etwa zehn Wochen lang ab Anfang bis Mitte Oktober mit einem schwarzen Tuch oder einer dunklen Folie vom späten Nachmittag bis zum frühen Morgen völlig abdeckt. Er darf nicht mehr als zehn Stunden Licht am Tag erhalten; durch zu viel Licht wird die Knospenbildung verhindert. Tagsüber ist aber eine hohe Lichtintensität notwendig, damit sich die Pflanze optimal entwickeln kann.

Durch Verdunklung erreicht man eine zusätzliche Knospenbildung beim Weihnachtsstern.

Luft Pflanzen benötigen reichlich Luft. Deshalb sollte man Räume, in denen Blumen und Topfpflanzen stehen, regelmäßig lüften.

▸ Die meisten Pflanzen vertragen keine Zugluft. Deshalb die Fenster möglichst nur dort öffnen, wo keine Pflanzen in unmittelbarer Nähe stehen, oder diese während des Lüftens wegstellen.

▸ Kälteschäden durch eine plötzliche Unterkühlung der Blätter und Triebe beim Lüften während der kalten Jahreszeit vermeidet man, indem man die Pflanzen vom Fenster wegstellt oder nur solche Fenster öffnet, an denen keine Pflanzen stehen.

Luftfeuchtigkeit Zimmerpflanzen benötigen für ein gesundes Wachstum eine unterschiedlich feuchte Luft. Um die relative Luftfeuchtigkeit in einem Raum zu bestimmen, verwendet man ein Hygrometer. Im Zimmer ist die relative Luftfeuchtigkeit bei einem Wert über 60% hoch, von 50–60% mäßig hoch und unter 50% relativ niedrig.

▸ Eine zu geringe Luftfeuchtigkeit erkennt man oft schon an den braunen, vertrockneten Blattspitzen der Pflanzen.

▸ Pflanzen mit einem höheren Anspruch an Luftfeuchtigkeit sollte man, besonders während der Heizperiode, ab und zu mit zimmerwarmem Wasser besprühen. Blühende Pflanzen und solche mit weichen, fleischigen bzw. behaarten Blättern darf man nicht besprühen. Blattschäden können die Folge sein.

▸ Durch Luftbefeuchter oder Zimmerspringbrunnen kann die Feuchtigkeit in Wohnräumen erhöht werden.

▸ Pflanzen, die in der Nähe eines Heizkörpers oder einer anderen Wärmequelle stehen, brauchen eine erhöhte Luftfeuchtigkeit.

Temperatur Zimmerpflanzen können sich in einem gewissen Umfang jedem Temperaturbereich anpassen. Trotzdem sollte man die Bedingungen beachten, unter denen eine Pflanze in ihrer natürlichen Umgebung wächst, damit sie sich optimal entwickelt. Deshalb teilt man Zimmerpflanzen ein in solche, die geringe, mittlere oder höhere Temperaturansprüche stellen.

▸ Wärmeliebende Pflanzen sollte man nicht zu großen Temperaturschwankungen aussetzen, da sie einen Temperaturschock erleiden und nicht weiterwachsen oder die Blätter abwerfen.

▸ Eine Temperaturdifferenz von 2–5 °C zwischen der Tag- und der Nachttemperatur vertragen die meisten Zimmerpflanzen.

▸ Obwohl viele Gewächse eine warme Umgebung lieben, ist ein Standort auf dem Fenstersims direkt über der Heizung nicht günstig. Durch die aufsteigende Wärme verdunstet zu viel Feuchtigkeit, und es können Blattschäden auftreten.

▸ Damit Zimmerpflanzen während ihrer Ruheperiode Knospen bilden können, muß man die Temperatur relativ niedrig halten.

▸ Wird die Ruheperiode der Pflanzen nicht eingehalten, entwickeln sich zwar Blätter und Triebe, aber keine Knospen.

Bewässerung Zimmerpflanzen haben unterschiedliche Feuchtigkeitsansprüche. Man sollte immer nur so viel Wasser geben, wie die Pflanzen benötigen.

▸ Pflanzen sollte man spätestens dann gießen, wenn die Erde hell aussieht oder sich vom Topfrand löst, wenn der Topf leicht geworden ist oder die Pflanze welkt.

▸ Sollte einmal eine Pflanze ganz ausgetrocknet sein, kann man den Topf in einen mit Wasser gefüllten Eimer tauchen. Sobald keine Luftblasen mehr aufsteigen, nimmt man den Topf heraus und läßt überschüssiges Wasser abfließen. Die Pflanze erholt sich meist rasch wieder.

Durch Eintauchen in Wasser kann sich eine ausgetrocknete Zimmerpflanze rasch erholen.

▸ Man sollte nicht alle Zimmerpflanzen gleich viel gießen, da sie verschiedene Ansprüche und unterschiedliche Wachstumsphasen haben. Während des Wachstums sollte man die Pflanzen nicht austrocknen lassen.

▸ Staunässe im Wurzelbereich ist besonders gefährlich, da die Wurzeln faulen können und die Pflanzen welken. Deshalb Untersetzer und Übertöpfe immer kontrollieren, ob Wasser in ihnen steht. Man gießt es ab und läßt das Substrat antrocknen.

▸ Gießwasser sollte stets Zimmertemperatur, also etwa 20 °C, haben, denn kaltes Wasser kann dem Wachstum schaden. Dies muß vor allem im Winter berücksichtigt werden.

▸ Ideales Gießwasser sollte weich sein, d. h. nicht zu viel Kalk enthalten. Den Härtegrad des Leitungswassers kann man beim örtlichen Wasserwerk erfragen.

▸ Gut geeignet zum Gießen ist auch Regenwasser, da es einen sehr geringen Kalkgehalt hat.

▸ Mit hartem Wasser werden nur kalkverträgliche Zimmerpflanzen gegossen.

▸ Moorbeetpflanzen, z. B. Azalee, Zimmererika, Kamelie, Hortensie, Bromeliengewächse, Flamingoblume, gießt man nur mit weichem Wasser.

▸ Hartes Wasser kann man leicht enthärten. Für die Enthärtung von 1 l Wasser werden 20–30 g Weißtorf in ein grobporiges Säckchen gefüllt (bei sehr hartem Wasser auch etwas mehr) und dieses 12–24 Stunden in das Wasser gehängt. Danach kann das Wasser zum Gießen verwendet werden. Der Torf selbst ist nicht verloren. Mit ihm läßt sich Blumenerde für kalkliebende Pflanzen herstellen, oder er wird für die Humusdüngung im Garten verwendet.

▸ Stark kalkhaltiges Wasser kann man auch durch Zugabe von Enthärtungsmittel in flüssiger oder fester Form unter Beachtung der Dosiermenge enthärten. Danach das Wasser einige Stunden stehenlassen.

▸ Man sollte eine Zimmerpflanze nicht immer nur von unten, also über den Untersetzer, gießen. Indem das Gießwasser im Wurzelballen aufsteigt, werden die Nährstoffe nach oben transportiert und lagern sich im oberen Drittel des Wurzelballens ab. Hier kann sich die Salzkonzentration erhöhen und Wurzelschäden verursachen. Deshalb lieber in größeren Zeitabständen die Pflanzen auch wieder von oben gießen, so daß die überschüssigen Nährstoffe nach unten ausgewaschen werden.

▸ Orchideen und andere Epiphyten mit einem wasserdurchlässigen Substrat sowie Hängepflanzen kann man durch Tauchen gut mit Wasser versorgen.

▸ Manche Pflanzen, z. B. Alpenveilchen, Amaryllis, Clivie, Weihnachtskaktus, Orchideen und Kakteen, benötigen für die normale Entwicklung eine Ruheperiode. Während dieser Zeit bilden sich oft Blütenknospen. In der Ruheperiode Wassergaben stark reduzieren. Individuell vorgehen und die Bewässerung entweder ganz einstellen oder nur so viel Wasser geben, daß die Pflanze nicht vertrocknet.

ERDE UND NAHRUNG DER ZIMMERPFLANZEN

▸ Damit Zimmerpflanzen gedeihen können, muß man für eine gute Erde sorgen, deren Zusammensetzung auf ihre Bedürfnisse abgestimmt ist.

▸ Zimmerpflanzen müssen nicht nur mit den Kernnährstoffen Stickstoff, Phosphorsäure, Magnesium, Kalium, Kalk in einem optimalen Verhältnis versorgt werden, man muß der Erde auch Mikronährstoffe, z. B. Bor, Zink, Kupfer, in ausreichender Menge beifügen.

▸ Handelsübliche Blumenerden sind mit allen wichtigen Nährstoffen für die allgemeine Zimmerpflanzenkultur ausgestattet. Vielfach enthalten sie Depotdünger, also Nährstoffe, die über einen längeren Zeitraum den Pflanzen zur Verfügung stehen.

▸ Man kann Blumenerden auch selbst aus Kompost oder Gartenerde, Hochmoor-Weißtorf, aber auch mit Rindenhumus oder Holzfaserprodukten und Sand zusammenmischen.

▸ Den eigenen Mischungen muß zusätzlich Dünger beigegeben werden, wenn das Ausgangsmaterial nährstoffarm ist. Der Vorteil einer Vorratsdüngung ist, daß sie ihre Nährstoffe den Pflanzen längere Zeit zukommen läßt und außerdem die Salzkonzentration des Bodens nicht oder nur unwesentlich erhöht.

▸ Wenn man reichlich Komposterde verwendet, kann meist auf eine größere Vorratsdüngung verzichtet werden.

▸ Pflanzen mit besonderen Ansprüchen an den Boden brauchen ein Spezialsubstrat.

▸ Eine stark saure Erde brauchen z. B. Flamingoblume, Kamelie, Hortensie, Gloxinie und manche Primeln oder Bromelien. Der pH-Wert sollte in diesem Fall 4,5–6 betragen. Ansonsten sollte er im schwach sauren bis neutralen Bereich zwischen 5,5 und 7 liegen.

Dünger Bei der Wahl des Düngers ist zu beachten, ob es sich um Grün- oder um blühende Pflanzen handelt, da der Nährstoffbedarf unterschiedlich ist. Heranwachsende Pflanzen benötigen mehr Stickstoff, blühende Pflanzen hingegen mehr Phosphorsäure und Kalium.

▸ Die Menge des benötigten Düngers richtet sich nach der Pflanze, ihrer Größe und dem Wachstumstadium.

▸ Für normale Zimmerpflanzen kann man 10 l Erde je nach ihrem Nährstoffvorrat 30–70 g eines organisch-mineralischen Vorratsdüngers oder 20–40 g eines Depotdüngers vor dem Ein- oder Umtopfen untermischen.

▸ Man düngt stets während der Hauptwachstums- und Blühphase und nicht in der Ruheperiode. Im Winter kann gedüngt werden, wenn die Pflanze genug Licht für die Verarbeitung der aufgenommenen Nährstoffe erhält.

▸ Den meisten Pflanzen genügen 1–2 mg Dünger auf 1 l Wasser. Grundsätzlich sollte man sich an die Dosierungsvorschriften halten und die Dosierhilfen verwenden.

▸ Verabreicht wird so viel Düngerlösung, daß der Wurzelballen gut durchfeuchtet ist. Danach hält man ihn einige Tage feucht, um Verbrennungen der feinen Haarwurzeln zu vermeiden.

▸ Düngerlösungen sollten nicht auf oberirdische Pflanzenteile gelangen. Läßt sich dies nicht vermeiden, muß man die Pflanzen nach dem Düngen mit klarem Wasser abspritzen.

▸ Die Häufigkeit der Düngergaben richtet sich nach der Entwicklung der Gewächse. Stark wachsende Pflanzen können im Abstand von zwei bis drei Wochen gedüngt werden, schwächer wachsende alle drei bis vier Wochen. Liegt ein größerer Nährstoffbedarf vor, kann man auch in kürzeren Abständen düngen.

▸ Pflanzen, die eine Ruheperiode einhalten, werden etwa vier bis sechs Wochen vor Beginn dieser Zeit nicht mehr gedüngt.

▸ Spezielle Nährstoffansprüche mancher Zimmerpflanzen sind zu beachten. So bringen z. B. Hortensien nur dann blaue Blüten hervor, wenn sie in saurem Substrat stehen. Nachhelfen kann man, indem man der Erde beim Umtopfen etwas Aluminiumsulfat beimischt (50 g auf 10 l Erde). Beim Antreiben der Hortensien gibt man etwa 3 g/l Wasser des gleichen Mittels einmal wöchentlich ins Gießwasser.

▸ Für Kulturen von Azaleen verwendet man einen Spezialdünger. Die Gebrauchsanweisung gibt Aufschluß über die optimale Dosierung.

▸ Orchideen sind häufig Epiphyten, also Baumaufsitzer. Deshalb benötigen sie ein Spezialsubstrat aus Streutorf, Farnwurzeln und zerkleinerter Borke. Diesen organischen Substratbestandteilen sollte man für die bessere Durchlüftung Perlite oder Styromull beimengen.

▸ Für Kakteen und andere Sukkulenten verwendet man meist spezielle Substrate mit einem höheren Anteil mineralischer Stoffe (Sand und Lehm).

▸ Kakteenerde kann man auch selbst aus grobem Sand, etwas Lehm, verrotteter Humuserde und Torf anmischen.

▸ Vorsicht ist bei sogenannten Hausmitteln angebracht. Die Düngewirkung von Tee, Kaffeesatz, Salatöl, Eierschalenwasser usw. ist sehr gering, und sie können dem Boden oder den Pflanzen sogar schaden. Deshalb sollte man auf solche Mittel ganz verzichten. Einen Bierrest kann man dem Gießwasser jedoch ohne Bedenken zusetzen, da das Gemisch aus Hopfen und Malz natürliche Nähr- und Wirkstoffe enthält.

UMTOPFEN

▸ Mehrjährige Zimmerpflanzen müssen von Zeit zu Zeit umgetopft werden, da sie entweder einen größeren Topf benötigen oder die Erde nach längerer Kulturzeit ausgelaugt bzw. die Struktur des Substrats zerstört ist.

▸ Angeboten werden Ton- und Plastiktöpfe. Als Pflanzgefäße kann man beide verwenden. Sie haben jedoch einen unterschiedlichen Einfluß auf die Pflanze.

▸ Tontöpfe haben eine poröse Wandung, durch die Feuchtigkeit aufgenommen und abgegeben wird. Poröse Wände sichern auch einen gewissen Luftaustausch. Deshalb finden die Wurzeln im Tontopf oft ausgeglichene Verhältnisse. Auch treten Gießfehler

ZIMMERPFLANZEN UMTOPFEN

1. Pflanze zwischen zwei Fingern halten, Topf umdrehen und leicht klopfen, bis sich der Topf löst.

2. Wurzelballen auflockern, abgestorbene Wurzelteile und möglichst viel alte Erde entfernen.

3. Pflanze einsetzen, Topf mit frischer Erde auffüllen und diese anschließend leicht andrücken.

KAKTEEN UMTOPFEN

1. Mit einem zusammengefalteten Streifen Zeitungspapier kann man den Kaktus gefahrlos greifen.

2. Alte, trockene Erdreste werden vorsichtig von den Wurzeln entfernt und abgeschüttelt.

3. Man hält die Pflanze fest und verteilt die frische Erde gleichmäßig mit einem Löffel.

seltener auf. Pflanzen im Tontopf müssen meist etwas häufiger gegossen werden. Das Wurzelwachstum in beiden Topfarten ist unterschiedlich. Während sich die Wurzeln im Tontopf gleichmäßig über die gesamte Wandfläche ausbreiten, befinden sich Wurzeln im Kunststofftopf meist in dichten Ringen am Topfboden.

▸ Der leichtere Plastiktopf hat eine dichte Wandung. Das Wasser wird nur durch die Erdoberfläche oder die Abzugslöcher am Topfboden aufgenommen oder abgegeben. Pflanzen in Plastiktöpfen müssen seltener gegossen werden. Da sich leichter Staunässe bilden kann, ist beim Gießen besondere Sorgfalt erforderlich.

▸ Das Umtopfen richtet sich nach dem Wachstumsrhythmus der Pflanze. Meistens topft man im Frühjahr oder Frühsommer um, wenn die Pflanze kräftig wächst. Ungünstiger ist die lichtarme Zeit von Oktober bis Mitte Februar.

▸ Der neue Blumentopf sollte im Durchmesser 1–2 cm größer sein als der alte. Bei Kunststofftöpfen ist der Durchmesser meist am Topfboden abzulesen. Bei Tontöpfen kann man ihn auch am Topfboden erkennen. Blumentöpfe mit einem geradzahligen Durchmesser haben einen glatten Boden, solche mit ungeraden Größen besitzen zusätzlich eine ringförmige Erhöhung am Boden.

▸ Tontöpfe besitzen meist ein großes Abzugsloch. Um ein zu rasches Abfließen des Wassers zu vermeiden, legt man eine Tonscherbe mit der gewölbten Seite nach oben oder einen Kieselstein über das Abzugsloch.

▸ Kunststofftöpfe haben oft mehrere kleine Abzugslöcher, die man nicht abdecken muß.

▸ Alte Töpfe müssen vor dem Auffüllen mit Erde gründlich ausgewaschen werden, damit keine Krankheitskeime zurückbleiben.

▸ Neue Tontöpfe wässert man vor dem Auffüllen mit Erde etwa eine Stunde, damit sie dem Substrat keine Feuchtigkeit entziehen.

▸ Die Erde nicht bis an die Oberkante des Topfes auffüllen. Es muß ein Gießrand von etwa 1 cm bleiben. So verhindert man, daß überschüssiges Gießwasser über die Topfwandung abfließt und den Topf außen verschmutzt.

▸ Nach dem Umtopfen wird einmal gründlich angegossen. Später stimmt man das Gießen auf die Bedürfnisse der Pflanze ab.

▸ Frisch umgetopfte Pflanzen nicht zu stark gießen, damit die Wurzeln genügend Luft zum Atmen behalten.

▸ Man stellt die Pflanze an einen geschützten, nicht vollsonnigen Standort, bis sich neue Wurzeln bilden. Der Einwurzelungsprozeß dauert im allgemeinen zwei bis drei Wochen. Danach ist die Wasser- und Nährstoffversorgung wiederhergestellt, so daß die Pflanze an den vorgesehenen Standort gebracht werden kann.

▸ Kakteen kann man das ganze Jahr über umtopfen.

▸ Zum Anfassen der Kakteen benutzt man feste Lederhandschuhe oder eine Kakteenzange. Man kann auch eine Schlinge aus gefaltetem Zeitungspapier nehmen.

VERMEHRUNG

▸ Zimmerpflanzen kann man entweder generativ (geschlechtlich) durch Samen oder vegetativ (ungeschlechtlich) durch Pflanzenteile vermehren.

Geschlechtliche Vermehrung Cinerarien, Gloxinien, Flammendes Käthchen, Primeln u. a. werden meist durch Samen vermehrt. Empfehlenswert ist diese Art der Vermehrung jedoch nur, wenn ein heizbares Kleingewächshaus zur Verfügung steht oder günstige Bedingungen für eine Vermehrung durch Aussaat herrschen.

▸ Als Aussaatgefäße eignen sich besonders gut Schalen, Töpfe oder Kistchen, die eine Höhe von 5–10 cm haben sollen.

▸ Das Aussaatgefäß mit keimfreier, humushaltiger Erde bis etwa 8–10 mm unter dem Gefäßrand füllen. Danach die Erde leicht andrücken und angießen.

▸ Feinkörniges Saatgut wird gleichmäßig verteilt und nicht mit Erde abgedeckt.

▸ Großkörnige Samen legt man einzeln aus und überstreut sie mit einer feinen Schicht Erde. Sie sollte etwa doppelt so dick sein wie die Samenkörner.

▸ Die Erde wird vorsichtig angedrückt, damit die Samen nicht in Hohlräumen liegen, wo sie nicht genügend Feuchtigkeit erhalten und leicht vertrocknen.

▸ Man stellt das Aussaatgefäß an einem geschützten, schattigen Ort auf. Die meisten Zimmerpflanzen keimen bei Temperaturen zwischen 18 und 22 °C.

▸ Während des Keimvorgangs die Erde immer gleichmäßig feucht halten, damit der Samen nicht vertrocknet.

Ungeschlechtliche Vermehrung Einfacher und meist auch erfolgreicher als die geschlechtliche Vermehrung sind die verschiedenen Methoden der ungeschlechtlichen oder vegetativen Vermehrung.

▸ Manche Pflanzen bilden Ausläufer. Dabei handelt es sich um kleine Pflanzen, die sich vorwiegend an langen, dünnen Trieben entwickeln. Mit einem Messer trennt man sie von der Mutterpflanze ab und setzt sie in Töpfe mit sandiger, humoser Erde.

Die Tochterpflanzen trennt man mit einem scharfen Messer von der Mutterpflanze.

▸ Durch Wurzelstöcke bzw. kurze, unterirdische Sprosse kann man Zimmerpflanzen leicht vermehren. Größere Gewächse werden ausgetopft. Man schüttelt den Wurzelballen etwas aus und schneidet die Teilpflanzen ab. Viele von ihnen haben bereits Wurzeln, so daß man sie in normale Pflanzenerde setzen kann.

Mit einem Messer schneidet man seitlich wachsende Sprosse ab.

▸ Durch Teilung vermehrt man Gewächse, die Horste, d. h. Büschel nebeneinander von unten wachsender Triebe, bilden. Man topft die Pflanze aus und zerschneidet sie in zwei oder mehrere Teilstücke, die man als separate Pflanzen in gewöhnlicher Erde kultiviert.

Man befreit die Wurzeln von Erde und schneidet mit einem Messer die einzelnen Teilstücke ab.

▸ Durch Kindel, also neue Austriebe, die sich an der Basis älterer Pflanzen entwickeln, kann man Gewächse vermehren.

▸ Kindel trennt man meist dann ab, wenn sie halb so hoch sind wie die Mutterpflanze und bereits eigene Wurzeln besitzen. Die Wurzelbildung kann angeregt werden, indem man die Jungpflanze vor dem Abtrennen mit nährstoffarmer Erde umgibt.

Den Nebentrieb mit dem Messer abtrennen. Darauf achten, daß die Wurzeln nicht verletzt werden.

▸ Wenn die Kindel noch keine Wurzeln gebildet haben, steckt man sie nach dem Abtrennen in ein Sand- und Torfgemisch, wo sie neue Wurzeln bilden.

Vermehrung durch Stecklinge Triebspitzen und Blätter werden als Stecklinge verwendet. Voraussetzung ist, daß sie Wurzeln bilden und entweder aus der Triebspitze weiterwachsen oder aus schlafenden Augen neue Triebe bilden.

▸ Stecklinge bewurzelt man in einem nährstoffarmen Substrat (eine Mischung aus gleichen Teilen Torf und Sand) in Töpfen oder Schalen. Sie sollten an einem geschützten Ort stehen. Ideal ist ein Zimmergewächshaus mit hoher Luftfeuchtigkeit, wo sie gehalten werden, bis sich Wurzeln bilden.

▸ Eine hohe Luftfeuchtigkeit erzielt man durch die Abdeckung mit einer durchsichtigen Folie.

Unter einer Folienhaube herrscht hohe Luftfeuchtigkeit, bei der die Stecklinge gut gedeihen.

▸ Man schneidet von der Mutterpflanze unter dem Blattknoten 5–10 cm lange Stecklinge mit zwei bis drei Blättern oder Blattpaaren ab und entfernt die unteren Blätter. Die Stengel dürfen nicht zu hart sein, denn an der Schnittfläche müssen sich Wurzeln bilden können. Danach steckt man die Stecklinge flach in das Vermehrungssubstrat.

▸ Manche Pflanzen können auch am Blattstiel Wurzeln entwickeln. Das bekannteste Beispiel einer derartigen Vermehrung sind Usambaraveilchen.

USAMBARAVEILCHEN DURCH BLATTSTECKLINGE VERMEHREN

Usambaraveilchen vermehrt man am besten zwischen Juni und September. Nachdem die Stecklinge pikiert wurden, stellt man sie zwei bis drei Wochen an einen schattigen, warmen Ort.

Nach dem Einwurzeln, etwa im Dezember, einen Ruhemonat einlegen, in einen kühlen Raum stellen und wenig gießen. Danach ist ein vor der prallen Mittagssonne geschütztes Fenster mit breitem Fensterbrett ein idealer Standort.

1. Man trennt junge, gesunde Blätter mit Stielen von der Pflanze und schneidet die Stielenden glatt ab.

2. In ein Gemisch aus Sand und Torf zwei bis drei Löcher drücken, die kürzer als die Blattstiele sind.

3. Jeder Blattstiel wird so tief in das Pflanzloch gesteckt, daß das Blatt die Erde nicht berührt.

4. Nach dem Angießen eine Plastiktüte überstülpen und mit einem Gummiring befestigen.

5. Wenn sich nach vier bis sechs Wochen Blättchen und Wurzeln gebildet haben, pikieren.

Auf einem Fensterbrett bilden Usambaraveilchen einen besonders reizvollen Blumenschmuck. In der Mitte der farbenprächtigen Blüten fallen die goldgelben Staubbeutel ins Auge.

▸ Zur Vermehrung durch Blattstecklinge benutzt man kleine Blumentöpfe, Torftöpfchen, Schalen oder einen Eierkarton.

In Torftöpfchen kann man aus Blattstecklingen besonders gut junge Pflänzchen ziehen.

▸ Manche stammbildenden Pflanzen können durch Stammstücke vermehrt werden. Zur Vermehrung dient der Stamm älterer Pflanzen. Die Teilstücke mit der unteren Schnittfläche einpflanzen, da nur sie Wurzeln treibt. Aus den schlafenden Augen an der Spitze wachsen dann neue Triebe.

Aus dem Stamm werden Teilstücke geschnitten, die man senkrecht in das Substrat steckt.

Abmoosen Diese relativ einfache Vermehrungsart empfiehlt sich bei verschiedenen stammbildenden Zimmerpflanzen, die nur schwer aus Stecklingen nachzuziehen sind.

▸ Durch Abmoosen der Pflanzen kann man eine neue, kleinere Pflanze heranziehen.

▸ Das Abmoosen sollte man am besten im Frühjahr ausführen. Zuvor etwa 10–15 cm unterhalb der Blattspitze einige Blätter glatt am Stiel abschneiden.

▸ Sobald sich Wurzeln entwickelt haben, wird die Plastikfolie abgenommen und die obere Pflanze mit den Wurzeln vorsichtig von dem unteren Pflanzenteil abgetrennt. Danach pflanzt man sie in einen Topf mit Blumenerde um.

AVOCADO AUS EINEM STEIN ZIEHEN

1. Den freigelegten Avocadostein in einem kleinen Netz in ein mit Wasser gefülltes Glas hängen.

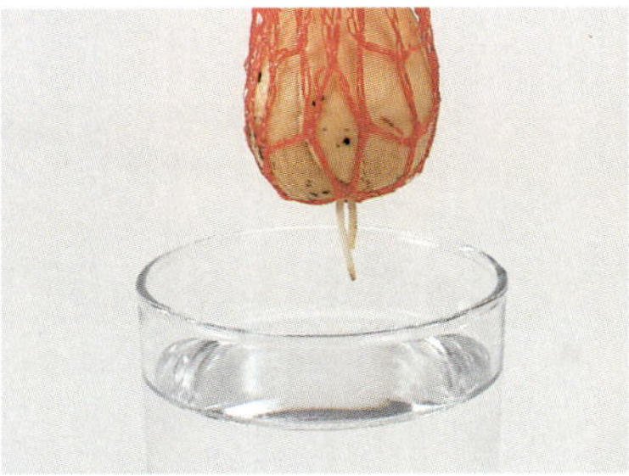

2. Wenn sich nach sechs bis acht Wochen dicke weiße Wurzeln bilden, nimmt man den Stein heraus.

3. Den Stein 3–5 cm tief in feuchte Erde pflanzen. Den Topf an einen hellen und warmen Platz stellen.

ANANAS AUS EINEM BLATTSCHOPF ZIEHEN

1. Blattschopf und oberste Fruchtscheibe abtrennen und ein bis zwei Tage trocknen lassen.

2. Blattschopf in einen 8–10 cm großen Topf mit feuchter Erde setzen, die mit Sand bestreut wurde.

3. Blumenerde über den Fruchtansatz streuen und anschließend leicht andrücken.

SCHUTZ VOR KRANKHEITEN UND SCHÄDLINGEN

▸ Selbst unter guten Wachstumsbedingungen können Krankheiten und Schädlinge an Zimmerpflanzen auftreten. Deshalb empfiehlt es sich, die Pflanzen regelmäßig, etwa einmal im Monat, auf ihren Zustand hin zu überprüfen.

▸ Zimmerpflanzen sollte man noch vor dem Kauf im Geschäft untersuchen, ob sie von Schädlingen befallen sind, da diese oft andere, gesunde Pflanzen befallen können.

▸ Beim Umtopfen kann man auch die Wurzeln und andere unterirdische Pflanzenteile kontrollieren.

Krankheiten Zeigen sich an den Pflanzen erste Krankheitssymptome, z. B. von Grauschimmel, Echtem oder Falschem Mehltau, Rost, Blattfleckenkrankheiten, deren Ursache Pilze sind, kann man der Ausbreitung entgegenwirken, indem die befallenen Pflanzenteile ausgebrochen werden.

▸ Bei starkem Befall trennt man sich am besten von der Pflanze. Der Einsatz eines Pflanzenschutzmittels lohnt sich nur in seltenen Fällen.

Schädlinge Besonders häufig sind Blattläuse, Weiße Fliegen (Mottenschildläuse), Schildläuse, Woll- und Schmierläuse und Rote Spinnen. Treten derartige tierische Schädlinge auf, kann man sie bei Pflanzen mit glatten, harten Blättern in den meisten Fällen bereits schon durch Abwaschen beseitigen.

▸ Zimmerpflanzen mit behaarten, fleischigen Blättern darf man nicht abwaschen, da sie leicht beschädigt werden und verfaulen. Wenn man einen Schädlingsbefall feststellt, muß man sie mit Pflanzenschutzmitteln behandeln.

▸ Gelbtafeln und Gelbsticker locken u. a. Weiße Fliegen, Trauermücken, Minierfliegen, geflügelte Blattläuse, Thripse an. Tafeln und Sticker sind mit einem insektizidfreien, geruchlosen Spezialleim beschichtet. Kleine Gelbtafeln hängt man an größeren Pflanzen auf, die Gelbsticker werden in die Erde gesteckt.

An den mit Spezialleim beschichteten Gelbstickern bleiben Schädlinge haften und verenden.

▸ Blautafeln fangen den Kalifornischen Blütenthrips ab, der durch die hellblaue Farbe angelockt wird und auf dem Spezialleim haftenbleibt. Blautafeln am besten an einem kleinen Stab aufhängen oder in den Topf stecken.

▸ Nützlinge sind Insekten, die in kleinen Mengen zur Bekämpfung von Schädlingen im Blumenfenster, im Gewächshaus oder im Wintergarten eingesetzt werden. Sie bieten weitgehende Sicherheit bei der Bekämpfung bestimmter Schädlinge und bergen kein Gesundheitsrisiko für den Pflanzenfreund. Auch vermeidet man eine Belastung von Luft, Wasser und Erde.

▸ Nützlinge kann man nur in temperierten und geschlossenen Räumen einsetzen. Die betreffende Pflanze darf auf keinen Fall vorher oder nachher mit einem Pflanzenschutzmittel behandelt werden.

▸ Blattläuse können mit Florfliegen oder Räuberischen Gallmücken bekämpft werden.

ABMOOSEN

1. Unter einem Blattauge den Stamm mit einem Messer quer etwa bis zur Mitte einschneiden.

2. In den Spalt ein dünnes Kunststoffblättchen einschieben, damit die Wunde nicht zuwächst.

3. Den Stamm an der Schnittstelle mit feuchtem Moos oder Torf umgeben.

4. Schnittstelle in Plastikfolie einhüllen, oben und unten zubinden, damit Feuchtigkeit erhalten bleibt.

▸ Florfliegen werden auf Papierstreifen oder Mullgaze geliefert. Die ausschlüpfenden Larven verzehren die Blattläuse.

▸ Räuberische Gallmücken sind bei höherer Luftfeuchte für einen dichten Pflanzenbestand zu empfehlen. Geliefert werden sie als Puppen, eingebettet in feuchten Torf. Bereits nach wenigen Tagen schlüpfen die Mücken und legen ihre Eier ab. Die sich aus ihnen entwickelnden Larven ernähren sich ausschließlich von Blattläusen.

▸ Woll- und Schmierläuse bekämpft man wirksam mit dem Australischen Marienkäfer. Die Käfer und deren Larven ernähren sich von diesen Schädlingen. Eine Käferlarve kann bis zu 100 Wolläuse vertilgen. Zu beachten ist dabei, daß ältere Marienkäferlarven, wie die Wolläuse, von weißen wachsartigen Ausscheidungen bedeckt und deshalb leicht mit den Schädlingen zu verwechseln sind.

▸ Gegen Spinnmilben (Rote Spinne) kann man Raubmilben einsetzen. Geliefert werden die Raubmilben auf Bohnenblättern, die man ganz oder auch nur stückchenweise auf die befallenen Pflanzen legt.

▸ Weiße Fliegen werden mit der Schlupf- bzw. Erzwespe bekämpft. Man bekommt die Tiere auf kleinen Pappkärtchen, die mit den schwarzen Larven der Weißen Fliege besetzt sind. Innerhalb weniger Tage erscheinen die winzigen Schlupfwespen und legen ihre Eier in die älteren Larven der Weißen Fliegen ab. Hierzu müssen die Pflanzen möglichst hell stehen, und außerdem müssen Temperaturen zwischen 23 und 27 °C herrschen.

▸ Trauermückenlarven, die in der Erde leben, kann man wirksam mit Nematoden (Älchen, Fadenwürmern) bekämpfen. Man erhält sie auf Flocken aus Schaumstoff. Sie werden in Wasser aufgeweicht, ausgedrückt, und anschließend gießt man die Pflanzen mit dem Wasser. Die Nematoden dringen in die Larven ein und töten diese innerhalb weniger Tage ab. Eine Wirkung kann man nur dann erzielen, wenn im feuchten Boden Temperaturen von mehr als 10 °C herrschen. Vor einer Anwendung die Gebrauchsanweisung genau beachten.

Pflanzenschutzmittel Die meisten Schädlinge kann man durch ein geeignetes Pflanzenschutzmittel bekämpfen. Bei der Auswahl eines Präparats muß man beachten, daß es keine schädliche Wirkung auf die Pflanze hat, denn vor allem Farne, Kakteen und andere Sukkulenten reagieren empfindlich auf manche Mittel. Hinweise über Pflanzen, denen das Mittel schaden kann, enthält die Beschreibung auf der Packung oder Flasche.

▸ Bei der Anwendung eines Pflanzenschutzmittels muß man sich an die vorgegebenen Dosierungsvorschriften halten. Eine zu große Dosis kann der Pflanze schaden, eine zu geringe aber wirkungslos sein.

▸ Am gebräuchlichsten sind Konzentrate in flüssiger Form, die mit Wasser verdünnt und gespritzt werden. Es empfiehlt sich, die Zimmerpflanzen möglichst im Freien zu spritzen. Ist dies nicht möglich, stülpt man einen großen Plastikbeutel über die Pflanze, bindet das offene Ende um den Topf fest und spritzt dann durch ein kleines Loch, das man oben in den Beutel geschnitten hat.

▸ Beim Spritzen sollte man sorgfältig darauf achten, daß das Pflanzenschutzmittel auf alle Pflanzenteile gleichmäßig gelangt, auch auf die jungen Triebspitzen oder die Blattunterseiten, an denen sich saugende Insekten festsetzen.

▸ Eine vorschriftsmäßige Anwendung ist für den Menschen harmlos, ein unvorsichtiger Umgang kann jedoch gesundheitsschädlich sein. Deshalb die Sicherheitsvorschriften sehr genau beachten und nach der Anwendung die Hände gründlich waschen.

HYDROKULTUR

▸ Hydrokultur, d. h. die Pflanzenzucht in einer Nährlösung ohne Erde, ist eine immer beliebtere Alternative zu anderen Kulturverfahren, da bei ihr die üblichen Gieß- und Pflegeprobleme entfallen.

▸ Da Hydrokulturpflanzen in einer größeren Menge Nährstofflösung stehen, müssen sie nicht so häufig versorgt werden wie herkömmlich kultivierte Zimmerpflanzen. Sie können deshalb auch problemlos z. B. während des Urlaubs über einen längeren Zeitraum sich selbst überlassen werden.

▸ Für die Hydrokultur eignen sich nahezu alle Grünpflanzen und einige wenige blühende Topfpflanzen, wie etwa Usambaraveilchen, Blattfahne, Flamingoblume, Ananasgewächse und einige Orchideen.

▸ Benötigt werden für eine Hydrokultur ein wasserdichtes Mantelgefäß, Blähton und ein Wasserstandsanzeiger, kombiniert meist mit einer Einfüll- und einem Absaugtrichter für Nährlösungen.

▸ Als Haltesubstrat für Hydrokulturpflanzen eignet sich Blähton sehr gut. Er besteht aus porösen Tonkügelchen, die bei besonders hohen Temperaturen gebrannt wurden. Er ist sehr leicht und schafft ein ideales Verhältnis von Luft und Wasser.

▸ Blähton sollte man vom Fachhandel beziehen und vor dem Einschütten ins Gefäß gründlich waschen, damit eventuelle, durch das Brennen entstandene Salze beseitigt werden.

▸ Wasserstandsanzeiger sollten drei Markierungen haben: Minimum (unten), Optimum (Mitte) und Maximum (oben).

Ein Wasserstandsanzeiger gibt genaue Auskunft über den Flüssigkeitsspiegel im Gefäß.

▸ Nährlösungen für die Hydrokultur werden aus speziellen Hydrokulturdüngern hergestellt. Ersatzweise kann man aber auch normale Flüssigdünger für Zimmerpflanzen verwenden.

▸ Für die Nährlösung verwendet man Leitungswasser, wobei man auf dessen Qualität achten sollte. Besonders geeignet ist weiches Wasser.

▸ Meistens werden dem Wasser 2 g oder 2 ml Dünger pro Liter Wasser zugegeben. Den Dünger in einem Gefäß mit dem Wasser vermischen und diese Nährlösung in den Blumentopf füllen.

▸ Häufig verwendet man Langzeitdünger. Es handelt sich dabei meistens um Ionenaustauscher von feinkörniger Beschaffenheit. Das granulierte Material kann die enthaltenen Nährstoffe in Form von Ionen an das Wasser abgeben und dafür im Wasser enthaltene Ionen aufnehmen. Dadurch wird gleichzeitig auch das Wasser enthärtet.

▸ Wenn man einen Ionenaustauscher verwendet, darf man dem Wasser vorher keinen Enthärter zusetzen.

▸ Zur genauen Dosierung des Langzeitdüngers die Herstellerhinweise unbedingt beachten. Die Düngergabe reicht für drei bis sechs Monate. In diesem Zeitraum wird nur Wasser aufgefüllt.

▸ Der Austausch der Nährlösung ist vom Zustand des Wassers und der kultivierten Pflanzen abhängig. Deshalb soll man die Pflanzen genau beobachten und zusätzliche Düngungen nur bei Bedarf geben.

▸ Es ist ratsam, Nährlösungen oder Wasser bis zur mittleren Markierung des Wasserstandsanzeigers in das Mantelgefäß einzufüllen. Nur wenn man längere Zeit abwesend ist, bis zur Obergrenze Wasser nachfüllen.

▸ Man sollte es vermeiden, das Gefäß in regelmäßigen Abständen mit Wasser oder einer Nährlösung bis zum Oberrand aufzufüllen. Andernfalls entsteht im Wurzelbereich Sauerstoffmangel, die Wurzeln sterben ab, und die Pflanzen gehen ein.

▸ Einmal im Jahr sollte die alte Nährlösung vollständig abgesaugt und durch eine frische ersetzt werden.

▸ Abgesehen von Düngung und Wässerung unterscheidet sich die Pflege von Pflanzen in einer Hydrokultur nicht von der anderer Zimmerpflanzen.

▸ Für Hydrokulturen werden am besten solche Pflanzen verwendet, die bereits in einem Spezialbetrieb in einer Nährlösung herangezogen wurden.

Umstellung von Erdkultur auf Hydrokultur In vielen Fällen ist eine Umstellung von Erdkulturen auf Wasser- oder Hydrokultur ohne weiteres möglich.

▸ Man topft die Pflanzen vorsichtig aus und entfernt die Erde vollständig aus dem Wurzelbereich. Es dürfen keine Erdreste in die Hydrokultur gelangen, da sie in der Nährlösung verfaulen.

Nach dem Austopfen den Wurzelbereich gründlich auswaschen, bis sämtliche Erdreste entfernt sind.

▸ Pflanzen mit ausgewaschenen Wurzeln in das Hydrokulturgefäß pflanzen, reines Wasser oder nur schwach konzentrierte Nährlösung einfüllen und die Pflanze einige Tage an einen geschützten Standort stellen. Erst nachdem sich neue Wurzeln gebildet haben, gibt man die konzentrierte Nährlösung zu.

SCHNITTBLUMEN

▸ Schnittblumen halten länger, wenn sie richtig gepflegt werden.

▸ Die Schnittblumenpflege beginnt bereits beim Schnitt. Der Vorteil von Blumen, die man im eigenen Garten zieht, liegt darin, daß man den Schnittermin selbst festlegen kann.

▸ Manche Blumen werden als Knospen geschnitten. Dazu zählen u. a. Rose, Gladiole, Tulpe. Andere müssen voll aufblühen und dürfen dann erst abgeschnitten werden. Hierzu gehören alle

Korbblütler wie etwa Aster, Margerite, Zinnie, Tagetes, aber auch die Nelke.

▸ Blumen sollte man besser am Nachmittag schneiden, da dann der Vorrat an Nährstoffen in den Stengeln und Blättern größer ist als am Morgen. Dies gilt nicht für die heißen Hochsommertage, da die Blumen rasch welken, weil sie schon viel Wasser verdunstet haben. In diesem Fall sollten sie morgens geschnitten werden.

▸ Will man die geschnittenen Blumen nicht sofort ins Wasser stellen, sollte man sie am besten kühl und trocken lagern. Hierzu packt man sie in Papier ein, um die Verdunstung zu verringern.

▸ Schnittblumen nur in frisches Wasser stellen. Abgestandenes Wasser kann bereits Bakterien enthalten, die die Leitungsbahnen der Pflanzen verstopfen und so zum rascheren Verwelken der Schnittblumen beitragen.

▸ Bevor man die Blumen in die Vase stellt, werden die Stiele mit einer Gartenschere schräg angeschnitten.

Die Stiele von Schnittblumen schräg anschneiden, bevor man die Blumen ins Wasser stellt.

▸ Verholzte Stengel, wie z. B. bei Flieder, mit einem Hammer klopfen, damit sie die Nährstoffe aus dem Wasser besser aufnehmen können.

▸ Alle Blätter, die im Wasser stehen würden, werden entfernt, da sie sonst verfaulen.

▸ Vasen oder andere Gefäße gründlich reinigen, ehe man die Blumen hineinstellt, da Pflanzenreste zur schnellen Entwicklung von Bakterien beitragen.

▸ Chemische Blumenfrischhaltemittel können die Haltbarkeit von Schnittblumen verlängern. Sie sind im Fachhandel erhältlich.

▸ Schnittblumen stellt man an einem günstigen Platz im Raum auf. Sie sollten möglichst nicht der Sonne ausgesetzt und auch nicht in die unmittelbare Nähe eines Heizkörpers gestellt werden.

▸ Schnittblumen, die tagsüber im warmen Zimmer stehen, stellt man nachts an einen kühlen Ort mit hoher Luftfeuchtigkeit. Dort erholen sie sich meist rasch wieder, und außerdem verwelken sie nicht so schnell.

▸ Oft regenerieren verwelkte Schnittblumen, wenn man die Stiele nochmal anschneidet und die Blumen für kurze Zeit tief ins Wasser stellt.

ZIMMERBONSAI

▸ Unter Bonsai versteht man die in Japan beheimatete Tradition, Zwergformen großer Bäume in kleinen Gefäßen oder Schalen zu kultivieren. Für geschlossene Räume eignen sich jedoch nur spezielle Zimmerbonsaipflanzen.

▸ Zimmerbonsai sind aus wärmeliebenden, meist tropischen und subtropischen Gewächsen herangezogen worden. Da sie nicht im Freiland gedeihen können, brauchen sie das ganze Jahr über einen geschützten Raum.

▸ Widerstandsfähigere Gattungen von Zimmerbonsai können den Sommer über auf dem Balkon oder der Terrasse stehen.

▸ Vielfach handelt es sich um Gattungen und Arten, die auch als Topfpflanzen kultiviert werden. Verwendet werden zahlreiche Grünpflanzen sowie Gattungen, die Blüten und Früchte ausbilden. Besonders geeignet sind Akazie, Ardisie, Azalee, verschiedene Bambusarten, Bougainvillea, Eisenholzbaum, Fiederaralie, Fingeraralie, Fuchsie, Gewürzrinde, Glücksbaum, verschiedene Gummibaumarten, Kamelie, Kirschmyrte, Klebsame, Kumquat, Myrte, Ölbaum, Palisanderbaum, Roseneibisch, Rosmarin, Russischer Wein, Silbereiche, Strahlenaralie, Stubeneiche, Zickzackstrauch, Zistrose, Zitronenbäumchen und Zylinderputzer.

▸ Bonsaibäumchen werden selten höher als 50 cm. Wenn ein Bonsaibäumchen von Anfang an richtig gepflegt wird, kann es weit über 100 Jahre alt werden. Wichtig ist, daß Wurzeln und Krone immer im gleichen Verhältnis klein gehalten werden.

▸ Zimmerbonsai kann man in einem Fachgeschäft kaufen. Man kann aber Bonsaibäume auch selbst aus Sämlingen und Kleinpflanzen ziehen.

▸ Als Alternative zu den oft teuren Bonsaischalen lassen sich Zimmerbonsai ebenfalls in flachen Blumentopfuntersetzern aus Terrakotta ziehen.

▸ Wer sich intensiv mit der Bonsaikultur befassen will, muß sich einige spezielle Werkzeuge zulegen. Für den Anfänger genügen Gartenwerkzeuge wie Schere, Messer usw. Zusätzlich werden Kupfer- oder Aluminiumdrähte in Stärken von 1–2,5 mm benötigt.

Bonsai kaufen Es empfiehlt sich, das Bäumchen in einem Fachgeschäft auszuwählen, da man dort auch nach dem Kauf fachmännisch beraten wird.

▸ Beim Kauf sollte man auf einige Qualitätsmerkmale achten, die Aufschluß über den Zustand der Pflanze geben.

▸ Ein guter Bonsai zeichnet sich durch eine klare, natürliche Form aus, d. h., er besitzt wenig Äste, kein Ast verdeckt den anderen, und sie wachsen nie parallel oder in gleicher Höhe.

▸ Anhaltspunkte für einen gesunden Wuchs sind auch die Blätter. Sie müssen klein und von kräftiger Farbe sein.

▸ Die um den Stamm herum sichtbaren Wurzeln können unterschiedlich stark sein, doch dürfen sie sich nicht kreuzen. Wichtig ist, daß sie insgesamt einen schönen Wurzelkranz bilden.

▸ Sichtbare ältere Schnittstellen bzw. Vernarbungen deuten darauf hin, daß die Äste nicht fachmännisch geschnitten wurden.

▸ Beim Kauf müssen auch die richtigen Proportionen zwischen Wurzelansatz, Stamm und Ästen beachtet werden.

Bonsai ziehen Die besonderen Bonsaiformen erhält man durch Schneiden und Umwickeln der Triebe mit Drähten.

▸ Zieht man einen Bonsai aus Samen oder Stecklingen, braucht die Jungpflanze zunächst einen Aufbau- und Erziehungsschitt. Diese ersten Schnittmaßnahmen sind wichtig, da durch sie die Grundform gestaltet wird.

▸ Um das Größenwachstum zu beeinflussen, werden die Wurzeln des Bäumchens vor dem Einpflanzen um ein Drittel zurückgeschnitten und danach in der Schale sternförmig angeordnet, ohne daß sie sich überkreuzen.

▸ Im allgemeinen wird der Haupttrieb in einer bestimmten Höhe abgenommen. Danach werden die Seitenäste der späteren Form entsprechend geschnitten.

Pflegemaßnahmen Besonders wichtig ist, daß man den laufenden Instandhaltungsschnitt durchführt. Unerwünschte Neuaustriebe werden immer wieder zurückgeschnitten. Meist erfolgt diese Maßnahme während der Wachstumsperiode. Dann sind die Triebe noch weich und können leichter entfernt werden. Dadurch erhält die Pflanze eine buschige Krone. Bei einer älteren Pflanze wird zusätzlich noch regelmäßig ein Auslichtungsschnitt vorgenommen.

Regelmäßiges Zurückschneiden und Auslichten der Triebe führt zu einer dichten, kompakten Krone.

▸ Wie oft Bonsai zurückgeschnitten und ausgelichtet werden müssen, hängt von der jeweiligen Pflanzenart ab.

▸ Um dem Bäumchen die gewünschte Form zu geben, muß man die Triebe mit Drähten abbinden.

▸ Zum Abbinden eignen sich Kupferdrähte am besten, die man in einem Papierfeuer ausgeglüht und dadurch geschmeidig gemacht hat. Das Abbinden erfolgt meist im Juni, wenn die Pflanzen voll im Saft stehen. Man darf nicht versäumen, die Drähte nach Abschluß der Vegetationsperiode wieder zu entfernen, damit sie sich nicht in die Rinde des Bäumchens einschneiden.

Mit einem Kupferdraht bindet man die Triebe ab und verleiht ihnen dadurch die gewünschte Form.

▸ In die Rinde eingewachsene Drähte werden mit einer Drahtschere herausgeschnitten.

▸ Umgetopft wird bei Bedarf. Die beste Zeit dafür liegt zwischen März und Mai. Vor dem Umtopfen das Bäumchen zwei bis drei Tage trocken halten, damit man die alte Erde zwischen den Wurzeln besser entfernen kann.

▸ Als Substrat verwendet man eine Mischung aus gleichen Teilen Sand, Lehm oder lehmhaltiger Gartenerde und Torf. Der günstigste pH-Wert liegt für die meisten Pflanzen zwischen 6 und 7.

▸ Nährstoffarmer Erde wird eine Grunddüngung mit einem organisch-mineralischen Volldünger beigegeben.

▸ Während der Vegetationsperiode von Mai bis September kann man einem Bonsai bei Bedarf zusätzlich eine oder mehrere Düngergaben zukommen lassen. Verwendet werden handelsübliche flüssige Blumenvolldünger in 0,1 %iger Lösung (1 ml Dünger auf 1 l Wasser). Überdüngung vermeiden, damit keine Salzkonzentrationsschäden entstehen.

4

Do it yourself im und am Haus

PLANUNG

- Ein Wohnraum ist immer Ausdruck der Persönlichkeit und Individualität seiner Bewohner. Insbesondere sie müssen sich wohl fühlen. Und deshalb ist ihr Geschmack der einzig gültige Maßstab für die Gestaltung der Wohnwelt.

- Eine ausführliche Grundrißskizze der einzelnen Räume mit Fenstern, Türen und Möbeln sowie mit den Himmelsrichtungen und mit allen Maßen zeichnen.

- Den natürlichen Lichteinfall im Lauf des Tages beobachten und in einen Grundriß einzeichnen.

- Die Problempunkte feststellen und auflisten: z. B. hohe oder niedrige Zimmer, zu dunkle oder zu helle Räume und Ecken, ungünstige Raumformen, schräge Wände, Farbe und Material von Böden und Decken, Lage und Proportionen von Fenstern und Türen sowie die unterschiedlich attraktive Aussicht.

- Störende Farben, Muster und Proportionen von vorhandenen Gegenständen und Dekorationen sowie Stilbrüche notieren.

Raumnutzung Feststellen, welchem Zweck jeder einzelne Raum dienen soll – Wohnen, Essen, Arbeiten, Schlafen – oder ob das Zimmer gleichzeitig für mehrere verschiedene Funktionen genutzt werden soll.

- Was für eine Stimmung soll der Raum ausstrahlen? Für die Wand-, Decken- und Bodenflächen sowie die Dekorationen muß man die Farben entsprechend auswählen.

RAUMPROPORTIONEN VERÄNDERN

- Mit Paravents oder offenen, frei stehenden Regalen werden ungünstig geschnittene Zimmer besser gegliedert.

- Die Wirkung eines Raumes verändert sich, wenn man Möbel umstellt. Zuerst mit maßstabgerechten Umrißmodellen auf einer Grundrißskizze probieren.

Kleine Räume Mit helleren und kühleren Farben wirkt ein Raum größer.

- Kleingemusterte Tapeten lassen kleine Zimmer größer erscheinen.

- Durch wenige und durch helle Möbelstücke mutet ein Raum großzügiger an.

- Heizkörper nehmen Platz weg und lassen einen Raum kleiner wirken. Das wird gemildert, wenn sie in der Farbe der Wand gestrichen sind.

- Ein kleiner Raum erhält durch geschickt angebrachte Spiegel mehr Weite und Licht.

Große Räume Verwendet man warme und dunkle Farben, kann ein sehr großer Raum kleiner und gemütlicher aussehen.

- Durch Tapeten mit großen Mustern muten Räume kleiner an.

Hohe Räume Eine dunkel gestrichene oder tapezierte Decke verringert optisch die Raumhöhe.

- Ein Raum wirkt niedriger und größer, wenn er mit quergestreiften Tapeten tapeziert wird.

- Um den Raum niedriger erscheinen zu lassen, kann man den Anstrich oder die Tapete 30 cm unter der Decke aufhören lassen.

Niedrige Räume Senkrecht gestreifte Tapeten lassen das Zimmer höher wirken.

- Mit einer hell gestrichenen oder tapezierten Decke sieht ein Raum höher aus.

Fenster und Türen In Wandfarbe gestrichene Türrahmen und Türblätter vergrößern optisch.

- Neue Durchblicke und einen Eindruck von Weite und Großzügigkeit werden geschaffen, indem man unnötige Türen aushängt.

- Ein kleiner Raum sieht größer und heller aus, wenn die Fensterrahmen hell gestrichen werden.

FARBWIRKUNG

- Jede Farbe vermittelt eine bestimmte Stimmung und erzeugt eine typische Raumwirkung. Zum Vergleich der wichtigsten Farbtöne verwendet man am besten einen Farbkreis.

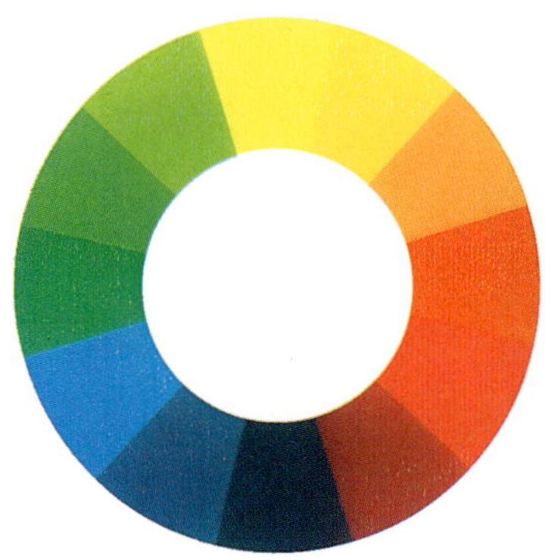

Am Farbkreis erkennt man die Abstufung der Farbtöne.

- Helles Gelb, Blau, Grün und Weiß erwecken den Eindruck von Weite, kräftiges Gelb, Orange, Rot, Braun und Schwarz dagegen den von Nähe.

- Farben können ganz bestimmte, für sie charakteristische Stimmungen auslösen: Gelb wirkt warm, anregend, belebend und heiter; Orange warm und anregend; Rot warm, anregend, manchmal aber auch bedrängend; Braun warm, behaglich und entspannend; Blau kühl, ruhig und geborgen; Grün kühl, ruhig und ausgeglichen; Weiß kühl, leicht und offen; Schwarz kühl, schwer und bedrückend.

- Für Nordzimmer wärmere, für Südzimmer kühlere Farben auswählen.

- In Ost- oder Westräumen eignen sich alle Farben.

- Die Tageszeit, in der ein Raum vorwiegend genutzt wird, bei der Wahl der Farben berücksichtigen, da sie sich bei künstlichem Licht verändern. An der Musterfläche ausprobieren.

- Möbel haben eine starke Farbwirkung. Wenn sie umgestellt werden, lassen sich ganz andere Effekte erzielen.

Farbton Jede Grundfarbe hat ein breites Spektrum von hellen zu dunklen Tönen. Für die erste Auswahl Farbmusterkarten oder Tapetenmuster verwenden.

- Mit dem ausgewählten Farbton eine möglichst große Musterfläche streichen oder tapezieren und vor der Beurteilung gut trocknen lassen.

- Den Farbton sollte man lieber etwas heller wählen, da er auf einer großen Fläche dunkler erscheint.

- Dunklere Töne einer Farbe wirken wärmer, hellere kälter.

Farbkontraste An Gemälden, Tapeten, Stoffmustern und in der Natur kann man Anregungen für harmonische Farbzusammenstellungen erhalten.

- Harte Farbgegensätze werden durch die Verwendung von neutralen Farbtönen, wie z. B. Weiß oder Schwarz, zu einer Einheit zusammengefügt.

- Farbkontraste einsetzen, um Spannung zu erzeugen, am besten aus Komplementärfarben; das sind die Farben, die sich im Farbkreis gegenüberliegen.

- Kontrastierende Farben ergeben einen harmonischen Ge-

RAUMWIRKUNGEN BEEINFLUSSEN

Ein dunkler Fußboden bewirkt, daß der Raum optisch Halt und Festigkeit bekommt.

Durch einen dunklen Boden und eine dunkle Decke erscheint der Raum niedriger und breiter.

Ein Raum sieht höher und kleiner aus, wenn die Seitenwände eine dunkle Farbe haben.

Wird ein Raum mit einer dunklen Rückwand ausgestattet, scheint er sich zu verkürzen.

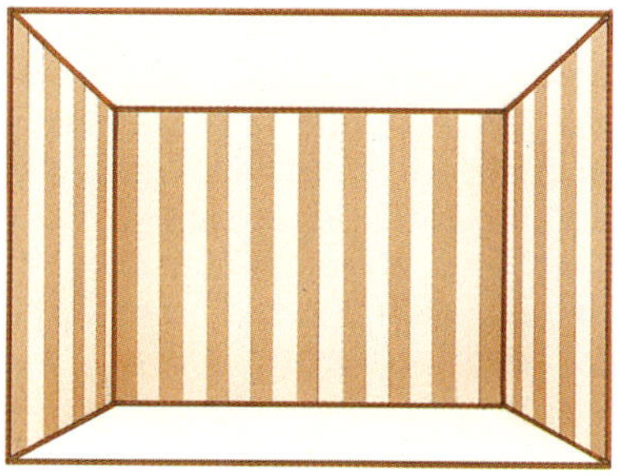

Der Raum wirkt durch die senkrechten Streifen höher, aber auch beengter.

Waagrechte Streifen lassen einen Raum niedriger und größer erscheinen.

samteindruck, wenn sie ähnliche Helligkeit und Reinheit besitzen.

▸ Die Farbharmonie ist auch bei ineinander übergehenden Zimmern oder bei Räumen, die man nacheinander betritt, wichtig. Die Räume sollten zueinander passen.

▸ Kontrastierende Farbelemente sparsam anwenden, etwa auf kleinen Flächen oder bei einzelnen Möbelstücken.

FENSTERDEKORATION

▸ Zunächst entscheiden, ob die Fensterdekoration Sicht-, Wärme- oder Lichtschutz bieten soll.

▸ Die Dekorationselemente sorgfältig auf den übrigen Raum und die Möblierung abstimmen.

Vorhänge und Gardinen Halblange Vorhänge bis zur Fensterbank betonen die Horizontale – der Raum und das Fenster wirken niedriger.

▸ Die Vertikale wird durch bodenlange Vorhänge betont – Raum und Fenster erscheinen höher.

▸ Schmale Fenster wirken wesentlich breiter, wenn man die Vorhangstange auf beiden Seiten über die Fensteröffnung hinaus verlängert.

Ein schmales Fenster wirkt mit überstehenden Vorhängen breiter.

▸ Die Länge des Vorhangs sollte an einer vorhandenen waagrechten Linie ausgerichtet werden, z. B. an einem Fensterbrett, einem Heizkörper oder am Boden.

▸ Vorhänge in der Breite nicht zu knapp bemessen; reichliche Stoffülle wirkt in den meisten Fällen schöner.

▸ Eingelegte Falten bleiben erhalten, wenn die Vorhänge drei Tage lang nicht zugezogen werden. Die Falten solange mit Stecknadeln oder Wäscheklammern fixieren.

▸ Raffhalter machen einen Vorhang dekorativer und halten zudem das Fenster für mehr Lichteinfall frei.

Rollos Sie gewähren dann Sichtschutz, wenn er benötigt wird, aber sonst bleiben die Fenster frei und lassen Licht herein.

▸ Vor allem in der Küche und im Badezimmer sind Rollos besser geeignet als Vorhänge.

▸ Springrollos können hinter Schabracken, d. h. mit Stoff bezogenen Verkleidungen über den Fernstern, versteckt und mit Vorhängen kombiniert werden.

▸ Leichter und weicher als Springrollos wirken Faltrollos.

▸ Mit Hilfe von Raffrollos kann man schöne, verspielte Fenster gestalten.

Scheibengardinen Einen nostalgischen Eindruck erweckt man mit direkt am Fensterrahmen angebrachten Gardinen, außerdem sind sie leicht aufzuhängen und abzunehmen und lassen Platz auf dem Fensterbrett.

▸ Halbhohe Scheibengardinen geben Sichtschutz und beeinträchtigen den natürlichen Lichteinfall nur wenig.

BELEUCHTUNG

▸ Die Beleuchtung nicht isoliert betrachten, sondern in die gesamte Raumkomposition mit einbeziehen.

▸ Wenn die Beleuchtung geplant wird, müssen die Lichtbedürfnisse und Lebensgewohnheiten von Bewohnern unterschiedlichen Alters sowie die Raumnutzung beachtet werden.

▸ Bei den Überlegungen zur Lichtplanung sollte man auch die natürlichen Lichtquellen berücksichtigen.

▸ Mit Dimmern kann die Beleuchtungsintensität verändert werden, ohne daß neue Leuchten angeschafft werden müssen.

Allgemeinbeleuchtung Mit Hänge- oder Deckenlampen schafft man ein ungerichtetes, freundliches Licht als Hintergrundbeleuchtung.

▸ Extreme Helligkeitskontraste vermeiden; sie wirken unruhig und verwirren.

▸ Zur Ergänzung der Hintergrundbeleuchtung Deckenfluter, die ihr Licht vor allem nach oben abgeben, und Stehlampen einsetzen.

Lichtakzente setzen Besondere Objekte wie Bilder, Möbel, Pflanzen, architektonische Details oder Vasen mit gerichtetem Licht hervorheben. Dazu Spotleuchten, Wandleuchten, Wandfluter oder Deckenfluter verwenden.

▸ Lichtakzente sparsam einsetzen, damit sie etwas Besonderes bleiben und keine verwirrende Vielfalt ohne Schwerpunkte entsteht.

▸ Anregungen für Lichtakzente holt man sich im Theater, in Schaufenstern, in Kunstgalerien und -ausstellungen.

FARBEN UND TAPETEN

DIE RICHTIGE FARBE

▸ Farben unterscheiden sich hinsichtlich ihrer Zusammensetzung, ihrer Trocknungszeit und ihrer Haftung auf bestimmten Untergründen. Deshalb muß bei der Wahl der richtigen Farbe die Beschaffenheit des Untergrunds berücksichtigt werden.

▸ Für Innenräume sind Dispersionsfarben besonders gut geeignet. Sie sind umweltfreundlich, nicht ätzend, mit Wasser verdünnbar und können problemlos mehrmals überstrichen werden.

▸ Im Fachhandel erhältlich sind waschbeständige Dispersionsfarben, die mit einem W gekennzeichnet sind, und scheuerbeständige Dispersionsfarben, die mit einem S versehen sind.

Farben verdünnen Mitunter muß die Farbe verdünnt werden. Vor allem für Grundierungen ist dies wichtig, um eine größere Haftung auf dem Untergrund zu erzielen. Nicht alle Farben sind gleichermaßen zum Verdünnen geeignet; deshalb muß man die Herstellerhinweise beachten.

DAS RICHTIGE MALERWERKZEUG

▸ Gutes Werkzeug trägt wesentlich zu einem einwandfreien Ergebnis bei. Je nach Oberfläche werden Pinsel, Bürsten, Roller oder Spritzgeräte verwendet.

Pinsel und Bürsten Empfehlenswert sind Pinsel und Bürsten aus hochwertigen Chinaborsten, die elastisch sind, die Farbe gut aufnehmen und so einen streifenfreien Anstrich ermöglichen.

▸ Pinsel mit synthetischen Borsten eignen sich nur für wasserlösliche Dispersionslacke.

▸ Pinsel sollte man nur zum Streichen kleinerer Flächen verwenden. Für den Innenbereich genügen 1,5 cm, 2,5 cm und 5 cm breite Flächenstreicher.

▸ Fenster und andere schmale Teile kann man gut mit einem Ringpinsel streichen.

▸ Wände und Decken lassen sich mit einer breiten Deckenbürste aus Schweinsborsten streichen.

▸ Für Heizkörper und schwer zugängliche Stellen eignen sich Pinsel mit einem langen Stiel und einem abgewinkelten Borstenfeld.

Farbroller Sie beschleunigen die Streicharbeiten, vor allem auf großen, ebenen Flächen.

▸ Roller sollte man nur für wasserlösliche Farben verwenden, da sich diese gut auswaschen lassen.

▸ Farbroller mit Schaumstoff- oder Mohairbesatz eignen sich vor allem zum Lackieren glatter Flächen, da sie einen gleichmäßigen Anstrich ergeben.

▸ Roller mit Lammmfell- oder Nylonbesatz sollte man für strukturierte Flächen verwenden, da die langen Fasern die Farbe gut in die Vertiefungen einbringen.

Farbsprays Sie eignen sich vor allem für kleine Flächen und schwer zugängliche Stellen, bei denen ein Auftrag mit dem Pinsel zu Farbtränen führen würde.

Spritzgeräte Die Arbeit mit dem Spritzgerät empfiehlt sich für große, ebene Flächen und unregelmäßige Gegenstände.

▸ Einen Probeanstrich kann man an einer weniger sichtbaren Stelle vornehmen. Dadurch lassen sich der erzielte Farbton und die Güte der Anstrichs überprüfen.

Schutzmaßnahmen Um sich vor Lackdämpfen oder Farbspritzern zu schützen, sollte man Gummihandschuhe und eine Schutzbrille tragen.

▸ Eine Atemschutzmaske empfiehlt sich, wenn man ein Spritzgerät verwendet oder wenn auf dem Gebinde durch ein Gefahrensymbol auf gesundheitsschädliche Dämpfe hingewiesen wird.

▸ Bei Streicharbeiten im Innenbereich stets für ausreichende Lüftung des Raumes sorgen.

▸ Arbeitet man an der Decke, sollte man die Haare vor Farbspritzern schützen. Es genügt eine alte Mütze oder ein aus Papier gefalteter Hut.

Pflege des Malerwerkzeugs Pinsel, Bürste und Roller sofort nach dem Streichen reinigen, da angetrocknete Farbe sich sehr schwer entfernen läßt. Außerdem verlängert man dadurch die Lebensdauer des Werkzeugs.

▸ Bei der Wahl des Reinigungsmittels stets die Herstellerhinweise auf dem Gebinde berücksichtigen. Manche Farbsorten werden nicht mit Wasser, sondern nur mit speziellen Mitteln ausgewaschen.

▸ Es empfiehlt sich, zusammen mit der Farbe auch das geeignete Reinigungsmittel zu kaufen.

▸ Bei Dispersionsfarben drückt man zuerst die Farbe aus den Borsten heraus und wäscht sie dann mit viel Wasser aus.

▸ Ist ein spezielles Reinigungsmittel erforderlich, den Pinsel oder Farbroller erst nach der Behandlung mit dem Mittel gründlich mit Wasser ausspülen.

▸ Nach dem Auswaschen den Pinsel mit einem nichtfusselnden Tuch abtrocknen.

▸ Pinsel behalten ihre Form, wenn man die Borsten nach dem Abtrocknen mit einem Gummiband zusammenhält. So kann man sie längere Zeit auch liegend aufbewahren.

▸ Farbroller reinigt man, indem man sie auf dem gerippten Teil der Farbwanne oder auf dem Abstreifgitter abrollt. Danach wird die Walze so oft über Zeitungspapier gerollt, bis die letzten Farbreste entfernt sind. Anschließend mit viel Wasser ausspülen.

ALTE FARBE ENTFERNEN

▸ Alte, abblätternde Farbschichten entfernen. Sie sind als Haftgrund für den neuen Farbanstrich nicht geeignet.

Wandfarben Abblätternde Dispersionsfarben bis auf den festen Untergrund entfernen.

▸ Anstriche mit Lackfarben entfernt man, indem man die Wand gründlich mit Anlauger abwäscht.

▸ Leimfarben sind wasserlöslich und ergeben keinen festen Grund für einen neuen Anstrich. Man soll sie nie trocken abkratzen, sondern mit Bürste oder Schwamm naß abschrubben. Dickere Leimfarbschichten zuerst mit Wasser einweichen und danach mit dem Spachtel abheben.

Gestrichene Gegenstände Alte Anstriche nicht durch Abschleifen entfernen. Durch die Reibung wird die Farbe nur aufgeweicht, nicht aber entfernt.

▸ Leichter lassen sich alte Farbschichten mit einer Lötlampe oder Heißluftpistole aufweichen. Sie sollten jedoch nicht an Fenstern benutzt werden, da das Glas durch die entstehende Hitze springen kann.

▸ Alte Öl- oder Lackfarben lassen sich leicht mit flüssigen Abbeizmitteln entfernen. Dies empfiehlt sich vor allem dann, wenn man anschließend mit Klarlack oder Lasur streichen will.

Das Abbeizmittel auf die alte Öl- oder Lackfarbenschicht auftragen.

WERKZEUGE FÜR STREICH- UND TAPEZIERARBEITEN

Zur Durchführung der verschiedenen Vorarbeiten braucht man Schwingschleifer, Schleifpapier, Schleifklotz, Schleifvlies, ein Kratzeisen, einen Satz Japanspachtel, einen Malerspachtel, ein Heißluftgerät und eine Stahldrahtbürste.

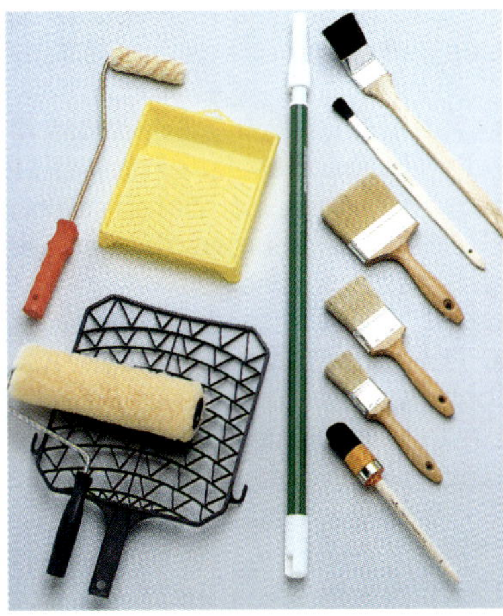

Außer Farbwanne und Abstreifgitter, Heizkörper- und Farbroller benötigt man zum Streichen eine Teleskopstange, einen Ringpinsel, einen Pinsel mit abgewinkeltem Borstenfeld und Flächenstreicher in unterschiedlicher Breite.

Als Grundausstattung für Tapezierarbeiten braucht man neben Kleistereimer, Kleister- und Tapezierbürste, Andrückrolle und Nahtroller auch Tapezierbrett, Schere, Meterstab, Senklot und Universalmesser.

▸ Da Ablaug- und Abbeizmittel aufgrund ihrer unterschiedlichen Wirkungsweise verschieden lange Einwirkzeiten haben, sollte man die Gebrauchsanweisung genauestens befolgen.

▸ Durch Ablaug- oder Abbeizmittel aufgeweichte Farbe entfernt man mit einem Spachtel.

Nach der vorgeschriebenen Wirkzeit schabt man die abblätternde Farbe mit dem Spachtel ab.

▸ Da es Abbeizmittel in unterschiedlichen chemischen Zusammensetzungen für verschiedene Anwendungen gibt, sollte man sich vom Fachhändler beraten lassen und die Gebrauchsanweisung beachten. Dies gilt vor allem, wenn man Farbe von Metall entfernen will, denn manche Abbeizmittel können die Oberfläche angreifen.

▸ Alte Anstriche auf Holz lassen sich auch mit einem Klingenschaber entfernen.

▸ Ein Farbanstrich auf Formteilen oder in Ecken läßt sich am besten mit einem Kratzeisen entfernen. Bei der Arbeit die Klinge gleichmäßig über die Fläche führen, ohne einzudringen.

▸ Rost und Farbanstriche auf Metall lassen sich am besten mit der Stahldrahtbürste entfernen. Bürstenaufsätze für Bohrmaschinen erleichtern die Arbeit erheblich.

▸ Bei dicken Farbschichten sind oftmals mehrere Abbeiz- oder Ablaugvorgänge notwendig, um den alten Farbanstrich restlos zu entfernen.

Ausbesserungsarbeiten Sie sind bei Schäden im Anstrichuntergrund fast immer unumgänglich, um einen einwandfreien Untergrund für den neuen Anstrich zu bekommen. Sonst können nach dem Streichen Mängel auftreten, deren Beseitigung einen größeren Aufwand erfordert.

▸ Risse, Löcher und andere Beschädigungen an Wänden soll man mit einer Füllmasse zuspachteln. Wenn diese getrocknet ist, wird die ausgebesserte Stelle nachgeschliffen. Hierzu verwendet man grundsätzlich feines Schleifpapier.

▸ Feuchte Stellen an Wänden und Decken müssen in jedem Fall vor dem Anstreichen saniert werden.

DECKEN UND WÄNDE STREICHEN

▸ Vor Arbeitsbeginn sollten Fußboden, Möbel und andere Gegenstände im Raum mit einer Kunststoffolie oder mit alten Zeitungen abgedeckt werden, um sie vor Staub und Farbspritzern zu schützen.

▸ Will man Decke und Wände streichen, so beginnt man am besten mit der Decke. Dadurch vermeidet man, daß Farbspritzer auf die frisch gestrichenen Wände gelangen.

Decken streichen Damit diese Arbeit mit der Deckenbürste oder dem Farbroller möglichst wenig Anstrengung kostet, sollte die Decke von einer Leiter aus bequem zu erreichen sein und der Abstand vom Kopf bis zur Decke etwa 30–50 cm betragen.

Farbreste entsorgen

Aus Gründen des Umweltschutzes gehören entfernte Farbreste nicht in den Hausmüll.

- **Farbreste von alten Anstrichen sammelt man am besten in einer Dose und gibt sie in den eigens dafür eingerichteten Sammelstellen als Sondermüll ab.**
- **Chemische Reinigungsmittel dürfen auf keinen Fall ins Abwasser gelangen, da sie auf natürlichem Weg nicht abgebaut werden und das Grundwasser belasten. Deshalb muß man sie in einer Dose oder Flasche sammeln, diese gut verschließen und mit einem Etikett versehen, auf dem die genaue Bezeichnung eingetragen ist. Danach bei den Sammelstellen als Sondermüll abgeben.**

▸ Wer nicht gern auf eine Leiter steigt, kann in dem hohlen Griff des Farbrollers eine Teleskopstange als Verlängerung befestigen. Man kann gegebenenfalls auch einen einfachen Besenstiel als Verlängerung benutzen.

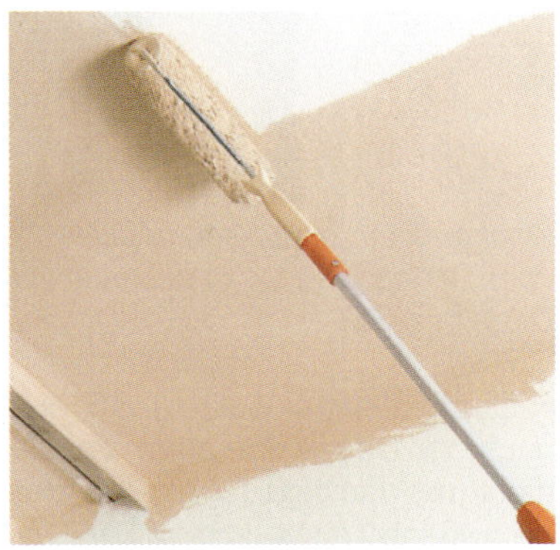

Mit einer Teleskopstange im hohlen Rollergriff kann man auch höher gelegene Stellen erreichen.

▸ Mit einem Heizkörperpinsel oder einem Flächenstreicher streicht man zunächst die Kanten und Ecken der Decke, und erst danach rollt man die eigentliche Fläche an Decke und Wänden.

Mit einem Pinsel lassen sich Ecken und Kanten an Decken mühelos streichen.

▸ Ansatzfreie Anstriche erhält man, indem man die Decke in ca. 80 × 80 cm große Felder einteilt. Diese sollten quer zum Lichteinfall verlaufen. Dabei empfiehlt es sich, die einzelnen Felder um etwa 5–10 cm zu überlappen.

Decken kann man leichter streichen, wenn man sie in einzelne Felder einteilt.

▸ Deckenleisten sollte man erst nach der Decke streichen, um sie nicht mit Farbspritzern von der Hauptfläche zu verschmutzen.

▸ Sichtbare Farbansätze lassen sich vermeiden, indem man stets vom Lichteinfall weg streicht.

▸ Damit sich keine sichtbaren Ansätze zwischen den einzelnen Farbflächen an der Wand bilden, sollte man zügig und ohne Unterbrechungen arbeiten.

▸ Muß man dennoch mit der Arbeit für kurze Zeit aussetzen, empfiehlt es sich, den Farbroller in eine Folie einzuschlagen. Dadurch vermeidet man ein Antrocknen der Farbe.

Die Farbe im Roller trocknet nicht an, wenn man ihn in eine Kunststoffolie einschlägt.

Wände streichen Gut geeignet ist dafür der Farbroller. Einen einheitlichen Anstrich erzielt man, indem man den Farbroller gleichmäßig mit Farbe tränkt und dann am Abstreifgitter überschüssige Farbe abrollt.

▸ Ansatzfreie Anstriche erhält man, indem man die Wand in etwa 80 cm breite senkrechte Streifen und diese wiederum in 80 cm hohe Felder einteilt. Beim Streichen die einzelnen Quadrate etwa um 5–10 cm überlappen.

▸ Die Farbe in senkrechten Streifen auf die Wand auftragen und danach verschlichten. Hierzu verteilt man sie durch gleichmäßiges Abrollen im Zickzack. Zum Schluß wird nochmals auf- und abgerollt und auf diese Weise ein gleichmäßiger Farbauftrag erzielt.

▸ Man beginnt mit dem Streichen stets an einer Fensterwand. Wenn der Raum mehrere Fensteröffnungen besitzt, fängt man dort an, wo der Lichteinfall am stärksten ist.

HOLZ LACKIEREN

▸ Vor dem Lackieren müssen unbehandelte Holzflächen gereinigt, entharzt und geschliffen werden.

▸ Holzteile in Feuchträumen sowie die Außenflächen von Türen und Fenstern müssen vor dem Lackieren zusätzlich, je nach Art des Holzes, mit einem Schutzanstrich imprägniert werden. Anschließend wird die Grundfarbe aufgetragen.

▸ Harthölzer haben eine geringe Saugfähigkeit. Deshalb sollte man zum Grundieren eine dickflüssigere Farbe verwenden.

▸ Weichhölzer besitzen eine größere Saugfähigkeit. Darum empfiehlt sich zum Grundieren eine verdünnte Farbe, die leichter ins Holz eindringt.

Treppen und Möbel Bei Einrichtungsgegenständen, die im Alltag stark beansprucht werden, empfiehlt sich eine Lackschicht als Schutz vor Beschädigungen.

▸ Vom Holzwurm befallene Möbel und Treppen müssen vor dem Lackieren mit einem Holzwurmmittel behandelt werden.

▸ Sämtliche Unebenheiten, Poren und Kratzer auf der Oberfläche muß man vor dem Lackieren beseitigen. Dazu empfiehlt sich Lackspachtel, der mit einem Flächen- oder Japanspachtel auf die auszubessernde Stelle aufgetragen wird.

▸ Um einen glatten Untergrund zu erzielen, läßt man die Vorlackierung trocknen und schleift anschließend Unreinheiten wie Läufer und Staubkörner mit Schleifpapier ab.

▸ Wenn hochwertige Lackierungen aufgetragen werden, sollte man die Holzoberfläche vor der Grundierung zunächst mit warmem Wasser anfeuchten, damit sich die Holzfasern aufrichten. Wenn sie völlig getrocknet sind, erfolgt der Feinschliff – stets entlang der Faserrichtung. Danach die Grundierung auftragen.

- Zur Schlußlackierung eignen sich Hochglanzlacke, Seidenglanzlacke oder Mattlacke.

- Laufnasen und Tropfen vermeidet man, indem man die zu lackierenden Flächen möglichst waagrecht legt.

- Wand- und Deckenverkleidungen aus Holz streicht man zweimal mit wasserverdünnbarem Acryllack.

- Balken und Türen im Außenbereich streicht man dreimal mit wasserverdünnbarem Acryllack oder zwei- bis dreimal mit lösemittelhaltigem Kunstharzlack.

- Für stark beanspruchte Gegenstände bieten lösemittelhaltige Lacke wirksamen Schutz. Sie haben den Vorteil, daß sie härter und widerstandsfähiger gegen Belastungen sind, vergilben jedoch schneller als Acryllacke.

Türen und Fenster Bei Außentüren und Fenstern aus rohen, noch nicht behandelten Nadelhölzern muß man zuerst die Außenflächen mit einem Holzschutzmittel imprägnieren. Danach wird mit Grundfarbe vorgestrichen. Anschließend folgt ein Zwischenanstrich mit Grundfarbe; zum Schluß streicht man mit Alkydharz-Fensterlack.

- Besonders umweltfreundlich ist das Acryllacksystem. Hierbei wird mit leicht verdünntem Acryllack grundiert. Danach folgen ein Zwischen- und ein Schlußanstrich mit unverdünntem Acryllack.

- Besondere Vorsicht ist beim Streichen von Fenstern geboten. Damit auch die Außenkanten der Fenster mit einer ausreichend starken Farbschicht bedeckt sind, empfiehlt es sich, vor dem Streichen die Kanten der Wetterschenkel mit einer Schleifmaschine oder einem gröberen Schleifpapier zu brechen, d. h. abzurunden, und erst danach zu streichen. Dadurch kann die Farbe an den Kanten gut haften, und das Holz ist vor Feuchtigkeit geschützt.

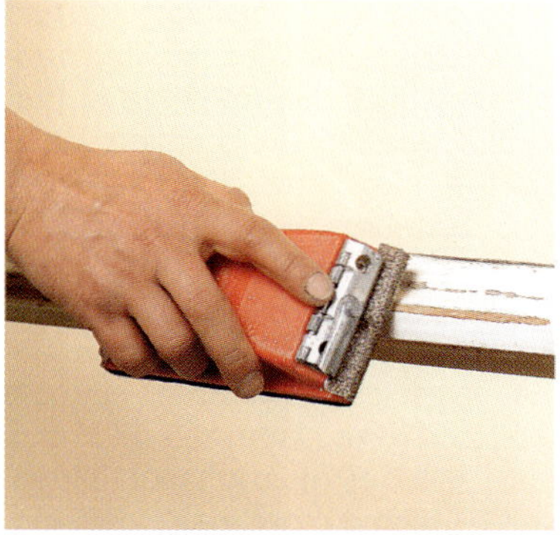

Auf abgerundeten Fensterkanten haftet die Farbe besser, und das Regenwasser läuft leichter ab.

- Beim Streichen von Fenstern und Türen mit einer Glasscheibe muß man darauf achten, daß keine Farbe auf die Glasflächen gerät. Hierzu kann man die Glasflächen mit einigen Streifen Klebeband abkleben. Das Klebeband sollte möglichst auch Gummi- oder Silicondichtungen bedecken.

Mit einem Klebestreifen kann man das Glas beim Streichen vor laufender Farbe gut schützen.

- Rahmen und Sprossen an Fenstern oder Glastüren kann man mit etwas Übung auch mit dem Ringpinsel streichen, ohne das Glas zu verschmutzen.

Wenn man den Ringpinsel so hält, läuft die Farbe von den Fenstersprossen nicht ab.

Unebenheiten Sie lassen sich vermeiden, indem man den Pinsel nur zu einem Drittel in die Farbe taucht und überschüssige Farbe gut abstreift.

- Unebenheiten auf einer frisch lackierten Fläche wie Laufnasen, Tropfen oder Wellen beseitigt man, indem man den getrockneten Lack mit feinkörnigem Schleifpapier abschleift und die Flächen nochmals dünn überlackiert.

HOLZ LASIEREN

- Durch das Auftragen einer Lasur ändert man den Farbton von Naturhölzern, ohne dabei die Maserung zu überdecken.

Lasurfarben Im Fachhandel findet man Lasurfarben in den unterschiedlichsten Farbtönen.

- Durch Lasieren kann man hellen Hölzern eine dunklere, nicht aber dunklen Hölzern eine hellere Farbe geben.

- Da das Holz durch jede aufgetragene Lasurschicht zusätzlich nachdunkelt, muß man eine Lasur verwenden, die etwas heller als der endgültig gewünschte Farbton ist.

▸ Lasiertes Holz sollte man keiner zu starken Wärmeeinwirkung aussetzen, da sich in der Lasur Risse bilden können.

Untergrund Vor dem Lasieren muß man den Untergrund von Staub und Schmutz reinigen.

▸ Die Oberfläche mit Schleifpapier glätten, damit die Lasur gleichmäßig ins Holz einzieht.

Werkzeug Zum Lasieren eignen sich breite, langborstige Flachpinsel, da sie die dünnflüssigen Lasurfarben gut aufnehmen und einen glatten Anstrich bewirken.

▸ Für wasserverdünnbare Acryllasuren eignen sich Pinsel mit Kunststoffborsten besonders gut.

Anstrich Für den ersten Anstrich empfehlen sich Dünnschichtlasuren, da sie tief ins Holz eindringen. Die Einfärbung des Holzes ist intensiv, und die Kontraste der Maserung werden stark betont.

▸ Dickschichtlasuren schützen die Oberfläche besser vor Feuchtigkeit und eignen sich deshalb als Schlußanstrich.

▸ Lasurfarbe nicht nur vor dem Streichen, sondern auch während der Arbeit von Zeit zu Zeit umrühren und gleichmäßig auftragen, damit keine dunklen Farbflecke oder Laufnasen und Tropfen entstehen.

▸ Die einzelnen Anstriche gut trocknen lassen, bevor man die nächste Schicht aufträgt. Drückt man mit dem Daumen kräftig auf, darf sich der Anstrich nicht feucht anfühlen und nicht mehr kleben.

Holzbauteile Fenster, Decken- oder Wandverkleidungen sowie andere einzubauende Teile sollen vorher mindestens einmal auf allen Seiten lasiert werden. Dadurch erhalten nach dem Einbau nicht mehr zugängliche Teile einen wirksamen Schutz.

▸ Fenster soll man vor dem Einbau und vor der Verglasung zweimal lasieren, um alle Kanten und Seiten wirkungsvoll zu schützen.

ROSTSCHUTZANSTRICH AUF STAHL

▸ Vor dem Rostschutzanstrich muß man die Oberfläche von Fetten und Ölresten reinigen und mögliche Roststellen entfernen.

▸ Salze und andere Chemikalien entfernt man mit Wasser; Öle und Fette mit Reinigungsmitteln.

HEIZKÖRPER STREICHEN

1. Verschmutzungen zwischen den Rippen entfernt man mit einer schmalen Drahtbürste.

2. Leicht zugängliche Flächen kann man mit Schleifpapier mit Geweberücken reinigen.

3. Nach dem Abwischen mit einem feuchten Tuch streicht man Roststellen mit Rostschutzfarbe.

4. Für die leicht erreichbaren Außenflächen eignet sich ein mittelgroßer Ringpinsel.

5. Die Innenflächen der Heizkörperrippen streicht man mit einem kleinen Schaumstoffroller.

6. Mit einem abgewinkelten Pinsel kann man auch zwischen den Heizkörperrippen streichen.

▸ Ist werkseitig eine Grundierung aufgetragen, kann man deren Haftung durch Schaben mit einem Messer überprüfen.

▸ Roststellen werden mit grobem Schleifpapier oder mit einer Drahtbürste entfernt. Den entstandenen Staub wischt man mit einem feuchten Tuch ab.

▸ Ein Rostschutzanstrich besteht aus zwei Schichten Korrosionsschutzfarbe und zwei Schichten Korrosionsschutz-Deckfarbe.

▸ Stark beanspruchte Kanten sollte man mit einem ausreichend dicken Rostschutzanstrich versehen. Sonst kann sich an diesen Kanten sehr leicht Rost festsetzen.

Rostschutz erneuern Bestehende Anstriche überholt man, indem man schadhafte Stellen von Rostflecken und Verschmutzungen reinigt. Danach zweimal Korrosionsschutz-Grundfarbe und einmal ganzflächig Korrosionsschutz-Deckfarbe auftragen.

Auf die gereinigte Fläche (grauer Bereich) Korrosionsschutz-Grundfarbe (roter Bereich) und Deckfarbe (weißer Bereich) auftragen.

ZINK UND VERZINKTEN STAHL STREICHEN

▸ Dachrinnen, Fallrohre, Fensterbleche erhalten einen dauerhaften Schutz durch einen Farbüberzug. Verzinkte Oberflächen können wegen ihrer Reaktion mit vielen Anstrichmitteln und der entstehenden Zinksalze einen kritischen Anstrichgrund darstellen.

▸ Damit der neue Anstrich gut haftet, muß der Untergrund fett- und schmutzfrei sein. Dazu wird er mit einem Korundschleifvlies und einer Mischung aus 10 l Wasser, 1/2 l 25%iger Ammoniaklösung (Salmiakgeist) und zwei Flaschenverschlußkappen Spülmittel oder einem handelsüblichen Zinkreiniger naß geschliffen, bis sich der beim Schleifen entstandene Schaum grau färbt. Danach wird die Oberfläche mit klarem Wasser abgespült und gut getrocknet.

▸ Um einen guten Anstrich zu erzielen, bringt man einen Grundanstrich mit Zinkhaftgrund, dann einen Zwischenanstrich mit Vorstreichfarbe oder Zinkhaftgrund auf und zum Schluß einen Anstrich mit Kunstharzlack.

Alte Anstriche erneuern Die Haftung des Zinkanstrichs überprüft man so: Man schneidet mit einem scharfen Messer ein Gitter aus 1–3 mm großen Quadraten. Wenn mehr als ein Drittel der Quadrate ausbricht, muß man den Altanstrich vollständig entfernen.

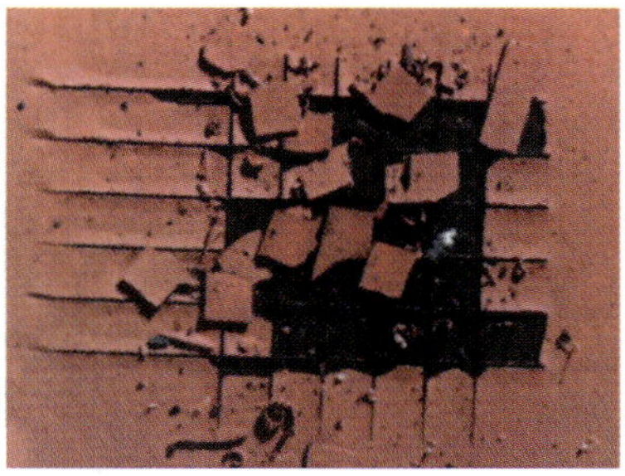

Mit Hilfe des Gitterschnittes kann man die Haftung des Zinkanstrichs leicht überprüfen.

▸ Ein verbleibender Altanstrich muß gründlich gesäubert und angeschliffen werden. Freigelegte Metallflächen streicht man einmal mit Zinkhaftgrund.

▸ Farbübergänge bei teilweise aufgeplatztem Altanstrich werden mit Schleifpapier abgeschliffen.

▸ Auf einen Zwischenanstrich mit Vorstreichfarbe folgt ein Schlußanstrich mit Kunstharzlack.

KUNSTSTOFFE STREICHEN

▸ Nicht alle Kunststoffe eignen sich dafür, gestrichen zu werden. Anstrichfreundlich sind PVC, Acrylat, Polyester und Polystyrole. Nicht streichen kann man Polyethylen, Polypropylen, Silicone und Siliconverbindungen.

▸ Im Zweifelsfall einen Probeanstrich an einer kaum sichtbaren Stelle vornehmen. So läßt sich feststellen, ob sich die Oberfläche für einen Anstrich eignet.

▸ Oberfläche gründlich reinigen und entfetten. Danach mit Schleifpapier anrauhen und mit klarem Wasser nachwaschen.

▸ Auf einen speziellen Grundanstrich für Kunststoffe folgen ein Zwischen- und ein Schlußanstrich mit Kunstharzlack.

▸ Stark beanspruchte Teile erhalten einen Grundanstrich mit Polyurethangrundfarbe und einen Deckanstrich mit Polyurethandecklack.

Alte Anstriche erneuern Abblätternde Farbreste werden vollständig entfernt, da sie keinen guten Haftgrund bieten. Verbliebene Farbflächen müssen gesäubert und angeschliffen werden.

ALUMINIUM STREICHEN

▸ Damit die Farbe auf Aluminium oder anderen Nichteisenmetallen haftet, muß der Untergrund mit einem Lösemittel oder einem fettlösenden Reiniger entfettet und mit Schleifvlies aufgerauht werden.

▸ Streichen kann man mit speziellen wasserlöslichen Acrylatfarben oder lösemittelhaltigen Haftgrundierungen. Auf einen Voranstrich mit Haftgrund und einen Zwischenanstrich mit Vorstreichfarbe folgt ein Schlußanstrich mit Kunstharzlack.

▸ Dispersions-Acryllacke sind eine umweltfreundliche Alternative zu Kunstharzlacken.

▸ Wenn man Aluminium mit einem farblosen Schutzlack überziehen will, sollte man dreimal mit Acryllack streichen.

▸ Grund-, Zwischen- und Schlußanstrichfarbe sollten stets vom selben Hersteller stammen. Dadurch vermeidet man eventuelle Unverträglichkeiten der einzelnen Farbschichten untereinander.

Alte Anstriche erneuern Zuerst entfernt man die losen bzw. abblätternden Anstrichteile. Danach wird die Oberfläche gereinigt und angeschliffen.

▸ Unebenheiten bessert man mit speziellem Lackspachtel aus. Danach wird die Oberfläche mit Schleifpapier angerauht. Die freigelegte Metallfläche muß man mit Haftgrund vorstreichen.

▸ Der Anstrich besteht aus einer Zwischenschicht aus Haftgrund oder Vorstreichfarbe und einem Deckanstrich aus Kunstharzlack.

ALTE TAPETEN ENTFERNEN

▸ Um alte Tapeten zu entfernen, feuchtet man sie mit Wasser an, dem man etwas Tapetenablöser oder Spülmittel hinzufügt.

▸ Die Lösung trägt man satt mit einer Deckenbürste oder einer Gartenhandspritze auf.

▸ Wasserfeste, waschbare und nicht saugfähige Tapeten sowie mit Dispersionsfarben angestrichene Rauhfasertapeten entfernt man leichter, wenn man sie vor dem Anfeuchten mit einer Nadelwalze locht.

Rollt man vor dem Anfeuchten eine Nadelwalze über die Tapete, kann man sie leichter entfernen.

▸ Wenn keine Nadelwalze vorhanden ist, kann man die Tapeten mit einem groben Schleifpapier aufrauhen; sie saugen dann besser Feuchtigkeit auf.

▸ Tapetenbahnen zieht man stets von unten nach oben ab.

▸ Hilfreich ist beim Entfernen alter Tapeten ein spezieller Dampferzeuger, den man auch ausleihen kann. Der Dampf durchdringt das Papier und löst den Kleister.

▸ Sind die Wände mit Tapetenwechselgrund behandelt, entfernt man die Tapeten ohne vorheriges Einweichen. Dazu werden sie an der Oberkante mit einem Messer gelöst und von oben nach unten abgezogen. Schwerer lösbare Stellen kann man zusätzlich mit Tapetenablöser aufweichen.

VOR DEM TAPEZIEREN

▸ Zum Tapezieren eignen sich alle fachgerecht ausgeführten Innenwandputze sowie alle glatten Flächen. Zweilagige Putze müssen untereinander und mit dem Untergrund fest verbunden sein. Sie sollen glatt und sauber sein und abgebunden haben.

Untergrund prüfen und vorbereiten Voraussetzung für eine gute Haftung der Tapeten ist ein einwandfreier Untergrund. Durch sorgfältige Prüfung erkennt man mögliche Mängel und kann sie vor dem Tapezieren beseitigen.

▸ Die Qualität eines verputzten Untergrunds läßt sich durch die Kratz- und Druckprobe mit einem harten Gegenstand wie einem Spachtel bzw. dem Daumennagel feststellen. Ein erkennbarer Abdruck weist auf eine zu geringe Festigkeit hin. Durch Tiefgrundierung wird der Putz verfestigt.

▸ Die Festigkeit eines Putzes läßt sich leicht feststellen, wenn man kurze Streifen eines Klebebands an mehreren Stellen der Wände fest andrückt und ruckartig abreißt. Große Rückstände am Klebeband deuten auf einen schlecht haftenden Untergrund hin, den man mit Tiefgrund verfestigt.

Geringe Rückstände auf dem Klebeband zeigen, daß der Untergrund eine gute Haftung aufweist.

▸ Da alkalihaltige Untergründe bei bestimmten Tapeten (z. B. bei Gras-, Seide- und Bronzedrucktapeten) Verfärbungen hervorrufen können, empfiehlt sich die Prüfung des Putzes mit einem Universal-Indikatorpapier. Dieses wird mit destilliertem Wasser angefeuchtet und auf den Untergrund gedrückt, der vorher ebenfalls mit destilliertem Wasser benetzt wurde. Anhand der mitgelieferten Farbskala läßt sich der pH-Wert leicht bestimmen. Werte über 7 weisen auf einen alkalihaltigen Untergrund hin, der neutralisiert werden muß. Danach trägt man Rollenmakulatur auf.

- Feuchtigkeit im Putz erkennt man an Wasserrändern, gelbbraunen Verfärbungen, Schimmelpilzbildung und Stockflecken.

- Um festzustellen, ob der Putz feucht ist, bringt man eine Markierung mit einem Kopierstift an der Wand an. Läuft diese innerhalb einer Stunde aus, ist der Untergrund zu feucht. Danach kratzt man die Markierung ab und beseitigt die Feuchtigkeitsursache.

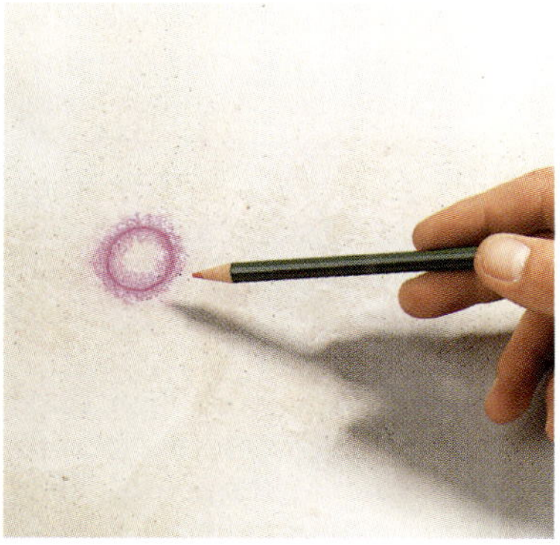

Läuft die Farbe innerhalb einer Stunde so stark aus, ist der Untergrund zu feucht.

- Sinterschichten, also glasartige, glänzende Oberflächen, bieten keinen Haftgrund für Tapeten. Man erkennt sie, indem man den Putz ankratzt und benetzt. Auf Sinterschichten perlt das Wasser ab, und der Putz bleibt hell. An den Kratzspuren saugt der Putz Feuchtigkeit auf und färbt sich dunkel. Mit Schleifpapier läßt sich die Sinterschicht entfernen.

- Mit Leim- oder wasserlöslicher Farbe gestrichene Flächen müssen mit Wasser abgewaschen werden. Der Zusatz von Tapetenablöser erleichtert diese Arbeit erheblich. Danach den Untergrund mit Tiefgrund festigen.

- Wasch- und scheuerbeständige Dispersionsfarbanstriche soll man unbedingt auf ihre Haftung zum Untergrund hin überprüfen. Nur festsitzende Anstriche darf man überkleben. Blätternde Anstriche mit einem Spachtel durch Abschaben entfernen und dann den Untergrund mit einer Grundierung festigen.

- Öl- und Lackfarben bieten keinen geeigneten Haftgrund. Eine tragfähige Oberfläche erzielt man, indem man sie anlaugt oder mit Schleifpapier aufrauht und mit Wasser nachwäscht. Spritzer von Lackanlauger an den Fenstern sofort abwaschen und keinesfalls antrocknen lassen.

- Schmutz- und Fettrückstände sind gründlich zu entfernen.

- Von Schimmelpilz befallene Flächen reinigt man mit Anti-Schimmel-Spray, mit Pilzgiftlösungen oder durch Abflämmen mit einem Heißluftgebläse, das etwa 10–15 cm weit von der Wand gehalten wird. Danach sind Sanierungsmaßnahmen zu treffen, um erneuten Pilzbefall zu vermeiden.

- Weiche und sandende Putze haben eine zu geringe Feuchtigkeit und müssen mit geeignetem Tiefgrund verfestigt werden.

- Bei leicht rauhen Putzen genügt eine Vorbehandlung mit Streichmakulatur, die man mit einer Bürste oder einem Farbroller auftragen kann.

- Rauhe Untergründe müssen mitunter, vor allem bei hochwertigen Tapeten, vor dem Tapezieren durch Auftragen einer Spachtelmasse und durch Schleifen geglättet werden.

- Putzkörner auf dem Untergrund werden mit Schleifpapier entfernt oder mit einem breiten Spachtel abgeschabt.

Untertapeten In unzureichend gedämmten Räumen empfiehlt es sich, vor dem Tapezieren die Wände mit Untertapeten zu be-

UNTERTAPETEN KLEBEN

1. In der Mitte der Überlappung wird mit einem Messer ein senkrechter Schnitt ausgeführt.

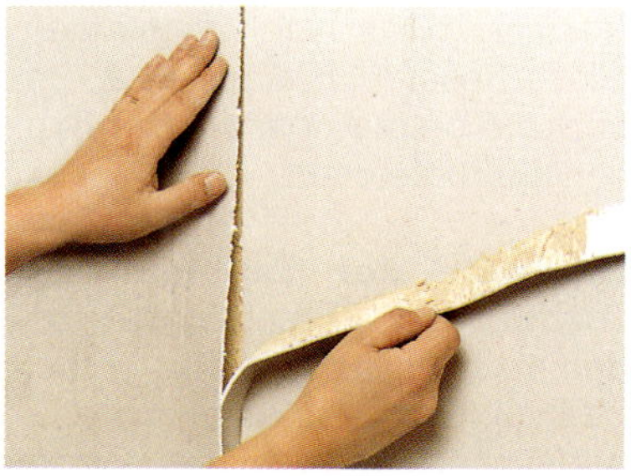

2. Man hebt die zwei Bahnen leicht an und zieht dann die beiden Verschnittstreifen ab.

3. Die beiden Untertapetenbahnen glattstreichen, bis sie sauber aneinanderstoßen.

kleben. Neben einer verstärkten Dämmung schafft man durch sie einen wesentlich besseren Haftgrund für die Tapeten.

▸ Je nach gewünschter Dicke der Dämmschicht sind im Fachhandel Schaumuntertapeten in einer Stärke von bis zu 6 mm erhältlich.

▸ Plattenstöße auf den zu tapezierenden Flächen müssen plan gespachtelt und armiert, d. h. verstärkt werden.

▸ Damit hochwertige, auf Stoß zu klebende Tapeten (auch Rauhfaser) gut auf Untertapeten haften und sich die Nähte nicht öffnen, müssen die Untertapeten mit Dispersionskleber geklebt und danach mit einem Haftanstrich aus verdünntem Dispersionskleber gestrichen werden. Darauf klebt man Rollenmakulatur und zum Schluß die Tapete.

TAPETENKAUF

▸ Nachdem man sich für die gewünschte Tapetenart und das Muster entschieden hat, sollte man den Bedarf an Tapeten möglichst genau bestimmen, um die Gesamtmenge auf einmal zu kaufen. Bei nachgekauften Tapeten kann es immer zu leichten Farbabweichungen kommen.

▸ Die meisten Tapeten werden als Rollen mit dem Normmaß von 53 cm Breite und 10,05 m Länge angeboten. Rauhfasertapeten sind in einer Länge von 33,3 m pro Rolle erhältlich.

▸ Besondere Aufmerksamkeit empfiehlt sich beim Einkauf von Spezialtapeten, die mitunter Abweichungen vom Normmaß aufweisen, denn Textiltapetenrollen können z. B. bis zu 100 cm breit und nur 8,15 m lang sein.

Tapetenbedarf ermitteln Die Anzahl der Tapetenrollen hängt nicht nur von der zu tapezierenden Fläche ab, sondern – bei gemusterten Tapeten – auch davon, auf welcher Länge der Bahn sich das Muster genau wiederholt. Große Musterlängen (Rapporte) ergeben einen größeren Verschnitt; deshalb sollte man ein bis zwei Rollen mehr kaufen. Bei Tapeten mit kleinem oder rapportlosem Muster, z. B. Streifenmuster, genügt eine kleinere Reserve.

▸ Nicht benötigte Rollen werden von vielen Fachhändlern zurückgenommen, wenn die Verpackung nicht geöffnet wurde.

▸ Zur Berechnung des Tapetenbedarfs für die Wände mißt man deren Höhe an mehreren Stellen, da sie mitunter geringe Abweichungen aufweisen kann, und errechnet, wie viele Bahnen man aus einer Rolle erhält. Die Länge der Wand teilt man durch die Breite der Bahnen; dies Ergebnis teilt man wiederum durch die Anzahl der Bahnen pro Rolle und erhält so die benötigte Rollenanzahl.

▸ Die Anzahl der Bahnen pro Wand kann man auch mit einer alten Tapetenrolle ermitteln: Man geht die Wand ab und legt die Rolle immer wieder an die Wand und zählt, wie viele Bahnen nötig sind. Teilt man nun die Zahl der Bahnen durch die Zahl der Bahnen pro Rolle, erhält man die Anzahl der notwendigen Rollen.

▸ Beim Messen des Raumumfanges werden Türen und Fenster in Normalgrößen nicht abgezogen. Diese Reserve braucht man, um Verluste beim Anpassen der Bahnen auszugleichen.

Kontrolle der Tapeten Trotz hochwertiger Fertigungsmethoden treten manchmal Mängel auf. Deshalb empfiehlt es sich, die Tapeten nach dem Kauf und vor der Verarbeitung zu prüfen.

▸ Bevor man die Klarsichtfolie öffnet, in der die Rollen verpackt sind, prüft man, ob Muster, Farbe und Rollenzahl der Tapeten der Bestellung entsprechen.

▸ Beim Kauf ist in jedem Fall auf die Kennzeichnung durch den Hersteller zu achten. Dies kann ein Stempelaufdruck oder ein Beipackzettel sein. Angeführt werden Symbole, die Aufschluß über die Eigenschaften der Tapete geben, wie Qualitätsgruppe, Rapport und Ansatz, Musterrichtung und Hinweise auf gegebenenfalls notwendiges gestürztes Kleben. Hinzu kommt die Anfertigungsnummer.

▸ Um mögliche Farbabweichungen zu vermeiden, sollte man vor dem Öffnen der Verpackung den Kontrollstempel überprüfen. Tapeten der gleichen Produktion tragen denselben Kontrollstempel und dieselbe Kontrollnummer. Unterschiedliche Zahlen oder Buchstaben bedeuten, daß die Rollen nicht aus demselben Druckvorgang stammen und deshalb eine Farbabweichung bestehen könnte.

▸ Die Farbgleichheit kann auch mit der Fächerprobe festgestellt werden. Man entfernt die Klarsichtverpackung, rollt die Bahnen etwa 1,5 m auf und legt sie dann fächerartig übereinander.

Wenn man die Tapetenrollen auffächert, erkennt man Farbtonunterschiede besonders leicht.

▸ Beim Tapetenzuschnitt kontrolliert man jede Bahn auf Fehler des Materials und des Druckbilds.

Erst danach schneidet man das Endstück mit der Anfertigungsnummer ab.

▸ Mängel, die in der Tapete liegen und nicht auf einen falschen Zuschnitt zurückzuführen sind, müssen beim Fachhändler reklamiert werden. Zur Begründung der Beanstandung sollte man die ganze Tapetenrolle zum Händler mitnehmen.

DER RICHTIGE KLEISTER

▸ Hinweise auf geeignete Kleister und Kleber findet man auf dem Beipackzettel der Tapetenrollen. Hilfreich ist auch ein Gespräch mit dem Fachhändler.

▸ Das Ansatzverhältnis des Kleisters richtet sich nach Art, Stärke und Saugfähigkeit des Papiers. Tapeten mit kräftigen Papierträgern und sehr saugfähige Tapeten erfordern einen entsprechend konzentrierten Kleister.

▸ Für hochwertige Kunststoff- und Naturstofftapeten verwendet man gebrauchsfertige Dispersionskleber.

▸ Wenn Vinyltapeten an Ecken und Kanten überlappend geklebt werden müssen, benötigt man zusätzlich noch einen speziellen Nahtkleber.

RICHTIG TAPEZIEREN

▸ Bevor man mit dem Tapezieren an Decke und Wänden beginnt, sollte man aus Sicherheitsgründen den Strom am Sicherungskasten abschalten. Hierdurch wird gewährleistet, daß man danach die Lichtschalter- und Steckdosenabdeckungen an den Wänden sowie die Lampen an der Decke gefahrlos entfernen kann.

▸ Wenn man auf den Untergrund Tapetenwechselgrund aufträgt, lassen sich die Tapeten später leicht entfernen. Dies empfiehlt sich vor allem bei wasserfesten und waschbaren Tapeten.

▸ Damit man während des Tapezierens nicht unnötig nach einem gerade benötigten Werkzeug sucht, ist es ratsam, dieses vor Arbeitsbeginn bereitzulegen.

▸ Die Tapezierarbeiten werden erheblich erleichtert, wenn man einen zusammenklappbaren Tapeziertisch verwendet, der stabil sein soll und nicht wackeln darf.

▸ Wenn man keinen Tapeziertisch zur Verfügung hat, kann man sich auch mit einer glattflächigen Tür behelfen, die man über zwei Böcke oder Stühle legt.

Tapeten zuschneiden Zum Zuschneiden braucht man einen Meterstab, einen Tapetenschneider, eine Schere mit einer großen Blattlänge sowie einen weichen Bleistift zum Markieren.

▸ Beim Zuschneiden der Bahnen 5–10 cm für Verschnitt an Ober- und Unterkante unter Beachtung der Musterlänge zugeben. Bei Unitapeten, Streifen- und Kleinmustern sowie ansatzfreien Mustern ist weniger Zugabe ausreichend.

▸ Die erste Bahn wird beim Zuschneiden als Maß für die nächsten Bahnen benutzt.

▸ Bei gemusterten Tapeten wird die Bahn stets am Musteranfang abgeschnitten. Die Bahnlänge wird also über die Wandhöhe hinaus bis zum Musterende verlängert.

▸ Bei Tapeten mit Versatzmuster liegt der Musterbeginn der zweiten Bahn in der Mustermitte der ersten Bahn. Deshalb schneidet man die Bahnen im Wechsel zu und numeriert sie auf der Rückseite, um sie dann in der richtigen Reihenfolge kleben zu können.

SYMBOLE FÜR DIE KENNZEICHNUNG VON TAPETEN

Wasserbeständigkeit

wasserbeständig zum Zeitpunkt der Verarbeitung

Waschbarkeit

waschbeständig
hoch waschbeständig
scheuerbeständig
hoch scheuerbeständig

Farbbeständigkeit gegen Licht

ausreichend
befriedigend
gut
sehr gut
ausgezeichnet

Ansatz des Musters

ansatzfrei
gerader Ansatz (Rapport in cm einfügen, z. B. 50)
versetzter Ansatz (Rapport und Versatz in cm einfügen, z. B. 50/25)
gestürztes Kleben

Verarbeitung

Klebstoff auf die Wandbekleidung auftragen
Klebstoff auf den zu tapezierenden Untergrund auftragen
Vorgekleisterte Wandbekleidung

Verfahren für das Entfernen

restlos abziehbar
spaltbar
naß zu entfernen

Verschiedenes

Überlappung und Doppelschnitt
Duplierte Prägewandbekleidung
Stoßfestigkeit

▸ Ist die Wand nicht überall gleich hoch, sollte man die Tapetenbahnen nicht auf Vorrat zuschneiden, sondern nach dem Ankleben der ersten Bahn das Muster der nächsten an der Wand anpassen.

▸ Manche Tapeten werden gestürzt geklebt, d. h., jede folgende Bahn wird in umgekehrter Richtung zur vorhergehenden Bahn geklebt. Beim Zuschneiden der Bahnen wird deshalb die Rolle jeweils in entgegengesetzter Richtung abgerollt.

Einkleistern Zum Einkleistern sollte man eine Kleisterbürste oder einen breiten Pinsel verwenden. Er muß sauber und frei von Farbresten sein.

▸ Zugeschnittene Bahnen kleistert man gleichmäßig und nicht zu dick von der Mitte zu den Kanten hin ein.

▸ Einen zu dicken Kleisterauftrag vermeidet man, indem man die Kleisterbürste an einer Schnur abstreift, die man vorher über den Kleistereimer gespannt hat.

▸ Bei Tapeten, die für die Decke verwendet werden, soll man den Kleister etwas dicker ansetzen als bei Tapeten für die Wand, da sie einer höheren Belastung ausgesetzt sind.

▸ Beim Einsatz von Tapeziergeräten stets speziellen Tapeziermaschinenkleister verwenden und am Gerät die gewünschte Auftragsdicke einstellen.

▸ Dünne Tapeten lassen sich leichter verarbeiten, wenn der Untergrund mit Tapetenkleister im Ansatzverhältnis 1:80 vorgekleistert wird.

▸ Kleister, der auf den Tapeziertisch oder auf die anderen Bahnen gelangt, wischt man sofort mit einem feuchten Lappen weg.

▸ Es empfiehlt sich, zwei bis drei zugeschnittene Bahnen einzukleistern und etwa 10 Minuten zusammengelegt weichen zu lassen.

Tapeten zusammenlegen Damit Tapeten gleichmäßig durchweichen, legt man die eingekleisterten Bahnen so zusammen, daß das oben anzusetzende Stück zu zwei Dritteln, das untere Stück zu einem Drittel eingeschlagen wird. Danach kann man sie zusammenlegen, um ein zu schnelles Austrocknen der Bahn zu vermeiden.

▸ Tapetenbahnen legt man genau Kante an Kante zusammen.

▸ Bei abziehbaren Tapeten sowie bei Vinyl- und Textiltapeten empfiehlt es sich, die eingekleisterten und zur Mitte hin zusammengelegten Bahnen aufzurollen. Dadurch verhindert man, daß sich die Kanten beim Weichen aufstellen, und erreicht, daß sie gleichmäßig durchweichen.

Tapeten kleben Tapeten drückt man mit einer Tapezierbürste an, und zwar zuerst in der Mitte der Bahn von oben nach unten und dann zu beiden Seiten hin.

▸ Eine Tapezierwalze (Moosgummiwalze) oder einen Kunststofftapezierspachtel zum Entfernen von Lufteinschüssen zwischen Tapete und Wand sollte man besonders bei Vinyl- und Metalltapeten verwenden.

▸ Velourstapeten drückt man mit einer Schwammwalze oder einem weichen Lappen an.

▸ Die Nähte werden bei allen Tapeten sorgfältig angedrückt. Bei Tapeten mit glatter Oberfläche ist ein Nahtroller hilfreich.

▸ Geprägte und strukturierte Tapeten darf man nicht mit dem Nahtroller bearbeiten, da sonst die Struktur zerdrückt wird.

Wände tapezieren Man beginnt an der Fensterwand – und dort an der Fensterlaibung – und setzt die Arbeit zunächst im Uhrzeigersinn in den Raum hinein bis zu einer Ecke oder Tür fort; hier fällt die Naht mit den aus der anderen Richtung kommenden Tapeten am wenigsten auf.

▸ Bei Bildtapeten und Tapeten, bei denen die Naht auch nach dem Tapezieren sichtbar bleibt, setzt man in einer Ecke an, wobei die Wand so einzuteilen ist, daß die Streifen rechts und links gleich breit sind.

▸ Die erste Bahn setzt man an einer mit dem Lot markierten Linie an, um einen senkrechten Verlauf zu gewährleisten.

▸ Am Türrahmen drückt man die Bahn mit einem Tapezierspachtel an. Dann schneidet man den überstehenden Teil mit einem Universalmesser ab.

Die überstehende Tapete am Türrahmen mit dem Tapezierspachtel andrücken und abschneiden.

▸ Damit man Löcher von Dübeln oder anderen Wandbeschlägen nach dem Tapezieren wiederfindet, steckt man vor Beginn der Arbeit Streichhölzer hinein, die die betreffenden Stellen genau markieren. Gelangt man bei der Arbeit an eine solche Stelle, drückt man die Tapete vorsichtig an, bis das Streichholz sie durchdringt. Kunststofftapeten muß man an dieser Stelle mit einem Messer etwas einschneiden.

Decken tapezieren Wenn die Kante zwischen Decke und Wand ungenau verläuft, sollte in etwa einer Tapetenbreite von der Wand ein Schnurschlag gezogen werden. Hier wird die erste Tapetenbahn angesetzt.

▸ Die Arbeit wird erleichtert, wenn ein Helfer die zusammengelegte Tapetenbahn etwas unterhalb der Decke festhält.

▸ Wer nicht auf eine Leiter steigen will, kann die Tapetenbahn auch mit einem Besen von unten abstützen.

Nützlich ist das Abstützen der eingekleisterten Tapete mit einem langstieligen Besen.

▸ An der Decke werden Tapeten immer auf Stoß geklebt, da sich überlappende Nähte dort besonders stark abzeichnen.

▸ Das Ankleben der Tapeten geht leichter, wenn man die Lammfellrolle oder Bürste auf einen Stiel steckt und die Tapete gleichmäßig andrückt.

Trocknen der Tapeten Nach dem Kleben sollten Durchzug und starkes Heizen vermieden werden. Sonst trocknet die Oberfläche zu schnell, und die Nähte platzen auf.

PROBLEMFÄLLE BEIM TAPEZIEREN

▸ Mitunter treten nach dem Tapezieren trotz sorgfältiger Arbeit Probleme bzw. leichte Beschädigungen auf, die sich in der Regel jedoch einfach beseitigen lassen.

Falten Papiertapeten werden entlang einer entstandenen Falte vorsichtig eingerissen, die Rückseite wird mit etwas Kleister bestrichen und vorsichtig wieder an die Wand gedrückt.

▸ Vinyltapeten werden bei Faltenbildung nicht eingerissen, sondern eingeschnitten.

Nicht haftende Nähte Den losgelösten Tapetenrand mit einer Messerspitze leicht anheben und mit einem feinen Pinsel die Rückseite der Tapete einkleistern. Dann wieder leicht andrücken.

Tapeten lösen sich ab Wenn sich nur kleine Tapetenflächen am Rand lösen, bestreicht man das abgelöste Stück mit frisch angerührtem Kleister, läßt es kurz weichen und drückt es wieder an.

▸ Löst sich die Tapete auf einer großen Fläche ab, muß man die ganze Bahn abziehen, den Untergrund vorbehandeln und den Kleister korrekt anmischen.

Flecken an Nahtstellen Sie entstehen durch Kleister, der an den Nahtstellen unter den Tapetenbahnen hervorquillt und nicht rechtzeitig entfernt wird. Solche Flecken kann man oft nicht vollständig entfernen. Sie werden aber schwächer, wenn man sie mit einem feuchten Tuch abtupft.

Schäden an Vinyltapeten Bei beschädigten Vinyltapeten muß man ein viereckiges Ersatzstück ausschneiden, das etwas größer ist als die Schadstelle. Man legt es auf die beschädigte Fläche und schneidet mit einem Messer durch beide Lagen hindurch den passenden Flicken zu. Der gut eingekleisterte Flicken wird dann eingesetzt und festgedrückt. Hervorquellenden Kleister sofort mit einem feuchten Tuch entfernen.

SCHADHAFTE MUSTERTAPETEN AUSBESSERN

1. Die Tapete an der Schadstelle großzügig abreißen. Nur gut klebende Tapete stehenlassen.

2. Einen Flicken von vorn nach hinten zurechtreißen. Dann ist er später nicht zu erkennen.

3. Den Flicken einkleistern, mustergenau über das Tapetenloch legen und nach außen hin glätten.

FLIESEN UND PLATTEN

FLIESEN KAUFEN

▸ Die benötigte Menge errechnet sich aus der Höhe und Breite der zu verfliesenden Fläche. Für Verschnitt, Bruch und als Reserve für spätere Ausbesserungen rechnet man 5 % hinzu.

Farbe Alle Fliesenpakete sollten dieselbe Herstellungsnummer aufweisen, da sonst Farbunterschiede auftreten können.

▸ Kleine Farbabweichungen, die immer vorhanden sind, bleiben unbemerkt, wenn man die Fliesen gründlich mischt.

KLEBEMÖRTEL

▸ Fliesenkleber auf Kunststoffbasis wird gebrauchsfertig angeboten. Er ist zwar recht teuer, doch hat man den Vorteil, die Arbeit unterbrechen zu können, wenn man den Behälter fest verschließt.

▸ Fliesenkleber auf Zementbasis wird mit Wasser angerührt. Er ist preiswerter als Kunststoffmörtel, muß aber innerhalb von etwa einer Stunde verarbeitet sein.

▸ Für Naßbereiche (Duschen usw.) verwendet man einen wasserbeständigen Spezialkleber.

UNTERGRUND

▸ Der zu verfliesende Untergrund muß fest, eben, trocken, staubfrei und saugfähig sein.

Vorbereitung Bröckelige Stellen zunächst gut ausbessern.

▸ Unebenheiten des Untergrunds lassen sich mit Standardfliesenkleber nicht ausgleichen und müssen zuvor begradigt werden. Hier hilft der Fachmann.

▸ Feuchte Wände erst verfliesen, nachdem die Ursache der Feuchtigkeit gefunden und beseitigt ist.

▸ Untergründe, von denen sich Sand und Staubpartikel lösen, wenn man mit der Hand darüberstreicht, mit einer speziellen Grundierung, die in Baumärkten erhältlich ist, vorbehandeln.

▸ Fliesen niemals auf Tapeten, Farb- oder Lackschichten kleben. Tapeten entfernen, Farb- oder Lackschichten abkratzen oder kräftig aufrauhen.

▸ Zur Prüfung der Saugfähigkeit des Untergrunds Wasser auf die Wand- oder Bodenfläche spritzen. Wird das Wasser aufgesaugt, ist der Untergrund geeignet.

▸ Auf Belägen wie Putz, Estrich oder auch alten Platten verlegt man Fliesen am besten im Dünnbettverfahren mit Klebemörtel.

FLIESEN SCHNEIDEN

▸ Für kleinere Fliesenarbeiten genügt zumeist ein handelsüblicher Glasschneider.

▸ Für umfangreiche Fliesenarbeiten empfiehlt sich die Anschaffung eines Fliesenschneiders oder einer Fliesenbrechzange, mit der sich dünnere Fliesen auch teilen lassen.

KLEBER AUFTRAGEN

▸ Fliesenkleber wird mit einer Traufel oder Kelle aufgebracht und anschließend mit einem

FLIESEN MIT DEM GLASSCHNEIDER TEILEN

Zunächst einen Tropfen Öl auf das Schneidrad des Glasschneiders geben.

Den Glasschneider zum Anritzen der Fliese mit leichtem Druck an einem Lineal entlangführen.

Einen Nagel unter den Schnitt legen. Die Fliese auf beiden Seiten hinunterdrücken.

Zahnspachtel auf die erforderliche Dicke gezogen.

▸ Die Zahntiefe des Spachtels richtet sich nach der Größe der Fliesen. Bei Fliesen mit einer Kantenlänge von mehr als 20 cm soll die Zahntiefe 8 mm betragen, bei 10–20 cm Kantenlänge 6 mm, bei 6–10 cm Länge 4 mm und bei allen kleineren Fliesen 3 mm.

▸ Zieht man den Zahnspachtel senkrecht von unten nach oben, erreicht man bei Wänden eine gleichmäßige Kleberschicht.

FLIESEN EINPASSEN UND ANBRINGEN

▸ Um für Elektro- oder Sanitärinstallationen Löcher oder Ausschnitte anzubringen, ist es am besten, eine Fliesenlochzange zu verwenden.

▸ Rauhe Schnitt- und Bruchkanten können mit einer Fliesenfeile oder einem Carborundumschleifstein geglättet werden. Beim Glätten der Kanten ist darauf zu achten, daß die Glasur nicht beschädigt wird.

▸ Bei zugeschnittenen Fliesen ist es oft einfacher, den Klebemörtel auf die Fliese statt auf die Wandfläche aufzutragen.

▸ Beim Ansetzen der Fliesen beginnt man am besten immer mit den beiden äußeren einer Reihe, die dann als Richtfliesen für die dazwischenliegenden dienen.

▸ Zum Ausrichten der Fliesenreihen ist eine sogenannte Fliesenhexe nützlich. Sie besteht aus zwei Halteblechen, die auf die beiden äußeren Fliesen aufgesetzt werden, und einer dazwischen gespannten Schnur.

▸ Beim Verfliesen einer Wand die erste Fliesenreihe am besten auf eine exakt waagrecht an der Wand angebrachte Latte setzen.

FUGEN

▸ Grundsätzlich sollten die Fugen so gleichmäßig wie möglich sein. Die Fugenbreite richtet sich nach der Fliesengröße. Bei kleineren Fliesen bis etwa 10 cm Kantenlänge ist eine Fugenbreite von ungefähr 2 mm üblich. Je größer die Fliesen und je ungenauer sie in ihren Abmessungen sind, desto breiter sollten die Fugen sein.

LÖCHER UND AUSSCHNITTE

1. Auf harter Unterlage mit dem Fliesenhammer vorsichtig ein kleines Loch in die Fliese klopfen.

2. Ist das Loch groß genug, mit der Fliesenlochzange kreisförmig kleine Stücke abbrechen.

3. Das Loch auf diese Weise vergrößern, bis die gewünschte Form und Größe erreicht sind.

FLIESEN IM DÜNNBETTVERFAHREN VERLEGEN

1. Die beiden äußeren Fliesen der Reihe mit der Wasserwaage genau ausrichten.

2. Dann die Haltebleche der Fliesenhexe aufstecken und die Gummischnur dazwischenspannen.

3. Die Fliese mit leichtem Druck ansetzen und bis zur Schnur hochschieben.

Eine Fugenbreite von mehr als 5 mm ist aber nicht empfehlenswert.

Verfugen Fliesen sollten im allgemeinen nicht früher als zwölf Stunden nach dem Verlegen verfugt werden.

- Nicht zuviel Füllmasse anrühren – einige Produkte härten sehr rasch aus.

- Zum Einbringen des Fugenfüllers einen Gummiwischer benutzen und die Masse damit fest in die Fugen drücken.

- Die Fläche wird mit einem Schwamm und sauberem Wasser abgewaschen, sobald die Fugenmasse zu trocknen beginnt. Das Waschwasser sollte man häufig erneuern.

- Wasserbeständigen Fugenfüller, der auf die Fliesen geraten ist, muß man immer sofort abwischen.

- Die Fliesenfläche reibt man mit einem weichen, trockenen Tuch ab, nachdem die Fugenmasse vollständig getrocknet ist.

Dauerelastische Fugen Damit die Anschlüsse zwischen den Fliesen und den Sanitärgegenständen in Küche oder Bad nicht reißen und kein Wasser eindringen kann, verwendet man dort eine dauerelastische Dichtmasse aus Silicon. Sie ist in Kartuschen mit dazugehörigen Spritzpistolen und in verschiedenen Farben im Handel erhältlich. Vor dem Verfugen klebt man die Fliesen entlang der Fuge mit Klebeband ab, spritzt die Fuge gleichmäßig mit der Siliconmasse aus und glättet sie mit einem in Seifenwasser getauchten Holzspatel vor. Anschließend wird das Klebeband entfernt und die Fliesenfläche neben der Fugenmasse mit Seifenwasser bestrichen. Danach kann die Siliconfuge mit dem in Seifenwasser getauchten Zeigefinger geglättet werden.

Die Fliesenfläche neben der Fugenmasse mit Seifenwasser bestreichen.

- Für das Seifenwasser, das die Haftung der Siliconmasse auf den Fliesen verhindert, kann man einfaches Geschirrspülmittel verwenden.

LÖCHER IN FLIESEN BOHREN

- Beim Bohren von Löchern besteht immer die Gefahr, daß die Fliesen reißen oder daß man mit der Bohrmaschine abrutscht und die Glasur zerkratzt. Daher, wenn möglich, immer in die Fugen bohren.

- Um das Abrutschen zu verhindern, klebt man auf die Bohrstelle ein Stück Klebeband auf. Dann stellt man die Bohrmaschine auf eine niedrige Drehzahl ein, schaltet das Schlagwerk aus und durchbohrt Klebeband und Fliese.

Ein Stück Klebeband auf die Fliese kleben und dann erst bohren.

- Wenn man das Loch vorsichtig mit einem Körner oder Spitzmeißel vorbohrt, rutscht der Bohrer ebenfalls nicht ab.

- Damit sich der feine Bohrstaub nicht in die Fugen setzt, sollte ein Helfer beim Bohren ein Kehrblech oder ein Stück Pappe unter das Loch halten oder den entstehenden Staub mit dem Rohr eines Staubsaugers absaugen.

- Schrauben, mit denen man Gegenstände auf Fliesen befestigt, niemals zu stark anziehen, da sonst die Gefahr besteht, daß die Fliesen reißen.

NEUE FLIESEN AUF ALTE KLEBEN

- Bevor man neue Fliesen auf alte klebt, sollte sichergestellt werden, daß die zusätzliche Fliesenstärke bei Wandarmaturen mit Zwischenstücken ausgeglichen werden kann; sie sind in unterschiedlichen Längen erhältlich.

- Auf die alten, gründlich von Fett, Schmutz und Staub gesäuberten Fliesen muß ein spezieller Haftgrund aufgetragen werden, der im Fachhandel sowie in den meisten Baumärkten erhältlich ist.

- Den Haftgrund gut trocknen lassen und die neuen Fliesen in gewohnter Weise, aber versetzt zu den alten (also nicht Fuge auf Fuge), anbringen.

Die neuen Fugen sollten versetzt zu den alten verlaufen.

TEPPICHE UND ANDERE BODENBELÄGE

UNTERGRUND

▸ Der Untergrund für einen neuen Bodenbelag muß fest, eben und trocken sein.

▸ Wird der Belag ganzflächig verklebt, muß der Boden sorgfältig gekehrt oder abgesaugt werden, damit er staubfrei ist.

Estrich Ein neuer Estrich kann dann belegt werden, wenn er keine überschüssige Feuchtigkeit mehr aufweist. Wer hierbei ganz sichergehen will, sollte dies vom Fachmann mit einem Feuchtigkeitsprüfgerät feststellen lassen.

▸ Man kann die Feuchtigkeit eines frisch verlegten Estrichs selbst prüfen: Man legt eine etwa 1 m^2 große, farblose Folie auf den Estrich und klebt sie mit Klebeband allseitig darauf fest. Ist nach 24 Stunden kein Kondenswasser zwischen Folie und Boden sichtbar, kann der Estrich in der Regel belegt werden.

Wenn sich kein Kondenswasser unter der Folie gebildet hat, ist der Estrich belegereif.

▸ Um die Festigkeit eines Estrichs zu prüfen, nimmt man einen Stahlnagel oder Meißel und ritzt die Oberfläche gitterförmig an: Hierbei dürfen keine Teile der Estrichoberfläche absplittern.

▸ Zur Verbesserung der Festigkeit streicht man den Estrich mit lösungsmittelhaltigem Tiefgrund.

▸ Kleinere Unebenheiten des Estrichs gleicht man mit Spachtelmasse aus. Bei größeren Schäden und sehr unebenen Flächen ist es besser, Ausgleichsmasse zu verwenden.

▸ Auf Magnesia- und Anhydritestrichen ist ein spezieller Haftanstrich aufzutragen, da sich Spachtel- oder Ausgleichsmassen sonst ungenügend mit dem Boden verbinden.

Holzboden In Räumen, die ebenerdig liegen und nicht unterkellert sind, dürfen Holzböden nicht mit feuchtigkeitssperrenden Bodenbelägen versehen werden. Sie dichten den Holzboden so ab, daß die Feuchtigkeit aus dem Erdreich nicht mehr durch die Fugen entweichen kann, und das Holz kann verfaulen. Gleiches gilt für Holzböden über Küchen und Bädern. Will man dennoch den Boden neu belegen, muß man den Holzboden entfernen und einen neuen Estrich samt Feuchtigkeitssperre aufbringen.

▸ Damit der Kleber für den neuen Belag hält, muß Wachs oder Farbe gründlich entfernt werden. Wer sich die anstrengende Arbeit sparen und zugleich einen festen, ebenen Untergrund erhalten will, schraubt Holzspanplatten mit Nut und Feder auf. Die Platten werden so verlegt, daß zwischen Wand und Platte jeweils ein Abstand von etwa 5 mm bleibt.

▸ Lose Dielen oder Holzriemen befestigt man am besten mit Spaxschrauben.

▸ Bewegen sich zwei Bretter gegeneinander, schlägt man Nägel schräg ein, so daß man möglichst das benachbarte Brett und die Unterkonstruktion trifft. Die Nägel mit einem Versenkstift ganz im Holz versenken.

Die Nägel mit einem Versenkstift schräg einschlagen.

▸ Bei Holzböden, die größere Mulden aufweisen, schief liegen oder durchhängen, empfiehlt sich eine Schüttung aus präparierten Flachs- und Hanfschäben. Auf der Schüttung werden 22 mm starke Holzspanplatten mit Nut und Feder schwimmend (also ohne Verbindung mit dem Untergrund) verlegt; die Stöße verleimen.

Steinboden Weisen alte Steinböden große Risse auf oder wackeln ganze Teile, sollten die Böden herausgenommen werden, denn Reparaturen kosten mehr als ein neuer Estrich oder eine Konstruktion aus 22 mm dicken Spanplatten mit Nut und Feder auf einer Schüttung.

▸ Für kleinere Ausbesserungen sind Reparaturmassen auf Zweikomponentenbasis – z. B. Epoxidharze – geeignet, da sie schnell fest werden und sehr gut halten.

▸ Alte Terrazzo- und Zementböden oder Plattenbeläge reinigt man vor dem Belegen mit Sodalösungen oder Scheuermitteln. Nach dem Reinigen muß man warten, bis der Unterboden wieder völlig trocken ist, bevor man mit Verlegearbeiten beginnt.

▸ Als Haftgrund für Ausgleichsmassen bei Steinböden hat sich ein lösungsmittelfreier Neoprenevorstrich bewährt.

Alte Teppichböden Diese Böden müssen grundsätzlich entfernt werden, bevor ein neuer Belag aufgebracht wird.

▸ Ist der Teppich fest verklebt, schneidet man ihn zunächst in 30 cm breite Längsstreifen, da sie sich leichter herausreißen lassen als der Teppich in seiner gesamten Breite.

▸ Zur Entfernung von großflächigen festverklebten Teppichböden bietet sich der Einsatz von Maschinen (Stripper) an, die man im Fachhandel ausleihen kann.

▸ Klebstoffreste müssen nicht entfernt werden, wenn ein neuer Teppich verlegt werden soll.

▸ Muß der Untergrund für einen anderen Belag vorgestrichen und gespachtelt werden, entfernt man die Klebstoff- und Schaumreste mit einer Stahldrahtbürste.

Sonstige Beläge Alte Linoleum-, PVC- oder Gummibeläge sind als Untergrund für einen neuen Belag geeignet, wenn sie keine Schadstellen aufweisen und überall fest mit dem eigentlichen Untergrund verbunden sind.

▸ Durch Darüberstreichen mit einem Hammerstiel kann man einzelne lose liegende Stellen ermitteln. Man schneidet die Stelle rechtwinklig auf, trägt mit einem Pinsel PVC-Kleber auf und drückt die Ecke dann fest auf den Boden.

Lose Stellen bei PVC-Belägen schneidet man rechtwinklig auf und klebt sie wieder fest.

KLEBSTOFFE FÜR BODENBELÄGE

▸ Unbefriedigende Ergebnisse beim Aufbringen von Bodenbelägen sind häufig auf den Einsatz falscher Kleber oder die unsachgemäße Handhabung von Klebstoffen zurückzuführen. Daher sollte man sich vor dem Verlegen die Anweisungen des Herstellers genau durchlesen.

▸ Die richtige Verteilung und Auftragsdicke des Klebers erreicht man, indem man die vom Hersteller angegebene Spachtelart und -zahnung verwendet.

Ablüftzeit Diese Zeitspanne muß man abwarten, damit sich Lösungsmittel verflüchtigen können und der Kleber für den Belag aufnahmebereit ist.

Einlegezeit Innerhalb dieser Zeit (auch offene Zeit genannt) kann man den Belag verkleben und Korrekturen vornehmen.

Topfzeit Reaktionsklebstoffe, die man anrührt, sind nur eine bestimmte Zeit verarbeitungsfähig. Danach erhärten sie im Anmachgefäß und sind unbrauchbar.

Der richtige Umgang mit lösungsmittelhaltigen Stoffen

Viele Vorstrich-, Imprägnier- und Versiegelungsmittel sowie Kleber für Bodenbeläge enthalten entzündliche oder schädliche Lösungsmittel, die nach dem Auftragen verdunsten. Bei ihrer Verarbeitung muß man unbedingt folgende Sicherheitsvorkehrungen beachten:

- **Fenster und Türen ins Freie öffnen, damit der Raum ausreichend be- und entlüftet wird.**
- **Keinesfalls rauchen!**
- **Jegliche Funkenbildung durch den Betrieb von Elektrogeräten bzw. Kohle-, Öl-, Gas- oder Elektroheizungen auch in angrenzenden Räumen vermeiden.**
- **Im ganzen Haus Warnschilder aufstellen, da sich die Dämpfe weiträumig verteilen können.**
- **Gefahrensymbole und Hinweise des Herstellers unbedingt beachten, etwa „Gesundheitsschädlich bei Berührung mit der Haut", „Bei der Arbeit nicht essen oder trinken", „Schutzbrille, Schutzhandschuhe, Sicherheitsschuhe oder Atemschutzmasken tragen" o. ä.**

Kunstharz-Klebstoffe Vorteilhaft sind diese lösungsmittelhaltigen Kleber für viele Kunststoff-, Teppich- und Parkettböden, wenn der Belag gut und schnell haften soll und beim Verlegen dennoch Korrekturen möglich sein sollen.

▸ Die chemischen Lösungsmittel in den Klebern sind in der Regel feuergefährlich; Dämpfe entweichen bis zur endgültigen Aushärtung des Klebers.

Kunstharzdispersions-Klebstoffe Da die klebenden Anteile in Wasser gelöst sind, sind diese Kleber im allgemeinen nicht feuergefährlich, und es verdunsten keine schädlichen Stoffe.

▸ Diese Kleber haben keine so große Anfangshaftung, und Korrekturen sind in der Einlegezeit daher leicht möglich. Sie sind für viele Kunststoff-, Teppich- und Parkettbodenbeläge geeignet.

▸ Da beim Aushärten das im Kleber enthaltene Wasser zum Teil vom Untergrund aufgenommen werden muß, darf dieser nicht wasserabweisend sein.

Kunstkautschuk - Klebstoffe Da sie einen sehr hohen Anteil an feuergefährlichen Lösungsmitteln haben, muß man bei der Verarbeitung sehr umsichtig sein.

▸ Diese Kleber haften bei Kontakt sofort; Korrekturen sind nicht mehr möglich. Daher sollte man sie nur dort verwenden, wo das Material später einer hohen Belastung ausgesetzt ist, etwa bei Treppenstoßkanten.

TEPPICHBODEN

▸ Ein Teppichboden dämmt die Gehgeräusche und hat auch eine wärmeisolierende Wirkung. Für Allergiker kann der Hausstaub, der sich in den Teppichfasern absetzt, problematisch sein.

▸ Beim Ausmessen muß man Türen, Fensternischen oder Erker zur Gesamtlänge bzw. -breite hinzurechnen. Zusätzlich sollte man etwa 10 cm für den Zuschnitt einkalkulieren.

▸ Damit der Teppichboden gut zur Wirkung kommt, sollte man ihn möglichst so auslegen, daß der Flor in Richtung zur Hauptlichtquelle – meistens also zur Fensterseite – liegt. Wie der Flor verläuft, stellt man fest, indem man mit der Hand über den Teppich streicht: Fühlt sich die Oberfläche glatt an, streicht man in Florrichtung, spürt man einen Widerstand, streicht man dagegen.

▸ Die Ware einen Tag lang auslegen, damit sie sich an die Raumtemperatur angleichen und sich entsprechend ausdehnen kann.

▸ An die Wand gegipste Fußleisten entfernt man nicht, da dabei größere Schäden entstehen können. Statt dessen schiebt man den neuen Teppich darunter oder bringt zusätzliche Leisten an.

Teppichboden am Stück verlegen Die Überstände am ausgelegten Teppich mit einer großen Schere auf 2,5 cm kürzen. In Erkern und Nischen den Teppich entlang den senkrechten Wandkanten einschneiden.

▸ Einen exakten Beschnitt des Teppichs erhält man, wenn man nach dem Auslegen ein Teppichmesser im Winkel von 45° genau in der Kante zwischen Wand und Boden entlangführt.

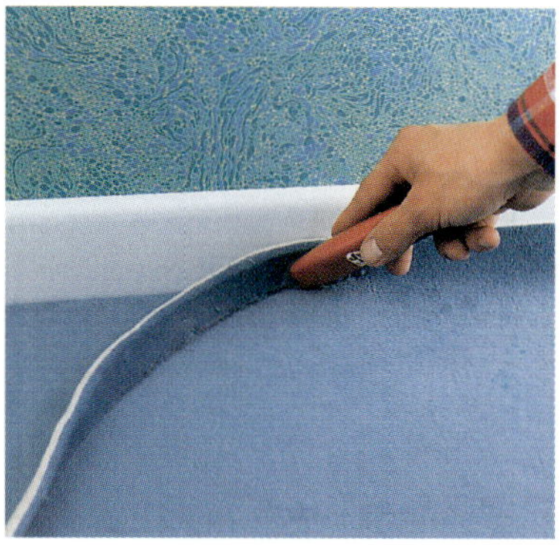

Für den genauen Schnitt die Klinge im Winkel von 45° führen.

▸ Eine vollflächige Verklebung hat den Vorteil, daß sich der Teppich bei Belastung nicht verschiebt oder aufwellt.

▸ Wenn man in einer Mietwohnung den Teppich mit Kunstharz- oder Dispersionskleber auf einen vorhandenen Belag kleben will, muß man vom Vermieter eine Genehmigung einholen; denn der Teppich haftet so fest, daß beim Auszug der Ursprungszustand kaum wiederherzustellen ist.

▸ Verwendet man einen sogenannten Wiederaufnahmekleber und eine spezielle Grundierung, kann man den Teppich wieder abziehen, ohne daß der Unter-

TEPPICHBODEN AM STÜCK VOLLFLÄCHIG VERKLEBEN

1. Den vorgeschnittenen Teppich auslegen, eine Hälfte beschweren, die andere Hälfte zurückschlagen.

2. Auf die freie Fläche mit einem Zahnspachtel den Kleber aufbringen und die Ablüftzeit abwarten.

3. Die zurückgeschlagene Hälfte mit einem Brett festreiben, dann die andere Teppichhälfte kleben.

grund beschädigt wird. Beim Kauf des Klebers auf die Herstellergarantie achten, daß sich der Teppich auch bei hoher Belastung nicht aufwellt.

▸ Das Befestigen mit doppelseitigem Klebeband ist zwar relativ einfach, kann jedoch nur bei Räumen bis etwa 20 m² Grundfläche durchgeführt werden; grundsätzlich besteht die Gefahr, daß sich der Teppich bei starker Beanspruchung aufwellt. Besonders im Türbereich sollte man zusätzliche Klebestreifen anbringen.

▸ Das Verspannen eines Teppichbodens ist die beste Lösung, wenn er besonders lange halten und ein hoher Gehkomfort erreicht werden soll.

▸ Das Verspannen ist wegen der zusätzlich benötigten Nagelleisten nicht billig, und man braucht handwerkliches Geschick, um das rechte Maß an Spannung zu erhalten: Spannt man den Teppich zu stark, kann er reißen; ist die Spannung zu gering, schlägt er Wellen. Ungeübte Heimwerker sollten diese Arbeit einem Fachbetrieb überlassen.

Teppichbahnen zuschneiden und befestigen Im Nahtbereich sollten die Bahnen 2 cm überlappen. Damit sie sich beim Schneiden und Verkleben nicht verschieben, heftet man sie mit Stahlstiften in der Mitte fest.

▸ Um paßgenaue Nahtkanten zu erhalten, schneidet man im überlappenden Bereich gleichzeitig beide Bahnen durch, am besten mit einer großen Klinge des Teppichmessers entlang einer Stahlschiene.

Mit einem Teppichmesser die überlappenden Bahnen an einer Schiene entlang durchschneiden.

▸ Bei Tuftingbelägen immer in Florrichtung schneiden.

▸ Verklebt man die Bahnen vollflächig, ist es am besten, wenn man jeweils zwei benachbarte Bahnen zur Mitte hin um die Hälfte zurückschlägt und den Kleber auf die freie Fläche verteilt.

▸ Damit die Naht dicht schließt und kein Kleber auf den Teppich geschoben wird, legt man die Bahnen mit geringer Überlappung ins Kleberbett und drückt sie dann seitlich weg.

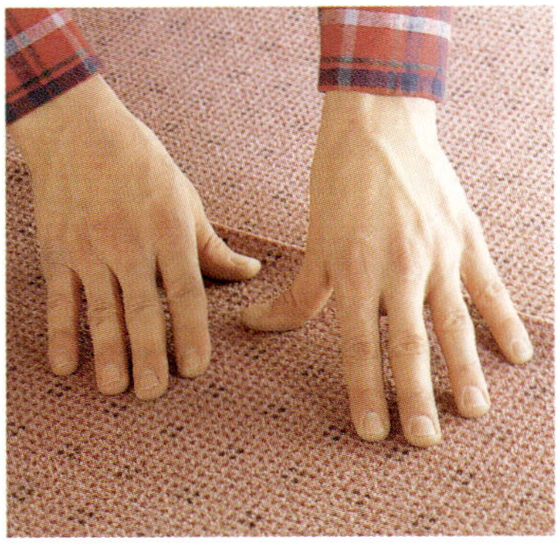

Die Überlappung der Bahnen seitlich wegdrücken, dann ist die Naht später dicht geschlossen.

▸ Um im Nahtbereich die aufgeschnittenen Florfäden zu entfernen und die Naht endgültig zu schließen, streicht und klopft man mit einer Perlonbürste gegen die Florrichtung.

▸ Befestigt man die Bahnen mit Teppichklebeband, sollte es 5 cm breit sein und mittig zur Nahtstelle aufgeklebt werden.

▸ Will man den Teppich verspannen, müssen die Bahnen vorher fest miteinander verbunden werden; dies ist sehr schwierig und sollte einem Fachmann überlassen werden.

TEPPICH MIT KLEBEBAND BEFESTIGEN

1. Den Teppich an allen Wänden etwa 50 cm zurückschlagen und den freien Randstreifen absaugen.

2. Den Klebestreifen rundum mit einem Teppichrest fest auf den Untergrund reiben.

3. Die obere Papierschutzschicht flach über dem Boden abziehen und den Teppich fest andrücken.

Teppichboden ausbessern Hat man für die Ausbesserung einer beschädigten Stelle keinen Teppichrest mehr, schneidet man ein Stück unter einem Möbelstück heraus. Dort kann man dann ein anderes Material verwenden, ohne daß es auffällt.

- Damit man einen sauberen, unauffälligen Nahtschnitt erhält, legt man das Ersatzstück so auf die Schadstelle, daß der Flor in der gleichen Richtung verläuft, und schneidet beide Teppichlagen mit einem Teppichmesser durch.

- Damit die Naht hält, bestreicht man die Schnittkanten von Flicken und Teppich mit Teppichkleber; Ablüftzeit des Klebers beachten.

- Bei festverlegtem Teppich befestigt man den Flicken mit Teppichkleber oder doppelseitigem Klebeband auf dem Untergrund.

Den Flicken mit Klebeband auf dem Untergrund befestigen.

- Ist der Teppichboden insgesamt lose verlegt, das Reparaturstück mit Klebeband an der Rückseite des Belags befestigen.

KUNSTSTOFF- ODER KORKFLIESEN VERLEGEN

- Da Fliesen aus Kunststoff hygienisch, pflegeleicht und wasserunempfindlich sind, eignet sich rutschsichere Ware besonders für Küche, Bad und Flur.

- Korkfliesen sind trotz Versiegelung oder Lackierung nur bedingt wasserfest; daher darf man sie nicht zu naß wischen.

Bedarf Da Fliesen aus Kunststoff oder Kork in Paketen angeboten werden, errechnet man den Bedarf folgendermaßen: Man teilt die zu belegende Fläche durch die Fläche, die man mit einem Paket belegen kann. Das Ergebnis rundet man zur nächsten ganzen Zahl auf und erhält so die Anzahl der benötigten Pakete.

- Sollte der Raum sehr verwinkelt sein, kauft man wegen des aufwendigen Zuschnitts besser ein oder zwei Pakete mehr.

- Um einzelne beschädigte Platten später austauschen zu können, sollte man ein paar Ersatzfliesen einkalkulieren.

Anordnung der Fliesen festlegen Der Verschnitt ist gering und das Verlegen relativ einfach, wenn man die Ware so anordnet, daß die Fugen parallel zu den Wänden verlaufen.

- Der richtige Ausgangspunkt für die Anordnung der Fliesen ist die Mitte des Raumes.

- Um die Mitte in einem rechtwinkligen Raum zu finden und zugleich Orientierungslinien für die Verlegung zu erhalten, geht man folgendermaßen vor: Man mißt zwei gegenüberliegende Wände ab, markiert ihre Mitte und verbindet beide Punkte mit einer Linie. Die Mitte dieser Linie ist der gesuchte Raummittelpunkt. Durch diesen Punkt zeichnet man rechtwinklig zur Hauptlinie eine weitere Linie.

- Da die später zu schneidenden Randfliesen aus optischen Gründen möglichst alle gleich groß und mindestens eine halbe Fliese breit sein sollten, muß man einige Versuche anstellen, um die optimale Position der sogenannten Mittelfliese zu finden, nach der sich die Lage aller weiteren Fliesen richtet. Man geht immer vom Raummittelpunkt und den angezeichneten Linien aus und legt versuchsweise Fliesenreihen lose bis zu den Wänden aus.

Um die richtige Lage der Mittelfliese zu finden, richtet man sich nach dem Raummittelpunkt und den angezeichneten Linien.

- Hat man die beste Anordnung gefunden, markiert man den Umriß der Mittelfliese auf dem Untergrund.

- Damit das Material gut hält und sich im Belag später keine Steinchen o. ä. abzeichnen, sollte der Untergrund vor dem Kleberauftrag noch einmal gekehrt oder gesaugt werden.

Fliesen verkleben Da die Mittelfliese die Lage aller weiteren Fliesen bestimmt, wird sie zuerst aufgeklebt. Dann trägt man den Kleber auf eine etwa 1 m^2 große Fläche auf und arbeitet von der Mittelfliese zu den Wänden hin.

- Für eine gute optische Wirkung ist es wichtig, daß alle Fliesen genau aneinanderstoßen und die Fugen sauber verlaufen.

- Damit keine Beulen entstehen, den Belag fest ins Kleberbett drücken und Luft- oder Lösungsmitteleinschlüsse zur Seite wegdrücken.

▶ Quillt Kleber aus den Fugen, sollte man ihn sofort mit Wasser oder Lösungsmittel – je nach Art des verwendeten Klebers – wegwischen, da sonst Flecken zurückbleiben können.

Randfliesen schneiden Bei größeren Räumen verlegt man alle Fliesen bis auf einen umlaufenden Rand, der so breit ist wie eine ganze Fliese zuzüglich der zu schneidenden Randfliese (auf diese Fläche kann der Kleber später noch bequem aufgebracht werden).

Gegen die letzte verklebte Fliese schiebt man die zu schneidende Fliese, auf die eine zweite Fliese bündig zur Wand gelegt wird. Die Schnittlinie beider Fliesen wird auf der unteren angezeichnet und diese dann auf einem Stück Hartfaserplatte oder Linoleum entlang einer Metallschiene zugeschnitten. Die Randfliesen werden erst verklebt, wenn alle zugeschnitten sind.

Die obere Fliese gegen die Wand schieben und die Schnittlinie auf der unteren anzeichnen.

▶ Bei kleinen und engen Räumen ist ein breiter Randstreifen nicht praktikabel. Daher verlegt man zunächst alle ganzen Fliesen. Die zu schneidende Randfliese legt man deckungsgleich auf die letzte verklebte Fliese. Auf beide legt man bündig zur Wand eine weitere Fliese; an deren zur Raummitte weisenden Kante entlang zeichnet man auf der mittleren Fliese eine Linie an. Der nicht verdeckte Teil der mittleren Fliese paßt genau in den Randstreifen.

Rundungen schneiden Muß man runde Formen aussparen – etwa große Rohre –, stellt man eine Schablone her: Einen Papierbogen an die auszusparende Form anlegen und nach und nach so falten oder zurechtschneiden, daß er genau in die Fläche paßt, wo nachher die Fliese verklebt werden soll. Die fertige Schablone auf die Fliese legen, die Kontur anzeichnen und dann die Fliese zuschneiden.

Schadhafte Fliesen auswechseln Eine beschädigte Fliese läßt sich leichter mit einem

EINE RANDFLIESE AN EINEM ROHR VERLEGEN

1. Die geschnittene Randfliese von vorn gegen das Rohr schieben, den Berührungspunkt markieren.

2. Die Fliese bündig zur Wand an das Rohr schieben und wieder den Berührungspunkt markieren.

3. Durch beide Punkte senkrecht zum Rand eine Linie ziehen, am besten mit einem Anschlagwinkel.

4. Den Schnittpunkt durchbohren und das Loch auf den Durchmesser des Rohres erweitern.

5. Die Fliese zwischen Loch und der zur Wand zeigenden Kante aufschneiden.

6. Die Fliese durch den Schnitt um das Rohr schieben und ins vorbereitete Kleberbett legen.

Spachtel anheben und vom Kleberbett lösen, wenn man eine Aluminiumfolie auf die Fliese legt und mit einem heißen Bügeleisen darüber fährt, bis sich Fliese und Kleber erwärmt haben.

Sind Fliese und Kleber erwärmt, läßt sich die Fliese leicht mit einem Spachtel anheben.

▸ Größere Flächen erwärmt man am besten vorsichtig mit einem Heißluftgerät.

▸ Auf dem Untergrund haftenden Kleber beseitigt man am besten mit einem Spachtel, den man mit einer Lötlampe oder einem Heißluftgerät erhitzt hat.

KUNSTSTOFFBELÄGE IN BAHNEN VERLEGEN

▸ Wie Kunststofffliesen sind auch Bahnen aus diesem Material hygienisch, pflegeleicht und unempfindlich gegen Wasser. Sie sind gut für Küche, Bad und Flur geeignet.

▸ Hat das Material ein sich wiederholendes Muster, muß man für den notwendigen Anschluß benachbarter Bahnen mehr Material zugeben als bei ungemusterten Belägen.

▸ 2 m breite Bahnen sind leichter zu verlegen und zu handhaben als 3 oder 4 m breite. Allerdings sollten auch nicht zu viele Nähte entstehen.

▸ Man sollte die Bahnen ein oder zwei Tage lang in den Raum stellen oder bereits dort ausrollen, wo sie verlegt werden sollen, damit sie sich an die Zimmertemperatur anpassen. Sonst kann sich das Material durch Ausdehnen oder Schrumpfen nach dem Verlegen verziehen. Im Winter den Raum auf die übliche Zimmertemperatur heizen.

▸ Die Raumtemperatur sollte nicht unter 12 °C liegen, da kalte Kunststoffware weniger elastisch ist und nur schlecht verlegt werden kann.

Bahnen anordnen In langen, schmalen Fluren sollten die Bahnen in Längsrichtung, ansonsten immer in Richtung des Hauptlichteinfalls verlegt werden.

▸ Da die Wände oft nicht genau im rechten Winkel zueinander stehen, zeichnet man in Verlegerichtung rechtwinklig zu einer Wand eine Linie an, an der man sich beim Verlegen orientiert.

Bahnen schneiden Für das erste Einpassen werden die Bahnen mit einer Überlappung von 2 cm nebeneinander ausgelegt und so abgeschnitten, daß sie an beiden Enden etwas überstehen. Es ist leichter, nachträglich etwas abzuschneiden, als ein Stück ansetzen zu müssen.

▸ Bei gemusterten Belägen muß man jede Bahn an die Nebenbahn anlegen und das Muster anpassen, bevor man sie schneidet.

▸ Um eine Bahn an den Wandverlauf anzupassen, läßt man den Belag etwas an der Wand hochstehen, drückt ihn dann fest in den Winkel zwischen Wand und Boden und führt ein Teppichmesser im Winkel von 45° genau in der Kante entlang.

▸ Bei einer relativ ungleichmäßigen Wand empfiehlt es sich, den Verlauf mit einem Holzklötzchen auf die Bahn zu übertragen, indem man es an der Wand entlangführt und dabei einen weichen Bleistift anlegt. Entlang dieser Linie den Schnitt ausführen.

Den Wandverlauf mit einem Holzklötzchen und einem weichen Bleistift auf die Bahn übertragen.

▸ Um eine Stolperfalle an der Tür zu vermeiden, läßt man die Bahn bis unter das Türblatt laufen und deckt die Kante mit einer Abschlußschiene zu.

▸ Den Nahtschnitt führt man erst aus, wenn die Bahnen an den Wandverlauf angepaßt sind. Zunächst sichert man zwei benachbarte Bahnen mit schweren Gegenständen gegen Verrutschen. Dann schneidet man sie beide gleichzeitig im überlappenden Bereich mit einem Teppichmesser an einer Stahlschiene entlang durch. Damit die Schiene nicht verrutschen kann, sollte man sich darauf knien oder sie von einem Helfer sichern lassen.

Bahnen kleben Es hat sich bewährt, benachbarte Bahnen seitlich zurückzuschlagen und dann den Kleber aufzutragen.

▸ Es ist einfacher, zuerst die Bahnhälfte ins Kleberbett zu bringen, die genau an angrenzende Bauteile angepaßt wurde.

▸ Damit der Belag überall gleichmäßig aufliegt und später gut haftet, muß man die Bahn mit einem gerundeten Brett gründlich anreiben. Man kann die Bahn hin und wieder ein Stückchen hochziehen, um die vollständige Benetzung der Belagrückseite mit Kleber zu überprüfen.

▸ Hohlliegende Stellen durch Abklopfen ermitteln und die Luft mit der Hand herausstreichen.

▸ Bei wenig elastischen Belägen beschwert man die Nähte und hochgewellte Bahnenden, bis sie vom Kleber gehalten werden.

PARKETT

▸ Da auch versiegeltes Parkett nur bedingt gegen Flüssigkeiten beständig ist, sollte man es nicht für Küche oder Bad verwenden.

▸ Gewachstes Parkett muß regelmäßig gebohnert werden, damit es nicht stumpf wird.

▸ Da das Gehen auf Parkett laut sein kann, sollte man nicht nur in Mietwohnungen darauf achten, daß eine ausreichende Trittschallisolierung vorhanden ist.

▸ Traditionelles Parkett aus 22 mm dicken Vollholzriemen, die auf den Untergrund genagelt oder geklebt werden, sollte nur von erfahrenen Heimwerkern verlegt werden, da diese Arbeit sehr schwierig und aufwendig ist.

▸ Fertigparkett kann auch vom Heimwerker verlegt werden, da die Platten oder Dielen nur durch Nut und Feder miteinander verbunden werden und die Oberfläche schon vom Hersteller mit einer schützenden Lackschicht versehen wurde, so daß Abschleifen und Versiegeln entfällt.

▸ Dank der geringen Stärke von etwa 13 mm kann man das Fertigparkett auf vorhandenen Belägen, etwa PVC- und Linoleumböden, oder auf Dämmaterialien verlegen, ohne daß Probleme mit Türen oder Übergängen zu angrenzenden Räumen auftreten.

▸ Auf Fußbodenheizungen kann man Parkett nur unter bestimmten Bedingungen verlegen, am besten fragt man hierzu einen Fachmann um Rat. Keinesfalls dürfen zur Befestigung des Parketts oder eventuell nötiger Anschlaglatten Nägel oder Schrauben in den Boden gebracht werden!

Fertigparkett schwimmend verlegen Um keinen Kleber mit feuergefährlichen oder giftigen Lösungsmitteln verwenden zu müssen, kann man das Fertigparkett lose – schwimmend – auf dem Unterboden verlegen. Das Parkett verhält sich durch die verleimte Nut-und-Feder-Verbindung der einzelnen Elemente wie eine einzige große Bodenplatte.

▸ Bevor man mit dem Verlegen beginnt, sollte man prüfen, ob die Wände rechtwinklig zueinander stehen. Man macht dies am besten mit einem Maurerdreieck oder durch Messen der Raumdiagonalen: Sind beide Diagonalen annähernd gleich lang, liegt Rechtwinkligkeit vor. Ist die Abweichung vom rechten Winkel zu groß, befestigt man als Anschlag für die erste Reihe Parkettelemente eine Latte.

▸ Damit das Parkett etwas Spiel bei Temperaturschwankungen hat, läßt man rundum an den Wänden eine etwa 1 cm breite Dehnungsfuge, die man während der Arbeit mit entsprechend zugeschnittenen Holzkeilen zwischen Wand und Parkettelement frei hält. Die Keile werden am Schluß wieder entfernt, und die Fuge wird später mit Sockelleisten überdeckt, die man an die Wand nagelt oder schraubt. Im Bereich von Türen und Einbauschränken spritzt man die Fuge mit Silicon aus.

▸ Die Stöße der einzelnen Elemente innerhalb einer Reihe müssen versetzt zu denen der benachbarten Reihe sein, damit keine Querfugen entstehen und das Parkett einen stabilen Zusammenhalt hat.

▸ Man kann die Parkettelemente fest aneinanderpressen, ohne sie dabei zu beschädigen, wenn man ein Reststück vom Parkett als Zwischenlage nimmt und dann mit einem Hammer gegen dessen Kanten klopft.

Ein Parkettrest als Zwischenstück verhindert, daß das Parkett beim Festklopfen beschädigt wird.

▸ Holzleim, der aus den Fugen quillt, sofort mit einem nassen Schwamm wegwischen, um Flecken zu vermeiden.

▸ Die letzte Reihe preßt man am besten mit einem Nageleisen fest an die vorletzte Reihe.

Mit einem Nageleisen läßt sich die letzte Reihe leichter andrücken.

HOLZARBEITEN

MASSIVHOLZ UND PLATTENWERKSTOFFE

▸ Holz kann in der Holzhandlung entweder in Form von naturbelassenen Brettern, Balken und Rundhölzern, dem sogenannten Massivholz, oder in Form von industriell gefertigten Plattenwerkstoffen gekauft werden. Massivholz ist in verschiedenen Maßen erhältlich, die man vor dem Kauf kennen sollte. Der Händler hat Listen mit den gebräuchlichsten Maßen. Plattenwerkstoffe bestehen aus mehreren zusammengeleimten Holzlagen oder aus Holzspänen, die unter Zugabe von Leim verpreßt wurden. Man sollte sie vor allem dann verwenden, wenn größere Formstabilität gefragt ist.

Massivholz Das von Nadelhölzern stammende Holz ist relativ weich; es wird deshalb auch als Weichholz bezeichnet. Es ist leicht zu bearbeiten und aus diesem Grund für den Heimwerker sehr gut geeignet.

▸ Hartholz stammt von einheimischen oder tropischen Laubbäumen. Es läßt sich problemlos nageln und verschrauben, wenn man die Löcher vorbohrt.

▸ Wegen der fortschreitenden Zerstörung der Regenwälder sollte man auch im Heimwerkerbereich soweit möglich auf Tropenhölzer verzichten. Einheimische Hölzer sind fast immer eine gute Alternative.

▸ Massivholz aus der Holzhandlung lagert man einige Wochen in einem trockenen Raum ab, bevor es verwendet wird. Damit wird gewährleistet, daß es sich nach der Verarbeitung nicht verzieht oder schwindet.

▸ Unbesäumtes Massivholz wird vor der Verarbeitung in Blockstapeln gelagert.

Unbesäumtes Holz wird in Blockstapeln gelagert.

▸ Besäumtes Massivholz wird zum Lagern zu Kastenstapeln aufgeschichtet.

Besäumtes Massivholz wird in Kastenstapeln gelagert.

▸ Unempfindlicher gegen Beschädigungen wird Holz, wenn man es anstreicht.

▸ Behandeln mit Lichtschutzlack hilft gegen übermäßiges Nachdunkeln bei hellem Holz.

▸ Äste, die Harz absondern, bohrt man aus und verschließt die Löcher mit Holzdübeln, bevor man das Holz verarbeitet. Wird es nicht sofort verarbeitet, kann man das Harz ab und zu mit Terpentinersatz abwischen. Angetrocknetes Harz muß man abkratzen.

▸ Überstreicht man eine Aststelle mit Farblack, muß man verhindern, daß das Harz durchbluten kann, da sich sonst auf dem Anstrich dunkle Flecke bilden. Vor dem ersten Streichen deshalb Sperrgrund auftragen.

▸ Druckimprägniertes Holz muß, wenn es gesägt wird, an den Schnittflächen mit Holzschutzmittel behandelt werden, wenn der Schutz gegen Insekten- und Pilzbefall erhalten bleiben soll.

▸ **Holzwerkstoffe** Am billigsten sind unbeschichtete Spanplatten, die man sich im Baumarkt zuschneiden lassen kann. Sie sind zwar nicht so stabil wie Massivholz, dafür aber in jeder Richtung gleich belastbar. Darauf achten, daß man schadstoffarmes Material in der Qualität E 1 kauft.

▸ Unbeschichtete Spanplatten können vor der Verarbeitung lackiert, furniert oder kunststoffbeschichtet werden, wodurch die Freisetzung von Schadstoffen (wie Formaldehyd) reduziert wird.

▸ Unempfindlich gegen Flecke und Feuchtigkeit sind kunststoffbeschichtete Spanplatten, die in vielen Farben und Mustern erhältlich sind. Als Arbeitsplatten, beispielsweise für Küchen, gibt es sie in besonders starker, strapazierbarer Ausführung mit abgerundeter Vorderkante.

▸ Die unschönen Schnittflächen von Spanplatten deckt man mit Kunststoffband ab, das auf der

WICHTIGE HOLZARTEN

Holzart	Farbe	Eigenschaften	Verwendung	Außenarbeiten
Ahorn (Laubholz)	Weiß bis gelblichweiß	Hart, schwer, zäh, verzieht sich kaum	Möbel, Haushaltsgeräte, Musikinstrumente	Nicht geeignet
Birke (Laubholz)	Rötlichweiß	Hart, schwer, elastisch, fest, verzieht sich kaum	Tische, Stühle, Haushaltsgegenstände	Nicht geeignet
Birnbaum (Laubholz)	Hellbraun bis rötlich	Hart, schwer, wenig elastisch, bearbeitungsunfreundlich	Möbel- und Innenausbau, Drechselarbeiten	Nicht geeignet
Eibe (Nadelholz)	Rötlich, gelblichweiß	Hart, schwer, fest, zäh, elastisch	Drechsel- und Schnitzarbeiten, Musikinstrumente	Witterungsfest
Eiche (Laubholz)	Gelbbraun bis mittelbraun	Hart, schwer, sehr fest, elastisch, verzieht sich kaum	Möbel- und Bauholz, Parkettböden	Gut geeignet, witterungsfest, dauerhaft
Erle (Laubholz)	Rötlichgelb	Weich, leicht, bearbeitungsfreundlich	Möbel, Modelltischlerarbeiten	Nicht geeignet
Esche (Laubholz)	Weißgelb	Hart, schwer, elastisch, zäh, verzieht sich kaum	Möbel, Sportgeräte	Mäßig geeignet
Fichte (Nadelholz)	Gelblich, rötlichweiß	Weich bis mittelhart, gut zu bearbeiten	Tischlerarbeiten	Wenig geeignet
Kiefer (Nadelholz)	Gelblich bis rötlich	Mäßig hart, elastisch, sehr fest	Tischler-/Bautischlerarbeiten, Fenster	Geeignet, mäßig witterungsfest
Kirschbaum (Laubholz)	Rötlichweiß, gelb, oft grünstichig	Mäßig hart, mittelschwer, gut zu bearbeiten	Möbel- und Innenausbau, Musikinstrumente, Kunstgegenstände	Nicht geeignet
Lärche (Nadelholz)	Rötlichbraun	Mäßig schwer, mäßig hart, fest, elastisch	Tischler-/Bautischlerarbeiten	Witterungsfest
Linde (Laubholz)	Weiß, gelb bis grünlich	Weich, leicht, zäh, biegsam, verzieht sich nicht, gut zu bearbeiten	Schnitz- und Drechselarbeiten	Nicht geeignet
Nußbaum (Laubholz)	Graubraun bis rötlichbraun	Hart, schwer, fest, zäh, elastisch, verzieht sich kaum	Hochwertiges Möbel- und Innenausbauholz	Mäßig geeignet
Rotbuche (Laubholz)	Gelblich-rotbraun	Hart, schwer, reißt gern, verzieht sich leicht	Möbel- und Innenausbau, Treppen	Bedingt geeignet (reißt)
Tanne (Nadelholz)	Weißgrau	Weich, elastisch	Tischler-/Bautischlerarbeiten	Mäßig geeignet
Ulme/Rüster (Laubholz)	Kern braun, sonst gelbbraun	Hart, schwer, schwierig zu bearbeiten	Möbel, Parkettböden	Nicht geeignet
Weißbuche (Laubholz)	Splint und Kern gelblichweiß bis grau	Sehr hart, schwer und zäh, reißt und wirft sich	Werkzeug- und Geräteteile	Nicht geeignet
Weymouthskiefer (Nadelholz)	Splint: weiß bis hellgelb, Kern: gelbbraun	Weich, elastisch und mäßig fest, schwindet wenig, verzieht sich kaum	Innenausbau, Modellholz	Mäßig witterungsbeständig
Zirbelkiefer (Nadelholz)	Kern rötlichbraun	Weich, leicht, gut zu verarbeiten	Innenausbau, Vertäfelungen	Wenig geeignet

Rückseite mit Schmelzkleber beschichtet ist und mit dem Bügeleisen aufgebügelt wird. Das Band ist in den gängigen Plattenstärken und -farben erhältlich.

▸ Sollen Plattenkanten gefräst werden, empfiehlt es sich, mitteldichte Faserplatten (MDF) zu verwenden. Ihre Festigkeit erlaubt auch das Eindrehen von Schrauben in die Schmalseiten.

▸ Ideal als Pinnwand sind poröse Holzfaserplatten, die normalerweise als Dämmplatten Verwendung finden.

▸ Für den Einsatz in feuchten Räumen eignen sich imprägnierte Hartfaserplatten. Ihre Wasserfestigkeit verdanken sie einer Behandlung mit Bitumen.

▸ Stabiler als Faserplatten sind Tischlerplatten, die aus aneinandergeleimten Holzleisten mit beidseitigem Furnier bestehen. Die Festigkeit der Platten ist längs der Leisten größer als quer zu ihnen.

▸ Vielfältige Verwendung findet Sperrholz überall da, wo es auf Verwindungssteifigkeit ankommt. Mehrere kreuzweise verleimte Holzschichten verleihen ihm seine Stabilität.

▸ Gut für den Bootsbau geeignet ist wasserfestes Sperrholz. Bevor man es Feuchtigkeit aussetzt, muß es trotzdem gut lackiert werden.

▸ Ein hochwertiger Holzwerkstoff ist das Dreilagenholz, eine Vollholzplatte, die aus drei kreuzweise verleimten Schichten besteht und dieselben Eigenschaften wie Sperrholzplatten hat. Sie ist für Tischplatten und Schränke besonders gut geeignet, aber relativ teuer.

WERKZEUG

▸ Wer öfter selbst Holzarbeiten ausführt, braucht eine Grundausstattung an Werkzeugen. Geräte und Maschinen, deren Anschaffung sich für einen Heimwerker nicht lohnen, können in Heimwerkermärkten ausgeliehen werden.

▸ Wichtig ist ein stabiler Arbeitstisch, an dem sich ein Schraubstock befestigen läßt. Ist kein geeigneter Tisch vorhanden, sollte man sich eventuell eine zusammenklappbare Werkbank anschaffen.

▸ Das nützlichste Werkzeug für den Heimwerker ist die elektrische Bohrmaschine. Sie sollte nicht weniger als 400 W leisten und über stufenlose Drehzahleinstellung sowie Rechts- und Linkslauf verfügen. Für den Anschluß von Vorsatzgeräten ist ein Bohrfutter mit mindestens 10 mm Spannweite nötig.

▸ Unverzichtbar ist ein Hammer. Neben dem Klauenhammer, mit dem man Nägel herausziehen kann, tut ein etwas leichterer Hammer mit etwa 150 g Gewicht gute Dienste.

▸ Mit einem Stecheisen werden

WERKZEUGE FÜR HOLZARBEITEN

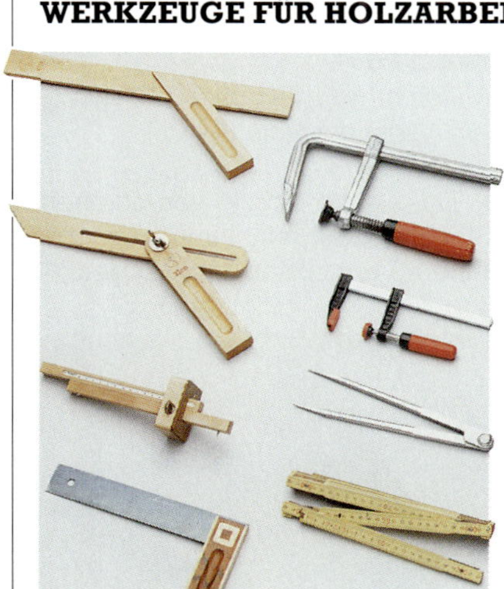

Nützlich sind: verstellbare Winkelschmiegen zum Anreißen beliebiger Winkel, Streichmaß zum Anreißen paralleler Schnitte, Anschlagwinkel, Meterstab, Stechzirkel, mit dem man Kreise anreißt, und Schraubzwingen.

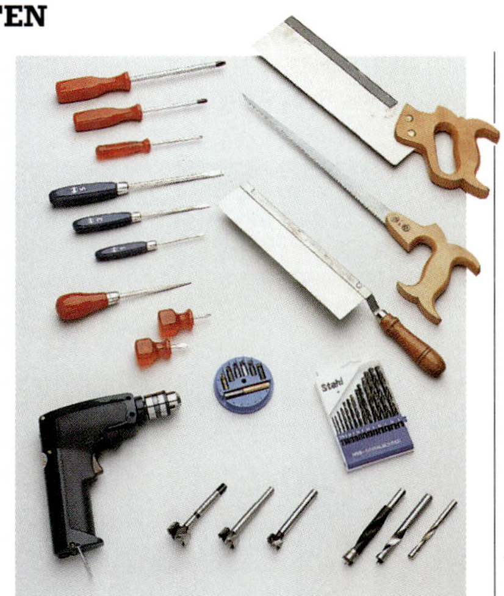

Praktische Werkzeuge sind Schlitz- und Kreuzschlitzschraubendreher in mehreren Größen, ein Vorstecher, ein Akku-Bohrschrauber mit Bohrern und Bohreinsätzen, eine Rückensäge, eine Stichsäge für Rundschnitte und eine Feinsäge.

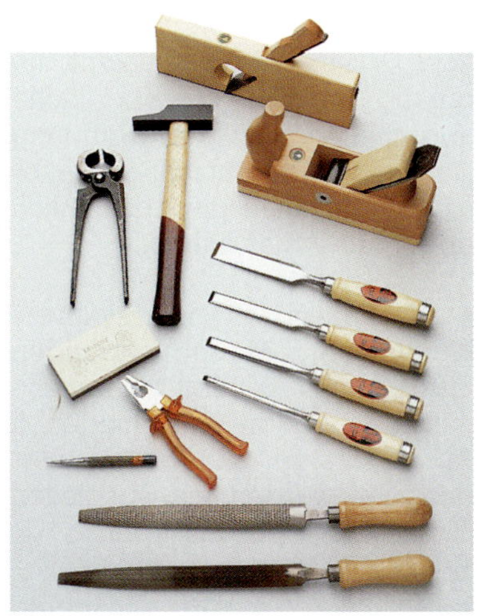

Weitere Grundwerkzeuge sind: die Beißzange zum Herausziehen von Nägeln, ein leichter Hammer, ein Abziehstein, eine Kombizange, ein Versenkstift, eine Raspel und eine Feile, mehrere Stecheisen, ein Doppelhobel und ein Simshobel.

Löcher und Aussparungen ausgestemmt. Zu Beginn genügen zwei Größen (8 und 20 mm Breite). Ein Hohleisen ergänzt sie optimal.

▸ Zu den Sägen, die ein Heimwerker besitzen sollte, gehört ein Fuchsschwanz und – für größere Werkstücke – eine Gestellsäge.

▸ Den Abziehstein vor dem Schärfen eines Stech- oder Hobeleisens mit Wasser oder Schleiföl benetzen.

▸ Nach der Vorarbeit mit Raspel oder Feile bekommt Holz den endgültigen Schliff mit Schleifpapier, das in verschiedenen Körnungen erhältlich ist.

EINFACHE HOLZVERBINDUNGEN

▸ Bei Holzarbeiten kommt es darauf an, eine Verbindung zu verwenden, die sowohl dem Zweck der Verbindung als auch dem verwendeten Material gerecht wird.

Nageln Die einfachste Möglichkeit, Holzteile zu verbinden, ist das Nageln. Meist verwendet man dazu Drahtnägel mit Senkkopf, die bündig mit der Holzoberfläche abschließen. Muß die Verbindung stabiler sein, nimmt man Schraubnägel, die einen gewindeähnlich geformten Schaft haben.

▸ Zur Befestigung von Holzverkleidungen, Möbelrückwänden und Kleinteilen sind Klammern nützlich, die in verschiedenen Abmessungen angeboten werden. Sie werden mit speziellen Geräten ins Holz getrieben.

▸ Müssen zwei Werkstücke unterschiedlicher Dicke miteinander verbunden werden, schlägt man die Nägel durch das dünne in das dickere Teil. Die Nagellänge sollte das Dreifache des dünneren Werkstücks betragen, so daß sie fest im unteren Werkstück sitzen.

▸ Werden Holzteile an ihrem Längsende genagelt, reißt das Holz meist nicht, wenn man nicht mehr als einen Nagel in dieselbe Faser treibt, sondern die Nägel versetzt. Hilfreich ist es auch, mit dem Hammer leicht auf die Nagelspitze zu schlagen und den Nagel so etwas zu stauchen. Damit wird der Nagel in das Holz gedrückt, ohne es zu spalten.

▸ Verbindungen in Faserrichtung des Holzes (Hirnholz) werden wesentlich stabiler, wenn man die Nägel so hineinschlägt, daß sie schräg zueinander und leicht versetzt stehen.

▸ An krumm geschlagenen Nägeln ist meist eine falsche Hammerführung schuld. Ursache kann aber auch eine unebene, verschmutzte oder fettige Schlagfläche des Hammers sein.

▸ Muß man sehr viele Nägel einschlagen, lohnt es sich möglicherweise, im Baumarkt einen druckluftbetriebenen Magazinnagler zu leihen.

▸ Eine Nagelung fällt nicht auf, wenn man vorher einen Holzspan abhebt, unter ihm nagelt und dann den Span wieder festleimt.

Unsichtbar wird die Nagelung, wenn man sie mit einem zuvor abgehobenen Holzspan verdeckt.

▸ Kleine Nägel, die man kaum halten kann, steckt man durch ein gefaltetes Stück Papier oder Karton und hält sie so in der richtigen Position.

Schwer zu greifende Nägel steckt man zum Einschlagen durch ein gefaltetes Stück Papier.

▸ Damit man sich beim Nageln nicht auf die Finger schlägt, kann man einen Nagel mit einer Haarklammer festhalten.

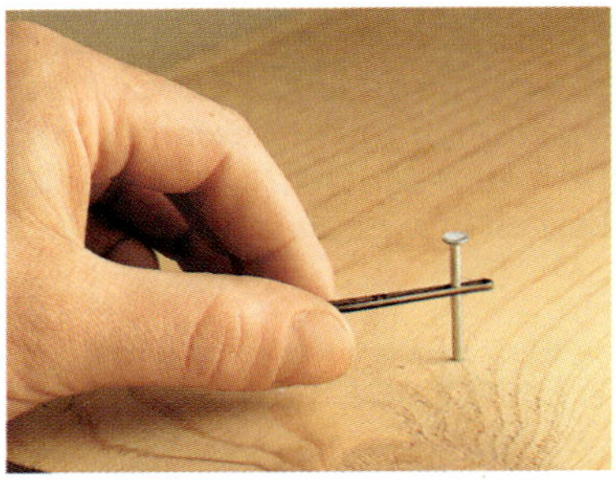

Mit einer Haarklammer läßt sich ein Nagel gut festhalten.

▸ Das letzte Stück von kleinen Stauchkopfnägeln kann man mit einem Versenkstift einschlagen.

Stauchkopfnägel schlägt man mit einem Versenkstift ein.

▸ Lange Nägel möglichst senkrecht herausziehen, weil sonst das Loch im Holz zu groß wird.

▸ Will man beim Herausziehen eines Nagels das Holz nicht beschädigen, legt man ein Holzplättchen unter das Werkzeug.

Zieht man einen Nagel heraus, kann man das Holz mit einem Holzplättchen schützen.

▸ Um einen tief sitzenden Nagel herausziehen zu können, kann man um den Nagel herum so viel Holz wegstemmen, bis man ihn mit der Beißzange erreicht. Dies hat jedoch den Nachteil, daß dabei ein großes Loch entsteht.

▸ Ist ein Nagel schwer zu fassen, kann man ihn so tief versenken, daß er auf der anderen Seite des Werkstücks herauskommt, wo man ihn dann an der Spitze greifen kann.

▸ Wenn ein Nagel nicht herausgezogen werden kann, versenkt man ihn so, daß man das Loch mit Holzkitt füllen kann.

Bei versenkten Nägeln füllt man das Loch mit Holzkitt.

▸ Bei kleinen Nägeln ist der Nagelheber eine gute Alternative zur Beißzange.

Kleine Nägel lassen sich oft schon mit einem Nagelheber entfernen.

Bohren Harthölzer sollten nicht genagelt werden, da sie leicht springen. Wenn es doch sein muß, Löcher bohren, deren Durchmesser etwas kleiner als der Nageldurchmesser ist. Gleiches gilt für Span-, Hartfaser- und mitteldichte Faserplatten.

▸ Will man in Weichholz ein dünnes Loch bohren und hat keinen geeigneten Spiralbohrer, sucht man einen passenden Nagel und zwickt den Kopf ab. Diesen spannt man in die Bohrmaschine ein und bohrt mit der Nagelspitze.

▸ Ein Loch mit der richtigen Tiefe erhält man, wenn die Bohrtiefe auf dem Bohrer mit einem Klebeband markiert ist.

Wenn man die genaue Bohrtiefe einhalten möchte, markiert man diese auf dem Bohrer.

▸ Will man mehrere Löcher bohren, die alle dieselbe Tiefe haben sollen, lohnt es sich, einen durchbohrten Holzklotz auf den

VERLÄNGERUNGEN: VERSCHRAUBT UND VERLEIMT

Verstärkungsplatten verbinden stumpf aneinanderstoßende Hölzer, die man verleimt und verschraubt.

Stabile Verbindungen lassen sich mit Flachrundschrauben und gezackten Scheiben herstellen.

Kanthölzer kann man mit einem sogenannten geraden Blattstoß verlängern.

Bohrer aufzustecken. Die Länge des Holzklotzes wählt man so, daß der freiliegende Teil des Bohrers der gewünschten Bohrtiefe entspricht.

Mit einem Holzklotz erhält man die richtige Bohrtiefe.

Schrauben Beim Verschrauben von zwei Holzteilen wählt man die Länge der Schraube so, daß die halbe Schraubenlänge im unteren Teil sitzt.

- Schraubenlöcher werden verschieden groß gebohrt. Das Loch für den Schaft ist geringfügig größer als dieser, die Bohrung für das Gewinde kleiner. Wenn die Schraube eingedreht wird, schneidet sie sich ihr Gegengewinde selbst ins Holz.

- Bohrlöcher für Senkkopfschrauben mit einem Versenker (Krauskopf) oder Spiralbohrer größeren Durchmessers so erweitern, daß man danach die Schraube bündig mit der Holzoberfläche eindrehen kann.

- Damit die Schraube leichter läuft, das Gewinde mit Wachs oder Seife einreiben. Kein Öl verwenden, da es Flecken auf der Holzoberfläche hinterläßt.

- Sollen Holzteile mit Spanplattenschrauben verbunden werden, müssen die Teile beim Eindrehen der Schrauben mit Schraubzwingen fest zusammengehalten werden. Ein nachträgliches Zusammenziehen ist wegen des durchgehenden Gewindegangs nicht möglich.

- Schrauben nie mit dem Hammer einschlagen. Dabei wird das Gegengewinde im Holz zerstört, und die Schraube hält nicht.

Verleimen Reicht für ein Werkstück die Breite eines Bretts nicht aus, muß man mehrere Teile zusammenleimen. Da bei Brettern aus dem Stamminneren (Herzbretter) die Kernzone meist reißt, trennt man diese heraus. Bretter, die aus weiter außen gelegenen Bereichen des Stammes geschnitten wurden (Seitenbretter), wölben sich beim Trocknen stark, weshalb sie in der Mitte aufgetrennt, die Schnittkanten rechtwinklig zugehobelt und flächig verleimt werden.

- Verleimt man zwei Bretter zu einem Kantholz, fügt man die jeweils dem Stamminnern abgewandten, d. h. die sogenannten linken Seiten zusammen.

Beim flächigen Verleimen die linken Seiten der Bretter aneinanderstoßen lassen.

- Verleimt man zwei Bretter an den Schmalseiten, müssen jeweils die Kernseiten aneinanderstoßen.

Bretter werden Kern an Kern verleimt.

RAHMEN- UND KASTENECKVERBINDUNGEN

- Beim Bau von Möbeln kommt es darauf an, dauerhafte und stabile Verbindungen zu schaffen. Die hierfür geeigneten Verbindungen sind die sogenannten Rahmen- und Kasteneckverbindungen. Welche Verbindung man benutzen sollte, hängt davon ab, welche Anforderungen an sie gestellt werden.

- Hat eine Holzverbindung eine schlechte Paßfuge, kann man sie mit einem dünnen Span vom gleichen Holz ausfüllen. Ist der Holzspan etwas zu dick, klopft man ihn mit dem Hammer flach, bis er sich in die Fuge schieben läßt. Leim läßt den Span wieder aufquellen.

Rahmeneckverbindungen Bei der Verbindung von Rahmenteilen kann man nicht auf Hilfsmittel wie Nägel oder Holzdübel verzichten. Es genügt in diesem Fall nicht, die Rahmenteile nur stumpf zu verleimen.

- Holzdübel sind sowohl für Massivholz als auch für Plattenwerkstoffe geeignet. Mit Bohrmaschine und speziellem Holzdübelbohrer bohrt man ein Loch, in das der Hartholzstab eingesetzt wird. Das Holz wird bei dieser Verbindung nur wenig geschwächt.

- Sollen zwei ungleich dicke Hölzer durch Einplattung miteinander verbunden werden, vertieft man die dazu notwendigen Aussparungen im dickeren Werkstück so weit, daß das dünnere in voller Stärke eingepaßt werden kann.

Kasteneckverbindungen Paßgenauigkeit und Stabilität sind bei der Verbindung von Kistenbrettern oder ähnlichen Konstruktionen wichtig. Entsprechend hoch ist der Aufwand, den man betreiben muß, so daß man für diese Arbeit relativ viel Zeit einplanen sollte.

▸ Eine Eckleistenverbindung wird stabiler, wenn man längere Nägel nimmt und diese durch die Eckleiste hindurchschlägt. Die Nagelspitzen werden rechtwinklig abgebogen und dann als Widerhaken in die Leiste eingeschlagen.

▸ Gefederte Verbindungen können auch mit loser Feder aus Massivholz, Furnier- oder Hartfaserplatte hergestellt werden. Beide Teile nuten, Feder einsetzen, leimen und spannen oder nageln. Diese Methode ist nicht für Spanplatten geeignet!

▸ Ist bei Eckverbindungen neben Stabilität auch dekorative Wirkung gefragt, wird oft die Fingerzinkung verwendet. Dazu werden beide Bretter vor dem Leimen und Zusammenfügen in regelmäßigen Abständen eingesägt und Aussparungen ausgestemmt.

Die Fingerzinkung ist nicht nur zweckmäßig, sondern auch sehr dekorativ.

▸ Hohe Anforderungen an handwerkliches Können stellt die Schwalbenschwanzzinkung, da sehr exakt gearbeitet werden muß. Die Aussparungen werden hier vor dem Leimen an den Enden beider Bretter in einem bestimmten Winkel so ausgesägt und ausgestemmt, daß die beiden Bretter später gut ineinander verzahnt werden können.

Großes handwerkliches Können erfordert die Herstellung der Schwalbenschwanzzinkung.

Leimen Verleimungen muß man verpressen, damit die Verbindung ihre optimale Festigkeit erhält. Hat man die nötigen Werkzeuge nicht zur Hand, muß improvisiert werden.

DIE WICHTIGSTEN RAHMEN- UND KASTENVERBINDUNGEN

Nur für geringe Belastungen ist die genagelte T-Verbindung ausgelegt.

Mit Holzdübeln kann man Teile stumpf oder auf Gehrung zusammenfügen.

Schöner und stabiler als Überlappungen sind Eck- und Kreuzüberplattungen.

Vernagelt man zwei dünne Bretter über eine Eckleiste, erhält die Verbindung mehr Stabilität.

Bei gefederten Eckverbindungen sollte die Feder etwa so dick wie ein Drittel der Brettstärke sein.

Fingerzapfen setzt man bei Zwischenböden ein. Die Löcher werden von Hand ausgestemmt.

▸ Flächige Werkstücke kann man zwischen zwei Sperrholzbretter legen und mit einem Stapel Bücher beschweren.

▸ Rahmen, die auf Gehrung gesägt sind und verleimt werden sollen, kann man mit einer Schnur und acht Holzklötzchen spannen. Man legt rechts und links neben jede Ecke ein Klötzchen mit Abstand zur Gehrung und spannt die Schnur darum. Der Druck wird erhöht, indem man die Holzklötzchen näher zu den Ecken hin verschiebt.

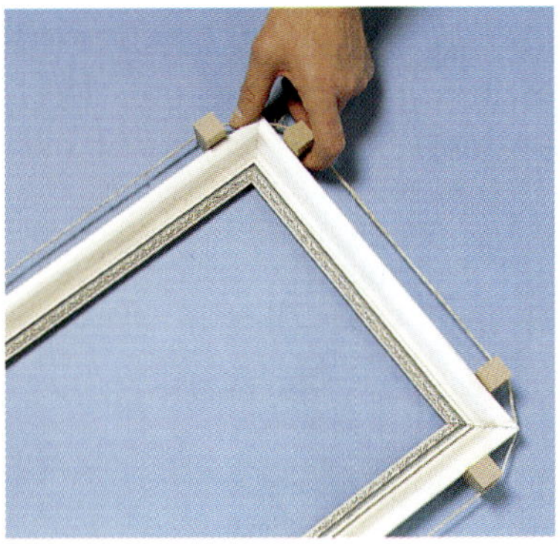

Ein geleimter Bilderrahmen kann mit Hilfe einer Schnur und Holzklötzchen gespannt werden.

▸ Größere Rahmenteile wie z. B. ein Stuhlgestell oder einen Fensterrahmen spannt man mit der spanischen Winde. Dazu wird eine doppelt genommene, kräftige Schnur um das Werkstück gelegt und mit einem Holzknebel gespannt. Diesen dreht man so lange, bis die gewünschte Spannung erreicht ist, und stellt ihn fest.

BESCHLÄGE

▸ Sollen Möbel und andere Holzkonstruktionen z. B. mit Türen und Klappen ausgestattet werden, braucht man Beschläge, um diese zu befestigen. Beschläge gibt es aus Metall und aus Kunststoff.

Bänder Um Schranktüren, Klappen usw. montieren zu können, braucht man Scharniere, die auch als Bänder bezeichnet werden. Es gibt sie in vielen verschiedenen Ausführungen, die an die unterschiedlichen Einsatzbedingungen angepaßt sind.

▸ Universell verwendbar ist das einfache Scharnier, das sogenannte Lappenband. Geeignet ist es für Zimmer- und Schranktüren, die ab und zu ausgehängt werden müssen. Es besteht aus zwei Teilen, die auseinandergenommen werden können, ohne daß die Lappen abgeschraubt werden müssen. Eine andere Ausführung besitzt einen losen Verbindungsstift, den man bei Bedarf herausnimmt.

▸ Stabil und einfach zu montieren ist das Stangenscharnier (auch Klavierband genannt). Es wird in Längen von bis zu 350 cm verkauft und läßt sich leicht auf das benötigte Maß zuschneiden. Das Stangenscharnier verläuft über die gesamte Höhe der Tür. Nach der Montage ist kein Verstellen mehr möglich.

▸ Soll der Beschlag von außen nicht zu sehen sein, benutzt man Topfscharniere. Der eingebaute Schnäpper ersetzt das Schloß.

Zerlegbare Befestigungen Will man Möbel aus Plattenwerkstoffen so zusammenbauen, daß man sie später auseinandernehmen kann, verwendet man zerlegbare Befestigungen. Diese Beschläge, die meist aus Kunststoff oder Metall gefertigt sind, eignen sich besonders für kunststoffbeschichtete oder furnierte Spanplatten, die nicht mit den traditionellen Holzverbindungen zusammengefügt werden können.

OBERFLÄCHENBEHANDLUNG

▸ Wenn das bearbeitete Werkstück zusammengefügt und dauerhaft verbunden ist, muß die Oberfläche behandelt werden. Nach dem Abschleifen kann dies durch Beizen, Lackieren, Wachsen oder eine andere Art der Oberflächenbehandlung geschehen.

▸ Alle Holzoberflächen, die später einen transparenten Überzug erhalten sollen, besonders sorgfältig schleifen. Wichtig ist eine ebene Oberfläche, auf der keine Schleifspuren zu sehen sind. Nie quer zur Faser schleifen!

▸ Für Holzschliff nimmt man Schleifpapier gröberer bis mittlerer Körnung (80–150). Für den Lackzwischenschliff setzt man feine bis feinste Körnung ein (220–240).

▸ Holz darf man nur trocken schleifen, d. h. keinesfalls Schleifflüssigkeit verwenden.

▸ Ebene Flächen schleift man mit dem Schwingschleifer oder von Hand, indem man das Schleifpapier um einen handgerechten Schleifklotz aus Kork oder Holz legt. Eventuell mit Heftzwecken seitlich fixieren. Beim Arbeiten soll die ganze Schleifpapieroberfläche auf der Holzoberfläche aufliegen.

▸ Bei Nadelholz kann man mit der Lötlampe die Holzmaserung effektvoll herausheben. Dabei wird die Holzoberfläche mit zügigen Bewegungen leicht angekohlt. Mit der Drahtbürste bürstet man anschließend das verkohlte Weichholz aus, so daß die harten Jahresringe stehenbleiben.

Beizen Mit Holzbeize kann man die Oberfläche des Holzes farbig gestalten, wobei die Maserung sichtbar erhalten bleibt.

▸ Preiswert sind die sogenannten Wasserbeizen, die zum Selbstansetzen erhältlich sind. 1 l Beize reicht für ungefähr 5–6 m² Holzfläche.

▸ Beizgefäße und -werkzeuge müssen absolut metallfrei sein (Rostgefahr). Deshalb darf man nur Glas- oder Kunststoffbehälter und Pinsel ohne Metallzwinge verwenden.

▸ Vor dem Beizen muß das unbehandelte Holz gewässert werden. Dies beseitigt Druckstellen und verhindert das Aufrauhen der Flächen nach dem Beizen. Nach dem Trocknen mit 150er-Schleifpapier nachschleifen.

▸ Wird schnelle Trocknung gewünscht, müssen Lösemittelbeizen verwendet werden, die es nur flüssig zu kaufen gibt. Die folgende Lackgrundierung zum Schutz der Beize sollte möglichst nur im Spritzverfahren aufgebracht werden.

▸ Lösemittelbeizen sind bevorzugt zu verwenden, wenn rustikale Effekte erzielt werden sollen. Auf grobporigen Hölzern wie Eiche oder Esche erzeugen sie ein dunkles Porenbild.

▸ Farbige Beizen kann man für alle Holzarten verwenden. Eine intensive Tönung wird jedoch nur bei hellen Hölzern erreicht.

▸ Seidenmatten Glanz erhält man mit Wachsbeize. Sie ist vor allem für Eiche, aber auch für Fichte, Esche und Buche geeignet. Die Oberfläche kann jedoch nicht überlackiert werden. Der Glanz entsteht allein durch Bürsten der Oberfläche in Holzfaserrichtung. Wird dennoch ein Überzug gewünscht, kann man nur Schellack-Mattierung auftragen.

▸ Bei allen Beizverfahren ist es unerläßlich, eine Arbeitsprobe anzufertigen, da Eigenfarbe, Saugfähigkeit, Härte, Gerbstoffgehalt und Maserung des Holzes den Beizton beeinflussen.

▸ Will man statt des umgekehrten Beizbildes der Wasserbeize, bei dem das weiche Frühholz der Nadelhölzer nach der Behandlung dunkler als das harte Spätholz erscheint, den natürlichen Hell-Dunkel-Kontrast erhalten, verwendet man die Einkomponenten-Positiv-Beize.

Lackieren Man kann Lack mit einem Pinsel auftragen oder mit einer Spritzpistole bzw. einer Sprühdose aufspritzen. Spritzen hat den Vorteil, daß man je nach verwendetem Lack jeden Glanz-, Matt- oder Deckgrad erzielen kann. Aus Umweltschutzgründen sollte man bei der Arbeit nur FCKW-freie Sprühdosen verwenden.

▸ Für besonders beanspruchte Flächen wie beispielsweise Treppen und Tischplatten gibt es spezielle Ein- oder Zweikomponentenlacke in verschiedenen Glanzabstufungen.

Umweltfreundliche Oberflächenbehandlung

Für die umweltgerechte Behandlung von Holzoberflächen sind verschiedene Mittel auf dem Markt, mit denen man arbeiten kann, ohne die Gesundheit zu schädigen. Dazu gehören:

- **Biologisch aufgebaute Naturharzimprägnierungen als Grundierung für naturbelassene Flächen. Die verwendeten Lappen können sich selbst entzünden!**
- **Bienenwachsbalsam für Endauftrag. Es ist flüssig und farblos.**
- **Flüssigwachs.**
- **Wasserverdünnbare Schichtlacke für den Innenbereich sind schadstoffarm und unbrennbar.**
- **Wasserverdünnbare, schadstoffarme Holzlasur für innen und außen.**

Bleichen Aufhellen von Hölzern ist in beschränktem Maß möglich, indem man sie mit Zitronensäure behandelt. Mit klarem Wasser nachwaschen.

▸ Mit Wasserstoffperoxid (30 %) lassen sich insbesondere helle Hölzer gut bleichen. Die Zugabe

TRANSPARENTE OBERFLÄCHENBEHANDLUNG

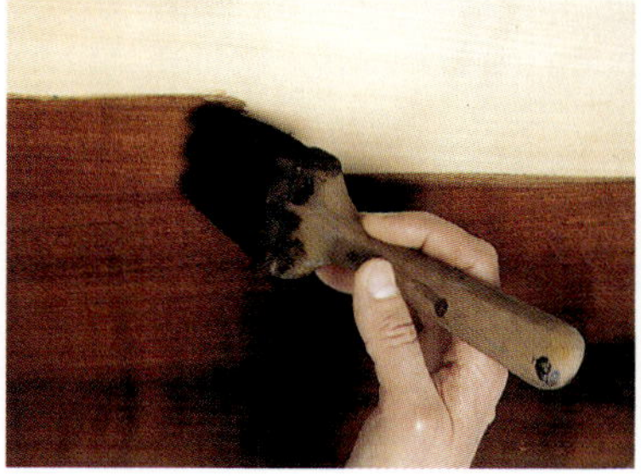

1. Nach dem Schleifen, dem Wässern und dem Nachschleifen die Fläche mit Holzbeize einlassen.

2. Der Grundanstrich mit Schleifgrund erfolgt mit einem breiten Haarpinsel Strich an Strich.

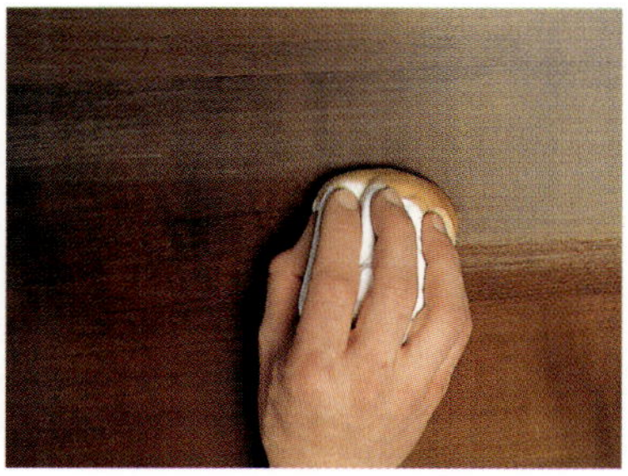

3. Nach dem Zwischenschliff (Körnung 240) wird die Fläche mit Ballenmattierung behandelt.

von 10% Salmiak beschleunigt den Bleichvorgang. Die Hölzer gründlich nachwaschen! Um eine geringere Bleichwirkung zu erhalten, gibt man der Flüssigkeit noch mehr Wasser zu. Die Aufhellung läßt sich nur durch mehrmaliges Bleichen steigern und nicht, indem viel Bleichmittel auf einmal aufgetragen wird.

Räuchern Soll Eichenholz nachgedunkelt werden, behandelt man es mit Salmiakdämpfen. Dazu wird das Holz in ein aus Holzleisten gezimmertes Gestell gelegt, das man mit einer Plastikfolie abdeckt. Hinein stellt man eine Plastikschüssel mit Salmiakgeist. Die Dämpfe sollen – je nach gewünschtem Farbton – bis zu zwölf Stunden einwirken.

Zum Räuchern setzt man das Werkstück in einem geschlossenen Gestell Salmiakdämpfen aus.

Fleckentfernung Öl- und Fettflecke entfernt man mit Celluloseverdünnung und einem saugfähigen Tuch oder Wattebausch.

▸ Zement-, Gips- und Kalkflecke, die auf dem Holz dunkle Oxidationsstellen hinterlassen, behandelt man mit Essigsäure oder verdünnter, eisenfreier Salzsäure. Vorsicht: Hände und Augen schützen! Die bearbeiteten Flächen mehrmals mit klarem Wasser nachwaschen.

▸ Wasser- und Alkoholflecke auf Lackflächen behandelt man mit Grauentferner, der in Sprühdosen erhältlich ist. Anschließend nur nachlackieren.

▸ Kleinere Lackschäden kann man mit Retuschierstiften nachbessern.

▸ Bei durchgeschliffenem Furnier erst den Grundton in hellerer Farbe, dann die Holzmaserung in dunklerem Ton nachziehen. Den neuen Lacküberzug am besten aufspritzen.

▸ Flecke auf gewachsten Oberflächen radiert man mit einem sauberen Flaschenkorken einfach ab. Notfalls nachwachsen.

▸ Leimdurchschlag nach dem Furnieren wäscht man mit warmem Wasser aus. Notfalls kann man ihn auch mit einer groben Waschbürste ausbürsten.

Ausbessern Schadstellen in unbehandeltem Holz lassen sich mit Holzkitt (flüssiges Holz) ausbessern.

▸ Eingetrockneten Holzkitt kann man mit Hilfe von Aceton wieder gebrauchsfähig machen. Angebrochene Dosen stellt man auf den Kopf.

▸ Gebeizte oder farblos lackierte Oberflächen können mit Wachskitt ausgebessert werden. Dieser ist in Stangenform in verschiedenen Farben erhältlich. Die Farben können untereinander gemischt werden, wenn man das Wachs verflüssigt. Nicht vor dem Beizen verwenden!

▸ Holzkitt kann man auch selbst herstellen. Dazu nimmt man Schleifstaub des betreffenden Holzes und verknetet ihn mit etwas Weißleim zu Kittmasse.

▸ Naturbelassenes Holz wird ausgekittet, nachdem der Grundlack aufgetragen wurde. Die Kittmasse stellt man aus Schleifstaub und Grundlack her.

Alte Möbel Mit großer Sorgfalt müssen Antiquitäten behandelt werden, die aufgearbeitet werden sollen. Ihre Patina, die durch natürliches Nachdunkeln des Holzes entstandene Farbe, ist nachträglich nur unvollkommen wiederherzustellen und darf daher nicht verletzt werden.

▸ Für das Aufarbeiten der Politur ist es notwendig, sich über die Beschaffenheit der Lackierung zu informieren. Im Zweifelsfall sollte man besser einen Fachmann hinzuziehen. Hochglanz- und Seidenmattflächen von Möbeln, die vor 1920 hergestellt wurden, sind meist mit Schellack behandelt.

▸ Schellack, in hochprozentigem Alkohol (Spiritus) gelöst, ergibt eine erstklassige Möbelpolitur.

▸ Um zu entscheiden, ob man mit einem spirituslöslichen oder einem sogenannten NC-löslichen Material arbeiten kann, untersucht man den Lack an einer unauffälligen Stelle. Bringt man beispielsweise einige Tropfen Nitroverdünnung auf eine Fläche auf und entstehen dann milchige, weiße Ränder, handelt es sich um eine mit Schellack behandelte Fläche. Man muß also mit einem spirituslöslichen Material arbeiten. Spiritus verträgt sich ähnlich schlecht mit Nitrolack, dann muß also ein NC-lösliches Material angewandt werden.

▸ Zur Reinigung der alten Oberfläche nimmt man einen Lappen mit dem geeigneten Lösemittel und löst damit vorsichtig oberflächliche Schmutzstellen. Danach mit Lack oder Politur weiterarbeiten.

▸ Will man dicke Lackschichten ganz entfernen, kann handelsübliche Abbeize verwendet werden. Vorsicht bei der Arbeit: Die Dämpfe sind gesundheitsschädlich. Deshalb die Gebrauchsanweisung genau beachten. Chemisch ausgehärtete Lacke wie Polyester lassen sich nicht lösen.

ARBEIT MIT DÜBELN

VERWENDUNG UND AUSWAHL

▸ Wenn man schwerere Gegenstände sicher und dauerhaft an Mauern und Decken anbringen will, sollte man Dübel verwenden, denn direkte Verschraubungen reichen hier in den meisten Fällen nicht aus. Je nach Verwendungszweck muß ein speziell dafür entwickelter Dübel eingesetzt werden, um optimalen Halt zu erreichen.

▸ Bei der Entscheidung über die richtige Dübelart muß man sich vor allem nach der erforderlichen Haltekraft und dem Baustoff richten. Die meisten Dübelhersteller bieten deshalb ausführliche Prospekte und Kataloge an, in denen man nachlesen kann, welche Dübelart für welchen Verwendungszweck am besten geeignet ist.

BEFESTIGUNGS- UND DÜBELARTEN

▸ Zur besseren Orientierung für den Heimwerker werden die Dübel, die im Handel sind, in drei Gruppen eingeteilt: Leichtbefestigungen, Schwerbefestigungen und Sonderbefestigungen.

Leichtbefestigungen Wenn bei einer Wandbefestigung keine hohen Haltekräfte erforderlich sind, wenn also beispielsweise Wandverkleidungen, Lampen, Spiegel oder Bilder befestigt werden sollen, reichen einfache Kunststoff-Spreizdübel aus. Dieser Typ wird am häufigsten von Heimwerkern verwendet.

▸ Wie tief das Bohrloch in der Wand sein muß, berechnet man, indem man zur Länge des Dübels zweimal seinen Durchmesser hinzuzählt.

▸ Bei der Auswahl des Bohrerdurchmessers muß man sich nach dem Nenn- bzw. dem Außendurchmesser des Dübels richten. Dabei gilt: Bohrerdurchmesser und Dübeldurchmesser sind gleich.

Schwerbefestigungen Wenn die Dübelverbindung sehr belastbar sein soll, z. B. bei Wandschränken, Ablagen, Hängeregalen und Waschbecken, dann verwendet man sogenannte Ankerdübel. Dreht man hier die Schraube ein, weiten sich Metallhülsen und sorgen dadurch für den richtigen Halt.

▸ Holz- oder Spanplattenschrauben sind für diese Dübel nicht geeignet. Deshalb unbedingt die beiliegenden Maschinenschrauben benutzen. Über die Haltekraft des Dübels, die richtige Bohrlochtiefe und den Bohrerdurchmesser gibt meist ein Aufdruck auf der Verpackung Auskunft.

Sonderbefestigungen Bei Wänden in Leichtbauweise, Holzmontagen und wenn das Mauerwerk mehr oder weniger große Hohlräume aufweist, versagen die herkömmlichen Befestigungsmethoden mit Spreizdübeln oder Schwerlastankern. Hier muß man spezielle Dübel verwenden, die sich aufgrund ihrer Konstruktion nicht im Bohrkanal verspreizen, sondern in den Hohlräumen verkeilen und so die erforderliche Haltekraft erzielen.

▸ Hohlraumdübel sind in Nylon- und Metallausführungen erhältlich. Sie können mit Holzschrauben oder Maschinenschrauben befestigt werden. Hohlraumdübel sind vor allem für Hohlwände und -decken und besonders gut für Wände in Plattenbauweise geeignet.

▸ Kippdübel bestehen aus Gewindestangen, die mit einem Schraubkopf oder einem Haken ausgestattet sind. Man führt sie senkrecht ins Bohrloch ein und dreht dann die Zugschraube an. Kippdübel sind z. B. ideal für die Befestigung von Lampenhaken oder Gardinenstangen an Hohlwänden und -decken.

Der Kippdübel wird senkrecht in das Bohrloch eingeführt.

EINE LEICHTBEFESTIGUNG HERSTELLEN

▸ Um einen Kunststoff-Spreizdübel im Mauerwerk zu befestigen, bohrt man ein Loch, das auf die Dübelmaße abgestimmt ist. In diese Bohrung wird der Dübel eingeführt und die Befestigungsschraube eingedreht. Der erforderliche Halt entsteht durch die Spreizwirkung der eingedrehten Schraube, die den Dübel gegen die Bohrwandung drückt.

Bohren Wenn man in harte Baustoffe wie Beton, Ziegel oder Naturstein bohrt, dann reichen die Kräfte des rotierenden Bohrwerkzeugs nicht aus. Hierfür werden Schlagbohrmaschinen eingesetzt, bei denen die Bohrbewegung mit einer schnellen Pendelbewegung in Bohrrichtung gekoppelt ist. Der Bohrerkopf wird also zusätzlich zur Drehbewegung noch auf das Mauerwerk gehämmert. Diese Hammerbewegung kann aber zu unerwünschten Zerstörungen führen, z. B. bei sehr porösen oder empfindlichen Baustoffen wie Hohlkammersteinen oder Wandfliesen. Will man dies vermeiden, sollte man Maschinen einsetzen, bei denen die Schlagbewegung abgeschaltet werden kann.

▸ Will man Dübel an Fliesen anbringen, dann sollte das Bohrloch auf einer Fuge plaziert werden. Ist dies nicht möglich, dann muß das Schlagwerk unbedingt ausgeschaltet werden, wenn man die Fliesen durchbohrt. Auch bei Porenbeton oder Hohlkammersteinen führt das Schlagwerk zu Schäden, oder das Bohrloch wird vergrößert. Deshalb auch hier das Schlagwerk ausschalten!

▸ Bei Beton und anderen sehr harten Materialien kann eine höhere Bohrleistung mit Bohrhämmern erzielt werden, bei denen die Schlagenergie noch zusätzlich verstärkt wird.

▸ Wenn man in Stein oder ähnliche Materialien bohrt, treten an der Bohrerspitze hohe Belastungen auf. Daher müssen hier besonders harte Bohrwerkzeuge verwendet werden. Diese Hartmetall-Schlagbohrer kann man an den im Bohrkopf eingelassenen Hartmetallplättchen erkennen.

▸ Wie fest die Verschraubung ist, hängt stark von der optimalen Dübelhaftung ab. Um sie zu erreichen, muß man genau rechtwinklig zur Wandfläche bohren. Verändert man den Winkel während der Bohrarbeit, dann wird das Bohrloch größer. Dadurch nimmt die Haltekraft der Befestigung ab.

▸ Wenn man bohrt, führt das im Raum oft zu Verunreinigungen. Hier kann eine helfende Hand, die das austretende Bohrmehl sofort mit einem Staubsauger absaugt, viele Reinigungsarbeiten ersparen. Vor allem bei Mauern aus Ziegeln sollte das rote Bohrmehl gleich abgesaugt werden, da es sich nur schwer entfernen läßt.

▸ Bohrt man in tapezierte Wände, ist ein aufgeklebter Haftmerker hilfreich. Man zeichnet die Markierung für das Bohrloch auf dem Haftmerker an; so kann man unschöne Markierungslinien auf der Tapete vermeiden.

▸ Bei kleineren Bohrungen kann man einen einfach gefalzten Haftmerker so unter das Bohrloch kleben, daß herunterfallender Staub aufgefangen wird.

Ein gefalzter Haftmerker an der Wand fängt das Bohrmehl auf.

▸ Nach dem Bohren muß man das Bohrmehl vollständig aus dem Bohrloch entfernen, sonst läßt sich der Dübel nicht fest verankern. Am besten saugt man das Loch mit einem Staubsauger aus.

Schraube eindrehen Hat man den Dübel eingesetzt, muß die Schraube eingedreht werden. Bei den ersten Schraubendrehungen nur mäßigen Druck auf den Dübel ausüben, da dieser sonst tiefer in das Bohrloch rutscht.

▸ Dreht sich der Dübel mit der Schraube mit, den Schraubenschaft leicht nach unten drücken. Der Dübel verkantet sich so im Bohrloch, öffnet sich aber, wenn man die Schraube eindreht.

EINEN DÜBEL EINSETZEN

1. Die markierte Bohrstelle wird im rechten Winkel zur Wand gebohrt.

2. Den Dübel so einführen, daß sich die Spreizhälften nach oben und nach unten öffnen.

3. Dann den Dübel einsetzen. Er muß mit dem Mauerwerk flächenbündig abschließen.

TÜREN UND FENSTER

TÜREN KAUFEN

▸ Beim Kauf von Türen muß man grundsätzlich zwischen Innen- und Außentüren unterscheiden.

▸ Die Außentür muß nicht nur vor Wind und Wetter, sondern auch vor Einbrechern schützen. Deshalb sollte man eine besonders stabile Konstruktion wählen.

▸ Bei Preisvergleichen muß man beachten, daß Türen meist ohne Beschläge angeboten werden, die den Endpreis stark erhöhen können.

▸ Preiswerte fertige Türen gibt es im Baumarkt. Alternativ sollte man sich ein Angebot von einem Schreiner machen lassen.

TÜRKONSTRUKTIONEN

▸ Bei Holztüren kann man zwischen Sperrtüren mit glattem Türblatt oder Rahmentüren wählen. Sperrtüren sind meistens billiger.

Sperrtüren Sperrtüren bestehen aus einem leichten Holzrahmen, der auf beiden Seiten mit einer Platte verkleidet ist, und einem Kern. Beim Material des Kerns sollte man beachten, daß es für Gewicht und Stabilität ausschlaggebend ist.

▸ Für Wohnungsabschlußtüren sollte man Sperrtüren mit massivem, feuerhemmendem Kern bevorzugen.

▸ Für Innentüren reichen Kerne aus Preßpappe oder Leisten mit Zwischenräumen aus.

▸ Sperrtüren mit Glasausschnitten sind im Handel fertig erhältlich. Wenn man den Ausschnitt selbst aussägt, müssen durch die Wabenkonstruktion entstehende Hohlräume vor der Befestigung der Glashalteleisten mit massiven Hölzern ausgeleimt werden.

▸ Wenn eine Sperrtür als Außentür vorgesehen ist, muß sie wasserfest verleimt sein. Alle Kanten, auch für Fensterausschnitte oder Füllungen, muß man durch angeleimte massive Leisten gegen Feuchtigkeit schützen.

▸ Auf Sperrtüren möglichst nachträglich keine Leisten oder Blenden einseitig aufleimen, weil dies fast immer dazu führt, daß sich das Türblatt verzieht.

Rahmentüren Der Rahmen besteht aus mindestens zwei Längs- und zwei Querfriesen. Zusätzlich können ein senkrechter Mittelfries und ein oder mehrere Querfriese eingesetzt werden. Die Friese umrahmen die Füllungen aus Vollholz, Sperrholz oder Glas. Rahmentüren aus kräftigem Hartholz sind besonders gut als Außentüren geeignet.

Türrahmen Blockrahmen oder Türfutter werden am Mauerwerk befestigt und bilden den Türanschlag. Bei Haustüren sollte man gefälzte Blockrahmen verwenden.

▸ Zimmertüren werden meist am Türfutter angeschlagen. Das Türfutter wird beidseitig am Mauerwerk festgeschraubt und die Schraubenköpfe mit Zierkappen aus Kunststoff abgedeckt. Teurer ist die Befestigung mit Montageschaum.

▸ Der Spalt zwischen Wand und Türfutter wird mit einer Abdeckleiste (Bekleidung) verblendet.

▸ Edelholzfurnierte Türfutter sollten nicht angeschraubt, sondern auf jeden Fall mit Montageschaum befestigt werden.

AUSSENTÜREN

▸ Bei der Auswahl einer Haustür sollte man darauf achten, daß sie sowohl in ihrer Form als auch im verwendeten Material zum Stil des Hauses paßt. Zur Beratung im Fachgeschäft nimmt man ein Foto von der Eingangsseite des Hauses mit.

▸ Haustüren werden in Vollholz-, Leichtmetall- und Kunststoffausführungen angeboten. Sie unterscheiden sich in bezug auf Sicherheit und Funktion nicht.

▸ Eine Kombination von Holz und Stahl hat Vorteile: Der stabile Stahlrahmen aus Rechteckprofilen bietet einen guten Einbruchschutz und hält auch den unterschiedlichen Temperaturen zwischen Außen- und Innenbereich stand.

▸ Außentüren sollten stets doppelt verglast sein. Bei einer alten Tür mit einfacher Scheibe kann man auf der Innenseite einen zusätzlichen Rahmen mit normalem Hellglas aufsetzen.

Wetterschutz Eine Haustür auf der Wetterseite muß mit einem besonderen Schutz versehen werden: Ein Vordach hält Regenwasser ab, und eine Seitenwand aus stabilem Glas schützt vor Schlagregen.

▸ Ein außen aufgesetzter Wetterschenkel mit untenliegender Tropfnute verhindert, daß Regenwasser eindringen kann.

FEUERSCHUTZTÜREN

▸ Sicherheitstüren aus Stahl müssen eingebaut werden, wenn bestimmte Bereiche vor Feuer geschützt werden sollen. Dazu gehören die Verbindung zwischen Garage und Wohnbereich oder Türen zum Heiz- oder Öllagerraum.

▸ Sicherheitstüren sind selbstschließend. Den Schließmechanismus darf man nicht stillegen oder die Tür dauernd mit einem Keil offenhalten.

TÜRPROBLEME BEHEBEN

▸ Bei der Auswahl der Türen muß man darauf achten, daß das Material und die Stabilität dem Einsatzzweck entsprechen, um unnötige Probleme zu vermeiden.

Klemmende Türen Einen Bogen Kohlepapier in den Falz schieben, so daß sich die klemmende Stelle genau abdrückt.

▸ Wenn eine Tür an der Seite klemmt, versucht man zuerst, ob etwas Schmiermittel, wie Wachs oder Seife, an der entsprechenden Kante Abhilfe schafft.

▸ Wenn die Tür oben oder seitlich stark klemmt, werden zuerst dicke Farbschichten abgenommen und die Kante abgeschliffen. Wenn das genügt, streicht man die Stelle sofort wieder mit wenig Farbe, damit das offenliegende Holz nicht quellen kann.

▸ Wenn mehr Material abgenommen werden muß, schließt man die Tür so weit wie möglich, zeichnet an, wieviel abgenommen werden muß, und hobelt die Kante ab. Dabei zur Mitte hin arbeiten, damit die Außenkanten nicht brechen.

Schleifende Türen Die Tür abhobeln, wenn sie am Boden schleift, und anschließend bei Außentüren und Türen von Naßzellen die Schnittkante gründlich versiegeln, damit sie nicht aufquillt. Von außen zur Mitte hobeln.

▸ Hebebänder heben die Tür beim Öffnen an, so daß man sie unten nicht kürzen muß. Beim Kauf der Bänder auf Rechts- oder Linksanschlag der Tür achten.

Quietschende Türen Tür aushängen und die Stifte der Bänder mit Öl, Fett oder Vaseline schmieren; dabei Unterlegscheiben gegebenenfalls mit behandeln.

▸ Schwere Türen, die man nicht ganz aushängen will, mit einem Holzkeil oder einem Schraubendreher von unten etwas anheben und dann die Bänderstifte ölen.

TÜREN SICHERN

▸ Ein automatischer Türschließer wird so eingestellt, daß er die Haustür stets zuverlässig schließt. Eventuell muß man nachregulieren, wenn die Witterung wechselt.

Schließblech Kurze Schließbleche gegen lange Sicherheitsschließbleche austauschen; sie sind am Blockrahmen stabiler befestigt und daher sicherer.

▸ Sicherheitsschließbleche nicht nur im Blockrahmen, sondern mit Dübeln und langen Schrauben durch den Rahmen hindurch im Mauerwerk befestigen.

Türschild Das äußere Türschild, das das Schloß abdeckt, darf nicht abgeschraubt werden können. Deshalb wählt man eine Ausführung ohne außen sichtbare Schrauben mit einer zusätzlichen Stahleinlage, die das Aufbohren wesentlich erschwert.

▸ Der Schließzylinder darf außen am Türschild nicht überstehen, sonst kann er mit einer Zange gegriffen und abgedreht werden.

▸ Wenn man an der Außenseite der Tür kein Türschild anbringen will, den Schließzylinder mit einer von innen verschraubten Sicherheitsrosette gegen Abdrehen schützen.

SPERRTÜR AUS NATURHOLZ REPARIEREN

1. Ein derartig beschädigtes Blatt einer Sperrtür läßt sich relativ leicht ausbessern.

2. Mit Hilfe eines speziellen Bohreinsatzes und einer Bohrschablone wird die Schadstelle ausgefräst.

3. Einen passenden Holzdübel einleimen, dabei auf den Verlauf der Maserung achten; plan schleifen.

Sichere Türschlösser An Haustüren sollte man möglichst ein schweres Einsteckschloß mit Mehrfachverriegelung und verlängertem Winkelschließblech verwenden.

▸ Bei erhöhten Sicherheitsansprüchen ein Panzereinsteckschloß an der Haus- oder Wohnungseingangstür einbauen. An ihm ist kein Eingriff von außen möglich: Das Schloß ist gegen Aufbohren und zudem gegen das Absägen des Riegels besonders gut gesichert.

▸ Auch nachträglich kann vom Fachmann ein Dreiriegel-Sicherheitsschloß angebracht werden. Es bietet die größte Sicherheit gegen Einbruch, weil zusätzlich zum normalen Riegel in der Mitte noch zwei weitere die Tür oben und unten schließen. Alle Riegel werden gemeinsam über das Zylinderschloß betätigt.

Schließzylinder Bei der Wahl eines Schließzylinders sollte man darauf achten, daß er eine gehärtete Stahleinlage und Krallenverbindungen zwischen Kern und Schließnase hat; er kann dann nicht aufgebohrt oder abgebrochen werden.

▸ Man sollte besser einen Profilzylinder als einen Rundzylinder einbauen, weil er, dank seiner Form, nicht abgedreht werden kann.

Stangenschloß Bei einem Stangenschloß schiebt sich wie an alten Fensterverriegelungen je eine Stange nach oben in den Türrahmen und nach unten in den Fußboden. Man schraubt es an der Innenseite auf die Tür.

TÜRBESCHLÄGE

▸ Beim Kauf von Beschlägen sollte man darauf achten, daß neben der Funktionsfähigkeit auch ihre Gestaltung den Anforderungen entspricht.

Schlösser Wenn die Schloßfalle nicht mehr einrastet, kann man den Ausschnitt im Schließblech ausfeilen oder das Schließblech ein wenig versetzen.

▸ Schwergängige Schlösser mit feinem Öl, Graphit oder Schmiermittel aus der Sprühdose behandeln. Schmierstoff auf die Falle, den Riegel und ins Schlüsselloch geben. Das Schloß mehrmals

EINEN SPION EINBAUEN

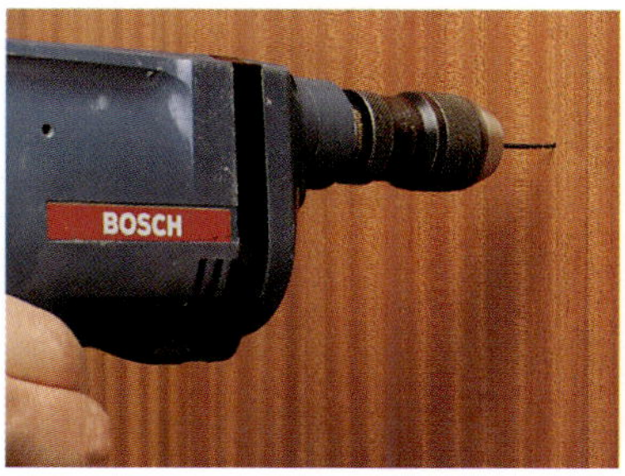

1. Mit einem dünnen Zentrierbohrer in Augenhöhe das Loch für den Spion vorbohren.

2. Damit das Holz nicht ausreißt, von beiden Seiten bis zur Hälfte bohren.

3. Das Bohrloch säubern, den Spion von beiden Seiten hineinstecken und zusammenschrauben.

EIN KASTENSCHLOSS MONTIEREN

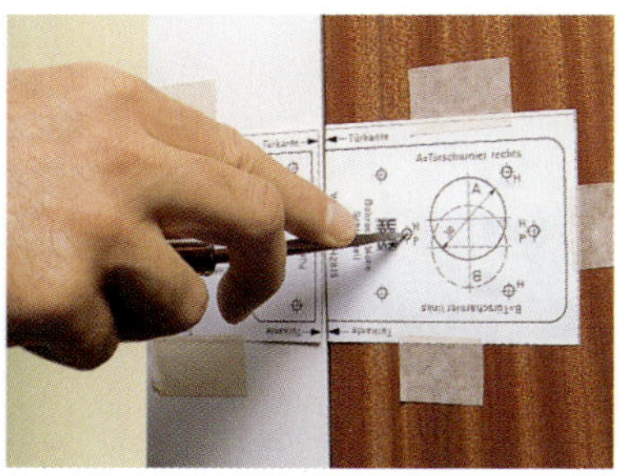

1. Mit Hilfe der mitgelieferten Schablone die Bohrlöcher vorstechen. Dann die Löcher bohren.

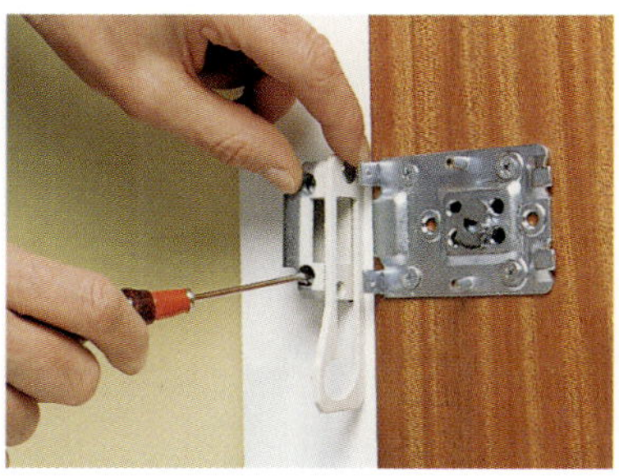

2. Die Schloßhalterung am Türblatt befestigen, dann den Schließkasten am Rahmen anschrauben.

3. Danach das Schloß und die Abdeckungen von Schloß und Schließkasten aufsetzen.

betätigen. Sicherheitsschlösser dürfen jedoch nicht mit Öl behandelt werden.

Drückergarnituren Wenn die Drücker wackeln, den Haltestift oder die Halteschraube entfernen, einen Drücker abnehmen und die Stellschraube im Vierkant etwas weiter hineindrehen.

Bänder Scharniere und Bänder werden immer dem Gewicht der Tür entsprechend ausgewählt. Bei schweren Eingangstüren bringt man drei Bänder an.

▸ Beim Kauf beachten, daß es oft unterschiedliche Bänder für rechts und links angeschlagene Türen gibt.

▸ Schlecht schließende Türen sind oft auf falsch angebrachte oder gelockerte Bänder zurückzuführen. Zuerst werden die Befestigungsschrauben nachgezogen; wenn das nicht hilft, müssen wahrscheinlich die Bänder versetzt werden.

FENSTER KAUFEN

▸ Fenster gibt es in vielen Normgrößen und -arten, die man beim Planen beachten sollte, um teure Sonderanfertigungen zu vermeiden. Eventuell den Wandausschnitt an die Standardmaße anpassen.

▸ Bei Holzfenstern hochwertige Nadel- oder Harthölzer wählen.

▸ Das Holz sollte gleichmäßigen Wuchs und wenige Äste haben, sonst können sich die Fenster leicht verziehen.

▸ Fenster aus lamelliertem (dickenverleimtem) Holz sind zwar teuer, verziehen sich aber praktisch nicht.

▸ Sprossenfenster kann man nachträglich aus jedem Fenster beliebiger Größe machen. Es gibt Rahmen mit verschiedenen Sprossenanordnungen, die man auf die Innenseite des bestehenden Fensterflügels aufsetzt. Zum Fensterputzen kann man sie leicht abnehmen.

FENSTERBESCHLÄGE

▸ Beim Kauf von Fensterbeschlägen darauf achten, ob das Fenster rechts oder links angeschlagen ist.

▸ Will man ein Fenster nicht nur öffnen, sondern auch kippen kön-

EINBOHRBÄNDER ANBRINGEN

1. Mit Hilfe der mitgelieferten Bohrschablone die Löcher in Tür und Rahmen bohren.

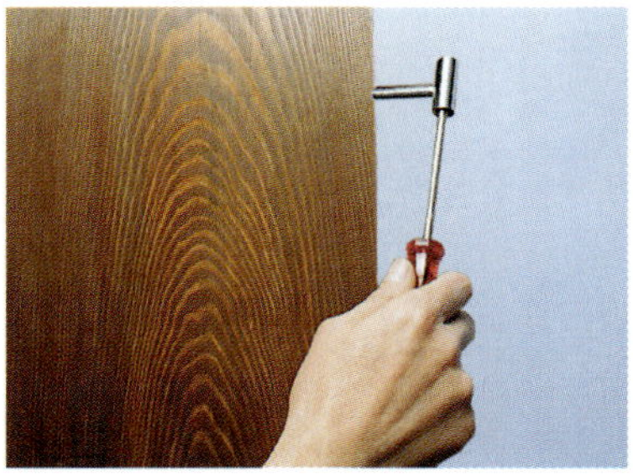

2. Mit einem Schraubendreher die Bänder in das Türblatt einschrauben.

3. Die Bänder in den Rahmen einschlagen und dann die Tür einhängen.

UNSCHÖNE SCHLÜSSELKÖPFE ERSETZEN

1. Paßt der alte Schlüssel optisch nicht zur neuen Drückergarnitur, benutzt man eine Schlüsselreide.

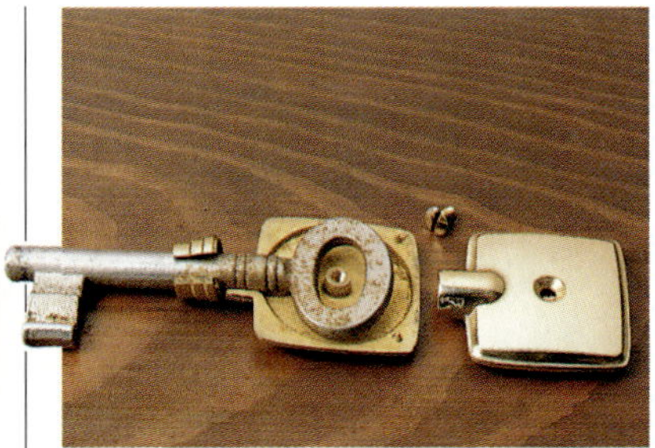

2. Die Einzelteile der Schlüsselreide auf den Schlüsselkopf aufsetzen und zusammenschrauben.

3. Der so aufgearbeitete Schlüssel fügt sich gut in das Gesamtbild des Schlosses ein.

nen, ersetzt man den einfachen Drehbeschlag durch einen Dreh-Kipp-Beschlag.

▸ Die Riegel und anderen beweglichen Teile von Dreh-Kipp-Beschlägen regelmäßig etwas ölen. Danach betätigt man den Griff, damit sich das Öl verteilt.

Sicherheitsmaßnahmen Gekippte Fensterflügel können von außen ausgehängt werden. Dies läßt sich durch Aushängesicherungen verhindern.

▸ Fenstergriffe können mit Sicherheitsschließzylindern versehen werden; auf diese Weise wird das Fenster gegen unbefugtes Öffnen gesichert.

FENSTERPROBLEME LÖSEN

▸ Eine gesprungene Scheibe kann man vorübergehend mit stabilem Klebeband sichern.

▸ Ist die Scheibe ganz zerstört, provisorisch eine starke Kunststoffolie über die Öffnung kleben.

Klemmende Holzfenster Wenn ein Fenster klemmt, liegt das manchmal an zu vielen alten Farbschichten. Zuerst die Farbe entfernen und die Kanten abschleifen. Reicht das nicht aus, muß man den Fensterflügel abhobeln. Anschließend sofort wieder dünn streichen, damit das Holz nicht aufquellen kann.

▸ Vor einem Anstrich kontrollieren, daß zwischen Fensterrahmen und -flügel mindestens 2 mm Luft sind, damit das Fenster später nicht klemmt.

Alter Fensterkitt Hartgewordenen Kitt entfernt man mit dem Glasermesser oder einem alten Stecheisen. Danach den Falz reinigen und die Scheibe neu einkitten. Den neuen Kitt zwei Wochen trocknen lassen. Dann überstreichen.

Abgesenkte Festerflügel Wenn ein Fenster nicht mehr im rechten Winkel ist, kann man es mit L-förmigen Fensterwinkeln richten, die in die Ecken eingelassen und verschraubt werden.

Blinde Scheiben Isolierglasscheiben können blind werden, wenn sich Kondenswasser zwischen den Scheiben bildet. Um dies zu verhindern, sollte man die äußere Dichtstoffuge immer wieder nachsiegeln.

Fenster abdichten Risse zwischen Rahmen und Außenwand mit dauerelastischer Dichtungsmasse verschließen. Ebenso behandelt man Risse zwischen Rahmen und Fenstersims.

Fenster erneuern Fenster kann man ohne umfangreiche Putz- und Tapezierarbeiten austauschen. Die alten Beschläge werden dazu entfernt und die neue Blendrahmenschale über den alten Rahmen gestülpt und mit ihm verschraubt.

WÄRMEDÄMMUNG

▸ Die Wärmedämmung von Fenstern und Türen ist billiger als die der Fassade. Deshalb an Fenstern und Türen nach Schwachpunkten suchen.

▸ Zugluftquellen mit einer brennenden Kerze aufspüren, die vorsichtig an Fenster- und Türspalten entlanggeführt wird. Die Flamme flackert an undichten Stellen.

▸ Kältebrücken zwischen Fensterrahmen und Mauerwerk mit Isoliermaterial beim Einbau verhindern.

Verglasung Grundsätzlich sollten nur Fenster mit Doppel- oder sogar Isolierverglasung verwendet werden.

▸ An Einfachfenstern kann man nachträglich einen separaten Glasrahmen von innen aufschrauben, um ein Doppelfenster zu bauen. Um beide Teile gut abzudichten, klebt man eine

EINE AUSHÄNGESICHERUNG MONTIEREN

1. Eine Aushängesicherung besteht aus einem einfach zu montierenden Bausatz.

2. Die einzelnen Teile der Aushängesicherung an Festerflügel und Rahmen befestigen.

3. Die fertig montierte Sicherung läßt sich mit einem Schlüssel jederzeit auf- und zuschließen.

dünne Schaumstoffdichtung zwischen sie.

Mit einem Glasrahmen kann man ein einfaches Doppelfenster bauen.

▸ Als einfache, provisorische Maßnahme z. B. für ein Dachboden- oder Gartenhausfenster kann man eine Kunststoffolie auf der Rahmeninnenseite aufkleben.

Ein einfaches Doppelfenster erhält man durch eine aufgeklebte Folie.

Fensterläden Läden vor den Fenstern bringen zusätzliche Isolierung. Klapp- und Rolläden kann man auch nachträglich einbauen.

▸ Um eine gute Isolierwirkung zu erzielen, sollte der Abstand zwischen Laden und Fenster etwa 12–15 cm betragen.

▸ Auf einen dicht schließenden Rolladenkasten achten. Eventuell mit Schaumstoffstreifen abdichten, ohne daß dabei die Funktion beeinträchtigt wird.

▸ Am besten isolieren geschlossene Konstruktionen oder Klappläden mit verschließbaren Jalousiebrettchen.

Türen Wenn es unten an der Tür zieht, kann man einen Bürstenstreifen an der Innenseite ankleben oder unten ein Kunststoffprofil am Boden als Türschwellendichtung anbringen.

Eine Bürstendichtung am Türblatt verhindert, daß kalte Luft einströmt.

▸ Die Unterkante der Tür mit einer sogenannten Patentdichtung abdichten, die allerdings eingefräst werden muß.

SCHALLDÄMMUNG

▸ Die meisten Dämmaßnahmen gegen Wärmeverlust helfen auch gegen Lärm.

▸ Schallbrücken entstehen, wenn schwingende Bauteile Lärm weiterleiten. Mit Dämmstoffen die Übertragung unterbrechen.

Türen Türfutter und Türen mit Falz oder sogar Doppelfalz wählen.

▸ Ein Strahlenschutzschloß mit zwei Halbzylindern und zwei Drückerhälften einbauen, die um 40 mm zueinander versetzt sind. Nicht durchgehende Beschlagteile tragen den Schall nicht weiter.

Fenster Isolierglasscheiben in schalldämmender Ausführung verwenden.

▸ Schalldämmende Wirkung an Doppelfenstern erreicht man durch großen Scheibenabstand und ungleich dicke Glasscheiben.

Fensterläden Rolläden mit ausgeschäumten Lamellen und gedämmtem Rolladenkasten einbauen.

WÄRME- UND SCHALLDÄMMUNG VON TÜREN MIT HILFE VON DICHTUNGSLIPPEN

1. In die Leiste, die später auf dem Türrahmen befestigt werden soll, eine Nut hineinsägen.

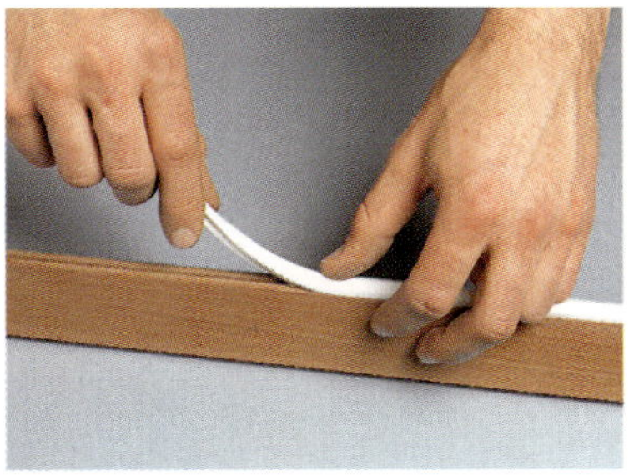

2. Die Dichtungslippe in die ausgesägte Nut der Leiste hineindrücken.

3. Die mit der Dichtungslippe ausgestattete Leiste wird dann am Türrahmen angeschraubt.

WASSER UND HEIZUNG

WASSERLEITUNGEN

▸ Welches Material man für Wasserleitungen wählt, sollte von der Qualität des örtlichen Trinkwassers, nicht vom Preis abhängen. Je aggressiver das Wasser, um so widerstandsfähiger muß das Material sein. Sonst kann es zu Rohrbrüchen durch Korrosion kommen. Deshalb sollte man sich durch Fachfirmen oder Wasserwerke beraten lassen.

Wasserzufuhr absperren Als erste Maßnahme bei Rohrbruch oder vor Reparaturen die Wasserzufuhr absperren. Dazu das Handrad am Absperrventil im Uhrzeigersinn drehen, und zwar möglichst nah an der defekten Stelle, damit intakte Bereiche weiterversorgt werden können.

▸ Die Wasserversorgung eines Gebäudes kann man durch das Hauptabsperrventil am Wasserzähler unterbrechen. Bei strangweise zusammengefaßten Entnahmestellen schließt man die Absperrventile am Verteiler. Wohnungen können oft durch Stockwerksabsperrungen abgetrennt werden, die sich meist in WC oder Bädern befinden. Einzelabsperrungen gibt es z. B. an Wasserhähnen oder Spülkästen.

▸ Bei längerer Abwesenheit den Haupthahn zudrehen.

Absperrventile Man muß sie von Zeit zu Zeit betätigen, da sie sich sonst so festsetzen, daß man sie nur noch mit einem Werkzeug bewegen kann. Oft helfen ein paar Tropfen Öl.

▸ Bevor man Absperrventile öffnet, alle Wasserhähne zudrehen. Das Hauptventil durch eine Linksdrehung öffnen. Nun vorsichtig die Wasserhähne aufdrehen. Luftblasen und Schmutz herausspülen. Wenn nötig, Luftsprudler abschrauben und reinigen.

▸ Tritt Wasser aus dem Gehäuse eines Absperrventils aus, dann kann sich die Stopfbuchse gelockert haben. Um sie abzudichten, ölt man den Sechskant und zieht ihn vorsichtig fest.

Sechskant der Stopfbuchse ölen und vorsichtig festziehen.

Frostschutz Um Leitungen in unbeheizten Räumen und im Freien vor Frost zu schützen, ummantelt man sie mit Dämmstoffen wie Mineralfasermatten oder mit Synthetikschläuchen.

Leitungen schützt man mit Synthetikschläuchen vor Frost.

▸ Vor einem frostgefährdeten Bereich in Fließrichtung immer zuerst ein Absperr-, dann ein Entleerventil einbauen. Im Winter absperren und den Leitungsabschnitt entleeren. Unbedingt das Entleerventil und den Auslaufhahn am anderen Rohrende öffnen, damit Luft nachströmt. Ein Gefäß unter das Entleerventil stellen.

Eingefrorene Leitungen An eingefrorenen Leitungen nie mit offener Flamme arbeiten.

▸ Besonders Rohre aus Metall können platzen, wenn sie einfrieren. Deshalb die Wasserzufuhr zum eingefrorenen Rohrstück sofort absperren. Eventuell den zugehörigen Raum heizen oder einen Fachmann rufen.

ABWASSERROHRE

▸ Will man Abwasserrohre selbst verlegen, muß man auf den richtigen Durchmesser achten, sonst kann es zu Geruchsbelästigungen oder Verstopfungen kommen. Der Durchmesser muß vom Fachmann berechnet werden!

Materialien Für aggressive Abwässer Edelstahl oder Glas verwenden, ansonsten Gußeisen, verzinkten Stahl oder Kunststoff.

▸ Wenn Abwasserrohre durch Wohn- oder Schlafbereiche verlaufen, sollte man Rohre mit guten Schalldämmwerten einbauen. Zusätzlich lückenlos mit Dämmaterial umwickeln und verkleiden.

Gurgelgeräusche Sind die Gurgelgeräusche erst im Lauf der Zeit aufgetreten, kann es sein, daß ein Abwasserrohrstück teilweise verstopft ist.

Was ist bei Reparaturen zu beachten?

- **Bei Reparaturen an Anlagen, die von Wasser durchströmt werden, muß zuerst die Wasserzufuhr abgesperrt werden.**
- **Zur Sicherheit sollte man immer prüfen, ob die Absperrung auch dicht ist.**
- **Im Zweifelsfall und bei größeren Reparaturen muß grundsätzlich eine Fachfirma oder das örtliche Wasserwerk eingeschaltet werden.**

▸ Treten Gurgelgeräusche bei neuinstallierten Rohren auf und liegt keine Teilverstopfung vor, kann die Installation schlecht ausgeführt worden sein.

Geruchsverschlüsse Jede Ablaufstelle muß mit einem Geruchsverschluß, auch Sifon genannt, ausgestattet sein. Ist er noch nicht eingeformt wie beim Klosett, muß man ihn z. B. für Waschbecken oder Spüle einzeln kaufen.

Verstopfungen Fließt das Wasser an einem Waschbecken nicht oder langsam ab, dann ist meist die Abwasserleitung verstopft. Kleinere Verstopfungen lassen sich mit einer Saugpumpe beseitigen. Man füllt das Waschbecken mit warmem Wasser, setzt die Saugpumpe auf das Auslaufventil und drückt mehrmals kräftig hinunter. Den Überlauf zuhalten.

Kleinere Verstopfungen kann man mit der Saugpumpe beseitigen.

▸ Wenn man mit einer Saugpumpe die Verstopfung nicht beseitigen kann, dann muß man den Geruchsverschluß abschrauben und gründlich reinigen. Außerdem kann man eine Reinigungswelle einsetzen, um die verstopfte Stelle zu durchstoßen. Danach mit viel warmem Wasser nachspülen.

▸ Chemische Mittel sollte man aus Gründen des Umweltschutzes meiden; außerdem ist ihre Wirksamkeit umstritten.

▸ Bei größeren Verstopfungen den Fachmann verständigen.

TOILETTEN

▸ Wenn man ein Toilettenbecken kauft, kann man bei der Konstruktion zwischen zwei Möglichkeiten wählen. Beim Flachspül-WC liegen die Fäkalien in einer mit Wasser bedeckten Mulde, bis man spült. Da es hier zu starker Geruchsbildung kommen kann, wird dieses WC nur noch selten einge-

WERKZEUGE FÜR INSTALLATIONSARBEITEN

Die gebräuchlichsten Spezialwerkzeuge für die Arbeit an Armaturen sind – von oben nach unten – der Standhahn-Mutternschlüssel, der Toilettenschlüssel, die Armaturenzange und der Ventilsitzfräser.

Um Installationsrohre verarbeiten zu können, braucht man vor allem folgende Werkzeuge: eine Metallsäge, eine Rohrzange, eine Eckrohrzange, eine Wasserpumpenzange und einen Rohrabschneider.

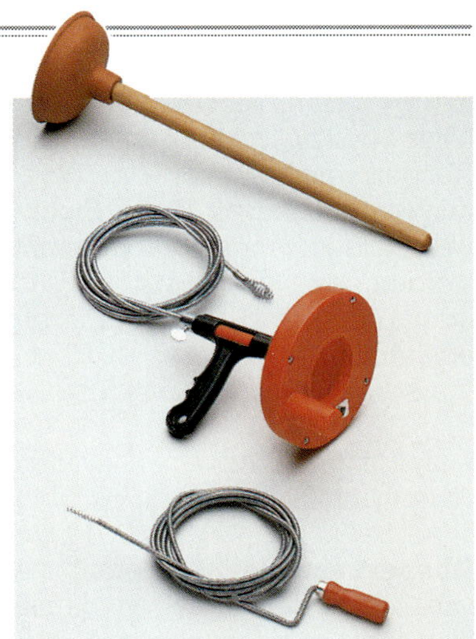

Nützliche Hilfsmittel bei einer kleineren Verstopfung in einem Abwasserrohr sind eine Saugpumpe und eine Reinigungswelle. Derartige Wellen sind in mehreren verschiedenen Ausführungen erhältlich.

baut. Bevorzugt werden heute Tiefspül-WC verwendet, da die Fäkalien direkt ins Wasser fallen und so die Geruchsbelästigung vermindert wird.

▸ Hat man keinen Wasseranschluß, beispielsweise in einem Wochenendhaus, kann man Trocken-, Chemie- oder Komposttoiletten verwenden.

Montage Bodenstehende WC werden auf dem Fußboden mit Schrauben befestigt. Legt man Wert auf einfachere Reinigung, sollte man einen senkrechten, verdeckten Abgang bevorzugen. Dabei ergeben sich keine schwer zugänglichen Stellen. Wandhängende WC sind am besten zu reinigen, da sie an der Wand befestigt werden. Sie sind allerdings relativ teuer, da in die Wand eine Tragekonstruktion eingebaut werden muß.

▸ Wandhängende Toilettenbekken befestigt man nie direkt an der Wand, sondern mit einer dazwischenliegenden Schalldämmschicht. Bodenstehende WC auf einem harten, unebenen Boden nur auf einer Schicht Installationskitt festschrauben, da sonst Bruchgefahr besteht.

Reparatur Wackelt ein bodenstehendes WC, die Befestigungsschrauben nachziehen. Gegebenenfalls neue, längere Schrauben verwenden. Ist eine Schraube abgebrochen, muß meist das Becken abmontiert werden, um an das im Dübel steckende Bruchstück zu kommen.

Wasserspüleinrichtungen Ein Spülkasten besteht meist aus Kunststoff. Er wird in die Wand eingebaut oder an die Wand gehängt. Der Wasservorrat für eine Spülung wird im Kasten gespeichert, daher ist nur ein geringer Wasserdruck nötig. Ein Nachteil liegt jedoch in der Wartezeit zwischen zwei Spülvorgängen und im relativ großen Platzbedarf des Kastens.

▸ Mit der sogenannten Spartaste kann man den Spülvorgang nicht nur auslösen, sondern auch wieder unterbrechen, wodurch man Wasser sparen kann. Viele neue Spülkästen sind bereits mit ihr ausgestattet, viele alte Modelle können nachgerüstet werden.

▸ Fließt ständig Wasser aus dem Spülkasten, ist meist die Dichtung im Spülkasten undicht. Diese muß dann ausgetauscht werden.

▸ Druckspüler gibt es aus Metall und Kunststoff. Sie können in oder vor die Wand gebaut werden. Gegenüber dem Spülkasten hat der Druckspüler den Vorteil, daß er ständig spülbereit ist und eine kompakte Bauweise hat. Dafür ist er etwas lauter, und er braucht einen höheren Wasserdruck.

WASCHBECKEN

▸ Waschbecken werden mit zwei oder drei Stockschrauben direkt an der gefliesten Wand befestigt.

▸ Waschbecken, die vorwiegend zum Händewaschen verwendet werden, sind 35–50 cm breit und 25–34 cm tief.

▸ Waschbecken zur Gesichts- und Oberkörperwäsche haben eine Breite von 55–70 cm oder bis zu 1 m als Luxusausführung.

▸ Sollen sich zwei Personen gleichzeitig waschen können, bietet sich ein Doppelwaschtisch an. Er ist zwischen 115 und 155 cm breit und 55–60 cm tief.

Pflege Die weiß oder farbig glasierte Oberfläche darf nicht beschädigt werden. An diesen Stellen sammelt sich Schmutz, und zudem kann die Glasur rings um die beschädigte Stelle noch weiter abspringen.

▸ Waschbecken sollte man regelmäßig mit einem weichen Lappen und milden Putzmitteln säubern. Kalkablagerungen weicht man mit einem in Essig getränkten

DIE DICHTUNG IM SPÜLKASTEN WECHSELN

1. Wasser abstellen und den Deckel des Spülkastens abnehmen. Heberglocke herausnehmen.

2. Die Glockendichtung mit der Hand oder einer Wasserpumpenzange aus der Halterung ziehen.

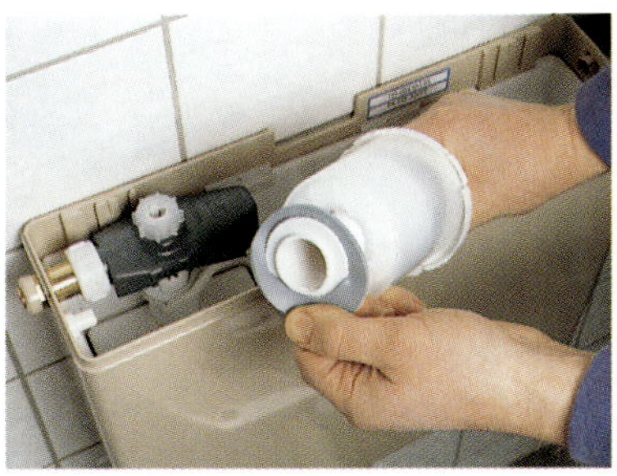

3. Gegebenenfalls den Sitz der Dichtung reinigen, dann die neue Dichtung vorsichtig aufziehen.

Lappen ein. Stärkere, schon verkrustete Ablagerungen werden mit einer Rasierklinge abgelöst.

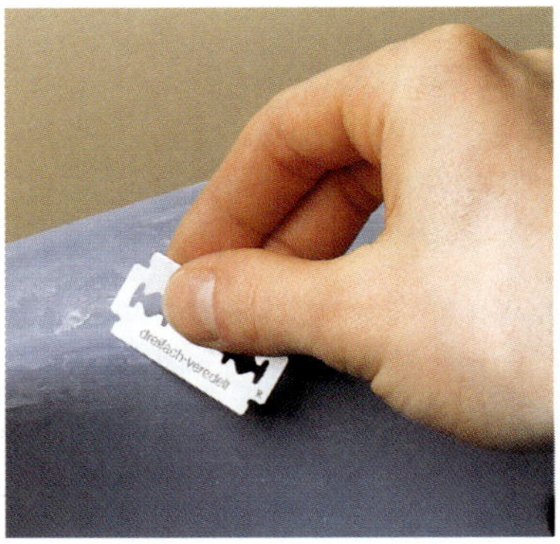

Starke Kalkablagerungen vorsichtig mit einer Rasierklinge ablösen.

Verstopfungen vorbeugen Haare, größere Seifenreste und Schmutzteile werden aus dem Becken entfernt, bevor man das Wasser ablaufen läßt.

DUSCH- UND BADEWANNEN

▸ Wer auf Stabilität Wert legt, sollte eine Wanne aus Stahlblech kaufen. Sie ist auf der sichtbaren Oberfläche mit einer farbigen Emailschicht überzogen.

▸ Acrylwannen sind leichter und weicher, fühlen sich wärmer an und sind außerdem rutschsicherer. Sie sind aber teurer als Wannen aus Stahlblech.

▸ Die Randhöhe bei Dusch- und Badewannen sollte man so wählen, daß man bequem hineinsteigen kann.

Oberflächenschäden Abgesprungene, kleine Emailflecke kann man mit einem handelsüblichen, speziellen Reparaturset ausbessern.

▸ Kratzer in Acrylglas kann man leicht herauspolieren, da der Werkstoff ganz durchgefärbt ist.

▸ Sind die Emailoberflächen von Stahlwannen matt, rauh oder beschädigt, kann man sie ersetzen lassen. Dabei wird eine neue Wanne aus Acryl in die vorhandene Wanne eingelassen. Das geht rasch, und es werden keine Fliesen beschädigt.

Reinigung Zur Reinigung der Oberflächen von Dusch- und Badewannen sollte man nur milde Reinigungsmittel verwenden. Kalkflecke mit Essig entfernen oder vorsichtig abkratzen.

Duschabtrennungen Wer beim Duschen kein Wasser im Raum verspritzen will, muß eine Duschkabine oder einen -vorhang montieren. Vorhänge sind nicht so komfortabel, aber preiswerter als Kabinen. Sie nehmen jedoch etwas Platz weg, da sie in die Wanne hineinhängen.

Ökologisch sinnvoll: Wasser sparen

- **Bei Neuinstallationen von Armaturen und Brauseköpfen sollte man auf wassersparende Modelle achten.**
- **Wassermengenregler einbauen. Man schraubt sie zwischen Auslauf und Luftsprudler.**
- **Den Wasserfluß beim Haarewaschen oder Einseifen unterbrechen.**
- **Tropfende Wasserhähne und undichte Spülkästen umgehend reparieren.**
- **Kauft man ein neues Klosett, sollte man der wassersparenden 6-l-Technik, die mit einem kleineren Spülkasten auskommt, den Vorzug geben.**
- **WC-Spülkästen durch ein neues Modell mit Spartaste ersetzen.**

▸ Kabinen kann man individuell anfertigen lassen, z. B. für eine Dachschräge.

▸ Duschkabinen gibt es auch als Aufsatz für den Badewannenrand.

▸ Die Duschkabine regelmäßig mit einem beliebigen milden Reinigungsmittel und einem weichen Lappen pflegen. Bei Kalkablagerungen, die stärkere Reinigungs-

DIE EMAILSCHICHT EINER DUSCH- ODER BADEWANNE AUSBESSERN

1. Die abgesprungene Stelle mit Epoxidharzfüller bestreichen und danach die Oberfläche entfetten.

2. Dann mit einem feinen Schleifpapier behutsam die Oberfläche glätten.

3. Säubern und mit einem Emaillack bestreichen. Trocknen lassen und nochmals auftragen.

mittel erfordern, sollte man nur ein vom Hersteller empfohlenes verwenden.

Brausen und Zubehör Wenn man in der Badewanne zusätzlich eine Duschmöglichkeit anbringen will, bietet sich ein Stangensystem an. Aufgrund der besseren Handhabung hat es heute den feststehenden Brausekopf fast ganz verdrängt, denn die Halterungen von Stange und Handdusche sind in Höhe und Winkel je nach Bedarf verstellbar. Will man bequem duschen, steckt man die Handbrause in die Halterung. Um sich gezielt abzuduschen, nimmt man sie in die Hand.

- Da Duschschläuche stark beansprucht werden, muß man beim Kauf auf gute Qualität achten. Zu empfehlen sind kunststoffummantelte Schläuche aus Metallgliedern. Die notwendige Länge sollte man vor dem Kauf abmessen.

- Wenn man Handbrausen kauft, sollte man neben dem Design auch das Strahlbild beachten. Einfache Brausen bieten keine Verstellmöglichkeiten. Bei höherwertigen Modellen kann man die Strahlstärke stufenlos verändern. Wer alle Möglichkeiten nutzen will, sollte in Brausen investieren, die es erlauben, verschiedene Strahlbilder einzustellen.

- Es gibt sogenannte selbstreinigende Brauseköpfe. Diese sind mit kleinen, eingebauten Reinigungsstiften ausgestattet, die durch eine Drehung am Duschkopf durch die Löcher des Strahlformers herausgeschoben werden. Vorhandener Kalk wird dadurch sofort hinausgedrückt.

Bei diesem Brausekopf mit eingebauten Reinigungsstiften wird das Absetzen von Kalk in den Löchern des Strahlformers verhindert.

FUGEN REINIGEN

- Verschmutzte Fugen zwischen den Fliesen an der Wand können auf einfache Weise mit einem runden Schreibmaschinenradiergummi wieder gesäubert werden.

- Schmutz, der sich zwischen den Fugen angesammelt hat, kann mit einer alten Zahnbürste und flüssigem Reinigungsmittel entfernt werden.

Mit einer alten Zahnbürste kann man schnell schmutzige Fugen säubern.

- Ist die sogenannte dauerelastische Fuge zwischen den Fliesen und der Dusch- oder Badewanne sehr stark von Schimmel befallen – sie hat dann dunkle Flecke –, oder ist sie brüchig, muß sie erneuert werden, da sonst Wasser unter die Wanne läuft. Dazu die alte Dichtung mit einem scharfen Messer vollständig entfernen, die Fuge säubern und trockenwischen. Dann neues, dauerelastisches Fugenmaterial sorgfältig auftragen. Dieses Silicon nur in guter Qualität mit pilzhemmendem Zusatz kaufen und die Gebrauchsanleitung genau beachten. Abschließend die Fuge leicht mit spülmittelbenetztem Finger glätten.

BRAUSEKOPF AN DER DUSCHE REINIGEN

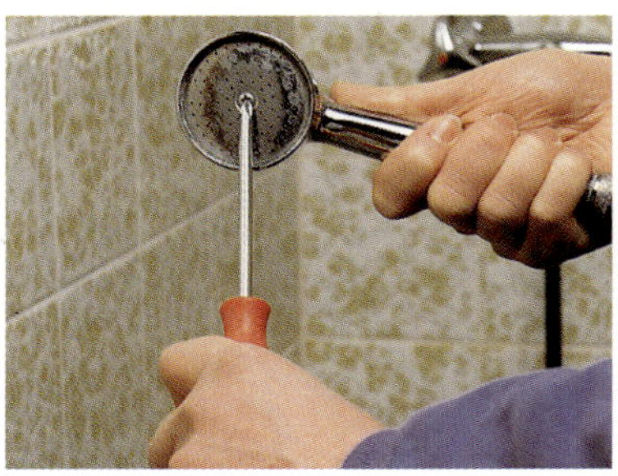

1. Um Kalkablagerungen zu entfernen, löst man die Schraube, die den Strahlformer am Kopf hält.

2. Anschließend das Metallsieb und die darunterliegende Dichtung herausnehmen.

3. Mit einer Nadel vorsichtig die Löcher des Strahlformers nacheinander durchstoßen.

WASSERHÄHNE

▸ Beim Armaturenkauf sollte man auf Qualität achten, denn jeder Wasserhahn ist ein Gebrauchsgegenstand, der Verschleiß unterliegt. Außerdem ist nur bei Qualitätsarmaturen der Nachkauf von Ersatzteilen gewährleistet.

▸ Entscheidet man sich für farbige Armaturenoberflächen, dann sollte man auf eine hochwertige Beschichtung achten. Bei billigen, nur einfach lackierten Armaturen kann sie abblättern.

▸ Geschirrspül- oder Waschmaschine kann man an Armaturen mit zusätzlichem Absperrhahn anschließen.

Armaturenarten Da es eine Vielzahl von Modellen und Ausführungen gibt, sollte man sich vor dem Kauf vom Fachmann beraten lassen, welcher Hahn für welchen Zweck geeignet ist.

▸ Im Dusch- und Badebereich bieten sich Unterputzarmaturen an, bei denen der Armaturenkörper in die Wand eingemauert wird. Das spart Platz und ermöglicht eine einfache Reinigung, denn nur die Abdeckrosette und die Bediengriffe können verschmutzt werden, da sie nicht in der Wand liegen. Nachteilig ist, daß man für Änderungen oder Erneuerungen die Wand öffnen muß.

▸ Wenn man nur kaltes Wasser zapfen will, z. B. bei kleineren Handwaschbecken in der Toilette oder bei Gartenhähnen, sind einfache Auslaufventile ausreichend.

▸ Will man kaltes und warmes Wasser mischen, hat man die Wahl zwischen Einhebelmischbatterien und Zweigriffmischbatterien. Zweigriffmischbatterien mit Gummidichtungen sind zwar relativ preiswert, aber reparaturanfällig. Mehr Komfort bieten Wasserhähne, die mit keramischen Dichtscheiben ausgestattet sind. Sie sind wesentlich dichter.

▸ Um Wasser und Energie zu sparen, bietet sich die Einhebelmischbatterie an. Über eine Kartusche mit Keramikscheiben lassen sich Menge und Temperatur des Wassers mit nur einer Hebelsteuerung regeln. Die Ein- und Abstellvorgänge sind dadurch wesentlich kürzer.

▸ Im Duschbereich werden meist Thermostat-Mischbatterien verwendet, bei denen man an einem Drehgriff die Wassertemperatur exakt wählen kann. Sie bieten besondere Sicherheit, denn eine Sperre bei 38 °C verhindert, daß man die Temperatur versehentlich zu hoch einstellt und sich verbrüht. Der höhere Preis wird durch den wasser- und energiesparenden Betrieb wieder ausgeglichen.

▸ Wer sehr viel Wert auf Wassersparen legt, kann am Waschbecken eine Selbstschlußarmatur verwenden. Sie ist mit einer hydraulischen Zeitsteuerung ausgestattet und schaltet sich nach einiger Zeit von selbst wieder ab.

▸ Wenn man sich das Haarewaschen am Waschbecken erleichtern möchte, kann man einen Einhebelmischer mit ausziehbarem Auslaufendstück wählen.

▸ Für die Küche bietet sich ein Einhebelmischer mit ausziehbarer Schlauchbrause an. Das ist praktischer als eine Armatur mit einem Schwenkauslauf.

▸ Praktisch zum schnellen Ausspülen der Küchenspüle ist eine Armatur mit schwenkbarem Luftsprudler. Dieser ist hier an einem Kugelgelenk befestigt und kann deshalb leicht in jede gewünschte Lage gedreht werden. Nicht alle Wasserhähne können mit einem derartigen Luftsprudler nachgerüstet werden. Deshalb sollte man vorher prüfen, ob er verwendet werden kann.

Praktisch ist ein Wasserhahn mit schwenkbarem Luftsprudler.

Defekter Wasserhahn Vor jeder Reparatur die Wasserzufuhr unterbrechen. Am besten geht dies bei einem Waschbecken oder einer Spüle an den Eckventilen, da so nur die betroffenen Armaturen außer Betrieb gesetzt werden. Bei Bade- oder Duscharmaturen muß in den meisten Fällen die Stockwerksabsperrung betätigt werden.

▸ An einen tropfenden Wasserhahn bindet man einen Wollfaden, damit das Wasser ohne Tropfgeräusche abläuft. Den Wasserhahn schnellstmöglich reparieren.

Ein Faden leitet Tropfen geräuschlos ab.

▸ Wenn man Ersatzteile kauft, möglichst das defekte Teil als Muster mitnehmen. Außerdem sollte man Hersteller, Typ und Einbaujahr der Armatur kennen.

▸ Tropft eine Einhebelmischbatterie, muß man meist die Kartusche mit den Keramikscheiben auswechseln.

▸ Wenn eine Zweigriffarmatur undicht ist und tropft, liegt das meist daran, daß sich zwischen dem Ventilsitz und der Gummidichtung Ablagerungen angesammelt haben. Man kann sie leicht herausspülen, indem man das Ventil rasch auf- und zudreht und das Wasser kurz mit starkem Strahl laufen läßt. Tropft der Hahn dann immer noch, kann die Dichtung verschlissen sein und muß ausgewechselt werden.

▸ Wenn der Ventilsitz beschädigt ist, muß man ihn nachfräsen. Ein Universalfräser mit passendem Kopf wird in das Ventilgehäuse eingeschraubt. Man dreht den Griff des Fräsers vorsichtig im Uhrzeigersinn. Dabei sollte man darauf achten, daß nicht zuviel Material vom Ventilsitz abgetragen wird.

▸ Tritt bei einem Wasserhahn mit Schwenkarm Wasser an der Verbindungsstelle zwischen Armatur und Auslauf aus, müssen meist die Dichtungen ausgewechselt werden. Man erkennt das daran, daß es nur tropft, wenn die Wasserzufuhr geöffnet ist. Tropft es nach dem Auswechseln der Dichtung immer noch, dann muß der Auslauf erneuert werden.

▸ Den Wasserhahn immer nur so fest zudrehen, bis er dicht ist, da sonst die Gummidichtung beschädigt werden kann oder sich rasch abnutzt.

HEIZUNGSANLAGE

▸ Da eine Heizungsanlage nur störungsfrei, energiesparend und schadstoffarm betrieben werden kann, wenn sie regelmäßig gewartet wird, sollte man einen Wartungsvertrag mit der Heizungsfirma abschließen; diese Arbeiten sind Sache des Fachmanns.

▸ Wenn man Energie sparen und außerdem den Schadstoffausstoß erheblich reduzieren möchte, lohnt es sich, Heizungsanlagen, die älter als 12–15 Jahre sind, erneuern zu lassen.

▸ Will man die Heizungsanlage erneuern lassen, sollte man sich

EINEN LUFTSPRUDLER REINIGEN

1. Ist der Luftsprudler stark verkalkt oder verstopft, muß man ihn von Hand abschrauben.

2. Den verschmutzten Siebeinsatz und die Dichtung aus dem Stützkörper herausnehmen.

3. Zum Entkalken legt man den Siebeinsatz in ein mit Essig gefülltes Gefäß.

EINE DICHTUNG WECHSELN

1. Mit passendem Gabelschlüssel den Schraubeinsatz am Sechskant nach links herausdrehen.

2. Die Befestigung der Dichtung mit dem Gabelschlüssel abschrauben. Dichtung herausnehmen.

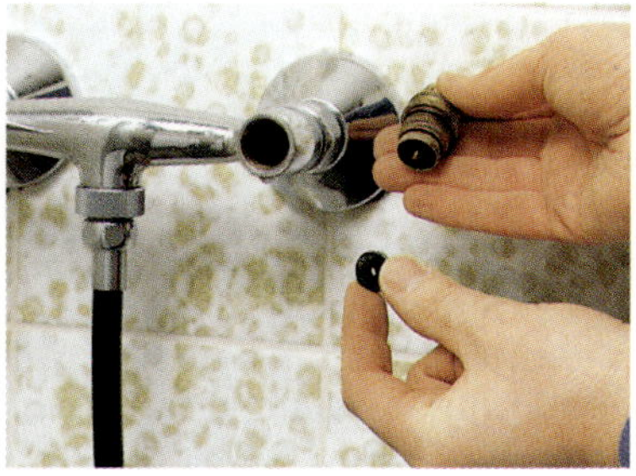

3. Die neue Dichtung auf den Gewindezapfen aufsetzen und gut befestigen.

Energiespartips für die Heizung

- **Heizungs- und Warmwasserbereitungsanlagen müssen regelmäßig gewartet und gepflegt werden.**
- **Heizkörper mit Thermostatventilen ausrüsten.**
- **Alte Heizungsanlagen sollte man modernisieren lassen. Dies betrifft vor allem den Kessel, den Brenner und die zugehörige Regelungstechnik.**
- **Speichervolumen für die Warmwasserbereitung wegen Wärmeverlusten nicht zu groß wählen.**
- **Thermostate von Heizungen und Warmwasserspeichern sollte man auf Frostschutzstellung drehen, wenn man länger abwesend ist, da sonst immer wieder aufgeheizt wird.**
- **Bei Gasgeräten die Zündflamme abschalten.**
- **Den Umwälzbetrieb bei zentraler Warmwasserbereitung mit Zirkulationsleitung oder Heizband während der Nacht und im Urlaub über eine Zeitschaltuhr unterbrechen, ebenso die Stromversorgung.**

erkundigen, ob man öffentliche Fördergelder von Stadt, Land oder Bund erhalten kann.

Störungen an Heizkörpern Wenn ein Heizkörper nur teilweise warm wird, dann muß er in den meisten Fällen nur entlüftet werden. Das durch die überschüssige Luft entstandene Luftpolster behindert den Heizwasserfluß. Das Entlüftungsventil befindet sich am oberen Teil des Heizkörpers gegenüber vom Thermostatventil. Es kann in der Regel nur mit einem speziellen Vierkantschlüssel geöffnet werden, den man vom Heizungsbauer oder im Baumarkt erhält. Man öffnet das Ventil mit dem Vierkantschlüssel und dreht es sofort wieder zu, wenn Wasser nachläuft.

Zum Entlüften mit einem speziellen Vierkantschlüssel das Entlüftungsventil öffnen.

▸ Hat man mehrere Heizkörper entlüftet, dann muß unbedingt der Druck im Heizungssystem kontrolliert werden. Falls nötig, Wasser nachfüllen.

▸ Wenn im ganzen Haus die Heizkörper kalt sind, kann das an Schlammablagerungen liegen, die infolge von starker Korrosion entstanden sind und nun die Zirkulation des Wassers behindern. Um den Schaden zu beheben, muß der Fachmann eingeschaltet werden.

▸ Werden Heizkörper am Ende eines längeren Heizungsstranges nicht warm, obwohl man gerade entlüftet hat, ist die Heizungsanlage nicht oder nicht richtig einreguliert. Den Fachmann kommen lassen! Bei neuen oder sanierten Anlagen sollte man dazu den Gewährleistungszeitraum nutzen, denn die Einregulierung gehört zu den vertraglichen Pflichten des Heizungsbauers.

▸ Tritt an einer Anschlußverbindung am Heizkörper Wasser aus, versucht man zunächst, die Verschraubung mit einer Rohrzange oder einem Schraubenschlüssel anzuziehen. Tritt weiterhin Wasser aus, muß man die Heizungsanlage entleeren, die Anschlußverschraubung lösen und die Dichtungen reinigen bzw. erneuern. Ist das Entleeren der Heizungsanlage im Moment nicht möglich oder will man die Reparatur dem Fachmann überlassen, kann man die tropfende Stelle provisorisch durch ein Dichtungsband sichern.

Eine undichte Stelle am Heizkörper läßt sich provisorisch mit einem Dichtungsband abdichten.

Geräusche in der Heizungsanlage Wenn es in der Heizungsanlage knackt oder knarrt, dann können sich Rohrleitungen in der Wand oder im Fußboden nicht richtig ausdehnen. Vielleicht wurden die Rohre bei der Montage eingeklemmt oder nicht richtig gedämmt. Dann den Fachmann möglichst im Gewährleistungszeitraum rufen. Es ist nur möglich, den Schaden zu beheben, wenn man die in Frage kommenden Bereiche eingrenzen kann. Die Reparatur ist aufwendig, weil Wände oder Böden aufgeschlagen werden müssen.

▸ Wenn in der Rohrleitung und im Heizkörper plätschernde Geräusche zu hören sind, befindet sich Luft im Rohrnetz. Dann sollte man sowohl an den Heizkörpern als auch am Entlüftungsventil im Heizraum entlüften. Tritt dieses Plätschergeräusch sehr häufig auf, dann sollte an zentraler Stelle ein automatisches Entlüftungsventil installiert werden.

STROM

VORSICHTSMASSNAHMEN BEIM UMGANG MIT STROM

▸ Arbeiten an stromführenden Leitungen und Geräten dürfen nur von Fachleuten ausgeführt werden. Nur sie können die damit verbundenen Gefahren richtig abschätzen und sind über alle geltenden Sicherheitsbestimmungen informiert.

▸ Schäden, die durch nicht sachgemäße Arbeiten von Laien entstehen, werden von keiner Versicherung bezahlt.

▸ Jede selbstausgeführte Reparatur muß vom Fachmann überprüft und abgenommen werden, sonst besteht kein Versicherungsschutz. Dies gilt auch für selbstverlegte Leitungen.

Material und Werkzeug Beim Kauf von elektrischen Geräten, Kabeln oder Reparaturmaterial unbedingt darauf achten, daß man nur geprüftes und mit dem VDE-Prüfzeichen – möglichst in Verbindung mit dem GS-Prüfzeichen – ausgestattetes Material erwirbt.

▸ Nur isoliertes und geprüftes Werkzeug verwenden.

Vor der Arbeit Bevor mit Reparaturen oder elektrischen Installationsarbeiten begonnen wird, muß grundsätzlich die Stromversorgung der betreffenden Anlage unterbrochen werden: Die Sicherung herausnehmen oder abschalten.

▸ Damit andere nicht versehentlich die Sicherung wieder einschalten, nimmt man sie mit oder schließt den Raum ab, in dem sich der Sicherungskasten befindet.

▸ Um den Stromkreis gegen Wiedereinschalten durch Dritte zu sichern, sollte man ein Schild mit einem entsprechenden Hinweis an den Sicherungskasten hängen.

▸ Leitungsschutzschalter sichert man zusätzlich mit einem Streifen Klebeband.

▸ Bei der Arbeit an elektrischen Anlagen sollte man auf einen isolierten Stand achten. Ist eine Anlage doch noch nicht stromlos, kann der Strom dann nicht durch den Körper in den Boden abfließen, und man ist geschützt. Als Untergrund eignet sich eine Gummifußmatte aus dem Auto.

▸ Sicherheitshalber noch einmal mit einem Spannungsprüfer oder einem Spannungsmeßgerät kontrollieren, ob die Anlage, an der man arbeiten will, stromlos ist.

▸ Für Arbeiten in Badezimmern gelten sehr strenge Vorschriften, über die man sich vor der Arbeit mit Hilfe von aktueller Fachliteratur genauestens informieren muß.

Brand Sofern möglich, im Brandfall die Anlage zuerst stromlos machen und dann löschen.

▸ Ist der Strom nicht abzuschalten, kann man dennoch Wasser zum Löschen verwenden. Da Wasser jedoch den elektrischen Strom leitet, sollte man einen Wassereimer benutzen und den Inhalt aus möglichst großer Entfernung auf die Flammen schütten.

▸ Löscht man mit einem Wasserschlauch, die Düse auf Sprühstrahl stellen, damit der Wasserstrahl nicht als Leiter dienen kann.

▸ Auch Kohlendioxid- und Pulverfeuerlöscher sind zum Löschen geeignet.

▸ Da bei einem Kabelbrand durch verbrennende Kunststoffe gefährliche Gase entstehen, muß nach dem Brand gut gelüftet werden. Hat man viel Rauch eingeatmet, sollte man auf jeden Fall einen Arzt aufsuchen.

SICHERUNGEN

▸ Zu den Sicherungsarten gehören Schmelzsicherungen, Leitungsschutzschalter, Feinsicherungen und Schraubautomaten, die heute kaum mehr verwendet werden. Plant man eine elektrische Anlage, muß anhand der Belastbarkeit ihrer einzelnen Bauteile die Zahl und Art der Sicherungen festgelegt werden. Hierbei sollte man auf jeden Fall einen Fachmann zu Rate ziehen.

▸ Soll eine elektrische Anlage erweitert werden, muß man mit Hilfe eines Fachmanns prüfen, ob die Erweiterung durch bestehende Sicherungen ausreichend abgesichert ist oder ob neue installiert werden müssen.

▸ Elektrische Anlagen sind heute zusätzlich mit einem Fehlerstrom-Schutzschalter (FI-Schalter) ausgestattet, mit dem die meisten bestehenden Anlagen nachgerüstet werden können. Er sichert eine Anlage zusätzlich ab, da er wesentlich empfindlicher auf Fehlerströme reagiert als eine normale Sicherung.

Sicherung löst aus Lösen Sicherungen und Leitungsschutzschalter oft aus, ist meist eine Überlastung des Netzes oder ein Kurzschluß die Ursache.

Elektrischer Schlag

Der Gebrauch eines defekten Gerätes kann zu einem elektrischen Schlag beim Benutzer führen. Ein Helfer muß dann ruhig und systematisch vorgehen.

- **Wenn der Verletzte noch in Verbindung mit stromführenden Teilen steht, zunächst den Strom abstellen. Dazu entweder den Stecker des Gerätes ziehen oder die Sicherung herausnehmen. Auf keinen Fall den Schalter am Gerät benutzen; er könnte die Ursache des Unfalls sein.**
- **Kann der Strom nicht abgeschaltet werden, stellt man sich auf isolierendes Material (z. B. trockenes Holz oder eine Gummimatte) und zieht den Verunglückten an der Kleidung aus der Gefahrenzone. Man kann ihn auch mit einem Besen oder einem trockenen Holzstiel wegschieben. Den Verunglückten nie am Körper anfassen!**
- **Ist der Verunglückte bewußtlos, muß man ihn eventuell beatmen und in die stabile Seitenlage bringen.**
- **Einen Arzt rufen.**

▸ Ist die Sicherung stark erwärmt, liegt wahrscheinlich eine Überlastung vor. Dann muß man den Stromkreis entlasten. Hierzu – sofern möglich – einzelne Verbraucher ausschalten oder anderen Stromkreisen zuordnen.

▸ Liegt ein Kurzschluß vor, müssen alle zum Stromkreis gehörenden Verbraucher abgeschaltet werden. Löst die Sicherung bzw. der Leitungsschutzschalter nun immer noch aus, liegt ein Defekt im Leitungsnetz vor, der nur vom Fachmann beseitigt werden kann. Ist dies nicht der Fall, die anderen Verbraucher des Stromkreises nacheinanander wieder einschalten. Wird dabei das defekte Gerät eingeschaltet, löst die Sicherung erneut aus. Der Fehler im Gerät kann ebenfalls nur von einem Fachmann behoben werden.

BELEUCHTUNGSKÖRPER UND LEUCHTMITTEL

▸ Leuchtmittel sind in verschiedenen Lichtfarben erhältlich. Jede Lichtfarbe bewirkt eine andere Farbwiedergabe. Härtere Lichtfarben wie Tageslichtweiß und Neutralweiß sind vor allem für Arbeitsbereiche geeignet, weichere Lichtfarben wie Warmweiß eher für Wohnräume.

▸ Bei Leuchten, die man in der Nähe von brennbaren Stoffen wie Vorhängen oder Sitzgruppen anbringen möchte, muß man immer auf einen ausreichenden Sicherheitsabstand achten. Dies gilt vor allem beim Einsatz von Strahlern und Glühlampen, die sehr viel Wärme abgeben.

Halogen-Glühlampen Da Fettablagerungen auf den Glaskolben von Halogen-Glühlampen wegen der großen Hitze beim Betrieb der Lampen einbrennen, darf man die Glaskolben beim Lampenwechseln nicht mit den Fingern berühren. Wenn man die Lampen einsetzt, faßt man sie deshalb am besten mit einem Läppchen oder einem Stück Papier an.

Ein Läppchen schützt den Glaskolben einer Halogen-Glühlampe vor Verunreinigungen.

Glühlampen Will man eine alte Glühlampe herausdrehen, kann manchmal, wenn das Gewinde festsitzt, der Kolben der Lampe abbrechen. In diesem Fall die Sicherung des betreffenden Stromkreises herausnehmen oder abschalten. Dann an der Lampe mit einem Spannungsprüfer feststellen, ob die Leitung wirklich stromlos ist. Schließlich mit einer geeigneten Zange die Fassung herausdrehen.

Wenn die Sicherung abgeschaltet wurde, kann man die Fassung einer zerbrochenen Glühlampe mit einer Zange herausdrehen.

Pendelleuchten Bei der Reinigung von Pendelleuchten führt man das Staubtuch um den Leuchtenschirm herum. Den Leuchtenschirm nicht drehen, da hierbei das Zuleitungskabel verdreht und beschädigt werden könnte.

Stromschienensysteme Eine Alternative zu normalen Beleuchtungskörpern, die viele Variationsmöglichkeiten bietet, stellen Leuchten dar, die in Stromschienensysteme integriert werden. Die Beleuchtungskörper werden hier durch Stromabnehmer angeschlossen und können innerhalb der Schienen beliebig verschoben werden. Die Schienen selbst können mit Hilfe von Kupplungen und Winkeln erweitert werden.

Eine Lampe anschließen Bevor man das Kabel einer Lampe

anschließen kann, muß man zunächst etwa 6 mm der inneren Isolierung aller Drähte entfernen. Dann auf jeden Draht Aderendhülsen mit der Aderendhülsen-Preßzange anpressen.

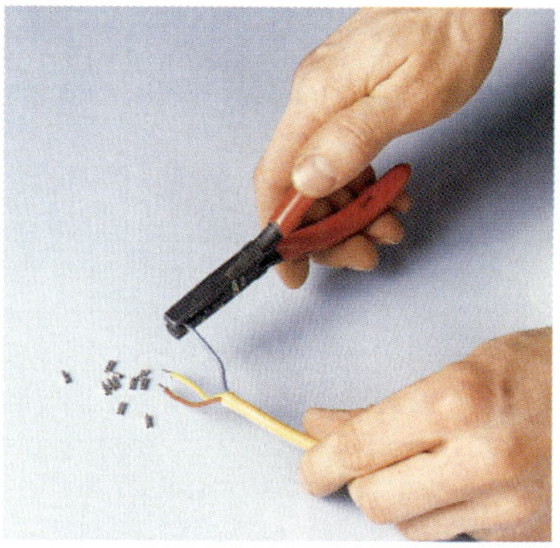

Die einzelnen Adern des Lampenkabels mit Aderendhülsen versehen.

▸ Um die einzelnen Adern des Lampenkabels mit denen der stromzuführenden Leitung zu verbinden, verwendet man am besten Lüsterklemmen. Bevor man die Lampe anschließt, muß auf jeden Fall die Sicherung abgeschaltet werden.

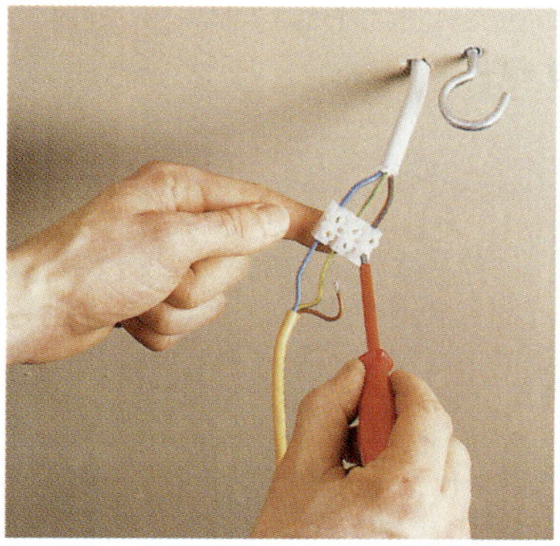

Mit Hilfe von Lüsterklemmen lassen sich die Adern von Kabeln am schnellsten verbinden.

KABEL UND LEITUNGEN

▸ Fehler im Leitungsnetz sind eine Gefahrenquelle, da es z. B. zu einem Brand kommen kann. Deshalb muß ein selbstverlegtes Leitungsnetz auf jeden Fall von einem eingetragenen Elektromeister abgenommen werden.

Verlegen Vor dem Verlegen den richtigen Leitungstyp für den jeweiligen Zweck zusammen mit einem Fachmann auswählen.

▸ Leitungen und Leerrohre werden meist unter Putz verlegt, d. h. in die Wand eingelassen. Man kann Leitungen aber auch hinter Wandverkleidungen, in speziellen Kabelschächten und in abgehängten Decken verlegen.

▸ Beim Verlegen von Leitungen oder Kabeln muß man aus Sicherheitsgründen bestimmte Regeln beachten: Leerrohre, Kabel oder Leitungen müssen an den Wänden waagrecht oder senkrecht geführt werden. Für Fußböden und Decken gibt es zwar keine Vorschriften zur Leitungsführung, damit man aber später den Verlauf der Leitungen wieder ermitteln kann, sollte man hier auf rechtwinklige Verlegung achten.

▸ Leitungen soweit möglich in den Ecken der Räume oder dicht neben den Türen verlegen.

WERKZEUGE FÜR ELEKTROARBEITEN

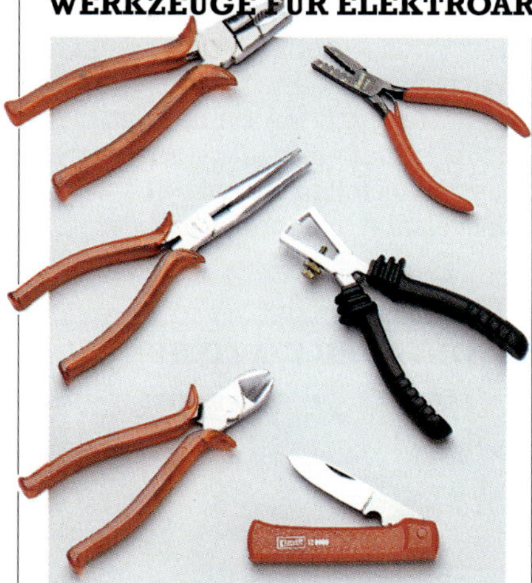

Neben einem Messer braucht man zur Arbeit mit Elektrokabeln auch einen Seitenschneider, eine Spitzzange, eine Kombizange, eine Aderendhülsen-Preßzange und eine Abisolierzange.

Mit dem Spannungsprüfer ermittelt man, ob eine Spannung anliegt, mit dem Durchgangsprüfer, ob eine Verbindung besteht, und mit dem Phasenprüfer, wo – beispielsweise an der Steckdose – die Phase ist.

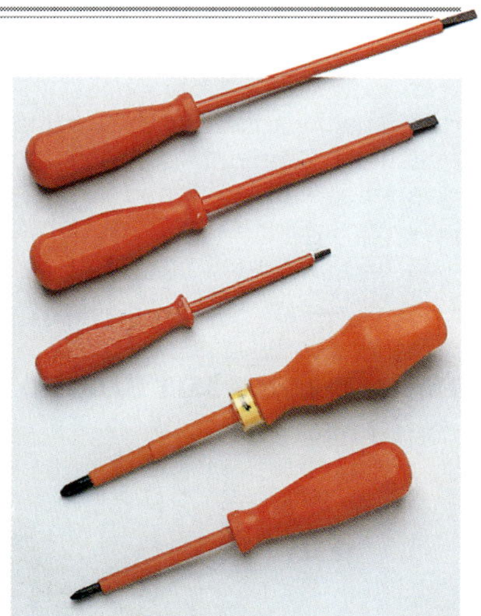

Schraubendreher, die bei Elektroarbeiten verwendet werden, müssen unbedingt auch am Schaft isoliert sein. Praktisch sind ein Satz normaler Schraubendreher und ein Satz Kreuzschlitzschraubendreher.

▸ Beim Verlegen keine zu scharfen Biegungen ausführen. Diese vermindern die Lebensdauer der Leitungen. Außerdem kann es an engen Biegungsstellen zu starker Erwärmung kommen.

▸ Das meist in Rollen erhältliche Material sorgfältig abrollen, damit es sich nicht in sich selbst verdreht.

Unterputz-Leerrohr-Installation Installationsrohre, in die nachträglich Leitungen eingezogen werden können, sind in Stahl, Aluminium und flexiblem oder starrem Kunststoff erhältlich.

▸ Verlegt man flexibles Material, verwendet man bei Biegungen am besten vorgefertigte Formstücke. Man kann die Winkel auch selbst biegen; dabei darf man diese jedoch nicht zu stark knicken, da sonst eventuell die Leitung nicht mehr hindurchgezogen werden kann.

▸ Schon während der Installation einen Zugdraht oder sogar schon die Leitung einziehen.

▸ Muß man in ein langes, bereits vorhandenes Leerrohr ohne Zugdraht nachträglich eine Leitung einführen, kann man zunächst ein spezielles Kunststoffband, das relativ hart, aber flexibel ist, langsam und gleichmäßig durch das Leerrohr hindurchschieben. Erreicht der Anfang des Bands das Ende des Leerrohrs, befestigt man am Band das Kabel, das man einziehen möchte, und zieht es durch das Rohr.

Aufbau von Leitungen und Kabeln Leitungen und flexible Kabel, mit denen elektrische Geräte angeschlossen werden, sind in den meisten Fällen dreiadrig. Wichtig ist dabei die Farbkennzeichnung der einzelnen Adern: Die stromzuführende Phase hat eine braune oder schwarze Ummantelung, der stromrückführende Mittelleiter eine hellblaue und der Schutzleiter eine grün-gelbe Isolierung.

Mantelleitung (NYM) Die Mantelleitung ist die am häufigsten verwendete Leitungsart. Sie ist mit bis zu zwölf Adern erhältlich und kann für Auf- und Unterputzinstallation sowohl in trockenen als auch in feuchten Räumen verwendet werden.

▸ Mantelleitungen dürfen in Beton verlegt werden, allerdings nur wenn dieser nach dem Einbringen nicht mehr gerüttelt oder gestampft wird.

▸ Auf kurzen Strecken dürfen Mantelleitungen in Schutzrohren im Erdreich verlegt werden. Das Schutzrohr muß allerdings wasserdicht, stabil und belüftbar sein. Außerdem muß immer die Möglichkeit bestehen, die Leitung im Fall eines Defekts leicht austauschen zu können.

▸ Mantelleitungen nie so installieren, daß sie direkter Sonneneinstrahlung ausgesetzt sind. Im Lauf der Zeit wird dadurch die Isolation zerstört.

▸ Für die Unterputzinstallation müssen meist Schlitze gefräst werden. Diese kann man mit Hammer und Meißel ausstemmen. Besser ist jedoch eine Schlitzfräse, mit der man die Breite der Schlitze genauer festlegen kann.

▸ Zur Befestigung von Mantelleitungen werden hauptsächlich Isolierstoffnagelschellen mit verschieden langen Stahlnadeln verwendet. In manchen Fällen können Mantelleitungen auch geklebt werden (z. B. auf Beton).

Stegleitung (NYIF) Die Stegleitung hat bis zu fünf Adern und wird in trockenen Räumen in oder unter Putz verlegt. Die Leitung muß im gesamten Bereich von einer mindestens 4 mm dicken Putzschicht bedeckt sein. Man kann sie auch in Hohlräumen aus nicht brennbaren und nicht leitenden Baustoffen verwenden. Die Installation auf oder unter Holz,

EINE LEITUNG MIT HILFE DES STAUBSAUGERS IN EIN INSTALLATIONSROHR EINZIEHEN

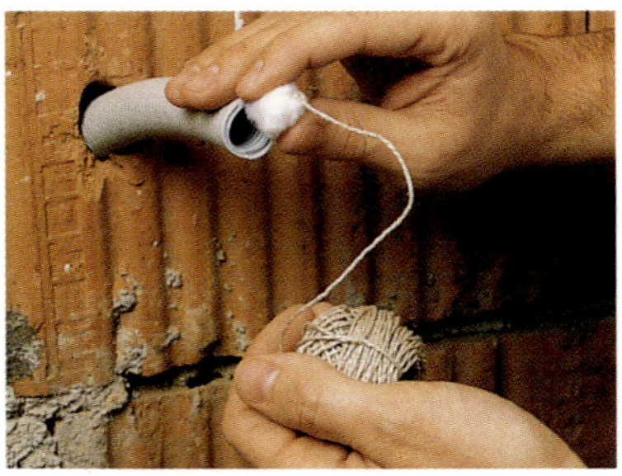

1. Einen Wattebausch an einer Schnur befestigen und ihn in das Leerrohr einführen.

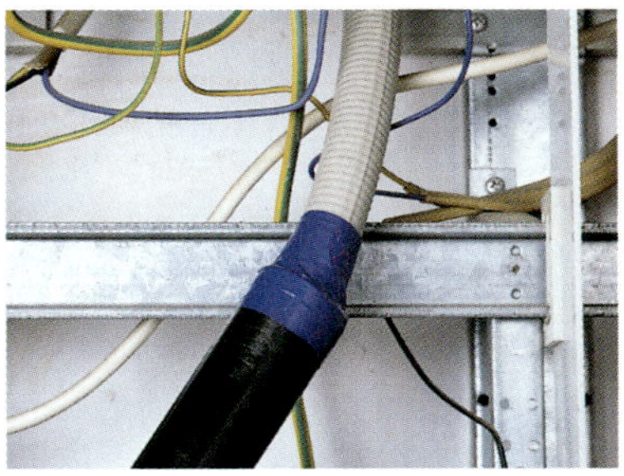

2. Am anderen Ende ein Staubsaugerrohr mit Klebeband am Leerrohr befestigen.

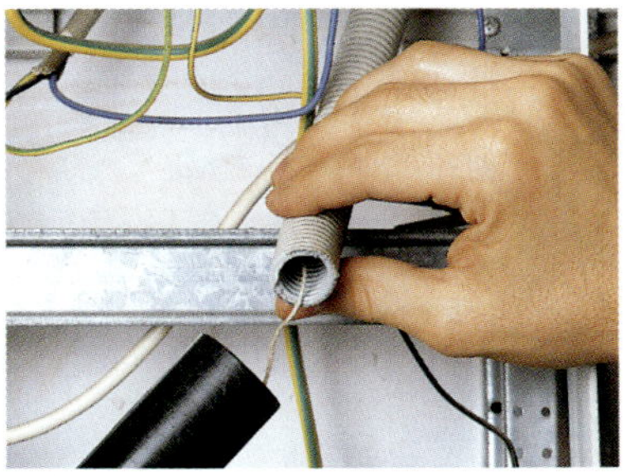

3. Watte und Schnur durch die Leitung saugen und am anderen Schnurende das Kabel befestigen.

Metall und sonstigen brennbaren oder leitenden Materialien ist nicht erlaubt.

▸ Stegleitungen werden mit Stegleitungskleber oder Sicherheitsnägeln mit Isolierstoffunterlegscheiben oder mit Gipspflaster befestigt.

▸ Um Beschädigungen der relativ empfindlichen Leitungen und starke Erwärmung zu vermeiden, Stegleitungen nicht bündeln oder in Rohren oder Kanälen verlegen.

Erdkabel (Kunststoffkabel, NYY) Erdkabel können bis zu 40 Adern enthalten und sind zur Verlegung im Erdreich, im Wasser und in Beton geeignet.

▸ Im Erdreich muß eine Grabentiefe von mindestens 60 cm eingehalten werden. Die Kabel werden dann in den Sand gelegt und mit Kabelschutzmanschetten oder Backsteinen abgedeckt.

▸ In Beton, der nach dem Einbringen gerüttelt wird, das Kabel mit Kabelbindern oder Draht sorgfältig an der Eisenarmierung befestigen.

▸ Kommt ein Erdkabel mit Wasser in Berührung, muß man darauf achten, daß am Ende des Kabels kein Wasser in die innere Isolierung gelangen kann.

Schwachstrom- und Kommunikationsleitungen Diese Leitungen müssen besonders sorgfältig, am besten in Schutzrohren, verlegt werden.

▸ Die Nähe zu Starkstromleitungen ist zu vermeiden. Insbesondere Leitungen, in denen Daten übermittelt werden, können durch die Magnetfelder der Starkstromleitungen gestört werden. Bei freier Verlegung sollte der Abstand etwa 10 cm betragen. In Kabelkanälen muß man Trennstege benutzen.

INSTALLATIONSGERÄTE

▸ Installationsgeräte wie Steckdosen, Schalter oder Dimmer sind in vielen verschiedenen Ausführungen bzw. Programmen im Fachhandel erhältlich. Vor dem Kauf sollte man sich deshalb ausführlich über das Angebot informieren.

▸ Installationsgeräte für die Unterputzmontage werden meist mit den bereits am Rahmen vorhandenen Spreizkrallen in der Unterputzdose befestigt. Eine Installation mit Geräteschrauben ist auch möglich. Die Schrauben werden dazu durch die Langlöcher im Steckdosenrahmen geführt und in den Schraubenlöchern der Unterputzdose befestigt. Beide Befestigungen sind auch bei der Kombination mehrerer Installationsgeräte möglich.

Schalter Für die unterschiedlichen Anwendungen in Haus oder Wohnung gibt es verschiedene Schaltungsarten, für die unterschiedliche Schalter verwendet werden müssen. Die Schalter sind auf ihrer Rückseite mit einer entsprechenden Kennziffer und mit Pfeilsymbolen für Ein- und Ausgang versehen.

▸ Soll eine Lampe nur von einem Schalter aus ein- und ausgeschaltet werden, nimmt man Schalter der Schaltungsart 1 (Ausschaltung).

▸ Werden von einem Schalter aus zwei Lampen unabhängig voneinander ein- und ausgeschaltet, benutzt man Serienschalter; hier sind zwei Ausschalter in ein Gerät integriert (Schaltungsart 5).

▸ Soll eine Lampe von zwei verschiedenen Stellen aus geschaltet werden können, muß man eine Wechselschaltung (Schaltungsart 6) vorsehen. Hierzu ist allerdings eine umfangreiche Verkabelung nötig.

EIN KABEL ÜBERPRÜFEN

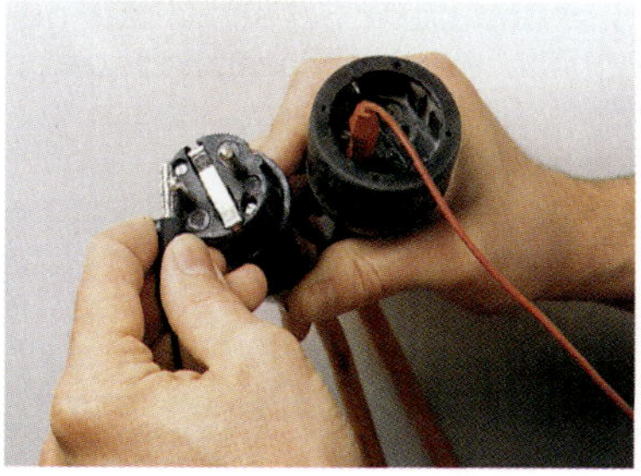

1. Mit dem Durchgangsprüfer nacheinander die Adern für Phase und Mittelleiter auf Durchgang prüfen.

2. Dann überprüfen, ob bei der Ader für den Schutzleiter Durchgang vorhanden ist.

3. Adern für Phase und Mittelleiter gegeneinander prüfen. Hier darf kein Durchgang vorhanden sein.

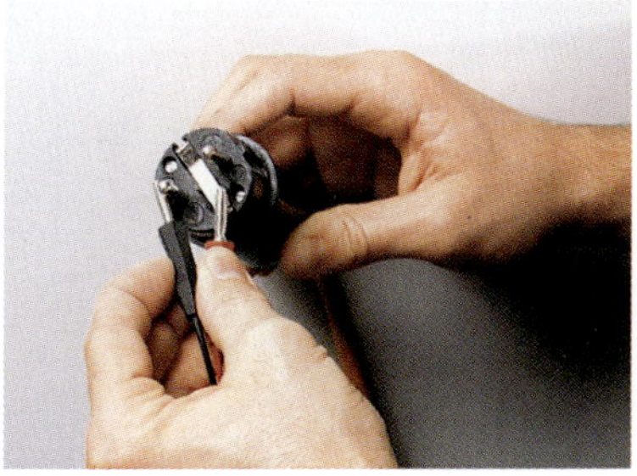

4. Zwischen Phase bzw. Mittelleiter und Schutzleiter darf kein Durchgang vorhanden sein.

‣ Bei einer erweiterten Wechselschaltung kann eine Lampe von drei und mehr Schaltern aus geschaltet werden. Zusätzlich zu den zwei Schaltern der Schaltungsart 6 können beliebig viele Kreuzschalter (Schaltungsart 7) eingebaut werden.

‣ Wechselschalter können auch als einfache Ausschalter verwendet werden.

‣ Für die korrekte Installation bestimmter Schaltungsarten ist unbedingt ein Fachmann nötig.

‣ Entsteht durch eine Fehlfunktion im Schalter ein Kurzschluß, verschweißen infolge der dabei auftretenden hohen Ströme manchmal die Kontaktbahnen des Schalters. Dieser Schalter kann nicht mehr repariert werden.

Schutzkontaktsteckdosen Um Zuleitungen anschließen zu können, sind Steckdosen entweder mit Schraub- oder Steckklemmen ausgestattet. Die Schutzkontaktsteckdosen mit Steckklemmen sind zwar etwas teurer, man spart jedoch bei der Arbeit mit diesen Modellen viel Zeit, insbesondere wenn mehrere Steckdosen angeschlossen werden müssen.

‣ Werden Steckdosen bei Malerarbeiten mit Farbe bestrichen, muß diese entfernt werden, bevor man die Abdeckung der Steckdose wieder aufsetzt.

Taster Bei diesem Schaltertyp springt die Schaltwippe sofort wieder in die Ausgangsstellung zurück, nachdem sie betätigt wurde. Taster werden insbesondere bei Treppenhaus-Zeitschaltungen und Stromstoßschaltungen verwendet.

Dimmer Dimmer sind elektronische Geräte zur Helligkeitssteuerung. Ausschalter können problemlos gegen Dimmer ausgetauscht werden, Taster jedoch nicht.

‣ Beim Kauf von Dimmern muß man beachten, daß für die Helligkeitssteuerung von Glühlampen, Leuchtstofflampen und Niedervoltlampen jeweils verschiedene Dimmer notwendig sind.

‣ Tritt an einem Dimmer eine Fehlfunktion auf, kann die eingebaute Sicherung des Gerätes defekt sein. Sie muß überprüft und gegebenenfalls gegen eine neue ausgetauscht werden. Für diesen Fall ist im Gehäuse des

EINE STECKDOSE NACH DEM STREICHEN SÄUBERN

1. Bereits vor dem Streichen den Strom abstellen. Nach dem Streichen grobe Farbreste abkratzen.

2. Danach mit feiner Glaswolle die restliche Farbe von den Schutzkontakten entfernen.

3. Abschließend die Abdeckung der Steckdose mit einem Schraubendreher wieder befestigen.

DIE SICHERUNG EINES DIMMERS ÜBERPRÜFEN

1. Zunächst muß man die Befestigungsmutter der Dimmerabdeckung lösen.

2. Dann den – meist roten – Sicherungshalter mit der Zange aus dem Dimmergehäuse ziehen.

3. Mit dem Durchgangsprüfer feststellen, ob die Sicherung noch in Ordnung ist.

Dimmers in der Kunststoffhalterung der Betriebssicherung auch noch eine Ersatzsicherung untergebracht.

▸ Ist die Betriebssicherung nicht defekt, liegt der Fehler meist in einem elektronischen Bauteil. Dann muß der Dimmer komplett ausgetauscht werden.

KLINGEL- UND SPRECHANLAGEN

▸ Klingelanlagen werden mit Schwachstrom betrieben. Bei Sprechanlagen gibt es Anlagen mit eigenem Schwachstromleitungsnetz und solche, die über das 220-V-Installationsnetz betrieben werden. Bei Schwachstromanlagen liegen die Spannungen und Stromstärken in einem Bereich, der für Menschen ungefährlich ist. Deshalb können Arbeiten an ihnen gefahrlos vom Heimwerker ausgeführt werden.

Netzgleichrichter Das Gerät wandelt die Netzspannung von 220 V in die für Sprech- und Klingelanlagen notwendigen 8–12 V um. Die Kleinspannung wird im Netzgleichrichter mit Hilfe von Feinsicherungen abgesichert. Bei Überlastung können diese ausfallen. Dann muß man die Sicherungen gegen die meist am Gerät angebrachten Ersatzsicherungen austauschen.

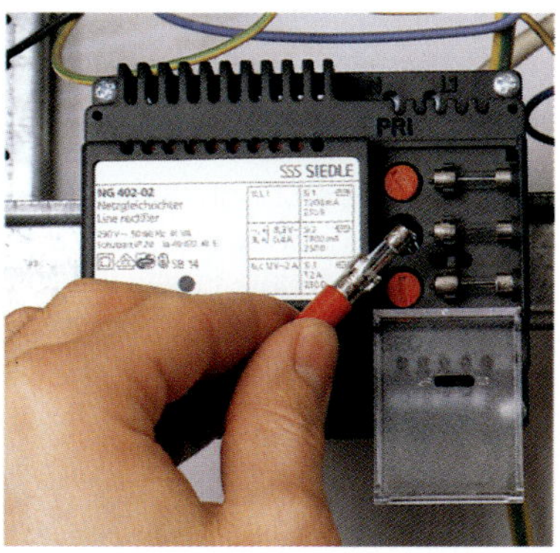

Defekte Sicherungen am Netzgleichrichter durch neue ersetzen.

Klingeldrücker Funktioniert die Klingel nicht mehr, kann es sein, daß die Klingeldrücker an den Kontaktflächen oxidiert sind. Um Abhilfe zu schaffen, besprüht man die Kontaktflächen mit einem Kontaktmittel.

▸ Sind die Kontakte am Klingeldrücker abgebrochen, muß man ihn ganz austauschen.

Sprechgeräte Beim Kauf einer Sprechanlage sollte man darauf achten, daß auf dem Sprechgerät für das Haus mindestens ein Taster zum Öffnen des Gartentors oder der Haustür vorhanden ist.

▸ Bei Außengeräten ist ein beleuchtetes Schriftfeld von Vorteil.

Leitungsnetz Gongs, Glocken oder Summer erzeugen, wenn sie in Betrieb sind, Erschütterungen. Diese können im Lauf der Zeit die Klemmverbindungen der Zuleitung lösen. Bei alten Zuleitungen besteht sogar die Möglichkeit eines Drahtbruchs. Im Fall eines Defekts daher die Klemmverbindungen überprüfen oder abgebrochene Drähte neu einklemmen.

STROM SPAREN

▸ Um Strom zu sparen, sollte man in Durchgangsfluren und Treppenhäusern Zeitschalter einbauen. Dadurch brennen die Leuchten nicht unnötig lange.

▸ Eine Warmwasser-Zirkulationspumpe läßt sich über eine Zeitschaltuhr stromsparender betreiben. Wenn kein warmes Wasser benötigt wird, schaltet die Pumpe ab.

▸ Kleine Wassermengen erwärmt man mit dem Tauchsieder stromsparend.

▸ Ab einer Brenndauer von zwei Stunden täglich sollte man Energiesparleuchten einsetzen.

Energiesparlampen

Um Strom zu sparen, sollte man Energiesparlampen verwenden.

Es gibt sie in vielen Formen und Größen, sie können jedoch noch nicht alle Glühlampentypen ersetzen. Stromsparlampen sind zwar teurer als Glühbirnen, aber durch eine etwa fünfmal höhere Lebensdauer und einen etwa 80 % geringeren Stromverbrauch gibt man auf lange Sicht deutlich weniger Geld aus.

Will man Glühlampen durch Sparlampen ersetzen, benötigt man bei den Sparlampen kleinere Wattzahlen, z. B.:

Sparlampe	Glühlampe
7 W	40 W
11 W	60 W
15 W	75 W
20 W	100 W

▸ Durch das Einsetzten von Dimmern kann Strom gespart werden, denn wenn man Leuchten mit Hilfe eines Dimmers herabregelt, sinkt mit der Helligkeit auch der Stromverbrauch.

SOLARANLAGEN

▸ Sonnenenergie läßt sich mit Sonnenkollektoren in Wärme und mit photovoltaischen Anlagen direkt in Strom umwandeln. Diese Energiegewinnung ist umweltfreundlich und wird durch technische Fortschritte ständig verbessert und billiger. Deshalb sollte man sich stets über den neusten Stand der Technik informieren.

▸ Besonders praktisch ist der Einsatz von photovoltaisch mit Strom versorgten Geräten dort, wo keine Steckdose zur Verfügung steht (wie z. B. beim Camping). Erhältlich sind u. a. Solarleuchten, Solarbatterieladegeräte oder Solarwasserpumpen.

FLACHDACH

▸ Ein Flachdach hat in der Regel eine geringere Lebensdauer als ein geneigtes Dach. Daher ist die Wartung und Pflege sehr wichtig.

Dachinspektion Mindestens einmal jährlich – am besten im Frühjahr – sollte man das Dach sorgfältig überprüfen.

▸ Bei der Inspektion das Dach von Laub, Ästen und Verschmutzungen befreien. Eventuell vorhandener Pflanzenbewuchs wie Gras, Moos oder kleine Büsche muß entfernt werden. Denn insbesondere ältere Flachdächer haben oft noch Dachabdichtungen, die von Pflanzenwurzeln beschädigt werden können.

▸ Fehlende Deckschichten wie Kies sofort ergänzen, da die abdichtenden Bahnen vor Sonnenlicht geschützt werden müssen. Besonders Winkel und Kanten etwa bei Lichtkuppeln oder Kaminen sind genau zu überprüfen.

Wo die abdichtenden Bahnen offen liegen, sofort die Deckschicht ergänzen.

▸ Benutzt man eine Schubkarre, um größere Mengen an Deckmaterial zu transportieren, darf man nur auf einer Bretterlage fahren, da sonst die Dachabdeckung beschädigt wird.

Mit der Schubkarre sollte man auf dem Dach nur auf einer Bretterlage fahren.

Feuchtigkeit Hat das Dach schon solche Schäden, daß Feuchtigkeit eindringt, muß sofort Abhilfe geschaffen werden. Reparaturen in diesem Fall nur vom Fachmann durchführen lassen.

Größere Reparaturen Braucht man für Arbeiten am Flachdach Handwerker, sollte man mindestens drei Kostenvoranschläge einholen. Keine Pauschalangebote annehmen, sondern auf Aufschlüsselung der einzelnen Leistungen bestehen.

▸ Bei Auftragserteilung Gewährleistung nach dem Bürgerlichen Gesetzbuch (BGB) verlangen und schriftlich festhalten lassen. Dann beträgt die Gewährleistungsfrist fünf Jahre, d. h., fünf Jahre lang kann der Handwerker für auftretende Mängel seiner Reparatur haftbar gemacht werden. Versäumt man diese Festlegung, richtet sich die Gewährleistungsfrist nach der Verdingungsordnung für Bauleistungen (VOB); sie beträgt dann nur zwei Jahre.

GENEIGTES DACH

▸ Geneigte Dächer halten im allgemeinen länger als Flachdächer. Dennoch müssen auch sie von Zeit zu Zeit auf ihren Zustand überprüft werden.

Routinekontrolle Um Bauschäden durch eindringende Feuchtigkeit zu verhindern, sollte das Dach regelmäßig von innen inspiziert werden. Undichte Stellen lassen sich am leichtesten bei einem starken Regen lokalisieren.

▸ Für eine Kontrolle von außen muß man nicht unbedingt auf das Dach klettern: Man kann von Dachfenstern aus schauen, eine Leiter von unten anlegen oder von umliegenden Gebäuden aus mit einem Fernglas die Dachziegel überprüfen.

Schadhafte Dachziegel Risse in Dachziegeln sind nach kurzen Regenschauern am besten zu erkennen, da sich das Deckmaterial im Bereich der Risse durch eingedrungenes Wasser verfärbt. Solche Dachplatten am besten sofort austauschen.

▸ Helle Flecken zeigen Verunreinigungen im Dachziegelmaterial an, durch die Wasser eindringen kann. Solche Ziegel möglichst bald erneuern.

▸ Hat sich bei Dachziegeln die oberste Schicht abgelöst, ist dies ein Anzeichen für Frostschäden durch eingedrungene Feuchtigkeit. Solche Dachziegel sollte man unverzüglich ersetzen.

Dachziegelbedarf Nicht nur die Größe, sondern auch die Art der Ziegel bestimmt die Anzahl, die man benötigt. Bei Betondachsteinen rechnet man pro Quadratmeter etwa zehn, bei Falzziegeln 16, bei Hohlpfannen 15 und bei Biberschwanzplatten 36 Stück.

Dachziegel kaufen Unabhängig davon, ob ein Dach neu gedeckt oder teilweise erneuert wird, sollte man bereits beim Kauf des Deckmaterials eine gewisse Anzahl von Ersatzziegeln für spätere Reparaturen einkalkulieren.

▸ Braucht man Deckmaterial, das nicht mehr hergestellt wird, lohnt sich der Weg zu verschiedenen Baustoffhändlern und Dachdeckern, um dort nach Restbeständen zu fragen.

▸ Abrißunternehmer haben häufig ein größeres Sortiment gebrauchter Dachziegel am Lager.

▸ Beim Kauf gebrauchter Dachziegel sollte man jeden einzelnen auf seinen Zustand überprüfen. Dachziegel mit Rissen erkennt man daran, daß sie einen scheppernden Klang erzeugen, wenn man dagegen klopft.

Schadhafte Dachziegel scheppern, wenn man dagegen klopft.

Ersatzziegel lagern Ersatzziegel dürfen nicht ungeschützt im Freien gelagert werden, da sie sich sonst bei Regen mit Wasser vollsaugen und durch Frost zerstört werden können.

▸ Am besten lagert man sie auf dem Dachboden. Dort sind sie witterungsgeschützt und im Fall eines Schadens sofort zur Hand. Man stapelt die Ziegel auf untergelegte Latten.

Ersatzziegel werden stapelweise auf untergelegte Latten gesetzt.

Umdecken Ist kein farblich passender Ersatz zu beschaffen und befinden sich die schadhaften Dachziegel an einer auffälligen Stelle, nimmt man für die Reparatur Dachziegel von Erkern, Nebengebäuden oder Vordächern. Diese Flächen deckt man dann komplett mit neuem Material ein.

▸ Bei der Auswahl des neuen Materials ist zu beachten, daß Dachziegel, Betondachsteine oder Faserbetonplatten immer nur bei ganz bestimmten Dachneigungsbereichen verwendet werden dürfen. Die Hersteller geben in der Regel den Mindestwinkel an, bis zu dem man ihre Ziegel verlegen kann. Ansonsten fragt man im Fachhandel nach.

Dachanschlüsse und Verwahrungen Reparaturen am Dach sollte man damit verbinden, auch alle Dachanschlüsse und Verwahrungen (Verbindungsbleche in Ecken und Winkeln) auf Beschädigungen zu überprüfen.

Dachrinnen Damit es im und am Haus nicht zu Feuchtigkeitsschäden kommt, müssen alle Dachrinnen in regelmäßigen Abständen kontrolliert und nötigenfalls gereinigt werden.

▸ Bei verzinkten Regenrinnen sollte man zur Reinigung verstopfter Fallrohre immer eine kunststoffbeschichtete Reinigungsspirale verwenden, die bei Fachbetrieben ausgeliehen werden kann. Niemals mit einem Draht in die Fallrohre stoßen, da die verzinkte Oberfläche sonst beschädigt und die Haltbarkeit der Fallrohre vermindert wird.

▸ Alle Dachrinnen und Fallrohre nach dem Reinigen mit reichlich Wasser ausspülen.

▸ Damit die Fallrohre bis zur nächsten Reinigung nicht verstopfen, die Schmutzfänger aus Kunststoff, Kupfer oder rostfreiem Edelstahl auf Beschädigungen überprüfen und nötigenfalls ersetzen.

SICHERES ARBEITEN AM UND AUF DEM DACH

▸ Gehwege und Straßen, die am Gebäude entlangführen, sind möglichst abzusperren; in jedem Fall Warnschilder aufstellen.

▸ Bei allen Arbeiten auf einem geneigten Dach sollte man sich unbedingt anseilen und von einem Helfer sichern lassen.

Bei Dacharbeiten sollte man sich mit einem speziellen Gurt von einem Helfer sichern lassen.

Dachziegel von innen auswechseln Ist das Dachgeschoß nicht ausgebaut, kann man beschädigte Dachziegel leicht von innen austauschen, wenn sie nur in die Dachlatten eingehängt sind.

▸ Einzelne Dachziegel lassen sich am einfachsten herausnehmen, wenn ein Helfer die seitlich und oben angrenzenden Ziegel leicht anhebt. Dann kann man selbst den schadhaften Dachziegel vorsichtig von der Dachlatte abheben und hereinziehen. Bei größeren Mengen arbeitet man von oben nach unten, da die Dachziegel schuppenförmig übereinanderliegen.

Dachziegel von außen auswechseln Ist kein geeignetes Dachfenster vorhanden, muß man einen Ausstieg herstellen oder mit einer Leiter aufs Dach steigen.

▸ Befinden sich in unmittelbarer Nähe des Hauses oder direkt am Dach Freileitungen, sollte man nicht selbst am Dach arbeiten, sondern Reparaturen lieber von Fachleuten durchführen lassen.

▸ Muß man große Teile des Daches bearbeiten, braucht man nicht das gesamte Deckmaterial auf einmal zu entfernen. Statt dessen deckt man nur im ersten Arbeitsabschnitt das Dach ab und stapelt das Material auf dem Dachboden. Ist die Arbeit im ersten Abschnitt fertig, hängt man die Eindeckung vom nächsten Abschnitt auf diesen um und macht so entsprechend weiter.

Leitern Um jederzeit sicher am Dach arbeiten zu können, lohnt sich die Anschaffung einer Aluminiumleiter, die so lang sein sollte, daß sie mindestens 1 m über den Dachrand hinausragt.

▸ Braucht man für aufwendigere Reparaturen mehrere Leitern, kann man sie bei Fachbetrieben oder speziellen Verleihfirmen ausleihen.

▸ Leitern, die an die Dachrinne gelehnt werden, haben keinen festen Halt und können Schäden an der Rinne verursachen. Daher besser einen Distanzhalter verwenden, der unterhalb der Traufe an die Hauswand gelehnt wird.

Der Distanzhalter gewährleistet einen sicheren Halt der Leiter an der Wand.

▸ Die Leiter steht mit einem Neigungswinkel von 68–75° am sichersten. Diesen Winkel findet man einfach, indem man sich quer zur angelehnten Leiter stellt, den Arm waagrecht zur Wand hin ausstreckt und den Unterarm abwinkelt. Die Leiter wird nun so ausgerichtet, daß sie eine gerade Verbindung von den Füßen zum Ellbogen bildet.

Die Leiter ist im richtigen Winkel aufgestellt, wenn sie eine Linie mit Ellbogen und Füßen bildet.

▸ Man kann die Leiter mit einem Seil an Haken in der Hauswand befestigen.

▸ Ist der Untergrund sehr weich, sollte man die Leiter auf ein Brett stellen, das man mit in den Boden getriebenen Pflöcken sichert. Damit die Leiter auf dem Brett nicht wegrutscht, nagelt man eine Querleiste darauf.

AUSSTIEG FÜR AUSSENARBEITEN AM DACH HERSTELLEN

1. Zusammen mit einem Helfer die Platten von oben nach unten herausnehmen.

2. Für den Durchstieg die Dachlatten zwischen den Sparren schräg absägen.

3. Nach der Reparatur die Lattenstücke wieder einsetzen und an den Sparren festnageln.

▸ An den Fuß der Leiter kann man schwere Gegenstände legen, etwa einen oder zwei Sandsäcke, große Gehwegplatten usw.

Zur Sicherung zwei Sandsäcke an den Fuß der Leiter legen.

▸ Von einem Fenster aus sichert man eine Leiter, indem man sie an ein Brett bindet, das von innen hinter den Fensterrahmen geklemmt wird. Um den Rahmen zu schützen, kann man die Enden des Brettes mit Stoff umwickeln.

Eine Leiter kann man mit Hilfe eines Brettes sichern, das man hinter den Fensterrahmen klemmt.

▸ Auf der Leiter nicht mit schweren oder unhandlichen Gegenständen hantieren, da man sehr schnell das Gleichgewicht verlieren kann. Am sichersten ist es, wenn man diese Gegenstände über einen Seil- oder Flaschenzug auf das Dach holt.

▸ Bei Arbeitsunterbrechungen ist die Leiter zu entfernen oder durch ein Brett zu sichern, damit sie nicht von Unbefugten bestiegen werden kann.

Dachleiter Aus Sicherheitsgründen sollte man auf geneigten Dächern nur mit speziellen Dachleitern arbeiten, die man in manchen Fachbetrieben auch ausleihen kann.

▸ Die Dachleiter sollte man keinesfalls in die Regenrinne stellen, sondern immer in die dafür vorgesehenen Dachhaken hängen.

Dachhaken Ist das Dach nicht mit Dachhaken versehen, empfiehlt es sich, diese nachträglich anzubringen. Das gilt insbesondere dann, wenn das Dachgeschoß ausgebaut wird, so daß man das Dach für Reparaturen nur noch von außen erreichen kann.

▸ Das Material der Dachhaken richtet sich nach dem Material der Dachrinnen: Sind diese etwa aus Kupfer, sollten auch die Dachhaken aus Kupfer sein. Unterschiedliche Materialien können zu Korrosionsschäden führen.

▸ Dachhaken werden in die Dachlatten eingehängt und in unmittelbarer Nähe eines Sparrens so angebracht, daß sie einen sicheren und festen Halt haben.

▸ Damit die einzelnen Ziegellagen trotz der Dachhaken flach aufeinanderliegen und kein Regen- oder Tauwasser eindringt, muß man die entsprechenden Dachziegel mit einem Winkelschleifer zurechtschneiden.

Gerüste Für umfangreiche Arbeiten am Dach muß stets das gesamte Haus eingerüstet werden.

▸ Ein Gebäude sollte ausschließlich von Fachleuten eingerüstet werden, denn der Gerüstbau ist nicht ganz ungefährlich; außerdem gelten besondere Vorschriften zur Unfallverhütung.

WÄRMEDÄMMUNG IM DACHGESCHOSS

▸ Baut man ein Dachgeschoß zu Wohnzwecken aus, sind Wärmedämmungsmaßnahmen baurechtlich vorgeschrieben. Je besser die Dämmung ist, desto weniger muß man heizen.

▸ Die Dämmstoffe – Hartschaumplatten, Mineralwolle, Kokosfaser, Kork, Holzweichfaserplatten, Cellulosedämmstoff u. a. – haben eine unterschiedliche Wärmeleitfähigkeit, die durch Kennzahlen zwischen 020 und 060 festgelegt ist. Dabei gilt als Faustregel: Je niedriger die Kennzahl, desto besser ist die Dämmeigenschaft des betreffenden Baustoffes.

▸ Beim Kauf des Dämmaterials sollte man sich über ökologische Aspekte beraten lassen und auch Auswirkungen auf die Gesundheit oder Probleme bei der Entsorgung beachten.

Mineralwolle Bei der Verarbeitung von Mineralwolle sind unbedingt Handschuhe, Atemschutz und eine Schutzbrille zu tragen. Denn die kleinen Fasern lösen sich leicht und reizen Haut, Augen und Atemwege.

▸ Die in Glas- und Steinwolle enthaltenen Zusatzstoffe können für Allergiker problematisch sein.

Unterspannbahn Um die Wärmedämmung vor Regenwasser oder Schnee zu schützen, bringt man von außen auf die Dachsparren durchgehende Unterspannbahnen auf – faserverstärkte Folien aus Kunststoff oder bituminöse Bahnen mit Gewebeeinlage. Diese Methode ist zwar aufwendig, weil man das Dach abdecken muß, bietet aber den wirkungsvollsten Schutz.

▸ Die Unterspannbahnen müssen genügend dampfdurchlässig sein, damit eventuell in die Wärmedämmung eingedrungene Feuchtigkeit verdunsten kann.

▸ Damit ein möglichst vollständiger Schutz der Wärmedämmung erreicht wird, sind die Unterspannbahnen an der Traufe (dem unteren waagrechten Rand des Daches) bis in die Dachrinne zu führen.

An der Traufe die Unterspannbahnen bis in die Dachrinne führen.

▸ Über die Unterspannbahnen nagelt man auf alle Sparren Konterlatten, die mindestens 24 mm, besser aber 30 mm dick sein sollten. So ist der Raum zwischen Dachdeckung und Spannbahn belüftet, und eingedrungenes Wasser kann leichter verdunsten.

Winddichtigkeit der Dämmung Unabhängig vom verwendeten Material muß die Dämmung fugenlos an die angrenzenden Bauteile anschließen. Alle Fugen, Spalten und Ritze sind sorgfältig zu verschließen und schadhafte Stellen fachgerecht auszubessern. Sonst kommt es zu starken Wärmeverlusten und Kondenswasserbildung, die zu erheblichen Bauschäden führen kann.

Dampfsperre Damit keine Luftfeuchtigkeit aus den beheizten Räumen in die Wärmedämmschicht eindringen kann, muß man zwischen dem Innenbereich des Hauses und der Wärmedämmung eine Dampfsperre anbringen. Sie darf keine Löcher, Fugen oder Risse haben.

▸ Dämmaterialien, die als Rollen- oder Plattenware geliefert werden, sind häufig bereits mit einer Dampfsperre versehen. Bei Mineralwolle ist dies beispielsweise die Trägerfolie aus Aluminium.

FASSADE INSTAND HALTEN

▸ Da die Fassade – so wie das Dach – in besonderem Maß der Witterung ausgesetzt ist, muß man sie regelmäßig und genau überprüfen. Vorhandene Schäden sollten sofort behoben werden, da sonst von außen Feuchtigkeit eindringen und die Bausubstanz beschädigen kann.

▸ Die Wetterseiten eines Gebäudes – meist in Süd- bis Westrichtung liegend – sowie Ecken und Nischen bei Türen und Fenstern sind besondere Schwachstellen.

▸ Ist der Putz weich, sehr rissig oder teilweise schon abgeplatzt, sollte man einen Fachmann um Rat fragen und statt eines Neuanstrichs eine Neuverputzung oder eine Fassadenverkleidung in Erwägung ziehen.

Fassade reinigen Fassaden sollten regelmäßig gereinigt werden. Für eine einfache Reinigung genügen Wasser und Bürste. Ist die Fassade stärker verschmutzt, kann man waschaktive Substanzen hinzufügen. Sehr intensiv ist die Reinigung mit einem Dampfstrahlgerät, das man in Baumärkten oder bei speziellen Baumaschinenverleihern mieten kann.

Sandender Putz Um festzustellen, wie stark ein Putz sandet, reibt man mit der Hand darüber oder drückt ein Klebeband darauf und zieht es wieder ab: Ist das Klebeband dicht mit Putz- und Farbteilchen besetzt, sollte man sich zu einem Neuanstrich mit Grundierung entschließen.

▸ Bei schwach sandenden Putzen trägt man vor dem Neuanstrich wäßrigen Tiefgrund satt auf.

▸ Bei stark sandenden Putzen grundiert man mit einem lösungsmittelhaltigen Tiefgrund.

MINERALWOLLE ALS WÄRMEDÄMMUNG IM DACH EINBRINGEN

1. Das Dämmaterial muß die Fläche zwischen den Sparren vollständig ausfüllen.

2. Die Stöße zwischen den Bahnen sorgfältig mit dem dazugehörigen Klebeband verschließen.

3. Bringt man die Verkleidung auf Konterlatten an, wird die Dampfbremse nicht beeinträchtigt.

Sanierung von Rissen und Löchern Damit die Beschichtungsmittel haften können, muß man den Untergrund säubern und von losen oder mürben Anstrichteilen befreien. Dann wird er mit lösungsmittelhaltigem Tiefgrund satt tränkend grundiert.

- Feine Risse, auch als Haar-, Netz- oder Schwindrisse bezeichnet, beschränken sich auf die oberste Zone der Putzschicht. Da sie oft mit bloßem Auge kaum zu erkennen sind, gießt man einige Tassen Wasser auf den Putz oder drückt einen Schwamm darauf aus: Die Risse werden als dunklere dünne Striche sichtbar. Man überdeckt die ganze Fläche mit einer Schicht Streichvlies, einer Art faserverstärkten Farbe. Dann trägt man eine Schicht spezielle Armierungsdeckfarbe auf.

- Einzelne, sehr tiefe Risse sollte man mit dem Trennschleifer aufschneiden und etwas erweitern, damit das Füllmaterial besser hält. Die Rißflanken werden entstaubt und grundiert. Dann füllt man den Riß mit Neoprenband bis ungefähr 1 cm unterhalb der Putzoberfläche. Man verschließt den Riß mit elastischer Fugenpaste und trägt eine Schicht Armierungsstreichvlies auf. Darauf kommt Armierungsdeckfarbe, die auf den vorhandenen Farbanstrich abgestimmt werden muß.

- Löcher oder Hohlräume, vor allem bei einem Rohraustritt aus der Wand, lassen sich gut mit PU-Schaum verschließen.

FASSADE STREICHEN

- Fassaden sollte man nicht bei extremen Witterungsverhältnissen streichen. Am besten führt man solche Arbeiten in der Zeit von Mai bis Oktober durch.

- In praller Sonne oder bei Regen sollte man nicht streichen.

- Vor dem Anstrich müssen Fenster, Rolladenkästen, Geländer, Wege und Gartenbeete abgedeckt werden.

- Anstriche auf Fassaden sind nur dauerhaft, wenn sie auf einem einwandfreien, trockenen und gereinigten Untergrund erfolgen.

- Es hat sich bewährt, die Farbe in senkrechten Bahnen mit einer breiten Rolle aufzutragen. Um Farbansätze zu vermeiden, sollte man einzelne, abgegrenzte Flächen ohne Arbeitsunterbrechung streichen.

- Seine Reichweite kann man erweitern, wenn man die Rolle auf einen Besenstiel steckt.

Dispersionsfassadenfarben Sie sind sehr witterungsbeständig und regendicht, aber nur wenig wasserdampfdurchlässig, so daß eventuell vorhandene Feuchtigkeit in der Wand nur schlecht verdunsten kann.

- Sie sind besonders für Oberflächen geeignet, die einer starken Belastung durch Umwelteinflüsse ausgesetzt sind.

- Sie lassen sich leicht verarbeiten, da sie umweltfreundlich, nicht ätzend und mit Wasser verdünnbar sind.

Silicatfarben Anstriche mit diesen Farben sind sehr wasserdampfdurchlässig und daher besonders für Fassaden geeignet, deren Mauerwerk viel Feuchtigkeit enthält. Die Farben nehmen Schmutz weniger an als Dispersionsfarben, sind aber auch weniger regendicht.

- Müssen historische Gebäude originalgetreu restauriert werden, ist die Verwendung von Silicatfarben vorgeschrieben.

- Silicatfarben halten nicht auf alten Dispersionsanstrichen.

RISSE AUSBESSERN

1. Den Riß vorsichtig mit Hammer und Meißel etwas erweitern und lose Teile entfernen.

2. Den Riß mit lösungsmittelhaltigem Tiefgrund einstreichen, damit das Füllmaterial gut haftet.

3. Mit einer Fugenpaste den Riß auffüllen; am einfachsten geht dies mit einer Tube mit Spitze.

4. Armierungsgewebe auflegen und überspachteln; zweimal eine spezielle Deckfarbe auftragen.

▸ Da Silicatfarben ätzend sind, muß man bei der Arbeit Augen und Hände schützen!

Siliconharzfarben Diese neuen, etwas teureren Farben sind sowohl regenabweisend als auch wasserdampfdurchlässig und umweltfreundlich. Sie können auf fast allen Putzen und Farben verwendet werden: Nach der Grundierung mit Siliconharztiefgrund folgt ein zweimaliger Anstrich mit Siliconharzfarbe.

▸ Siliconharzfarben sind leicht zu verarbeiten, da sie mit Wasser verdünnbar und nicht ätzend sind.

Kalkputzfassaden Frischen Kalkputz sollte man in den ersten beiden Jahren nur mit Silicatfarben streichen. Sie verbinden sich fest mit dem Untergrund, lassen die Feuchtigkeit des Putzes dennoch entweichen und gewährleisten so eine gute Erhärtung. Auf eine Schicht Grundierkonzentrat streicht man zweimal Silicatfarbe.

▸ Zwei Jahre alte Kalkputze kann man auch mit Dispersionsfarbe streichen, die man in zwei Schichten aufträgt.

Kalkzementputzfassaden Diese Putze kann man mit Dispersionsfarben streichen. Auf eine Schicht aus wasserverdünnbarem Tiefgrund werden zwei Schichten Dispersionsfassadenfarbe aufgetragen.

Zementputzfassaden Für Zementputz eignen sich vor allem Dispersionsfarben.

SICHTMAUERWERK

▸ Gebräuchliche Materialien für Sichtmauerwerk sind Vormauerziegel, Klinker, Keramikklinker und Kalksandstein. Um die Belastungen durch von außen eindringende Feuchtigkeit und die Auswaschung des Fugenmörtels zu reduzieren, sollte man das Mauerwerk mit einer farblosen Imprägnierung versehen. Sehr gut geeignet sind gelöste Siloxane. Der anfangs auf der imprägnierten Wand noch sichtbare Wasserabperleffekt geht meist schnell zurück, bedeutet aber kein Nachlassen der Schutzwirkung.

▸ Am besten imprägniert man satt tränkend bahnenweise von unten nach oben und – bevor das Mittel getrocknet ist – nochmals in umgekehrter Richtung.

▸ Will man Sichtmauerwerk streichen, trägt man einen lösungsmittelhaltigen Tiefgrund auf und streicht dann zweimal mit Acrylfassadenfarbe, einer hochgebundenen Dispersionsfarbe.

▸ Bei Kalksandsteinmauerwerk kann man die Fassade alternativ mit einer Schicht Grundierkonzentrat, im Verhältnis 1:1 bis 1:2 mit Wasser verdünnt, und zwei Schichten Silicatfarbe streichen.

▸ Bei Fassaden aus Klinkern und glasierten Steinen muß man die Oberfläche vor dem Streichen durch Sandstrahlung aufrauhen.

FASSADENVERKLEIDUNGEN

▸ Eine hinterlüftete Fassadenverkleidung ist sehr dauerhaft und reduziert zusammen mit einer Wärmedämmung den Wärmeverlust eines Hauses erheblich.

▸ Bringt man die Fassadenverkleidung nachträglich an, sollte man sich bei der Baubehörde über die geltenden baurechtlichen Bestimmungen und Auflagen erkundigen, da eine Verkleidung das Erscheinungsbild eines Gebäudes nachhaltig verändern kann.

▸ Als Unterkonstruktion befestigt man mit langen, stabilen Dübeln und entsprechenden Schrauben eine Grundlattung an der Wand. Damit die Fassade ausreichend hinterlüftet ist, muß die Grundlattung etwa 3 cm stärker sein als das Dämmaterial. Darauf kommt die Querlattung, an der anschließend das Fassadenmaterial befestigt wird.

Dachziegel Dieses Material bietet außer einem guten Witterungsschutz auch viele Gestaltungsmöglichkeiten.

▸ Die Ziegel werden mit ihren Nasen auf Dachlatten gehängt und müssen einzeln mit verzinkten Schrauben oder Nägeln befestigt werden. Manche Hersteller liefern die Ziegel mit vorgebohrten Löchern, ansonsten muß man sie selbst bohren.

▸ Bei der Verwendung von Falzziegeln wird der Lattenabstand der Querlattung durch die Falzabstände bestimmt.

▸ Bei Falzziegeln darauf achten, daß die einzelnen Ziegel sicher ineinandergreifen.

Falzziegel müssen so aufgehängt werden, daß sie sicher ineinandergreifen.

▸ Bei Biberschwanzziegeln kann der Lattenabstand beliebig gewählt werden, doch sollte eine Überdeckung von mindestens 6 cm gewährleistet sein.

▸ Bei einer einfachen Deckung mit Biberschwanzziegeln muß

man unter den Fugen Schindeln anbringen. Sonst kann Regen die Dämmung durchfeuchten.

Bei einfacher Deckung unter den Fugen Schindeln anbringen.

▸ Für die einfache Deckung benötigt man etwa 25 Biberschwanzziegel pro Quadratmeter.

▸ Wählt man die Lattenabstände so, daß die Ziegel doppelt übereinanderliegen, ist die Fassade allein durch die Biberschwanzziegel wind- und regendicht.

Bei einer doppelten Deckung mit Biberschwanzziegeln ist die Fassade auch ohne Schindeln dicht.

▸ Für eine doppelte Deckung benötigt man etwa 36 Biberschwanzziegel pro Quadratmeter.

Faserzementplatten Läßt man die Platten wie Biberschwanzziegel stumpf aneinanderstoßen, müssen die Fugen mit Bitumenpappe unterlegt werden, damit keine Feuchtigkeit eindringt.

▸ Bei einer schuppenförmigen Anordnung der Faserzementplatten ist es wichtig, daß der Plattenverlauf auf der Unterkonstruktion genau angezeichnet wird, damit man beim Befestigen nicht durcheinanderkommt. Zwischen den einzelnen Platten muß an den Stößen ein Raum von etwa 3 mm frei bleiben, da sich Faserzementplatten bei Wärme ausdehnen. Läßt man hierfür keinen Platz, zerbrechen die Platten aufgrund der Spannung.

Zwischen den Stößen 3 mm freien Raum lassen.

Holzverkleidung Schon vorhandene Holzverkleidungen muß man regelmäßig mit einem Holzschutzmittel behandeln, das wasserdampfdurchlässig, aber möglichst regenabweisend ist und gegen Pilzbefall schützt.

▸ Will man selbst eine Holzverkleidung anbringen, verwendet man sägerauhe Bretter, die man mit Schrauben oder Nägeln an der Unterkonstruktion befestigt. Damit sich das Holz durch Witterungseinflüsse nicht zu stark verzieht, sollten die Bretter mindestens 12 mm stark sein. Vor der Montage allseitig mit Holzschutzmittel streichen.

▸ Unmittelbar über dem Boden, dort wo das Regenwasser hochspritzt, sollte keine Holzverschalung angebracht werden, da die Bretter durch die Feuchtigkeit rasch verfaulen würden.

▸ Für die Befestigung der Deckbretter verwendet man Messingschrauben oder besser noch verzinkte Nägel, damit keine Rostflecken entstehen. Alle Bretter einer Holzverschalung müssen einzeln befestigt werden, so daß sie sich bei wechselnder Temperatur oder Luftfeuchtigkeit unabhängig voneinander bewegen können. Wenn möglich, bringt man die oberen Bretter so an, daß sie die Befestigung der darunterliegenden überdecken.

Alle Bretter einzeln befestigen, damit sie frei arbeiten können.

▸ Senkrechte Verschalungen sind besser als waagrechte, da Regenwasser leichter ablaufen kann.

Senkrechte Verschalungen lassen das Regenwasser besser ablaufen.

▸ Die Kanten am unteren Ende der Bretter, die den Abschluß über dem Boden bilden, abschrägen. An dieser Kante tropft das Regenwasser ab, ohne daß das Holz zu naß wird.

▸ Bei waagrechten Schalungen werden die Nägel oder Schrauben schräg von oben nach unten eingebracht. Die Überlappung der Bretter sollte 2 cm betragen.

Bei waagrechten Schalungen die Befestigungen schräg anbringen.

FASSADENBEGRÜNUNG

▸ Zur Belebung von intakten, aber eintönig wirkenden Fassaden bietet sich eine Begrünung mit Pflanzen an.

▸ Befürchtungen, die Bausubstanz könnte durch eine Fassadenbegrünung Schaden nehmen, sind unbegründet, sofern man geeignete Pflanzen verwendet. Bereits vorhandene Schäden müssen zuvor jedoch fachgerecht ausgebessert werden.

▸ Bei richtiger Pflanzenauswahl sind begrünte Fassaden dauerhafter als solche ohne Bewuchs.

▸ Zur Begrünung von hohen, schwer erreichbaren Fassaden eignen sich Pflanzen, die keine Kletterhilfe benötigen, wie etwa Efeu, Trompetenwinde, Kletterhortensie oder Wilder Wein.

▸ Kletterhilfen müssen dauerhaft, tragfähig, witterungsbeständig und auf den jeweiligen Pflanzentyp abgestimmt sein. So brauchen Rank- und Schlingpflanzen senkrechte Drähte oder Stäbe, an denen sie sich emporwinden können, während Flechter ihre Triebe durch Gitter oder Flechtwerk schieben.

▸ Damit die Pflanzen gut gedeihen und rasch ein dichter Bewuchs entsteht, müssen bei der Auswahl die Ansprüche an Licht, Wärme, Wasser und Boden berücksichtigt werden.

GARAGEN

▸ Ist die Garage schmal, kann man an den Wänden Schaumgummistreifen oder Teppichreste befestigen, um die Türen beim Aufmachen nicht zu beschädigen.

Streifen aus Schaumgummi schützen die Türen beim Aufmachen.

▸ Alte Reifen an der Rückwand können als Puffer dienen, falls man einmal zu weit oder etwas zu schnell in die Garage fährt.

Alte Reifen an der Rückwand der Garage können einen leichten Aufprall abmildern.

▸ Gibt es bei einer kleinen Garage Probleme beim Einparken, kann man sich so behelfen: Wenn das Auto die richtige Position erreicht hat, hängt man mit einer Schnur einen Tennisball so an die Decke, daß er die Frontschutzscheibe gerade noch berührt. An diesen „Markierungsball" fährt man dann entsprechend heran.

Ein Tennisball zeigt die richtige Position beim Einparken.

▸ Noch bequemer und sicherer ist eine kräftige Latte, die man auf den Boden schraubt und an die man heranfahren und genau einparken kann.

Fertiggaragen Garagen, die komplett geliefert werden, können zwar im Gegensatz zu gemauerten Garagen nicht nach individuellen Wünschen geplant werden, haben aber einige Vorteile: Sie sind preisgünstig und lassen sich schnell aufstellen; außerdem wird der baustatische Nachweis in der Regel von der Lieferfirma erbracht.

▸ Speziellen Anforderungen sind relativ enge Grenzen gesetzt. Dennoch gibt es auch bei Fertiggaragen verschiedene Ausführungen, z. B. Garagen mit geneigten Dächern. Das Aussehen kann man verschönern, indem man die Tore anstreicht oder die Wände begrünt.

▸ Bei entsprechenden baulichen Voraussetzungen kann man eine

Fertiggarage als Keller verwenden: Die Garage wird in der vorbereiteten Baugrube auf ein Fundament gesetzt. Außen wird eine Kellertreppe angebracht. Das große Tor wird zugemauert und eine normale Tür eingesetzt. Die Drainage wird mit der des Wohnhauses verbunden. Auf diesem Keller kann eine zweite Fertiggarage oder ein Unterstellplatz errichtet werden, wenn die baustatischen Voraussetzungen gegeben sind.

Boden der Garage Der Fußbodenbelag einer Garage sollte pflegeleicht, ölbeständig, undurchlässig und rutschfest sein.

▸ Fußbodenfliesen, etwa Klinkerplatten, sind zwar pflegeleicht und ölbeständig, aber nicht besonders rutschfest. Insbesondere wenn der Boden naß ist, kann es leicht zu Unfällen kommen.

▸ Fliesen mit rauherer und daher rutschfesterer Oberfläche sind weniger pflegeleicht und oft nicht ölabweisend.

▸ Bei gefliesten Böden besteht das Problem, daß die Fugen zwischen den Fliesen das Öl aufsaugen, so daß Flecken entstehen.

▸ Bewährt haben sich im Fachhandel erhältliche, ölbeständige Spezialanstriche, die nicht zu glatt und dennoch pflegeleicht sind.

▸ Ist Öl oder Benzin ausgelaufen, auf der betreffenden Stelle Sägemehl oder Katzenstreu verteilen. Wenn die Flüssigkeit aufgesaugt ist, das Material zusammenfegen und umweltgerecht entsorgen.

Einbruchsicherung Führt eine Verbindungstür von der Garage ins Haus, sollte das Garagentor zusätzlich gesichert werden.

▸ Bei Garagen mit Flügeltoren empfiehlt sich der Einbau eines Sperriegels: Auf der Innenseite des zweiflügeligen Tores werden mehrere U-Bügel angebracht, in die ein Kantholz oder ein massiver Metallstab gelegt wird. So kann das Tor nur von innen geöffnet werden.

▸ Kipptore kann man zusätzlich sichern, indem man an der Innenseite einen Laschenverschluß mit Öse für ein Vorhängeschloß ungefähr 10 cm unterhalb der Oberkante anbringt. Die Lasche wird ans Tor, die Öse an den Rahmen geschraubt.

Reparaturen am Tor Torbänder regelmäßig fetten und auf festen Sitz prüfen, sonst senken sich die Torflügel ab und klemmen oder streifen auf dem Boden.

▸ Hölzerne Garagentore müssen regelmäßig mit Lack oder Lasur gestrichen werden.

▸ Besonders der untere Bereich, gegen den das Regenwasser vom Boden her spritzt, kann sehr schnell verrotten. Zur Überprüfung sticht man mit einem Messer leicht in das Holz. Dringt die Spitze tiefer als 3 mm ein, muß das Holz behandelt werden.

▸ Einzelne verrottete Stellen im Tor sägt man großzügig (etwa 10 cm um die Beschädigung herum) aus. Man paßt imprägniertes Holz der gleichen Art und Stärke ein und befestigt es an vorhandenen Verstrebungen oder an Latten, die zusätzlich auf der Innenseite des Tores angenagelt werden.

▸ Ganz kleine oder schwer zugängliche Stellen kann man mit Zweikomponenten-Füllmasse aus dem Fachhandel reparieren.

Schutz vor Mardern Bei offenen Garagen, Carports und Unterstellplätzen besteht die Gefahr, daß Marder an Kabeln und Schläuchen des Autos großen Schaden anrichten. Die im Handel erhältlichen Gegenmittel oder Tips wie das Ausstreuen von Katzen- bzw. Hundehaaren haben bisher keinen großen Erfolg gebracht.

▸ Bei offenen Garagen eignet sich eine Lichtschranke, die an der offenen Seite etwa 10 cm über dem Boden angebracht und mit einer Lichtquelle gekoppelt wird. Läuft der Marder in die Garage, erschrickt er durch das Aufleuchten des Lichts. Wichtig ist, daß das Licht nach kurzer Zeit wieder erlischt, da sich der Marder sonst zu leicht an die Helligkeit gewöhnt. Die richtige Dauer von ungefähr 60 Sekunden läßt sich mittels einer Zeitschaltuhr einstellen.

▸ Bei offenen Unterstellplätzen und Carports ist es sinnvoller, einen oder besser noch zwei Bewegungsmelder so über dem Boden anzubringen, daß der ganze Raum unter dem Auto erfaßt wird. Die Bewegungsmelder werden mit Lichtquelle und Zeitschaltuhr gekoppelt.

Sicherheit in der Garage

- **Lagert man Farben, Benzin, Öl, Lösungs- oder Reinigungsmittel in der Garage, muß man einen sicheren Platz – etwa ein höher gehängtes Regalbrett – dafür wählen, damit Kinder sie nicht erreichen können.**
- **Die Behälter mit brennbaren Flüssigkeiten keinesfalls offenstehen lassen, da giftige und leichtentflammbare Dämpfe entweichen können.**
- **Keine offene Flamme in der Garage verwenden!**
- **Darauf achten, daß von Kabeln oder elektrischen Anlagen keine Funken ausgehen können.**
- **Leicht brennbare Materialien, wie Papier, Holz oder Plastik, nicht in der Garage lagern.**
- **Ein Feuerlöscher sollte immer zur Hand sein.**

ASPIRIN

5

Gesund und fit

FÜR DEN NOTFALL GUT VORBEREITET

▸ Jedermann sollte die wichtigsten Maßnahmen der Ersten Hilfe beherrschen. Sicherheit in der Anwendung kann man aber nur durch regelmäßige Übung unter Anleitung erhalten. Man sollte daher in Abständen von höchstens drei Jahren entsprechende Lehrgänge besuchen.

▸ Das Deutsche bzw. das Bayerische Rote Kreuz und andere Hilfsorganisationen bieten in ganz Deutschland Erste-Hilfe-Lehrgänge und Erste-Hilfe-Trainingskurse an. Die Teilnahme ist kostenlos.

NOTRUF

▸ Bei einem Notfall muß man möglichst schnell einen Notruf veranlassen. Als Ersthelfer sollte man aber selbst an der Unfallstelle bleiben und eine andere Person bitten, den Notruf durchzugeben.

▸ Wer den Notruf durchgibt, muß präzise angeben, wer er ist, wo der Notfall eingetreten ist, was genau geschehen ist, wie viele Personen betroffen sind und welche Verletzungen bzw. Symptome erkennbar sind.

▸ Um auf Rückfragen antworten zu können, beim Notruf den Hörer erst auflegen, wenn die Leitstelle das Gespräch beendet.

BEWUSSTLOSIGKEIT

▸ Wer eine hilfsbedürftige Person auffindet, sollte sie zunächst ansprechen, um festzustellen, ob sie bei Bewußtsein ist. Bei Bewußtlosigkeit befindet sich der Betroffene in einer lebensbedrohlichen Situation. Durch falsche Lagerung, Fremdkörper im Mund (z. B. Blut, Schleim oder Erbrochenes) oder auch nur durch die Zunge kann es dazu kommen, daß die Atemwege nicht frei sind und der Verletzte erstickt.

Atmung kontrollieren Der Ersthelfer muß sofort die Atmung des Bewußtlosen überprüfen. Dazu faßt er dessen Kopf an Kinn und Stirn und beugt ihn vorsichtig weit in den Nacken. Ist der Hals so überstreckt, beugt man sich – mit Blickrichtung zum Brustkorb – über die Nase des Bewußtlosen und kontrolliert, ob Atmung spürbar ist bzw. ob sich der Brustkorb hebt oder senkt.

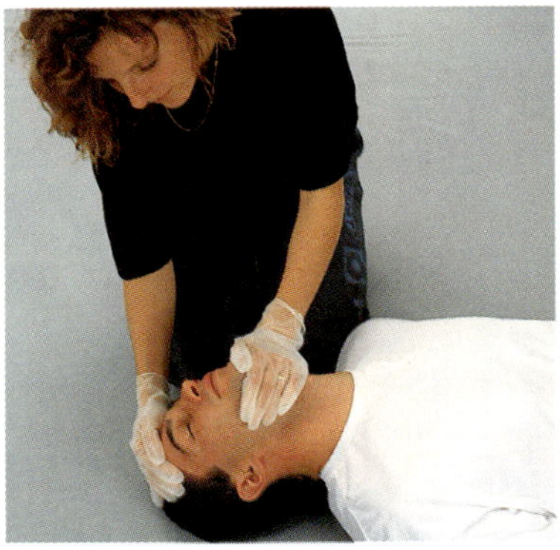

Um die Atemwege frei zu machen, zunächst den Kopf des Verletzten nackenwärts beugen.

STABILE SEITENLAGERUNG

▸ Stellt man bei einem Bewußtlosen fest, daß Atmung vorhanden ist, so bringt man ihn in die stabile Seitenlage. Dabei wird der Bewußtlose so gedreht, daß der Mund erdwärts zeigt und zum tiefsten Punkt des Körpers wird. Dies hat den Effekt, daß z. B. die Zunge die Atemwege freigibt und Flüssigkeit hinauslaufen kann.

▸ Auch bei freien Atemwegen kann die Atmung eines Bewußtlosen aussetzen. Daher auch bei Personen in Seitenlage Atmung und Puls in kurzen Zeitabständen kontrollieren.

ATEMSTÖRUNG UND ATEMSPENDE

▸ Einen Atemstillstand erkennt man am bläulichblassen Aussehen des Betreffenden und daran, daß man weder Atemgeräusche hört noch Atembewegungen sieht oder fühlt.

▸ Stellt man bei einem Bewußtlosen Atemstillstand fest, kann man ihm nur durch eine sofort durchzuführende Atemspende das Leben retten.

▸ Zur Vorbereitung der Atemspende Fremdkörper aus dem Mund des Betroffenen entfernen, den Hals überstrecken und überstreckt halten.

▸ Die Atemspende sollte von Mund zu Nase durchgeführt werden. Man schließt den Mund des Bewußtlosen, indem man mit dem Daumen die Unterlippe gegen die Oberlippe drückt. Man atmet tief ein und setzt seinen Mund so über die Nase des Bewußtlosen, daß die eigenen Lippen rund um dessen Nase herum luftdicht auf dem Gesicht abschließen. Nun bläst man – ohne sich dabei anzustrengen – Luft in die Nase des Verletzten. Diesen Vorgang wiederholt man 15mal pro Minute.

▸ Nach jeder Beatmung den Kopf heben und das Gesicht zum Brustkorb des Verletzten wenden, um zu beobachten, wie dessen Oberbauch zurücksinkt.

▸ Wenn die Mund-zu-Nase-Beatmung keinen Erfolg zeigt, fährt man mit der Mund-zu-Mund-Beatmung fort. Dabei wird die Nase des Betroffenen mit Daumen und Zeigefinger verschlossen. Dann beginnt man mit der Beatmung.

▸ Wenn man den Eindruck hat, daß die Luft sich nicht in die Lunge blasen läßt, kann man die Kopflage korrigieren.

▸ Normalisiert sich die Hautfarbe des Beatmeten, ist dies ein erstes Zeichen für einen Erfolg. An den Lippen, am Ohrläppchen und am Nagelbett läßt sich die Normalisierung der Hautfarbe am besten erkennen. So lange beatmen, bis der Betroffene nicht mehr auf die Unterstützung angewiesen ist.

▸ Setzt die Atmung des Betroffenen wieder ein, unterbricht man die Atemspende. Ist die Atmung nicht regelmäßig und ausreichend, muß der Verletzte in seinem Atemrhythmus unterstützend weiterbeatmet werden.

▸ Atmet der Betroffene regelmäßig und ausreichend, bringt man ihn in die stabile Seitenlage und kontrolliert wiederholt Puls und Atmung. Setzt die Atmung erneut aus, legt man den Verletzten auf den Rücken und beginnt sofort wieder mit der Atemspende.

Atemspende bei Kindern Da Kinder ein kleineres Gesicht haben, kann man bei ihnen meist Mund und Nase gleichzeitig mit dem eigenen Mund umschließen. Dabei braucht bei Säuglingen und Kleinkindern der Kopf nicht nackenwärts gebeugt zu werden.

▸ Kinder atmen häufiger als Erwachsene, und zwar um so öfter, je kleiner sie sind. Säuglinge atmen bis zu 40mal in der Minute. Kinder muß man daher schneller als Erwachsene beatmen. Kindern weniger Luft als Erwachsenen einblasen, da sie pro Atemzug weniger Luft aufnehmen. Säuglinge muß man besonders vorsichtig und behutsam beatmen; in der Regel ist es ausreichend, ihnen Luft einzuhauchen.

HERZ-LUNGEN-WIEDER-BELEBUNG

▸ Setzt die Atmung eines Bewußtlosen auch nach zwei Beatmungen nicht wieder ein und fehlt zudem der Puls, muß man auf einer harten Unterlage, z. B. auf

DIE STABILE SEITENLAGE

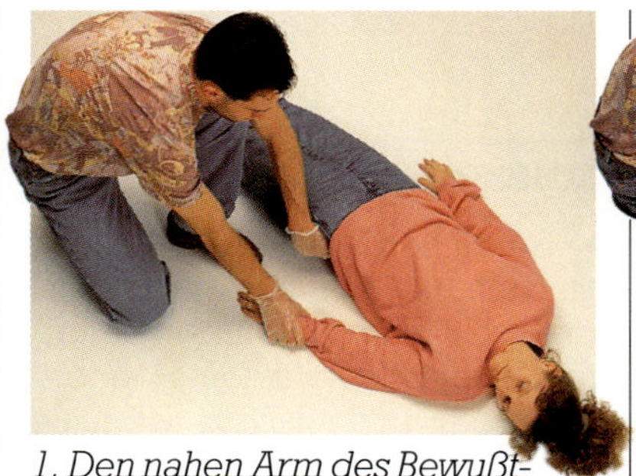

1. Den nahen Arm des Bewußtlosen gestreckt so weit wie möglich unter dessen Körper schieben.

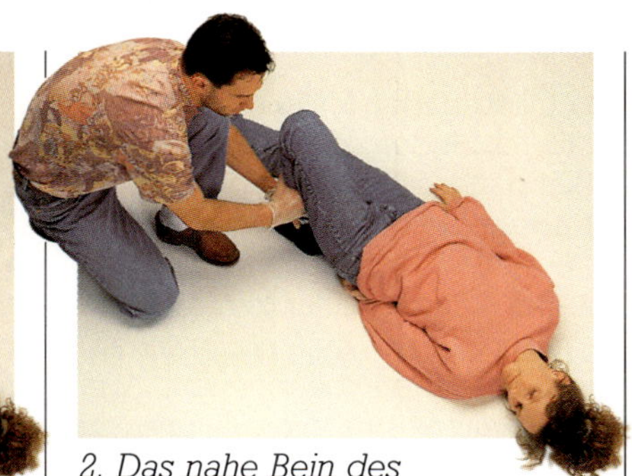

2. Das nahe Bein des Bewußtlosen beugen und seinen Fuß an sein Gesäß stellen.

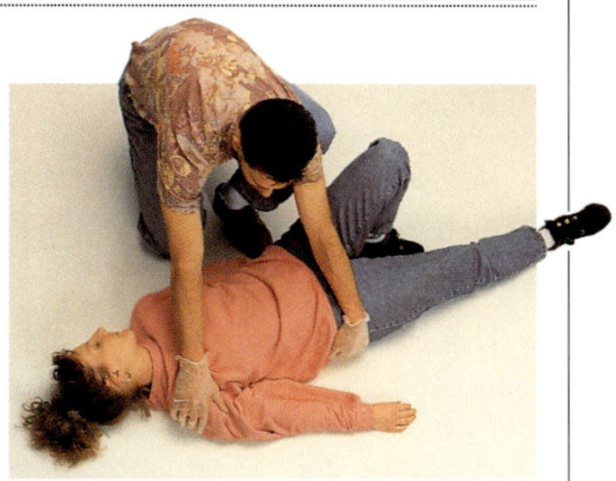

3. Schulter und Hüfte der fernen Seite des Bewußtlosen fassen und ihn zu sich herüberdrehen.

4. Den Körper mit dem eigenen Bein stützen und den unteren Arm etwas nach hinten ziehen.

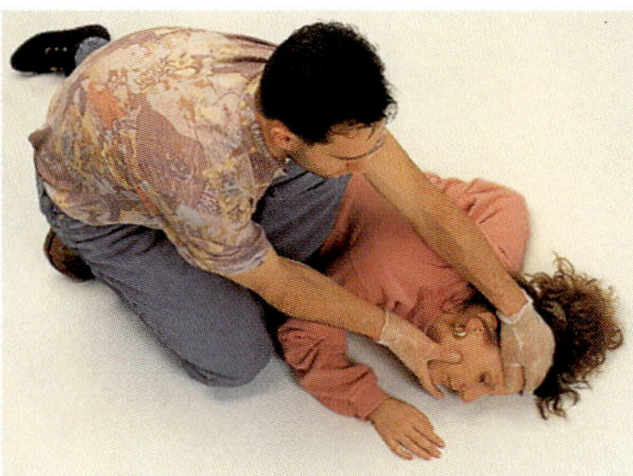

5. Den Kopf in den Nacken überstrecken und das Gesicht des Bewußtlosen zum Boden wenden.

6. Die Finger der noch frei liegenden Hand des Bewußtlosen unter seine Wange schieben.

dem Fußboden, eine Herz-Lungen-Wiederbelebung durchführen. Dazu möglichst den Brustkorb des Betroffenen frei machen, um den Druckpunkt aufzusuchen.

▸ Die Handballen übereinander (Finger gestreckt) auf den Druckpunkt aufsetzen und mit gestreckten Armen durch Gewichtsverlagerung des Oberkörpers 15mal senkrecht Druck darauf ausüben (beim Erwachsenen etwa 4–5 cm eindrücken), und zwar in einer Geschwindigkeit, die bei ununterbrochener Herzmassage 80 Druckmassagen pro Minute ergäbe. Danach folgen zwei Beatmungen (etwa 1½ Sekunden je Beatmung) und erneut 15 Kompressionen.

▸ Nach etwa einer Minute Puls und Atmung prüfen. Sind sie vorhanden, bringt man den Betroffenen in die stabile Seitenlage.

▸ Setzen Puls und Atmung nicht wieder ein, wird die Wiederbelebung (jede Minute Puls- und Atmung prüfen) fortgesetzt.

▸ Verspürt man Anzeichen von Überanstrengung, sollte man sich rechtzeitig ablösen lassen.

▸ Die Herz-Lungen-Wiederbelebung nur im Lehrgang an einer Puppe, nie an lebenden Personen üben! Es besteht Lebensgefahr!

WUNDEN VERSORGEN

▸ Zum gegenseitigen Infektionsschutz bei Hilfeleistungen immer Einmalhandschuhe tragen.

▸ Wunden sollte man weder mit den Fingern noch mit Material berühren, das nicht keimfrei ist. Daher muß man auch bei kleineren Verletzungen einen keimfreien Verband anlegen.

▸ Den Verletzten sollte man darauf hinweisen, daß die Erste Hilfe die ärztliche Behandlung nicht ersetzen kann. Eine Wunde sollte so bald wie möglich von einem Arzt behandelt werden.

BEDROHLICHE BLUTUNGEN

▸ Jede Blutung läßt sich durch genügend starken Druck von außen auf die Wunde stillen. Der Helfer legt dazu steriles – oder möglichst sauberes – Material auf die Wunde und drückt tief in die Wunde hinein.

▸ Gliedmaßen sollte man keinesfalls abbinden, da sonst die Gefahr dauerhafter Gewebeschäden besteht.

▸ Bei starken Blutungen am Arm (außer bei Knochenbrüchen) zunächst den betroffenen Arm hochhalten, um die Blutung zu vermindern, und dann die Oberarmschlagader abdrücken.

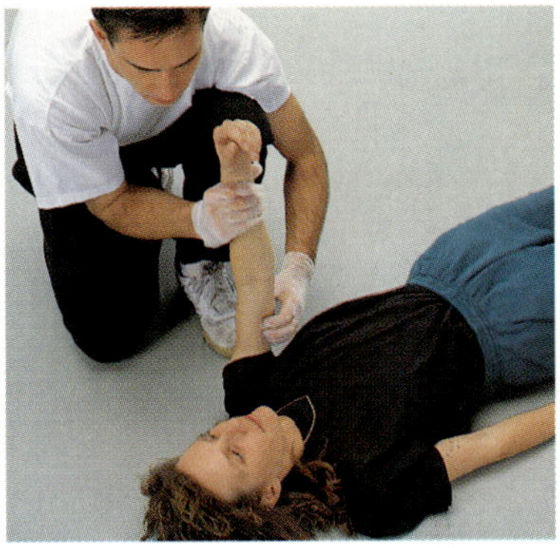

Einen stark blutenden Arm hochhalten und dann die Schlagader abdrücken.

▸ Wenn es bei einer starken Blutung am Bein unmöglich ist, das Bein hochzuhalten, muß man das Blut ausschließlich durch Druck auf die Wunde stillen.

▸ Während man eine Wunde abdrückt, sollte ein zweiter Helfer möglichst rasch Verbandmaterial beschaffen, mit dem dann ein Druckverband angelegt wird.

SCHOCK

▸ Anzeichen für einen Schock sind ein stark beschleunigter Puls, der schwächer wird und in fortgeschrittenem Stadium am Handgelenk nicht mehr tastbar ist, fahle

DEN DRUCKPUNKT FÜR DIE HERZ-LUNGEN-WIEDERBELEBUNG AUFSUCHEN

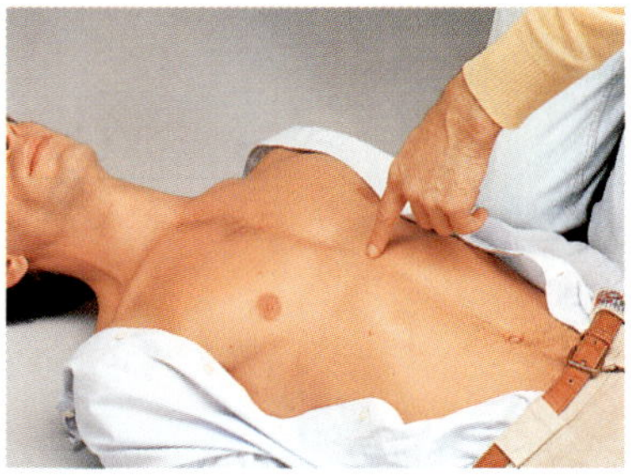

1. Seitlich kniend mit dem Finger bis zum Brustbeinfortsatz am Rippenbogen entlangfahren.

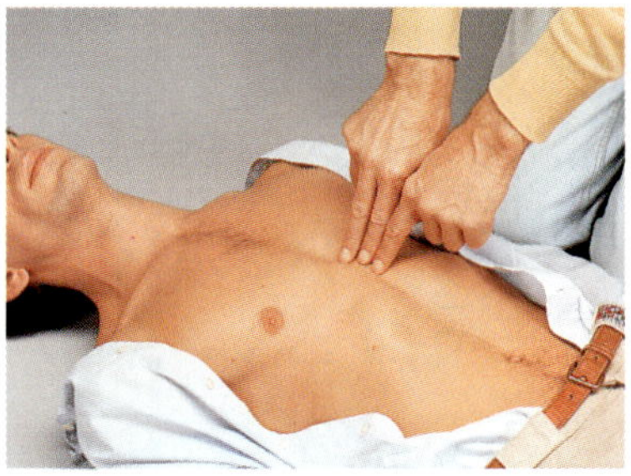

2. Zwei Finger der anderen Hand in Richtung Hals des Betroffenen danebenlegen.

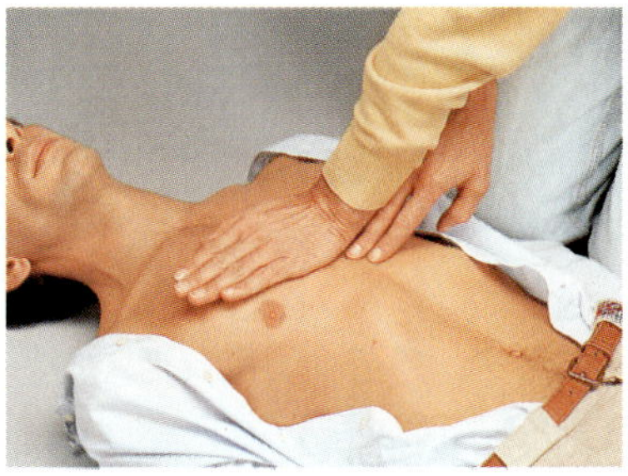

3. Den Handballen mit gestreckten Fingern danebensetzen. Hier liegt der Druckpunkt.

Blässe, kalte Haut, Frieren und Zittern sowie Schweißbildung auf der Stirn des Betroffenen.

- Dem Betroffenen tröstend und beruhigend zusprechen.
- Die Ursache des Schocks möglichst beseitigen, z. B. bedrohliche Blutungen stillen.
- Wenn es sein Zustand erlaubt, die Beine des Betroffenen schräg hochlagern.
- Den Betroffenen zudecken und ihm das Gefühl vermitteln, nicht allein zu sein. Alle Maßnahmen, die nicht der Sicherung lebenswichtiger Funktionen dienen, sollte man unterlassen.

SCHMERZEN IN BRUST UND BAUCH

- Stellt man beim Betroffenen Atemschwierigkeiten fest, muß man ihn schräg hoch in eine halbsitzende Position lagern, damit das Atmen erleichtert wird.
- Nimmt der Betroffene von sich aus eine Schonhaltung ein, sollte man ihn nicht davon abhalten.
- Chronisch Kranke haben oft Medikamente, die sie nehmen sollen, wenn Beschwerden auftreten. Dabei sind sie zu unterstützen.

KNOCHENBRÜCHE

- Knochenbrüche erkennt man daran, daß der Verletzte eine Schonhaltung einnimmt, Gliedmaßen unnatürlich verlagert sind, die Beweglichkeit an der betroffenen Stelle eingeschränkt oder aufgehoben ist, im Bereich der Verletzung Schmerzen bestehen und eine Schwellung zu sehen ist.
- Es reicht aus, wenn der Ersthelfer den Bruch provisorisch ruhigstellt, indem er ihn in der vorgefundenen Lage fixiert. So kann man beispielsweise ein gebrochenes Bein mit festgerollten Kleidungsstücken umlagern und diese durch festes und schweres Material sichern.
- Einen Schultergürtel- oder Oberarmbruch stellt man mit Hilfe eines Dreiecktuchs ruhig.

VERGIFTUNGEN

- Bei Vergiftungen muß man so schnell wie möglich veranlassen, daß der Betroffene medizinisch versorgt wird.
- Beim Vergifteten darf man weder Erbrechen herbeiführen noch ihm Getränke verabreichen.
- Die lebenswichtigen Funktionen müssen sichergestellt werden (stabile Seitenlagerung, Herz-Lungen-Wiederbelebung).
- Bei Vergiftungen durch Kontaktgifte wie Pflanzenschutzmittel und Gase sollte man, bevor man Hilfsmaßnahmen ergreift, an die Eigengefährdung denken.

VERBRENNUNGEN

- Verbrennungen erkennt man an Hautrötung, Blasenbildung, Zerstörung der Haut und Verkohlung des Gewebes.
- Den verbrannten Bereich mit Wasser kühlen und die Kühlung gegebenenfalls bis zum Eintreffen des Rettungsdienstes fortsetzen.

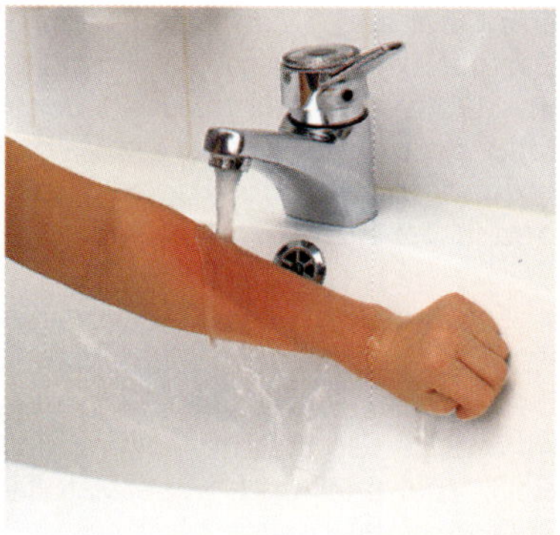

Den verletzten Körperteil mit viel kaltem Wasser übergießen.

- Niemals Mehl, Puder, Salben, Öle usw. anwenden.

EINEN OBERARMBRUCH MIT DREIECKTUCH RUHIGSTELLEN

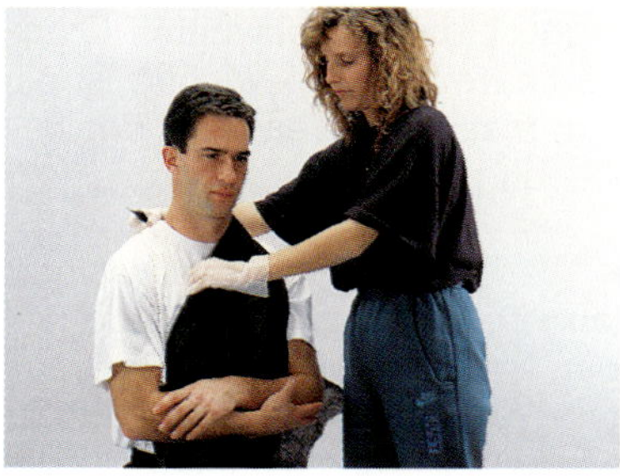

1. Das Tuch so auf die verletzte Schulter legen, daß die Spitze zum Ellbogen zeigt.

2. Tuch um den Unterarm herum zur unverletzten Schulter hochschlagen. Die Enden verknoten.

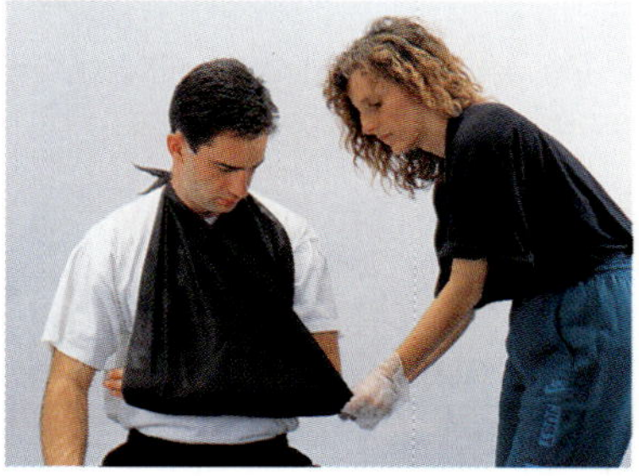

3. Die am Ellbogen überstehende Tuchspitze eindrehen und unterstecken.

NATÜRLICH GESUND

GESÜNDER UND BEWUSSTER LEBEN

▸ Für dauerhafte Gesundheit gibt es kein Patentrezept. Dennoch kann man durch eine gesunde Lebensweise und eine vernünftige Ernährung die Abwehrkräfte stärken und auftretende Krankheiten schneller überwinden.

Gesunde Ernährung Damit der Körper ausreichend Eiweiß, Kohlenhydrate und alle Vitamine, Mineral- und Ballaststoffe erhält, die er braucht, sollte man reichlich Obst und Salat, Gemüse und Kartoffeln, Vollkornbrot und andere Getreideerzeugnisse sowie Milchprodukte essen. Zwei- bis dreimal Fleisch pro Woche genügen in der Regel.

▸ Am besten ist eine vollwertige Ernährung aus möglichst naturbelassenen, frischen Lebensmitteln, die so zubereitet werden, daß Vitamine und Mineralstoffe weitgehend erhalten bleiben.

▸ Stark verarbeitete Nahrungsmittel, die kaum noch Nähr- und Ballaststoffe enthalten, sollten nicht Grundlage der Ernährung sein. Hierzu gehören beispielsweise Zucker, Kuchen und Brot aus hellem Mehl und polierter Reis.

▸ Zu jeder Mahlzeit sollte man eine Portion Rohkost essen.

▸ Wer viel Milchprodukte verzehrt, beugt Osteoporose vor.

Genußmittel Alkoholische Getränke tragen nicht zur gesunden Ernährung bei; es sind, wie Zigaretten, reine Genußmittel.

▸ Alkohol sollte nur in Maßen und möglichst in Verbindung mit Mahlzeiten genossen werden.

▸ Rauchen schadet nachweislich der Gesundheit. Wer das Rauchen aufgeben will, kann an Nichtraucherkursen teilnehmen, die von Volkshochschulen oder Krankenkassen angeboten werden. Solche Kurse erleichtern das Durchhalten im Kreis Gleichgesinnter.

Körpergewicht Das richtige Gewicht hat man, wenn man sich wohl fühlt und mit dem eigenen Körper zufrieden ist. Es kann durchaus vom sogenannten Idealgewicht abweichen.

▸ Die einzige erfolgreiche Methode der Gewichtsabnahme und -kontrolle ist die Umstellung der Ernährungsgewohnheiten.

▸ Intensivdiäten können die natürlichen Abläufe im Körper stören, so daß er nach Ende der Diät oft mit weiterer Gewichtszunahme reagiert.

▸ Radikaler Verzicht auf Süßigkeiten oder kalorienreiche Speisen, die man besonders gern ißt, fördert nur den Heißhunger darauf. Statt dessen ist es sinnvoller, sich zwischendurch und in geringen Mengen etwas davon zu gönnen.

▸ Man sollte immer dann eine Kleinigkeit essen, wenn man Hunger oder Appetit hat. Es ist also besser, mehrere kleine Mahlzeiten über den Tag zu verteilen, als zweimal am Tag üppig zu essen.

▸ Wenn man nach jedem Bissen das Besteck weglegt und das Essen langsam und gründlich kaut, verspürt man schneller ein Sättigungsgefühl und ißt weniger.

Bewegung Jeder sollte sich bewegen, um nicht einzurosten und etwas für Herz und Kreislauf zu tun. Man muß dazu aber keinen Hochleistungssport treiben. Wer statt eines Aufzugs die Treppe benutzt, wer nicht mit dem Auto zum Einkaufen fährt, sondern zu Fuß geht oder das Rad nimmt, hat schon einiges für seine Gesundheit getan.

▸ Am besten ist es, wenn man sich an der frischen Luft bewegt. Allerdings sollte man sich vor zuviel Sonnenstrahlung durch Sonnencreme, Kopfbedeckung und Sonnenbrille schützen.

▸ Haus- und Gartenarbeiten bieten viele Möglichkeiten, etwas für die tägliche Bewegung zu tun.

▸ Mindestens einmal am Tag sollte man sich so bewegen, daß sich der Puls für zwei bis drei Minuten deutlich beschleunigt: Bei gesunden Menschen bis zum Alter von 50 Jahren sollten ungefähr 130 Schläge pro Minute erreicht oder überschritten werden. Bei älteren Menschen sollte die Pulszahl den Wert nicht übersteigen, der sich aus der Differenz von 180 und dem Lebensalter ergibt. Noch besser ist es, wenn man einbis zweimal pro Woche eine halbe Stunde lang spazierengeht, joggt, radfährt, schwimmt, Gymnastik treibt o. ä. – wichtig ist es, daß man auch Freude an der Bewegung hat.

▸ Wer über 40 Jahre alt ist und längere Zeit keinen Sport getrieben hat, sollte sich vom Hausarzt untersuchen lassen, bevor er ein intensives Training aufnimmt.

Gelassenheit Wer seine Nerven schont, tut auch etwas für seine Gesundheit: Dinge, auf die man selbst Einfluß hat, sollte man ändern, Unabänderliches aber hinnehmen.

Schlaf Ausreichender und ungestörter Schlaf ist für die Gesundheit sehr wichtig.

- Die ideale Raumtemperatur des Schlafzimmers liegt etwa bei 16–18 °C.

- Vor dem Zubettgehen sollte das Schlafzimmer gut durchgelüftet werden.

- Die Matratze muß die richtige Härte haben, damit die Wirbelsäule ihre natürliche Form behält. Das Kopfkissen sollte den Kopf dabei nur stützen.

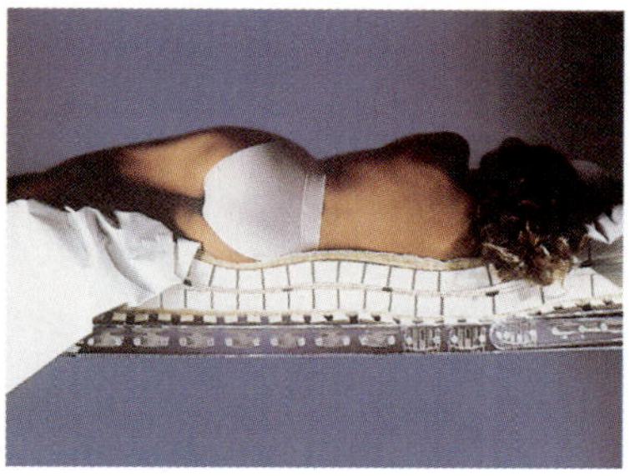

Eine gute Matratze stützt die Wirbelsäule in der natürlichen Form.

- Das Deckbett sollte wärmen, nicht zu schwer sein und eine hochwertige Füllung besitzen.

Früherkennung Die von den Krankenkassen vorgeschlagenen Früherkennungs- und Check-up-Untersuchungen sollten unbedingt wahrgenommen werden.

- Warnsignale des Körpers, etwa Schmerzen oder verdächtige Veränderungen der Haut, sollten Anlaß sein, einen Arzt aufzusuchen.

- Einmal pro Jahr sollte man zum Zahnarzt gehen. Behandlungen fallen weniger aufwendig aus, und die Krankenkassen tragen einen höheren Anteil der Kosten von notwendigem Zahnersatz.

Medikamente Wenn Medikamente vom Arzt verschrieben werden, sollte man sie unbedingt nach seinen Anweisungen einnehmen.

- Selbstbehandlung mit bereits vorhandenen Arzneimitteln sollte man nur durchführen, wenn es mit dem Arzt abgesprochen ist.

- Beruhigungs-, Schlaf- oder Aufputschmittel führen oft zur Abhängigkeit. Man greift besser zu Alternativen aus der Natur oder zu Entspannungstechniken.

BEWÄHRTE HAUSMITTEL

- Bei vielen Beschwerden muß man nicht sofort zu Medikamenten greifen, um sie zu lindern. Es gibt zahlreiche Hausmittel, die ebenfalls helfen und keine schädlichen Nebenwirkungen haben.

- Auch bei Hausmitteln gibt es Vorlieben und Abneigungen. Man sollte eine Maßnahme daher nicht um jeden Preis durchführen.

- Bei jeder Erkrankung ist der Hausarzt mit seinem Wissen unverzichtbar. Hat man daher Zweifel oder Fragen, sollte man sich immer an ihn wenden und die eigenen Maßnahmen mit ihm absprechen. Viele Ärzte sind bereit, natürliche Heilverfahren anzuwenden, und begrüßen die Mithilfe des Patienten.

Akne Hilfreich ist ein spezieller Tee zum Trinken und zum Waschen der betroffenen Hautstellen: 20 g Stiefmütterchenkraut, 20 g Augentrost, 10 g Isländisch Moos und 10 g Ackerschachtelhalmkraut mischen. 2 TL dieser Mischung mit 1/2 l siedendem Wasser übergießen und zehn Minuten lang ziehen lassen.

- Möglicherweise verschlimmert der Genuß von Schokolade, Fett, Nüssen, scharfen Gewürzen, Alkohol oder Nikotin die Akne. Ist dies zu beobachten, sollte man seine Ernährungsgewohnheiten entsprechend umstellen.

Appetitlosigkeit Hat man wenig Lust zum Essen, sollte man öfter kleinere Mahlzeiten – möglichst in netter Gesellschaft – zu sich nehmen.

- Appetitanregend wirken vor allem Bitterstoffe, die z. B. in Enzian, Artischocken, Wermut oder Tausendgüldenkraut enthalten sind.

- 2 TL Schafgarbenkraut auf 1/4 l heißes Wasser geben und fünf Minuten lang ziehen lassen. Den Tee ungesüßt trinken, am besten vor den Mahlzeiten.

Arterienverkalkung Ein altes Hausmittel dagegen ist frischer Knoblauch. Sinnvollerweise setzt man ihn als Würzmittel zu Fleisch, Salat, Gemüse oder beim Brotaufstrich ein. Hilfreich beim Zerkleinern ist eine Knoblauchpresse. (Der Nachteil beim Genuß von frischem Knoblauch – deutlicher Geruch aus dem Mund – kann mit Petersilie etwas ausgeglichen werden, indem man sie in rohem Zustand kaut oder mit dem Knoblauch verarbeitet.)

Augen Bei Verletzungen sofort den Augenarzt aufsuchen! Sind fremde Stoffe ins Auge geraten, am besten mit reichlich Wasser ausspülen.

- Bei Bindehautentzündungen nicht reiben, auch wenn es sehr juckt. Zur Linderung kann man Kamillendämpfe einsetzen. Aber Vorsicht, nicht zu heiß anwenden!

- Hilfreich bei Entzündungen der Bindehaut sind Augenkompressen mit Augentrosttee: 1 EL Augentrostblätter auf 1/2 l Wasser geben und zehn Minuten kochen lassen. Dann eine Mullbinde oder ein frisches Taschentuch darin tränken und etwas abkühlen lassen; die Kompresse auf das geschlossene Auge legen.

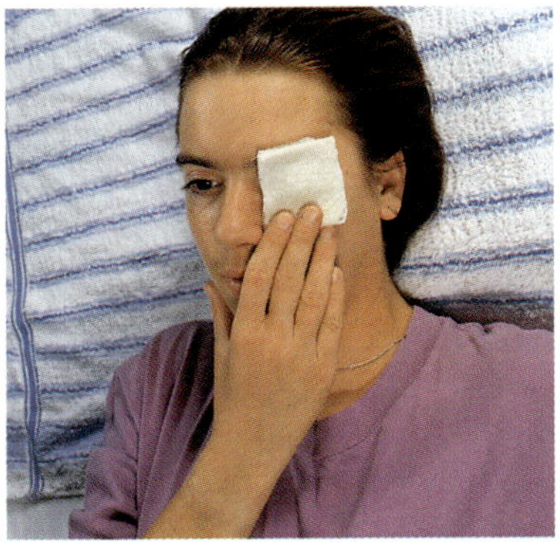

Eine Mullbinde mit frisch zubereitetem Augentrosttee tränken und abgekühlt auf das Auge legen.

Blähungen Ein spezieller Tee hilft sehr gut bei Blähungen: 20 g Kümmel zerstoßen und mit 10 g Fenchel, 10 g Anis und 10 g Koriander mischen. 2 TL davon mit 1/4 l kochendem Wasser übergießen und zehn Minuten ziehen lassen. Den Tee ein- bis zweimal täglich ungesüßt trinken.

▸ Auf blähende Speisen, wie Hülsenfrüchte, Kohl oder zu frisches Brot, sollte man verzichten.

▸ Regelmäßige Bewegung, wie Laufen, Radfahren oder Schwimmen, kann bei Blähungen helfen.

Blasenkatarrh Vorbeugend sollte man sich immer warm anziehen und jede Unterkühlung der Beckengegend vermeiden.

▸ Als Blasentee empfiehlt sich eine Mischung zu gleichen Teilen aus Bärentraube, Pfefferminz, Thymian und Zinnkraut. 1 EL der Mischung reicht für eine Tasse; man trinkt den Tee nach Bedarf.

Blutergüsse Ein Umschlag mit Arnikatinktur wirkt sehr gut: 1 EL Tinktur auf 1/4 l Wasser geben und damit ein Leinentuch oder eine dicke Mullkompresse tränken. Die Kompresse wird dann locker auf den betroffenen Körperteil gelegt und mit einem trockenen Tuch bedeckt. Keine wasserundurchlässige Folie verwenden, sonst wird das Verdunsten der Flüssigkeit verhindert, und die kühlende Wirkung bleibt aus.

▸ Hat man keine Arnikatinktur, hilft bei Blutergüssen und Prellungen auch ein Quarkumschlag.

Blutdruck zu hoch Ist er mit einem zu hohen Körpergewicht verbunden, sollte man abnehmen. Das entlastet den Kreislauf.

▸ Auf Kaffee, Nikotin und Alkohol möglichst verzichten.

▸ Salzarme Kost wählen und Kochsalz hin und wieder nach folgendem Rezept ausschwemmen, was auch Herz und Nieren entlastet: 300 g ungeschälten Vollreis kochen, mit 1 kg zerkleinerten Äpfeln vermischen und mit etwas Zucker süßen. Diese Mischung ißt man in mehreren Portionen über den Tag verteilt.

▸ Neben gesundheitsbewußtem Essen ist viel Bewegung wichtig. Sportarten mit gleichmäßigem und nicht zu schnellem Bewegungsablauf sollten bevorzugt werden: Spazierengehen, Radfahren, Schwimmen, Joggen.

Blutdruck zu niedrig Aus dem Liegen oder der Hocke nicht zu schnell aufstehen, um Benommenheit und Schwindel aufgrund der eintretenden Blutleere im Kopf zu vermeiden.

▸ Um die oft auftretende leichte Ermüdbarkeit zu bekämpfen, duscht man im Wechsel kalt und warm und reibt sich trocken.

▸ Bewegung an der frischen Luft und leichtes sportliches Training wirken sich positiv aus.

▸ Zitrusfrüchte können den Blutdruck senken. Daher zumindest morgens darauf verzichten.

Blutung stillen Die Blutung an kleinen, aber oft stark blutenden Wunden am Finger oder an der Hand kann man stoppen, indem man einen Streifen Zeitungspapier um die Wunde wickelt. Den Streifen vom Rand abreißen, so daß keine Druckerschwärze darauf ist. Damit das Papier nicht vom Finger rutscht, kann man es mit etwas Leukoplast fixieren. Ist das Blut geronnen, versorgt man die Wunde mit einem Pflaster. Das Papier vorsichtig abziehen, damit die Wunde nicht wieder aufbricht.

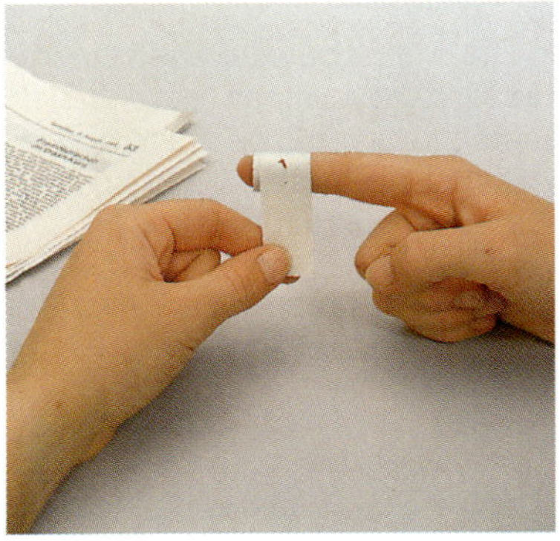

Eine Blutung am Finger kann man mit einem schmalen Streifen Zeitungspapier stoppen.

Durchfall Man sollte sich ausruhen und viel Mineralwasser trinken, um den Verlust an Flüssigkeit auszugleichen.

▸ Als Nahrung empfiehlt sich ein Brei aus geschälten Äpfeln und zerdrückten Bananen.

▸ Hilfreich sind getrocknete Heidelbeeren, die gut durchgekaut werden sollten.

▸ Ein Blutwurztee beruhigt die Darmschleimhaut: 1–3 EL getrocknete Blutwurzeln mit 1/2 l kaltem Wasser übergießen und zum Sieden bringen. Alles etwa 15 Minuten lang auskochen und dann abseihen.

Einschlafstörungen Klassische Hausmittel sind ein Glas heiße Milch mit 1 TL Honig oder eine Tasse Melissentee. Beides trinkt man direkt vor dem Schlafengehen.

▸ Wer sehr tief schlafen will, bereitet sich einen Spezialtee: 10 g Orangenblätter, 20 g Baldrianwurzel und 20 g Melissenblätter vermischen. 1 TL davon mit einer Tasse Wasser sieden lassen und dann langsam trinken.

Erkältung und Husten Eine Schwitzkur gleich zu Beginn der Erkältung regt die körpereigenen Abwehrkräfte am besten an. Man legt sich unter eine dicke Bettdecke und trinkt heißen Schwitztee. Er besteht aus 30 g Königskerzenblüten, 30 g Holunderblüten und 30 g Lindenblüten. 1 EL dieser Kräutermischung mit $^1/_4$ l Wasser heiß überbrühen, zehn Minuten zugedeckt ziehen lassen und dann abseihen. Bei Bedarf mit Honig süßen.

▸ Der Kräutergrog ist ein altes Hausmittel gegen Erkältung: 40 g Lindenblüten, 40 g Zinnkraut, 40 g Salbeiblätter, 20 g Brombeerblätter und 20 g Ackerstiefmütterchenkraut mischen. 1 EL davon mit $^1/_4$ l kochendem Wasser übergießen, zehn Minuten ziehen lassen, abseihen und mit 2–3 TL Rum sowie etwas Honig verfeinern.

▸ Ein selbstgemachter Hustensirup hilft bei akutem Erkältungshusten: 3 TL Fenchelsamen und 3 TL Isländisch Moos in einen Topf geben, mit $1^1/_2$ l kaltem Wasser übergießen und so lange bei kleiner Hitze kochen, bis die Hälfte der Flüssigkeit verdampft ist. Der Sud wird abgeseiht und mit 250 g Kandiszucker schwach gekocht, bis er leicht dickflüssig ist. Den abgekühlten Sirup in eine Flasche füllen und alle drei Stunden 1 EL davon nehmen.

▸ Ein Hustentee kann helfen: 20 g Thymiankraut, 10 g Schlüsselblumenwurzeln, 10 g Huflattichblätter und 10 g Fenchelfrüchte mischen. 2 TL der Mischung mit $^1/_4$ l siedendem Wasser übergießen und zehn Minuten ziehen lassen; täglich zwei Tassen mit Honig gesüßten Tee trinken.

Fieber Bei Erkältungskrankheiten ist Fieber meist ein Zeichen, daß der Stoffwechsel gesteigert ist und die körpereigenen Abwehrkräfte aktiv sind. Daher sollte es nicht sofort mit Medikamenten unterdrückt werden. Im Zweifelsfall ist es aber immer besser, einen Arzt um Rat zu fragen.

QUARKUMSCHLAG GEGEN BLUTERGUSS

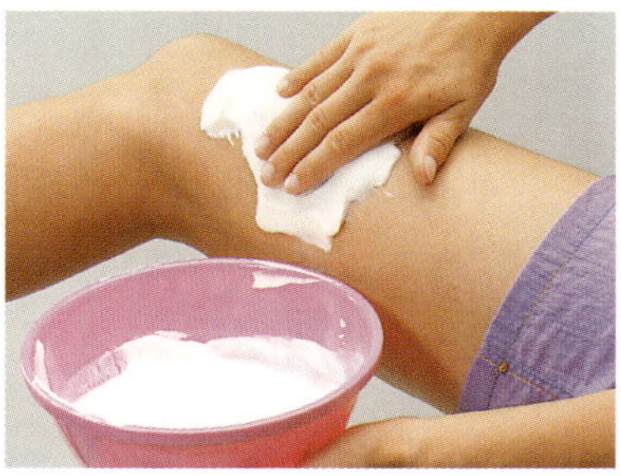

1. Etwa 250 g Quark auf dem Bluterguß verteilen; empfindliche Haut mit dünnem Mull schützen.

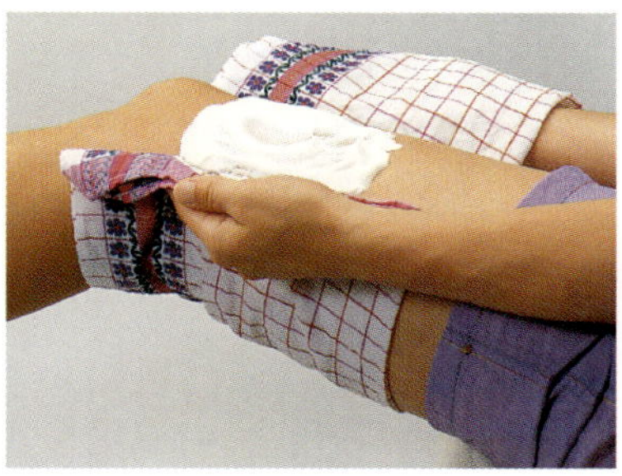

2. Ein Küchenhandtuch wird doppelt gefaltet und dann um die Stelle gewickelt.

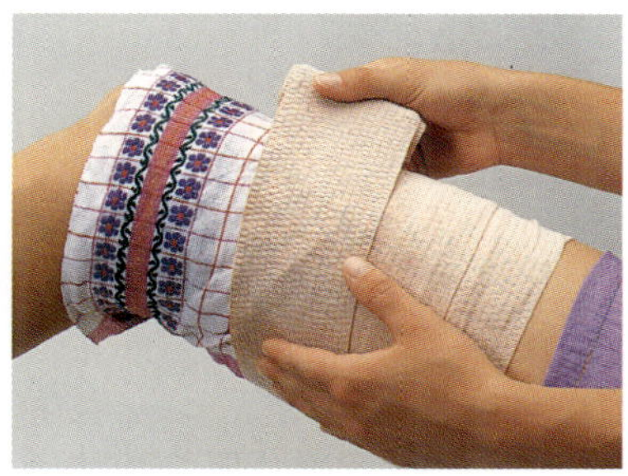

3. Das Tuch mit einer elastischen Binde fixieren; den Umschlag nach einigen Stunden erneuern.

HUSTENSIRUP MIT SCHWARZEM RETTICH

1. Einen ausreichend großen schwarzen Rettich mit einem Messer aushöhlen.

2. Den ausgehöhlten Rettich unten aufbohren und mit braunem Kandiszucker füllen.

3. Mit der Spitze nach unten aufhängen. Den ausfließenden Sirup mehrmals täglich einnehmen.

▸ Ist das Fieber sehr hoch, was besonders bei Kindern oft der Fall ist, kann es mit dem einfachen Wadenwickel gesenkt werden: Ein Leinentuch wird zur Hälfte in kaltes Wasser getaucht. Der nasse Teil wird um die Wade gewickelt, während die trockene Hälfte den äußeren Abschluß des Wickels bildet. Der Wadenwickel sollte häufig gewechselt werden.

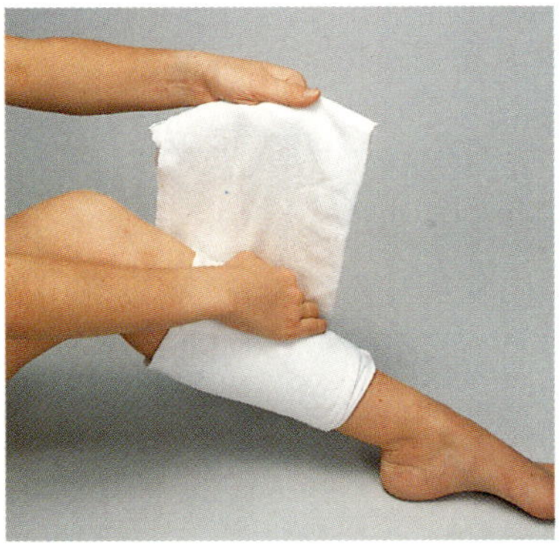

Der einfache Wadenwickel besteht aus einem Leinentuch, das zur Hälfte in Wasser getaucht wird.

▸ Solange der Kranke ein fröstelndes Gefühl hat, sollte kein kalter Wickel angelegt werden.

▸ Wenn das Fieber über längere Zeit hoch ist oder trotz der Anwendung von Wadenwickeln weiter steigt oder mit Schmerzen einhergeht, muß man unbedingt einen Arzt hinzuziehen.

Füße Hat man abends müde Füße, reibt man sie mit Rizinusöl ein und zieht alte Socken darüber, bevor man ins Bett geht. Die Füße sind am nächsten Morgen erholt und schmerzen nicht mehr.

▸ Um der Blasenbildung bei längeren Wanderungen vorzubeugen, kann man die gefährdeten Stellen mit Hirschtalg einreiben. Am besten macht man dies schon etwa fünf Tage vor der geplanten Wanderung.

▸ Gegen übermäßige Schweißproduktion hilft ein Eichenrindenextrakt, den man dem täglichen Fußbad zugibt: Man kocht 100 g Eichenrinde aus der Apotheke oder Drogerie in 1 l Wasser, bis es zur Hälfte verkocht ist.

Halsschmerzen Ein bewährtes Hausmittel ist der Schmalzwickel, den man über Nacht umbindet.

▸ Gurgeln kann man mit einer Kochsalzlösung: 1 TL Salz auf ein Glas lauwarmes Wasser geben.

▸ Eine Handvoll Salbeiblätter mit 1/2 l Wasser zum Kochen bringen, einige Minuten ziehen lassen, abseihen und 1 EL Honig oder 1 TL Essig dazugeben. Abkühlen lassen und dann damit gurgeln.

Hexenschuß Mit Handschuhen frische Brennesseln schneiden und die schmerzenden Stellen am besten von einem Helfer abklopfen lassen. Das unangenehme Brennen weicht bald schmerzlindernder Wärme.

Die schmerzenden Stellen am Rücken mit frisch geschnittenen Brennesseln abklopfen.

Insektenstiche Ein gut wirkendes Hausmittel – selbst bei Wespenstichen – ist eine rohe Zwiebel. Man schneidet sie einmal durch und reibt die Einstichstelle ein. Schmerzt sie stärker und schwillt an, sollte man eine Zwiebelauflage machen.

▸ Man kann die Stellen auch mit Waffenöl betupfen, das in Geschäften für Jagdartikel und Waffen erhältlich ist.

Kopfschmerzen Wenn Kopfschmerzen nach Verletzungen auftreten oder regelmäßig wiederkehren, sollte unbedingt ein Arzt aufgesucht werden.

▸ Eine hilfreiche Übung gegen Kopfschmerzen kann der Kopfstand sein. Dabei müssen die Beine nicht unbedingt gestreckt sein. Wichtig ist, daß der Kopf unten ist und der Oberkörper senkrecht steht. Nach ein paar Minuten verspürt man schon Linderung. Wer Probleme mit der Halswirbelsäule hat, sollte diese Übung nicht durchführen.

Der Kopfstand kann Linderung bei Kopfschmerzen verschaffen.

▸ Ein Fußbad mit Senfmehl kann Linderung verschaffen: 2 EL Senfmehl in einem bis zur Hälfte gefüllten Eimer mit körperwarmem Wasser auflösen, die Füße ungefähr fünf Minuten darin baden und anschließend mit lauwarmem Wasser abspülen.

▸ Man kann die Schläfen mit Eukalyptusöl einreiben und außerdem ein bis zwei Tropfen zusammen mit etwas Zucker einnehmen.

▸ Bei Schmerzen im Hinterkopf hilft oftmals eine Zwiebelauflage im Nacken. Rohe Zwiebelscheiben werden in den Nacken gelegt und mit einem Tuch gut bedeckt. Abschließend sollte die Auflage mit einem Wollschal fest umwickelt werden.

Magenbeschwerden Am besten hilft ein Magentee: Man mischt 20 g Wermut, 20 g Tausendgüldenkraut, 10 g Pfefferminzblätter und 10 g Kamillenblüten. 2 gehäufte TL dieser Mischung mit 1/4 l siedendem Wasser übergießen und zehn Minuten ziehen lassen. Der Tee sollte täglich vor den Hauptmahlzeiten möglichst warm und ungesüßt getrunken werden.

Migräne Schokolade, Käse, Zitrusfrüchte und Alkohol sollte man meiden. Es ist möglich, daß das darin enthaltene Phenylethylen den Migräneanfall auslöst.

▸ Streß verschlimmert Migräne. Daher sind Entspannungsübungen wie Yoga und autogenes Training hilfreich.

Mundgeruch Sind Nahrungsreste zwischen den Zähnen, reinigt man die Zahnzwischenräume mit Zahnseide oder mit einer Mundddusche.

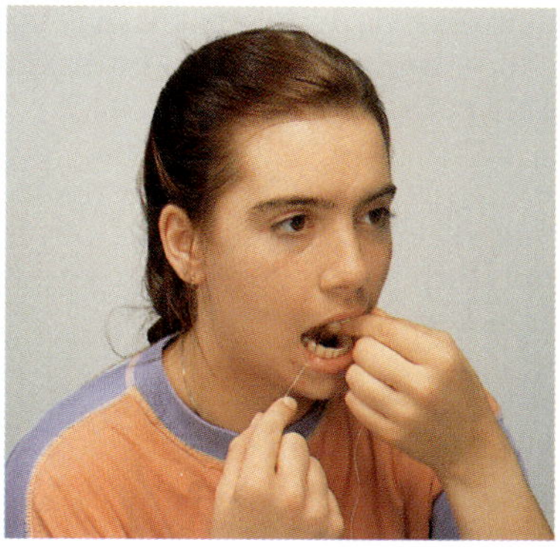

Nahrungsreste zwischen den Zähnen mit Zahnseide entfernen.

▸ Soforthilfe liefert eine Kaffeebohne, die man zerkaut.

Schnupfen Das Aufziehen von verdünntem Zitronensaft, Salzwasser oder frischer Milch lindert den Schnupfen und macht die Nase freier.

Zieht man verdünnten Zitronensaft auf, wird die Nase freier.

SCHMALZWICKEL BEI HALSSCHMERZEN

1. In einer Pfanne wird Schmalz oder Speiseöl stark erhitzt und ein Leinentuch darin getränkt.

2. Das Tuch so heiß wie möglich um den Hals legen, aber Vorsicht: Verbrennungsgefahr!

3. Den Wickel mit einem Wollschal abdecken und möglichst über Nacht umgebunden lassen.

ZWIEBELAUFLAGE GEGEN INSEKTENSTICHE

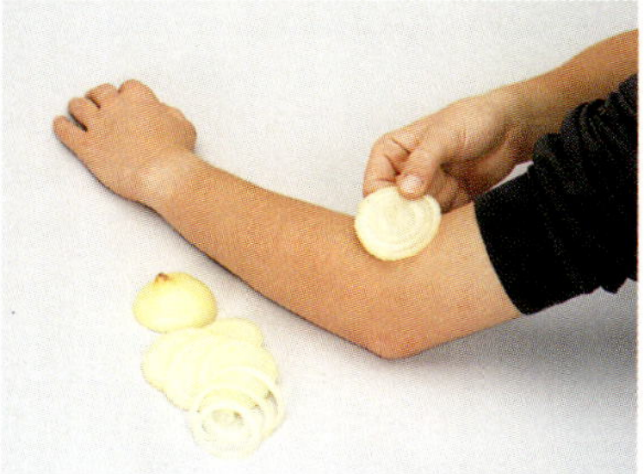

1. Eine Zwiebel in Scheiben schneiden und auf die betroffene Stelle legen.

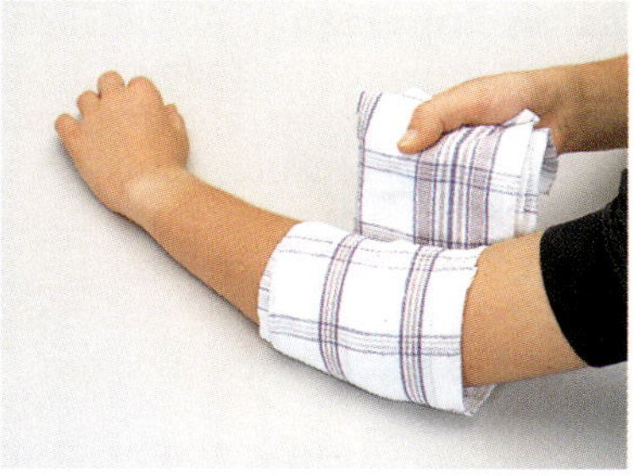

2. Die Zwiebelauflage wird mit einem gut abschließenden Tuch umwickelt.

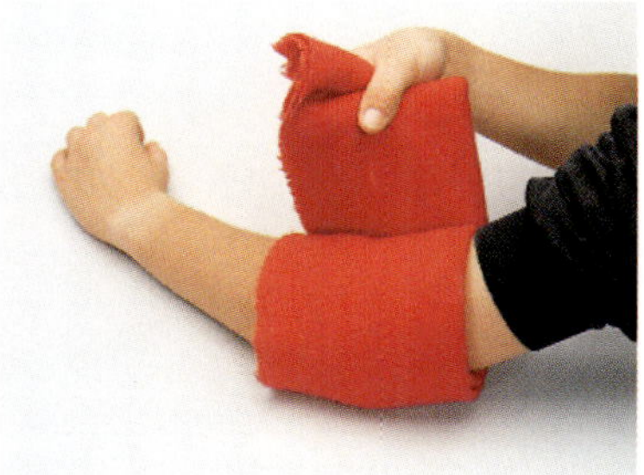

3. Den Abschluß bildet ein Wollschal. Die Auflage wirkt mehrere Stunden lang.

▸ Hilfreich ist eine Inhalation mit einer Essenz aus gleichen Teilen Pfefferminzöl, Eukalyptusöl und Thymianöl. Davon gibt man fünf Tropfen in eine Schüssel mit sehr heißem, dampfendem Wasser und inhaliert zwei Minuten lang unter einem großen Handtuch durch die Nase. Die Essenz sollte in einer dunklen Flasche aufbewahrt werden, damit das Licht sie nicht zersetzen kann.

Den Dampf unter einem Handtuch durch die Nase einatmen.

Sonnenbrand Ein altes Hausmittel gegen Sonnenbrand: Man reibt die heißen schmerzenden Stellen mit Essig ein oder legt in Essig getränkte Tücher auf.

▸ Man kann die schmerzenden Hautstellen mit Zitronenscheiben einreiben.

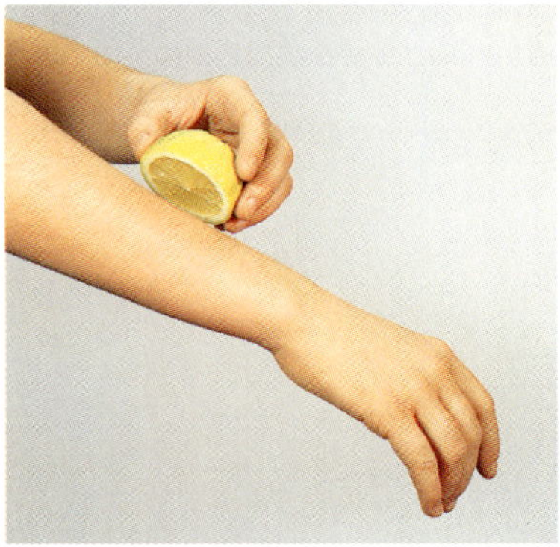

Die betroffenen Stellen mit Zitronenscheiben einreiben.

Verstopfung Möglichst keine Abführmittel nehmen, weil dies die Darmträgheit nur verschlimmert und abhängig machen kann.

▸ Man ißt vor den Mahlzeiten rohes Sauerkraut oder trinkt morgens ein Glas Sauerkrautsaft.

▸ Verdauungsunterstützend wirken Backpflaumen, von denen man abends fünf bis sechs in Wasser einweicht und am nächsten Morgen vor dem Frühstück ißt.

▸ 1 TL Milchzucker, der in warmer Milch aufgelöst wird, kann die Darmtätigkeit wieder in Gang bringen.

▸ Leinsamenquark, den man abends vor dem Schlafengehen ißt, hilft bei Verstopfung: Ein geriebener Apfel wird mit 1–2 EL geschroteten Leinsamen unter 100 g Magerquark gemischt, den man mit 1 EL Milchzucker süßt.

Verstauchungen Das verletzte Glied hoch lagern, ruhigstellen und mit kaltem Wasser oder Eis kühlen.

▸ Schmerzlindernd wirkt das Einreiben mit Johanniskrautöl.

▸ Ein Quarkumschlag hilft gegen die Schwellung.

Wasserblasen Blasen, die durch Reibung oder Hitze entstanden sind, darf man nicht aufstechen. Man bestreicht sie mit einer schwachen Jodlösung und schützt sie mit einem Pflaster.

Zahnschmerzen Als schnell wirkende Betäubung nimmt man einen Schluck hochprozentigen Schnaps und umspült damit etwa zehn Minuten lang den schmerzenden Zahn. Zuerst brennt es, doch dann läßt der Schmerz nach; den Schnaps ausspucken.

▸ Man kann einen Wattebausch mit Nelkenöl tränken und fest an die Stelle des Kiefers drücken, wo der schmerzende Zahn sitzt.

KNEIPPSCHE WICKEL

▸ Die Kneippschen Wickel sind ein bewährtes Mittel der Naturheilkunde. Sie bestehen aus drei Tüchern: dem nassen Wickeltuch (Innentuch) aus sehr saugfähigem, grobem Leinen, dem Zwischentuch und einem Wolltuch als äußerer, isolierender Umhüllung. Das Zwischentuch ist aus hygenischen Gründen breiter als Woll- und Wickeltuch. Es verhindert, daß das Wolltuch durchfeuchtet wird.

▸ Kleine Wickel, wie Hals- oder Wadenwickel, kann man selbst anlegen. Für große Wickel, wie Brust- oder Lendenwickel, benötigt man eine Hilfsperson, die nach dem Anlegen des Wickels für das feste Einpacken mit Decken sorgt.

Wärmeentziehende Wickel Bei Fieber, örtlichen Entzündungen und Reizzuständen werden kalte Wickel angewandt. Sie bewirken einen Wärmeentzug, der Entzündungen hemmt, abschwellend wirkt und den Schmerz verringert. Wenn zusätzlich Alkohol, Lehm, Heilerde oder Quark angewandt werden, kann man den Wärmeentzug um ein Vielfaches steigern, ohne Kälteschäden der Haut befürchten zu müssen.

▸ Bei wärmeentziehenden Wickeln wird das Innentuch nur leicht ausgewrungen.

▸ Sie werden erneuert, bevor sie körperwarm geworden sind.

▸ Ein Wadenwickel hilft, das Fieber zu senken, insbesondere bei ansteckenden Kinderkrankheiten.

▸ Wenn Entzündungen oder Schwellungen rasch und kräftig bekämpft werden müssen, legt man Lehmwickel an. Werden sie häufiger angewendet, sollte die Haut zwischendurch mit Fettcreme geschützt werden.

▸ Der Lehmwadenwickel hilft besonders gut bei Krampfadern.

▸ Der Lehmhalswickel hat sich bei Halsschmerzen und Schluckbeschwerden bewährt, die bei einer Mandelentzündung auftreten.

▸ Die Kältewirkung von Quark ist nicht so intensiv wie die von Lehm, dafür verträgt die Haut Quark besser als Lehm.

▸ Bei akuten Entzündungen von Gelenken haben sich Quarkwickel als hilfreich erwiesen. Der Quark wird mit Wasser zu einer salbenartigen Paste angerührt und dünn auf das feuchte Wickeltuch gestrichen. Es sollte mit Verbandmull abgedeckt werden, um zu verhindern, daß der Quark an der Haut klebt.

▸ Bei sogenannten nassen Strümpfen oder Beinwickeln taucht man Leinenstrümpfe wie ein Wickeltuch in kaltes Wasser und drückt sie leicht aus. Über diese Strümpfe zieht man Wollstrümpfe, die das übliche Zwischen- und Wolltuch ersetzen. Nasse Strümpfe entlasten bei venösen Stauungen und bei schweren Beinen nach langem Stehen oder Sitzen. Sie gelten als hervorragende Schlafhilfe. Da die Wärmestauung gering ist, läßt man die nassen Strümpfe bis zum Aufwachen an den Beinen.

Wärmestauende Wickel Wenn ein feuchter Wickel längere Zeit am Körper bleibt, nimmt er allmählich die Körperwärme an und wirkt – besonders durch das Zwischentuch – wärmestauend. Wenn der Kranke durch Deckbett und Decken gut isoliert ist, führt dieser Wärmestau zum Schwitzen; hierdurch wird auch eine gute Durchblutung der Haut des ganzen Körpers gefördert.

▸ Bei wärmestauenden Wickeln wird das Innentuch kräftig ausgewrungen.

▸ Man packt den Patienten nach etwa 60 Minuten aus und läßt ihn leicht zugedeckt liegen, bis die Überwärmung abgeklungen ist.

▸ Der Brustwickel hilft bei Atemwegskatarrh mit starker Verschleimung und quälendem Husten und hat sich besonders bei Kindern bewährt. Brustwickel reichen von der Achsel bis zum unteren Rand des Brustkorbes. Bei Erwachsenen verwendet man eine Lendenwickelgarnitur, für Kinder kann man aus Küchenhandtüchern und einem Flanelltuch einen Brustwickel zusammenstellen.

▸ Der Lendenwickel beruhigt das vegetative Nervensystem und fördert den Schlaf. Er wird besonders bei Magen- und Darmstörungen empfohlen, wenn Völlegefühl, Blähungen sowie Darmträgheit auftreten.

PACKUNGEN

▸ Heiße Packungen sind dort hilfreich, wo Wärme guttut: bei Muskelverspannungen, Schmerzen der Skelettmuskulatur, bei Erkrankungen der Wirbelsäule und bei Arthrosen.

▸ Heiße Packungen dürfen keinesfalls in erkaltetem Zustand auf der Haut liegen.

Heublumenpackung Sie hilft insbesondere bei krampfartigen Schmerzen des Magen-Darm-Traktes und unterstützt die Heilung bei Bronchitis.

▸ Ein Leinenbeutel wird zu zwei Dritteln mit Heublumen gefüllt und erhitzt: Man kann den Sack mit heißem Wasser übergießen und dann vorsichtig auspressen. Einfacher und besser geht es mit einem Dampfkochtopf. Dazu feuchtet man den Sack vorher an und legt ihn auf das Innensieb. Er bleibt etwa 15–20 Minuten im geschlossenen Topf.

▸ Ein gründlich dampferhitzter Heublumensack erlaubt eine Wärmebehandlung von 30–45 Minuten.

LEHMWADENWICKEL GEGEN KRAMPFADERN

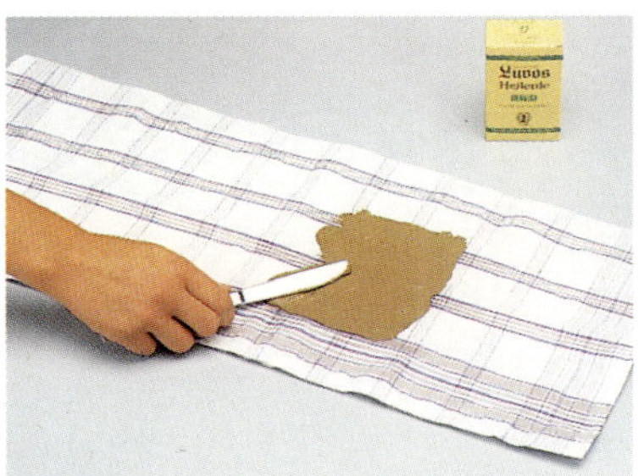

1. Lehmpulver oder Heilerde anrühren und messerrückendick auf das feuchte Wickeltuch auftragen.

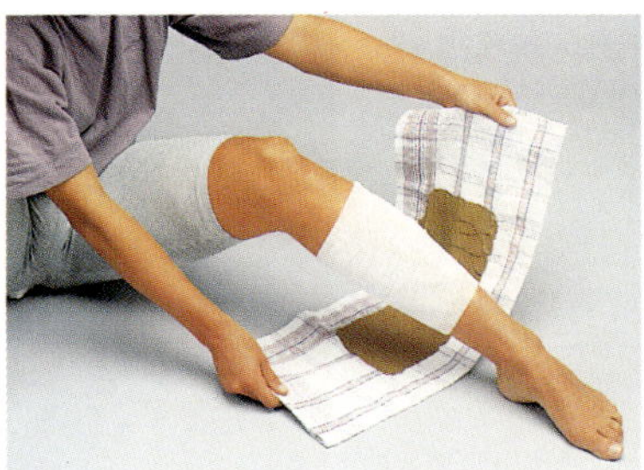
2. Die Haut mit etwas Verbandmull schützend umwickeln und dann das Wickeltuch anlegen.

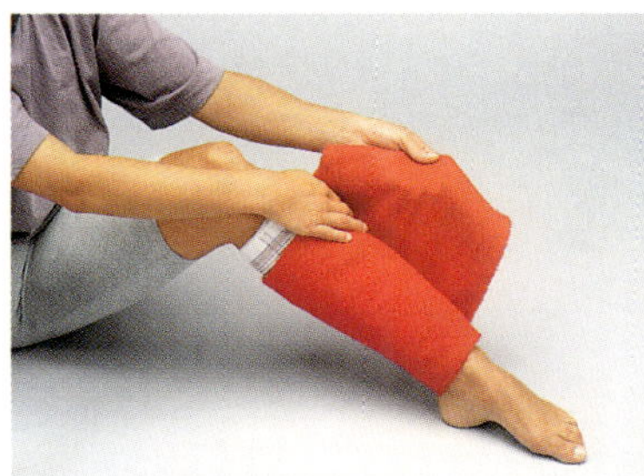
3. Eventuell ein Zwischentuch anlegen, dann mit einem Wolltuch das Ganze umwickeln.

▸ Um Verbrühungen zu vermeiden, schüttelt man den Heublumensack vor dem Anlegen kurz durch, prüft die Temperatur mit der Hand und legt ihn dann vorsichtig auf die Haut. Die Packung wird mit einer Wickelgarnitur oder mit Leinen- und Flanelltüchern angewickelt.

Den erhitzten Heublumensack so heiß, wie es der Patient verträgt, auf die Haut legen.

Kartoffelpackung Diese Packung hilft insbesondere bei krampfartigen Schmerzen, bei Gelenkverschleiß, bei chronischen nichtentzündlichen Gelenkschmerzen und bei Halsentzündungen.

▸ Je nach Größe der erforderlichen Kartoffelpackung werden 500–1000 g Kartoffeln mit der Schale weich gekocht. Dann füllt man sie in einen Strumpf oder einen alten Kissenbezug und zerdrückt sie darin.

▸ Bevor man die heiße Packung auf die betreffende Stelle legt, sollte man die Temperatur vorher an der Wange oder am Handrücken prüfen, um Verbrennungen zu vermeiden.

▸ Die Packung wird mit einem Tuch und mit einer Wolldecke abgedeckt. Wenn die Packung als Halswickel verwendet wird, kann auch ein Schal benutzt werden.

KNEIPPSCHE WASSER-ANWENDUNGEN

▸ Viele Kneippkuranwendungen kann man zu Hause ohne fachmännische Hilfe machen, da sie einfach durchzuführen sind.

▸ Der Gebrauch von kaltem, warmem oder abwechselnd warmem und kaltem Wasser dient zur Vorbeugung und Heilung von Krankheiten. Dabei handelt es sich um Reiztherapien, die sich nicht gegen die eigentlichen Krankheitsursachen richten, sondern den Organismus stimulieren und so entscheidend zur Gesundung beitragen. Darüber hinaus wirken sie abhärtend.

Wassertreten Es regt den Kreislauf an, hilft bei Kopfschmerzen, deren Ursachen gefäßbedingt sind, und Krampfadern, da das Blut in den Beinvenen wieder in Schwung kommt.

▸ Mit kalten Füßen sollte man nicht Wassertreten. Wer unter Ischiasbeschwerden oder Harnwegserkrankungen leidet, sollte vorher einen Arzt befragen.

▸ Zur Sicherheit legt man eine rutschsichere Matte in die Badewanne und hält sich mit einer Hand fest, wenn man in dem etwa 25 cm tiefen, 12–18 °C kalten Wasser im Storchenschritt auf der Stelle geht. Spürt man als Reaktion einen leichten Kälteschmerz, steigt man aus der Wanne und streift das Wasser von der Haut.

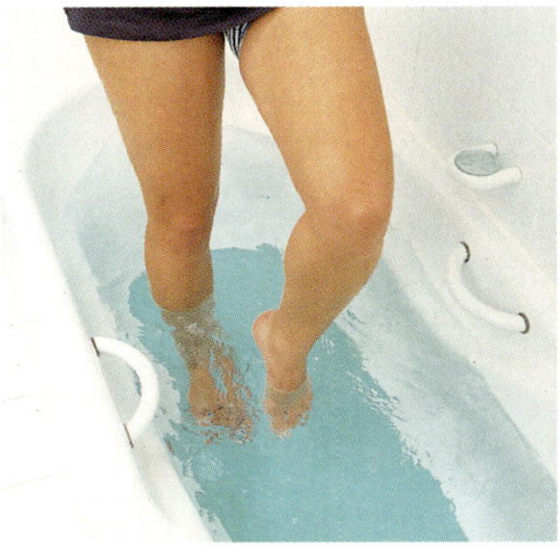

In kaltem Wasser im Storchenschritt auf der Stelle treten.

▸ Es ist sehr wichtig, daß man sich nach dem Wassertreten

LENDENWICKEL

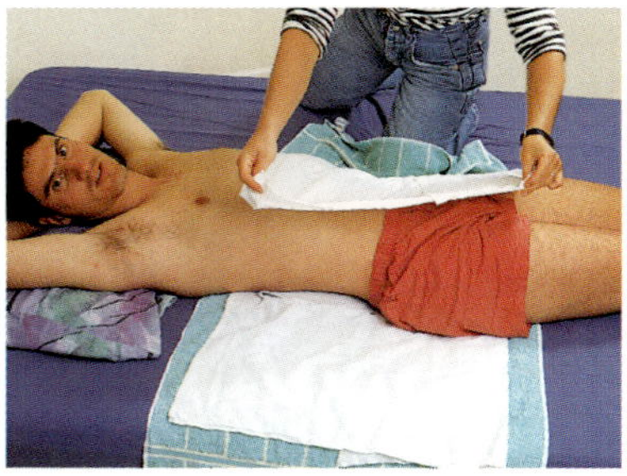

1. Zwischentuch und feuchtes Innentuch unter den Patienten legen; das Innentuch einschlagen.

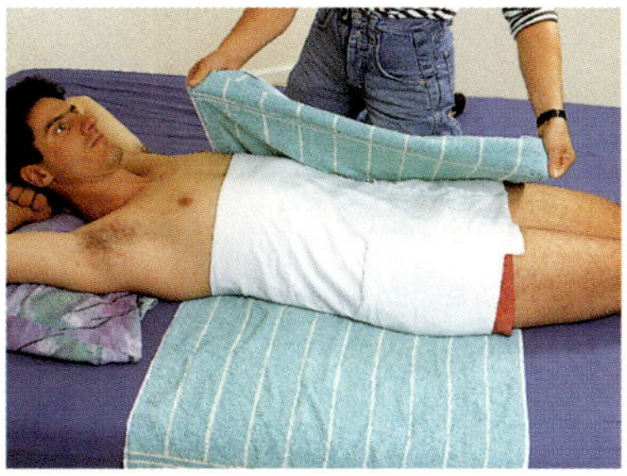

2. Das breitere Zwischentuch von der einen Seite her straff anziehen und fest an den Körper drücken.

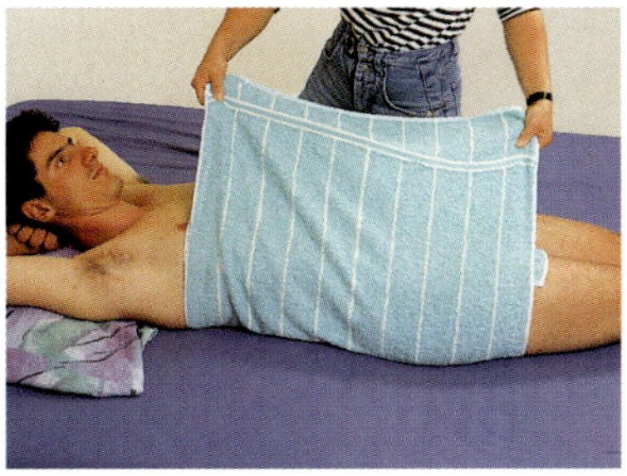

3. Mit der zweiten Hälfte genauso verfahren, zum Schluß den Patienten gut zudecken.

durch Umhergehen wieder völlig erwärmt.

Güsse Die Güsse sollten mit einem daumendicken Schlauch angewandt werden. Man kann auch den Schlauch der Handbrause mit einem im Fachhandel käuflichen Spezialgießrohr versehen. Die richtige Stärke des fast drucklosen Strahls ermittelt man, indem man das Schlauchende nach oben hält: Der Strahl sollte etwa handbreit hochsteigen.

Hält man das Schlauchende nach oben, sollte der Strahl etwa handbreit hochsteigen.

▸ Güsse werden kalt (12–18 °C), temperiert (19–22 °C) oder als Wechselgüsse (warm: 35–38 °C, kalt 12–18 °C) ausgeführt.

▸ Der Gesichtsguß hilft gegen Konzentrationsschwäche, müde Augen und Spannungskopfschmerzen.

▸ Der kalte Armguß verspricht Linderung bei kalten Händen, bei Schmerzen im Zusammenhang mit dem Schulter-Arm-Syndrom und bei Überlastung der Armmuskeln.

▸ An heißen Sommertagen ist der kalte Armguß für jeden eine erfrischende Wohltat.

▸ Der kalte Knieguß hilft bei erhöhtem Blutdruck, Kopfschmerzen verschiedener Herkunft, Krampfadern, Schmerzen aufgrund der Überlastung von Waden und Füßen, Einschlafstörungen und Wärmestauungen.

▸ Beim Wechselknieguß verweilt man mit dem warmen Wasserstrahl etwa 20 Sekunden über dem rechten und dem linken Knie und führt danach den kalten Guß durch. Ein zweimaliger Wechsel von warm nach kalt ist am besten. Der Wechselknieguß führt zu einem stärkeren Reiz als der einfache Knieguß. Er hilft aufgrund der stark erhöhten Fußdurchblutung bei Blasenkatarrh.

▸ Der kalte Schenkelguß ist besonders bei Hüftgelenks- und Ischiasbeschwerden nützlich und trägt zur besseren Durchblutung der Beinmuskeln bei. Er unterstützt die Behandlung von Orangenhaut an Oberschenkeln und am Gesäß.

Der Schenkelguß beginnt am rechten Fußrücken, dann wird der Strahl langsam bis zum Gesäß hochgeführt, wo er fünf Sekunden lang verweilt. Dann wird er an der Innenseite des Beines wieder hinabgeführt. Am linken Bein den ganzen Vorgang wiederholen. Zum Abschluß werden die Fußsohlen abgegossen.

Zur Reizverstärkung wechselt man in Höhe der Oberschenkel aufs andere Bein und wieder zurück, bleibt aber jeweils fünf Sekunden am Gesäß und gleitet dann innen am Bein hinab.

Teilbäder Da die Temperaturreizung an den Körperteilen fern vom Herzen beginnt, sind Teilbäder leichter verträglich als kalte oder heiße Vollbäder.

▸ Das kalte Armbad wirkt erfrischend und belebend auf den ganzen Körper. Es hilft gegen überanstrengte Arme, leichte Kopfschmerzen, nervöse Herzbeschwerden und Konzentrationsschwäche. Am frühen Nachmittag, wenn man gerade ein Leistungstief hat, wirkt es am besten.

KNEIPPANWENDUNGEN

Gesichtsguß: Den schwachen Strahl kreisend oder in Längsstrichen über das Gesicht führen.

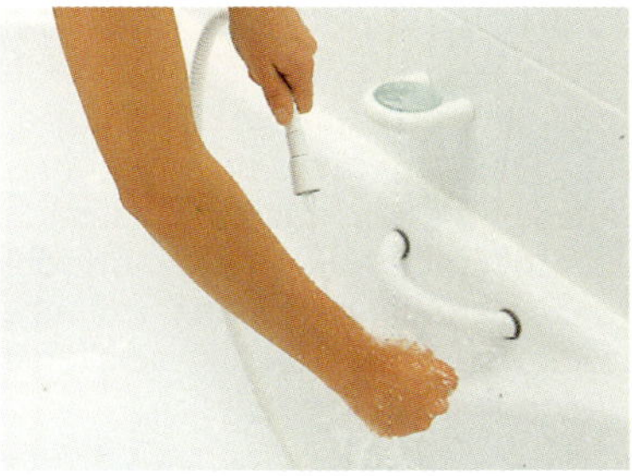

Armguß: Den Strahl 6–8 Sekunden von der Hand bis zur Schulter führen; erst rechts, dann links.

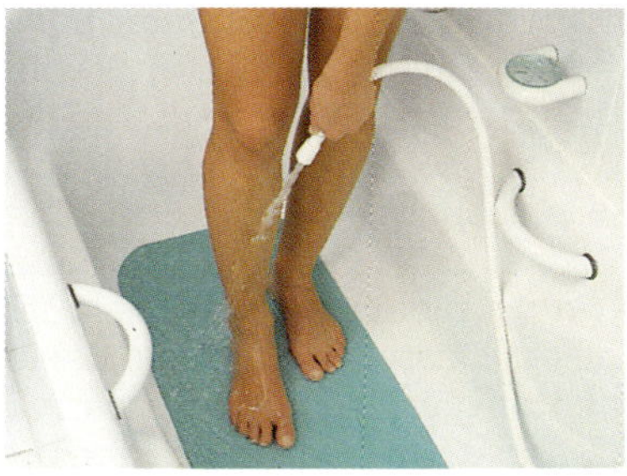

Knieguß: Den Strahl vom Spann bis über das Knie lenken, dort kurz verweilen, dann abwärts führen.

Armbad: Die Arme 15–25 Sekunden in kaltes Wasser tauchen, bis ein leichter Schmerz auftritt.

▸ Das temperaturansteigende Fußbad unterstützt die Blutzirkulation in den Unterschenkeln und hilft – besonders zusammen mit einer Schwitzkur – gegen Erkältungen, wenn man es gleich bei den ersten Anzeichen der Erkrankung anwendet.

Man stellt einen großen Eimer in die Bade- oder Duschwanne und einen Stuhl davor. Den Eimer füllt man mit so viel Wasser, daß die Waden möglichst vollständig in das Wasser getaucht sind. Die Wassertemperatur sollte anfangs bei 30–32 °C liegen. Nun setzt man sich auf den Stuhl und stellt beide Beine in den Eimer. Nach und nach erhöht man die Temperatur, indem man entsprechend heißes Wasser zusetzt, bis nach 15–20 Minuten 39–41 °C erreicht sind. Danach die Beine gut abtrocknen und sich möglichst gleich ins Bett legen.

▸ Das Wechselfußbad härtet ab, hilft gegen kalte Füße und gegen Schnupfen im Anfangsstadium.

Für ein Wechselfußbad braucht man zwei Fußbadewannen oder große Eimer, in denen beide Füße bequem Platz haben. Das Wasser sollte zwei Drittel der Unterschenkel bedecken. Eine Wanne mit 35–37 °C warmem Wasser, die andere mit 12–18 °C kaltem Wasser füllen. Beide Beine werden gleichzeitig in das warme Wasser eingetaucht. Nach fünf bis sieben Minuten wechselt man für 10–30 Sekunden in das kalte Wasser. Es ist wichtig, immer im warmen Wasser zu beginnen und im kalten aufzuhören.

Nach dem Wechselfußbad sollte man eine Zeitlang umhergehen und sich bewegen, um die Durchblutung in Haut und Muskulatur zusätzlich zu fördern.

Wechseldusche Warm und kalt zu duschen ist eine sehr gute Abhärtungsübung und wirkt günstig auf Nerven und Stoffwechsel. Zuerst zwei Minuten warm duschen, dann auf kalt umstellen. Man beginnt mit dem rechten Bein, zieht bis zur Hüfte hoch, verweilt dort kurz und geht über die Leiste an der Innenseite des Beines wieder zum Fußrücken zurück. Genauso wird mit dem linken Bein verfahren. Der rechte Arm wird vom Handrücken über die Schulter und dann auf der Innenseite zurück bis zu den Handflächen begossen, danach entsprechend der linke Arm. Dann kommen Brust, Bauch und abschließend der Nacken an die Reihe. Gesicht und Hals kühlt man mit einer Handvoll Wasser. Der Wechsel zwischen warm und kalt wird mehrmals wiederholt. Wichtig ist, stets mit warmem Wasser zu beginnen und mit kaltem aufzuhören.

KRÄUTERBÄDER

▸ Warme Wannenbäder wirken auf Muskeln, Gelenke und Blutgefäße sehr entspannend. Diese Wirkung körperwarmer Bäder läßt sich durch natürliche Badezusätze noch verstärken.

▸ Für ein wirkungsvolles Kräuterbad sollte man naturreine Badezusätze nehmen; Schaumbäder mit Kräuterduft haben keine Heilwirkung. Am besten sind natürliche Ölbäder, die ätherische Öle von Heilpflanzen enthalten.

▸ Die Badetemperatur sollte bei 37 °C liegen und die Badedauer 10–15 Minuten betragen. Danach sollte man sich mindestens eine Stunde ins Bett legen.

Baldrian Diese Heilpflanze wirkt beruhigend und hilft bei Aufregung, Schlaflosigkeit und nervösen Herzbeschwerden. Das Bad darf keinesfalls zu warm sein, sonst geht die beruhigende Wirkung verloren.

Eukalyptus Ein Eukalyptusbad macht die Atemwege frei und hilft insbesondere bei Schnupfen.

Fichtennadel Dieses Badeöl wirkt beruhigend und hilft bei rheumatischen Gliederschmerzen, Erkältungsbeschwerden und Atemwegserkrankungen.

Heublumen Heublumenbäder regen alle Stoffwechselvorgänge an. Sie können bei vielerlei Beschwerden helfen, besonders bei Rheumaerkrankungen und Blasenkatarrh.

Kamille Kamillenbäder unterstützen die Behandlung von schlecht heilenden Wunden sowie chronischen Ekzemen und helfen bei Hämorrhoiden.

▸ Kamillenbäder schützen und pflegen auf natürliche Art empfindliche Haut.

Lavendel Dieses Heilkraut wirkt in erster Linie entkrampfend und beruhigend. Daher hilft ein Bad oft gegen Schmerzzustände, die nervlich bedingt sind, wie Spannungskopfschmerzen.

Melisse Da sie vor allem beruhigend und entspannend wirkt, ist ein Bad bei nervösen Beschwerden oder bei Einschlafstörungen hilfreich.

Ringelblume Ein Bad, das man mit dem Öl dieser Pflanze versetzt, ist hauptsächlich wirksam bei schlecht heilenden Wunden.

Rosmarin Rosmarinbäder werden wegen ihrer anregenden und erfrischenden Wirkung geschätzt und helfen insbesondere bei Schwächezuständen aufgrund eines niedrigen Blutdrucks.

▸ Wegen der anregenden Wirkung des Rosmarins sollte lieber morgens als abends gebadet werden.

Schafgarbe Schafgarbenbäder regen den Blutkreislauf an, indem sie die Venen entstauen. Sie wirken beruhigend und entkrampfend bei Störungen der Unterleibsorgane und pflegen die Haut.

Thymian Er wirkt schleimlösend und entkrampfend auf die Atemwege. Ein Thymianbad unterstützt den Heilungsprozeß bei chronischen Erkrankungen der Atemwege.

Zinnkraut (Ackerschachtelhalm) Ein Zinnkrautbad regt alle Stoffwechselvorgänge der Haut an. Es hilft bei Durchblutungsstörungen vor allem in den Beinen, bei rheumatischen Beschwerden und bei chronischen Reizzuständen der Harnwege.

SAUNIEREN

- Will man die positiven Wirkungen des Saunierens richtig nützen, sollte man einmal wöchentlich die Sauna aufsuchen.

- Wer erkältet oder fiebrig ist, sollte nicht in die Sauna gehen, da der Körper die zusätzliche Belastung nicht gut verträgt.

- Wer einen sehr hohen Blutdruck hat, sollte vor dem ersten Saunabesuch den Arzt befragen.

- Es ist nicht zu empfehlen, mit völlig leerem Magen oder nach einer schweren Mahlzeit in die Sauna zu gehen.

Wirkung Alle körperlichen Funktionen werden angeregt; die Haut wird gründlich gereinigt.

- Die Temperaturreize steigern die Durchblutung; dadurch wird das Bindegewebe fester und elastischer.

- Bei vielen Menschen wird die Widerstandskraft gegen Infektionskrankheiten gestärkt.

- Saunieren kann bei Muskelkater helfen, da die zum Teil dafür verantwortliche Milchsäure durch das Schwitzen aus den Muskeln ausgeschieden wird.

Vorbereitung Nach einer warmen Dusche reibt man sich gut trocken. Damit sich alte Hautschuppen lösen und die tiefenreinigende Wirkung des Schwitzens voll zur Entfaltung kommt, kann man sich zusätzlich abbürsten.

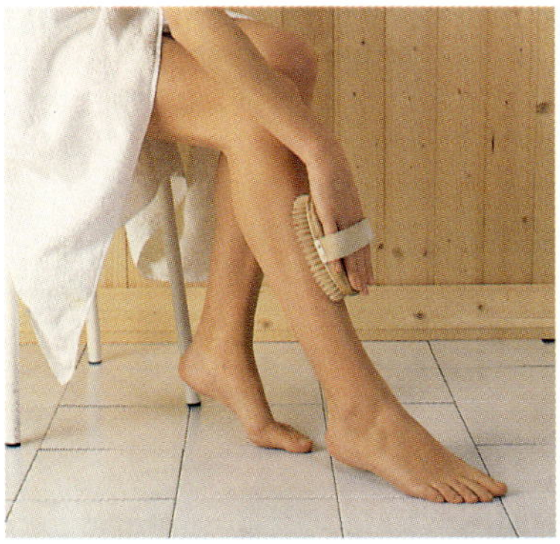

Um die Haut aufs Schwitzen vorzubereiten, bürstet man sich ab.

- Damit langes Haar beim Saunieren nicht auf der Haut klebt, hält man es mit einem Band zurück oder steckt es hoch. Eine Haube oder ein zu fester Turban aus einem Handtuch kann einen Wärmestau verursachen.

- Um schneller ins Schwitzen zu kommen, kann man ein warmes Fußbad nehmen.

Saunagang Das wichtigste Element ist der Wechsel von Schwitzen und Abkühlen. Einen solchen nennt man Saunagang.

- Anfangs empfiehlt es sich, pro Saunabesuch nicht mehr als zwei bis drei Saunagänge zu machen.

- Während der Saunagänge möglichst nichts trinken – keinesfalls aber Alkohol: Er kann die gefäßerweiternde Wirkung des Schwitzens gefährlich verstärken.

Aufheizphase Im Saunaraum auf der mittleren oder obersten Bank Platz nehmen; hier ist die Wärmewirkung am größten. Wird die Hitze unangenehm, auf eine untere Bank wechseln. Beim Sitzen die Füße nicht baumeln lassen, sondern hochlegen.

- Während des Schwitzens kann man eine Haarkur machen, da sich die Wirkung der Mittel bei Wärme besonders gut entfaltet.

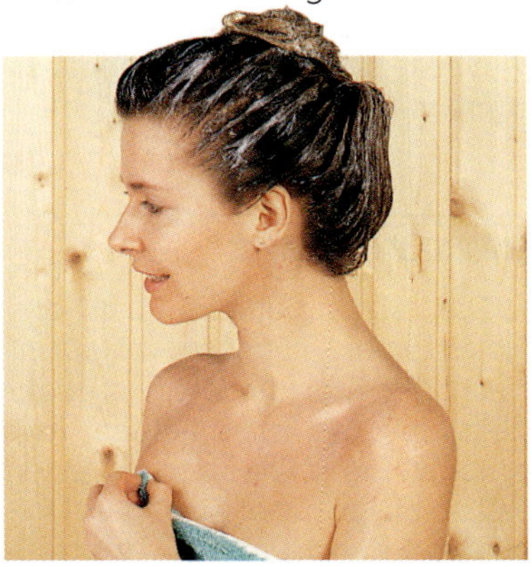

In der Wärme der Sauna wirken Haarkuren besonders gut.

- Anfänger sollten sich nicht länger als zehn Minuten im Saunaraum aufhalten. Während der letzten beiden Minuten sollte man grundsätzlich aufrecht sitzen, um den Kreislauf auf die Senkrechte umzugewöhnen.

Abkühlphase Am besten kühlt man sich in frischer Luft ab – entweder im Freien oder in einem speziellen Frischluftraum.

- Beim Schlauchguß wird der Körper ohne viel Druck mit kaltem Wasser abgespritzt: Immer zuerst die Füße oder Arme zum Körper bzw. Herzen hin, dann die Vorderseite des Rumpfes und zum Schluß den Rücken.

- Wer keine Probleme mit dem Kreislauf hat, kann auch kurz in ein Kaltwasserbecken tauchen.

- Im Ruheraum kann man fünf Minuten lang eine Pause einlegen.

- Die Abkühlphase sollte nicht länger als 15 Minuten dauern.

Nach dem Saunieren Der Körper muß völlig abgekühlt sein. Das Schwitzen in den Kleidern ist nicht nur lästig, sondern kann auch zu Erkältungen führen.

▸ Mineralwasser und Fruchtsäfte trinken, um den Bedarf des Körpers an Mineralsalzen und Vitaminen zu decken.

▸ Direkt nach dem Saunabesuch sollte man keinen Sport treiben.

HAUSAPOTHEKE

▸ Die Hausapotheke hat den Hauptzweck, kleinere Verletzungen oder Krankheiten zu behandeln, für die man keinen Arzt braucht. Sie sollte aber auf jeden Fall so ausgerüstet sein, daß Notfälle oder schwerere Verletzungen so lange versorgt werden können, bis ein Arzt zur Stelle oder der Verletzte ins Krankenhaus eingeliefert ist.

▸ Auch vom Arzt verschriebene Medikamente bewahrt man am besten in der Hausapotheke auf. Nach dem Ende der Krankheit sollte man die übriggebliebenen Medikamente jedoch entsorgen. Sie sollten bei einer neuen Erkrankung nicht zur Selbstbehandlung eingesetzt werden. Dies gilt besonders für Antibiotika, die in der Regel vollständig aufgebraucht werden müssen, damit die Infektion abheilt.

Aufbewahrung Hier bieten sich abschließbare Schub- und Schrankfächer oder spezielle Arzneimittelschränkchen an.

▸ Die Hausapotheke sollte nicht im Bad oder in der Küche aufbewahrt werden, weil Feuchtigkeit und starke Temperaturschwankungen die Wirkstoffe der Medikamente verändern können. Auch die direkte Einwirkung von Sonnenlicht sollte vermieden werden.

▸ Der beste Aufbewahrungsort für die Hausapotheke ist das Schlafzimmer oder der Flur.

▸ Das Arzneimittelschränkchen muß man so aufstellen oder aufhängen, daß es Kinder nicht erreichen können.

Beipackzettel Sie sollten unbedingt aufbewahrt werden, weil sie wichtige Informationen über die Medikamente enthalten: Wann darf man ein Mittel nicht einnehmen (Gegenanzeigen)? Welche möglichen Nebenwirkungen sind mit der Einnahme verbunden?

▸ Falls vom Arzt nicht anders angegeben, sollte man sich immer an die Dosierungshinweise auf dem Beipackzettel halten.

Haltbarkeit Medikamente und Verbandmaterial sind nicht unbegrenzt haltbar. Man sollte daher den Inhalt der Hausapotheke regelmäßig überprüfen.

▸ Tabletten, Dragees und Kapseln halten sich bis zu fünf Jahren.

▸ Zäpfchen, Salben und flüssige Arzneimittel, die noch nicht angebrochen sind, halten sich etwa ein Jahr. Wenn sich Inhaltsstoffe in Flaschen absetzen und auf kräftiges Schütteln nicht reagieren, sind sie in der Regel nicht mehr wirksam. Bei vielen flüssigen Medikamenten sinkt die Haltbarkeit deutlich, wenn sie einmal angebrochen sind, beispielsweise bei Augentropfen auf etwa vier Wochen.

▸ Standardverbandmaterial, wie Heftpflaster oder Kompressen, sollten nach zwei Jahren nicht mehr verwendet werden.

▸ In vielen Fällen ist das Haltbarkeitsdatum aufgedruckt. Wenn man sich aber über Haltbarkeit und Verfallsdatum im unklaren ist, fragt man einen Apotheker oder einen Arzt und schreibt es dann auf die Packung.

Umgang mit Medikamenten

- **Keine Arzneimittel offen in der Wohnung herumliegen lassen! Vor allem bunte Tabletten sehen für Kinder wie Bonbons aus.**
- **Die Hausapotheke sollte auf jeden Fall abschließbar sein. Jedes erwachsene Familienmitglied muß dann aber wissen, wo sich der Schlüssel befindet.**
- **Alte Medikamente gibt man möglichst in einer Apotheke, beim Arzt oder bei speziellen Sammelstellen ab.**

Wichtige Telefonnummern Damit man bei Notfällen rasch reagieren kann, ist es hilfreich, die wichtigsten Telefonnummern auf einen Zettel zu schreiben und ihn innen in das Arzneischränkchen zu kleben.

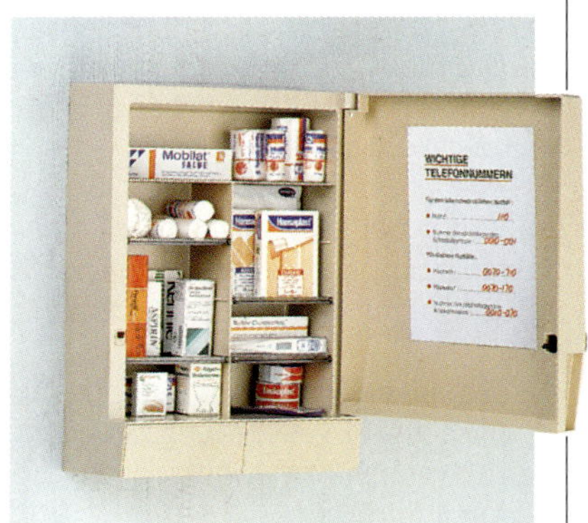

Um in Notfällen rasch reagieren zu können, sollte man einen Zettel mit wichtigen Telefonnummern in das Arzneischränkchen kleben.

▸ Für kleinere Notfälle schreibt man die Telefonnummern des Hausarztes, des Kinderarztes und der Notaufnahme des nächstliegenden Krankenhauses auf.

▸ Für den lebensbedrohenden Notfall notiert man den Notruf und die Nummer der nächstliegenden Giftnotrufzentrale. Diese Nummern sollten unbedingt auch direkt beim Telefon vermerkt sein.

HAUSAPOTHEKE

Inhalt	*Verwendung*
Pflasterwundverband in verschiedenen Breiten	*Versorgung von kleineren Schnitt- und Schürfwunden*
Sterile Kompressen in verschiedenen Größen	*Abdecken größerer und stärker blutender Wunden*
Mullbinden: zwei große (10 cm breit) und vier mittlere (6–8 cm)	*Benötigt man für das Anlegen eines Wundverbands mit Mull oder Kompressen*
Sterile Augenkompressen	*Abdecken eines verletzten oder kranken Auges*
Elastische Binden: zwei schmale (25 mm) und eine breite (80 mm)	*Für den sicheren Halt und Schutz von Verbänden*
Weißer, steriler Mull (Tupfer)	*Damit können kleinere Wunden abgedeckt oder gereinigt und desinfiziert werden*
Fingerling	*Um einen verbundenen Finger besser zu schützen*
Heftpflaster: Rollen in verschiedenen Breiten	*Damit werden die Mullbinden eines Wundverbands fixiert*
Sicherheitsnadeln in verschiedenen Größen	*Befestigung von größeren Verbänden*
Augenbadewanne	*Um Schmutz oder Staub mit sterilem Wasser aus dem Auge auszuwaschen; im Notfall genügt aber auch Leitungswasser*
Elektronisches Fieberthermometer	*Für eine sehr genaue Messung der Körpertemperatur; sicherer als ein Quecksilberthermometer und deshalb vor allem für Kinder besser geeignet*
Mittelgroße Schere mit abgestumpfter Spitze	*Hiermit kann man – auch wenn es sehr schnell gehen muß – sicher Verbände und Binden zurechtschneiden*
Pinzette mit viereckiger Spitze	*Splitter oder Dornen können gezielt ergriffen und herausgezogen werden*
Salbe für Prellungen und Zerrungen	*Zur Linderung von Krämpfen und Schmerzen an gezerrten oder gequetschten Muskeln*
Mittel gegen Insektenstiche	*Gel oder Tinktur gegen den Juckreiz bei Insektenbissen und -stichen; oft auch bei Nesselsucht und Sonnenbrand anwendbar*
Desinfektionsmittel	*Wird bei Schnitt- und Schürfwunden aufgetragen; aber nicht bei Brandwunden oder verbrühten Stellen verwenden!*
Schmerzstillende Tabletten	*Vor allem gegen Kopf- und Zahnschmerzen*
Mittel gegen Durchfall	*Kohletabletten zur Linderung von Durchfallerkrankungen*
Mittel bei Magenproblemen	*Magensäurehemmende Mittel, wie beispielsweise gegen Sodbrennen*

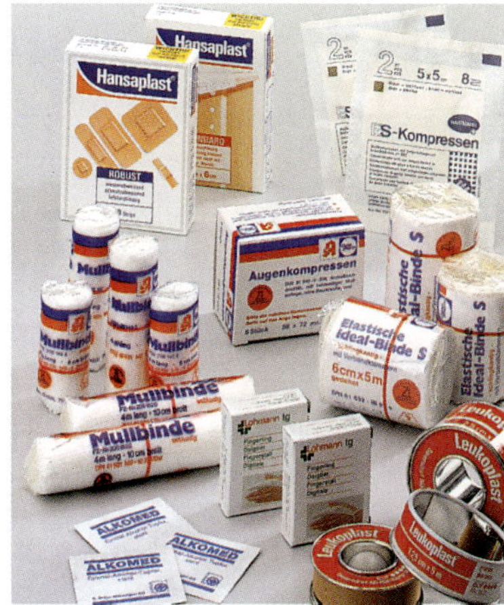

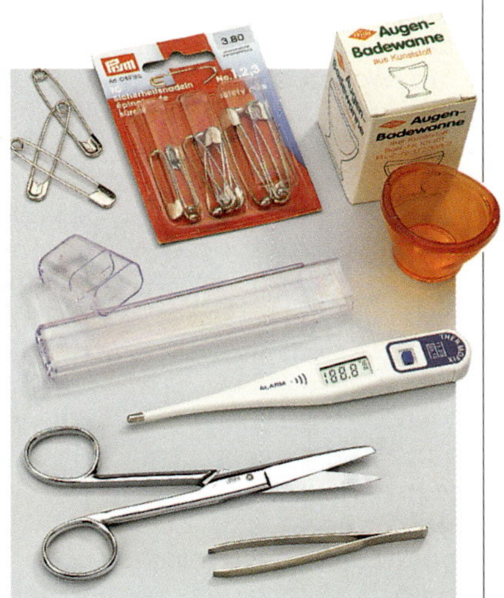

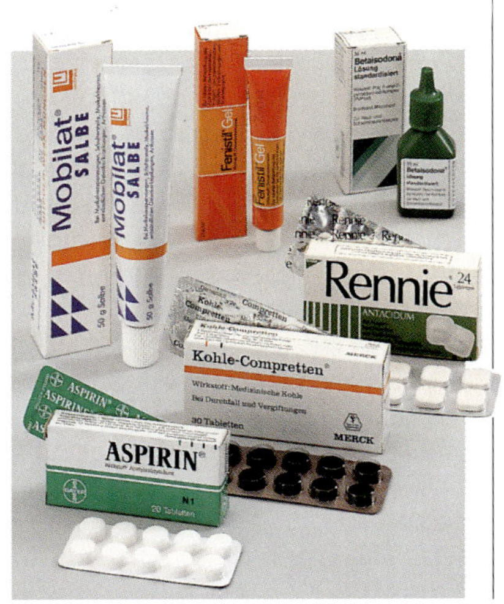

SÄUGLINGE

▸ Was der eine Säugling mag, kann ein anderer nicht leiden. Man sollte also bei der Pflege nie versuchen, eine Maßnahme um jeden Preis durchzuführen.

▸ Im Zweifelsfall muß stets ein Arzt zu Rate gezogen werden. Die folgenden Tips sollen die Pflege erleichtern bzw. ärztliche Maßnahmen ergänzen.

Allgemeine Pflege Es genügt, den Säugling zwei- bis dreimal pro Woche zu baden. Das Bad sollte nicht länger als fünf Minuten dauern.

▸ Damit die Haut nicht gereizt wird oder austrocknet, nur einen milden Badezusatz verwenden, den man auch selbst herstellen kann: Einen alten Nylonstrumpf mit einer Tasse geschrotetem Weizen füllen, zuknoten und im Badewasser ausdrücken.

▸ Es genügt, die Ohrmuscheln bei Bedarf mit einem Wattebausch zu reinigen. Wegen der Verletzungsgefahr für das Kind keinesfalls Wattestäbchen oder spitze Gegenstände benutzen.

▸ Einmal in der Woche sollten die Fingernägel mit einer Babynagelschere geschnitten werden; sonst kann sich das Baby das Gesicht verkratzen. Das Nägelschneiden geht am einfachsten, wenn das Kind satt und zufrieden ist.

▸ Oft bilden sich im Gesicht des Säuglings stecknadelkopfgroße weiße Punkte. Sie sind harmlos und verschwinden meist von selbst wieder. Man sollte auf keinen Fall versuchen, sie auszudrücken.

▸ Bräunlicher Kopfschorf ist kein Grund zur Besorgnis; er verschwindet oft von allein wieder. Wenn man den Kopf mit einem milden Mittel wäscht oder den Schorf mit Schafgarbentee aufweicht, löst er sich schneller ab.

▸ Täglich die Zähne des Säuglings mit einem Mulläppchen oder Wattestäbchen reinigen.

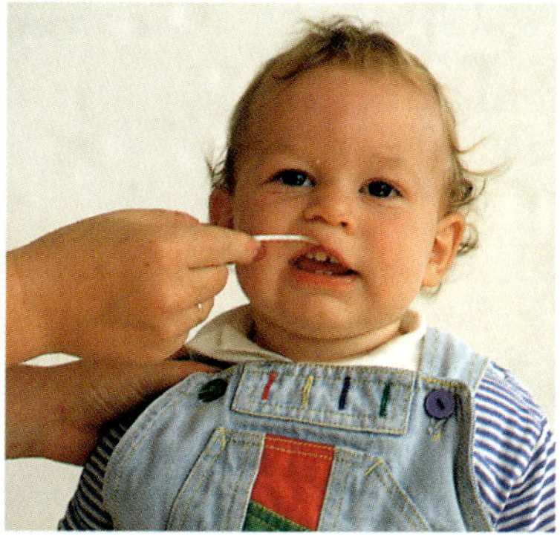

Die Zähne kann man mit einem Wattestäbchen reinigen.

▸ Um das Spannungsgefühl beim Durchbruch der Zähne etwas abzumildern, kann man das Zahnfleisch mit starkem Kamillentee einpinseln.

▸ Auch ein gekühlter Beißring hilft vielen Kindern beim Zahnen.

▸ Stoffwechsel und Kreislauf werden durch frische Luft angeregt. Deshalb das Kinderzimmer gut lüften, mit dem Säugling viel spazierengehen und ihn ab dem dritten Monat bei entsprechendem Wetter an einem windgeschützten, schattigen Ort unbekleidet strampeln lassen.

▸ Fliegen und Stechmücken hält man aus dem Kinderzimmer fern, indem man ein Fliegennetz am Fenster anbringt.

▸ Ein Stück Gardine über dem Kinderwagen oder ein mit Nelkenöl beträufeltes Tuch in der Nähe des Säuglings hält lästige Mücken ab.

▸ Am besten wechselt man immer wieder die Lage des Kindes im Bett. In der Seitenlage links oder rechts kann Erbrochenes aus dem Mund laufen, so daß der Säugling immer frei atmen kann. Um die Seitenlage zu stabilisieren, kann man ein zusammengerolltes Handtuch seitlich unter den Rücken schieben.

Zur Stabilisierung der Seitenlage ein zusammengerolltes Handtuch hinter den Rücken schieben.

▸ Stoffwindeln sind auf längere Sicht preisgünstiger und umweltverträglicher als Wegwerfwindeln: Stoffwindeln kann man waschen und immer wieder verwenden. In vielen Städten wird bereits ein Windelservice angeboten, bei dem die schmutzigen Windeln abgeholt und frische gebracht werden.

Ernährung Gibt man Fläschchen, kennt man die aufgenommene Milchmenge genau. Bei einem Stillkind zeigen fünf bis sechs nasse Windeln pro Tag an, daß es genügend getrunken hat.

▸ Pro Woche nimmt ein gesunder Säugling 150–200 g zu. In der Regel genügt es, das Kind einmal in der Woche zu wiegen.

▸ Flaschenmahlzeiten sollten nur mit Trinkwasser zubereitet werden, das weniger als 10 mg Nitrat pro Liter enthält. Den Nitratgehalt kann man mit einem Teststreifen aus der Apotheke feststellen. Am sichersten ist Mineralwasser mit dem Vermerk „zur Herstellung von Babynahrung geeignet".

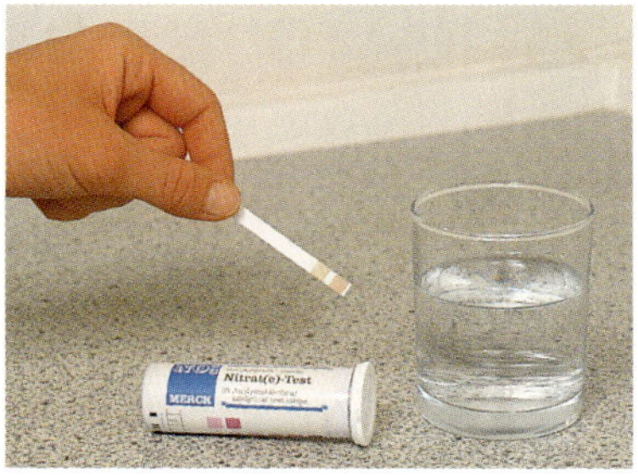

Ein Teststreifen zeigt an, wieviel Nitrat das Trinkwasser enthält.

▸ Jedes Fläschchen unmittelbar vor der Mahlzeit frisch zubereiten. Keine Reste warm halten oder aufbewahren, da sich sonst Bakterien sehr rasch vermehren.

▸ Flaschen und Sauger sollten nicht mit chemischen Mitteln sterilisiert werden, weil sich dabei das möglicherweise krebserregende Trihalogenmethan bilden kann. Es empfiehlt sich, die Flaschen sauber zu spülen – mit etwas Salz lösen sich Milchreste besser – und sie anschließend mit den Saugern in einem Topf 15 Minuten auszukochen.

▸ Trotz Meldungen über Schadstoffe in der Muttermilch bietet das Stillen nach wie vor die beste Ernährung für den Säugling. Ein Brustkind wird kaum überfüttert und erhält gleichzeitig wichtige Abwehrstoffe. Möglichst vier bis sechs Monate stillen.

▸ Die Milchmenge läßt sich durch häufigeres Stillen steigern. Auch das Trinken von Brennesseltee kann bei der Mutter die Milchbildung fördern.

▸ Brustkinder erhalten Tee im Fläschchen mit einem besonders kleinen Loch im Sauger, damit der Saugreflex nicht nachläßt.

▸ Bei Fertigtees und Säften muß man darauf achten, daß sie ohne Zuckerzusätze hergestellt sind, da sie sonst die Zähne angreifen. Am besten sind ungesüßte Kräuter- oder Früchtetees, die man selbst aufbrüht.

Gesundheit Ab dem siebten Lebenstag sollte Vitamin D zum Schutz vor Rachitis gegeben werden. Über Verabreichungsform und Dosierung spricht man mit dem Kinderarzt.

▸ Um die Zähne frühzeitig vor Karies zu schützen, kann man vom Arzt verschriebene Fluoridpräparate geben.

▸ Mit Kümmeltee kann man schmerzhafte Blähungen des Säuglings behandeln. Man läßt 1 TL Kümmel in 200 ml Wasser fünf Minuten schwach kochen. Dann wird der hellgelbe Tee abgeseiht und abgekühlt ins Fläschchen gegeben. Zusätzlich kann man den Bauch des Säuglings ganz sanft massieren und das Kind wiegen und schaukeln.

▸ Bei Verstopfung regen 1–2 TL Milchzucker im Fläschchen oder eine sanfte Bauchmassage die Darmtätigkeit an. Ansonsten muß man den Arzt hinzuziehen.

▸ Bei Durchfall muß man immer den Arzt um Rat fragen. Ordnet er nichts anderes an, wird ein Teetag eingelegt: Der Säugling erhält sechs bis acht Stunden lang nur Tee – am besten Brombeerblättertee – mit etwas Salz und Traubenzucker. Dann gibt man wieder festere Nahrung, anfangs Karottengemüse oder Reisschleim.

Sicherheit fürs Baby

- **Säuglinge dürfen nie unbeaufsichtigt auf dem Wickeltisch liegenbleiben!**
- **Spielzeug sollte nicht zu klein sein, da es sonst vom Baby verschluckt werden kann.**
- **Augen von Plüschtieren müssen festsitzen; die Füllung darf nicht zugänglich sein.**
- **Die Stäbe des Gitterbettes dürfen höchstens 7–7,5 cm weit auseinander stehen.**
- **Kein Kopfkissen verwenden – Erstickungsgefahr! Eine Mullwindel, am Kopfende um die Matratze gespannt, reicht aus.**
- **Schnüre, Gurte oder Bänder gehören nicht ins Kinderbett!**
- **Will man das Bett wärmen, sollte man kein Heizkissen nehmen, sondern eine Wärmflasche aus Gummi.**

Der hohe Flüssigkeitsverlust muß weiterhin mit Tee ausgeglichen werden.

▸ Bei vielen Säuglingen läuft beim Aufstoßen etwas Milch aus dem Mund. Das ist völlig normal. Wird allerdings die ganze Nahrung im Strahl erbrochen, sollte man zum Arzt gehen.

▸ Hat der Säugling Schnupfen, stellt man im sicheren Abstand zum Bettchen Schüsseln mit dampfendem Kamillentee hin und hängt im Zimmer feuchte Tücher auf. Das erleichtert das Atmen und wirkt gegen die Austrocknung der Schleimhäute.

▸ Nasentropfen kann man selbst herstellen: 1 TL Kamille mit 50 ml Wasser überbrühen, zehn Minuten ziehen lassen und die abgeseihte Flüssigkeit mit so viel Zucker versetzen, wie sich darin auflöst. Mit einer Pipette in jedes Nasenloch einen Tropfen der abgekühlten Flüssigkeit geben.

▸ Bei allergischen Reaktionen der Haut hilft oft schon ein Wechsel des Waschmittels.

▸ Dünn aufgetragene Ringelblumensalbe kann den Heilungsprozeß von allergisch reagierenden Hautstellen unterstützen.

▸ Liegt ein Windelausschlag vor, eine neue Windelsorte ausprobieren. Die Windeln so oft wie möglich, auch nachts, wechseln und Einlagen verwenden. Die Haut mit warmem Wasser reinigen, vorsichtig trockenfönen und dünn mit Zinksalbe aus der Apotheke eincremen. Den wunden Po möglichst oft der Luft aussetzen.

KINDER

▸ Diese Tips können und sollen ärztlichen Rat nicht ersetzen.

Allgemeine Pflege Zur Stärkung der Abwehrkräfte kann man dem Kind täglich ein Glas Rote-Bete-Saft oder frisch geraspelte Rote-Bete-Rohkost geben. Man schmeckt sie mit Joghurt, Apfel und Zitronensaft ab.

▸ Eine Tasse Quendeltee am Tag unterstützt die körpereigene Abwehr: 1 TL Quendel mit einer Tasse kochendem Wasser übergießen, zehn Minuten ziehen lassen und dann abseihen.

▸ Vom Kleinkindalter an ist spielerische sportliche Betätigung an der frischen Luft sehr wichtig. Die einseitige Belastung von Muskeln, Bändern und Gelenken durch zu intensives Training einer Sportart sollte jedoch vermieden werden, da dies zu chronischen Schäden führen kann.

▸ Da die Haut von Kindern besonders empfindlich ist, sollten sie sich die meiste Zeit im Schatten aufhalten und mit Sonnencreme mit hohem Lichtschutzfaktor eingecremt werden.

▸ Um die Fußmuskeln zu kräftigen und Fehlbildungen vorzubeugen, sollten die Kinder in der Wohnung keine Schuhe, sondern rutschfeste Socken tragen. Wenn das Wetter es erlaubt, ist Barfußlaufen auf der Terrasse oder im Garten optimal.

▸ Schuhe sollten bequem sein, möglichst aus Leder bestehen und keine starre Sohle haben. Öfter die Größe überprüfen, eventuell im Schuhladen nachmessen.

▸ Bis zum fünften oder sechsten Lebensjahr sollten die Eltern die Zahnpflege des Kindes übernehmen. Dann kann das Kind selbst nach jeder Mahlzeit zwei bis drei Minuten lang die Zähne putzen. Eine Sanduhr erleichtert das Einhalten der Putzzeit.

▸ Den Zahnbelag kann man mit Färbetabletten aus der Apotheke sichtbar machen und so dem Kind deutlich zeigen, ob es die Zähne sorgfältig geputzt hat.

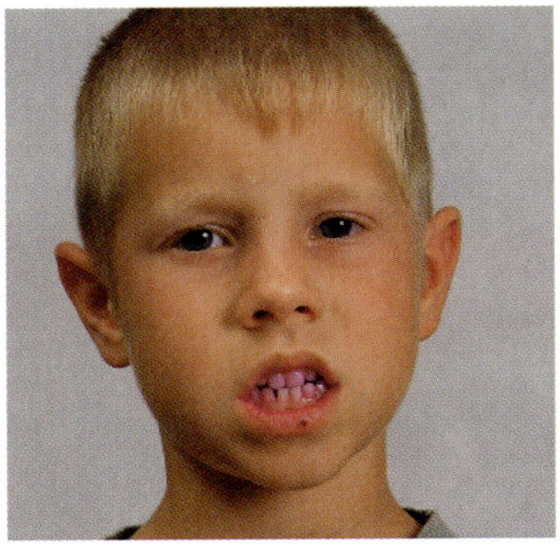

Färbetabletten zeigen deutlich, ob die Zähne gründlich geputzt sind.

▸ Alle drei Monate eine neue Zahnbürste mit abgerundeten Borsten und einem kleinen Bürstenkopf kaufen. Naturborsten sind nicht zu empfehlen.

▸ Haben Kinder Probleme mit dem Einschlafen, kann man ihnen vor dem Zähneputzen und Schlafengehen heiße Milch mit Honig anbieten.

▸ Kleinere Kinder schlafen oft leichter ein, wenn das Zubettgehen immer gleichartig abläuft und beispielsweise mit einem bestimmten Gebet, einem Lied oder einer Geschichte endet.

FUSSGYMNASTIK STÄRKT DIE MUSKULATUR

Eine Zeitung mit den Zehen zu zerreißen beugt Fehlbildungen vor – und macht viel Spaß.

Mit etwas Geschick kann man Murmeln auch mit den Zehen vom Boden aufheben.

Einfach, aber wirkungsvoll: mit beiden Fußsohlen einen Ball mehrmals hin- und herrollen.

▸ Schlafen ältere Kinder schlecht ein, sollte man über eventuell aufgetretene Probleme reden und sie möglichst sofort klären.

▸ Manche Kinder brauchen weniger Schlaf als andere. Dann muß tagsüber etwas mit ihnen unternommen werden, damit sie abends müde sind.

Ernährung Mit einem Frühstück im Kreis der Familie beginnt der Tag für Kinder am besten.

▸ Gut ist ein Frühstücksmüsli: Frische Körner werden am Vorabend geschrotet, eingeweicht, in den Kühlschrank gestellt und dann morgens mit Früchten, Nüssen und Joghurt gemischt.

▸ Kinder, die nicht frühstücken wollen, sollten wenigstens ein Glas Milch oder frischgepreßten Orangensaft trinken, um genug Energie bis zur nächsten Mahlzeit zu haben.

▸ Anstelle oder zur Ergänzung des traditionellen Wurstbrotes für die Schulpause bieten sich phantasievolle Alternativen an: Joghurt mit Früchten, Scheiben von Karotten, Gurken, Kohlrabi oder Paprika zum Knabbern oder Vollkornbrot mit Salatblättern, Käse und Gurkenscheiben belegt.

▸ Pausenspieße finden besonderen Anklang: Man steckt abwechselnd Käsewürfel, Gurkenstücke oder Trauben und Brotscheibchen auf einen Zahnstocher.

▸ Zur Verpackung des Pausenbrotes sind Plastikbehälter sehr gut geeignet: Sie schließen gut, sind leicht zu reinigen, und das Essen bleibt frisch.

▸ Leidet ein Kind an Übergewicht und liegt keine krankheitsbedingte Ursache vor, hilft eine abwechslungsreiche, vollwertige Kost, bei der Nahrungsmittel mit einem hohen Anteil an Fett vermieden werden sollten. Statt dessen gibt man dem Kind reichlich Obst, Gemüse, Kartoffeln, Teigwaren und Vollkornbrot. Spezielle Diäten sind nicht zu empfehlen.

▸ Übergewichtigen Kindern nur kleine Portionen auf kleinen Tellern servieren.

▸ Das Kind nie mit Essen belohnen oder trösten. Ein Besuch im Zoo, ein gemeinsamer Bastelnachmittag oder ein Kinobesuch ist wesentlich sinnvoller.

Krankheiten Hat ein Kind Bauchschmerzen und liegt keine Ursache vor, die einen Arztbesuch notwendig macht, kann ein Umschlag helfen: Ein Frotteetuch in heißes Wasser tauchen, gut auswringen und so warm, wie es das Kind verträgt, auf seinen Bauch legen. Der Umschlag wird mit einem Wolltuch abgedeckt. Bevor er erkaltet ist, wird er wieder abgenommen.

▸ Bei Durchfall muß man dem Kind viel zu trinken – am besten Brombeerblättertee – und eiweißreiche Kost mit wenig gärenden Bestandteilen geben; also Traubenzucker statt Zucker, Zwieback statt Brot, viel Magermilch und Karotten. Die Kinder langsam wieder auf die gewohnte Nahrung umstellen.

▸ Besonders bei längeren Autofahrten klagen viele Kinder über Übelkeit. Vor Antritt der Reise sollten sie keine schweren Mahlzeiten zu sich nehmen. Manchen Kindern hilft es, wenn sie während der Fahrt einen Apfel essen. Wenn möglich, lenkt man sie durch Singen und Spielen ab.

▸ Hilfreich bei Übelkeit während einer Autofahrt ist ein Tuch, auf das etwas Pfefferminzöl getröpfelt wird. Daran läßt man das Kind riechen. Zur Sicherheit sollte man aber immer einige wasserfeste Tüten mitführen.

Gefahrenquellen für Kinder

- **Plastiktüten sind gefährlich: Kinder können den Kopf hineinstecken und ersticken!**
- **Streichhölzer, Feuerzeuge, Alkohol und Zigaretten außer Reichweite der Kinder aufbewahren.**
- **Medikamente immer in der Hausapotheke einschließen.**
- **Putz-, Reinigungs- und Schädlingsbekämpfungsmittel kindersicher in der Originalpackung verwahren.**

▸ Gegen eine leichte Erkältung hilft eine Tasse Milch, die man zusammen mit 1 EL Fenchel zum Kochen bringt und durchseiht. Vor dem Schlafen abends möglichst heiß schluckweise trinken lassen.

▸ Ein fiebriges Kind gehört ins Bett, sollte aber nicht zu warm zugedeckt werden. Die Zimmertemperatur sollte ungefähr 20 °C betragen.

▸ Bei steigendem Fieber helfen kalte Wadenwickel, die Temperatur zu senken. Man kann sie alle 20–30 Minuten wechseln.

▸ Während des Fiebers dem Kind viel zu trinken geben; gut geeignet sind Kirsch- oder Rote-Bete-Saft.

▸ Salbeitee lindert Entzündungen im Hals: 250 ml Wasser auf 1 TL Salbeiblätter geben und das Kind jede halbe Stunde damit gurgeln lassen.

▸ Hat das Kind Schnupfen, läßt man es unter einem Tuch Kamillendampf inhalieren, wenn es schon verständig genug ist.

▸ Die verschnupfte Nase reibt man außen und innen mehrmals am Tag mit Majoransalbe ein. Man kann die Salbe kaufen oder selbst herstellen: 4 EL Vaseline erhitzen und 2 TL Majoran daruntermischen, alles durch ein grobes Tuch filtern und dann kalt werden lassen.

▸ Für einen selbsthergestellten Hustensaft schneidet man einen Rettich in Scheiben, gießt Honig darüber und läßt die Mischung etwa fünf Stunden ziehen. Dem Kind mehrmals täglich teelöffelweise eingeben.

▸ Gegen Kopfschmerzen können dem Kind kühle Kompressen auf Stirn oder Nacken helfen. Treten sie immer wieder auf, sollte man zum Arzt gehen. Oft liegen auch seelische Probleme zugrunde.

▸ Kinder mit Ekzemen wäscht man nicht mit Seife, sondern mit einer milden Waschlotion. Die Kleidung sollte aus Baumwolle bestehen, nicht aus Wolle oder Kunstfasern. Die Wäsche kocht man am besten und spült sie sehr gründlich durch.

▸ Gegen Hirnhautentzündung, die durch Zecken übertragen werden kann, gibt es eine vorbeugende Impfung. Sie ist angebracht, wenn man in Gegenden mit starkem Zeckenbefall wohnt oder dorthin in den Urlaub fährt.

▸ Immer häufiger sind Fälle der Lyme-Krankheit oder Borreliose durch Zeckenübertragung. Um die Zeckenbißstelle bildet sich ein Ausschlag oder eine Rötung, die immer größer und stärker wird. Es kann auch Fieber auftreten. Bei diesen Symptomen muß vom Arzt sofort eine Antibiotikabehandlung eingeleitet werden.

▸ Bemerkt man eine Zecke am Kind, packt man ihren Körper möglichst nahe der Haut mit einer Pinzette und zieht sie zügig heraus. Die Möglichkeit, daß der Kopf der Zecke steckenbleibt und eine örtliche Entzündung entsteht, wiegt nicht so schwer wie die Gefahr, daß durch das Betupfen der Zecke mit Klebstoff oder Öl oder durch längeres Drehen Erreger in die Haut gelangen.

Kleinere Verletzungen Bei kleineren Brandwunden ist es am besten, die Körperstelle sofort mit kaltem Wasser zu kühlen. Das lindert den Schmerz und unterdrückt die Blasenbildung.

▸ Auf keinen Fall Mittel wie Öl, Schmalz oder Mehl auf die verbrannte Haut geben!

▸ Für kleine Schnitt- und Schürfwunden sollte man hautfreundliche Kinderpflaster verwenden.

▸ Stärker blutende Verletzungen mit einem roten Waschlappen abwischen, dann sehen die Kinder das Blut nicht so deutlich und erschrecken weniger. Der Waschlappen muß hinterher in einem Topf ausgekocht werden.

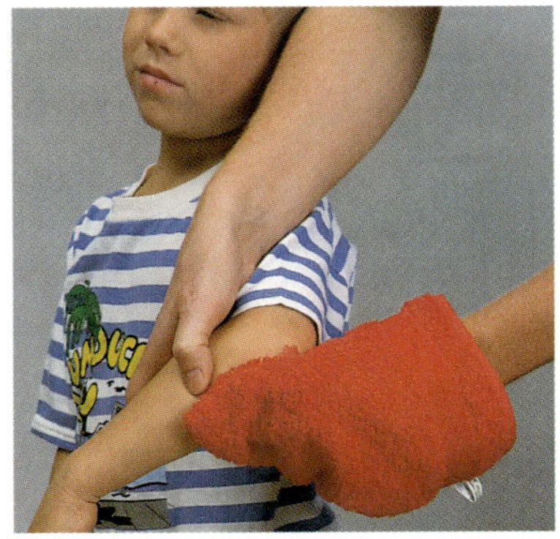

Auf einem roten Waschlappen sieht man das Blut nicht so stark.

▸ Damit eine Beule nicht so groß wird, drückt man die Klinge eines Messers flach dagegen.

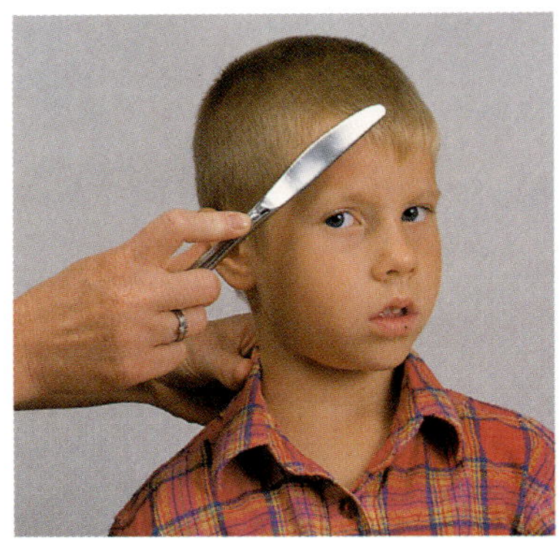

Die flache Seite eines Messers gegen die Beule drücken.

EIN HAUSGEMACHTES ERKÄLTUNGSMITTEL

1. Ein Marmeladenglas schichtweise mit Zwiebelscheiben und braunem Zucker füllen.

2. Das bis zum Rand gefüllte Glas fest verschließen und in den warmen Backofen stellen.

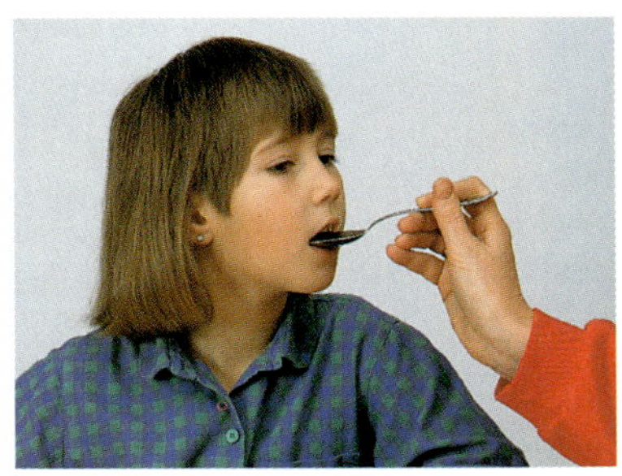

3. Nach einiger Zeit bildet sich Saft, von dem man dem kranken Kind täglich 1 TL gibt.

▸ Um die Bildung einer Beule zu unterdrücken, ist Eis, das man mit leichtem Druck gegen die entsprechende Stelle hält, sehr gut geeignet.

▸ Splitter oder Dornen lassen sich leichter herausziehen, wenn man eine Flasche mit heißem Wasser füllt und die betroffene Stelle auf die Flaschenöffnung hält, so daß die Haut durch den Dampf weicher gemacht wird.

Aus der durch Wasserdampf aufgeweichten Haut läßt sich ein Splitter leichter entfernen.

▸ Bei Bienenstichen den oft noch in der Haut steckenden Stachel mit einer Pinzette entfernen.

▸ Wespen- oder Bienenstiche sofort aussaugen.

▸ Um den Schmerz zu lindern, kann man die Stichstelle mit einer halben Zwiebel einreiben; falls notwendig, kann man diese mit einer Mullbinde darauf festbinden.

▸ Mit Nelkenöl, das auf die Haut des Kindes getupft wird, lassen sich Stechmücken abwehren.

▸ Bei Sonnenbrand helfen kalte Umschläge oder das Abtupfen mit Essigwasser bzw. Buttermilch.

▸ Ist das Kind an Brennesseln geraten, die betroffenen Hautstellen mit einer Fettcreme betupfen. Auch eiskaltes Wasser lindert den Schmerz.

Erziehung Vor dem zweiten Lebensjahr sollte man nicht mit der Sauberkeitserziehung beginnen. Das Kind verstünde gar nicht, worum es geht.

▸ Man lobt das Kind, wenn es in den Topf gemacht hat. Hat es nicht geklappt, geht man kommentarlos darüber hinweg.

▸ Wenn das Kind in die Schule geht, sollte man es nicht unter Leistungsdruck setzen und darf es bei schulischen Fehlleistungen nie mit Liebesentzug bestrafen. Wichtig ist es, Ängste der Kinder ernst zu nehmen und ihnen zu helfen, Probleme zu lösen.

▸ Ständiges Augenblinzeln, Naserümpfen oder Hüsteln sind dem Kind oftmals gar nicht bewußt. Diese Ticks rühren größtenteils von Unsicherheit, Angst oder Aufregung her und verschwinden nach einer gewissen Zeit meist von selbst wieder. Auf keinen Fall darf man sich darüber lustig machen oder das Kind ständig darauf hinweisen.

▸ Einen Kinderarzt sollte man dann konsultieren, wenn sich ein Tick auffallend verstärkt oder nach etwa zwei Monaten noch nicht verschwunden ist.

▸ Man sollte nicht nur Spielzeug kaufen, sondern den Kindern auch Dinge zum Basteln, Malen oder alte Kleidungsstücke zum Verkleiden geben.

▸ Kinder sollten nicht zuviel fernsehen oder zu viele Videos anschauen. Geeignet sind ausgewiesene Kinderprogramme. Sinnvoll ist es, mit dem Kind pro Woche festzulegen, was und wieviel es anschauen darf.

▸ Bücher lesen regt die Phantasie der Kinder an. Öffentliche Bibliotheken halten geeignete Kinderbücher bereit.

▸ In Fernseh- oder Radiosendungen oder im Feuilleton der Zeitung kann man sich über empfehlenswerte Kinder- und Jugendbücher informieren.

WICHTIGE ELEMENTE DER FRÜHEN VERKEHRSERZIEHUNG

Vor dem Überqueren einer Straße nach links, dann nach rechts und wieder nach links schauen.

Auf einem Zebrastreifen mit ausgestrecktem Arm gehen; dabei den Verkehr im Auge behalten.

An der Fußgängerampel nur bei Grün gehen. Bei Rot niemals gehen, auch wenn die Straße frei ist.

WANN MAN DEN ARZT BENACHRICHTIGEN MUSS

▸ Bei schweren Erkrankungen oder einer Krankheit, die nicht so verläuft, wie es eigentlich zu erwarten wäre, sollte man einen Arzt hinzuziehen.

Bauchschmerzen Wenn sie nach einigen Tagen nicht abklingen oder mit Fieber einhergehen, sollte man einen Arzt rufen. Dasselbe gilt für den Fall, daß Magenkrämpfe oder Koliken auftreten.

Durchfall und Erbrechen Einen Arzt braucht man, wenn sich im Erbrochenen oder Stuhlgang Blut befindet oder Durchfall und Erbrechen mit Fieber oder Koliken verbunden sind.

▸ Kleinkinder brauchen spätestens nach zwei bis drei Tagen ärztliche Behandlung, weil der hohe Flüssigkeitsverlust für sie besonders gefährlich ist.

Fieber Bleibt die Temperatur trotz Anwendung von Hausmitteln über 39 °C oder drei Tage lang über 38 °C, muß man einen Arzt rufen. Dies gilt auch für den Fall, daß das Fieber von Schmerzen begleitet ist.

▸ Wenn Kinder unter einem Jahr, durch Krankheit schon deutlich geschwächte Patienten oder ältere Menschen Fieber bekommen, sollte man einen Arzt um Rat fragen.

Benommenheit Bei plötzlicher Benommenheit, bei der der Patient die zeitliche oder räumliche Orientierung verliert oder gar bewußtlos wird, muß man sofort einen Arzt rufen.

DAS KRANKENZIMMER

▸ Ein Krankenzimmer muß so geräumig sein, daß das Bett von beiden Seiten her zugänglich ist.

▸ Ideal ist es, wenn sich der Raum in der Nähe der Toilette befindet.

Nachtstuhl Solange der Kranke dazu in der Lage ist, sollte er selbst zur Toilette gehen. Dies ist angenehmer als die Benutzung eines Nachtstuhls, und die Bewegung fördert die Genesung.

▸ Den Nachtstuhl kann man kaufen oder leihen. Wo man ihn bekommt, erfährt man bei der Krankenkasse.

▸ Der Nachtstuhl sollte ein breites Untergestell, eine Rückenlehne, abklappbare Armlehnen und arretierbare Rollen haben.

Bettschüssel Kann der Kranke nicht aufstehen, benötigt er eine Bettschüssel.

▸ Bevor man den Kranken auf die Bettschüssel setzt, sollte man sie mit Wasser anwärmen und dann sorgfältig abtrocknen. Man hilft dem Kranken, das Gesäß anzuheben, und schiebt dann die Bettschüssel unter.

▸ Männer brauchen zusätzlich eine Urinflasche.

▸ Bettschüssel und Urinflasche sind in Sanitätshäusern erhältlich.

Signalmöglichkeit Bei kurzer Krankheitsdauer genügt meist eine Klingel, damit sich der Kranke bemerkbar machen kann.

▸ Handelt es sich um eine langwierige Krankheit, ist eine Wechselsprechanlage, die einfach an die Steckdose angeschlossen wird, besser geeignet.

DAS BETT

▸ Bei längerer Krankheit braucht der Kranke ein Bett, das mindestens 60 cm hoch ist und einen Lattenrost mit verstellbarem Kopfteil hat.

▸ Falls das Bett zu niedrig ist, legt man stabile Klötze unter.

▸ Bei einigen Leiden muß die Matratze besonders hart sein; notfalls legt man Bretter unter die Matratze, die so lang wie das Bett sein müssen.

Bettbogen Er hält das Gewicht der Bettdecke vom Körper fern. Wo man ihn kaufen oder ausleihen kann, erfährt man bei der Krankenkasse.

Der Bettbogen entlastet den Kranken vom Gewicht der Bettdecke.

Bettwäsche Nach Möglichkeit eine leichte Decke verwenden.

▸ Falls der Patient Harn und Stuhl nicht halten kann, schützt man die Matratze und das Bettuch durch eine Gummiunterlage. Darüber deckt man ein Stecklaken oder Spanntuch, das die Gummiunterlage vollständig bedecken muß.

Wechsel des Bettlakens Man schlägt die Bettdecke zurück und bittet den Kranken, sich auf die Seite zu drehen; falls nötig, unterstützt man ihn dabei. Jetzt löst man das gebrauchte Bettlaken auf einer Seite und rollt es bis an den Kranken heran. Das frische Laken zieht man auf dieser Seite der Matratze auf, schlägt das freie Ende ein und schiebt es ebenfalls bis an den Kranken heran. Diesen dreht man nun so auf die andere Seite, daß er auf dem frischen Laken liegt. Das alte Laken wird entfernt, das frische ausgebreitet und glatt gespannt.

Lagerungshilfen Mit einer speziellen Rückenstütze kann man den Oberkörper des Kranken höher lagern.

▸ Eine Knierolle aus festem Kunststoff mit einem Schutzbezug entspannt die Oberschenkel und die Bauchmuskulatur. Man kann sie im Fachhandel kaufen. Um Durchblutungsstörungen der Unterschenkel bzw. eine Versteifung der Kniegelenke zu vermeiden, sollte man die Knierolle nicht ständig und möglichst nur in Verbindung mit einer Fußstütze verwenden. Verstellbare Fußstützen gibt es ebenfalls im Fachhandel zu kaufen; eine einfache Ausführung kann man selbst herstellen, indem man eine Decke stramm zusammenrollt und ans Fußende des Bettes legt. Durch die Fußstütze wird außerdem verhindert, daß der Patient im Bett zu weit nach unten rutscht.

Eine Knierolle zusammen mit einer Fußstütze entspannt die Oberschenkel und die Bauchmuskeln.

VORBEUGENDE MASSNAHMEN

▸ Ältere oder lange bettlägerige Patienten können durch das Liegen weitere Krankheiten bekommen. Dagegen sollte man vorbeugend etwas tun.

Druckgeschwür (Dekubitus) Besonders gefährdet sind Kranke, die sich kaum bewegen können und deren Haut sich in einem schlechten Zustand befindet.

▸ An gefährdeten Stellen des Körpers – Gesäß, Hüften, Hinterkopf, Ohrläppchen, Knie, Fußgelenke, Wirbelsäule, Schultern, Ellbogen, Fersen – können sich Druck- oder Wundstellen entwickeln. Beim täglichen Waschen entdeckt man sie sehr leicht.

▸ Die Bettlaken dürfen keine Falten werfen.

▸ Wenn ein Kranker seine Lage nicht selbst ändern kann, muß man ihn mindestens alle zwei Stunden umlagern.

▸ Nach dem Waschen die Haut vorsichtig massieren und gut frottieren; gefährdete Körperstellen mit einem Mittel abreiben, das die Durchblutung fördert.

▸ Ein Antidekubitusfell ist entweder ein Naturfell mit Spezialgerbung oder ein Webfell aus Kunstfaser. Die weiche, federnde Oberfläche entlastet gefährdete Körperteile und saugt den Schweiß auf.

▸ Es gibt größere Felle für das gesamte Bett und kleinere, mit denen man besonders gefährdete Körperteile schützen kann.

▸ Bei einer Antidekubitusmatratze sorgt ein Elektromotor dafür, daß abgesteppte Luftkammern abwechselnd mit Luft gefüllt werden. Dies hat die gleiche Wirkung wie eine Lageänderung des Kranken.

▸ Die Krankenkassen geben Aus-

STECKLAKEN WECHSELN

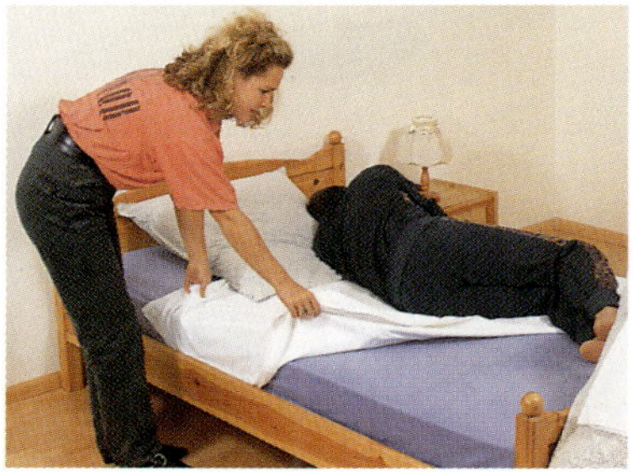

1. Man löst das Stecklaken auf einer Seite und schiebt es bis an den Körper des Patienten heran.

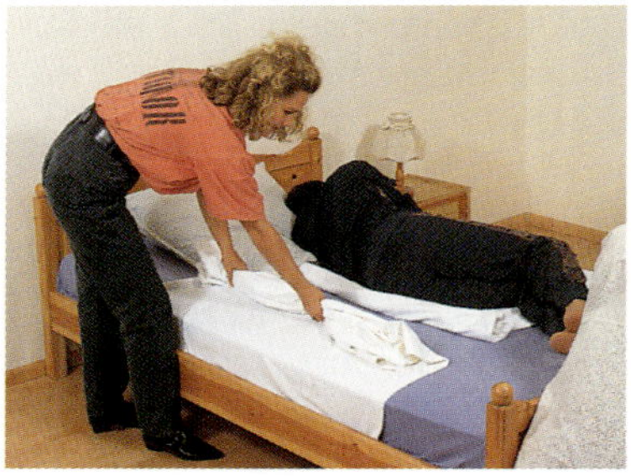

2. Das neue Stecklaken legt man auf die freie Seite des Bettes und rollt es bis zum Patienten hin.

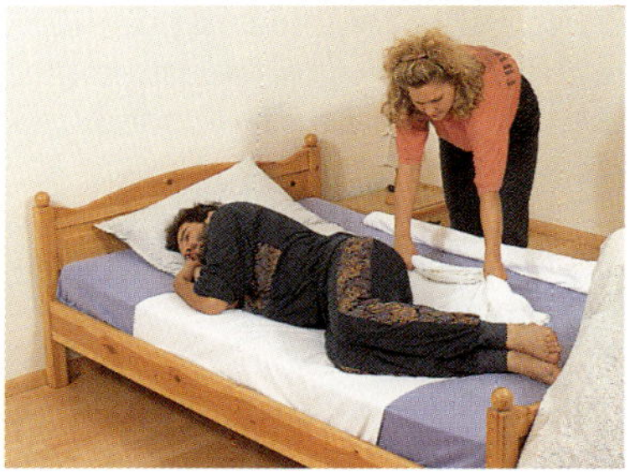

3. Der Patient dreht sich, man entfernt das alte Tuch, zieht das neue faltenlos an und steckt es ein.

kunft, wo man eine Wechseldruck- oder Antidekubitusmatratze ausleihen kann.

▸ Für die bequeme Lagerung und Druckentlastung eignen sich Schaumstoffmaterialien, die man körpergerecht zuschneiden kann.

▸ Um das Steißbein zu entlasten, kann man einen aufblasbaren Gummiring verwenden.

Thrombose Kranke, deren Bewegungsfähigkeit eingeschränkt ist oder die Krampfadern haben, sind thrombosegefährdet. Vorbeugend sollte man Bewegungsübungen mit ihnen machen.

▸ Der Patient liegt auf dem Rücken, stellt die Beine auf und hebt das Gesäß an.

▸ Die Beine gemeinsam oder nacheinder beugen und strecken; falls möglich radfahren.

Beide Beine beugen und strecken, möglichst radfahren.

▸ Die Füße gemeinsam oder einzeln anziehen und wegstrecken. Die Füße in beide Richtungen kreisen lassen.

▸ Die Zehen abwechselnd einkrallen und spreizen.

▸ Bei Krampfadern die Beine hoch lagern; vor dem Aufstehen wird ein Druckverband angelegt. Wie das geht, läßt man sich beim ersten Mal vom Arzt zeigen.

Lungenentzündung Besonders gefährdet sind Patienten mit Atemwegserkrankungen.

▸ Damit der Kranke besser durchatmen und den Schleim abhusten kann, sollte sein Oberkörper hoch gelagert sein.

▸ Den Kranken mehrmals täglich aufsetzen.

▸ Um die Durchblutung anzuregen, sollte man nur vom Arzt verordnete Präparate verwenden. Hausmittel wie Franzbranntwein enthalten sehr viel Alkohol und können den natürlichen Säureschutzmantel der Haut zerstören.

PFLEGE DES KRANKEN

▸ Der Kranke soll sich weitgehend unabhängig fühlen. Deshalb sollte man ihn ermutigen, soviel wie möglich selbst zu tun.

Fiebermessen Bei vielen Krankheiten muß man regelmäßig die Temperatur messen: am besten morgens etwa eine Stunde nach dem Frühstück und nachmittags etwa um 16 Uhr.

▸ Bei Quecksilberthermometern vor dem Messen die Quecksilbersäule mit lockerer Hand unter 35 °C herunterschütteln.

▸ Aussagekräftige Werte liefert das Fieberthermometer nur im Mund oder im After, wo man mindestens drei Minuten in Seitenlage messen sollte. Immer an derselben Stelle messen, damit die Ergebnisse vergleichbar sind.

▸ Nach dem Gebrauch das Thermometer mit lauwarmem Wasser und Seife reinigen, abspülen und möglichst desinfizieren.

Pulsmessen Der Puls läßt sich am einfachsten an der Schlagader am Handgelenk oder am Hals ertasten.

▸ Die Pulsschläge zählt man eine Minute lang. Beim Erwachsenen sind 60–100 Schläge in der Minute normal, beim Schulkind bis 100, beim Kleinkind und Säugling bis 140 Schläge.

Körperpflege Damit sich der Patient wohl fühlt, sollte er sich täglich selbst waschen oder gewaschen werden.

▸ Bei Krankheiten mit Hautveränderungen keine Seife verwenden, sondern ein spezielles Waschgel aus der Apotheke.

Haarewaschen im Bett Der Kranke muß sich auf den Rücken quer ins Bett legen und soweit an die Bettkante rutschen, daß der Kopf über das Bett hinausragt. Man legt eine mit Handtüchern überdeckte Plastikfolie unter den Kranken und stellt ein Gefäß neben das Bett, in dem man das Wasser auffängt. Zum Ausspülen der Haare reichlich warmes Wasser nehmen, damit keine Haarwaschmittelreste zurückbleiben, die ein unangenehmes Kopfhautjucken hervorrufen könnten.

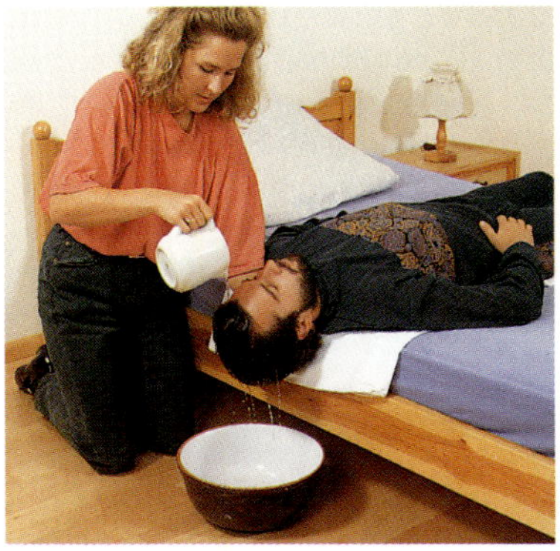

Das Wasser beim Haarewaschen fängt man am besten in einer bereitgestellten Schüssel auf.

Waschen im Bett Für die Wäsche braucht man eine Waschschüssel, Seife, Waschlappen und mehrere Handtücher.

▸ Die Bettdecke schlägt man nur so weit zurück, wie es gerade nötig ist, damit sich der Kranke nicht erkältet. Man kann ihn auch zwischendurch mit einem Handtuch zudecken.

- Damit das Bettlaken nicht naß wird, legt man ein Handtuch unter den Kranken.

- Jede Körperpartie einzeln waschen und sofort gründlich abtrocknen, insbesondere die Hautfalten.

- Am besten verwendet man für jede Körperregion jeweils einen frischen Waschlappen oder aber Einmalwaschlappen.

- Wäscht man den Intimbereich zuletzt, kann man sich den Wechsel des Waschwassers sparen. Das Wasser nicht zu seifig oder zu kalt werden lassen.

- Zuerst reinigt man nacheinander Gesicht, Hals, Ohren und Oberkörper. Bei den Gliedmaßen beginnt man mit den Händen oder Füßen und wäscht zum Körper hin.

- Um den Rücken des Kranken zu waschen, dreht man ihn vorsichtig auf die Seite.

- Man entfernt das untergelegte Handtuch aus dem Bett und zieht dem Kranken ein frisches Nachthemd oder einen frischen Schlafanzug an.

Zahnpflege Der Kranke sollte sich mindestens zweimal am Tag die Zähne putzen.

Mundpflege Bei einigen Krankheiten wird das Innere des Mundes unangenehm trocken, oder es bildet sich ein Belag. Dann reinigt man den Mund zusätzlich mit einem Wattestäbchen, das man in eine Glycerinthymollösung getaucht hat. Danach sollte man klares Wasser zum Ausspülen reichen.

Baden Um dem Patienten das Baden zu ermöglichen, gibt es für die Badewanne spezielle, höhenverstellbare Sitze, die den Ein- und Ausstieg aus der Wanne erleichtern. Die Kosten für Kauf oder Miete übernimmt gegebenenfalls die Krankenkasse.

DIE LAGE DES KRANKEN ÄNDERN

- Den Patienten immer vorsichtig bewegen und auf seine Reaktionen achten.

LAGE WECHSELN

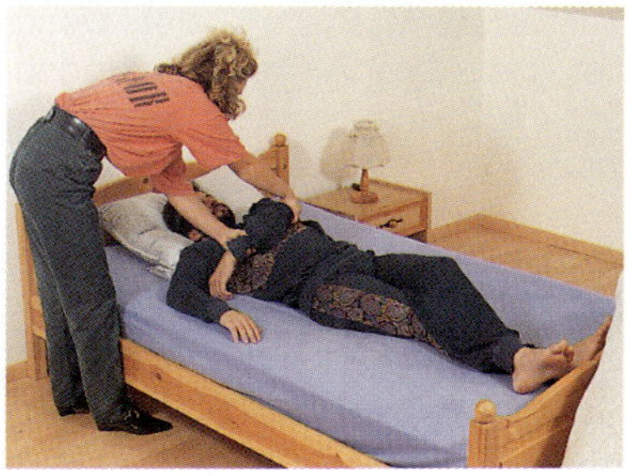

1. Den einen Arm zur Bettkante hin legen, den anderen Arm auf dem Oberkörper anwinkeln.

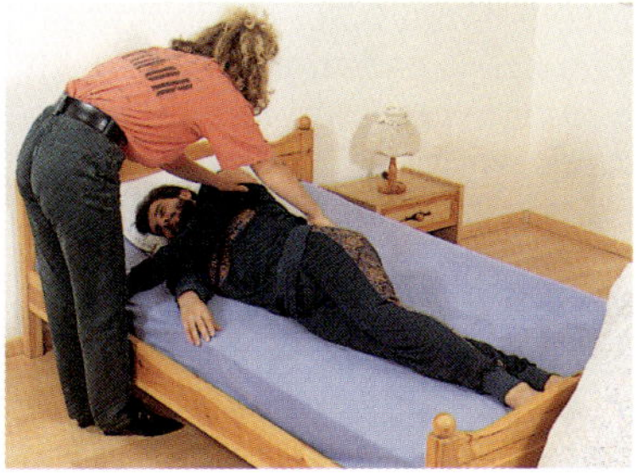

2. Schulter und Hüfte des Kranken fassen und ihn langsam zu sich herdrehen.

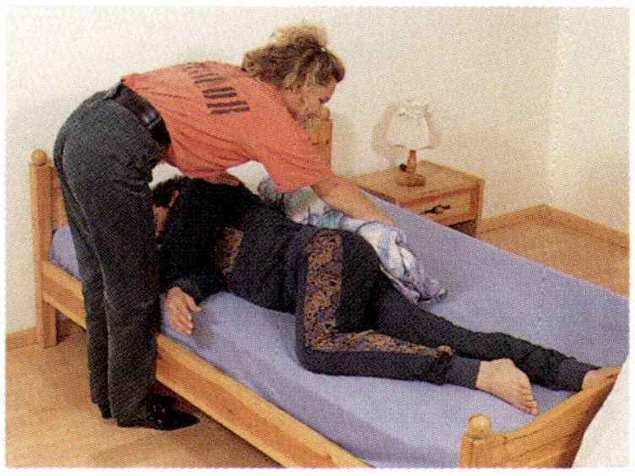

3. Das oben liegende Bein leicht beugen, den Rücken mit einem Kissen abstützen.

AUF EINEN STUHL SETZEN

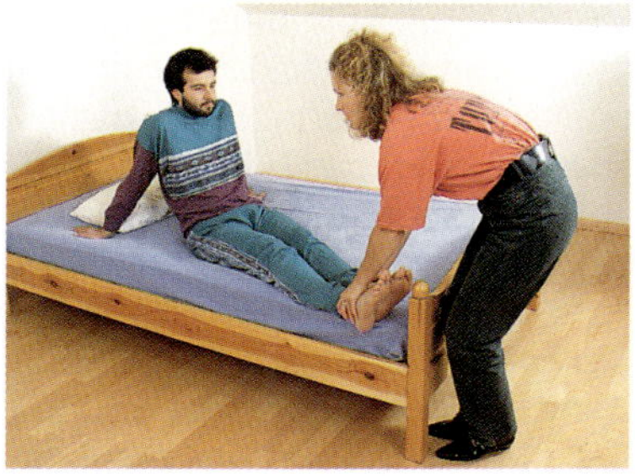

1. Man hebt die Beine des Patienten über die Bettkante und bringt ihn in eine sitzende Position.

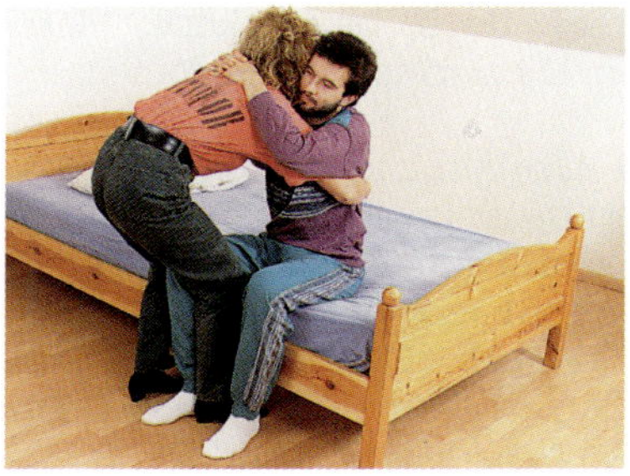

2. Unter den Achseln hindurchgreifen und sich aufrichten, indem man sich nach hinten lehnt.

3. Mit kleinen Schritten den Kranken zum Stuhl drehen, absetzen und in eine Decke wickeln.

Anheben des Kranken Zwei Helfer stehen sich so gegenüber, daß sich je einer an der Längsseite des Bettes befindet. Sie lösen das Stecklaken und ergreifen es fest mit beiden Händen. Gemeinsam heben sie den Kranken hoch und verlagern ihn. Den Kopf hierbei unbedingt stützen.

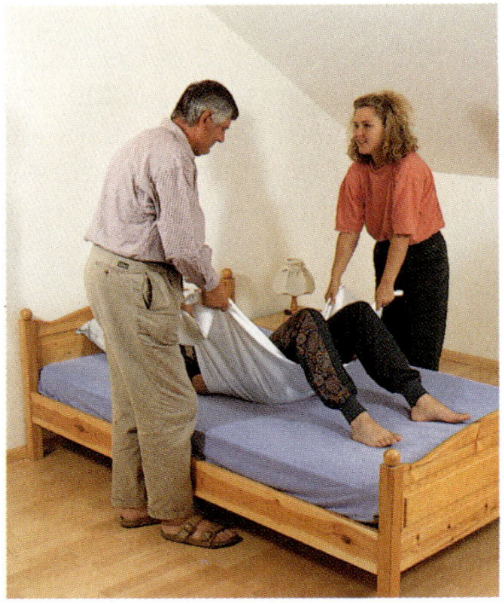

Zwei Helfer ergreifen das Stecklaken fest mit beiden Händen und heben es gemeinsam an.

▸ Der Kranke winkelt die Beine leicht an und legt seine Arme um die Schultern der Helfer. Diese fassen mit dem einen Arm unter Schulter und Nacken des Kranken und mit dem anderen unter seine Oberschenkel. Die Helfer geben sich die Hände und heben den Kranken gleichzeitig an.

HILFEN BEI DER KRANKENPFLEGE ZU HAUSE

▸ Die Krankenpflege zu Hause ist häufig mit beträchtlichem Zeitaufwand und hohen Kosten verbunden. Ein Pflegebedürftiger hat die Möglichkeit, Geld- oder Sachleistungen bei der zuständigen Versicherung zu beantragen. Dem Antrag muß ein Attest des behandelnden Arztes beigefügt sein. Der medizinische Dienst der Versicherung erstellt daraufhin ein Gutachten zur Pflegebedürftigkeit.

▸ Wenn ein Krankenhausaufenthalt dadurch vermieden oder verkürzt werden kann, ist es ebenfalls möglich, Leistungen von den Versicherungen zu erhalten.

Maßnahmen Bei den Hilfen, die zur häuslichen Krankenpflege gewährt werden können, wird zwischen Grund- und Behandlungspflege unterschieden. Zur Grundpflege gehören u. a. die Körperpflege des Pflegebedürftigen, das Bettenmachen, Aus- und Anziehen, Mobilisieren und Lagern, aber auch Maßnahmen zur Vorbeugung von Druckgeschwüren, Thrombosen und Lungenentzündungen. Zur Behandlungspflege gehören alle vom Arzt verordneten Maßnahmen, wie das Anlegen und Wechseln von Verbänden oder das Verabreichen von Injektionen (auch von Insulin bei Diabetikern). Hierzu ist meist eine Pflegekraft nötig.

▸ Die Kosten für Hilfsmittel wie Toiletten- und Rollstuhl, Spezialmatratze, Badewannensitz usw. können, wenn sie vom Arzt verordnet werden, von den Versicherungen übernommen werden.

Pflegedienste Häufig können die notwendigen Pflegemaßnahmen nicht von einem Angehörigen selbst durchgeführt werden. In diesem Fall besteht die Möglichkeit, Hilfe von Pflegediensten in Anspruch zu nehmen.

▸ Informationen über Pflegedienste vor Ort kann man zumeist bei Ärzten, Apothekern, Pfarr- und Sozialämtern bekommen.

▸ Die Verbände der freien Wohlfahrtspflege unterhalten ambulante Pflegedienste. Zu diesen Verbänden gehören u. a. der Deutsche Caritasverband, das Deutsche Rote Kreuz, der Deutsche paritätische Wohlfahrtsverband, das Diakonische Werk und die Zentralwohlfahrtsstelle der Juden in Deutschland.

▸ Neben den Verbänden der freien Wohlfahrtspflege bieten auch immer mehr privatwirtschaftlich arbeitende Pflegedienste ihre Hilfe an. Die Adressen findet man in den Gelben Seiten. Es muß allerdings darauf geachtet werden, daß diese Anbieter von den Versicherungen anerkannt sind, die die Leistungen übernehmen sollen.

REHABILITATION

▸ Bei schweren Erkrankungen, die zu Behinderungen führen, bieten die Krankenkassen umfangreiche Hilfen an.

Hilfsmittel Von den Krankenkassen werden bei Bedarf zur Verfügung gestellt: Gehstöcke, orthopädische Schuhe, Prothesen, Rollstühle, Krankenunterlagen bei Bettlägerigkeit und Inkontinenz oder medizinische Krankenbetten. Die Krankenkasse übernimmt auch die Kosten, wenn der Betreffende den Gebrauch des Hilfsmittels erst erlernen muß.

Krankengymnastik Sie umfaßt alle Massageformen, passive und aktive Gelenkbewegungen und Brustkorb- bzw. Atemgymnastik. Sie hilft besonders bei Versteifungen, Verkrümmungen und Gelenk- und Muskelschäden infolge von Lähmungen.

Beschäftigungs- und Arbeitstherapie (Ergotherapie) Sie soll die Krankengymnastik ergänzen, um mit beschäftigungstherapeutischen Übungen etwa das sichere Greifen der Hände nach einem Schlaganfall wieder möglich zu machen.

Sprachheilbehandlung Die Sprachtherapie (logopädische Behandlung) soll Patienten helfen, die durch Krankheit oder Unfall die Sprachfähigkeit ganz oder teilweise verloren haben.

FITNESSTRAINING

GESÜNDER LEBEN DURCH SPORT

▸ Damit Herz, Kreislauf, Atmung, Stoffwechsel und Muskulatur leistungsfähig bleiben, müssen die großen Muskelgruppen regelmäßig beansprucht werden. Sonst drohen Leistungs- und Funktionsverluste.

▸ Am besten stellt man sich selbst – eventuell in Absprache mit dem Arzt – ein Übungsprogramm zusammen, mit dem man Beweglichkeit, Kraft und Ausdauer trainiert.

▸ Wer Sport treibt, kann damit auch seine seelische Verfassung vorteilhaft beeinflussen und gegebenenfalls Depressionen sowie Angst bekämpfen.

▸ Zweckmäßige und zugleich schöne, modische Sportkleidung erhöht die eigene Motivation.

Koordination Zwischen dem 30. und dem 40. Lebensjahr beginnt die Fähigkeit, Bewegungsabläufe zu koordinieren, zurückzugehen. Daher sollte man dies spätestens nach dem 50. Lebensjahr regelmäßig trainieren. Geeignet dazu sind gymnastische Übungen, aber auch Sportarten wie Schwimmen und Golf.

GESUNDHEITSWERT VON KÖRPERLICHER BETÄTIGUNG

	Beweglichkeit	*Kraft*	*Ausdauer*
Badminton	●●●	●●	●●
Bergwandern	●	●●	●●●
Discotanz	●●●●	●	●●●
Fußball	●●●	●●●	●●●
Garten umgraben	●●	●●●●	●●●
Gesellschaftstanz	●●●	●	●
Gewichtheben	●	●●●●	●
Golf	●●	●	●
Gymnastik	●●●●	●●●	●●
Hausarbeit	●●	●	●
Jogging	●●	●●	●●●●
Judo	●●●●	●●	●●
Kanufahren	●●	●●●	●●●
Laufen (zügig)	●	●	●●
Rasenmähen (mit mechanischem Mäher)	●	●●●	●
Rudern	●●	●●●●	●●●●
Schwimmen (schnell)	●●●●	●●●●	●●●●
Segeln	●●	●●	●
Squash	●●●	●●	●●●
Tennis	●●●	●●	●●
Treppensteigen	●	●●	●●●
Yoga	●●●●	●	●

●●●● *ausgezeichnete Wirkung*
●●● *sehr gute Wirkung*
●● *gute Wirkung*
● *keine meßbare Wirkung, kann jedoch entspannen*

Beweglichkeit Die Gelenkigkeit geht besonders nach dem 55.–60. Lebensjahr zurück. Zur Vorbeugung sind morgendliche gymnastische Übungen sinnvoll.

▸ Alle großen Gelenke sollte man täglich fünf- bis sechsmal hintereinander beugen und strecken; dabei ist die Dehnung besonders zu betonen. Das kann dem alterungsbedingten Nachlassen der Gelenkigkeit entgegenwirken. Die Ansicht, daß man mit solchen Übungen, die nur der Verbesserung der Flexibilität dienen, auch Trainingseffekte auf das Herz-Kreislauf-System erzielt, ist jedoch falsch.

Kraft Durch ein angemessenes Krafttraining kann der alterungsbedingten Abnahme an Muskelmasse gezielt entgegengewirkt werden. Positive Einflüsse auf das Herz-Kreislauf-System sind vom Krafttraining allerdings nicht zu erwarten.

▸ Gesundheitliche Schäden treten durch Krafttraining seltener auf, als man gemeinhin denkt. An Kraftmaschinen ist die Verletzungsgefahr bei richtiger Anleitung sehr gering; auch Krafttraining im Liegen ist relativ ungefährlich. Beim Hanteltraining kann aber insbesondere die sogenannte Über-Kopf-Arbeit Gefahren bergen. Junge Menschen sollten sie erst betreiben, wenn ihre Wirbelsäule weitgehend entwickelt ist.

▸ Unbedingt sollte man vermeiden, während einer Anstrengung länger als fünf bis sechs Sekunden die Luft anzuhalten (Preßatmung); danach treten oft kurzfristige Herzrhythmusstörungen auf, die bei älteren Menschen

DIE FITNESS ÜBERPRÜFEN

Um die Rückenmuskulatur zu testen, diese Position für etwa zehn Sekunden halten.

Zur Prüfung von Bauch- und Gesäßmuskulatur die Beine zehn Sekunden lang 25 cm anheben.

Kann man bei möglichst gestreckten Beinen die Fußspitzen berühren, ist man gut beweglich.

Aus dem Liegen aufrichten, ohne die Beine zu heben. So prüft man die Bauchmuskulatur.

oder Personen mit Erkrankungen des Herz-Kreislauf-Systems bedrohlich werden können.

Schnelligkeit Die Schnelligkeit zu trainieren ist vom gesundheitlichen Standpunkt aus betrachtet lediglich von untergeordneter Bedeutung.

Ausdauer Durch Ausdauersport kann die Funktion des Herz-Kreislauf-Systems verbessert werden. Man muß dazu Sportarten betreiben, die das Herz-Kreislauf-System beanspruchen, wobei dem Körper gleichzeitig große Mengen an Sauerstoff zugeführt werden. Hierzu zählen vor allem Laufen (Joggen), Radfahren, Schwimmen, Bergwandern, Walking und Skilanglauf.

▸ Einen Trainingseffekt erzielt man, wenn die Pulsfrequenz während des größten Teils des Trainings einen individuell bestimmbaren Wert erreicht. Um ihn zu errechnen, zieht man von der Zahl 180 das eigene Lebensalter in Jahren ab. Wer gut trainiert ist, kann sich auch mit einem höheren Belastungspuls fit halten, wenn er sich dabei wohl fühlt.

▸ Man sollte mindestens dreimal wöchentlich jeweils 30–40 Minuten lang Ausdauertraining betreiben, um eine optimale Wirkung auf das Herz-Kreislauf-System zu erreichen. Wichtig ist dabei, den Schwerpunkt mehr auf gleichmäßiges Training als auf eine kurzfristig hohe Belastung zu legen.

▸ Regelmäßiges Ausdauertraining darf nicht zu Erschöpfungszuständen führen. Wer sich anschließend müde und ausgelaugt fühlt, hat etwas falsch gemacht. Die optimale Belastung während der sportlichen Betätigung ist dann erreicht, wenn während des Trainings noch problemlos eine Unterhaltung mit einem Partner möglich ist.

DIE EIGENE FITNESS BEURTEILEN

▸ Wer dazu in der Lage ist, Tennis oder Tischtennis zu spielen, oder den Bewegungsablauf des Seilspringens beherrscht, kann von einer recht guten Gewandtheit und Gelenkigkeit ausgehen.

▸ Wer es nicht schafft, 30 Sekunden lang auf einem Bein zu stehen oder beim Seilspringen zwei Sprünge nacheinander auszuführen, sollte dringend etwas für die Fitneß tun.

RICHTIG BEGINNEN

▸ Wer über 40 Jahre alt ist und schon länger keinen Sport mehr betrieben hat, sollte sich vor Beginn des Trainings ärztlich untersuchen und feststellen lassen, ob gesundheitliche Komplikationen zu befürchten sind.

▸ Eine ärztliche Untersuchung ist besonders dann wichtig, wenn bereits gelegentlich Herzbeschwerden aufgetreten oder Risikofaktoren für Herzerkrankungen bekannt sind (Übergewicht, zu hoher Blutdruck, Rauchen, zu hoher Cholesterinspiegel, Zuckerkrankheit, Herzinfarkt bei Eltern oder Geschwistern) oder wenn man schon bei geringer Anstrengung zu Kurzatmigkeit neigt.

▸ Wer längere Zeit keinen Sport betrieben hat, sollte vorsichtig damit beginnen und die Trainingsintensität allmählich steigern. Man sollte sich nicht überanstrengen.

▸ Fünf bis zehn Minuten lang zügig zu gehen ist ein ausgezeichneter Anfang für ein Fitneßtraining. Man sollte daher möglichst zur Arbeit oder zum Einkaufen gehen; wer mit öffentlichen Verkehrsmitteln fährt, kann ein oder zwei Haltestellen vor dem Ziel aussteigen und die restliche Strecke zu Fuß zurücklegen.

Wann man nicht trainieren darf

- **Bei Fieber infolge einer Infektion sollte man keinesfalls Sport treiben, sonst können bleibende organische Schäden eintreten.**
- **Mit vollem Magen kein Ausdauertraining betreiben.**
- **Bei Temperaturen über 28 °C und auch bei hoher Luftfeuchtigkeit sollten vor allem ältere Menschen nur vorsichtig Sport treiben, da die hohe Umgebungstemperatur die schnelle Ableitung der vom Körper erzeugten Wärme verhindert.**
- **Wegen möglicher erhöhter Ozonwerte sollte man im Sommer besser abends oder morgens Sport treiben. Die höchsten Ozonwerte werden erfahrungsgemäß am frühen Nachmittag gemessen.**

▸ Ein gutes Training ist es, wenn man die Treppen benutzt, statt mit dem Aufzug zu fahren.

▸ Man sollte sich täglich mindestens einmal so sehr anstrengen, daß man außer Atem gerät – z. B. bei körperlicher Arbeit oder beim Spielen mit Kindern.

▸ Für Herz und Kreislauf ist Stehen gesünder als Sitzen.

▸ Wer mit anderen trainiert, sollte darauf achten, daß der oder die Partner gleich fit sind. Denn sonst besteht die Gefahr, daß man frustriert und demotiviert wird, wenn man mit besser trainierten Partnern nicht mithalten kann.

▸ Es ist durchaus sinnvoll, zwischen verschiedenen Sportarten zu wechseln, um keine Eintönigkeit und Langeweile aufkommen zu lassen. Es sollte für jedermann zum selbstverständlichen Lebensinhalt gehören, Sport zu treiben.

Aufwärmen Grundsätzlich sollte man sich vor jeder starken körperlichen Belastung aufwärmen. Geeignet dazu ist leichtes Laufen. Die Mindestaufwärmdauer beträgt zehn Minuten.

▸ Je höher das Alter, desto höher ist die Bedeutung der Aufwärmphase, bei der die Muskulatur für die spätere starke Beanspruchung vorbereitet wird.

Abkühlen Um den Kreislauf zu schonen und einem Kollaps vorzubeugen, sollte nach dem Training eine Abkühlphase folgen, in der man die vorangegangene Belastung langsam reduziert und dann ganz einstellt.

▸ Zur Abkühlung sollte man locker gehen, tief einatmen und dabei die Arme hochrecken, tief ausatmen und die Arme locker herabfallen lassen.

BEWEGUNG ZU HAUSE

▸ Für gymnastische Übungen benötigt man keine Hilfsmittel und Geräte und kann sie daher auch zu Hause – auf dem Teppichboden oder besser noch einer Matte – ausführen. Gewandtheit und Gelenkigkeit, Muskelkraft und Ausdauer werden durch solche Übungen verbessert.

▸ Durch bestimmte gymnastische Übungen kann man einzelne Muskelpartien gezielt kräftigen.

▸ Bei der Gymnastik sollte man gleichmäßig fließende Bewegungen ausführen und schnelle, ruckartige Bewegungen vermeiden. Die Körperkontrolle ist ein wichtiges Übungsziel.

▸ Eine bestimmte Bewegung sollte nicht über eine leichte Anstrengung hinaus erzwungen werden, da sonst die Gefahr besteht, daß Muskeln gezerrt oder überdehnt werden.

▸ Zur Kontrolle der Körperhaltung kann man einen Spiegel benutzen.

Kraftübungen Kraft kann man sich antrainieren. Das kann besonders für ältere Menschen von Bedeutung sein, wenn sie bemerken, daß es ihnen immer schwerer fällt, z. B. aus der Badewanne oder einem Sessel wieder aufzustehen.

▸ Die Armmuskulatur kann man durch Hanteltraining kräftigen. Als Ersatz für Hanteln kann man auch Plastikflaschen mit Wasser oder Sand füllen.

▸ Um eine Übung zur Kräftigung der Beinmuskulatur durchzuführen, setzt man sich mit gestrecktem Oberkörper und gestreckten Beinen auf den vorderen Rand der Sitzfläche eines Stuhls und stützt sich mit den Händen auf dem seitlichen Rand ab. Dann hebt man die gestreckten Beine langsam an, bis sie waagrecht sind, und bewegt den Oberkörper dabei nach hinten. Dann senkt man die Beine langsam wieder ab. Diese Übung wiederholt man anfangs möglichst zehnmal pro Minute und steigert allmählich das Tempo, bis man sie 30mal pro Minute schafft.

Die Beine anheben, bis sie waagrecht liegen, und dann wieder absenken.

▸ Die Beinmuskulatur wird gekräftigt, wenn man die Hände in

die Hüften stemmt und mit gestrecktem Rücken in die Hocke geht. Dann erhebt man sich langsam in den Stand, bis man auf den Zehenspitzen steht, verharrt kurz in dieser Haltung und geht langsam wieder in die Hocke. Die Dauer der Übung sollte eine Minute betragen; in dieser Zeit ist der Bewegungsablauf mindestens zehnmal zu wiederholen. Wem es schwerfällt, die Kraftübung ohne festen Halt auszuführen, der kann sich auf eine Stuhllehne stützen.

Mit gestrecktem Rücken langsam in die Hocke gehen und sich wieder aufrichten.

▸ Um Liegestütze richtig auszuführen, geht man zunächst in die Hocke und legt die Handflächen auf den Boden. Dann schiebt man die Beine nach hinten, bis der Körper gestreckt ist; die Ellbogen sind jetzt angewinkelt. Nun drückt man den Körper nach oben, bis die Arme fast gestreckt sind, und beugt die Arme erneut, bis man mit der Stirn den Boden berührt. Den gesamten Bewegungsablauf sollte man während einer Minute mindestens zehnmal wiederholen.

▸ Mit Strecksprüngen (Schlußsprünge) kann man Kraft trainieren. Dazu geht man in die Hocke und stemmt die Hände in die Seiten. Nun springt man mit nach oben gestreckten Armen hoch. Nach der Landung, die dadurch abgefedert wird, daß man etwas in die Knie geht, wieder in die Hocke gehen. Anfänger machen diese Übung während einer Minute zehnmal, Fortgeschrittene sollten sie in dieser Zeit 30mal wiederholen.

Übungen für Hüften, Oberschenkel und Gesäß Bei Übungen für diese Körperregion wird gleichzeitig ein großer Teil der gesamten Körpermuskulatur einbezogen.

▸ Auf dem Boden sitzend, lehnt man sich nach hinten und stützt sich so auf den Ellbogen ab, daß Ober- und Unterarm einen rechten Winkel bilden. Nun zieht man in der Luft ein Bein an, streckt das andere und zieht dann dieses an, während man das bisher angezogene streckt. Daraus sollte sich eine kreisförmige Bewegung ergeben, die der beim Radfahren ähnelt. Den Bewegungsablauf so lange wiederholen, bis man etwas außer Atem gerät.

Mit dem sogenannten Radfahren kräftigt man die Hüftmuskulatur.

▸ Wer seine Hüftmuskulatur kräftigen will, kann die sogenannte Knierolle ausführen. Dazu legt man sich auf den Rücken und streckt die Arme seitlich aus. Nun legt man die Beine aneinander, winkelt sie an, indem man die Füße aufstellt, und wendet sie zur Seite. Die Schultern sollten dabei Bodenkontakt behalten. Dann wendet man die Beine zur anderen Seite. Dieser Bewegungsab-

EINFACHE LIEGESTÜTZE

1. Die Hände bei gestreckten Armen im Abstand von etwa 30 cm auf eine Tischkante legen.

2. Auf die Handflächen gestützt zurückgehen, bis der Körper eine gerade Linie bildet.

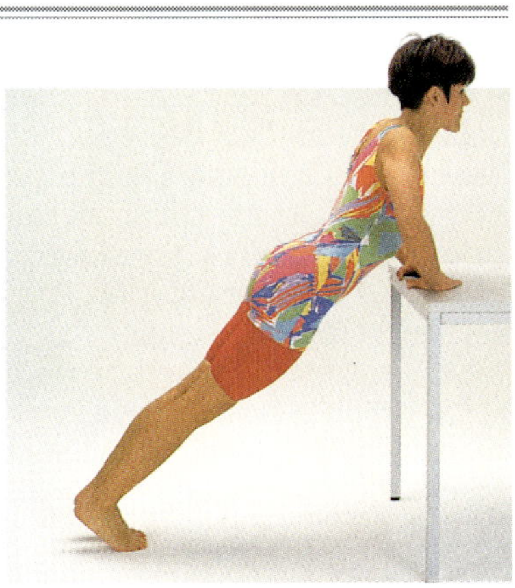

3. Die Ellbogen beugen, den Körper absenken und dann wieder hochdrücken.

lauf wird so lange wiederholt, bis man deutlich schneller atmet.

Die angewinkelten Beine von Seite zu Seite wenden.

▸ Um die Oberschenkel- und Gesäßmuskulatur zu trainieren, stellt man sich gerade hin, zieht ein Bein an, umfaßt das Knie mit beiden Händen und zieht es in Richtung Oberkörper. Den Rücken muß man dabei gerade lassen. Man läßt dann wieder locker und zieht erneut an. Nach mehrfacher Ausführung wiederholt man die Übung mit dem anderen Bein.

▸ Die Gesäß- und Beinmuskulatur kann man kräftigen, indem man, auf dem Rücken liegend, die Arme zu beiden Seiten ausstreckt; die Beine sind gestreckt. Nun hebt man ein Bein an und beschreibt damit in gestreckter Haltung weite Kreise in der Luft; das andere Bein bleibt gestreckt am Boden liegen. Während des Bewegungsablaufs sollte man Arme und Schultern möglichst nicht vom Boden abheben.

Mit gestrecktem Bein kreisende Bewegungen beschreiben.

▸ Vor allem die Gesäß- und Beinmuskulatur trainiert man durch seitliches Beinheben. Man legt sich seitlich auf den Boden und stützt sich mit den Händen ab. Dann streckt man die Beine und hebt das obere langsam an. Ebenso langsam senkt man es wieder ab. Nachdem die Übung mehrfach durchgeführt wurde, dreht man sich auf die andere Seite und wiederholt sie mit dem anderen Bein.

Das obere Bein langsam anheben und wieder senken.

▸ Die Bein- und Gesäßmuskulatur kann man auf einfache Weise im Stehen kräftigen. Man stellt sich mit gestreckten Beinen hinter einen Stuhl und stützt sich mit den Händen auf dessen Lehne ab. Nun wird ein Bein langsam angehoben und gestreckt möglichst weit nach hinten geführt. Kurz in der gestreckten Position verharren und das Bein wieder langsam absenken. Die Übung mehrfach durchführen, die Beine abwechseln.

Übungen zur Kräftigung der Bauchmuskulatur Alle Übungen, bei denen man aus liegender Position Beine und Rumpf anheben muß, sind geeignet, um die Bauchmuskulatur zu stärken.

▸ In Rückenlage winkelt man die Knie an und stellt die Füße flach auf den Boden. Mit nach vorn gestreckten Armen hebt man langsam den Oberkörper an und führt beide Hände an einer Seite an den Knien vorbei. Den Oberkörper wieder absenken und die Übung zur anderen Seite hin wiederholen. Die Füße müssen dabei auf dem Boden bleiben.

▸ Auf dem Rücken liegend stellt man ein Bein angewinkelt auf, das andere Bein liegt gestreckt am Boden. Man streckt die Arme zusammen seitlich nach hinten aus und hebt das gegenüberliegende gestreckte Bein so weit wie möglich hoch. Nun hebt man den Oberkörper an und führt die gestreckten Arme außen am gestreckten Bein vorbei nach vorn und wieder zurück. Den Bewegungsablauf wiederholt man möglichst schnell mindestens zehnmal pro Seite.

▸ In Rückenlage – die Arme liegen gestreckt neben dem Körper – die Beine anheben und die Knie in der Luft rechtwinklig beugen. Die Knie möglichst weit nach oben drücken und dabei das Becken mit abheben. Einige Sekunden so verharren; die Übung mehrfach wiederholen.

▸ Man legt sich auf den Rücken, stellt die Beine angewinkelt auf und verschränkt die Hände hinter dem Kopf. Dann den möglichst gut gestreckten Oberkörper mehrfach etwas anheben. Die Füße bleiben auf dem Boden.

▸ Auf dem Rücken liegend lagert man die Unterschenkel auf einem Hocker. Dann streckt man die Hände in der Luft mit nach oben gerichteten Handflächen nach vorn und hebt den Oberkörper langsam an. Langsam wieder absenken und die Übung mehrfach wiederholen.

Übungen für Rumpf und Schultern Mit Streckübungen und Rumpfdrehungen kann man die Muskulatur der Magenpartie straffen und der Taille Biegsamkeit verleihen. Das Schulterstrekken trägt dazu bei, das Halswirbelsyndrom (Sekretärinnenkrankheit) zu vermeiden.

▸ Um die gesamte Wirbelsäule zu strecken, kniet man sich auf den Boden und greift mit einer

Hand zur Ferse. Der andere Arm wird nach oben gestreckt.

▸ Um die Beweglichkeit zu fördern, im Grätschstand die linke Hand zum rechten Fuß führen, dabei den rechten Arm nach oben strecken. Dann richtet man sich auf und streckt beide Arme zur linken Seite hin nach oben. Dabei die Wirbelsäule gut strecken. Diese Übung führt man zu beiden Seiten drei- bis fünfmal aus.

Übungen zur Kräftigung der Rückenmuskulatur Die Rükkenmuskulatur sollte man besonders trainieren, da sie häufig nicht kräftig genug ausgebildet ist.

▸ In Bauchlage die Arme nach hinten gestreckt neben den Körper legen. Füße und Knie fest auf den Boden drücken und Bauch- und Gesäßmuskeln anspannen. Dann die Schultern zurückziehen und die Hände vom Boden heben.

▸ Auf dem Rücken liegend stellt man die Füße auf und drückt die neben dem Körper liegenden Handflächen auf den Boden. Nun spannt man die Bauchmuskulatur an, hebt das Gesäß langsam vom Boden ab und senkt es wieder. Dieser Bewegungsablauf wird mehrfach wiederholt.

Die Bauchmuskulatur anspannen und das Gesäß langsam anheben.

▸ Für eine Spannungsübung stellt man in Rückenlage Füße und Beine leicht gegrätscht auf, wobei die Knie im Winkel von etwa 90° gebeugt sind. Dann zieht man die Fußspitzen hoch, die Fersen bleiben auf dem Boden; dabei Gesäß- und Bauchmuskeln anspannen. Arme und Schulterblätter auf den Boden drücken und den Kopf anheben. Die Übung fünfmal ausführen und die Spannung bis zu sieben Sekunden halten.

▸ Um den Rücken zu dehnen und zu entspannen, kniet man auf den Boden und stützt sich auf die Arme. Man nimmt das Kinn auf die Brust, zieht den Bauch ein, macht den Rücken rund und atmet langsam aus. Dann geht man in die Ausgangsstellung und atmet dabei tief ein. Zehnmal wiederholen.

Auf allen vieren einen Katzenbuckel machen.

▸ Um den ganzen Körper anzuspannen, stellt man, auf dem Rücken liegend, ein Bein auf und drückt mit der Hand des gegenüberliegenden Arms mit langsam steigendem Druck gegen das Knie. Kopf und Schultern werden dabei angehoben, während das andere Bein und der andere Arm am Boden bleiben. Die Spannung fünf bis zehn Sekunden halten. Entspannen und die Übung mit der anderen Seite ausführen. Zwei- bis dreimal wiederholen.

ÜBUNGEN FÜR RUMPF UND SCHULTERN

Auf dem Rücken ein Handtuch halten und abwechselnd nach oben bzw. unten ziehen.

Mit einer Hand seitlich am Bein entlangfahren, den anderen Arm weit über den Kopf ziehen.

Im leichten Grätschstand den Oberkörper mit gestreckten Armen hin und her drehen.

▸ Auf dem Boden kniend den Oberkörper mit den Armen abstützen, dabei die Wirbelsäule gerade halten. Dann ein Bein so nach hinten strecken, daß Rücken und Bein eine gerade Linie ergeben. Nun die Fußspitze zehnmal anziehen und wieder strecken. Die Übung wird mit dem anderen Bein wiederholt. Fortgeschrittene können auch noch den Arm, der dem hochgehaltenen Bein gegenüberliegt, nach vorn strecken. Arm, Kopf, Rücken und Bein bilden dann eine gerade Linie.

Bei gestrecktem Bein die Fußspitze anziehen und wieder strecken.

▸ Auf dem Rücken liegend zieht man beide Beine an und umfaßt die Knie mit beiden Händen. Nun drückt man die Knie nach oben und zieht sie gleichzeitig mit den Händen nach unten. Die Spannung fünf bis zehn Sekunden halten. Anschließend zieht man die Knie an die Brust.

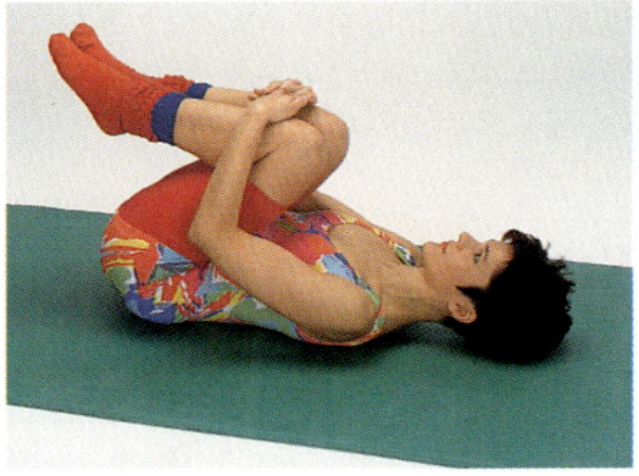

Die Knie gegen den Widerstand der Arme nach oben drücken.

▸ Zur Kräftigung der oberen Rückenmuskulatur und um die Brustwirbelsäule zu stabilisieren, legt man sich auf den Bauch und schiebt ein zusammengerolltes Badetuch unter das Becken. Nun winkelt man die Arme an, hebt sie vom Boden ab und schiebt die Schulterblätter aufeinander zu. Dabei Bauch- und Gesäßmuskulatur anspannen und die Stirn am Boden lassen. Die Spannung langsam verstärken, die Höchstspannung etwa fünf Sekunden halten und dann langsam wieder lösen.

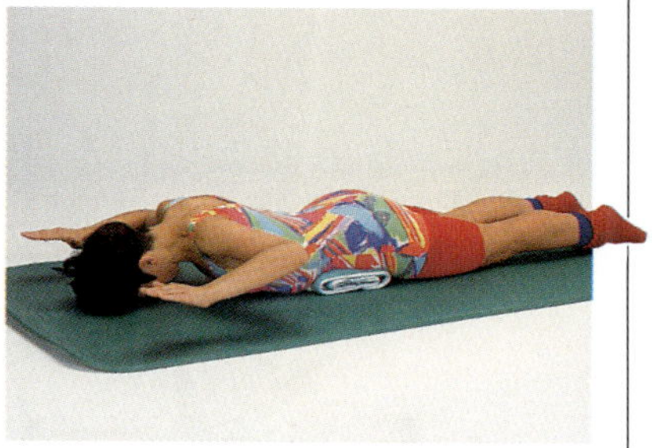

Mit angehobenen und angewinkelten Armen die Schulterblätter zusammenschieben.

▸ Die oberen Rückenmuskeln werden trainiert, indem man gerade sitzend die Arme anhebt, anwinkelt und in beide Richtungen jeweils zehnmal mit den Ellbogen große Kreise beschreibt.

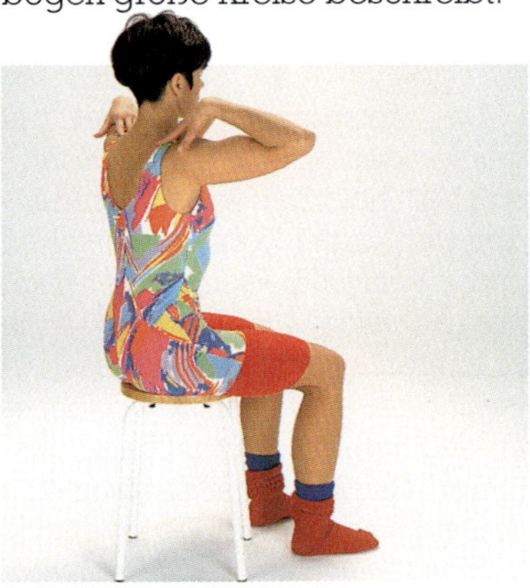

Die angehobenen Arme anwinkeln und mit den Ellbogen Kreisbewegungen durchführen.

▸ Die langen Rückenmuskeln kräftigt man, indem man, auf dem Bauch liegend, die Arme nach hinten führt und die Hände auf das Gesäß legt. Dann spannt man die Bauch- und Gesäßmuskulatur, hebt Kopf und Schultern leicht an und wendet den Oberkörper abwechselnd fünfmal zu jeder Seite. Um dabei eine starke Hohlkreuzhaltung zu vermeiden, kann man ein zusammengerolltes Badetuch unter das Becken legen.

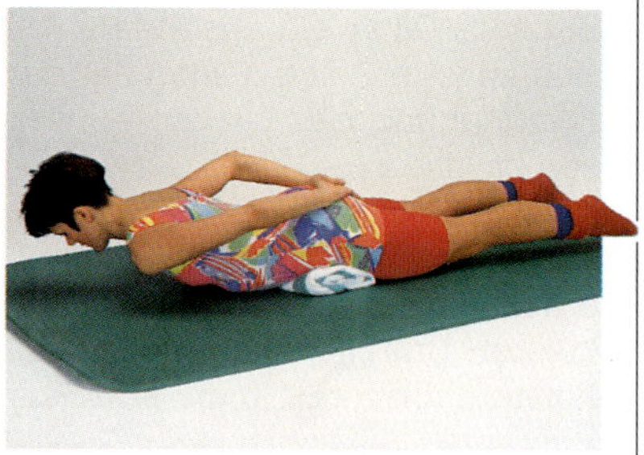

Den Oberkörper anheben und abwechselnd zu beiden Seiten führen.

▸ Nacken- und Schultermuskulatur werden gekräftigt, indem man gerade sitzend die Hände hinter dem Kopf verschränkt und Hände und Kopf gegeneinander drückt. Die Höchstspannung fünf bis zehn Sekunden halten und langsam wieder abbauen. Die Übung dreimal wiederholen.

Kopf und Hände gleichmäßig gegeneinander drücken.

▸ Nach der Rückengymnastik eine Entspannungsübung ausführen. In Rückenlage die Beine aufstellen, leicht grätschen und locker nach außen fallen lassen. Die Lendenwirbelsäule wird durch ein Kissen unterstützt. Die Arme liegen nach oben gestreckt neben dem Kopf. So 15 Minuten ruhig atmend liegenbleiben.

HEIMTRAINING MIT KLEINEN GERÄTEN

▸ Auch Ungeübte können mit einfachen und recht preisgünstigen Hilfsmitteln wie Hanteln, Gymnastikbändern, Expandern und dem Baligerät Muskeln ausbilden. Am besten ist es, sich anfangs in der Handhabung der Geräte einweisen zu lassen.

Hanteln Mit Hanteltraining kräftigt man die Arm- und Rumpfmuskulatur. Um sinnvoll trainieren zu können, benötigt man ein Paar Hanteln.

▸ Das Gewicht der Hanteln sollte dem Körperbau und der Kraft angepaßt sein, damit der Rücken nicht überbelastet wird. Untrainierte und gesundheitlich geschwächte Personen sollten Hanteln benutzen, die höchstens 1,5–2 kg wiegen. Für kräftige Personen sind in der Regel Hanteln im Gewicht von 2,5–3 kg geeignet.

Gymnastikbänder Wer mit einem Gymnastikband Spannungsübungen ausführt, kräftigt die Arm- und Rumpfmuskulatur. Die Bänder werden in verschiedenen Farben, die die unterschiedlichen Größen und Stärken kennzeichnen, im Handel angeboten.

▸ Da ein Gymnastikband sehr leicht ist und nur wenig Platz einnimmt, ist es als Fitneßgerät für Urlaub und Geschäftsreise gut geeignet.

Expander Mit seiner Hilfe trainiert man vorwiegend die Muskulatur der Arme und des Schultergürtels.

▸ Anfänger sollten mit wenigen und leichten Kabeln im Expander beginnen und sich behutsam steigern.

Baligerät Damit kräftigt man Arm- und Rumpfmuskulatur.

▸ Beim Kauf auf die Farbe der Geräte achten, denn sie sind je nach Belastungsstärke verschieden eingefärbt. So ist z. B. das gelbe Gerät für Personen mit schwacher Armmuskulatur vorgesehen, das rote sollten Personen mit kräftiger Armmuskulatur wählen, während das blaue Baligerät für besonders starke Beanspruchung bei einer ausgeprägten Armmuskulatur geeignet ist.

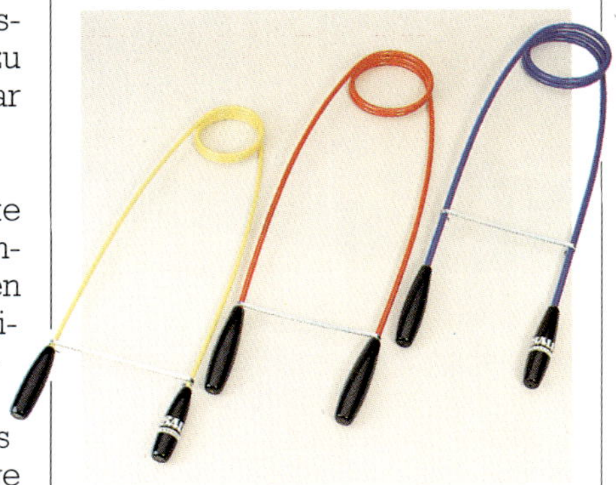

Die Belastungsstärke der Baligeräte erkennt man an ihrer Einfärbung.

▸ Das Baligerät ist als Heimtrainer auch für Gehbehinderte geeignet.

▸ Das entspannte Baligerät mit gestreckten Armen bis in Schulterhöhe hochheben, zusammendrücken, zum Körper hinziehen und in weitem Bogen wieder nach oben ausschwingen. Die Hände vollführen also gegeneinanderlaufende Kreise. Diesen Bewegungsablauf rhythmisch und flüssig ausführen. Nicht die Kraftbelastung ist wichtig, sondern Geschwindigkeit und Dauer der Ausübung. Man sollte das Training mit dem Baligerät mindestens fünf Minuten lang kontinuierlich ausführen.

HEIMTRAINING MIT GRÖSSEREN GERÄTEN

▸ Wer sich ein Heimtrainingsgerät anschaffen will, sollte bei der Auswahl unbedingt darauf achten, daß es ein TÜV- oder GS- (Geprüfte Sicherheit) Zeichen besitzt. Am besten läßt man sich beim Kauf und auch bei den ersten Übungen von einem Krankengymnasten beraten. Heimtrainingsgeräte sind in der Anschaffung im Regelfall teurer als die Ausrüstung für den Sport im Freien.

▸ Bei Geräten mit elektronischer Meßeinrichtung wird die Leistung des Sportlers exakt erfaßt und angezeigt. Damit kann man sowohl ein Aufbautraining optimal planen und durchführen als auch regelmäßig den Leistungsfortschritt beobachten und kontrollieren.

▸ Das Training wird oft als langweilig empfunden. Damit man es nicht als lästige Pflicht auffaßt, ist es empfehlenswert, sich während der sportlichen Betätigung auf einem Heimtrainer abzulenken, beispielsweise indem man Musik hört.

▸ Man sollte möglichst täglich mindestens zehn Minuten lang trainieren. Um eine Routine aufzubauen, kann man z. B. jeden Abend die Zeit dazu nutzen, wenn die Hauptnachrichten im Fernsehen gesendet werden.

▸ Wer einen Balkon oder eine Terrasse hat, kann seinen Heimtrainer dort aufstellen, um an der frischen Luft trainieren zu können. Man sollte das Gerät aber sorgfältig vor Witterungseinflüssen schützen.

Heimfahrrad Bei der Auswahl eines Stand- oder Heimfahrrads sollte man im Sportgeschäft probefahren und dabei darauf achten, daß das Gerät über eine hinreichend große Schwungmasse verfügt. Man erkennt sie daran, daß das Fahrrad noch eine gewisse Zeit weiterläuft, nachdem man aufgehört hat zu treten. Dies ist wichtig, um einen guten Trainingseffekt zu erzielen.

▸ Bei einem Heimfahrrad sollten sowohl Sattel als auch Lenkgestänge stufenlos verstellbar sein. An beiden Pedalen sollten Fußschlaufen angebracht sein, damit man beim Treten nicht abrutscht.

Laufband Wer ein Laufband kaufen will, hat die Wahl zwischen rein mechanischen Laufbändern und solchen, die von einem Elektromotor angetrieben werden. Bei letzteren ist die gewünschte Geschwindigkeit in der Regel stufenlos einstellbar. Bei anspruchsvolleren Geräten kann man auch den Neigungswinkel der Lauffläche verändern, so daß es möglich ist, auf einer ansteigenden Fläche zu laufen und dadurch die Trainingsbelastung zu erhöhen.

Trockenrudergeräte Sie sind geeignet, um Arm- und Rückenmuskulatur zu trainieren, wobei die Belastung je nach Gerät gut zu dosieren ist. Die Beanspruchung ist für das Herz-Kreislauf-Atmungstraining bei guter Anleitung recht ergiebig.

▸ Bei der Arbeit am Gerät ist das tiefe Ein- und Ausatmen behindert. Vor allem übergewichtige Personen sollten dies bedenken.

AUSGLEICHSGYMNASTIK AM ARBEITSPLATZ

▸ Wer überwiegend eine sitzende Tätigkeit ausübt, sollte, um Verspannungen im Bereich von Schultern und Nacken vorzubeugen oder sie zu lösen, bei Gelegenheit gymnastische Übungen durchführen.

▸ Am Schreibtisch sitzend den Kopf mehrfach nach rechts und links neigen und dabei nachfedern. Personen, die unter Arterienverkalkung leiden, sollten diese Übung nicht ausführen.

▸ Die Hände flach auf die Schreibtischplatte legen und im Sitzen den Kopf nach vorn neigen. Dann mit dem Kopf mehrfach kreisende Bewegungen ausführen. Dabei wechselt man ab und zu die Bewegungsrichtung. Für Personen, die unter Arterienverkalkung leiden, ist diese Entspannungstechnik allerdings nicht geeignet.

▸ Am Arbeitsplatz stehend oder sitzend die Arme so weit anheben, daß die Oberarme eine Verlängerung der Schultern ergeben. Dann winkelt man die Unterarme an. Anschließend mehrfach mit den Schultern vor- und rückwärts kreisende Bewegungen ausführen.

▸ Wer einen Stuhl mit Armlehne hat, setzt den rechten Ellbogen darauf und legt dann das Kinn in die so abgestützte Handfläche. Der Körper ist dabei nach vorn gerichtet, der Kopf also zur rechten Seite gedreht. Nun drückt man das Kinn fest gegen die Handfläche und versucht dabei mit der Hand, das Kinn noch weiter nach rechts zu drehen. Diese Anspannung hält man sechs Sekunden lang und atmet dabei langsam tief aus. Danach wiederholt man die Übung mit dem anderen Arm zur linken Seite. Anschließend kann man noch den Nacken ebenfalls sechs Sekunden lang gegen die Rückenlehne drücken, wenn sie hoch genug ist.

GARTENARBEIT ALS BEWEGUNGSPROGRAMM

▸ Mit intensiver Gartenarbeit kann man die Skelettmuskulatur schulen. Zudem kann man sich dabei an der frischen Luft gut entspannen. Personen, die unter organisch bedingten Herzkrankheiten leiden, sollten auf intensive Gartenarbeit als Bewegungsprogramm verzichten.

LOCKERUNGSÜBUNGEN AM ARBEITSPLATZ

Die Hände in den Nacken legen, den Kopf zur Brust ziehen und den Rumpf vorbeugen.

Arme abwechselnd schräg hoch nach hinten führen und den Rumpf seitlich drehen; nachfedern.

Die Arme abwechselnd über den Kopf heben und den Rumpf zur Seite beugen; nachfedern.

VERSPANNUNGEN LÖSEN

▸ Ständige Belastungen in Beruf und Alltag verursachen Verspannungen der Muskulatur. Dadurch können Verkrampfungen, vor allem im Schulter- und Nackenbereich, auftreten, die Kopfschmerzen, Bandscheibenschäden und Rückenschmerzen zur Folge haben. Durch gezielte Übungen kann man solchen Streßreaktionen vorbeugen und verspannte Muskulatur lockern.

Körper Zur Entspannung des gesamten Körpers werden im Sitzen oder im Liegen alle Muskeln – von den Füßen bis zum Kopf – zuerst angespannt und dann gelockert. Wichtig dabei ist, die Entspannung jedes Muskels bewußt zu erleben. Anschließend in ganz entspannter Haltung einige Minuten verharren und sich dann ausgiebig recken und strecken.

Die Körpermuskulatur insgesamt kurz anspannen und dann lockern.

Rücken Die sogenannte Droschkenkutscherhaltung, die überall einfach durchzuführen ist, hilft nach langem Sitzen, die Rückenmuskulatur zu lockern. Man setzt sich bequem mit leicht gegrätschten Beinen auf einen Stuhl, stützt die Ellbogen auf die Knie und läßt den Kopf ganz locker hängen. In dieser Haltung läßt man dann ganz bewußt die Entspannung auf sich wirken.

In der Droschkenkutscherhaltung lösen sich Verspannungen am Rücken.

Nacken Gegen Verspannungen im Nacken hilft es, wenn man in leichter Grätschstellung mit locker hängenden Armen den Kopf langsam nach hinten beugt, die entstehende Spannung einige Sekunden hält und den Kopf dann bis zur Brust senkt. Dann wird der Kopf nach rechts und links gedreht. Personen, die unter Arterienverkalkung leiden, dürfen diese Übung aber keinesfalls ausführen, da bei ihnen die Gefahr besteht, daß es zu Hirndurchblutungsstörungen kommt.

▸ Verspannte Nackenmuskeln werden gelockert, wenn man im Sitzen die Unterarme verschränkt, sie vor dem Körper parallel zueinander auf einen Tisch auflegt und kräftig nach unten drückt. Die Streckung des Oberkörpers sechs Sekunden beibehalten, dann entspannen.

▸ Sitzend die Ellbogen auf einen Tisch stützen. Das Kinn in die Handflächen legen und einige Sekunden lang kräftig dagegen pressen, während man langsam ausatmet.

Gesicht Verkrampfte Gesichtszüge lockert man, indem man sich entspannt auf einen Stuhl setzt, den Kopf weit nach vorn streckt, die Augen aufreißt und die Zunge so weit wie möglich herausstreckt, bis sie fast das Kinn berührt. In dieser Haltung sollte man einige Sekunden verharren. Dann entspannt man die Gesichtsmuskeln wieder.

Finger Nach starken Belastungen der Hände und Finger bringt diese Übung Entspannung: Man ballt die Hände zur Faust und öffnet sie ganz langsam unter starker Anspannung der gesamten Handmuskulatur wieder, bis die Finger gestreckt und leicht nach hinten gebogen sind. Dann schließt man sie, ebenfalls unter starker Anspannung aller Muskeln, wieder zur Faust. Anschließend schüttelt man die Hände locker aus.

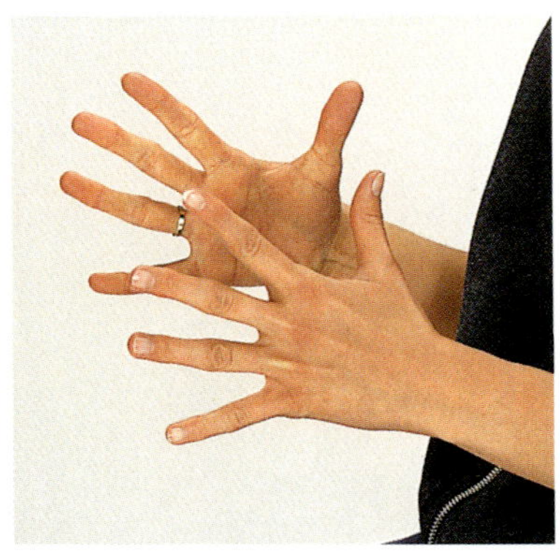

Aus der geballten Faust heraus die Finger unter Anspannung ganz strecken – das entspannt stark belastete Hände.

UNRUHE ABBAUEN

▸ Um mit Streßsituationen besser umgehen zu können, sollte man im Alltag zwischendurch richtig abschalten und die innere Unruhe gezielt abbauen.

▸ Unruhe läßt sich abbauen, indem man sich im Sitzen oder Liegen völlig entspannt und sich eine friedliche Szene vorstellt – etwa eine stille Tallandschaft oder eine grüne Wiese –, die man mit Ruhe und Harmonie verbindet. In dieser Phantasiewelt verweilt man einige Minuten, atmet mehrfach kräftig ein und aus und dehnt und reckt sich.

▸ Einen Zustand innerer Ruhe erreicht man, indem man seine Gedanken auf einen einzigen Gegenstand konzentriert. Dazu zündet man beispielsweise eine Kerze an und schaut in bequemer Sitzhaltung im Abstand von etwa 1 m eine Minute lang in die Flamme. Dann schließt man die Augen und stellt sich die Flamme so lange vor seinem inneren Auge vor, bis man meint, sie trotz geschlossener Augen deutlich erkennen zu können.

▸ Nach einem streßreichen Tag wirkt ein Lindenblütenbad entspannend. Um es herzustellen, übergießt man zwei bis drei Handvoll Lindenblüten mit 3 l kochendem Wasser, läßt sie 20 Minuten abgedeckt ziehen und gibt diesen Aufguß ins Badewasser, das eine Temperatur von 37 °C haben sollte. Man bleibt zehn Minuten im Wasser liegen und ruht dann noch etwas aus.

SCHLAFSTÖRUNGEN BEHEBEN

▸ Gesunder Schlaf ist wichtig, um Streß besser verarbeiten zu können. Man sollte Schlafstörungen aber immer auf natürliche Weise zu beheben versuchen und nie ohne ärztlichen Rat zu Medikamenten greifen.

▸ Gegen Schlaflosigkeit hilft es, wenn man eine feste abendliche Routine entwickelt, z. B. spazierengehen, die Haustür verschließen, ins Bad gehen, im Bett noch etwas lesen.

▸ Wer Schwierigkeiten hat, ein- oder durchzuschlafen, sollte aufstehen, einen Waschlappen in kaltes Wasser tauchen, ihn ausdrücken und dann über Arme und Beine streichen. Ohne sich abzutrocknen, zieht man dann einen Schlafanzug oder ein Nachthemd aus saugfähigen Naturfasern an und legt sich sofort ins Bett. Das anfängliche Kältegefühl weicht sehr rasch einer angenehmen Wärmeempfindung, weil sich auf der Haut eine feuchtwarme Dunstschicht bildet, und man schläft bald ein.

▸ Um einen leichten Schlaftrunk herzustellen, übergießt man 10 g Baldrianwurzel, 10 g Johanniskraut, 10 g Melissenblätter, 5 g Lavendelblüten, 5 g Hopfenzapfen und 2 g Zimtrinde mit 1 l Rotwein. Diese Mischung läßt man bei Zimmertemperatur eine Woche lang abgedeckt ziehen. Dann seiht man das Getränk ab, ohne die Zutaten auszupressen, und füllt es in eine saubere Flasche. Vor dem Schlafengehen jeweils 1–3 EL davon einnehmen.

▸ Eine Wärmflasche, die in ein feuchtes Tuch eingeschlagen und auf den Oberbauch gelegt wird, fördert das Einschlafen.

Akupressur Gegen Einschlafstörungen hat sich auch die Akupressur als hilfreich erwiesen. Ein Hauptpunkt dafür liegt genau zwischen den Augenbrauen. Man setzt die Fingerkuppe auf diesen Punkt und läßt sie leicht darüber kreisen. Den Druck, der dabei ausgeübt wird, bestimmt man selbst. Er soll stets als angenehm und entspannend empfunden werden.

Bei Schlaflosigkeit drückt man den Akupressurpunkt zwischen den Augenbrauen.

▸ Weitere Akupressurpunkte, die bei Einschlafschwierigkeiten wirken, liegen auf den Fingerkuppen selbst. Man drückt mit dem Daumen nacheinander alle Fingerkuppen jeweils etwa zwei bis drei Minuten lang.

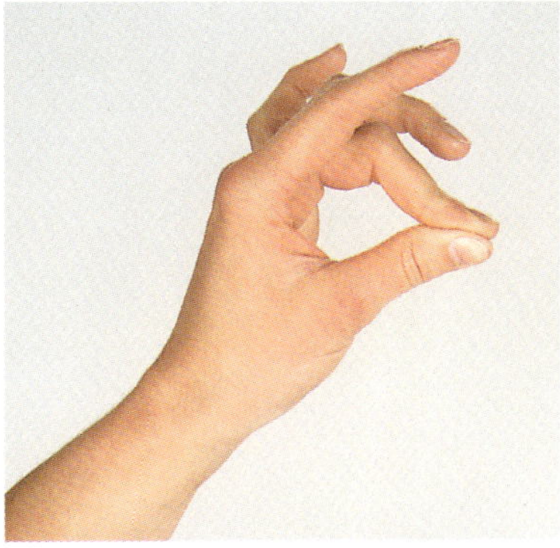

Auch das Drücken der Akupressurpunkte auf den Fingerkuppen hilft gegen Schlaflosigkeit.

▸ Um ein Schlafkissen herzustellen, näht man einen 15 × 15 cm großen Kissenbezug aus Leinen und versieht ihn an einer Kante mit einem Reißverschluß, damit man die Füllung leicht erneuern kann. Dann gibt man ungefähr drei Handvoll Hopfenzapfen, drei Handvoll Johanniskraut, eine Handvoll Lavendelblüten und eine Handvoll Baldrianwurzel hinein. Dieses Kissen wird unter das

Kopfkissen gelegt. Sobald es warm wird, gehen von dem Schlafkissen leichte Kräuterdämpfe aus, die beruhigend und schlaffördernd wirken.

ANGSTZUSTÄNDE ABBAUEN

▸ Angst ruft oft körperliche Reaktionen hervor: Man kann nicht einschlafen, das Herz schlägt bis zum Hals, und man reagiert panisch. Damit es nicht dazu kommt, muß man den Kreislauf der Angst frühzeitig unterbrechen. Dazu sind besondere Entspannungstechniken geeignet.

▸ Eine einfache Entspannungstechnik führt man durch, indem man sich entspannt hinstellt, dann tief einatmet und dabei die Schultern so weit wie möglich zu den Ohren hochzieht. Kurz den Atem anhalten, die Schultern dann, während man ausatmet, ganz locker fallen lassen. Dabei muß man spüren, wie sie schwerer werden.

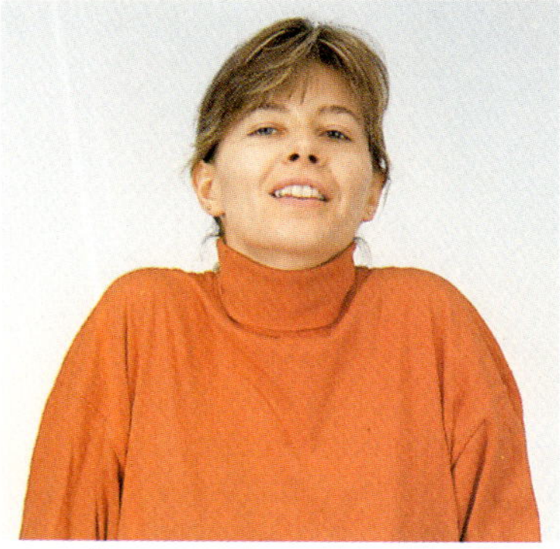

Eine Übung gegen Angstzustände: die Schultern ganz weit hochziehen und dann locker fallen lassen.

▸ Sehr oft hilft es schon, sich in angstmachenden Situationen zu fragen, was im schlimmsten Fall passieren könnte. Die möglichen Konsequenzen, die dadurch bewußtgemacht werden, sind in den meisten Fällen nicht existenzbedrohend, so daß man die Erwartungsängste leichter bewältigen kann.

▸ Bei leichten Angstzuständen oder Beklemmungen übergießt man 1 TL Weißdornblüten mit einer Tasse kochendem Wasser, läßt ihn etwa fünf Minuten ziehen und seiht dann ab. Der Weißdorntee wird entweder vor den Mahlzeiten oder vor dem Schlafengehen getrunken.

NEUE ENERGIE SAMMELN

▸ Um nach Streßsituationen nicht die Spannkraft zu verlieren, kann man gezielte Entspannungs- und Atemübungen durchführen und dabei wieder neue Energie sammeln.

▸ In der sogenannten Totenstellung, einer Übung aus dem Yoga, baut man Spannungen ab. Außerdem belebt die Übung. Man legt sich flach auf den Boden, der Kopf ruht auf einer gefalteten Decke, die Augen sind geschlossen, die Beine leicht gespreizt, die Zehen nach oben gerichtet. Die Arme liegen mit den Handflächen nach oben in geringem Abstand vom Körper. Nun zieht man die Fußspitzen zum Körper hin und läßt dann die Füße ganz locker zur Seite fallen. Der Körper soll völlig entspannt sein; man achtet besonders darauf, die Gesichtsmuskeln nicht zu verkrampfen und die Stirn entspannt zu halten. In dieser Stellung verharrt man ungefähr 15 Minuten und hört bewußt auf den eigenen Atem. Mit der Zeit lernt man, die Gedanken zur Ruhe kommen zu lassen. Zum Abschluß der Übung öffnet man die Augen, atmet tief durch und streckt sich.

▸ Um die Durchblutung des Gehirns zu verstärken, kann man die Technik des Erfrischungsatmens anwenden. Man steht aufrecht oder sitzt mit geradem Rücken, atmet langsam tief ein, führt die Arme dabei seitlich hoch über den Kopf und legt die Fingerspitzen zusammen. Man hält den Atem an und senkt etwa zehnmal langsam die Hände auf den Kopf herunter und streckt sie wieder hoch. Dann läßt man die Arme fallen, wobei man kräftig ausatmet, neigt sich leicht vor und holt frischen Atem.

▸ Eine belebende Yogaübung ist das sogenannte Zusammengerollte Blatt. Dazu setzt man sich mit geschlossenen Knien auf seine Fersen, die Hände liegen neben dem Körper, die Handflächen zeigen nach oben, die Finger sind in Richtung der Füße ausgestreckt. Nun senkt man langsam Kopf und Rücken, bis die Stirn den Boden berührt und die Brust auf den Knien aufliegt. Das Gewicht des Körpers sollte dabei auf den Beinen und den Fersen liegen.

Zusammengerolltes Blatt: Durch innere Sammlung und bewußte Atmung kann man neue Vitalität schöpfen.

▸ Bei Ermüdungserscheinungen und nach großen Anstrengungen hilft ein stimulierendes Kräuterbad. Um es herzustellen, gibt man eine Mischung aus 100 g Rosmarin, 50 g Rosenblütenblättern und 50 g Lavendelblüten in 2 l kochendes Wasser und läßt sie bei schwacher Hitze etwa eine Viertelstunde lang ziehen. Dann gießt man den Sud ab und gibt ihn in das vorbereitete Badewasser. Nach einem zehnminütigen Bad darin fühlt man sich beschwingt und munter.

SCHÖNHEIT AUS DER NATUR

KOSMETIKA SELBST HERSTELLEN

▸ Wer nicht auf industriell gefertigte Schönheitsprodukte zurückgreifen will, kann aus natürlichen Rohstoffen Kosmetika selbst herstellen. Während der Zubereitung bedarf es größter Sauberkeit.

▸ Rohstoffe wie ätherische Öle, Tinkturen, getrocknete Kräuter usw. erhält man in der Apotheke oder im Reformhaus. Flaschen und Dosen zum Abfüllen und Aufbewahren der Naturkosmetika führen Apotheken.

▸ Um Fette im Wasserbad zu schmelzen, stellt man eine Glasschüssel in einen entsprechend großen, mit kochendem Wasser halb gefüllten Topf.

▸ Ein feuerfestes Porzellantöpfchen wird zum Erwärmen der flüssigen Zutaten gebraucht.

▸ Kleine Mengen wiegt man am besten mit einer Brief- oder Feinwaage ab. Werden Flüssigkeitsmengen in Gramm angegeben, füllt man diese zum Wiegen in einen kleinen Plastikbecher, dessen Eigengewicht berücksichtigt werden muß.

▸ Ein Labor- oder Küchenthermometer braucht man, um zu überprüfen, ob die Fettschmelze die gewünschte Temperatur erreicht hat.

▸ Um Cremes kaltzurühren (also die heiße Substanz so lange zu rühren, bis sie kalt ist), verwendet man am besten einen elektrischen Handrührer. Man kauft ein zweites Paar Rührquirle, die man ausschließlich für die Kosmetikherstellung benutzt.

▸ Löffel, Rührlöffel oder die Rührquirle kocht man vor der Verwendung zehn Minuten lang in Wasser aus.

▸ Zur Desinfektion reibt man die Cremedosen vor dem Füllen mit 70 %igem Alkohol aus.

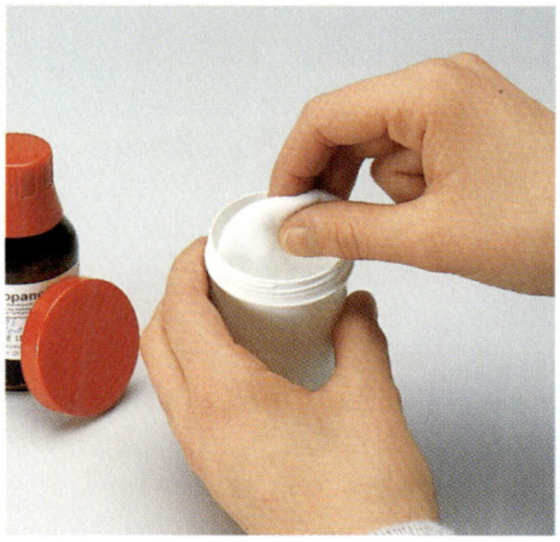

Cremedöschen werden mit Alkohol desinfiziert.

▸ Töpfe, Schüsseln und Geräte werden nach Gebrauch unter kochendheißem Wasser gespült.

▸ Utensilien, die man zum Herstellen von Naturkosmetik verwendet, dürfen keinesfalls auch zum Kochen benutzt werden. Kaum erkennbare Speisereste würden Frische und Haltbarkeit der Produkte beeinträchtigen.

▸ Das Kaltrühren der Creme darf man nicht beschleunigen, z. B. indem man die Schüssel in Eiswasser stellt. Die Creme würde dann sofort gerinnen.

▸ Selbsthergestellte Kosmetika sind nur zwei bis vier Wochen haltbar, da ihnen keine Konservierungsstoffe zugesetzt werden. Man muß sie im Kühlschrank aufbewahren.

▸ Um die Kosmetika aus den Dosen zu entnehmen, immer einen Spatel verwenden.

▸ Sollte eine Creme – ob gekauft oder selbst hergestellt – ranzig geworden sein, unangenehm riechen oder ihr Aussehen verändern, darf sie unter keinen Umständen mehr verwendet werden.

GESICHTSPFLEGE

▸ Um den eigenen Hauttyp zu ermitteln, drückt man morgens ein feines Seidenpapier auf das gereinigte Gesicht. Normale oder trockene Haut zeigt keine Fettspuren auf dem Papier, während bei Mischhaut Flecken von Nase, Stirn und Kinn zu sehen sind. Fettige Haut hinterläßt überall Flecken auf dem Papier.

Mit einem Seidenpapier kann man seinen Hauttyp bestimmen.

Reinigung Bei normaler Haut genügt die tägliche Reinigung mit einer milden und rückfettenden Kräuterseife vollkommen. Man spült anschließend mit viel klarem, warmem Wasser nach und tupft das Gesicht mit einem Wattebausch, den man mit stark verdünntem Zitronensaft (wenige Tropfen auf 3 EL Wasser) getränkt hat, sanft ab.

▸ Normale Haut kann man auch mit einer Mischung aus 1 Tasse Maismehl, 1/2 Tasse Weizenmehl und 1 Tasse Trockenmilchpulver reinigen. Man rührt etwas Maismehlmischung mit warmem Wasser an und massiert damit die Haut einige Minuten lang sanft. Anschließend wird mit viel warmem Wasser gründlich abgespült. Die Mischung bewahrt man in einem fest verschlossenen Vorratsbehälter auf.

▸ Bei fettiger oder unreiner Gesichtshaut rührt man 1 EL Weizenkleie in 2 EL warmem Wasser an und reibt damit die Gesichtshaut sanft ab. Anschließend wird mit viel lauwarmem Wasser nachgespült.

▸ Für die Reinigung besonders empfindlicher Gesichtshaut gibt man Buttermilch auf einen Wattebausch und reibt damit das Gesicht und den Hals ab.

Nachreinigung Für trockene, empfindliche Haut verwendet man eine Mischung aus 90 g Rosenwasser und 10 g Ringelblumentinktur, die man in einer dunklen Flasche aufbewahrt. Von dieser Mischung gibt man etwas auf einen Wattebausch und reibt damit das Gesicht und den Hals behutsam ab.

▸ Um ein Gesichtswasser für unreine, fettige Haut herzustellen, löst man vier Tropfen Rosmarinöl in 20 g Salbeitinktur auf, gießt 80 g Hamameliswasser dazu und füllt die Mischung in eine dunkle Apothekerflasche. Dieses Salbeigesichtswasser wendet man an, indem man einen mit Wasser befeuchteten Wattebausch mit dem Gesichtswasser beträufelt und damit Gesicht, Hals und Dekolleté sanft abreibt.

▸ Großporige, fettige Haut wird ab und zu, aber nicht öfter als einmal pro Woche, mit einer Zitronenscheibe abgerieben. Zitronensäure wirkt adstringierend (zusammenziehend) und reguliert den ph-Wert der Haut.

Zitronensäure bewirkt, daß sich die Poren fettiger Haut zusammenziehen.

▸ Um ein Gesichtswasser für jeden Hauttyp herzustellen, erwärmt man 50 g Rosenwasser ein wenig und löst darin 1/2 TL Bienenhonig auf. Dann gibt man 50 g Hamameliswasser und zehn Tropfen Kamillentinktur dazu, füllt alles in eine dunkle Flasche und schüttelt gut durch. Etwas davon auf einen feuchten Wattebausch geben und das Gesicht damit abreiben.

▸ Ein einfaches und erfrischendes Gesichtswasser erhält man, wenn man ein Stück Salatgurke schält, kleinschneidet, in einem Tuch auspreßt und den Saft filtert. Das Gesichtswasser nur frisch verwenden!

Der gefilterte Saft von frisch gepreßten Gurkenstücken dient als Gesichtswasser.

Hautcremes Für jeden Hauttyp geeignet ist eine Mandelölcreme als Tages- und Nachtpflege. Man schmilzt 3 g Bienenwachs im kochenden Wasserbad und gibt dann 15 g Lanolinanhydrid und 5 g Kakaobutter dazu. Sobald alles geschmolzen ist, fügt man unter Rühren 30 g süßes Mandelöl hinzu und erwärmt alles nochmals auf 60 °C. Währenddessen erwärmt man 40 g Rosenwasser ebenfalls auf 60 °C. Man nimmt die Fettschmelze vom Feuer, gibt das warme Rosenwasser hinzu und beginnt mit dem elektrischen Handrührer die Creme kaltzurühren. Wenn sie nur noch etwa handwarm ist, träufelt man drei Tropfen Lavendelöl hinein und rührt weiter, bis die Masse völlig erkaltet ist. Die fertige Creme wird in Cremetöpfchen gefüllt und im Kühlschrank aufbewahrt.

▸ Bei trockener, empfindlicher Haut empfiehlt sich Weizenkeimcreme als Tages- und Nachtcreme. 5 g Bienenwachs, 7 g Kakaobutter und 5 g Lanolinanhydrid werden im Wasserbad geschmolzen und danach 45 g Weizenkeimöl hineingerührt. Die Mischung wird auf 60 °C erwärmt und dann 30 g ebenfalls auf 60 °C erwärmtes Rosenwasser mit dem elektrischen Handrührer auf kleinster Stufe eingerührt. Wenn die Masse handwarm ist, gibt man unter ständigem Weiterrühren drei Tropfen Rosenöl zu und rührt so lange, bis die Creme kalt ist. In Cremetöpfchen gefüllt, hält sie im Kühlschrank etwa vier Wochen.

▸ Um eine Hautcreme für fettige und unreine Haut herzustellen, schmilzt man 3 g weißes Bienenwachs, 3 g Kakaobutter, 5 g Wollwachsalkohole und 5 g Lanolinanhydrid im Wasserbad, gibt dann 30 g Traubenkernöl hinzu und erwärmt alles auf 60 °C. Gleichzeitig werden 40 g Hamameliswasser ebenfalls auf 60 °C erwärmt und mit dem elektrischen Handrührer in die Fettschmelze eingerührt. In die auf Handwärme abgekühlte Creme gibt man drei Tropfen Pfefferminzöl und rührt weiter, bis die Creme ganz erkaltet ist. In saubere Cremetöpfchen abfüllen und im Kühlschrank aufbewahren.

Gesichtsmasken Bevor man eine Maske aufträgt, wäscht man das Gesicht und bedeckt es dann für einige Minuten mit einem warmen, feuchten Tuch, damit sich die Poren öffnen.

- Großen Poren begegnet man wirkungsvoll mit einer Maske, die aus 3 EL Weizenmehl und 3 EL Joghurt hergestellt wird. Man verrührt diese Zutaten und streicht die Maske mit einem Pinsel auf das Gesicht. Wenn sie nach etwa 25 Minuten getrocknet ist, wird sie mit viel warmem Wasser leicht abgerieben.

- Trockener Haut bekommt eine Mandelmaske besonders gut. 3 EL gehackte Mandeln werden in der elektrischen Kaffeemühle pulverisiert und dann mit einem Eigelb und 1 TL Bienenhonig verrührt. Dieser zähen Masse fügt man langsam etwas heißes Wasser zu, bis der Brei streichfähig ist. Die Paste wird auf das gereinigte Gesicht, auf Hals und Dekolleté dick aufgetragen. Nach 30 Minuten reibt man die Maske mit befeuchteten Händen ab. Die Finger muß man zwischendurch wiederholt abwaschen. Danach wird die Haut mit viel warmem Wasser abgespült.

- Bei fetter Haut hilft eine Orangenmaske, die die Durchblutung fördert. Man verrührt frisch gepreßten Orangensaft mit so viel Mehl, daß man eine streichfähige Paste erhält, die mit einem Pinsel auf das gereinigte Gesicht aufgetragen wird. Nach etwa 20 Minuten wäscht man die Maske mit reichlich warmem Wasser ab und spült gut nach.

Damit man sie mit dem Pinsel auftragen kann, muß die Orangenmaske gut streichfähig sein.

- Sehr empfindliche Haut kann mit einer Mandelkleiemaske gepflegt werden. Dazu rührt man 2 EL süße Sahne in 2 EL Mandelkleie und gibt 1 EL Bienenhonig darunter. Diese Masse wird mit einem Pinsel auf das gereinigte Gesicht gestrichen und nach etwa 20 Minuten mit viel warmem Wasser abgewaschen.

- Trockene Haut kann durch eine Maske aus 2 EL Honig und 1 EL Quark erfrischt werden. Der Honig wird im Wasserbad flüssig gemacht und der Quark untergerührt. Man trägt die Masse auf das Gesicht auf, läßt sie danach etwa 25 Minuten einwirken und wäscht sie schließlich mit viel warmem Wasser ab.

- Bei trockener, strapazierter Haut ist eine Erdnußmaske hilfreich. Man rührt mit dem elektrischen Handrührer tropfenweise 2 EL Erdnußöl in ein Eigelb. Dann fügt man einen Spritzer Zitronensaft hinzu und rührt 1/2 TL Bienenhonig unter. Die Masse wird mit einem Pinsel auf Gesicht und Hals aufgetragen und nach 30 Minuten mit einer feuchten Kompresse abgenommen.

- Gegen Faltenbildung hilft eine Kartoffelmaske, weil sie die Haut mit viel Feuchtigkeit versorgt. Man reibt drei geschälte rohe Kartoffeln und trägt die Masse auf das gereinigte Gesicht auf. Nach 20 Minuten kann die Maske mit viel warmem Wasser abgewaschen werden.

SONNENBLUMENKERNMASKE GEGEN UNREINE HAUT

1. Eine Handvoll geschälte Sonnenblumenkerne in einer elektrischen Kaffeemühle pulverisieren.

2. 1 TL Honig in heißem Wasser auflösen; zusammen mit 1 TL Pflanzenöl unterrühren.

3. Brei auf gereinigtes Gesicht und Hals auftragen und nach einer halben Stunde lauwarm abwaschen.

▸ Für eine erfrischende Maske, die für jeden Hauttyp geeignet ist, wird ein mit der Gabel fein zerdrückter Pfirsich auf das Gesicht aufgetragen und nach 20 Minuten mit lauwarmem Wasser abgewaschen.

Für eine Pfirsichmaske einen Pfirsich schälen, entsteinen, kleinschneiden und mit der Gabel zu Brei zerquetschen.

▸ Eine reine Obstmaske läßt sich in der Regel nur sehr schlecht auftragen. Um eine breiigere Konsistenz zu erhalten, kann man süße Sahne unterrühren. Oder man gibt die Maske auf ein sauberes Tuch und legt dies aufs Gesicht.

Gesichtsdampfbäder Für ein porentief wirkendes Gesichtsdampfbad braucht man ein bis drei Handvoll getrocknete Kräuter wie Ringelblumenblätter bei empfindlicher Haut oder Melissenblätter bei müder Haut, die in einer Schüssel mit 3–5 l kochendem Wasser übergossen werden. Man beugt das Gesicht über die Schüssel und verhindert mit einem zeltartig über Kopf und Topf ausgebreiteten Handtuch, daß der Dampf entweichen kann. Nach etwa zehn Minuten wird das Dampfbad beendet und das Gesicht sanft abgetupft.

▸ Wer geplatzte Äderchen (Rosacea) oder eine sehr trockene Haut hat, sollte auf Gesichtsdampfbäder lieber verzichten.

Augenpartie Bei verquollenen Augen bringt es Linderung, wenn man zwei Beutel Lindenblütentee oder schwarzen Tee überbrüht und diese dann abgekühlt und leicht ausgedrückt auf die Augen legt.

Die abgekühlten Teebeutel auf die Augen legen.

▸ Augenringe werden weniger deutlich, wenn man je 1 EL Quark auf zwei Leinentüchlein gibt und diese zusammengefaltet als Kompressen für etwa 15 Minuten auf die Augen legt.

▸ Krähenfüße an den Augen sind zwar nicht mehr wegzubekommen, aber man kann die Haut um die Augen samtweich erhalten, indem man regelmäßig Mullkompressen in Öl, beispielsweise Mandel- oder Olivenöl, taucht, auflegt und für etwa 20 Minuten einwirken läßt.

Die empfindliche Haut der Augenpartie kann man mit Ölkompressen pflegen.

Lippen Rissige Lippen behandelt man mit reinem Bienenhonig, den man einfach auf die Lippen auftupft. Die Lippen werden dann wieder angenehm weich.

Rissige Lippen mit etwas Honig betupfen.

Pickel und Mitesser Einzelne Pickel können am Aufblühen gehindert werden, indem man einen Tropfen Thymianöl auf einen Finger gibt und damit an der betreffenden Stelle massiert. Dies wird zwei- bis dreimal am Tag wiederholt. Bei der Verwendung von Thymiyanöl ist aber Vorsicht geboten, da es stark reizen kann. Man sollte es nur bei unempfindlicher Haut und nicht in der Augengegend auftragen.

▸ Gegen Mitesser hilft es, wenn man das Gesicht nach der Reinigung mit einer rohen Kartoffelscheibe abreibt.

Um Mitesser zu vertreiben: das Gesicht mit einer rohen Kartoffelscheibe abreiben.

MUNDPFLEGE

▸ Eine reinigende und erfrischende Zahncreme kann man sich leicht selbst zubereiten. Man mischt 1 EL Pfeilwurz, 1 TL Meersalz, 1/2 TL doppeltkohlensaures Natron und 15–20 Tropfen Pfefferminzöl mit einem Löffel und zerstößt die Zutaten dann in einem Mörser zu einer trockenen Paste. Aufbewahrt wird die fertige Zahncreme in einem dunklen Glas mit Schraubverschluß. Zur Anwendung die Zahncreme auf eine feuchte Zahnbürste geben.

▸ Ein wirksames Mundwasser kann man aus den Blättern der Schwarzen Johannisbeere herstellen. Man gibt eine Handvoll davon in einen offenen Topf und kocht sie in 1/2 l Wasser auf, bis die Hälfte der Flüssigkeit verdampft ist. Dann gibt man 2 TL Zitronensaft hinzu und seiht die Flüssigkeit ab.

▸ Um weiße Zähne und kräftigeres Zahnfleisch zu bekommen, reibt man sie mit der Innenseite einer unbehandelten Zitronenschale ein.

▸ Um frischen Atem zu erhalten oder unangenehmen Zwiebel- oder Knoblauchgeruch zu vertreiben, kaut man frische Pfefferminze. Auch frische Petersilie ist sehr wirksam.

KÖRPERPFLEGE

▸ Um die Durchblutung anzuregen und abgestorbene Hautzellen zu beseitigen, reibt man den ganzen Körper mit feinem Meersalz ab. Dazu benötigt man etwa eine Handvoll Salz, das in kreisenden Bewegungen aufgetragen wird. Das Salz spült man mit kühlem Wasser ab und badet anschließend.

Badezusätze Trockene, unreine Haut pflegt man mit einem Kleiebad. Man füllt ein Badesäckchen oder einen alten Perlonstrumpf mit 100 g Weizenkleie, bindet das Säckchen zu und hängt es ins heiße Badewasser. Beim Baden wird das Säckchen ab und zu ausgedrückt.

Das mit Weizenkleie gefüllte und gut zugebundene Badesäckchen ins Badewasser hängen und ab und zu ausdrücken.

▸ Ein Bad mit den Zusätzen Milch und Honig sorgt für weiche, zarte Haut. Man gibt eine Tasse Bienenhonig ins heiße Badewasser, gießt 2 l Milch dazu und rührt das Wasser mit den Händen um. Der Honig löst sich sofort auf; eine nach dem Bad mit Honig verklebte Wanne braucht man nicht zu befürchten.

Hautpflegemittel Duftender Rosenessig, mit dem man sich täglich einreibt, löst Kalkrückstände von der Haut und hilft, den Säuremantel nach dem Duschen oder Baden zu regenerieren. Um den Essig herzustellen, füllt man zwei Handvoll getrocknete Rosenblütenblätter in ein gut verschließbares Glas mit breiter Öffnung. Dann gießt man 1/2 l Obstessig auf. Das verschlossene Gefäß bleibt etwa 14 Tage an einem warmen Platz im Haus stehen. Danach seiht man die Flüssigkeit ab, drückt dabei die Rosenblätter kräftig aus und gießt sie dann durch eine Filtertüte. Mit 100 g destilliertem Wasser wird aufgegossen, 1 TL synthetisches Rosenöl wird in 20 g 70%igem Alkohol aufgelöst und dazugegeben. Den Rosenessig in einer dunklen Apothekerflasche aufbewahren.

▸ Avocadoöl, das man auch als Massageöl verwenden kann, ist ideal für jeden Hauttyp. Im ko-

ZITRONENESSIGBAD FÜR REINE FRISCHE HAUT

1. Drei unbehandelte, gewaschene Zitronen hauchdünn – ohne das weiße Fleisch – schälen.

2. Schalen in eine Flasche geben, 1 l Obstessig darübergießen und 14 Tage an einem warmen Ort lagern.

3. Den Essig abseihen und für ein Bad jeweils 1/4 l dem heißen Badewasser zusetzen.

chenden Wasserbad werden 10 g Lanolin geschmolzen; dann rührt man 90 g Avocadoöl dazu. Sobald die Mischung klar ist, nimmt man sie aus dem Wasserbad, läßt sie abkühlen und füllt das Öl in eine Flasche.

▸ Rauhe Ellbogen werden wieder zart, wenn man sie mit einer Mischung aus 2 EL im Wasserbad erwärmtem Honig und 1 EL Zitronensaft bestreicht. Nach einer halben Stunde wäscht man die Ellbogen ab und massiert eine Hautcreme ein.

Fußpflege Als Fußpuder, aber auch zur allgemeinen Regulierung von Körperschweiß ist ein Puder geeignet, den man selbst herstellen kann. Man gibt 30 g Talkum, 5 g Zinkoxid und zwei Tropfen Pfefferminzöl in eine fest schließende Dose und schüttelt kräftig. Um den Puder aufzutragen, verwendet man einen Wattebausch. Puderreste werden mit einem Papiertuch abgenommen.

▸ Gegen Fußschweiß wirkt ein Puder aus 5 g Gerbsäure, 30 g Talkum, 10 g Bolus alba und 5 g Zinkoxid. Man füllt die Zutaten in ein gut verschließbares Gefäß und schüttelt sie kräftig durch. Bei starker Schweißabsonderung ist es ratsam, den Puder über Nacht einwirken zu lassen.

▸ Bei geschwollenen Füßen oder bei müden Beinen hilft eine Mischung aus 30 g Huflattichtinktur, 10 g Melissentinktur und 10 g Calendulatinktur. Man gibt alles in eine Flasche, löst in der Mischung 1/2 TL Melissenöl auf, gibt 30 g Hamameliswasser dazu und schüttelt diesen sogenannten Fußgeist kräftig durch. Mit dieser Mischung werden die Füße eingerieben.

Handpflege Gegen feuchte Hände hilft ein Handbad in Essigwasser, das man jeden Tag durchführt. Man gibt dazu sechs Tassen Wasser und zwei Tassen Essig in eine Schüssel. Nach zwei bis drei Monaten Anwendung zeigt sich der Erfolg.

▸ Rissige und rauhe Hände badet man in lauwarmem Öl (beispielsweise in Olivenöl oder Sonnenblumenöl), damit sie wieder weich und glatt werden.

PFLEGE BEI SONNENBRAND UND SONNENBRÄUNE

▸ Bei einem Sonnenbrand reibt man die Haut leicht mit Buttermilch, Gurkensaft oder Joghurt ein oder legt kühlende Kompressen auf.

▸ Für ein altes Hausmittel gegen Sonnenbrand mischt man Leinöl und Kalkwasser (aus der Apotheke) zu gleichen Teilen in einer Flasche und schüttelt sie so lange, bis eine dickflüssige, gelbliche Emulsion entsteht. Reibt man damit die verbrannte Haut leicht ein, wird der Schmerz gelindert und die Heilung gefördert.

▸ Schmerzlindernd ist es, die verbrannten Hautpartien mit Essig einzureiben. Das riecht zwar etwas unangenehm, bringt jedoch ein Gefühl angenehmer Kühle.

▸ Um die Bräunung der Haut für längere Zeit zu erhalten, kann man sich mit Milch oder Karottensaft einreiben. Das pflegt gleichzeitig die Haut und führt ihr Feuchtigkeit zu.

HAARPFLEGE

▸ Durch Kopfmassagen kann man das Wachstum der Haare anregen, da dies die Durchblutung der Kopfhaut und den Pigmentstoffwechsel des Haares fördert.

Waschen Für eine schonende Haarwäsche verdünnt man je nach Haarlänge 1–2 TL Shampoo mit einem Glas Wasser. Diese Menge reicht völlig aus. Anschließend muß das Haar gründlich ausgespült werden, damit keine Shampoorückstände im Haar bleiben.

▸ Eine Kur mit Eigelb zwischendurch läßt die Haare weich und geschmeidig werden. Man wäscht sich die Haare, spült sie aus und läßt sie leicht vortrocknen. Dann trägt man eine Mischung aus Eigelb und einem Gläschen Schnaps auf, massiert sie ins Haar und läßt sie etwa 15 Minuten lang, am besten unter einer alten Badehaube, einwirken. Danach wird das Haar gründlich gespült und nochmals mit wenig Shampoo gewaschen. Dann erneut sorgfältig spülen.

▸ Ein Schuß Obstessig oder Zitronensaft, den man bei der letzten Haarspülung ins Wasser gibt, verleiht dem Haar mehr Glanz.

Festigen Um das Haar zu festigen, kann man Bier in einen Zerstäuber füllen und die Haare damit besprühen. Sobald sie trocken sind, riecht man das Bier nicht mehr, und die Frisur hat viel mehr Halt.

Bier, das mit einem Zerstäuber auf das Haar gesprüht wird, ist ein hervorragender Festiger.

Tönen Braunes Haar wird durch eine Walnußschalenspülung wieder glänzend und erhält einen intensiveren Farbton. Etwa 2 EL zerkleinerte Walnußschalen werden in 1/2 l Wasser ungefähr 25 Minuten lang leicht gekocht. Die abgeseihte Flüssigkeit verwendet man dann als Spülung. Aber Vorsicht! Sie kann Flecke auf Kleidung und Handtüchern hervorrufen.

- Dunkelblondes oder braunes Haar bekommt einen rotbraunen Schimmer, wenn man es mit Schwarztee spült.

Glanzloses Haar Um dem Haar Glanz und zusätzliche Stabilität zu verleihen, erwärmt man 1/4 l Wasser, löst darin 1 TL Bienenhonig auf und gibt einen Spritzer Obstessig darunter. Die Lösung nach der Haarwäsche ins feuchte Haar einkämmen.

- Für blondes Haar läßt man 4 EL Kamillenblüten in 1/2 l leicht kochendem Wasser etwa 25 Minuten lang ziehen. Der Sud wird abgeseiht, die Blüten gut ausgedrückt und die Flüssigkeit als Spülung verwendet.

- Um stumpfem, grauem Haar neuen Glanz und einen bläulichen Schimmer zu verleihen, gibt man zwei Handvoll getrocknete Kornblumen in eine Porzellanschüssel, übergießt sie mit 1/2 l kochenden Wasser und läßt sie zugedeckt drei Stunden ziehen. Die Flüssigkeit abseihen, mit einem Spritzer Zitronensaft vermischen und nach der Haarwäsche gleichmäßig im leicht vorgetrockneten Haar verteilen. Danach wird das Haar nicht mehr gespült.

Schuppen Um Schuppen zu bekämpfen, kann man einige kleingeschnittene Selleriestengel in 2 l Wasser 20 Minuten lang bei schwacher Hitze kochen. Mit dem abgekühlten, abgeseihten Sud wird das Haar dann nach der Wäsche gespült. Danach den Kopf leicht mit Hamameliswasser massieren, um die Kopfhaut zu desinfizieren. Die Spülung so oft anwenden, bis sich Erfolg einstellt.

- Eine Eigelbpackung hilft gegen stumpfes, glanzloses Haar. Dazu rührt man 25 g süßes Mandelöl unter ein Eigelb und gibt 1 TL Zitronensaft in die Emulsion.

Entzündete Kopfhaut Für Linderung der Beschwerden bei entzündeter Kopfhaut sorgt ein Brennesselhaarwasser, das man aus 40 g Brennesseltinktur, 1/2 TL Arnikatinktur und 60 g Hamameliswasser herstellt. Die Zutaten gibt man in eine Flasche und schüttelt sie gut durch. Das Haar scheiteln, das Haarwasser tropfenweise auf die Kopfhaut geben und gut einmassieren.

Haarausfall Wer sich Sorgen macht, er könne unter Haarausfall leiden, sollte an mehreren aufeinanderfolgenden Tagen die ausgefallenen Haare zählen. Es ist normal, wenn täglich etwa 50 Haare beim Kämmen und Bürsten ausfallen.

- Ein Mittel zur Regeneration bei Haarausfall stellt man her, indem man 1/2 l Obstessig zum Kochen bringt und damit etwa zwei Handvoll Brennesselblätter übergießt. Nach 30 Minuten seiht man die Flüssigkeit ab und füllt sie in eine dunkle Flasche. Mit dieser Lösung wäscht man zweimal wöchentlich die Haare. Danach massiert man die Kopfhaut mit etwas Klettenwurzelöl. Diese Kur hat aber nur dann Sinn, wenn die Ursache für den Haarausfall – beispielsweise eine Krankheit – bereits behoben ist.

Strapaziertes Haar Um Haar, das durch häufiges Färben oder Dauerwellen geschädigt ist, wieder zu regenerieren, kann man in die Spitzen nach jeder Haarwäsche etwas Klettenwurzelöl einmassieren.

Haarspliß Wenn empfindliche Haare leicht abbrechen oder sich spalten, massiert man vor dem Waschen etwas Lanolin in die gefährdeten Haarspitzen ein. Das bewährt sich auch bei besonders sprödem Haar.

EINE EIGELBPACKUNG AUFTRAGEN

1. Die Haare waschen und vortrocknen. Die Packung mit einem breiten Pinsel auftragen.

2. Die Eigelbpackung in kreisenden Bewegungen gründlich einmassieren.

3. Unter einer Duschhaube 30 Minuten wirken lassen. Dann die Haare erneut waschen und spülen.

6

Sport und Freizeit

WANDERN

▸ Ohne ausreichende Kondition sollte man keine anspruchsvollen, langen Bergwanderungen mit großen Höhenunterschieden unternehmen.

Schuhe Niemals mit ungeeignetem Schuhwerk wandern, da man rasch ermüdet und sich die Verletzungsgefahr erhöht.

▸ Für Wanderungen oder ausgedehnte Spaziergänge in ebenem Gelände genügen leichte Wanderhalbschuhe mit weichem Fersenrand und einer griffigen, biegsamen Profilsohle.

Wanderhalbschuhe besitzen eine gepolsterte Zunge, Dämpfungseinlagen und eine Profilsohle.

▸ Für Bergtouren sind feste, halbhohe oder hohe Bergstiefel zu empfehlen.

▸ Bergstiefel sollen weitgehend wasserdicht sein und die Sprunggelenke sicher stützen. Außerdem haben sie eine Haken- und Ösenschnürung, eine lange, gepolsterte Zunge, ein eingearbeitetes Fußbett und einen gepolsterten Schaft, der über den Knöchel reicht und diesen schützt.

▸ Ermüdungsfrei und sicher wandert man mit Bergstiefeln, die über eine biegsame, mit Dämpfungskeilen versehene Profilsohle verfügen.

Bergstiefel mit einem stabilen Schaft und Dämpfungskeilen in der Sohle sind besonders trittfest.

▸ Als Obermaterial eignet sich Leder am besten, da es strapazierfähig und wasserdicht ist. Velours- oder Wildleder ist wasserdurchlässig und muß regelmäßig imprägniert werden, damit es wasserabweisend bleibt.

▸ Für Wanderungen im Sommer sind Bergstiefel gut geeignet, in die Futter aus atmungsaktiven Materialien eingearbeitet sind. So bleiben die Füße selbst bei sehr hohen Temperaturen kühler, und die Feuchtigkeit kann ungehindert nach außen entweichen.

▸ Für Wanderungen im hochalpinen Bereich sind Bergstiefel mit einer starren Sohle nötig.

Bergstiefel für den hochalpinen Bereich haben ein starre Sohle und sind steigeisenfest.

▸ Neue Schuhe läuft man auf mehreren ausgiebigen Spaziergängen ein, bevor man längere Touren mit ihnen unternimmt.

Schuhe kaufen Beim Schuhkauf sollte man sich viel Zeit lassen und unbedingt verschiedene Modelle anprobieren.

▸ Beim Anprobieren sollte man berücksichtigen, daß die Füße morgens etwas kleiner sind und während einer Wanderung anschwellen. Selbst dann dürfen die Schuhe nicht drücken. Deshalb empfiehlt es sich, Schuhe nachmittags oder abends zu kaufen.

▸ Wanderschuhe sollte man mit dickeren Socken oder gegebenenfalls mit zwei Paar Socken anprobieren.

▸ Einen gut passenden Schuh sollte man im Laden einige Minuten anbehalten und dabei hin und her gehen, da man oft erst nach einigen Schritten merkt, ob der Schuh wirklich bequem sitzt.

▸ Gute Bergschuhe dürfen keine Innennähte haben, da diese scheuern könnten.

▸ Man muß die Zehen gut bewegen können, und sie dürfen vorn nicht anstoßen, wenn man später bergab wandert. Dies kann man ausprobieren, indem man sich mit den richtig zugeschnürten Schuhen auf die Zehenspitzen stellt. Dabei dürfen die Zehen vorn nicht anstoßen.

▸ Die Ferse muß festen Halt haben, so daß man sie im Schuh nur leicht anheben kann. Gleitet die Ferse während der Gehprobe auf- und abwärts, ist der Schuh ungeeignet.

▸ Wer einen breiten und hohen Fuß, aber einen sehr schmalen Knöchel hat, verwendet Knöchelpolster aus Schaumgummi, damit der Schaft richtig sitzt.

Schuhpflege Schuhe mit Pflegesprays oder Pflegecremes sorgfältig und regelmäßig behandeln, damit sie geschmeidig und wasserabweisend bleiben.

▸ Verschmutzungen auf Velours-, Rauh- und Nubukleder im trockenen Zustand mit einer Drahtbürste oder einem feinkörnigen Schleifpapier entfernen und die Schuhe mit Lederspray einsprühen.

▸ Verschmutztes Anilinleder reinigt man, indem man mit einem Lappen vorsichtig schwach konzentrierte Alkoholsulfatlösung oder Waschbenzin aufträgt. Danach muß das Leder mit Wachs behandelt werden.

▸ Bergschuhe mit Futter aus Klimafasern nur mit speziellen, vom Hersteller empfohlenen Mitteln reinigen und pflegen, damit die atmungsaktive Eigenschaft des Futters nicht verlorengeht.

▸ Nasse Wanderschuhe stopft man mit Zeitungspapier aus, damit sie schneller trocknen.

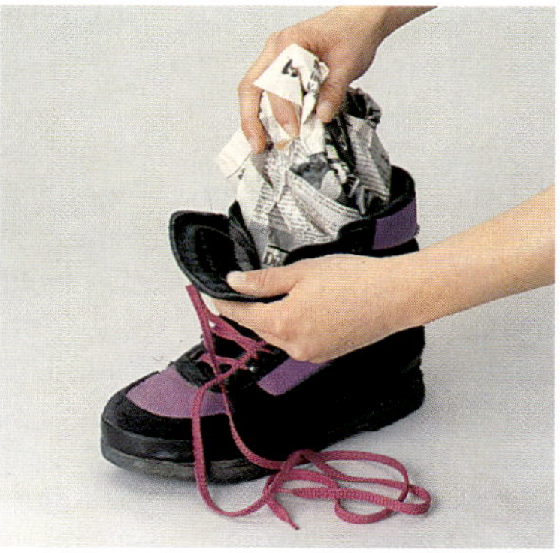

Nasse Schuhe trocknen schonend, wenn man sie mit zerknülltem Zeitungspapier ausstopft.

▸ Lederschuhe dürfen auf keinen Fall an der Heizung getrocknet werden, da das Material sonst spröde wird.

Kleidung Es ist zweckmäßiger, mehrere leichte Kleidungsstücke übereinander zu tragen, damit man je nach Witterung etwas ausbzw. zusätzlich überziehen kann.

▸ Unterwäsche aus Seide, Polypropylen oder einem Baumwollmischgewebe gibt Feuchtigkeit besser an die nächste Kleidungsschicht ab als reine Baumwollunterwäsche, die nicht so atmungsaktiv ist und sich vollsaugt.

▸ Unterhemden mit breiten Trägern oder kurzen Ärmeln sind besonders geeignet, wenn man mit dem Rucksack wandert, weil sich die Träger nicht so leicht verschieben und keine Druckstellen unter den Tragegurten entstehen.

▸ Hemden sollen weit und luftig sein und einen hüftlangen Schnitt haben, damit die Nieren immer bedeckt sind. Als Material für Hemden eignen sich Baumwolle oder Baumwollflanell, die die Feuchtigkeit gut aufsaugen.

▸ Auch bei niedrigen Außentemperaturen sollte man keine Rollkragenpullover tragen, da sie eine Luftzirkulation verhindern.

▸ Die Oberbekleidung sollte aus winddichtem, wasserabstoßendem, atmungsaktivem und abriebfestem Material bestehen.

▸ Hosen sollten strapazierfähig und elastisch sein; sie müssen genügend Bewegungsfreiheit, vor allem in der Kniepartie und im Schritt, gewährleisten.

▸ Jeans bieten nicht genug Bewegungsfreiheit und scheuern häufig im Schritt. Deshalb eignen sie sich nur für kurze Wanderungen in ebenem Gelände.

▸ Kniebundhosen sind für Wanderungen recht gut geeignet, da sie viel Bewegungsfreiheit bieten. Man muß aber darauf achten, daß sie am Knie nicht einengen.

▸ In Gegenden mit vielen Stechmücken sollte man auf Kniebundhosen am besten verzichten, da die meisten Insekten auch durch die dicken Wanderstrümpfe hindurchstechen können.

▸ Hosenbeine und Strümpfe sollte man vor Nässe mit langen Gamaschen aus Nylon schützen, die über den Schuh und bis zum Knie reichen.

Nylongamaschen schützen beim Wandern durch feuchtes Gras oder im Schnee vor Nässe.

▸ Auch bei gemäßigten Temperaturen kühlt ein kräftiger Wind den Körper stark aus; deshalb sollte man selbst bei schönem Wetter eine winddichte Jacke auf jede Wanderung mitnehmen.

▸ Windjacke oder Anorak müssen auch mit untergezogenem Pullover weit genug sein, um gute Bewegungsfreiheit und Belüftung zu gewährleisten. Eine im Kragen versenkbare Kapuze sowie große Reißverschluß- oder Klettverschlußtaschen sind von Vorteil.

▸ Der untere Saum des Anoraks und die Kapuze sollten Schnurzüge aufweisen, damit bei Kälte und Wind möglichst wenig Körperwärme entweicht.

▸ An die Reißverschlußschieber des Anoraks eine Schlaufe aus Leder oder Schnürsenkeln binden, dann lassen sie sich auch mit kalten Fingern oder Handschuhen leicht öffnen und schließen.

Einen Reißverschluß mit Band kann man leicht mit kalten Fingern oder dicken Handschuhen öffnen.

▸ Man sollte zu jeder Jahreszeit eine Kopfbedeckung mit auf eine Wanderung nehmen. Im Sommer eignet sich ein leichter, fest sitzender Hut mit schmaler Krempe als Sonnenschutz; ein breites Stirnband, das die Ohren bedeckt, oder eine Wollmütze ist ein idealer Kälteschutz.

Regenschutz Ein regendichtes Wandercape sollte auch den Rucksack schützen. Beim Anprobieren sollte man deshalb einen Rucksack aufsetzen.

▸ Einen Taschenschirm mitnehmen, der sich leicht verstauen läßt. Zum Trocknen hängt man ihn außen an den Rucksack.

Zum Trocknen den Schirm außen am Rucksack befestigen. Erst dann verstaut man ihn wieder.

Strümpfe Socken und Strümpfe müssen saugfähig sein, eine glatte Fersenkappe, im Zehenbereich keine Nähte haben und eine gute Paßform besitzen, damit sie keine Falten werfen, die Blasen verursachen würden.

▸ Besonders selbstgestrickte Wollstrümpfe sind in der Regel weniger zu empfehlen, da die verhältnismäßig großen Maschen eine empfindliche Haut leicht aufscheuern können.

▸ Zu empfehlen sind auf Wanderungen Woll- oder Baumwollsocken mit einem Kunstfaseranteil von 15–20 %, da sie die Feuchtigkeit gut aufnehmen.

▸ Trägt man grundsätzlich zwei Paar Socken aus unterschiedlichem Material, sollte man direkt auf der Haut Socken aus glattem Material (z. B. dünner Baumwolle) tragen und darüber Wollsocken. Dabei muß man unbedingt darauf achten, daß die unteren Socken keine Falten werfen.

▸ Bei höheren Wanderstiefeln sind knielange Strümpfe besser geeignet als Socken, da man sie leichter strammziehen kann, ohne den Schuh auszuziehen.

▸ Nicht mit neuen Strümpfen oder Socken wandern, da sie beim ersten Tragen scheuern könnten.

Rucksack Für mehrtägige Wanderungen sollte der Rucksack nicht schwerer als 12–13 kg sein.

▸ Schwere Gegenstände möglichst körpernah und nach oben in den Rucksack packen. So läßt er sich leichter tragen.

▸ Da Rucksäcke selten wasserdicht sind, sollte man zusammengehörende Dinge in Plastikbeuteln verpacken. Dabei sollte man diese für die einzelnen Ausrüstungsteile großzügig bemessen, da prall gestopfte Beutel toten Raum verursachen.

▸ Druckstellen an den Schultern unter den Rucksacktragegurten vermeidet man, indem man vor Beginn der Wanderung einen Streifen aus festem Schaumstoff unterlegt.

Ausrüstungsgegenstände Was man in den Rucksack packt, hängt grundsätzlich von Art und Dauer der Wanderung ab. Je abgelegener die Wanderstrecke ist, um so wichtiger ist es, für einen Notfall gerüstet zu sein.

▸ Zur Ausrüstung für den Notfall gehören ein Taschenmesser, einige Sicherheitsnadeln, ein Erste-Hilfe-Set sowie eine Reepschnur.

▸ Brillenträger sollten stets eine Ersatzbrille in einem festen Etui mitführen.

▸ Bei Bergtouren unbedingt eine Schutzfolie mitnehmen. Diese sogenannte Rettungsdecke kann lebensrettend sein, da sie über mehrere Stunden eine Unterkühlung des Körpers verhindert.

▸ Gegenstände, die man unterwegs öfter verwendet, z. B. Kompaß, Wanderkarten und Taschenmesser, in die Außentaschen des Rucksacks oder des Anoraks packen.

▸ Eine zusätzliche Gürteltasche bietet Platz für wichtige Kleinigkeiten (Geldbeutel, Taschentücher, Fotoapparat usw.), die stets griffbereit sein sollten, ohne den Rucksack absetzen zu müssen.

Tourenplanung Die Gehzeit hängt von der Geländebeschaffenheit ab. Im gemäßigten Mittelgebirge rechnet man mit einem Stundendurchschnitt von 4–5 km. Für jeweils 400 m Höhenunterschied wird ebenfalls eine Stunde veranschlagt. Die tatsächliche Gehzeit entspricht dem größeren

Wert zuzüglich der Hälfte des kleineren Wertes. Beispiel: Bei 12 km Strecke (= drei Stunden) und 800 m Höhenunterschied (= zwei Stunden) sollte man eine Gehzeit von etwa vier Stunden einkalkulieren.

▸ Für den Rückweg empfiehlt es sich, mehr Zeit als für den Hinweg zu veranschlagen, da man erfahrungsgemäß müde ist und langsamer geht.

▸ Bei der Routenplanung muß man bedenken, daß der langsamste Teilnehmer das Wandertempo der ganzen Gruppe bestimmt.

▸ Wenn eine Rundwanderung nicht möglich ist und man auch nicht auf demselben Weg zurückgehen möchte, können zwei motorisierte Wandergruppen ein Fahrzeug am Endpunkt abstellen. Mit dem zweiten fährt man zusammen zum Ausgangspunkt zurück. Nach der Wanderung wird das zweite Auto wieder abgeholt.

Wandern mit Kindern Wenn man mit Kindern wandern geht, sollte man unbedingt nur solche Strecken wählen, die dem Alter der Kinder angemessen sind. Dabei darf ihre Leistungsfähigkeit nicht überschätzt werden.

▸ Bei längeren Touren kann man gegebenenfalls einen Teil der Strecke mit der Seilbahn, dem Auto oder einem öffentlichen Verkehrsmittel zurücklegen.

▸ Bei der Tourenplanung empfiehlt es sich, stets die doppelte Zeit zu veranschlagen. Diese Zeit benötigt man, um auf die Interessen der Kinder eingehen zu können und weil man mit häufigeren Unterbrechungen sowie längeren Pausen rechnen muß.

▸ Für die Ausrüstung der Kinder sind die gleichen Maßstäbe wie für Erwachsene anzulegen. Vor allem sollte man darauf achten, daß Kinder nicht in Turnschuhen oder Sandalen wandern gehen.

▸ Wandert man in unbefestigtem Gelände oder auf schmalen Pfaden, ist es ratsam, Kinder anzuseilen. So schützt man sie vor dem Abrutschen.

Durch Anseilen kann man Kinder bei Bergwanderungen besser vor dem Abrutschen schützen.

Gehschule Man schont seine Kräfte, indem man gleichmäßig und rhythmisch geht und einen federnden Gang vermeidet.

▸ Das Gewicht soll möglichst senkrecht über dem flach mit der ganzen Sohle stehenden Fuß liegen. Deshalb die Schrittlänge dem Gelände anpassen und das Gewicht über das Standbein bringen, damit sich der Absatz in den Boden drückt.

▸ Auf schwierigen Wegabschnitten vorausschauend die nächsten günstigen Tritte suchen und die Schritte dabei nur gezielt setzen.

▸ Um ein schönes Panorama zu genießen oder um Ausschau nach dem weiteren Weg zu halten, immer stehenbleiben und auf schmalen Pfaden zur Seite treten.

▸ Geht man bergauf, sollte man keine zu großen Schritte machen. Den Oberkörper nur leicht vorbeugen, denn je aufrechter der Körper ist, desto sicherer ist auch der Gang.

▸ Grundsätzlich dürfen Wege und Pfade im Gebirge nicht verlassen werden. Man zerstört die Natur und büßt Trittsicherheit ein.

▸ Steile oder rutschige Hänge schräg, also nie in der Fallinie, begehen; dadurch wird der Anstieg flacher, und man kann den Fuß so aufsetzen, daß sich Sohle und Ferse fest in den Boden eindrücken.

▸ Grashänge geht man bergab, indem man möglichst den ganzen Fuß aufsetzt. Ist dies nicht möglich, sollte man die Sohlenränder kanten, um auf diese Weise zusätzlichen Halt zu gewinnen.

▸ Bergab sollte man nie zu schnell gehen, damit man jederzeit anhalten und die Geschwindigkeit kontrollieren kann.

▸ Mit Teleskopstöcken, die man an die eigene Körpergröße anpassen kann, lassen sich die Knie erheblich entlasten. Teleskopstöcke können bis zu 15 % des Körpergewichts übernehmen und sind daher besonders gelenkschonend. Für den Aufstieg sollten sie etwas kürzer, für den Abstieg etwas länger eingestellt sein.

Den Teleskopstock aus Aluminium kann man stufenlos auf jede gewünschte Länge einstellen.

Fußpflege Schon vor Beginn der Tour sollte man einige Vorsorgemaßnahmen treffen, um die Bildung von Blasen zu vermeiden.

▸ Am Abend vor der Wanderung ein kurzes kaltes Fußbad ohne Seife oder andere Badezusätze nehmen, damit sich die Poren schließen können und die Haut nicht aufweicht. Bei mehrtägigen Wanderungen macht man an jedem Abend ein solches Fußbad.

▸ Blasen an der großen Zehe, wie sie häufig während längerer Abstiege auftreten, vermeidet man, indem man vor Beginn der Wanderung eine Schaumstoffkappe über die große Zehe stülpt.

▸ Blasen an den Zehen treten häufig bei längeren Abstiegen auf, wenn der Fuß im Schuh etwas nach vorn rutscht. Deshalb die Schuhe vor jedem Abstieg neu schnüren und dies gegebenenfalls zwischendurch wiederholen.

▸ Sobald man eine Druck- oder Scheuerstelle zu spüren beginnt, sofort die Schuhe ausziehen, die Ursache der Irritation suchen und versuchen, sie zu beseitigen. Meist handelt es sich um Falten im Strumpf, oder der Schuh war nicht richtig geschnürt.

▸ Gerötete Haut reibt man mit Hirschtalg ein und klebt ein dünnes Pflaster auf.

Orientierung Unterwegs sollte man stets nach Wegmarkierungen und anderen markanten Punkten im Gelände suchen und diese mit dem Wanderführer und der Wanderkarte vergleichen.

Orientierung ohne Kompaß Auch ohne Kompaß kann man die Himmelsrichtung leicht ermitteln. Die Blätter und Zweige einzelnstehender Bäume sind auf der Wetterseite im Nordwesten ausgedünnt und kürzer. Außerdem ist diese Seite häufig mit Moos und Flechten bewachsen.

▸ An Wegrändern wächst der gelbblühende, bis zu 120 cm hohe Stachellattich, dessen Blattspitzen in Nord-Süd-Richtung ausgerichtet sind, während die Blattflächen hochkant stehen und nach Osten und Westen weisen.

Die Spitzen der gezähnten Blätter des Kompaß- oder Stachellattichs zeigen in Nord-Süd-Richtung.

▸ Mit einer gewöhnlichen, analogen Uhr kann man bei Sonnenschein die Himmelsrichtung bestimmen. Man hält sie waagrecht vor den Körper und dreht sie so, daß der Stundenzeiger zur Sonne zeigt. Die gedachte Mittellinie zwischen dem Stundenzeiger und der Zwölf-Uhr-Position der Zeiger weist vom Mittelpunkt der Uhr aus nach Süden. Vormittags teilt man den Winkel im Uhrzeigersinn, nachmittags gegen den Uhrzeigersinn. Während des Sommers muß man die Uhr erst um eine Stunde zurückstellen, um die Sommerzeit auszugleichen.

Um die Südrichtung zu ermitteln, teilt man den Winkel zwischen dem zur Sonne ausgerichteten Stundenzeiger und der Zwölf.

Orientierung mit Kompaß und Karte Mit dem Kompaß und einer Karte lassen sich Himmelsrichtung und eigener Standort leicht bestimmen.

▸ Parallel zu den Höhenlinien der Karte ist der Streckenverlauf annähernd eben. Kann man die Höhenangaben in Marschrichtung lesen, folgt eine Steigung; steht die Zahl auf dem Kopf, geht es bergab.

▸ Ein guter Marschkompaß besitzt eine Peileinrichtung, einen aufklappbaren Metallspiegel, eine nachtleuchtende Nadel und Markierungen der Himmelsrichtungen sowie Sehschlitze im Deckel zum Anpeilen höher und tiefer gelegener Punkte. Die Kompaßnadel sollte reibungsarm gelagert und flüssigkeitsgedämpft sein.

▸ Im Handel sind auch Ferngläser mit einem in das Gehäuse integrierten Peilkompaß erhältlich. Mit ihnen kann man die Himmelsrichtung von sehr entfernten Objekten im Gelände bestimmen.

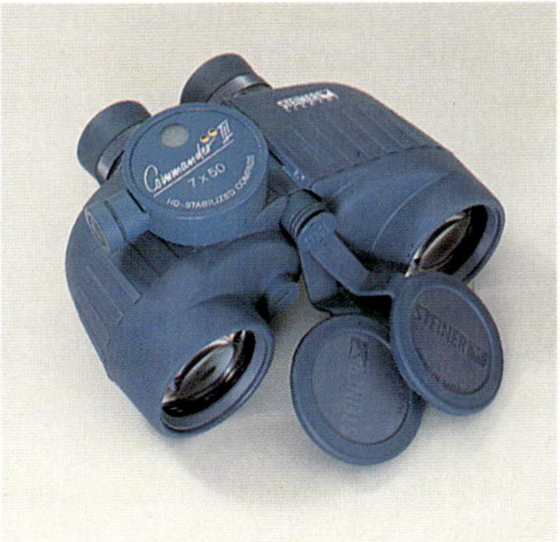

Weit entfernte Geländepunkte peilt man mit einem Fernglas mit integriertem Kompaß an.

▸ Um den eigenen Standort zu bestimmen, muß man zuerst die Karte mit Hilfe des Kompasses einnorden, d. h. nach Norden ausrichten. Danach peilt man mit dem Kompaß zwei möglichst weit auseinander liegende und genau erkennbare Punkte in der Landschaft an, die auch auf der Karte enthalten sind, wie z. B. einen Kirchturm, einen Sendemast, ein einzelnes Gehöft. Die beiden Richtungswinkel werden auf die Karte übertragen. An ihrem Schnittpunkt befindet sich der eigene Standort.

▸ Die Orientierung mit Karte und Kompaß sollte man am besten in einem bekannten Gelände ausprobieren und üben.

Wetter Wetterstürze im Hochgebirge sind gefährlich. Vor dem Start die Witterungsverhältnisse, den lokalen Wetterbericht und die Wetterprognosen von Einheimischen beachten. Bei unsicheren Wetteraussichten sollte man besser nicht starten.

▸ Das Barometer beobachten, denn starke Schwankungen deuten auf einen Wetterumschwung und viel Wind hin.

▸ Auf die Veränderungen am Himmel auch während der Wanderung achten und gegebenenfalls rechtzeitig umkehren.

Insektenschutz Wandert man in insektenreichen Gegenden, empfiehlt es sich, selbst bei schönem Wetter langärmelige Hemden, die man am Handgelenk und am Kragen schließt, und lange Hosen zu tragen.

▸ Schutz gegen Insekten bieten flüssige Mittel, Sprays, Cremes oder Gels, die man auf Gesicht, Hände und Beine aufträgt.

▸ Wer auf chemische Insektenschutzmittel allergisch reagiert, kann statt dessen Präparate aus natürlichen ätherischen Ölen verwenden.

Proviant Den Nahrungsbedarf für eine normale Tageswanderung sollte man nicht überschätzen. Ein reichhaltiges Frühstück reicht problemlos bis zum Abend, und man muß den Magen unterwegs nicht durch größere Mahlzeiten belasten.

▸ Als kleine Stärkung während der Tour kann man Obst, etwas Vollkornbrot und Müsli- oder Schokoriegel mitnehmen.

▸ Nahrungsmittel verstaut man in einer Brotdose aus Leichtmetall oder Kunststoff.

▸ Auf einer längeren Wanderung sollte man reichlich trinken, da der Körper viel Flüssigkeit ausschwitzt und der Verlust an Mineralen und Salzen ausgeglichen werden muß. Man darf auf keinen Fall darauf vertrauen, daß bewirtschaftete Raststätten auch wirklich geöffnet haben, sondern sollte immer selbst Getränke mitführen.

▸ Durst löscht man am besten mit leicht oder gar nicht gesüßten Tees, mit Fruchtsäften oder Mineralwasser. Dabei nur schluckweise aus einem Becher trinken; das ist bekömmlicher, und das Getränk läßt sich besser einteilen.

▸ Als eiserne Ration – vor allem für Hochgebirgstouren – sollte man nur haltbare Nahrungsmittel mitnehmen, die wenig Platz beanspruchen, etwa Schokolade, Traubenzucker, Studentenfutter, Nüsse, Trockenobst, eventuell auch Hartwurst.

Bergwandern Man sollte bei jeder Wanderung Kraft- und Zeitreserven einplanen, damit man auch bei Umwegen oder einem plötzlich auftretenden Witterungsumschwung nicht von der Dunkelheit überrascht wird.

▸ Bei mehrtägigen Touren die einzelnen Etappen so planen, daß das jeweilige Ziel nicht erst mit allerletzter Kraft erreicht wird.

▸ Vor dem Aufbruch zu einer Wanderung empfiehlt es sich, am Ausgangsort immer das Ziel der Tour und die geplante Ankunftszeit zu hinterlassen. So kann im Notfall rechtzeitig Hilfe geholt werden.

▸ Man sollte größere Touren und Wanderungen, vor allem in unbekannten Gegenden, niemals allein unternehmen.

▸ Wenn es möglich ist, sollte man nicht in der größten Mittagshitze wandern, sondern in dieser Zeit lieber eine Pause machen.

▸ Fühlt man sich der Wegstrecke nicht gewachsen oder wird die Anstrengung unterwegs zu groß, sollte man rechtzeitig umkehren.

Verhalten bei schlechtem Wetter

In einsamen Gegenden kann eine unerwartete Wetterverschlechterung zur Gefahr werden. Deshalb sollte man einige Grundregeln befolgen.

- **Wenn Nebel aufkommt, nur noch auf bezeichneten Wegen gehen oder zum letzten bekannten Stützpunkt zurückkehren. Jeder in der Gruppe bleibt in Sichtweite zum Vordermann.**
- **Bei Gewitter den Aufenthalt auf freien Flächen, unter einzelnstehenden hohen Bäumen, auf Gipfeln oder Graten meiden, denn selbst im Umkreis von 50 m von einem solchen Punkt kann man noch vom Blitz getroffen werden. Deshalb sollte man derartige Gebiete rechtzeitig verlassen und Schutz in einem geschlossenen Wald, an einem tiefer gelegenen Ort suchen oder sich flach auf die Erde legen.**
- **Wenn man sich aufgrund der Schlechtwetterlage verirrt, sollte man erst dann weitergehen, wenn sich die Witterungsverhältnisse gebessert haben.**

WALKING

▸ Das flotte, ausdauernde Gehen, auch Walking genannt, empfiehlt sich vor allem zur Stärkung der allgemeinen körperlichen Kondition und des seelischen Befindens, da es zu allen Jahreszeiten und von sämtlichen Altersgruppen ausgeübt werden kann.

▸ Walking belastet die Gelenke durchschnittlich mit dem 1,25fachen des Körpergewichts, Joggen dagegen mit dem bis zu 3,5fachen. Es eignet sich daher besonders für Personen mit Übergewicht und Gelenkproblemen.

▸ Walking ist ein Ausdauersport und sowohl als Alternative als auch als Vorstufe zum Joggen zu empfehlen.

Ausrüstung Man sollte leichte und bequeme Kleidung aus atmungsaktivem Material tragen. Eine aufwendige Ausrüstung ist nicht erforderlich.

▸ Beim Walking sollte man spezielle Walkingschuhe oder gute Joggingschuhe tragen, die die Auftritt- und Abrollbewegung unterstützen. Die Zehen müssen genügend Spielraum haben, und der Fuß muß im Schuh festen Halt finden.

Technik Beim Walking sollte man eine gleichmäßige Geschwindigkeit einhalten. Locker und unverkrampft gehen.

▸ Als Anfänger empfiehlt es sich, mit einer Gehgeschwindigkeit von etwa 6–7 km/h zu beginnen. Dazu sind ungefähr 120 Schritte pro Minute notwendig; diese Zahl kann aber schwanken, da sie von der Schrittlänge des einzelnen abhängt.

▸ Wenn man etwas besser trainiert ist, kann der Rhythmus auf 130–140 Schritte pro Minute gesteigert werden.

▸ Walking sollte man drei- bis viermal in der Woche jeweils 30–35 Minuten lang ausüben.

▸ Die Füße mit der Ferse zuerst aufsetzen und dann den ganzen Fuß abrollen. Den Körper hält man aufrecht, ohne sich dabei zu verkrampfen. Der Blick wird nach vorn gerichtet, und man sieht nicht vor sich auf den Boden.

▸ Die zügige Beinarbeit mit einem aktiven Armschwung unterstützen, um den ganzen Körper in den Bewegungsablauf einzubeziehen. Dabei schwingt der rechte Arm nach vorn, wenn der linke Fuß vorgesetzt wird, und umgekehrt.

Beim Walking aufrecht gehen, Blick nach vorn richten und die Arme kräftig mitschwingen.

▸ Man sollte stets einen festen Untergrund bevorzugen, damit ein kontinuierliches, rhythmisches Gehen möglich ist. Auf Querfeldeinwegen, Sand und weichen Schotterwegen muß man zu sehr auf den Weg achten und kann sich nicht genügend auf die Gehtechnik konzentrieren.

JOGGEN

▸ Zum Joggen benötigt man keine besonderen technischen Fertigkeiten. Man kann die Belastung des Körpers individuell gut dosieren und überall und zu jeder Jahreszeit laufen.

▸ Regelmäßiges Joggen über einen längeren Zeitraum kann zusammen mit der entsprechenden Ernährung dazu führen, daß man Gewicht verliert.

▸ Die Verdauung, der Schlaf und die allgemeine Fitneß, z. B. Muskelkraft, Herz-Lungen-Ausdauer und Beweglichkeit, werden durch das Joggen positiv beeinflußt.

▸ Bevor man mit dem Joggen beginnt, vor allem wenn man untrainiert oder älter als 35 Jahre ist, sollte man sich von einem praktischen Arzt oder einem Sportarzt gründlich untersuchen lassen. Dazu gehören EKG, Puls- und Blutdruckmessung sowie Blut- und Urinuntersuchung. Man muß sicher sein, daß man sich nicht überfordert, weil das zu Gelenkschäden, zu einem Kreislaufkollaps oder gar zu einem Herzinfarkt führen kann.

▸ Am besten, vor allem am Anfang, auf möglichst ebenen Wegen im Wald oder Park laufen. Mit gut gedämpften Schuhen schaden auch Asphalt- und Betonstrecken nicht.

▸ Wer viel im Wald oder querfeldein läuft, sollte sich gegen Wundstarrkrampf impfen lassen, weil man sich an Ästen oder einem stacheligen Busch verletzen kann.

Schuhe Bei der Auswahl der Laufschuhe sollte man keinesfalls sparen, auch wenn sie in der Regel der teuerste Teil der Joggingausrüstung sind.

▸ Das Körpergewicht des Läufers und die Beschaffenheit der Füße müssen beim Schuhkauf berücksichtigt werden. Je schwerer man ist, desto stabiler muß der Schuhaufbau sein.

▸ Bei höherem Körpergewicht sollte man einen Schuh mit einer härteren Dämpfung wählen.

▸ Es gibt Joggingschuhe, die auf geraden und auf gebogenen Leisten hergestellt werden. Dies sollte man bei der Auswahl des Schuhs berücksichtigen. Ein gebogener Leisten ist empfehlenswert, wenn stärker auf der Fußaußenkante abgerollt oder mit höherer Geschwindigkeit gelaufen wird, da hier die Fußaußenseite stärker gestützt werden muß. Ein gerader Leisten sollte gewählt werden, wenn ein Läufer Knick-, Senk- oder Plattfüße hat oder wenn die Füße nicht sehr stabil sind und der innere Fußrand leicht nach innen wegknickt. Hier stützen gerade Leisten im Mittelschuhbereich.

▸ Um den richtigen Joggingschuh auszuwählen, sollte man dem Fachverkäufer angeben, auf welchem Boden man laufen und welche Streckenlängen man bewältigen will. Anhand dieser Angaben kann er in der Regel Empfehlungen aussprechen.

▸ Wer viel auf Asphalt oder ebenen und trockenen Böden läuft, braucht Schuhe mit einem nur gering ausgeprägten Sohlenprofil. Eine stark profilierte Laufsohle, z. B. eine Noppen- oder Waffelsohle, bietet sich an, wenn man oft querfeldein, im Wald oder auf rutschigen Wegen joggt.

▸ Je härter der Untergrund ist, wie z. B. Asphalt, Beton oder gefrorener Boden, desto wichtiger ist eine gute Dämpfung. Schuhe mit geringerer Dämpfung haben eine größere Festigkeit; man sollte sie deshalb für weichen Grund verwenden.

▸ Schuhe mit weichen Schaumstoffsohlen als Dämpfer sollte man nicht verwenden. Besser und effektiver sind z. B. Siliconkissen, Luftpolster oder Gelmischungen als Dämpfung im Fersenbereich.

▸ Wer orthopädische Einlagen in Straßenschuhen trägt, sollte den Arzt fragen, ob er sie auch in den Joggingschuhen braucht. Einlagen für Joggingschuhe gibt es für das gesamte Fußbett oder für Teilbereiche, z. B. Schockabsorber nur für die Ferse bei Achillessehnenreizung.

▸ Bei mehr als 30 km Wochenlaufleistung, für das Joggen auf sehr unterschiedlichen Böden oder wenn die Schuhe oft naß werden, weil man auch bei Regen nicht aufs Laufen verzichten will, genügt ein Paar Laufschuhe nicht. Man sollte sich dann ein zweites und gegebenenfalls auch ein drittes Paar anschaffen.

▸ Verwendet man mehrere Paar Joggingschuhe, sollte man unterschiedliche Modelle tragen.

Laufschuhe pflegen Nasse Schuhe niemals an der Heizung trocknen, weil sie sonst hart und brüchig werden. Besser mit Zeitungspapier ausstopfen und langsam trocknen lassen.

▸ Wenn die Schuhe schmutzig geworden sind, kann man sie gründlich mit Seifenwasser waschen und bürsten und dann an der Luft trocknen lassen. Man sollte sie jedoch nicht in die Sonne stellen, da weißes Synthetikmaterial gelbe Flecken bekommt.

Schuhgröße Joggingschuhe sollen von Anfang an richtig sitzen. Eine Einlaufzeit gibt es nicht, da Joggingschuhe aus einem Material hergestellt sind, das sich auch nach längerem Tragen nicht dehnt. Selbst bei gleicher Schuhgröße kann die Schuhweite bei den verschiedenen Modellen und Herstellern unterschiedlich sein. Deshalb sollte man gleich beim Anprobieren des Schuhs darauf achten, daß er sich nicht zu eng anfühlt, aber dennoch gut stützt.

▸ Bei der Anprobe darauf achten, daß Ferse und Mittelfuß fest im Schuh stehen. Die Zehen müssen sich aber frei bewegen können und eine knappe Daumenbreite zur Schuhspitze Platz haben. Dies bedeutet, daß Joggingschuhe etwas größer zu bemessen sind als gewöhnliche Straßenschuhe.

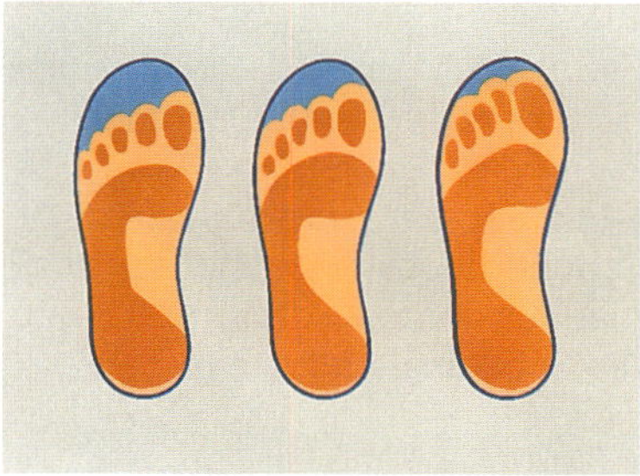

Joggingschuhe sollten weder zu groß (links) noch zu klein sein (rechts), aber freien Raum für die Zehen bieten (Mitte).

▸ Führende Laufschuhhersteller bieten Laufschuhe mit besonders schmalem Fußbett an. Sie eignen sich vor allem für Frauen, da diese in der Regel einen schmaleren Fuß haben als Männer mit der gleichen Schuhgröße.

▸ Je nach Herkunftsland der Joggingschuhe sind ihre Größen anders gekennzeichnet. Bei amerikanischen Größen entsprechen Damengrößen nicht den Herrengrößen:

deutsche Größen	*amerik. Größen*	*amerik. Damengr.*
36	3½	5½
37	4½	6
38	5	7
39	6	8
40	7	8½
41	7½	9½
42	8½	10
43	9	11
44	10	11½
45	10½	12½
46	11½	13½
47	12½	
48	13	

▸ Man sollte Joggingschuhe zu der Tageszeit anprobieren und kaufen, während der man in der

Regel läuft, weil die Füße durch Beanspruchung und Ermüdung im Lauf des Tages anschwellen.

- Joggingschuhe im Laden mit den gleichen Strümpfen anprobieren, mit denen man auch joggt.

- Wer unterschiedlich lange Füße hat, wählt die Schuhgröße nach dem größeren Fuß aus.

- Mit Socken sollte man zu große Schuhe nicht ausgleichen, weil man unsicherer damit läuft und die Socken auch noch reiben.

- Zum Laufen sollte man möglichst Socken tragen, die nicht rutschen und die an der Fußspitze keine Naht haben.

Kleidung Die Bekleidung sollte aus atmungsaktivem Material bestehen. Baumwolle nimmt zwar viel Feuchtigkeit auf, aber sie trocknet schlecht, und man kühlt nach dem Joggen rasch aus.

- Lieber eine mehrschichtige Oberbekleidung tragen, so daß man unterwegs auf Veränderungen der Außentemperatur reagieren kann; zwei langärmelige T-Shirts übereinander sind beispielsweise besser als ein Pullover, weil man eines der T-Shirts ausziehen und um die Hüften binden kann.

- Mit Laufhosen und -jacken aus atmungsaktivem Material ist man gegen Wind, Kälte und Regen gleichermaßen geschützt. Unbedingt vermeiden sollte man hingegen gummi- oder kunststoffbeschichtete Jacken.

- Klimaunterwäsche tragen, um die Feuchtigkeit vom Körper weg nach außen zu leiten. Hierdurch bleibt man trocken und warm. Für den Winter gibt es dickere Klimawäsche.

- Jacken und Pullover ohne Reißverschluß am Kragen verwenden, da er durch die Bewegung am Hals scheuert.

- Kurze Hosen kann man auch bei niedrigeren Temperaturen bis zu 10 °C tragen. Man muß nicht befürchten zu frieren, wenn man sich vor dem Joggen gut aufwärmt; die Haut wird besser durchblutet, wenn man bei Kälte kurze Hosen trägt.

- Im Winter muß man die Ohren und Schläfen mit einem breiten Stirnband oder einer Mütze schützen. Keine Pudelmütze tragen, da der Bommel beim Laufen unangenehm auf den Kopf schlägt.

- Da die Hände nicht soviel Schweiß absondern, kann man Handschuhe aus Baumwolle tragen. Faserpelz ist noch besser, Leder weniger geeignet.

- Frauen mit einem stärkeren Busen sollten einen speziellen Sport-BH tragen.

Lauftreffs Mit anderen gemeinsam zu laufen ist zur Kontrolle und Korrektur des eigenen Laufstils und als Anreiz zum regelmäßigen Joggen nützlich.

- Als Laufpartner sollte man sich jemanden mit ungefähr gleichem Leistungsniveau suchen, um sich gemeinsam steigern zu können.

Aufwärmen und Abkühlen Aufwärmübungen beugen Verletzungen und Belastungsbeschwerden vor und erleichtern zugleich das Laufen.

- Nach kurzem Einlaufen (fünf bis zehn Minuten) die Sehnen durch Stretchübungen dehnen und die Muskeln lockern. So werden Herz und Kreislauf in Schwung gebracht, ohne daß man außer Atem kommt. Nützlich

DIE RICHTIGE BEKLEIDUNG BEI JEDEM WETTER

Bei warmem, trockenem Wetter Läufershorts und Shirt aus atmungsaktivem Material tragen.

Mit langen, enganliegenden Hosen und einer dünnen Jacke schützt man sich vor Regen.

Gegen Kälte dicke Winterhosen, Jacke, Handschuhe und Stirnband oder Mütze tragen.

sind auch Gymnastikübungen, um die Beweglichkeit zu fördern.

▸ Durch die Übungen erwärmt man die Muskeln und fördert die Durchblutung. Das Einreiben mit durchblutungsfördernden Mitteln ersetzt nicht das Aufwärmen, da die Wirkung nur an der Hautoberfläche eintritt.

▸ Genauso wichtig wie das Aufwärmen ist das richtige Abkühlen: fünf bis zehn Minuten deutlich langsamer auslaufen und danach wieder etwas Lockerungsgymnastik machen. Im Winter empfiehlt es sich, diese Gymnastik im Haus zu machen.

Lauftechnik Am besten den eigenen natürlichen Bewegungsablauf beibehalten und möglichst unverkrampft laufen, statt sich auf die vielen Einzelheiten der Laufbewegung zu konzentrieren. Dennoch sollte man ein paar wichtige Grundregeln beachten.

▸ Der Fuß, mit dem man auf dem Boden aufsetzt, rollt ganz von der Ferse zur Fußspitze ab. Keinesfalls sollte man nur auf den Fußballen laufen wie beim Sprinten, weil das Wadenschmerzen verursacht und außerdem auch die Achillessehne stark belastet.

▸ Man ermüdet beim Joggen nicht so schnell, wenn man mit aufrechtem Oberkörper läuft. Den Kopf heben und 10–20 m nach vorn blicken. Der Fuß sollte auf den Boden aufgesetzt werden, wenn das Knie bereits gebeugt ist. Auch bei schnellerem Laufen wird der Oberkörper nicht nach vorn geneigt. Die Arme schwingen jeweils mit dem entgegengesetzten Bein nach vorn und liegen dabei nicht zu eng am Oberkörper an. Die Schultern nicht hochziehen und die Hände unverkrampft lassen.

Beim Joggen muß man stets die richtige Haltung bewahren.

▸ Man sollte sich mindestens zwei Stunden reine Laufzeit pro Woche fürs Joggen reservieren. Eine Laufeinheit sollte jeweils

AUFWÄRMÜBUNGEN

Mit den Händen auf einem Knie abstützen, das andere Bein zur Seite strecken und federn.

Das Knie des einen Beins beugen, das andere Bein nach hinten strecken und federn.

Im Stehen die Fußspitze eines Fußes mit beiden Händen fassen und bis zum Gesäß hochziehen.

Bein nach vorn anheben, mit beiden Händen das Knie umfassen und nach oben ziehen.

Bei möglichst durchgestreckten Beinen versuchen, mit den Händen den Boden zu berühren.

Den Kopf nach links und beide Schultern nach rechts drehen und nachfedern, dann umgekehrt.

mindestens eine halbe Stunde betragen. Anfänger, die noch nicht eine halbe Stunde durchhalten können, dürfen die Gehpausen dazuzählen.

▸ Die einzelnen Laufeinheiten sollten gleichmäßig auf die ganze Woche verteilt werden, damit sich der Körper von der Belastung erholen kann.

▸ Beim Laufen regelmäßig Pausen einlegen. Als Anfänger bereits nach einer Laufminute eine Pause einlegen und eine Minute lang gehen. Diesen Wechsel zwischen Joggen und Gehen etwa eine halbe Stunde lang wiederholen, dabei zwischendurch die Gehzeit auf zwei Minuten verlängern. Allmählich läßt sich dieser Rhythmus umkehren, so daß die Laufzeit zwei Minuten und die Gehzeit eine Minute beträgt. Später kann die Laufzeit noch weiter gesteigert werden, aber auch als Fortgeschrittener sollte man die Gehpausen, vor allem bald nach dem Start, nicht vergessen. Das Wichtigste ist dabei, daß man ständig in Bewegung ist und zum Ausruhen nicht stehenbleibt oder sich gar hinsetzt.

▸ Man sollte am Anfang kein zu hohes Lauftempo einschlagen, da die Kräfte sonst rasch nachlassen, sich Atemnot einstellt, die Beine schwer werden und das Laufen nicht die gewünschte Entspannung schafft.

▸ Beim Joggen soll man die Aufmerksamkeit nicht auf die Anzahl der zurückgelegten Kilometer richten, sondern darauf achten, daß die geplante Laufdauer eingehalten wird.

▸ Unbedingt auf die Warnsignale des Körpers achten. Fühlt man sich während des Joggens nicht mehr wohl, muß das Lauftempo zurückgenommen werden.

Atemtechnik Beim Joggen sollte man sich mit seinem Laufpartner noch in ganzen Sätzen unterhalten können, dann sind Tempo und Atemtechnik richtig. Wenn man abgehackt spricht oder beim Sprechen außer Atem kommt, muß das Lauftempo reduziert werden.

▸ Bei normalem Lauftempo ist die Nasenatmung richtig, da sie die Luft filtert, erwärmt und befeuchtet. Nur bei höherer Belastung durch den Mund atmen.

Trainingseffekt Die Herzfrequenz ist die beste Richtgröße, um das Laufen sinnvoll zu gestalten und Trainingseffekte zu kontrollieren.

▸ Die Herzfrequenz am besten am Herzen messen; am Handgelenk oder der Halsschlagader ist die Messung ungenauer. Damit das Meßergebnis so genau wie möglich wird, zählt man sofort nach dem Joggen die Pulsschläge zehn Sekunden lang und multipliziert die Zahl mit sechs; das ergibt die Herzfrequenz pro Minute.

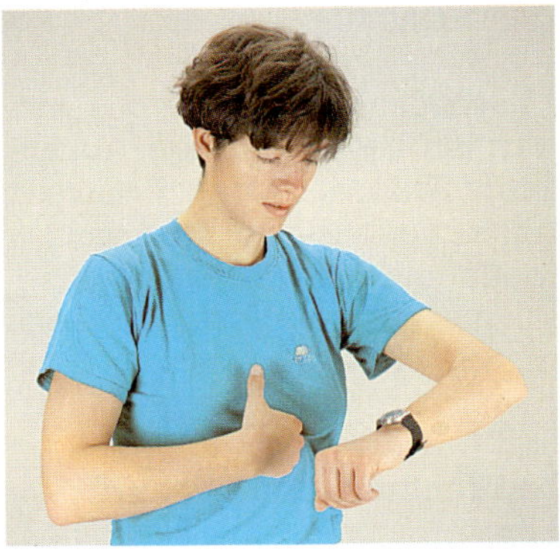

Den Puls sofort nach der Anstrengung messen.

▸ Ganz genau kann man den Puls mit einem kabellosen Herzfrequenzmeßgerät und einem dazugehörigen Empfänger am Handgelenk messen. Am besten wird die Frequenz mit dem Senderbrustgurt direkt am Herzen abgenommen. Den Gurt unterhalb der Brust befestigen, um beim Tragen kein Beklemmungsgefühl zu bekommen. Der Gurt soll zwar auf der Haut oder dem T-Shirt eng anliegen, aber eine normale Atmung zulassen. Ein persönlicher Maximalwert läßt sich einstellen;

HILFE BEI WADENKRÄMPFEN

Erste Hilfe bei Wadenkrämpfen: Knie durchdrücken und am Vorfuß ziehen.

Mit einem Ausfallschritt die verkrampfte Wade des hinteren Beines anspannen.

Im Stehen vorbeugen und die Zehen des verkrampften Beines kräftig anheben.

wird er überschritten, gibt das Gerät ein Signal ab.

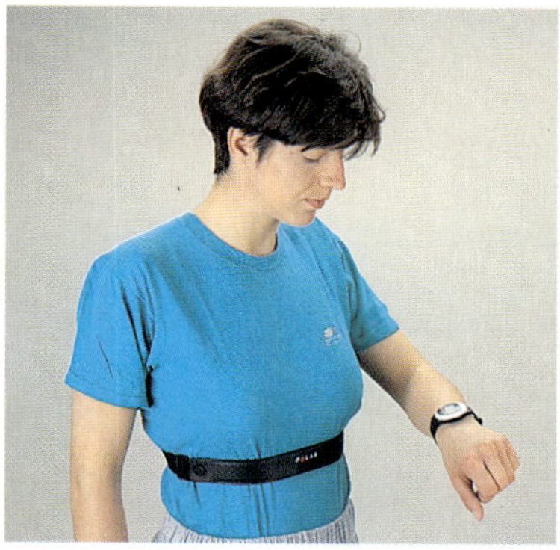

Mit diesem Gerät kann man den Puls genau messen und einen persönlichen Zielbereich bestimmen.

▸ Das Herz wird am besten trainiert, wenn es im sogenannten Trainingspuls schlägt. Diesen kann man mit verschiedenen Methoden errechnen. Für Personen ab 60 Jahren gilt die Formel 180 minus Alter. Für die anderen Altersgruppen berechnet man den Trainingspuls anhand folgender Formel, wobei RP dem Ruhepuls entspricht: (220 – RP) × 0,65 + RP. Den Ruhepuls sollte man morgens vor dem Aufstehen messen.

▸ Die Spannweite des Trainingspulses, der Trainingsbereich, soll 70–85 % der maximalen Herzfrequenz betragen, die man mit der Faustformel: 220 minus Lebensalter errechnet. Niemals mit dem maximalen Herz-Belastungs-Puls trainieren. Frauen ziehen von den unteren und oberen Werten des Trainingsbereichs für Männer zehn Schläge ab, weil ihre maximale Herzfrequenz aufgrund des kleineren Herzens durchschnittlich um soviel niedriger liegt.

▸ Mit einem individuellen Belastungstest bei einer sportmedizinischen Untersuchung kann man die maximale Herzfrequenz feststellen und dementsprechend den persönlichen Trainingsbereich berechnen.

▸ An der Zeit, in der der erhöhte Puls auf einen normalen Wert zurückgeht, läßt sich ablesen, wie gut man trainiert ist. Je schneller die Pulsfrequenz nach der Belastung abfällt, desto trainierter ist der Läufer. Fünf Minuten nach der Belastung sollte der Puls auf unter 100 Schläge gefallen sein.

▸ Mit dem Harvard-Step-Test kann man die Leistungsfähigkeit des Herz-Kreislauf-Systems feststellen: Dazu vier Minuten lang 30mal pro Minute auf eine Bank, deren Höhe von der Körpergröße abhängig ist, steigen (bis 151 cm = 30 cm; 152–159 cm = 35 cm; 160–174 = 40 cm; 175–179 cm = 45 cm; ab 180 cm = 50 cm). Danach setzt man sich hin und mißt nach einer Minute, nach zwei und nach drei Minuten jeweils 30 Sekunden lang den Puls. Dann berechnet man den Erholungsindex: die Dauer der Übung in Sekunden mal 100. Die Summe aller gezählten Pulsschläge mit zwei malnehmen. Übungsdauer durch Pulsschläge teilen. Aus dem Ergebnis liest man die Fitneß ab: 60 oder weniger = gering; 61–70 = mäßig; 71–80 = gut; 81–90 = sehr gut; über 90 = topfit.

Die Leistungsfähigkeit stellt man mit dem Harvard-Step-Test fest.

Überlastung Lufttemperaturen über 28 °C, Luftfeuchtigkeit über 85 %, ein erhöhter Ozongehalt in der Luft (auf Rundfunkdurchsagen achten), große Höhen, voller Magen, Alkoholgenuß und wenig Schlaf schränken die Leistungsfähigkeit ein, und man erreicht schneller die Belastungsgrenze.

▸ Den Lauf bei Anzeichen von Überlastung sofort abbrechen. Dabei auf folgende Symptome achten: Schwindelgefühl, unsicherer Gang, Frieren oder Schüttelfrost, Kopfschmerzen, keuchende, rasselnde oder pfeifende Atmung, blaue Lippen, starke Rötung oder Blässe vor allem im Munddreieck, Krämpfe oder starke Muskelschmerzen, Gelenkschmerzen, heftiges Stechen oder Ziehen im Brustkorb, plötzlich unregelmäßiger Puls.

▸ Kinder hören bei Überlastung von selbst auf. Man sollte sie nie zum Weiterlaufen zwingen.

Seitenstechen Wenn zu Beginn des Joggens Seitenstechen auftritt, langsamer laufen und einen ruhigen Atemrhythmus finden.

▸ Da ein voller Magen und Blähungen Seitenstechen begünstigen, zwei Stunden vor dem Joggen wenig oder nichts essen; fetthaltige Speisen ganz meiden.

Muskelkater Nach einigen Tagen verschwindet der Muskelkater von selbst, aber wenn man die Durchblutung der Muskeln durch leichte Gymnastik, Wärme und Bäder fördert, lassen die Schmerzen schneller nach. Ein etwa 38–42 °C warmes Wannenbad nach dem Joggen soll nicht länger als 15 Minuten dauern. Man sollte vorher bereits abgekühlt sein, um Kreislaufprobleme zu vermeiden.

Flüssigkeitsverlust Nach dem Laufen ausreichend trinken, damit die verlorene Flüssigkeit und die ausgeschiedenen Salze ersetzt werden. Bei großer Hitze schon vorher ungesüßten Tee oder Mineralwasser trinken.

ALPINES SKIFAHREN

▸ Erwachsene Anfänger müssen eine gute Grundkondition haben. Kinder können schon vom vierten Lebensjahr an mit dem Skisport beginnen. Je jünger sie sind, um so weniger Angst haben sie meist.

▸ Die Schwierigkeitsgrade der markierten Pisten beachten: blau = leicht, maximales Längs- und Querneigungsgefälle: 25 %; rot = mittelschwer, maximal 40 %; schwarz = schwierig, auch über 40 %; die Übergänge sind allerdings fließend. Auf kurzen, offenen Teilstücken einer Strecke kann der Schwierigkeitsgrad abweichen.

▸ Mit Skigymnastik sollte man sich auf den Winterurlaub vorbereiten, vor allem wenn man sonst wenig oder keinen Sport treibt. Kurse werden von Sportvereinen, Volkshochschulen, Universitäten und im Fernsehen angeboten.

▸ Die gesamte Ausrüstung sorgfältig zusammenstellen, denn davon hängen in hohem Maß Sicherheit und Spaß am Laufen ab.

Kleidung Nur Oberbekleidung kaufen, die wind- und wasserdicht ist und aus reiß- und abriebfestem Obermaterial besteht. Diesen Anforderungen genügen moderne Kunstfasern besser als Baumwolle. Die Unterwäsche sollte atmungsaktiv sein.

▸ Nicht nur aus modischen Gründen, sondern auch wegen der erhöhten Sicherheit sollte man farbenfrohe Kleidung tragen.

▸ Einteilige Skianzüge (Overalls) schützen besser als Zweiteiler. Denn bei einem Sturz kann sich beim Zweiteiler Schnee unter den Anorak schieben. Der Zweiteiler ist hingegen vielseitiger verwendbar, denn meist kann man das Oberteil auch separat als Jacke benutzen.

▸ Fingerhandschuhe so groß wählen, daß noch Luft vor den Fingerkuppen ist. Wer häufig kalte Finger hat, trägt besser die wärmeren Fäustlinge.

▸ Nur ein Paar Skisocken tragen. Normale Wollsocken sind nicht gut geeignet, da die Maschen scheuern.

▸ Kinder sollten einen Helm mit Kinnschutz tragen.

Skibrille Beim Skifahren sollte man die Augen immer mit einer Ski- oder Sportbrille schützen, die die UV-Strahlung völlig abblockt. Den meisten Fahrern genügt eine offene Sportbrille, bei Schneefall oder windigem Wetter sollte man jedoch eine geschlossene Skibrille tragen.

▸ Brillenträger sollten sich nur mit einem bruchsicheren Brillengestell und bruchsicheren Gläsern auf die Piste begeben, um bei einem Sturz Verletzungen zu vermeiden. Außerdem sollten sie beim Kauf einer Skibrille darauf achten, daß sie ihre normale Brille darunter bequem tragen können.

Skistiefel Der Stiefel soll den Fuß eng umschließen, ohne zu drücken. Der Preis sollte bei der Auswahl nicht entscheiden.

▸ Eine starke eingebaute Vorlage ist Freizeitsportlern, die im Gegensatz zu Rennläufern die Stiefel mehrere Stunden am Tag tragen, nicht zu empfehlen. Sie belastet die Knie stärker, und man kann darin schlecht gehen und stehen.

▸ Bei der Anprobe nicht nur auf- und abgehen, sondern den angezogenen Stiefel auch zehn Minuten in ein Brett einspannen lassen, das den Ski simuliert.

▸ Nur Stiefel kaufen, die sich in mindestens drei Bereichen verstellen lassen: am Schaft (Wadenbein), am Rist (Spann) und am Vorfuß.

▸ Skistiefel nicht zu fest schnallen, sonst bekommt man leicht kalte Füße durch eine mangelhafte Durchblutung.

▸ Komfortabel und bedienungsfreundlich sind Heckeinsteigermodelle. Sogenannte Überlapper (Mehrschnaller) sind unbequemer, gelten jedoch als Schuhe für den sportlichen Fahrer. Der Mitteleinsteiger ist ein Kompromiß aus beiden Stiefeltypen.

▸ Skistiefel nie in der Nähe der Heizung trocknen. Ausstopfen mit Zeitungspapier beschleunigt den Trocknungsprozeß.

▸ Skistiefel möglichst nicht verleihen, da sich der Innenschuh dem Fuß individuell anpaßt.

Kinderskistiefel Bei Kinderschuhen darauf achten, daß sie auch zum Gehen geeignet sind, da Kinder oft genausoviel im Schnee spielen wie auf den Ski stehen.

Skistöcke Um die richtige Länge zu ermitteln, die Stöcke im Fachgeschäft umdrehen und unter dem Teller anfassen. Der Unterarm soll bei angelegtem Oberarm etwa einen rechten Winkel zum Stock bilden.

Den Stock umdrehen und unter dem Teller anfassen.

▸ Die Handgelenke werden, auch bei falschem Stockeinsatz, geschont, wenn man Skistöcke mit leicht nach vorn geknickten Griffen verwendet.

Ski Bei der Wahl der Ski das eigene Können realistisch einschätzen. Bei der Kaufentscheidung sollte man sich über die Wendigkeit, Drehfreudigkeit, Griffigkeit, Fahrstabilität, Laufruhe und Dämpfung der in Frage kommenden Modelle informieren. In Fachzeitschriften wie dem *ADAC Special Ski* werden regelmäßig entsprechende Tests veröffentlicht.

▸ Die Länge der Ski muß man nach der Körpergröße, dem Körpergewicht und dem Fahrerkönnen bestimmen. Als grobe Faustregel gelten 10–15 cm über der Körpergröße. Je schwerer der Fahrer ist, desto länger sollte der Ski sein.

▸ Keine Längenangst haben! 5 cm mehr Länge beeinträchtigen die Drehfreudigkeit kaum, machen den Ski aber laufruhiger und auf hartem Schnee griffiger.

▸ Weniger sportlich ambitionierte Fahrer, die Wert auf Komfort legen, sollten Ski mit leichter Schwungauslösung wählen, die Fehler eher verzeihen.

▸ Als sportlicher Fahrer einen härteren Ski wählen, der bei höheren Geschwindigkeiten laufruhiger bleibt.

▸ Wer viel im Tiefschnee oder auf Buckelpisten fährt, ist mit kürzeren Ski besser beraten.

▸ Wer nicht gleich eine komplette Ausrüstung kaufen will, kann sich auch im Skigebiet Ski ausleihen. Oft bekommt man jedoch minderwertige Ski, und in manchen Regionen übersteigt die Gebühr für zwei Wochen Ausleihe die Anschaffungskosten.

▸ Beim Transport auf oder am Auto die Ski vor Streusalz und Schmutz in einer Hartschalenbox oder mit einem Skisack schützen.

Für den Transport die Ski in einem Skisack verstauen.

Bindung Beim Kauf auf TÜV- oder GS-Prüfzeichen achten.

▸ Da die Lebensdauer von Bindungen nur etwa fünf Jahre beträgt, möglichst keine gebrauchten kaufen.

▸ Die Federkraft der Bindung (Z-Zahl auf der Skala von Alpinbindungen) muß zum individuellen Auslösewert des Läufers passen. Dieser errechnet sich nach der sogenannten IAS-Norm aus dem Durchmesser des Schienbeinkopfes, der mit einer Kniemessung festgestellt wird, dem Alter, Fahrkönnen und Geschlecht des Läufers sowie der Schuhsohlenlänge. Den Schienbeinkopfdurchmesser also vor dem Kauf einer Bindung messen lassen.

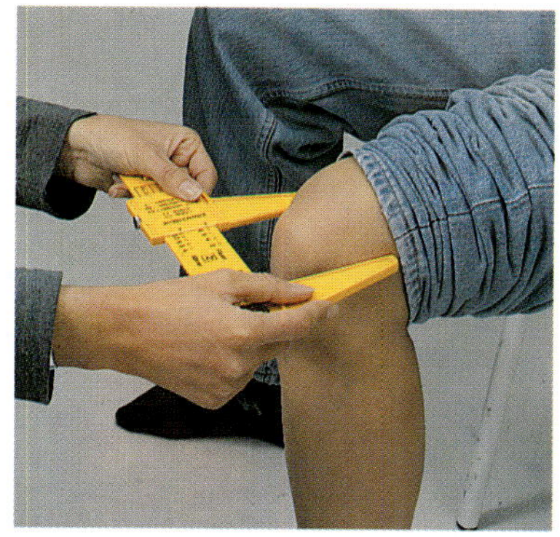

Den Durchmesser des Schienbeinkopfes messen lassen.

▸ Vor jeder Saison den Auslösewert der Bindung von einem Fachbetrieb einstellen und protokollieren lassen. Bei wahrheitsgemäßen Angaben des Läufers zu seiner Leistungsstärke übernimmt der Einsteller eine einjährige Haftung, daß die Bindung korrekt auslöst. Diese Haftung erlischt jedoch, wenn man den Auslösewert selbst verändert oder falsche Angaben zum eigenen Können gemacht hat.

▸ Bei neuen Schuhen immer die Bindung neu einstellen lassen.

Kantenpflege Die Stahlkanten der Ski sollte man vor dem Skiurlaub schleifen lassen. Während eines Skiurlaubs muß man sie immer wieder überprüfen und gegebenenfalls nachbearbeiten lassen. Nur Könner sollten diese Arbeiten selbst ausführen. Durch grobe Scharten und mangelnde Schärfe können sich die Fahreigenschaften der Ski erheblich verschlechtern.

Schäden am Belag ausbessern Die Laufflächen der Ski sollte man regelmäßig auf Schäden überprüfen.

▸ Als Material für Ausbesse-

ALPINSKI WACHSEN

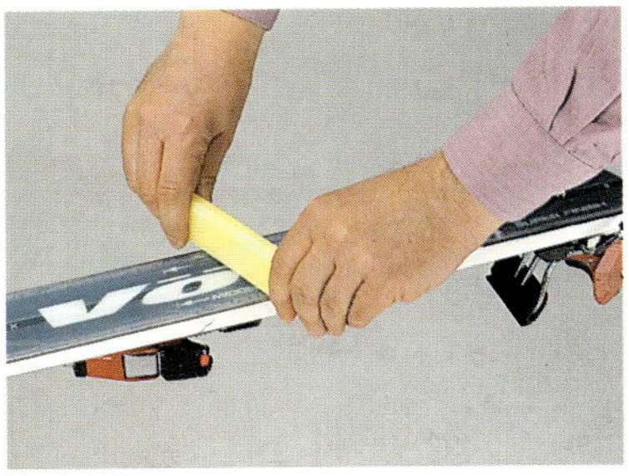

1. Das neue Wachs auftragen, indem man einen Block Universalwachs über den Ski zieht.

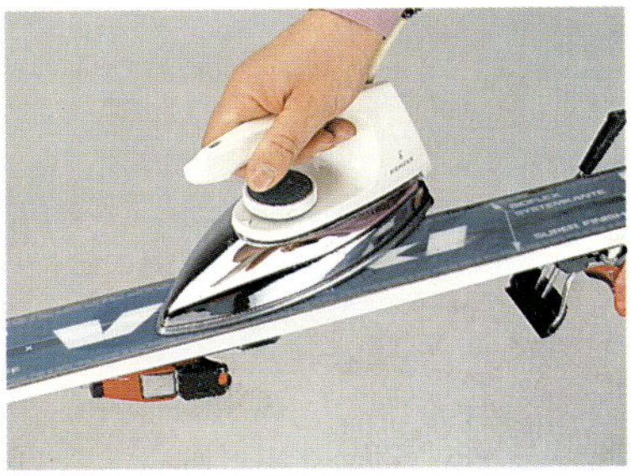

2. Das vom Block abgeriebene Wachs in Laufrichtung des Ski einbügeln.

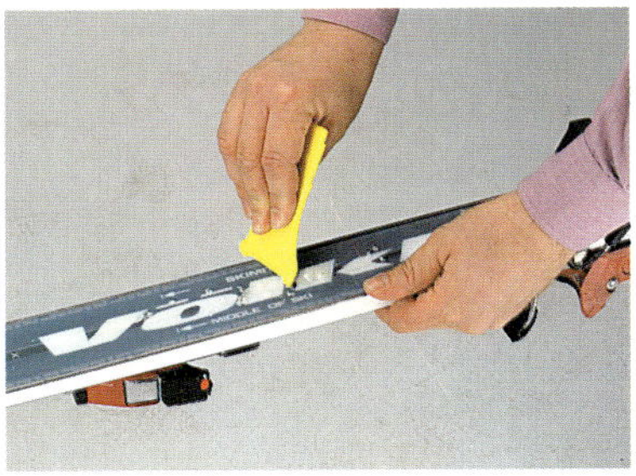

3. Nach 20 Minuten Laufrille und Kanten mit einem Abziehdreieck säubern.

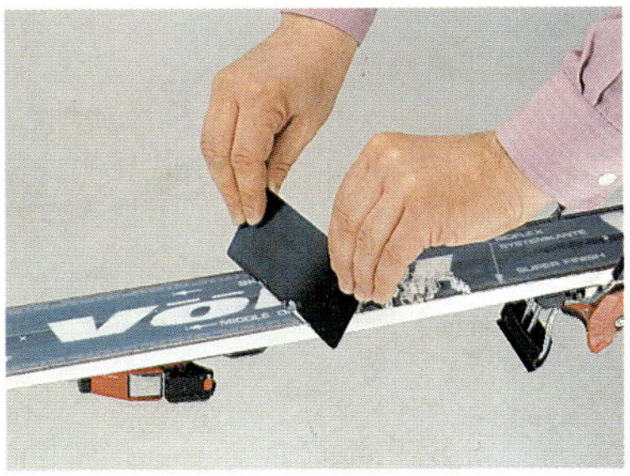

4. Den Belag mit der Ziehklinge abziehen und anschließend mit einem Lappen polieren.

rungsarbeiten sind Belagstreifen, sogenannte Repair-Chips und Polyethylenstifte im Handel. Diese Materialien arbeitet man mit Hilfe eines Bügeleisens oder Föns ein.

Wachsen Etwa alle 80 km, das entspricht zwei bis drei Skitagen bei mittlerer Fahrleistung, sollte man die Ski nachwachsen. Dafür verwendet man Tubenwachs oder wachsgetränkte Tücher aus dem Fachhandel.

▸ Mit dem Fingernagel die Wachsschicht prüfen: Fährt man mit der Nagelrückseite an der Lauffläche hoch, sollte sich etwas Wachs auf dem Nagel absetzen.

Mit dem Fingernagel die Dicke der Wachsschicht prüfen.

▸ Während der Saison die Ski mehrfach mit Hilfe eines Bügeleisens, das auf „Leinen" eingestellt ist, auf einem stabilen Untergrund wachsen. Dafür verwendet man Universal-Heißwachs in Blöcken.

Ski aufbewahren Nach der Saison die Ski gründlich säubern. Dann sprüht man Oberfläche und Belag mit einem Wachsentfernerspray ein und wischt sie mit einem Lappen ab.

▸ Bevor die Ski eingelagert werden, pflegt man die Kanten und bessert Schäden am Belag aus.

▸ Kanten und andere Metallteile zum Schutz vor Rost mit Paraffinwachs behandeln.

▸ Die Bindung sollte man mit einem Spezialspray einsprühen.

▸ Die Ski lagert man am besten stehend in einem Skisack, und zwar an einem kühlen und trockenen Platz. Die Ski keinesfalls in der Nähe der Heizung lagern.

Skischule Vor allem Anfänger sollten einen mindestens einwöchigen Kurs in einer anerkannten Skischule machen; in der Gruppe macht das Lernen Spaß, und man eignet sich gleich die richtige Technik an.

▸ Wer an einem einwöchigen Skikurs teilnehmen will, sollte möglichst noch eine weitere Urlaubswoche für das selbständige Fahren einplanen.

Dehnübungen und Aufwärmen Morgens vor dem Skifahren sollte man immer Dehnübungen durchführen, um die Muskeln zu lockern und so Verletzungen vorzubeugen.

▸ Vor jeder Abfahrt sollte man einige kurze Übungen zum Aufwärmen durchführen.

Tips für Anfänger Die wichtigsten Übungen der Ski-Grundschule, wie Pflug und Pflugbogen, Schrägfahren, Seitrutschen sowie Bremsen bergwärts, sollten Anfänger immer wieder für sich üben.

▸ Der richtige Stockeinsatz ist für Lernfortschritte sehr wichtig und sollte deshalb bei langsamer Fahrt in flacherem Gelände geübt werden. Den Stock seitlich etwa in Höhe der Skispitzen einsetzen und um ihn herum schwingen. Man beschreibt hierbei einen halben Kreis um den Stock.

▸ Will man sich besonders auf die Beinarbeit konzentrieren, kann man – auf einer einfachen Piste – die Skistöcke quer in die nach vorn gestreckten Hände nehmen und dann Schwungübungen ausführen.

- Den Blick nicht auf die Skispitzen richten, sondern immer einige Meter in Fahrtrichtung vorausschauen.

- Wer aus dem Stand die Richtung ändern will, ohne einen Bogen fahren zu müssen, wendet die Technik der Spitzkehre an.

Situationsgerecht fahren Wer bei schlechter Sicht auf der Piste ist, muß langsam fahren. Gerade für Anfänger und ungeübte Skifahrer kann es schwierig sein, die Geschwindigkeit zu kontrollieren. Dann die Ausstemmtechnik, z. B. die Bergstemme, anwenden.

- An Schlechtwettertagen möglichst nicht oberhalb der Baumgrenze fahren. Auf Waldabfahrten kann man sich besser orientieren.

- Eine defensive Fahrweise ist vor allem in unbekanntem Gelände, auf Ziehwegen, beim Überqueren der Lifttrasse, bei starkem Verkehr auf der Piste, auf Eispisten und auf Waldabfahrtsstrecken erforderlich.

- Bei langen Querfahrten immer wieder auf der Talseite den Stock einsetzen. Das hilft, die Fahrtrichtung einzuhalten.

- Um auf Buckelpisten die Richtung zu ändern, muß man auf dem höchsten Punkt der Buckel drehen. Hier drehen die Ski leichter, weil sie nur noch in der Mitte aufliegen.

- Besonders hohe Buckel sollte man besser umfahren.

- Auf eisigen Pisten die Innenkante des Talskis belasten. Die Knie nur vorwärts und bergwärts, nie talwärts beugen.

MIT DER SPITZKEHRE AM HANG WENDEN

1. Den Körper auf die Skistöcke stützen und den Talski senkrecht anheben.

2. Den Talski um annähernd 180° drehen. Der Stockeinsatz bleibt unverändert.

3. Abschließend Bergski und Bergstock in einem Schwung nachholen.

UMSTEIGESCHWUNG MIT BERGSTEMME

1. In der Schrägfahrt werden die Ski parallel geführt und der Talski belastet.

2. Den Bergski ausstemmen; mit Stockeinsatz vom Talski abstoßen und drehen.

3. Den bisherigen Bergski belasten (umsteigen) und den bisherigen Talski parallel setzen.

▸ In den Tiefschnee sollte man sich nur als fortgeschrittener Fahrer wagen. Dort muß man eine spezielle Fahrtechnik beherrschen.

▸ Im Tiefschnee benötigt man etwas Tempo, um überhaupt in den Bewegungsablauf hineinzukommen. Deshalb in der Fallinie anfahren und die Ski nicht gleich querstellen. Bei zügigem Tempo fällt das Steuern leichter.

▸ Sich von Pistenraupen so weit wie möglich fernhalten, da sie an steilen Hängen abrutschen oder plötzlich bremsen können. Sie haben immer Vorfahrt. Nur mit großem Abstand überholen.

Liftfahren Reine Anfänger sollten lieber Sessellifte für zwei bis vier Personen benutzen als Schlepplifte. Denn im Schlepplift kann man leicht stürzen.

▸ Mit dem Tellerschlepplift für Einzelfahrer fährt man leichter als mit dem Bügellift für zwei Läufer.

▸ Nach der Abfahrt des Vordermannes zügig in die markierte Einstiegstelle treten. Bei einem Bügellift die Stöcke in die äußere Hand nehmen. Lieber einen Bügel passieren lassen als zu hektisch zugreifen.

Beim Einstieg trägt man die Stöcke in der äußeren Hand.

▸ Beim Anfahren im Bügellift nur leicht gegen den Bügel lehnen und sich nicht daraufsetzen. Mit den Ski schon etwas vorrutschen; das vermeidet einen ruckartigen Zug mit Sturzgefahr.

▸ Im Bügellift besser mit einem gleich großen und schweren Partner fahren.

▸ In einem Schlepplift beide Ski gleichmäßig belasten. Nicht Slalom fahren und möglichst wenig korrigieren.

▸ Zum Aussteigen aus dem Schlepplift den Körper an der Stange leicht vorziehen; im Sessellift drückt man sich leicht vom Sessel ab. Dann seitlich wegfahren.

▸ Am Ende einer Fahrt im Schlepplift Bügel bzw. Teller in Fahrtrichtung loslassen, statt ihn wegzuwerfen.

Pistenregeln (FIS-Regeln) In den Alpenländern gelten auf den Pisten die sogenannten FIS-Regeln, die jeder Skifahrer beachten muß. Sie werden von den Gerichten als Sorgfaltsmaßstab anerkannt. Werden die Regeln befolgt, bedeutet dies für alle Fahrer mehr Sicherheit und damit auch mehr Erfolg und Spaß beim Skisport.

▸ Auf die anderen Rücksicht nehmen und selbst umsichtig fahren.

▸ Jeder Skifahrer muß seine Geschwindigkeit und Fahrweise seinem Können, den Gelände- und Witterungsbedingungen und der Verkehrsdichte anpassen.

▸ Der von hinten kommende Skifahrer muß seine Fahrspur so wählen, daß er vor ihm fahrende Skisportler nicht gefährdet.

▸ Überholen darf man von oben oder von unten, von rechts oder von links, aber immer nur mit einem Abstand, der dem überholten Skifahrer für alle seine Bewegungen genügend Raum läßt.

Skisport und Naturschutz

Im Interesse des Natur- und Umweltschutzes sollte jeder Skifahrer folgende Regeln befolgen:

- **Markierte Loipen oder Pisten nicht verlassen.**
- **Im Wald nicht Tiefschnee fahren.**
- **Nur bei geschlossener Schneedecke fahren.**
- **Hinweistafeln beachten und geschützte Gebiete meiden.**
- **Den Hund nicht zum Skisport mitnehmen.**
- **Lärm vermeiden.**
- **Nachts und in der Dämmerung nicht Ski laufen.**
- **Abfälle immer mit nach Hause nehmen.**
- **Möglichst mit öffentlichen Verkehrsmitteln zum Skisport anreisen.**

▸ Wer in eine Abfahrtsstrecke einfahren oder ein Skigelände queren will, muß sich zuvor nach oben und unten vergewissern, daß er dies ohne Gefahr für sich und andere tun kann.

▸ Jeder Skifahrer muß es vermeiden, sich ohne Not an engen oder unübersichtlichen Stellen einer Abfahrtsstrecke aufzuhalten. Ein gestürzter Fahrer muß eine solche Stelle so schnell wie möglich wieder frei machen.

▸ Wer zu Fuß auf- oder absteigt, muß den Pistenrand benutzen.

▸ Die Markierungen und Hinweisschilder auf den Abfahrtsstrecken beachten.

▸ Bei Unfällen ist jeder zur Hilfeleistung verpflichtet.

▸ Jeder Skifahrer, ob Beteiligter oder Zeuge, ob verantwortlich oder nicht, muß im Fall eines Unfalls seine Personalien angeben.

SKILANGLAUF

▸ Die Schwierigkeitsgrade der Langlaufloipen beachten: blau = leicht, maximal 5 % Gefälle; rot = mittelschwer, maximal 15 % Gefälle; schwarz = schwierig, alle Gefälle sind möglich.

Kleidung Als Langläufer Kleidung aus schweißaufsaugenden und atmungsaktiven Materialien wählen und aus mehreren Schichten aufbauen: leichte Skiunterwäsche, Rollkragenpullover und eine windabweisende Jacke.

▸ Die Hose sollte aus elastischer Kunstfaser und eventuell an der Vorderseite gefüttert sein.

▸ Auch bei gutem Wetter eine Kopfbedeckung tragen. Oft genügt ein breites Stirnband.

▸ An den Händen enganliegende Fingerhandschuhe tragen; deren Innenseite sollte einen Lederbesatz aufweisen.

▸ Beim Skilanglauf eine Brille tragen, die die UV-Strahlung zu 100 % abblockt.

▸ Nach dem Laufen warme Kleidung anziehen, damit der verschwitzte Körper nicht auskühlt.

Schuhe Am besten kauft man ein kombiniertes Schuh-Bindungs-System.

Die Bindung schafft eine Einheit zwischen Schuh und Ski.

▸ In wasserdichten Schuhen aus Kunststoff bleiben die Füße trocken.

▸ Anfänger sollten einen halbhohen Schuh wählen, der über die Knöchel reicht. Darin hat man einen sichereren Halt.

▸ Bei der Anprobe darauf achten, daß man mit den Langlaufschuhen den Fuß gut abrollen kann. Gleichzeitig müssen die Schuhe einen stabilen seitlichen Halt bieten, den Zehen genügend Raum lassen und dürfen nicht drücken.

▸ Mit den Schuhen im Fachgeschäft 15 Minuten umherlaufen; es darf keine Gehfalte an der Oberseite entstehen.

Ski Man kann zwischen Ski, die man selbst wachsen muß, und Nowaxski wählen. Anfängern ist zu empfehlen, mit Nowaxski zu beginnen. Denn die Wahl des jeweils geeigneten Wachses hängt von der Schneetemperatur und -beschaffenheit ab, und gerade um letztere richtig zu beurteilen, ist viel Erfahrung notwendig.

▸ Um die richtige Länge der Ski zu ermitteltn, kann man sich an einer Faustregel orientieren: Man streckt einen Arm senkrecht nach oben aus und lehnt den senkrecht stehenden Ski daran. Die Skispitze soll dann bis zur Hand reichen.

Langlaufski haben die richtige Länge, wenn sie bis zur Hand reichen.

▸ Die üblichen Breiten liegen zwischen 44 und 60 mm. Als ungeübter Läufer sollte man einen breiteren Ski wählen.

▸ Langlaufski müssen eine bestimmte Vorspannung haben. Die korrekte Vorspannung kann man mit dem Härtetest ermitteln: Belastet der Läufer auf hartem Untergrund beide Ski gleichmäßig, sollen sie in der Mitte so weit vom Boden entfernt sein, daß gerade ein Blatt Papier hindurchgeschoben werden kann. Wird nur ein

KATEGORIEN DER LANGLAUFSKI

Bezeichnung	*Können des Läufers*	*Gelände*
L (Learner)	Beherrscht geringe Lauftechnik, aber keine schwierigen Abfahrten.	Gut präparierte Spur in leichtem, möglichst flachem Gelände.
A (Allround)	Beherrscht alle wesentlichen Lauftechniken, ausdauernd.	Präparierte Spur, mittlere Schwierigkeiten.
S (Sport)	Beherrscht alle Lauftechniken, schnell und ausdauernd.	Präparierte Spur, alle Schwierigkeitsgrade.
W (Wanderski)	Beherrscht alle wesentlichen Lauftechniken.	Leichtes bis mittelschweres Gelände, abseits präparierter Spuren.

Ski belastet, muß sich die Lauffläche ganz durchdrücken, damit die Steighilfen greifen können.

Wenn man beide Ski belastet, muß man noch ein Stück Papier durchschieben können.

- Die Vorspannung steigt mit der Skilänge. Bei höherem Körpergewicht also längere Ski benutzen.

- Als sportlicher Läufer verwendet man Ski mit höherer Vorspannung.

Stöcke Die Stöcke sollen so lang sein, daß sie bei Anfängern bis unter die Achseln reichen, wenn der Teller auf der Schneeoberfläche liegt, bei Fortgeschrittenen sogar bis zu den Schultern.

Weil die Stockspitze bis zum Teller in den Schnee sinkt, stellt man sich zum Abmessen der richtigen Stocklänge auf eine entsprechend hohe Unterlage.

- Wer Skistöcke kauft, sollte möglichst leichte aus Fiberglas oder Leichtmetall wählen. Die Spitze soll etwas nach vorn gebogen sein.

Technik Den Druck der Armkraft auf den Stock übt man überwiegend über die Schlaufe und nicht über den Griff aus. Am Ende des Stockeinsatzes die Hand öffnen – das ermöglicht einen noch weiteren Vorschub. Deshalb darf man den Griff nicht in der geschlossenen Faust, sondern nur locker zwischen Fingern und Daumen halten.

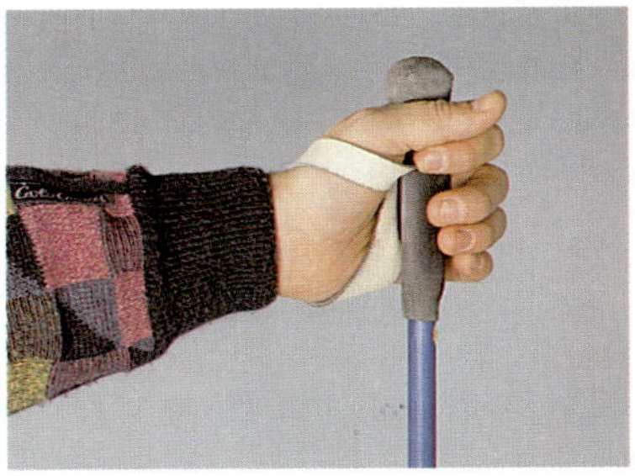

Damit man den Druck auf den Stock über die Schlaufe ausüben kann, muß man den Griff locker halten, ohne dabei eine Faust zu bilden.

- Meist bewegt man sich in der sogenannten Diagonaltechnik voran. Dabei setzt man den Stockschub abwechselnd jeweils auf der gegenüberliegenden Seite des abstoßenden Beins ein.

Den Stock vorn gegenüber vom abstoßenden Bein in den Schnee einsetzen.

- Beim Diagonalschritt den Oberkörper beim Abstoß in eine Linie mit dem Abstoßbein bringen und den Ski in der Mitte belasten. Das Standbein nur leicht beugen. Den vorderen Arm beim Stockeinsatz nicht über Schulterhöhe anheben.

- Nach jedem Abstoßen versuchen, möglichst lange zu gleiten, statt Schritt für Schritt zu gehen.

- Das Tempo kann man auf einer Gefällstrecke mit einer halb- oder beidseitigen Pflugstellung verringern.

In der Pflugstellung wird das Fahrttempo gebremst.

- Wenn das Tempo nachläßt, den Oberkörper nach vorn beugen und mit beiden Stöcken gleichzeitig abstoßen. Wieder aufrichten, wenn die Stöcke nach vorn geholt werden.

Den Oberkörper vorbeugen und kräftig mit beiden Stöcken parallel abstoßen.

▸ Bei vereisten oder sehr steilen Loipen die Ski abschnallen, wenn man sich die Abfahrt nicht zutraut.

▸ Um während einer Abfahrt eine Kurve zu fahren, kann man die Steptechnik anwenden: Einen Ski anheben, in der Luft drehen und in die neue Richtung einsetzen. Dann sofort den anderen Ski heben und nachführen.

▸ Wenn die Loipe nicht tief gespurt ist, kann man steuern, indem man den äußeren Ski pflugähnlich ausstemmt, um einen Bogen zu fahren.

▸ Steigt das Gelände an, im Diagonalschritt eine schnelle Schrittfolge beibehalten und nur die Schrittlänge verkürzen.

▸ Kann man die Ski bei einem Anstieg nicht mehr parallel führen, einen Zickzackkurs wählen oder in den Grätschschritt übergehen. Dabei zeigen die Skispitzen wie bei einer Schere auseinander, und man drückt sich schräg gegen den Hang ab. Die Skienden werden beim Schrittwechsel übereinander geführt und die Stöcke hinten eingesetzt.

Auf ansteigender Strecke kann man im Grätschschritt laufen.

▸ Extrem steile Passagen mit seitlichen Schritten überwinden, bei denen die Ski quer zum Hang stehen. Diese Technik ist allerdings sehr anstrengend, und man kommt nur langsam voran.

Verhaltensregeln Auch für Skilangläufer gelten bestimmte Regeln (FIS-Regeln), deren Befolgung Voraussetzung für Erfolg und Spaß beim Skilanglauf sind. Selbstverständlich muß man sich so verhalten, daß man keinen anderen gefährdet oder schädigt.

▸ Markierungen und Signale (Hinweisschilder) beachten. In Loipen in der angegebenen Richtung und Lauftechnik laufen.

▸ Auf Doppel- und Mehrfachspuren muß man in der rechten Spur laufen. Paare oder Gruppen laufen rechts hintereinander.

▸ Überholen darf man rechts oder links. Der vordere Läufer muß nicht ausweichen, sollte es aber, wenn er es gefahrlos kann.

▸ Bei Begegnungen muß jeder nach rechts ausweichen. Der abfahrende Läufer hat Vorrang.

▸ Beim Überholen, Überholtwerden und bei Begegnungen muß man die Stöcke eng am Körper führen.

▸ Jeder Langläufer muß, vor allem auf Gefällstrecken, Geschwindigkeit und Verhalten seinem Können, den Geländeverhältnissen, der Verkehrsdichte und der Sichtweite anpassen. Er muß einen genügenden Sicherheitsabstand zum vorderen Läufer einhalten. Notfalls muß er sich fallen lassen, um einen Zusammenstoß zu verhindern.

▸ Wer stehenbleibt, tritt aus der Spur. Ein gestürzter Langläufer hat die Spur möglichst rasch frei zu machen.

▸ Bei Unfällen ist jeder zur Hilfeleistung verpflichtet. Ebenso gilt die Ausweispflicht.

Touren Eine Skiwanderung von Hütte zu Hütte oder eine Tagestour muß man sorgfältig planen.

▸ Für die Zeiteinteilung und die Orientierung spezielle Karten verwenden, die nicht nur die Streckenlängen und Höhenunterschiede, sondern auch Unterstände, Verpflegungsmöglichkeiten unterwegs und Erste-Hilfe-Stationen verzeichnen.

▸ In unbekanntem Gelände immer auf den markierten oder in den Karten eingezeichneten Wegen bleiben.

▸ Längere Touren sind im Gebirge selten möglich. Bei einem entfernten Tagesziel den Anstieg an den Anfang legen, da je nach Steigung das Zwei- bis Fünffache der Abfahrtszeit benötigt wird.

▸ Bei plötzlich aufkommendem, dichtem Nebel nicht weiter aufsteigen, sondern umkehren und in Sichtweite hinter dem erfahrensten Läufer abfahren.

▸ Die Wachsstifte für die Ski in Körpernähe transportieren; sie sind dann wärmer und dadurch leichter zu verarbeiten.

Rucksack Auf eine ausgedehnte Skiwanderung unbedingt einen Rucksack mitnehmen. In ihm werden weitere Kleidungsstücke für Wetteränderungen, die in größeren Höhen schnell eintreten können, Verpflegung und die persönlichen Dinge, z. B. Papiere, Geldbörse und Schlüssel, sicher aufbewahrt.

▸ Fotoapparate, Ferngläser und andere harte oder zerbrechliche Gegenstände in ein Kleidungsstück einwickeln, damit weder sie noch der Läufer bei einem Sturz gefährdet sind.

EISLAUFEN

▸ Als Familiensport ist Eislaufen besonders geeignet, weil ihn schon Kleinkinder im Alter von zweieinhalb bis drei Jahren ausüben können, sobald der Gleichgewichtssinn ausgeprägt ist.

▸ Eislaufen verursacht nur geringe Kosten, wenn man es im Freien betreibt, da man in fast allen Leistungsstufen als Ausstattung nur die Schuhe benötigt. Es ist gesund, weitgehend ungefährlich und außerdem leicht zu erlernen, weil viele Bewegungsabläufe vom Gehen und Laufen auf dem Trockenen abzuleiten sind.

Schlittschuhe Von Kufen zum Anschrauben an feste Stiefel ist abzuraten, weil sie leicht kippen. Besser sind Komplets, bei denen die Eisen bereits montiert sind.

▸ Am besten wählt man Lederschuhe, die strapazierfähiger und geschmeidiger sind und besser wärmen als Schuhe mit Kunststoff-Obermaterial.

▸ Auf guten Halt achten: In ungeschnürten Schlittschuhen soll man entspannt wie in Straßenschuhen stehen, ohne wegzuknicken.

▸ Kinder knicken leicht nach außen um. Deshalb für sie Stiefel wählen, bei denen die Eisen etwas weiter außen montiert sind.

▸ Gleitschuhe mit breiter Lauffläche für Kinder vermitteln das eigentliche Gleitgefühl nicht und sind deshalb zum Lernen des eigentlichen Eislaufs ungeeignet.

Schuhgröße Die Schlittschuhe sollen keinesfalls zu weit sein. Am wichtigsten ist der feste Sitz am Knöchel. Die Zehen dürfen nicht anstoßen, da ein Luftpolster der beste Kälteschutz ist.

▸ Damit man die Weite der Stiefel gut regulieren kann, sollten die gegenüberliegenden Ösen der Schnürung etwa 3 cm weit voneinander entfernt sein.

▸ Modelle verschiedener Hersteller anprobieren und zehn Minuten anbehalten. Darauf achten, daß es trotz der enganliegenden Paßform keine deutlich sichtbaren Druckstellen gibt.

▸ Bei der Anprobe den Fuß anheben und die Fußspitze bewegen. Achillessehne und Ferse müssen dabei festen Halt haben.

Kufen Kunstlaufstiefel erkennt man an den Zacken an der Kufenspitze. Bei Eishockeyschuhen fehlen die Zacken.

▸ Ob der Kufenstahl hochwertig verarbeitet wurde, erkennt man daran, daß die Kufe Kanten mit gleichmäßigem Schliff hat, der keine Querriefen aufweisen darf. Je besser Stahl und Verarbeitung, desto höher auch der Preis.

▸ Der unterste Zacken der Kufe sollte etwa 1 cm über dem Boden ansetzen. Stört er beim Laufen, kann man ihn etwas abfeilen.

▸ Die Kufe ist gebogen, d. h., auf einer ebenen Fläche liegen nur 3–4 cm auf, die man Laufpunkt nennt. Beim Kauf darauf achten, daß er in der Mitte liegt.

▸ Mit den Schlittschuhen außer auf Gummimatten und eventuell auf Holz nur mit Schonern für die Kufen gehen.

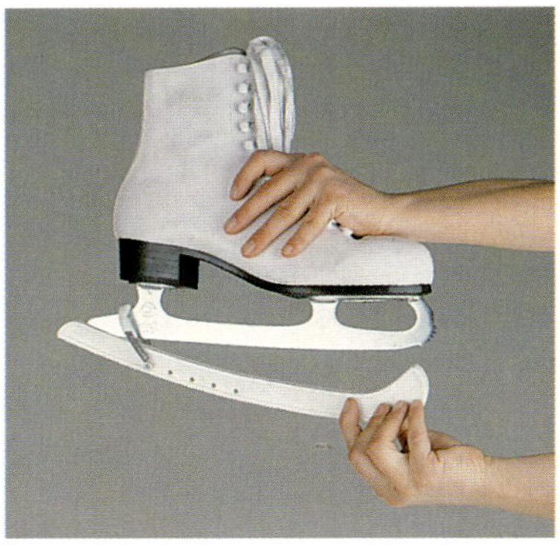

Um die Kufen zu schonen, Plastikschoner überziehen.

GRUNDTECHNIK DES VORWÄRTSLAUFENS

1. Aus der Ausgangsstellung heraus mit der Kufeninnenkante abstoßen.

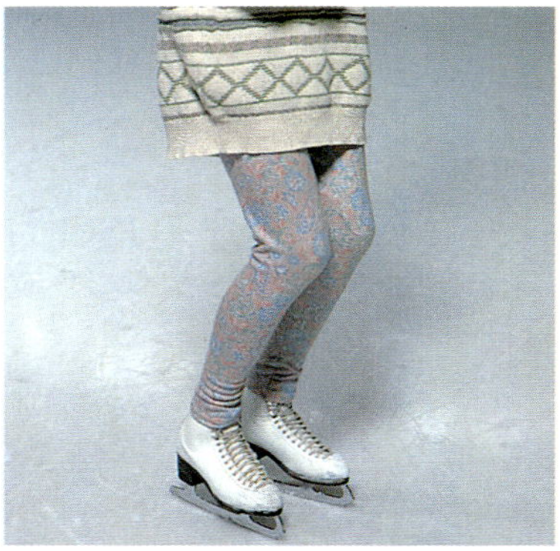

2. Das Abstoßbein wieder anziehen und parallel neben das Standbein stellen.

3. Die Beinarbeit abwechselnd wiederholen, den Rumpf dabei leicht nach vorn beugen.

▸ Die Kufen nach jedem Eislauf mit einem Ledertuch abtrocknen. Dann die Schoner darüber ziehen, um sie vor Rost und anderer Beschädigung zu schützen.

▸ Die Kufen mindestens einmal pro Saison im Fachgeschäft nachschleifen lassen.

Kleidung Anfänger kommen lange Zeit mit gewöhnlicher Winterbekleidung aus. Am besten trägt man Skihosen mit hochgezogenem Bund, damit Hemd und Pullover nicht aus der Hose rutschen können. Die Arme muß man frei bewegen können.

▸ Fortgeschrittene, die sportlichen Eislauf betreiben, ziehen atmungsaktive Kleidung aus modernen Kunstfasern der normalen Winterkleidung vor.

▸ Mit Handschuhen hält man nicht nur die Hände warm, sondern mindert auch die Verletzungsgefahr bei einem Sturz.

▸ Als Kopfbedeckung sind Mützen besser geeignet als Kapuzen, weil sie das Sichtfeld nicht einschränken.

Vorwärtslaufen Anfänger sollten als Grundübung zunächst mit Kufenschonern auf dem Trockenen gehen. Dann erst sollte man das Gleiten erproben, wobei man sich in der Eishalle an der Bande oder im Freien an einem Partner festhält.

▸ Kinder erlernen das Laufgefühl am besten mit Hilfe eines Stuhls, den sie als Stütze benutzen.

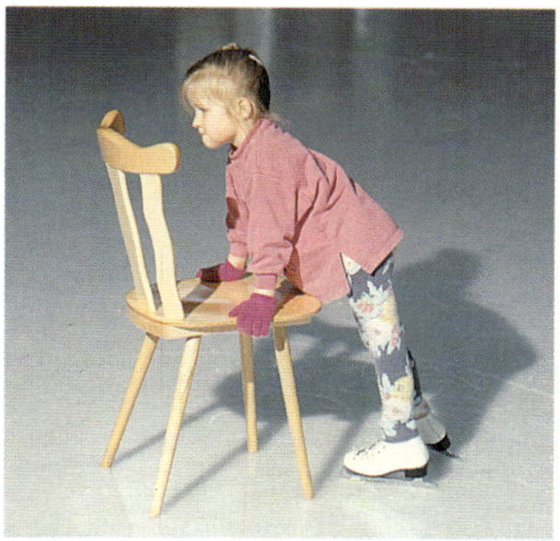

Kindern kann man bei den ersten Laufversuchen als Stütze einen Stuhl mit aufs Eis geben.

▸ Der Körperschwerpunkt muß über dem Laufpunkt der Schuhe liegen.

Stoppen Beim Bremsen verlagert man den Körperschwerpunkt ein wenig nach hinten, damit man durch den Schwung nicht nach vorn fällt.

Rückwärtslaufen Um das Rückwärtslaufen zu üben, stoßen sich Anfänger rückwärts von der Bande ab oder lassen sich von einem Partner übers Eis schieben.

▸ Mit Kunstlaufschuhen kann man beim Rückwärtslaufen auch durch eine leichte Gewichtsverlagerung nach vorn mit Hilfe der Zacken stoppen.

Stürzen Auch das Fallen will gelernt sein. Nach hinten ist es meist unkontrollierter und gefährlicher, weil man mit dem Steißbein oder gar mit dem Hinterkopf aufschlagen kann. Am besten versucht man, sich noch im Sturz rund zu machen und das Kinn auf die Brust zu drücken.

▸ Alle Stürze mit gestreckten Armen und den schnell zu Boden gebrachten Händen abzufedern versuchen.

▸ Zum Aufstehen nach einem Sturz die Beine unter den Körper bringen und zunächst hinknien; dann einen Fuß aufstellen und sich mit einer Hand auf dem Eis, mit der anderen auf dem Oberschenkel abstützen; mit nach vorn geneigtem Körperschwerpunkt langsam aufstehen.

BREMSTECHNIKEN BEIM SCHLITTSCHUHLAUFEN

Einfach, aber langsam bremst man, wenn man einen Fuß quer stellt und nachzieht.

Beim Hockey-Stop beide Füße gleichzeitig und parallel quer zur Fahrtrichtung stellen.

Einen Fuß behutsam schräg aufsetzen und dann auf die Innenkante der Kufe Druck ausüben.

SEGELN UND MOTORBOOTFAHREN

▸ Zum Segeln und Motorbootfahren reicht im allgemeinen eine normale seelische und körperliche Verfassung aus. Altersbeschränkungen nach oben gibt es nicht. Allerdings sollte man schwimmen können; außerdem setzen diese Sportarten umfassende Kenntnisse voraus.

Führerscheine Wer nicht nur mitsegeln will, sondern alleinverantwortlich ein Segelboot führen möchte, sollte einen entsprechenden Führerschein machen.

▸ Die Segelführerscheine des Deutschen Segler-Verbands (DSV) sind freiwillig, werden aber von den meisten Versicherern und Vercharterern von Segelbooten bei Abschluß des Vertrags als Befähigungsnachweis verlangt.

▸ Der Deutsche Motoryacht-Verband (DMYV) bietet einen freiwilligen Motorbootführerschein an.

▸ Vorgeschrieben sind die Sportbootführerscheine Binnen und See für motorisierte Boote mit mehr als 3,68 kW (5 PS) sowie das Bodenseeschifferpatent für Segelboote mit mehr als 12 m^2 Segelfläche und Motorboote mit mehr als 4,41 kW (6 PS).

Schulung Die Grundkenntnisse des Segelns kann man als Mitsegler bei Bekannten lernen.

▸ Volkshochschulen und Vereine bieten – meist im Winter – mehrmonatige Theoriekurse, denen sich im Sommer eine praktische Ausbildung anschließt. Am Ende der Ausbildung steht die Führerscheinprüfung.

▸ Wer schneller zu seinem Schein kommen will und nichts dagegen hat, im Urlaub die Schulbank zu drücken, ist in Ferienkursen gut aufgehoben.

▸ Schulen sollten von den Verbänden anerkannt sein. Damit ist sichergestellt, daß ausgewiesene Fachleute die Ausbildungspläne überprüft haben.

Bootstypen Bei der Wahl des Bootsstyps richten sich Segler und Motorbootfahrer nach ihrem jeweiligen Können, nach Anspruch und Geldbeutel.

▸ Wer das sportliche Segeln auf Binnengewässern schätzt, ist mit der kiellosen Jolle bestens bedient. Durch ihr aufholbares Schwert kann man auch seichte Stellen problemlos passieren. Mehr Komfort bieten Jollenkreuzer mit Kajüte.

▸ Kielschwertyachten sind Fahrzeuge mit einem flachgehenden Kiel und hochziehbarem Schwert. Damit ist diese Konstruktion der Jolle an Stabilität überlegen, ohne deren Manövrierfähigkeit einzubüßen. Kielschwertyachten sind das ideale Segelboot für Gewässer, in denen es Gezeiten gibt, und für den Küstenbereich.

▸ Kielyachten sind durch ein fest angebrachtes Ballastgewicht unter ihrem Rumpf kentersicher. In der Regel als komfortable Kajütboote ausgelegt, ist ihr Einsatzgebiet die hohe See.

▸ Bei Motorbooten gibt es in den kleineren Klassen neben den praktisch unsinkbaren Schlauchbooten die schnell zu fahrenden Sportboote, entweder mit Außen- oder mit Innenbordmotor.

▸ Bescheidenen Komfort bieten sogenannte Daycruiser mit Kajüte im Vordeck und die etwas größeren Halbkajütboote. Bei diesem Bootstyp befinden sich Schlafplätze und Kombüse unter dem abgedeckten Cockpit, das teilweise in den Wohnbereich mit einbezogen wird.

▸ Kajütboote und Motoryachten sind so ausgelegt, daß man mit ihnen auch längere Reisen unternehmen kann.

▸ Ein Kompromiß zwischen Segel- und Motoryacht ist der Motorsegler.

Bootskauf Da die Anzahl der Bootstypen und die Vielfalt der Ausrüstungsgegenstände in den letzten Jahren ständig zugenommen haben, ist der Bootsmarkt für den Laien nur noch schwer zu überschauen. Einsteiger sollten daher beim Bootskauf einen Fachmann, am besten einen Bootsbauer, zu Rate ziehen.

▸ Preise nennen die Bootax-Liste der Bundeswirtschaftsvereinigung Freizeitschiffahrt, die diesbezügliche Liste der Schwacke-Bewertungs-GmbH Osnabrück und das jährlich erscheinende Heft *Klasings Bootsmarkt International.*

▸ Für den Dachgepäckträger zugelassene Jollen und Boote, die auf einem Pkw-Anhänger transportiert werden können, ersparen hohe Liegegebühren in den Yachthäfen.

Mietboote Wer sich kein eigenes Boot leisten kann oder will, hat die Möglichkeit, eines zu chartern. Außerdem bleiben damit Ausgangshafen und Revier weitgehend frei wählbar.

▸ Anfänger können eine Yacht auch mit Skipper (Schiffsführer) mieten.

▸ Einen guten Einstieg für Segler bietet die sogenannte Kojencharter, bei der man einen Schlafplatz auf einer größeren Yacht bucht. Eine oder mehrere Wochen mit fremden Menschen auf engstem Raum zu verbringen kann allerdings problematisch sein und sollte deshalb vorher genau überlegt werden.

▸ Für den Urlaub besonders geeignet ist die Motorbootcharter auf den Binnengewässern des europäischen Auslands, weil hier im allgemeinen kein Führerschein von den Behörden verlangt wird. Auskunft geben die Reisebüros.

Ausrüstung Während eine Jolle oder ein kleineres Motorboot unterwegs in der Regel mit Paddel und Schleppleine auskommt, sollte eine größere Yacht umfangreicher ausgerüstet sein.

▸ Zur Grundausrüstung gehören: zwei Anker, Bootshaken, Fender, Festmacherleinen, Signallampe- und -horn, Radarreflektor, Stablampe, Verlängerungskabel, Wasserschlauch, Schrubber, Eimer, Handpumpe, Feuerlöscher, Bolzenschneider, Erste-Hilfe-Ausrüstung, Werkzeug, Ersatzteile, Bootsmannsstuhl, Reservekanister, Motoröl und ein Beiboot.

▸ Mit einem Kissenfender und einem Sicherheitsgurt kann man einen Bootsmannsstuhl für Mastreparaturen improvisieren.

Auch ein improvisierter Bootsmannsstuhl hilft bei Mastarbeiten.

▸ Manche Ausrüstungsteile wie Feuerlöscher und Werkzeug lassen sich auch im Auto benutzen.

▸ Zur Navigationsausrüstung einer Yacht gehören Steuerkompaß, Peilkompaß, zwei Kursdreiecke, Entfernungszirkel, Bleistift und Radiergummi, Lot und Log, Uhr und Stoppuhr, Fernglas, ein Radio für den Wetterbericht, Seekarten, See- und Hafenhandbücher, Gezeitentafeln, Leuchtfeuerverzeichnisse und eventuell ein Sextant.

▸ Als Sicherheitsausrüstung sollte man auf Yachten Rettungswesten und Sicherheitsgurte (Life belts) für jede Person an Bord mit sich führen; ferner Signalpistole, Signalmittel, Rettungsschwimmkörper, Markierungsboje und Rettungsinsel.

▸ Für die Signalpistole ist eine amtliche Waffenbesitzkarte erforderlich, für bestimmte Notsignalmittel wie Raketen ein Munitionserwerbsschein.

Jollenbekleidung Auf kleineren Booten wie z. B. Jollen sollte man wasserdichte Kleidung tragen, da man hier eher als auf Yachten mit Spritzwasser rechnen muß.

▸ Trockenanzüge, die aus dünnem, elastischem Kunststoff gefertigt sind, haben Gummimanschetten an Hals, Armen und Füßen, die verhindern, daß Wasser eindringt. Darunter kann man bei Bedarf lange Unterwäsche oder Faserpelz anziehen.

SCHWIMMWESTEN

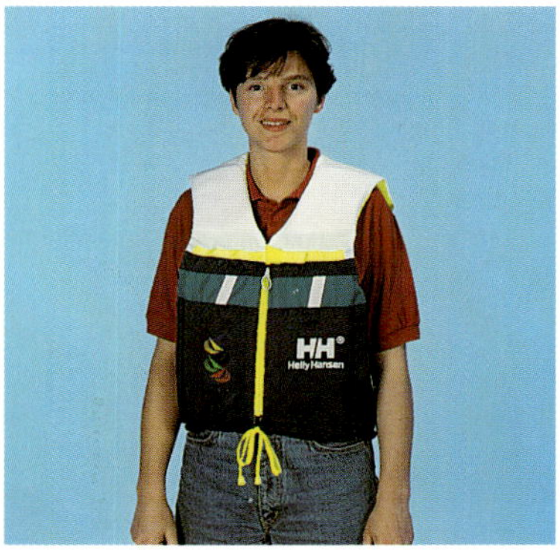

Schwimmhilfen, wie sie auf Jollen getragen werden, erhalten viel Bewegungsfreiheit.

Schwimmwesten sind durch feste Auftriebskörper wartungsfrei, aber nicht immer ohnmachtssicher.

Ohnmachtssichere automatische Rettungswesten werden mit Hilfe einer CO_2-Patrone aufgeblasen.

▸ Die Gummimanschetten an Trockenanzügen bleiben durch Talkumpuder geschmeidig.

▸ Bei Segelmanövern wird der Trockenanzug stark beansprucht. Um ihn zu schonen, zieht man eine alte, in Kniehöhe abgeschnittene Trainingshose darüber.

▸ Neoprenanzüge müssen eng anliegen und dürfen keine Falten werfen.

▸ Weil man die Taue, mit denen die Segel in die jeweils gewünschte Stellung gebracht werden, häufig bedient, sind beim Jollensegeln Handschuhe wichtig.

Jollensegler sollten ihre Hände mit Handschuhen schützen.

▸ Jollenstiefel sind aus Gummi oder Neopren und haben einen kurzen, enganliegenden Schaft. Man kann mit ihnen zur Not auch schwimmen.

▸ Um eine Jolle aufrecht segeln zu können, muß sich die Mannschaft unter Umständen auf der dem Wind zugekehrten Seite hinauslehnen. Damit die Gurte, von denen die Besatzungsmitglieder dabei gehalten werden, nicht in den Fußrücken schneiden, sollten die Schuhe an dieser Stelle verstärkt sein.

▸ Um trockene Füße zu behalten, zieht man eine Gummisocke unter die Fußmanschette des Trockenanzugs.

Yachtbekleidung Das herkömmliche Ölzeug hat weitgehend ausgedient, weil man in ihm schnell schwitzt. Heute gibt es leichtere und atmungsaktive Bekleidung. Jacken sollten einen Kunststoffreißverschluß haben, der von einem Klettverschluß abgedeckt ist. Hosen müssen bis an die Brust reichen.

▸ Einteilige Schlechtwetteranzüge gibt es mit integrierten Auftriebskörpern als Schwimmhilfe und mit eingearbeitetem Sicherheitsgurt, so daß das umständliche Anlegen entfällt.

▸ Ärmel mit Neoprenmanschetten wärmen den Puls und verhindern, daß Wasser eindringt.

▸ Besser als Kapuzen, die beim Umdrehen leicht die Sicht verdecken, sind die sogenannten Südwester (hinten lang heruntergezogene Mützen).

▸ Yachtkleidung muß man nach einem Salzwassertörn immer mit Süßwasser abwaschen, da sie sonst nicht richtig austrocknet und Stockflecken bekommt.

▸ An Deck sollte man möglichst nicht barfuß gehen, weil man sich leicht verletzen kann.

▸ Sportschuhe mit rutschfester, heller Sohle, die an Deck keine Spuren hinterlassen, eignen sich an Bord genauso wie spezielle Segelschuhe. Schuhe mit hohen Absätzen sollten wegen der damit verbundenen Stolpergefahr nicht getragen werden.

▸ Gummistiefel sollten nicht zu eng sitzen; Luft wärmt die Füße besser als mehrere Paar Socken übereinander.

▸ Im Frühjahr und Herbst halten Moonboots die Füße besser warm als Gummistiefel. Darin zieht man Faserpelzsocken an.

▸ Skihandschuhe und Pudelmütze sind bei Kälte zu empfehlen.

Naturschutzregeln

Die Wassersportverbände haben Regeln für den Naturschutz ausgearbeitet, die auch von Nichtorganisierten eingehalten werden sollten.

- **Dichtbewachsene Uferpartien sind als Lebensraum von Pflanzen und Tieren ebenso zu meiden wie seichte Gewässer (Laichplätze von Fischen) und Sandbänke (Rast- und Aufenthaltsplätze von Vögeln und Seehunden).**
- **Beim Stilliegen sollte der Motor des Bootes nicht unnötigerweise laufen.**
- **Abfälle jeder Art werden gesammelt und an Land entsorgt. Dies gilt besonders für den Inhalt von Chemietoiletten und für Altöle.**
- **Boote wäscht man nur an den dafür vorgesehenen Plätzen. Hierfür und auch an Bord verwendet man umweltschonende, biologisch leicht abbaubare Reinigungsmittel.**
- **Den Unterwasseranstrich des Bootes sollte man mit möglichst giftfreien Materialien ausführen.**

Segeltips Wenn zwei auf beiden Seiten des Vorsegels in Kopfhöhe festgeklebte Wollfäden waagrecht im Wind flattern, stehen die Segel optimal im Wind.

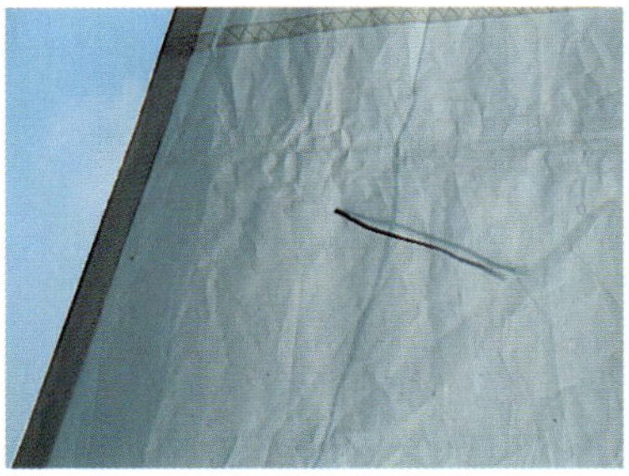

Zwei waagrecht zu beiden Seiten des Vorsegels flatternde Wollfäden zeigen an, daß die Segel des Bootes gut stehen.

▸ Bei plötzlich einfallenden Böen kann man eine Kenterung vermeiden, indem man das Boot höher zum Wind hindreht, auch wenn dadurch die seitliche Neigung im ersten Moment noch zunimmt. Das geht meist schneller, als wenn man den Tauen, mit denen man die Segel in die jeweils gewünschte Stellung bringt, etwas Spiel gibt.

Motorbootfahren Auf fließenden Gewässern macht sich die Strömung bemerkbar. Statt bei einer quer verlaufenden Strömung in der Flußmitte entsprechend vorzuhalten, ist es mitunter sinnvoller, das ruhigere Wasser in Ufernähe zu nutzen.

Sicherheit Jollensegler stecken sich einen Signalgeber unter die Riemen der Schwimmweste. Eine Trillerpfeife kann nachträglich mit einem Band befestigt werden.

▸ Bei starkem Wind und allen Nachtfahrten sollte auf Yachten jeder an Bord Rettungsweste und Sicherheitsgurt tragen.

▸ Kleinkinder tragen immer eine Schwimmweste – auch beim Spielen auf dem Bootssteg.

▸ Neue Westen probiert man besser vorher an Land aus.

▸ Freizeitschiffsführer sollten vielbefahrene Fahrwasser meiden.

Seekrankheit Die Anfälligkeit gegenüber dieser durch die Bootsbewegungen hervorgerufenen Störung der Gleichgewichtsorgane ist unterschiedlich, vermindert sich jedoch bei längerer Fahrzeit. Darüber hinaus gibt es eine Reihe von Mitteln, die dem Brechreiz entgegenwirken.

▸ Medikamente gegen Reisekrankheit hat man am besten in Form von Kaudragees dabei. Da deren Wirkstoffe vom Körper über die Mundschleimhaut sehr schnell aufgenommen werden, braucht man sie erst beim Auftreten der Symptome zu nehmen.

▸ Nützlich ist ein verschreibungspflichtiges Spezialpflaster. Es wird hinter das Ohr geklebt und gibt seine Inhaltsstoffe gleichmäßig durch die Haut ab. Wie alle stärkeren Medikamente haben diese Mittel allerdings Begleiterscheinungen: Sie machen müde!

▸ Gewebearmbänder für das Handgelenk helfen ohne Chemie.

KREUZKNOTEN

1. Beim Kreuzknoten, der zwei Taue gleicher Art verbindet, legt man die Seilenden übereinander.

2. Die rechte Hand biegt ein Ende nach links oben; die linke steckt das andere von oben her durch.

3. Beim Zusammenziehen müssen die Enden symmetrisch nach links und rechts wegstreben.

PALSTEK

1. Beim Palstek, einem Knoten zum Anlegen, das linke Seilende von unten durch ein Auge stecken.

2. Anschließend führt man es unter dem nach rechts wegstrebenden Ende hindurch.

3. Zum Schluß das Ende von oben wieder durch das Auge stecken, und den Knoten dichtziehen.

Durch einen eingenähten Kunststoffknopf wird ein Akupressurpunkt beeinflußt.

▸ Frische Luft, Beschäftigung und trockenes Brot können für Erleichterung sorgen. Wenn Land in der Nähe ist, kann man den Horizont mit den Augen fixieren.

SURFEN

▸ Surfen ist ein problemlos auszuübender Sport. Das Brett läßt sich leicht auf dem Autodach transportieren, ist schnell zusammengebaut, und der Surfer kann eine Vielzahl von Wasserrevieren einfach erreichen.

▸ Wenn die äußeren Umstände kindgerecht sind und die Ausrüstung der Entwicklungsphase des Kindes angepaßt ist, kann ab etwa sieben Jahren mit dem Surfen begonnen werden. Eine Altersgrenze nach oben existiert in dieser Sportart nicht, auch wenn man meist junge Leute auf dem Wasser sieht.

▸ Besondere gesundheitliche Voraussetzungen gibt es beim Surfen nicht; bei Schäden an der Wirbelsäule und den Bandscheiben, bei Ohrenleiden oder wenn Herz- und Kreislaufstörungen vorliegen, sollte man allerdings vorher einen Arzt befragen.

▸ Die Grundkenntnisse des Surfens sollte man bei einem Lehrer lernen, da sich eingeschlichene Fehler schnell festsetzen. Den Surfgrundschein des Deutschen Segler-Verbands (DSV) kann man an zwei Wochenenden in anerkannten Schulen oder Vereinen erwerben.

▸ Die Geschäftsstelle des Deutschen Segler-Verbands in Hamburg gibt kostenlos den Surfkalender mit Ausbildungsinformationen und Veranstaltungsterminen ab.

Brettypen Die sogenannten Funboards oder Gleiter sind Bretter mit flacher Unterwasserseite. Das erhöht ihre Kippstabilität, macht sie bei nur leichtem Wind aber langsamer als die großen Verdränger mit runder Unterwasserseite. Allround-Funboards mit Schwert und einer Länge zwischen 3,2 und 3,6 m eignen sich für Einsteiger am besten. Sinker ohne Schwert, also Bretter, die bemannt bei zu wenig Wind sinken, erfordern vom Surfer ein großes Maß an Können und viel Erfahrung.

▸ Für den Anfang muß das Surfbrett ausreichend Auftriebsvolumen besitzen. Für Erwachsene gilt die folgende Faustregel: Körpergewicht + Brettgewicht + Riggewicht + Kleidungsgewicht + 90–150 l Überschußvolumen = Auftriebsvolumen in Litern.

▸ Auf Wassersportmessen und am Ende der Sommersaison verkaufen viele Händler Auslaufmodelle zu günstigen Preisen.

Riggarten Spezialriggs für Kinder und Jugendliche haben leichtere Masten und Gabelbäume, eine Segelfläche von 2,5 – 3,5 m^2 und Halteschlaufen statt einer Masttasche, damit eingelaufenes Wasser das Segelaufholen nicht unnötig erschwert.

Kinder und Jugendliche brauchen spezielle Riggs mit leichteren Masten und Gabelbäumen sowie einer kleineren Segelfläche.

▸ Die Segelgröße für Anfänger sollte 3,5–5 m^2 betragen. Empfehlenswert ist ein gemäßigter Schnitt mit Duo-Batten-System. Dieses Prinzip gestattet es, wahlweise kurze oder lange Segellatten einzuziehen. Kurze Latten, die nicht bis zum Mast durchgehen, erleichtern es dem Anfänger, die Segelstellung zu überprüfen. Für Manöver, Slalom und Speedrennen gibt es Spezialsegel.

Kleidung Beim Surfen empfiehlt sich möglichst körperangepaßte Kleidung. Auch im Sommer muß die Verdunstungskälte berücksichtigt werden.

▸ Wegen der körperlichen Anstrengung sollte man im Sommer einen Neoprenanzug tragen, in dem man weniger schwitzt als in einem Trockenanzug.

▸ An heißen Tagen schützen Neopren-Badeanzüge oder -Bermudashorts Nieren und Blase vor Unterkühlung durch den Wind.

▸ Unter Umständen ist beim Surfen ein Handschutz zu empfehlen, weil die Hände großen Belastungen ausgesetzt sind. Im Handel gibt es spezielle Handschuhe.

▸ An kälteren Tagen wirken Neoprenschuhe dem Auskühlen der Füße entgegen. Sie sind auch ein guter Schutz vor Verletzungen und bieten einen besseren Halt auf dem Brett als bloße Füße.

Surftips Wenn das Rigg beim Segelaufholen nicht von vornherein auf der dem Wind abgekehrten Seite liegt, wird es zunächst nur leicht angehoben, dann dreht es der Wind von allein in die richtige Position. Dabei läuft auch das Wasser aus der Masttasche ab.

▸ Für Kinder gibt es Auftriebshilfen, die an die Mastspitze oder ins Segel montiert werden.

▸ Beim Start steht man stabiler,

SEGELAUFHOLEN UND START

Beim Segelaufholen sollte man die Wirbelsäule möglichst wenig belasten. Weil bei gebeugtem Rücken die Bandscheiben sehr stark beansprucht werden, empfiehlt es sich, eine aufrechte Körperhaltung einzunehmen. Besonders bei Kindern sollte man auf einen geraden Rücken achten. Ihre Bauch- und Rückenmuskulatur ist noch nicht in der Lage, die Wirbelsäule ausreichend zu entlasten. Beim Start ist es vor allem wichtig, das Rigg so weit in den Wind zu ziehen, daß man es ohne besonderen Kraftaufwand halten kann.

1. Zum Segelaufholen wird das Brett quer zum Wind gelegt. Den Mastfuß zwischen die Füße nehmen und die Aufholleine greifen.

2. Durch Gewichtsverlagerung in den Wind wird das Rigg aus dem Wasser gezogen, bis man an der Leine bis zum Mast greifen kann.

3. Sobald man den Mast gegriffen hat, ist die Grundstellung erreicht. Der Mast wird am langen Arm gehalten; der Blick ist nach vorn gerichtet.

4. Um zu Starten, zieht man das Rigg dicht am Körper vorbei in den Wind und setzt gleichzeitig den vorderen Fuß hinter den Mast des Surfbretts.

5. Dann wird die freie Hand am Gabelbaum aufgelegt und das Segel durch Rückdrehen des Oberkörpers dichtgeholt. Der Start ist ein flüssiger Bewegungsablauf von der Grundstellung bis zur Fahrtaufnahme. Balancesicherheit läßt sich durch Wackelübungen oder Partnerspiele wie Brettertausch gewinnen.

wenn Schultern, Hüfte, Knie und Füße möglichst parallel zueinander stehen.

▸ Wer den optimalen Anstellwinkel des Segels zum Wind verändert, wird langsamer und kann schlechter steuern.

▸ Der Segelseitenwechsel muß zügig vonstatten gehen, um die instabile Phase möglichst kurz zu halten. Das Wendemanöver wird flüssiger, wenn man so lange wie möglich in Fahrtrichtung schaut und dann durch eine Kopfdrehung in die neue Fahrtrichtung einen Drehimpuls auf den Körper ausübt.

Notfall Bei Materialbruch oder auch bei Flaute paddelt man, nachdem man das Rigg auf das Brett gelegt hat, auf dem Bauch liegend zurück.

▸ Von einem anderen Surfer kann man sich ohne Leine abschleppen lassen, indem man sich auf der dem Wind zugekehrten Seite am Mast oder an einer Fußschlaufe festhält.

WASSERSKI

▸ Eine preiswerte Möglichkeit, den Wasserskisport auszuüben, bieten die mancherorts entstandenen Seilbahnanlagen.

▸ Auf den meisten Wasserskianlagen werden – wochentags vormittags – Anfängerkurse durchgeführt. Die Ausrüstung ist hierbei oft im Preis inbegriffen.

▸ Ein Sportboot zum Wasserskifahren sollte mindestens von einem 29-kW-Außenbordmotor angetrieben werden. Um einen Mono- oder Paarskiläufer auch aus dem tiefen Wasser zu ziehen, empfiehlt sich aber eine Motorleistung von mindestens 37 kW.

Skikunde Einsteiger sollten immer mit Paarski (Doppelski) mit glatter Lauffläche beginnen. Der Start ist einfacher und die langsame Geradeausfahrt ruhiger.

▸ Eine besondere Form des Doppelski ist der Kombiski. Zwischen rechtem und linkem Brett wird nicht unterschieden, und einer der beiden Ski ist mit einer zweiten Bindung ausgestattet, so daß man mit ihm auch Monoski fahren kann.

▸ Wer ausreichend Erfahrung auf Paarskiern gesammelt hat, kann auf den Monoski umsteigen. Dieser Ski hat eine konkave Lauffläche. Sie ermöglicht präzises Fahren auch in Kurven und bei hoher Geschwindigkeit.

▸ Slalomski und Trickski für Figurenlauf sowie Sprungski sind ausschließlich für Experten gedacht.

▸ Für die Länge des Ski gelten folgende Richtwerte im Verhältnis zum Körpergewicht: Bis zu 55 kg 160 cm, bis zu 60 kg 165 cm, bis zu 90 kg 170 cm und über 90 kg 175 cm. Außerdem gilt: Je geringer die Geschwindigkeit, desto mehr Auftrieb, sprich Länge, sollte der Ski haben.

▸ Das Anziehen der Ski fällt leichter, wenn man Bindung und Füße vorher naß macht.

▸ Ein im Fersenbereich aufgeklebtes Stück Sandpapier verhindert beim Monoski das Wegrutschen des hinteren Fußes.

Kleidung An besonders heißen Tagen reicht normale Badebekleidung. Man sollte jedoch gerade beim Wasserskisport die Verdunstungskälte nicht unterschätzen. Dünne Windschutzanzüge aus Kunststoff halten Spritzwasser und Fahrtwind ab, wärmen aber praktisch nicht. Neoprenanzüge sind warm und schützen darüber hinaus bei Stürzen. Es gibt sie mit langen oder kurzen Armen und Beinen sowie mit oder ohne Kopfhaube. Trockenanzüge mit Gummimanschetten sind bei kühler Witterung ebenfalls sehr gut geeignet.

START ÜBEN

1. Beim Start, der sich mit Partner auch trocken üben läßt, liegen die Ski handbreit auseinander.

2. Aus der Hocke schiebt man die Beine etwas nach vorn und belastet sie dabei gleichmäßig.

3. Während der Fahrt die Arme möglichst ausgestreckt halten und sich so ziehen lassen.

▸ Handschuhe mit Lederbesatz geben Griffsicherheit an der Hantel und verhindern Blasenbildung an den Händen.

▸ Eine Schwimmweste bietet nicht nur Auftriebssicherheit, sondern schützt auch vor Rippenprellungen beim Sturz ins Wasser. Außerdem hilft sie beim Wasserstart hinter dem Boot.

Starten Wer noch unsicher ist, sollte nach dem Start nicht gleich ganz aufstehen, sondern erst einmal mit gebeugten Knien in der Hocke weiterfahren.

▸ Wenn der Start mißglückt oder der Fuß aus der Bindung rutscht bzw. die Stellung der Ski nicht korrekt ist, muß man die Leine gleich loslassen. Wenn das Boot voll zieht, lassen sich diese Fehler nicht mehr korrigieren, sondern führen leicht zu Verletzungen.

Kurven Durch leichtes Abhocken vor einer Kurve kann man verhindern, daß man nach vorn kippt.

Landen Wer zu schnell aufs Land zukommt, bremst mit den Händen oder noch besser durch Hinsetzen auf das Wasser.

Sicherheit Die Hantel darf man niemals zwischen die Beine stecken oder sie gar um den Hals legen.

▸ Das Seil sollte immer gespannt sein. Wird es doch einmal schlaff, verlangsamt man einfach die Fahrt, bis es sich von selbst wieder strafft. Dazu lehnt man sich zurück und drückt die Ski tiefer ins Wasser. Auf diese Weise wird eine Bremswirkung erzielt.

▸ Stöße, die zu einem Sturz führen könnten, kann man federnd ausgleichen, indem man die Knie leicht gebeugt hält.

▸ Scharfe Kanten am Ski, an denen man sich bei einem Sturz leicht verletzen kann, macht man durch passende Gummiteile ungefährlich, die im Handel erhältlich sind.

▸ Zur Verständigung zwischen Bootsführer und Wasserskiläufer sollten die internationalen Handzeichen beherrscht werden.

KANUSPORT

▸ Kanu ist der Oberbegriff für zwei Bootstypen: Kajak mit Doppelblattpaddel und Kanadier mit je einem Stechpaddel pro Person. Kajaks sind relativ schnell, dafür aber nicht so geräumig wie Kanadier. Während Kajaks für einen Tages- oder Wochenendtrip be-

HANDZEICHEN

Mit diesem Zeichen bedeutet der Wasserskiläufer dem Bootsführer, daß er schneller fahren soll.

Hier will der Läufer dem Bootsführer mitteilen, daß er langsamer gezogen werden möchte.

So zeigt der Läufer dem Bootsführer, daß die Geschwindigkeit in Ordnung ist.

Um eine Richtungsänderung bittet der Läufer den Bootsführer mit diesem Zeichen.

Auf diese Weise teilt der Läufer dem Bootsführer mit, daß er umdrehen möchte.

Daß der Läufer zurück an Land möchte, weiß der Bootsführer, wenn er dieses Zeichen sieht.

sonders geeignet sind, bevorzugen die meisten Reisekanuten einen zwei-, drei- oder viersitzigen Kanadier.

- Um das Boot beim Anlegen zu befestigen oder auch abschleppen zu können, werden an Bug und Heck Halteschlaufen aus 8-mm-Nylontau eingezogen und daran jeweils 3 – 4 m lange Leinen angeknotet.

Kajak Stabiler als Faltboote und aufblasbare Kajaks sind Einer oder Zweier aus Kunststoff. Mit Steuervorrichtung eignen sie sich sogar für Meeres- und Wildwasserfahrten. Ein gerader, durchgezogener Kiel sorgt für Kursstabilität und schnelle Geradeausfahrt. Anfänger sollten jedoch besser auf einem Kajak mit flachem Rumpf und ohne sichtbare Kiellinie beginnen, weil dieser wendiger ist.

- Im Zweier hat man mehr Bewegungsfreiheit und kann einen Anfänger auf dem vorderen Sitz anlernen.

- Je mehr Gepäck man verstauen muß, desto größer sollte die Sitzluke gewählt werden. Außerdem können bei größerer Luke ungelenkige Fahrer besser einsteigen.

- Spritzdecken sind auf die Luken zugeschnitten und halten Gepäck und Beine des Fahrers trocken.

Kanadier In der Sportausführung dieses Bootes knien die Paddler auf einer weichen Unterlage. Tourenboote haben dagegen Sitzbänke. Ein Zweisitzer hat eine Länge von 5 m und eine Breite von mindestens 80 cm. Das Boot wiegt dann etwa 30 kg, kann aber bis zu 300 kg Ladung aufnehmen.

- Das Gepäck sollte so verteilt werden, daß sich der Schwerpunkt in der Bootsmitte oder etwas dahinter befindet. Auf keinen Fall darf er vorn liegen.

- Statt einer auf das Boot zugeschnittenen Abdeckung kann man auch eine dicke Plastikplane als Spritzschutz verwenden.

Kleidung Spezielle wasserdichte Paddeljacken gibt es in verschiedenen Ausführungen. Wichtig sind eine Kapuze, ein fester Abschluß am Hals und enganliegende Ärmelmanschetten, damit kein Wasser einlaufen kann.

- Für Wanderfahrten im Kanadier zieht man der Witterung entsprechende Freizeitkleidung an. Gegen Spritzwasser und kurze Schauer werden dünne Nylonjacken und -hosen übergezogen, die auch vor Wind schützen. Gummistiefel sind unverzichtbar.

Start Der erfahrenere Paddler hält das Boot fest, während der andere einsteigt.

- Im Flachwasser, wo der Rumpf etwas Grundberührung hat, fällt der Einstieg leichter. Man kann sich dann mit dem Paddel ins tiefere Wasser abdrücken.

Doppelblattpaddeln Doppelblattpaddel sind 2,14 – 2,2 m lang; ihre Blätter sollten um 85° zueinander verdreht sein.

- In der Ausgangsposition greift man das Paddel so, daß sein Schaft zur Wasseroberfläche von der Seite betrachtet einen Winkel von 60 – 75° und von vorn einen Winkel von 75° bildet.

- Die Bewegung erfolgt gleichzeitig als Zug der Arbeits- und Druck der Gegenhand. Dabei sollte man den Oberkörper ganz leicht nach vorn neigen und beim Paddeln nicht wippen, da die Fahrt sonst unruhig wird.

- Nach dem Ziehen ist es ratsam, kurz die Finger auszustrecken, damit sie nicht verkrampfen.

- Kajaks ohne Steuervorrichtung werden durch mehrere Schläge auf derselben Seite, weitausho-

EINSTEIGEN

1. Man sollte in gebückter Haltung einsteigen, weil ein tiefer Körperschwerpunkt das Boot stabilisiert.

2. Man stützt sich mit beiden Händen ab und setzt ein Bein über die Kiellinie des Bootes hinaus auf.

3. Das andere Bein nachziehen und sich sofort hinsetzen. Am Steg hilft ein quer gelegtes Paddel.

lende Bogenschläge oder durch Ankanten gesteuert. Beim Ankanten wird die Bootskante auf der Gegenseite der gewünschten Richtung durch Gewichtsverlagerung ins Wasser getaucht.

Stechpaddeln Das Stechpaddel sollte so lang sein, daß es dem Paddler im Stehen bis zum Kinn reicht. Abgerundete, schmale Blätter lassen sich leichter durchs Wasser ziehen als flache, breite, erzeugen aber weniger Vortrieb.

- Das Stechpaddel wird vorn senkrecht eingetaucht und parallel zur Bootsmittellinie nach hinten durchgezogen.

- Vordermann und Steuermann paddeln bei Geradeausfahrt am besten auf gegenüberliegenden Seiten. Gelegentliches Seitenwechseln entlastet die Arme und Schultern. Bei drei Personen paddeln die beiden vorderen auf derselben Seite.

- Der hintere Paddler steuert, indem er den Griff des nah am Bootsrand parallel zur Bootsmittellinie ins Wasser gehaltenen Paddels zu sich her zieht und somit das Blatt vom Boot wegdrückt. Dadurch dreht der Bug in die Richtung seiner Schlag- bzw. Steuerseite zurück.

- Das Boot läßt sich nur steuern, wenn es Fahrt macht, nicht, wenn es durchs Wasser treibt.

- Um eine konstante Geradeausfahrt zu erzielen, kann der Steuermann kurz nach jedem Paddelschlag steuern.

- Der Kanadier neigt dazu, sich quer zu Wind und Wellen zu legen. Vor allem bei Wellen von mehr als 30 cm Höhe muß der Steuermann dem stetig entgegenwirken.

Tourenausrüstung Kanufahren ist ein Sport für Camper. Entsprechend muß die Ausrüstung beschaffen sein. Wer unterwegs nicht auf Campingplätzen Quartier macht, benötigt einige zusätzliche Ausrüstungsgegenstände.

- Ein Packplan erleichtert das Ein- und Ausladen und vor allem das Auffinden von wichtigen Ausrüstungsgegenständen.

- Um mehr Stauraum zu schaffen, kann man Sitze und Stemmbretter ausbauen und Gepäckstücke dazu umfunktionieren.

- Für Abfälle sollte man große, widerstandsfähige Plastiksäcke mitnehmen, die man an den vorgesehenen Plätzen abgibt.

- Für provisorische Notreparaturen sollte man immer ein Universalklebeband mitführen. Vor dem Zukleben kleinerer Risse oder undichter Stellen im Boot muß die Klebestelle immer gut abgetrocknet werden.

- Mit einem Glasfaser-Reparaturset (aus dem Autozubehörhandel) kann man Löcher im Bootsrumpf selbst flicken.

Sicherheit Eine Schwimmweste muß immer griffbereit sein und bei rauhen Bedingungen angelegt werden.

- Kajak-Spezialschwimmwesten sind eine Kombination aus Paddelanorak und Schwimmweste.

- Wildwasser-Kajakfahrer müssen immer eine Schwimmweste und einen speziellen Schutzhelm tragen.

SCHWIMMEN UND SCHNORCHELN

- Schwimmen ist von hohem gesundheitlichem Wert.

- Besonders aus orthopädischer Sicht ist Schwimmen empfehlenswert. Durch die auftriebsbedingte Gewichtsentlastung, die diesen Sport auch für Übergewichtige interessant macht, werden die Gelenke geschont. Darüber hinaus gleicht Schwimmen Haltungs-

PADDELHALTUNG

Das Doppelblattpaddel wird mit Arbeits- und Gegenhand links und rechts der Mitte gehalten.

Das Stechpaddel wird oben wie ein Spaten angefaßt. Die andere Hand greift oberhalb des Blattes.

Der hintere Paddler steuert das Boot und hält dazu sein Stechpaddel wie ein Ruder ins Wasser.

schäden aus, kräftigt die Muskeln und gilt als Ausdauertraining.

- Rückenschwimmen entlastet in besonderem Maß die Wirbelsäule.

- Wer Schwimmen gelernt hat, kann sich beim Schnorcheln mit wenig Aufwand auch die Unterwasserwelt erschließen.

- Wasser trocknet die Haut aus. Deshalb sollte man sich nach dem Schwimmen oder Schnorcheln gründlich eincremen.

Voraussetzungen Schwimmen unterliegt keiner Altersbeschränkung. Schon Babys fühlen sich im Wasser wohl.

- Auch an die Kondition stellt Schwimmen keine besonderen Anforderungen. Für Kleinkinder und ältere Menschen sollte allerdings vorher immer das Einverständnis eines Arztes eingeholt werden.

- Vorsicht bei Trommelfelldefekten: Sie können zu Gleichgewichtsstörungen und Orientierungsverlust im Wasser führen. Schützen kann man sich sehr gut mit einem geölten Wattebausch.

- Für das Schnorcheln an der Wasseroberfläche gelten dieselben gesundheitlichen Voraussetzungen wie für das Schwimmen.

- Um Erkältungen vorzubeugen, sollte man sich im Freibad oder am Strand nach dem Verlassen des Wassers sofort gründlich abtrocknen und umziehen. Dazu nimmt man ein gutes Handtuch und zwei Badehosen bzw. Badeanzüge mit.

- Wer empfindliche Augen hat, kann in gechlortem Wasser eine Schwimmbrille aufsetzen, die die Augen vor Reizungen schützt.

- Eine Badekappe wird heute im Schwimmbad kaum noch verlangt, ist aber bei langen Haaren sinnvoll.

- Vor Fußpilzerkrankungen und Verletzungen können Badesandalen schützen.

ABC-Ausrüstung zum Schnorcheltauchen Zur sogenannten ABC-Ausrüstung des Schnorcheltauchers gehören Maske, Schnorchel und Schwimmflossen.

- Eine gute Maske hat ein Sicherheitsglas, fest abdichtende Ränder und ein Druckausgleichsteil für die Nase. Den korrekten Sitz der Maske testet man, indem man sie sich beim Kauf an das Gesicht hält und durch die Nase einatmet: Durch die Sogwirkung muß die Maske am Gesicht haftenbleiben. Das Kopfband sollte verstellbar sein.

- Der Schnorchel sollte nicht fest mit der Maske verbunden sein, weil sich sonst eingedrungenes Wasser nicht ausblasen läßt. Ein guter Schnorchel hat auch kein Ventil. An der Spitze sorgt statt dessen ein farbiges Signalband dafür, daß der Schnorchler von Bootsführern und Surfern gesehen wird.

- Die geeignete Flosse besteht aus Gummi, nicht aus Kunststoff, und hat ein mittelhartes Blatt. Das Fußteil ist geschlossen; Flossen ohne Fersenteil kommen nur für Gerätetaucher mit Füßlingen in Frage. Schwimmfähige Flossen sind empfehlenswert, weil sie nicht so leicht verlorengehen.

- Flossen sollten vor dem Kauf anprobiert werden und eher etwas zu groß als zu klein sein. Ob sie drücken, stellt man fest, indem man sich auf einen Stuhl setzt und in der Luft paddelt. Anschließend setzt man die Füße wieder ab und biegt die Flossen auf dem Boden um. Dabei dürfen die Füße an keiner Stelle schmerzen.

- Da sich Flossen nur naß gut anziehen lassen, behilft man sich beim Kauf, indem man die Füße mit Talkum pudert oder ein paar dünne Socken anzieht.

Ausbildung Bereits für Babys im ersten Lebensjahr werden vielerorts Schwimmkurse angeboten. Wer an einem solchen Kurs interessiert ist, wendet sich an das nächstgelegene Hallenbad.

- Der Angst der Kinder, mit dem Kopf unter Wasser zu geraten, begegnet man durch Spiele, bei denen sie ins Wasser blasen. Diese Übung bereitet gleichzeitig das richtige Ausatmen beim späteren Erlernen der Schwimmstile vor.

- Ein Paar aufblasbare Armringe (Schwimmflügel) ist ein nützliches Hilfsmittel beim Schwimmenlernen.

Aufblasbare Armringe unterstützen die ersten Schwimmversuche.

- Mit Hilfe eines Schwimmbretts läßt sich die Beinarbeit üben.

Ein Schwimmbrett ist beim Üben der Beinarbeit hilfreich.

- Als Übungsstätte sind besonders für Kinder Lehrschwimmbecken mit Treppe günstig. Die Wassertemperatur sollte etwa 30 °C betragen.

▸ Erwachsene besuchen besondere Anfängerkurse, in denen das Brustschwimmen gelehrt wird.

▸ Wer sich einzelne Stilarten wie Kraul- oder Delphinschwimmen aneignen möchte, macht einen Spezialkurs.

▸ Neu erlernte Bewegungen sollte man nie sofort mit voller Kraft ausführen. Besser ist es, ruhig und gleichmäßig zu schwimmen und den Krafteinsatz erst allmählich zu steigern. Wenn man die Bewegungen nicht mehr korrekt ausführen kann, bricht man besser ab und beginnt neu.

▸ Man sollte so lange in Frei- oder Hallenbädern üben, bis man gut schwimmen kann. Erst dann ist es ratsam, in offenen Gewässern, die immer ein höheres Risiko bergen, zu baden.

Schwimmtechnik Um den Widerstand im Wasser gering zu halten, sollte man möglichst gestreckt dahingleiten. Man darf also nicht in den Hüften abknicken.

▸ Die Arme werden kraftvoll nach hinten gezogen, damit der Vortrieb möglichst groß ist.

▸ Beim Brustschwimmen sollten die Arme nur langsam vorgeschoben und die Beine ebenfalls langsam angezogen werden, weil diese Bewegungen das Vorwärtskommen bremsen. Auch sollte man, um den Widerstand zu verringern, die Fersen in Richtung Gesäß bewegen. Tiefes, schnelles Einatmen bei kurzem Anheben des Kopfes in Schwimmrichtung sorgt für einen guten Auftrieb.

▸ Beim Rückenschwimmen wird hauptsächlich die Stilart Rückenkraulen ausgeübt. Mehr Kraftentfaltung erzielt man, wenn man den Körper in den Zug des jeweiligen Arms hineinrollen läßt – er kann dann tiefer ins Wasser tauchen. Um zu verhindern, daß die Knie aus dem Wasser schauen, kann man sich vorstellen, daß die Füße einen Ball von der Wasseroberfläche in die Luft kicken.

▸ Von den Schwimmstilen ist Brustkraulen der schnellste. Um den Widerstand zu verringern, bewegt man sich möglichst gradlinig, nicht in Schlangenbewegungen. Ursache dieses Fehlers ist meistens ein zu weites seitliches Ausgreifen der Arme. Man kann es verhindern, indem man sich auf den Punkt, an dem die Hände ins Wasser eintauchen, konzentriert: Er liegt zwischen Kopf und Schulter in gut zu erreichendem Abstand vor dem Kopf. Der Beinschlag läßt sich sehr gut mit Hilfe einer Luftmatratze und Flossen trainieren.

Schnorcheltechnik Schwimmflossen zieht man am besten im hüft- oder brusthohen Wasser an, weil man dort einen besseren Stand als am Ufer hat.

▸ Es ist ratsam, den Flossenschlag zunächst ohne Maske und in Rückenlage zu üben. Die Knie sind locker, und die Füße bleiben gestreckt. Man achtet darauf, daß die Flossen nicht über die Wasseroberfläche kommen.

▸ Um das Beschlagen der Maske zu verhindern, reibt man die Scheibe auf der Innenseite mit Speichel ein und spült sie anschließend mit etwas Wasser aus. Wirkungsvoll sind auch Antibeschlagtücher.

▸ Beim Schnorcheln sollten die Beine gestreckt sein. Arme und Hände dienen nur der Ausführung von Steuerbewegungen.

▸ Wenn man mit den Flossen alle fünf bis sechs Sekunden einen Beinschlag macht und dabei jeweils zwischen 40 und 60 cm weit ausschlägt, erreicht man ein gutes Schnorcheltempo.

▸ Ist Wasser in die Maske eingedrungen, legt man den Kopf in den Nacken, drückt mit der Hand gegen den oberen Rand der Maske und atmet kräftig durch die Nase aus. Dadurch wird das Wasser ausgeblasen.

▸ In den Schnorchel eingedrungenes Wasser entfernt man, indem man kurz und kräftig durch den Mund ausatmet. Das Wasser schießt dann schnell aus dem Schnorchel.

Baderegeln

Badeunfälle sind in den meisten Fällen auf Leichtsinn zurückzuführen und lassen sich durch die Einhaltung einiger Regeln vermeiden.

- **Wassertiefen und -temperaturen beachten.**
- **Nie unmittelbar nach einer üppigen Mahlzeit schwimmen.**
- **Nicht erhitzt ins kalte Wasser springen.**
- **Nie in der Nähe von Sprungbrettern schwimmen.**
- **Mit Schwimmreifen oder kleineren Schlauchbooten spielende Kinder beaufsichtigen.**
- **Im tiefen Wasser keine aufblasbaren Schwimmkörper verwenden.**
- **Nicht ohne Begleiter lange Strecken schwimmen.**
- **In Flüssen die Nähe von Wehranlagen, Staustufen, Schleusen, Brücken und Wasserfällen sorgsam meiden.**
- **Im Meer in der Nähe des Ufers bleiben.**
- **Auf Wasserfahrzeuge achten.**
- **Gefahrensignale an den Stränden beachten.**

GOLF

▸ Der Einstieg in den Golfsport ist in jedem Alter möglich und für Kinder ab etwa acht Jahren sinnvoll. Da das Spiel viel Konzentration erfordert und man sich ständig an der frischen Luft bewegt, ist Golf ein für Körper und Geist anregender Sport.

▸ Wer zunächst nur feststellen möchte, ob ihm der Golfsport zusagt, sollte sich auf einem Golfplatz nach einem zwei- bis dreistündigen Schnupperkurs mit einem Trainer erkundigen. Die ersten Versuche darf man auch in Begleitung eines Clubmitglieds machen.

▸ Unterschiedlich gute Spieler können durch ein System von Vorgaben, das sogenannte Handicap, miteinander spielen. Der schlechtere Spieler bekommt eine Anzahl von Punkten im voraus gutgeschrieben, damit Chancengleichheit besteht.

▸ Auf lange Wege zu Fuß sollte man sich einstellen: Golfplätze mit 18 Löchern haben eine Spielbahngesamtlänge von 4,5 bis 7 km.

Platzreife Wer Gefallen am Golfsport gefunden hat, muß die sogenannte Platzreife erwerben: Durch eine theoretische und eine praktische Schulung erlangt man eine Mindestspielstärke und umfassende Regelkenntnisse. Nur mit dieser Platzreife kann man gegen eine Gebühr auf öffentlichen Golfplätzen und den meisten Clubanlagen spielen.

▸ Da die meisten Golfclubs für die Grundausbildung bereits sehr hohe Aufnahmegebühren und Mitgliedsbeiträge erheben, kann man statt dessen die Platzreife auch als Mitglied der Vereinigung clubfreier Golfer (VcG) des Deutschen Golf-Verbands (DGV), Friedrichstr. 12, 65185 Wiesbaden, Tel. 0611/990200, erwerben, mit der man Zutritt zu gut 30% aller deutschen Anlagen hat.

▸ Eine Alternative zum VcG bietet der Deutsche Verband öffentlicher, privater und gewerblicher Golfanlagen (DVG). Er hat in Deutschland allerdings wenige Plätze zur Verfügung und bietet die Ausbildung oft in Verbindung mit einem Auslandsurlaub an.

Etikette Selbst wer nur hin und wieder oder im Urlaub Golf spielen will, muß eine Reihe von golferischen Anstandsregeln befolgen. Richtiges Verhalten auf dem Golfplatz und anderen Spielern gegenüber ist ein wesentlicher Bestandteil des Golfsports.

▸ Beim Schlagen darf niemand gefährdet werden; daher kein Grün anspielen, auf dem noch andere Golfer zugange sind.

▸ Andere Spieler beim Schlagen nicht stören, indem man spricht oder sich bewegt. Korrekt ist es, wenn man dem Spieler, der abschlägt, genau gegenübersteht.

▸ Langsamere Spieler sollten einer anderen Gruppe das Überholen anbieten.

▸ Man muß seinen eigenen Ball sicher wiedererkennen. Die Bälle anderer Spieler dürfen nicht verlegt oder gar geschlagen werden.

▸ Golftaschen und -wagen müssen beim Putten am Ausgang zum nächsten Abschlag abgestellt werden, damit sie andere Spieler nicht behindern.

▸ Herausgeschlagene Rasenstücke müssen zurückgelegt und festgetreten werden. Nach Schlägen aus einem Bunker muß der Sand geharkt werden.

Kleidung Strenge Kleiderordnungen gibt es kaum noch. Die Kleidung sollte bequem und aus atmungsaktivem Material sein. Eine wind- und wasserfeste Jacke gehört zur Grundausstattung.

Schuhe Für die langen Wege, die man zu Fuß zurücklegt, und für einen sicheren Stand beim Abschlag sind gute und bequeme Spezialschuhe unerläßlich. Am besten eignen sich Golfschuhe mit eingearbeiteten Spikes.

Mit den richtigen Schuhen steht man besser und schlägt sicherer.

▸ Die Spikes nutzen sich mit der Zeit ab und sollten dann erneuert werden. Den richtigen Zeitpunkt bestimmt am besten ein Trainer.

▸ Auf trockenem Boden kann man auch Noppenschuhe tragen.

Handschuh Ein Rechtshänder trägt an der linken Hand einen Golfhandschuh aus Leder oder Synthetik, damit die Hand den Griff des Golfschlägers fest greifen kann und beim Schlagen nicht vom Griff abrutscht. Der Handschuh schützt auch vor Blasen.

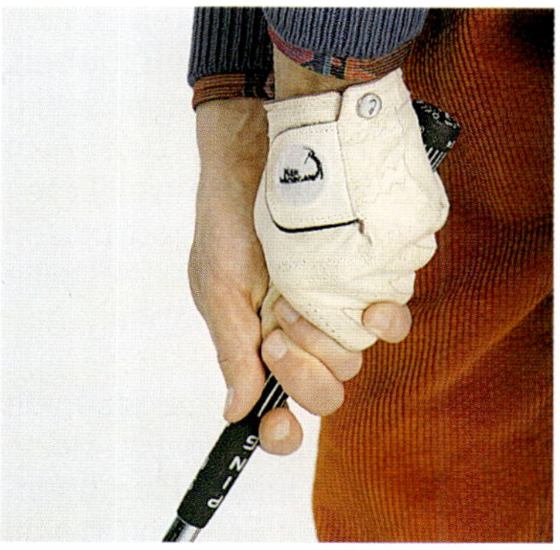

Mit einem Handschuh hat die Hand einen sicheren Griff.

Grundausstattung Schläger und Bälle, aber auch Tees und Pitch-Gabeln sollte jeder Spieler haben.

Tees, Pitch-Gabeln und Bälle gehören neben den Schlägern zur Grundausstattung eines Golfers.

Schläger Auf einer Runde darf man nicht beliebig viele Schläger einsetzen, höchstens 14 sind erlaubt. Ein Standardsatz umfaßt 13 Schläger: die Eisen 3–9, die Hölzer 1, 3 und 5, ein Pitching Wedge, ein Sand Wedge und einen Putter.

▸ Die Hölzer werden für den Abschlag verwendet, weil mit ihnen der Ball am weitesten fliegt. Hölzer gibt es auch mit Schlägerköpfen aus Metall oder Graphit, die den Vorteil haben, daß der sogenannte Sweet Spot, also der Punkt, an dem der Ball optimal getroffen wird, größer ist als bei einem Schläger aus Holz.

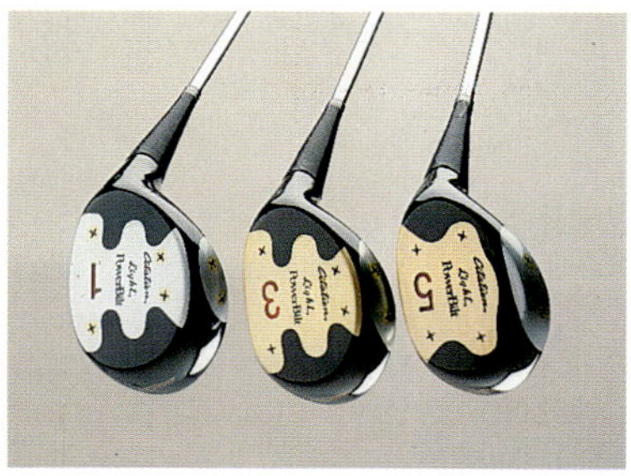

Hölzer nimmt man für den Abschlag, da mit ihnen der Ball am weitesten fliegt.

▸ Die höchste Ballgeschwindigkeit beim Abschlag kann man mit Kunststoffschlägern erzielen.

▸ Die Nummern auf den Hölzern geben Aufschluß über die Bauweise des Schlägers: Je höher die Nummer, desto größer die Neigung der Schlagfläche, um so höher, aber auch um so kürzer fliegt der Ball.

▸ Mit den Eisen spielt man auf den Spielbahnen und im Gelände. Je höher die Nummern, desto kürzer der Schaft und desto steiler das Schlägerblatt.

▸ Um hohe Hindernisse zu überspielen, verwendet man das Pitching Wedge. Aus Bunkern spielt man den Ball mit dem schweren und breiten Sand Wedge.

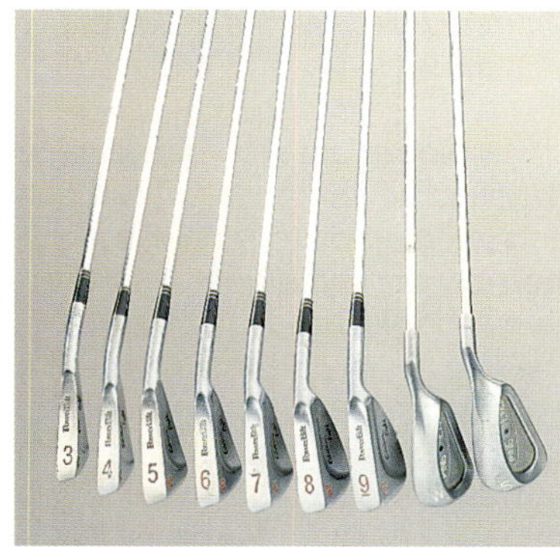

Die Eisen 3–9, ein Pitching Wedge und ein Sand Wedge.

▸ Schlägergriffe sind aus Gummi oder Leder. Gummigriffe sind bei Nässe griffiger. Zur Pflege häufig mit Seifenwasser abwaschen.

▸ Zum Einlochen benutzt man den Putter. Beim Kauf eines Putters sollte man unbedingt einen Trainer zu Rate ziehen, da die

GEBRÄUCHLICHE GRIFFE

Beim Baseball-Griff umschließen beide Hände den Schlägerschaft. Die rechte Hand liegt oben.

Beim Overlapping-Griff liegt der rechte kleine Finger zwischen linkem Zeige- und Mittelfinger.

Beim Interlocking-Griff greifen der kleine Finger rechts und der Zeigefinger links ineinander.

Schaftlänge und der Schaftwinkel dieses Schlägers genau auf die Körpergröße des Spielers abgestimmt sein sollten.

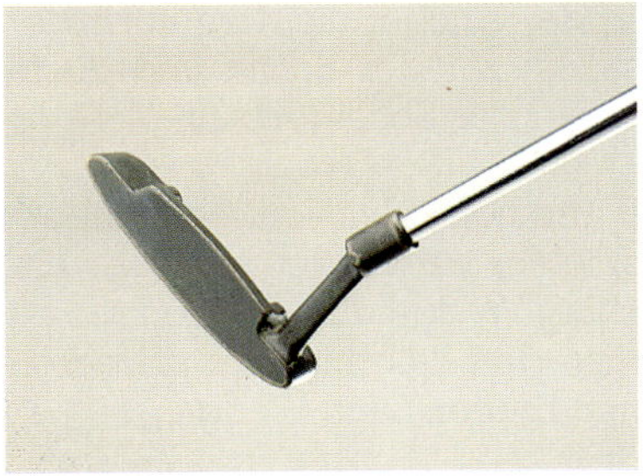

Mit dem Putter wird der Ball eingelocht.

- Mit einem auf der Vorderseite abgeflachten Schlägergriff läßt es sich leichter putten, da die Daumen besser aufliegen als bei einem runden Griff.

- Ein schwerer Putter erleichtert das langsame und rhythmische Schwingen, das erforderlich ist, um den Ball ohne Verdrehen einzulochen.

- Wenn man mit seinem Putter die ersten Erfahrungen gemacht hat, ist es hilfreich, den Sweet Spot durch eine Kerbe oder mit Farbe zu markieren. Markierungen, die der Hersteller angebracht hat, sind oft nicht zuverlässig und sollten daher lediglich zum Ausrichten des Putters benutzt werden.

- Beim Transport in der Golftasche verhindern Schlägerhauben, daß die Schläger aus Metall die Holzschläger beschädigen.

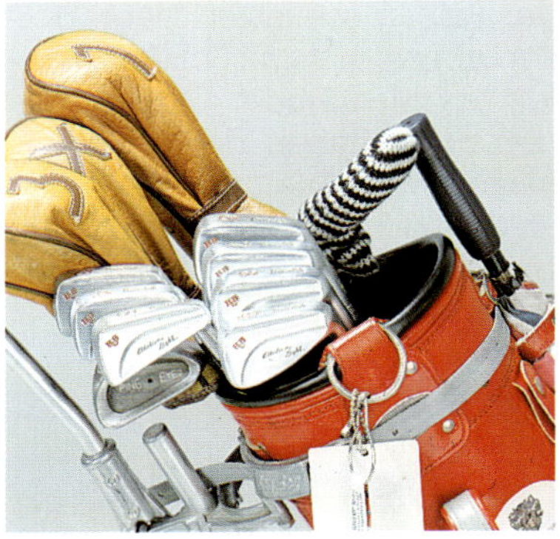

Schlägerhauben schützen die Köpfe der Holzschläger.

- Wenn es geregnet hat und die Schlägerhauben naß geworden sind, muß man sie abnehmen und über Nacht trocknen lassen. Unter nassen Schlägerhauben kann sich das Holz verziehen.

Bälle Golfbälle sollten weit fliegen, genaue Schläge ermöglichen und haltbar sein. Die fluggenauen 3-Piece-Bälle mit einer Schale aus dem gummiähnlichen Material Balatum sind empfindlich und sehr teuer und gehen bei ungeübten Spielern schnell kaputt.

- Man sollte weicheren Bällen den Vorzug vor harten geben, weil sie bei mißglückten Schlägen schonender für den Arm sind. Man erkennt die weicheren Bälle an den rot aufgedruckten Zahlen, während harte Bälle schwarze Nummern haben.

- Je mehr Dellen, sogenannte Dimples, ein Ball aufweist, desto besser sind seine Flugeigenschaften. Es gibt Bälle mit bis zu 500 Dimples.

- Mit XXX gekennzeichnete Bälle sind zweite Wahl und deshalb billiger. Den Unterschied zur ersten Wahl können auch gute Spieler meist nicht feststellen.

Tees Die Tees, auf die man den Ball für den Abschlag legt, sollten aus Holz sein, obwohl sie schneller zerbrechen als Plastiktees. Diese hinterlassen nämlich Kerben in Bällen und Schlägerköpfen, die dadurch ungenau werden und schneller verschleißen.

Pitch-Gabeln Um das Einschlagloch des Balles im Grün auszubessern, verwendet man anstelle einer Plastikgabel am be-

KÖRPERHALTUNG BEIM SCHWUNG

1. Ansprechen: Knie leicht beugen, Füße etwa in Schulterbreite, Arme fast senkrech hängen lassen.

2. Ausholen: Haltung des Kopfes und Stellung der Füße nahezu unverändert, linker Arm gestreckt.

3. Finish: Der Körper hat sich zum Ziel ausgerichtet und bleibt nach dem Treffmoment in Balance.

sten eine bruchsichere Pitch-Gabel aus Metall.

Pitch-Gabeln mit Metallzinken sind bruchsicher.

Haltung beim Schlagen Vor dem Schwung nimmt der Spieler die sogenannte Ansprechposition ein, wobei er sich auf den Ball konzentriert.

▸ Beim Ansprechen sollen der gestreckte linke Arm und der Golfschläger eine Gerade bilden. Der Schlägerkopf liegt am Boden auf. Die rechte Schulter hängt leicht, da die rechte Hand tiefer greift als die linke.

▸ Das Körpergewicht gleichmäßig auf beide Füße verteilen.

▸ Den korrekten Abstand zum Ball hat der Spieler dann, wenn die Sohle des Schlägerkopfes flach am Boden aufliegt. Es darf höchstens eine Münze vorn unter der Sohle des Schlägerkopfes Platz haben.

▸ Das Loch, in dessen Richtung man den Ball schlägt, ist mit einer Fahne markiert. Beim Zielen denkt man sich eine Linie zwischen Schlägerkopf und Fahne und richtet parallel zu dieser Linie Hüften und Schultern aus.

Putten Liegt der Ball auf dem Grün relativ nah beim Loch, versucht man, ihn mit ein oder zwei Putts einzulochen. Wer dazu mehr als zwei Schläge braucht oder in einer Runde mehr als 40 Schläge, sollte das Putten verstärkt üben.

▸ Auch beim Putten muß man den Ball ansprechen. Er liegt jetzt viel näher bei den Füßen als bei anderen Schlägen. Rechtshänder stehen so, daß der Ball möglichst vor der großen Zehe des linken Fußes liegt, in jedem Fall aber näher am linken als am rechten Fuß.

▸ Beugt man sich über den Ball, so sollte eine gedachte Linie zwischen den Augen und dem Ball genau senkrecht verlaufen. Dies kann man überprüfen, indem man den Putter wie ein Lot über den Ball hält.

Mit dem Putter prüfen, ob die gedachte Linie zwischen Augen und Ball senkrecht verläuft.

▸ Beim Puttschwung darf man nur die Arme und die Hände schwingen lassen, während der Kopf und der Körper unbeweglich verharren.

Die richtige Haltung beim Putten.

▸ In dem Moment, in dem man den Ball schlägt, sollte man wieder die gleiche Körperhaltung haben wie beim Ansprechen, obwohl man zuvor ausgeholt hat. Nur so wird der Putt präzise.

▸ Nach dem Putt dem Ball nicht hinterherschauen.

▸ Beim Üben kann man sich den Ball so legen, daß die Schrift auf das Loch zeigt, und dann versuchen, den Ball im rechten Winkel zur Schrift zu schlagen.

▸ Einen Putt nie zu verhalten spielen, sondern so stark, daß er etwa 40 cm über das Loch hinausrollt, wenn man nicht ins Loch trifft.

TENNIS

▸ Tennis kann man bei entsprechender Kondition auch noch in höherem Alter spielen. Kinder können etwa ab dem achten Lebensjahr mit dem Tennisspielen beginnen.

▸ Wer sich für Tennis interessiert, kann zunächst einen Anfängerkurs in einem Tenniscenter belegen. Findet man Gefallen an diesem Sport, so ist es fast immer billiger, Mitglied in einem Tennisclub zu werden und die vereinseigenen Plätze zu nutzen.

Kleidung Weiß ist immer noch die vorherrschende Farbe beim Tennis, aber in vielen Vereinen ist durchaus auch bunte Tenniskleidung zugelassen.

▸ Spielt man auf Plätzen im Freien, sollte man eine Schirmmütze aufsetzen, um nicht vom Licht geblendet zu werden.

▸ Tennissocken müssen nicht nur den Schweiß aufsaugen, sondern auch Blasen an den Füßen verhindern. Sie dürfen keine Falten werfen und nicht rutschen. Am angenehmsten ist Baumwollfrottee.

▸ Schweißbänder für die Handgelenke sind nützlich, weil man mit ihnen den Schweiß von der Stirn wischen kann.

▸ Während des Spiels bewahrt man zusätzliche Bälle in weiten Hosentaschen oder Ballclips auf.

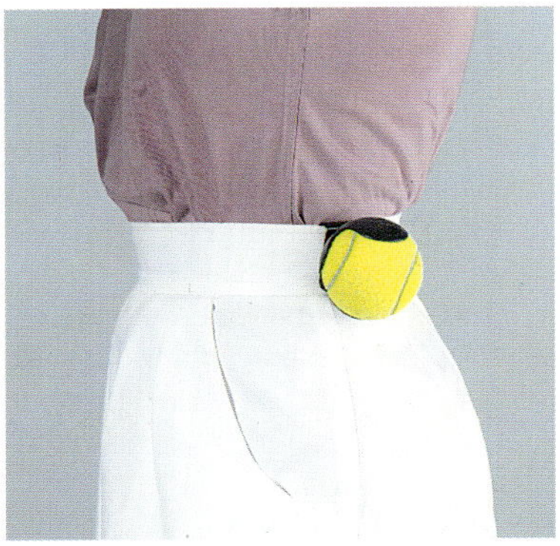

Ballclips sind praktisch und stören nicht während des Spiels.

Schuhe In den meisten Tennishallen sind Schuhe mit einer glatten Sohle vorgeschrieben, während man für Granulatbeläge und Sandplätze Schuhe mit einer Profilsohle braucht.

▸ Joggingschuhe dürfen nicht getragen werden, da sie die Plätze beschädigen.

Schläger Midsize-Tennisschläger haben 25% mehr Schlagfläche als herkömmliche Tennisschläger, Großkopfschläger haben sogar eine um 50 % größere Schlagfläche. Sie sind für Anfänger besonders geeignet, da man mit ihnen den Ball leichter trifft und nicht so genau spielen muß.

▸ Tennisschläger, die einen Kunststoffrahmen mit Graphiteinlage haben, sind schwingungsarm und wiegen weniger als Metallschläger.

▸ Beim Kauf eines Tennisschlägers sollte man unbedingt darauf achten, daß die Griffstärke stimmt. Schließt man die Hand um den Griff, dann sollten sich Daumen und Zeigefinger gerade noch berühren.

▸ Den Griff des Tennisschlägers mit Griffband aus Leder oder Kunstleder umwickeln. Das Griffband saugt den Schweiß der Hand auf und verhindert Blasen.

▸ Um empfindliche Fingerstellen vor Blasen zu schützen, kann man sie vor dem Spiel mit Pflastertape umkleben.

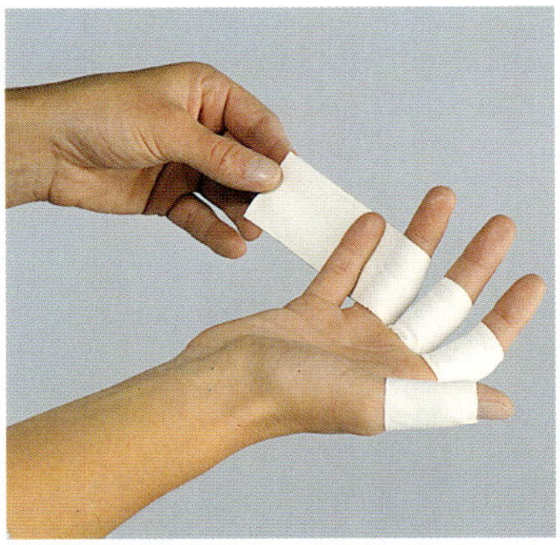

Pflastertape verhindert, daß sich Blasen an den Fingern bilden.

Bespannung Darmsaiten sind elastischer als Kunstsaiten, aber fast nicht mehr in Gebrauch. Kunstsaiten sind feuchtigkeitsunempfindlich und werden nicht so schnell spröde wie Darmsaiten.

▸ Kunststoffclips verhindern, daß Darmsaiten, die schon etwas abgespielt sind, reißen.

Kunststoffclips erhöhen die Lebensdauer von Darmsaiten, die leicht spröde werden können.

▸ Die Bespannung des Schlägers wird im Fachgeschäft vorgenommen und richtet sich nach dem jeweiligen Modell und dem Können des Spielers. Oft ist die Richtstärke für die Bespannung auf dem Rahmen angegeben.

▸ Je härter die Bespannung, desto genauer muß man spielen. Eine harte Bespannung empfiehlt sich also erst, wenn man bereits besser spielen kann.

▸ Um die Schwingung der Saiten zu reduzieren, kann man Vibrationsdämpfer zwischen den Längssaiten anbringen.

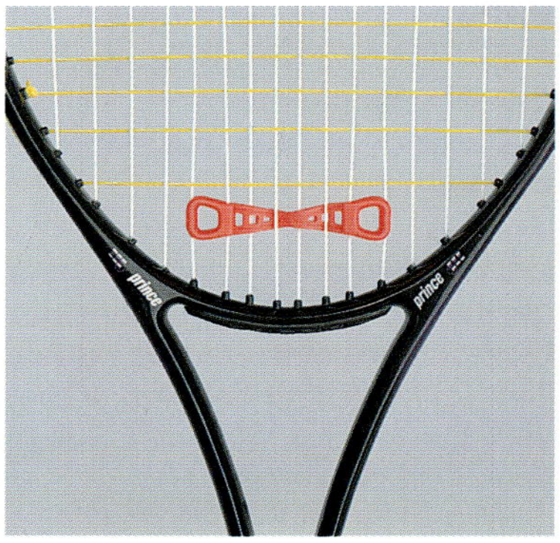

Vibrationsdämpfer unten zwischen die Längssaiten klemmen.

Training Trainerstunden kann man im Verein oder bei freien Tennisschulen nehmen, die Einzel- und Gruppenunterricht anbieten. Immer beliebter werden Ferienkurse.

▸ In der Gruppe macht das Lernen meist mehr Spaß und ist billiger. Einzelunterricht ist hingegen empfehlenswert, wenn man nach einer längeren Pause wieder mit dem Spielen beginnen will.

▸ Wer nicht immer einen Partner zum Spielen findet, kann auch gegen eine Tenniswand spielen und so Schlagtechnik und Spielrhythmus schulen.

▸ Mit einem Softball aus Schaumstoff, der nicht so schnell und hart springt wie ein Tennisball, kann man spezielle Bewegungsabläufe zu zweit oder allein gegen eine Wand üben.

Vorbereitung Vor einem Spiel sollte man sich durch Laufen, Lockerungs- und Dehnungsübungen aufwärmen.

▸ Sandplätze müssen mit einem Abziehbesen oder Schleppnetz abgezogen werden. Sehr trockene Sandplätze sollten mit Wasser gesprengt werden. Oft übernimmt diese Arbeiten ein Platzwart, manchmal sind aber auch die Spieler selbst für den Zustand des Platzes verantwortlich.

▸ Vor Spielbeginn sollte man beachten, daß die Linien nicht von Sand bedeckt und gut sichtbar sind. Das Netz muß gespannt sein.

Griffhaltungen Die drei Grundschläge Vorhand, Rückhand und Aufschlag setzen unterschiedliche Griffarten voraus, die man üben muß.

▸ Bei der Vorhand umfassen Finger und Daumen den Griff so, daß die Kuhle zwischen Zeigefinger und Daumen in Richtung des Schlägerkopfes liegt. Der Daumenballen liegt auf der schmalen Grifffläche auf. Die Schlagfläche soll senkrecht stehen.

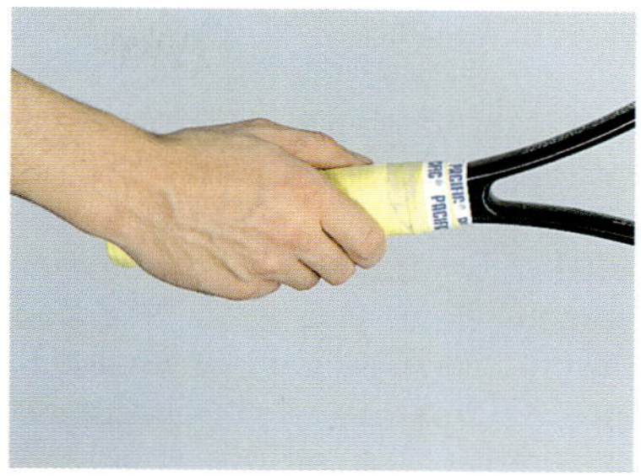

Die richtige Griffhaltung bei der Vorhand

▸ Ausgehend vom Vorhandgriff verschiebt sich bei der Rückhand die Hand so, daß nun der Kleinfingerballen auf der schmalen Grifffläche aufliegt. Der Daumen umschließt den Griff stärker als bei der Vorhand.

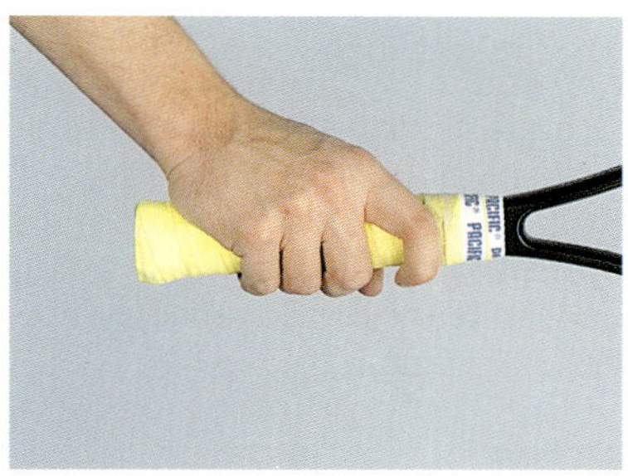

Beim korrekten Rückhandgriff liegt der Kleinfingerballen auf der schmalen Grifffläche auf.

▸ Der Griff für den Aufschlag liegt zwischen dem Vorhand- und dem Rückhandgriff.

Ausgangsstellung Locker in leichter Grätschstellung parallel zur Grundlinie stehen, den Oberkörper nach vorn neigen und das Gewicht gleichmäßig auf beide Füße verteilen.

Vorhand Von der Ausgangsstellung ausgehend, holen Rechtshänder nach rechts aus und drehen die linke Schulter zum Netz. Während des Schlages verlagert man das Körpergewicht vom rechten auf den linken Fuß und macht mit dem rechten Fuß einen Schritt nach vorn. Linkshänder verfahren umgekehrt.

Rückhand Mit der Rückhand schlägt ein Rechtshänder alle Bälle links vom Körper. Den Schläger am Körper vorbei nach links hinten durchziehen; die rechte Schulter zeigt zum Netz. Während des Schlages verlagert man das Körpergewicht vom linken auf den rechten Fuß.

▸ Vor- und Rückhand nie aus dem Handgelenk spielen. Mehr Kraft bekommt die Rückhand, wenn man sie beidhändig spielt, dies erfordert aber exakte Beinarbeit.

AUFSCHLAG BEIM TENNIS

1.– 2. Beide Füße sind hinter der Grundlinie, linker Fuß vorgestellt, Arme vorn. Ball hochwerfen.

3.– 4. Körper nach hinten biegen und tief von unten ausholen. Mit Schwung den Körper strecken.

5.– 6. Ball treffen, wenn der Körper ganz gestreckt ist. Erst jetzt darf man die Grundlinie übertreten.

Taktik Mehr als die Hälfte aller Bälle sollte man auf die schwache Seite des Gegners spielen. Sehr oft ist dies die Rückhand.

▸ Chancen zum Angriff nutzen. Man sollte zwar keine großen Risiken eingehen, aber auch nicht zu vorsichtig spielen.

▸ Führt man, kann das Spieltempo beschleunigt oder der Gegner unter Druck gesetzt werden, indem man ihm abwechselnd kurze und lange oder schwierige Bälle zuspielt. Liegt man im Rückstand, sollte man mehr auf Sicherheit spielen.

SQUASH

▸ Squash kann man in vielen Sport- und Freizeitzentren spielen, ohne daß man Mitglied in einem Verein sein muß. Wer sein Spiel allerdings gezielt verbessern will, sollte einige Trainerstunden nehmen.

Kleidung Zweckmäßig sind Shorts und Baumwollhemd, die nicht zu eng sein sollten. Damit der dunkle Ball sich gut von der Kleidung abhebt, sollte man helle Kleidung tragen. Zum Aufwärmen und nach dem Spiel sollte man einen Trainingsanzug überziehen.

Schuhe Am besten ist ein leichter Sportschuh mit Fußbett, griffiger Sohle, Kappenverstärkung vorn und einem Achillessehnenschutz. Das Material sollte leicht und atmungsaktiv sein.

▸ Dunkle Sohlen sind meist nicht erlaubt, weil sie Streifen auf dem Spielfeld hinterlassen können.

Schläger Beim Kauf kann man sich danach richten, welcher Schläger am besten in der Hand liegt. Anfänger sollten eine preisgünstige Bespannung aus Kunstdarm- oder Nylonsaiten wählen. Ein Griff, der mit Frotteeband umwickelt ist, saugt den Schweiß auf und garantiert, daß der Schläger nicht unkontrolliert aus der Hand rutschen kann.

▸ Auslaufmodelle sind oft stark im Preis reduziert.

Bälle Beim Squash gibt es vier verschiedene Balltypen, die sich durch ihre Geschwindigkeit unterscheiden. Sie ist durch Punkte angegeben. Ein gelber Punkt bedeutet sehr langsam, ein weißer langsam, ein roter Punkt mittelschnell und ein blauer schnell. Je langsamer der Ball ist, desto weniger weit springt er ins Spielfeld zurück und desto weniger Zeit bleibt dem Spieler, ihn zu erreichen. Für Anfänger und fürs Training sind daher blau und rot markierte Bälle geeignet, die besser springen.

▸ Damit die Squashbälle das richtige Sprungverhalten annehmen, muß man sie warm spielen. Statt dessen kann man auch vor Spielbeginn auf den Ball treten und ihn unter der Schuhsohle hin- und herrollen.

Zum Erwärmen kann man den Squashball unter der Schuhsohle hin- und herrollen.

Griffhaltung Beim Squash greift man nicht um; die Griffhaltung bleibt immer dieselbe. Den Schläger hält man in einem Winkel von 45° vor dem Körper. Den Griff wie beim Händeschütteln greifen. Daumen und Zeigefinger bilden ein V. Die Finger ganz leicht spreizen, die Hand nicht verkrampfen und nicht zu fest zugreifen.

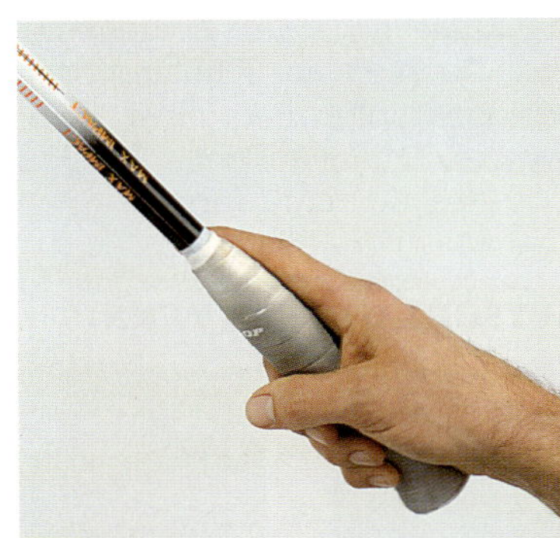

Den Schläger umgreift man so, als ob man jemandem die Hand gibt.

Technik Ballgefühl bekommt man, indem man den Schläger in der Griffhaltung faßt, aber waagrecht vor dem Körper hält und den Ball auf den Schläger prallen läßt. Den Arm nun strecken und dann wieder beugen. In der Hocke und beim Laufen wiederholen.

Sicherheit beim Squash

Squash wird auf engstem Raum und sehr schnell gespielt, man sollte daher alles tun, um Verletzungen zu vermeiden.

- **Mit Stretch- und Lockerungsübungen wärmt man sich vor dem Spiel auf und beugt so Zerrungen und Überdehnungen vor.**
- **Disziplin statt Ehrgeiz und Übereifer verhindert, daß man selbst oder der Partner Verletzungen davonträgt.**
- **Besteht die Gefahr, den Partner mit dem Schläger zu treffen, kann man ein *Let*, d. h. Wiederholung des Ballwechsels, fordern. Hätte der Partner die Behinderung vermeiden können, wozu er verpflichtet ist, gibt es sogar einen Punkt oder Aufschlagwechsel.**

▸ Als Anfänger übt man Vor- und Rückhandschläge zunächst am besten als reine Schwungübungen ohne Ball.

▸ Als Anfänger sollte man nicht aus dem Handgelenk spielen, da das meist zu unkontrollierten Schlägen führt. Es ist besser, zur Kontrolle des Schlages das Handgelenk relativ starr zu lassen.

▸ Bei der Vorhand den Ball in Ausgangsstellung erwarten. Der Körper ist frontal zum Ball ausgerichtet. Beim Ausholen macht der linke Fuß einen Schritt nach vorn. Den Unterarm nach hinten unten kippen, so daß die Bewegung beschleunigt wird. Das Körpergewicht verlagert sich auf das linke Bein. Den Ball schlägt man mit gestrecktem Arm vor dem linken Fuß.

▸ Bei der Rückhand holt man als Rechtshänder zur linken Seite aus, der rechte Fuß macht einen Schritt nach vorn, der Ball wird vor dem rechten Fuß getroffen. Danach schwingt der Arm nach oben aus.

▸ Vor- und Rückhandschläge kann man zunächst in einer seitlichen Stellung zum Ball einüben. Da man nicht laufen und sich zum Ball drehen muß, lernt man so, den Ball präzise zu treffen. Bei der Vorhand läßt man selbst oder der Partner den Ball vor den leicht vorgestellten linken Fuß fallen, dann schlägt man den Ball zur Stirnwand. Bei der Rückhand stellt man das rechte Bein vor und führt den Schläger zur Schulter. Den Ball läßt man vor den rechten Fuß fallen und spielt ihn an die Wand.

▸ Beim Squash muß man den Ball immer im Auge behalten, damit man rechtzeitig erkennt, welche Richtung er einnimmt, nachdem der Partner ihn geschlagen hat.

Taktik Während des Spiels sollte man immer wieder versuchen, das T zu erreichen, also die Stelle, an der sich die im Feld eingezeichneten Längs- und Querlinien treffen. Von dieser Position aus kann man fast alle Bälle schlagen.

▸ Die Schläge so plazieren, daß der Gegner sie nahe der Wände nehmen muß und man ihn auf diese Weise vom T verdrängt.

▸ Den Gegner ständig in Bewegung halten, indem man das Spieltempo variiert und hin und wieder kurze Bälle schlägt.

▸ Das Spiel kann beschleunigt werden, wenn man Bälle aus der Luft annimmt, ohne daß sie vorher auf dem Boden aufgeprallt sind. Einen Volley kann man hoch oder tief annehmen.

Sicherheit Man sollte sich nicht darauf verlassen, daß man jedem Ball ausweichen kann. Zum Schutz der Augen sollte man daher eine Squashbrille tragen. Squashbrillen sind auch an den Seiten durchsichtig und schränken das Gesichtsfeld kaum ein. Brillenträger sollten eine bruchsichere Sportbrille tragen.

Eine Squashbrille schützt die Augen vor Verletzungen.

TISCHTENNIS

▸ Eine Tischtennisplatte kann im Freien, in einer Garage oder in einem Kellerraum mit guter Beleuchtung aufgestellt werden.

▸ Draußen muß die Tischtennisplatte auf ebenem Untergrund und an einem windgeschützten Ort stehen und sollte wetterfest beschichtet sein.

ÜBUNGEN OHNE TISCHTENNISPLATTE

Den Ball auf dem Schläger in der Vor- und Rückhand im Gehen und Laufen balancieren.

Den Ball abwechselnd in der Vor- und Rückhand auf dem Schläger hüpfen lassen.

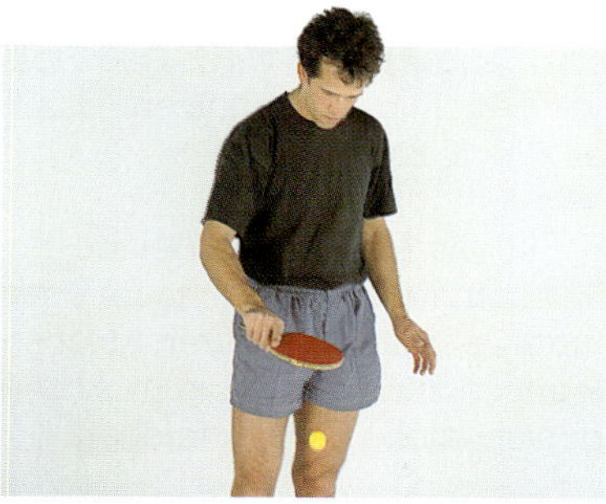

Den Ball mit dem Schläger in der Vor- und Rückhand auf dem Fußboden dribbeln.

▸ Die Spieler müssen genügend Platz haben, um auch Ausfallschritte nach hinten und zur Seite machen zu können.

Kleidung Lockere Freizeitkleidung eignet sich genauso wie ein Allround-Sportdreß. Helle Hemden sind ungünstig, weil der Ball vor einem solchen Hintergrund für den Gegner schlecht sichtbar ist.

Schuhe Der typische Tischtennisschuh ist leicht und biegsam mit einer Sohle aus Naturkautschuk oder Gummi. Er muß leichtfüßige, schnelle Beinarbeit auf engem Raum und abrupte Stopps möglich machen.

▸ Die Rutschgefahr auf glatten Hallenböden kann man etwas verringern, indem man die Schuhe gelegentlich auf einem nassen Lappen abtritt, den man neben der Tischtennisplatte bereitlegt.

Schläger Für Anfänger empfiehlt sich ein Allround-Schläger, der auch das Spielen von schnelleren Bällen ermöglicht. Wer nur zum Spaß Tischtennis spielen möchte, sollte einen Beginnerschläger mit einer glatten Beschichtung wählen. Damit hat man die beste Kontrolle über die Richtung, in die der Ball fliegen soll; außerdem werden die Bälle nicht so schnell.

▸ Schläger sollte man nie in die Sonne oder auf die Heizung legen, da sonst der Gummibelag stark angegriffen wird. Das Holz vor Feuchtigkeit schützen, damit es sich nicht verzieht.

▸ Für die Pflege der Beläge erhält man Reinigungsschaum oder -sprays im umweltfreundlichen Pumpzerstäuber und zum Abreiben spezielle Schwämmchen.

Spielmöglichkeiten Das Einstiegsalter für Tischtennis liegt bei etwa acht Jahren. Wenn man nur gelegentlich und zum Vergnügen Tischtennis spielen möchte, lernt man die wichtigsten Tricks am ehesten dadurch, daß man mit anderen spielt.

▸ Angriffs- und Abwehrschläge für ein taktisches Spiel läßt man sich am besten von einem erfahrenen Spieler zeigen.

▸ Bei den ersten Übungen am Tisch sollte noch kein Netz gespannt werden. Das Spielen macht dann viel mehr Spaß, weil der Ball wesentlich länger im Spiel bleibt.

▸ Wenn mehr als zwei Spieler gleichzeitig spielen wollen, kann man rund um die Platte spielen. Dabei stehen sich auf beiden Seiten der Tischtennisplatte etwa gleich viele Spieler gegenüber. Nach dem Aufschlag oder dem Einwurf des Balles kommt der Reihe nach jeder Spieler zum Schlagen. Wer einen Ball gespielt hat, muß an die andere Seite der Platte laufen und sich dort wieder in der Reihe anstellen. Wer einen Fehler gemacht hat, scheidet aus. Je weniger Spieler es werden, desto mehr Tempo bekommt das Spiel. Die beiden, die am Ende übrigbleiben, spielen ein verkürztes Spiel um den Sieg.

Technik Ein Rechtshänder stellt bei der Vorhand das linke, bei der Rückhand das rechte Bein etwas vor. Wer breitbeinig am Tisch steht, erweitert zwar seinen momentanen Aktionsradius, kann aber darüber hinausgehende Bälle, die einen raschen Ausfallschritt erfordern, kaum noch erreichen.

▸ Die beste, weil im Spiel kaum korrekturbedürftige Schlägerhaltung ist der sogenannte Pistolengriff. Den Griff mit Mittel-, Ring- und kleinem Finger umfassen; der Zeigefinger liegt rechtwinklig zum Griff flach auf dem Belag auf, um den Schläger in der Hand gegen Drehen zu stabilisieren. Gleichzeitig drückt der Daumen von der anderen Seite mitten auf den Griffansatz. So lassen sich sowohl Vor- als auch Rückhandschläge spielen.

Diese Schlägerhaltung muß während des Spiels nur geringfügig korrigiert werden.

▸ Die Bewegungen erfolgen aus dem Handgelenk und aus dem Unterarm. Die Schulter bleibt im Gegensatz zum Tennis weitgehend ruhig.

▸ Geht der Ball oft ins Netz, beispielsweise bei unterschnittenen Bällen des Gegners, neigt man die Schlagseite weiter nach oben. Geht er über die Platte hinaus ins Aus, muß die Schlägeroberkante leicht nach vorn gekippt werden.

KEGELN

▸ Einfache Spielregeln und viele öffentliche Kegelbahnen, die man gegen eine geringe Gebühr mieten kann, machen das Kegeln zu einem Sport, der jedermann zugänglich ist.

Ausrüstung Damit das Linoleum vom Anlauf nicht in Mitleidenschaft gezogen wird, muß man auf den meisten Kegelbahnen Turnschuhe tragen. Ambitioniertere Sportkegler achten auf eine feste Sohle mit verstärkter Fersenrundung, die den häufigen Ausfallschritten standhält. Shorts sorgen für die nötige Beinfreiheit.

Technik Der Laie weiß oft nicht, warum er einen guten Wurf hatte, und kann ihn auch nicht in der Form wiederholen. Man sollte daher stets konzentriert spielen, um besser beobachten zu können, warum manche Würfe gelingen und manche nicht.

▸ Die Kugel mit beiden Händen aufnehmen, damit man die Hand nicht verkrampft oder die Kugel fallen läßt. Eventuell die Fingerkuppen mit einem feuchten Schwamm griffig machen.

▸ Für den Wurf die Arme in einer Pendelbewegung nach vorn schwingen. Nach dem ersten Schritt die Kugel in der offenen Hand mit gespreizten Fingern fixieren. Die Wurfhand holt mit der Kugel aus.

▸ Am besten drei, höchstens fünf Schritte Anlauf nehmen. Oberkörper vor dem Wurf tief nach vorn beugen und mit dem Bein, das dem Wurfarm entgegengesetzt ist, einen Ausfallschritt machen, um die Kugel aufsetzen zu können.

Die letzte Phase des Anlaufs, kurz vor dem Aufsetzen der Kugel.

▸ Beim Werfen darf man die Hand nicht verdrehen. Geradeaus auf einen festen Punkt zielen und im wahrsten Sinn des Wortes eine ruhige Kugel schieben.

Kegelbahnen Es gibt Asphalt-, Bohlen- und Scherenbahnen. Asphaltbahnen sind plan, während die Bohlen- und die Scherenbahn gekehlt sind. Bei allen drei Bahntypen sind die neun Kegel am Ende der Bahn rautenförmig aufgestellt.

▸ Man kegelt entweder in die Vollen oder spielt Abräumen, um die stehengebliebenen Kegel zum Fallen zu bringen.

▸ Kegelbahnen mit Kehlung setzen eine besondere Wurftechnik voraus. Vor allem das Abräumen der Eckkegel verlangt eine besonders genaue Aufsatztechnik.

▸ Auf der Bohlenbahn wechselt die Kugel in der gekehlten Laufbohle ein- bis zweimal die Seite. Man muß daher weniger scharf werfen als auf der Asphaltbahn.

Bowling In Freizeitzentren gibt es oft Bowlingbahnen. Man wirft auf zehn Pins, die zu einem Dreieck aufgestellt sind. Die Kugeln sind wesentlich größer als beim Kegeln und haben drei Grifflöcher für Daumen, Zeige- und Ringfinger, die verschiedene Wurftechniken ermöglichen.

DIE BELIEBTESTEN KEGELSPIELE

Name	*Spieler*	*Spielstärke*	*Spielregeln*
Niedrige Hausnummer	*mindestens 2*	*gemischtes Niveau*	*Ziel ist, eine möglichst niedrige dreistellige Hausnummer zu kegeln. Nach jedem Wurf darf die erzielte Punktzahl in der Hausnummer positioniert werden, also an erster, zweiter oder dritter Stelle.*
Tannenbaum	*6–12*	*gemischtes Niveau*	*Kugeln eines Tannenbaums, den man als Pyramide aufzeichnet, mit 1 × 9 (Baumspitze), 2 × 8, 3 × 7, 4 × 6, 5 × 5, 6 × 4 und 7 × 3 abkegeln. Hat man eine Punktzahl geworfen, darf man sie auf dem Baum abstreichen.*
Fuchsjagd	*mindestens 4*	*etwa gleich starkes Niveau*	*Aus der Mitte der Spieler wird zunächst der Fuchs bestimmt. Dieser legt zwei Würfe vor, die Meute versucht dann reihum, mit je einem Wurf den Fuchs einzuholen, bevor er 100 Punkte erreicht hat.*
Sargbau	*mindestens 2*	*gleich starkes Niveau*	*Man muß besser werfen als der Spieler, der vor einem gespielt hat. Spielt man schlechter, gibt es ein sogenanntes Sargbrett. Bei acht Strichen (sechs für den Sarg, zwei für das Kreuz) ist der Sarg komplett.*
Sechstagerennen	*mindestens 2*	*hohes, gleich starkes Niveau*	*Die einzelnen Spieldurchläufe entsprechen den Tagen des Rennens. Am 1. Tag: Jeder hat acht Würfe, alle Punkte, die über 56 hinausgehen, zählen einfach. Am 2. Tag: Jeder hat acht Würfe, alle Punkte, die über 56 hinausgehen, werden mit 2 multipliziert. Die Ergebnisse vom Vortag werden addiert. An den folgenden Tagen geht es nach dem gleichen Prinzip weiter.*
Kradrennen	*mindestens 2*	*niedriges oder hohes Niveau*	*Jeder hat insgesamt 25 Würfe. Vor dem Losfahren müssen 1 × 3 Punkte (Helm aufsetzen), 1 × 5 Punkte (Motor starten) und 1 × 7 Punkte (Gang einlegen) geworfen werden. Die mit den danach noch übrigen Würfen erzielten Punkte addiert man. Sie ergeben die Kilometerzahl.*

RADFAHREN

- Radfahren ist als Ausgleichssport und Ausdauertraining für jedermann gesund.

- Da beim Radfahren das Körpergewicht vom Sattel getragen wird, fährt man, ohne Gelenke, Sehnen und Bänder übermäßig zu belasten.

Fahrradtypen Bei der Auswahl eines neuen Fahrrads sollte man sich in erster Linie darüber Gedanken machen, wofür es genutzt werden soll. Je nach Einsatzgebiet hält der Handel eine Vielzahl verschiedener Typen bereit.

- Ein solides, vielseitiges Fahrrad, das sich für Einkaufsfahrten genauso eignet wie für Touren und Trimmzwecke, ist das Leichtlaufrad, das auch stabil genug für einen Kindersitz ist.

- Wer das Fahrrad überwiegend als Verkehrsmittel für die Stadt verwenden möchte, ist mit einem sogenannten Stadtrad bestens bedient. Die 26-Zoll-Räder mit den dicken Reifen machen das Verkehrsmittel – auch Citybike genannt – wendig und bequem und sind unempfindlich gegenüber hohen Bordsteinen.

- Die robusten Trekking- und Reiseräder sind für den bequemen Einsatz auf befestigten und unbefestigten Wegen konstruiert; sie sind auch für längere Touren geeignet.

- Das Rennsportrad ist die alltagstaugliche Variante des Rennrads und eignet sich vor allem zum Trimmen auf glatten Straßen. Auch größere Touren sind mit diesem Fahrrad möglich.

- Radfahrer, die schwieriges Gelände bewältigen möchten oder mit dem Rad extreme Steigungen überwinden wollen, sollten sich für ein All-Terrain-Bike (ATB) oder ein Mountainbike (MTB) entscheiden. Diese Typen zeichnen sich durch besondere Robustheit aus.

- Ein Rennrad sollte sich nur anschaffen, wer intensiv Radsport betreiben will: Dieser Radtyp ist beim Lenken gewöhnungsbedürftig und außerdem recht wartungsintensiv.

- Beim Kauf eines Rennrads sollte man eine Fachberatung in Anspruch nehmen, denn der Rahmen muß auf Größe und Gewicht des Fahrers abgestimmt sein.

- Klappräder haben den Vorteil, daß man sie zusammenlegen kann. Weil diese wenig stabilen Räder kaum noch gefragt sind, ist ihr Preis hoch.

- Auf Tandems kann man zu zweit fahren und – wenn es sich um die dreirädrige Variante handelt – bequem Gepäck transportieren. Dafür sind diese Räder gewöhnungsbedürftig und wegen der geringen Nachfrage teuer.

Verkehrssicherheit Weder Rennräder noch Mountainbikes sind alltagstauglich. Um Gewicht einzusparen, wird bei diesen Rädern im allgemeinen nicht nur auf Schutzbleche, Gepäckträger und Kettenschutz verzichtet, sondern auch gesetzlich vorgeschriebene Ausrüstungsteile wie Klingel, Beleuchtung und Reflektoren fehlen. Um mit diesen Rädern dennoch am normalen Straßenverkehr teilnehmen zu dürfen, muß man sie entsprechend nachrüsten.

Der richtige Rahmen Bei allen Fahrradtypen gelten Fahrkomfort und hohe Stabilität bei geringem Gewicht als Hauptkriterium für die Wahl des Rahmens. Diese Eigenschaften besitzen vor allem mit Chrommolybdän (CrMo) legierter Stahl, Aluminium, Titan und mit Kevlar kombinierte Kohlenstoffasern (Carbonfasern), die für besonders hochwertige Produkte verwendet werden. Beim Kauf sollte man sich erkundigen, ob eines dieser Materialien für die in Frage kommenden Modelle verwendet wurde.

- Die ideale Rahmenhöhe – sie wird zwischen der Oberkante des Sitzrohrs und der Mitte des Tretlagers gemessen – ergibt sich normalerweise aus der Schrittlänge minus 25 cm.

- Die Rahmenhöhe beim Mountainbike sollte man so wählen, daß zwischen dem Schritt des Fahrers, der über dem Rad steht, und dem Oberrohr etwa 8 cm Abstand sind.

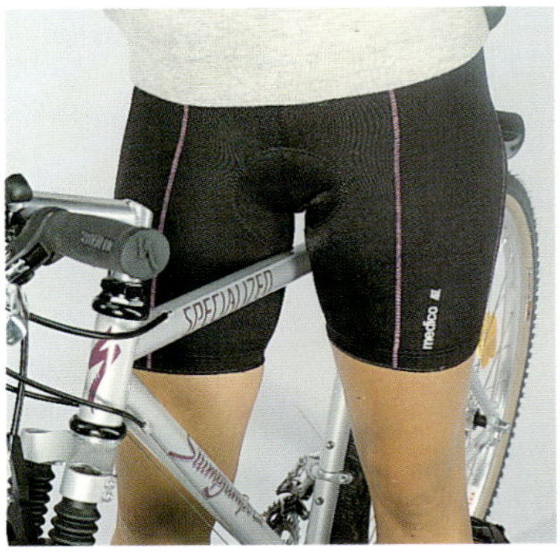

Beim Mountainbike sollte der Abstand zwischen dem Schritt des Fahrers und dem Oberrohr etwa 8 cm betragen.

- Trekkingradrahmen haben die richtige Größe, wenn zwischen

dem Schritt des Fahrers und dem Oberrohr 5–10 cm Abstand sind.

▸ Die Rohre bei hochwertigen Rahmen sind an den Enden dikker als in der Mitte, um Gewicht einzusparen. Um diese Eigenschaft festzustellen, tippt man mit dem Fingernagel der Länge nach am Rohr entlang. In der Mitte muß es wesentlich heller klingen als an den Enden.

▸ Durch die hohe Festigkeit darf der Fahrkomfort nicht beeinträchtigt werden. Daher sollte man beim Händler unbedingt eine Probefahrt machen.

Laufräder Bei vielen neueren Fahrrädern lassen sich die Laufräder mit Schnellspannern in Sekundenschnelle abnehmen.

Eine kleine Drehung des Schnellspanners genügt, um das Laufrad zu lösen.

▸ Auf Felgen aus weich eloxiertem Aluminium entfalten Felgenbremsen eine bis zu 30% größere Wirkung als auf Stahlfelgen.

Bereifung Für den Freizeitradler empfehlen sich Drahtreifen. Sie sind einfach zu montieren, und im Pannenfall ist der lose eingelegte Schlauch leicht zugänglich.

▸ Bei Rennrädern werden überwiegend Schlauchreifen verwendet. Der Schlauch ist hier in den Mantel eingenäht und der ganze Reifen auf die Felge geklebt.

▸ Im Normalfall entscheidet man sich für eine mittlere Profilierung. Querrillen sorgen bei Nässe für Bodenkontakt.

▸ Wer auf Asphalt und auch im Gelände fahren will, sollte einen Reifen wählen, dessen Profil in der Mitte der Lauffläche glatt ist und der an den Rändern grobe Stollen fürs Gelände aufweist.

▸ Trekkingradfahrer können sich zwei Sätze Laufräder zulegen – z. B. einen für Asphalt und einen für unbefestigte Wege.

▸ Beim Reifendruck gilt es, einen Kompromiß zwischen Federung und Rollwiderstand zu finden. Guten Fahrkomfort hat man im unteren Druckbereich, im oberen läuft der Reifen leichter.

▸ Als Richtwerte für den Reifendruck gelten für das Mountainbike 3–4 bar, für das Tourenrad 4–6 bar und für das Rennrad 7–12 bar.

Sattel Der Sattel muß paßgerecht ausgewählt werden. Je sportlicher man radelt, desto weiter vorgebeugt wird gefahren, und desto schmaler sollte der Sattel sein.

▸ Wer gemütliche Radtouren machen will, kauft am besten ein breites, gut gefedertes Modell. Die Sattelnase sollte allerdings eher schmal sein, damit man sich die Schenkel nicht wund reibt.

▸ Um Schmerzen am Gesäß vorzubeugen oder sie zu lindern, kann man einen Sattelüberzug mit Soft-Gel-Einlage verwenden. Auflagen aus Schaumstoff sind für diesen Zweck nicht geeignet.

▸ Volledersättel müssen bis zu 500 km eingefahren werden, ehe sich ihre Form individuell angepaßt hat und man komfortabler als auf herkömmlichen Sätteln fährt. Das Leder bedarf regelmäßiger Pflege. Wenn nicht gefahren wird, sollte man den Sattel vor Nässe und Regen mit einer Plastiktüte schützen.

▸ Einem etwas verschlissenen, aber noch voll funktionstüchtigen

REIFENPROFILE IM VERGLEICH

Auf losem Untergrund wie auch in tiefem Boden greift das grobe Profil des Mountainbikereifens.

Das Profil des Normalreifens ist auch für Fahrten auf schlechten Straßen und Wegen geeignet.

Das glatte Profil des Rennradreifens erlaubt auf Asphaltstraßen eine höhere Geschwindigkeit.

Sattel kann man mit einem Überzug ein neues Aussehen geben.

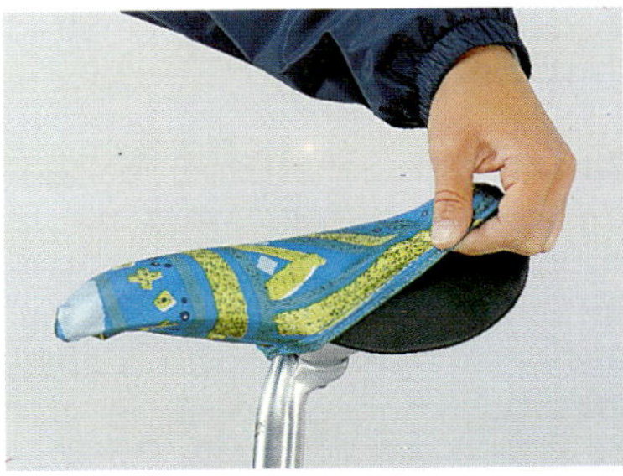

Ein bunter Überzug gibt älteren Sätteln ein neues Aussehen.

Sattel einstellen Die Sitzhöhe und damit die Kraftumsetzung ist optimal, wenn man im Sitzen mit dem fast gestreckten Bein das untere Pedal gut erreicht.

Die richtige Sattelhöhe ermöglicht maximale Kraftentfaltung.

▸ Ein Sattel mit Schnellspanner ist besonders benutzerfreundlich, weil er erlaubt, die Höhe ohne Werkzeug zu verändern.

Mit einem Schnellspanner läßt sich der Sattel leicht einstellen.

▸ Der Sattel sollte waagrecht sein. Man justiert ihn mit Hilfe einer Wasserwaage.

Am besten sitzt man auf einem genau waagrechten Sattel.

▸ Radfahrer, die oft im Stadtverkehr unterwegs sind, sollten den Sattel etwa 3 cm niedriger einstellen, um einen möglichst guten Stand zu haben, wenn sie anhalten müssen.

▸ Bei Fahrten im Gelände sollte der Sattel so eingestellt werden, daß die Füße bis zum Boden reichen, damit man mit ihnen gegebenenfalls nachhelfen oder sich abstützen kann.

Einstellung des Lenkers Bei Citybikes und Tourenrädern stellt man den Lenker höher als den Sattel ein, weil hier vor allem gute Sicht gefragt ist.

▸ Beim sportlichen Fahrstil ist eine gebeugte Haltung vorteilhaft, um den Luftwiderstand zu verringern. Anfänger stellen den Lenker ihres Rennsportrads in Sattelhöhe oder etwas darüber ein.

▸ Bei Rennrädern sollte der Lenker nicht höher als der Sattel stehen. Erfahrene Radfahrer können ihn sogar bis zu 5 cm tiefer als den Sattel einstellen.

▸ Normalerweise gilt die Regel, daß die Lenkerbreite der Schulterbreite des Fahrers entsprechen sollte. Während man sich bei Rennlenkern daran hält, sind Touren- und Mountainbikelenker im allgemeinen etwas breiter.

▸ ATB- und Mountainbikelenker werden mit Hilfe von aufmontierten Lenkerhörnern, die einen

LENKERARTEN DER VERSCHIEDENEN RADTYPEN

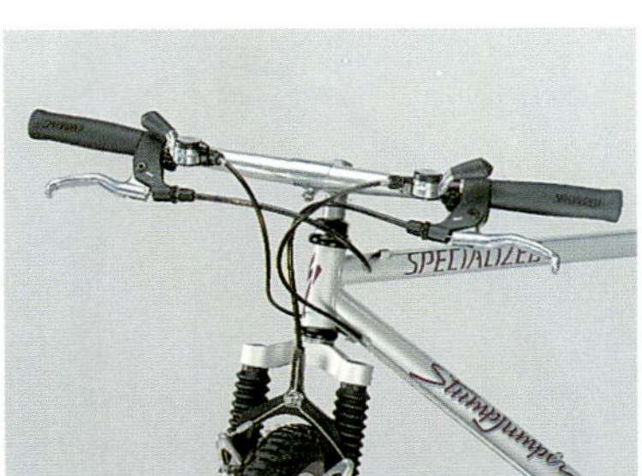

Der Mountainbikelenker besteht aus einer geraden Querstange, die am Vorbau montiert ist.

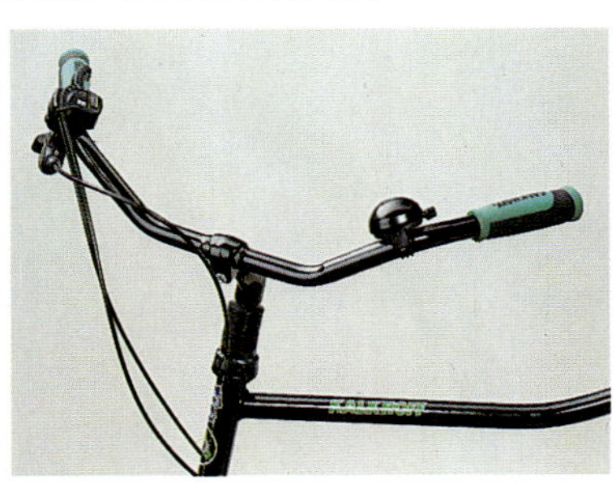

Der Tourenlenker ist seitlich hochgezogen und ermöglicht eine aufrechtere Sitzposition.

Der Rennradlenker erlaubt eine tiefgebeugte Haltung, die für sportliches Fahren vorteilhaft ist.

Wechsel der Griffposition ermöglichen, bequemer.

Lenkerhörner machen den Mountainbikelenker bequemer.

▸ Zur Entlastung des Oberkörpers kann man auf den Lenker eines Rennrads spezielle Stützen montieren.

Am Rennrad entlasten diese Stützen den Oberkörper.

▸ Achtung: Zusatzeinrichtungen am Lenker sollten nicht im normalen Straßenverkehr verwendet werden, weil sie die Bremsbereitschaft einschränken.

Schaltung Viele Räder, gleich welcher Bauart, haben heute 21 Gänge; teilweise sogar noch mehr.

▸ Nabenschaltungen mit drei, fünf oder sieben Gängen sind für das Freizeitrad meist ausreichend. Sie sind einfach zu bedienen, robust und fast wartungsfrei.

▸ Zieht man eine sportliche Fahrweise vor, sollte man eine Kettenschaltung wählen. Frei wählbare und leicht zu verändernde Übersetzungsverhältnisse zeichnen diese Schaltung aus. Nachteil ist der hohe Wartungsaufwand; die meisten Einstell- und Reparaturarbeiten können allerdings auch von Laien durchgeführt werden.

▸ Damit Kette und Zahnkränze nicht zu stark verschleißen, sollte man extreme Kettenstellungen wie die Kombination von großem Kettenrad vorn mit größtem Zahnkranz hinten vermeiden.

Beleuchtung Als Stromlieferant für die Beleuchtung ist ein Dynamo vorgeschrieben. Eine gute Alternative zum Seitendynamo ist der Walzendynamo, der gegen die Lauffläche des Reifens gedrückt wird und einen höheren Wirkungsgrad hat. Bei Nässe hat aber auch dieser Dynamo Probleme mit dem Schlupf.

▸ Bei Rennrädern und Mountainbikes sowie bei normalen Rädern im Stand sorgen batteriebetriebene Zusatzleuchten für die nötige Sicherheit.

Batteriebetriebene Zusatzleuchten geben dem Radfahrer Sicherheit.

▸ Um dem Diebstahl der nur lose befestigten Zusatzleuchten vorzubeugen, sollte man sie mitnehmen, wenn man das Rad abstellt.

▸ Besser ist eine fest eingebaute Standlichtanlage, die die Beleuchtung mit Strom versorgt, wenn der Dynamo nicht dreht. Sie darf die normale Beleuchtung allerdings nicht beeinflussen.

▸ Aus Kostengründen sollte man Standlichteinrichtungen nicht mit Batterien, sondern mit wiederaufladbaren Akkus betreiben.

Bremsen Gut funktionierende Bremsen gehören zu den wichtigsten Bauteilen eines Fahrrads. Beim Kauf sollte man auf besonders hohe Qualität achten.

▸ Wer eine wartungsfreie Bremse haben möchte, die auch bei Nässe und Regen zuverlässig funktioniert, sollte ein Fahrrad mit Trommel- oder Rücktrittbremse wählen. Rücktrittbremsen können nur mit Nabenschaltungen kombiniert werden. Sie erschweren den Ausbau des Hinterrads. Außerdem kann das Hinterrad bei der Rücktrittbremse sehr schnell blockieren.

▸ Wenn ein Fahrrad mit Trommelbremse längere Zeit nicht benutzt wurde, greift die Bremse oft unerwartet heftig, weil sich beim Stehen an der Trommelinnenwand Rost gebildet hat. Deshalb sollte man vor Fahrtantritt zuerst mit einigen Probebremsungen den Rost entfernen.

▸ Fahrräder mit mehr als sieben Gängen gibt es nur mit Felgenbremsen. Man sollte beachten, daß diese bei Nässe und Regen weniger gut greifen. Es gibt allerdings spezielle Regenbremsklötze für Felgenbremsen.

▸ Bei der Felgenbremse müssen die Bremsgriffe so am Lenker befestigt sein, daß man sie ganz umfassen und problemlos anziehen kann. Bei angezogener Bremse dürfen sich Bremsgriff und Lenker nicht berühren. Für Kinder gibt es verstellbare Bremshebel, die dem Wachstum entsprechend nachgestellt werden können.

▸ Bei Bergabfahrten auf rutschigem Untergrund zuerst die Hinterradbremse betätigen, damit das Rad lenkfähig bleibt.

Diebstahlsicherung Werkseitig montierte Schlösser, also Rahmen- oder Ringschlösser, reichen in der Regel nicht aus, um das Fahrrad wirksam vor Diebstahl zu schützen. Man sollte daher ein Zusatzschloß kaufen.

▸ Wer ein Kettenschloß kauft, sollte eines mit Kunststoffüberzug wählen. Der Überzug dämpft das Klappern der Kette.

▸ Gegenüber Schlössern mit Schlüssel sind Zahlenschlösser witterungsempfindlicher und weniger sicher; sie haben außerdem den Nachteil, daß die Zahlen oft und besonders bei Dunkelheit nur schwer erkennbar sind.

▸ Mit dem Zusatzschloß befestigt man Laufräder und Rahmen möglichst an einem festen Gegenstand (Laternenpfahl, Zaun usw.).

▸ Beim Kauf sollte man einen Fahrradpaß verlangen und in diesen die Modellbezeichnung und die am Rahmen eingeschlagene Rahmennummer eintragen. Im Fall eines Diebstahls kann man mit Hilfe des Passes leicht nachweisen, daß man der Eigentümer des Rads ist.

▸ Bei teuren Rädern kann es sinnvoll sein, sie gegen Diebstahl zu versichern.

Zubehör Bei Preisvergleichen vor dem Kauf eines Fahrrads sollte man auch die Grundausstattung berücksichtigen.

▸ Für Mountainbikes und Rennräder gibt es Schutzbleche zum Aufstecken, die verhindern, daß die Kleidung durch hochgewirbelten Schmutz verunreinigt wird.

Wer seine Kleidung vor Schmutz schützen will, kann am Mountainbike ein Schutzblech aufstecken.

▸ Für das sportliche Radfahren ist ein Bordcomputer sinnvoll. Das Gerät, das wasserdicht sein sollte, informiert über Geschwindigkeit, gefahrene Höchstgeschwindigkeit, Tages- und Gesamtkilometerzahl, Uhrzeit sowie Trittfrequenz. Über ein Brustband kann zusätzlich auch die Herzfrequenz gemessen werden.

▸ Die Trinkflasche sollte durchsichtig sein, damit man leicht erkennen kann, wieviel Flüssigkeit sie noch enthält.

Freizeitkleidung Für den Ausflug am Sonntag genügt locker sitzende Freizeitkleidung – T-Shirt, Hemd oder Bluse und eine Hose mit flachen Nähten sowie eine leichte Jacke. Besser als ein dickes Kleidungsstück sind mehrere dünne übereinander.

▸ Metallklammern oder Klettbänder sichern lange Hosenbeine vor Verschmutzung oder Beschädigung.

So werden lange Hosenbeine vor Verschmutzung oder Beschädigung bewahrt.

▸ Kunstfaserunterwäsche hat ge-

SCHUTZ VOR FAHRRADDIEBEN

Spiralkabelschlösser sind zwar einfach zu transportieren, bieten aber nur begrenzte Sicherheit.

Bügelschlösser sollten aus gehärtetem Edelstahl sein. Sie sind nur mit großem Aufwand zu zerstören.

Einen guten Schutz vor Diebstahl bieten Kettenschlösser, die jedoch durch ihre Schwere hinderlich

Mit dem Helm gegen Kopfverletzungen geschützt

Auch wenn es nicht Pflicht ist, sollte jeder Radfahrer einen Helm tragen. Insbesondere für Kinder ist das Sturz- und damit das Verletzungsrisiko sehr hoch.

- **Der SNELL-Norm aus den USA und der schwedischen ANSI-Norm entsprechende Helme bieten den besten Schutz.**
- **Der Helm darf nicht auf dem Kopf hin- und herrutschen.**
- **Der Doppelriemen (über dem Ohr) sollte durch den Helm durchgehen und leicht bedienbar sein.**
- **Das Sichtfeld muß in alle Richtungen frei bleiben.**
- **Der Helm darf das Gehör nicht beeinträchtigen.**
- **Eine gute Belüftung muß gewährleistet sein.**
- **Die Schale des Helms darf man auf keinen Fall bemalen oder mit Aufklebern versehen. Das könnte den Kunststoff zersetzen.**
- **Nach einem Sturz auf den Kopf muß man einen neuen Helm kaufen, da selbst kleinste Haarrisse seine Festigkeit herabsetzen.**

genüber Baumwollwäsche den Vorteil, daß sie den Schweiß nach außen transportiert. Auf längere Touren nimmt man immer eine zweite Garnitur mit.

▸ Zum Schutz vor Regen hat man bei unsicherer Wetterlage stets Regenkleidung dabei. Wichtig ist, daß bei Jacken und Hosen die Nähte dicht sind.

▸ Oberbekleidung aus modernen Klimafasern ist gleichzeitig atmungsaktiv und wasserdicht.

Sportkleidung Bei längeren Fahrten und sportlichem Radeln empfiehlt sich spezielle Radsportkleidung.

▸ Beim Kauf von Fahrradkleidung sollte man außer auf Funktionalität auch darauf achten, daß sie durch kräftige Farben zur Sicherheit beiträgt.

▸ Trikots sollten gleichzeitig winddicht und atmungsaktiv sein. Außerdem müssen sie den Schweiß nach außen leiten. Moderne Klimafasern sind dazu in der Lage. Zudem sollten Trikots hinten lang genug sein, um im Nierenbereich vor Unterkühlung zu schützen. Kleine Taschen sind nützlich.

▸ Die Nähte der Radsporthose sollten außerhalb der Sitzfläche verlaufen; die Hosenbeine müssen faltenfrei anliegen.

▸ Der Gummizug muß die Radsporthose in der Taille sicher halten, damit der Nierenbereich vor Unterkühlung geschützt ist.

▸ Radsporthosen werden ohne Unterwäsche getragen. Sie haben einen Ledereinsatz, den man mit einer Spezialcreme eincremt, um Scheuern zu vermeiden. Eine Soft-Gel-Einlage sorgt für eine gute Polsterung.

▸ Bei Temperaturen unter 15 °C greift man zu langärmeligen Trikots und langen Radsporthosen.

▸ Nach jedem Tragen sollte man Trikot und Hose waschen, weil Salzrückstände vom Schwitzen zu Wundsein führen können.

Schutzbrille Sie ist empfehlenswert, weil sie verhindert, daß Fremdkörper, z. B. Insekten, ins Auge gelangen.

Atemschutzmaske Wer auch in der Innenstadt fahren muß, kann sich mit einer Radlermaske vor den Auspuffgasen der Autos schützen. Der Aktivkohlefilter der Maske filtert auch Pollen heraus, was insbesondere für Allergiker sinnvoll ist.

Sturzhelm Radfahrer sollten während der Fahrt immer einen Helm tragen. Beim Kauf achtet man darauf, daß das Modell einer der empfohlenen Normen entspricht.

Nicht nur für Kinder sollte der Helm selbstverständlich sein.

Radhandschuhe Spezielle Handschuhe sind nützlich, weil sie die Handinnenflächen polstern, bei einem Sturz vor Hautabschürfungen bewahren und verhindern, daß man von den Griffen abrutscht.

Schuhe Normale Sportschuhe sind nicht geeignet, da sich die Sohle zu stark biegt. Für den Gelegenheitsradler sind Radfahrschuhe mit perforiertem Oberteil und steifer Sohle für optimale Kraftübertragung zu empfehlen. Eine Profilierung sorgt für gute Haftung auf dem Pedal.

▸ Sportliche Radler und Rennradfahrer verwenden zusätzlich Haken mit Riemchen, um zwischen Schuh und Pedal eine feste Verbindung herzustellen. Anfänger und Stadtfahrer sollten hierauf verzichten, um schneller absteigen zu können.

▸ Eine weitere Möglichkeit, Pedal und Schuh fest miteinander zu verbinden, sind Sicherheitspedale. Sie haben eine eingearbeitete Führung, während die Schuhsohlen über ein passendes Gegenstück verfügen, mit dem sie am Pedal einhaken. Schon bei einer leichten seitlichen Drehung löst sich die feste Verbindung.

▸ Bei Regenwetter schützt man Schuhe durch Überschuhe, die in der kalten Jahreszeit die Füße zusätzlich warm halten.

Überschuhe halten bei Regen die Schuhe trocken und bei Kälte die Füße warm.

Fahrstil Um optimale Leistung zu erzielen, ist ein gleichmäßiger Tritt wichtig. Dazu stellt man sich die Kurbelumdrehung des rechten Pedals wie das Zifferblatt einer Uhr vor. Die Schubphase, in der sich der Fuß waagrecht nach vorn bewegt, liegt dann zwischen 11 und 1 Uhr, die Zugphase, in der der Fuß das Pedal wieder nach oben zieht (nur bei Pedalen mit Befestigung möglich), zwischen 5 und 7 Uhr. Die wichtigste, die Druckphase, in der sich der Fuß nach unten bewegt, hat ihren maximalen Punkt erreicht, wenn die Kurbel in der 3-Uhr-Stellung steht und die Beinkraft direkt nach unten wirkt.

▸ Im Übergang zwischen Druck- und Zugphase ist der Bewegungsablauf eckig. Für einen runden Tritt muß man an dieser Stelle die Fußspitze nach unten kippen.

▸ Wer den runden Tritt trainieren will, sollte sich auf ebener Strecke in einem mittleren Gang und bei einer Trittfrequenz von weniger als 60 Umdrehungen pro Minute auf die Übergänge zwischen den Phasen konzentrieren und versuchen, sie möglichst fließend zu gestalten.

▸ Die meisten Radfahrer benutzen zu hohe Gänge und können dann nicht gleichmäßig treten. Die Trittfrequenz sollte beim normalen Fahren bei etwa 60 Umdrehungen pro Minute liegen, im Trekking- und im Mountainbikebereich bei 80–100 und beim Rennrad bei 90–120 Umdrehungen pro Minute.

Fahren in der Gruppe Bei Gruppen ab 15 Personen dürfen Radfahrer auf öffentlichen Straßen zu zweit nebeneinander fahren. Sonst darf man nur dann nebeneinander fahren, wenn der Verkehr nicht behindert wird.

▸ Der vorderste Fahrer sollte für ein gleichmäßiges Fahrtempo sorgen. Schwankungen bringen den Fahrrhythmus der Gruppe durcheinander.

▸ Jede Bremsung sollte vom vordersten Fahrer durch ein verabredetes Handzeichen angekündigt werden, damit sich die Mitfahrer darauf einstellen können.

REITEN

▸ Reiten ist nur ein Teil der Beschäftigung mit Pferden. Wichtig sind auch der richtige Umgang mit den Tieren sowie Haltung und Pflege. Jeder, der mit Pferden zu tun hat, muß sich deshalb entsprechende Kenntnisse aneignen.

Umgang mit Pferden Pferde sind sensibel. Hastige Bewegungen und lautes Schreien sollte man daher im Umgang mit diesen Tieren vermeiden. Körperkontakt und Ruhe schaffen das nötige Vertrauen zwischen Mensch und Tier.

▸ Weil Pferde den Bereich hinter sich nicht sehen, ohne den Kopf zu drehen, und weil die Tiere ausschlagen können, wenn sie erschrecken, darf man sich Pferden nicht direkt von hinten nähern, ohne ruhig zu ihnen zu sprechen.

▸ Leckerbissen reicht man auf der flachen Hand, weil sonst Gefahr besteht, daß das Tier in die Fingerspitzen beißt.

▸ Zum Führen benutzt man immer einen Strick, denn es ist unmöglich, ein erschreckendes Pferd nur am Halfter festzuhalten. Bei gezäumten Pferden hält man die Zügel in der linken Hand, während die rechte sie unterhalb der Trensenringe teilt.

▸ Pferde sind Herdentiere und lassen sich daher besser zu zweit als allein führen.

▸ Angebunden werden Pferde mittels Halfter und Strick an einem festen Gegenstand, weil sie als Fluchttiere auch bei nur vermeintlicher Gefahr dazu neigen, sich loszureißen. Aus diesem Grund darf man Pferde auch nicht an der Trense anbinden – schwere Verletzungen könnten die Folge sein.

Pferdehaltung Ein guter Stall ist hell, luftig und kühl. Die Boxen müssen geräumig sein und Kontakte zwischen den Tieren ermöglichen. Ein Fenster, aus dem die Tiere schauen können, ist gut gegen Langeweile. Artgerechter, aber arbeitsaufwendiger als Boxen sind Laufställe, in denen sich die Tiere freier bewegen.

▸ Ein Stirntuch am Halfter schützt das Pferd vor lästigen Fliegen.

Dem Schutz des Pferdes vor lästigen Fliegen dient ein Stirntuch.

▸ Besser als automatische Tränken ist ein Eimer, um dem Pferd Wasser zu geben. Das macht zwar Mühe, doch man hat die Garantie, daß das Pferd frisches Wasser erhält, was bei Selbsttränken nur der Fall ist, wenn sie ständig gepflegt werden. Getränkt wird immer vor dem Füttern; das Wasser sollte eine Temperatur von 9–12 °C haben.

▸ Da Pferde in der Freiheit ständig fressen, sollte auch im Stall dreimal täglich gefüttert werden. Heu, das dem Kraftfutter Volumen gibt, muß gut aufgeschüttelt und leicht angefeuchtet sein. Nach dem Füttern wartet man eine Stunde, bevor man reitet.

▸ Salzlecksteine sind für den Mineralhaushalt des Pferdes wichtig, während trockenes Brot, Obst und Möhren eine willkommene Abwechslung im Speiseplan des Tieres darstellen.

Pflege des Pferdes Tiere, die nur draußen stehen, pflegen sich selbst, indem sie sich an Bäumen scheuern und auf dem Boden wälzen. Auch reinigen sie sich gegenseitig; die Witterung tut ein übriges. Man sollte bei der Pflege zurückhaltend sein, nicht zuletzt deswegen, weil das Fell der Tiere als Witterungsschutz einen gewissen Fettgehalt braucht. Schopf und Schweif dürfen nicht beschnitten werden, denn sie schützen das Tier vor Insekten, Nässe und Kälte.

▸ Im Stall sind Pferde auf das tägliche Putzen durch den Menschen angewiesen, weil die Pflegemöglichkeiten der Weidepferde entfallen. Die Reinigung wird vor dem Reiten durchgeführt, aber auch hinterher, weil das Pferd dann geschwitzt hat.

▸ Am Anfang der Pflege steht das Ausräumen der Hufe mit einem stumpfen Hufkratzer. Dieses erfolgt in der Box, damit die Stallgasse beim Hinausführen sauber bleibt.

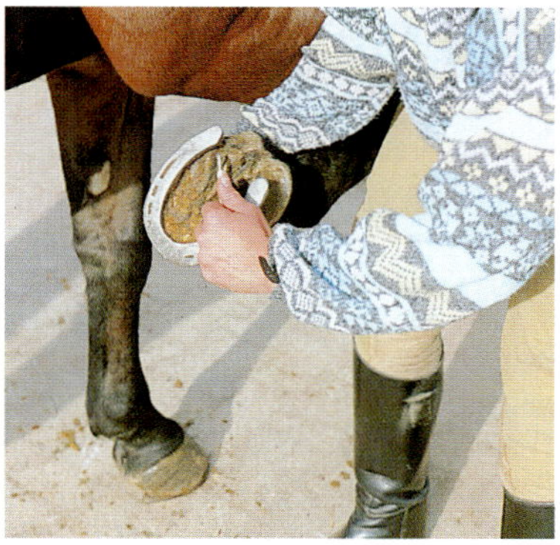

Mit einem stumpfen Hufkratzer werden die Hufe ausgeräumt.

▸ Das Putzen des Pferdes findet im Freien statt, so daß der Staub wegfliegen kann. Zunächst fährt man mit dem Striegel kreisförmig über Hals und Rumpf. Alle knochigen Körperteile wie Kopf und Gliedmaßen werden ausgespart. Nach dem Striegeln wird das Pferd mit der Wurzelbürste glattgebürstet. Dann streicht man mit der Kardätsche, einer weichen Bürste, in Strichrichtung über das Fell und poliert zuletzt mit einem Wolltuch nach.

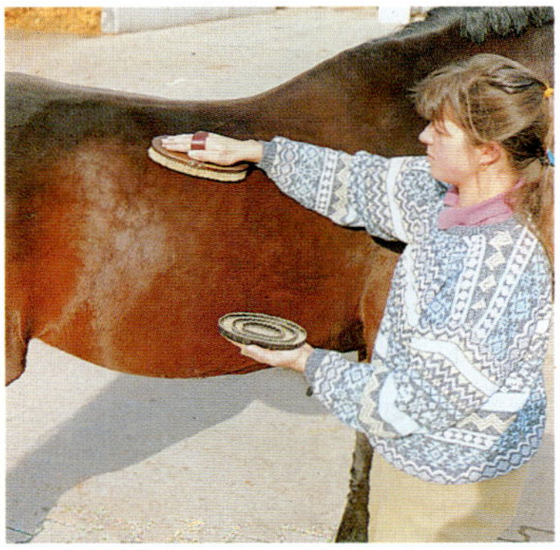

Nach dem Glattbürsten wird das Fell mit der Kardätsche geputzt.

▸ Den Kopf nur mit der weichen Kardätsche bürsten, ebenso Mähne und Schweif, damit nicht zu viele Haare verlorengehen. Für die Beine ist kaltes Wasser empfehlenswert. Das Abspritzen kühlt und massiert gleichzeitig die Sehnen. Zu häufiges Abspritzen sollte man vermeiden, denn es kann den Huf weich machen. Die Fesselbeuge muß danach mit einem Tuch trockengerieben werden.

▸ Die Hufe sollten möglichst täglich gewaschen und einmal pro Woche eingefettet werden. Alle vier bis acht Wochen muß sie der Schmied beschneiden und gegebenenfalls beschlagen.

▸ Ein Pferd darf man nie naßgeschwitzt in den Stall stellen. Man geht mit ihm spazieren oder reibt es mit Stroh ab, bis es trocken ist, und putzt es dann.

Reitkleidung Wichtig sind Reitkappe, -hose und -stiefel. Im übrigen reicht eine der Witterung angepaßte Freizeitgarderobe.

Kappe Aus Sicherheitsgründen ist eine Reitkappe unentbehrlich, ob in der Halle oder im Gelände. Beim Kauf sollte man auf keinen Fall sparen, weil preiswertere Modelle aus weicherem Material hergestellt sind und den Reiter bei einem Sturz weniger wirksam vor Kopfverletzungen schützen.

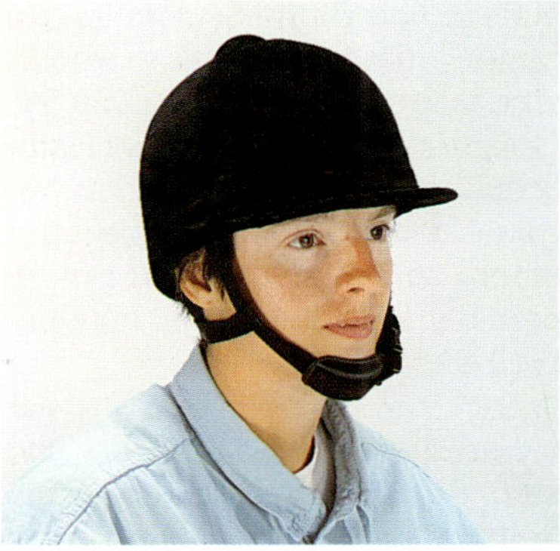

Eine Reitkappe kann bei einem Sturz lebensrettend sein.

▸ Die Kappe muß eng am Kopf sitzen, darf nicht verrutschen und sollte einen Kinnschutz haben. Am besten ist ein Modell, das den Vorschriften der Deutschen Reiterlichen Vereinigung (FN) entspricht.

Handschuhe Um schmerzhafte Blasen zu vermeiden, sollte man beim Reiten Handschuhe mit Verstärkungen an den Fingern tragen. Gestrickte Reithandschuhe saugen Schweiß auf, Noppenbesatz verhindert das Durchrutschen der Zügel. Lederhandschuhe halten länger, wärmen aber je nach Lederart im Winter nicht; außerdem sind sie teurer.

Reithose Sie muß bequem, darf aber nicht zu weit sein. Ist sie zu eng, scheuert sie im Schritt und im Kniebereich.

▸ Normale Hosen sollten nicht getragen werden, da ihre Nähte leicht scheuern.

▸ Reithosen sollten aus Stretchstoffen, Cord oder Baumwolle gearbeitet sein. Der Knielederbesatz und am besten noch ein Wildlederbesatz am Gesäß verhindern, daß der Stoff rasch abgenutzt wird. Außerdem sorgt der Gesäßbesatz dafür, daß man weniger im Sattel rutscht.

Stiefel Zu empfehlen sind Reitstiefel aus Gummi oder Leder mit glatter Sohle. Es eignen sich aber auch knöchelhohe Stiefeletten, zu denen man eine Jodhpurhose, eine lange Hose mit Stegen trägt. Gefährlich ist das Reiten in Halbschuhen. Zu leicht kann man wegen einer zu groben Sohle oder einem zu breiten Fußbett bei einem Sturz im Steigbügel hängenbleiben.

▸ Für die ersten Versuche und zum Ausprobieren, ob man am Reitsport wirklich Gefallen findet, reichen zunächst schmale Gummistiefel aus.

▸ Lederreitstiefel sollte man lieber mit etwas längerem Schaft kaufen, da sie bereits nach wenigen Ritten um etwa 1 cm sacken.

▸ Reitstiefel aus Leder muß man regelmäßig mit etwas klarem Wasser und einem sauberen Schwamm vom Schmutz befreien. Anschließend läßt man sie trocknen und reibt sie dann mit Leder- oder Stiefelfett ein.

▸ Stiefelspanner halten Schaft und Fuß in ihrer Form.

▸ Reitstiefel sollten eng sitzen, damit sie nicht rutschen. Beim Ausziehen ist ein Stiefelknecht hilfreich. Man kann auch eine Treppenstufe zu Hilfe nehmen. Einfach an- und auszuziehen sind Reitstiefel mit Reißverschlüssen hinten oder in Knöchelhöhe zweigeteilte Stiefel. Diese Modelle sind allerdings teurer als normale Stiefel.

▸ Für die kalte Jahreszeit gibt es gefütterte Winterreitstiefel.

Sattel Der Sattel muß dem Pferd gut angepaßt sein. Ein unpassender Sattel ist oft der Grund für Satteldruck, den man dem Tier ersparen sollte. Der Vielseitigkeitssattel ist die gängigste Form, die auf fast jedes Pferd paßt.

▸ Wer einen gebrauchten Sattel kauft, sollte darauf achten, daß sein Kern nicht gebrochen ist. Um den Sattel zu testen, hält man ihn mit seinem hinteren Ende vor den Körper und zieht an seinem vorderen Ende. Bei dieser Längsprobe darf sich der Sattel nur ein wenig biegen, bei der entsprechenden Querprobe überhaupt nicht. Im Zweifelsfall sollte man einen Sattler bitten, den Sattel zu überprüfen.

▸ Auf gebrauchte Sättel, die man beim Sattler kauft, erhält man oft eine Garantie.

▸ Kunstfasersättel sind leichter als Ledersättel und passen sich dem Pferderücken an. Allerdings schwitzt man mehr, und die Noppen scheuern am Gesäß. Außerdem sind Kunstfasersättel nicht so strapazierfähig.

▸ Ledersättel müssen regelmäßig gepflegt werden. Dazu reinigt man einmal in der Woche alle Teile bis auf die Sitzfläche mit lauwarmem Wasser und Sattelseife. Man läßt den Sattel an der Luft trocknen, legt ihn aber nicht in die Sonne oder in die Nähe der Heizung. Dann reibt man die abgewaschenen Teile mit Lederfett ein. Die Sitzfläche wird nur mit einem feuchten Lappen abgewischt.

▸ Eine Satteldecke saugt den Schweiß auf und schont den Pferderücken, dient aber nicht zum Ausgleich eines unpassenden Sattels.

▸ Die Satteldecke muß immer saubergehalten werden. Im Sommer empfiehlt sich eine Satteldecke aus Leinen.

▸ Hat das Tier Rückenbeschwerden, lindert ein Gelkissen den Druckschmerz.

Ein Gelkissen lindert den Druckschmerz, wenn das Pferd Rückenbeschwerden hat.

▸ Der Fuß des Reiters sollte im Steigbügel bequem Platz haben. Schwere Bügel sind besser als leichte, weil sie dem Fuß besseren Halt geben. Die Gefahr, bei einem Sturz mit dem Fuß im Bügel hängenzubleiben, verringern Sicherheitssteigbügel. In diese Steigbügel ist ein starkes Gummistück eingearbeitet, das das Herausschlüpfen in einem Notfall erleichtert.

Aufsatteln Der Sattel muß korrekt aufliegen, darf also nicht auf das Rückgrat drücken. Das ist der Fall, wenn sein Gewicht gleichmäßig auf beide Seiten des Rückens neben der Wirbelsäule verteilt ist.

▸ Zum Satteln sollte das Pferd angebunden sein. Man legt sich den Sattel über den linken Unterarm, stellt sich an die linke Seite des Pferdes und legt den Sattel über dem Widerrist sanft auf.

▸ Mit dem Strich (nie dagegen!) zieht man dann den Sattel so weit zurück, daß er an der niedrigsten Stelle des Rückens liegt.

▸ Auf der rechten Seite läßt man den Gurt vorsichtig hinunterrutschen, greift unter den Bauch, holt den Gurt durch und schnallt ihn fest. Das Spannen ist wichtig, um Scheuerstellen zu vermeiden.

▸ Wehrt sich das Pferd gegen das Gurtstraffen, indem es den Bauch aufbläht, führt man es vor dem Festziehen und Aufsitzen noch einige Meter im Schritt.

▸ Manche Pferde schlucken viel Luft, so daß man vor dem Aufsitzen und noch einmal nach dem Warmreiten den Gurt nachziehen muß.

Zaumzeug Um nicht nur mit dem Gewicht und den Schenkeln auf das Pferd einwirken zu müssen, empfiehlt sich der Gebrauch einer Trense. Das lederne Zaumzeug wird am Kopf des Tieres festgeschnallt.

▸ Wenn sich das Pferd der Prozedur des Auftrensens zu entziehen versucht, indem es den Kopf hochreißt, greift man mit der rechten Hand unter dem Hals hindurch, faßt den Nasenrücken und zieht den Kopf zu sich herunter. Ist das Pferd so groß, daß man den Nasenrücken nicht erreichen kann, läßt sich das Tier manchmal mit einem hingehaltenen Leckerbissen dazu bewegen, den Kopf zu senken.

▸ Das Gebiß ist meist aus Eisen, für empfindliche Pferde gibt es aber auch Hartgummigebisse.

▸ Zügel sollten rutschfest sein. Textilien, aber auch geflochtenes Material und Lederstege sind geeignet.

Reitgerte und Sporen Sie sollten nur im Bedarfsfall benutzt werden, weil das Pferd bei zu häufigem Gebrauch nicht mehr reagiert. Die Sporen sollten stumpf sein.

Unterricht Reiten zu lernen erfordert Zeit, Geduld, Mühe und

AUFTRENSEN DES PFERDES

1. Den Pferdekopf mit der rechten Hand so halten, daß man die Trensenzügel um den Hals legen kann.

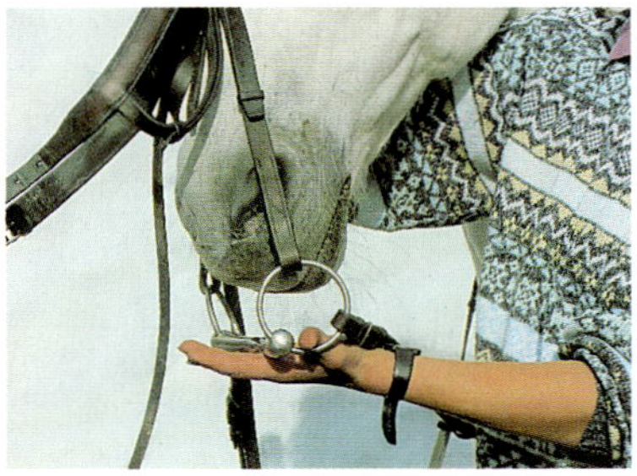

2. Das Pferd mit der rechten Hand weiter festhalten und mit der linken Hand das Gebiß nehmen.

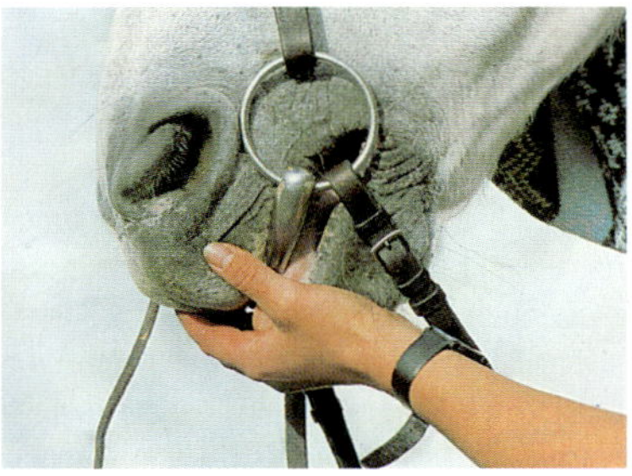

3. Das Gebiß einlegen. Um das Maul zu öffnen, kann man mit dem Finger am Maulwinkel spielen.

4. Das Kopfstück der Trense über die Ohren streifen; das Stirnband muß unter dem Stirnschopf liegen.

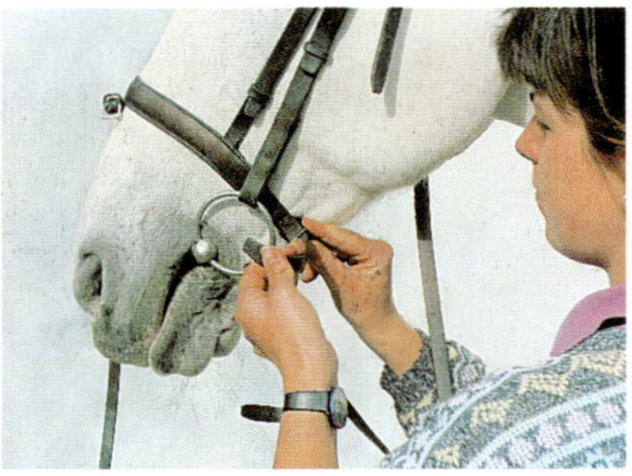

5. Den Kinnriemen schließen; in der Regel sollten zwischen Kinn und Riemen zwei Finger passen.

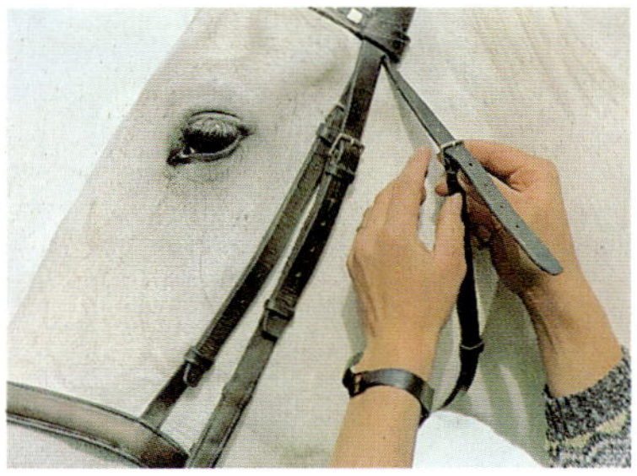

6. Zuletzt den Kehlriemen locker schließen; zwischen Riemen und Kehle muß eine Faust Platz haben.

Disziplin. Eine solide Reitausbildung ist unumgänglich, denn zwischen einem unerfahrenen Reiter und einem durch falsche oder widersprüchliche Kommandos irritierten Pferd kann es zu schweren Mißverständnissen kommen, die auch zu Unfällen führen können.

▸ Reitunterricht nimmt man in Reitställen, Reitvereinen oder auf Ponyhöfen. Reiterferien sind eine gute Möglichkeit, den Reitsport kennenzulernen.

▸ Von großer Bedeutung für das Reitenlernen ist die Qualität des Reitbetriebes. Der Entscheidung für einen bestimmten Stall sollte deshalb ein eingehender Besuch vorausgehen.

▸ Gute Ställe sind hell, luftig, geräumig und sauber. Die Tiere sehen gepflegt aus und sind wohlgenährt. Für das Reiten stehen neben einer Halle auch ein Außenplatz und Freigelände zur Verfügung. Die Schulpferde arbeiten nicht mehr als drei bis vier Stunden am Tag; die einzelnen Gruppen umfassen höchstens acht Reiter.

▸ Die Deutsche Reiterliche Vereinigung (FN), der Fachverband für den Reitsport, vergibt ein Gütesiegel für anerkannte Reitbetriebe. Wer das entsprechende Schild mit den beiden Pferdeköpfen in einem Steigbügel in einem Stall vorfindet, kann gute Schulpferde und ausgebildete Reitlehrer erwarten.

▸ Einen guten Reitlehrer erkennt man daran, daß er vor Beginn der Reitstunde Sattel und Zaumzeug kontrolliert, Anfänger zunächst einige Stunden an der Longe unterrichtet, ebenso geduldig wie konsequent ist und den Schülern den Umgang mit den Pferden auch außerhalb der eigentlichen Reitstunde ermöglicht.

▸ Das ideale Schulpferd zeichnet sich durch einen ausgeglichenen Charakter, Gesundheit und eine gute Ausbildung aus. Ältere Tiere sind in der Regel geeigneter als junge.

▸ Anfänger benötigen 20–30 Reitstunden, bevor sie das Pferd in der gewünschten Gangart dirigieren können.

▸ Kinder lernen Reiten spielend auf dem ungesattelten Rücken von Ponys oder beim Voltigieren. Dazu wird ein geduldiges – weil oft schon älteres – Tier vom Reitlehrer an der Longe in den Grundgangarten Schritt und Galopp bewegt. Die Schüler (oft sogar mehrere Kinder auf einem Pferd) reiten freihändig und turnen auf dem Pferderücken; sie verlieren so die Angst vor dem Reiten.

Ausreiten Wer allein ausreitet, meldet sich im Stall ab und gibt die geplante Strecke sowie die voraussichtliche Zeit der Rückkehr an.

▸ Bei Gruppen bilden erfahrene Reiter Anfang und Schluß der Abteilung. Der Abstand zwischen den einzelnen Reitern sollte zwei Pferdelängen betragen.

▸ Es wirkt beruhigend auf die Pferde, wenn man zu zweit nebeneinander reitet.

▸ Auf Wiesen, Weiden und bestellten Feldern sowie in Schonungen darf nicht geritten werden.

▸ Rücksicht muß auf Fußgänger, Radfahrer und andere Reiter genommen werden. Insbesondere galoppiert man nicht an anderen Reitern vorbei; man passiert sie im Schritt.

▸ In schlecht einsehbarem und in schwierigem Gelände (z. B. steinige Wege, tiefer Sand, Schnee und Eis) sowie im Straßenverkehr ist die richtige Gangart immer der Schritt. Im Extremfall absteigen und das Pferd führen.

▸ Wer auf öffentlichen Wegen und Straßen reitet, gilt als Verkehrsteilnehmer und muß die Regeln der Straßenverkehrsordnung kennen und beachten.

RICHTIG AUFSITZEN

1. Den linken Fuß in den Steigbügel schieben; die linke Hand greift in den vorderen Sattelbereich.

2. Das rechte Bein im weiten Bogen überschwingen, ohne an das Pferd zu stoßen.

3. Sanft in den Sattel gleiten und den rechten Fuß in den rechten Steigbügel stellen.

▸ Im Stadtverkehr ist Reiten nicht gestattet. Außerhalb von Ortschaften darf auf Gehwegen nur geritten werden, wenn dort kein Fußgängerverkehr herrscht.

▸ Richtungsänderungen werden wie beim Fahrradfahren durch Handzeichen angezeigt. Mehrere Reiter überqueren die Straße gemeinsam und warnen die Autofahrer durch Handzeichen.

▸ In vielen Gemeinden sind Kopfnummern am Zaumzeug vorgeschrieben. Wer auf öffentlichen Wegen und Straßen reiten will, muß sich erkundigen, ob diese Pflicht am jeweiligen Ort besteht.

Die Kopfnummer dient zur Identifizierung des Pferdehalters.

▸ Bei Nachtausritten ist auf der linken Seite des Tieres ein weißes Licht, z. B. am Stiefel, vorgeschrieben. Für Zaumzeug, Rücken und Hosenbeine gibt es Reflektoren.

Reflektoren am Rücken geben dem Reiter im Dunkeln Sicherheit.

▸ Markierte Reitwege sind bereits abgeritten und bergen weniger unvorhergesehene Stolperfallen als nicht gekennzeichnete.

Reitweh Das beste Mittel gegen das sogenannte Reitweh, das man vor allem in den Muskeln an den Innenseiten der Oberschenkel spürt, ist, am nächsten Tag wieder in den Sattel zu steigen. Manchmal helfen Vitamin-C-Tabletten, die eine halbe Stunde vor und nach der Reitstunde einzunehmen sind.

▸ Wenn man sich wund geritten hat, hilft Hirschtalg aus der Apotheke, ein kühles Sitzbad oder eine Babycreme.

Urlaub mit dem Pferd Urlaubsmöglichkeiten für den Reiter sind Ferien auf dem Bauernhof oder speziell eingerichtete Beherbergungsbetriebe. Man bringt das eigene Pferd mit oder findet Leihpferde vor. Unterlagen und Informationen gibt es in vielen Reisebüros.

▸ Der Ferienort muß pferdegerecht sein. Besser als steinige Gebirgsgegenden sind weiche Böden in Heidelandschaften.

▸ Pferde, die meist in der Bahn geritten werden, muß man durch Training im Gelände auf die Ferien vorbereiten.

Das eigene Pferd Die Wahl des richtigen Pferdes ist neben den eigenen Fähigkeiten und dem Zweck auch von den Körpermaßen des Reiters abhängig. Für Kinder und zierliche Erwachsene empfehlen sich Ponys bis zu einem Stockmaß (Widerristhöhe des Pferdes) von 1,3 m oder Kleinpferde mit einem Stockmaß zwischen 1,3 und 1,47 m.

▸ Je kleiner ein Pferd ist, desto robuster ist es, und desto billiger sind Anschaffung und Unterhalt. Viele Ponys können das ganze Jahr über auf der Koppel gehalten werden. Das spart die teure Unterstellung in einem Reitstall.

▸ Für den Freizeitreiter gut geeignet sind vom Turniersport ausgemusterte Pferde. Diese Tiere kann man sehr preiswert beim Abdecker kaufen.

▸ Dem Pferdekauf geht eine eingehende Begutachtung des Tieres voraus, die auch vom Nichtfachmann durchgeführt werden kann. Wichtig ist der erste Eindruck, denn zwischen Pferd und Reiter muß eine Beziehung entstehen. Man läßt das Tier fressen und saufen, putzt es, legt Sattel und Zaumzeug an und reitet es. Ein paar Tage später wiederholt man die Besichtigung, denn auch Pferde haben eine Tagesform. Krankheiten vermag nur ein Experte zu erkennen.

▸ Die Beugeprobe, die Aufschluß über Lahmheit gibt, kann auch ein kundiger Laie durchführen. Dazu hebt man den verdächtigen Fuß hoch an den Leib, läßt nach etwa einer Minute plötzlich los und gibt das Pferd gleichzeitig zum Trab frei. Ein lahmes Pferd wird kurze Zeit auf drei Beinen gehen.

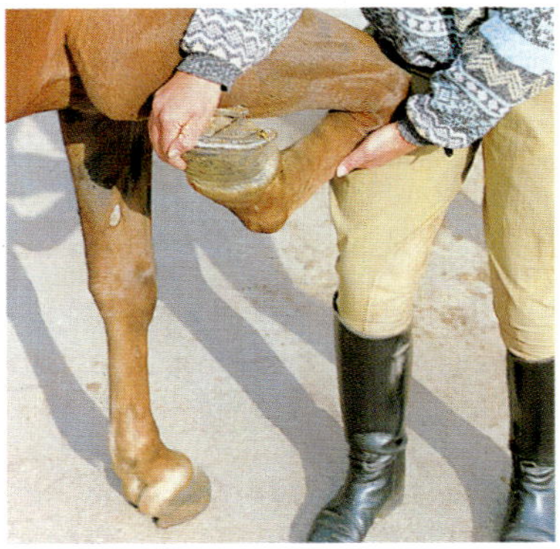
Die Beugeprobe ist Bestandteil der Ankaufuntersuchung.

Versicherungen Weil der Pferdehalter für alle Schäden, die sein Tier einem Fremden zufügt, haftet, ist eine Tierhalterhaftpflichtversicherung notwendig.

KLETTERN

▸ Das eigentliche Klettern beginnt, wenn man die Hände zur Fortbewegung und dazu braucht, das Gleichgewicht zu halten. Das entspricht dem Grad II der von der Union Internationale des Associations d´Alpinisme (UIAA) erstellten, nach oben hin offenen Skala der Schwierigkeitsgrade von Bergtouren.

▸ Geklettert wird in der Regel in einer Zweierseilschaft, in der einer der Bergsteiger vorangeht und die Haken anbringt, während der andere gesichert an einem Standplatz wartet. Seltener klettert man in Dreier- oder Viererseilschaften.

Voraussetzungen Das Klettern erfordert Kondition, Trittsicherheit, Schwindelfreiheit, einen guten Orientierungssinn und Bergerfahrung.

Schulung Erlernen kann man das Klettern in Lehrgängen der Bergschule des Deutschen Alpenvereins (DAV) Summit-Club, Am Perlacher Forst 186, 81545 München, Tel. 0 89/6 51 07 20, oder in Alpinschulen. Auch Klettergärten und Bergsportgeschäfte bieten Anfängerkurse an, in denen dem Neuling das nötige Know-how über Ausrüstung, Klettertechniken usw. vermittelt wird.

Kletterausrüstung Zu beachten gilt, daß die technische Ausrüstung (Seile, Haken, Schlingen usw.) der UIAA- oder der DIN- (Deutsche Industrie-) Norm entspricht.

▸ Für den Kauf des geeigneten Schuhwerks sollte man sich Zeit nehmen und sich im Fachhandel beraten lassen. Bergstiefel dürfen weder zu groß sein, noch dürfen sie drücken.

▸ Bergstiefel mit einer grobstolligen, steigeisenfesten Profilsohle eignen sich speziell für gemischtes Gelände, in dem sich Gras, Felsen und Eis abwechseln. Für das reine Felsklettern sind Kletterschuhe mit einer biegsamen, besonders haftenden Gummisohle ohne Profil besser geeignet.

▸ Schutzhelme schützen vor Kopfverletzungen. Sind die Kinnriemen geschlossen, darf sich ein Helm nicht mehr abstreifen lassen. Empfehlenswert sind verstellbare Kinnriemen, die für einen guten Sitz des Helms sorgen.

▸ Brustgurte dürfen nur in Kombination mit einem Hüft- oder Sitzgurt verwendet werden, weil man sich mit einer Teilgurtsicherung beim Fallen oder Hängen schmerzhafte oder gar tödliche Verletzungen zuziehen kann.

▸ Der Brustgurt wird mindestens eine Handbreit unter den Achseln angelegt, und zwar so, daß zwischen den Schlaufen am Brustbein drei Finger Platz haben.

Zwischen den Schlaufen müssen drei Finger Platz finden.

▸ Der Aufhängepunkt eines Sitzgurts muß vor dem Gebrauch erst eingestellt werden. Beim Hüftgurt hingegen ist er konstruktionsbedingt auf den Oberschenkeln, dem günstigsten Punkt.

▸ Komplettgurte – Brust- und Hüftgurt in einem – sollten zweifarbig sein. Die Farben zeigen, welche Gurtteile über die Brust und welche über die Hüfte zu ziehen sind.

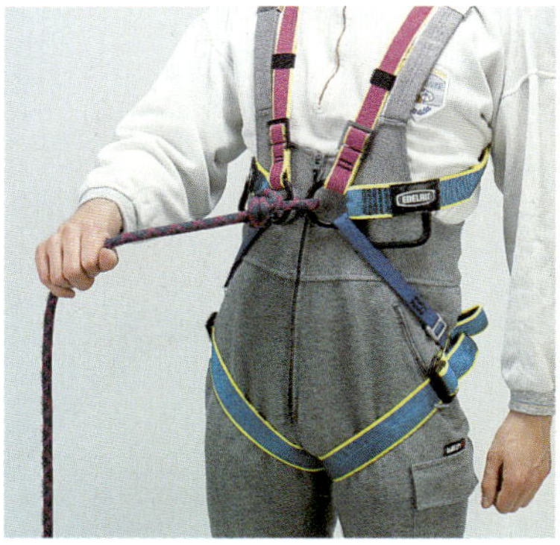

Die zwei Farben des Komplettgurts erleichtern das Anlegen.

▸ Im Sportfachgeschäft sollte für den Gurtkauf ein Deckenhaken vorhanden sein, an dem man im Hängeversuch für sich die optimale Paßform des Gurts einstellen lassen kann.

▸ Gurte müssen nach jedem größeren Sturz überprüft und gegebenenfalls ersetzt werden.

▸ Zu einer guten Kletterausrüstung zählt, neben den von der UIAA geprüften Karabinern und Felshaken, ein Felshammer, mit dem man neue Haken einschlägt oder vorhandene entfernt.

▸ Zur Grundausstattung eines jeden Kletterers gehören auch die von der UIAA genormten Einfachseile zur Sicherung, Reepschnüre und Bandschlingen. Der Fachmann im Sportgeschäft weiß, welche Stärken und Längen sich für welche Art von Touren eignen.

▸ Die wichtigsten Knoten sind Achterknoten, Sackstich und Spierenstich. Beim Knüpfen darauf achten, daß die Seilschwänze lang genug sind, damit sie sich nicht lösen können.

Eisklettern Da Gletschertouren wesentlich höhere Anforderungen an den Kletterer stellen als Felstouren und deshalb auch mehr Erfahrung erfordern, sollte man zusätzlich mit einem Eispickel oder Eishammer, Grödeln – das sind Vierzackeisen, die man zwischen Vordersohle und Absatz bindet – oder Steigeisen ausgerüstet sein.

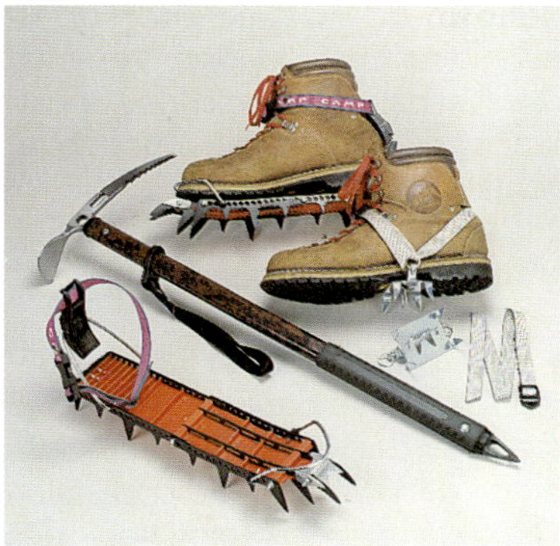

Die wichtigsten Ausrüstungsgegenstände für das Eisklettern.

FALLSCHIRMSPRINGEN

▸ Auskünfte erhält man von der Fachgruppe Fallschirmsport im Deutschen Aero Club e. V., Rudolf-Braas-Straße 20, 63150 Heusenstamm, Tel. 06104/69960.

▸ Damit Anfänger das Fluggefühl ausprobieren können, bieten Lehrer Tandemsprünge an, bei denen der Schüler an dem routinierten Springer festgehakt wird, der den Flugablauf steuert. Eingewiesen wird man am Sprungtag.

Voraussetzungen Das Mindestalter für die Ausbildung liegt bei 16 Jahren. Mit 17 Jahren kann man die Lizenz als Luftsportgeräteführer erwerben.

▸ Zum Ausbildungskurs wird man nur mit dem obligatorischen Tauglichkeitszeugnis zugelassen, das von fliegerärztlichen Untersuchungsstellen ausgestellt wird.

▸ Die Lizenz des Luftsportgeräteführers muß alle zwei Jahre verlängert werden. Voraussetzung dafür ist, daß man die nötige Anzahl Sprünge für diesen Zeitraum absolviert und sich einer erneuten Tauglichkeitsuntersuchung unterzogen hat.

Schulung Ausbilden dürfen nur autorisierte Fallschirmsportvereine und Luftfahrerschulen.

▸ Bevor man das erstemal springt, erhält man eine Einführung in Praxis und Theorie. Sie umfaßt zweitägige Bodenübungen und etwa 30 Stunden Unterricht in Freifall, Aerodynamik, Fallschirmkunde, Ausrüstung, Fallschirm- und Sprungtechnik, Verhalten in besonderen Fällen, Meteorologie und Luftrecht.

▸ Gesprungen wird im praktischen Teil der Ausbildung zunächst mit automatischen Fallschirmen – in diesem Fall ist die Aufziehleine am Flugzeug verankert, und der Fallschirm öffnet sich automatisch – und später mit manuellen Schirmen.

▸ Für Mutige sei die AFF-Methode (Accelerated Freefall) empfohlen, bei der sich der Anfänger – zuerst zusammen mit zwei Sprunglehrern – sofort im Freifall übt. Es empfiehlt sich allerdings, das Springen auf diese Art nur in einem Kompaktkurs zu erlernen.

Ausrüstung Fallschirm, Reserveschirm und Öffnungsautomat werden bei einem Lehrgang in der Regel komplett gestellt. Das Tragen eines Helms ist Pflicht.

▸ Für eine gebrauchte Ausrüstung muß man mindestens 3000 DM ausgeben, während man für eine neue das Doppelte zu investieren hat.

WICHTIGE KNOTEN FÜR DAS KLETTERN

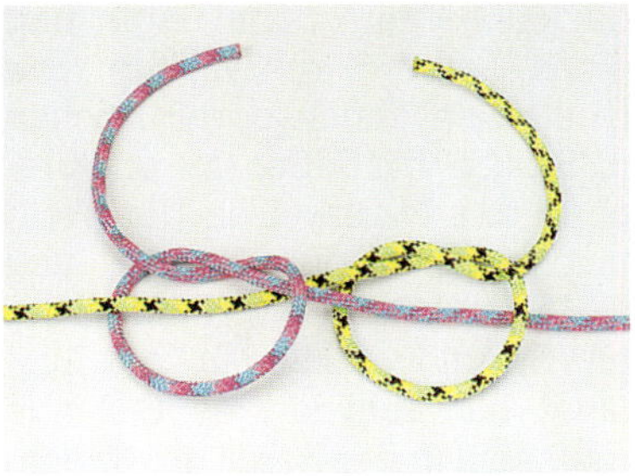

Der Seilschwanz des Achterknotens, mit dem man sich ins Seil einbindet, wird gesichert.

Der Sackstich eignet sich speziell fürs Abseilen, weil er sich nicht so leicht in Felsritzen verhakt.

Mit dem Spierenstich verknüpft man entweder zwei Seile miteinander oder knotet Schlingen.

▸ Vor dem Kauf einer kompletten Ausrüstung sollte man sich vom Sprunglehrer oder in einem Fachgeschäft beraten lassen.

▸ Geprüfte Schirme und Gurtzeug erkennt man am Güteprüfsiegel.

▸ Eine Ausrüstung muß in der Regel nach etwa 600 Sprüngen erneuert werden.

Sicherheit In einem Zeitraum von zwei Jahren müssen neuerdings 40 Sprünge (zuvor nur vier) nachgewiesen werden. Die Mindestsprungzahl erhöhte die Fachgruppe Fallschirmsport im Deutschen Aero Club in Absprache mit dem Bundesverkehrsministerium deshalb, weil Erfahrung maßgeblich zur Sicherheit des Fallschirmspringers beiträgt.

▸ Viel Zeit sollte man für das sorgfältige Packen des Fallschirms aufwenden.

▸ Der eigenen Sicherheit dient ein regelmäßig geprüfter Fallschirm. Der sogenannte Fallschirmtechnische Betrieb legt den Rhythmus der Prüfungen fest.

DRACHENFLIEGEN UND GLEITSEGELN

▸ Als Voraussetzungen für diese beiden Sportarten muß man eine gute Kondition und einen stabilen Kreislauf mitbringen.

Ausbildung Erlernt werden sollten diese beiden Flugsportarten nur in Vereinen oder eigens dafür eingerichteten Ausbildungsstätten, die vom Deutschen Hängegleiterverband e. V. (DHV), Miesbacher Straße 2, 83703 Gmund am Tegernsee, Tel. 08022/7031, anerkannt sind.

▸ Frühestens mit 16 Jahren kann man den dreigeteilten Luftfahrerschein fürs Drachenfliegen und fürs Gleitsegeln erwerben. Minderjährige brauchen die Einwilligung der Eltern.

▸ Der Lernausweis (L -Schein) erlaubt dem Schüler, nur im Beisein des Fluglehrers zu fliegen. Der beschränkte Schein (vormals A-Schein) berechtigt dazu, allein von einem ausgewiesenen Startplatz zu starten und auf dem dazugehörigen Landeplatz zu landen, während man erst mit dem unbeschränkten Schein (vormals B-Schein) über das Fluggelände, von dem aus man gestartet ist, hinaus und mehrere Kilometer über Land fliegen darf.

▸ Der Flugschein ist am Startplatz dem Geländehalter vorzulegen.

Ausrüstung Da in Deutschland nur mit einem Helm, einem zusätzlichen Rettungsfallschirm und geprüftem Gleitsegel bzw. Drachen geflogen werden darf, muß man beim Kauf von Segel bzw. Drachen, Gurtzeug und Rettungsschirm darauf achten, daß sie das DHV-Gütesiegel tragen.

▸ Das Prüfintervall für den Rettungsfallschirm legt der jeweilige Hersteller fest. Das Rettungsgerät muß außerdem regelmäßig zum Hersteller zum Packen, der auch dafür die Zeitabstände festlegt.

▸ 3000–5000 DM muß man für ein neues Gleitsegel mit Gurtzeug investieren.

▸ Die Kosten für einen Drachen, ohne Gurtzeug und Rettungsfallschirm, betragen 4000–7000 DM.

▸ Jeder Gleitsegler sowie jeder Drachenflieger hat für sein Gerät eine spezielle Gerätehaftpflichtversicherung abzuschließen.

Sicherheit beim Drachenfliegen Ein neuer Drachen muß nach fünf Jahren generalüberholt werden. Dann wird er im Zweijahresrhythmus geprüft.

Sicherheit beim Gleitsegeln Das Gerät muß vom Hersteller regelmäßig alle zwei Jahre überprüft werden.

TAUCHEN

▸ Der einfachste und kostengünstigste Einstieg ist das Schnorcheln, zu dem man eine Tauchmaske, einen Schnorchel und Schwimmflossen benötigt.

Voraussetzungen Für jeden Ausbildungslehrgang muß man eine vom Arzt ausgestellte, gültige Tauchtauglichkeitsbescheinigung vorlegen. In einem Taucherpaß werden die Untersuchungen eingetragen, die für Taucher bis zum 40. Lebensjahr alle zwei Jahre, vom 40. Lebensjahr an jährlich Pflicht sind.

Schulung Den Tauchsport erlernen kann man in den Vereinen des Verbandes Deutscher Sporttaucher (VDST), Bundesgeschäftsstelle, Tannenstraße 25, 64546 Mörfelden-Walldorf, Tel. 06105/74547.

▸ Bei kommerziellen Tauchschulen sollte man darauf achten, daß sie nach den anerkannten Richtlinien der Welttauchorganisation Confédération Mondiale des Activités Subaquatiques (CMAS) ausbilden.

▸ Am Anfang der mehrstufigen Ausbildung steht der Grundtauchschein, der den Taucher dazu berechtigt, nur in Begleitung eines Lehrers zu tauchen. Die Deutschen Tauchsportabzeichen in Bronze und Silber (sie entsprechen den Nachweisen der Welttauchorganisation CMAS * und CMAS **) sind die Voraussetzung fürs Sporttauchen im In- und Ausland. Für schwieriges Gelände muß man in der Regel das Tauchsportabzeichen in Gold (entspricht CMAS ***) vorweisen können.

Tauchausrüstung Zur Grundausstattung fürs Schnorcheln, wobei man statt Schwimm- die härteren Tauchflossen verwendet, benötigt man zusätzlich einen Tauchanzug (meist aus Neoprene). Hierbei kann man zwischen Trocken- und Naßanzügen wählen: Ein Naßtauchanzug sollte knapp sitzen und dennoch dem Taucher genügend Bewegungsfreiheit lassen. Größer muß der Trockenanzug sein, damit man darunter noch Wäsche anziehen kann.

- Handschuhe, Kopfhaube, Füßlinge ergänzen den Anzug, Bleigurt, Rettungs- und Tarierweste, Taucheruhr und -messer die übrige Ausstattung.

- Für das Gerätetauchen sind eine Preßluftflasche, ein Lungenautomat, der die Atemluft dem Umgebungsdruck der jeweiligen Tiefe anpaßt, und ein Finimeter (Restluft-Meßgerät) erforderlich.

- Alle technischen Geräte müssen regelmäßig von einem Fachmann gewartet werden. Die Flaschen müssen alle zwei Jahre vom TÜV (Technischen Überwachungsverein) geprüft werden.

Sicherheit Damit Tauchen nicht gefährlicher wird als andere Sportarten, muß man einige Sicherheitsgrundsätze beherzigen.

- Oberstes Gesetz: Nie allein tauchen!

- In fremden Revieren nie ohne einen Einheimischen tauchen, der die Strömungsverhältnisse und das Gelände kennt.

- Das betauchte Revier ist immer durch eine Boje mit einer blauweißen Fahne (Flagge Alpha) zu markieren. Im Umkreis von 50 m um die Flagge muß man mit Tauchern rechnen, die diese Schutzzone nicht verlassen dürfen.

- Häfen, Anlegebrücken und Sperrgebiete der Schiffahrt sind für Taucher verboten.

- Die Reserveluft bleibt für den Notfall vorbehalten und darf nicht in die Berechnung der möglichen Tauchdauer einbezogen werden.

- Bei Anzeichen von Unwohlsein, wie Ohren- oder Stirnhöhlenschmerzen, wird sofort aufgetaucht in der für die Tauchtiefe und -dauer angemessenen Zeit.

- Die internationalen Unterwasserhandzeichen muß jeder Taucher beherrschen, um sich unter Wasser mit seinen Tauchpartnern verständigen zu können. Sie sind Teil der Ausbildung.

UNTERWASSERHANDZEICHEN DER TAUCHER

Zeigt man mit der flachen Hand auf den Hals, will man sagen: Ich bekomme keine Luft mehr.

Hebt man die Hände mit den Handflächen nach vorn, heißt dies: Halt! oder: Achtung!

Wiegt man mit der Hand, zeigt das dem Tauchpartner an: Etwas ist nicht in Ordnung.

Zeigt man mit dem Daumen nach unten, bedeutet dies: Abtauchen! oder: Tiefer tauchen!

Die Faust ballt man und zeigt mit dem Daumen nach oben, wenn man sagen will: Auftauchen!

Mit Daumen und Zeigefinger bildet man einen Kreis, um zu sagen: Alles in Ordnung!

ADAC
Die Schweiz und ihre Gletscher

7

Urlaub planen und vorbereiten

INFORMATIONSQUELLEN

REISEVERANSTALTER

▸ Für die erste Information empfiehlt es sich, ein Reisebüro aufzusuchen. Hier erhält man kostenlos Kataloge und Broschüren über das gewünschte Urlaubsgebiet. Reisebüros organisieren auch Individualreisen mit dem eigenen Pkw oder vermitteln Ferienhäuser. Auch die für den Autofahrer maßgeschneiderten Programme der ADAC Reise GmbH kann man über Reisebüros buchen.

▸ Manche Reisebüros sind auf bestimmte Länder und Regionen spezialisiert. Sie sind oft mit entsprechenden Angaben im Branchentelefonbuch verzeichnet.

▸ Da die einzelnen Reisebüros mit verschiedenen Veranstaltern zusammenarbeiten, lohnt es sich, mehrere Reisebüros aufzusuchen und deren Angebote zu vergleichen. Durch solche Preisvergleiche kann man sehr viel Geld sparen, doch sollte man dabei darauf achten, daß die gebotenen Leistungen vergleichbar sind.

▸ Wer Bahnreisen plant, wird in den Filialen des Deutschen Reisebüros (DER) – in Bayern in den Filialen des abr – gut beraten. Das DER ist auch Generalagent der Deutschen Bundesbahn sowie der Deutschen Reichsbahn und verkauft deren Fahrkarten zum amtlichen Preis.

FREMDENVERKEHRSBÜROS

▸ Die Fremdenverkehrsregionen Deutschlands sind in Landesverbänden organisiert. Diese unterhalten Büros, bei denen man Informationen über das eigene Reiseziel erhalten kann.

▸ Alle wichtigen Reiseländer unterhalten in Deutschland Fremdenverkehrsbüros mit deutschsprachigem Personal. Auf telefonische oder schriftliche Anfrage erhält man Informationsmaterial und Broschüren in der Regel kostenlos.

▸ Die Fremdenverkehrsämter verschicken meist auch Adressen örtlicher Touristenbüros sowie aktuelle Hotel- und Campingplatzverzeichnisse, die oftmals Preisangaben und eine Kategoriezuordnung enthalten.

▸ In den Fremdenverkehrsämtern erfährt man den aktuellen Stand der Ein- und Ausreisebestimmungen, Devisenvorschriften, Zollbestimmungen usw. Fremdenverkehrsämter vermitteln auch Kontakte zu Reiseveranstaltern im Urlaubsland.

▸ Bei der Anfrage die Wünsche möglichst konkret formulieren. Wer beispielsweise gezielt Informationen über Reiterferien, Wandertouren, Museen, Ferienhäuser usw. anfordert, wird nicht mit Standardbroschüren abgespeist.

▸ Mit Detailfragen zum gewählten Reiseziel wendet man sich besser direkt an das Touristenbüro des jeweiligen Urlaubsortes. Hier erhält man auch das örtliche Unterkunftsverzeichnis und Ortsprospekte.

▸ Eine telefonische Anfrage kann als Ferngespräch tagsüber während der Geschäftszeit teuer werden. Billiger ist oft ein Telebrief (Fax). Wer kein eigenes Telefaxgerät besitzt, kann bei Postämtern, Kopierläden oder an manchen Tankstellen einen Telebrief aufgeben.

AUTOMOBILKLUBS

▸ Automobilklubs geben auch touristische Beratung. So ist beim ADAC das Angebot für Mitglieder beachtlich. Sie erhalten z. B. auf Anforderung das individuelle TourSet mit Straßenkarten (auf Wunsch eigens eingezeichnete Fahrtroute) mit touristischen Hinweisen zum betreffenden Gebiet und, bei Auslandsreisen, Informationen zu den erforderlichen Personaldokumenten und Kfz-Papieren, zu Devisenbestimmungen u. ä. Außerdem führt der ADAC viele spezielle Broschüren, die für Autoreisende wichtige Hinweise bieten.

REISELITERATUR

▸ Zeitungen, Reiseführer und Reisemagazine haben gegenüber Prospekten den Vorteil, daß sie Objektivität anstreben.

Zeitungen Tages- und Wochenzeitungen bringen auf der Reiseseite oder in Reisebeilagen oft Berichte zu einzelnen Ländern und Orten. Die Angaben (Adressen, Preise) sind in der Regel aktueller als die in Reiseführern.

▸ Die Werbeanzeigen im Reiseteil geben oft Hinweise auf spezielle Veranstalter.

Verbrauchermagazine Sie beschäftigen sich immer wieder mit dem Thema Tourismus. Die Testberichte zu den verschiedenen Bereichen geben gute Entscheidungshilfen. In den Verbraucherzentralen kann man diese Berichte bequem einsehen.

Reisemagazine Es gibt attraktiv aufgemachte Reisemagazine

WICHTIGE FREMDENVERKEHRSBÜROS IN DEUTSCHLAND (STAND: 8/93)

Deutsche Reisegebiete	Adressen der Fremdenverkehrsverbände	Tel.
Bundesrepublik Deutschland	Bertha-von-Suttner-Platz 13; 53111 Bonn	02 28/9 85 22-0
Baden-Württemberg	Postfach 10 29 51; 70025 Stuttgart	07 11/24 73 64
Bayern	Postfach 22 13 52; 80503 München	0 89/2 12 39 70
Berlin	Martin-Luther-Str. 105; 10825 Berlin	0 30/2 12 34
Brandenburg	Friedrich-Ebert-Str. 115; 14469 Potsdam	03 31/2 56 32
Bremen	Postfach 10 07 47; 28007 Bremen	04 21/3 08 00 38
Hamburg	Postfach 10 22 49; 20015 Hamburg	0 40/3 00 51-0
Harz	Postfach 16 69; 38606 Goslar	0 53 21/3 40 40
Hessen	Abraham-Lincoln-Str. 38–42; 65189 Wiesbaden	06 11/77 88 00
Lüneburger Heide	Postfach 21 60; 21311 Lüneburg	0 41 31/5 20 63
Mecklenburg-Vorpommern	Platz der Freundschaft 1; 18059 Rostock	03 81/72 52 63
Nordsee-Niedersachsen-Bremen	Postfach 18 20; 26008 Oldenburg	04 41/92 17 10
Rheinland	Postfach 20 08 61; 53138 Bonn	02 28/36 29 22
Rheinland-Pfalz	Postfach 14 20; 56014 Koblenz	02 61/3 10 79
Saarland	Postfach 10 10 31; 66010 Saarbrücken	06 81/3 70 88
Sachsen	Maternistr. 17; 01067 Dresden	03 51/48 45-5 60
Sachsen-Anhalt	Trothaer Str. 9g; 06118 Halle/Saale	03 45/34 00 86
Schleswig-Holstein	Niemannsweg 31; 24105 Kiel	04 31/56 00 25
Thüringen	Stauffenbergallee 18; 99005 Erfurt	03 61/60 22 12+34
Weserbergland-Mittelweser	Postfach 10 03 39; 31753 Hameln	0 51 51/2 45 66
Westfalen	Friedensplatz 3; 44135 Dortmund	02 31/52 75 06

Europäische Reisegebiete	Adressen der Fremdenverkehrsverbände und -büros	Tel.
Belgien	Berliner Allee 47; 40212 Düsseldorf	02 11/32 60 08
Bulgarien	Stephanstrasse 1–3; 60313 Frankfurt/M.	0 69/29 52 84
Dänemark	Glockengießerwall 2; 20095 Hamburg	0 40/32 78 03
Estland	Bayerstr. 37; 80335 München	0 89/59 67 83
Finnland	Darmstädter Landstr. 180; 60598 Frankfurt/M.	0 69/9 61 23 60
Frankreich	Westendstraße 47; 60325 Frankfurt/M.	0 69/7 56 08 30
Griechenland	Neue Mainzer Straße 22; 60311 Frankfurt/M.	0 69/23 65 61
Großbritannien	Taunusstr. 52–60; 60329 Frankfurt/M.	0 69/23 80 70
GUS	Stephanstr. 1; 60313 Frankfurt/M.	0 69/28 57 76
Irland	Untermainanlage 7; 60329 Frankfurt/M.	0 69/23 64 92
Island	Carl-Ulrich-Str. 11; 63263 Neu-Isenburg	0 61 02/25 44 84
Italien	Kaiserstr. 65; 60329 Frankfurt/M.	0 69/23 74 30
Kroatien	Rumfordstr. 5; 80469 München	0 89/2 60 95 36
Litauen	Bayerstr. 37/I; 80335 München	0 89/59 67 83
Malta	Schillerstr. 30–40; 60313 Frankfurt/M.	0 69/28 58 90
Niederlande	Hohenzollernring 38–40; 50672 Köln	02 21/2 57 03 87
Norwegen	Mundsburger Damm 27; 22087 Hamburg	0 40/22 71 08 10
Österreich	Roßmarkt 12; 60311 Frankfurt/M.	0 69/2 06 98
Polen	Waidmarkt 24; 50676 Köln	02 21/23 05 45
Portugal	Kaiserstr. 66; 60329 Frankfurt/M.	0 69/23 40 94
Rumänien	Zeil 13; 60313 Frankfurt/M.	0 69/29 52 78
Schweden	Lilienstr. 19; 20095 Hamburg	0 40/33 01 85
Schweiz	Kaiserstr. 23; 60311 Frankfurt/M.	0 69/25 60 01 24
Slowakei	Kaiserstr. 54; 60329 Frankfurt/M.	0 69/2 74 01 70
Slowenien	Eschersheimer Landstr. 8; 60322 Frankfurt/M.	0 69/5 96 10 04/05
Spanien	Myliusstr. 14; 60323 Frankfurt/M.	0 69/72 50 33
Tschechische Republik	Kaiserstr. 54; 60329 Frankfurt/M.	0 69/2 74 01 70
Türkei	Karlsplatz 3–1; 80335 München	0 89/59 49 02
Ungarn	Berliner Str. 79; 60311 Frankfurt/M.	0 69/2 09 29
Zypern	Kaiserstr. 50; 60329 Frankfurt/M.	0 69/25 19 19

für fast jede Zielgruppe. Reihen wie *ADAC SPECIAL – DAS REISE-MAGAZIN* porträtieren beliebte Reiseziele. Spezialisierte Zeitschriften für Berg- und Flugsport, Surfen und Segeln, Camping, Abenteuerurlaub oder Skisport richten sich an besondere Interessentengruppen.

▸ Der Studienkreis für Tourismus in Starnberg gibt die *Sympathie Magazine* zu verschiedenen Ländern heraus. Hier findet man Hintergrundinformationen, die der Einstimmung auf andere Länder und Menschen dienen sollen. Ein Verzeichnis der lieferbaren Magazine versendet auf Anforderung der Studienkreis für Tourismus e. V., Dampfschiffstraße 2, 82319 Starnberg, Tel. 08151/7740.

Bildbände Sie sind eher zur Einstimmung auf den Urlaub, weniger als konkrete Informationsquelle sinnvoll.

▸ Öffentliche Bibliotheken halten vielfach – auch teure – Bildbände bereit.

Reiseführer Den unterschiedlichen Ansprüchen entsprechend haben die Verlage eine Fülle von Reiseführerkonzepten entwickelt. Kein Reiseführer deckt alle Leserwünsche ab. Deshalb vor dem Kauf entscheiden, worüber man in erster Linie informiert werden möchte, und sich dann in einer Buchhandlung beraten lassen. Kunst- und Kulturführer, Führer für den Aktivurlaub (z. B. Wanderführer), Reiseführer, die überwiegend Hintergrundinformationen zu Land und Leuten, Geschichte und Alltag bringen, sind ebenso im Handel erhältlich wie Reiseführer, deren Schwerpunkt auf praktischen Informationen liegt. Speziell an den Autofahrer richtet sich das Reiseführerprogramm des ADAC Verlags – vom umfangreichen Text-/Bildband bis zum jährlich erscheinenden *ADAC Campingführer.*

▸ Beim Kauf die Aktualität des Reiseführers (erkennbar an der Jahresangabe im Impressum) prüfen. Bei Neuauflagen beachten, ob der Band aktualisiert bzw. überarbeitet wurde.

▸ Ein Blick ins Inhaltsverzeichnis gibt u. a. auch darüber Aufschluß, in welchem Verhältnis allgemeine Informationen (Geschichte, Landeskunde usw.) zur konkreten Ortsbeschreibung steht.

▸ Wer nicht pauschal reist, sollte einen Reiseführer wählen, der auch praktische Informationen zu Verkehrsmitteln, Unterkünften, Sport- und Wandermöglichkeiten enthält.

▸ In Reiseführern zu großen Regionen wie beispielsweise Asien oder Amerika kann ein einzelnes Urlaubsland nur auf wenigen Seiten abgehandelt werden. Wer sich besser informieren möchte, greift auf Länder- oder Gebietsführer zurück.

▸ In alphabetisch aufgebauten Reiseführern findet man Informationen zu einem bestimmten Ort schnell und bequem. Sie eignen sich besonders gut als ständige Begleiter im Auto. Ein Reiseführer, der nach Regionen oder Routen angeordnet ist, empfiehlt sich vor allem für die Planung einer Reise. Hier ist besonders darauf zu achten, daß der Reiseführer ein detailliertes Register enthält, das die einzelnen Orte deutlich verzeichnet.

▸ Um zu prüfen, ob ein Reiseführer den eigenen Ansprüchen genügt, kann man in der Buchhandlung stichprobenartig kurze Texte lesen. Hat man das betreffende Land schon einmal bereist, vergleicht man die Beschreibung eines bekannten Ortes mit der eigenen Erinnerung und Bewertung. Kennt man das Land bzw. die Region noch nicht, kann man die Texte zu einem bestimmten Stichwort (Stadt, Region, Nationalpark usw.) in verschiedenen Reiseführern bezüglich Ausführlichkeit, Informationsgehalt usw. vergleichen.

▸ Eine reizvolle Ergänzung der Reiseliteratur bilden Bücher, in denen Schriftsteller über ihre Erlebnisse und Erfahrungen in fremden Ländern erzählen.

▸ Reisebeschreibungen aus vergangenen Jahrzehnten oder Jahrhunderten sind oft spannend und amüsant geschrieben. Sie eignen sich hervorragend als Urlaubslektüre. Wer im Buchhandel nicht fündig wird, kann in einer öffentlichen Bibliothek nachschauen.

▸ Spezielle Hotel- und Restaurantführer gibt es für Deutschland und die meisten europäischen Urlaubsländer. Die Autoren wählen gute Häuser in verschiedenen Kategorien aus, testen, beschreiben und bewerten sie. Gerade solche Führer sollten aktuell sein, denn in diesem Bereich gibt es von Jahr zu Jahr erhebliche Veränderungen.

▸ Einen Wanderführer nimmt man auf die Tour mit; er muß daher handlich sein. Karten oder genaue Skizzen im Buch sind für die Planung einer Wandertour wichtig, ersetzen aber in der Regel eine Wanderkarte nicht.

KARTEN UND ATLANTEN

▸ Vor dem Kauf einer Karte muß man genau klären, welchem Zweck sie dienen soll: ob zur Planung einer Fernreise, zu Ausflügen in die Umgebung, einer Radtour im Ausland o. ä. Wichtig daher: entspricht der Maßstab den Erfordernissen? Ist die Schrift gut lesbar? Auch hier ist ein Vergleich verschiedener Angebote nützlich.

▸ Bei Auswahl und Kauf ist das Erscheinungsdatum zu beachten.

Es ist meist auf dem Kartenrand abgedruckt. Veraltete Karten und Stadtpläne können unterwegs zu unangenehmen Überraschungen führen.

▸ Ein Blick auf die Legende der Karte verrät, welche Details (z. B. Naturdenkmäler) darin verzeichnet sind.

▸ Hat die Karte ein Register, läßt sich jeder verzeichnete Ort schnell finden.

▸ Landkarten vor Auslandsreisen am besten zu Hause besorgen, da gutes Kartenmaterial gerade in außereuropäischen Ländern schwer erhältlich ist. In Buchhandlungen, die auf geographische Themen spezialisiert sind, ist mit einem breiten Angebot zu rechnen. Wer Spezialkarten benötigt, sollte sich so frühzeitig darum kümmern, daß noch genügend Zeit bleibt, die Karten gegebenenfalls zu bestellen.

Der Maßstab Mit ihm wird das Verhältnis von Kartengröße zu tatsächlicher Größe angegeben. Faustregel zur Umrechnung: Vor die letzten fünf Stellen der Maßstabsangabe ein Komma setzen, dann hat man die Zahl der Kilometer, der ein Zentimeter auf der Karte entspricht. Bei 1:50 000 z. B. ist 1 cm = 0,5 km, bei 1:500 000 ist 1 cm = 5 km.

▸ Für die Planung einer größeren Reise verwendet man Karten mit kleinem Maßstab (ab 1:500 000). Es sollten nicht beide Seiten als Karte bedruckt sein, das erschwert den Überblick und die Handhabung.

▸ Wer auch abseits der Hauptstrecken fährt, braucht eine Karte mit einem relativ großen Maßstab, auf der Nebenstraßen klar und deutlich zu erkennen sind. Für diesen Zweck sind Maßstäbe zwischen 1:100 000 und 1:300 000 geeignet.

▸ Für Radwanderkarten sind Maßstäbe zwischen 1:50 000 und 1:150 000 empfehlenswert.

▸ Als geeignete Maßstäbe für Wanderkarten gelten die Größen 1:25 000 und 1:50 000.

▸ Am Rand der Karte sollte eine Maßstabsskala stehen. Will man die Entfernung zwischen zwei Punkten bestimmen, kann der Maßstab mit einem Stechzirkel oder Lineal auf die Karte übertragen werden.

▸ Mit handlichen Entfernungsmessern lassen sich Distanzen genauer erfassen. Beim gebräuchlichsten Typ wird die Strecke auf der Karte abgefahren und dabei die Entfernung (in Kilometern) von der Skala abgelesen, die dem Maßstab der Karte entspricht.

Mit dem Entfernungsmesser die Strecke auf der Karte abfahren.

Straßenkarten und -atlanten In manchen Straßenkarten, etwa der ADAC-Karte 1:150 000, sind besonders schöne Teilstrecken hervorgehoben (meist grün).

▸ Angaben, die die Entfernungen zwischen einzelnen Orten bzw. von einer Kreuzung zur nächsten Stadt ausweisen, erleichtern die Planung erheblich.

▸ Karten, in denen die Steigungen der Paßstrecken angegeben sind, können Fahrern von Wohnwagengespannen viel Ärger ersparen. Darin sind auch Paßstraßen speziell gekennzeichnet, die generell für Gespanne gesperrt sind. Manche Fremdenverkehrsbüros (z. B. das norwegische) geben Spezialkarten heraus, auf denen problematische Strecken besonders hervorgehoben werden.

▸ Straßenatlanten sind in der Regel im Fahrzeug leichter zu handhaben als Straßenkarten. Neben vielseitigem Kartenmaterial sind hier auch zusätzliche Informationen über die verzeichneten Länder enthalten. Mit einem Straßenatlas wie dem jährlich erscheinenden *ADAC Atlas* ist man für Deutschland und die wichtigsten europäischen Reiseländer recht gut ausgerüstet.

Sonderkarten Die Fremdenverkehrsbüros bieten Übersichtskarten ihres Landes oft kostenlos an. Meist sind die wichtigsten Sehenswürdigkeiten darin gekennzeichnet. Im Handel werden solche Karten unter dem Begriff Urlaubs- oder Touristenkarten angeboten.

▸ Mit den sogenannten Freizeitkarten gewinnt man schnell einen Überblick über Museen, Ferienparks, besondere Aussichtspunkte oder Wanderrouten. Sie sind für verschiedene Regionen Deutschlands erhältlich.

▸ Der ADAC hält für seine Mitglieder Sonderkarten für die deutschen Regionen und zu den meisten europäischen Ländern bereit, die sich sehr gut für die Planung eignen. Die Kurzbeschreibungen der schönsten Orte auf der Rückseite der Karte weisen auf lohnende Stopps unterwegs hin.

Radwanderkarten Diese Spezialkarten sind ein wichtiges und beinahe unverzichtbares Hilfsmittel, um Radtouren entsprechend der eigenen körperlichen Verfassung zu planen. Darin werden besonders geeignete Fahrradstrecken hervorgehoben. Fahrradwege entlang stark befahrener Hauptstrecken sind ebenso zu erkennen wie zum Radfahren ungeeignete Wegstrecken. In solchen Karten sind auch für Nebenstraßen Steigungs- und Gefällstrekken übersichtlich eingetragen.

▸ Mit Hilfe eines speziellen Kartenhalters kann man die Karte so am Fahrradlenker befestigen, daß man auch während der Fahrt stets den Überblick über die Route hat. Lenkertaschen mit einem Kartenfach haben den Vorteil, daß man sie schnell abmontieren und komplett mitnehmen kann.

Radwanderkarte im Halter am Fahrradlenker befestigen und die Route einzeichnen.

Wanderkarten In Wanderkarten angegebene Wanderzeiten sind Durchschnittswerte, die auf normale Wanderer zugeschnitten sind. Ob sie mit dem eigenen Wandertempo übereinstimmen, kann jeder Wanderer einfach selbst überprüfen. Dazu mißt man bei einer kürzeren Tour das eigene Tempo und vergleicht dieses mit der Zeitvorgabe der Karte. Die Abweichung wird in Prozent berechnet und auf dem Rand der Karte notiert. Für weitere Touren kann man nun Zeitvorgaben berechnen, die dem eigenen Tempo entsprechen.

▸ Um mit Karte, Kompaß und gegebenenfalls Höhenmesser seinen Weg auch abseits der markierten Routen zu finden, ist eine topographische Karte erforderlich. Hier sind Gebirge, Wege, Flußläufe und Ortschaften sehr präzise wiedergegeben. Karten dieser Art werden meist vom Landesvermessungsamt erstellt und sind in guten Buchhandlungen erhältlich. Karten sind grundsätzlich genordet, d. h., daß der obere Blattrand Norden entspricht. Um sich zu orientieren, muß man die Karte unterwegs mit Hilfe eines Kompasses einnorden.

Beim Einnorden muß man die Nordsüdlinie der Kompaßnadel mit der Nordsüdausrichtung der Karte abstimmen.

▸ Höhenlinien auf Wanderkarten sollten eindeutig zu erkennen, die Höhenangaben deutlich lesbar sein. Auf amtlichen topographischen Karten mit einem Maßstab von 1:50 000 steht der Abstand zwischen zwei Haupthöhenlinien (durchgezogene Linien) für einen Höhenunterschied von 10 m. Im Hochgebirge stehen diese Linien für einen Höhenunterschied von 20 m. Steile Passagen einer Wanderstrecke erkennt man dementsprechend an besonders dicht nebeneinander verlaufenden Höhenlinien.

▸ Um schnell den genauen Standort bestimmen zu können, sollte der gerade benötigte Kartenabschnitt aufgefaltet bleiben. Spezielle Kartentaschen mit einem Sichtfenster erleichtern die Handhabung und schützen gleichzeitig die Karte.

In der Kartentasche ist der richtige Kartenabschnitt immer parat.

ELEKTRONISCHE MEDIEN

▸ Radio- und Fernsehsendungen zu klassischen und unbekannteren Urlaubsländern (Reisemagazine) können Anregungen und Hinweise geben.

▸ Wer einen Videorecorder besitzt, kann Fernsehreisesendungen aufzeichnen und sich so im Lauf der Zeit ein eigenes Filmarchiv aufbauen.

▸ Videokassetten sind inzwischen gängige Werbe- und Informationsträger, die man meist in Reisebüros oder Kaufhäusern erhält. Kunsthistorisch Interessierte finden auch in Buchhandlungen Videos mit entsprechendem Schwerpunkt. Zum Teil vermitteln die Fremdenverkehrsbüros Bezugsadressen.

▸ Wer Zugang zu Videotext hat, kann darüber aktuelle Informationen wie die Verkehrshinweise, den Schneebericht für Alpenpässe, den Wetterbericht, eine Übersicht über die Schulferientermine in Deutschland u. a. abrufen.

▸ In vielen ADAC-Geschäftsstellen hilft das touristische Computerinformationsprogramm TOBIAS Mitgliedern bei der Reiseplanung. Es informiert über die günstigsten Reiserouten, über Entfernungen und Mautgebühren.

REISEPLANUNG

REISEZEIT

▸ Eine wichtige Voraussetzung für einen gelungenen Urlaub ist die Wahl der richtigen Reisezeit. Zu den Punkten, die man dabei berücksichtigen sollte, gehören das Klima am Urlaubsort zur gewählten Zeit und die je nach Saison unterschiedlichen Preise.

▸ Wer in einen Auslandsurlaub startet, sollte sich vergewissern, ob an den Reisetagen in Durchfahrts- und Zielland die Geschäfte und Banken geöffnet sind. Deshalb Proviant für die Anreise und genügend Geld in den Landeswährungen der Durchreiseländer mitnehmen.

Haupt- und Nebensaison Neben dem Hochsommer gelten in bestimmten Ferienregionen auch andere Zeiten wie etwa Weihnachten und Ostern als Hauptsaison. Die Preise steigen dann wieder an. Wer seine Reisezeit frei wählen kann, sollte die Hauptsaison meiden. In Reisebroschüren, Fährprospekten und Unterkunftsverzeichnissen sind die Saisonzeiten genau angegeben.

▸ Wer eine Fernreise plant, sollte beachten, daß die Hauptsaison in außereuropäischen Ländern in andere Monate als innerhalb Europas fallen kann.

▸ Während die Hotelpreise in den südlichen Urlaubsgebieten zur Hauptsaison erheblich ansteigen, bieten viele Hotels in Skandinavien, die sonst auf Geschäftsreisende spezialisiert sind, verbilligte Sommertarife.

▸ Wer zur Nebensaison auf Sonderangebote achtet, kann viel Geld sparen.

▸ In der Nebensaison kann man sich auch recht kurzfristig entschließen, in einen Urlaub aufzubrechen. Gelegentlich kommt es aber zu Problemen mit der Flugbuchung. Eine Unterkunft zu finden ist während der Nebensaison fast überall problemlos. Da aber Reparaturarbeiten häufig gerade in dieser Zeit erledigt werden, sollte man sich bei der Anmeldung erkundigen, ob die Ruhe im Haus gestört wird.

Schulferien Wer nicht auf die Schulferien angewiesen ist, sollte sie als Reisezeit möglichst meiden. Die Termine der Schulferien sind in den meisten Terminkalendern vermerkt. Der neueste Stand kann auch über BTX oder Videotext abgefragt werden.

▸ Familien mit Kindern, die auf die Schulferien angewiesen sind und mit dem Auto in einen selbstorganisierten Urlaub verreisen wollen, sollten wegen der zahlreichen Staus im Straßenverkehr für An- und Abreise den Ferienbeginn und das Ferienende möglichst meiden. Bei der Wahl der Reisezeit sind auch die Ferienzeiten der verschiedenen Bundesländer, durch die die Reise führt, zu beachten. Es ist ratsam, mindestens einen Tag vor Beginn der Reisewelle aufzubrechen.

▸ Für Bahnfahrten während der Schulferien ist eine Platzreservierung ratsam, die frühzeitig vorgenommen werden sollte. Platzreservierungen nehmen Bundesbahn und Reichsbahn bereits zwei Monate vor Reisetermin entgegen.

▸ Pauschalreisen zur Schulferienzeit sollte man langfristig im voraus buchen.

▸ Man kann auch einen Vorteil daraus ziehen, daß die Ferientermine in den einzelnen Bundesländern unterschiedlich sind. Wenn man nämlich einen Abflughafen in einem Bundesland wählt, in dem die Ferien schon zu Ende sind, kann man sein Flugticket unter Umständen günstiger bekommen. Gleiches gilt auch für Abflüge vom benachbarten Ausland.

▸ Wer nicht während der Betriebs- und Schulferien des Reiselandes Urlaub machen will, sollte sich vorab im Fremdenverkehrsamt des Landes über die entsprechenden Termine informieren.

Ramadan Bei der Planung einer Reise in ein islamisches Land sollte man die Zeit des Ramadan berücksichtigen, während der die Arbeit teilweise ruht. Geschäfte, Restaurants und Banken können geschlossen sein.

▸ Das Reisebüro oder Fremdenverkehrsamt informiert darüber, in welche Zeit der Ramadan fällt.

Klima am Urlaubsort Ein wichtiger Faktor für das Gelingen einer Urlaubsreise ist das Wetter. Besonders aufschlußreich ist die durchschnittliche Anzahl der Sonnenstunden. Sie ist allerdings nicht allein ausschlaggebend für das Wohlbefinden am Urlaubsort. So können zu manchen Zeiten Temperaturen von mehr als 40 °C den Aufenthalt unerträglich machen. Klimawerte kann man im Reisebüro erfragen oder einem Schulatlas entnehmen. Auch die Kataloge der Reiseveranstalter und viele Reiseführer enthalten Klimatabellen.

▸ Der Reisende, der sich an einer Klimatabelle orientieren will, sollte nicht nur die durchschnittlichen Tages-, sondern auch die Nachttemperaturen beachten. Maximal- und Minimalwerte können als Ergänzung dienen.

▸ Wer in ein Land reist, in dem mit zahlreichen Sonnentagen zu rechnen ist, sollte auch die dadurch bedingte erhöhte Ozonbelastung bedenken.

▸ Bei Reisen in große Länder wie Australien, Indien, Rußland oder die USA, die sich über mehrere Klimazonen erstrecken, können Angaben aus Klimatabellen irreführend sein. Daher immer darauf achten, daß die Werte für die verschiedenen Regionen angegeben sind und nicht nur der Landesdurchschnitt. Um sicherzugehen, sollte man mehrere Klimatabellen zu Rate ziehen.

▸ Je nach Urlaubsort ist auch eine Information über die durchschnittliche Anzahl der Regentage in dem in Frage kommenden Reisemonat aufschlußreich. In Tropenregionen ist beispielsweise zu bestimmten Zeiten mit wochen- oder monatelangen Regenzeiten zu rechnen. Es ist also wichtig, sich darüber rechtzeitig im Reisebüro oder mittels eines Reiseführers zu informieren.

▸ Auf der südlichen Erdhalbkugel ist der Ablauf der Jahreszeiten anders als auf der Nordhälfte. Dadurch ist es möglich, im europäischen Winter Reisen in den Sommer zu unternehmen. Bei Urlaubsfahrten in Äquatornähe ist zu beachten, daß sich Tag und Nacht in einem Rhythmus von fast exakt zwölf Stunden abwechseln. Außerdem gibt es fast keine Dämmerung: es wird schlagartig dunkel.

▸ Wer größere Rundreisen plant, sollte sich rechtzeitig informieren, welche Klimazonen dabei durchfahren werden. Dann sollte man den Reiseablauf so festlegen, daß genügend Zeit bleibt, um sich zwischen den einzelnen Etappen zu akklimatisieren.

Wassertemperaturen Mit dem Flugzeug kann man heute zu jeder Jahreszeit zu einem Badeurlaub in andere Klimazonen aufbrechen. Wer in Europa bleibt, wählt für Reisen nach Südeuropa besser die zweite Jahreshälfte; dann haben sich Meere und Seen auf angenehme Temperaturen erwärmt. Um Ostern ist das Wasser dagegen noch unangenehm kalt.

▸ Die durchschnittliche Wassertemperatur kann Klimatabellen entnommen werden.

Windverhältnisse Für Segler und Surfer sind die Windverhältnisse von entscheidender Bedeutung. Wer nicht in die einschlägig bekannten Surf- und Segelparadiese reisen will, kann sich in einem Surf- bzw. Segeljournal, das jeder gut sortierte Zeitschriftenhändler führt, über die günstigsten Zeiten am jeweiligen Urlaubsort informieren. Als Grundregel gilt hier: Wegen der geringen Luftbewegung ist im Hochsommer im allgemeinen mit schwächerem Wind zu rechnen als im Frühjahr oder Herbst.

REISEZIEL UND URLAUBSART BESTIMMEN

▸ Die Auswahl des Reiseziels wird sehr stark von den persönlichen Bedürfnissen und Ansprüchen des einzelnen beeinflußt. Wem die Entscheidung schwerfällt, der kann aufschreiben, was er vom Urlaub erwartet, und anhand der Liste entscheiden, welches Ziel seinen Vorstellungen am besten entspricht. Denn wer Ruhe sucht, wird nicht in einen großen Ferienort fahren. Für viele sportliche Aktivitäten sind entsprechende Anlagen erforderlich, die nicht jeder Ort bietet. Neue Freunde und Bekannte kann man gut in einem Feriendorf oder während einer Gruppenreise kennenlernen.

▸ Urlaubsorte, die besonders im Trend liegen, sind häufig überlaufen. Oft hat dies auch zur Folge, daß die Preise überhöht sind.

▸ Für einen Badeurlaub ist die Beschaffenheit des Strandes besonders wichtig. Felsenküste ist zwar sehr schön zum Schnorcheln, eignet sich aber weniger für Nichtschwimmer oder einen Urlaub mit kleinen Kindern. Die Lektüre eines Reiseführers oder ein Beratungsgespräch im Reisebüro kann einer falschen Entscheidung vorbeugen.

▸ In bekannten Ferienorten wird für die Übernachtung mehr verlangt als in weniger bekannten Ortschaften in der unmittelbaren Umgebung. Das gilt in besonderem Maß für Skiurlaubsorte. Dort werden oft Pendelbusse zum Skigebiet eingesetzt.

▸ Ein besonders naturnahes Urlaubserlebnis kann eine Tour mit dem Kanu über Flüsse und Seen sein. An zahlreichen Gewässern gibt es Kanus – oft mit Rückholservice – zu mieten. Manche Hotels sind auf Gäste, die mit dem Boot anreisen, spezialisiert.

Der Zeitaufwand für die Anreise Bei der Bestimmung des Reiseziels muß man immer auch berücksichtigen, wie viele Urlaubstage man zur Verfügung hat. So sollten für Fernreisen mit Zeitumstellung mindestens 14 Tage bis drei Wochen einkalkuliert werden. Bei Kurzurlauben oder verlängerten Wochenenden sollte die Anreisezeit ins Urlaubsgebiet in vernünftigem Verhältnis zur Aufenthaltsdauer stehen.

▸ Wenn man nur wenig Zeit hat, kann es erholsamer sein, die Reize der näheren Umgebung des Wohnortes zu entdecken.

Auch wenn es leicht möglich wäre, abends wieder nach Hause zu fahren, sollte man überlegen, ob man sich nicht kurzfristig vor Ort einquartiert. Das steigert das Urlaubsgefühl.

Lebensbedingungen vor Ort Wer im Urlaub nicht mit Armut und Elend konfrontiert werden möchte, sollte sich bei Fernreisen vor der Buchung darüber Klarheit verschaffen, wie die allgemeinen Lebensbedingungen im Zielgebiet sind. Oft ist die vom Reiseveranstalter versprochene Exotik nur die schöne Seite der Medaille.

▸ Südliche Länder bieten in bezug auf die hygienischen Verhältnisse häufig nicht den Standard, den ein Mitteleuropäer gewohnt ist. Wer in dieser Richtung empfindlich ist, sollte als Unterkunft ein Hotel in einer guten Kategorie wählen.

Verkehrsanbindung Wer im Urlaub viel unternehmen möchte und dafür öffentliche Verkehrsmittel benutzen will, sollte bei der Standortwahl z. B. beachten: Existiert überhaubt ein ausgebautes Busnetz? Ist der Fahrplan saisonabhängig? Kommt man zu seinen Besichtigungszielen und auch zurück? Liegt die Haltestelle in der Nähe des Quartiers? Kleine Inseln als Ausgangsort haben immer den Nachteil, daß für jeden Ausflug Kosten für Fährüberfahrten anfallen.

▸ Wer eine Unterkunft auf einer Insel auswählt, sollte mit der Buchung Fähre bzw. Flug reservieren, um sicherzustellen, daß zu dem gewünschten Termin auch der Transport an den Urlaubsort gewährleistet ist.

Reiseziel und Gesundheit Reisende, die bezüglich ihrer Gesundheit besonders vorsichtig sein müssen, sollten sich vorab über das Gesundheitswesen im Reiseland informieren.

▸ Jeder, der Gesundheitsprobleme befürchtet, sollte vor der Reise den Arzt fragen.

▸ Für Personen mit Herzbeschwerden sind höher gelegene Regionen und Urlaub in den Bergen nicht geeignet.

▸ Wer in eine andere Klimazone reist, sollte bedenken, daß der Körper etwa eine Woche benötigt, um sich weitgehend an das fremde Klima zu gewöhnen.

KATALOGANGEBOTE

▸ Mehr als die Hälfte aller Reisen sind individuell geplant. Wer auf größtmögliche Unabhängigkeit Wert legt, sollte seinen Urlaub selbst organisieren. Um als Individualreisender preiswert ins Zielgebiet zu kommen, kann es sich aber trotzdem lohnen, eine Pauschalreise aus dem Katalog mit einfacher Unterkunft zu buchen, die man dann gar nicht benutzt.

▸ Wer sich die Organisation der Reise lieber abnehmen lassen möchte, greift besser auf eine Pauschalreise zurück. Sie ist zudem oft billiger als ein selbstorganisierter Urlaub, denn die Veranstalter schließen Verträge über eine große Zahl von Unterkünften ab und können deshalb günstiger kalkulieren. Da bei einer Pauschalreise ein Vertrag mit dem Reiseveranstalter abgeschlossen wird, kann man bei Mängeln sein Recht eher durchsetzen als bei einer Individualreise.

▸ Reiseprospekte sind selbstverständlich auch Werbeträger. Daher sollte man vor dem Buchen das Angebot kritisch analysieren. Besonderes Augenmerk sollte man auf unklare Formulierungen im Katalog legen. Der Reiseveranstalter haftet nämlich nur, wenn die Reise nicht die zugesicherten Eigenschaften hat und mit Fehlern behaftet ist.

▸ Darauf achten, ob im Prospekt wichtige Informationen (z. B. zu Lage und Ausstattung) fehlen.

▸ In den Katalogen ist angegeben, ob Haustiere zugelassen sind.

Preisvergleiche Die Preise von Reisekatalogen zu vergleichen erfordert ein sorgfältiges Studium der verschiedenen Tabellen. Besonders offene Preisangaben wie „ab . . . DM" sollte man genau prüfen. Oft werden die günstigen Tarife nur zu wenigen Terminen gewährt. Ferner ist darauf zu achten, ob alle Nebengebühren (z. B. Flughafentaxe und Versicherung) sowie Zu- und Abschläge (für Einzelzimmer, Transfer vom Flughafen zum Hotel usw.) im Preis inbegriffen sind.

▸ Bei Preisvergleichen genau prüfen, wie viele Tage für die An- und Abreise beansprucht werden und wie viele effektiv für den Aufenthalt zur Verfügung stehen.

▸ Bei Angeboten wie „Drei Wochen zum Preis von zwei" ist abzuklären, ob in allen drei Wochen die gleichen Bedingungen gelten: Ist die Verpflegung auch in der dritten Woche im Preis inbegriffen? Muß das Zimmer gewechselt werden?

Katalogformulierungen und ihre Bedeutung In Reisekatalogen finden sich häufig Redewendungen, die bei genauer Betrachtung verschiedene Deutungen zulassen. Wenn Formulierungen unklar erscheinen, sollte man im Reisebüro um Erläuterung bitten und sich die Aussage schriftlich bestätigen lassen. Das gilt auch für alle sonstigen mündlichen Zusagen (z.B. daß man ein Zimmer mit Blick aufs Meer erhält).

▸ Wenn im Prospekt von einer Unterkunft in zentraler oder verkehrsgünstiger Lage die Rede ist, kann damit eine Unterkunft mitten im Verkehrslärm gemeint sein. Deswegen läßt man sich die Lage am besten im Reisebüro auf einem Stadtplan zeigen.

▸ Ist im Prospekt eine sehr kurze Transferzeit vom Flughafen zur Unterkunft erwähnt, kann dies als Hinweis auf Lärmbelästigung durch Flugzeuge verstanden werden. Die Frage danach, ob mit Fluglärm zu rechnen ist, bewahrt vor Enttäuschungen.

▸ Ist im Prospekt von „Naturstrand" die Rede, sollte man hellhörig werden. Oft wird ein steiniger Strand so bezeichnet. Im Reisebüro abklären, wie weit entfernt ein richtiger Badestrand ist.

▸ Prospektangaben zur Entfernung zwischen Unterkunft und Strand beziehen sich nicht unbedingt auf den idealen Badestrand.

▸ Die Angabe „50 m vom Strand entfernt" schließt nicht aus, daß zwischen Hotel und Strand die vielbefahrene Küstenstraße verläuft.

▸ Wird bei einem Angebot auf „Ausflugsmöglichkeiten" hingewiesen, sollte man verbindlich klären, zu welchen Bedingungen die Ausflüge durchgeführt werden und welche Zusatzkosten entstehen.

▸ Der Hinweis auf „familiäre Atmosphäre" kann bedeuten, daß in der Unterkunft nur geringer Komfort geboten wird.

▸ Bei einer Unterkunft „in idyllischer Lage" kann auch ein alleinstehendes Gebäude weitab von der nächsten Ortschaft gemeint sein. Hier sollte man nachfragen und sich die Lage auf der Karte zeigen lassen.

▸ Die Formulierung „neu eröffnet" kann bedeuten, daß die interne Organisation noch nicht klappt und daß Baufolgen wie Schuttberge u. ä. noch nicht beseitigt sind. Durch Nachfrage kann man unangenehme Überraschungen vermeiden.

▸ Eine Unterkunft „mit Sportmöglichkeiten" verheißt nicht in jedem Fall intensives Tennisspielen oder Windsurfen im Urlaub. Denn es wird damit nicht zugesichert, daß während der Hochsaison immer ein Platz oder ein Brett zur Verfügung steht. Daher sollte man sich über die Anlagen sowie Art und Anzahl der Sportgeräte informieren. In der Regel wird dafür eine zusätzliche Mietgebühr erhoben.

▸ Bucht man ein Hotel „für junge Leute", muß man eventuell mit einfacher Ausstattung und Lärm aus der Diskothek bis spät in die Nacht rechnen.

▸ Wer ein reichhaltiges Frühstück bevorzugt, sollte auf die Angabe „Amerikanisches Frühstück" bzw. „Frühstücksbüfett" achten. Ein „Continental Breakfast" oder „Französisches Frühstück" fällt häufig recht bescheiden aus.

▸ Oft lockt das Angebot „Mietwagen inklusive". Hier sollte man genau abklären, wie lange man den Wagen nutzen kann, ob er zur freien Verfügung steht oder ob man nur dann damit fahren kann, wenn ihn gerade kein anderer braucht.

Fotos in Reisekatalogen Prospektfotos sind oft mit großer Vorsicht zu bewerten. Meist werden sie aus der besten Perspektive aufgenommen und blenden Nachbarhochhäuser, befahrene Straßen u. ä. aus.

▸ Zeigt ein Foto eines Zimmers oder einer Wohnung auffällige Tiefenwirkung mit stürzenden Linien, dann wurde es mit einem extremen Weitwinkel aufgenommen und vermittelt den Eindruck, als seien die Räumlichkeiten größer, als sie in Wirklichkeit sind. Anhand der abgebildeten Einrichtung kann man sich einen realistischen Eindruck von der tatsächlichen Größe machen.

▸ Zeigt der Prospekt die Unterkunft in Großaufnahme, ohne auch das Umfeld abzubilden, kann man in der Regel davon ausgehen, daß die Umgebung wenig attraktiv ist.

▸ Immer berücksichtigen, daß im Prospekt oft die Paradezimmer abgebildet werden.

WAHL DES HOTELS

▸ Bei der Wahl des Hotels nicht nur auf dessen Lage, sondern auch auf Anzahl und Ausstattung der Gemeinschaftsräume achten. Prospekte und Kataloge enthalten entsprechende Informationen.

▸ Die Lage des Hotels auf einem Stadt- oder Lageplan überprüfen. So erkennt man, ob es in einer Seitenstraße liegt oder ob gleich nebenan eine laute Hauptstraße vorbeiführt. Gegebenenfalls kann man einen Lageplan beim Fremdenverkehrsverein des Reiseortes anfordern.

▸ In Fußgängerzonen ist zwar nicht mit Störungen durch Autoverkehr zu rechnen, doch kann hier der Lärm aus nahe gelegenen Gaststätten noch spät abends die Ruhe erheblich stören.

▸ Für die Einteilung der Hotels in Kategorien gelten von Land zu Land bisweilen sehr unterschiedliche Maßstäbe. Besonders bei Fernreisen ist in diesem Zusammenhang Vorsicht geboten.

▸ Wer in einem gemütlichen Hotelzimmer in alten Gemäuern übernachten will, sollte sich bei der Buchung zusichern lassen, daß er nicht etwa in einem modernen Anbau untergebracht wird. Ob das Hotel einen Anbau hat, kann man oft anhand der angegebenen Bettenzahl abschätzen.

▸ Während der kühleren Jahreszeiten ist eine Heizung im Hotelzimmer unverzichtbar. Wenn man diesbezüglich Zweifel hat, sollte man unbedingt vor der Buchung nachfragen.

▸ Bei einem Skiurlaub erfragen, ob die Liftanlagen bequem zu erreichen sind.

▸ Wer Haustiere mitnehmen will, muß vorab klären, ob diese im Hotel erwünscht sind.

▸ Reist man mit dem Auto an, sollte man klären, ob Parkmöglichkeiten bestehen.

Prospekte Wer ohne Vermittler direkt im Hotel bucht, sollte sich vorab von dem Haus einen Prospekt schicken lassen.

▸ Orientiert man sich an einem Hausprospekt, ist es zu empfehlen, vor dem Buchen abzuklären, ob die im Prospekt genannten Leistungen aktuell sind und auch für die Zeit der Buchung gelten.

▸ Werden im Prospekt keine Zimmer abgebildet, ist das nicht selten ein Zeichen für niedrigen Standard.

▸ Auch wenn eine Zimmerinnenansicht gezeigt wird, bedeutet dies nicht unbedingt, daß das gebuchte Zimmer den gleichen Standard hat. Entsprechende Zweifel sollte man vor dem Buchen ausräumen.

▸ Ist auch das Frühstücksbuffet abgebildet, bringt ein genauer Blick auf das Foto Aufschluß über seine Qualität. So kann man z. B. erkennen, ob frische oder nur abgepackte Lebensmittel auf dem Tisch stehen.

Preise Der Preis für eine Übernachtung kann pro Person oder pro Zimmer angegeben sein. Auf die entsprechenden Angaben in Prospekten und Reiseunterlagen ist daher zu achten. Einzelzimmer sind in der Regel teurer. Wird bei den Preisen eine Spannbreite angegeben, gilt die untere Grenze für das Zimmer mit der schlechtesten Lage.

▸ In vielen Ländern ist das Frühstück nicht automatisch im Preis enthalten.

▸ Billighotels sind in zahlreichen Feriengebieten nur mit Etagenduschen ausgestattet.

▸ Wer ein billiges Zimmer mit Dusche bucht, wird nicht unbedingt ein Zimmer mit separatem Bad bekommen. Oft ist nachträglich nur eine Naßzelle eingebaut worden.

▸ Flug- und Fährgesellschaften arbeiten mit bestimmten Hotels eng zusammen. Ein Hotel über sie zu buchen ist oft preisgünstiger, als sich vor Ort selbst ein Hotel zu suchen.

▸ Ein Hotelverzeichnis mit den Preisangaben für den ganzen Ort kann man bei den meisten örtlichen Fremdenverkehrsämtern anfordern.

Hotelbuchung Sobald man weiß, wann und wohin man reisen möchte, sollte man gleich die Buchung vornehmen. Denn je eher man sich für ein Urlaubshotel entscheidet, desto besser sind die Chancen, dort ein Zimmer zu bekommen – besonders, wenn man zur Hauptreisezeit unterwegs sein wird.

▸ Mehrere Hotels in die engere Wahl ziehen und am besten durch einen Anruf klären, ob noch Zimmer frei sind. Bei einer Absage kann man dann gleich umdisponieren. Zu den ausgewählten Hotels legt man am besten jeweils eine Liste der Punkte an, die zu klären sind.

▸ Zur Sicherheit die Buchung schriftlich wiederholen und eine Bestätigung anfordern.

▸ Auch bei einer selbstorganisierten Rundreise an den Stationen Hotelzimmer reservieren.

▸ Mit der Zimmerreservierung und dem Erhalt der schriftlichen Auftragsbestätigung ist mit dem Hotel ein Vertrag zustande gekommen. Tritt man davon zurück, kann das Hotel bis zu 80 % des Übernachtungspreises in Rechnung stellen.

▸ Stornogebühren muß man nur dann zahlen, wenn das gebuchte Zimmer nicht an andere Gäste vermietet werden konnte. Gegebenenfalls sollte man das Hotel also auffordern, anhand der Gästeliste nachzuweisen, daß das Zimmer nicht belegt wurde.

Mit Kindern ins Hotel Auf Familien als Übernachtungsgäste sind die wenigsten Hotels eingestellt. Deshalb sollte man rechtzeitig abklären, ob Kinderbetten vorhanden sind und ob sie extra bezahlt werden müssen.

▸ Bei Reisen mit mehr als einem Kind sind in der Regel zwei Doppelzimmer zu buchen.

▸ Für Kleinkinder bringt man das Bett besser selbst mit.

▸ Vor der Abreise gegebenenfalls klären, ob das Hotelrestaurant über Kinderstühle verfügt.

▸ Manche Hotels bieten einen Kinderbetreuungsservice und einzelne Zimmer mit besonderen Vorrichtungen wie Wickeltischen und Kinderbadewannen. Auch danach sollte man sich bei entsprechendem Interesse vor der Buchung erkundigen.

FERIENWOHNUNG ODER FERIENHAUS AUSWÄHLEN

▸ Informationen über Ferienwohnungen und Ferienhäuser kann man in Reisekatalogen finden, aber auch beim Fremdenverkehrsbüro des Urlaubsgebietes anfordern.

▸ Wer eine Ferienwohnung bzw. ein Ferienhaus mietet, ist am Urlaubsort unabhängig. Er sollte sich aber klarmachen, daß dieser Vorteil seinen Preis hat, nämlich den Verzicht auf gastronomische Serviceleistungen und damit mehr Zeitaufwand, z. B. für Einkauf, Putzen und Kochen.

▸ Für Kinder sind Ferien im Ferienhaus dann besonders attraktiv, wenn sich zwei befreundete Familien ein großes Haus teilen.

▸ Wer in der Hauptsaison verreisen will, sollte seine Ferienwohnung möglichst frühzeitig (direkt nach Erscheinen des entsprechenden Katalogs) buchen, da die attraktivsten Objekte meist sehr schnell vergeben sind.

▸ Außerhalb der Saison kann man unter Umständen Mietzeiten vereinbaren, die von dem gewöhnlichen Schema der Wochenmiete (Ankunft Samstagabend, Abreise am folgenden Samstagmorgen) abweichen.

▸ Die Wohnung nicht ohne vorherige Absprache überbelegen. Sind Personen nicht angemeldet, darf der Vermieter sie bei der Ankunft abweisen.

▸ Wer von Privat mietet und ein Haustier mitnehmen will, muß die Erlaubnis des Eigentümers einholen.

▸ Wird eine Ferienwohnung im Ausland vom Privateigentümer gemietet, ist im Streitfall der Gerichtsstand im betreffenden Land. Bucht man die Unterkunft bei einem Reiseveranstalter in Deutschland, liegt auch der Gerichtsstand in Deutschland, was bei Reklamationen eine erhebliche Erleichterung bedeuten kann.

▸ Familien mit kleinen Kindern sollten die Unterkunft auch unter dem Aspekt auswählen, ob in direkter Umgebung des Hauses Gefahren z. B. durch stark befahrene Straßen, Teiche, Bäche oder Sumpfgebiete zu erwarten sind.

▸ Für eine Familie mit kleinen Kindern ist eine Wohnung, die mit einer Waschmaschine ausgestattet ist, zu empfehlen.

▸ Ein im Wald gelegenes Ferienhaus kann im heißen Sommer ideal sein; bei einem Aufenthalt in der Nebensaison, wenn jeder Sonnenstrahl wichtig ist, ist es in solchen Wohnungen nicht selten recht kühl.

▸ Ein großer Aufenthaltsraum ist bei schlechtem Wetter besonders wichtig.

▸ Damit es z. B. bei schlechtem Wetter nicht ungemütlich eng wird, kann man ein Quartier buchen, das nach den Angaben des Prospekts für mehr Personen ausgelegt ist, als die Unterkunft tatsächlich bewohnen sollen.

▸ In manchen Mietangeboten sind auch Sportgeräte wie Räder, Boote oder Surfbretter mit enthalten. Wer ein solches Angebot auswählt, sollte sich über deren Zustand genau erkundigen.

▸ Die Schlafräume von Eltern und Kindern sollten getrennt sein.

Prospekte Bungalows, Studios, Ferienwohnungen und Apartments werden sowohl privat als auch durch entsprechende Organisationen vermietet. Große Gesellschaften machen die Auswahl durch farbige Kataloge leichter. In manchen Ländern haben sich auch Privatleute zusammengeschlossen und bieten ihre Wohnungen in einem Ferienhauskatalog an. Bei der Auswahl sollte man gleich mehrere Wohnungen heraussuchen und auf einer Liste eine Rangfolge festlegen, um bei Absagen gleich nach Alternativen fragen zu können.

▸ Ein guter Prospekt sollte zu jeder Wohnung eine Grundrißzeichnung enthalten, damit man sich die Wohnungsaufteilung leichter vorstellen kann.

▸ Die Prospekte enthalten meist Informationen über die nächstgelegenen öffentlichen Freizeiteinrichtungen und -angebote.

▸ In den Katalogen wird das Inventar in der Regel vollständig aufgelistet. Bettwäsche, Handtücher, Küchentücher usw. gehören meist nicht dazu; man muß sie daher von zu Hause mitbringen. In südlichen Regionen ist unbedingt darauf zu achten, daß ein Kühlschrank vorhanden ist.

▸ Weist der Prospekt für das ausgewählte Ferienhaus einen offenen Kamin aus, unbedingt nachfragen, wo und zu welchen Bedingungen man Kaminholz erhält. Außerdem ist es dann zu empfehlen, ein Beil mitzunehmen.

Preise Bei Reisen mit mehreren Kindern gehören Apartments und Ferienwohnungen zu den preiswertesten Urlaubsformen.

▸ Genau klären, ob sich die Preisangabe auf die übliche Mietdauer von einer Woche bezieht und ob sie für die gesamte Wohnung oder pro Person gilt. Kommen Saisonzuschläge hinzu? Gibt es für Kinder einen Preisnachlaß? Wird eine Vermittlungsgebühr berechnet?

▸ Die Veranstalter sind verpflichtet, in den Katalogen Endpreise anzugeben. Doch ein Angebot von einem Privatanbieter muß nicht unbedingt dem Endpreis entsprechen. Bei Preisvergleichen daher Nebenkosten (Strom, Gas, Wasser, Bettwäsche, Endreinigung usw.) mit in die Rechnung einbeziehen.

▸ Die Kaution, die von fast allen Vermietern verlangt wird, hinterlegt man am besten in Form von Schecks, um die Bargeldkasse nicht unnötig zu belasten.

WOHNUNGSTAUSCH

▸ Eine kostengünstige Alternative zur Ferienwohnung kann der Wohnungstausch sein. Die Wohnungen werden über Kataloge vermittelt, die man kauft oder als Mitglied einer entsprechenden Vereinigung erhält.

▸ Wer sich für einen Wohnungstausch interessiert, kann sich an die Firmen Holiday Service Wohnungstausch e. V., Seehofstr. 50, 96117 Memmelsdorf, oder INTERVAC Deutschland, Verdiweg 2, 70771 Leinfelden-Echterdingen, wenden.

MITWOHNZENTRALEN

▸ In größeren Städten kann man über Mitwohnzentralen gegen Zahlung einer Vermittlungsgebühr ein relativ preisgünstiges Urlaubsquartier finden. Für kurze und längere Zeiträume werden abgeschlossene Apartments ebenso vermietet wie Zimmer in Wohngemeinschaften oder bei Familien.

▸ Mitwohnzentralen können besonders kurz vor einer Reise noch freie Wohnungen vermitteln.

▸ Die deutschen Mitwohnzentralen sind unter der bundeseinheitlichen Telefonnummer 19445 (gegebenenfalls mit Vorwahlnummer) zu erreichen. Unter dieser Nummer erhält man auch grundsätzliche Informationen über das Prinzip der Mitwohnzentralen.

▸ Der Mieter muß bei Abschluß des Untermietvertrags – darin sollten Mietdauer, Miethöhe und Nebenkosten geregelt sein – seinen Personalausweis bzw. den Reisepaß oder Führerschein vorlegen.

FERIEN AUF DEM BAUERNHOF

▸ Informationen über Ferien auf dem Bauernhof erteilen neben Reisebüros regionale und überregionale Fremdenverkehrsämter. Sie senden auf Anforderung auch die Fahrpläne der örtlichen öffentlichen Verkehrsmittel zu.

▸ Im Handel sind Taschenbücher zum Thema „Ferien auf dem Land" erhältlich, in denen sich die Bauernhöfe selbst vorstellen. Wer sich für ein Angebot daraus interessiert, sollte vor der Buchung telefonisch abklären, ob die Angaben noch gültig sind.

▸ Bauernhöfe, die mit einem Gütezeichen ausgewiesen sind, werden regelmäßigen Qualitätskontrollen unterzogen.

▸ Besonders für kleine Kinder sind Ferien auf dem Bauernhof eine erlebnisreiche Zeit.

▸ Auch im Ausland kann man Ferien auf dem Bauernhof machen. Informationen dazu kann man bei den Fremdenverkehrszentralen anfordern.

▸ Eine gute Mischung aus Komfort und ländlicher Umgebung bieten die Ferienbauernhöfe, bei denen die Landwirtschaft nur noch eine untergeordnete Rolle spielt. Hier kann man damit rechnen, daß Sauna, Sportgeräte, Fahrräder usw. zur Verfügung stehen.

▸ Familiären Kontakt bekommt man am ehesten auf einem traditionellen Bauernhof, der nur wenige Zimmer an Gäste vermietet.

▸ Wer keine abgeschlossene Wohnung, sondern nur Zimmer mietet, sollte vor der Buchung nachfragen, ob ein Aufenthalts- bzw. Fernsehraum vorhanden ist und ob er die Küche des Gastgebers benutzen kann.

Tiere Nicht auf jedem Bauernhof wird auch Vieh gehalten. Da Tiere jedoch vor allem für Kinder interessant sind, sollte man sich vorab erkundigen, wie es damit steht.

▸ Manche Bauernhöfe haben sich auf Reiterferien spezialisiert. Sie sind für die ganze Familie gedacht, doch werden mancherorts auch Kinder allein aufgenommen. Über die genauen Umstände und Bedingungen muß man sich im Einzelfall informieren.

▸ Nicht auf jedem Bauernhof, der Reiterferien anbietet, ist auch eine Reitausbildung möglich.

Lage des Hofes Bauernhöfe sind nicht immer so idyllisch gelegen, wie man sich das als Feriengast wünscht. So kann ein Hof auch an einer verkehrsreichen Straße oder mitten in einem Ort liegen. Man sollte sich daher die Lage genau beschreiben lassen.

▸ Bei der Lagebeschreibung nachfragen, wie weit das nächste Schwimmbad bzw. der nächste Badestrand entfernt ist und welche sonstigen Freizeiteinrichtungen es gibt.

▸ Unbedingt eine genaue und schriftliche Anreisebeschreibung erbitten.

Preise Bei den Preisangaben darauf achten, ob die Nebenkosten (Gas, Strom, Endreinigung usw.) inbegriffen sind.

PRIVATZIMMER UND -PENSION

▸ Wer in familiärer Atmosphäre Urlaub machen will, ist gut beraten, wenn er als Unterkunft ein Privatzimmer wählt.

▸ Privatzimmer werden nicht überall angeboten. Wer ohne Vorbuchung im Urlaub in Privatzimmern übernachten will, sollte für das ausgewählte Reisegebiet zunächst entsprechende Informationen einholen. Dazu kann man Reiseführer und die jeweiligen Fremdenverkehrsämter zu Rate ziehen. Letztere verschicken auf Anforderung auch Kataloge und Adressenlisten.

▸ Auch Privatzimmer kann man vorbuchen. Die Buchung aber schriftlich bestätigen lassen.

▸ In manchen Ländern werden Rucksackreisenden an Bahnhöfen und Busstationen von Zuträgern direkt Zimmer in Pensionen oder privat angeboten. Visitenkarten mit genauen Namens- und Adressenangaben sprechen zumeist für ein seriöses Angebot, doch ist in Zweifelsfällen Mißtrauen ein guter Ratgeber.

▸ Bei Rundreisen ohne feste Planung ist es oftmals einfacher, ein Privat- als ein Hotelzimmer kurzfristig zu finden.

▸ In manchen Reiseländern haben sich die Privatanbieter in Verbänden organisiert und bringen gemeinsam Kataloge heraus. Da die Verbände die Leistungen ihrer Mitglieder regelmäßig überprüfen, kann man bei Angeboten aus solchen Katalogen darauf vertrauen, daß ein gewisser Standard – gerade auch bezüglich der Sauberkeit – geboten wird.

▸ Radio und Fernsehgerät gehören meist nicht zur Ausstattung von Privatzimmern und sollten bei Bedarf im Reisegepäck sein.

▸ Kontakte zu anderen Gästen ergeben sich, wenn vorhanden, leicht im Aufenthaltsraum, wo meist auch ein Fernseher aufgestellt ist.

▸ Plant man einen längeren Aufenthalt in einem Privatquartier, sollte man vorab telefonisch klären, ob das Haus den eigenen Ansprüchen genügt (Anbindung an öffentliche Verkehrsmittel, Lage und Ausstattung des Hauses, Entfernung zur nächsten Bademöglichkeit usw.).

▸ An Einzelreisende werden Privatzimmer oft ungern vermietet. Es gehört manchmal etwas Überredungskunst dazu, ein Doppelzimmer zum reduzierten Preis zu bekommen.

Verpflegung Bei Privatzimmervermietung bekommt man in der Regel nur das Frühstück. Wenn man einen längeren Aufenthalt beabsichtigt, ist es daher wichtig zu erfragen, wie weit die nächsten Restaurants entfernt sind.

▸ In manchen Häusern kann man – relativ günstig – auch ein Abendessen bestellen. Hier sollte der Gast aber nicht mehr als nur einfache Hausmannskost erwarten.

▸ Wer ein Privatquartier mit Gemeinschaftsküche wählt, kann sich auch einmal selbst versorgen und muß nicht jeden Tag auswärts essen gehen.

JUGENDHERBERGEN

▸ Für die Aufnahme in Jugendherbergen ist der auch international gültige Jugendherbergsausweis erforderlich. Man bekommt ihn bei der nächsten Jugendherberge oder dem Deutschen Jugendherbergswerk, Hauptverband, Postfach 1455, 32754 Detmold, wenn man Mitglied im Jugendherbergswerk wird. Wer Übernachtungen in Jugendherbergen plant, sollte sich vorher anmelden.

▸ Will man im Ausland in Jugendherbergen übernachten, muß der Jugendherbergsausweis auf jeden Fall mit einem Foto versehen sein.

▸ Jugendherbergen sind in vielen Ländern nicht ausschließlich für junge Leute gedacht. Zunehmend besteht die Möglichkeit, mit der Familie in separaten Zimmern zu übernachten.

▸ In Deutschland gilt für Personen, die jünger als 28 Jahre sind, der günstigere Juniortarif. Wer älter ist, sollte sich gut überlegen, ob er für den relativ geringen Komfort den nicht ganz niedrigen Preis zu zahlen bereit ist.

▸ Im nationalen sowie im internationalen Jugendherbergsverzeichnis findet man eine Adressenliste der Jugendherbergen mit Angaben zur Ausstattung, zu den Preisen und den Öffnungszeiten. Daraus kann man auch recht gut Rückschlüsse auf das nicht immer günstige Preis-Leistungs-Verhältnis ziehen.

▸ In vielen Jugendherbergen kann man auch Sportgeräte wie Fahrräder oder Kanus mieten. Informationen darüber enthält das Jugendherbergsverzeichnis.

▸ Bettlaken müssen in der Jugendherberge gemietet werden, wenn man nicht seine eigene Bettwäsche mitbringt. Praktisch sind leichte Leinenschlafsäcke; gewöhnliche Schlafsäcke sind fast überall verboten.

CAMPING

▸ Bei dieser Art zu reisen ist man besonders unabhängig und kann sich kurzfristig für ein Urlaubsziel entscheiden bzw. vor Ort (z. B.

bei schlechtem Wetter) umdisponieren.

▸ Nicht jeder Campingplatz nimmt Vorbestellungen entgegen. Auskunft darüber kann man Campingführern entnehmen, die stets auf dem neuesten Stand sein sollten.

▸ Gerade bei Reisen mit Kindern sollte man versuchen, möglichst viel überdachten Raum zu schaffen, damit auch bei schlechtem Wetter genügend Bewegungsfreiheit besteht. Wer mit Caravan, Wohnmobil oder Steilwandzelt reist, kann zu diesem Zweck Vorzelte mitnehmen.

▸ Ein eigenes Zelt für die Kinder schafft zusätzlichen Raum.

Auswahl des Campingplatzes Campingplätze werden fast in jedem Land entsprechend ihrem Standard in – von Land zu Land verschiedene – Kategorien eingeteilt. Die Klassifizierung der Plätze hängt u. a. von der Ausstattung der Sanitäreinrichtungen, von Stromanschlüssen, Einkaufsmöglichkeiten und Extras wie Sauna, Swimmingpool und Bootsverleih ab.

▸ Die Lage eines Platzes spielt nicht unbedingt eine Rolle bei seiner Klassifizierung. Ein Platz in guter Kategorie muß also nicht unbedingt landschaftlich schön gelegen sein.

▸ Vor der Reise ausführlich Campingführer konsultieren und mehrere Plätze heraussuchen, damit man gegebenenfalls von einem belegten Platz gleich zu einem anderen, der den eigenen Vorstellungen entspricht, weiterfahren kann.

▸ Der jährlich erscheinende *ADAC Campingführer* verzeichnet rund 5600 empfehlenswerte europäische Campingplätze, die hinsichtlich Lage, Ausstattung, Hygiene, Freizeitmöglichkeiten und Preisen geprüft wurden.

▸ Verzeichnisse von Campingplätzen sind auch über Fremdenverkehrsbüros erhältlich. Diese Broschüren sind aber meist nicht sehr informativ, da sie keine qualifizierte Auswahl ermöglichen.

Preise Die Campinggebühr wird je nach Campingplatz unterschiedlich berechnet. Auf manchen Plätzen muß der Stellplatz pauschal bezahlt werden, anderswo wird die Mietgebühr nach der Anzahl der Personen, Fahrzeuge und Zelte berechnet.

▸ Bei Preisvergleichen darauf achten, ob Nebenkosten berechnet werden.

▸ Das Carnet Camping International (CCI), der internationale Campingausweis in Kreditkartenformat, vereinfacht im In- und Ausland die Anmeldung auf einem Campingplatz, berechtigt vielerorts zu Gebührenermäßigung und ist manchmal, etwa in Dänemark, Schweden und Finnland, sogar obligatorisch. Anträge für das CCI können bei den ADAC-Geschäftsstellen angefordert werden.

Wohnwagen und Wohnmobil Da die Sanitäreinrichtungen oft weit vom Stellplatz des Wagens auf dem Campingplatz entfernt sind und nicht immer den eigenen Hygieneansprüchen genügen, kann eine tragbare Toilette von Vorteil sein.

▸ Bei der Wahl der Gasflasche zum Kochen, Heizen oder für den Kühlschrank darauf achten, ob die leere Flasche im Ausland getauscht werden kann.

▸ In manchen Ländern kann man spezielle Gasflaschen wieder auffüllen lassen.

▸ Oft kann man eine im Ausland gekaufte Gasflasche nicht direkt an das vorhandene Gassystem anschließen. Daher schon beim Kauf der Flasche nachfragen, ob ein Adapter nötig ist.

▸ Es empfiehlt sich, auf Reisen mit dem Wohnmobil Fahrräder mitzunehmen, dann braucht man für kurze Einkaufsfahrten und Ausflüge nicht das Campingmobiliar zu verstauen und, falls man eins hat, das Vorzelt abzubauen, um das Wohnmobil als Fahrzeug benutzen zu können.

▸ Sehr praktisch sind spezielle Vorzelte, die unabhängig vom Fahrzeug aufgestellt und leicht mit dem Wohnmobil verbunden werden können.

Mietwohnmobil Wohnmobile werden in den verschiedensten Ausstattungen und Größen auch als Mietwagen angeboten. Ein Preisvergleich zwischen den verschiedenen Anbietern kann erhebliche Einsparungen bringen.

Mietwohnwagen Auf vielen Campingplätzen kann man fest installierte und komplett ausgestattete Wohnwagen mieten. Der Mieter hat den Vorteil, keinen eigenen Wohnwagen kaufen oder zu Hause mieten zu müssen, und kann bequemer, schneller und eventuell wesentlich günstiger an- und abreisen, etwa wenn er eine Fähre benutzen muß.

Camping im Zelt Wenn man mit dem Zelt verreist, ist es wichtig, daß auf dem Campingplatz für die Abendstunden oder schlechtes Wetter ein Aufenthaltsraum vorhanden ist. Dies sollte man bei der Auswahl des Platzes berücksichtigen.

▸ Urlaubern, denen ein einfacher Campingkocher am Zelt nicht ausreicht, bieten Campingplätze vornehmlich in Nordeuropa Küchen, in denen man bequemer kochen kann.

IM HANDUMDREHEN EIN IGLUZELT AUFBAUEN

Die Wahl des geeigneten Zeltes hängt von der Transportmöglichkeit und davon ab, welchen Komfort man wünscht. Ein Zelt in Iglubauform ist leicht und handlich, so daß man es z. B. gut während einer Fahrradtour transportieren kann. Außerdem kann man ein Igluzelt sehr schnell und einfach aufbauen. Trotzdem steht es sicher und bietet genügend Platz für zwei bis drei Personen. Auch wer einen Zelturlaub mit häufig wechselnden Standorten plant, ist gut beraten, ein Igluzelt mitzunehmen. Vor dem Urlaub sollte man den Aufbau des Zeltes üben.

1. Die Zeltbahn auf dem Boden ausbreiten und bei starkem Wind die Ecken des Zeltbodens provisorisch mit Steinen beschweren.

2. Das Gestänge zusammensetzen. Die einzelnen Stangenteile sind häufig bereits durch Gummizüge miteinander verbunden.

3. Die Stangen werden nun in die dafür vorgesehenen Laschen geschoben. Sie kreuzen sich in der Mitte des Zeltdachs und halten die Zeltbahn bereits.

4. Nun wird das Gestänge in den dafür vorgesehenen Laschen verankert und danach die Zeltbahn mit Heringen am Boden befestigt.

5. Anschließend muß noch die Zeltbahn des Vorzeltes gespannt und mit Hilfe von Heringen gut gesichert werden. Zum Abschluß werden sämtliche Schnüre ebenfalls mit Heringen am Boden befestigt und danach angespannt. Dadurch bekommt das Igluzelt seine Stabilität und ist nun fertig aufgebaut.

▸ Vor der Abreise sollte man sich über die Bodenverhältnisse des Campingplatzes erkundigen und dann die richtigen Heringe einpacken. So sind etwa für weichen, sandigen Boden Sandheringe, für steinigen Boden Drahtheringe geeignet. Über Heringe für spezielle Anforderungen wie etwa Camping im Schnee informiert der Fachhandel.

▸ Schon zu Hause sollte man den Auf- und Abbau des Zeltes üben. Bei größeren Steilwandzelten kann man sonst Schwierigkeiten bekommen. Die Enden der Zeltstangen so markieren, daß man beim Zeltaufbau sofort sehen kann, welche Stangen zusammengehören.

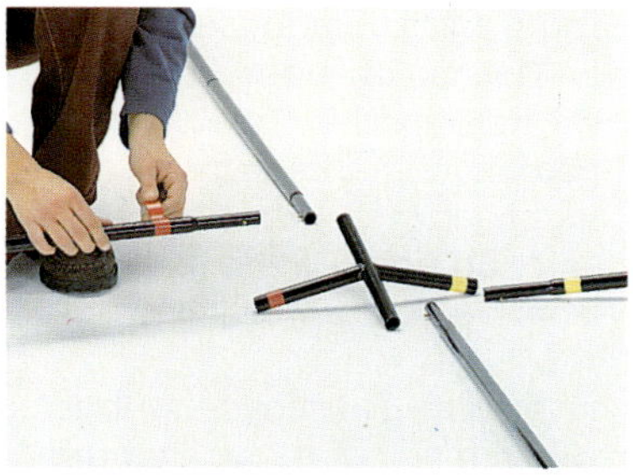

Die Enden der Zeltstangen z. B. mit Klebeband markieren.

▸ Beim Aufbau eines Steilwandzeltes die unterste Stange des Gestells zunächst noch nicht einstecken. Über das relativ niedrige Gestell kann man dann bequem die Zeltbahn ziehen.

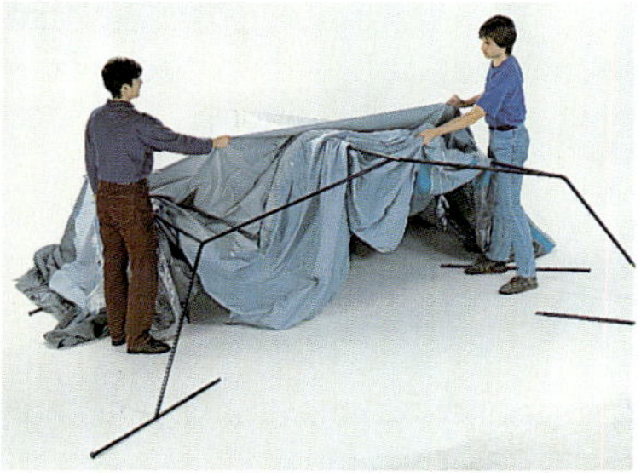

Die Zeltbahn über das noch niedrige Gestell ziehen.

▸ Wenn ein Zelt länger nicht benutzt wurde, sollte man es vor der Reise aufbauen und einige Tage der Witterung aussetzen. Man kann so feststellen, ob alles Zubehör vorhanden ist und ob das Zelt noch wetterfest ist.

Mietzelt Auf vielen Plätzen werden Hauszelte vermietet. Man erspart sich die Mühen des Zeltaufbaus und viel Reisegepäck.

Campinghütten In einigen Ländern werden auf dem Campingplatz Hütten vermietet. Besonders bei unbeständigem Wetter bilden sie eine wetterfeste Alternative zum Zelt. Das Angebot reicht von der kleinen Holzhütte bis zum komfortablen Blockhaus.

▸ Campinghütten können anders als Ferienwohnungen auch tageweise gemietet werden.

▸ Fast immer muß man das eigene Bettzeug bzw. Schlafsäcke mitbringen.

REISEVERTRAG

▸ Mit der Buchung einer Reise oder einer Unterkunft entsteht ein Vertragsverhältnis zwischen Reisendem und Reiseanbieter. Damit der Reisende genau weiß, worauf er sich beim Buchen einer Reise einläßt, sollte er vorab das Kleingedruckte, d. h. die allgemeinen Geschäftsbedingungen, lesen. Kataloge enthalten allerdings oft nur Auszüge daraus.

▸ Im Reisebüro kann man den vollen Wortlaut der allgemeinen Geschäftsbedingungen einsehen.

▸ Mitunter teilen Reiseveranstalter kurz vor der Reise Mängel oder Änderungen der Leistung mit, sei es, daß das Hotel nicht fertig wurde oder daß einige ursprünglich vorgesehene Programmpunkte nicht angeboten werden können. Da man vom Wohnort aus in der Regel nicht abschätzen kann, wie sich diese Änderungen tatsächlich auswirken, ist es ratsam, die Reise unter Vorbehalt anzutreten. Man teilt in diesem Fall dem Veranstalter schriftlich mit, daß man die angekündigte Änderung vor Ort überprüfen wird und sich Ersatzansprüche vorbehält.

▸ Bei besonders schwerwiegenden Änderungen ist auch eine Kündigung des Reisevertrags möglich, wenn der Veranstalter keine vergleichbare Leistung anbietet. Für die Kündigung verwendet man am besten ein Einschreiben mit Rückschein.

▸ Wer seine Reise kurzfristig absagen muß, kann einen Ersatzreisenden stellen. Bei den meisten Pauschalreisen muß der Reiseveranstalter eine solche Ersatzperson akzeptieren. Dann fallen nur relativ geringe Verwaltungsgebühren an.

▸ Ein Kündigungsgrund für Reisenden wie Reiseveranstalter sind Ereignisse wie Erdbeben, Revolutionen und Bürgerkriege im Reiseland, die als höhere Gewalt gelten. Wenn das Auswärtige Amt von Reisen dorthin abrät, kann man kündigen, ohne Stornogebühren zahlen zu müssen.

REISEPREIS ZAHLEN

▸ Erst wenn die Reisebestätigung des Veranstalters vorliegt, ist eine Anzahlung in Höhe von etwa 10% des Reisepreises zu zahlen. Die restlichen Reisekosten sind erst etwa zwei Wochen vor Reisebeginn zu bezahlen – es sein denn, man bekommt schon lange vorher die Reiseunterlagen wie Tickets, Hotelgutscheine usw.

▸ Plötzliche Erhöhungen des Reisepreises sind nur in bestimmtem finanziellen und zeitlichen Rahmen möglich. Im Zweifelsfall sollte man sich von der Verbraucherzentrale beraten lassen.

REISEDOKUMENTE UND -KASSE

REISEPASS UND ANDERE AUSWEISE

▸ Rechtzeitig prüfen, ob alle notwendigen bzw. eventuell nützlichen Papiere und Dokumente vorhanden und auch gültig sind. Den neuesten Stand kann man im Konsulat des Ziellandes oder im Reisebüro erfragen.

▸ Für den Fall des Verlustes wichtiger Papiere sollte man vor der Abreise Fotokopien davon anfertigen und diese unterwegs getrennt aufbewahren. Die Fotokopien sind bei der Beschaffung von Ersatzdokumenten hilfreich.

Reisepaß Er muß mindestens bis zum Tag der Rückkehr gültig sein, besser aber einige Monate darüber hinaus für den Fall, daß sich die Heimreise verzögert.

▸ Manche Staaten verlangen, daß der Reisepaß bis zu einem Jahr nach der Rückkehr gültig ist. Da die Ausstellung oder Verlängerung des Reisepasses in der Regel vier bis sechs Wochen dauert, sollte man den Antrag gegebenenfalls entsprechend frühzeitig vor der Abreise stellen.

▸ Hat man es versäumt, sich rechtzeitig um den regulären Paß zu kümmern, kann man sich noch wenige Tage vor der Reise – gegen eine Gebühr – einen vorläufigen Reisepaß, der aber nur ein Jahr gültig ist, ausstellen lassen.

▸ Wer eine Fernreise in Staaten mit Visumzwang plant, sollte darauf achten, daß der Paß noch genügend leere Seiten für Sichtvermerke aufweist.

▸ Besonders bei Reisen in außereuropäische Staaten sollte das Paßfoto dem gegenwärtigen Aussehen entsprechen. Manche Grenzbeamte nehmen das übergenau.

▸ Einige Staaten verweigern die Einreise, wenn im Paß der Stempel eines Landes eingedruckt ist, zu dem die Beziehungen gestört sind. Hat man eine Reise durch solche Staaten vor, empfiehlt es sich, vorher einen Zweitpaß zu beantragen. Man erhält einen zweiten Paß unter Angabe von plausiblen Gründen (z. B. Beantragung von Visa für zwei verfeindete Länder) beim Einwohnermeldeamt bzw. Paßamt. Der Zweitpaß ist nur begrenzt gültig und – wie auch der Erstpaß – gebührenpflichtig.

▸ Da bei Reisen in außereuropäische Länder häufig Formulare wie z. B. Zollerklärungen auszufüllen sind, in die die Nummer des Reisepasses eingetragen werden muß, ist es hilfreich, die Paßnummer auswendig zu lernen. Man kann sie auch auf einem Zettel notieren, den man leicht greifbar – z. B. im Geldbeutel – aufbewahrt.

▸ Wenn man den Paß verliert, kann es nützlich sein, die Nummer zu wissen.

▸ Kinder müssen im Paß der Eltern eingetragen sein oder einen eigenen Kinderausweis haben, der vom Einwohnermeldeamt ausgestellt wird. Ab dem Alter von zehn Jahren ist dazu auch ein Paßbild erforderlich.

▸ Wer Kinder von Bekannten oder Verwandten auf die Reise mitnimmt, sollte sich eine Vollmacht der Erziehungsberechtigten geben lassen.

Personalausweis In vielen Ländern ist bei einem Urlaubsaufenthalt der Personalausweis ausreichen. Unterschiedliche Bestimmungen gibt es allerdings, wie lang man sich dann im jeweiligen Land aufhalten darf.

Visum Viele Länder verlangen zur Einreise und manche auch zur Ausreise ein Visum, das gebührenpflichtig ist und in der Regel auch die Aufenthaltsdauer festlegt. Da sich die Vorschriften häufig ändern, sollte man sich rechtzeitig vor der Reise im Reisebüro, bei Fluggesellschaften, bei Konsulaten oder Botschaften des Reiselandes (die jeweilige Telefonnummer kann man bei der Telefonauskunft erfragen) erkundigen, ob und – wenn ja – wo ein Visum beantragt werden muß.

▸ Wer eine Pauschalreise bucht, muß sich selbst rechtzeitig informieren, ob er ein Visum braucht.

▸ Auch wenn es heißt, daß man das Visum direkt an der Grenze erhält, sollte man sich vergewissern, daß es sich dabei nicht nur um ein Kurzvisum handelt, das nur für die Durchreise gilt.

▸ Wer Reisen in mehrere Staaten mit Visumzwang plant, sollte rechtzeitig, d. h. schon sechs Monate vor der Abreise, mit der Visabeschaffung beginnen.

▸ Bei der Botschaft oder beim Konsulat des betreffenden Staates kann man einen Visumantrag mit Informationsblatt anfordern, aus dem hervorgeht, welche Unterlagen man braucht. Aktuelle Paßbilder gehören immer dazu. Wer alle Unterlagen beibringt, vermeidet lange Bearbeitungszeiten oder Nachforderungen.

▸ Es empfiehlt sich, dem Visumantrag einen frankierten Rückumschlag beizulegen.

▸ Es ist ratsam, das Visum für eine längere Aufenthaltsdauer als geplant und für mehrfache Einreise zu beantragen; dann ist man unterwegs flexibler und bekommt im Notfall nicht auch noch Visumprobleme.

▸ Wer ein Transitvisum beantragt, sollte berücksichtigen, ob er nur einmal oder mehrmals durch das entsprechende Land fahren will.

▸ Man kann auch ein Reisebüro oder einen Visumdienst beauftragen, der gegen Aufpreis oft noch in letzter Minute Visa beschaffen kann.

▸ Nach Erhalt des Visums unbedingt noch zu Hause kontrollieren, ob die im Visum genannten Daten mit denen im Visumantrag übereinstimmen.

▸ Wer im Ausland ist und von dort aus in ein Land mit Visumzwang weiterreisen will, aber noch kein Visum hat, kann das Dokument bei der Botschaft des Ziellandes im derzeitigen Aufenthaltsland beantragen. Es empfiehlt sich, dabei in seriöser Kleidung aufzutreten.

Paßbilder Besonders bei Reisen in außereuropäische Länder ist es ratsam, einige aktuelle Paßbilder mitzunehmen. Denn unterwegs können Formulare auszufüllen sein, in die auch Paßbilder eingeklebt werden müssen. Gerade abseits der touristischen Hauptrouten bereitet es oft große Schwierigkeiten, Paßbilder anfertigen zu lassen.

Führerschein In einigen Ländern wird von Personen, die ein Auto mieten wollen, der internationale Führerschein verlangt. Man erhält ihn bei der Führerscheinstelle gegen eine Gebühr und die Vorlage von Paßbildern. Er ist drei Jahre gültig.

Weitere nützliche Ausweise Wer einen internationalen Studentenausweis vorlegt, erhält in vielen Reiseländern Ermäßigungen an Museumskassen, beim Kauf von Schiffs- und Flugzeugtickets usw. Die Beitragsmarke muß jährlich erneuert werden.

▸ Wer Übernachtungen in Jugendherbergen plant, sollte sich den internationalen Jugendherbergsausweis im Heimatland besorgen, wo er in der Regel günstiger zu beschaffen ist als im Ausland. Er ist bei den meisten Jugendherbergen erhältlich.

▸ Bei Reisen in außereuropäische Länder sollte man einen internationalen Impfausweis mitnehmen, um im Fall von Epidemien Impfungen nachweisen zu können.

REISEKASSE

▸ Vor der Reise sollte man sich genau über die Gepflogenheiten am Urlaubsort informieren und die Urlaubskasse entsprechend einrichten.

▸ Um das Diebstahl- und Verlustrisiko zu verringern, splittet man die Urlaubskasse in mehrere Zahlungsmittel (Reiseschecks, Kreditkarten usw.) und bewahrt sie an verschiedenen Orten auf.

▸ Eine gewisse Summe Bargeld zur Verfügung zu haben ist in jedem Fall nützlich, doch sollte sie nicht die gesamte Urlaubskasse ausmachen. In vielen Ländern begrenzen Deviseneinfuhrbestimmungen den Höchstbetrag.

Bargeld Der offizielle Umtauschkurs für Bargeld ist in der Regel schlechter als der für Reise- oder Euroschecks. Banken und Postämter haben die Tageskurse meist gut sichtbar angebracht. Ansonsten kann man die aktuellen Kurse jeder größeren Zeitung entnehmen.

▸ In Ländern mit schwacher Währung bekommt man beim Umtausch vor Ort meist mehr für die Deutsche Mark als zu Hause. Banken informieren über die momentan günstigere Situation.

▸ Für die Autofahrt bis zur Grenze einen gewissen DM-Betrag zum Tanken, Einkaufen usw. mitnehmen. Auch bei Bahn- und Flugreisen ist Bargeld in deutscher Währung für kleine Ausgaben wie etwa Kaffee, Flughafengebühren, Taxikosten nützlich.

▸ Eine Barreserve ist auch sinnvoll, wenn man außerhalb der Banköffnungszeiten beispielsweise bei großen Hotels oder Touristenbüros Geld umtauschen möchte. In manchen Ländern kann in Geschäften oder Lokalen direkt mit harter Währung wie der Deutschen Mark oder dem US-Dollar gezahlt werden.

▸ Darauf achten, daß die Geldscheine, die man tauschen will, nicht beschädigt sind, sonst kann es Schwierigkeiten geben.

▸ In vielen Hotels und Restaurants in sozialistischen und ehemals sozialistischen Staaten wird nur harte Währung als Zahlungsmittel akzeptiert. Wer die Rechnung nicht passend begleichen kann, erhält das Rückgeld oft in anderer (harter) Währung, aber zu einem meist unvorteilhaft berechneten Kurs. Daher mit kleinen Scheinen oder mit Münzgeld zahlen und genügend Kleingeld mit auf die Reise nehmen.

▸ Bei Reisen in exotische Länder kann es sehr nützlich sein, einige Eindollarnoten dabei zu haben; sie können in unerwarteten Situationen als Trinkgeld verwendet werden.

▸ Schon vor der Reise einen kleinen Betrag in die Währungen von Urlaubs- und Transitland wechseln, um die ersten Ausgaben für Taxi, Trinkgelder, Treibstoff und Einkäufe unterwegs und bei der Ankunft am Urlaubsort bestreiten zu können. Zudem ist man bei der Ein- und Durchreise unabhängig von den Öffnungszeiten der Banken und Wechselstuben.

▸ Bei Verlust oder Diebstahl von Bargeld bekommt man keinen Ersatz. Daher muß es sicher aufbewahrt werden. In Handtasche und Portemonnaie ist Bargeld nicht vor Taschendieben sicher. Es sollte deshalb möglichst direkt am Körper unter der Kleidung verwahrt werden.

Geld umtauschen Wechselstuben haben an größeren Grenzübergängen oder auf Flughäfen in der Regel auch am Wochenende geöffnet, doch nicht überall rund um die Uhr.

▸ Ob in einer Wechselstube oder einem Geldinstitut – überall fallen für den Umtausch Gebühren an. Sie werden in der Regel pauschal, also unabhängig von der Höhe des Wechselbetrags, berechnet. Um Gebühren zu sparen, empfiehlt es sich daher, eine größere Summe statt mehrmals kleinere zu wechseln. Auch ein Preisvergleich bei den Gebühren hilft, Geld zu sparen.

▸ Wechselquittungen aufheben, damit man besonders in Ländern mit Schwarztauschproblematik bei der Ausreise einen Nachweis führen kann. Wurde bei der Einreise eine Devisenerklärung ausgefüllt, belegen die Quittungen bei der Ausreise den Verbleib des Bargeldes.

▸ Wer Geld schwarz tauscht, verstößt damit gegen im Reiseland geltende Gesetze. Der Schwarztausch bleibt, auch wenn er verlockend erscheint, ein riskantes Geschäft. In manchen Ländern steht darauf eine Gefängnisstrafe. Vorsicht, mitunter sind in solchen Ländern Fahnder in Zivil unterwegs. Niemals jemanden auf der Straße nach Schwarztauschmöglichkeiten fragen!

Reise- oder Travellerschecks Reiseschecks (Travellerschecks) kauft man in Deutschland bei Banken und Postämtern. Durch den günstigeren Wechselkurs bekommt man beim Reisescheck trotz der Kaufgebühr von 1% einen besseren Gegenwert als beim Tausch von Bargeld.

▸ Reiseschecks sind eines der sichersten Zahlungsmittel, denn bei Verlust gibt es bereits im Reiseland Ersatz.

▸ Reiseschecks werden in fast jedem Land der Welt akzeptiert und sind besonders für Fernreisen zu empfehlen. Ob Geschäfte, Banken, Postämter, Hotels und Restaurants Reiseschecks akzeptieren, erkennt man an einem entsprechenden Aufkleber.

▸ Kauft man die Reiseschecks in der Landeswährung, fallen beim Einlösen keine Wechselgebühren an. Wenn es keine Reiseschecks in der entsprechenden Währung gibt, informiert die Bank über die jeweils beste Alternative.

▸ Reiseschecks kann man praktisch wie Banknoten benutzen. Sie werden in unterschiedlicher Höhe ausgegeben. Gegen Ende des Urlaubs lieber kleine Beträge einlösen, damit man nicht zuviel Geld in der Landeswährung zurückbehält.

▸ In manchen Ländern wird für das Einlösen pro Scheck eine Gebühr erhoben. Dann wählt man besser einen Scheck mit höherem Betrag.

▸ Sind nach dem Urlaub Reiseschecks übriggeblieben, ist es kostengünstiger, sie für die nächste Fahrt aufzubewahren, als sie gegen eine Gebühr wieder einzutauschen.

▸ Damit man bei Verlust oder Diebstahl der Reiseschecks abgesichert ist, muß jeder einzelne Scheck sofort – in Gegenwart des Verkäufers – unterzeichnet werden. Die zweite Unterschrift darf man erst bei der Einlösung in Gegenwart des Empfängers leisten. Darauf achten, daß die zweite Unterschrift mit der ersten möglichst identisch ist (auch Abkürzungen beachten), sonst kann es vorkommen – besonders in außereuropäischen Ländern –, daß die Schecks nicht akzeptiert werden.

▸ Bei Verlust von Reiseschecks leistet die nächste Bank bzw. Filiale der Scheckgesellschaft Ersatz. Der Wert von verlorengegangenen Reiseschecks wird schneller erstattet, wenn man die Schecknummern angeben kann. Daher alle Nummern notieren oder Fotokopien der Schecks anfertigen. Wenn man die eingelösten Schecks von der Liste streicht bzw. die entsprechenden Kopien vernichtet, kann man die Nummern der verlorengegangenen Schecks sofort melden. Die Schecks und der Zettel mit den Schecknummern sollten aus Sicherheitsgründen getrennt aufbewahrt werden. Einen Diebstahl muß man unbedingt der Polizei melden.

▸ Reiseschecks werden nur auf eine Person ausgestellt. Bei Reisen mit der Familie oder einer Gruppe sollten mehrere Teilnehmer eigene Reiseschecks besitzen. Das Verlustrisiko verteilt sich so auf mehrere Personen.

▸ Beim Einlösen der Schecks wird die Vorlage von Reisepaß oder Personalausweis verlangt. Damit Unbefugte die Reiseschecks nicht benutzen können, müssen Ausweispapiere und

Schecks getrennt aufbewahrt werden.

Euroschecks Sie werden in Westeuropa fast überall als Zahlungsmittel anerkannt. Für Fernreisen sind sie weniger geeignet.

▸ Rechtzeitig vor der Reise genügend Schecks beantragen, denn Euroschecks sind nur bis zu einem bestimmten Höchstbetrag gedeckt. Wer größere Beträge zahlen will, kann mehrere Schecks ausstellen.

▸ Am besten erkundigt man sich schon vor der Reise bei der Bank, welcher Höchstbetrag im Reiseland gilt. Dadurch wird eine häufige Fehlerquelle beim Ausfüllen der Schecks ausgeschlossen und der Verlust eines Scheckformulars vermieden.

▸ Schecks und Karte unbedingt getrennt aufbewahren. Im Ausland wird in der Regel zusätzlich noch der Personalausweis verlangt.

▸ Um bei Verlust und Diebstahl eine Reserve zu haben, empfiehlt es sich, einige Schecks separat aufzubewahren.

▸ Vor Mißbrauch kann man sich schützen, wenn man die Geheimzahl auswendig lernt. Wer sich die Nummer nicht merken kann, schreibt sie z. B. als fiktive Telefonnummer ins private Adreßbuch. In jedem Fall darauf achten, daß man beim Eingeben der Nummer nicht beobachtet wird, auch nicht von den neuen Freunden am Urlaubsort. Das Geld gleich am Schalter und nicht auf der Straße nachzählen.

▸ Wer zum Jahreswechsel Ferien macht, sollte rechtzeitig die Scheckkarte auf Gültigkeit überprüfen. Die Bank gibt auch Auskunft darüber, wie lange die alte Scheckkarte im neuen Jahr noch gültig ist.

▸ Euroschecks können auch als Kautionszahlung – z. B. für eine Ferienwohnung – hinterlegt werden.

▸ Kleine Beträge besser bar zahlen, da für jeden Euroscheck bei der Bank eine Mindestgebühr einbehalten wird. Um Betrügereien (z. B. durch nachträgliche Erhöhung des Auszahlungsbetrags) zuvorzukommen, wird der Scheck am besten auf den Höchstbetrag ausgestellt.

▸ In derzeit 14 Ländern kann man am Geldautomaten mit Euroscheckkarte und Geheimzahl Geld abheben. So bekommt man auch außerhalb der Geschäftszeiten die jeweilige Landeswährung. Wie in Deutschland wird auch im Ausland nur ein bestimmter Höchstbetrag pro Tag ausgezahlt. Durch die Einheitsgebühr wird der Geldumtausch am Automaten im Vergleich zum Euroscheck ab einem Betrag von 300 DM billiger.

▸ Vor der Abreise das Konto großzügig füllen, um hohe Überziehungszinsen zu vermeiden.

Kreditkarten In Amerika kommt auch der Tourist kaum noch ohne Kreditkarten aus. In Europa haben die großen Gesellschaften inzwischen ebenfalls ein dichtes Netz von Vertragsfirmen aufgebaut, so daß man hier Kreditkarten gut einsetzen kann.

▸ Wer sich eine Kreditkarte anschaffen möchte, sollte sich einer der großen Gesellschaften anvertrauen. ADAC-Mitgliedern wird die vorteilhafte ADAC-VISA-Karte angeboten. Um überall mit Kreditkarten zahlungsfähig zu sein, sind in der Regel mehrere Karten von verschiedenen Gesellschaften erforderlich.

▸ Als Zahlungsmittel für den Urlaub nicht ausschließlich Kreditkarten vorsehen, denn die Geschäfte sind nicht verpflichtet, sie anzunehmen. Hotels, Restaurants und Geschäfte, die Kreditkarten akzeptieren, sind an entsprechenden Aufklebern am Eingang zu erkennen.

▸ Wer im Ausland mit Kreditkarte zahlt, kommt in den Genuß eines günstigeren Wechselkurses als beim direkten Geldwechsel am Bankschalter.

▸ Besonders im außereuropäischen Ausland das Formular bei der Abrechnung unbedingt richtig und vollständig ausfüllen, vor allem die Spalte „Währungsbezeichnung", da sonst nachträglich eine Währung mit höherem Wert, wie z. B. der US-Dollar, eingesetzt werden kann.

▸ Mietet man mit seiner Kreditkarte ein Auto, Motorrad, Boot o. ä., entfällt die Kautionszahlung.

Postsparbuch Von einem Postsparbuch kann man in den meisten Ländern Europas Geld in der Landeswährung abheben. Der DM-Betrag wird zu dem günstigen Devisen-Briefkurs umgerechnet. Da außerdem keine Gebühren einbehalten werden, ist der Geldumtausch per Postsparbuch besonders günstig. Die Einrichtung eines Postsparbuches ist gebührenfrei.

▸ Bei der Postbank ist eine Informationsbroschüre erhältlich, in der alle Orte im Ausland aufgeführt sind, in denen es eine Postsparkasse gibt.

▸ Da nur maximal 1000 DM pro Tag und 2000 DM pro Monat abgehoben werden dürfen, sollte man sein Geld auf mehrere Bücher verteilen und diese mit auf die Reise nehmen, wenn man erwartet, unterwegs mehr Geld zu benötigen.

▸ Postämter haben in der Regel längere Öffnungszeiten als Banken und sind oft auch Samstag vormittags geöffnet. In größeren Städten kann man sogar sonntags zum Hauptpostamt gehen und Geld abheben.

▸ In der Regel wird direkt am Postamt ein Formular für die Auszahlung ausgefüllt. Wer das Postsparbuch in Italien verwenden möchte, muß rechtzeitig vorher in Deutschland Rückzahlungsformulare beantragen.

▸ Auch beim Postsparbuch gilt: Sparbuch und Ausweiskarte getrennt aufbewahren. Bei Verlust kann das Sparbuch sofort gesperrt werden.

EIN SICHERER PLATZ FÜR GELD UND PAPIERE

▸ Zur richtigen Reisevorbereitung gehört auch die Überlegung, wo Bargeld und Dokumente unterwegs sicher untergebracht sind.

▸ Geld und Papiere nie in Schulter- oder Gesäßtaschen verstauen; dort sind sie leicht zu stehlen oder können verlorengehen.

▸ Wie raffiniert und sicher der Aufbewahrungsort sein muß, hängt sehr vom Reiseziel ab. Bei Fahrten in Europa reicht es in der Regel aus, die Dokumente auf mehrere Stellen im Gepäck zu verteilen.

Mögliche Aufbewahrungsorte Am besten trägt man Geld und Papiere dicht am Körper. Sportgeschäfte bieten dafür beispielsweise Hüft- bzw. Bauchtaschen, Gürteltaschen und Brustbeutel an.

▸ Hüfttaschen, die es inzwischen in vielen modischen Farben gibt, werden außen über der Kleidung getragen. Sie sind ein guter Ersatz für die Handtasche: Man hat selbst leichten Zugriff, während die Gefahr, daß sie vergessen oder gestohlen werden, im Vergleich zur Hand- bzw. Umhängetasche relativ gering ist.

▸ Brustbeutel, die man unter der Kleidung trägt, sind als Versteck allgemein bekannt. Deshalb kommt es nicht selten vor, daß der Halsriemen von hinten durchgeschnitten wird. Wer den Brustbeutel mit einem um die Hüfte gelegten zusätzlichen Sicherungsband befestigt, ist auch in diesem Fall vor dem Verlust geschützt.

▸ Geldgürtel sehen wie normale Hosengürtel aus, haben aber auf der Innenseite ein kleines, verstecktes Fach. Darin kann man sehr gut eine kleinere Geldreserve, die Fotokopien von Dokumenten und Schecks oder auch andere Kleinigkeiten sicher aufbewahren. Der Zugriff ist hier allerdings auch für den Träger selbst etwas schwierig.

Das kleine Fach im Geldgürtel ist ein gutes Versteck für Geldscheine und Dokumente.

▸ Eine Gürteltasche sollte groß genug sein, um den Reisepaß darin unterbringen zu können. Besonders wichtig ist, daß sie einen guten Verschluß hat, damit sie und ihr Inhalt auch im dichten Gedränge vor unbefugtem Zugriff sicher ist.

▸ Damit die Papiere oder Reiseschecks vom Schweiß nicht feucht werden und zusammenkleben, verpackt man diese in kleine Plastiktüten.

▸ Sehr sicher sind Geheimtaschen, die man in Hosen oder Röcke einnäht. Sie müssen einen guten Verschluß haben. Klettverschlüsse haben den Nachteil, daß

GELD UND PERSÖNLICHE PAPIERE SICHER AUFBEWAHREN

Geld, persönliche Dokumente und andere Papiere in der Hüfttasche aufbewahren.

Die Gürteltasche wird am Hosengürtel befestigt und immer gut verschlossen.

Der Brustbeutel ist für Diebe nicht sichtbar, wenn man ihn unter der Oberbekleidung trägt.

ihre Schließfunktion entsprechend der Gebrauchsintensität nachläßt. Besser sind daher Reißverschlüsse.

- In Geheimtaschen können Fotokopien wichtiger Dokumente und Geldreserven versteckt werden, auf die man sehr selten zugreifen muß. Am besten verpackt man auch sie in Plastiktüten.

- Der Inhalt einer Geheimtasche kann die Kleidung ausbeulen; die Geheimtasche ist dann auch von außen sichtbar. Daher mehrere Taschen in passender Größe einnähen.

- Kleinere Geldbeträge kann man auch im Strumpf verstecken.

GUT VERSICHERT IN DEN URLAUB

- Bei der Vorbereitung jeder Reise sollte man genau überlegen, ob und welche zusätzlichen Versicherungen abgeschlossen werden müssen. Dabei ist aber immer zu berücksichtigen, daß bereits bestehende Versicherungen die entsprechenden Risiken möglicherweise schon abdecken.

- Die Kosten für Reisekranken-, Reisehaftpflicht- und Reiseunfallversicherung kann man in der Steuererklärung als Sonderausgaben geltend machen.

Reisegepäckversicherung Vor Abschluß einer Reisegepäckversicherung sollte man prüfen, ob die Hausratversicherung das Risiko nicht bereits abdeckt. Deren Versicherungsschutz erstreckt sich bei allen Verträgen, die vor 1992 abgeschlossen wurden, allerdings nur auf Reisen innerhalb Europas; seit 1992 kann bei Neuabschlüssen auch weltweite Geltung vereinbart werden. Über die Hausratversicherung sind persönliche Gegenstände, die auf Reisen mitgeführt werden, bis zu 10 % der Versicherungssumme, höchstens aber bis 15 000 DM versichert. Im Fall eines Einbruchdiebstahls ersetzt also die Hausratversicherung das gestohlene Reisegepäck. Da sie aber weder bei einfachem Diebstahl noch bei Diebstahl aus dem Pkw zahlt, kann bei Reisen mit dem Auto der Abschluß einer Reisegepäckversicherung sinnvoll sein.

- Gegen einen Einbruch- oder Diebstahlschaden schützt bei einem Fahrzeug in gewissem Umfang auch die Kfz-Vollkaskoversicherung, wenn die entwendeten Gegenstände unter Verschluß verwahrt worden waren. Allerdings ist hier eine Wertbegrenzung vorgesehen.

- Die Reisegepäckversicherungen zahlen unter bestimmten Voraussetzungen, wenn das Reisegepäck verloren bzw. gestohlen wurde, aber auch, wenn es beim Transport oder durch Feuer, Sturm oder dritte Personen beschädigt wurde. Die Reisegepäckversicherung gilt ebenfalls für bestimmte Sportgeräte für die Zeit, in der diese nicht benutzt werden. Bargeld, Wertpapiere usw. sind nicht versichert. Da Schmuck, Foto- und Videoausrüstung sowie andere Wertgegenstände nur zu 50% der Versicherungssumme versichert werden, sollte man die Reisegepäckversicherung entsprechend hoch abschließen.

- Gegebenenfalls vor Vertragsabschluß klären, ob der Versicherungsschutz auch bei Schadensfällen, die bei Übernachtungen im Wohnmobil oder Wohnwagen eintreten, besteht.

- Bei Diebstahl aus dem unbeaufsichtigt abgestellten Auto haftet die Reisegepäckversicherung dann, wenn sich das gestohlene Gepäck „in einem fest umschlossenen und durch Verschluß gesicherten Innen- oder Kofferraum" befand. Daher unbedingt das Fahrzeug und den Kofferraum bei Verlassen abschließen, Wertsachen wie Geld, Schmuck, Fotoapparat und Videokamera mitnehmen. Ebenso Gegenstände vom Dachgepäckträger abmontieren und mitnehmen. Wenn möglich, sollte man das Auto in einer abgeschlossenen Garage abstellen.

- Die Versicherungsbedingungen legen in der Regel fest, daß zwischen 22 und 6 Uhr kein Versicherungsschutz besteht (Nachtschutzklausel). Diese Klausel kann im Einzelfall unwirksam sein. Beruft sich eine Versicherung darauf, sollte man schriftlich auf Zahlung bestehen.

- Ansprüche gegen die Reisegepäckversicherung verjähren, wenn man nicht innerhalb von sechs Monaten nach Ablehnung der Regulierung durch die Versicherung klagt.

- Die Reisegepäckversicherungen verlangen vom Urlauber eine gewisse Sorgfalt im Umgang mit seinem Besitz. Da diese Sorgfaltspflicht sehr eng gefaßt wird, vor Abschluß der Versicherung die allgemeinen Versicherungsbedingungen genau lesen, um einen Überblick darüber zu bekommen, in welchen Schadensfällen die Versicherung eintritt.

- In der Regel erstatten die Versicherungen nicht den Wiederbeschaffungswert (Neuwert), sondern nur den Zeitwert (Neuwert abzüglich Abnutzung).

- Verletzt man seine Sorgfaltspflicht, kann sich die Versicherungsgesellschaft weigern, den Schaden zu ersetzen. Deswegen das Gepäck nie aus den Augen lassen; an belebten Orten wie Flughäfen und Bahnhöfen sollte man Körperkontakt zu seinem Gepäck halten: die Reisetasche zwischen die Beine klemmen, wenn man sich z. B. an einem Imbißstand etwas Reiseproviant kauft oder Fahrpläne studiert.

An belebten Orten Körperkontakt zu den Gepäckstücken halten.

▸ Versicherungsschutz für die Fotoausrüstung bietet eine spezielle Fotogeräteversicherung. Sie versichert gegen Diebstahl und Beschädigung.

▸ Wenn ein Schaden eingetreten ist, fertigt man eine Liste der entwendeten oder beschädigten Gegenstände an und läßt sich einen Diebstahl schriftlich bei der nächsten Polizeidienststelle bestätigen. Auch Verkehrsunternehmen wie z.B. die Bahngesellschaften stellen solche Bescheinigungen aus. Sofort nach der Rückkehr muß man der Versicherung den Schaden melden.

▸ Da die Versicherung Nachweise über die Schadenshöhe verlangt, sollte man Rechnungen von wertvolleren Gegenständen wie Foto- und Videokameras aufbewahren, auch wenn die Garantie für die Geräte längst abgelaufen ist.

▸ Wer innerhalb eines Jahres mehrfach verreist, kann Geld sparen, wenn er statt mehrerer Einzelversicherungen eine Jahrespolice erwirbt. Es kann auch günstiger sein, den Reisegepäckversicherungsschutz im Paket mit anderen Versicherungen einzukaufen. Beim Preisvergleich von Einzelpolice und Paket sollte man auch auf die Vergleichbarkeit der Versicherungssummen achten.

Reiserücktrittskostenversicherung Sie tritt für die Kosten ein, die dem Urlauber entstehen, wenn er seine Reise aus schwerwiegenden Gründen absagen, umbuchen oder abbrechen muß. Da besonders bei einer Absage kurz vor Antritt der Reise erhebliche Stornogebühren anfallen können, lohnt der Abschluß einer solchen Versicherung. Der Preis richtet sich nach der Höhe der Reisekosten und der Stornogebühren.

▸ Vor Abschluß des Vertrags sollte man sich Klarheit darüber verschaffen, wann Leistungen erbracht werden. Zahlt die Versicherung beispielsweise bei einer Reiseabsage wegen Impfunverträglichkeit oder wegen des Todes einer nahestehenden älteren Person?

▸ Der Versicherte muß den Rücktritt eindeutig begründen können, z. B. durch die Vorlage eines ärztlichen Attests.

▸ Beim Preisvergleich die Höhe der Selbstbeteiligung mitberücksichtigen!

▸ Auch wer eine Ferienwohnung oder ein Ferienhaus mietet, kann das Reiserücktrittsrisiko über eine Reiserücktrittskostenversicherung abdecken.

▸ Muß man eine Reise absagen oder abbrechen, ist der Veranstalter bzw. die Versicherungsgesellschaft so schnell wie möglich, am besten mit einem Einschreibebrief per Eilboten, einem Telegramm oder einer Fernkopie, zu verständigen.

▸ Bei Pauschalreisen wird mit dem Reisevertrag häufig automatisch eine Reiserücktrittskostenversicherung abgeschlossen. Eine zusätzliche Versicherung ist dann überflüssig.

Unfallversicherung Wer privat unfallversichert ist, kann das Geld für eine zusätzliche Reiseunfallversicherung dann einsparen, wenn der Versicherungsschutz auch für das Reisegebiet gilt. Daher sollte man zunächst in seinen Versicherungsunterlagen nachschauen.

▸ Passiert ein Unfall bei der Ausübung einer Risikosportart, tritt die Unfallversicherung nur dann ein, wenn dieses spezielle Risiko ausdrücklich mitversichert ist. Auch hier gilt daher: vor Vertragsabschluß die Versicherungsbedingungen studieren und Sonderrisiken gegebenenfalls mitversichern.

▸ Eine Luftfahrt-Unfall-Versicherung erübrigt sich in der Regel, wenn man eine allgemeine Unfallversicherung abgeschlossen hat. Wenn man einen Flug mit einer Kreditkarte bezahlt, ist in den meisten Fällen eine Unfallversicherung inbegriffen.

Krankenversicherung Kassenpatienten können sich in allen Staaten der Europäischen Gemeinschaft und in den Staaten, mit denen die Bundesrepublik ein Sozialversicherungsabkommen geschlossen hat, auf Krankenschein behandeln lassen. Vor Antritt der Reise sollte man sich rechtzeitig bei der Krankenkasse über ein solches Abkommen mit dem Urlaubsland informieren und die entsprechende Anspruchsbescheinigung (Auslandskrankenschein) samt Merkblatt für das Land anfordern. Da in manchen Ländern Anspruchsausweise in zweifacher Ausfertigung verlangt werden, sollte man sich lieber einen doppelten Satz geben lassen.

▸ In vielen Ländern, in denen man sich auf Krankenschein behandeln lassen kann, werden Eigenbeteiligungen erhoben. Bei Reisen in solche Länder empfiehlt sich daher der Abschluß einer privaten Reisekrankenversicherung.

▸ Da die gesetzlichen Krankenkassen die Kosten für einen Krankenrücktransport nicht erstatten, ist ihren Mitgliedern der Abschluß einer zusätzlichen Reisekrankenversicherung bzw. der Kauf eines Auslandschutzbriefs (beispielsweise vom ADAC) sehr zu empfehlen.

▸ Mitglieder der gesetzlichen Krankenkassen, die in Länder reisen, mit denen die Bundesrepublik Deutschland kein Sozialversicherungsabkommen abgeschlossen hat, sollten unbedingt eine Reisekrankenversicherung abschließen.

▸ Wer privat versichert ist, genießt in der Regel einen umfassenderen Schutz als ein Mitglied einer gesetzlichen Krankenversicherung. Deshalb sollten Mitglieder der privater Krankenkassen vor Abschluß einer zusätzlichen Versicherung prüfen, ob diese überhaupt notwendig ist. Wenn der Krankenrücktransport nicht im Versicherungsschutz inbegriffen ist und man in ein außereuropäisches Land reist, für das der private Versicherungsschutz nicht oder nicht für die volle Reisezeit besteht, sollte man unbedingt eine Reisekrankenversicherung abschließen.

▸ Für Privatversicherte kann es auch unter dem Aspekt der Beitragsrückerstattung durchaus günstiger sein, eine zusätzliche Krankenversicherung für Auslandsreisen abzuschließen. Im Krankheitsfall kann der Versicherte sie in Anspruch nehmen, ohne seinen Anspruch auf eine Beitragsrückerstattung in der eigentlichen privaten Krankenversicherung zu verlieren.

▸ Bevor man einen Vertrag über eine Reisekrankenversicherung unterschreibt, sollte man einen Leistungs- und Preisvergleich anstellen. Dabei ist zu beachten, ob und welche Höchstaufenthaltsgrenzen gesetzt werden. Für Personen, die mehrfach kürzere Urlaube machen, ist in der Regel eine Jahrespolice günstiger. Wer dagegen eine sehr lange Reise unternimmt, muß sich per Tagespolice versichern. Außerdem sollte man sich nach einer eventuellen Eigenbeteiligung erkundigen.

▸ Für Familien mit Kindern ist meist eine Familienversicherung günstiger. Ältere Personen werden oft nur gegen hohen Zuschlag versichert. Besonders für sie machen sich Preisvergleiche bezahlt.

▸ Die Versicherungen schließen oft, beispielsweise bei bestimmten Vorerkrankungen des Versicherungsnehmers, Zahlungen für Aufwendungen, die in diesem Zusammenhang entstehen, aus. Dies kann sehr nachteilig sein. Daher sollte man vor Abschluß einer Reisekrankenversicherung abklären, inwieweit Vorerkrankungen die Versicherung von ihrer Leistungspflicht freistellen und in welchem Zeitraum Vorerkrankungen als solche angesehen werden. Sonst zahlt die Versicherung im Krankheitsfall möglicherweise nicht.

Private Haftpflichtversicherung Eine Privathaftpflicht deckt auch im Urlaub den Schaden ab, den der Versicherte einem anderen zufügt. Sicherheitshalber kann man vor der Reise nachfragen, ob eine Auslandsdeckung besteht und sich klarmachen, ob die Höhe der Deckungssumme ausreichend ist.

▸ Wer im Urlaub (oder auch zu Hause) surfen will, sollte bedenken, daß eine einfache private Haftpflichtversicherung keine Leistungen erbringt , wenn ein Surfer mit seinem Brett einer anderen Person einen Schaden zufügt. Surfer sollten deshalb unbedingt ihre private Haftpflichtversicherung entsprechend erweitern bzw. eine Sportboot-Haftpflichtversicherung abschließen.

Kfz-Haftpflichtversicherung Der Geltungsbereich der Kfz-Haftpflichtversicherung ist auf Europa beschränkt. Für Fahrten über die Grenzen Europas hinaus ist eine Zusatzvereinbarung zu treffen.

▸ In der Türkei verliert man beim Wechsel in den asiatischen Teil des Landes den Versicherungsschutz!

▸ Wer eine sogenannte grüne Versicherungskarte besitzt, ist nicht automatisch außerhalb Europas versichert. Der Geltungsbereich des Versicherungsschutzes umfaßt alle auf der Karte nicht gestrichenen Länder. Eine Erweiterung des Geltungsbereichs muß man ausdrücklich beantragen und auch in der grünen Versicherungskarte vermerken lassen.

▸ Grundsätzlich gilt: Die Haftpflichtdeckungssumme im Ausland entspricht der im jeweiligen Land gültigen gesetzlichen Mindestdeckung. Man sollte vor Fahrtantritt mit seiner Versicherung abklären, ob die eigene vereinbarte Haftpflichtsumme oder wenigstens die in Deutschland gültige Mindestdeckung im Reiseland gewährleistet ist.

▸ Gerade bei Urlaubsreisen setzt man sich dem Risiko aus, daß ein Unfallgegner nur unzureichend oder gar nicht versichert ist. Vollkaskoschutz empfiehlt sich daher sehr. Hat man bereits einen hohen Schadensfreiheitsrabatt erworben, kommt eine normale Vollkaskoversicherung oft günstiger als eine nur für die Reisezeit befristet abgeschlossene Vollkaskoversicherung.

▸ Im Ausland wird die Schadensabwicklung oft anders durchgeführt als in Deutschland. Auch ein nichtschuldiger Unfallbeteiligter kann zur Kasse gebeten werden. Dieses Risiko kann man durch eine Kfz-Rechtsschutzversicherung abdecken.

▸ Der ADAC vermittelt seinen Mitgliedern in seinen Geschäftsstellen Haftpflicht- und Kaskoversicherungen zu günstigen Tarifen.

Kfz-Schutzbrief Schutzbriefe werden von Automobilclubs, aber auch von Kfz-Versicherungen für das In- und Ausland angeboten. Ihre Inhaber erhalten unterschiedliche Leistungen, die vom reinen finanziellen Ersatz bis zum umfassenden Service im Pannen- und Krankheitsfall (z. B. Ersatzfahrer) reichen.

▸ Der ADAC-Euro-Schutzbrief sichert Mitgliedern rasche Hilfe und Schutz vor Kosten in allen Notsituationen im Urlaub, im Alltag und auch bei Flugreisen, zu Hause in Deutschland, in ganz Europa und rund ums Mittelmeer zu. Der ADAC-Familien-Schutzbrief bietet alle Leistungen des ADAC-Euro-Schutzbriefs für alle Fahrzeuge des Mitglieds und auch seines Ehepartners. Weitergehende Informationen dazu erhält man bundesweit in den Geschäftsstellen des ADAC. Dort kann man die Schutzbriefe auch erwerben.

▸ Wer wegen einer Autoreparatur länger als einen Tag an einem Ort festgehalten wird, erhält unter bestimmten Voraussetzungen die Übernachtungskosten erstattet. Man muß aber eine entsprechende Bestätigung der die Reparatur ausführenden Werkstatt vorlegen können.

▸ Gibt es im Ausland Schwierigkeiten, ein Ersatzteil zu beschaffen, kann es direkt aus Deutschland eingeflogen werden; die Kosten werden von der Schutzbriefversicherung übernommen.

▸ Wenn der Fahrer für mehr als drei Tage erkrankt und kein Reiseteilnehmer den Wagen zum Heimatort zurückfahren kann, sollte er sich unbedingt die Fahruntauglichkeit ärztlich bescheinigen lassen. Die Schutzbriefversicherung stellt dann eine Person, die die Rückführung des Wagens übernimmt.

▸ Der Versicherungsschutz des Schutzbriefs erstreckt sich auch auf die Kosten des Krankenrücktransports und bei Totalschaden des Fahrzeugs auf die Kosten seiner Verschrottung im Urlaubsland.

▸ Ist der Versicherte im Schadensfall nicht in der Lage, die notwendigen Geldbeträge aufzubringen, kann er bei der deutschen Botschaft oder einem ausländischen Vertragspartner des Versicherers einen Vorschuß bekommen. Mitglieder des ADAC können z. B. Mietwagen, Hotel und Werkstatt mit den ADAC-Schutzbrief-Schecks bezahlen, wenn ein entsprechendes Abkommen zwischen ADAC und Reiseland besteht.

▸ Im Fall eines Schadens sollte man die Versicherung anrufen, um sich bezüglich des weiteren Vorgehens beraten zu lassen. Den Namen des Gesprächspartners notieren, damit man sich bei der Schadensabwicklung zu Hause auf ihn und seine Auskunft beziehen kann. Da alle Quittungen für die Abrechnung im Original eingereicht werden müssen, sind Fotokopien für die eigene Korrespondenz wichtig.

▸ Der ADAC hat europaweit über ausländische Automobilklubs einen telefonischen Pannenhilfeservice eingerichtet. Hier kann man in deutscher Sprache Rat erhalten. Vor Antritt des Urlaubs sollte man sich die entsprechenden Rufnummern der Pannenhilfe auch in den Durchreiseländern notieren. Außerdem steht die ADAC-Pannenhilfe rund um die Uhr für telefonische Beratung zur Verfügung. Tel. 0 18 02 22 22 22

▸ Die wichtigsten Telefonnummern bei Problemen mit dem Fahrzeug findet man auf der letzten Seite des ADAC-Schutzbriefs.

Versicherungspakete Versicherungspakete sind auf den ersten Blick oft deshalb erstaunlich günstig, weil nur niedrige Deckungssummen geboten werden. Bei einem Preisvergleich zwischen den verschiedenen Angeboten ist daher zu berücksichtigen, ob die Deckungssumme den gewünschten Versicherungsschutz bietet.

▸ Man sollte darauf achten, ob die Leistungen nicht schon durch bereits bestehende Versicherungen (z. B. Haftpflicht-, Unfall-, Vollkaskoversicherung) abgedeckt sind.

Autoreisezug- und Fährversicherung Sie deckt unter bestimmten Bedingungen Schaden und Verlust während des Be- bzw. Entladens und der Beförderung. Da jedoch das Risiko eines Schadens statistisch gesehen recht gering ist, sollte man sich gut überlegen, ob man diese Versicherung wirklich braucht.

ZOLLBESTIMMUNGEN

▸ Die Zollbestimmungen sind außerhalb der Europäischen Gemeinschaft in jedem Land verschieden. Deswegen sollte man sich vor der Reise über den aktuellen Stand im Reisebüro, bei den entsprechenden Fremdenverkehrsämtern und Konsulaten oder auch beim örtlich zuständigen Zollamt erkundigen.

▸ In der Regel dürfen Gegenstände des persönlichen Bedarfs zollfrei ins Reiseland eingeführt werden. Für Genußmittel wie Alkohol, Tabak, Kaffee usw. gelten aber außerhalb der Europäischen Gemeinschaft Mengenbeschränkungen. Manche Staaten limitieren auch die Einfuhr von landwirtschaftlichen oder tierischen Produkten. Wenn es nicht erlaubt ist, Frischprodukte einzuführen, darf man aber meist Konserven oder eingeschweißte Waren mitbrinen.

▸ Für die Einfuhr von Sport- oder Jagdwaffen ist ein gültiger Waffenschein erforderlich. Feststehende Messer gelten vielerorts als Waffe. Bei Flugreisen sind feststehende Messer aus dem Handgepäck beim Bordpersonal abzugeben.

▸ Funkgeräte oder Autotelefon sind nicht überall erlaubt. Automobilklubs und Konsulate informieren über die aktuellen Bestimmungen des Urlaubs- bzw. des Durchreiselandes. In einigen der Länder besteht die Möglichkeit, sein Gerät für die Zeit der Reise an der Grenze verplomben zu lassen und so die Kosten für Aus- und Einbau zu sparen.

▸ In manchen Ländern werden Sportgeräte bei der Einreise in den Reisepaß eingetragen, um sicherzustellen, daß sie nicht im Land verkauft werden. Damit es später keine Schwierigkeiten gibt, sollte man bei der Ausreise darauf achten, daß diese Gegenstände von dem Grenzbeamten wieder ausgetragen werden.

▸ Um bei Fernreisen auf der Rückreise keine Schwierigkeiten mit dem von zu Hause mitgenommenen Camcorder oder Fotoapparat zu bekommen, sollte man sich die vorübergehende Ausfuhr vom Zoll bescheinigen lassen oder die Kaufquittung mitnehmen. Sonst kann es passieren, daß für die Geräte eine Zollgebühr entrichtet werden muß.

▸ Für Gastgeschenke sind Wertbegrenzungen vorgesehen. Über die Höhe informieren Reisebüros und die Konsulate des Landes. Um einen Nachweis führen zu können, sollte man die Kaufquittung mitnehmen.

Einfuhr nach Deutschland Die Einfuhr von Genußmitteln wie Alkohol, Tabak und Kaffee ist auf festgeschriebene Höchstwerte begrenzt, auch wenn sie in Duty-free-Shops eingekauft wurden. Über die aktuellen Einfuhrmengen aus Ländern, die nicht der Europäischen Gemeinschaft angehören, informiert das Zollamt jeder größeren Stadt.

▸ Da die Angaben pro Person gelten, kann eine größere Menge – z. B. von Alkohol oder Tabak – eingeführt werden, wenn sie auf die erwachsenen Mitreisenden verteilt wird.

▸ Ist Einfuhrzoll fällig, so wird er auf den Kaufpreis entrichtet. Größere Mengen einzuführen lohnt sich nur dann, wenn das Produkt beim Kauf erheblich günstiger ist als in Deutschland. Es ist dann ratsam, beim Zoll die Kaufquittung vorzulegen, sonst wird der Zollbeamte den Wert der Ware schätzen.

▸ Für die Einfuhr von Antiquitäten gelten besondere Beschränkungen. Wer im Urlaub Antiquitäten einkaufen will, sollte vor der Reise darüber beim zuständigen deutschen Zollamt Informationen einholen.

▸ Fernreisende sollten sich vor der Reise beim zuständigen Zollamt informieren, welche gefährdeten Tiere auf der Liste des internationalen Artenschutzabkommens stehen, und entsprechende Waren beispielsweise aus Elfenbein, Schildkrötenpanzer, Krokodilleder oder seltenen Fellen nicht kaufen.

Mehrwertsteuer In Ländern, in denen beim Kauf von Waren des persönlichen Bedarfs eine höhere Umsatzsteuer bezahlt wurde, als sie in Deutschland erhoben wird, kann der Differenzbetrag bei der Ausreise zurückerstattet werden. Voraussetzung ist, daß der Wert des gekauften Gegenstands die Freimengengrenze überschreitet. Über die genauen Bedingungen kann man sich beim zuständigen Zollamt informieren.

REISEN MIT TIEREN

▸ Über die Bedingungen für die Mitnahme, d. h. die Einfuhr von Tieren ins Ausland, informiert z. B. das Fremdenverkehrsamt des Reiselandes. Für manche Urlaubsziele muß das Tollwutimpfzeugnis vom Amtstierarzt ausgestellt sein. Beim vorhandenen Impfpaß darauf achten, daß die Impfung nicht zu kurz und nicht zu lang zurückliegt.

▸ Es ist zu beachten, wie alt das amtstierärztliche Zeugnis höchstens sein darf. In manchen Staaten muß zusätzlich eine Übersetzung in die Landessprache mitgeführt werden.

▸ Ganz junge Tiere darf man in manche Länder, wie z. B. nach Frankreich, nicht mitnehmen.

▸ Nach Großbritannien, Irland, Norwegen und Schweden können Haustiere nur nach einer mehrmonatigen Quarantäne eingeführt werden. Hier bleibt dem Tierhalter oft nichts anderes übrig, als sich rechtzeitig vor der Reise um einen Platz im Tierheim für das Tier zu bemühen.

▸ Bei Reisen mit Tieren sollte man an die notwendigen Utensilien wie Freßnapf, Wassertopf, Leine, Bürste, eventuell Maulkorb usw. denken.

▸ Soll ein Hund als Gepäck in der Bahn oder in einem Flugzeug befördert werden, ist ein Käfig erforderlich, der groß genug ist, daß der Hund aufrecht darin stehen kann. Außerdem sollte das Lieblingsspielzeug des Tieres mitgenommen und so im Käfig plaziert werden, daß es nicht herausfallen kann.

▸ Bei Charterflügen informiert das Reisebüro, ob Hunde mitgenommen werden können. Bei Linienflügen ist dies möglich, doch muß man für den Hund einen teuren Extratransport im Gepäckabteil des Flugzeugs buchen. Für ausreichend Futter während des Fluges und einen Wasserbehälter hat der Halter des Tieres selbst zu sorgen.

▸ Rechtzeitig vor der Abreise sollte man prüfen, ob die Haftpflichtversicherung für das Tier auch im Reiseland gilt; gegebenenfalls ist sie entsprechend auszuweiten.

▸ Informationen darüber, ob Haustiere im gebuchten Urlaubsquartier geduldet werden, sind in den Hotel- und Campingverzeichnissen zu finden.

▸ Wer sein Haustier mit an den Strand nehmen will, sollte sich vorab beim örtlichen Verkehrsverein erkundigen, ob Haustiere an den in Frage kommenden Stränden überhaupt zugelassen sind.

GRENZPAPIERE FÜR HUNDE UND KATZEN

Staat	*Tollwutimpfzeugnis erforderlich*	*Impfung vor mindestens Tagen*	*Impfung vor höchstens Monaten*	*Weitere Vorschriften*
Baltische Staaten	–	–	–	●
Beneluxstaaten	○	30	12	–
Bosnien-Herzegowina	○	15	6	○
*Bulgarien **	○	30	12 (1)	● *max. 14 Tage alt*
*Dänemark **	○	30	12	–
Finnland	○	30	12	–
Frankreich (2)	○	30	12	–
*Griechenland **	○	15	12	●
Großbritannien	–	–	–	◇ △
GUS	–	–	–	● *max. 10 Tage alt*
Irland	–	–	–	◇ △
Island (3)	–	–	–	–
Italien (4)	○	20	11	○ *max. 30 Tage alt*
Jugoslawien	○	15	6	○
*Kroatien **	○	15	6	–
Norwegen	–	–	–	◇ ▲
Österreich (4)	○	30	12	–
*Polen **	○	21	12	●
Portugal	○	30	12	● *max. 2 Tage alt*
Rumänien	○	30	12 (1)	○ *max. 10 Tage alt*
Schweden	–	–	–	◇ ▲
Schweiz	○	30	12	–
Slowakei	○	–	–	○ *max. 2 Tage alt*
*Slowenien **	○	15	6	
Spanien	○ (5)	21	12	○ *max. 14 Tage alt*
Tschechische Republik	○	–	–	○ *max. 2 Tage alt*
*Türkei **	○	14	6	● *max. 2 Tage alt*
Ukraine	–	–	–	● *max. 10 Tage alt*
Ungarn (4) (6)	○	30	–	● *max. 8 Tage alt*
Zypern	–	–	–	◇ △

(1) bei Katzen höchstens vor 6 Monaten
(2) hier ist die Einreise von Tieren, die jünger als 3 Monate sind, verboten
(3) Mitnahme verboten
(4) Maulkorb und Leine sind mitzuführen
(5) mit Übersetzung
(6) für Hunde Impfung gegen Staupe vorgeschrieben

△ *6 Monate Quarantäne*
▲ *4 Monate Quarantäne*
* *Eintragung im internationalen Impfpaß*
● *Gesundheitszeugnis vom Amtstierarzt*
○ *Gesundheitszeugnis vom Tierarzt*
◇ *Einfuhrgenehmigung*

GESUNDHEITSVORSORGE

GRUNDSÄTZLICHE INFORMATIONEN

▸ Vor der Abreise sollte man sich beim ADAC oder bei einer Krankenkasse Adressen von deutschsprachigen Ärzten am Urlaubsort besorgen, um im Notfall sofort den richtigen Ansprechpartner zu finden.

▸ Die meisten Medikamente sind auch in anderen Ländern erhältlich, oft jedoch unter einem anderen Namen. Ist man auf Medikamente angewiesen, informiert man sich beim Arzt oder Apotheker, unter welchem Namen das entsprechende Mittel im Gastland erhältlich ist.

ÄRZTLICHE BERATUNG ZU HAUSE

▸ Vor einer Reise in andere Klimazonen sollte man seinen Arzt konsultieren, besonders wenn man dort sportlich aktiv sein will. Auch vor Reisen in tropische Regionen ist ein Besuch beim Arzt unerläßlich.

▸ Wer unter Herz-Kreislauf-Problemen bzw. hohem Blutdruck leidet oder einen Herzschrittmacher hat, sollte seinen Arzt unbedingt über die Reisepläne unterrichten und sich über Gesundheitsrisiken beraten lassen.

▸ Schwangere und stillende Frauen sollten sich vor jeder Reise mit ihrem Arzt absprechen.

Zahnarzt Vor einer längeren Reise rechtzeitig den Zahnarzt aufsuchen. Nicht überall entspricht die zahnärztliche Behandlung dem in Deutschland gewohnten Standard.

Kinderarzt Zur Vorbereitung einer Reise mit Kindern kann man den Kinderarzt bitten, eine spezielle Reiseapotheke zusammenzustellen.

Zeitverschiebung Wer regelmäßig Medikamente einnehmen muß und eine Reise mit Zeitverschiebung plant, sollte vorher mit seinem Arzt besprechen, wie die Einnahme der Medikamente am besten mit der Zeitverschiebung in Einklang zu bringen ist.

PERSÖNLICHE FITNESS

▸ Auf die Strapazen einer Fernreise sollte man sich auch körperlich vorbereiten. Schwimmen, Radfahren, Spazierengehen oder Wandern sind dafür gut geeignet.

▸ In den ersten Monaten nach einer schweren Operation oder Krankheit bzw. einem Herzinfarkt keine Fernreise unternehmen.

SCHUTZIMPFUNGEN

▸ Bei der Planung einer Urlaubsreise sollte man sich informieren, welche Schutzimpfungen in dem Reiseland vorgeschrieben sind. Darüber hinaus gibt es empfehlenswerte Impfungen, die genauso wichtig sein können wie die vorgeschriebenen. Informationen darüber gibt es in Reise- und Fremdenverkehrsbüros, bei den Gesundheitsämtern oder den tropenmedizinischen Instituten der Universitätskliniken.

▸ Die Impfungen läßt man in den Internationalen Impfpaß eintragen, ein gelbes Heftchen, das man im Reisebüro oder tropenmedizinischen Institut erhält. Es ist ratsam, sich eine Fotokopie des Impfpasses anzufertigen, sonst kann es passieren, daß man bei Verlust des Heftes eine erneute Impfung vornehmen lassen muß.

▸ Da viele Impfungen nur in bestimmten zeitlichen Abständen voneinander vorgenommen werden können, muß man sich rechtzeitig (mindestens sechs Wochen vor der Abreise) beim Arzt, Gesundheitsamt oder tropenmedizinischen Institut einen Impfplan aufstellen lassen. Dabei einen Zeitpuffer einplanen, da z. B. bei fieberhaften Erkrankungen nicht geimpft wird. Ferner kommt es vor, daß die Impfreaktion nicht ausreicht und eine Nachimpfung notwendig wird.

▸ Die letzte Impfung sollte man so lange vor der Abreise vornehmen lassen, daß der Körper genügend Zeit hat, um Abwehrstoffe zu bilden. Dann wird die manchmal recht unangenehme Impfreaktion nicht während der ersten Urlaubstage eintreten.

▸ Jeder, der eine Reise in ein entsprechendes Land plant, vor allem aber Personen mit chronischen Erkrankungen, Patienten mit Dauermedikation, allergiegefährdete Menschen und Schwangere sollten sich vor Impfungen von ihrem Arzt beraten lassen.

▸ Jede Impfung schwächt den Körper; deswegen sollte man nach einer Impfung körperliche Anstrengung, Alkohol und starke Sonneneinstrahlung möglichst meiden. All dies kann die negativen Begleiterscheinungen der Impfreaktion verstärken.

▸ Wer innerhalb tropischer Regionen Staatsgrenzen überschreiten will, sollte sich besonders gründlich vorher informieren. Denn viele Länder verlangen Impfnachweise, wenn man aus gefährdeten Gebieten kommt.

Cholera Diese Krankheit dringt immer weiter nach Westen vor. Den Impfempfehlungen sollte deshalb in jedem Fall gefolgt werden. An Cholera erkrankt man im allgemeinen durch verunreinigtes Wasser, frische Milch, ungekochtes Gemüse oder Obst.

FSME/Zeckenbiß Bei Reisen in manche Gebiete Süddeutschlands, Österreichs, Ungarns und Osteuropas ist eine Impfung gegen FSME (Frühsommer-Meningoenzephalitis, Zeckenbiß) sinnvoll. Die FSME kann zu Lähmungen und im schlimmsten Fall zum Tod führen. Gesundheitsämter verfügen über Verbreitungskarten und beraten vor einer Reise.

Gelbfieber Eine entsprechende Impfung ist in der Regel vor Reisen nach Zentralafrika oder Mittel- bzw. Südamerika erforderlich.

Hepatitis A Die infektiöse Gelbsucht tritt in bestimmten Gebieten periodisch als Epidemie auf, insbesondere in Indien, Nepal und Südostasien. Eine Schutzimpfung bietet vier bis sechs Monate lang weitgehend Schutz dagegen.

▸ Langzeitreisende müssen die Immunisierung unterwegs erneuern lassen.

▸ Wer häufiger Fernreisen unternimmt, sollte vor einer erneuten Impfung durch Bluttest feststellen lassen, ob er nicht schon gegen Hepatitis A immun ist. Dann erübrigt sich die Injektion.

Hepatitis B Das Hepatitis-B-Virus wird ebenso übertragen wie das HI-Virus. Eine Impfung ist besonders dann sinnvoll, wenn nicht auszuschließen ist, daß man im Gastland medizinische Versorgung in Anspruch nehmen muß. Insbesondere bei Reisen in die dritte Welt, bzw. in Länder, in denen nicht der gewohnte hygienische Standard herrscht, sollte auf eine Impfung nicht verzichtet werden.

Pocken Die Weltgesundheitsorganisation hält diese Krankheit für ausgerottet, einige wenige Länder bestehen jedoch nach wie vor auf einer Schutzimpfung. Die Gesundheitsämter können hier Aufklärung über die aktuelle Lage geben.

Polio/Kinderlähmung Obwohl diese Infektionskrankheit in den Industrieländern keine große Bedeutung mehr hat, sollte man sich vor Reisen in die dritte Welt unbedingt durch eine Impfung schützen.

Tetanus Eine Impfung gegen Wundstarrkrampf ist immer dann ratsam, wenn man in ländliche Gebiete reist. Das Serum wird in einer Serie von drei Injektionen verabreicht. Eine Nachfolgeimpfung sollte im Abstand von fünf Jahren erfolgen. Die Tetanusimpfung ist auch in unseren Breiten unbedingt ratsam.

Tollwut Wer seinen Urlaub in von der Tollwut gefährdeten Gebieten plant – in Deutschland sind sie ausgeschildert –, sollte eine Schutzimpfung erwägen. Sie bietet einen etwa 90%igen Schutz für ein Jahr. Als besonders gefährdete Gebiete gelten der Vordere Orient, Indien, Pakistan und andere fernöstliche Länder.

▸ Impfwillige Personen, die allergisch gegen Hühnereiweiß sind oder auf frühere Impfinjektionen starke Reaktionen gezeigt haben, sollten dies dem Impfarzt unbedingt mitteilen.

Typhus Die Vorbeugung gegen Typhus ist für alle außereuropäischen Gebiete zu empfehlen, in denen mangelhafte hygienische Verhältnisse zu erwarten sind. Es besteht jedoch keine internationale Impfpflicht. Die Immunisierung erfolgt durch die Einnahme von Kapseln.

▸ Wichtig sind auch angemessene hygienische Vorkehrungen am Urlaubsort.

MALARIA

▸ Sie ist eine der am weitesten verbreiteten und gefährlichsten Infektionskrankheiten überhaupt. Eine Schutzimpfung dagegen gibt es nicht. Malaria tritt in den Tropen und Subtropen auf; in der Regenzeit und in niedrig gelegenen Gebieten ist die Infektionsgefahr am größten.

Medikamentöse Vorbeugung Bei Reisen in Malariagebiete sollte man sich unbedingt Malariamittel verschreiben lassen, die jedoch keinen totalen Schutz bieten. Man nimmt sie nach Anweisung des Arztes spätestens von dem Tag an, an dem man in das Risikogebiet abreist. Nachdem man das Gebiet wieder verlassen hat, werden sie noch – je nach Medikament – für weitere zwei bis vier Wochen eingenommen.

▸ Wer schon eine Woche vor der Abreise mit der Medikamenteneinnahme beginnt, kann noch zu Hause feststellen, ob eine Reaktion gegen das Medikament auftritt. Bei Unverträglichkeit kann man das Präparat dann noch rechtzeitig absetzen und auf ein anderes umsteigen.

▸ Schwangere sollten bei der Reise in Malariagebiete größte Vorsicht walten lassen, mit dem Arzt die Risiken abwägen und gegebenenfalls auf die Reise verzichten.

▸ Einzelreisende, die eine Reise planen, bei der sie voraussichtlich längere Zeit ohne ärztliche Versorgung auskommen müssen, sollten sich von ihrem Arzt ein Notfallmedikament (Stand-by-Medikament) verschreiben lassen, um sich bei Malariaverdacht gegebenenfalls selbst behandeln zu können.

▸ Da die Krankheitserreger mittlerweile teilweise resistent gegen bestimmte Medikamente geworden sind, muß man genau wissen, welcher Erreger in welchem Gebiet mit welchem Mittel am wirkungsvollsten bekämpft werden kann. Die Weltgesundheitsorganisation (WHO) gibt regelmäßig aktualisierte Verbreitungskarten heraus, die auch Aussagen über die Resistenzentwicklung in den verschiedenen Regionen enthalten. Die tropenmedizinischen Institute der Universitäten sind die besten Anlaufstellen bei Fragen der Malariaprophylaxe, da sie über die aktuellsten Daten der WHO verfügen.

Erkrankung nach der Rückkehr Auch nach der Rückkehr von einer Tropenreise besteht noch lange die Gefahr, daß man an Malaria erkranken kann, die dann oft nicht richtig diagnostiziert wird. Wer nach einer Fernreise – eventuell erst nach Monaten – gesundheitliche Probleme bekommt, sollte seinen Arzt aufsuchen, ihn auf die Fernreise hinweisen und Malariaverdacht äußern. Nur wenn der Arzt entsprechend informiert ist, kann er die notwendigen diagnostischen Tests vornehmen.

REISEAPOTHEKE

▸ Auf jeder Reise sollte man eine Reiseapotheke dabeihaben, die je nach Urlaubsziel und -art zusammengestellt sein sollte.

▸ Besonders vor Reisen in tropische Regionen rechtzeitig – eventuell nach Absprache mit dem Arzt – eine Reiseapotheke zusammenstellen.

▸ Vor Antritt einer Reise die Verfallsdaten der Arzneimittel überprüfen und alte Medikamente dann gegebenenfalls durch neue ersetzen.

▸ Die Beipackzettel aller Medikamente sollte man unbedingt mit auf die Reise nehmen.

▸ Wer regelmäßig Medikamente einnehmen muß und in Länder mit schlechter medizinischer Versorgung reist, sollte bedenken, daß die benötigten Medikamente vor Ort mit großer Wahrscheinlichkeit nicht oder nicht rechtzeitig besorgt werden können. Daher frühzeitig vor der Reise einen genügend großen Vorrat der erforderlichen Medikamente einkaufen bzw. vom Arzt verschreiben lassen.

▸ Bei der Kalkulation der Medikamentenmengen auch berücksichtigen, daß sich die Heimreise durch unvorhergesehene Umstände verzögern kann.

NÜTZLICHE DINGE FÜR DIE GESUNDHEIT UNTERWEGS

▸ Sonnencreme und Fettstift mit hohem Lichtschutzfaktor sowie eine Kopfbedeckung einpacken.

▸ Vor der Reise kann man sich Adressen von Krankenhäusern und deutschsprachigen Ärzten im Urlaubsgebiet besorgen. Für entsprechende Auskünfte steht z. B. der ADAC (ADAC-Touristische Information, Am Westpark 8, 81373 München) zur Verfügung.

▸ Wer innerhalb Deutschlands verreist, sollte einen Krankenschein dabeihaben.

▸ Insektenspray bzw. Insektenstift nicht vergessen.

WAS GEHÖRT IN DIE REISEAPOTHEKE?

Verbandzeug

- *1–2 mittelgroße Verbandpäckchen*
- *je 2 Mullbinden, 6 und 8 cm breit*
- *je 1 Päckchen Schnellverband, 4 und 6 cm breit*
- *1 elastische Binde, 8 cm breit*
- *1 Rolle Heftpflaster*
- *Wundpflaster*
- *1 Verbandschere mit abgerundeten Spitzen*
- *1 Pinzette*
- *1 Päckchen Sicherheitsnadeln*
- *1 Fläschchen Alkohol zum Reinigen der Wundumgebung*

Medikamente

- *Kopfschmerztabletten*
- *Nasentropfen*
- *Mittel gegen Fieber, Grippe und Erkältung*
- *Tabletten oder Zäpfchen gegen Reisekrankheit*
- *Lutschtabletten gegen Halsbeschwerden*
- *Fieber- und Beruhigungszäpfchen für Kinder*
- *1 Tube Wund- und Brandgel*
- *Ohrentropfen*
- *Baldriantropfen als mildes Schlafmittel*
- *Mittel gegen Verdauungsstörungen und Durchfall*
- *Mittel gegen Sodbrennen*

Salben

- *zur Linderung der Beschwerden bei Insektenstichen*
- *zur Behandlung von Sonnenbrand und Sonnenallergien*
- *zur Therapie von Verstauchungen und Prellungen*
- *zum Auftragen bei Verrenkungen*

Sonstiges

- *1 Fieberthermometer in einer stabilen Hülse*
- *Salztabletten*
- *Vitamintabletten*
- *Elektrolyte*
- *Einwegspritzen*

SCHLAFKOMFORT IM FREIEN UND UNTERWEGS

▶ Wer für seine Reise Übernachtungen im Freien oder im Zelt vorsieht, sollte sich vorab Gedanken über den Schlafkomfort machen.

▶ Wenn eine warme Unterlage erforderlich ist, kann man eine Isoliermatte, die es in verschiedenen Stärken und Qualitäten gibt, mitnehmen. Am Rucksack befestigt, ist sie allerdings sehr sperrig. Eine Unterlage aus Aluminiumfolie kann man kleiner verpacken, doch sie ist sehr dünn, und jeder Stein drückt durch.

▶ Spezielle Matratzen für den Camper können sehr klein zusammengerollt werden und füllen sich beim Entfalten selbsttätig mit Luft. Wenn man eine härtere Unterlage will, kann man sie zusätzlich aufblasen.

▶ Während einer Autofahrt (als Beifahrer) oder eines Fluges ist eine aufblasbare Nackenrolle nützlich. Zusammengelegt findet sie in jeder kleinen Tasche Platz.

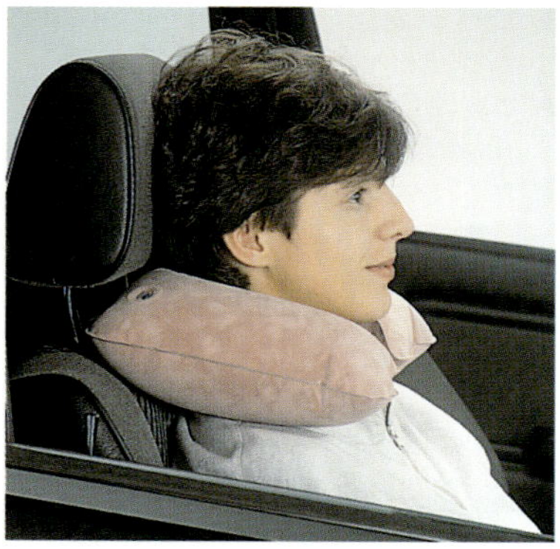

Mit einer aufblasbaren Nackenrolle kann man während einer Reise bequem schlafen.

▶ Ein aufblasbares Kopfkissen erhöht den Schlafkomfort im Freien. Im Handel sind Modelle erhältlich, die man in nicht aufgeblasenem Zustand zusätzlich als Tragetasche verwenden kann.

UTENSILIEN FÜR DEN STRANDURLAUB

▶ Damit man sich beim Liegen auf heißem Sand und Steinen nicht verbrennt, braucht man eine Unterlage. Hier bewährt sich eine Matte aus Bast, über die man ein Handtuch breitet. Sie läßt sich klein zusammenrollen.

▶ Mit einem Strandstuhl, dessen Lehne den Rücken stützt, kann man es sich am Strand bequem machen. Zum Bräunen ist eine Strandliege besser geeignet. Als Rohrgestell mit einem Leinenbezug läßt sie sich schnell zusammenlegen und bequem transportieren.

▶ Für Kies- und Felsstrände sollte man Plastikschuhe einpacken, um die Füße vor Verletzungen zu schützen.

▶ Den besten Schutz gegen die Sonne bietet immer noch der klassische Sonnenschirm. Wer ihn von zu Hause mitnehmen will, sollte einen leichten, hohlen Sonnenschirmfuß aus Plastik einpacken, der zum Beschweren mit Wasser gefüllt wird und für harte wie für weiche Böden geeignet ist. An den meisten Urlaubsorten kann man Sonnenschirme auch mieten.

▶ Zum Schutz gegen den Wind kann man einen Sonnenschirm zweckentfremdet verwenden. Dafür stellt man ihn schräg auf den Boden gegen den Wind. Hierfür eignen sich eckige Schirme besser als runde.

Einen Sonnenschirm kann man auch als provisorischen Windschutz einsetzen.

▶ Will man in ein Urlaubsgebiet reisen, in dem mit starkem Wind zu rechnen ist, sollte man einen Windschutz (im Handel erhältlich) einpacken. Er schützt z. B. am Strand auch vor Flugsand. Eine sichere Verankerung erreicht man durch extra lange Sandnägel oder Profilheringe.

Die Profilheringe tief im Sand versenken.

▶ Bei starkem Winddruck empfiehlt es sich, den Windschutz zusätzlich mit Zeltschnüren abzuspannen.

KOFFER, TASCHE ODER RUCKSACK?

▸ Bei Flugreisen ist die Obergrenze für das Gewicht des Reisegepäcks oft knapp kalkuliert. Wer statt eines Schalenkoffers eine Reisetasche oder einen Koffer aus Leichtmetall wählt, spart Gewicht.

Koffer Bei Flug- und Hotelreisen sind Koffer die übliche Gepäckform. Um sich die manchmal langen Wege im Bahnhof oder in der Flughalle zu erleichtern, sollte man Koffer mit integrierten Rädern und herausziehbarem Griff bevorzugen.

▸ Nützlich beim Transport ist auch ein kleiner sogenannter Kofferkuli (im Handel erhältlich), an den das Gepäckstück geschnallt wird. Kofferkulis mit großen Rädern sind robuster als solche mit kleinen Rädern.

▸ Die Anschaffung eines Koffersets kann nützlich sein. Damit hat man je nach Reise die passende Koffergröße zur Verfügung, und außerdem lassen sich die Koffer nach der Reise platzsparend ineinander verstauen. Feste Koffer haben zudem den Vorteil, daß man sie bei längeren Wartezeiten als Sitzbank verwenden kann.

▸ Wer einen Koffer mit Zahlenschloß hat, braucht die lästige Suche nach dem Schlüssel nicht zu fürchten. Die Kombination kann man bei offenem Koffer selber einstellen. Am besten wählt man eine bekannte Zahlenkombination – z. B. eine Telefonnummer –, dann kann man sie sich besser merken.

▸ Den besten Schutz für das Gepäck bieten feste Schalenkoffer aus Kunststoff. Sie geben beim Packen allerdings nicht so nach wie Lederkoffer.

▸ Eine Stoff- oder Kunststoffhülle schützt den Koffer während des Transports gegen Kratzer.

Die Hülle schützt den Koffer vor unschönen Kratzern.

▸ Sind die Schlösser des Koffers defekt oder fehlen die Schlüssel, verhindert ein zusätzlicher Riemen um den Koffer (im Handel erhältlich), daß dieser unverhofft aufspringt.

Den Koffer mit einem zusätzlichen Riemen sichern.

▸ Eine Reisetasche ist zusätzlich zum Koffer sehr nützlich, wenn man vom Reiseziel aus kürzere Touren plant und nicht das gesamte Gepäck mitnehmen will.

Reise- und Kofferrucksäcke Muß man sein Gepäck über längere Strecken tragen, kann man eine Kombination aus Rucksack und Koffer wählen. Für kurze Fußwege sollte ein solcher Kofferrucksack über einen Handgriff verfügen und einen Schultertragegurt haben. Für längere Strecken kann man das Tragegestell, das in einer Taschenklappe verstaut ist, benutzen. Zusätzlich sollte ein Hüftgurt vorhanden sein, mit dessen Hilfe das Gewicht des Kofferrucksacks besser auf den Körper verteilt werden kann.

▸ Sehr praktisch sind Kofferrucksäcke, die durch einen Reißverschluß in zwei handliche Taschen mit je einem Tragegriff verwandelt werden können. Dadurch kann das Gewicht ausgewogen auf beiden Seiten getragen werden. Außerdem kann man bei kurzen Ausflügen einen Teil des Gepäcks im Quartier lassen.

▸ Gürteltaschen, die sich im Bedarfsfall in einen kleinen Rucksack verwandeln lassen, sind vielseitig verwendbar.

Rucksäcke Rucksäcke sind dann unersetzlich, wenn das Gepäck über längere Strecken getragen werden muß. Tragekomfort und Robustheit sind die wichtigsten Kriterien beim Kauf eines Rucksacks.

▸ Damit keine Druckstellen an den Hüften entstehen, muß der Hüftgurt gut gepolstert sein. Wenn möglich, sollte man ihn vor dem Verladen in Bus, Zug oder Flugzeug entfernen, damit der überstehende steife und daher sperrige Gurt dabei keine Schwierigkeiten bereitet.

▸ Viele Außentaschen und ein unterteilter Innenraum erleichtern es, Gegenstände schnell wieder aufzufinden. Durch Außentaschen kann das Fassungsvermögen des Rucksacks nach Bedarf erweitert werden.

▸ Manche Rucksäcke sind mit einer speziellen Außentasche versehen, die eigene Tragegurte hat und sich auch als kleiner Zusatzrucksack verwenden läßt. Sie sind daher besonders für kurze Ausflüge sehr hilfreich. Auch eine abnehmbare Obertasche kann diesem Zweck dienen.

▸ Die Größe des Rucksacks wird dem Packvolumen entsprechend in Litern angegeben. Wer das Gepäck für eine mehrwöchige Reise verstauen will, benötigt ein Modell mit einem Fassungsvermögen von 60 l.

▸ Im Handel sind Rucksäcke erhältlich, die in ihrer Größe variabel sind. Solche Rucksäcke kann man sowohl für längere Touren als auch für Tageswanderungen nutzen.

▸ Durch zusätzliche Riemen können Kleidungsstücke leicht außen am Rucksack befestigt werden.

Kleidungsstücke kann man auch außen am Rucksack festschnallen.

▸ Unbedingt eine Ledernadel und festen Zwirn für die Reparatur kleiner Schäden am Rucksack einpacken.

▸ Um den Tragekomfort eines Rucksacks zu prüfen, sollte man schon bei der Auswahl im Fachgeschäft die Modelle der engeren Wahl mit schweren Gegenständen, die in einem guten Geschäft zur Verfügung gestellt werden, bepacken und dann testen.

Den Rucksack vor dem Kauf im Geschäft bepacken und dann testen.

▸ Bei organisierten Busreisen sind Rucksäcke mit Tragegestell als Gepäckstück nicht zu empfehlen, da sie sperrig sind und im Gepäckraum viel Platz benötigen.

▸ Rucksäcke mit Außentragegestell sind relativ sperrig. Im Flugzeug werden sie nicht als Handgepäckstück akzeptiert.

▸ Damit sich ein Rucksack mit integriertem Tragegestell angenehm trägt, muß er vor dem ersten Einsatz entsprechend der Körpergröße des Trägers angepaßt werden.

▸ Tages- bzw. Wanderrucksäcke sind schmal und handlich. Die Schulterriemen sollten nicht zu weich gepolstert sein. Besonders wichtig ist ein breiter Hüftgurt. Je breiter er aufliegt, desto besser wird die Last auf das Becken übertragen. Dadurch werden die Schultern entlastet.

Rucksack packen Schwere Gegenstände gehören beim Wanderrucksack in Schulterhöhe. Wer mit dem Rucksack nicht wandern will, kann sie auch bis hinunter in den mittleren Bereich packen. Grundsätzlich gehören sie aber dicht an den Körper, damit ihr Gewicht nicht zu stark nach hinten zieht.

▸ Kantige Gegenstände möglichst in der Mitte verpacken und mit Wäsche abpolstern, damit der Rucksack nicht durch sie beschä-

RUCKSÄCKE FÜR DIE VERSCHIEDENEN ANFORDERUNGEN

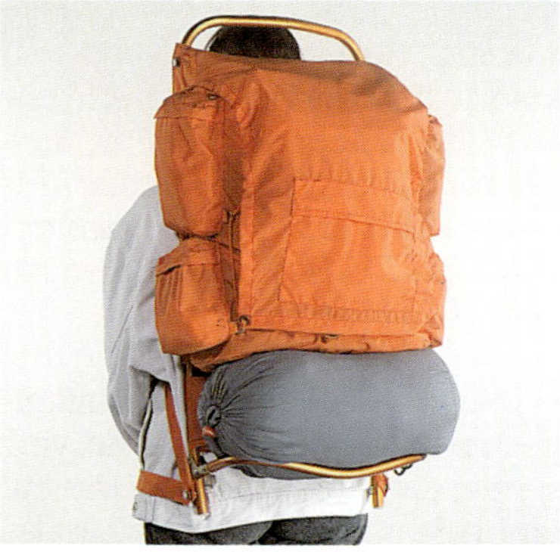

Bei Rucksäcken mit Außentragegestell darauf achten, daß die Tragegurte nicht drücken.

Tages- bzw. Wanderrucksäcke sind weit verbreitet. Sie sind universell einsetzbar.

Bei diesem Rucksack kann man das integrierte Tragegestell individuell anpassen.

digt wird. Dies gilt besonders, wenn man den Rucksack am Flughafen oder Bahnhof als Gepäckstück aufgeben will. Denn es ist damit zu rechnen, daß er dort besonderen Beanspruchungen ausgesetzt wird.

▸ Weil Rucksäcke nie ganz wasserdicht sind, sollten die wertvollsten Gegenstände in einem wasserdichten Beutel verpackt werden.

Wertvolle Gegenstände zusätzlich wasserdicht verpacken.

▸ Regencapes sind häufig so geschnitten, daß sie über den Rucksack passen.

▸ Gegen Regen kann man den Rucksackinhalt schützen, indem man die einzelnen Gegenstände bzw. mehrere kleine Gegenstände jeweils in einem Plastikbeutel verpackt. Die Beutel sollten durchsichtig sein, damit man ihren Inhalt schnell erkennen kann. Übersichtlicher ist es, wenn man verschiedenfarbige Beutel verwendet. Zum schnellen Verschließen eignen sich Tüten mit einer eingearbeiteten Zugschnur.

▸ Gegen Regen schützen spezielle Rucksack-Regenüberzüge, die über den Rucksack gestülpt und von Gummibändern gehalten werden. Auch ein Müllsack kann als Regenschutz dienen. Man schneidet zwei kleine Löcher hinein und zieht dann die Schultergurte durch. Die Löcher können durch Klebeband verstärkt werden. Der Regenschutz muß griffbereit in den Außentaschen stecken.

Den Rucksack sollte man mit einem Regenüberzug vor Nässe schützen.

Reisetaschen Sie sollten Tragegriffe und einen stabilen Schulterriemen haben, damit man sie auch über größere Entfernungen bequem tragen kann.

▸ Als Handgepäck im Flugzeug sind Reisetaschen wie auch andere Gepäckstücke nur bis zum Höchstmaß von 55 × 40 × 20 cm zugelassen.

▸ Im Handel gibt es auch Reisetaschen, die durch abnehmbare Außentaschen in ihrer Größe variabel sind. Sie können sowohl als kleine Hand- wie auch als große Reisetaschen verwendet werden.

▸ Wer eine Reisetasche mit eingearbeiteten Fächern und Außentaschen wählt, hat es leichter, unterwegs in seiner Tasche Ordnung zu halten.

PACKEN UND BESCHRIFTEN

▸ Das Gewicht des Reisegepäcks sollte man gleichmäßig verteilen. So tragen sich beispielsweise zwei kleinere Koffer besser als ein großer.

▸ Um Gepäckgewicht zu sparen, kann man den Inhalt von großen Flaschen o. ä. (Kosmetika, Hygienemittel usw.) dem Bedarf für den Urlaub entsprechend in kleinere Behälter umfüllen.

▸ Gegenstände, die häufig gebraucht werden, sind in den Außentaschen eines Gepäckstücks schnell und bequem zugänglich aufgehoben. Dabei ist aber zu bedenken, daß hier auch für Diebe der Zugriff leichter ist.

▸ Kleine Utensilien findet man schneller auf, wenn man sie zusammen in einer Tüte verpackt und aufbewahrt.

▸ Jedes Gepäckstück – ob Koffer, Rucksack oder Tasche – sollte gut lesbar mit der Heimatadresse beschriftet sein. Bei Flug-, Bus- und Bahnreisen gehört zusätzlich die Zieladresse außen auf das Gepäckstück, um einer Fehlleitung vorzubeugen. Bei Pauschalreisen sollten die Kofferanhänger verwendet werden, die das Reisebüro mit den Reiseunterlagen zuschickt.

Jedes Gepäckstück sollte man mit der genauen Heimatadresse beschriften.

▸ Mit einer kleinen Alarmanlage, die im Handel erhältlich ist, kann man das Gepäck gegen Diebstahl sichern. Bei unerwünschtem Zugriff ertönt ein Signal, das den Besitzer alarmiert und den Dieb abschreckt.

DIE RICHTIGE REISE-KLEIDUNG AUSWÄHLEN

▸ Wer mit unterschiedlichen Temperaturen am Reiseort rechnen muß, sollte seine Kleidungsstücke so auswählen, daß er sie nach dem Zwiebelprinzip auch in mehreren Schichten übereinander tragen und je nach Bedarf kombinieren kann. Die Luftschicht zwischen den einzelnen Kleidungsstücken isoliert zusätzlich.

▸ Grundsätzlich ist bei der Auswahl der Kleidungsstücke auf geringes Gewicht bei hohem Nutzen zu achten. Kleidung aus Faserpelz z. B. ist sehr leicht, warm und trocknet schnell. Eine leichte Jacke mit Reißverschluß kann auf der Fahrt vielseitiger verwendet werden als ein Pullover. Lassen sich noch die Ärmel herausnehmen, ist man mit nur einem Kleidungsstück für viele Situationen gerüstet.

▸ Kleidungsstücke, die man vielseitig nutzen kann, sorgen für Platzersparnis im Gepäck. So kann man beispielsweise ein langärmliges T-Shirt als leichten Pullover, warmes Unterhemd oder auch nachts tragen.

Kälte Schlafanzüge können auch als lange Unterwäsche an kalten Tagen benutzt werden, wenn sie dünn genug sind.

▸ Ein Trainingsanzug, den man eventuell auch nachts im Schlafsack tragen möchte, sollte nicht aus einer Kunstfaser bestehen, die bei Bewegung knistert.

▸ Langärmlige Hemden sind vielseitiger verwendbar, da sie zum kurzärmligen Hemd umfunktioniert werden können.

▸ Strumpfhosen halten warm, da sie die Körperwärme speichern, und haben auch den Vorteil, daß sie im Gepäck wenig Platz brauchen. Lange Unterwäsche aus Angora oder speziell entwickelten Kunstfasern hat eine noch größere Wärmewirkung. Man kann sie auch als Schlafbekleidung tragen.

▸ Auch im Winter die Badekleidung nicht vergessen. Oft bietet der Urlaubsort oder das Hotel ein Hallenbad.

Regen Für Regenwetter Regenbekleidung einpacken. Sie sollte möglichst leicht und weit geschnitten sein sowie klein zusammengelegt werden können. Man kann sie dann überall, unabhängig von den am Urlaubsort herrschenden Temperaturen, über der Kleidung tragen.

▸ Bei Regenjacken aus Kunststoff ist eine gute Belüftung wichtig, damit der Schweiß nach außen transportiert werden kann.

▸ Dünne Regenjacken können auch als Windschutz dienen. Besonders praktisch sind Modelle, die man zu einem kleinen Päckchen zusammenlegen und, mit einem elastischen Gurt an der Hüfte befestigt, mitnehmen kann.

▸ Ist in der Urlaubsregion mit viel Regen zu rechnen, lohnt es sich, eine regendichte Überhose mitzunehmen, die man schon vor dem Urlaub über der Kleidung anprobieren sollte.

Die Regenhose sollte man vor dem Urlaub über der Kleidung anprobieren.

▸ Wer keine Regenbekleidung mitgenommen hat und sich wenigstens provisorisch vor plötzlich einsetzendem Regen schützen will, sollte auf Ausflüge eine große Plastiktüte mitnehmen, gegebenenfalls aufschneiden und wie einen Umhang tragen.

▸ Zusätzlich zu ihrer eigentlichen Funktion verhindert eine Kapuze, daß das Wasser in den Kragen hineinläuft.

Wärme Auf Reisen in heiße Regionen sollte man unbedingt Kleidungsstücke mitnehmen, die als Wärmeschutz dienen können. Sehr wirkungsvoll als Wärmeschutz für den Kopf sind Sturmhauben, wie sie von Motorradfahrern unter dem Helm getragen werden. Sie können auch als Schal verwendet werden und passen in jede Hosentasche, wenn man sie gerade nicht braucht.

▸ Dunkle Kleidungsstücke sind nicht so empfindlich gegen Verschmutzung, nehmen die Wärme aber mehr auf.

▸ Hemden aus Baumwolle sind für wärmere Gebiete gut geeignet, weil sie den Schweiß aufsaugen. Ist ein Anteil Kunstfaser eingearbeitet, trocknen die Hemden schneller.

▸ In trockenen, heißen Gebieten besser lange Hosen oder Röcke tragen. Sie reduzieren die Verdunstung der eigenen Körperflüssigkeit und bieten deshalb einen besseren Schutz als kurze Bekleidung. Helle Kleidung reflektiert die Sonnenstrahlen und damit die Wärme.

▸ Hosen sollten in heißen Reiseländern leicht und weit geschnitten sein, damit die Luft den Körper kühlen kann. Pflegeleichte Baumwollhosen mit einem gewissen Anteil an Kunstfasern lassen sich während der Reise bequem waschen und trocknen schnell.

▸ Ein Sonnenhut gehört unbedingt ins Gepäck, auch wenn die Reise nicht in südliche Länder führt. Gerade zu Beginn des Urlaubs, wenn man sich noch nicht an die Sonne gewöhnt hat, kann die Sonnenstrahlung recht schnell – ohne daß man es selbst bemerkt – zum Sonnenstich führen.

Kleidung und Landessitten Viele Reisende bevorzugen in heißen Regionen Shorts. Doch nicht überall sind sie angebracht. Vor der Reise sollte man sich daher nach den Landessitten erkundigen, um sich entsprechend verhalten und kleiden zu können.

▸ In manchen Situationen, z. B. beim Besuch einer Kirche oder eines Klosters, erfordert es schon die Pietät, lange Hosen bzw. Röcke zu tragen. Für solche Fälle sollten Frauen leichte, lange Röcke einpacken, die sie auch über der Strandkleidung anziehen können.

▸ An bestimmten Fernreiseorten kann es anstößig wirken, wenn Frauen Bikinis tragen. In Ländern, wo die einheimischen Frauen im Alltag lange Gewänder tragen, ist ein einteiliger Badeanzug zu empfehlen. Auskunft über die jeweiligen Landessitten geben Reiseführer oder das Reisebüro.

▸ Man sollte vor allem Kleidung vermeiden, an der nationalistische Symbole bzw. Texte angebracht sind. Damit kann man leicht Gefühle im Gastland verletzen.

▸ In den Urlaub nicht nur Freizeitkleidung mitnehmen. Wird z. B. ein Behördengang erforderlich, ist es bei Ämtern, Botschaften, Konsulaten usw. viel leichter, sein Ziel zu erreichen, wenn man sauber, ordentlich und knitterfrei gekleidet ist.

▸ Um unangenehme Mißverständnisse zu vermeiden, sollte man Kleidungsstücke in Tarnfarben oder natooliv nicht mitnehmen.

Schuhe Ermüdungserscheinungen an Füßen und Beinen, die gerade im Urlaub leicht auftreten, können durch gutes Schuhwerk gelindert werden. Spezielle Laufschuhe, die eigentlich für Marathonläufer entwickelt wurden, sind auch für Städtereisen ideal.

▸ Sandalen mit weicher Sohle und gutem Fußbett können den Fuß sehr entlasten. Wichtig ist auch, daß Sandalen durch breite Riemen fest mit dem Fuß verbunden sind. Die Riemen sollten verstellbar sein, damit man – je nachdem ob man Strümpfe trägt oder nicht – den Schuh dem Fuß anpassen kann.

▸ Festes, hohes Schuhwerk ist nicht nur zum Wandern, sondern auch bei Fahrten in die Wüste oder in Tropenwälder erforderlich, um sich vor Schlangen, Skorpionen oder anderen gefährlichen Tieren zu schützen. Leichte Trekkingschuhe sind geeignet, wenn der Fuß darin einen stabilen Halt findet.

▸ Öffentliche Sanitäreinrichtungen, aber auch Bäder in Hotels und Pensionen entsprechen nicht überall unseren Vorstellungen von Hygiene. Deshalb ist es sehr zu empfehlen, beim Duschen Badeschuhe zu tragen. Solche Sandalen kann man zusätzlich an steinigen Stränden als bequemes Schuhwerk tragen.

▸ Zur feinen Garderobe gehören passende und saubere Schuhe. Es ist deshalb wichtig, daß die eingepackten Schuhe leicht zu reinigen sind.

▸ Schuhcreme und ein kleiner Lappen gehören mit ins Reisegepäck. Sehr praktisch sind kleine Sets, zu denen auch Bürsten gehören.

BEIM PACKEN AN ALLES GEDACHT?

▸ Bei der Zusammenstellung der Gegenstände, die mitgenommen werden sollen, empfiehlt es sich besonders, in aller Ruhe anhand einer Checkliste vorzugehen.

Fotoausrüstung Filme sind im Ausland meist wesentlich teurer als zu Hause. Deshalb sollte man auf jeden Fall genügend Filmmaterial einpacken.

▸ Bei Filmen, die zu Hause gekauft werden, ist oft die Entwicklung im Preis inbegriffen. Das senkt die Kosten für das Filmmaterial erheblich.

▸ Bei größeren Einkäufen ist ein Preisvergleich (auf Sonderangebote achten!) zu empfehlen. Manche Händler geben einen Rabatt, wenn größere Mengen gekauft werden.

▸ Beim Kauf auf das Verfallsdatum der Filme achten. Sind sie noch lange haltbar, kann man ungebrauchte Filme nach Hause zurückbringen und – richtig gelagert – noch wesentlich später benutzen.

▸ Bei der Filmauswahl sind unterschiedliche Bedingungen auf der Reise zu bedenken. Für Tier- und Sportfotografie sowie Aufnahmen in der Dämmerung oder bei schlechter Witterung sind höherempfindliche Filme geeigneter. Die Bilder werden dann aber, vor allem in sehr großer Vergrößerung, etwas grobkörniger.

▸ Filme sollten auch unterwegs kühl und trocken gelagert werden. Im Auto heißt dies, sie weit unten (z. B. unter dem Beifahrersitz oder im Kofferraum) zu verpacken und nicht der direkten Sonnenstrahlung auszusetzen.

▸ In heißen Regionen können Filme in kleinen Kühlboxen verwahrt werden, die mit Trockeneis oder Kühlakkus auf der notwendigen Temperatur gehalten werden.

▸ Einen Film darf man nie direkt aus der Kühlbox in die Kamera legen, da sich sonst Feuchtigkeit auf dem Film niederschlägt. Dies vermeidet man, indem man den Film einige Stunden vor der Verwendung aus der Box nimmt. Daher beim Einpacken der Kühlbox daran denken, daß sie ohne Aufwand rechtzeitig zur Entnahme des Films griffbereit ist.

▸ Die Luftfeuchtigkeit im Fotokoffer kann durch spezielle Mittel aus dem Fachhandel, die Wasser binden, vermindert werden. Ein Farbindikator zeigt an, ob die Mittel noch aufnahmefähig sind. Durch Trocknung, z.B. im Backofen, kann ihnen die Feuchtigkeit immer wieder entzogen werden. Die Mittel können dann erneut verwendet werden.

▸ Grundsätzlich sollte das belichtete Filmmaterial schnell entwickelt werden. Dies gilt besonders, wenn man in tropische Regionen reist. Dort reagiert ein Farbfilm auch nach der Belichtung noch auf Hitze und Feuchtigkeit. In Versandbeuteln der Fachlabors können Filme sofort zur Entwicklung geschickt werden. Filmhersteller schicken auf Anforderung eine Liste der Entwicklungslabors (weltweit) zu.

▸ Das Filmmaterial nicht bei Temperaturen unter 0°C aufbewahren. Es wird dann spröde und kann beim Filmtransport in der Kamera reißen. Im Winterurlaub oder bei Reisen in sehr kalte Regionen schafft ein kleiner, mit Feuerzeugbenzin betriebener Handwärmer in der Fototasche Abhilfe.

▸ Wenn man die Filme in Bleitüten verpackt, die man im Fotofachgeschäft erhält, sind sie bei der Gepäckkontrolle am Flughafen vor den Röntgenstrahlen, die in manchen Reiseländern den Filmen schaden können, geschützt.

▸ Soll die Kamera bei der Gepäckkontrolle durchleuchtet werden, kann man den Film sicherheitshalber vorher herausnehmen.

▸ Die Bedienungsanleitung der Kamera nimmt man am besten mit in den Urlaub.

▸ Vor der Fahrt sicherheitshalber Ersatzbatterien kaufen, um sich im Urlaubsland langwieriges Suchen nach den passenden Batterien zu ersparen.

▸ Können in der Kamera Akkus verwendet werden, ist zu klären, ob das Ladegerät auch auf die örtliche Netzspannung umzuschalten ist.

▸ Bei Fahrten in die Wüste oder in die Tropen sollten Kamera und Objektive so geschützt sein, daß kein Sand bzw. keine Feuchtigkeit eindringen kann. Wirksamen Schutz bieten Unterwasserbeutel, die beim Tauchen verwendet werden. Für die Kamera reicht die einfachste Ausführung.

▸ Eine schwere Fototasche läßt sich angenehmer auf dem Rükken tragen. Dann hat man auch die Hände frei. Im Handel erhält man Fototaschen, die wahlweise als Rucksack oder Umhängetasche verwendet werden können.

▸ Die vorhandene Fototasche kann man – je nach Größe – auch in einen kleinen Zusatzrucksack verpacken. Beim Kauf darauf achten, daß die Tragriemen gut gepolstert sind.

▸ Wegen der Diebstahlgefahr kann es z. B. bei Fernreisen sinnvoll sein, die Fotoausrüstung in einer alten, unauffälligen Tasche zu tragen, die nicht als Fototasche zu erkennen ist.

▸ Vor der Reise eine Liste mit den Fabrikationsnummern aller Einzelteile der Fotoausrüstung in doppelter Ausführung anlegen. Ein Exemplar läßt man zu Hause, um bei einem Diebstahl der Versicherung den Schaden nachweisen zu können, das andere kommt ins Gepäck und wird im Notfall der Polizei vorgelegt.

Brille Für den Fall, daß die Brille auf der Reise zerbricht, sollte man unbedingt eine Ersatzbrille einpacken. In festen Hüllen sind Brillen sehr gut geschützt. Auch Kontaktlinsenträger sollten eine Ersatzbrille mitnehmen. Außerdem darf man die Sonnenbrille nicht vergessen.

Welche Uhr mitnehmen? Wer mit öffentlichen Verkehrsmitteln verreist, braucht unbedingt eine zuverlässige Uhr. Eine billige Armbanduhr, deren Verlust man auch verschmerzen könnte, reicht aber vollständig aus.

▸ Eine Armbanduhr mit Weckfunktion spart den Reisewecker. Entsprechend eingestellt, erinnert sie den Reisenden auch daran, wann er beispielsweise zum Bahnhof gehen sollte.

Geschenke Für den Fall, daß man am Urlaubsort privat eingeladen wird, sollte man auch ein Gastgeschenk mitnehmen. Sicher freuen sich die Gastgeber über typische Gegenstände aus der Heimat. Spezialitäten, Ansichtskarten, Wimpel, ein kleiner Bildband o. ä. lassen sich leicht verpacken. Einige Fotos von Familie und Wohnort können das Gespräch mit den Gastgebern beleben.

▸ In den ehemals sozialistischen Ländern besteht kein Anlaß mehr, den Bediensteten Aufmerksamkeiten in Form von mitgebrachten Strumpfhosen, Feuerzeugen o. ä. zuzustecken. Da die Einheimischen dort jetzt nicht mehr gegen

Gesetze verstoßen, wenn sie harte Währungen besitzen, kann man Trinkgelder problemlos z. B. in DM geben.

Insektenschutz Gegen Insekten sollte man sich in vielen Reisegebieten gut schützen. Vor der Reise sollte man sich darüber informieren, ob am Urlaubsort mit Belästigungen durch Insekten zu rechnen ist.

▸ Moskitospiralen glimmen bis zu acht Stunden und vertreiben während dieser Zeitspanne recht wirkungsvoll die Mücken. Die Spiralen werden wie Räucherstäbchen angezündet und können mit einigen Tropfen Wasser wieder gelöscht werden.

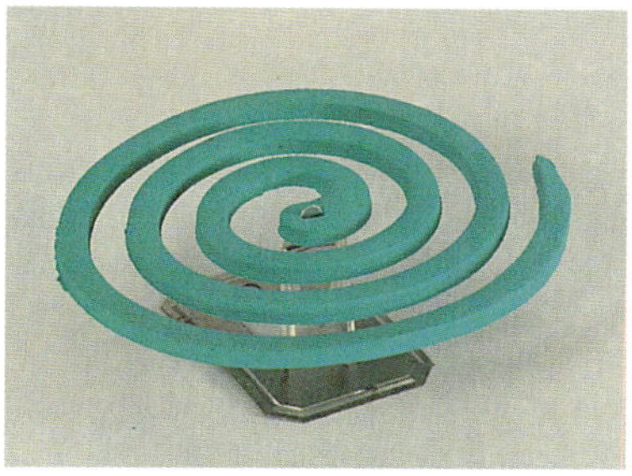

Der Rauch der glimmenden Moskitospirale vertreibt Mücken.

▸ Mückenschutzmittel, die direkt auf die Haut aufgetragen werden, sind in verschiedenen Varianten im Handel. Solche Mittel greifen unter Umständen auch die Haut an. Wer empfindliche Haut hat, sollte deshalb vorsichtig damit umgehen. Bei Sonnenbrand sollte man sie nur sparsam oder besser gar nicht anwenden. Die wirksamsten Mittel sind die, die auch die Einheimischen im Reiseland verwenden.

▸ Moskitonetze halten Mücken fern. Sie sind in unterschiedlichen Formen für verschiedene Zwecke und Gelegenheiten erhältlich und gehören bei vielen Reisezielen unbedingt ins Gepäck.

Sonnencreme Im Skiurlaub, zu Beginn des Sommers und bei empfindlicher Haut sollte man in jedem Fall Sonnenschutzmittel mit hohem Lichtschutzfaktor verwenden.

▸ Aufgrund des Ozonlochs ist in Reisegebieten wie Neuseeland und Australien mit erhöhter UV-Strahlung zu rechnen. Hier kommt dem intensiven Sonnenschutz besonders große Bedeutung zu.

▸ Die Konservierungsstoffe in Sonnenschutzmitteln können zu Hautreizungen oder sogar Allergien führen. Man sollte sein Sonnenschutzmittel vor dem Urlaub ausprobieren und gegebenenfalls ein anderes Produkt verwenden.

▸ Ist man an ein bestimmtes Mittel gewöhnt, sollte man dieses unbedingt schon zu Hause einkaufen und mit in den Urlaub nehmen, da man nicht sicher sein kann, es am Ziel der Reise zu bekommen.

▸ Weil die Haut durch die Sonneneinstrahlung austrocknet, ist darauf zu achten, daß die Sonnencreme gleichzeitig fettende Wirkung hat.

▸ Platzsparend und bequem sind Sonnencremeprodukte in Tuben, in deren Verschluß ein Fettstift für den Lippenschutz eingebaut ist.

Toilettenartikel Muß man bei der Zusammenstellung des Gepäcks auf dessen Gewicht achten, kann man z. B. Seife, Cremes und Haarwaschmittel in kleinen Probepackungen mitnehmen.

▸ Seifenschachteln, in denen die Seife auf einem kleinen Sieb liegt, durch das das Wasser abtropfen kann, verhindern, daß die Seife durch die Feuchtigkeit aufweicht.

▸ Flüssigseife kann für den ganzen Körper verwendet werden und ist auch zum Wäschewaschen geeignet. Beim Kauf darauf achten, daß die Flasche gut verschlossen werden kann.

▸ Im Ausrüstungsgeschäft für Segler bekommt man eine spezielle Seeseife, mit der man sich mit

MOSKITONETZE HALTEN LÄSTIGE INSEKTEN FERN

Ein Moskitonetz an einem Hut befestigen. Ein fester Ring im Halsbereich hält das Netz vom Gesicht ab.

Ein großes Moskitonetz, das man über dem Bett aufhängt, hält nachts die Insekten fern.

Ein Hängeschrank aus Moskitonetzstoff verhindert, daß Insekten Lebensmittel befallen.

Salzwasser sogar die Haare waschen kann.

- Tampons für die gesamte Dauer der Reise mitnehmen, weil es sie vielleicht nicht überall gibt.

- Wer lärmempfindlich ist, sollte Ohrstöpsel im Reisegepäck haben, denn nicht immer erwischt man ein ruhiges Hotelzimmer oder ein leeres Bahnabteil. Angenehmer als Produkte aus Wachs tragen sich Ohrstöpsel aus Schaumstoff, die sich dem Ohr anpassen, ohne zu fetten.

- Für die Handwäsche im Urlaubsland sind Waschmittel in der Tube praktisch, weil sie nach dem Gebrauch dicht verschlossen werden können.

- Ist damit zu rechnen, daß nicht jeden Tag eine Steckdose für Rasierapparat, Fön oder Lockenstab zur Verfügung steht, sollte man Geräte, die mit Akku oder Batterie betrieben werden, mitnehmen.

- Eventuell ein Rasierset mit Pinsel, Creme, Rasierklinge und kleinem Spiegel für die Naßrasur einpacken.

Radio hören unterwegs Mit einem Kurzwellenempfänger kann man sogar in fernen Ländern Informationen aus Deutschland empfangen. Manche Sender übermitteln auch Reiserufe. Bei Radios mit digitalem Sendersuchlauf kann der gewünschte Sender sehr präzise eingestellt werden. Hat das Radiogerät zudem eine Weckfunktion, spart man den Reisewecker und damit Gepäck.

- Unabhängigkeit von Batterien und Netzspannung bieten Taschenradios, die mit Sonnenenergie betrieben werden. Eingebaute Akkus speichern den überschüssigen Strom, so daß das Radio auch während der Dunkelheit noch spielt.

Fernsehspaß am Urlaubsort In Wohnmobil und Wohnwagen kann man auch im Ausland deutsche Programme empfangen. Für das eigene Fahrzeug sind Planarantennen erhältlich, die schnell auf die Position des Satelliten ausgerichtet werden können.

Netzspannung Nicht überall steht eine Netzspannung von 220 V zur Verfügung. Wer elektrische Geräte auf die Reise mitnehmen will, sollte sich vorher beim Veranstalter oder im Reiseführer über die landesübliche Netzspannung informieren.

- Um unabhängig von der Netzspannung und dem Stromversorgungsnetz überhaupt zu sein, kann man bei Urlaubsfahrten – beispielsweise mit dem Wohnmobil – Stromerzeuger (Generatoren) verwenden, die mit Treibstoff betrieben werden.

- Bei vielen Elektrogeräten ist es möglich, die Netzspannung mit einem Schraubenzieher oder einem Geldstück auf die am Urlaubsort erforderliche Spannung umzuschalten. Nach der Reise unbedingt daran denken, erneut umzuschalten, um das Gerät nicht zu zerstören. Als Erinnerung hilft ein Aufkleber neben der Einschalttaste.

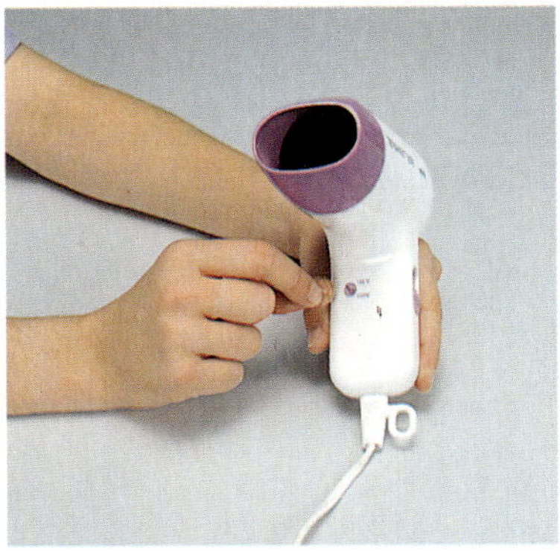

Mit einer Münze auf die richtige Netzspannung umschalten.

- Probleme kann es mit den Steckdosenformaten im Ausland geben. Die flachen Europastecker passen fast überall. Schwieriger wird es bei den runden Gerätesteckern. Gegebenenfalls sollte man sich vor der Reise Adapter besorgen. Wer ein Adapterset kauft, ist in der Regel für alle Reiseländer abgesichert. Platzsparender sind Varianten, die je nach Bedarf auf die landesübliche Steckdose aufgesetzt werden.

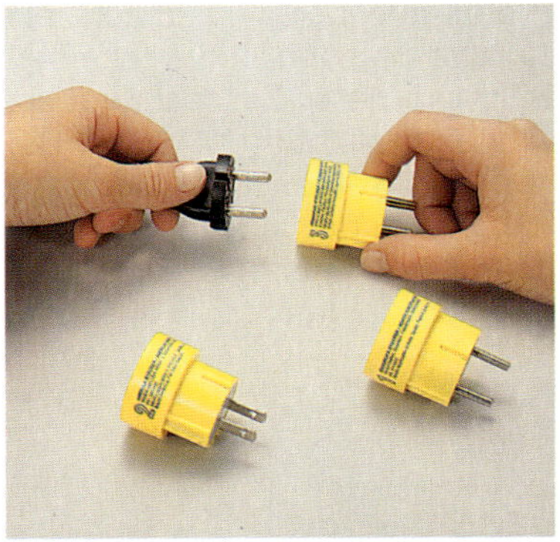

Den entsprechenden Adapter für den Stecker verwenden.

- Wer mit dem Kfz unterwegs ist, kann die Autosteckdose bzw. den Zigarettenanzünder für den Betrieb elektrischer Geräte nutzen. Im Handel sind Geräte (z. B. Wasserkocher) erhältlich, die über die 12-V-Autobatterie arbeiten.

An den Zigarettenanzünder bzw. die Autosteckdose kann man ein 12-V-Elektrogerät anschließen.

- Bei geringer Leistungsanforderung, beispielsweise für Lampen, können elektrische Spannungswandler (Transformatoren) verwendet werden. Sie werden in den Zigarettenanzünder gesteckt und liefern dann 220-V-Wechselspannung. Da die Leistungskraft der Autobatterie dabei relativ stark in Anspruch genommen wird, sollte man einen solchen Transformator nicht allzu häufig einsetzen.

Nützliche Kleinigkeiten Zahlreiche einfache Gegenstände können auch im Urlaub in den verschiedensten Situationen wertvolle Dienste leisten. Am besten erstellt man rechtzeitig eine Liste, in der man all die Dinge aufführt, die individuell als nützlich erscheinen.

▸ Mit einem kleinen Reisetauchsieder im Gepäck besteht in den meisten Unterkünften jederzeit die Möglichkeit, sich auf dem Zimmer Kaffee oder Tee zuzubereiten.

▸ Nicht immer bleibt das Hemd, die Hose oder der Rock im Koffer ohne Falten. Dann leistet ein Reisebügeleisen, das im Gepäck wenig Platz einnimmt, gute Dienste. In manchen Hotelzimmern gibt es jedoch nur im Bad eine Steckdose.

▸ Wer einen Trinkbecher dabei hat, braucht z. B. Quell- oder Brunnenwasser nicht aus der Hand zu trinken. Besonders praktisch sind zusammenschiebbare Ausführungen. Auch ein Pappbecher ist geeignet.

▸ Ein Taschenmesser mit verschiedenem Zubehör kann vielseitig eingesetzt werden. Für den Fall, daß kleine Reparaturen zu erledigen sind, sollte es auch einen Schraubendreher haben; Flaschenöffner, Korkenzieher, Dosenöffner und Schere werden im Urlaub sicher gebraucht.

▸ Gegen Scheuerstellen an den Füßen kann man sich mit einem Seidengewebepflaster vorbeugend schützen. Zusätzlich ist es auch als Verpackungsband und Aufkleber nützlich.

▸ Nicht überall erreicht der Hotelstandard westeuropäisches Niveau. In billigen Hotels werden die Zimmertüren mitunter durch Vorhängeschlösser verriegelt; dann ist es besser, wenn man sein eigenes Schloß aus dem Reisegepäck ziehen kann. Als zusätzliche Sicherung kann man einen kleinen Keil einpacken, den man in einer zweifelhaften Unterkunft von innen unter die Zimmertür schiebt, um ungebetenen Besuch fernzuhalten.

Den Keil fest unter die Zimmertür klemmen.

▸ Verschlußstöpsel für Waschbecken und Badewannen sind nicht überall selbstverständlich. Gut gerüstet ist man mit einem universellen Verschlußstöpsel im Handgepäck, den jedes gute Haushaltswarengeschäft in seinem Angebot hat.

▸ Für kleine Reparaturen, beispielsweise an der Kleidung, sollte man ein Nähset mit auf die Reise nehmen.

Wasserfilter und Wasserentkeimung In vielen Gegenden kann man sich auf die Qualität des Leitungswassers nicht verlassen. Daher sollte man Entkeimungsmittel, die man in der Apotheke erhält, mitnehmen.

▸ Bei der chemischen Entkeimung sind die Angaben zur Dosierung des jeweiligen Mittels genau einzuhalten.

▸ Bei der chemischen Entkeimung müssen manchmal erst die Schwebstoffe aus dem Wasser herausgefiltert werden. Hierfür kann man einfache Kaffeefilter aus Papier verwenden.

▸ Entkeimtes Wasser sollte nicht in offenen Behältern aufbewahrt werden, damit es nicht zur neuen Keimbildung kommt. Um zu erreichen, daß der Rand und der Schraubverschluß eines Wasserkanisters keimfrei bleiben, kann man ihn auf einer sauberen Unterlage auf den Kopf stellen.

▸ Für den schnellen Einsatz, z. B. für Getränke in Hotel oder Restaurant, sollte man Mittel mitnehmen, die Chlor enthalten und ihre Wirkung sofort entfalten. Sie sind in der Apotheke erhältlich. Genau, aber nicht zu stark dosieren, damit der Geschmack nicht zu sehr beeinträchtigt wird. Chlorfreie Präparate müssen mehrere Stunden vor dem Gebrauch eingesetzt werden.

▸ Keramikfilter halten verschiedene Krankheitserreger zurück. Da der Filtereinsatz nach einer gewissen Zeit ausgewechselt werden muß, sollte man genügend Ersatz mitnehmen.

▸ Für die Verwendung im Fahrzeug sind elektrische Wasserfilter erhältlich, die über die Bordspannung betrieben werden. Bei grober Verunreinigung sollte man eine Vorfilterung durchführen.

Gesellschaftsspiele Während längerer Reisen in Bus, Bahn oder Flugzeug können Spiele die Langeweile vertreiben. Sie sind zudem sehr kontaktfördernd.

▸ Viele Spiele gibt es in platzsparenden Reiseausführungen.

CHECKLISTE: IST WIRKLICH AN ALLES GEDACHT?

Wichtige Papiere und Zahlungsmittel

- *Bargeld, Schecks, Kreditkarten*
- *Fahrzeugpapiere*
- *Tickets*
- *Schwerbehindertenausweis*
- *Schüler-/Studentenausweis*
- *Jugendherbergsausweis*
- *Kopien wichtiger Dokumente*
- *Krankenscheine, ggf. für Ausland*
- *Impfpaß*
- *Privates Adreßbuch mit Notfall-adressen*
- *Reisepaß/Personalausweis*

Persönliche Ausstattung

- *Ausgehkleidung*
- *Badekleidung (Badekappe)*
- *Blusen, T-Shirts*
- *Ersatzbrille, -kontaktlinsen*
- *Gürtel, Hosenträger*
- *Halstuch*
- *Handtücher*
- *Hosen (auch kurze)*
- *Jacke, Mantel*
- *Kleiderbügel*
- *Kopfbedeckung, Hut, Kopftuch*
- *Medikamente*
- *Nachthemden, Schlafanzug*
- *Oberhemden, auch kurzärmlige*
- *Pullover*
- *Regenbekleidung, Regenschirm*
- *Reiseapotheke*
- *Röcke*
- *Schuhe, Plastiksandalen, Sport-schuhe, Gummistiefel*
- *Sonnenbrille*
- *Sport- und Strandbekleidung*
- *Strümpfe lang/kurz*
- *Unterwäsche*

Toilettenartikel

- *Deodorant*
- *Fettstift für die Lippen*
- *Haartrockner*
- *Kamm, Haarbürste*
- *Kosmetika, Parfum, Schminkzu-behör, Hautcreme*
- *Nagelschere und -feile, Pinzette*
- *Papiertaschentücher*
- *Rasierer elektrisch/naß*
- *Seeseife*
- *Seife, Flüssigseife, Haarwasch-mittel*
- *Sonnenschutzcreme*
- *Tampons*
- *Toilettenpapier*
- *Waschlappen*
- *Watte und Wattestäbchen*
- *Zahnbürste, Zahnpasta*

Praktische Utensilien

- *Alleskleber, Sekundenkleber*
- *Armbanduhr, Reisewecker*
- *Einkaufsbeutel*
- *Eßbesteck*
- *Fernglas*
- *Feuerzeug*
- *Flaschen- und Büchsenöffner, Korkenzieher, Flaschenverschluß*
- *Geldbeutel, Brustbeutel usw.*
- *Insektenschutz*
- *Kleiderbürste*
- *Kofferradio, Walkman*
- *Autoatlas, Landkarten, Stadtpläne*
- *Nähzeug, Ledernadel, Schere*
- *Plastikbeutel und Verschlüsse*
- *Reisebügeleisen*
- *Reisekissen*
- *Reisetauchsieder*
- *Schnur, Klebeband*
- *Schreibzeug, Briefpapier*
- *Schuhputzmittel*
- *Sicherheitsnadeln*
- *Steckerset universell*
- *Taschenlampe und-messer*
- *Taschenrechner*
- *Trinkbecher*
- *Universalstöpsel*
- *Verlängerungsschnur*
- *Vorhängeschloß, Keil*
- *Wärmflasche*
- *Wäscheklammern, Waschmittel*
- *Wasserfilter, -entkeimungsmittel*
- *Wörterbuch, Sprachführer*

Für Spiel, Sport und Erholung

- *Bälle, Federball, Strandspiele*
- *Malutensilien*
- *Musikinstrument*
- *Reiseführer, Literatur*
- *Schwimmringe, -flossen*
- *Sonnenschirm*
- *Spielkarten, Gesellschaftsspiele*
- *Sportgeräte*
- *Strandmatte und Strandstühle*

Fotoausrüstung

- *Blitzgerät*
- *Ersatzbatterien*
- *Fernauslöser*
- *Filme*
- *Filter*
- *Gegenlichtblende*
- *Objektive, inkl. Makro*
- *Reinigungsmittel, Objektivpinsel*
- *Stativ*

Alles fürs Camping

- *Blasebalg*
- *Campinggeschirr und -besteck*
- *Campingkocher, Brennstoff*
- *Campingstühle und -tisch*
- *Gaslampe*
- *Kerzen, Streichhölzer*
- *Kochgeschirr*
- *Kühlboxen*
- *Liegen, Luftmatratzen oder Iso-liermatten*
- *Moskitonetz*
- *Schlafsäcke*
- *Schüsseln mit Deckel*
- *Spülschwamm, Spülmittel, Küchentuch*
- *Wasserflaschen*
- *Wasserkanister (faltbar)*
- *Zelt, Heringe und Hammer*

HIN- UND RÜCKREISE VORBEREITEN

DIE ANREISE MIT DEM PKW

▸ Für die Planung der Anreise sollte man sich Zeit nehmen, um die kürzeste bzw. schönste Route herauszufinden. Wird die Strecke in die Straßenkarte oder in eine Fotokopie eingezeichnet, kann man sich während der Fahrt schneller zurechtfinden.

Die Reiseroute in einer Karte deutlich sichtbar markieren.

▸ Mitglieder des ADAC erhalten auf Anforderung das individuelle TourSet, in das auf Wunsch die günstigste Fahrtroute eigens eingezeichnet wird.

▸ Der Urlaub beginnt viel entspannter, wenn man bei langen Anreisen eine Übernachtung einplant, statt nonstop ins Urlaubsgebiet zu fahren. Daher vor der Fahrt einen geeigneten Übernachtungsort an der Route auswählen und vorbuchen.

▸ Zeitversetzt zu den Urlauberströmen fahren. Da die Straßen in der Regel besonders überlastet sind, wenn die Schulferien in den großen Bundesländern oder Nachbarländern beginnen bzw. enden, sollte man diese Termine meiden und lieber ein bis zwei Tage vor oder nach der Haupturlaubswelle starten. Abgesehen von Zeitverlust und Nervenbelastung auf überfüllten Autobahnen ist auch die Unfallgefahr dort wesentlich erhöht.

▸ Wer zum Beginn der Haupturlaubszeit fahren muß, kommt oft über Landstraßen schneller voran. Der ADAC gibt Hinweise, welche Autobahnstrecken stauverdächtig sind, und empfiehlt Ausweichrouten.

▸ Die kritischen Reisetage sind im Staukalender des ADAC eingetragen.

▸ Nachts sind die Straßen meist relativ frei, allerdings sind in den Nächten vor und nach dem Wochenende besonders viele Lkw unterwegs. Eine Nachtfahrt unbedingt ausgeruht antreten. Nicht direkt nach dem Packen aufbrechen. Auf keinen Fall vor der Fahrt ein fettes, schweres Essen zu sich nehmen, sonst ermüdet man schneller. Selbstverständlich ist auf Alkoholkonsum vor und während der Fahrt zu verzichten.

▸ Vor allem kleinen Kindern kann man durch eine Nachtfahrt immerhin einen Teil der Anreisestrapazen ersparen.

▸ Wer keinen im Kartenlesen versierten Beifahrer hat, kommt leichter zurecht, wenn er seine Reiseroute vorher ausarbeitet, in Stichworten notiert und den Zettel griffbereit hält. Die Orientierung an Autobahnabfahrten wird erleichtert, wenn man die Bezeichnungen der Abfahrten mit den zugehörigen Straßennummern und Richtungsangaben notiert.

▸ Wer einen Personalcomputer besitzt, kann die kürzeste Reiseroute von einem speziellen Computerprogramm, das für Europa im Computerfachgeschäft erhältlich ist, errechnen lassen. Im Computerausdruck werden z. B. exakt die Autobahnausfahrten angegeben. Das Programm wird regelmäßig aktualisiert.

▸ Die Zeitplanung wird realistisch, wenn man der Berechnung die Durchschnittszeit aus vorherigen Fahrten zugrunde legt.

▸ Ein Zeitpolster für unvorhergesehene Verzögerungen einkalkulieren. Dann fühlt man sich freier und weniger gestreßt.

▸ Es empfiehlt sich, die Reise so zu planen, daß Großstädte nicht während der Rush-hour passiert werden müssen.

▸ Die großen Grenzübergänge sollte man zur Hochsaison möglichst meiden. Der ADAC informiert darüber, welche Grenzübergänge alternativ empfohlen werden.

Pausen einplanen Insgesamt sollte ein einziger Fahrer sein Fahrzeug keinesfalls länger als zehn Stunden führen. Regelmäßige Pausen erhöhen die Sicherheit beim Fahren und machen die Reise besonders auch für Kinder angenehmer.

▸ Für alle zwei bis drei Stunden sollte man eine Pause einplanen; je länger man fährt, desto länger sollten auch die Pausen sein. Es lohnt sich, die Route so zu planen, daß man Pausen in schöner Gegend, in hübschen Städten oder an einem See einlegen kann.

▸ Wenn mehrere Führerscheininhaber mitreisen, sollte man nach jeder Pause einen Fahrerwechsel vornehmen. Nicht erst wechseln, wenn der Fahrer schon übermüdet ist.

Informationen über die Reiseroute Der ADAC informiert die Reisenden in vielfacher Hinsicht. Dazu gehören auch Angaben zur Versorgung mit bleifreiem Kraftstoff im Ausland, über die Dichte des Tankstellennetzes, die Benzinpreise und die Benzinqualität am Reiseort.

▸ Vor der Abreise das Kartenmaterial auf Vollständigkeit und Aktualität überprüfen.

▸ Um Verstöße gegen Verkehrsvorschriften durch Unwissenheit zu vermeiden, sollte man sich vor der Reise über die Vorschriften im Urlaubsgebiet und auch in den Durchreiseländern erkundigen. Ein Verzeichnis der wichtigsten Vorschriften kann man im Handschuhfach deponieren.

▸ Beim ADAC ist eine Broschüre *Billiger tanken neben der Autobahn* erhältlich. An den darin aufgeführten Tankstellen ist der Kraftstoff deutlich billiger als an den Autobahntankstellen.

▸ An den Autobahntankstellen erhält man die Broschüre *Autobahn-Service*. Sie beinhaltet Karten mit allen Bundesautobahnen, Raststätten und Motels sowie Tankstellen. Die Karten sind mit Entfernungsangaben versehen.

▸ Die Broschüre *Kinderfreundlicher Autobahn-Service* gibt Hinweise, welche Raststätte einen Babywickelraum, einen Kinderspielplatz o. ä. bietet.

▸ Behinderte können der Broschüre *Autobahn-Service für Behinderte* Angaben über behindertengerechte Parkplätze, rollstuhlgerechte Toiletten oder Telefone entnehmen.

EIN AUTO MIETEN

▸ Wer statt mit dem eigenen Fahrzeug per Flugzeug an- und abreist und vor Ort ein Gefährt mietet, spart wertvolle Urlaubszeit, ohne auf die Unabhängigkeit, die ein ständig zur Verfügung stehendes Fahrzeug bietet, verzichten zu müssen.

Mietwagen Die Preise für Mietwagen sind saisonabhängig. Manche Veranstalter bieten Pauschalreisen an, bei denen ein Mietwagen inklusive ist. Die Fahrzeuge sind auch in den meisten Fernreiseorten fast ausschließlich neuwertig, so daß Pannen kaum zu erwarten sind.

▸ Bei sehr günstigen Angeboten sollte man sich vergewissern, daß diese auch für die vorgesehene Reisezeit gelten.

▸ Wird das Fahrzeug zum Flughafen oder Ankunftsbahnhof bestellt, spart man die Kosten für den Transfer ins Quartier.

▸ Die Auswahl des Fahrzeugtyps ist von der Straßenqualität im Urlaubsland abhängig zu machen. Bei Strandwagen in heißen Regionen bedenken, daß man sie nicht gut verschließen kann und das Gepäck diebstahlgefährdet ist.

▸ Beim Anmieten wird eine Kaution verlangt; damit das Bargeldkonto nicht belastet wird, kann man mehrere Schecks hinterlegen. Besitzer von Kreditkarten müssen keine Kaution zahlen.

▸ Auf den Grundpreis werden meist Versicherungsprämien und Kilometerpauschale aufgeschlagen. Bei den Versicherungsleistungen Umfang und Höhe der Selbstbeteiligung abklären.

▸ Je länger der Zeitraum, für den man ein Fahrzeug mietet, desto günstiger werden die Mietkonditionen.

▸ Wer Fahrten über große Entfernungen plant, sollte auf Pauschalangebote achten, bei denen nicht nach gefahrenen Kilometern abgerechnet wird.

▸ Das vorgeschriebene Mindestalter des Fahrers ist von Land zu Land unterschiedlich. Oft liegt es höher als in Deutschland. Genaue Angaben macht das Fremdenverkehrsbüro des Reiselandes.

▸ Viele Autovermieter bieten die Möglichkeit, den Mietwagen an einem Ort anzumieten und an einem anderen wieder zurückzugeben. Meist wird dafür eine Rückholgebühr berechnet. Der Mieter muß dann nicht zum Ausgangspunkt der Reise zurückkehren und kann unterwegs auch auf andere Verkehrsmittel wechseln.

PAPIERE FÜR DIE AUTOREISE

▸ Neben Fahrzeugschein und (eventuell auch internationalem) Führerschein braucht man in manchen Reiseländern noch weitere Papiere. Darüber hinaus ist es empfehlenswert, Unterlagen von anderen wichtigen Versicherungen (Kfz-Haftpflicht) mitzunehmen.

▸ Manche Urlaubsländer verlangen bei der Einreise die Grüne Versicherungskarte. Wer sie bereits hat, sollte überprüfen, ob Anschrift und Kennzeichen darin richtig vermerkt sind und ob sie noch gültig ist. Die Versicherung kann die Karte auch noch kurz vor der Reise ausstellen.

▸ Einige, vor allem afrikanische Staaten verlangen für das Fahrzeug bzw. den Anhänger einen Zollpassierschein (Triptik) oder ein sogenanntes Carnet de passages (Zollpassierscheinheft). Es wird von Automobilclubs gegen Gebühr und Hinterlegung einer Bürgschaft ausgestellt und erspart aufwendige Formalitäten während der Reise.

▸ Wird das Carnet de passages bei der Einreise abgestempelt, ist unbedingt darauf zu achten, daß die Ausreise ebenfalls bestätigt wird. Andernfalls kann die Bürgschaftssumme verfallen.

▸ Ist das Autoradio als Diebstahlschutz mit einem Nummerncode versehen, sollte man die Servicekarte mitführen. Im Versicherungsfall können dann Radiotyp, Serien- und Codenummer angegeben werden.

▸ Alle Papiere fotokopieren und die Kopien getrennt von den Originalen aufbewahren. Gehen die Originale verloren, dienen die Kopien als Nachweis, und man bekommt schneller Ersatzpapiere.

▸ Um im Notfall schnell Kontakt mit der Haftpflichtversicherung aufnehmen zu können, deren Telefonnummer auf einen Zettel schreiben und diesen im Handschuhfach aufkleben.

DAS FAHRZEUG FÜR DEN URLAUB RÜSTEN

▸ Um für den Notfall gerüstet zu sein, vor der Fahrt den Verbandkasten auf Vollständigkeit überprüfen und gegebenenfalls auffüllen. Sind Einmalhandschuhe vorhanden? Es empfiehlt sich auch, einfache Heftpflaster als Extraausrüstung beizulegen.

▸ Der Verbandkasten ist griffbereit im Fahrzeug zu plazieren; er sollte jedoch nicht in der prallen Sonne auf der Heckablage deponiert werden.

▸ Vor der Reise ist ein sorgfältiger Check des Fahrzeugs, am besten in der Werkstatt, unerläßlich. Bei der Inspektion auf die Auslandsfahrt hinweisen und um gründliche Überprüfung der Verschleißteile bitten. Denn bleibt man mit dem Fahrzeug im Ausland liegen, macht es erfahrungsgemäß viel Mühe, überhaupt eine Fachwerkstatt zu finden. Außerdem können Verständigungsschwierigkeiten zum Problem werden.

▸ Vor Fahrten in Gebiete mit dünnem Servicenetz (Osteuropa und viele außereuropäische Länder) empfiehlt es sich, den Fahrzeugcheck unbedingt auf das ganze Fahrzeug auszudehnen. Sicherheitshalber angegriffene Teile auswechseln lassen bzw. Ersatz mitnehmen. Fachwerkstätten aufsuchen, denn sie kennen die besonders anfälligen Stellen des jeweiligen Fahrzeugtyps.

▸ Auch vor längeren Reisen innerhalb Deutschlands sollte man zumindest Reifendruck, Profiltiefe und Ölstand prüfen, gegebenenfalls einen Ölwechsel veranlassen, Bremsen, Beleuchtungsanlage, Batterie und Elektrik checken, Zündung und Gemischaufbereitung einstellen lassen.

▸ Der Luftdruck in den Reifen von Pkw und Kombifahrzeugen kann mit Reifendruckwächtern (im Fachhandel erhältlich), die leicht zu montieren sind, kontrolliert werden. Mit richtigem Luftdruck werden ein zu hoher Benzinverbrauch und unnötiger Verschleiß an den Reifen vermieden.

Ein solcher Reifendruckwächter zeigt den Druckverlust sofort an.

Sonderausrüstung für die Urlaubsfahrt Hin- und Rückreise werden angenehmer und sicherer, wenn man das notwendige und je nach Erfordernis nützliche Zubehör am Auto anbringt.

▸ Feuerlöscher griffbereit montieren. Auch im Wohnbereich des Reisemobils und Campingwagens ist ein Feuerlöscher unerläßlich. Ein Küchenbrand ist auch im Urlaub möglich.

▸ Eine Alarmanlage läßt sich auch nachträglich ins Auto einbauen. Im Fachhandel werden verschiedene Typen angeboten, die selbst montiert werden können. Auch für Leichtmetallräder gibt es Spezialsicherungen.

▸ Die weit vorragenden Seitenspiegel von Gespannen können andere Verkehrsteilnehmer bei Nacht besser erkennen, wenn auf ihnen helle Markierungen angebracht sind.

▸ Eine Mittelarmlehne dient der entspannten Haltung des Fahrers. Sie kann nachträglich ins Auto eingebaut werden; dabei aber darauf achten, daß die Armlehne nicht beim Schalten stört.

▸ In den heißen Sommermonaten schützen Heckjalousien oder Sonnenschutzfolien für die hinteren Seitenscheiben vor direkter Sonneneinstrahlung. Für die Frontscheibe ist neuerdings eine wärmeisolierende Folie erhältlich, die beim Parken außen auf die Windschutzscheibe aufgelegt und diebstahlsicher festgeklemmt wird, wenn die Türen geschlossen werden.

▸ Zahlreiche Autoradiomodelle kann man zum Schutz vor Diebstahl mit sogenannten Quick-out-Halterungen nachrüsten lassen. Sie erlauben es, das Radio beim Verlassen des Wagens mit einem Griff aus seiner Halterung zu ziehen und mitzunehmen.

▸ Damit der Beifahrer auch bei Nachtfahrten die Straßenkarten richtig lesen kann, ist eine Leseleuchte nötig. Sehr praktisch sind Lampen, die an den Zigarettenanzünder angeschlossen werden können. Leuchten mit einem sogenannten Schwanenhals können so eingestellt werden, daß der Fahrer nicht durch Reflexion geblendet wird.

▸ In abgelegenen Gebieten (z. B. in Nordskandinavien, Nordafrika, Spanien) trifft man noch Schotterpisten an. Wer auf solchen Strecken fahren muß, sollte die Scheinwerfer durch kleine Drahtgitter, die im Zubehörhandel erhältlich sind, schützen. Eine starke Plastikfolie als Ersatz für eine zerbrochene Windschutzscheibe gehört dann ins Gepäck für die Fahrt bis zur nächsten Werkstatt. Ihre Größe sollte man vor dem Einpacken prüfen.

▸ In manchen Ländern (z. B. in den skandinavischen Staaten) muß man auch tagsüber mit Abblendlicht fahren. Ein zusätzlich eingebauter Summer erinnert den Fahrer beim Verlassen des Wagens daran, daß das Licht noch brennt.

Pannenausstattung In abgelegenen Gebieten kann die Pannenhilfe sehr lange auf sich warten lassen. Wer praktisch veranlagt ist, nimmt genügend Material zum Improvisieren mit, um sich im Notfall selbst aus der Klemme helfen zu können.

▸ Das Bordwerkzeug auf Vollständigkeit prüfen. Zur Grundausrüstung gehören Schlitz- und Kreuzschlitzschraubendreher verschiedener Größen, ein Hammer, ein Satz Schraubenschlüssel, eine Wasserpumpenzange, ein Radkreuz, das nicht abgenutzt ist, sowie ein Wagenheber.

▸ Zur Absicherung eines liegengebliebenen Fahrzeugs ist selbstverständlich ein Warndreieck erforderlich. Eine Warnblinkleuchte hilft, ein Pannenfahrzeug auch nachts gut zu sichern. Praktisch sind die Kombinationen aus Taschenlampe und Blinkleuchte mit zusätzlichem Warnsignal.

▸ Sicherer als das Abschleppseil ist eine Abschleppstange. Das defekte Fahrzeug hält damit immer den richtigen Abstand.

▸ Sollte die Batterie entladen sein, helfen zwei Starthilfekabel aus der Not.

▸ Bei einer Panne schützt ein Overall die Kleidung. Auch Arbeitshandschuhe und eine alte Decke mitnehmen.

▸ Taschenlampe griffbereit ins Handschuhfach legen und vorher die Batterien prüfen. Eine Zusatzlampe mit langem Kabel, das in den Zigarettenanzünder paßt, hilft nachts bei Reparaturen.

▸ Zu den wichtigsten Hilfsmitteln und Ersatzteilen gehören außerdem: passende Glühlampen, Sicherungen, Keilriemen, Dichtungsmittel für den Kühler, Klebeband, Scheibenwischerblätter, eine große Rolle Klebeband, ein Auspuffreparaturset, eine starke Plastikfolie als Ersatz für die Windschutzscheibe, Zündkerzen, rostlösendes Kontaktspray, Kabel und Kabelverbinder, etwas Schnur, verschiedene Klebstoffe sowie ein Adapter, mit dessen Hilfe der Zigarettenanzünder als Autosteckdose benutzt werden kann.

Treibstoff Die Oktanzahlen der verschiedenen Benzinsorten können von Land zu Land variieren. Daher ist es wichtig, sich vorab zu erkundigen, welcher Kraftstoff im Reiseland für das eigene Auto am besten geeignet ist.

▸ In manchen Ländern kann man mit Benzingutscheinen tanken. Entweder kauft man sie vor der Reise beim ADAC oder direkt an der Grenze.

▸ Bleifreie Kraftstoffe gibt es mittlerweile in ganz Europa. Im Zweifelsfall kann man beim ADAC nachfragen.

▸ Reist man in Länder, in denen wie in den Staaten Osteuropas die Versorgung mit bleifreiem Benzin noch nicht flächendeckend ist, nimmt man einen genügend großen Reservekanister dafür mit. Bei der Einreise aber auf die zollfreie Höchstmenge achten!

▸ Damit sich bei Erwärmung die giftigen Gase nicht in den Innenraum ausdehnen, sollten Reservekanister weder randvoll gefüllt noch direkter Sonneneinstrahlung ausgesetzt werden. Im schlimmsten Fall kann der Kanister sogar auslaufen.

▸ Nur geprüfte Reservekanister sind zulässig. Hat der Kanister schon Rost angesetzt, muß er ausgetauscht werden. Den Behälter fest montieren, so daß er bei einem Auffahrunfall nicht eine zusätzliche Gefahrenquelle bildet.

Den Reservekanister fest und sicher montieren.

▸ Zubehör für eine sichere Befestigung des Reservekanisters ist im Fachhandel erhältlich.

Winterausstattung Auch wenn vor der Abfahrt mildes Wetter herrscht, sollte man für einen plötzlichen Kälteeinbruch gerüstet sein. Kühlwasser auf den Kältegrad testen und gegebenenfalls Frostschutzmittel nachfüllen. Manche Dieselfahrzeuge brauchen ein spezielles Motoröl.

▸ Unbedingt Winterreifen mit gutem Profil montieren. Mindestens auf den Antriebsrädern, besser aber rundherum.

▸ Schneeketten kann man bei verschiedenen Automobilklubs entleihen. Das Aufziehen sollte man zu Hause üben. Im Ernstfall macht es dann unter möglicherweise widrigen Bedingungen weniger Schwierigkeiten.

▸ Anfahrhilfen sind heute nicht mehr sehr verbreitet, weil sich moderne Schneeketten genauso schnell montieren lassen. In manchen Regionen, z. B. Skandinavien, sind Spikereifen zugelassen, weil dort die Straßen im Winter nur bedingt geräumt und niemals gesalzen werden. Hier muß man immer mit glatten Fahrbahnen rechnen.

▸ Wer im Winter mit einem Wohnmobil verreist, sollte unbedingt das Frischwasser aus den Tanks lassen, die unter dem Fahrzeug montiert sind. Durch Zugabe von Salz kann man verhindern, daß das Abwasser in seinem Kanister einfriert. Auch Propangas kann bei Frost am Auslaß einfrieren. Schützend wirkt hier ein Heizsystem, das am Druckminderer angebaut wird.

▸ Die Fahrzeugheizung auf einer Probefahrt testen. Wenn eine Fahrzeugzusatzheizung vorhanden ist, darf man auch diese nicht vergessen. Gegebenenfalls den Luftfilteransaugstutzen auf Winterbetrieb umstellen.

▸ Fahrzeugbatterien verlieren bei winterlicher Kälte einen Teil ihrer Leistungskraft. Um den Zustand der Batterie einzuschätzen, kann in Werkstätten der Lade- und Erhaltungszustand getestet werden. Auf vielen Batterien ist auch das Herstelldatum verzeichnet. Nach fünf Jahren sollte man eine Autobatterie austauschen.

▸ Vor dem Start in den Winterurlaub die Gummidichtung der Türen mit Glycerin oder Talg behandeln, den Wasserstand der Batterie prüfen und die Türschlösser mit Graphit präparieren, Frostschutzmittel in die Waschanlage füllen und die Funktion der Scheibenheizung testen.

▸ Einen Eiskratzer, einen Handfeger, Enteisungsspray für die Türschlösser und Spray für die Scheiben, ein Antibeschlagtuch für die Innenscheibe sowie eine Frostschutzmittelreserve einpacken.

Kindersitze Für kleine Kinder gewährleistet ein Kindersitz die größte Sicherheit im Auto.

▸ Wer einen Kindersitz anschaffen will, sollte sich in der Verbraucherberatungsstelle informieren. Crashtests ergaben für bestimmte Produkte erschreckende Ergebnisse.

▸ Für Babys gibt es spezielle Kindersitze, die auch später für das Kleinkind noch geeignet sind.

Das Auto wird beladen Schwere Gegenstände plaziert man im Bereich über der Achse, sperrige Gepäckstücke kann man auch auf dem Dach verstauen. Ist kein zweiter Außenspiegel vorhanden, darf die Sicht nach hinten (Rückspiegel) nicht beeinträchtigt sein. Selbstverständlich darf man den Wagen nicht überladen.

▸ Wer sehr viel Gepäck mit auf die Reise nimmt, sollte rechtzeitig eine Packprobe vornehmen. Das spart sehr viel Zeit am Tag der Abreise.

▸ Wenn der Stauraum im Auto für das Gepäck nicht ausreicht, sind Dachkoffer eine ideale Lösung. Aerodynamische Träger oder Dachkoffer beschränken den zusätzlichen Kraftstoffverbrauch auf ein Minimum.

▸ Keinesfalls darf die zulässige Dachlast überschritten werden. Die Angaben dazu findet man in der Bedienungsanleitung des Fahrzeugs. Durch die Dachlast verändert sich das Fahrverhalten des Wagens, daher ist besondere Vorsicht geboten.

Wartung vor dem Start Vor der Abreise die Scheibenwaschanlage mit einem Gemisch aus Reinigungsmittel und Wasser auffüllen. Besonders vor einer Nachtfahrt die Scheiben innen und außen reinigen.

▸ Bei hoher Zuladung ist der richtige Reifendruck besonders wichtig. Daher ist der Druck am beladenen Wagen nochmals zu prüfen.

Mit dem beladenen Wagen zur Tankstelle fahren und den Reifendruck prüfen.

▸ Mit einem Insektenschwamm läßt sich die Frontscheibe leichter reinigen.

▸ Kopfstützen sind nur wirksam, wenn sie richtig eingestellt sind. Als Faustregel dafür gilt: Die Oberkante der Kopfstütze sollte in Augenhöhe liegen. Falsch eingestellte Kopfstützen stellen ein erhebliches Sicherheitsrisiko dar.

Die Oberkante der Kopfstütze sollte in Augenhöhe liegen.

▸ Gespannfahrer sollten sich bei einer Probefahrt auf das veränderte Fahrgefühl einstellen. Das Rückwärtsrangieren rechtzeitig üben. Der Beifahrer hilft dabei. Um Mißverständnisse auszuschließen, müssen eindeutige Handzeichen vereinbart werden.

Reiseproviant aufbewahren
An heißen Tagen bewähren sich Kühltaschen oder Kühlboxen.

▸ Sehr praktisch sind Kühlboxen, die über die Autobatterie (Zigarettenanzünder mit Adapter) betrieben werden können.

▸ Abfall läßt sich sehr gut in einer Plastiktüte sammeln, die man mit doppelseitigem Klebeband unter dem Armaturenbrett befestigt.

Eine Abfalltüte unter dem Armaturenbrett befestigen.

EIN MOTORRAD MIETEN

▸ Manche Reiseveranstalter haben sich auf Motorradtouren spezialisiert. Dem Fahrer bleibt die lange Anfahrt bzw. der aufwendige Transport der eigenen Maschine erspart. Die Reisebegleiter kennen die örtlichen Gegebenheiten und nehmen dem Motorradfahrer die speziellen Vorbereitungen ab.

▸ Bei manchen Vermietern kann man neben Motorrad und Helm auch andere Ausrüstungsgegenstände wie Nierengurt, Handschuhe, Kleidung für Motorradfahrer und Satteltaschen mieten.

DAS MOTORRAD BEPACKEN

▸ Beim Bepacken des Motorrads sollte man berücksichtigen, daß dadurch der Schwerpunkt der Maschine verändert werden kann. Daher Seitenkoffer gleichmäßig bepacken.

▸ Leichte Gegenstände wie z. B. Kleidung kommen in die Seitenkoffer. Das Topcase kann schwerer beladen werden. Das restliche schwere Gepäck wird zuunterst im Tankrucksack verstaut.

▸ Ein Tankrucksack mit Magnetverschluß liegt sicher auf und ist jederzeit einfach und bequem abzunehmen.

Dieser Tankrucksack wird mittels einer Magnetfolie befestigt.

▸ Tankrucksäcke sind für die meisten Urlaubsfahrten ideal geeignet. Eine Kartentasche im Deckel des Rucksacks ist für die schnelle Orientierung während der Tour nützlich.

▸ Gepäckträger in Leichtbauweise sparen gegenüber herkömmlichen Modellen einige Kilogramm Gewicht. Den Gepäckträger mehrfach mit dem Rahmen verschrauben.

▸ Wenn man Seitenkoffer schnell abnehmen kann, muß man sie bei Übernachtungen nicht jedesmal ausräumen.

▸ In einem Seitenkoffer kann man auch einen Helm transportieren oder wegschließen.

So wird der Helm im Seitenkoffer verstaut.

▸ Eine Packtasche über dem Tank befestigen. Sie liegt dann gut im Schwerpunkt der Maschine.

▸ Leicht zerbrechliche Gegenstände sollte man nach Möglichkeit gar nicht erst mit auf die Reise nehmen.

▸ Nur soviel Kleidung wie unbedingt nötig mitnehmen. Leichte Kleidung für warme Tage ist wichtig, denn sonst wird meist der Motorradanzug getragen. Regenkleidung ebenso mitnehmen wie Überhandschuhe und Gamaschen für längere Fahrten.

▸ Wenn die Gepäcktaschen nicht wasserdicht sind, schützt man ihren Inhalt am besten in Plastiktüten vor Feuchtigkeit und Staub. Ein Packsystem mit verschiedenfarbigen Tüten erleichtert die schnelle Orientierung in der Packtasche.

▸ Mit Spanngurten läßt sich zusätzliches Gepäck am besten befestigen.

▸ Zusätzliche Spanngurte sind vielseitig verwendbar. Sie eignen sich für provisorische Reparaturen und die Befestigung von Souvenirs. Gummispinnen und kleine Spannetze sind als Zusatz sehr nützlich, haben aber keine hohe Festigkeit.

▸ Seitenkoffer sollte man auf schlechten Fahrbahnen zusätzlich durch Riemen sichern.

Zusätzliche Riemen sorgen für größere Sicherheit.

▸ Bei einer Reifenpanne ermöglicht es ein Pannenset mit einer Druckluftpatrone, bis zur nächsten Werkstatt zu fahren. Die Patrone sollte für den notwendigen Reifendruck ausgelegt sein.

▸ Ein Klebeband für kleine Reparaturen, sei es am Seitenkoffer oder am Motorradstiefel, einpacken.

▸ Das Motorrad frühzeitig vor der Abreise probepacken und das veränderte Fahrverhalten ausprobieren. Für Änderungen der Bepackung bleibt dann noch genügend Zeit.

▸ Wer zur Diebstahlsicherung ein großes und solides Kettenschloß benutzt, kann damit auch den Helm am Motorrad sichern.

Mit einem großen Kettenschloß den Helm am Motorrad befestigen.

SPORTLICH MIT DEM FAHRRAD REISEN

▸ Für längere Fahrradtouren in weit abgelegenen Urlaubsgebieten sollte man immer genügend Ersatzteile mitnehmen. Denn unterwegs kann es gegebenenfalls schwierig werden, Ersatzteile zu bekommen.

Ausrüstung Für eine längere Fahrradtour sollte das Gepäck nicht mehr als 15 kg wiegen, damit die Fahrt nicht zur Strapaze wird. Beim Packen ist auf eine ausgewogene Verteilung zu achten. Die Gepäcktaschen müssen fest und sicher mit dem Rad verbunden sein, damit sie in Kurven nicht schlenkern.

▸ Packtaschen sollten schnell abzunehmen sein, damit man das Gepäck bequem mit ins Quartier nehmen kann.

▸ Wenn die Gepäcktaschen zusätzlich Trageriemen haben, kann man sie auch als Rucksack verwenden. Das ist wichtig, wenn man eine Fahrradtour mit Fahrtunterbrechungen, z. B. für Wanderungen oder Stadtbesichtigungen, geplant hat.

▸ Das Reisegepäck läßt sich besser ordnen, wenn die Packtaschen Außentaschen haben. Sie sollten gut zugänglich sein und einfache Verschlüsse haben, um dem Fahrer einen schnellen Zugriff zu ermöglichen.

Die Packtasche mit Außentaschen gewährleistet schnellen Zugriff auf wichtige Gepäckstücke.

▸ Die Fahrradtaschen an einem Zusatzgepäckträger (der Fachhandel berät) sicher befestigen, damit sie nicht in die Speichen geraten können.

▸ In Gepäcktaschen am Vorderrad schwere Gepäckstücke ganz nach unten legen. Dadurch wird die Beeinträchtigung des Lenkverhaltens durch die Taschen gemindert.

▸ Fast überall muß auch mit Regen und Nässe gerechnet werden. Bei der Zusammenstellung des Gepäcks sollte man daher auch an separate Plastiküberzüge, die im Fachhandel erhältlich sind, denken.

▸ Verpackt man die Gepäckstücke in mehreren Tüten, findet man einen gerade benötigten Gegenstand in der Tasche leichter auf.

▸ Fahrradcomputer mit einer integrierten Uhr können neben den gefahrenen Kilometern auch die durchschnittliche Geschwindigkeit am Tag errechnen.

Der Fahrradcomputer informiert über die tägliche Fahrleistung.

▸ Um die körperliche Belastung, besonders die der Wirbelsäule, zu minimieren, muß man die Einstellung des Sattels und des Lenkers dem jeweiligen Fahrer anpassen. Mit einem ungeeigneten Fahrradsattel zu fahren kann zur Tortur werden; deshalb den Händler nach Testmustern fragen.

Richtig bekleidet auf Fahrradtour Wer im Urlaub mit dem Fahrrad unterwegs ist, kann aus einem breiten Angebot an Spezialbekleidung auswählen. Ein Fahrradhelm gehört unbedingt dazu.

▸ Der Fahrradhelm sollte leicht, aber trotzdem stoßfest sein und eine gute Luftzirkulation gewährleisten. Bei der Verbraucherberatungsstelle erhält man Hinweise auf empfehlenswerte Modelle.

▸ Mit Spezialschuhen für sportliches Fahren kann man meist nicht gut laufen. Daher gehören normale Straßenschuhe für Fahrtunterbrechungen griffbereit ins Gepäck.

▸ Durch Regencapes, die ringsherum geschlossen sind und mit denen auch der Lenker bedeckt wird, können nasse Hosen vermieden werden. Bei windigem Wetter ist aber Vorsicht geboten.

▸ Sichtbehinderungen können vermieden werden, wenn in die Seiten der Kapuze durchsichtige Plastikeinsätze eingenäht sind.

Seitliche Plastikeinsätze an der Kapuze gewährleisten freie Sicht für den Radfahrer.

Kinder mitnehmen Dafür benötigt man einen Kindersitz, der solide am Fahrradrahmen befestigt sein muß. Kinder, die älter als sieben Jahre sind, darf man nicht mehr auf dem Fahrrad transportieren.

▸ Weil Kindersitze nicht an jedes Rad passen, sollte man das Fahrrad zur Beratung beim Händler mitnehmen. Ist das Kind beim Kauf dabei, kann man eine Probefahrt machen und dabei gleich Mängel feststellen.

▸ Das Fahrrad, auf dem der Kindersitz installiert wird, sollte eine Rücktrittbremse haben. Damit kann man auch dann noch stoppen, wenn man eine Hand für das Kind benötigt.

▸ Um die Sicherheit von Kind und Fahrer beim Aufsteigen zu gewährleisten, sollte das Fahrrad mit einem soliden Zweibeinständer ausgerüstet sein.

▸ Damit die Füße des Kindes unterwegs nicht in die Speichen gelangen können, sollte am Radlauf eine zusätzliche Speichenabdeckung angebracht werden.

Sichere Fahrradkindersitze

- **Ein verrutschter Kindersitz kann zu einem gefährlichen Sturz führen. Daher bei einer defekten Befestigung sicherheitshalber den ganzen Sitz austauschen.**
- **Die Befestigung des Sitzes von Zeit zu Zeit kontrollieren.**
- **Kindersitze nicht vor dem Lenker montieren, weil das Fahrverhalten des Rads dann besonders instabil wird. Das gilt besonders bei ruckartigen Bewegungen größerer Kinder.**
- **Bei der Montage des Kindersitzes darauf achten, daß die Bewegungsfreiheit des Fahrers beim Lenken und Treten durch den Sitz nicht eingeschränkt ist.**
- **Wird der Sitz auf dem Gepäckträger montiert, die Feder des Sattels abdecken, damit sich das Kind nicht die Finger klemmt.**

Zum Schutz des Kindes eine Speichenabdeckung anbringen.

▸ Kinder sollte man vor Kopfverletzungen durch einen Sturz unbedingt mit einem gutsitzenden Helm schützen.

▸ Für längere Fahrten ist eine Rückenlehne notwendig, die das Kind stützt und seinen Fahrkomfort erhöht.

▸ Ein Kissen dämpft die Stöße auf unebenen Straßen.

▸ Damit das Kind während der Fahrt sicher schlafen kann, sollten Armlehnen und Hosenträgergurte zur Sicherung des Kindes vorhanden sein.

▸ Kindersitze, die hinter dem Lenker befestigt sind, eignen sich nur für kurze Strecken, weil man aus Gründen des Sichtschutzes keine Rückenlehne montieren kann.

▸ Ein Fahrrad mit Kindersitz sollte man auch mit einem Rückspiegel ausrüsten. Für die Beobachtung des Verkehrs im Rücken muß man sich dann nicht nach hinten umdrehen und dadurch Gleichgewicht und Fahrstabilität gefährden.

EIN WOHNMOBIL MIETEN

▸ Bevor man ein eigenes Wohnmobil kauft, empfiehlt es sich, erst einmal eines zu mieten und auszuprobieren, ob der Familie der Urlaub damit gefällt. Dann kann man besser bestimmen, welche Anforderungen ein eigenes Wohnmobil erfüllen muß.

▸ Fahrzeuge mit Dieselmotor verbrauchen weniger Kraftstoff als gleiche Modelle mit Benzinmotor. Außerdem ist Benzin auch im Ausland in der Regel erheblich teurer als Dieselkraftstoff.

▸ Ein Wohnmobil nur dann mit der maximal zulässigen Personenzahl besetzen, wenn sicher ist, daß man sich viel im Freien aufhalten wird. Bei Fahrten in Schlechtwetterregionen kann es im Wohnmobil bei voller Besetzung unerträglich eng werden.

▸ Das Wohnmobil bei der Übernahme vom Vermieter genau inspizieren, um sicherzustellen, daß keine Defekte vorliegen. Dabei auch die elektrischen Geräte testen. Stellt man Mängel erst nach Antritt der Fahrt fest, ist es kaum nachzuweisen, daß man sie nicht selbst verursacht hat.

▸ Besonderes Augenmerk auf die Ausmaße der Schlafplätze legen, denn oft wird als Doppelbett angeboten, was bestenfalls als bequemes Einzelbett geeignet ist.

▸ Bei Alkovenfahrzeugen unbedingt auf eine gute Belüftung achten. Gerade am Alkovenschlafplatz wird die Luft schnell stickig.

▸ Wer mit Kindern verreist, sollte ein Wohnmobil mit einer Sitzgruppe hinter dem Fahrerhaus wählen. Dadurch ist ein direkter Kontakt gegeben, und die Kinder sitzen in Fahrtrichtung.

▸ Reist man mit mehreren Kindern, sind zwei Sitzgruppen nützlich, damit die Kinder an einem eigenen Platz spielen können.

▸ Die Abmessungen des Fahrzeugs sind anfangs sehr gewöhnungsbedürftig. Besondere Vorsicht gilt bei Wohnmobilen mit Alkoven, denn man vergißt als Fahrer leicht den hohen Aufbau. Um bei Brückendurchfahrten sofort die Maße des Wohnmobils im Blick zu haben, kann man einen Aufkleber mit Breiten- und Höhenangaben im Sichtbereich des Armaturenbretts befestigen.

Einen Zettel mit den Abmessungen gut sichtbar anbringen.

▸ Lange Fahrzeuge bringen Parkplatz- und Rangierprobleme. Weniger problematisch sind Fahrzeuge, die höher aufgebaut sind.

▸ Ein gewölbter Panoramaspiegel in der Heckscheibe erleichtert das Einparken enorm.

▸ Beim Preis für Fährüberfahrten mit dem Wohnmobil spielen Länge und Höhe des Fahrzeugs eine Rolle. Wer ein Wohnmobil mit Hubdach mietet, kann hier einiges sparen.

▸ Wird das Fahrzeug in einem Fernreiseziel gemietet, sollte man sich vor der Buchung genau über Ausstattung und Zubehör (Dekken, Küchenutensilien usw.) informieren.

▸ Es kann günstiger sein, das Fahrzeug vom Heimatort aus zu mieten. Man erspart sich so die Formalitäten am Urlaubsort.

▸ Es ist sehr praktisch, wenn das Wohnmobil über zwei Stützen verfügt, die schnell hinuntergekurbelt werden können. Unebenheiten des Bodens kann man ausgleichen, indem man z. B. ein Holzbrett unter die Stütze legt.

Auf unebenem Boden die Stütze auf ein Holzbrett stellen.

▸ Je nach den klimatischen Bedingungen ist eine eingebaute Heizung Voraussetzung für eine behagliche Unterkunft. Bei Reisen in nördliche Länder gilt dies auch im Sommer.

▸ Solarkollektoren, die auf dem Fahrzeugdach montiert sind, schaffen Unabhängigkeit vom Stromversorgungsnetz. Das Tageslicht reicht in der Regel aus, um die Bordbatterie nachzuladen.

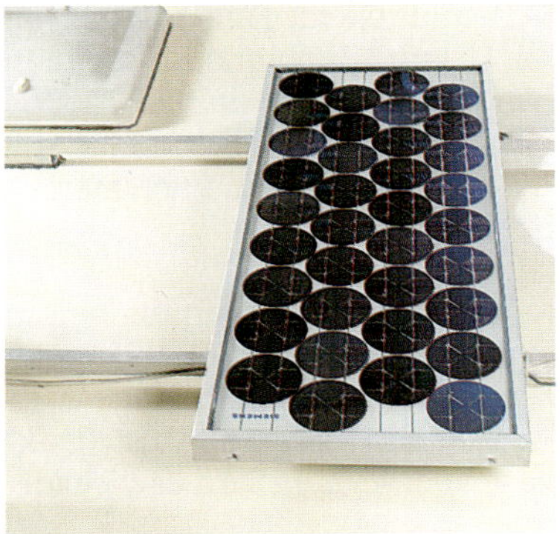

Sonnenkollektoren liefern unabhängig vom Standort Energie.

▸ Für den Stromanschluß auf Campingplätzen ist eine Kabeltrommel mit etwa 50 m Kabel erforderlich, denn die Steckdosen befinden sich oft nicht direkt am Stellplatz. Unbedingt den passenden Adapter mitnehmen.

▸ Elektrogeräte für 220-V-Wechselstrom kann man auch über die 12-V-Autosteckdose betreiben, wenn man einen entsprechend starken Spannungswandler anschließt.

▸ In Merkblättern des ADAC sind Adressen von Entsorgungsstationen in Deutschland aufgeführt, an denen man Abwässer sowie Chemietoiletten ordnungsgemäß entsorgen kann.

Mietpreise Die Hauptreisezeiten im Sommer und im Winter gelten als teuerste Mietzeit. Kann man sie meiden, wird ein Urlaub mit dem Wohnmobil erheblich billiger.

▸ Bei Preisvergleichen empfiehlt es sich, die unterschiedlichen Mietbedingungen und Ausstattungen zu beachten. Sind beispielsweise Fahrradträger, Euroschutzbrief, Übergabepauschale und Endreinigung extra zu bezahlen?

DEN WOHNWAGEN FÜR DIE REISE VORBEREITEN

▸ Den Wohnwagen so beladen, daß das Hauptgewicht auf den Achsen liegt. Dazu das Gewicht auf beiden Seiten gleichmäßig verteilen. Schwere Gegenstände möglichst weit unten verstauen, um den Schwerpunkt des Fahrzeugs auf möglichst niedriger Höhe zu halten.

▸ Die Anhängerkupplung darf man nur mit dem zulässigen Höchstgewicht belasten. Die entsprechende Angabe findet man auf einer Plakette neben der Kupplung.

▸ Nachdem der Wohnwagen beladen ist, kann man die Deichsellast mit Hilfe einer Personenwaage selbst testen. Dazu stellt man die Waage unter der Deichsel auf den Boden. Dann setzt man das Stützrad des Anhängers auf die Waage und stellt es so ein, daß die Deichsel bis zur Anhängerkupplung reicht. Die Belastung, die die Waage anzeigt, entspricht der Stützlast.

Die Stützlast des beladenen Wohnwagens prüft man mit Hilfe einer Personenwaage.

REISEN MIT DER BAHN

▸ Bahnauskünfte erteilen neben den Deutschen Bahnen die Reisebüros des DER und abr. Hier kann man auch Fahrkarten kaufen und Reservierungen vornehmen. Telefonische Auskunft ist bei den Reisebüros oft schneller zu erhalten als direkt bei der Bahn.

▸ Die Zugauskunft ist in den alten Bundesländern unter der Telefonnummer 1 94 19 zu erreichen. In den neuen Bundesländern wird dieser Service mit derselben Telefonnummer aufgebaut.

▸ Im Schlaf- oder Liegewagen werden große Distanzen angenehm zurückgelegt. Um zur Hauptreisezeit noch ein Bett zu bekommen, muß man mehrere Wochen im voraus reservieren.

▸ In zahlreiche Urlaubsgebiete fahren zur Hauptreisezeit Urlaubsexpreßzüge. Da sie nonstop fahren, ist man damit schneller am Urlaubsort als mit planmäßig verkehrenden Zügen.

▸ Lange Wartezeiten am Fahrkartenschalter vermeidet man, wenn man sein Ticket telefonisch bestellt und an einem bestimmten Schalter hinterlegen läßt; am Tag der Abreise holt man es dort ab.

Fahrpreise Die Fahrpreise sind in südlichen Ländern meist günstiger als in Nordeuropa. Neben den Normaltarifen gibt es Ermäßigungen, die die Fahrkarte erheblich verbilligen können.

▸ Bei der Reiseplanung beachten, daß die günstigsten Tarife oft an bestimmte Tage gebunden sind.

▸ Für bestimmte Zielgruppen wie Senioren, Familien und Jugendliche gibt es Sondertarife. Junge Leute können z. B. zum Einheitspreis einen Monat lang ganz Europa (Interrailticket) bereisen.

▸ Senioren sollten vor Fahrten ins Ausland nachfragen, ob auch dort ermäßigte Tarife gelten.

▸ Ein für ein Jahr gültiges Ermäßigungsangebot der Deutschen Bahnen ist die BahnCard. Über den einmaligen Basispreis für die erste oder die zweite Klasse hinaus – es gibt Sondertarife für Senioren, Junioren, Ehepartner, Kinder und Familien –, zahlt man auf allen Strecken und in allen Zügen dann nur noch den halben Fahrpreis.

▸ Informationen über Sondertarife und Bahnpässe erteilen die Fremdenverkehrsämter sowie die Deutschen Bahnen. Bei den Fahrkartenausgaben liegt eine Übersicht der wichtigsten Angebote der Nachbarbahnen zur Einsichtnahme aus.

▸ Hat man eine Fahrkarte gekauft und kann die Reise nicht antreten, erstatten die Deutschen Bahnen die Kosten für die Fahrkarte, wenn sie vor dem ersten Geltungstag zurückgegeben wird. Ansonsten wird eine Bearbeitungsgebühr erhoben. Der Anspruch auf Rückerstattung erlischt sechs Monate nach Ende der Geltungsdauer des Fahrausweises.

▸ In bundesweit etwa 325 Städten vermietet die Bahn direkt am Bahnhof Fahrräder. In Deutschland erhält man Mietfahrräder in Verbindung mit Bahnfahrkarten zu ermäßigten Preisen. Zur Hauptsaison sollte man besser telefonisch reservieren. Auskünfte erteilen die Verkaufsstellen der Bahn.

▸ Durch den Service Rail & Drive kann zur Ankunft des Zuges an 65 Stationen ein Mietwagen reserviert werden. Damit ist es möglich, die lange Anfahrt zum Urlaubsziel bequem im Zug zu verbringen und die nähere Umgebung dann im Pkw zu erkunden. Reservierungen nehmen alle Fahrkartenausgaben und Agenturen der Deutschen Bahnen sowie die Zugbegleiter der EC-, IC- und ICE-Züge entgegen.

Gepäck Der Haus-zu-Haus-Service der Bahn macht das Reisen mit viel Gepäck besonders angenehm. Dabei wird das Gepäck gegen Gebühr zu Hause abgeholt und am Urlaubsort zugestellt. Die Reservierung erfolgt beim nächsten Depot für den Gepäckkurierdienst. Das richtige Depot kann man dem Prospekt *Gepäckkurier* entnehmen.

▸ Wer sein Gepäck nicht selbst zum Waggon tragen will, kann – vor allem auf den EC-, IC- und ICE-Bahnhöfen – Gepäckträger, aber auch Taxifahrer mit dem Transport der Koffer zum Bahnsteig beauftragen. Eine Auflistung der Bahnhöfe mit diesem Service enthält der Prospekt *Geschäftsreisen* der Deutschen Bahnen.

▸ Geht das aufgegebene Reisegepäck auf dem Transportweg verloren, haftet die Bahn bis zur Höhe von 2000 DM pro Gepäckstück. Der Besitzer muß die Schadenshöhe belegen. Dann bietet eine Aufstellung über den Inhalt des Gepäckstücks wertvolle Hilfe.

Autoreisezug Mit dem Autoreisezug erreicht man bequem und entspannt das Reiseland. Durch Nachtfahrten kann auf der Hin- und Rückreise je ein Urlaubstag eingespart werden. Auch Motorräder werden vom Autoreisezug transportiert, Wohnwagen und Wohnmobile dagegen nur auf bestimmten Strecken. Auskünfte darüber erteilen die Fahrkartenausgaben und Agenturen der Deutschen Bahnen, wenn nötig in Zusammenarbeit mit ausländischen Reservierungsstellen. Die Autoverladestelle liegt meist außerhalb der Bahnhöfe.

▸ Frühzeitig reservieren, denn trotz der relativ hohen Preise sind die Züge in der Reisesaison oft ausgebucht.

▸ Wer auf dem Dach Gepäck befördert, muß die maximal zulässige Höhe beachten.

▸ Zur Verladestelle nicht in letzter Minute kommen, um den Wagen in Ruhe verladen zu können. In den Beförderungsunterlagen sind Verladezeiten angegeben.

▸ Auskunft über Autoreisezüge im Ausland erteilen die jeweiligen Fremdenverkehrsämter.

▸ Im Transportpreis ist für den Fahrer ein Bett im Liege- bzw. Schlafwagen inbegriffen, die weiteren Teilnehmer zahlen stark ermäßigte Preise. Im grenzüberschreitenden Verkehr ist die Mitnahme von Hunden an die Buchung eines Abteils gebunden.

MITFAHRZENTRALEN

▸ In vielen deutschen Städten gibt es Mitfahrzentralen, die gegen eine Vermittlungsgebühr preiswerte Fahrten auch über die deutschen Grenzen hinaus vermitteln. Als Mitfahrer muß man sich an den Benzinkosten beteiligen. Man sollte stets bedenken, daß man sich einem unbekannten Autofahrer anvertrauen muß.

▸ Die Telefonnummer der Mitfahrzentrale schlägt man im Telefonbuch nach.

▸ Mitfahrzentralen gibt es auch in vielen Nachbarstaaten. Die nächste Mitfahrzentrale informiert über Auslandsadressen.

▸ Es kann sinnvoll sein, auch bei der Mitfahrzentrale in einer nahe gelegenen Stadt nach Angeboten zu fragen.

▸ Beim Zahlen der Vermittlungsgebühr auch eine Unfallversicherung abschließen.

▸ Die Mitfahrzentrale gibt für den Fahrpreis einen Richtwert an, an dem sich der Fahrer orientieren muß. Darüber sollte man sich unbedingt informieren.

▸ Einen eindeutigen Treffpunkt ausmachen, z. B. am Bahnhof. Ein Haus-zu-Haus-Service ist nicht üblich.

BUSREISEN

▸ Bei der Streckenbeschreibung organisierter Busreisen im Prospekt genau darauf achten, ob und welche Sehenswürdigkeiten nachts passiert werden.

▸ Vor der Buchung und bei Preisvergleichen abklären, welche Leistungen im Reisepreis enthalten bzw. extra zu bezahlen sind.

▸ Ein großer Abstand zwischen den Sitzreihen ist für die Bequemlichkeit im Bus ausschlaggebend. Die Einteilung der Busse in Kategorien (bis zu vier Sternen) gibt Auskunft über ihre Ausstattung. Ist die Einstufung aus dem Prospekt nicht ersichtlich, beim Veranstalter nachfragen.

▸ Auf die Wahl des Sitzplatzes hat man in der Regel wenig Einfluß. Wer von Rauchern getrennt sitzen möchte, sollte dies dem Veranstalter mitteilen.

▸ Raucher sollten sich vorab informieren, ob im Bus ein Rauchverbot gilt und wie oft Rauchpausen vorgesehen sind.

▸ Bei einer Werbefahrt (Kaffeefahrt) muß man nicht an der Verkaufsveranstaltung teilnehmen.

▸ Wer mit Linienbussen im Fernverkehr schnell ans Ziel kommen möchte, sollte eine Nonstopfahrt buchen. Sind Übernachtungen vorgesehen, ist bei der Buchung zu klären, ob die Kosten dafür im Preis enthalten sind.

▸ Über das europäische Streckennetz (Europabusse) informiert das Kursbuch der Bundesbahn.

▸ Für Rundreisen per Greyhoundbus werden in den USA, Kanada und Australien günstige Pässe angeboten.

FÄHREN

▸ Schon bei der Buchung abklären, wie lang man vor dem Ablegen anwesend sein muß.

▸ Prospekte der Reedereien erhält man im Reisebüro. Der ADAC gibt ein Faltblatt heraus, das mit Fahrplänen, Tarifen und Preisen einen Überblick über zahlreiche Fährverbindungen gibt.

▸ Einen umfassenden und jährlich im Februar aktualisierten Fährplan für Europa kann man beim FiE Verlag, Spaldingstr. 210, 20042 Hamburg, Tel. 040/230696, bestellen. Der Verlag sendet die Broschüre gegen Zahlung einer Schutzgebühr zu.

▸ Wer Probleme mit der Seekrankheit erwartet, wählt am besten die kürzeste Route und läßt sich von seinem Arzt über geeignete vorbeugende Medikamente beraten.

▸ Bei der Buchung sind bei der Höhen- und Längenangabe zum Pkw eventuelle Dachlasten und Anhänger zu berücksichtigen. Die Buchungsbestätigung nimmt man auf die Reise mit.

▸ Lange Überfahrten werden für Kinder bald langweilig. Daher Spiele, Bücher usw. einpacken.

▸ Wer ein Fernglas mitnimmt, kann bei der Überfahrt z. B. Seevögel und anderes Interessante beobachten.

Preisgünstig fahren Mit dem billigsten Fährticket muß man nicht unbedingt am günstigsten fahren. Bei der Kalkulation sollte man auch die unterschiedlichen Kosten für die Anreise zu den verschiedenen Fährhäfen und den Zeitaufwand dafür berücksichtigen.

▸ Die Fährgesellschaften berechnen die Preise für Pkw nach deren Außenmaßen. Je nach Gesellschaft kann ein Autotyp verschiedenen Kategorien mit unterschiedlichen Preisen zugeordnet werden. Ein Preisvergleich lohnt also. Wohnmobilfahrer sollten auch auf die Höhenbegrenzungen achten.

▸ Die Preise der Fährgesellschaften sind saisonabhängig. Ein Vergleich der Saisonstaffelung kann eine Ersparnis bringen.

▸ Manche Gesellschaften bieten Komplettangebote für Pkw mit Insassen an. Auch hier lohnt es nachzurechnen.

▸ Preisermäßigungen für Kinder werden von Gesellschaft zu Gesellschaft zu unterschiedlichen Bedingungen gewährt. So kann ein Fünfjähriger bei einer Gesellschaft noch gratis fahren, während bei einer anderen der Kinderpreis bezahlt werden muß.

▸ Viele Gesellschaften gewähren Sonderpreise bei gleichzeitiger Buchung von Hin- und Rückreise oder der Buchung für bestimmte Reisetage.

▸ Für manche Reiseziele, z. B. die skandinavischen Staaten, werden Durchgangstickets, Kombinationstickets o. ä. angeboten. Wer ein solches Ticket bucht, kann Hin- und Rückreise auf verschiedenen Strecken absolvieren. Das ist besonders bei Rundreisen attraktiv.

▸ Über die Sicherheitsstandards der Fähren geben Verbraucherzentralen Auskunft.

▸ Auf längeren Fährstrecken besteht meist die Möglichkeit, verschiedene Qualitätsstandards zu buchen. Genaue Auskünfte darüber erteilt das Reisebüro.

Kabine buchen Man sollte überlegen, ob man nicht bei einer längeren Fährstrecke nachts reist und für die Fahrt eine Kabine bucht. Verglichen mit Preisen für Hotelzimmer im Urlaubsland, sind die Kabinenpreise oft sogar recht günstig.

▸ Die Kabinen werden in der gewählten Kategorie meist am Abfahrtsort zugewiesen. Wünsche bezüglich ihrer Lage (z. B. zu Maschinenräumen, Disco- und Tanzsälen) werden dabei nach Möglichkeit berücksichtigt.

▸ Wer mit der Seekrankheit zu kämpfen hat, bittet am besten um eine Kabine in der Nähe des Schiffsschwerpunktes. Denn je tiefer und je näher zur Schiffsmitte die Kabine liegt, desto weniger spürt man die Schlingerbewegungen des Schiffes. Andererseits weiß man, daß die Passagiere in diesen Kabinen bei Unfällen am stärksten gefährdet sind.

MIT DEM FLUGZEUG IN DEN URLAUB

▸ Bei der Wahl der Fluggesellschaft sollte man bedenken, daß die billigste nicht unbedingt die beste ist. Gerade kleine oder exotische Gesellschaften sind häufig unpünktlich oder weniger sicher.

▸ Sicherheitshalber notiert man die Nummer des Flugtickets und die Adresse des Reisebüros, bei dem man es gekauft hat, um im Fall des Verlustes schneller Ersatz bekommen zu können.

Flugtarife Linienflüge sind oft recht teuer. Daher lohnt es sich, Ermäßigungen zu nutzen, durch die man sogar 50 % des Preises für ein Flugticket sparen kann.

▸ Bestimmte kleine Kontingente von Flugtickets werden oft im Sonderangebot gehandelt. Um in den Genuß eines Sondertarifs zu kommen, muß man rechtzeitig reservieren. Umbuchungen sind bei Tickets im Sondertarif nur eingeschränkt möglich.

▸ Viele Gesellschaften bieten einen Ehepaartarif an. Dabei zahlt ein Partner den vollen Preis, der andere nur die Hälfte. So fliegt man im Linienflugverkehr sehr preiswert. Es kann interessanter sein, nach diesem Tarif zu buchen, als zwei Tickets zu einem Sonderpreis zu kaufen. Denn der Ehepaartarif schließt alle Vorteile der Business class wie Umbuch- oder Storniermöglichkeit ein.

▸ Die meisten Fluggesellschaften gewähren Mitgliedern bestimmter Personengruppen wie Jugendlichen, Senioren, Schülern und Studenten Ermäßigungen.

▸ Wer mit einem Baby ins Ausland fliegt, benötigt auch für dieses ein Ticket, das jedoch meist nur wenige Prozente des normalen Preises kostet. Genaue Auskünfte darüber gibt die jeweilige Fluggesellschaft.

▸ In manchen Ländern gibt es auf bestimmten Linien Rundreisetickets oder Sonderpreise.

▸ Vor dem Buchen unbedingt Preisvergleiche zwischen verschiedenen Reisebüros – auch unter Berücksichtigung mehrerer Abflughäfen – anstellen. Dabei auf Vergleichbarkeit der Leistungen achten. Die Preise variieren mitunter erheblich.

▸ Gerade bei Fernreisen kann es interessant sein, einen Zwischenstop einzulegen. Oft kann man die Reise ohne Aufschlag für einige Tage unterbrechen.

▸ Häufig ist es günstiger, einen Umsteigeflug zu buchen, als einen Flug auf der kürzesten Strecke zu wählen.

▸ Sehr preiswert sind Chartercampingflüge. Man kauft eine günstige Charterflugreise in Verbindung mit einer sehr billigen und oft primitiven Unterkunft, die man jedoch nicht in Anspruch nimmt. Die Reise insgesamt ist häufig erheblich billiger als ein Linienflugticket. Solche Angebote sind vor allem interessant, wenn man im Urlaubsland keine Unterkunft mieten muß.

▸ Wer ein Billigticket kauft, sollte sicherheitshalber bei der Fluggesellschaft anrufen und überprüfen, ob er auf der Passagierliste steht. Auch bei feststehendem Rückflugtermin muß man den Rückflug im Reiseland nochmals von der Fluggesellschaft bestätigen lassen.

▸ Extrem günstig können sogenannte Stand-by- oder Last-minute-Flüge sein. Dafür muß man sich aber sehr kurzfristig entscheiden, da nur freigebliebene Plätze in einer Maschine zu Sonderkonditionen verkauft werden. Im Fall einer Panne, Umbuchung oder bei verpaßtem Anschlußflug genießt man nicht die gleichen Rechte wie ein Passagier mit Normalticket.

Anreise zum Flughafen Man sollte möglichst nicht mit dem Auto zum Flughafen fahren. Denn ein Stau kann leicht zu einer Verspätung führen. Außerdem fallen oft erhebliche Parkgebühren an, wenn man seinen Pkw während der Reise am Flughafen parkt.

▸ Wer auf das eigene Auto nicht verzichten kann, spart meist einiges, wenn er nicht direkt am Flughafen parkt.

▸ Bei Vorlage des Flugtickets bekommt man am Bahnschalter eine günstige Bahnfahrkarte (Rail & Fly) zum Abflugort. Es lohnt sich aber nachzurechnen, ob man nicht mit einem anderen Sonderangebot der Deutschen Bahnen noch günstiger fährt.

▸ Wer nicht erst am Abflugtag zum Flughafen anreisen möchte, kann das Angebot Park, Sleep & Fly wählen (das Reisebüro informiert). Gute Hotels in Flughafennähe bieten günstige Übernachtungen in Verbindung mit dem Flugticket an. Oft kann dort auch das Auto für die Reisezeit kostenlos untergestellt werden.

▸ Alleinreisende Kinder, Behinderte oder alte Menschen können einen Betreuungsservice in Anspruch nehmen, den viele Fluggesellschaften bieten. Ein entsprechend angemeldeter Passagier wird dann rundum von einer Stewardeß betreut.

Gepäck Die Gepäckmenge ist bei Linien- und Charterflügen begrenzt (in der Regel 20 kg pro Person). Das Reisebüro informiert über das maximal zulässige Gewicht. Da für Übergepäck hohe Gebühren anfallen, sollte man den Koffer probepacken und zu Hause wiegen. Auch für das Handgepäck gilt ein Gewichtslimit (meist 5 kg).

▸ Ins Handgepäck gehören Paß, Ticket und wichtige Dokumente, zerbrechliche Gegenstände und Wertsachen. Mantel, Schirm, Handtasche oder Klappkinderwagen dürfen zusätzlich zum Handgepäck mitgenommen werden.

▸ Je nach Zielgebiet warme bzw. leichte Kleidung ins Handgepäck nehmen, um sich kurz vor der Landung den Temperaturen vor Ort entsprechend kleiden zu können. Mit einem kompletten Satz Kleidung im Handgepäck ist man auch für den Fall abgesichert, daß der am Schalter aufgegebene Koffer den Zielort nicht erreicht.

▸ Wenn man Übergepäck hat und mit Bekannten zusammen fliegt, verteilt man das Gepäck so, daß die Freigrenzen ausgeschöpft werden.

▸ Wenn man seinen Koffer individuell kennzeichnet, erkennt man ihn nach der Ankunft auf dem Beförderungsband sofort.

▸ Wer Sondergepäck (z. B. Sportgeräte) mitnehmen möchte, muß sich besonders zur Hochsaison rechtzeitig einen Platz im Frachtraum sichern. Bei Charterflügen kann man beispielsweise ein Surfbrett meist sehr günstig mitnehmen (Pauschalpreis).

▸ Statt für Sondergepäck bei einem Linienflug hohe Gebühren zu zahlen, sollte man überlegen, ob man sein Sportgerät nicht günstiger am Ferienort mietet.

Ein guter Platz im Flugzeug Für manche Fluggesellschaften kann schon das Reisebüro eine Platzreservierung vornehmen. Bei Liniengesellschaften ist die Reservierung kostenlos, bei Chartergesellschaften muß dafür meist extra bezahlt werden.

▸ Wer anfällig für Reisekrankheiten ist, sollte möglichst weit vorn im Flugzeug und nicht auf Höhe der Tragflächen sitzen. Man kann den unangenehmen Beschwerden etwas vorbeugen, wenn man am Tag vor dem Flug auf Alkohol und fette Speisen verzichtet und nicht raucht.

▸ Wer sich gern die Füße vertritt oder wer häufiger die Toilette aufsuchen muß, wählt besser einen Platz am Gang.

▸ Wer im Flugzeug schlafen möchte, wird auf einem Fensterplatz am wenigsten gestört.

▸ Die größte Beinfreiheit hat man in der Touristenklasse auf den Plätzen hinter der First bzw. Business class und beim Notausstieg.

▸ Die Mittelplätze in der mittleren Sitzreihe von Großraumflugzeugen meiden, da dort die Bewegungsfreiheit eingeschränkt ist, die größte Unruhe herrscht und auch die Sicht nach außen versperrt ist.

▸ Raucher oder Nichtraucher sollten schon bei der Buchung auf entsprechende Sitzplatzwünsche hinweisen.

▸ Bei der Buchung, spätestens einen Tag vor dem Abflug, Sonderwünsche bezüglich des Bordmenüs (z. B. Schonkost, Mahlzeiten für Vegetarier oder Diabetiker) anmelden. Sie werden von den Fluggesellschaften kostenlos berücksichtigt.

▸ Für den Flug leichte und lockere Kleidung wählen.

Zeitverschiebung Der sogenannte Jet-lag bringt bei Fernreisen den Biorhythmus durcheinander. Müdigkeit, Schlaflosigkeit oder Verstopfung sind häufige Begleiterscheinungen. Die Auswirkungen werden abgemildert, wenn man während der letzten Tage vor einem Langstreckenflug seinen Lebensrhythmus etwas verschiebt, also z. B. eine Stunde früher oder später (je nach Flugrichtung) ißt, zu Bett geht und aufsteht.

▸ Die Flugzeit so wählen, daß man am frühen Abend (Ortszeit) am Zielort ankommt. Dann fällt die Umstellung leichter.

▸ Vor einer Flugreise kariöse Zähne behandeln lassen. Denn der verminderte Druck im Flugzeug kann Zahnschmerzen verursachen, wenn sich beim Aufsteigen des Flugzeugs die Gase, die bei Kariesbildung unter einer undichten Zahnfüllung entstehen, ausdehnen.

VOR DER ABREISE

SICHERUNG GEGEN EINBRUCH

▸ Einbrecher halten nach unbewohnten Wohnungen und Häusern Ausschau. Daher alles tun, damit das Heim während der Urlaubszeit nicht einen verlassenen Eindruck vermittelt.

▸ Wer regelmäßig Lieferungen von Milch, Bier, Eiern o. ä. erhält, sollte sie vor der Abreise rechtzeitig abbestellen.

▸ Wird die Post nicht nachgeschickt, regelmäßig den Briefkasten von Bekannten oder Nachbarn leeren lassen.

▸ Auch eine über längere Zeit leere Mülltonne kann Einbrechern als Hinweis auf eine unbewohnte Wohnung dienen. Daher die Nachbarn bitten, die Mülltonne mitzubenutzen.

▸ Vor dem Verlassen der Wohnung Lichter ausschalten und Fenster schließen. Balkon-, Terrassentüren und leicht erreichbare Fenster besonders überprüfen. Rolläden nicht herablassen, denn dauernd geschlossene Jalousien machen Einbrecher neugierig.

▸ Bekannte bitten, regelmäßig in der Wohnung nachzuschauen, gelegentlich die Vorhänge auf- und zuzuziehen, die Rolläden zu betätigen und von Zeit zu Zeit die Lichter ein- und auszuschalten.

▸ Licht und elektrische Rollos lassen sich ebenso wie Radio oder Fernseher durch Zeitschaltuhren z. B. mit Wochenprogramm automatisch betätigen.

▸ Wer die Rolläden doch herabläßt, kann sie wie Fenster und Türen durch Klemm- und Sperrvorrichtungen, Beschläge und Zusatzverriegelungen sichern. Alarmanlagen und Bewegungsmelder leisten ebenfalls gute Dienste.

▸ An Terrassen- und Balkontüren kann man Hebetürsicherungen anbringen.

▸ Die Schlüssel von Haus- und Wohnungstür zweimal im Schloß herumdrehen; Garagentür oder Türen von Nebengebäuden nicht vergessen. Die Wohnungstür sollte zusätzlich mit einem Zylinderschloß gesichert sein. Darauf achten, daß der Beschlag außen bündig abschließt und von innen verschraubt ist.

▸ Die kriminalpolizeilichen Beratungsstellen bieten in vielen Städten Beratung zu Schutzmaßnahmen gegen Einbruch an.

▸ Für den Notfall einen Ersatzschlüssel bei Nachbarn oder Freunden abgeben und ihnen Urlaubsadresse, Autokennzeichen und Reiseroute angeben, so daß sie gegebenenfalls einen Reiseruf veranlassen können.

▸ Für den schlimmsten Fall eine Anweisung zum Auffinden wichtiger Papiere, Versicherungsunterlagen, Testamente usw. erstellen und an einem sicheren Ort – z. B. bei nahen Verwandten – hinterlegen. Auch die Adressen der Personen notieren, die im Not- oder Todesfall zu verständigen sind.

Dokumente und Wertgegenstände Besonders wichtige Dokumente, Wertpapiere und Wertgegenstände am besten in einem Bankschließfach oder Safe deponieren und die Schlüssel getrennt aufbewahren. Weitere Papiere wie Versicherungsunterlagen kann man in einer feuer- und wasserdichten Kassette an einem sicheren Ort in der Wohnung oder bei Freunden deponieren.

▸ Vor der Abreise eine detaillierte Liste der in der Wohnung verbleibenden Wertsachen erstellen, damit man im Fall eines Einbruchs genaue Angaben dazu machen kann. Bei Stereoanlagen, Videokameras, Computern usw. die Geräteseriennummer notieren, ebenso Kaufdatum, Kaufpreis, Hersteller und Marke. Zusätzlich möglichst unverwechselbare Merkmale notieren, um nachweisen zu können, daß einem das Wertobjekt auch tatsächlich gehört.

▸ Wertgegenstände, die keine Seriennummer haben, kann man individuell kennzeichnen, indem man z. B. den eigenen Namen oder das Geburtsdatum einritzt oder eingraviert.

Wertsachen ohne Seriennummer einfach durch eine Gravur kennzeichnen.

▸ Wertvolle Gemälde, Antiquitäten, Möbel, Schmuckstücke und Teppiche fotografieren. Im Fall eines Einbruchs können die Fotos der Polizei bei der Fahndung nützliche Dienste erweisen. Die Liste der Wertsachen und die Fotos an einem sicheren Ort, z. B. in einem Bankschließfach, aufbewahren.

VORSORGE FÜR HAUSHALT UND GARTEN

▸ Den Kühlschrank vollständig ausräumen, abtauen und reinigen und die Kühlschranktür offen lassen. Ein zusammengefaltetes Geschirrtuch o. ä. in die Tür legen, damit sie nicht zufällt und sich Schimmelpilze bilden.

Klemmt man ein Geschirrtuch in die Kühlschranktür, kann diese nicht zufallen.

▸ Den Strom nur abschalten, wenn Gefriertruhe und Kühlschrank leer sind, der Videorecorder während des Urlaubs nichts aufnehmen und die Heizung nicht laufen soll.

▸ Das Fernsehantennenkabel (Blitzschlaggefahr!) abziehen.

▸ Besonders bei längerer Abwesenheit die Batterien aus Radios, Taschenlampen und -rechnern, Weckern oder Ladegeräten herausnehmen. Sonst besteht die Gefahr, daß die Batterien auslaufen und das Gerät zerstören.

Heizung Für den Notfall eine Bedienungsanleitung zur Heizung leicht auffindbar in der Wohnung hinterlassen.

▸ Bei Reisen im Winter die Heizung auf minimaler Stufe laufen lassen oder in den bei starkem Frost gefährdeten Räumen, z. B. der Toilette, einen sogenannten Frostwächter installieren, ein kleines Heizgerät, das sich automatisch einschaltet, wenn die Innentemperatur unter einen bestimmten Wert absinkt.

▸ Wer eine Heizung mit Warmwasserboiler hat, sollte diesen abschalten, da er sonst unnötig Energie verbraucht.

Pflanzen Freunde, Verwandte oder Nachbarn bitten, die Zimmerpflanzen zu gießen. Dies wird erleichtert, wenn man die Pflanzen z. B. auf dem Küchentisch zusammenstellt. Dabei den Lichtbedarf der Pflanzen beachten.

▸ Für empfindliche Pflanzen schriftliche Anweisungen hinterlassen, wie gegossen werden soll.

▸ Im Handel gibt es auch selbsttätige Bewässerungsvorrichtungen, z. B. mit Wasser gefüllte Tonkegel. Der Kegel wird in die Blumenerde gesteckt und saugt über einen Schlauch Wasser aus einem Behälter an.

Den Tonkegel in den Topf stecken und den Ansaugschlauch in ein mit Wasser gefülltes Gefäß führen.

▸ Man kann auch in einen erhöht gestellten, mit Wasser gefüllten Eimer ein Ende eines 2 cm breiten Lampendochts legen und diesen mit einem Stein beschweren; das andere Ende steckt man in die Blumenerde. Das Wasser wird automatisch übergeleitet.

DAS HEIM FÜR DIE URLAUBSZEIT SICHERN

An von außen leicht erreichbaren Fenstern erhöhen abschließbare Beschläge die Sicherheit.

Eine spezielle Klemmvorrichtung hinter dem Rolladen verhindert das Hochschieben von außen.

Ein Bewegungsmelder registriert Bewegungen und schaltet automatisch das Außenlicht ein.

Garten Rechtzeitig jemanden bitten, im Sommer regelmäßig den Rasen zu mähen und zu sprengen sowie die Pflanzen im Garten zu gießen.

▸ Auch Unternehmen übernehmen die Versorgung des Gartens. In Universitätsstädten vermittelt der Studentenservice Hilfskräfte.

Tiere Wenn man ein Haustier von Bekannten versorgen läßt, sollte man für diese aufschreiben, wie oft, zu welchen Zeiten und mit welchem Futter das Tier gefüttert werden soll. Auch die Adresse des Tierarztes hinterlassen!

Zeitung Die Tageszeitung kann man sich an den Urlaubsort schicken lassen. Entsprechende Bestellvordrucke ein bis zwei Wochen vor der Abreise beim Zeitungsverlag anfordern. Sonst die Zeitung rechtzeitig abbestellen.

Post Das Nachsenden der Post übernimmt die Bundespost gratis. Nachsendeantrag einige Werktage vor der Abreise am Postschalter abgeben. Man kann den Nachsendeantrag auch an Vertrauenspersonen adressieren.

Zahlungstermine Während des Urlaubs fällige Zahlungen (z. B. Telefon- und Stromgebühren, Miete, Versicherungsbeiträge) vorab veranlassen.

CHECKLISTE: VORBEREITUNG DER REISE

Ein bis zwei Monate vor der Reise

- *Ablaufdatum von Reisepaß, Personal- und Kinderausweis prüfen.*
- *Visa beantragen. Dabei auch an das Durchreiseland denken!*
- *Rechtzeitig einen Arzt- und Zahnarzttermin geben lassen und bei Fernreisen die gesundheitlichen Risiken abklären.*
- *Impfungen vornehmen lassen.*
- *Impfpässe von mitzunehmenden Haustieren überprüfen und Impfungen auffrischen.*
- *Reiseführer, Informationsmaterial und Karten kaufen.*
- *Bei Bedarf: internationalen Campingausweis, Jugendherbergsausweis usw. beantragen.*
- *Sprachkenntnisse auffrischen.*
- *Fahrzeuginspektion bei der Werkstatt anmelden bzw. selbst mit den entsprechenden Vorbereitungen beginnen.*
- *Besonders für Extremtouren Werkzeug, Ersatzteile und Ausrüstung besorgen.*
- *Internationalen Führerschein beantragen.*
- *Sich um ein Carnet de passages (Zollpassierscheinheft für Kraftfahrzeuge) oder Triptik kümmern.*
- *Grüne Versicherungskarte prüfen und ggf. neu beantragen.*
- *Kfz-Schutzbrief abschließen.*
- *Auslandskrankenscheine auch für das Durchreiseland anfordern.*
- *Fährplatz für Pkw reservieren; Platzreservierung für Bahn, Flug und Schiff vornehmen.*
- *Einbruchsicherungen an der Wohnung anbringen.*
- *Vorauszahlung für Reiseveranstalter, Hotelbuchung u. a. leisten.*

Zwei bis drei Wochen vor der Reise

- *Geld umtauschen, Reise- und/oder Euroschecks beantragen.*
- *Reiseversicherungen abschließen.*
- *Prüfen, ob im Postsparbuch noch Platz für Einträge ist; falls nötig neues Buch beantragen.*
- *Liste der Wertgegenstände anfertigen; an sicherer Stelle ablegen.*
- *Nachbarn oder Freunde bitten, die Blumen zu versorgen.*
- *Offene Rechnungen begleichen, eventuell Daueraufträge einrichten.*
- *Einkäufe in Ruhe erledigen.*
- *Benzingutscheine kaufen.*
- *Für die Unterbringung der Haustiere sorgen.*
- *Nachsendeanträge für Post und Zeitung stellen.*

Zwei Tage vor der Reise

- *Wertgegenstände und wichtige Papiere in ein Schließfach bringen.*
- *Letzte Fahrzeugkontrolle: Luftdruck, Ölstand, Ersatzrad usw.*
- *Zweitschlüssel für die Wohnung bei Bekannten abgeben.*
- *Ersatzschlüssel für das Fahrzeug an sicherer Stelle aufbewahren.*
- *Regelmäßige Lieferungen wie z. B. Brötchen abbestellen.*
- *Koffer packen.*
- *Reiseverpflegung einkaufen.*
- *Verderbliche Lebensmittel aufbrauchen und den Kühlschrank abtauen.*
- *Videorecorder programmieren.*
- *Reiseroute genau planen; für Teilabschnitte Notizzettel anlegen.*

Am Tag der Abreise

- *Kühlschranktür offen lassen.*
- *Stecker von elektrischen Geräten aus der Steckdose ziehen.*
- *Gas- und Wasserhaupthahn schließen.*
- *Warmwasserboiler ausschalten.*
- *Antennenstecker herausziehen, falls kein Video aufgenommen werden soll.*
- *Kofferschlüssel einstecken.*
- *Das Gepäck ins Fahrzeug oder für die Abfahrt zusammenstellen.*
- *Müll- und Komposteimer leeren.*
- *Pflanzen nochmals gießen.*
- *Alle wichtigen Papiere einpacken, Tickets griffbereit einstecken.*
- *Türen und Fenster schließen und verriegeln.*

8

Unterwegs und am Urlaubsort

SELBST AM STEUER

▸ Der Fahrer sollte bei einer Urlaubsreise mit dem eigenen Auto stets gut ausgeruht und entspannt sein. Wenn vor der Abfahrt noch etwas Wichtiges zu erledigen ist, kann dies sicher auch ein Beifahrer übernehmen.

Sicherheit Für Urlaubsfahrten wird das Auto meist schwerer beladen als gewöhnlich. Der Bremsweg wird dadurch länger, und man muß entsprechend fester auf das Bremspedal treten. Deshalb sollte man auf freier Fahrbahn eine Bremsprobe durchführen. Vor der Bremsung aber die Mitfahrer informieren, damit sie darauf vorbereitet sind.

▸ Wer einen Dachgepäckträger benutzt, muß die zulässige Dachlast beachten. Außerdem sollte nach der Bremsprobe geprüft werden, ob das Gepäck noch gut befestigt ist.

Nach der Bremsprobe die Befestigung der Dachlast prüfen.

▸ Aufgrund der Zuladung wird oft der Strahlungswinkel der Scheinwerfer verändert. Das kann zur Folge haben, daß der Gegenverkehr geblendet wird. Deshalb gleich nach der Abfahrt z. B. vor einer Wand die Einstellung der Scheinwerfer prüfen und gegebenenfalls korrigieren.

▸ Gleich nach der Abfahrt bei den noch kalten Reifen den Luftdruck prüfen und korrigieren.

▸ Schwerbeladene Fahrzeuge sind seitenwindempfindlich und neigen zum Aufschaukeln. Beim Überholen von Lkw ist besondere Vorsicht geboten. Ebenso auf Brücken und in offener Landschaft.

▸ Auf die Heckablage gehören keine schweren und festen Gegenstände; sie können bei Ausweichmanövern oder einer Vollbremsung nach vorn geschleudert werden und die Insassen verletzen.

▸ Schwere Gegenstände wie Fotoapparat und Kamera sind am Fahrzeugboden zwischen Vorder- und Rücksitz gut aufgehoben. Sie müssen aber so abgelegt sein, daß sie keinesfalls beim Bremsen in den Fußraum des Fahrers rutschen können.

Orientierung Für den Beifahrer sollte Straßenkarte bzw. Autoatlas griffbereit sein.

▸ Vor der Fahrt auf einem Zettel die wichtigsten Daten zur Fahrtroute vermerken (Straßennummern und Richtungsangaben, Nummern der Autobahnausfahrten usw.) und zur schnelleren Orientierung des Fahrers gut sichtbar im Fahrzeuginnenraum anbringen.

▸ Wenn man mehrere Tage unterwegs ist, sollte man für jede Teilstrecke eine eigene Routenliste erstellen.

Sitzhaltung im Fahrzeug Wer im Fahrzeug bequem sitzt, ermüdet nicht so schnell und kommt entspannter am Ziel an.

▸ In den Fußraum auf der Beifahrerseite kein Gepäck laden. Auch der Beifahrer muß mit ausgestreckten Beinen sitzen können.

▸ Mit dem Gesäß bis an die Rückenlehne rutschen und gerade sitzen. Nur dann können die Bandscheiben ihre Funktion als Stoßdämpfer zwischen den Wirbeln erfüllen.

▸ Die Entfernung vom Sitz zum Lenkrad ist so zu wählen, daß die Hände bei leicht angewinkelten Armen das Lenkrad erreichen. Dabei müssen Kupplung und Bremspedal gut zu treten sein, ohne daß man auf dem Sitz vorrutschen muß. Bei durchgedrücktem Pedal sollte das Bein noch leicht angewinkelt sein.

Mit leicht angewinkelten Armen fährt man entspannter.

▸ Sind Arme und Beine stark angewinkelt, sitzt man zu nah am Lenkrad. Das kann zu Verspannungen führen. Außerdem ist das Risiko, bei einem Unfall auf das Lenkrad zu prallen, groß, denn der Sicherheitsgurt wird bei zu geringem Abstand zum Lenkrad eventuell erst zu spät wirksam.

▸ Nach einer längeren Fahrt sollte man zum Aussteigen den Körper um 90° drehen, beide Beine auf den Boden stellen und dann mit geradem Rücken aufstehen. Denn wer seitlich mit zunächst einem Bein und halber Körperdrehung aussteigt, kann sich leicht eine Zerrung oder einen Hexenschuß zuziehen.

Konzentration am Steuer Da man dazu neigt, bei der Abfahrt noch zu überlegen, ob man nicht etwas Wichtiges vergessen hat, ereignen sich gleich zu Beginn von Urlaubsfahrten häufig Unfälle. Um dieses Risiko zu verringern, sollte man sich für die erste Stunde einer Fahrt ganz bewußt vornehmen, sich nur auf den Verkehr zu konzentrieren.

▸ Mittags gegen 14 Uhr und nachts gegen 2 Uhr ist die Gefahr, von Müdigkeit übermannt zu werden und am Steuer einzuschlafen, besonders groß. Abhilfe schaffen Gespräche mit dem Beifahrer oder auch lautes Singen oder Pfeifen. Wenn das die Müdigkeit nicht vertreibt, muß man unbedingt eine Schlafpause einlegen.

▸ Gefährlich sind Zigaretten als Wachmacher. Sie verschlechtern die Sauerstoffversorgung des Körpers, und man ermüdet danach noch rascher.

▸ In einem überheizten Fahrzeug ermüdet man leicht. Im Sommer das Seitenfenster oder das Schiebedach wiederholt öffnen und lüften, ständigen Durchzug jedoch vermeiden. In kühleren Jahreszeiten die Heizung nicht ganz aufdrehen und die Warmluft nicht ins Gesicht lenken. Man sollte – wenn vorhanden – lieber die Sitzheizung einschalten und gleichzeitig für Frischluftzufuhr sorgen. Bei akuter Müdigkeit Fenster herunterkurbeln, kühlenden Fahrtwind hereinlassen und dann unbedingt eine Pause machen.

▸ Wer ständig intensivem Licht ausgesetzt ist, ermüdet schneller. Deshalb rechtzeitig die Sonnenbrille aufsetzen oder die Sonnenblenden herunterklappen. Nachts darf der Fahrer aber, auch wenn er durch den Gegenverkehr geblendet wird, keinesfalls eine Sonnenbrille tragen.

▸ Ein für einen Fahrerwechsel vorgesehener Beifahrer, dem es während einer Nachtfahrt nicht gelingt, vom Verkehrsgeschehen abzuschalten und sich auszuruhen, kann dagegen eine Sonnen-

BEWEGUNGSÜBUNGEN WÄHREND EINER FAHRTUNTERBRECHUNG

1. Mit gestreckten Armen tief in die Hocke gehen und sich dann gerade wieder aufrichten.

2. Ein Bein auf einer Bank aufsetzen und mit den Händen versuchen, die Fußspitze zu erreichen.

3. Sicher auf einer Bank sitzend, die gestreckten Beine langsam anheben und wieder absetzen.

4. In Grätschstellung und mit geraden Armen die Handflächen in Richtung Boden vorstrecken.

5. Abwechselnd in den Ausfallschritt springen. Mit den Händen stützt man sich notfalls ab.

6. In Grätschstellung die Arme nach oben strecken und abwechselnd den Rumpf seitlich beugen.

brille aufsetzen. Das reduziert Anspannung und Ermüdung.

Pausen Müdigkeit und Konzentrationsschwäche sollte man mit kurzen Pausen vorbeugen, die anfangs alle zwei bis drei Stunden, im Verlauf einer längeren Fahrt noch häufiger eingelegt werden. Etwa alle vier Stunden ist eine längere Fahrtunterbrechung sinnvoll.

▸ Frische Luft und Bewegung auf einem Rastplatz bringen den Kreislauf wieder in Schwung. Ist ein Ball oder eine Frisbeescheibe griffbereit, kann die ganze Familie spielerisch einbezogen werden. Andernfalls sind Bewegungsübungen nützlich.

▸ Einen Autositz, der während einer Pause von der Sonne aufgeheizt wurde, kann man mit einem großen Badetuch abdecken.

Einen heiß gewordenen Autositz mit einem Handtuch abdecken.

▸ Das Fahrzeug an heißen Tagen so abstellen, daß es während der gesamten Parkzeit im Schatten steht. Dann bleibt der Innenraum wesentlich kühler.

▸ Bei Wohnmobilen darauf achten, daß der Kühlschrank auf der sonnenabgewandten Seite steht. Bei praller Sonne reicht die Kühlwirkung sonst nicht aus.

▸ Nach jeder Pause ist ein Fahrerwechsel sinnvoll.

Reisekrankheit im Fahrzeug Wer ein Kraftfahrzeug steuert, darf keine Mittel gegen Reisekrankheit einnehmen, da sie die Reaktionsfähigkeit mindern. Am besten konzentriert man sich auf den Verkehr und denkt nicht an eine mögliche Übelkeit.

▸ Ein Platz im Fond des Wagens ist für Passagiere, die zu Reisekrankheit neigen, nicht geeignet.

▸ Als Beifahrer während der Fahrt, außer in Karten, nicht lesen. Die Anstrengung der Augen wirkt als Reiz, der die Symptome der Reisekrankheit auslösen kann.

▸ Kaffee und Zigaretten, selbstverständlich auch Alkohol meiden, da sie den Magen reizen.

Ernährung am Tag der Reise Bricht man sehr früh am Morgen auf, sollte man nur leichte Kost wie Kakao, Milch und Instantflocken verzehren.

▸ Honig, Marmelade und Milchprodukte wie Quark oder ein Vollkornmüsli mit Obst zum Frühstück liefern die nötige Energie. Wurst und Käse nur in fettarmer Form essen.

▸ Wer – wie gewohnt – drei Mahlzeiten am Tag einnimmt, erreicht schnell einen Leistungstiefpunkt. Deshalb bleibt man mit leichtverdaulichen Speisen, in kleinen Portionen über den ganzen Tag verteilt, länger frisch.

▸ Den Proviant in einer Kühlbox aufbewahren.

▸ Sehr saftiges Obst ist nicht geeignet, da es beim Verzehr tropft.

▸ Gut geeignet zum Verzehr im Auto ist frisches Gemüse wie Gurken, Möhren, Rettiche, Radieschen usw.

▸ Als Knabberei zwischendurch sind beispielsweise Müsliriegel, Trockenobst und Vollkornkekse geeignet.

▸ Als Fahrer nur während der Pausen essen und trinken, damit man nicht vom Verkehr abgelenkt wird.

▸ Im Restaurant sind leichte Gerichte wie Fisch, Suppen oder Salate einem fetten Braten, gegrilltem Fleisch oder anderen schwerverdaulichen Speisen vorzuziehen.

▸ Blähende Hülsenfrüchte und Kohl meiden.

▸ Besser als gekühlte sind lauwarme Getränke (z. B. Kräutertee). Bei hohen Außentemperaturen eignet sich Mineralwasser besonders gut. Es ersetzt die Mineralien, die mit dem Körperschweiß ausgeschieden werden.

Tanken Jeden Tankstopp möglichst auch als kurze Pause und für einen Fahrerwechsel nutzen.

▸ Wenn die Fahrzeuginsassen während des Tankstopps die Toilette aufsuchen, entfällt ein Zwischenstopp zu diesem Zweck.

▸ Um den Kreislauf anzuregen, wäscht man Hände und Gesicht mit kaltem Wasser.

▸ An jeder Raststätte ist die Broschüre *Autobahn Service* kostenlos erhältlich. Ihr kann man die Lage aller Autobahntankstellen entnehmen und entsprechend abschätzen, welche Tankstelle man spätestens anfahren muß. Neben der Autobahn zu tanken ist jedoch billiger.

▸ Den Tank bei hohen Außentemperaturen nicht bis zum Rand füllen, wenn man nicht unmittelbar nach dem Tanken eine längere Strecke fährt. Der Treibstoff dehnt sich in der Sonne aus und kann aus dem Tank tropfen. Dann besteht Brandgefahr.

▸ Nicht vergessen die Scheibenwaschanlage nachzufüllen und die Wischerblätter von Insekten zu befreien.

Fahrtempo und Verkehrsvorschriften Im dichten Verkehr sollte man nicht versuchen, Höchstgeschwindigkeiten zu fahren, denn dadurch wird man seine Durchschnittsgeschwindigkeit kaum erhöhen können, ermüdet aber wesentlich schneller durch die größere Anspannung.

▸ Vor der Abfahrt sollte man sich die im jeweiligen Reiseland gültigen Verkehrsvorschriften einprägen. Denn gerade zur Urlaubszeit werden verstärkt Verkehrskontrollen durchgeführt. Verstöße gegen Verkehrsregeln können zu einer unnötigen Belastung der Urlaubskasse führen.

▸ Bei Fahrten durch Straßentunnel ist es meist erforderlich, das Abblendlicht einzuschalten.

▸ In einigen Staaten ist es vorgeschrieben, auch tagsüber mit Licht zu fahren. Solche Vorschriften beziehen sich überall auf das Abblendlicht.

▸ Wer sich anhand von Hinweisschildern orientieren will, sollte sich auf mehrspurigen Straßen vor solchen Schildern zum Straßenrand einordnen, damit sie während eines Überholvorgangs nicht durch andere Fahrzeuge verdeckt werden können.

Verkehrsstaus umfahren Verkehrsfunksender informieren am aktuellsten über die Lage auf den Straßen. Moderne Autoradios kann man so einstellen, daß der Ton bei Verkehrsdurchsagen automatisch lauter wird. So wird man auch über die Verkehrslage informiert, wenn man gerade kein Radioprogramm hören will.

▸ Wer Musikkassetten hört, sollte das Gerät so einstellen, daß während einer Verkehrsdurchsage automatisch auf den Radioton umgeschaltet wird.

▸ An den deutschen Autobahnen sind auf blauen Hinweisschildern die Sendefrequenzen der Verkehrsfunksender angegeben.

Solche Schilder informieren über die Frequenz des Verkehrsfunks.

▸ Auch an den Autobahnraststätten in Deutschland erhält man Informationen über die aktuelle Verkehrslage. Hier kann man dann in aller Ruhe eine Alternativstrecke auswählen.

▸ Auf den Autobahnen in Deutschland sind Alternativrouten ausgeschildert (weißes U auf blauem Grund und eine Nummer). Die Schilder führen den Fahrer von der Autobahnabfahrt bis zur nächsten Anschlußstelle. Sie sind zum Teil auf den Straßenkarten verzeichnet.

▸ Will man einen Stau umfahren, sollte bei der Auswahl der Ausweichstrecke beachtet werden, ob größere Städte durchfahren werden müssen und ob man dort in den Berufsverkehr geraten würde. Eine solche Strecke wird kaum eine Zeitersparnis bringen.

Im Verkehrsstau Bei dichtem Verkehr leicht versetzt zum Vordermann fahren. Die Fahrbahn ist dann weiter einzusehen, und man kann einen Stau oder ein Hindernis früher erkennen.

▸ Hat man frühzeitig erkannt, daß sich ein Stau bildet, mehrfach die Bremse antippen, um nachfolgende Fahrer durch die aufleuchtenden Bremslichter zu warnen. Ist der Abstand zum Stauende zu gering, gleich mit voller Kraft auf die Bremse treten.

▸ Im Verkehrsstau in der Mitte eine Rettungsgasse bilden, auf dreispurigen Richtungsfahrbahnen zwischen der linken und der mittleren Fahrspur; genügend Abstand zum vorderen Fahrzeug halten. Damit kann man verhindern, daß das eigene Fahrzeug bei einem Auffahrunfall auf das vordere geschoben wird, und man hat Platz zum Rangieren, falls überbreite Rettungsfahrzeuge durchfahren müssen.

▸ Bei langsamer Fahrt kann das Kühlwasser zu kochen beginnen, und über der Kühlerhaube steigt Dampf auf. Dann sollte man keinesfalls versuchen, Wasser nachzufüllen, denn das Kühlsystem steht unter Druck, und der austretende heiße Wasserdampf kann Verbrennungen verursachen. Besser den Motor laufen lassen und die Heizung voll aufdrehen, damit die Wärme entweichen kann. Hat sich der Motor abgekühlt, vorsichtig Wasser nachfüllen.

▸ Kommt der Verkehr zum Stillstand, stellt man den Motor besser ab. Wer die Tür öffnen will, muß vorher in den Rückspiegel bzw. nach hinten schauen, um gegebenenfalls ein von hinten heranfahrendes Motorrad rechtzeitig zu erkennen.

Schlechte Sichtverhältnisse Bei schlechter Sicht muß man frühzeitig das Abblendlicht einschalten. Das eigene Fahrzeug wird dann von den anderen Verkehrsteilnehmern besser wahrgenommen.

▸ Unbedingt den Sicherheitsabstand und die Geschwindigkeit den Sichtverhältnissen anpassen. Nur so schnell fahren, daß man innerhalb der halben Sichtweite anhalten kann.

▸ Wer bei sehr schlechter Sicht Zusatzscheinwerfer einschaltet, darf nicht vergessen, sie abzuschalten, wenn die Sichtweite wieder größer wird. Bei Sichtweiten über 50 m ist es verboten, mit eingeschalteter Nebelrückleuchte zu fahren.

Nebel Bei Nebel kann die Windschutzscheibe von innen beschlagen. Daher das Gebläse auf die Scheibe richten. Den Scheibenwischer ab und zu einschalten, denn die Feuchtigkeit schlägt sich auch außen auf der Scheibe nieder.

▸ Nebel macht die Fahrbahn glitschig. Der Bremsweg ist viel länger als auf regennasser Straße.

Regen Viele Reiseländer sind deshalb so attraktiv, weil es dort selten regnet. Setzt nach einer längeren Trockenperiode Regen ein, vermischt sich das Wasser mit Staub, Reifenabrieb und Ölrückständen zu einer gefährlichen Schmierschicht. In diesem Fall muß man auch bei nur leichtem Regen sehr vorsichtig steuern und bremsen.

▸ Tritt Aquaplaning auf, fühlt sich die Lenkung plötzlich sehr leichtgängig an. Das Fahrzeug dann geradeaus lenken und die Kupplung treten, bis der Bodenkontakt wiederhergestellt ist. Keinesfalls bremsen. Hat das Fahrzeug ein Automatikgetriebe, sollte man die Automatik – wenn dazu genügend Zeit ist – auf N oder die höchste Stufe stellen.

▸ Tieferes Wasser – z. B. in einer Unterführung oder einer Straßensenkung – durchfährt man mit schleifender Kupplung in niedrigem Gang mit etwas erhöhter Drehzahl. Der Druck der Abgase verhindert, daß Wasser in den Auspuff gelangt.

▸ Nach einer Wasserdurchfahrt die Bremsen trocknen, indem man bei niedrigem Tempo gleichzeitig bremst und Gas gibt. Dabei aber nachfolgende Fahrzeuge nicht gefährden.

Schnee und Eis Im Winter ist im Wald, auf Alleen, Straßenkuppen und auf Brücken mit vereister Fahrbahn zu rechnen. An solche Stellen sollte man vorsichtig heranfahren und möglichst nicht bremsen.

▸ Weicher werdende Lenkung und leiser werdende Laufgeräusche der Räder sind die ersten Anzeichen für Glätte auf der Fahrbahn.

▸ Um zu vermeiden, daß die Räder durchdrehen, sanft anfahren, mit Gefühl Gas geben und nicht hart einkuppeln. In Kurven möglichst kein Gas geben.

▸ Wenn das Fahrzeug während einer Bremsung gelenkt werden muß oder ausbricht, sollte man die Bremse lösen. Im Notfall aber voll auf die Bremse treten.

▸ Auf verschneiter Fahrbahn sollte man es vermeiden, im Verlauf einer Steigung zu schalten oder anzuhalten. Wenn möglich, besser am Beginn der Steigung warten, bis man ungehindert hinauffahren kann.

▸ Schneeketten müssen rechtzeitig angelegt werden, um sich und andere Verkehrsteilnehmer nicht zu gefährden.

▸ In vielen Wintersportgebieten sind Straßenausbuchtungen, die für die Montage von Schneeketten vorgesehen sind, durch Hinweisschilder ausgewiesen. Muß man die Schneeketten auf offener Strecke anlegen, ist die Stelle durch ein Warndreieck abzusichern.

▸ Wer mit Schneeketten ein Stück auf trockener Fahrbahn fahren muß, sollte bedenken, daß der Bremsweg mit Ketten sehr viel länger ist. Deshalb langsam (erlaubt sind maximal 50 km/h) und mit viel Abstand zum vorausfahrenden Fahrzeug fahren.

Wohnwagen Beim Fahren mit Wohnanhängern sind Brems- und Überholweg wesentlich verlängert. Weil sich das Zugfahrzeug mit Anhänger anders verhält als sonst, sind Bremsproben schon bald nach der Abfahrt unbedingt notwendig.

▸ Unbedingt noch vor der Abfahrt den Reifendruck der Wohnwagenräder peinlich genau prüfen, denn ein unterschiedlicher Reifendruck begünstigt das Aufschaukeln des Wohnanhängers. Beim Check auch an das Reserverad denken.

▸ Auf Gefällstrecken und in Kurven ist besondere Vorsicht geboten und das Tempo zu drosseln.

▸ Vor engen oder niedrigen Durchfahrten muß man sich bewußt machen, daß der Anhänger breiter und höher ist als das Auto. Auch bei einem niedrigen Tankstellendach an die Höhe des Fahrzeugs denken.

▸ Gerät der Anhänger ins Schlingern, bekommt man ihn meist wieder unter Kontrolle, indem man Gas wegnimmt und leicht bremst. Das Lenkrad fest in der Hand halten und nicht gegenlenken; das Gespann könnte sich sonst aufschaukeln.

▸ Hat sich das Gespann bis zum Schleudern aufgeschaukelt, in dem Moment kräftig bremsen, in dem Zugwagen und Anhänger sich in einer Linie mit der Fahrbahn befinden.

▸ Auf deutschen Autobahnrastplätzen darf im Fahrzeug übernachtet werden. Campen ist allerdings verboten, d. h., man darf nicht mit Stuhl und Tisch vor dem Fahrzeug sitzen.

▸ Möchte man innerhalb einer Ortschaft übernachten, sollte man den Parkplatz einer öffentlichen Einrichtung (Hallenbad, Sportplatz usw.) wählen.

Mietwagen Vor Antritt der Fahrt den Wagen auf sichtbare Beschädigungen untersuchen und diese gegebenenfalls in die Übergabepapiere eintragen lassen. Dann kann man für den Schaden nicht selbst belangt werden. Auch Bremsen, Licht, Scheibenwischer, Hupe, Radio, Reserverad, Reifen usw. prüfen.

▸ Über fahrzeugspezifische Besonderheiten sollte man sich informieren. So sollte man den Vermieter z. B. erklären lassen, wie man Motorhaube und Tankverschluß öffnet, den Rückwärtsgang einlegt und den Kofferraum vom Innenraum aus aufsperrt.

▸ Der Tank des Mietwagens muß in der Regel bei der Rückgabe auf Kosten des Mieters aufgefüllt werden. Deshalb bei der Übernahme des Wagens einen Blick auf die Tankanzeige werfen, den Füllstand feststellen und notieren.

▸ Wer unterwegs eine Reifenpanne beheben lassen mußte, sollte sich über die Rechnungssumme unbedingt eine Quittung ausstellen lassen. Der Schaden wird in der Regel vom Vermieter übernommen, wenn man einen Beleg vorweisen kann.

▸ Bei Linksverkehr sollte man erst auf abgelegenen Straßen das linkshändige Schalten üben.

▸ Wer in heißen Ländern einen Wagen mit Klimaanlage mietet, sollte die Anlage rechtzeitig vor dem Aussteigen abschalten, damit sich Innen- und Außentemperatur langsam angleichen können und man sich so an die Außentemperatur gewöhnt.

Diebstahl und Betrug vorbeugen Auch bei kurzen Stopps sollte man die Fensterscheiben hochkurbeln, den Zündschlüssel abziehen, das Lenkradschloß einrasten lassen und das Fahrzeug immer verschließen. Viele Urlauber wurden in Sekundenschnelle ausgeraubt, als sie nur ein nettes Urlaubsfoto schießen wollten.

▸ Papiere, Kameras oder Wertgegenstände am besten gar nicht, keinesfalls aber von außen sichtbar im Fahrzeug liegenlassen. Das verlockt Diebe zum Einbruch. Bevor man das Auto verläßt, kann man das Handschuhfach öffnen, um klarzumachen: Hier gibt es nichts zu holen.

Das verschlossene Fahrzeug mit geöffnetem Handschuhfach zurücklassen.

▸ Besser nicht in direkter Nähe von großen Sehenswürdigkeiten parken. Solche Parkplätze sind für Diebe besonders interessant.

▸ Wer wandern will, parkt sein Kfz am besten in der Nähe eines Gasthofs, Hauses, Gehöfts o. ä.

▸ Vorsicht ist in manchen Ländern an verstopften Kreuzungen oder an roten Ampeln geboten. Diebe können einfach die Tür aufreißen und die Wartezeit zu einem Überfall nutzen.

▸ Wer ein Autoradio mit Quick-Out-Halterung hat, sollte es beim Verlassen des Wagens herausnehmen und – nimmt man es nicht mit – von außen nicht sichtbar im Wagen, beispielsweise im Kofferraum, verstauen.

Ein Autoradio mit Quick-Out-Halterung herausnehmen.

▸ Benötigt man als Autofahrer Hilfe, ist auch bei überraschenden Angeboten von Unbekannten Vorsicht geboten. Man sollte keinesfalls das eigene Auto aus den Augen lassen.

▸ Wer mit Wohnmobil oder Wohnwagen unterwegs ist, kann eine alte Geldbörse mit einem niedrigen Geldbetrag relativ leicht auffindbar darin liegenlassen. Vielleicht lassen sich Einbrecher durch den Fund der Börse davon abbringen, weiterzusuchen und dabei eventuell auch noch die Inneneinrichtung zu beschädigen.

Motorrad Bei einem vollbeladenen Motorrad ändern sich der Schwerpunkt und das Fahrverhalten. Dies gilt besonders in Kurven und bei hoher Geschwindigkeit. Deshalb sollte man zunächst sehr vorsichtig fahren, um sich an die veränderten Fahreigenschaften zu gewöhnen. Wenn die Maschine pendelt, die Kupplung ziehen!

▸ Schwere Gegenstände sollten nicht in das Top-Case gepackt werden, da hierdurch der Schwerpunkt des Motorrades zu weit nach oben verlagert wird.

▸ Wer mit Koffern unterwegs ist, sollte seine Fahrweise den Hinweisen des Kofferherstellers entsprechend anpassen. Die Tempovorschriften für Koffer müssen beachtet werden.

▸ Wenn das Motorrad auf einer Fähre transportiert wird, muß es gut und sorgfältig befestigt werden. Sind dafür keine eigenen Riemen vorhanden, sollte man das Gepäck vom Motorrad lösen und das Fahrzeug mit den freiwerdenden Gurten sicher festbinden.

▸ Wird das Motorrad abgestellt, empfiehlt es sich, keine Wertgegenstände in den Motorradtaschen zurückzulassen. Das Oberteil des Tankrucksacks ist eine beliebte Diebesbeute, deswegen nimmt man es besser mit.

▸ Man sollte das Hinterrad immer mit einer Kette sichern und – wenn möglich – sogar an einen festen Gegenstand anschließen.

Unterwegs mit dem Fahrrad
Die Einstellung des Fahrrads sollte man auf die eigene Körpergröße abstimmen.

▸ Man fährt in idealer Fahrhaltung, wenn der Oberkörper um ungefähr 45° nach vorn geneigt ist. Dadurch werden Gesäß und Rücken entlastet.

▸ Muß man beim Treten auf dem Sattel hin und her rutschen, wird das Gesäß innerhalb kurzer Zeit wund. Außerdem werden dabei die Knie unnötig belastet. Um das zu vermeiden, sollte man den Sattel so einstellen, daß die unterste Position des Pedals mit leicht angewinkeltem Bein erreicht wird.

▸ Wenn verschiedene Griffpositionen möglich sind, trägt dies zu entspanntem Fahren bei. Es ist aber unbedingt erforderlich, daß die Handbremsen von allen Griffpositionen aus gleichmäßig gut betätigt werden können.

▸ Bei einer Radtour zu mehreren gilt die Grundregel, daß man sich nach der Leistungsstärke des schwächsten Gruppenmitglieds richtet.

▸ Bei einer mehrtägigen Tour sollte man für den ersten Tag nur eine relativ kurze Strecke vorsehen. Am besten plant man zwei unterschiedlich weite Tagesziele und entscheidet unterwegs – je nach körperlicher Verfassung –, welches man ansteuert.

▸ Auch auf ebenen Strecken zu fahren kann bei kräftigem Gegenwind enorme Anstrengungen verursachen. Dann sollte man möglichst auf Fahrradwegen radeln, die durch Bäume windgeschützt sind. In Karten im Maßstab von 1:25000 oder 1:50000 kann man Bepflanzungen rechts und links der Straße oder des Fahrradweges meist erkennen.

▸ Ist man zu mehreren unterwegs, sollte man die Fahrräder zusammenschließen, wenn man sie abstellt. Dadurch sichert man sie relativ gut gegen Diebstahl. Wertgegenstände nimmt man aus den Gepäcktaschen heraus, während Lenkertaschen abmontiert und als Umhängetaschen mitgenommen werden.

FLUGREISEN

▸ Bei der Anreise zum Abflugort unbedingt einen Zeitpuffer einplanen.

Check-in Ein bis zwei Stunden vor dem Abflug sollte man spätestens am Flughafen sein, damit man sich in Ruhe zurechtfinden und das Gepäck aufgeben kann. Besonders während der Hauptreisezeit und bei Charterflügen sollte man sich mindestens 90 Minuten vor dem Start zum Einchecken am richtigen Schalter einfinden, denn wer zu spät kommt, verliert ersatzlos den Anspruch auf den Flug.

▸ Kleine Fluggesellschaften verfügen oft nicht über eigene Schalter und lassen ihre Gäste bei einer größeren Gesellschaft abfertigen. An Informationsständen erhält man entsprechende Auskunft.

▸ Für jeden Flughafen gibt es ein offizielles Kürzel, das aus drei Buchstaben besteht. Es ist empfehlenswert, bei der Gepäckabfertigung darauf zu achten, daß das richtige Kürzel für den Zielflughafen am Gepäck angebracht wird. Denn wenn das Gepäck irrtümlich falsch ausgezeichnet wird, gelangt der Koffer nicht zum Bestimmungsflughafen.

Sicherheit im Flugzeug

- **Eine schriftliche Anleitung zu den Maßnahmen für den Notfall befindet sich in einer Tasche, die an der Rückenlehne des Vordersitzes angebracht ist.**
- **Jeder Fluggast sollte sich einprägen, wo sich die Notausgänge befinden und wie sie geöffnet werden, damit man sich im Notfall richtig verhält.**
- **Die Demonstrationen, wie man Sauerstoffmasken und Rettungswesten anlegt, sollte man aufmerksam verfolgen.**
- **Sicherheitsgurte während des Fluges angelegt lassen. Dadurch verringert sich das Verletzungsrisiko beispielsweise bei Turbulenzen.**
- **Nach der Landung sitzen bleiben, bis die Maschine zum Stillstand gekommen ist.**

▸ Das korrekte Kürzel kann man den Bildschirmen und Anzeigetafeln im Flughafengebäude entnehmen.

▸ Auf dem Gepäck und dem Flugticket wird jeweils ein Aufkleber mit gleichlautender Beschriftung angebracht. Kommt das Gepäck nicht am Bestimmungsort an, kann man anhand des Aufklebers im Ticket seine Ansprüche nachweisen und gegenüber der Fluggesellschaft geltend machen. Daher sollte man das Ticket auch am Ende einer Reise nicht wegwerfen und besonders darauf achten, daß der Aufkleber nicht verlorengeht, bis man das Gepäck vollständig zurückerhalten hat.

▸ Probleme mit Übergepäck treten meist beim Rückflug auf, denn unterwegs kauft man Souvenirs usw. ein, meist ohne an die Gepäckfreigrenzen zu denken. Deswegen rechtzeitig vor dem Rückflug das Gepäck wiegen und umpacken, z. B. überschüssige Gegenstände befreundeten Mitreisenden anvertrauen.

▸ Von Fremden niemals ein Gepäckstück zum Transport annehmen. Es ist nicht auszuschließen, daß man unfreiwillig als Drogenkurier mißbraucht werden soll.

Wartezeit am Flughafen Im Flughafengebäude sind die aktuellen Abflugzeiten auf Bildschirmen und Anzeigetafeln angegeben. Darauf sollte man während der Wartezeit ab und zu einen Blick werfen, um über die nicht selten eintretenden Flugplanänderungen informiert zu sein. Lautsprecherdurchsagen kann man leicht überhören.

▸ Größere Flughäfen verfügen meist über Ruheräume, mancherorts gibt es auch Duschen und Räume für Mutter und Kind. Wenn man keine entsprechenden Hinweise oder Piktogramme entdecken kann, erkundigt man sich am Auskunftsschalter.

▸ Bei internationalen Flügen kann man sowohl am Abflughafen als auch im Flugzeug zollfrei einkaufen. Die Produkte werden in den Duty-free-Shops aber oft nicht günstiger verkauft als zu Hause. Daher sollte man die Angebote genau prüfen. Bei Reisen außerhalb der Europäischen Gemeinschaft die Mengenbegrenzungen für die Einfuhr von Zigaretten, Alkohol, Parfüm usw. beachten.

▸ Aus Sicherheitsgründen darf man u. a. kein Campinggas, keine Naßzellenbatterien und keine leicht entflammbaren Flüssigkeiten und Gegenstände (z. B. Zündhölzer) mit ins Flugzeug nehmen.

▸ Wer eine Prothese, Metallschiene oder einen Herzschrittmacher trägt, sollte vor der Sicherheitskontrolle vorsichtshalber darauf aufmerksam machen, um Mißverständnisse zu vermeiden.

Im Flugzeug Der Lärmpegel ist in Propellerflugzeugen und älteren Maschinen sehr hoch. Zum Schutz kann man sich etwas Watte oder Ohrstöpsel in die Ohren stecken.

▸ Wenn man lange im Flugzeug sitzen muß, bekommt man leicht Probleme mit anschwellenden Füßen. Wer dies erwartet, sollte nach dem Start die Schuhe ausziehen.

INTERNATIONAL ÜBLICHE ENGLISCHE FACHBEGRIFFE IM FLUGREISEVERKEHR

aircraft	*Flugzeug*
airline	*Fluggesellschaft*
airport tax	*Flughafengebühr*
arrival	*Ankunft*
baggage	*Gepäck*
baggage claim	*Gepäckausgabe*
baggage label	*Gepäckaufkleber*
boarding	*Einsteigen der Passagiere*
boarding card	*Bordkarte*
cabin	*Flugzeuginnenraum*
cabin attendant	*Steward(eß)*
call	*Aufruf*
check-in time	*Meldezeit für Passagiere*
confirmation	*Bestätigung des Fluges*
connection flight	*Anschlußflug*
counter	*Abfertigungsschalter*
customs	*Zoll*
delay	*Verspätung*
departure	*Abflug*
destination	*Ziel*
domestic flight	*Inlandsflug*
disembark	*aussteigen*
duty free	*zollfrei*
economy class	*Touristenklasse*
emergency exit	*Notausgang*
excess baggage	*Übergepäck*
fare	*Flugpreis*
fasten seat belts	*bitte anschnallen*
flight number	*Flugnummer*
gangway	*Fluggasttreppe*
gate	*Flugsteig*
hand luggage	*Handgepäck*
international flight	*Auslandsflug*
last call	*letzter Aufruf*
lavatory	*Toilette*
local time	*Ortszeit*
no smoking	*rauchen verboten*
oxygen mask	*Sauerstoffmaske*
passenger	*Passagier*
passport control	*Paßkontrolle*
reservation	*Buchung*
security check	*Sicherheitskontrolle*
stop over	*Zwischenaufenthalt*
take-off	*Start*
terminal	*Abfertigungsgebäude*
timetable	*Flugplan*

▸ Treten während eines Fluges Kreislaufprobleme auf, kann man die Beschwerden lindern, indem man zwischen den Sitzreihen auf und ab geht.

▸ In Flugzeugen ist die Luft sehr trocken. Dies empfinden Träger von Kontaktlinsen oft als unangenehm. Sie sollten während des Fluges daher besser eine Brille tragen oder ganz auf die Sehhilfe verzichten.

▸ Auf Langstreckenflügen sollte man viel – Alkoholfreies – trinken, da der Körper in der trockenen Luft viel Flüssigkeit verliert.

▸ Wer im Flugzeug unter der Reisekrankheit leidet, sollte regelmäßig kleine Mengen Flüssigkeit zu sich nehmen. Auf alkoholische Getränke aber besser verzichten.

▸ Bei der zeitlichen Orientierung hilft es, wenn man zwei Uhren mit auf die Reise nimmt. Auf einer läßt man die am Abflughafen gültige Zeit eingestellt, die andere sollte die aktuelle Ortszeit des Urlaubsortes anzeigen.

▸ Gegen den starken Ohrendruck bei Start und Landung des Flugzeuges hilft es, Kaugummi zu kauen, ein Bonbon zu lutschen oder sich die Nase zuzudrücken. Bei Babys hilft es, wenn man sie stillt, ihnen die Flasche oder einen Schnuller gibt.

▸ Während eines langen Fluges, bei dem eine Zeitverschiebung zu bewältigen ist, sollte man versuchen, viel zu schlafen oder im Halbschlaf zu dämmern. Das vermindert die körperlichen Anpassungsschwierigkeiten, den sogenannten Jet-lag.

BAHNREISEN

▸ Wer es versäumt hat, seine Fahrkarte frühzeitig zu lösen, und diese direkt vor Antritt der Fahrt kaufen muß, sollte sich gerade zur Ferienzeit auf lange Warteschlangen an den Fahrkartenschaltern einstellen.

▸ Reicht die Zeit nicht, um am Schalter eine Fahrkarte zu kaufen, kann man auch ohne gültiges Ticket in den Zug einsteigen, sollte sich aber gleich an den Schaffner wenden und eine Karte nachlösen.

▸ Hat man keinen Sitzplatz reserviert, sollte man auf dem Bahnsteig am Anfang oder Ende des Bereichs warten, in dem der Zug halten wird. In der Mitte des Bahnsteigs drängen sich erfahrungsgemäß die meisten Menschen.

▸ Informationen über die Haltepositionen der einzelnen Waggons gibt der Wagenstandanzeiger, der in vielen Ländern auf dem Bahnsteig zu finden ist.

Einen guten Platz auswählen Die meisten Menschen empfinden es als angenehmer, in Fahrtrichtung zu sitzen.

▸ In Abteilwagen stehen dem Reisenden an Fenster- und Gangplätzen meist kleine Tische zur Verfügung.

▸ Einen Platz am Gang sollte wählen, wer während der Fahrt häufig aufstehen möchte.

▸ Wer große und sperrige Gepäckstücke hat, sollte schauen, ob es ein Gepäckfach gibt. Das Gepäck dort verstauen und dann in der Nähe einen Platz suchen, damit man die Gepäckstücke im Auge behalten kann.

Umsteigen und Wartezeiten Wenn wenig Zeit zum Umsteigen bleibt, fragt man am besten schon bei der Fahrscheinkontrolle den Schaffner nach dem Abfahrtsgleis auf dem Umsteigebahnhof und stellt sich zum Aussteigen rechtzeitig an die Wagentüren, um kostbare Minuten zu sparen.

▸ Wenn man am Zielbahnhof abgeholt wird, jedoch unterwegs einen Anschlußzug verpaßt hat, kann man in Deutschland den Schaffner bitten, die am Bahnhof wartenden Personen ausrufen zu lassen, um sie über die Verspätung zu informieren.

▸ Gibt man sein Gepäck für die Zeit eines längeren Zwischenstopps bei der Gepäckaufbewahrung ab, unbedingt auf deren Öffnungszeiten achten; gegebenenfalls ein Schließfach benutzen.

Diebstahl vorbeugen Wenn man im Abteil schläft, sollte man unbedingt dem dann erhöhten Diebstahlrisiko vorbeugen.

▸ Wertsachen, Papiere und Geld immer direkt am Körper tragen.

IM BUS UNTERWEGS

▸ Da man als Teilnehmer einer organisierten Busreise während der Fahrt meist nicht an sein Gepäck kommt, ist es zu empfehlen, wichtige Gegenstände in eine kleine Tasche, die man ins Gepäcknetz legen kann, zu packen.

▸ Vor einer Nachtfahrt warme Kleidung und ein kleines Kissen mit in den Bus nehmen.

▸ Nicht selten fehlen auf öffentlichen Toiletten Toilettenpapier, Seife und Handtücher. Daher auch auf Busfahrten stets einen kleinen Vorrat davon mitführen.

Einen guten Platz auswählen Wer Probleme mit der Reisekrankheit befürchtet, wählt besser einen Sitzplatz im vorderen Bereich des Busses. Dabei muß man jedoch bedenken, daß die vorderen Plätze meist zur Nichtraucherzone gehören.

▸ Im Hochsommer kann es auf einem Fensterplatz unerträglich heiß werden, wenn die Sonne direkt hereinscheint. Deshalb sollte man sich vor Antritt der Fahrt die Hauptreiserichtung überlegen und einen Fensterplatz wählen, der voraussichtlich überwiegend im Schatten liegen wird. Die üblicherweise sehr begehrten Fensterplätze in der ersten Reihe im Obergeschoß eines doppelstöckigen Busses sollte man bei direkter Sonneneinstrahlung ebenfalls meiden.

▸ Besonders an heißen Tagen können Plätze in der Nähe des Eingangs wegen der größeren Luftzufuhr angenehm sein.

Linienbusse Man sollte sich gut über die Abfahrtszeiten der Busse informieren. In Feriengebieten sind die Fahrpläne oft saisonabhängig.

▸ Manchmal sind Linienbusse sogar überpünktlich, deshalb besser etwas früher an der Haltestelle sein.

▸ Plätze in Überlandbussen müssen manchmal vorher reserviert werden. Dies sollte man rechtzeitig abklären.

▸ Befürchtet man, daß man die Zielstation als solche nicht erkennt, wenn der Bus sie erreicht, kann man den Fahrer bitten, entsprechend Bescheid zu sagen.

▸ Verstaut man sein Gepäck nicht direkt über dem eigenen Sitz, sondern etwas weiter vorn, ist die Sichtkontrolle besser und ein Diebstahl unwahrscheinlicher.

FÄHRÜBERFAHRTEN

▸ Auf den meisten Fähren ist es verboten, das Autodeck während der Fahrt zu betreten. Als Passagier hat man also keinen Zugang zu Auto und Gepäck und sollte deshalb alles Notwendige (Kleidung, Lektüre, Sonnenhut, -brille und -creme, Verpflegung usw.) auspacken und mit auf das Passagierdeck nehmen.

▸ Treibstoff in Reservekanistern mitzunehmen ist in der Regel verboten. Gegebenenfalls sollte man den Treibstoff in den Autotank füllen, bevor man auf das Schiff fährt.

▸ Auf vielen Fähren stehen Liegestühle bereit, jedoch oft nur in zu geringer Anzahl. Wer einen Campingstuhl im Wagen hat, kann diesen mit an Deck bringen.

▸ Auch wenn man bei Sommerhitze an Bord geht, ist es unbedingt ratsam, eine warme und winddichte Jacke mitzunehmen, da es auf hoher See sehr schnell kalt werden kann. Wer entsprechend gekleidet ist, kann sich auch bei kühler Witterung auf dem Außendeck aufhalten und muß sich nicht in die oft voll belegten und stickigen Aufenthaltsräume begeben.

▸ Personen, die mit der Seekrankheit zu kämpfen haben, kommen meist an der frischen Luft besser zurecht. Sie sollten während der Überfahrt versuchen, immer den Horizont im Auge zu behalten. Für den Notfall sollten sie eine Plastiktüte in Reichweite haben.

UNTERWEGS MIT KINDERN

▸ Kinder fühlen sich in der Regel in einem festen Urlaubsquartier am wohlsten. Es empfiehlt sich daher nicht, mit Kindern aufs Geratewohl zu reisen und für jede Nacht eine neue Unterkunft zu suchen.

▸ Vor einer Fahrt mit kleinen Kindern sollte man in viertürigen Autos die hinteren Türen mit der Kindersicherung verriegeln und die Fensterkurbeln vorsichtshalber abmontieren.

▸ Wenn man den Kindersitz in der Mitte der Rückbank befestigt, sieht das Kind gut, und der Fahrer hat es im Rückspiegel besser im Blick. Voraussetzung dafür ist, daß ein entsprechender Sicherheitsgurt für diesen Zweck vorhanden ist.

▸ Ein zusätzlicher Innenspiegel hilft dem Fahrer, die Kinder auf der Rückbank im Auge behalten zu können, ohne sich umdrehen zu müssen.

Im zusätzlich angebrachten Innenspiegel hat man die Kinder immer im Blick.

▸ Kinder sind für die Reisekrankheit besonders anfällig. Es ist empfehlenswert, das Kind dann abzulenken und nur selten auf sein Befinden anzusprechen. Am besten sorgt man für viel frische Luft, achtet dabei aber darauf, daß das Kind keiner Zugluft ausgesetzt wird. Für den Notfall sollte man eine Plastiktüte bereithalten.

▸ Nachtfahrten werden oft von Eltern als angenehmer empfunden. Vor einer solchen Fahrt sollte man tagsüber dafür sorgen, daß sich die Kinder genügend austoben, damit sie dann nachts auch tatsächlich schlafen.

▸ Damit das Kind unterwegs in Ruhe schlafen kann, sollte man die hinteren Seitenfenster verhängen können.

- Bei vielen Kindersitzmodellen kann man eine Schlafposition einstellen.

Den Kindersitz in Schlafstellung bringen.

- Möglichst nicht in der Mittagshitze fahren. Für Kühlung sorgt gegebenenfalls ein 12-V-Ventilator, den man auch unterwegs an Tankstellen kaufen kann.

Den Ventilator kann man an der Autosteckdose anschließen.

Pausen Kinder brauchen Bewegung. Man sollte mindestens alle eineinhalb bis zwei Stunden eine Pause machen. Dazu fährt man möglichst von einer verkehrsreichen Straße ab und sucht eine Stelle, wo sich die Kinder austoben können. Für die Pausen sollte man Ausrüstung für Bewegungsspiele mitnehmen (beispielsweise einen Ball, eine Frisbeescheibe, ein Sprungseil, ein Gummiband für Gummitwist, ein Stück Kreide, um Hüpfspiele auf den Asphalt zeichnen zu können).

- Die Broschüre *Kinderfreundlicher Autobahnservice* informiert über Raststätten auf deutschen Autobahnen, wo Kinderspielplätze, Kinderspielecken, Babywickelräume und – in Motels – Babybetten zur Verfügung stehen. Die Broschüre erhält man an Autobahnraststätten.

- Kinder darf man aus Sicherheitsgründen nie allein im Auto zurücklassen.

- Besondere Vorsicht ist beim Aussteigen geboten. Die Kinder sollten das Auto nur auf der verkehrsabgewandten Seite verlassen dürfen.

Kinder immer auf der verkehrsabgewandten Seite aussteigen lassen.

Unterhaltung für unterwegs
Um bei Kindern keine Langeweile aufkommen zu lassen, sollte man während der Fahrt für Unterhaltung sorgen. Singen, Ratespiele (z. B. „Ich sehe was, was du nicht siehst"), Autokennzeichen raten, Wortketten (z. B. Gartenhaus – Haustür – Türöffner usw.) sind Beschäftigungen, für die man kein Spielmaterial braucht.

- Mit bunten Stoffen, Bildern oder Aufklebern, die man beispielsweise an den Rückseiten der Kopfstützen anbringt, kann man den Platz auf dem Rücksitz attraktiver gestalten.

- Babyspielzeug in Greifweite des Kindes festbinden, damit man nicht immer wieder danach suchen muß.

- Kinder sollte man unterwegs nicht mit spitzen oder kantigen Gegenständen spielen lassen. Bei einer plötzlichen Bremsung oder einem schnellen Lenkmanöver könnten sie sich daran verletzen.

Versorgung Kleinkinder sollten nicht während der Fahrt gefüttert werden. Sie könnten sich bei abrupten Lenkbewegungen oder einer plötzlichen Bremsung verschlucken.

- Es kann Eltern sehr entlasten, wenn eine Halterung für eine Plastikflasche mit einem Getränk in Reichweite des Kindes mit doppelseitigem Klebeband befestigt wird. Das Kind kann sich dann selbst bedienen.

In einer solchen Halterung wird ein Getränk in Reichweite des Kindes sicher aufbewahrt.

- Eine vollständige Garnitur Ersatzkleidung für jedes Kind sollte während der Fahrt griffbereit sein. Eventuell auch Regenjacke und Gummistiefel bereithalten, damit sich die Kinder bei Fahrtunterbrechungen bei jedem Wetter an der frischen Luft bewegen können.

AM ZIEL

EINE UNTERKUNFT SUCHEN

▸ Ist die Unterkunft nicht reserviert, sollte man je nach Reisezeit und Reiseziel mit der Suche entsprechend früh beginnen, weil gegen Abend die Auswahl schon sehr eingeschränkt sein kann.

▸ Wer Übernachtungstips aus Reiseführern befolgen will, muß damit rechnen, daß auch andere Leser die Hinweise beachten und die empfohlenen Unterkünfte daher stark frequentiert sind. Eine telefonische Vorbestellung ist in diesem Fall sinnvoll.

Hotels und Pensionen Erst am Urlaubsort ein Hotel- oder Pensionszimmer zu suchen hat den Vorteil, daß man das Quartier vor der Zusage genau prüfen kann. Diesen Vorteil sollte man unbedingt nutzen. Man sollte darauf achten, daß die Betten nicht durchgelegen sind, alle Lichter funktionieren, das Wasser im Bad warm und der Wasserstrahl der Dusche kräftig ist. Wird die Besichtigung nicht gestattet, läßt die Unterkunft wohl zu wünschen übrig.

▸ Entspricht ein angebotenes Zimmer nicht den eigenen Vorstellungen, kann man sich noch andere Zimmer im Haus zeigen lassen.

▸ Bei der Zimmerbesichtigung in südlichen Ländern und in sehr preiswerten Hotels besonders auf solch kritische Punkte wie störende Geräusche des Ventilators, löchrige Moskitonetze, fehlende Stöpsel am Waschbecken, mangelnde Sauberkeit der Bettwäsche, Ungeziefer usw. achten.

▸ Wer auf einer Reise anderen Urlaubern begegnet, die eines der eigenen Reiseziele bereits besucht haben, kann auch von diesen wertvolle und aktuelle Übernachtungstips erhalten. Läßt man sich nicht nur die Adresse, sondern auch die Zimmer- und Telefonnummer geben, kann man das gewünschte Quartier eventuell schon vorab reservieren lassen.

▸ Kommt man spätabends am Ziel an, kann man meist nicht mehr allzu wählerisch sein. Dann sollte man ein Zimmer nur für eine Nacht buchen. Am nächsten Tag kann man dann in Ruhe ein Quartier suchen, das den eigenen Vorstellungen entspricht.

▸ Wer abends ankommt, sollte einen Blick auf das Schlüsselbord werfen. Sind viele Schlüssel vorhanden, ist die Unterkunft nur wenig ausgelastet. Dann kann man versuchen, den Zimmerpreis frei auszuhandeln.

▸ In großen Städten findet man meist am Bahnhof und beim Touristeninformationsbüro oder im Fremdenverkehrsamt eine Zimmervermittlung. Das Personal spricht in der Regel mehrere Sprachen. Man sollte seine Preisvorstellungen klar äußern und zur Sicherheit noch einmal nachfragen, ob das Frühstück im genannten Preis inbegriffen ist. Das Zimmer wird gleich telefonisch reserviert. Dafür wird eine Vermittlungsgebühr erhoben. Das Quartier sollte man im Stadtplan einzeichnen und sich den kürzesten Weg dorthin erklären lassen.

▸ Im Bahnhofsgebäude findet man oft Werbeanzeigen von Hotels. Bei Interesse sollte man zunächst telefonisch abklären, ob noch Zimmer frei sind, die sofort bezogen werden können.

▸ Die preiswerteren Zimmer liegen oft zur Straße, und es ist mit Lärmbelästigungen zu rechnen. In diesem Fall sollte man sich erkundigen, ob die Fenster schallisoliert sind. Unter Umständen läßt sich die Aussicht auf einen tristen Hinterhof eher ertragen als der Straßenlärm.

▸ Läßt man sich auf die Begleitung eines privaten Zimmervermittlers ein, sollte man zuvor aushandeln, welche Gebühr er dafür bekommt. Verlangt er keine, erhält er meist einen Betrag vom Vermieter, der diesen dann auf den Zimmerpreis aufschlägt. Dann ist es besser, zunächst nur für eine Nacht zu mieten und später erneut mit dem Vermieter über den Zimmerpreis zu verhandeln, damit man diesen Zuschlag nur einmal zahlt.

Ferienwohnungen Während der Hauptsaison werden Ferienwohnungen überwiegend wochenweise von Samstag zu Samstag vermietet. Abends und an den Wochenenden sind die Büros der Vermieter in der Regel nicht besetzt. Wer ohne Reservierung anreist, sollte daher Übernachtungen in Hotels oder Pensionen einkalkulieren.

Campingplätze Die Sauberkeit wird bei der örtlichen Klassifizierung von Campingplätzen nicht immer berücksichtigt. Deshalb sollte man, bevor man sich für einen Campingplatz entscheidet, ihn daraufhin untersuchen, ob man sich dort längere Zeit wohl fühlen würde. Auch einen Blick auf die Sanitäreinrichtungen werfen. Wer Wert auf eine heiße Dusche legt, sollte die Wassertemperaturen durch einen kurzen Test oder Gespräche mit anderen Campern abklären.

DAS QUARTIER BEZIEHEN

▸ Jede Unterkunft auf Beschädigungen oder Mängel an der Einrichtung bzw. am Hausrat untersuchen und Vermieter, Hotelier oder auch den Reiseleiter darauf hinweisen, damit man später nicht für Schäden haften muß, die andere Gäste verursacht haben.

▸ Bei der Ankunft gegebenenfalls die Frühstückszeiten erfragen.

Camping Wer in der Dunkelheit anreist, sollte bei der Auswahl des Stellplatzes darauf achten, ob er tagsüber ausreichend Schatten bieten wird.

▸ Wird Sonne vor dem Wohnwagen gewünscht, beim Aufstellen berücksichtigen, wie die Sonne im Lauf des Tages wandert.

▸ Auf einem Campingplatz, der an einem Gewässer liegt, ist bei Unwetter mit Hochwasser zu rechnen. Deshalb ausreichend Abstand zum Wasser halten.

▸ Als Schutz gegen Mücken kann man über Fenstern und Dachluken von Wohnwagen bzw. Wohnmobilen Moskitonetze spannen.

Über die Dachluke ein Moskitonetz kleben.

▸ Adapter für den Stromanschluß kann man meist gegen Gebühr an der Rezeption ausleihen.

▸ Für ein Zelt ist ein besonders ebener Stellplatz erforderlich. Er sollte nicht in einer Mulde liegen, da dort bei Regenfällen das Wasser zusammenläuft. Man sollte einen windgeschützten Platz suchen und das Zelt nicht unter Bäume stellen, da tropfendes Harz klebrige Flecken verursacht. Bevor das Zelt aufgebaut wird, sollte man den Boden von Steinen, Tannenzapfen und anderen harten Gegenständen befreien, die den Zeltboden beschädigen und nachts unangenehm drücken können.

▸ Der Zelteingang sollte nicht in die am Platz vorherrschende Windrichtung zeigen, damit man vor Schlagregen oder Sandverwehungen geschützt ist.

▸ Zelte in der Hauptwindrichtung zusätzlich verspannen. Das sorgt bei einem Unwetter für festeren Halt.

▸ Reichen die Zeltheringe nicht aus, kann man kurze stabile Äste anspitzen und diese als provisorische Heringe benutzen. Als Ersatz für einen Hammer kann ein dicker Stein verwendet werden.

Äste kann man als provisorische Zeltheringe benutzen.

▸ Benutzer kleiner Zelte sollten vor dem Eingang oder bei schlechtem Wetter unter dem Vordach kochen, um keinen Brand zu verursachen.

▸ Eine undichte Außenwand kann man in trockenem Zustand nachträglich imprägnieren. Dabei die Nähte besonders sorgfältig behandeln. Provisorischen Schutz bietet eine Plastikplane, die man am besten an den Verspannungsleinen des Zeltes befestigt.

Die Plastikplane mit Wäscheklammern an den Verspannungsleinen fixieren.

KONTAKT MIT ZUHAUSE

▸ Wer den Angehörigen unnötige Sorgen ersparen will, sollte gleich nach der Ankunft zu Hause anrufen und mitteilen, daß man wohlbehalten angekommen ist.

Telefonieren Da sich Kartentelefone im In- und Ausland zunehmend durchsetzen und es schwierig sein kann, einen Münzapparat zu finden, sollte man sich auch im Gastland Telefonkarten zulegen.

▸ In Deutschland bietet die Telefonkarte zu 50 DM zusätzliche Einheiten.

▸ Vom Hotelzimmer aus sind Telefongespräche in der Regel erheblich teurer.

▸ Im internationalen Telefonverkehr muß man nach der Auslandsvorwahl meist die Null der Ortsnetzkennzahl weglassen.

▸ In manchen Ländern kann man sich in einer Telefonzelle zurückrufen lassen. Rufnummer und Ortsnetzkennzahl stehen in der Zelle angeschlagen. Man gibt sie dem Gesprächspartner durch, der noch die Vorwahl des Landes vorwählen muß, legt auf und wartet in der Zelle auf den Rückruf.

▸ Hat man unterwegs kein Kleingeld oder gar kein Geld mehr, besteht in manchen Ländern die Möglichkeit, über den Service *Deutschland direkt* ein R-Gespräch anzumelden. Man ruft kostenlos eine je nach Reiseland verschiedene Nummer in Deutschland an. Dort wird mit dem gewünschten Fernsprechteilnehmer eine Verbindung hergestellt, wenn sich dieser vorher bereit erklärt hat, die Kosten für das Telefonat zu übernehmen.

NACH DEUTSCHLAND TELEFONIEREN

Land	*Vorwahl*	*Sonderregelungen*	*Rufnummer für R-Gespräche*
Belgien	*00·∫·49*	*Direkt nur aus Telefonzellen, die mit den europäischen Flaggen gekennzeichnet sind.*	*0 78 11 00 49*
Bulgarien	*00 49*	—	—
Dänemark	*0 09 49*	—	*80 01 00 49*
Estland	*8 10 49*	*Nur vom Ortsnetz Tallinn aus.*	—
Finnland	*9 90 49*	—	*9 80 01 04 90*
Frankreich	*19·∫·49*	*Direkt nur aus Telefonzellen mit grünem Schild International.*	*19·∫·00 49*
Griechenland	*00 49*	*Direkt nur aus Telefonzellen mit orangefarbener Kennzeichnung.*	—
Großbritannien	*0 10 49*	*Bei Summton sofort wählen. Münzen eindrücken, wenn Teilnehmer sich meldet. Bei kurzen Pieptönen nachzahlen.*	*08 00 89 00 49*
GUS	*8 10 49*	*Nur vom Ortsnetz Moskau aus.*	—
Irland	*16 49*	*Direkt nur aus größeren Städten; sonst über Vermittlung 10.*	*18 00 55 00 49*
Italien	*00 49*	*Direkt nur aus Telefonzellen mit gelbem Wählscheibensymbol. Telefonmünzen (Gettoni) sind in Tabakgeschäften und an Automaten erhältlich.*	—
Jugoslawien	*99 49*	—	—
Kroatien	*99 49*	*Direkt nur aus Postämtern, Hotels oder Privatanschlüssen.*	—
Luxemburg	*00 49*	—	*08 00 00 49*
Niederlande	*09·∫·49*	—	*0 60 22 00 49*
Norwegen	*0 95 49*	—	*05 01 99 49*
Österreich	*00 49*	—	—
Polen	*0·∫·0 49*	*Direkt nur aus größeren Städten.*	—
Portugal	*00 49*	*Aus Urlaubsorten, sonst über Vermittlung 17.*	*05 05 00 49*
Rumänien	—	*Nur über die Vermittlung.*	—
Schweden	*0 09 49*	—	*0 20 79 90 49*
Schweiz	*00 49*	*Von einigen Grenzgebieten aus andere Vorwahl.*	*1 55 45 49*
Slowakei	*00 49*	—	*00 42 00 49 49*
Slowenien	*99 49*	*Direkt nur aus Postämtern, Hotels oder von Privatanschlüssen.*	—
Spanien	*07·∫·49*	*Direkt nur aus Telefonzellen mit grünem Schild Internacional.*	*9 00 99 00 49*
Tschechische Rep.	*00 49*	—	*00 42 00 49 49*
Türkei	*99·∫·49*	*In Telefonzellen sind Telefonmünzen erforderlich. Man erhält sie in Postämtern und Geschäften mit dem Schild PTT.*	*9 98 00 49 11 49*
Ungarn	*00 49*	—	*00·∫·80 00 49 11*

·∫· *Bevor man weiterwählt, erst einen Signalton abwarten.*

▸ Bei Telefonaten aus Fernreiseländern die Zeitverschiebung beachten, damit man den Gesprächspartner nicht mitten in der Nacht herausklingelt.

Post Wer sich seine Briefe postlagernd (poste restante) nachsenden läßt, sollte auf dem Postamt sicherheitshalber unter Vor- und Nachnamen suchen lassen. Zum Abholen benötigt man einen Ausweis. Manchmal wird pro Brief eine kleine Gebühr erhoben.

▸ Postlagernde Sendungen werden meist nur für eine bestimmte Zeit aufbewahrt und dann an den Absender zurückgeschickt.

▸ Wichtige Briefe besser als Einschreiben absenden.

Reiseruf In dringenden Notfällen besteht die Möglichkeit, über den ADAC Reisende aus dem Ausland zurückzurufen. Im Fall von schwerer Krankheit oder Tod eines Angehörigen kann man gegen amtliche Bestätigung der Notsituation diesen Rufdienst in Anspruch nehmen.

Radioempfang im Ausland Wer im Ausland Radiosendungen aus Deutschland hören möchte, hat die Wahl zwischen den Programmen der Deutschen Welle und denen des Deutschlandfunks.

▸ Die Deutsche Welle überträgt während der Sommerzeit auf folgenden Kurzwellenfrequenzen gezielt für Europa und Übersee vor allem Nachrichten, aktuelle Ereignisse des Tages sowie Reise- und Seewetterberichte:
8–7.47 Uhr auf 6075 kHz/49 m in ganz Europa;
8–21.55 Uhr auf 3995 kHz/75 m vor allem in Südeuropa;
13–15 Uhr auf 11945 kHz/25 m in Mitteleuropa;
13–15 Uhr auf 15245 kHz/19 m in Mittel- und Nordeuropa;
22–7.47 Uhr auf 3995 kHz/75 m in ganz Europa.

▸ Der Deutschlandfunk sendet rund um die Uhr. Mögliche Empfangsfrequenzen sind:
153 kHz / 1960,5 m und 207 kHz / 1435,4 m auf Langwelle; auf Mittelwelle 549 kHz / 546,4 m, 756 kHz / 396,8 m, 1269 kHz / 236,4 m und 1539 kHz / 194,9 m.

Zeitungen In weit entfernten Ländern kann es schwierig sein, eine deutsche Zeitung zu kaufen. Wer sich über das Geschehen in der Heimat informieren will, kann in den Botschaften und Konsulaten der Bundesrepublik Deutschland Zeitungen einsehen, die dort meist ausliegen.

VORBEUGUNG HILFT KRANKHEITEN VERMEIDEN

▸ Anfangs den Körper keinen allzu großen Anstrengungen aussetzen. So sollte man nicht öfter als einmal täglich 15 Minuten schwimmen und nur kurze Spaziergänge oder kleine Wanderungen unternehmen. Bei Reisen in Urlaubsgebiete mit großen klimatischen Unterschieden zum Heimatland in den ersten drei bis vier Tagen Anstrengungen vermeiden.

▸ Besonders in heißen Mittelmeerländern oder in den Tropen sollte man wie die Einheimischen mittags eine ausgedehnte Ruhepause (Siesta) halten.

Schutz vor Kälte und Hitze Auch bei sommerlichen Außentemperaturen kann es in zugigen Bahnhofs- oder Abfertigungshallen unangenehm kalt sein. Für solche Fälle sollte man eine leichte Jacke oder zum Schutz vor Luftzug einen Schal bereithalten.

▸ Im Auto schützen spezielle Rollos, die es in den meisten Urlaubsländern zu kaufen gibt, vor der Sonneneinstrahlung. Provisorisch kann man auch Handtücher in die hinteren Seitenfenster klemmen. Dadurch darf allerdings keinesfalls die Sicht des Fahrers behindert werden.

So befestigt, hält das Handtuch die Hitze ab.

▸ Um sich vor einem Hitzschlag zu schützen, sollte man viel trinken und Kleidung tragen, die die Abgabe von Körperwärme möglichst wenig behindert.

▸ Zum Schutz vor einem Sonnenstich sollte man unbedingt eine Kopfbedeckung tragen. In Tropenregionen gilt dies auch bei bedecktem Himmel. Der Sonnenhut sollte auch dem Nacken Schatten bieten.

▸ Wenn man die Kopfbedeckung vergessen hat, erfüllt ein zusammengebundenes Tuch den gleichen Zweck.

Den Kopf mit einem Tuch vor starker Sonneneinstrahlung schützen.

Sonnenschutz Zu Beginn des Urlaubs – je nach Hauttyp – höchstens zehn Minuten bis eine halbe Stunde täglich sonnenbaden. Man sollte sich gründlich mit einer Sonnencreme mit hohem Lichtschutzfaktor einreiben. Hat sich die Haut später an die Sonneneinstrahlung gewöhnt, kann man einen niedrigeren Faktor wählen. Besonders am Wasser und im Schnee wird die Sonneneinstrahlung durch die Reflexion verstärkt. Auch bei bewölktem Himmel sollten sich empfindliche Menschen eincremen.

▸ Es ist notwendig, sich nach jedem Bad im Meer erneut einzureiben, denn Salzwasser wäscht die Sonnencreme stärker ab als Süßwasser. Auch wer ein wasserfestes Mittel benutzt, sollte lieber einmal mehr als zuwenig zum Sonnenschutzmittel greifen.

▸ Auch beim Baden daran denken, daß man im Wasser leicht einen Sonnenbrand bekommen kann.

▸ Beim Schnorcheln bekommt man leicht einen Sonnenbrand im Nacken oder auf dem Rücken. Zum Schutz gut eincremen, zusätzlich kann man auch ein T-Shirt überziehen oder einen Neoprenanzug tragen.

▸ Unmittelbar vor dem Sonnenbaden keine Enthaarungscreme benutzen, denn die Sonneneinstrahlung kann zu Hautreizungen führen. Männer sollten vor dem Sonnenbad kein Rasierwasser verwenden, Frauen auf Parfüm oder Make-up verzichten.

Baden Auch für junge Leute besteht Herzschlaggefahr, wenn sie stark erhitzt oder nach einer größeren Mahlzeit in kaltes Wasser springen. Besser legt man nach dem Essen eine Pause ein und kühlt sich vor dem Baden durch eine kalte Dusche langsam ab. Mit leerem Magen sollte man nicht baden, ebensowenig in alkoholisiertem Zustand.

▸ Beim Baden in unbekannten Gewässern sicherheitshalber Badeschuhe tragen, um Gefahren durch Scherben, Seeigel, Stacheltiere oder spitze Steine zu entgehen. Niemals in ein unbekanntes Gewässer springen, sondern vorher sicherstellen, daß es ausreichend tief ist und daß sich keine Felsen oder Wasserschlingpflanzen darin befinden.

Essen und Trinken Besonders in den ersten Urlaubstagen sollte man lieber mehrmals täglich kleinere Mahlzeiten zu sich nehmen und den Magen nicht mit schweren und fetten Speisen belasten. Sehr wichtig ist es, gerade in südlichen oder tropischen Gebieten viel zu trinken, um den durch Hitze bedingten Flüssigkeitsverlust des Körpers auszugleichen. Dabei auf alkoholische Getränke verzichten.

▸ Leitungswasser keinesfalls unbehandelt trinken. Man kann das Trinkwasser beispielsweise mit einem Entkeimungsmittel aus der Apotheke chemisch desinfizieren. Solche Mittel töten die auch in klarem Wasser vorhandenen Erreger bakterieller Darmerkrankungen zuverlässig ab. Man muß sie jedoch in der Regel zwei Stunden lang einwirken lassen, bevor man das Wasser gebraucht.

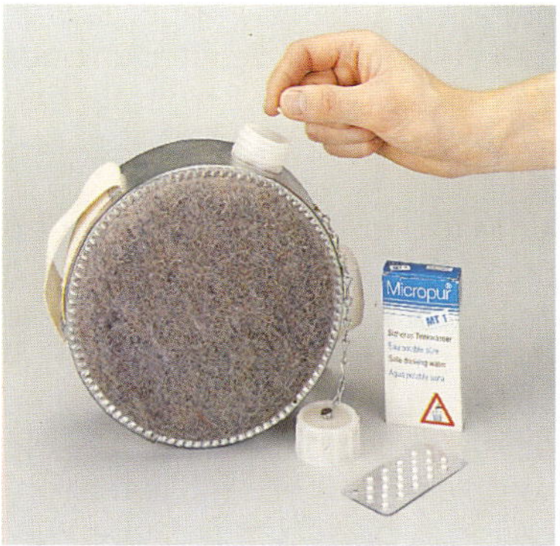

Mit speziellen Tabletten das Wasser entkeimen.

▸ Am sichersten schützt man sich vor Krankheitserregern, indem man das Trinkwasser fünf bis zehn Minuten lang abkocht.

▸ Jodtinktur sollte man zum Sterilisieren von Wasser nicht verwenden, da allergische Reaktionen die Folge sein können.

▸ Mit einem Aktivkohlefilter kann man das Leitungswasser nur verfeinern, nicht jedoch desinfizieren.

▸ In südlichen oder tropischen Ländern besser nur industriell abgefüllte Getränke oder Tee bzw. Kaffee trinken, bei deren Zubereitung das Wasser gekocht wurde. Auf jeden Fall auf Eiswürfel im Getränk verzichten, denn es ist nicht gewährleistet, daß das Wasser vor dem Gefriervorgang abgekocht wurde.

▸ Getränke nicht eiskalt zu sich nehmen. Warme bis lauwarme Tees sind magenverträglicher, doch sollte man nur wenig schwarzen Tee trinken. Mit Alkohol vorsichtig umgehen.

▸ Obst vor dem Verzehr gründlich waschen. Dafür sicherheitshalber nur abgekochtes Wasser oder Mineralwasser verwenden. Unter schlechten hygienischen Bedingungen sollte man nur Obst mit einer festen Schale, die vor dem Verzehr entfernt wird, essen, z. B. Bananen, Papayas, Ananas, Apfelsinen.

▸ Die gerade auf Fernreisen häufig auftretenden Durchfallerkrankungen werden nicht nur durch das ungewohnte Klima, sondern auch durch mangelnde Hygiene bei der Nahrungszubereitung und -aufbewahrung begünstigt. Deswegen sollte man nur Speisen zu sich nehmen, die frisch gekocht wurden. Speisen, die an Straßenständen oder in einfachen Lokalen lange warmgehalten wurden, sollte man ebenso wie Rohkost- und besonders Blattsalate besser meiden.

▸ Auf Fernreisen sollte man möglichst kein Speiseeis und keine Milchprodukte verzehren, denn darin können sich Salmonellen oder Staphylokokken befinden, die schwere Krankheiten verursachen können. Milch sollte man nur abgekocht bzw. als H-Milch trinken.

▸ Fleisch und Fisch nicht roh oder halbgar essen. Besondere Vorsicht ist bei Meeres- und Krustentieren geboten. Man sollte nur wirklich frische Ware zu sich nehmen und im Zweifelsfall verzichten.

▸ Nachspeisen können außerordentlich süß und fetthaltig und daher nur schwer verträglich sein. Man sollte sie allenfalls in kleinen Mengen verzehren.

▸ Wer stark schwitzt, verliert nicht nur Flüssigkeit, sondern auch Salz. Diesen Verlust kann man am einfachsten ausgleichen, wenn man die Speisen stärker als gewöhnlich salzt.

▸ Scharf gewürzte Speisen sind durchaus nicht ungesund, denn die Schärfe stimuliert den keimtötenden Magensaft.

▸ Das Infektionsrisiko wird verringert, wenn man die Hände häufig wäscht und das Eßgeschirr und -besteck unter fließend heißem Wasser reinigt.

▸ Wer auf Fernreisen ein eigenes Glas und Besteck benutzt und dieses z. B. mit Mineralwasser säubert, kann ganz sicher sein, daß er nicht mit Bakterien aus dem Spülwasser in Berührung kommt.

Persönliche Hygiene In Gebieten, in denen Zweifel an der Wasserqualität angebracht sind, sollte man zum Zähneputzen kein unbehandeltes Leitungswasser, sondern nur Mineralwasser verwenden.

▸ In vielen Fernreiseländern ist man eine ganz andere WC-Hygiene gewohnt. Wer sich nicht daran gewöhnen kann, statt des Toilettenpapiers Wasser und Seife zu verwenden, kann sich mit Zeitungen, Papierservietten oder Papiertaschentüchern behelfen.

Schutz vor Insekten und anderen Tieren In Mückengebieten trägt man zum Schutz gegen Stiche langärmelige Kleidung.

▸ Besonders beim Genuß von Süßspeisen sollte man auf Bienen und Wespen achten. Kinder sind hier besonders gefährdet.

▸ Gegen Zecken, die die virusbedingte Frühsommer-Meningoenzephalitis (FSME; Gehirnentzündung) auslösen können, schützt man sich zusätzlich zur Impfung durch entsprechende Kleidung. Dazu gehören eine Kopfbedeckung, eine am Hals geschlossene Oberbekleidung, lange Strümpfe und geschlossene Schuhe.

▸ Da in den Tropen die Gefahr wesentlich größer ist, von gefährlichen Spinnen, Schlangen und anderen Tieren gebissen oder gestochen zu werden, sollte man dort immer festes Schuhwerk tragen. Niemals barfuß gehen oder Sandalen tragen. Auch am Strand sollte man nicht barfuß laufen, denn da besteht das Risiko einer Wurminfektion, z. B. durch den Hakenwurm.

▸ Da in den Tropen die Gefahr einer Malariainfektion sehr groß ist, sollte man neben der medikamentösen Prophylaxe alle Schutzvorkehrungen treffen, um Stichen durch die Anophelesmücke, die die Infektion überträgt, vorzubeugen. Da diese Mücke überwiegend nachtaktiv ist, muß man sich in der Dämmerung und nachts besonders schützen. Die Gefahr ist in niedrig gelegenen, wasserreichen Gebieten besonders groß. Wer abends im Freien sitzt, sollte Beine, Füße und Arme bedecken und ein Mückenschutzmittel auf die Haut auftragen.

▸ In Räumen schützt man sich vor Moskitos, indem man Fenster- und Türöffnungen mit Fliegengittern verhängt. Unbedingt unter einem dichten Moskitonetz schlafen. Ist ein Ventilator vorhanden, sollte man ihn die ganze Nacht über laufen lassen, denn Mücken mögen die bewegte Luft nicht.

▸ Moskitospiralen aufstellen und anzünden.

▸ Um die Ansteckungsgefahr durch Blasen- und Darmegel zu vermeiden, sollte man in den Tropen nie in Süßwassertümpeln, stehenden oder langsam fließenden Gewässern baden. Die Egel können die Bilharziose hervorrufen, eine Infektionskrankheit, deren Symptome u. a. Durchfall, Blut im Urin und Bauchschmerzen beim Wasserlassen sind.

▸ Ehe man ins Bett geht, seine Schuhe anzieht oder sich zum Picknick hinsetzt, sollte man in gefährdeten Ländern immer nachschauen, ob sich nicht ungebetene Gäste niedergelassen haben. Besonders Skorpione lieben dunkle Ecken in Stoffalten, Stiefeln usw.

SELBSTSCHUTZ GEGEN DIEBSTAHL UND ÜBERFALL

▸ In den Großstädten Südeuropas und Südamerikas ist das Risiko, Opfer eines Taschendiebstahls oder Raubüberfalls zu werden, besonders groß. Wenn möglich, geht man dort nicht allein auf berüchtigte Straßen und in dunkle Gassen.

▸ Je weniger man sofort als Tourist erkennbar ist, desto geringer ist das Risiko, bestohlen zu werden. Deshalb sollte man möglichst unauffällige Kleidung bevorzugen.

▸ Unbeaufsichtigtes Gepäck wird gerade an Flughäfen oft gestohlen. Daher sollte man es trotz aller Hektik immer im Auge behalten.

▸ Wertvolle Gegenstände wie Schmuck und teure Uhren sollte man nie offen sichtbar tragen und seinen Reichtum so zur Schau stellen; das lockt nur Diebe an.

▸ Paß, Flugticket, Schecks und zusätzliches Bargeld nicht unnötig mit sich herumtragen. Wenn möglich, deponiert man sie im Hotelsafe. Man sollte sich dann aber unbedingt Quittungen für die einzelnen Gegenstände ausstellen lassen.

▸ Bei Nachtfahrten im Schlaf- oder Liegewagen deponiert man Wertsachen besser nicht unter dem Kopfkissen, sondern trägt sie z. B. in einem Brustbeutel direkt am Körper.

▸ Unterwegs sollte man nur so viel Geld mit sich herumtragen, wie man für einen Tag benötigt. Wenn man größere Mengen Bargeld bei sich trägt, sollte man sie unbedingt an verschiedenen Stellen am Körper verteilen.

▸ Den Geldbeutel sollte man niemals in Gesäßtaschen oder Außentaschen verstauen; raffinierte Diebe bedienen sich, ohne daß der Bestohlene es merkt.

▸ Auch Innentaschen von Jacketts sind als Aufbewahrungsort für den Geldbeutel nicht unbedingt geeignet. Denn es geschieht immer wieder, daß geschickte Taschendiebe vorgeben, einem Touristen nur eine Blume anstecken zu wollen, ihm dabei aber ins Jackett greifen.

▸ Auch wer im Gedränge angestoßen, mit Eis oder ähnlichem scheinbar unbeabsichtigt beschmutzt wird, sollte auf seine Wertsachen achten. Denn Taschendiebe nutzen die Aufregung des Betroffenen häufig dazu, ihm seine Brieftasche zu stehlen.

▸ Hat man einen Brustbeutel unter der Kleidung, sollte man sicherstellen, daß er nicht aufträgt. Unter einem lockeren, weiten Hemd fällt er kaum auf.

▸ Um Papiere, Schecks und Geld aus Taschen herauszuholen, die in die Kleidung eingenäht sind, wählt man ein unauffälliges, abgelegenes Eck oder sucht eine Toilette auf, um nicht unnötiges Aufsehen zu erregen und Dieben diese Verstecke zu zeigen.

▸ Auf Reisen sollte man möglichst auf Handtaschen, Umhängetaschen und Herrentaschen mit Schlaufe verzichten, da diese durchgeschnitten werden können. Gürteltaschen, die man vor dem Bauch trägt, sind sicherer.

▸ Wer nicht auf die Handtasche verzichten kann, sollte den Riemen so stark verkürzen, daß die Tasche unter den Arm geklemmt werden muß. Handtaschen sollte man möglichst fest umfassen und auf der dem Begleiter zugewandten Seite tragen.

▸ Häufig werden Taschen vom vorbeifahrenden Motorrad aus entwendet. Davor schützt man sich, indem man möglichst weit entfernt von der Fahrbahn auf dem Fußweg geht. Wer Opfer eines solchen Diebes wird, sollte besser keine Gegenwehr leisten, um einen Unfall und damit eventuell erhebliche Verletzungen zu vermeiden.

▸ Die wertvolle Foto- bzw. Filmausrüstung trägt man besser nicht in den eigentlich dafür bestimmten Taschen mit sich. Denn jeder Dieb kann von der Tasche gleich auf ihren Inhalt schließen. Besser ist es, Kamera und Ausrüstung in einer unauffälligen Tasche oder in einem Rucksack zu verstauen.

▸ Wertgegenstände sind im Zelt nicht sicher, denn Dieben genügt ein einfacher Schnitt mit dem Messer durch die Zeltplane, um jede Sicherheitsvorrichtung zu überwinden. Will man nicht immer alle wertvollen Gegenstände mitnehmen, kann man sie beim Campingwart deponieren.

▸ Im Hotel immer die Zimmertür verschließen. Häufig wird zur Frühstückszeit eingebrochen, weil dann die Diebe sicher sind, daß das Zimmer längere Zeit unbeaufsichtigt ist. Deswegen auch zum Frühstück Wertgegenstände mitnehmen.

▸ Besonders in billigeren Quartieren nachts auf keinen Fall Kamera, Geldbeutel, Uhren oder andere Wertgegenstände sichtbar liegenlassen. Das lockt sonst möglicherweise Einbrecher an.

▸ Legt man nachts einen Keil unter die Tür oder stellt einen Stuhl davor, erschwert man Einbrechern den Zugang bzw. wird bei einem Einbruchsversuch durch den Lärm geweckt.

▸ Wer in einer Unterkunft übernachten muß, in deren Sicherheit er wenig Vertrauen setzt, klemmt sein Gepäck am besten zwischen Bett und Wand.

▸ Alleinreisende sollten einem Fremden nicht gleich erzählen, daß sie allein unterwegs sind.

▸ Wenn man als Frau einen Ehering offen sichtbar trägt, kann dies Belästigungen vorbeugen.

▸ Im Zweifelsfall sollte man sich bei einem Raubüberfall nicht wehren. Denn wenn der Räuber bei Gegenwehr in Panik gerät und unkontrolliert reagiert, besteht auch die Gefahr, verletzt oder gar getötet zu werden.

DIEBSTAHL UND VERLUST

▸ Wird man unterwegs Opfer eines Diebstahls, muß man grundsätzlich zuerst die nächste Polizeidienststelle aufsuchen, den Schaden melden und ein Protokoll aufnehmen lassen. Die Bestätigung der Polizei wird von der Hausrat-, Reisegepäck- oder Kaskoversicherung verlangt.

Verlust der Papiere Ist der Reisepaß abhanden gekommen, muß man sich an die Auslandsvertretung der Bundesrepublik Deutschland wenden, wo man einen Paßersatz erhält. Dort sollte man Fotokopien der Ausweispapiere, zwei Paßbilder und die Anzeige- bzw. Verlustbestätigung der Ortspolizei vorlegen können.

▸ Zur Auslandsvertretung nimmt man am besten einen Verwandten oder Bekannten mit, der – vor allem, wenn man sonst keine Nachweise vorlegen kann – die eigenen Angaben bestätigt.

▸ Für verlorengegangene Kfz-Papiere, den Führerschein oder den Personalausweis kann man nur von den Heimatbehörden Ersatz bekommen. Für die Rückreise reicht eine Verlustbescheinigung der Polizei aus.

▸ Liegen die Tickets nicht, wie vom Reiseveranstalter angekündigt, am Schalter der Fluggesellschaft im Flughafen bereit, sollte man sofort versuchen, mit dem Veranstalter Kontakt aufzunehmen. Am besten bittet man dabei das Personal der Fluggesellschaft um Unterstützung.

▸ Wenn das Flugticket nicht mehr aufzufinden ist, muß man den Verlust der Fluggesellschaft melden. Oft erhält man kostenlos oder gegen geringe Bearbeitungsgebühr ein Ersatzticket. Einige Gesellschaften verlangen den Kauf eines neuen Flugscheins, händigen dem Fluggast aber ein sogenanntes Lost-document-Formular aus. Legt man dieses Papier nach einer bestimmten Frist (oft sechs Monate) dort vor, wo man das verlorengegangene Ticket gekauft hatte, werden die zusätzlichen Kosten zurückerstattet.

Verlust von Schecks Wenn Schecks oder Scheckkarte verschwunden sind, sofort die Bank benachrichtigen und diese Zahlungsmittel sperren lassen.

▸ Bei Raub oder Diebstahl von Schecks oder Scheckkarte sollte man bei der örtlichen Polizei Anzeige erstatten und sich eine Kopie des Protokolls geben lassen.

▸ Eine verlorengegangene Euroscheckkarte kann man rund um die Uhr unter der Telefonnummer 0 69/74 09 87 melden. Die Karte wird dann gesperrt.

▸ Sind Reiseschecks verlorengegangen, muß man sich umgehend bei der zuständigen Geschäftsstelle der Bank melden. Der Verlust wird dort registriert, und die Reiseschecks werden ersetzt.

Diebstahl im Hotel Wird man im Hotel bestohlen, sofort die Hotelleitung informieren. Wenn es nicht möglich ist, über eine Versicherung des Hotels Ersatz zu bekommen, benötigt man ein Polizeiprotokoll, um den Schaden bei der eigenen Versicherung geltend machen zu können.

Gepäckverlust Geht bei einem Flug das Gepäck verloren, muß man dies sofort der Fluggesellschaft melden und sich darüber eine Bestätigung geben lassen. Kommt das Gepäck nicht innerhalb der folgenden 24 Stunden an, kann man von der Fluggesellschaft verlangen, ein Überbrückungsgeld zu zahlen, mit dem die wichtigsten Gegenstände kurzfristig wiederbeschafft werden können. Bei den Einkäufen ist man aber dazu verpflichtet, sich schadensmindernd zu verhalten und keine unverhältnismäßig teuren oder unnötigen Kleidungsstücke bzw. Toilettenartikel zu erwerben.

▸ Als Teilnehmer einer Pauschalreise zuerst den Reiseleiter über den Gepäckverlust unterrichten. Landet das Gepäck ohne eigenes Verschulden an einem anderen Ort, kann man verlangen, daß ein Teil der Reisekosten zurückerstattet wird.

NOTFÄLLE

▸ Bei einem Notfall gewährt die Auslandsvertretung der Bundesrepublik Deutschland Hilfe, wenn die Notlage anders nicht behoben werden kann.

▸ Wer unterwegs einen Rechtsanwalt benötigt, sollte das nächste deutsche Konsulat anrufen und sich die Anschrift eines deutsch- oder englischsprachigen Anwalts geben lassen.

Todesfall Bei einem Todesfall muß man unbedingt mit dem nächsten deutschen Konsulat Verbindung aufnehmen, denn die Beamten helfen bei der Erledigung der Formalitäten.

GELDPROBLEME AM URLAUBSORT

▸ Wenn man z. B. wegen Diebstahls mittellos ist, versucht man am besten, mit Angehörigen zu Hause ein R-Gespräch zu führen, bei dem der Gesprächspartner die Kosten trägt, und eine telegrafische Postanweisung zu veranlassen. Sie ist der sicherste und schnellste Weg, wenn man sich Geld nachschicken lassen muß. Zum Postschalter Reisepaß bzw. Personalausweis mitnehmen.

▸ Man kann Geld auch an eine Bank – am besten an eine internationale Großbank – telegrafisch überweisen lassen.

▸ Gelingt es nicht, auf diesem Weg Geld zu erhalten, kann man sich an die nächste Auslandsvertretung der Bundesrepublik Deutschland wenden. Der Konsularbeamte ist dabei behilflich, eine Verbindung mit Angehörigen herzustellen. In Ausnahmefällen kann die Auslandsvertretung finanzielle Überbrückungshilfe gewähren, bis eigene Geldmittel eingetroffen sind. Selbstverständlich muß man die Überbrükkungshilfe zurückzahlen.

▸ Wer sich einen Scheck schicken lassen will, sollte zunächst bei einer Bank nachfragen, ob man diesen dort überhaupt einlösen kann, ohne vorher ein Bankkonto eröffnen zu müssen. In Europa ist ein Euroscheck zu verwenden, der auf den Namen des Empfängers ausgestellt wird.

Geldwechsel Steht ein Geldautomat nicht zur Verfügung, wenn man außerhalb der Geschäftszeiten Geld wechseln muß, findet man an Bahnhöfen, Schiffsterminals, Flughäfen und an Grenzübergängen oft geöffnete Wechselstuben bzw. Bankschalter.

▸ In vielen Ländern kann man auch in Postämtern Geld wechseln. Postämter haben in der Regel längere Öffnungszeiten als Banken. In vielen Großstädten findet man am Bahnhof Postschalter, die bis spät abends und auch am Wochenende geöffnet haben.

KRANKHEIT UNTERWEGS

▸ Wer im Urlaub erkrankt und von einem Arzt krank geschrieben wurde, muß sofort den Arbeitgeber informieren, ab wann die Arbeitsunfähigkeit besteht und wie lange sie voraussichtlich dauern wird. Die Krankheitstage kann der Arbeitgeber nicht als Urlaubstage vom Urlaubsanspruch abziehen.

Reisekrankheit Wer im Auto oder Bus Probleme mit der Reisekrankheit bekommt, sollte darum bitten, eine Pause zu machen, an die frische Luft gehen und sich bewegen. Während der Fahrt nach vorn und nicht zur Seite aus dem Fenster schauen. Auf keinen Fall im Fahrzeug lesen oder angestrengt Straßenkarten studieren.

Sonnenbrand Bei Sonnenbrand lindern kalte Umschläge, Feuchtigkeitscremes oder Gels die Beschwerden. Man kann die Stelle auch mit einer Zitronenscheibe abtupfen.

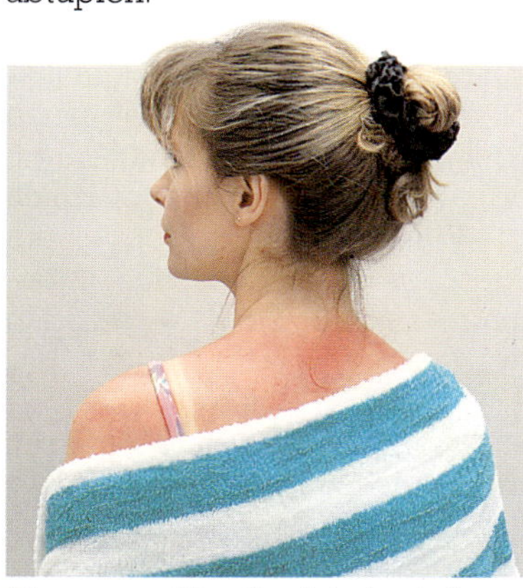

Ein nasses Handtuch bringt als kalter Umschlag Linderung.

▸ Möglichst leichte und nicht einengende oder reibende Kleidung tragen und sich mehrere Tage lang nicht der Sonne aussetzen. Um nachts unangenehme Reibung zu vermeiden, deckt man sich möglichst nur mit einem leichten Tuch zu. Treten zusätzlich Kopfschmerzen, Fieber, Blasen und Übelkeit auf, sollte man einen Arzt aufsuchen.

Hitzschlag Übelkeit, Schwäche und Kopfschmerzen sowie ein rascher Anstieg der Körpertemperatur deuten auf einen Hitzschlag hin. Dann unbedingt einen Arzt rufen. Bis dieser eintrifft, sollte man den Patienten kühl lagern und seine Kleidung öffnen. Ferner Luft zufächeln und versuchen, die hohe Temperatur zu senken, indem man den Patienten mit kaltem Wasser kühlt oder ihn in nasse Tücher wickelt.

Durchfallerkrankungen Dabei handelt es sich in den meisten Fällen um eine harmlose Störung. Es empfiehlt sich, einen Tag lang zu fasten bzw. nur leichte Kost wie Reis, Zwieback oder eine einfache Suppe zu sich zu nehmen. Dabei ist es wichtig, die Salzzufuhr – z. B. durch Bouillon – sicherzustellen. Als Aufbaukost am zweiten oder dritten Tag eignen sich geriebene Äpfel, gekochte Möhren, Haferschleim und Zwieback.

▸ Da der Körper bei Durchfall Flüssigkeit und Mineralstoffe verliert, sollte man unbedingt viel trinken (3–4 l pro Tag). Warmer Tee, ungekühltes Mineralwasser und verdünnte Fruchtsäfte eignen sich gut. Auf Kaffee und vor allem auf Alkohol ist zu verzichten. Bei starken Durchfällen helfen Elektrolytgetränke oder Traubenzucker, den Mineralstoffverlust auszugleichen.

▸ Für Kinder kann der Flüssigkeitsverlust bei Durchfall besonders gefährlich sein. Wenn ein Kind nicht trinken will, kann man es mit Cola probieren.

▸ Reisende, die regelmäßig Medikamente einnehmen müssen, sollten bei Durchfall ärztlichen Rat einholen. Denn Durchfall kann die Wirksamkeit der Arzneimittel beeinträchtigen. Auch Frauen, die die Antibabypille nehmen, sollten dies gegebenenfalls bedenken.

Malaria In einem Malariagebiet deuten Symptome wie Fieber, Kopfschmerzen und Schüttelfrost auf eine Malariaerkrankung hin. Dann sollte man unverzüglich einen Arzt oder ein Krankenhaus aufsuchen und einen Bluttest machen lassen.

LÄSTIGE UND GEFÄHRLICHE TIERE

▸ Beschwerden nach Stichen harmloser Insekten lassen sich durch Eiswürfel, kalte Essigwasserumschläge oder ein kühlendes Gel lindern.

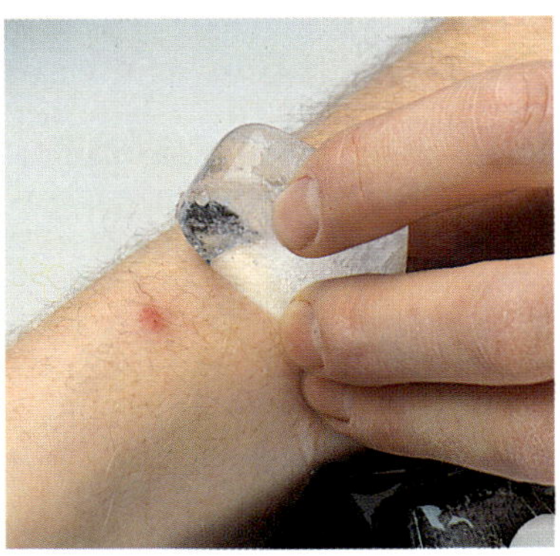

Einen Insektenstich zur Linderung mit Eis kühlen.

▸ Wer einen giftigen Biß oder Stich erlitten hat, sollte sich möglichst wenig bewegen, denn Bewegung beschleunigt die Blutzirkulation und erhöht damit auch die Geschwindigkeit, mit der sich das Gift im Körper verteilt.

▸ Grundsätzlich an Stich- bzw. Bißstellen nicht kratzen, um eine Infektion zu vermeiden.

▸ Bienen- oder Wespenstiche soll man nicht ausdrücken, um die Giftdrüse nicht zu zerstören, wohl aber den Stachel entfernen. Nach einem Stich in den Mund- oder Rachenraum sofort einen Arzt rufen und bis zu dessen Eintreffen versuchen, die Verletzung durch Eis, Eiswürfel oder eiskalte Getränke bzw. Wasser zu kühlen, um das Anschwellen zu verlangsamen.

▸ Wer in seinem Urlaubsquartier Wanzen entdeckt, sollte die Matratze in die Sonne legen, denn Wanzen sind sehr lichtscheu.

▸ Nach einem Zeckenbiß die Zecke sofort und sorgfältig entfernen, um die Gefahr einer Infektion zu verringern. Dabei keinesfalls Druck auf den Zeckenkörper ausüben, sondern die Haut straffen und die festgebissene Zecke mit Hilfe einer Pinzette ruckartig aus der Haut herausziehen. Diese Methode wird neuerdings dem Betupfen der Zecke mit Klebstoff oder Öl vorgezogen. Wer nicht entsprechend geimpft ist, sollte nach einem Zeckenbiß einen Arzt aufsuchen und sich Antikörper verabreichen lassen.

▸ Nach einem Skorpionstich muß man dafür sorgen, daß der Betroffene sich ruhig verhält. Kalte Umschläge auflegen, wenn vorhanden, ein antiallergisches Gel auftragen und Antihistamintabletten geben. Möglichst einen Arzt aufsuchen, um abzuklären, ob der Skorpionstich gefährlich ist. Wurde ein Kind von einem Skorpion gestochen, muß unbedingt ein Arzt zu Rate gezogen werden.

▸ Wer von einer Spinne gebissen wurde und nicht sicher ist, ob der Biß ungiftig ist, sollte unbedingt einen Arzt aufsuchen. Als Sofortmaßnahmen sollte man die geschwollene Bißstelle kühlen und viel trinken. Für Kinder sind Bisse giftiger Spinnen viel gefährlicher als für Erwachsene.

▸ Hat sich ein Blutegel festgesogen, betupft man den Kopf des Tieres mit einer Salzlösung, Alkohol oder Essig, damit das Tier losläßt. Die Wunde etwas ausbluten lassen und dann einen Druckverband anlegen, da die Blutung noch einige Stunden anhalten kann.

Quallen Ist man mit einer Qualle in Berührung gekommen, kann man das Brennen lindern, indem man die Stelle mit Essig betupft oder mit einem Umschlag bzw. einem Gel kühlt.

Schlangenbiß Nach einem Schlangenbiß muß der Verletzte so schnell wie möglich zum Arzt oder ins Krankenhaus gebracht werden. Als Sofortmaßnahme sollte man den Verletzten beruhigen, die gebissene Gliedmaße tief lagern und kalte Umschläge machen. Dem Patienten Getränke reichen, jedoch keinen Alkohol, sondern Kaffee oder Tee, um den Kreislauf anzuregen. Die Wunde aber nicht ausbrennen oder aufschneiden.

▸ Schlangenbisse sind nur in den seltensten Fällen wirklich lebensbedrohlich. Für den Arzt ist jede Information wichtig, die Rückschlüsse auf die Schlangenart zuläßt, damit er dem Patienten gegebenenfalls das richtige Serum verabreichen kann. Daher sollte man sich möglichst Größe, Farbe und Musterung der Schlange merken.

FAHRZEUGPANNE

▸ Wer Ersatzteile für ein defektes Fahrzeug braucht, sie im Reiseland aber nicht beschaffen kann, sollte zunächst in einer Werkstatt genau bestimmen lassen – möglichst mit Bezeichnung der Teile bzw. genauer Beschreibung –, welche Ersatzteile besorgt werden müssen. Besitzer eines Schutzbriefes haben dann die

Möglichkeit, die Teile in Deutschland besorgen und auf dem schnellsten Weg an den Urlaubsort schicken zu lassen.

▸ Wenn man den Schutzbriefpartner – beispielsweise die ADAC-Zentrale – anruft, sollte man die Nummer des Schutzbriefs, das Kfz-Kennzeichen und die Fahrgestellnummer (sie ist dem Fahrzeugschein zu entnehmen) wissen. Bei Ersatzteilen für den Motor kann es hilfreich sein, die Motornummer angeben zu können. Sind die defekten Teile mit Nummern oder Buchstaben versehen, gibt man diese ebenfalls telefonisch durch. Außerdem muß die genaue Anschrift der Werkstatt bzw. die Lieferanschrift für die Ersatzteile angegeben werden.

UNFALL MIT DEM KFZ

▸ Nähert man sich einer Unfallstelle, sollte man keine Vollbremsung machen, sondern stotternd abbremsen und vorsichtig an den Unfallort heranfahren.

Halten an der Unfallstelle Man schaltet die Warnblinkanlage ein und stellt sein Fahrzeug etwa 10 m vor der Unfallstelle am rechten Fahrbahnrand ab. Unbedingt den Motor abstellen und Zigaretten löschen.

▸ Nachts mit dem Abblendlicht des eigenen Fahrzeugs die Unfallstelle ausleuchten.

▸ Den Kofferraumdeckel und die rechte Tür des eigenen Fahrzeugs öffnen. Das dient dem nachfolgenden Verkehr als Warnsignal.

Absichern der Unfallstelle Mit aufgeklapptem Warndreieck läuft man dem Verkehr entgegen und stellt das Dreieck auf der Landstraße 100 m und auf der Autobahn 200 m vom Unfallort entfernt auf. Hat sich der Unfall hinter einer Kurve oder einer Kuppe ereignet, ist das Warndreieck davor aufzustellen. Ist auch die Gegenfahrbahn betroffen, muß man sie ebenfalls in gleicher Weise absichern.

▸ Damit man später nicht vergißt, das Warndreieck wieder mitzunehmen, dessen Schutzhülle auf den Fahrersitz legen.

▸ Auch wenn schon ein Helfer an einer Unfallstelle angehalten hat, darf man nicht einfach vorbeifahren. Meist sind mehrere Helfer nötig, um schnell das Notwendige wie Absicherung, Erste Hilfe und Notruf durchzuführen.

Verletzte versorgen und Notruf Sehr wichtig ist es, einem Verletzten tröstend und beruhigend zuzusprechen.

▸ Um die Gefahr einer Infektion auszuschließen, die Plastikhandschuhe aus dem Verbandkasten anziehen, bevor man einen Verletzten versorgt.

▸ Auch Leichtverletzte versorgen. Sie stehen nicht selten unter Schock und neigen zu unkontrollierten Handlungen.

▸ Auf deutschen Autobahnen zeigen schwarze Pfeile auf den Leitpfosten die Richtung an, in der die nächste Notrufsäule steht.

▸ Am besten fordert man einen weiteren Helfer auf, den Notruf durchzugeben. Der Helfer sollte genaue Angaben zum Unfallort und zum Unfallhergang machen, die Zahl der Verletzten und Art der Verletzungen angeben, seinen Namen sagen und unbedingt Rückfragen beantworten.

Unfallaufnahme Nimmt man das Unfallprotokoll selbst auf, sind die Kennzeichen der Fahrzeuge, Zulassungsdaten, Anschrift und Name von Fahrern und Haltern der beteiligten Fahrzeuge, deren Haftpflichtversicherungen und Versicherungsscheinnummern zu ermitteln; ferner Namen und Anschriften von Unfallzeugen.

▸ Sicherheitshalber läßt man sich Pässe oder Personalausweise der Unfallbeteiligten zeigen.

▸ Wer die Richtigkeit der Angaben des Unfallgegners anzweifelt oder nicht sicher ist, ob er sich selbst richtig verhält, sollte sich schnellstmöglich mit seiner Versicherung in Verbindung setzen. Beim Zentralruf der Autoversicherer, der in jeder größeren deutschen Stadt unter der Telefonnummer 19213 zu erreichen ist, kann man die Versicherungsdaten zu in Deutschland zugelassenen Fahrzeugen erfragen.

▸ Fotos oder Skizzen zum Zweck der Beweisaufnahme anfertigen. Bevor man die Unfallstelle räumt, sollte man auf der Fahrbahn mit Kreide den Radstand der Fahrzeuge markieren.

Mit Kreide den Radstand der beteiligten Fahrzeuge markieren.

▸ Kein Verwarnungsgeld bezahlen; dies kann als Schuldeingeständnis ausgelegt werden. Dann muß man damit rechnen, daß die eigene Haftpflichtversicherung den Schaden zunächst reguliert, dann aber Geld zurückverlangt.

▸ In manchen Ländern kommt die Polizei nur zum Unfallort,

wenn Personen verletzt sind. Gerade im Ausland kann die Schadensregulierung sehr schwierig werden, wenn der Unfall nicht von der Polizei aufgenommen wurde. Deshalb nimmt man am besten jede noch so kleine Verletzung zum Anlaß, die Polizei zu rufen.

▸ Kein Schriftstück in fremder Sprache unterschreiben, wenn man nicht sicher ist, den Inhalt eindeutig verstanden zu haben. Bei einem Unfall im Ausland sollte man sich sofort mit einem deutschsprachigen Anwalt in Verbindung setzen.

REISERECHT BEI PAUSCHALREISEN

▸ Wenn bei einer Pauschalreise fest zugesicherte Leistungen nicht erbracht werden, sollte man sofort Abhilfe verlangen. Wird der Mangel nicht abgestellt, hat man Anspruch auf Minderung des Reisepreises. Um den Anspruch durchzusetzen, kann man bei einer Verbraucherberatungsstelle Rat einholen.

Haftung des Reiseveranstalters Wenn man am Urlaubsort Sportgeräte mietet, haftet der Reiseveranstalter bei Unfällen o. ä. nicht. Er kann nur in die Pflicht genommen werden, wenn man das Sportgerät oder den Sportkurs bei ihm selbst gebucht hat.

▸ Möchte man sich im Urlaubsgebiet ein Fahrzeug mieten, sollte man das möglichst über den Veranstalter tun. Denn die deutsche Rechtsprechung überträgt dem Reiseveranstalter die Verantwortung dafür, daß das vermittelte Fahrzeug technisch einwandfrei ist. So kann der Urlauber, falls Mängel am Fahrzeug auftreten, seine Ansprüche gegenüber dem Veranstalter nach deutschem Recht und vor einem deutschen Gericht durchsetzen.

▸ Bietet der deutsche Reiseveranstalter am Urlaubsort Ausflüge an, sollte man prüfen, ob einheimische Veranstalter die gleiche Leistung nicht günstiger anbieten. Sind die Preise vergleichbar, ist es besser, bei dem deutschen Pauschalveranstalter zu buchen. Ihm gegenüber kann man eventuelle Ansprüche leichter durchsetzen.

Mängel und Reisepreisminderung Wenn am Urlaubsort Mängel festgestellt werden, beispielsweise an der gebuchten Unterkunft, muß man den Reiseleiter sofort und am besten schriftlich darüber informieren und Abhilfe verlangen. Dazu fertigt man ein Mängelprotokoll an, das man vom Reiseleiter unterschreiben läßt. Damit kann man später im Fall einer gerichtlichen Auseinandersetzung beweisen, daß man die Mängel angezeigt hat. Wenn möglich, sollte man die Mißstände durch Fotos dokumentieren und schriftliche Zeugenaussagen einholen.

▸ Man kann sich auch vom Hotelier bestätigen lassen, daß man seine Beanstandungen vorgebracht hat.

▸ Wer zum Beweis von Mängeln Mitreisende als Zeugen in Anspruch nehmen möchte, sollte nicht vergessen, deren Heimatadressen zu notieren.

▸ Dem Reiseveranstalter setzt man eine Frist, in der er den Mangel beseitigen muß. Geschieht dies nicht, kann man selbst Abhilfe schaffen und die Kosten dafür dem Reiseveranstalter in Rechnung stellen.

▸ Wieder nach Hause zurückgekehrt, muß man seine Ansprüche gegenüber dem Reiseveranstalter innerhalb eines Monats nach dem vertraglich festgelegten Reiseende geltend machen. Die Forderungen sollte man schriftlich per Einschreiben mit Rückschein zusenden. Reagiert der Veranstalter nicht in der gewünschten Weise, sollte man sich von einem Rechtsanwalt oder einer Verbraucherberatungsstelle beraten lassen, ob sich eine Klage lohnt. Die Ansprüche verjähren sechs Monate nach dem vertraglich festgelegten Reiseende.

▸ Manchmal bieten Reiseveranstalter ihren Kunden zum Ausgleich von Mängeln einen Gutschein an. Ein solches Angebot muß man nicht akzeptieren, sondern kann auf einer Geldzahlung bestehen. Dazu sendet man den Gutschein per Einschreiben mit Rückschein an den Veranstalter zurück und setzt ihm eine Frist, in der der in Frage stehende Betrag aufs eigene Konto überwiesen werden soll.

▸ Wird während des Urlaubs verlangt, daß man in ein anderes Zimmer umziehen soll, muß man dem nicht zustimmen. Am besten setzt man sich dann mit dem Reiseleiter in Verbindung und droht an, eine Minderung der Reisekosten durchzusetzen.

▸ Wer durch Lärm gestört wird, sollte die Uhrzeiten notieren, zu denen der Lärm einsetzt. Außerdem die Dauer der Belästigung schriftlich festhalten.

▸ Ist das Flugzeug, mit dem man in den Urlaub fliegen wollte, überbucht und wird keine Ersatzmaschine bereitgestellt, setzt man sofort dem Reiseveranstalter eine kurze Frist, um einen Ersatzflug zu organisieren. Gelingt ihm das nicht in angemessener Zeit, kann man die nächste Linienmaschine nehmen und die Kosten später dem Reiseveranstalter in Rechnung stellen.

▸ Wenn man das Flugzeug verpaßt, haftet der Reiseveranstalter nur, wenn ihm nachgewiesen werden kann, daß er falsche Angaben zur Abflugzeit gemacht hat. Dann ruft man ihn sofort an und verlangt Abhilfe. Ist er dazu nicht bereit oder in der Lage, kann man selbst den nächstmöglichen Flug nehmen und die dafür anfallenden Mehrkosten vom Veranstalter zurückverlangen.

- Wenn man beim Heimflug nicht auf dem vorgesehenen Flughafen landet und der Weitertransport nicht geregelt ist, kann man die Kosten der Weiterreise dem Veranstalter in Rechnung stellen. Selbstverständlich muß ein angemessenes Verkehrsmittel gewählt werden.

ANHALTSPUNKTE ZUR BERECHNUNG EINER REISEPREISMINDERUNG (IN %)

Unterkunft

- *Abweichende örtliche Lage (z. B. Strandentfernung) 5–15*
- *Abweichende Art der Unterbringung im gebuchten Quartier (Hotel statt Bungalow, abweichendes Stockwerk) 5–10*
- *Doppelzimmer statt Einzelzimmer 20*
- *Dreibettzimmer statt Doppelzimmer 20–25*
- *Vierbettzimmer statt Doppelzimmer 20–30*
- *Zu kleine Fläche 5–10*
- *Fehlender Balkon 5–10*
- *Fehlender Meerblick 5–10*
- *Fehlendes (eigenes) Bad/WC 15–25*
- *Fehlende (eigene) Dusche 10*
- *Fehlende Klimaanlage 10–20*
- *Fehlendes Radio/TV 5*
- *Zuwenig Mobiliar 5–15*
- *Schäden (Risse, Feuchtigkeit usw.) 10–30*
- *Ungeziefer 10–30*
- *Ausfall von Bad/ Warmwasserboiler 15*
- *Ausfall der Toilette 15*
- *Strom-/Gasausfall 10–20*
- *Ausfall der Wasserversorgung 10*
- *Ausfall der Klimaanlage 10–20*
- *Ausfall des Fahrstuhls 5–10*
- *Schlechte Reinigung 10–20*
- *Ungenügender Wäschewechsel (Bettwäsche, Handtücher) 5–10*
- *Lärm am Tag 5–25*
- *Lärm in der Nacht 10–40*
- *Gerüche 5–15*
- *Fehlen der (zugesagten) Kureinrichtungen wie Thermalbad und Massagen 20–40*

Transport

- *Zeitlich verschobener Abflug über vier Stunden hinaus 5*
- *Erhebliche Abweichung von der normalen Ausstattung des Transportmittels 5–10*
- *Transport in einer niedrigeren Klasse als der gebuchten 10–15*
- *Keine Verpflegung während des Transports 5*

Verpflegung

- *Selbstbedienung statt Kellnerservice 10–15*
- *Lange Wartezeiten 5–15*
- *Essen in Schichten 10*
- *Verschmutzte Tische 5–10*
- *Verschmutztes Geschirr, Besteck 10–15*
- *Fehlende bzw. funktionsuntüchtige Klimaanlage im Speisesaal 5–10*
- *Eintöniger Speisezettel 5*
- *Nicht genügend warme Speisen 10*
- *Verdorbene, ungenießbare Speisen 20–30*

Zugesagte, aber nicht gebotene Attraktionen

- *Swimmingpool 10–20*
- *Hallenbad (bei vorhandenem Swimmingpool) 10*
- *Hallenbad (bei ebenfalls nicht vorhandenem Swimmingpool) 20*
- *Sauna 5*
- *Tennisplatz 5–10*
- *Minigolf 3–5*
- *Segelschule 5–10*
- *Surfschule 5–10*
- *Tauchschule 5–10*
- *Reitmöglichkeiten 5–10*
- *Kinderbetreuung 5–10*
- *Sauberer Strand 10–20*
- *Strandliegen und Sonnenschirme 5–10*
- *FKK-Strand 10–20*
- *Restaurant oder Supermarkt (bei Hotelverpflegung) 0–5*
- *Restaurant oder Supermarkt (bei Selbstverpflegung) 10–20*
- *Disco 5–15*
- *Nachtklub 5–15*
- *Kino 5–15*
- *Animateure 5–15*
- *Boutique oder Ladenstraße 0–5*
- *Landausflüge bei Kreuzfahrten 20–30*
- *Reiseleitung (bei Besichtigungsreisen) 10–20*
- *Reiseleitung (bei Studienreisen mit wissenschaftlicher Führung) 20–30*

Diese Liste gibt Anhaltspunkte dafür, welche Reisepreisminderung man als Teilnehmer einer Pauschalreise bei den verschiedenen Mängeln berechnen kann. Die Angaben sind einer Aufstellung entnommen, die vom Landgericht Frankfurt/Main entwickelt wurde. Wer eine Reisepreisminderung durchsetzen will, sollte, nachdem die Mängel aufgetreten sind, sofort die Reiseleitung oder den Reiseveranstalter informieren und Abhilfe verlangen sowie Beweismittel wie Fotos, Zeugenaussagen und Kostenbelege sammeln.

SITTEN UND GEBRÄUCHE

BEGEGNUNG MIT FREMDEN KULTUREN

▸ Anderen Kulturen sollte man sich mit Toleranz und Interesse nähern. Dabei ist es nicht angebracht, die eigenen Maßstäbe anzulegen. Grundsätzlich die Sitten des Gastlandes respektieren!

▸ Man sollte sich Zeit nehmen, um sich auf andere Kulturen einstellen zu können.

▸ Wenn sich Einheimische in bestimmten Situationen besonders ehrfürchtig verhalten, beispielsweise wenn sie einen bestimmten Platz oder ein Gebäude betreten, paßt man sich ihrem Verhalten an, auch wenn man den Sinn nicht versteht.

▸ Alltag und Lebensrhythmus, Ge- und Verbote werden in vielen Ländern weitgehend durch die Religion bestimmt. Um die Andersartigkeit des Reiselandes besser zu verstehen, empfiehlt es sich deshalb sehr, sich mit den religiösen Anschauungen und Riten vertraut zu machen. Die meisten Reiseführer bieten hierzu detaillierte Informationen.

▸ Im Ausland sollte man die eigene Nationalität nicht aufdringlich betonen. So kann es beispielsweise als unangenehm empfunden werden, wenn man in der Öffentlichkeit in einer größeren Gruppe zusammensitzt und deutsche Lieder singt.

▸ Restaurantrechnungen aufzuteilen ist in vielen südlichen Ländern unüblich. Hier sollte einer für alle zahlen. Als Eingeladener revanchiert man sich bei entsprechender Gelegenheit in gleicher Weise.

KONTAKT MIT EINHEIMISCHEN

▸ Im Ausland darf man nicht unbedingt damit rechnen, daß Verabredungen so genau eingehalten werden, wie man es nach der eigenen Vorstellung von deutscher Pünktlichkeit gewohnt ist. Verspätet sich ein Gesprächspartner, sollte man freundlich und gelassen bleiben.

Gastfreundschaft Wer in einem südeuropäischen Land z. B. zum Essen eingeladen wird, sollte die Einladung annehmen. Eine Ablehnung kann als Beleidigung empfunden werden.

▸ Wenn der Gastgeber bei einer privaten Einladung seine Schuhe auszieht, folgt man am besten seinem Beispiel.

▸ Bei privaten Einladungen kommt oft mehr auf den Tisch, als man essen kann. Um eine Speise nicht ablehnen zu müssen – was als Unhöflichkeit aufgefaßt wird –, sollte man sich zu Beginn des Essens zurückhalten und sich grundsätzlich nur kleine Portionen geben lassen.

▸ Beim Essen nur die Hand benutzen, wenn Gastgeber oder einheimische Begleiter das auch tun. In diesem Fall muß man darauf achten, mit welcher Hand sie essen. Denn in vielen Kulturkreisen gilt die linke Hand als unrein und ist auch für andere Verrichtungen, beispielsweise die Begrüßung, tabu.

▸ Ein Gespräch möglichst mit neutralen Themen wie Sport, Hobbys oder Reiseerlebnissen beginnen; besonders geeignet ist der Fußball. Sensible Themen wie politische Spannungen und Streitigkeiten zwischen verschiedenen Nationalitäten im Gastland meidet man besser ganz. Man sollte nie Kritik am Gastland äußern, selbst wenn der Gastgeber sehr kritisch redet.

▸ Wenn der Gastgeber ein Gastgeschenk zunächst zur Seite legt, sollte man ihn nicht dazu auffordern, es auszupacken. Denn es kann landesüblicher Brauch sein, ein Geschenk erst dann anzusehen, wenn die Gäste wieder gegangen sind.

▸ Gegenstände des Gastgebers nicht allzusehr bewundern, er könnte sich sonst genötigt fühlen, das bewunderte Objekt zu verschenken, obwohl keiner der Beteiligten das möchte.

Körpersprache Sie unterscheidet sich von Kulturkreis zu Kulturkreis. Kopfnicken z. B. bedeutet bei uns ja, in Indien nein. Um Schwierigkeiten zu vermeiden, sollte man darüber z. B. im Reiseführer nachlesen.

▸ Wenn man bezüglich der richtigen Form der Begrüßung unsicher ist, beobachtet man einfach, wie sich die Einheimischen verhalten. Während in südeuropäischen oder lateinamerikanischen Ländern Umarmungen an der Tagesordnung sind, gelten sie z. B. in Japan als unpassend.

▸ In der Öffentlichkeit Zärtlichkeiten auszutauschen oder auch nur sich an der Hand zu halten gilt in vielen außereuropäischen Ländern als unschicklich.

▸ In der ganzen islamischen Welt sowie in manchen asiatischen Ländern gilt der direkte Blickkontakt zwischen Mann und Frau in der Öffentlichkeit als unschicklich. Eine Sonnenbrille mit spiegelnden Gläsern, die man zumindest tagsüber aufsetzen kann, hilft, Mißverständnisse zu vermeiden.

KLEIDUNG

- Übertrieben lässige Kleidung wird oft als anstößig empfunden. Andererseits sollte man auch nicht durch besonders teure und extravagante Kleidung auffallen. Zuviel nackte Haut sollte man ebenfalls nicht zeigen. So gilt es in vielen Gebieten als unschicklich, in Shorts und mit nacktem Oberkörper bzw. mit knappem Sonnentop aufzutreten. Frauen sollten in islamischen Ländern weite, die Beine bedeckende Kleidung tragen.

- Kirchen, Moscheen und Tempel nur in dezenter Kleidung betreten. Die Schultern sollten bedeckt sein; Frauen sollten nach Möglichkeit einen längeren Rock, Männer eine lange Hose tragen.

Eine Kirche nur mit bedeckten Schultern betreten.

- Frauen, die eine Moschee besichtigen möchten, sollten sich vorab vergewissern, ob dies auch gestattet ist.

- Nicht während der Gebetszeremonien in eine Moschee eintreten. Bevor man eine Moschee oder einen buddhistischen Tempel betritt, sollte man die Schuhe ausziehen.

Die Schuhe ausziehen, bevor man eine Moschee betritt.

- Frauen sollten nur dann „oben ohne" baden, wenn bekannt ist, daß die Einheimischen dies nicht als anstößig empfinden.

FOTOGRAFIEREN

- Man sollte um Erlaubnis fragen, ehe man religiöse Zeremonien oder Einheimische fotografiert. Wer verspricht, einen Abzug vom Foto zu schicken, sollte dies unbedingt einhalten.

- Militärische Anlagen dürfen in der Regel nicht fotografiert werden. Man setzt sich dabei dem Verdacht der Spionage aus und kann in ernsthafte Schwierigkeiten geraten. In vielen Ländern gilt das Verbot auch für Brücken, Flughäfen, Staudämme, Werften und Industriekomplexe.

TRINKGELD UND ALMOSEN

- In manchen Ländern ist die Bedienung im Restaurant nicht im Preis inbegriffen. Darüber sollte man sich informieren und ein entsprechend hohes Trinkgeld, etwa 10–15 % des Preises, geben.

- Die Höhe des Trinkgeldes sollte auf die Einkommensverhältnisse im Reiseland abgestimmt sein. Gegebenenfalls hilft hier ein Blick in einen guten Reiseführer weiter.

- Wer Almosen gibt, sollte sich – z. B. im Reiseführer – informieren, wie hoch der Tagesverdienst eines Arbeiters im Land ist, und nur einen Bruchteil davon geben.

- Kindern gibt man besser keine Almosen. In armen Ländern werden Kinder nicht selten zum Betteln angehalten, weil sie so mehr verdienen als ihre Eltern mit normaler Arbeit.

HANDELN UND VERHANDELN

- In vielen Mittelmeerländern und im Orient ist es üblich, um Preise zu feilschen. Am besten erkundigt man sich bei Einheimischen, wo gehandelt wird und wo man Festpreise zahlt.

- Beim Handeln muß man sich Zeit nehmen. Man sollte auch bei überteuerten Angeboten immer freundlich bleiben und sich nicht anmerken lassen, daß man an einem bestimmten Gegenstand unbedingt interessiert ist.

- Immer zuerst den Händler einen Preis nennen lassen. Das erste eigene Angebot muß unter dem geschätzten realen Wert der Sache liegen.

- Teure Objekte erhält man oft günstiger, wenn man sie nicht gleich kauft, sondern zunächst weggeht und später wiederkehrt und erneut verhandelt.

- Durch die Händleraussage, daß er einen Sonderpreis einräume, „weil du mein Freund bist", oder daß es sich bei der gewünschten Sache um das „letzte Exemplar" handele, sollte man sich nicht zu voreiligen Käufen verleiten lassen.

DEUTSCHLAND, ÖSTERREICH, SCHWEIZ

▸ In der Schweiz sind Autobahnen und autobahnähnliche Straßen mit weißgrüner Beschilderung gebührenpflichtig. Eine Vignette kann man an der Grenze, bei Postämtern und an Tankstellen kaufen. Die Alpenpässe sind gebührenfrei. In Österreich sind einige Alpentunnel und Hochalpenstraßen sowie die Brenner- und Tauernautobahn mautpflichtig. Eine Übersicht über die Mautstraßen und die Gebührenordnung erhält man bei Automobilklubs.

▸ Wer einen ADAC-Euro-Schutzbrief besitzt, kann vor Ort die Pannenhilfe des TCS (Touring-Club der Schweiz; Telefon 140) und des ÖAMTC (Österreichischer Automobil-, Motorrad- und Touring-Club; Telefon 120) kostenlos in Anspruch nehmen.

▸ Fahrräder können in Deutschland und Österreich an vielen, in der Schweiz sogar an allen Bahnhöfen gemietet werden. Sie können am Vermietbahnhof oder an anderen Bahnhöfen zurückgegeben werden. Wer mit der Bahn anreist, erhält gegen Vorlage der Fahrkarte eine Preisermäßigung. Wer lieber mit seinem eigenen Fahrrad fährt, kann es in Zügen mitnehmen, die einen Gepäckwagen mitführen.

Im Gebirge Falls man im Zeitraum von Oktober bis Mai mit dem Auto in die Alpen fahren möchte, sollte man sich über die Befahrbarkeit der Paßstraßen informieren. In der Schweiz erhält man unter der Telefonnummer 163 Auskunft. Außerdem kann man im Winter auf Schneeketten nicht verzichten. Vor der Fahrt durch längere Straßentunnel müssen sie allerdings abgenommen werden.

▸ Der Deutsche Alpenverein (Von-Kahr-Straße 2–8, 80997 München), der Schweizer Alpen-Club (Helvetiaplatz 4, CH-3005 Bern) und der Österreichische Alpenverein (Wilhelm-Greil-Straße 15, A-6010 Innsbruck) besitzen in den Alpen zahlreiche Hütten, in denen auch Nichtmitglieder übernachten können. Der Deutsche Alpenverein unterhält auch in den deutschen Mittelgebirgen viele Hütten.

▸ Die Alpenvereine haben ein umfangreiches Wegenetz in den Alpen erschlossen. Sie vermitteln auf Wunsch Bergführer, unter deren Leitung man Bergtouren unternehmen kann.

▸ In den Alpenregionen gibt es Hunderte von Bergbahnen, wie Standseilbahnen, Zahnradbahnen, Seilschwebebahnen und Sessellifte, die es ermöglichen, das Hochgebirge auf bequeme Art zu erleben. Bergwanderern erleichtern sie den Aufstieg in das Tourengebiet. Genaue Informationen über die Betriebszeiten erhält man vom örtlichen Fremdenverkehrsverein.

Ost- und Nordsee Von den sieben Ostfriesischen Inseln sind fünf autofrei. Nur auf die Inseln Borkum und Norderney kann man Kraftfahrzeuge mitnehmen. Von Emden aus gehen Fähren nach Borkum und von Norddeich nach Norderney. Auf den Nordfriesischen Inseln ist Autofahren für Urlauber erlaubt. Auf die Insel Sylt fahren Autozüge ab Niebüll über den Hindenburgdamm; Föhr und Amrum erreicht man mit der Fähre von Dagebüll-Hafen aus. Man kann das Auto aber auch vor der Überfahrt in den Fährhäfen in Garagen oder auf Parkplätzen abstellen.

▸ Die Ostseeinseln Rügen und Usedom sind für den Autoverkehr zugänglich. Auf die Insel Rügen gelangt man von Stralsund aus über den Rügendamm, die Zecheriner Brücke verbindet die Insel Usedom mit dem Festland. Auf der Insel Hiddensee sind Autos nicht zugelassen.

▸ An Nord- und Ostsee werden an bewachten Stränden Warnbälle an Flaggenmasten aufgezogen, wenn das Baden im Meer gefährlich werden könnte. Ein Warnball bedeutet Badebeschränkung für Nichtschwimmer, Kinder und Körperbehinderte, bei zwei Bällen besteht vollständiges Badeverbot. Generell sollte man nur an bewachten Stränden baden.

Umweltschutz Um die gefährdete Natur zu schützen, sollte man an der Nordsee nur an geführten Wattwanderungen teilnehmen, damit das Watt abseits der festgelegten Wege geschont wird.

▸ Auch im bedrohten Naturraum Alpen sollte der Urlauber rücksichtsvoll mit der Natur umgehen. So sollte man z. B. nach einem Picknick keinen Müll liegenlassen, nicht querfeldein über Wiesen laufen, die Flora im Hochgebirge schonen und Sperrungen von Forstwegen beachten.

▸ Eine besondere Art von Jugendherbergen sind die sogenannten Umweltjugendherbergen, die sich zum Teil auch Umweltstudienplatz nennen. Hier kann man z. B. bei Exkursionen unter fachkundiger Anleitung die Natur besser kennenlernen. Diese Herbergen werden auch umweltfreundlich bewirtschaftet. Sie stehen jedem offen, der einen gültigen Jugendherbergsausweis hat. Beim Deutschen Jugendherbergswerk (Postfach 1455, 32754 Detmold) kann man ein gesamtdeutsches Jugendherbergsverzeichnis erhalten.

SKANDINAVIEN

▸ Die Monate Mai bis September eignen sich am besten für eine Reise nach Skandinavien. In Dänemark kann man auch im Oktober noch gut Urlaub machen.

▸ Je weiter man in den Norden kommt, desto größer ist die Zahl der Nächte, in denen es im Sommer hell bleibt. Am Nordkap geht die Sonne zwischen dem 13. Mai und dem 29. Juli nicht unter.

▸ Bei den Trinkgeldern verfährt man wie in Mitteleuropa: Man kann die Rechnungsbeträge ein wenig aufrunden.

▸ Alkohol kann man nur zu sehr hohen Preisen kaufen. Deshalb sind alkoholische Getränke gern gesehene Gastgeschenke. Man muß jedoch die Einfuhrbestimmungen beachten.

Fähren Viele Reedereien konkurrieren um den Fährtransport nach Skandinavien und innerhalb Skandinaviens. Rundreisende sollten sich im Reisebüro nach einem Kombinationsticket erkundigen, das für die Fährrouten verschiedener Reedereien gilt und zu einem reduzierten Komplettpreis angeboten wird.

▸ In ADAC-Geschäftsstellen kann man sich über die Verbindungen nach Skandinavien beraten lassen und gegebenenfalls die Buchung vornehmen.

▸ In den Küstenregionen Norwegens verbinden Autofähren die durch Fjorde oft unterbrochenen Straßen. Auf stark befahrenen Routen verkehren sie in der Hauptsaison häufig. Dennoch muß man Wartezeiten einkalkulieren. Über Reisebüros kann man Fährenplätze auch vorbestellen. Die Fähren im finnischen Seengebiet sind kostenlos.

Auto Wem es darauf ankommt, mit dem Auto schnell in den Norden zu gelangen, benutzt am besten die geraden Inlandsstrecken in Schweden und nicht die Küstenstraßen in Norwegen oder die Straßen durch die südfinnische Seenlandschaft.

▸ Entlang der norwegischen Küste kann das Auto auf eines der Hurtigruten-Schiffe verladen werden, die zwischen Bergen und Kirkenes verkehren. Auch Teilstrecken kann man buchen. Eine Fahrt mit einem dieser Postschiffe ist ein außergewöhnliches Reiseerlebnis.

▸ In Skandinavien muß man hohe Bußgelder zahlen, wenn man gegen Geschwindigkeitsbegrenzungen verstößt. Streng geahndet wird auch die Mißachtung der Promillegrenze. Sie liegt bei 0,2 in Schweden, in Finnland und Norwegen bei 0,5 und in Dänemark bei 0,8 Promille.

▸ Autofahrer müssen in Skandinavien auch tagsüber und unabhängig von den Wetterverhältnissen das Abblendlicht eingeschaltet lassen.

▸ Wer mit dem Auto in den Norden der skandinavischen Länder fährt, sollte wegen der größeren Entfernungen zwischen den Tankstellen daran denken, frühzeitig nachzutanken. Bleifreies Superbenzin kann man in Schweden und Finnland nicht überall bekommen; die südlichen Landesteile sind besser versorgt.

▸ Norwegische Hochgebirgsstraßen sind in Winter und Frühjahr meist gesperrt. Manche von ihnen werden erst Ende Mai/Anfang Juni geöffnet. Weitere Infor-

EINE ZERBROCHENE FRONTSCHEIBE PROVISORISCH ERSETZEN

1. Die zerbrochene Scheibe vollständig entfernen und die Folie (aus dem Fachhandel) auffalten.

2. Die Folie auf dem Dach festkleben und unten glatt gespannt befestigen.

3. Die Folie zwischen Fahrzeugtüren und Rahmen der Windschutzscheibe einklemmen.

mationen bekommt man beim norwegischen Fremdenverkehrsamt.

▸ Viele Straßen in Skandinavien sind nicht asphaltiert. Zum Schutz der Scheinwerfer vor Steinschlag sollte man Drahtgitter davor anbringen.

Eisenbahn und Linienbus Das Eisenbahnnetz hat ähnlich wie das Straßennetz seinen Schwerpunkt im Süden. Mit der günstigen Nordtourist-Karte kann man 21 Tage lang in allen skandinavischen Ländern mit der Eisenbahn fahren. Sehr billig sind die Bahnverbindungen innerhalb Finnlands.

▸ Auch wer mit dem Auto in Skandinavien unterwegs ist, sollte sich eine Eisenbahnfahrt auf den Strecken, die durch besonders eindrucksvolle Gebiete führen, nicht entgehen lassen. Diese Strecken sind Myrdal–Flam in Westnorwegen, Oslo–Bergen, Kiruna–Narvik im Norden und die Inlandsbana, die durch die schwedischen Wälder fährt. In Skandinavien ist es üblich, eine Platzkarte zu lösen.

▸ Das Busliniennetz in Skandinavien ist – auch im hohen Norden – sehr dicht. Die Preise für Busfahrten sind niedrig, besonders in Schweden.

Unterkunft Preiswerte Übernachtungsmöglichkeiten bieten in Skandinavien die Jugendherbergen, die jedem ohne Altersbegrenzung offenstehen und deren Standard zumeist höher ist als in Deutschland. Die Mitgliedschaft kann man auch an Ort und Stelle erwerben.

▸ Preisgünstig sind die sogenannten Sommerhotels. Dies sind normalerweise Studentenwohnheime, die in den Sommerferien der Studenten sonst leer stehen würden.

In freier Natur Dänemark, Südschweden und die Küste Finnlands sind beliebte Regionen für Fahrradtouren. Das Radwegenetz im flachen Dänemark ist vorbildlich. Fahrräder können dort tage- oder wochenweise an den meisten Bahnhöfen ausgeliehen werden. In den anderen Ländern kann man bei den örtlichen Tourist-Informationsbüros die Adressen der Verleiher erfahren.

▸ In den Nationalparks gibt es markierte Wanderpfade und vorgeschriebene Lagerstellen. Man sollte sich unbedingt an die jeweiligen Vorschriften halten.

▸ Im Sommer sollte man möglichst auf Lagerfeuer verzichten, denn die Brandgefahr ist zu groß. In Norwegen ist offenes Feuer vom 15. April bis 15. September verboten. Im Frühsommer sollte man an Fluß- und Seeufer besonders vorsichtig herangehen, da hier Vögel im verborgenen brüten können.

▸ In Skandinavien gilt das Jedermannsrecht. Demnach darf man Strand, Wald und Wiesen auch dann benutzen, wenn sie Privateigentum sind. Trozdem sollte man vermeiden, auf dem Grund und Boden Dritter ohne Genehmigung zu zelten oder Feuer zu machen.

▸ Wer eine Kanutour in Skandinavien machen möchte, braucht sein eigenes Boot nicht mitzubringen. Kanus mitsamt der dazugehörigen Ausrüstung kann man an vielen Orten ausleihen. Bei den örtlichen Tourist-Informationsbüros erhält man nähere Auskünfte. Wer ruhige Gewässer vorzieht, wird sich auf den Seen und Flüssen Südwestschwedens und Finnlands am wohlsten fühlen. Im Norden kann man auch Wildwassertouren unternehmen.

▸ An den Küsten Skandinaviens ist das Angeln frei, für Binnengewässer muß man den Angelschein des jeweiligen Landes kaufen und dann die Genehmigung des Gewässereigentümers einholen. Die Berechtigungskarten erhält man in Geschäften, auf Campingplätzen oder im Touristenbüro.

WESTEUROPA

▸ Die Sommermonate eignen sich am besten für eine Reise nach Schottland und Irland sowie einen Besuch der Küstenorte in ganz Westeuropa. Im Frühjahr ist es in den Niederlanden am schönsten, denn dann stehen Parks und Blumenfelder in voller Blüte. Für England, Wales und Belgien empfehlen sich die Monate zwischen Mai und September. Frühjahr und Herbst eignen sich gut für einen Parisbesuch, für Fahrten in die Provence und ins Elsaß. In den französischen Skigebieten geht die Saison von Dezember bis April.

▸ In die Niederlande darf man keine Handwaffen, Abwehrsprays und Schreckschußpistolen einführen. Auch Waffenimitationen, z. B. Kinderspielzeug, sind dort nicht erlaubt.

▸ In Großbritannien und Irland gilt die mitteleuropäische Zeit minus eine Stunde. Im Sommerhalbjahr wird dort ebenfalls auf Sommerzeit umgestellt. Die Sommerzeit geht jedoch bis Ende Oktober, so daß für einen Monat Zeitgleichheit mit den meisten anderen europäischen Ländern besteht.

▸ Das metrische System setzt sich auf den Britischen Inseln nur allmählich durch. Deshalb sollte man Umrechnungstabellen der Längenmaße mitführen. Für die Umrechnung beim Tanken gilt: 1 Gallone entspricht rund 4,5 l.

▸ In den meisten touristischen Informationszentren Großbritanniens kann man den *Great Britain Heritage Pass* bekommen, mit dem man unbegrenzt 600 Herrensitze, Schlösser, Abteien und andere historisch bemerkenswerte Bauten des Landes besuchen kann, die der Öffentlichkeit zugänglich sind.

▸ Schottland hat eigene Banknoten, die in England und Wales nicht überall akzeptiert werden. Umgekehrt gelten aber englische Banknoten in Schottland.

Auto In Großbritannien und Irland müssen sich Autofahrer auf den Linksverkehr einstellen. Am Fahrzeug muß ein rechter Außenspiegel montiert sein.

▸ Damit der Gegenverkehr nicht vom asymmetrischen Abblendlicht geblendet wird, muß ein Teil der Scheinwerferstreuscheibe abgeklebt werden.

Diesen Bereich der Scheinwerferstreuscheibe zukleben.

▸ Wer mit dem Auto in ländlichen Gegenden Irlands oder Schottlands unterwegs ist, sollte den Autotank am Freitagabend füllen, denn samstags und sonntags kann es schwierig werden, eine geöffnete Tankstelle zu finden.

▸ Wer in französischen Städten in der *zone bleue* parken möchte, braucht eine Parkscheibe, die man in der örtlichen Touristeninformation bekommt.

▸ In Frankreich sind die Autobahnen bis auf die Stadtautobahnen von Paris, Lyon, Bordeaux und Marseille gebührenpflichtig. Es empfiehlt sich, Kleingeld in der Landeswährung bereitzuhalten, um die Mautstellen schnell passieren zu können.

▸ An den Tagen um den 1. August sollte man die Straßen in Frankreich meiden, denn zu dieser Zeit brechen die meisten Franzosen in den Urlaub auf.

Eisenbahn und Linienbus Touristen, die durch alle Benelux-Länder reisen möchten, können bei der Bahn eine günstige Benelux-Netzkarte (*Benelux Tourrail*) kaufen.

▸ In Großbritannien ist die Fahrt mit Bussen preiswerter als mit der Eisenbahn. Auf Langstrecken fahren schnelle und komfortable Reisebusse.

Hausboot Schöne Landschaften kann man von einem Hausboot aus, mit dem man gemächlich auf Kanälen und Flüssen fährt, besonders gut genießen. Solche Bootsfahrten kann man vor allem in Burgund, in den britischen Seengebieten und auf den Binnengewässern der niederländischen Provinz Groningen unternehmen. Ein Bootsführerschein ist hierfür nicht erforderlich.

Fahrrad Die flachen Polderregionen in Belgien und den Niederlanden sind ideal zum Fahrradfahren. Man sollte die Fahrradrouten jedoch so planen, daß man mit dem Wind im Rücken fährt. Der Wind kommt häufig von Südwesten.

Unterkunft und Gaststätten Preiswert und sehr verbreitet sind in Großbritannien die Privatzimmerunterkünfte Bed & Breakfast. Hier kommt man auch in den Genuß des reichhaltigen englischen Frühstücks. Beliebt sind in Südengland und Irland auch die landestypischen *cottages*, die als Ferienhäuser dienen.

▸ In Großbritannien bieten über 800 Touristeninformationszentren (TICs) den *Book-A-Bed-Ahead*-Service, über den man kostenlos im voraus Übernachtungsmöglichkeiten in anderen Orten buchen kann. Die meisten TICs sind auch abends und am Wochenende geöffnet.

▸ In den Niederlanden findet man in Pensionen und altholländischen Gasthöfen eine preiswerte und angenehme Unterkunft.

▸ In über 400 niederländischen Restaurants wird ein dreigängiges *Tourist Menu* angeboten, das bei unterschiedlicher Zusammenstellung überall gleich viel kostet und gute Qualität zu günstigem Preis bietet.

▸ Wer in Frankreich mit eigenem Fahrzeug auf dem Land unterwegs ist, sollte nach *chambre-d'hôte*-Schildern Ausschau halten. Das sind Privatzimmer, zum Teil auch auf Bauernhöfen, die oft eine persönlichere Atmosphäre als Hotels bieten.

▸ Will man in Frankreich preiswert und trotzdem gut essen, sollte man an den Landstraßen nach Gaststätten Ausschau halten, vor denen mittags die Lastwagen von Fernfahrern stehen.

Einkaufen Viele Geschäfte und Banken sind in Frankreich montags geschlossen und dafür samstags geöffnet. In Supermärkten kann man meist bis 22 Uhr einkaufen. Einige Lebensmittelgeschäfte öffnen auch am Sonntagvormittag, so daß man sogar sonntags auf frisches Baguette nicht verzichten muß. Staatliche Museen sind meistens dienstags geschlossen.

▸ Porzellan aus Limoges, bretonische Spitzen, Mode aus Paris und Parfum aus Grasse bieten sich als Souvenirs aus Frankreich an.

- In Großbritannien sind kleinere Lebensmittelgeschäfte und große Kaufhäuser sonntags häufig geöffnet. Pubs schließen abends in der Regel um 23 Uhr, sonntags meist noch früher.

- In Großbritannien und Irland lohnt es sich, nach Tweedstoffen, handgestrickten Pullovern und Porzellan zu schauen.

- Belgien ist für seine traditionelle Klöppelspitze berühmt. In den Niederlanden ist das Angebot an Antiquitäten und Delfter Keramik besonders interessant.

SÜDEUROPA/ MITTELMEERRAUM

- Am besten reist man im Frühjahr und Herbst nach Portugal, Spanien und Italien, denn dann sind die Ferienorte und die Städte noch nicht überfüllt, und die Hitze ist noch nicht so drückend wie im Hochsommer. In Griechenland ist es in der Blütezeit von Februar bis Mai besonders schön.

- Von Juni bis Ende August kann man beim ADAC Auskünfte zur Badewasserqualität an der Adria, der Riviera und am Gardasee erhalten.

- In Spanien gibt es etwa 10 000 Tropfsteinhöhlen und Höhlen mit prähistorischen Wandmalereien, von denen viele besichtigt werden können. Auch wenn es draußen sehr heiß ist, braucht man für einen Höhlenbesuch unbedingt warme Kleidung und festes Schuhwerk.

- Die Küste an der Algarve in Portugal ist wegen des klaren Wassers und der interessanten Felsformationen ein Tauchparadies. Schnorcheln ist überall erlaubt. Wer Preßluftflaschen ausleihen möchte, braucht dafür den Grundschein der Welttauchorganisation (CMAS).

- Museen sind in Italien und Portugal in der Regel montags, in Griechenland dienstags geschlossen.

Verkehrsmittel Die Autobahnen sind in südeuropäischen Ländern in der Regel gebührenpflichtig.

- Kanister mit Reservekraftstoff dürfen Autofahrer in Italien nicht mit sich führen. Außerdem dürfen dort Autotelefone nicht benutzt werden.

- In südeuropäischen Großstädten sind die Parkplätze meist rar. Daher das Auto auf einem Parkplatz am Rand des Stadtzentrums abstellen und öffentliche Verkehrsmittel benutzen.

- Da Taxis in Südeuropa billiger als in Deutschland sind, kann man z. B. bei Stadtbesichtigungen auch gut ein Taxi nehmen. Wenn das Taxameter fehlt, sollte man jedoch vor der Fahrt den Preis aushandeln.

- In der Türkei ist der *Dolmus* ein wichtiges Verkehrsmittel: eine Art Minibus, der abfährt, sobald alle Plätze belegt sind, und auf einer vorgegebenen Route überall dort hält, wo ein Passagier aussteigen möchte.

- Eisenbahn und Bus sind in den südeuropäischen Ländern preiswert. Italien hat ein hervorragendes Eisenbahnsystem, das durch Busse ergänzt wird, mit denen man auch in die kleineren Orte gelangt. In den anderen südeuropäischen Ländern ist das Schienennetz abseits der Hauptstrecken häufig veraltet, und man kommt mit dem Zug nur langsam vorwärts. Empfehlenswerter sind hier die Busverbindungen.

- In Griechenland haben dicht beieinanderliegende Inseln oft keine direkte Schiffsverbindung. Wer auf eine Insel reist, sollte sich vorher gut über die Verbindungen informieren. Das griechische Fremdenverkehrsamt sendet auf Wunsch eine Broschüre mit den entsprechenden Angaben zu.

Unterkunft und Gaststätten Stilvolle, komfortable Hotels sind in Portugal die *Pousadas* und in Spanien die *Paradores*. Es sind staatliche Hotels in historischen restaurierten Gebäuden wie Burgen, Palästen und Klöstern.

- Vor allem in Spanien und Griechenland nimmt man die Mahlzeiten später als in Deutschland ein, das Mittagessen ab etwa 14 Uhr, das Abendessen ab etwa 21 Uhr.

- In griechischen Restaurants sucht man sich alle Gerichte einzeln aus und stellt sich auf diese Weise seine Mahlzeit zusammen.

- Eine Alternative zum Restaurantbesuch sind in Spanien die *Tascas*. Dort gibt es *Tapas*, Appetithäppchen, von denen man gleich mehrere, eine *ración*, bestellen kann. *Tascas* gibt es auch in Portugal.

- In Italien ist man abseits der Touristenzentren in kleineren Gasthäusern (*Locande*) gut aufgehoben.

Geld Euroschecks werden in Portugal, Griechenland und der Türkei normalerweise nur von Banken eingetauscht.

- Es ist ratsam, nach Spanien, Portugal und in die Türkei nur wenig Geld in der Landeswährung mitzunehmen, denn der Wechselkurs ist in diesen Ländern günstiger als in Deutschland. In Griechenland ist der Wechselkurs an der Grenze besonders vorteilhaft.

- Die Rechnungen für Übernachtungen, Restaurantbesuche und Einkäufe sollte man in Italien aufbewahren. Die Steuerfahndung macht dort Stichproben, bei denen man die Rechnungen vorzeigen muß.

▸ In Italien läßt man das Trinkgeld auf dem Tisch liegen, wenn man das Lokal verläßt. In Griechenland sollte man dem Jungen, der den Tisch deckt und abräumt, ein Extratrinkgeld geben.

▸ In Griechenland sind kleine Klöster häufig auf Spenden angewiesen. Für die Einheimischen ist es selbstverständlich, eine Geldspende zu geben. Touristen sollten diesem Beispiel folgen.

Einkaufen In den meisten südeuropäischen Ländern sind die Geschäfte während der langen Mittagspausen geschlossen und dafür abends länger geöffnet.

▸ In ganz Südeuropa lohnt es, nach Lederwaren zu schauen. Besonders in Spanien kann man auf Antiquitäten- und Flohmärkten reizvolle Souvenirs erstehen.

▸ Wer in Italien Antiquitäten und Kunstgegenstände kaufen will, sollte bedenken, daß man dort für die Ausfuhr eine Bescheinigung der Kunstkammer benötigt. Aus der Türkei und aus Griechenland darf man antike Gegenstände grundsätzlich nicht ausführen.

OSTEUROPA

▸ Vor der Reise in ein osteuropäisches Land sollte man sich bei den jeweiligen Fremdenverkehrsämtern oder beim ADAC über die spezielle Situation, die Einreisevorschriften, Verkehrsbestimmungen usw. erkundigen, da sich wegen der Umbruchsituation in Osteuropa kurzfristig Änderungen ergeben können.

▸ Für Reisen in die GUS und nach Bulgarien empfiehlt es sich, das kyrillische Alphabet zu lernen, um Straßenschilder u. ä. entziffern zu können.

Verkehrsmittel Wer mit dem Auto in ein osteuropäisches Land reist, sollte die grüne Versicherungskarte mitnehmen. Andernfalls muß an der Grenze eine zeitlich befristete Haftpflichtversicherung abgeschlossen werden.

▸ Ungarn und Bulgarien haben in Osteuropa die vergleichsweise am besten ausgebauten Straßennetze. In den anderen Ländern, besonders in der GUS, muß man damit rechnen, daß die Straßen teilweise nicht asphaltiert oder in einem mäßigen Zustand sind.

▸ Wer bleifrei tanken möchte, muß in Osteuropa mit Schwierigkeiten rechnen. In Ungarn, der Tschechischen Republik und der Slowakei gibt es die meisten Tankstellen, die bleifreies Benzin anbieten. In Bulgarien, Polen und Rumänien kann man es nur an den Hauptreiserouten tanken.

▸ Für Autofahrer gilt in den osteuropäischen Ländern – außer in Polen – absolutes Alkoholverbot.

▸ Eisenbahnen und Busse sind in den osteuropäischen Ländern die wichtigsten und preisgünstigsten Verkehrsmittel. Da viele Züge ohne Restaurantwagen fahren, sollte man sich vor der Fahrt Proviant besorgen.

▸ Bei Stadtbesichtigungen bieten die öffentlichen Verkehrsmittel wie Straßenbahn und Bus die preiswerteste Möglichkeit, die Innenstadt und auch die Gegenden außerhalb des Zentrums kennenzulernen.

Unterkunft Immer häufiger werden Privatquartiere angeboten, die an der Straße durch Schilder angezeigt werden. Ferienwohnungen und Bungalows gibt es in manchen Touristenzentren, z. B. am Plattensee und an der Schwarzmeerküste.

▸ Es gibt relativ viele Campingplätze, doch kann man nicht mit ähnlich komfortabler Ausstattung wie in Westeuropa rechnen. Geprüfte Plätze stellt der *ADAC Campingführer* vor.

Geld Die jeweilige Landeswährung darf in viele Staaten Osteuropas weder ein- noch ausgeführt werden. Frei konvertierbare, d. h. harte Devisen können dagegen unbegrenzt mitgenommen werden, müssen an der Grenze mancher osteuropäischer Länder jedoch deklariert werden. Umtauschen darf man ausländische Zahlungsmittel nur bei den offiziellen Wechselstellen.

▸ Bevor man Geld umtauscht, sollte man überlegen, wieviel man an Landeswährung braucht. Vor der Ausreise muß nämlich zuviel getauschtes Geld wieder zurückgetauscht werden, und dies ist in manchen Ländern nur in festgesetzten, recht geringen Mengen möglich und immer mit Verlusten verbunden. Häufig muß man beim Rücktausch in der Wechselstelle beweisen, daß man rechtmäßig an die Landeswährung gekommen ist. Deshalb sollte man die Umtauschquittungen bis zur Ausreise aufheben.

▸ Euroschecks werden inzwischen zwar in vielen osteuropäischen Ländern akzeptiert, jedoch fast nur in Banken und selten in Geschäften. Kreditkarten werden nur in wenigen Hotels und Geschäften akzeptiert; sie sind daher als Zahlungsmittel für die Länder Osteuropas vorläufig nicht gut geeignet.

▸ Auf jeden Fall ist es ratsam, zusätzlich zur Landeswährung harte Währung in bar mit sich zu führen. Vielerorts kann man nur mit Devisen bezahlen.

USA UND KANADA

▸ Urlauber aus Deutschland brauchen für die Einreise in die USA und nach Kanada einen gültigen Reisepaß; dauert die Reise länger als 90 Tage, braucht man ein Visum. Außerdem benötigt man ein Rückreiseticket und für Kanada den Nachweis, daß man ausreichende Geldmittel für den Aufenthalt mit sich führt. Wer in die USA einreist, muß einen Antrag zur Befreiung von der Visumpflicht ausfüllen, den man bereits beim Einchecken oder an Bord des Flugzeugs oder Schiffes bekommt. Wer auf dem Landweg einreist, erhält das Formular an der Grenze.

▸ In die USA darf man keine Lebensmittel einführen, nach Kanada nur konservierte Lebensmittel in geringem Umfang.

▸ Wenn man nach Kanada einreist, sollte man Wertgegenstände deklarieren, damit man bei der Ausreise keine Schwierigkeiten bekommt.

▸ Wer von den USA aus einen Abstecher nach Kanada oder Mexiko machen möchte, sollte bei der Ausreise darauf achten, daß der in den Paß eingeheftete Abschnitt *departure record* des Einreiseformulars nicht an der Grenze herausgenommen wird.

Geld Kreditkarten sind ein sehr gebräuchliches Zahlungsmittel in den USA und Kanada. Außerdem sollte man Reiseschecks in US-Dollars bzw. kanadischen Dollars mitnehmen. Sie werden fast überall, in Hotels, Restaurants und Geschäften, angenommen. Euroschecks werden weder in den USA noch in Kanada akzeptiert.

Flugzeug Viele amerikanische und kanadische Fluggesellschaften bieten Rundflugtickets an, mit denen man mehrere Strecken in ihrem nordamerikanischen Routennetz fliegen kann.

▸ Wenn man sich in den USA oder Kanada kurzfristig zu einem Flug entschließt, sollte man nach den günstigen Stand-by-Flügen fragen.

Bus Mit Greyhound-Bussen kann man die wichtigsten Reisegebiete der USA und Kanadas erreichen. Das Streckennetz dieser komfortablen Überlandbusse ist sehr dicht, und die Fahrkarten sind preiswert. Es ist sogar möglich, mit diesen Bussen die Strecke von Alaska über Kanada und die USA nach Mexiko zurückzulegen.

Auto Wenn man ein Auto mietet, sollte man eine Rundfahrt planen und das Auto oder das Wohnmobil wieder am Ausgangsort abgeben. So spart man die Rückführgebühr.

▸ Wer durch die USA fährt, muß sich an das absolute Alkoholverbot halten; in Kanada liegt die Promillegrenze bei 0,8.

▸ Mitglieder des ADAC können Leistungen des amerikanischen Automobilclubs AAA und des kanadischen Automobilclubs CAA in Anspruch nehmen. So hat man z. B. Anspruch darauf, aktuelle Straßenkarten und Campingführer in den Geschäftsstellen zu bekommen. Die Clubs leisten auch Pannenhilfe, die CAA kostenlos für ADAC-Mitglieder. Es lohnt sich also, den Mitgliedsausweis mitzunehmen. In den örtlichen Telefonbüchern findet man die Adressen der Geschäftsstellen.

Unterkunft Hotels und Motels sind meist zu Ketten zusammengeschlossen. Die einzelnen Hotels bzw. Motels einer Kette haben in etwa die gleiche Ausstattung, den gleichen Service und das gleiche Preisniveau. Wenn man mit einem Hotel bzw. Motel einer bestimmten Kette zufrieden war, kann man deshalb andere Unterkünfte dieser Kette vorausbuchen.

▸ Reservierungen kann man von einem Hotel bzw. Motel zum anderen vornehmen lassen. Sowohl in den USA als auch in Kanada kann man Übernachtungen selber buchen, wenn man – gebührenfrei – die Reservierungszentrale einer Hotelkette anruft. Die Telefonnummern findet man im Branchenverzeichnis.

▸ Motels liegen in der Regel außerhalb der Städte an den Ausfallstraßen. Besonders preisgünstig sind die Economy Motels.

▸ Doppelzimmer sind kaum teurer als Einzelzimmer. Für jede weitere Person, die im Zimmer übernachtet, wird nur ein geringer Preisaufschlag erhoben.

▸ Elektrogeräte, die in den USA verwendet werden sollen, müssen auf 110 V umschaltbar sein.

▸ Das Frühstück ist in Hotels und Motels nicht im Übernachtungspreis eingeschlossen. In den meist nahe gelegenen Coffee-Shops ist das Frühstück preiswerter als im Hotelrestaurant.

▸ Immer häufiger gibt es in den USA und in Kanada Bed-and-Breakfast-Pensionen. Bei Reisebüros oder Verkehrsämtern kann man sich nach Adressen von Zimmervermittlungen erkundigen.

▸ Eine kanadische Spezialität sind *lodges*, meist im Blockhüttenstil gebaute Hotels, die mitten in der Wildnis liegen.

▸ In Kanada werden auch *kitchen units* angeboten, für Familien geeignete Unterkünfte, in denen man selbst kochen und waschen kann.

▸ Campingplätze sind in den USA und in Kanada zahlreich vorhanden. Privat geführte Campingplätze sind oft sehr komfortabel ausgestattet, z. B. mit Schwimmbad, Restaurants, Läden usw.; staatliche Campingplätze haben einen einfacheren Standard, sind dafür aber billiger und häufig schön gelegen.

Restaurants Beim Eintreten in ein Restaurant geht man nicht, wie gewohnt, auf einen freien Tisch zu, sondern wartet, bis man einen Tisch zugewiesen bekommt.

▸ Preisgünstig ist häufig das *daily special*, das Tagesgericht. Wer Wein zum Essen trinken möchte, sollte darauf achten, daß das Restaurant eine Lizenz für Alkoholausschank hat. Man erkennt dies an einer Plakette mit der Aufschrift *Licensed*.

▸ Fast-Food-Restaurants, Coffee-Shops u. ä. sind rund um die Uhr für ihre Gäste da. Bezahlt wird normalerweise an der Kasse, wenn man das Lokal verläßt.

Trinkgeld In den USA und in Kanada ist das Bedienungsgeld nur selten im Rechnungsbetrag enthalten. Deshalb sollte man etwa 15 % vom Rechnungsbetrag als Trinkgeld (*tip*) geben. Man läßt das Trinkgeld auf dem Tisch liegen oder beim Zahlen mit Kreditkarten mit abbuchen.

▸ Auch für andere Serviceleistungen wird ein Trinkgeld erwartet. Zimmermädchen, Gepäckträger, Taxifahrer usw. sind oft auf das Geld angewiesen. Dem Empfangspersonal im Hotel gibt man kein Trinkgeld.

Verkaufssteuer Auf jeden Rechnungsbetrag wird sowohl in den USA als auch in Kanada eine Verkaufssteuer (*sales tax*) hinzugerechnet, die je nach Region unterschiedlich hoch ist.

Telefonieren Bei Problemen beim Telefonieren hilft der Operator, der unter der Rufnummer 0 erreichbar ist. Über ihn kann man auch R-Gespräche (*collect calls*) anmelden, bei denen der Angerufene bezahlt, oder *person-to-person-calls*, für die man nur zahlt, wenn die namentlich genannte Person erreichbar ist. Der Operator verbindet auch mit Polizei, Feuerwehr oder Notarzt.

▸ Ein R-Gespräch nach Deutschland kann man aus den USA kostenlos über die Nummern 1 80 02 92 00 49, 1 80 07 66 00 49 und 1 80 09 27 00 49 anmelden. In Kanada wählt man die Nummer 1 80 04 65 00 49.

MITTEL- UND SÜDAMERIKA

▸ Für die Einreise in die mittel- und südamerikanischen Länder braucht man in der Regel nur einen Reisepaß. Wer länger als 90 bzw. 60 Tage dort bleiben will, benötigt ein Visum. Für einige Länder wie z. B. Mexiko, Kuba oder Venezuela ist zusätzlich eine Touristenkarte erforderlich, die von Fluggesellschaften, Reiseunternehmen oder Konsulaten ausgestellt wird.

Flugzeug Die Flugpreise sind recht günstig, doch muß man dafür häufig Abstriche an Pünktlichkeit und Komfort machen. Dies gilt besonders für Peru und Bolivien.

▸ Für Flüge innerhalb Brasiliens gibt es den *Brazil Air Pass*, der für beliebig viele Flüge innerhalb bestimmter Zeiträume gilt. Einen solchen Paß gibt es auch für Argentinien, den *Visit Argentina Fare*.

▸ Wer mehrere Karibische Inseln mit dem Flugzeug erreichen will, kann von günstigen *Island-Hopping*-Tarifen profitieren.

Bus Die Überlandbusse sind in Lateinamerika ein wichtiges Verkehrsmittel. Mit ihnen kann man auch in entlegene Gebiete und in kleine Ortschaften gelangen.

▸ In fast jeder größeren Stadt gibt es eine zentrale Busstation. Dort haben die verschiedenen Busgesellschaften Fahrkartenschalter und Informationstafeln. Um sicher einen Platz zu bekommen, kauft man die Fahrkarte besser schon einen Tag vor der Fahrt.

▸ Vor allem in Peru muß man damit rechnen, daß die Busse in einem schlechten Zustand sind.

▸ Das geringste Risiko geht man ein, wenn man sich durch sein Hotel bei einer guten Busgesellschaft einen Platz reservieren läßt.

▸ Wer auf dem Panamerican Highway, der bedeutendsten Nord-Süd-Achse in Mittel- und Südamerika, fahren möchte, sollte einkalkulieren, daß in Mittelamerika die Busverbindungen über die Grenzen hinweg je nach politischer Lage schwierig werden können.

▸ Im Grenzgebiet zwischen Panama und Kolumbien wird der Highway durch den Darién-Dschungel unterbrochen. Für dieses Zwischenstück nimmt man am besten das Flugzeug.

Eisenbahn Das Eisenbahnnetz ist in den meisten lateinamerikanischen Ländern nicht sehr gut ausgebaut, zudem sind die Züge oft langsamer als Busse. Am wenigsten anstrengend ist die Bahnfahrt in der Pullmanklasse oder, wenn es diese nicht gibt, in der ersten Klasse. Die Fahrkarten sind auch in der Pullman- bzw. ersten Klasse sehr preisgünstig.

Auto Wer einen Leihwagen mieten möchte, sollte bedenken, daß Mietwagen recht teuer, aber oft in keinem guten Zustand sind.

▸ Die Straßen sind, abgesehen von asphaltierten Hauptstraßen, häufig sehr schlecht.

▸ Unbedingt eine Vollkaskoversicherung abschließen, da die meisten Verkehrsteilnehmer keine Versicherung besitzen. Der Diebstahl von Autozubehör, z. B. von Radkappen, kann in der Regel nicht mitversichert werden.

Taxi In den Städten fährt man besser mit Taxis als mit den überfüllten Stadtbussen, zumal Taxifahren in lateinamerikanischen Ländern preisgünstig ist.

▸ Bei den Wagen ohne Taxameter handelt man den Preis vor der Fahrt aus. Bei Taxis mit Taxameter klebt oft eine Preisliste an der Fensterscheibe, auf der steht, wieviel man bei welchem Taxameterstand zahlen muß. Wer vermeiden möchte, daß ihm der Taxifahrer zuviel berechnet, sollte in der Liste nachschauen.

▸ Taxis, die man telefonisch bestellt, oder solche, die vor großen Hotels stehen, sind am komfortabelsten, aber auch am teuersten.

Unterkunft In den touristischen Zentren findet man eine gute Auswahl an Hotels von europäischem Standard.

▸ Besonders gut ist das Angebot an Unterkünften auf den Karibischen Inseln.

▸ In Brasilien sind die *Pousadas* zu empfehlen, kleine Gasthäuser, die eine angenehme Unterkunft zu günstigen Preisen bieten.

▸ In einigen Regionen, z. B. den südlichen Gebieten Chiles und Argentiniens, kann man gut und preiswert bei Familien des Ortes wohnen.

Geld Bei einer Reise in mittel- und südamerikanische Länder nimmt man am besten US-Dollars und US-Dollar-Reiseschecks mit. In Mexiko und in der Karibik kann man überall direkt mit US-Dollars bezahlen.

▸ Wegen der hohen Inflationsrate in den meisten lateinamerikanischen Ländern sollte man sich nur so viel Landeswährung besorgen, wie man kurzfristig benötigt. Deshalb empfiehlt es sich, Reiseschecks für kleine Beträge mitzunehmen.

▸ Beim Umtausch in die jeweilige Landeswährung sollte man beachten, daß Wechselstuben einen besseren Kurs zahlen als Banken. Reiseschecks werden in der Regel zu einem etwas schlechteren Kurs eingetauscht als Bargeld.

▸ Kreditkarten werden in Peru und Bolivien sowie in den ländlichen Gebieten der anderen Länder selten akzeptiert.

Sicherheit In einigen Ländern, vor allem in Kolumbien und Peru sowie einigen brasilianischen Großstädten, muß man ständig mit Taschendieben rechnen. Größere Geldsummen, Schecks, Schmuck und den Paß deponiert man möglichst im Hotelsafe und läßt sich eine Quittung darüber ausstellen. Eine Kopie des Passes sollte man mit sich führen.

Gesundheit Bei einer Reise in sehr hoch gelegene Städte und Gebiete Mittel- und Südamerikas sollte man mindestens einen Tag für die Akklimatisierung an die ungewohnte Höhe einplanen, bevor man zu Unternehmungen aufbricht. Schon ab einer Höhe von 2000 m können nämlich Anzeichen der Höhenkrankheit auftreten.

▸ Falls man einen Arzt benötigt, fragt man am besten in den internationalen Hotels nach Namen und Adresse eines Arztes, der Deutsch oder Englisch spricht.

Ausfuhr Aus Bolivien darf man Kunstgegenstände aus der Zeit vor 1900 und archäologische Funde nicht ausführen. Auch in Peru und Mexiko ist die Ausfuhr archäologischer Gegenstände nicht gestattet.

AFRIKA

▸ Das Leitungswasser ist fast überall in Afrika nicht trinkbar. Auf den Verzehr von rohem Gemüse, ungeschälten Früchten und Salat sollte man vorsichtshalber verzichten. Fleisch, Fisch und Meeresfrüchte sollten gut durchgebraten oder gekocht sein.

▸ Um sich nicht Bilharziose, eine gefährliche Wurmkrankheit, zuzuziehen, ist es ratsam, in ganz Afrika nicht in Seen und Flüssen zu baden.

Verkehrsmittel In den meisten afrikanischen Ländern gibt es gute inländische Flugverbindungen. Allerdings sind Verspätungen keine Seltenheit.

▸ Wer mit öffentlichen Verkehrsmitteln zum Flughafen fahren will, sollte viel Zeit für die Fahrt einkalkulieren, weil die Fahrpläne meistens nicht sehr zuverlässig eingehalten werden.

▸ Mit der Eisenbahn kann man in Afrika in der Regel große Städte und Touristenzentren erreichen, z. B. die Küstenstädte in Nordafrika. Die Züge fahren meistens langsam, sind aber außer in Westafrika sehr preiswert. Es empfiehlt sich, die erste Klasse zu buchen und die Platzreservierungen schon lange im voraus vorzunehmen.

▸ In Südafrika verkehren Luxuszüge zwischen Kapstadt und Pretoria bzw. Johannesburg.

▸ Mit Überlandbussen, die noch preiswerter als die Bahn sind, kann man in fast alle größeren Orte gelangen. Auf Hauptrouten fahren vor allem in Nord-, Ost- und Südafrika komfortable Busse. Man sollte sich rechtzeitig einen Platz reservieren lassen. Dies ist z. B. in Nordafrika an den Busbahnhöfen möglich, die es in den größeren Orten gibt.

▸ Weil Taxis in den meisten afrikanischen Ländern preiswert sind, eignen sie sich sowohl für Stadtfahrten als auch für längere Ausflüge. In manchen Ländern, z. B. Tunesien und Marokko, gibt es spezielle Kleintaxis für das Stadtgebiet und große Taxis, die auch außerhalb der Stadt fahren dürfen.

▸ In Südafrika bekommt man Taxis nur an bestimmten Haltepunkten, meist vor den großen Hotels. Man kann sie auch telefonisch anfordern, jedoch nicht auf offener Straße anhalten.

▸ Mietwagen kann man in den meisten größeren Städten wahlweise mit oder ohne Chauffeur bekommen. Es empfiehlt sich, einen Fahrer zu engagieren, da die Straßen häufig nur in einem mäßigen Zustand sind und die Verkehrsvorschriften normalerweise kaum beachtet werden.

▸ Wer die Pistenstrecken in der Sahara befahren möchte, braucht dazu ein geländegängiges Fahrzeug. Man muß sich sehr gut auf Wüstenfahrten vorbereiten, weil sie äußerst gefährlich sind.

Unterkunft In den Küstengebieten Nord-, Ost- und Südafrikas kann man auch Bungalows und Ferienwohnungen mieten.

▸ In den großen Nationalparks in Kenia kann man in komfortablen Lodges und Luxuszeltcamps übernachten. In den Nationalparks und Wildreservaten anderer afrikanischer Länder, z. B. in Tansania, haben die Lodges und Camps meist eine einfachere Ausstattung und sind deshalb preiswerter.

▸ In den Städten Westafrikas sind die Hotels recht teuer. Wer dort in ländlichen Gebieten unterwegs ist, kann z. B. bei Lehrern, Missionaren oder Entwicklungshelfern unterkommen.

Geld Bei Reisen in afrikanischen Ländern sollte man neben Reiseschecks in kleinen Beträgen auch Bargeld dabeihaben, da man in entlegeneren Gebieten und in kleinen Städten nicht immer mit Reiseschecks zahlen kann. Für die meisten westafrikanischen Länder empfehlen sich Schecks und Bargeld in französischen Francs, für fast alle anderen Regionen Afrikas in US-Dollars.

▸ In einigen nordafrikanischen Ländern, z. B. in Marokko und Tunesien, kann man auch Euroschecks bei Banken einlösen. Kreditkarten werden in vielen Touristenzentren akzeptiert.

▸ Die Ein- und Ausfuhr von Landeswährung ist in den meisten afrikanischen Ländern verboten. In einigen Ländern, z. B. Tansania und Algerien, ist bei der Einreise ein Pflichtumtausch notwendig.

Trinkgelder Sie spielen in den meisten afrikanischen Ländern wegen der niedrigen Einkommen eine große Rolle. Deshalb sollte man immer Kleingeld bei sich haben, um alle Serviceleistungen honorieren zu können. Auch bei Behörden sind oft entsprechende „Aufmerksamkeiten" nötig.

Sicherheit Diebstähle kommen vor allem in Touristenzentren vor. Am besten deponiert man Wertsachen im Hotelsafe und paßt bei Fahrten mit öffentlichen Verkehrsmitteln, auf Märkten, in Banken und Bars besonders gut auf.

▸ Nach Anbruch der Dunkelheit sollte man nicht mehr durch die Straßen gehen.

Verhalten Vor allem in Ländern mit vorwiegend moslemischer Bevölkerung sollte man Einheimische nicht ungefragt fotografieren. Auf Märkten und anderen vielbesuchten Plätzen besser gar nicht fotografieren oder filmen.

▸ An Stränden sollte man beachten, daß FKK und Baden oben ohne meistens verboten sind.

Islam Wer während des Fastenmonats Ramadan in islamische Länder fährt, sollte Rücksicht auf die Einheimischen nehmen und in der Öffentlichkeit tagsüber nicht essen, trinken oder rauchen.

▸ In islamischen Ländern ist der Freitag ein Feiertag. Deshalb sind Geschäfte freitags häufig geschlossen. Der Sonntag dagegen gilt dort als normaler Wochentag.

▸ Im Islam gilt es als Gebot der Religion, Almosen zu geben. Deshalb sollte man Bettlern hin und wieder etwas Geld schenken.

Ausfuhr Um nicht die Ausrottung seltener Tier- und Pflanzenarten zu unterstützen, sollte man z. B. keine Korallen, Felle von Wildkatzen und Artikel aus Elfenbein kaufen. Deren Einfuhr nach Deutschland ist zudem verboten.

▸ Wer Antiquitäten kaufen möchte, sollte sich vor dem Kauf darüber informieren, ob die Ausfuhr überhaupt erlaubt ist.

ASIEN

▸ In Asien mit seiner Vielfalt an Völkern, Sprachen und Kulturen ist das Alltagsleben stark durch die verschiedenen Religionen geprägt. Man sollte sich mit den jeweiligen Landessitten genau vertraut machen und sich so verhalten, daß man keinen Anstoß bei den Einheimischen erregt.

Verhalten Moscheen sowie buddhistische und hinduistische Tempel darf man nicht mit Schuhen betreten. In japanischen Privathäusern oder Restaurants sollte man ebenfalls keine Schuhe tragen, es sei denn, Wirt oder Gastgeber besteht darauf. In indischen und indonesischen Häusern richtet man sich am besten nach dem Gastgeber.

▸ Wenn in Japan vor dem WC Toilettenschuhe bereitstehen, muß man diese anziehen, bevor man die Toilette betritt. Nachdem man sie aufgesucht hat, nicht vergessen, die Schuhe wieder auszuziehen.

▸ Moscheen, die für Touristen zugänglich sind, darf man nur außerhalb der Gebetszeiten besuchen. Frauen müssen dort eine Kopfbedeckung tragen.

▸ Wer in Moscheen oder Tempeln fotografieren möchte, sollte vorher um Erlaubnis bitten.

▸ In buddhistischen Ländern, vor allem in Thailand, sollte man niemanden, auch nicht Kinder, am Kopf berühren. Einer gegenübersitzenden Person sollte man nicht die Fußspitzen zuwenden. Frauen sollten keinesfalls einen buddhistischen Mönch berühren.

Begrüßung In Japan und China verbeugt man sich leicht bei der Begrüßung. Bei der Vorstellung legen Chinesen großen Wert darauf, mit ihrem vollständigen Titel angesprochen zu werden.

▸ In Thailand begrüßt man sich, indem man die Handflächen wie zum Gebet aneinanderlegt. Auch in Indien legt man die Handflächen aneinander und senkt dabei den Kopf. In den meisten anderen asiatischen Ländern ist der Handschlag die geläufigste Grußform.

In Indien zur Begrüßung die Handflächen aneinanderlegen und den Kopf senken.

Verkehrsmittel In den meisten asiatischen Ländern gibt es dichte inländische Flugnetze. Man muß allerdings, z. B. in Indien und Thailand, damit rechnen, daß Flüge ausfallen.

▸ Das Eisenbahnnetz ist in den einzelnen asiatischen Ländern unterschiedlich ausgebaut. Japan hat z. B. ein hervorragendes Eisenbahnsystem mit äußerst komfortablen und schnellen Zügen. In Malaysia hingegen spielt die Bahn nur eine untergeordnete Rolle; dort sind Überlandbusse das gebräuchlichste Verkehrsmittel. Sowohl für die Bahn als auch für den Bus sollte man auf jeden Fall frühzeitig Plätze reservieren.

▸ In Thailand sind Fahrten mit Überlandbussen in der Regel nicht zu empfehlen, weil die Busfahrer sehr riskant fahren. Wenn man in Japan mit Bussen fahren möchte, sollte man wegen des meist dichten Verkehrs Staus und damit Verzögerungen einkalkulieren.

▸ Für Stadtfahrten sind überall in Asien Taxis gut geeignet. In manchen Ländern, z. B. in Indonesien und Pakistan, gibt es dreirädrige Motorroller mit Sitzbank, die sehr wendig sind. In japanischen Großstädten kann man außerhalb der Stoßzeiten gut die U-Bahn benutzen.

▸ Selber Auto zu fahren ist in den meisten asiatischen Ländern wegen der schwierigen Verkehrsverhältnisse nicht ratsam. In vielen asiatischen Ländern kann man aber einen Mietwagen mit Chauffeur bekommen. In China und Indien ist dies sogar obligatorisch. Die Chauffeure sind oft gute und hilfsbereite Reiseführer.

Unterkunft Wer ein komfortables landestypisches Hotel sucht, kann z. B. in Japan in einem *ryokan* wohnen.

▸ Eine einfache und preiswerte Unterkunft bieten in vielen asiatischen Ländern die *guesthouses*. Auch manche Tempel und Klöster nehmen ausländische Gäste auf. Man muß jedoch damit rechnen, daß dort keine Bettwäsche gestellt wird. Wer in Asien häufig in einfachen Unterkünften übernachten möchte, sollte deshalb einen Schlafsack mitnehmen.

Geld Wichtigster Bestandteil der Reisekasse sollten Reiseschecks in D-Mark oder US-Dollar sein. Kreditkarten werden in vielen asiatischen Ländern z. B. in großen Hotels akzeptiert. Sehr nützlich ist es, für unvorhergesehene Situationen eine größere Anzahl von Ein- und Fünf-Dollar-Banknoten mitzunehmen.

▸ Der Wechselkurs ist häufig, z. B. in Südostasien, bei privaten Geldwechslern (*money changer*) günstiger als in Banken.

Gesundheit Leitungswasser sollte man in Asien nicht unbehandelt trinken.

▸ In Regionen mit heißem Klima sollte man nicht in Süßwasser baden und barfuß gehen. Denn es gibt dort in Gewässern und im Boden viele gefährliche Parasiten.

Drogen In zahlreichen asiatischen Ländern wird Drogenbesitz mit drakonischen Strafen geahndet. In einigen Ländern, z. B. in Singapur und Malaysia, kann sogar die Todesstrafe verhängt werden.

AUSTRALIEN UND NEUSEELAND

▸ In Australien wird Englisch mit starkem Akzent gesprochen. Wer Fragen zum australischen Englisch hat, kann beim *Telephone Interpreter Service* anrufen, der bei Verständigungsproblemen weiterhilft. Diesen Service gibt es in allen größeren Städten.

Einreise Für die Einreise nach Australien benötigt man ein Visum; für Neuseeland genügt bei einem Aufenthalt bis zu drei Monaten ein Reisepaß. In beiden Ländern muß man ein Rückflugticket und ausreichende finanzielle Mittel für die Dauer der Reise nachweisen.

▸ Wer aus Seuchengebieten kommt, muß gegen Gelbfieber und Cholera geimpft sein.

Geld Wer nach Australien reist, sollte Reiseschecks in australischen Dollars mitnehmen. Für Neuseeland eignen sich am besten DM- oder US-Dollar-Reiseschecks. Kreditkarten werden ebenfalls akzeptiert, allerdings nicht immer in kleinen Städten und ländlichen Gebieten.

▸ Vor Fahrten ins Outback, das Landesinnere Australiens, sollte man sich genügend Bargeld besorgen, denn dort kann man Schecks nur selten einlösen.

Flugzeug Die einheimischen Fluggesellschaften bieten preisgünstige Flugpässe für Touristen an. Mit dem *Discover Australia Fare* der Fluggesellschaft Qantas kann man auf inneraustralischen Flügen bis zu 50 % Rabatt bekommen, der *New Zealand Air Pass* enthält Gutscheine für eine bestimmte Anzahl von Flügen innerhalb Neuseelands.

Auto In Australien und Neuseeland müssen sich Autofahrer auf den Linksverkehr einstellen. Alkohol am Steuer ist nicht erlaubt.

▸ Im Outback gibt es oft nur Staub- und Schotterpisten.

▸ Wer in Australien das weite Land abseits der Küsten kennenlernen möchte, kann geführte Touren ins Outback unternehmen, die Safariclubs organisieren. Wenn man das Outback auf eigene Faust entdecken will, sollte man sich sehr gut auf die Fahrt vorbereiten, denn die Strecken im Landesinneren sind sehr wenig frequentiert. Bei den australischen Automobilclubs RAC und NRMA können ADAC-Mitglieder kostenlos Broschüren mit Tips für Fahrten ins Outback bekommen.

▸ Mit der ADAC-Clubkarte erhält man beim neuseeländischen Automobilclub AA kostenlos Straßenkarten sowie Hotel- und Campingführer. Der AA unterhält in vielen größeren Städten Neuseelands Informationsbüros.

Bus und Bahn In beiden Ländern bieten die Busgesellschaften verschiedene Buspässe an, mit denen man zu günstigen Preisen mit den komfortablen Überlandbussen reisen kann. In Neuseeland gibt es außerdem einen *Travel Pass*, der für Fahrten mit Bus, Bahn und Fähre gilt.

▸ In Neuseeland beschränkt sich das Eisenbahnnetz auf die touristischen Hauptrouten. In Australien sind fast alle wichtigen Städte mit der Bahn erreichbar. Dort kann man mit dem *Austrail Pass* innerhalb bestimmter Zeiträume beliebig oft mit der Bahn fahren.

Unterkunft und Restaurants Wer sich gern in ländlicher Umgebung aufhält, kann Urlaub auf einer Farm machen. Informationen darüber erhält man beim Australischen Fremdenverkehrsbüro, Neue Mainzer Straße 22, 60311 Frankfurt, und beim Neuseeländischen Fremdenverkehrsamt, Friedrichstraße 10–12, 60323 Frankfurt.

▸ In Neuseeland und in den Küstengebieten Australiens kann man auf vielen gut ausgestatteten und schön gelegenen Campingplätzen einen naturnahen Urlaub verbringen. Im Outback gibt es nur wenige Campingplätze. In den Nationalparks kann man auf einfachen und billigen Campingplätzen übernachten.

▸ Manche Restaurants in Australien und Neuseeland haben keine Lizenz zum Alkoholausschank. Man erkennt sie an der Bezeichnung BYO (*Bring Your Own*) auf ihrem Schild am Eingang. Gäste dürfen hier ihre eigenen alkoholischen Getränke mitbringen.

▸ In australischen Restaurants bleibt man am Eingang stehen, bis man einen Tisch zugewiesen bekommt.

Trinkgeld In Australien ist es nicht allgemein üblich, Trinkgeld zu geben, es wird aber gern angenommen. In Restaurants gibt man etwa 10 % des Rechnungsbetrags. In Neuseeland ist Trinkgeld nicht üblich.

Gesundheit Wegen des Ozonlochs, das über dem südlichen Teil Australiens besonders groß ist, ist die ultraviolette Strahlung außergewöhnlich hoch. Deshalb für guten Sonnenschutz sorgen.

W 60

9

Fahrzeuge warten und pflegen

NORMALE INNENRAUM-REINIGUNG

▸ Der beste Platz zur regelmäßigen Innenraumreinigung des Fahrzeugs ist eine geräumige Garage oder ein Carport, da hier zumeist ein Stromanschluß für einen Staubsauger vorhanden ist und man die Arbeiten unabhängig von der Witterung durchführen kann.

▸ Nimmt man die Innenraumreinigung im Freien vor, den Platz so wählen, daß niemand z. B. durch offenstehende Fahrzeugtüren behindert wird.

▸ Den Pkw zunächst vollständig ausräumen und für Abfälle einen Mülleimer bereitstellen.

Staubsaugen Die Sitze, der Wagenboden und auch die Ablagen lassen sich am besten mit einem Staubsauger säubern, der mit einer Polsterdüse versehen ist.

▸ Ein 220-V-Staubsauger, wie man ihn im Haushalt benutzt, kann zu diesem Zweck zwar etwas unhandlich sein, ist aber leistungsstark und garantiert eine gründliche Reinigung. Haushaltsstaubsauger im Freien nur bei trockenem Wetter einsetzen.

▸ Steht kein Stromanschluß für einen Haushaltsstaubsauger zur Verfügung, kann man einen 12-V-Staubsauger benutzen, der vom Bordnetz des Fahrzeugs mit Strom versorgt wird. Dabei muß man darauf achten, daß die Starterbatterie gut geladen ist. Insgesamt sollte ein solches Gerät nicht länger als 10–15 Minuten laufen.

▸ Eine weitere Möglichkeit zum bequemen Arbeiten besteht darin, einen handelsüblichen Akkusauger zu benutzen.

Ein Akkusauger ist für die Innenraumreinigung gut geeignet.

Fusseln und Haare von Heimtieren Hartnäckige Fusseln oder Haare auf den Sitzen und Seitenverkleidungen lassen sich am einfachsten mit einem haushaltsüblichen Fusselroller oder einer Fusselbürste entfernen.

Mit dem Fusselroller Haare und Stoffasern entfernen.

Kunststoffteile Die Armaturentafel, die Lenksäulenabdeckung und alle Bedienelemente mit einem trockenen Tuch abreiben.

▸ Bei stärkerer Verschmutzung ein feuchtes Tuch oder Fensterleder nehmen.

Fußmatten Die herausgenommenen Bodenmatten vor dem Absaugen gründlich ausklopfen.

▸ Beim Einräumen des Fahrzeugs darauf achten, daß die Fußmatte auf der Fahrerseite sicher befestigt ist, damit sie nicht verrutschen und beim Bedienen der Pedale stören kann. Im Fachhandel ist entsprechendes Befestigungszubehör erhältlich.

Die Fußmatte so befestigen, daß sie nicht verrutschen kann.

GRÜNDLICHE INNENRAUM-REINIGUNG

▸ Ab und zu, z. B. zu Beginn des Frühjahrs, aber auch wenn das Fahrzeug verkauft werden soll, lohnt es sich, das Auto innen besonders gründlich zu säubern.

▸ Die gründliche Innenraumreinigung des Fahrzeugs zum Anlaß nehmen, das Reserverad, den Verbandkasten und gegebenenfalls den Feuerlöscher auf ihren Zustand zu überprüfen.

Bodenmatten Bei einer Generalreinigung sollte man nach Möglichkeit auch die Flächen unterhalb der verschraubten Bodenmatten mit dem Staubsauger säubern. Die Matten brauchen dazu nicht vollständig herausgenommen zu werden. Es genügt, wenn man die Verkleidungsleisten im Einstiegsbereich entfernt und die Matten so weit anhebt, daß sich der Boden absaugen läßt.

Textilbezüge Sitze und Seitenverkleidungen werden feucht gereinigt. Im Handel sind spezielle Textilreiniger für Kraftfahrzeuge erhältlich. Man kann auch einen handelsüblichen Reinigungsschaum verwenden, wie er im Haushalt eingesetzt wird.

▸ Die Reinigung bei warmem Wetter vornehmen, damit die Textilbezüge rasch trocknen.

Kunststoffteile Zur gründlichen Reinigung von Kunststoffteilen sollte man einen speziellen Kunststoffreiniger verwenden. Den nach der Anweisung des Herstellers verdünnten Reiniger trägt man mit einem Tuch auf die Flächen auf und reibt ihn unmittelbar danach mit einem zweiten Tuch ab.

▸ Bei starken Verschmutzungen kann das Reinigungsmittel auch unverdünnt verwendet werden.

▸ Zum Säubern von Kunststoffteilen sollte man nie Benzin, Verdünner oder Fleckenwasser benutzen, da diese die Kunststoffe anlösen können. Müssen extreme Verschmutzungen dennoch einmal mit einem scharfen Reinigungsmittel beseitigt werden, sollte man immer erst eine Materialprobe vornehmen. Dazu bringt man an einer unauffälligen Stelle etwas Reinigungsmittel auf und beobachtet die Wirkung. Verformt oder verfärbt sich das Material, ist der Reiniger ungeeignet.

An einer verdeckten Stelle einen Tropfen des Mittels aufbringen und die Wirkung überprüfen.

▸ Die gesäuberten Flächen sollte man nach der Behandlung mit Reinigungsmitteln gründlich mit warmem Seifenwasser nachwischen. Das Tuch aber kräftig auswringen, damit kein Wasser hinter die Verkleidungsteile oder die Armaturentafel gelangen kann.

Sicherheitsgurte Zum Reinigen von Sicherheitsgurten nur Schaumreiniger und warmes Seifenwasser benutzen. Scharfe Reinigungsmittel können das Material angreifen und beschädigen und die Betriebssicherheit beeinträchtigen.

▸ Stellt man beim Reinigen der Sicherheitsgurte fest, daß sie aufgerauhte Stellen aufweisen oder eingerissen sind, müssen sie umgehend ausgewechselt werden.

Reinigungsmittel

Die meisten Reinigungsmittel für Fahrzeuge enthalten heute biologisch abbaubare Tenside. In der haushaltsüblichen Menge und Verdünnung können sie mit dem Abwasser entsorgt werden. Diese Reinigungsmittel sind allgemein gut hautverträglich.

- **Wer zu allergischen Reaktionen neigt, sollte bei der Verwendung von Intensivreinigungsschaum und Kunststoffreinigern Gummihandschuhe tragen.**
- **Aus Kostengründen und unter dem Aspekt des Umweltschutzes sollte man auf Reinigungsmittel in Spraydosen verzichten. Benutzt man sie dennoch, sollte man darauf achten, daß sie mit einem FCKW-freien Treibmittel befüllt sind.**

TEXTILBEZÜGE MIT REINIGUNGSSCHAUM BEHANDELN

1. Haushaltsreiniger ins Wasser geben und mit einem Schwamm intensiven Schaum erzeugen.

2. Schaum mit dem Schwamm in die Textilbezüge der Sitze und Seitenverkleidungen einreiben.

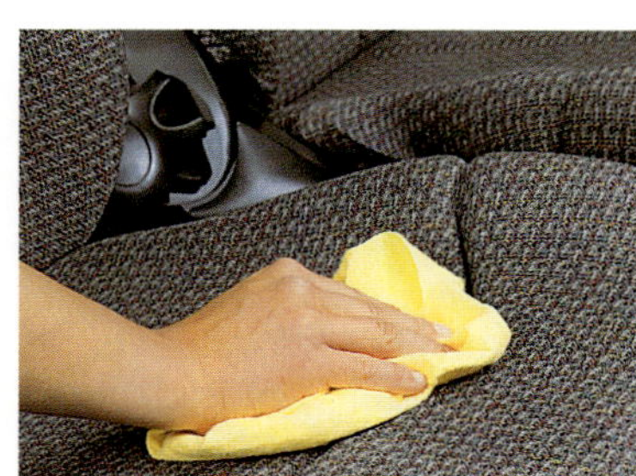

3. Den gelösten Schmutz durch einfaches Abreiben mit einem sauberen Tuch entfernen.

FAHRZEUGOBERWÄSCHE

▶ Ein Pkw sollte – je nach Verschmutzung – mindestens einmal im Monat außen gereinigt werden. Denn verschmutzte Autoscheiben, Scheinwerfer, Brems- und Rücklichter führen zu Gefährdungen im Straßenverkehr.

Oberwäsche von Hand Wer sein Auto auf dem eigenen Grundstück waschen will, muß sich zunächst bei der Stadt- oder Gemeindeverwaltung erkundigen, ob dies überhaupt zulässig ist.

▶ Da die auf dem Lack sitzenden Schmutzpartikel beim Abwaschen mit dem Schwamm wie Schleifpapier wirken können, sollte man das Auto immer erst gründlich mit dem Wasserschlauch abspritzen, um den gröbsten Schmutz wegzuspülen.

▶ Zum Waschen eines normal verschmutzten Fahrzeugs reicht ein großer Eimer mit warmem Seifenwasser aus.

▶ Am sinnvollsten ist es, bei der Wagenwäsche auf dem Dach zu beginnen. Dann von oben nach unten weiterarbeiten.

▶ Das Waschwasser mit einem weichen Schwamm in kreisenden Bewegungen mit mäßigem Druck auftragen, damit die feinen Schmutzpartikel von der Reinigungslauge eingehüllt werden und den Lack nicht zerkratzen.

Scheiben Die Autoscheiben lassen sich am besten mit einem haushaltsüblichen Glasreiniger putzen.

▶ Ein preiswerter, umweltschonender und überaus wirkungsvoller Glasreiniger läßt sich auch mühelos selbst herstellen. Man verrührt dazu Brennspiritus und destilliertes Wasser zu gleichen Teilen und füllt die Flüssigkeit in eine Sprühflasche. Den Spiritusreiniger auf die Autoscheiben sprühen und mit einem Tuch trockenwischen; die Scheiben werden streifenlos sauber.

▶ Autofenster nicht bei direkter Sonneneinstrahlung putzen, da sich sonst Streifen bilden.

Insekten Starke Verschmutzungen durch Insekten sollte man nicht durch Reiben zu entfernen versuchen: Man trägt einen Insektenreiniger auf, läßt ihn ein paar Minuten einwirken und wäscht ihn anschließend mit einem Schwamm ab.

Den Insektenreiniger nach dem Aufbringen mehrere Minuten einwirken lassen.

Nachspülen Waschwasser und sonstige Reinigungsmittel müssen zusammen mit dem gelösten Schmutz gründlich vom Fahrzeug abgespült werden. Am besten geht dies mit dem Wasserschlauch.

▶ Den Wasserstrahl niemals direkt auf Gummidichtungen richten, damit kein Wasser ins Fahrzeuginnere dringt.

Trockenwischen Damit keine Wasserflecken auf dem Fahrzeug entstehen, empfiehlt es sich, das Wasser nicht nur einfach ablaufen zu lassen, sondern es mit einem Fensterleder abzuziehen.

▶ Das Fensterleder in handwarmem Wasser einweichen und gründlich durchspülen, damit es geschmeidig und saugfähig wird. Es anschließend ausdrücken und mit beiden Händen über die Lackflächen ziehen.

▶ Da das Fensterleder beim Abziehen des Wassers auch feinste Schmutzpartikel aufnimmt, muß es zwischendurch immer wieder gründlich ausgespült werden.

▶ Fensterleder immer nur kräftig ausdrücken und niemals auswringen, da dies dem Leder schadet.

▶ Damit die Autoscheiben nicht durch siliconhaltige Lackpflegemittel verunreinigt werden, sollte man für die Scheiben ein gesondertes Fensterleder benutzen.

Räder Zum Reinigen der Räder sollte man eine Waschbürste benutzen. Besonders gut eignet sich eine Flaschenbürste. Bei Scheibenbremsen verschmutzen die Räder besonders stark, so daß unter Umständen zusätzlich ein spezieller Felgenreiniger eingesetzt werden muß.

Mit einer Waschbürste kommt man auch an den Schmutz in den Ecken der Räder.

▶ Aus Gründen des Umweltschutzes empfiehlt es sich, die Fahrzeugreinigung von Hand nur auf einem dafür zugelassenen Mietwaschplatz vorzunehmen, auch wenn dies am eigenen Wohnort nicht zwingend vorgeschrieben ist.

AUTOWASCHSTRASSE

▸ Die Benutzung von Waschstraßen ist zwar mitunter nicht ganz billig, aber aus Gründen des Umweltschutzes sinnvoll, weil dort viel weniger Wasser als bei einer Autowäsche von Hand verbraucht wird und auch kein mit Öl und Benzin verschmutztes Wasser in die Kanalisation gelangt oder im Boden versickert. In modernen Waschanlagen wird das Wasser zudem aufbereitet und wiederverwendet.

▸ Vorbehalte gegen Waschstraßen sind heute zumeist unbegründet, da gut gewartete Anlagen mit dem Fahrzeuglack recht pfleglich umgehen.

▸ Wer sein Fahrzeug ausschließlich in der Waschstraße reinigen läßt, sollte hin und wieder eine zusätzliche Nachreinigung vornehmen, damit das Auto wirklich gründlich sauber wird.

▸ Nach dem Verlassen der Waschstraße sind Scheiben und Wischerblätter meist noch mit Fett und Silicon verschmutzt. Bei Dunkelheit und Regen kann dies zu starken Sichtbeeinträchtigungen führen. Die Scheiben (besonders die Frontscheibe) und die Wischerblätter deshalb regelmäßig mit Spiritus oder einem Siliconentferner säubern.

Die Scheiben innen und außen mit Spiritus oder einem Siliconentferner nachbehandeln.

▸ Spiritus oder Siliconentferner sollten nicht auf die Lackflächen geraten, da sie die Konservierungsschicht angreifen.

▸ Im Frühjahr und Sommer muß die Fahrzeugfront gründlich von Insektenspuren gesäubert werden. Das Reinigungsmittel anschließend mit klarem Wasser abspülen.

NACHREINIGUNG

▸ Bei der Nachreinigung – insbesondere an der Frontpartie – gleichzeitig auf kleine Lackschäden durch Steinschlag achten und diese gegebenenfalls sofort ausbessern.

Kanten Die Motorhaube, die Türen sowie den Kofferraum bzw. die Heckklappe öffnen. Einen Schwamm sowie ein Tuch mit handwarmem Waschwasser anfeuchten und alle Fahrzeugkanten gründlich abreiben.

Den Schmutz aus den Kanten mit einem Schwamm herauswischen und anschließend mit einem Tuch trockenreiben.

Scharniere Im Bereich der Tür- und Haubenscharniere sollte man abgetropftes Öl und Fett ab und zu entfernen.

▸ Zum Säubern der Scharniere benutzt man am besten einen Pinsel, Kaltreiniger (im Fachhandel erhältlich) und Putzlappen.

▸ Die gereinigten Scharniere nachölen oder nachfetten. Die Türhaltebänder leicht einfetten.

Dichtungen Alle Dichtgummis an Türen und Hauben auf ihre Befestigung und ihren Zustand überprüfen und mit einem Tuch trockenreiben.

▸ Zum Schutz der Dichtungen ein siliconhaltiges Pflegemittel mit einem feinporigen Schwamm auftragen. Darauf achten, daß es nicht auf die Scheiben gelangt.

Möglichst bei jeder Autooberwäsche alle Dichtungen mit einem siliconhaltigen Pflegemittel nachbehandeln.

Kofferraum Den Kofferraum mit Shampoo, Schwamm und einem feuchten Tuch reinigen. Die Seitenverkleidungen des Kofferraums sollte man je nach Material mit einem Kunststoff- oder Textilreiniger behandeln.

Überflüssiges Zubehör Im Handschuhfach, auf den Ablageflächen und im Kofferraum liegt oft überflüssiges Zubehör oder auch Gepäck, das man von Zeit zu Zeit aufräumen sollte.

▸ Wer in seinem Auto nur das wirklich benötigte Zubehör transportiert, kann wertvollen Treibstoff sparen. Zusätzliche 100 kg Fahrzeuggewicht verursachen im täglichen Fahrbetrieb einen Mehrverbrauch von durchschnittlich 1 l Kraftstoff auf 100 km.

LACKPFLEGE

▸ Zum Schutz vor aggressiven Stoffen, die sich aufgrund der heutigen Umweltbelastung in der Luft befinden, muß der Autolack von Zeit zu Zeit nach der gründlichen Reinigung mit einem Mittel auf Wachsbasis versiegelt werden.

▸ Stellt man nach einem Regen fest, daß sich das Wasser großflächig verteilt und nur schlecht abläuft, ist der Lack weitgehend fettfrei und ungeschützt. In diesem Fall sollte man nach der Lackreinigung umgehend eine Behandlung mit Wachskonservierer vornehmen.

Ist der Lack weitgehend ungeschützt, läuft Wasser nur sehr schlecht ab.

▸ Soll der Pkw einer Lackpflege unterzogen werden, ist eine vorherige Wagenwäsche nicht zu umgehen. Es müssen alle schmirgelnden Schmutzpartikel wie beispielsweise Sand beseitigt werden, damit keine zusätzlichen Lackschäden entstehen, die erst später im Sonnenlicht zu erkennen sind.

▸ Wer eine Waschanlage benutzt, sollte anschließend eine sorgfältige Nachreinigung der Karosserie vornehmen und die Frontpartien zusätzlich mit Insektenentferner behandeln, damit der Wagen auch wirklich sauber wird.

▸ Bei einer Oberwäsche von Hand sollte man vor der Lackpflege etwas mehr Shampoo als sonst verwenden und auch beim Nachspülen nicht mit Wasser sparen.

▸ Nach dem Abledern läßt man das Fahrzeug im Hinblick auf die folgende Lackpflege noch einige Zeit stehen, damit die Karosserie trocken wird. Feuchte Stellen sind beim Polieren des Lackes zwar kein Problem, doch das Arbeitsergebnis läßt sich nur schlecht überwachen.

▸ Bei der Mehrschichtlackierung moderner Fahrzeuge handelt es sich um eine empfindliche Oberflächenbeschichtung. Sowohl der farbige Decklack als auch der bei Metalliclackierungen vorhandene obere Klarlack sind nur Bruchteile eines Millimeters dick. Es ist deshalb wichtig, die richtigen Lackpflegemittel einzusetzen und die Arbeiten fachgerecht auszuführen, damit der Autolack nicht beschädigt wird.

Lackreinigung Je nach Alter und Zustand muß der Lack nach der Wagenwäsche mit einem geeigneten Lackreiniger behandelt werden.

▸ Bei fast neuen Lacken und normaler Verschmutzung eine Politur mit mäßiger Reinigungswirkung benutzen.

▸ Für stark verwitterte Autolacke einen Intensivlackreiniger verwenden.

▸ Kombiprodukte, die gleichzeitig reinigen und pflegen, sind zeitsparend, verfügen aber häufig nicht über die erforderlichen Eigenschaften, um auch bei älteren Lacken gute Ergebnisse zu erzielen. Ihre Anwendung ist deshalb nur für neue oder leicht verwitterte Lacke empfehlenswert.

▸ Lackreiniger niemals anwenden, wenn sich Karosserieteile durch Sonneneinwirkung oder Fahrbetrieb aufgeheizt haben.

▸ Das Fahrzeug zur Lackpflege an einem schattigen Platz abstellen. Dies ist selbst dann sinnvoll, wenn das gewählte Produkt laut Herstellerangabe auch in der Sonne angewendet werden kann. Die Wirkung aller Reinigungs- und Pflegemittel läßt sich am besten beobachten, wenn sich kein Sonnenlicht auf der Lackfläche spiegelt.

▸ Lackpflegeprodukte bestehen stets aus einem Lösungsmittel sowie der eigentlichen Politur mit unterschiedlichem Schleifmittelanteil. Flüssige Produkte deshalb vor Gebrauch immer kräftig durchschütteln, da sich die Bestandteile nach längerem Stehen voneinander trennen.

▸ Mit Autopolierwatte läßt sich Lackreiniger besonders gut auftragen und abreiben. Dabei nur mit mäßigem Druck arbeiten.

▸ Lackreiniger sollte nicht auf schwarze Kunststoffteile gelangen, da hier fast jedes Produkt häßliche weiße Flecke hinterläßt.

▸ Das Pflegemittel immer erst vollständig trocknen lassen, bevor es mit frischer Polierwatte abgerieben wird. Das Mittel ist trocken, wenn sich ein weißer Niederschlag auf dem Lack gebildet hat.

▸ Alle Stellen, die nach dem Abreiben der Politur matt bleiben, erneut bearbeiten. Es handelt sich dabei um stark verwitterte Partien, die mehrmals behandelt werden müssen.

▸ Darauf achten, daß die Behälter der Lackpflegemittel luftdicht verschlossen aufbewahrt werden, damit sie bis zur nächsten Anwendung nicht austrocknen.

▸ Grundsätzlich ist es am sichersten, alle Lackpflegeprodukte frostfrei zu lagern, auch wenn sich kein entsprechender Hinweis auf der Verpackung findet.

Polieren mit Schleifpaste An stark beanspruchten Stellen, wo der übliche Lackreiniger nicht ausreicht, empfiehlt sich eine Nachbehandlung mit Lackschleifpaste. Es handelt sich zumeist um Bereiche an den Türen, besonders an den Schlössern und an der Wagenfront.

▸ Die Lackflächen vorsichtig mit der Schleifpaste abreiben. Dazu einen Lappen oder einen Wattebausch benutzen. Den Lack nicht zu kräftig schleifen, damit er nicht beschädigt wird.

▸ Bei farbigen Lacken läßt sich die Schleifwirkung an der Farbübertragung auf den Lappen oder Wattebausch kontrollieren.

▸ Die Schleifpaste anschließend mit sauberer, trockener Watte vollständig abreiben, bis alle Schlieren verschwunden sind.

▸ Mit Hilfe von Schleifpaste lassen sich auch größere Kratzer dauerhaft beseitigen.

Teerentferner An heißen Sommertagen bleibt es nicht aus, daß der untere Wagenbereich durch unschöne Teerspritzer verunreinigt wird. Da sich Teerspritzer mit einem gewöhnlichen Lackpflegemittel in den meisten Fällen nur mühsam und mit erheblichem Zeitaufwand beseitigen lassen, sollte man für diese Arbeit einen speziellen Teerentferner benutzen.

▸ Das Mittel mit einem kleinen Wattebausch auftupfen und dann kurz einwirken lassen. Den aufgeweichten Teer anschließend mit etwas sauberer Watte entfernen und den Lack nachpolieren.

▸ Anstelle von handelsüblichem Teerentferner kann auch Reinigungsbenzin verwendet werden. Dabei keinesfalls die Benzindämpfe einatmen und zum Schutz der Haut unbedingt Handschuhe tragen.

Wachsbehandlung Da der Lack durch die Reinigung mit Autoshampoo, Politur, Insekten- und Teerentferner weitgehend entfettet wird, muß er anschließend wieder mit Hartwachs versiegelt werden.

▸ Hartwachskonservierer niemals in der Sonne oder auf heiße Lackflächen auftragen.

▸ Den Konservierer vor der Verwendung gut durchschütteln. Zum Auftragen der milchigen Flüssigkeit verwendet man Polierwatte.

▸ Stark beanspruchte Bereiche an der Fahrzeugfront und den Türschwellen sollten zweimal mit Hartwachskonservierer behandelt werden.

▸ Einen gut gewachsten Fahrzeuglack erkennt man daran, daß Wasser tropfenförmig von der Oberfläche abperlt.

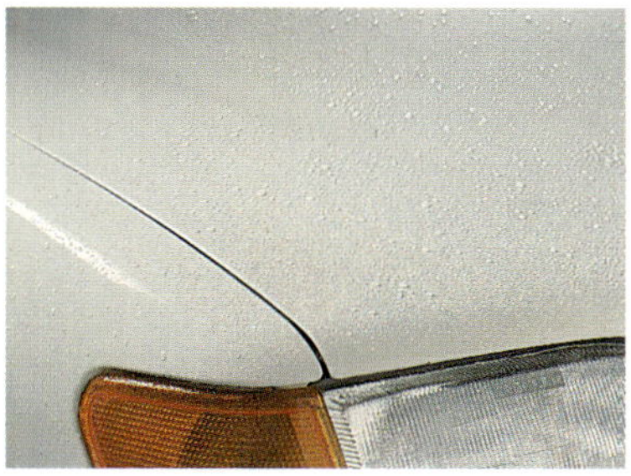

Perlt Wasser tropfenförmig von der Oberfläche ab, ist der Fahrzeuglack gut gewachst.

WACHSBEHANDLUNG

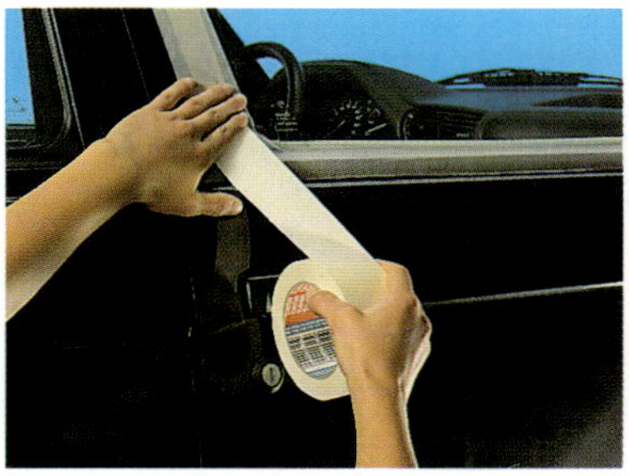

1. Kunststoffteile mit Klebeband abdecken, da Autowachs Flecke auf dem Material hinterläßt.

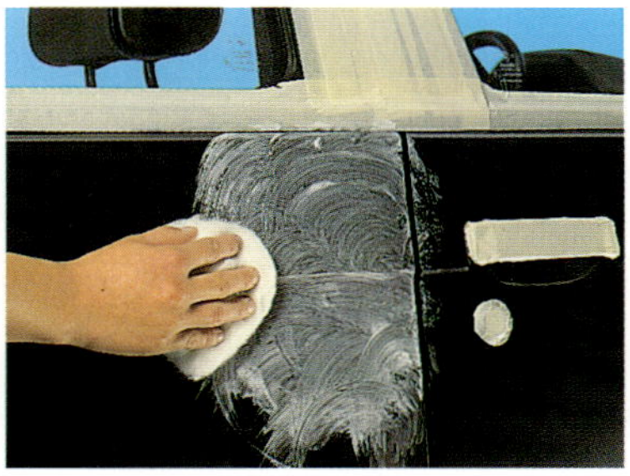

2. Das Wachs mit einem Bausch Polierwatte mit kreisenden Bewegungen großzügig auftragen.

3. Wachs trocknen lassen und mit frischer Watte oder einem weichen Tuch nachpolieren.

CHROMTEILE

▸ Von Zeit zu Zeit sollte man alle Chromteile am Fahrzeug gründlich reinigen und polieren.

▸ Die speziellen Polier- und Pflegemittel für Chromteile müssen genau nach den Anweisungen des Herstellers angewandt werden. Nur dann werden alle Chromteile wieder blank.

▸ Die Autoantenne kann bei dieser Gelegenheit mit Siliconfett eingerieben werden. Wiederholt man diese Prozedur in regelmäßigen Abständen, läßt sich die Antenne immer mühelos zusammenschieben.

KUNSTSTOFFTEILE

▸ Immer mehr Fahrzeuge werden heutzutage mit Außenspiegeln, Zierleisten und Stoßstangen aus Kunststoff versehen. Für diese Teile der Karosserie benötigt man ganz spezielle Reinigungs- und Pflegemittel, die im Fachhandel erhältlich sind.

▸ Kunststoffteile am Fahrzeug auf keinen Fall mit Benzin, scharfen Lösungsmitteln oder Reinigungsmitteln mit Schleifzusatz behandeln. Sie können das Material anlösen, angreifen oder auch verfärben.

GUMMIDICHTUNGEN

▸ Um sich unnötige Kosten und Ärger zu ersparen, sollte man bei der Fahrzeugpflege auch die Gummidichtungen an Türen, Kofferraum und Motorhaube nicht vergessen.

▸ Gummidichtungen werden weniger schnell porös, wenn man sie von Zeit zu Zeit dünn mit Siliconfett einreibt, das im Autozubehörhandel erhältlich ist.

▸ Vor Winterbeginn sollte man die Gummidichtungen an den Türen, am Kofferraum oder der Heckklappe mit Talkum einreiben. Sie frieren dann nicht fest.

LACKSCHÄDEN BESEITIGEN

▸ Lackschäden, die durch Steinschlag verursacht werden, lassen sich oftmals erst nach einer gründlichen Lackreinigung erkennen. Betroffen sind dabei vor allem die Front und die Seitenpartien des Fahrzeugs. Da an solchen Stellen leicht Rostflecke entstehen, insbesondere im Winter, sollte man auch kleinste Steinschlagschäden ernst nehmen und unverzüglich beseitigen.

Rost entfernen Haben sich im Bereich von Steinschlagschäden bereits Rostflecke gebildet, darf man sie nicht einfach mit Lackfarbe abdecken, sondern man muß zunächst den Rost entfernen. Dabei sollte man allerdings behutsam vorgehen, damit der Lack nicht noch zusätzlich beschädigt wird.

▸ Bei kleinen Roststellen arbeitet man am besten mit einer scharfen Messerspitze, bis das blanke Blech sichtbar wird.

▸ Etwas größere Rostflecke lassen sich gut mit einem Glasfaserradierer entfernen, der in Schreibwarengeschäften erhältlich ist.

Grundierung Da auf blankem Blech kein Decklack hält, müssen die Schadstellen grundiert werden – und seien sie auch noch so klein.

▸ Geeignete Grundierfarbe ist beim Autohändler zumeist als Spray erhältlich, kann aber auch im Farbenfachgeschäft in kleinen Gebinden gekauft werden.

▸ Die Grundierung vor der Verwendung sorgfältig aufrühren bzw. durchschütteln, da sich die Schutzpartikel bei längerem Stehen am Boden absetzen.

▸ Um die Grundierung aufzubringen, ein Streichholz anspitzen und leicht in die Farbe tauchen.

STEINSCHLAGSCHÄDEN AUSBESSERN

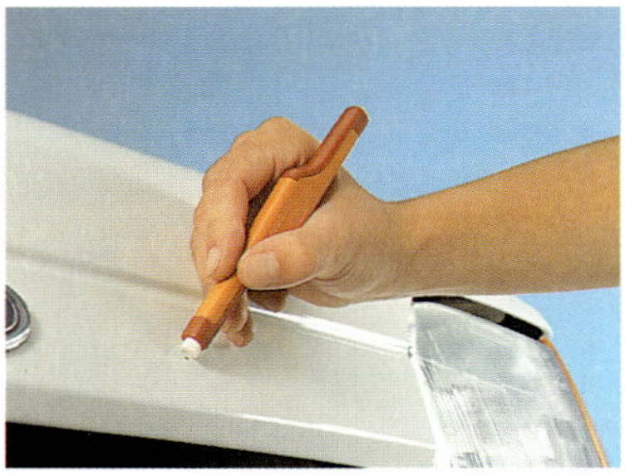

1. Rost mit einem Glasfaserradierer entfernen; er ermöglicht punktgenaues Arbeiten.

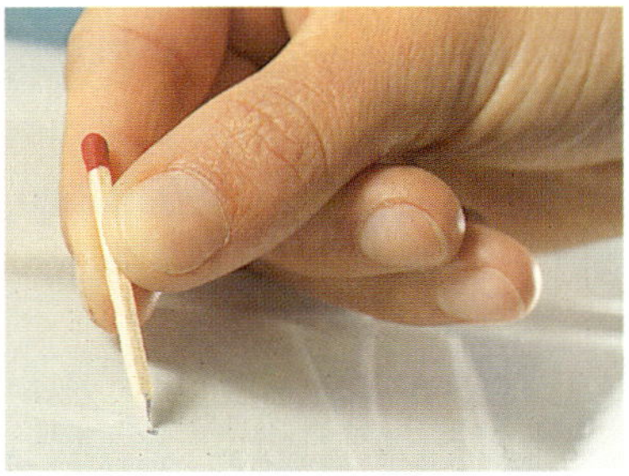

2. Etwa bis zur halben Höhe der Lackschicht mit einem Streichholz die Grundierung aufbringen.

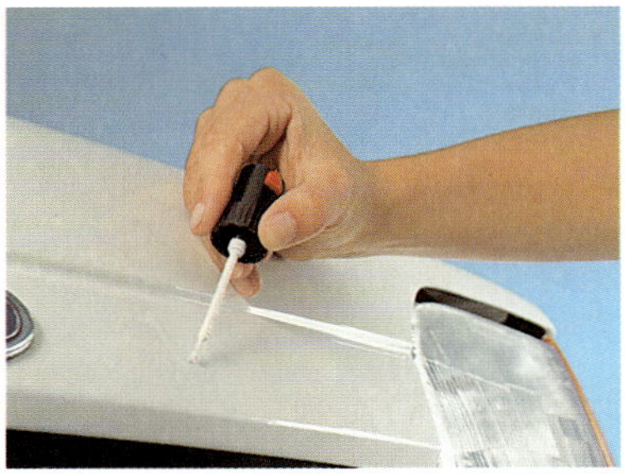

3. Den Decklack mit einem weichen Pinsel auftragen, so daß er die Stelle gleichmäßig ausfüllt.

Wird eine Spraydose benutzt, etwas Grundierfarbe in den Deckel sprühen.

▸ Gelangt zuviel Grundierung an die Schadstelle, die Farbe sofort wegwischen und noch einmal auftragen.

▸ Bei größeren Stellen läßt sich die Grundierung am besten mit einem kleinen weichen Aquarellpinsel aufbringen. Der Pinsel sollte so mit der Schere zugeschnitten werden, daß man punktgenau arbeiten kann.

Decklack Damit die ausgebesserte Stelle später möglichst unauffällig ist und nicht sofort ins Auge sticht, muß der Decklack besonders sorgfältig aufgebracht werden.

▸ Um Farbunterschiede zu vermeiden, empfiehlt es sich, an einer verdeckten Stelle, z. B. an der Innenkante der Haube, die Farben zu vergleichen.

▸ Den Decklack vor der Verwendung gut durchmischen, da sich die Bestandteile bei längerem Stehen voneinander trennen.

▸ Um den Decklack aufzutragen, unbedingt einen weichen Pinsel benutzen und diesen zuvor mehrfach abstreichen, damit der Lack nicht an der Karosserie hinunterläuft.

▸ Da die ausgebesserten Stellen später noch nachpoliert und geschliffen werden müssen, den Decklack so aufbringen, daß ein leichter Überstand über der vorhandenen Lackschicht entsteht.

▸ Bei Metalliclackierungen den Klarlack nicht vergessen.

Nachpolieren und schleifen Bevor der Decklack nachgeschliffen werden kann, muß er vollständig durchgehärtet sein. Dies kann einige Wochen dauern.

▸ Wenn man ausgebesserte Lackschäden zu früh mit Politur bearbeitet, verschmieren die Stellen und werden matt.

▸ Um eine vollkommen ebene Lackfläche zu erhalten, benutzt man am besten eine etwas schärfere Politur oder Schleifpaste.

▸ Den Lacküberstand der ausgebesserten Stelle mit kreisender Bewegung abtragen. Aufpassen, daß der Lack nicht durchgeschliffen wird und die Grundierung oder gar das blanke Blech zum Vorschein kommt.

▸ Um ein perfektes Ergebnis zu erzielen, den Lack großflächig aufpolieren, damit sich die ausgebesserten Stellen möglichst nahtlos in die übrige Lackfläche einfügen. Bei Schäden an der Motorhaube bedeutet dies beispielsweise, daß man die gesamte Motorhaube gründlich aufpolieren sollte.

Nachbehandlung Ebenso wichtig wie das Schleifen und Aufpolieren der ausgebesserten Stellen ist die abschließende Behandlung mit Hartwachs, um den Lack zu versiegeln.

▸ Das Wachs großflächig verteilen und den weißen Niederschlag mit sauberer, trockener Watte wegpolieren, so daß die gesamte Fläche einen gleichmäßigen Glanz aufweist. Dabei an den ausgebesserten Stellen besonders sorgfältig vorgehen. Zwischen dem neuen Lack und dem Altlack sind stets kleine Lücken vorhanden, die mit Wachs ausgefüllt werden müssen.

KAUFEMPFEHLUNGEN FÜR AUTOLACKE

▸ Da selbst der kleinste Farbunterschied sofort auffällt, muß man auf jeden Fall den richtigen Autolack beschaffen. Hierbei muß man besonders aufpassen, da es zahllose Farbtöne gibt, unter denen man den passenden auswählen muß.

Farbcodierung Alle Fahrzeughersteller haben ihre eigenen Farbtöne, die durch bestimmte Kürzel gekennzeichnet werden.

▸ Um sicherzustellen, daß man die richtige Farbe erhält, muß man beim Kauf des Lackes die vollständige Farbcodierung des Autoherstellers angeben.

▸ Die Farbcodierung des Autolackes findet man meist in den Fahrzeugpapieren oder an der Karosserie. Bei manchen Fahrzeugen befindet sich ein Aufkleber oder ein Typenschild mit dem Farbkürzel im Motorraum, bei anderen wiederum im Kofferraum im Bereich des Reserverads. Um nicht lange suchen zu müssen, fragt man am besten in einer Vertragswerkstatt nach, wo sich das Schild befindet.

Umgang mit Lösungsmitteln

Bei der Verwendung von Lackreinigungsmitteln, Grundierung, Lackfarbe und Verdünnern ist Vorsicht geboten. Die meisten dieser Produkte enthalten gefährliche Lösungsmittel.

- **Lösungsmittelhaltige Produkte sollten möglichst nicht auf die Haut gelangen.**
- **Man sollte es soweit wie möglich vermeiden, diese Stoffe einzuatmen.**
- **Kommt ein Spritzer auf die Haut, wird er mit reichlich Seife und viel heißem Wasser abgewaschen.**
- **Farbflecken auf der Haut keinesfalls mit Verdünner entfernen. Auch dies kann aufgrund der enthaltenen Lösungsmittel gesundheitsschädlich sein.**

Lackstifte Will man kleinere Schadstellen ausbessern, sollte man nach Möglichkeit immer einen Lackstift verwenden. Lackstifte sind nicht nur preiswerter und wirtschaftlicher, sondern auch umweltfreundlicher als Spraydosen, denn sie enthalten kein Treibgas.

Farbspray Die Anschaffung von Farbspraydosen empfiehlt sich nur, wenn größere Flächen nachlackiert werden müssen. Bevor man mit dem Lackieren beginnen kann, muß man den auszubessernden Bereich großflächig anschleifen, mit Grundierung behandeln und trocknen lassen.

▸ Um kleine Steinschlagschäden auszubessern, ist der Gebrauch von Spraydosen wenig sinnvoll, weil durch den Sprühnebel häßliche Ränder entstehen, die sich nur schwer entfernen lassen.

▸ Müssen kleine Reparaturen mit Sprühlack vorgenommen werden, weil kein passender Lackstift erhältlich ist, die Dose kräftig durchschütteln und ein wenig Lackfarbe in den Deckel sprühen. Der Lack kann dann mit einem kleinen weichen Pinsel aufgetragen werden.

WARTUNGSARBEITEN AM PKW

▸ Jeder Autobesitzer sollte – abhängig von dem Fahrzeugtyp, den er fährt – zusätzlich zu den normalen Wartungen in der Werkstatt in regelmäßigen Abständen selbst kleinere Wartungen durchführen.

▸ Bei modernen Fahrzeugen können mit einer einzigen Tankfüllung häufig Kilometerleistungen von 700 km und mehr erreicht werden. Deshalb sollte nach jedem Tanken der Ölstand, der Reifendruck und außerdem die Profiltiefe kontrolliert werden.

TECHNISCHE NEUERUNGEN BEIM TANKEN

▸ Aus Gründen des Umweltschutzes gibt es einige technische Neuerungen, die mit dem Betanken von Fahrzeugen in Zusammenhang stehen und die man beachten muß.

Benzolabsaugung Benzol gilt als krebserzeugende Substanz, und längeres Einatmen von Benzoldämpfen führt zu Gesundheitsschäden. Da es aber dem Benzin nach heutigem Stand der Technik noch beigemischt werden muß, rüsten immer mehr Mineralölfirmen ihre Zapfpistolen mit einer Benzolabsaugung aus. Bei älteren Absaugsystemen verfügt die Zapfpistole über einen Gummifaltenbalg, der den Tankstutzen großflächig abdeckt. Den Faltenbalg kräftig zusammenschieben und die Zapfpistole möglichst tief in den Tankstutzen stecken.

▸ Neuere Benzolabsaugsysteme, die nur noch aus einer kleinen Messinghülse bestehen, lassen sich erheblich besser handhaben. Sie arbeiten nicht mehr durch vollständige Abdeckung der Tanköffnung, sondern ein kräftiger Luftstrom übernimmt die Rücksaugwirkung. Wenn möglich, sollte man Tankstellen benutzen, die diese Neuerungen bereits anbieten.

Neuere Benzolabsaugsysteme sind einfacher zu handhaben als ihre ungefügigen Vorgänger.

Katalysatorfahrzeuge Autos, die mit einem Katalysator ausgestattet sind, verfügen über eine Sperrklappe im Tankstutzen, die verhindern soll, daß das Fahrzeug irrtümlich mit verbleitem Kraftstoff betankt wird. Die Zapfpistole der Bleifrei-Säule deshalb immer so ansetzen, daß die Sperrklappe weggedrückt wird. Andernfalls besteht die Gefahr, daß sich der Kraftstoff vor der Klappe staut und aus dem Tankstutzen herausspritzt.

Füllmenge Es empfiehlt sich, den Autotank nicht bis zum Rand zu füllen, da überlaufendes Benzin die Umwelt unnötig belastet. Darüber hinaus vermeidet man auf diese Weise auch, daß der Treibstoff auf die Straße tropft, wenn er sich bei warmer Witterung ausdehnt.

▸ Bei Fahrzeugen der neuesten Generation sollte der Tankvorgang grundsätzlich dann beendet werden, wenn sich die Zapfpistole selbsttätig abschaltet. Bei allen Autos mit geregeltem Katalysator gehört heute zum Ausrüstungsstandard ein Kohlefilter, der Kraftstoffdämpfe aufnimmt, wenn das Fahrzeug geparkt ist. Dehnt sich der Kraftstoff nun durch Wärme in einem zu vollen Tank aus, gelangt er in den Kohlefilter, und dieser kann seine Funktion nur noch bedingt erfüllen.

ÖLSTANDSKONTROLLE

▸ Die regelmäßige Prüfung des Ölstands kostet wenig Zeit und Mühe, spart aber unter Umständen eine Menge Geld. Ein ungewöhnlich hoher Ölverbrauch läßt auf Undichtigkeiten oder andere Defekte des Motors schließen. Werden diese nicht rechtzeitig erkannt, sind in den meisten Fällen hohe Reparaturkosten die Folge. Im schlimmsten Fall muß sogar der gesamte Motor ausgetauscht werden.

▸ Den Pkw zur Ölstandskontrolle auf eine gerade, ebene Fläche fahren und den Motor abstellen. Das Fahrzeug einige Minuten stehenlassen, damit das gesamte Motoröl zurück in die Ölwanne laufen kann.

▸ Damit die Zapfsäulen durch die Ölstandskontrolle nicht blockiert werden, gibt es an den meisten Tankstellen kleine Pflegeplätze zu diesem Zweck. Da sich dort im Regelfall auch Reifenfüllgeräte und Wassereimer befinden, kann man die Wartezeit, bis das Motoröl in die Ölwanne zurückgelaufen ist, dazu nutzen, den Reifendruck zu kontrollieren und die Autoscheiben zu putzen.

▸ Bevor man den Ölpeilstab herauszieht, wischt man ihn am Griff und im Bereich des Führungsrohrs mit einem sauberen Tuch ab, damit kein Schmutz in die Ölwanne gelangt.

▸ Zwischen den beiden Markierungen am Peilstab, die den minimalen und maximalen Füllstand anzeigen, liegt in der Regel eine Nachfüllmenge von etwa 1 l.

▸ Im normalen Fahrbetrieb und bei regelmäßiger Ölstandskontrolle ist es wenig sinnvoll, Öl bereits dann nachzufüllen, wenn nur ¼ l oder ½ l fehlt. Die meisten modernen Motoren haben so viel Reserven, daß man auf diese geringen Nachfüllmengen verzichten kann.

▸ Bei einer schnellen Autobahnfahrt oder der Fahrt in den Urlaub sollten schon kleinere Mengen Öl nachgefüllt werden, da der Motor in diesen Fällen stark beansprucht wird. Nicht nur aus Gründen der Schmierung, sondern auch der Motorölkühlung wegen benötigt der Motor dann die gesamte Ölfüllmenge.

Öl nachfüllen Beim Nachfüllen von Motoröl muß man sorgfältig vorgehen, damit kein Öl verschüttet wird. Insbesondere bei ungünstig gelegenen Einfüllstutzen besteht die Gefahr, daß Öl in den Motorraum gelangt und von dort auf den Boden tropft, was aus Gründen des Umweltschutzes zu vermeiden ist.

▸ Im Motorraum verschüttetes Öl führt bei der anschließenden Weiterfahrt zu erheblichen Geruchs- und Rauchbelästigungen, da das Öl auf den heißen Motorteilen verbrennt. Deshalb muß

DEN ÖLSTAND KONTROLLIEREN

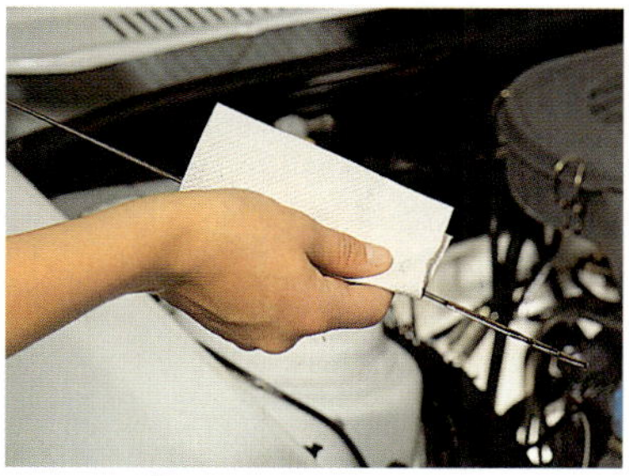

1. Den Ölpeilstab herausziehen und das Öl mit einem sauberen, fusselfreien Tuch abwischen.

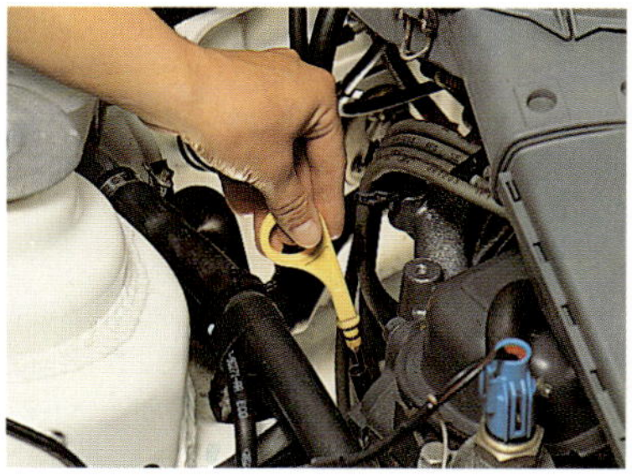

2. Den Peilstab bis zum Anschlag zurück in das Führungsrohr stecken und wieder herausziehen.

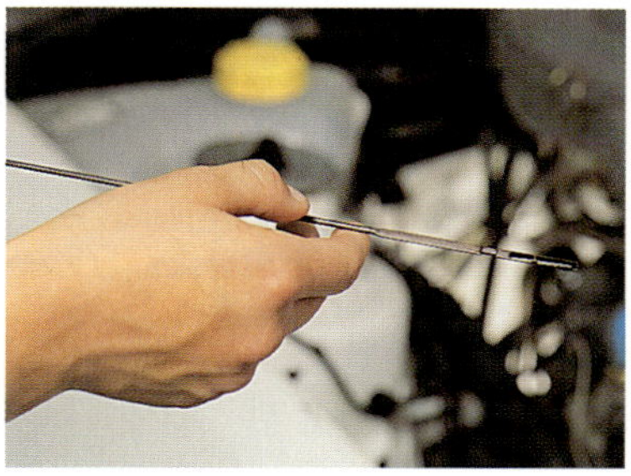

3. Den Peilstab waagrecht halten und den Ölstand zwischen den Markierungen ablesen.

MOTORÖL NACHFÜLLEN

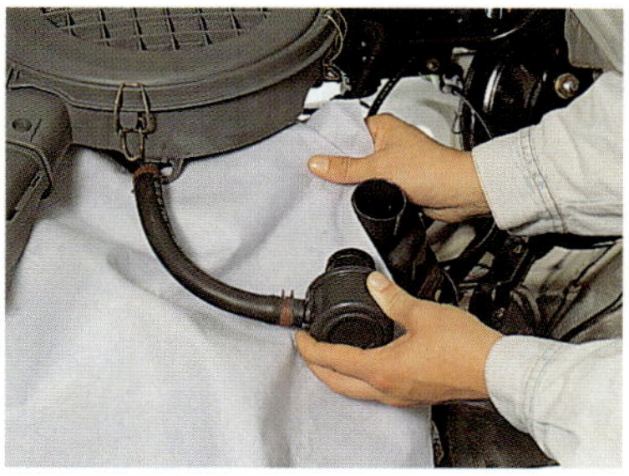

1. Den Bereich um den Einfullstutzen mit einem Tuch abdecken, Verschluß säubern und entfernen.

2. Mit Hilfe eines Trichters etwa ½ l Öl nachfüllen. Etwas warten und den Ölstand kontrollieren.

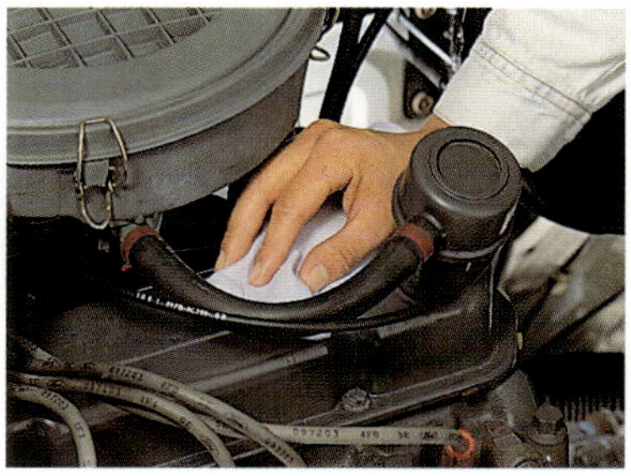

3. Den Einfüllstutzen verschließen und heruntergetropftes Öl sorgfältig abwischen.

man verschüttetes Öl sofort abwischen.

▸ Da Schmutzpartikel, die in die Ölwanne geraten, den Motor schädigen können, immer zuerst den Einfüllbereich und den Schraubverschluß mit einem Tuch säubern.

▸ Den zum Nachfüllen abgedrehten Schraubverschluß stets so beiseite legen, daß er nicht auf den Boden fällt und Schmutz aufnimmt.

▸ Im Bereich des Einfüllstutzens nach Möglichkeit einige Lappen oder Papiertücher auslegen, damit eventuell abtropfendes Öl aufgefangen wird.

▸ Bei großen oder unhandlichen Ölgebinden zum Einfüllen unbedingt einen Trichter benutzen, den man an der Tankstelle ausleihen kann.

▸ Das benötigte Öl in zwei Teilmengen nachgießen, damit die Maximalmarkierung nicht überschritten wird. Den Ölstand zwischendurch mit dem Peilstab kontrollieren. Dazu muß man jedoch eine kurze Pause einlegen, denn das Öl braucht einige Zeit, bis es in die Ölwanne gelaufen ist.

▸ Nicht vergessen, den Öleinfüllstutzen wieder ordnungsgemäß zu verschließen, und sich vergewissern, daß der Deckel auch richtig sitzt.

▸ Die Dose oder den Kanister mit dem restlichen Öl sorgfältig verschließen und in den Kofferraum stellen.

Öleinkauf Motoröl, das in den letzten Jahren recht teuer geworden ist, kauft man am besten in preisgünstigeren Großgebinden von 2,5 l oder 5 l.

▸ Alle Geschäfte, die Motoröl verkaufen, sind gesetzlich dazu verpflichtet, das Altöl auch wieder zurückzunehmen. Deshalb sollte man grundsätzlich die Quittung als Kaufnachweis aufbewahren.

▸ Normale Verbrennungsmotoren benötigen nicht unbedingt das teuerste Spitzenöl. Es ist ausreichend, wenn man sich hinsichtlich der Ölqualität nach den Empfehlungen des Fahrzeugherstellers, die in der Bedienungsanleitung des Fahrzeugs abgedruckt sind, richtet.

▸ Ölsorten verschiedener Hersteller, auch unterschiedlicher Viskosität, lassen sich problemlos mischen, sofern die jeweiligen Sorten vom Motorenhersteller für das entsprechende Fahrzeug freigegeben sind.

REIFEN

▸ Die Bereifung trägt wesentlich zur Betriebssicherheit des Fahrzeugs bei und muß deshalb in regelmäßigen Abständen auf ihren ordnungsgemäßen Zustand überprüft werden.

Luftdruck Insbesondere bei langen Autofahrten sollte der Reifendruck vor dem Abfahren überprüft werden. Auch im normalen Fahrbetrieb ist auf die regelmäßige Kontrolle des Luftdrucks zu achten.

▸ Zur Kontrolle des Luftdrucks müssen die Reifen kalt sein, da die Werte sonst nicht stimmen. Gibt der Fahrzeughersteller dazu gesonderte Werte an, können die Reifen auch im warmen Zustand auf ihren Luftdruck überprüft werden.

▸ Angaben über den erforderlichen Reifendruck enthält die Betriebsanleitung des Fahrzeugs. Häufig befindet sich zusätzlich ein Aufkleber in der Tankklappe oder im Einstiegsbereich der Fahrer- oder Beifahrerseite.

▸ Bei Reifenfüllgeräten mit Knebelverschluß darauf achten, daß der Füllkopf fest auf das Reifenventil gedrückt wird, bevor man den Verschlußhebel umklappt. Um den Luftdruck zu er-

DEN REIFENDRUCK KONTROLLIEREN

1. Die Ventilschutzkappe abschrauben und so beiseite legen, daß sie nicht verlorengeht.

2. Den Kopf des Füllgerätes fest auf das Ventil drücken und den Reifendruck ablesen.

3. Die Plus- oder Minustaste betätigen, bis der erforderliche Reifendruck erreicht ist.

höhen, den Hebel am Gerät bis zum Anschlag ziehen. Um den Luftdruck zu reduzieren, den Hebel nur leicht anziehen.

Reifenprofiltiefe Man sollte die Profiltiefe in regelmäßigen Abständen kontrollieren, denn abgefahrene Reifen sind ein Sicherheitsrisiko und führen bei Verkehrskontrollen unweigerlich zu hohen Bußgeldern.

▸ Bei Pkw-Reifen ist vom Gesetzgeber ein Mindestprofil von 1,6 mm an der Lauffläche vorgeschrieben. Fachleute empfehlen allerdings, Reifen bereits bei einem Restprofil von 3 mm zu erneuern.

▸ Wer keinen speziellen Profiltiefenmesser besitzt, kann zur Überprüfung auch einfach ein Markstück nehmen. Die Münze dazu so ins Profil stecken, daß der Schriftzug „Deutsche Mark" parallel zur Lauffläche steht. Ist die Jahreszahl nicht sichtbar, hat der Reifen noch ein Restprofil von mindestens 3 mm. Schaut die Jahreszahl hingegen vollständig heraus, sind nicht mehr als 1,6 mm Restprofil vorhanden, und die Reifen müssen erneuert werden.

Mit einem Markstück läßt sich leicht prüfen, ob ein Reifen die richtige Profiltiefe hat.

▸ Bei der Kontrolle der Profiltiefe sollte man die Lauffläche sowie die Reifenwandung zusätzlich auf Fremdkörper, wie Steine, Nägel und dergleichen, untersuchen. Ungewöhnliche Verformungen der Reifenflanke können auf Schäden am Reifenunterbau hinweisen. So beschädigte Reifen können nicht mehr repariert werden, man muß sie austauschen.

Radwechsel Einen Radwechsel sollte man nur außerhalb des Fahrbahnbereichs auf festem, ebenem Grund vornehmen. Den Motor abschalten, die Warnblinkanlage einschalten und das Warndreieck aufstellen.

▸ Den Wagenheber nur an den in der Betriebsanleitung angegebenen Punkten ansetzen.

▸ Ist das Fahrzeug nur mit einem Notrad ausgestattet, darf dieses

DAS RAD WECHSELN

1. Handbremse anziehen, Gang einlegen und den Pkw gegen Wegrollen sichern. Radkappe abhebeln.

2. Die Radmuttern mit einem Kreuzschlüssel um eine Umdrehung lösen – nicht abschrauben.

3. Sitzen Schrauben fest, den Radmutterschlüssel aufstecken und das Körpergewicht einsetzen.

4. Den Wagenheber am vorgeschriebenen Punkt ansetzen und das Fahrzeug anheben.

5. Muttern abdrehen, Rad abnehmen. Reserverad auf die Bolzen stecken und festschrauben.

6. Das Fahrzeug hinunterlassen. Die Radmuttern über Kreuz kräftig anziehen.

ausschließlich für kurze Fahrten bis zur nächsten Werkstatt benutzt werden.

SICHTKONTROLLE DER BREMSEN

▸ Eine regelmäßige Sichtkontrolle der Bremsvorrichtungen des Fahrzeugs ist aus Gründen der Sicherheit sehr wichtig. Um die Sichtkontrolle durchführen zu können, braucht man lediglich eine Taschenlampe.

Bremsscheiben Fast alle Fahrzeuge sind heute mit Scheibenbremsen an der Vorderachse ausgerüstet. Da sie bei jedem Bremsvorgang am stärksten belastet werden, müssen die Bremsscheiben immer in einwandfreiem Zustand sein.

▸ Der Zustand der Bremsscheiben läßt sich zumeist durch die Durchbrüche kontrollieren, die zur Kühlung der Bremsen in den Felgen angebracht sind.

Mit Hilfe einer Taschenlampe kann man den Zustand der Bremsscheiben prüfen.

▸ Sind an der Bremsscheibe starke Riefen, blaue Stellen, Risse oder Rost zu erkennen, muß man das Auto umgehend in eine Fachwerkstatt bringen.

Bremsbeläge Bei manchen Fahrzeugtypen ist auch der Scheibenbremsbelag durch die Felgenaussparungen relativ gut zu erkennen. Einschließlich der metallenen Rückenplatte sollte er mindestens eine Stärke von 6 mm haben.

▸ Ist der Belag bereits deutlich bis zur Rückenplatte durchgeschliffen, muß das Fahrzeug unverzüglich in die Werkstatt gebracht werden.

▸ Läßt sich der Zustand des Bremsbelags nicht eindeutig erkennen, sollte man das Rad abmontieren.

Bremsschläuche Auch die Bremsschläuche an der Vorderachse lassen sich ohne große Mühe einer einfachen Sichtkontrolle unterziehen. Um ihren Zustand zu überprüfen, die Lenkung so einschlagen, daß man die Bremsschläuche gut sehen kann. Die Schläuche dann zunächst mit einem sauberen Tuch abreiben. Sie müssen absolut trocken und hart sein und dürfen auf keinen Fall angeschliffene oder gar brüchige Stellen im Gummi aufweisen.

Der Zustand der Bremsschläuche sollte regelmäßig kontrolliert werden.

▸ Erscheint ein Bremsschlauch aufgequollen oder feucht, muß er unverzüglich ausgewechselt werden.

▸ Stellt man fest, daß ein Bremsschlauch verdreht ist, sollte man das Fahrzeug zur Kontrolle in die Werkstatt bringen.

SICHTPRÜFUNGEN UNTER DER MOTORHAUBE

▸ Zahlreiche Pannen und Folgeschäden lassen sich vermeiden, wenn man gelegentlich auch einige Sichtprüfungen unter der Motorhaube vornimmt. Dazu sind keine besonderen Kenntnisse erforderlich, und man braucht auch nicht zu wissen, welche Funktion jedes einzelne Teil im Motorraum hat. Es genügt, sich mit dem Bauteil als solchem und den dazugehörigen Anschlüssen vertraut zu machen, um Ärger und Kosten zu sparen.

Luft- und Wasserschläuche Im Motorraum verlaufen zahlreiche Luft- und Wasserschläuche, deren Zustand man in regelmäßigen Abständen kontrollieren sollte.

▸ Die Luftschläuche zwischen Luftfilter und Ansaugstutzen sowie die dünnen, zur Zündanlage führenden Unterdruckschläuche müssen auf etwaige Beschädigungen untersucht und nötigenfalls instand gesetzt oder ausgetauscht werden.

▸ Bei den Wasserschläuchen muß man insbesondere auf die Schläuche der Heizungsversorgung achten, da von ihnen in der Regel am häufigsten Störungen ausgehen.

▸ Bei Schläuchen, die sich gelöst haben, müssen die Schlauchbinder nachgezogen oder erneuert werden.

Kabel Besonders gefährlich sind lose herabhängende Kabel, denn sie können durchscheuern, an drehenden Teilen durchschleifen oder sogar an heißen Motorteilen verschmoren. Sie müssen deshalb unverzüglich mit Isolierband ausgebessert und befestigt werden.

Lose herabhängende Kabel müssen mit Isolierband befestigt werden.

Batterie Damit die Autobatterie reibungslos und möglichst lange funktioniert, muß ihr Füllstand in regelmäßigen Abständen kontrolliert werden.

▸ Bei Standardbatterien oder bedingt wartungsfreien Ausführungen findet man am Batteriegehäuse Angaben über den erforderlichen Füllstand.

▸ Hat die Batterieflüssigkeit die Minimummarkierung erreicht, muß man destilliertes Wasser bis zur Maximummarkierung nachfüllen.

Ist der Füllstand in der Batterie zu niedrig, muß man destilliertes Wasser nachfüllen.

Scheibenwaschanlage Eine leere Scheibenwaschanlage kann bei schlechtem Wetter zu einem Sicherheitsrisiko werden, da verschmutzte Scheiben die Sicht beeinträchtigen. Deshalb muß sie regelmäßig – am besten beim Tanken – nachgefüllt werden.

▸ Den Füllstand am durchsichtigen Behälter kontrollieren. Spätestens wenn die halbe Menge verbraucht ist, sollte man klares Wasser und einen Reinigungszusatz nachfüllen.

Um die Scheibenwaschanlage nachzufüllen, klares Wasser mit einem Reinigungszusatz verwenden.

▸ Im Winter dem Wasser immer ein Frostschutzmittel beifügen. Dabei das Mittel so dosieren, daß die Waschanlage auch bei –20 °C nicht einfriert.

Servolenkung Besitzt das Fahrzeug eine Servolenkung, den Füllstand des Hydrauliköls regelmäßig kontrollieren. Der Behälter befindet sich seitlich auf dem Radkasten oder am Motor und verfügt über Sichtmarken, die den minimalen und maximalen Füllstand anzeigen.

▸ Muß Hydrauliköl für die Servolenkung nachgefüllt werden, sollte man dies einer Fachwerkstatt überlassen. Es darf nur Original-Hydraulikflüssigkeit verwendet werden.

Bremsflüssigkeit Bei den meisten Autos läßt sich der Füllstand der Bremsflüssigkeit problemlos kontrollieren, denn die Vorratsbehälter sind heute im allgemeinen durchsichtig.

Bremsflüssigkeit

Beim Umgang mit Bremsflüssigkeit ist größte Vorsicht geboten, denn sie ist stark ätzend.

- **Gelangt Bremsflüssigkeit in die Augen, sofort mit viel klarem Wasser nachspülen und einen Arzt aufsuchen.**
- **Bei Hautkontakt die Flüssigkeit mit klarem Wasser abwaschen.**
- **Gerät Bremsflüssigkeit auf den Autolack, unverzüglich mit klarem Wasser nachspülen.**

▸ Zum Nachfüllen sollte man immer neue Original-Bremsflüssigkeit verwenden.

▸ Fehlende Bremsflüssigkeit ist ein Hinweis darauf, daß entweder die Bremsbeläge verschlissen sind oder Undichtigkeiten im Bremssystem vorliegen. Muß man wiederholt Bremsflüssigkeit nachfüllen, gehört das Auto in die Werkstatt.

Keilriemen Den Keil- oder Flachriemen sollte man von Zeit zu Zeit auf seinen Zustand und seine Spannung überprüfen.

Spannung und Zustand des Keilriemens muß man immer wieder kontrollieren.

▸ Zeigt der Riemen ausgefranste Stellen, muß er sofort ausgewechselt werden.

▸ Bei der Kontrolle der Riemenspannung sollte sich ein einfacher Keilriemen 10–15 mm durchdrücken lassen. Ein moderner Flachriemen muß dagegen erheblich härter gespannt sein, so daß er sich nur wenige Millimeter durchdrücken läßt. Ist dies nicht der Fall, muß der Riemen nachgespannt oder eine Werkstatt aufgesucht werden.

Automatikgetriebe Bei Fahrzeugen mit automatischem Getriebe empfiehlt es sich, alle vier Wochen den Flüssigkeitsstand im Getriebe zu überprüfen. Dazu unbedingt die Anweisungen des Herstellers befolgen.

▸ Sorgfältig darauf achten, daß keine Schmutzpartikel oder sonstige Fremdkörper in das *Automatic Transmission Fluid* (ATF) gelangen. Den Peilstab deshalb außen gründlich säubern, bevor er aus dem Führungsrohr herausgezogen wird, und das untere Ende mit einem sauberen und absolut fusselfreien Tuch abwischen.

▸ Zur Kontrolle des Flüssigkeitsstands den Wählhebel in die Position „neutral" bringen und den Motor bei angezogener Handbremse laufenlassen, bis das ATF ungefähr die Temperatur von 60 °C erreicht, d. h. etwas mehr als handwarm ist. Dann muß der Flüssigkeitspegel zwischen den beiden Markierungen liegen.

▸ Fehlende Getriebeflüssigkeit sollte man immer von einer Fachwerkstatt nachfüllen lassen. Der Füllstand ist stark von der Erwärmung des ATF abhängig. Auch zuviel Flüssigkeit kann zu Störungen führen.

BELEUCHTUNGS-KONTROLLE

▸ Außer der üblichen Kontrolle, die vor jedem Fahrtantritt vorzunehmen ist, sollte man etwa alle vier Wochen die Funktion der Lichtanlage und den Zustand der Leuchten eingehend überprüfen. Dazu gehört die Kontrolle des Standlichts, des Abblend- und Fernlichts, der Fahrtrichtungsanzeiger (Blinker), der Bremslichter sowie der Rückfahrscheinwerfer und gegebenenfalls auch der Nebelleuchten und des Zusatzfernlichts.

▸ Die Funktion der Lichtanlage läßt sich gut überprüfen, wenn man das Auto vor eine Hauswand oder eine Schaufensterscheibe fährt, so daß sich das Licht dort spiegelt.

▸ Um defekte Lampen sofort auswechseln zu können, empfiehlt es sich, stets ein kleines Sortiment von Ersatzlampen im Auto zu haben.

Standlicht Bei eingeschaltetem Standlicht muß vorn auf beiden Fahrzeugseiten ein mäßig heller Lichtschein an der Hauswand zu erkennen sein.

Abblendlicht Den Lichtschalter bei eingeschalteter Zündung in die Stellung für das Abblendlicht bringen. Dabei muß der Lichtkegel an der Hauswand eine scharfe waagrechte Abgrenzung aufweisen, die in der Mitte des Lichtkegels im Winkel von 15° nach rechts oben verläuft.

Der richtige Lichtverlauf, den man bei der Kontrolle des Abblendlichts sieht.

▸ Bei Abweichungen von dem für asymmetrisches Licht typischen Bild sollte man eine Werkstatt aufsuchen und die Scheinwerfer neu einstellen lassen.

▸ Bei neueren Fahrzeugen, bei denen man abhängig von der Zuladung den Strahlungswinkel der Scheinwerfer vom Armaturenbrett aus verstellen kann, muß sich der Lichtbalken durch Betätigen des Schalters in mehreren Stufen absenken lassen.

Fernlicht Bei eingeschaltetem Fernlicht muß der zentrale Lichtpunkt genau vor der Mitte der Scheinwerfer liegen. Ist er seitlich versetzt oder deutlich höher, müssen die Scheinwerfer unbedingt in einer Fachwerkstatt neu eingestellt werden.

Beim Fernlicht ist ein zentraler Lichtfleck in der Mitte jedes Scheinwerferbildes zu sehen.

Rücklichter Um die hinteren Fahrzeugleuchten zu kontrollie-

Licht

Die exakte Scheinwerfereinstellung ist für die Verkehrssicherheit auf unseren Straßen von größter Bedeutung.

- **Die an den Scheinwerfern vorhandenen Einstellschrauben niemals nach eigenem Gutdünken verdrehen.**
- **Die meisten Automobilklubs bieten kostenlose Lichtkontrollen an, bei denen die Scheinwerfer richtig eingestellt werden.**

ren, rückwärts an eine Hauswand oder eine Schaufensterscheibe heranfahren.

Bremsleuchten Um die Bremsleuchten zu überprüfen, die Zündung einschalten und auf das Bremspedal treten. Dabei über die Schulter oder in den Rückspiegel schauen und nachsehen, ob tatsächlich beide Bremslichter aufleuchten.

Rückfahrscheinwerfer Um das Funktionieren der Rückfahrscheinwerfer (bei manchen Fahrzeugen ist auch nur einer vorhanden) zu prüfen, legt man den Rückwärtsgang bei eingeschalteter Zündung ein.

Blinker Bei der Kontrolle der Fahrtrichtungsanzeiger ist darauf zu achten, daß der vordere und der hintere Blinker auf beiden Seiten funktionieren. Dazu gegebenenfalls aussteigen.

Nebelscheinwerfer und Zusatzfernlicht Breitstrahler oder Nebelscheinwerfer wie das Abblendlicht kontrollieren. Zusatzfernscheinwerfer wie das serienmäßig vorhandene Fernlicht überprüfen.

Zustand der Leuchten Neben der Funktion der Lichtanlage sollte man auch stets den Zustand der Leuchten und ihrer Lichtscheiben kontrollieren.

- Weisen Lichtscheiben Sprünge oder Risse auf, müssen sie ersetzt werden.

- Herausgefallene oder lockere Dichtungen neu einkleben. Dazu die Lichtscheibe vorsichtig ausbauen.

- Die Reflektoren der Hauptscheinwerfer auf blinde Stellen oder Rostflecken kontrollieren. Schadhafte Reflektoren in einer Fachwerkstatt austauschen lassen, denn sie geben bei Nachtfahrten häufig nicht mehr genügend Licht.

MOTORÖL- UND ÖLFILTERWECHSEL

- Auch bei modernen Motoren ist von Zeit zu Zeit ein Wechsel des Motoröls und des Ölfilters notwendig. Innerhalb der Garantiezeit sollte man diese Arbeiten – auch wenn sie teuer sind – einer autorisierten Fachwerkstatt überlassen.

- Wer Motoröl und Ölfilter aus Kostengründen selbst wechseln will, muß sicherstellen, daß das Altöl vorschriftsmäßig aufgefangen und entsorgt wird. Aus diesem Grund empfiehlt es sich, die Arbeiten an einer Tankstelle durchzuführen, die über ein Ölabsauggerät verfügt. Dort kann auch der alte Ölfilter entsorgt werden.

Ölqualität Jeder Autohersteller schreibt für Diesel- und Ottomotoren bestimmte Ölqualitäten vor. Die genauen Angaben findet man in der Bedienungsanleitung des Fahrzeugs.

- Die Viskosität wird mit einer Zahlen-Buchstaben-Kombination angegeben. So bedeutet 15W40 beispielsweise, daß es sich um ein Öl mit einem Viskositätsband von 15 bis 40 handelt, das für den Winterbetrieb geeignet ist.

- Eine zusätzliche Buchstabenkombination weist je nach Art des Motors auf die Belastbarkeit des betreffenden Öls hin. Bei Benzinmotoren können diese Buchstabenkürzel beispielsweise SE oder SF lauten, bei Dieselaggregaten CC oder CD.

Ölwechsel mit dem Absauggerät Viele Tankstellen sind heute mit Absauggeräten für den Ölwechsel ausgerüstet, für deren Benutzung man eine Wertmünze oder Geld einwerfen muß. Solche Absaugautomaten sind umweltfreundlich, denn sie gewährleisten, daß das Altöl ordnungsgemäß aufgefangen und entsorgt wird.

- Den Motor vor dem Ölwechsel betriebswarm fahren; ist das Motoröl kalt, läßt es sich nur schlecht absaugen.

- Bevor man die Wertmünze oder Geld in den Automaten einwirft, zunächst den Ölmeßstab im Motorraum herausziehen und säubern. Anschließend die für das Fahrzeug geeignete Absauglanze mit einem Tuch abwischen und überprüfen, ob sie problemlos in das Führungsrohr am Motor paßt. Erst dann das Absauggerät in Betrieb setzen.

- Die abgesaugte Ölmenge im Glasbehälter des Gerätes mit der üblichen Füllmenge vergleichen, um sicherzustellen, ob das alte Öl tatsächlich vollständig abgesaugt wurde.

- Wenn auch der Ölfilter ausgetauscht werden soll, kann dies erst erfolgen, nachdem das Öl abgesaugt wurde.

- Das neue Öl mit Hilfe eines Trichters nachfüllen, damit kein Öl danebenläuft.

- Nach dem Einfüllen den Ölstand mit dem Meßstab kontrollieren und den Einfüllverschluß wieder aufschrauben.

Austausch des Ölfilters Wird beim Ölwechsel gleichzeitig auch das Ölfilter ausgetauscht, erhöht sich die Gesamtfüllmenge um etwa ½ l.

- Läßt sich das Ölfilter bei geöffneter Motorhaube nicht von oben erreichen, mit dem Tankwart klären, ob man das Ölfilter auf der Hebebühne oder in der Arbeitsgrube wechseln kann. In diesem Fall muß auch das Öl auf der Bühne bzw. in der Grube abgesaugt werden, da ein Fahrzeug ohne Öl nicht fahrbereit ist.

▸ Zum Herausdrehen des Ölfilters einen Ölfilter-Wechselschlüssel benutzen, den man sich an der Tankstelle ausleiht.

▸ Beim Abnehmen des Ölfilters das offene Ende nach oben halten, damit kein Öl heraustropfen kann.

▸ Damit das neue Filter gut sitzt, die Anlagefläche am Motor mit einem sauberen Tuch abwischen und prüfen, ob der alte Dichtring ebenfalls entfernt wurde.

▸ Auf die Gummidichtung des neuen Filters etwas Motoröl auftragen.

Die Gummidichtung des neuen Ölfilters mit etwas Motoröl benetzen.

▸ Das neue Ölfilter nur mit der Hand – niemals mit dem Ölfilter-Wechselschlüssel – festziehen.

▸ Nachdem das Motoröl eingefüllt, der Ölstand überprüft und der Einfüllstutzen verschlossen ist, bei laufendem Motor kontrollieren, daß am Ölfilter keine Undichtigkeiten vorhanden sind. Jede Undichtigkeit weist auf einen fehlerhaften Einbau hin.

SCHEIBENWISCHERBLÄTTER

▸ Scheibenwischerblätter verschleißen schnell und sollten mindestens einmal jährlich erneuert werden. Es empfiehlt sich jedoch, die Wischer regelmäßig auf Abnutzung und Risse zu untersuchen, um sie austauschen zu können, bevor es zu Sichtbehinderungen kommt.

▸ Schmieren Wischerblätter, kann man dies behelfsmäßig beheben, indem man Windschutzscheibe und Wischerblätter mit Alkohol abreibt.

▸ Da Wischerblätter bei Schnee und Eis stark beansprucht werden, sollte man sich vor Winterbeginn Ersatzwischer besorgen.

▸ Bei Urlaubsreisen ins Ausland ist es empfehlenswert, einen Satz neuer Wischerblätter mitzunehmen, da die Beschaffung passender Ersatzwischer dort schwierig sein kann.

Ersatzwischer kaufen Da Wischerblätter recht teuer sind und häufig ausgewechselt werden müssen, lohnt sich ein Preisvergleich in jedem Fall.

▸ Original-Wischerblätter, die man beim Kundendienst des Fahrzeugherstellers bekommt, sind oftmals besonders teuer. Sie bieten allerdings den Vorteil, daß man stets die richtigen Ersatzwischer mit der geeigneten Halterung für die Wischerarme erhält.

▸ Wer aus Kostengründen keine Original-Wischerblätter kaufen will, kann auf Produkte anderer Anbieter zurückgreifen. Wischerblätter namhafter Firmen sind in der Regel alle von guter Qualität, so daß Preisunterschiede keine Rückschlüsse auf die Haltbarkeit zulassen. Sonderangebote sollte man also nutzen, auch wenn im Augenblick kein Bedarf besteht.

▸ Um die richtige Größe und Ausführung zu finden, schaut man in den Typenlisten nach, die in den Geschäften ausliegen.

Adapter Vor dem Anbringen der neuen Wischer muß man den passenden Adapter an den Wi-

WISCHERBLÄTTER AUSTAUSCHEN

1. Den Wischerarm hochklappen. Die Kunststoffraste am Befestigungsteil hinunterdrücken.

2. Das alte Wischerblatt bei gedrückter Raste vom Wischerarm abziehen.

3. Das neue Wischerblatt einhängen und im Haken des Wischerarms einrasten lassen.

scherblättern befestigen. (In der Verpackung befinden sich in den meisten Fällen Adapter unterschiedlicher Art.)

ZÜNDKERZEN

▸ Das Kerzengesicht – das ist das in den Brennraum ragende Teil einer Zündkerze – verändert sich im Lauf der Zeit. Die regelmäßige Kontrolle des Kerzengesichts gibt deshalb Aufschluß über den Zustand der Zündkerze und des Motors.

▸ Ist der Kerzenisolator in der Mitte weiß bis rehbraun, während die Masse- und die Mittelelektrode mattschwarz erscheinen, sind die Zündkerzen und der Motor in Ordnung.

▸ Ist das Kerzengesicht fast vollständig mit feuchter Ölkohle und Ruß belegt, verbraucht der Motor zuviel Öl.

▸ Bei verrußter Kerze erhält der Motor zu wenig Luft bzw. zu viel Kraftstoff. In diesem Fall das Luftfilter kontrollieren und die Gemischeinstellung testen lassen.

▸ Schadhafte Zündkerzen oder unterbrochene Zündkabel erkennt man bei betriebswarmem Motor daran, daß die Kerze von Kraftstoff feucht ist.

▸ Normal verschlissene Zündkerzen erkennt man an der immer dünner werdenden Masseelektrode, die von der Zündkerzenmitte zum Kerzengewinde führt. Zwar kann man den Verschleiß durch Nachbiegen der Masseelektrode korrigieren, sinnvoller ist es aber, solche Kerzen zu ersetzen, wenn die Fahrleistung schon über 15000 km liegt.

Zündkerzen wechseln Vor Beginn der Arbeiten den zum Motor passenden Kerzentyp feststellen. Nur Markenzündkerzen verwenden, die vom Fahrzeughersteller freigegeben wurden. Im Zweifelsfall erhält man die richtigen Kerzen beim Vertragshändler.

▸ Bei manchen Fahrzeugmodellen muß das Luftfilter ausgebaut werden, um die Kerzen bequem wechseln zu können. Vorsicht! Dabei darf nichts in den Ansaugstutzen des Vergasers fallen. Deshalb den Trichter mit einem Tuch abdecken.

▸ Damit kein Schmutz in die Kerzenlöcher gerät, wird der Einbauraum rund um die Kerze vor Beginn der Arbeiten mit einem Lappen oder Pinsel gereinigt bzw. mit etwas Preßluft abgeblasen.

▸ Nachdem man die Zündkerzen gewechselt hat, sollte man sicherheitshalber einen Probelauf durchführen: Der Motor muß sofort anspringen und ohne Aussetzer rundlaufen. Kommt es zu ungewöhnlichen Laufgeräuschen, wurde wahrscheinlich die Zündfolge verwechselt. Die Zündfolge dann aus der Bedienungsanleitung entnehmen und die Kerzenstecker in richtiger Reihenfolge anbringen.

BATTERIE

▸ Vor der kalten Jahreszeit sollte die Batterie auf ihren Ladezustand überprüft und nötigenfalls nachgeladen werden, damit die Betriebssicherheit des Fahrzeugs im Winter gewährleistet ist.

▸ Das Aufladen sowie alle übrigen Wartungsarbeiten an der Batterie dürfen keinesfalls bei laufendem Motor erfolgen. Alle Stromverbraucher müssen ausgeschaltet sein.

Ladezustand prüfen Um den Ladezustand der Fahrzeugbatterie zu messen, benötigt man eine sogenannte Säurespindel, die man im Fachhandel erhält.

▸ Bei einer entladenen Batterie zeigt die Säurespindel ein spezifisches Gewicht von 1,12; bei einer halb entladenen Batterie beträgt es 1,20; bei einer gutgeladenen 1,28. Die Säuredichte der einzel-

ZÜNDKERZEN WECHSELN

1. *Um spätere Verwechslungen auszuschließen, die Zündkabel durchnumerieren.*

2. *Danach müssen die Kerzenstecker nacheinander abgezogen werden.*

3. *Die alten Kerzen herausdrehen, die neuen einschrauben und mit einem Kerzenschlüssel anziehen.*

nen Zellen (eine 12-V-Batterie hat sechs Zellen) sollte dabei nicht mehr als 0,02 voneinander abweichen.

Mit einer Säurespindel wird der Ladezustand der Batterie gemessen.

Batterie aufladen Da beim Aufladen einer Autobatterie Knallgas entsteht, ist immer darauf zu achten, daß die Garage oder der entsprechende Raum gut durchlüftet ist.

▸ Bevor man die Batterie ausbaut bzw. das Ladegerät anschließt, muß man immer zuerst den Minuspol (Masse) der Batterie abklemmen.

▸ Die Minusklemme des Ladegerätes mit dem Minuspol der Batterie, die Plusklemme mit dem Pluspol verbinden und erst dann das Ladegerät einschalten.

▸ Um eine ausreichende Ladung zu erreichen, genügt es im allgemeinen, die Batterie für die Dauer einer Nacht an das Ladegerät anzuschließen.

▸ Der Ladevorgang ist abgeschlossen, wenn die Anzeige am Ladegerät gegen Null geht.

▸ Hält eine ältere, d. h. mindestens vier Jahre alte Batterie nach dem Aufladen die Ladung nicht, ist in den meisten Fällen die Batterie schadhaft. Es kann aber auch ein Kabeldefekt vorliegen.

Batterieladegeräte Für die Autobatterie sind einfache Geräte mit einer Ladestromstärke zwischen 4 und 6 A in den meisten Fällen ausreichend. Der Ladestrom sollte dabei etwa 10 % der Batteriekapazität betragen. So reicht für eine Batterie mit 45 Ah (Amperestunden) ein Ladestrom von etwa 4,5 A.

▸ Empfehlenswert sind Batterieladegeräte, die sich automatisch abstellen bzw. auf Erhaltungsladung umschalten, wenn der maximale Ladezustand erreicht ist.

▸ Bei völlig wartungsfreien Batterien, bei denen die Batteriezellenverschlüsse oftmals nicht mehr geöffnet werden können, sollte man in jedem Fall ein Automatikladegerät einsetzen, damit die Batterie durch eine übermäßige Aufladung keinen Schaden nimmt.

Batteriesäure

Fahrzeugbatterien sind mit verdünnter Schwefelsäure gefüllt, die stark ätzend ist.

- **Bei Hautkontakt muß Batteriesäure sofort mit reichlich Wasser abgewaschen werden. Gelangt Batteriesäure in die Augen, sofort gründlich mit Wasser spülen und unverzüglich einen Arzt aufsuchen.**
- **Säurespritzer an Lack oder Metall umgehend mit Wasser entfernen.**
- **Beim Laden von Autobatterien werden durch Elektrolyse Wasserstoff und Sauerstoff freigesetzt, woraus explosives Knallgas entsteht. Funkenbildung in der Nähe von Batterien, besonders von frisch geladenen, muß deshalb vermieden werden.**

PROBLEMLOS DURCH DEN WINTER

▸ Der Winter stellt hohe Anforderungen an die Fahrzeugtechnik. Deshalb muß man das Auto rechtzeitig vor der kalten Jahreszeit für

AUFLADEN DER AUTOBATTERIE

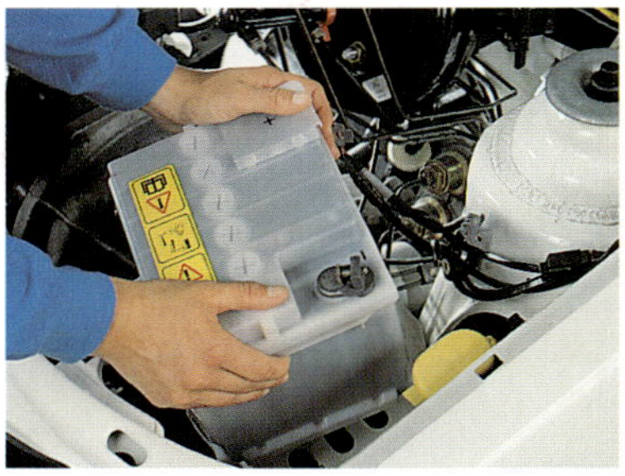

1. Zuerst den Minuspol der Batterie abklemmen. Dann wird die Batterie zum Laden ausgebaut.

2. Falls möglich, Zellenstopfen herausdrehen. Ladegerät polaritätsgleich anklemmen, einschalten.

3. Die aufgeladene Batterie wieder einbauen. Dabei den Minuspol als letztes anklemmen.

den Winterbetrieb vorbereiten. Wird das Fahrzeug regelmäßig gewartet, kann man auf besondere Vorbereitungen im Bereich des Motors verzichten.

▸ Alle Schließzylinder des Fahrzeugs werden mit einem speziellen Öl behandelt. Dieses Öl wird mit Hilfe einer Kanüle direkt in das jeweilige Fahrzeugschloß eingebracht.

Mit einem speziellen Öl kann man verhindern, daß der Schließzylinder einfriert.

▸ Die Dichtungsgummis an den Hauben und den Türen mit einem trockenen Tuch abreiben und dort, wo sie sich gelöst haben, wieder festkleben.

▸ Die Dichtungen und sonstige Anschlaggummis mit einem siliconhaltigen Pflegemittel – als Stift oder Spray erhältlich – einreiben, damit die Türdichtungen und Gummis nicht anfrieren. Dies gelegentlich wiederholen.

▸ Ein kleines Fläschchen Auftauspray hinter die Tankklappe klemmen. Man kann es auch hinter der Stoßstange oder dem Nummernschild befestigen.

▸ Im Innenraum des Fahrzeugs sollte man immer einen Eiskratzer, einen Handfeger und ein Paar Handschuhe unterbringen.

▸ Vor Einbruch des Winters sollte man auf jeden Fall Winterreifen montieren.

▸ Salz und Nässe setzen dem Autolack insbesondere dort zu, wo er kleine Schäden durch Steinschläge aufweist. Diese Stellen ausbessern und den Lack eventuell mit Autowachs versiegeln. Außenliegende Teile aus Kunststoff werden mit einem Siliconspray behandelt.

▸ Autos springen im Winter eher aufgrund einer entladenen Batterie nicht an als im Sommer. Mit Starthilfekabeln kann man sich behelfen. Um Starthilfe zu geben, verbindet man jeweils Plus- und Minuspol einer geladenen Hilfsbatterie mit den entsprechenden Polen der leeren Batterie. Vorsicht: Die Fahrzeuge dürfen sich nicht an Metallteilen berühren. Besonders aufpassen muß man bei älteren Fahrzeugen, die noch Metallstoßstangen haben.

Starthilfekabel sind besonders im Winter von Nutzen.

Schneeketten Wer häufig im Gebirge unterwegs ist, sollte im Winter grundsätzlich einen kurzen Spaten und Schneeketten in den Kofferraum packen.

▸ Wer Billigketten kauft, erwirbt damit nicht immer ein schlechtes Produkt, muß aber auf jeden Fall mit Mehraufwand bei der Montage rechnen. Gute und damit meist auch teure Ketten sind an dem umlaufenden Federstahlbügel, der über den Reifen gestülpt wird, zu erkennen. Noch teurere Systeme werden mit Gummispanner an der Felge befestigt und ziehen sich beim Anfahren von selbst auf.

SCHNEEKETTEN AUFZIEHEN

1. Die Magnetverschlüsse des Bügels öffnen. Diesen erst unten, dann oben hinter den Reifen führen.

2. Hat sich der Bügel hinten selbsttätig geschlossen, vorn die Spannkette straff gespannt schließen.

3. Den mitgelieferten Gummiring in die Spannkette ringsum straff einhängen.

▸ Schneeketten dürfen nur auf verschneiter oder vereister Straße eingesetzt werden.

▸ Mit Schneeketten darf man auf trockener Fahrbahn höchstens 50 km/h schnell fahren. Auch auf schneebedeckter Fahrbahn riskiert man bei höherem Tempo nicht nur einen Unfall, sondern außerdem noch eine Beschädigung der Ketten.

DIEBSTAHLSICHERUNGEN

▸ Die einfachste, in vielen Fällen jedoch bereits ausreichende Sicherung des Fahrzeugs gegen Diebstahl ist das Lenkradschloß. Man sollte sich angewöhnen, es immer einrasten zu lassen, auch wenn man das Fahrzeug nur für kurze Zeit abstellt.

▸ Muß man sein Fahrzeug für längere Zeit irgendwo abstellen, bietet es sich an, das Lenkrad und Kupplungs- oder Bremspedal des Fahrzeugs mit einer speziellen Sicherungsstange zusammenzuspannen. Die Stange kann zwar nicht verhindern, daß das Fahrzeug aufgebrochen wird, das Auto kann jedoch nicht mehr weggefahren werden. Diese Methode ist außerdem verhältnismäßig preiswert. Eine solche Sicherungsstange kann im Fachhandel gekauft werden.

Eine Sicherungsstange zwischen Kupplungs- oder Bremspedal und Lenkrad sichert das Auto.

▸ Das Handschuhfach eines Pkw, aber auch die Stauräume im einsehbaren Bereich eines Wohnmobils sollte man vor dem Verlassen des Fahrzeugs grundsätzlich entleeren und offenlassen. Auf diese Weise ist leicht zu erkennen, daß das jeweilige Fahrzeug für einen Dieb uninteressant ist. Im Wageninnern sichtbar liegengebliebene wertvolle Gegenstände locken dagegen Diebe an.

Alarmanlagen Ob man eine Alarmanlage im Fahrzeug installieren möchte, hängt mit davon ab, wo man das Auto hauptsächlich abstellt. In einsamen Gegenden oder in den stillen Nebenstraßen von lauten Städten ist sie nur wenig sinnvoll. Am effektivsten ist eine Alarmanlage in Wohngebieten.

▸ Gelegenheitsdiebe werden oft bereits von gut sichtbar angebrachten Alarmanlagenattrappen abgeschreckt.

▸ Ein am Seitenfenster angebrachter Hinweis, daß eine Alarmanlage im Fahrzeug eingebaut ist, kann ebenfalls Gelegenheitsdiebe davon abhalten, das Auto aufzubrechen.

▸ Die einfachsten kontaktgesteuerten Alarmanlagen schalten sich ein, wenn eine Tür des Fahrzeugs geöffnet wird. Bricht der Dieb jedoch ein Wagenfenster auf, reagiert die Anlage nicht.

▸ Mit Ultraschall gesteuerte Alarmanlagen reagieren auch bei Glasbruch. Ein Sender- und Empfängersystem füllt den Innenraum des Wagens nahezu vollständig mit Ultraschallstrahlen aus. Greift jemand, nachdem die Scheibe zerstört wurde, in das Fahrzeug, wird der Strahlenverlauf gestört, und die Alarmanlage löst sofort aus. Diese Anlagen sind zwar etwas sicherer als kontaktgesteuerte Geräte, haben jedoch den Nachteil, daß bereits eine Fliege im Wageninnern genügt, um das sehr empfindliche System auszulösen.

▸ Relativ sicher sind Alarmanlagen, die aufgrund einer Spannungsänderung an der Autobatterie auslösen. Wenn die Autotür geöffnet wird, schaltet sich in den meisten Fällen automatisch das Innenlicht an. Dies führt zu einem Spannungsabfall, und die Alarmanlage löst unverzüglich den Alarmton aus.

Autoradios sichern Eine möglichst gute Sicherung von Autoradios gegen Diebstahl ist empfehlenswert, da die Versicherungsgesellschaften nicht stets den Neuwert zurückerstatten.

▸ Ein hohes Maß an Sicherheit bieten Autoradios, die durch eine Geheimcodierung gegen Diebstahl gesichert sind. Da die Geräte beim Herausziehen spannungslos werden, verlieren sie automatisch ihr „Gedächtnis“, und der Code muß neu eingegeben werden.

▸ Um den Dieb schon vorab auf die Sicherung des Autoradios durch Codierung hinzuweisen, sollte man die entsprechenden Aufkleber auf den Seitenscheiben des Wagens anbringen.

▸ Die Codenummer des Autoradios sollte man unter keinen Umständen irgendwo im Fahrzeug aufbewahren.

▸ Sehr sicher sind Autoradios, bei denen man mit wenigen Handgriffen das Bedienfeld entfernen kann. Ein Radio ohne Bedienfeld kann nicht mehr benutzt werden und ist damit für den Dieb wertlos.

▸ Am sichersten sind sogenannte Quick-out-Autoradios, die mit einem Handgriff aus der Halterung gelöst und mitgenommen werden können.

WOHNWAGEN UND WOHNMOBILE

AUSSENREINIGUNG

▸ Um ein Wohnmobil oder einen Wohnwagen zu reinigen, sollte man wegen des damit verbundenen großen Zeitaufwandes und der Größe des Fahrzeugs nach Möglichkeit versuchen, einen Mietwaschplatz zu finden, der ohne die bekannten Münzautomaten und die davon abhängige Waschtechnik auskommt.

▸ Wer auf seinem eigenen Abstellplatz waschen darf, muß dabei die geltenden Gesetze zum Schutz der Umwelt beachten.

Vorbereitungen Bevor man mit der eigentlichen Außenreinigung eines Wohnwagens oder eines Wohnmobils beginnt, müssen einige notwendige Vorarbeiten durchgeführt werden, damit man das Fahrzeug anschließend zügig und ohne es zu beschädigen reinigen kann.

▸ Vor der Außenwäsche werden sämtliche Scheiben, Türen und Klappen des Fahrzeugs sorgfältig geschlossen.

▸ Das Fahrzeug wird gründlich mit Wasser abgespritzt. Dabei ist es ratsam, den Wasserstrahl im Unterbodenbereich etwas härter, auf dem normalen Lack jedoch weich einzustellen, damit es zu keinen Schäden kommt.

▸ Den Wasserstrahl sollte man nicht direkt auf die Belüftungsöffnungen für das Wageninnere sowie für Heizung und Kühlschrank richten. Andernfalls besteht die Gefahr, daß Wasser in den Innenraum eindringt.

Shampoowäsche Man verwendet dazu handelsübliches Lackshampoo, das in einem Eimer mit handwarmem Wasser aufbereitet wird. Die Reinigungslösung wird mit einem Schwamm oder einem Lammfellhandschuh – beide sind in jedem Autofachgeschäft erhältlich – mit kreisförmigen Bewegungen gleichmäßig aufgetragen. Dabei sollte das Shampoo die Schmutzpartikel anlösen.

▸ Damit auf der Lackoberfläche des Fahrzeugs keine Kratzer entstehen, sollte man grundsätzlich nur mit mäßigem Anpreßdruck arbeiten.

▸ Mit Insekten verschmutzte Partien an der Wagenfront werden zuerst mit einem Insektenreiniger eingesprüht. Man läßt das Mittel einige Minuten einwirken, bevor man mit dem Schwamm nacharbeitet.

▸ Sobald das Shampoo und der Insektenreiniger genügend lange eingewirkt haben, wird die Seifenlösung mit einem Wasserstrahl entfernt.

▸ Aufgrund der Bauhöhe ist es nicht immer leicht, den oberen Teil des Wohnmobils oder Wohnwagens und die Dachpartie zu reinigen. Deshalb sollte man bei der Reinigung dieser Bereiche grundsätzlich mit einer standsicheren Haushaltsleiter arbeiten, um Unfälle zu vermeiden.

▸ Wer keine Leiter zur Verfügung hat, kann für den oberen Bereich der Seitenwände auch eine Waschschlauchverlängerung verwenden. Diese besteht aus einem handlichen Messingrohr, einem Griffstück und einer Waschbürste, die auch in rotierender Ausführung erhältlich ist, wobei der Wasserdruck die Rotation erzeugt. In dieses System können auch im Handel erhältliche Shampoostäbe eingesetzt werden. In diesem Fall kann man auf eine Aufbereitung des Shampoos im Eimer verzichten.

Mit einer Waschschlauchverlängerung kann man ohne Probleme auch höher gelegene Fahrzeugteile erreichen.

▸ Bei Wohnmobilen, die eine über die fest angebaute Leiter bequem zu erreichende Dachgalerie besitzen, kann man zum Waschen auch auf das Dach steigen. Dabei sollte man aber besonders vorsichtig sein, denn vor allem für Gummi- oder Plastikstiefel ist das Shampoo auf dem Lack eine extrem rutschige und somit gefährliche Unterlage, was leicht zu schweren Unfällen und Stürzen führen kann.

Unterbodenbereich reinigen Eine gründliche Unterbodenwäsche von Wohnmobil oder Wohnwagen sollte man vom Fachmann ausführen lassen, denn dazu ist ein Dampfstrahler, zumindest jedoch ein Reinigungsgerät mit einem sehr hohen Wasserdruck erforderlich.

▸ Aus Gründen des Umweltschutzes muß das Abwasser auf jeden Fall über einen Ölabscheider geleitet werden, bevor es in das Kanalsystem abfließen kann.

▸ Wer im Winter häufig auf salzgestreuten Straßen unterwegs ist und über einen Ölabscheider und ein entsprechendes Reinigungsgerät verfügt, sollte zwischendurch auch die Radkästen, den Einbaubereich der Achsen, die Gestänge für die Bremse sowie die Deichselanlage mit einem starken Wasserstrahl gründlich reinigen. Besonders wichtig ist es, salzige Krusten zu entfernen, die schwer zu behebende Korrosionsschäden verursachen können.

Den Unterboden gründlich reinigen, denn feuchte Schmutznester können Korrosion auslösen.

Trocknen und abledern Es lohnt sich nicht, das Fahrzeug im Dachbereich abzuledern. Man sollte allerdings mit einem Gummiwischer größere Wasserlachen entfernen, damit sie beim Anfahren nicht an den Seitenwänden ablaufen.

▸ Die Seitenwände sollten auf jeden Fall abgeledert werden, denn häufig ist das Waschwasser kalkhaltig, und dann bleiben weiße Ringe auf der Fahrzeuglackierung zurück, nachdem das Wasser verdunstet ist.

▸ Das Abledern sollte man dazu nutzen, die unteren Lackpartien des Fahrzeugs auf kleinere Steinschläge oder Teerspritzer zu untersuchen.

▸ Damit der Lack nicht beschädigt wird, entfernt man Teerspritzer mit einem Wattebausch und einem speziellen Teerentferner.

Mit einem Wattebausch und Teerentferner werden Teerflecken behandelt.

▸ Wohnmobile und Wohnwagen sind meist aus Kunststoff oder einem speziellen Aluminiummaterial gebaut und dadurch relativ widerstandsfähig gegen Korrosion. Auf lange Sicht sind Lackabblätterungen aber auch hier nicht zu vermeiden. Deshalb empfiehlt es sich, selbst noch so kleine Lackschäden am Fahrzeug gleich auszubessern.

▸ Steinschläge auf der Lackoberfläche repariert man mit einem feinen Pinsel und dem Lackstift.

Hauben und Türen Sämtliche Türfalze sowie Scharnier- und Anschlagsäulen des Fahrzeugs werden mit einem feuchten Tuch gründlich abgerieben, um den angesammelten Staub und fettige Spuren zu beseitigen.

▸ Grundsätzlich alle Gummilippen und -dichtungen im Tür- und Haubenbereich dick mit einem siliconhaltigen Spray behandeln. Es frischt die Farbe auf und verhindert zugleich, daß der Gummi frühzeitig spröde wird.

▸ Scharniere und Schlösser erhalten an den Stellen, wo es Lager und Auflagepunkte gibt, einige Tupfer Fett oder Öl. Es empfiehlt sich jedoch, es nicht zu dick aufzutragen, um eine Verschmutzung der Bekleidung – insbesondere beim Einsteigen – zu vermeiden.

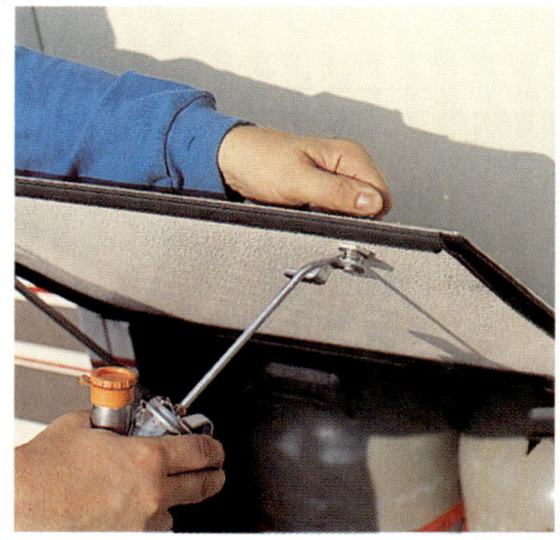

Scharniere und Schlösser schützt man mit einigen Tropfen Öl.

Scheiben und Wischerblätter reinigen Wohnmobile im Wohnbereich und Wohnwagen verfügen meist über doppelwandige Kunstglasscheiben, während der Fahrerbereich des Wohnmobils mit normalem Ein- oder Zweischichtenglas ausgestattet ist. Diese beiden Glassorten müssen unterschiedlich gereinigt werden.

▸ Kunstglasscheiben sind besonders empfindlich gegen Kratzer. Deshalb sollte man nicht zu kräftig aufdrücken. Die Kunstglasscheiben werden nur mit Seifenwasser und einem weichen Schwamm gereinigt und danach mit einem Ledertuch abgetrocknet. Zur Nachbehandlung empfiehlt sich ein Kunststoffreinigungsmittel.

Kunstglasscheiben reinigt man mit Seifenwasser und Schwamm.

▸ Bei den Scheiben im Fahrerbereich des Wohnmobils kann man mit größerem Druck arbeiten. Zur Reinigung empfehlen sich hier die üblichen Haushaltsglasreiniger, mit denen man vor allem Fett und Silicon von den Scheiben entfernen kann.

▸ Sind die Scheiben im Fahrerbereich innen stark verschmutzt, ist eine Vorreinigung mit warmer Seifenlauge sinnvoll. Danach werden die Scheiben mit trockenen Tüchern blank gerieben.

▸ Bei der Reinigung der Frontscheibe sollte man auf keinen Fall die Wischerblätter vergessen, denn sonst gelangt beim nächsten starken Regen sofort wieder Fett auf die sorgfältig gereinigte Scheibe.

REINIGUNG UND PFLEGE DES INNENRAUMS

▸ Mindestens einmal im Jahr, am besten am Ende der Reisesaison, also bevor Wohnwagen oder Wohnmobile winterfertig gemacht werden, empfiehlt sich eine besonders gründliche Reinigung von Führerhaus und Wohnbereich. Dann ist man zu Beginn der nächsten Saison ohne aufwendige Innenraumreinigung gleich startbereit.

Ausräumen der Staukästen Im Zusammenhang mit der jährlichen Großreinigung von Wohnmobil oder Wohnwagen sollte man alle Staukästen ausräumen, den Inhalt ordnen und alles, was man nicht mehr benötigt, ausmustern. Dies gilt natürlich auch für jene Staukästen, die nur von außen zu erreichen sind.

▸ Damit man den Innenraum der Staukästen möglichst bequem reinigen kann, hängt man die Klappen aus. Dies hat außerdem den Vorteil, daß gleichzeitig auch die Scharniere, Schlösser und Dichtungen überprüft werden können.

Wenn man die Klappen aushängt, lassen sich Staukästen mühelos reinigen.

▸ Lebensmittelreste, Sand vom letzten Urlaub und Feuchtigkeit verursachen nicht nur Schmutzansammlungen, sondern ziehen auch allerlei Ungeziefer an. Speziell zuckerhaltige Lebensmittel locken Ameisen an, die sich sehr schnell vermehren und an Möbeln schwere Schäden verursachen können. Und selbst muffiger Geruch ist oft nur auf Schmutzreste zurückzuführen. Deshalb ist es ratsam, jeden Staukasten nach dem Entleeren, aber auch alle Ecken des Innenraums gründlich mit einer flachen Staubsaugerdüse auszusaugen.

Mit einer flachen Staubsaugerdüse kann man selbst schwer erreichbare Ecken reinigen.

Feuchtreinigung Heute bestehen die Inneneinbauten in Wohnmobilen und Wohnwagen meist aus beschichteten Platten, so daß man diese ohne Bedenken feucht reinigen kann.

▸ Für beschichtete Platten verwendet man Wasser und die üblichen Haushaltsreiniger. Zu empfehlen sind die Reiniger auf Salmiak- oder Zitronenbasis. Sie bringen zudem auch gleich frischen Duft in die Stauräume.

▸ Putzwasser darf nicht in die Stoßverbindungen der Platten laufen, da in diesem Fall die Holzplatten aufquellen können.

▸ Bei starker Verschmutzung der Flächen den Reiniger unverdünnt auftragen und anschließend mit klarem Wasser abwischen.

▸ Manchmal hinterlassen besonders Campingtöpfe und -pfannen aus Aluminium hartnäckige Flecken auf den Ablageflächen. In diesem Fall gibt man ein wenig Kombiverdünner auf einen Lappen und wischt damit die schmutzigen Stellen ab. Den Verdünner darf man auf keinen Fall auftropfen oder längere Zeit einwirken lassen, da die Kunststoffbeschichtung davon sehr schnell angegriffen wird. Die gereinigte Fläche aus diesem Grund sofort mit Wasser nachwischen. Vor der Anwendung am besten einen Versuch an verdeckter Stelle durchführen.

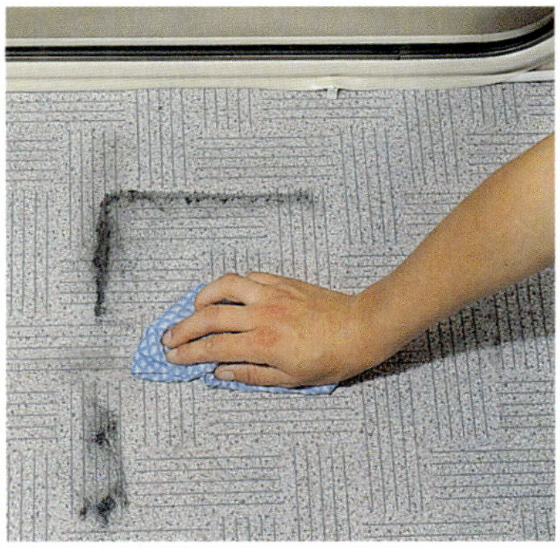

Ein wenig Kombiverdünner auf einem Tuch entfernt hartnäckige Flecken von beschichteten Platten.

▸ Eine mit Kombiverdünner gereinigte Fläche erhält ihren alten Glanz wieder, wenn man sie anschließend mit einem siliconhaltigen Mittel, z. B. Cockpitspray, versiegelt.

Kühlschrankreinigung Da die Gefahr besteht, daß sich im Kühlschrankinnenraum Kleintiere einnisten könnten, sollte bei abgestellten Fahrzeugen der Kühlschrank geschlossen werden.

▸ Bei einem für längere Zeit geschlossenen Kühlschrank kann es infolge von Schimmelbildung zu Stockflecken kommen. Um dies zu vermeiden, wird der Kühlschrank zuerst abgeschaltet, dann innen mit unverdünntem Haushaltsreiniger ausgewischt und mehrere Tage lang gut gelüftet.

▸ Beim Säubern des Kühlschrankes darf man die Dichtlippen nicht vergessen, denn manchmal sind sie von Schimmelpilzen befallen. Diese lassen sich mit einem Antischimmelspray entfernen. Da die Arbeit damit nicht ganz ungefährlich ist, sollte man bei der Anwendung des Mittels Gummihandschuhe tragen. Das Mittel könnte sonst die Haut angreifen und Allergien auslösen. Die Reinigungswirkung abwarten und dann mehrfach mit klarem Wasser nachwischen, damit keine Reste des Mittels zurückbleiben.

Bei der Arbeit mit einem Antischimmelmittel muß man Handschuhe tragen.

Polsterpflege Polsterbezüge in Wohnwagen und Wohnmobilen zählen zu den am stärksten beanspruchten Teilen der Innenausstattung und verschmutzen daher sehr schnell. Hinzu kommt, daß, wenn man den Innenraum länger nicht mehr gelüftet hat, die Polster feucht oder gar stockig werden können. Deshalb empfiehlt es sich, sie in regelmäßigen Abständen zu reinigen.

▸ Polsterbezüge, die mit Reißverschluß oder Klettband versehen sind und abgezogen werden können, behandelt man gemäß der Reinigungsvorschrift auf dem Herstelleretikett.

▸ Fest vernähte Polster lassen sich gut mit Trockenschaum reinigen. Man trägt ihn auf, läßt ihn kurz einwirken und reibt die Polster danach mit einem sauberen Tuch ab.

▸ Haben sich bei älteren Fahrzeugen unter den Polstern im Schaummaterial schwarze Stockflecken gebildet, läßt man sie von der Sonne austrocknen, bevor man sie entfernt.

▸ Bei fortgeschrittenem Befall des Schaummaterials mit Stockflecken muß man die Polster erneuern.

▸ In den meisten Städten gibt es Spezialgeschäfte für Schaumstoffe, die fast jedes benötigte Maß in der richtigen Schaumstoffhärte vorrätig haben oder das Schaummaterial auf die gewünschten Maße zuschneiden.

Kunststoffe reinigen und pflegen In Wohnmobilen und Wohnwagen werden in den letzten Jahren immer häufiger echte Hölzer eingesetzt. Dennoch sind im Innenraum nach wie vor viele Kunststoffe unterschiedlichster Art verarbeitet. Diese müssen jeweils auf verschiedene Weise behandelt werden.

▸ Hinterschäumte Folienmaterialien findet man an abzupolsternden Ecken, aber auch im Bereich des Fahrers und Beifahrers, z. B. auf der Armaturentafel. Diese Folien sind sehr empfindlich und dürfen deshalb nur mit Seifenlauge behandelt werden. Nach dem Abwischen trocknet man sie mit einem sauberen Tuch nach. Anschließend wird die behandelte Oberfläche mit einem siliconhaltigen Spray (Cockpitspray) aufgefrischt.

▸ Bei der Feuchtreinigung muß man sehr vorsichtig vorgehen, damit das Wasser keine unter den Schaumstoffteilen liegende Komponenten (elektronische und elektrische Bauelemente, Tachometer, Batterieanzeigesysteme usw.) beschädigt.

▸ Als Plattenmaterial für Möbel werden im Wohnwagenbau häufig Preßstoffe verwendet, die folienbeschichtet und mit einem Epoxidharz versiegelt sind. Diese Folien sind für viele Jahre farb- und lichtbeständig. Auch hier kommt nur eine Reinigung mit einem feuchten Tuch in Frage.

▸ Als Pflegemittel für folienbeschichtete Platten benutzt man ein handelsübliches Möbel- oder Siliconspray. Damit kann man Flächen, die sich elektrisch aufladen, antistatisch behandeln.

▸ Beschichtete Platten, die als Tischoberfläche benutzt werden, sind schnittfest und in der Pflege besonders leicht: Man braucht nur ein feuchtes Tuch und gegebenenfalls einen Haushaltsreiniger, um gröbere Schmutzstellen zu entfernen.

Holzteile pflegen Holz ist nicht so pflegeleicht wie Kunststoff. Zwar werden heute die Hölzer für den harten Alltagsbetrieb im Wohnwagenbau bestens präpariert, die geeignete Pflegemaßnahme solcher Oberflächen richtet sich jedoch danach, wie das Holz vorbehandelt wurde.

▸ Mit Lasur oder mit Wachsbeize überzogene Hölzer haben keine versiegelte Oberfläche, und je nach Belastung können sich relativ früh Gebrauchsspuren – wie z. B. Kratzer oder Abplatzungen – oder Verfärbungen einstellen. Oft werden Massivhölzer (Stoßkanten und Abschlußleisten) auf diese Weise behandelt. Für die Pflege dieser Hölzer eignet sich eine einfache, wasserlösliche Lasur, deren Gebrauchsanweisung man genau beachten sollte. Nachdem die Holzfläche feucht gereinigt und mit einem feinen Schleifpapier leicht angerauht wurde, wird die wasserlösliche Lasur mit dem Pinsel aufgetragen.

▸ Noch einfacher ist die Pflege mit Wachs. Zunächst wird die Fläche feucht vorgereinigt oder ausgebürstet. Auch ein Zwischenschliff mit feinem Schleifpapier ist möglich. Im Anschluß daran wird die Oberfläche mit Wachs eingerieben und mit einem trockenen Tuch oder einer Bürste aufpoliert.

▸ Hölzer, die mit einem Zweikomponenten-Klarlack beschichtet sind, besitzen einen besonders wirksamen Schutz gegen die verschiedenen Belastungen. Wenn sich allerdings Gebrauchsspuren einstellen oder der Lack Sprünge aufweist, muß man ihn in jedem Fall mit einem feinen Schleifpapier anschleifen und danach mit einer frischen Lackschicht überziehen.

▸ Dünne Furniere muß man grundsätzlich sehr vorsichtig anschleifen, da die Gefahr besteht, daß man sie bis auf die Trägerplatte durchschleift.

▸ Solide Kanthölzer kann man kräftiger anschleifen. Stärkere Beschädigungen begradigt man mit einem Schwingschleifer.

▸ Möchte man das Holz farblich auffrischen, etwa unter Verwendung einer Beize, muß der Klarlack vollständig bis auf das Holz abgetragen werden. Erst dann wird die Beize im gewünschten Farbton mit einem Pinsel oder einem Tuch aufgetragen. Nach dem Abtrocknen reibt man die Flächen sorgfältig ab. Danach wird das gebeizte Holz leicht geschliffen und Klarlack aufgestrichen oder -gesprüht. Hier muß allerdings absolut staubfrei gearbeitet werden, damit später in der ausgehärteten Lackschicht keine Staubeinschlüsse auftreten.

TECHNISCHE ÜBERPRÜFUNG DES FAHRZEUGS

▸ Nicht nur am Beginn oder am Ende der Reisezeit sollte man das Wohnmobil oder den Wohnwagen auf seine technische Betriebssicherheit überprüfen, sondern insbesondere vor jeder Reise.

Heizungs- und Luftschläuche Wohnmobile und Wohnwagen sind heute vielfach mit einer Umluftstandheizung ausgestattet. Propangas liefert die Energie für einen Wärmetauscher. Mit Hilfe eines kleinen Gebläses oder durch normale Zirkulation verteilt ein Schlauchsystem die Warmluft im Innenraum so, daß auch die Bereiche hinter den Sitzbänken weitab vom Heizgerät gut temperiert werden. Um einen Ausfall des Heizungssystems zu vermeiden, ist dessen regelmäßige Kontrolle unerläßlich.

▸ Bei älteren Fahrzeugen kann es manchmal vorkommen, daß die Luftschläuche in sich zusammenfallen. Auch können sie durch Ladegut beschädigt worden sein. Deshalb empfiehlt es sich, sämtliche Heizungsluftschläuche freizulegen und sie auf ihren Zustand hin zu überprüfen. Ebenso wichtig ist es festzustellen, ob die Luftschläuche alle fest in ihrer Verankerung sitzen.

▸ Gealterte oder zusammengefallene Luftschläuche sollten aus Sicherheitsgründen ersetzt werden. Ersatz findet man beim Caravanhändler, wo sie als Meterware erhältlich sind. Man kauft die benötigte Menge und wechselt das schadhafte Stück aus.

▸ Einzelne eingerissene Stellen können notdürftig mit einem Klebeband ausgebessert werden.

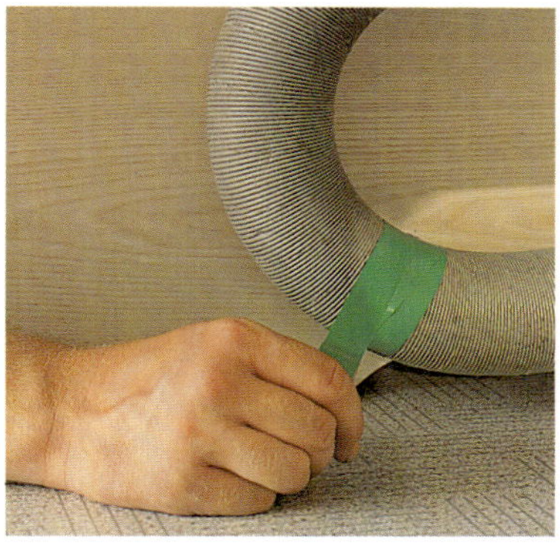

Beschädigte Luftschläuche kann man notdürftig mit einem Klebeband flicken.

▸ Wenn ein Umluftgebläse zum System gehört, ist es ratsam, den Ventilator auf Staub und Fremdkörper zu überprüfen.

▸ Gegebenenfalls reinigt man das System mit dem Staubsauger und kontrolliert es anschließend auf seine Funktionsfähigkeit.

Gasflaschen und Gasleitungen Die behördlich vorgeschriebene Prüfung der gesamten Gasanlage von Wohnmobilen und Wohnwagen gewährleistet in aller Regel deren Betriebssicherheit. Es kann aber nicht schaden, das System unabhängig davon gelegentlich auf seinen Zustand hin zu untersuchen.

▸ Gasanlagen in Wohnmobilen und Wohnwagen werden mit Flüssiggas (Propan, Butan) betrieben,

GASANLAGE PRÜFEN

Die Kontrolle umfaßt die von den Gasflaschen ausgehenden Leitungen und die Verschraubungen.

Nur gut verankerte Befestigungsösen verleihen den Metallröhrchen einen sicheren Halt.

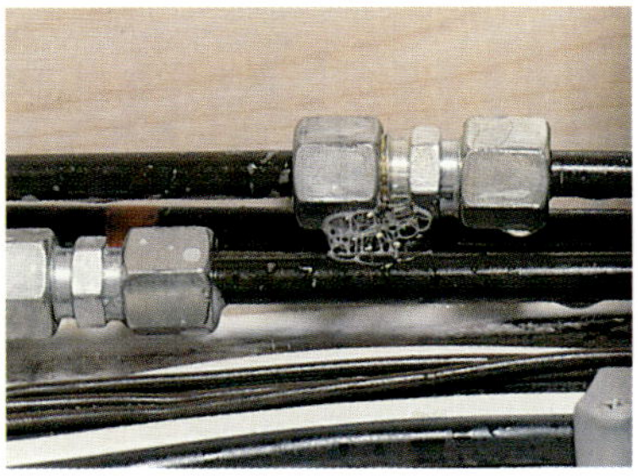

Undichte Verschraubungsstellen erkennt man an den auftretenden Luftbläschen im Lecksuchspray.

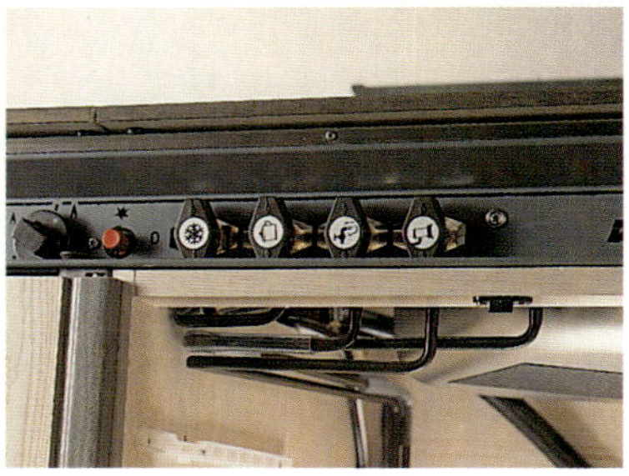

Empfehlenswert ist auch die Überprüfung der Leitungen, die zum Gasherd führen.

das schwerer als Luft ist und sich im Bodenbereich des Staukastens ansammeln kann. Deshalb muß man vor Beginn der Überprüfungsarbeiten den Stauraum und den Wohnraum des Fahrzeugs gründlich durchlüften, damit das eventuell aus der Gasanlage entwichene Gas aus dem Wageninneren austreten kann.

▸ Die Gasanlage sollte nur bei ausreichender Durchlüftung des Innenraumes geprüft werden.

▸ Man beginnt mit der Kontrolle am Flaschenkasten. Zunächst wird getestet, ob die am Boden vorhandenen Belüftungslöcher frei sind. Hier darf auf keinen Fall Ladegut die Ventilation beeinträchtigen.

▸ Am Gasregler zieht man die Überwurfmutter nach. Diese stellt die Verbindung zur Gasflasche her. Dabei ist besondere Vorsicht geboten, denn es handelt sich um ein Linksgewinde.

Durch Linksdrehung wird am Gasregler die Überwurfmutter nachgezogen.

▸ Man kontrolliert dann, ob die flexiblen Gasschläuche nicht angescheuert oder porös sind. Ebenso muß geprüft werden, ob sie sicher verlegt sind.

▸ Die verzinkten Metallröhrchen, die von den Gasschläuchen zu den einzelnen Verbrauchern innerhalb der Gasanlage führen, müssen gut in den Befestigungsösen sitzen und dürfen auf keinen Fall klappern oder scheuern.

▸ Sämtliche Verschraubungsstellen müssen absolut dicht sein, damit kein Gas ausströmt. Um die Dichtigkeit festzustellen, werden sie mit einem Lecksuchspray eingesprüht. Ersatzweise kann man die Verschraubungsstellen auch mit einer Seifenschaumlösung benetzen. Anschließend öffnet man die Gasflasche. An den Verschraubungsstellen dürfen keine Blasen auftreten.

▸ Wenn bei der Überprüfung der einzelnen Verschraubungsstellen Undichtigkeiten festgestellt werden, muß das Fahrzeug unverzüglich in die Fachwerkstatt gebracht werden, damit die Mängel beseitigt werden.

Batterie Wohnmobile verfügen in der Regel zur Versorgung des Wohnbereichs über eine Zweitbatterie. Sie ist von der Starterbatterie des Fahrzeugs durch ein Trennrelais in einem separaten Stromkreis installiert. So kann der Motor des Fahrzeugs in jedem Fall gestartet werden, auch wenn die Batterie im Wohnbereich schon relativ leer ist. Diese – oft sehr versteckt eingebaute – Zweitbatterie darf man bei der Wartung des Fahrzeugs auf keinen Fall vergessen.

▸ Als erstes prüft man den Säurestand der Batterie und füllt sie mit destilliertem Wasser bis zur Maximalmarke nach.

▸ Wer mit seinem Wohnmobil häufig unterwegs ist, braucht sich um den Ladezustand der Zweitbatterie weniger zu kümmern. Diese wird, wie die Starterbatterie auch, während des Fahrens automatisch über die Lichtmaschine nachgeladen.

▸ Wenn man mit seinem Fahrzeug längere Zeit auf Campingplätzen steht, empfiehlt es sich, die Zweitbatterie mit Hilfe eines Ladegerätes von Zeit zu Zeit vorsichtshalber nachzuladen.

▸ Manche Fahrzeuge verfügen über ein Voltmeter mit einer Rotgrün-Anzeige. Dieses Instrument sagt jedoch nur sehr wenig über den Lade- oder Erhaltungszustand der Batterie aus. Zur Kontrolle des Ladezustands der Zweitbatterie empfiehlt sich deshalb, eine Säurespindel zu verwenden. Mit ihr kann man die Säuredichte recht genau nachmessen.

▸ Besonders gut ausgestattete Fahrzeuge verfügen über ein automatisches Ladegerät. Sobald das Fahrzeug an ein 220-V-Netz angeschlossen wird, lädt sich die Zweitbatterie automatisch auf.

▸ Die automatische Ladetechnik kann jedoch nur dann funktionieren, wenn die Batterie ordnungsgemäß mit destilliertem Wasser aufgefüllt ist.

▸ Beim Messen der Ladespannung muß die Batterie grundsätzlich unter Last geprüft werden, d. h., man schaltet sämtliche elektrischen Verbraucher an Bord ein, startet das Fahrzeug mehrfach hintereinander und beobachtet das Voltmeter. Es darf unter voller Belastung niemals in den roten Anzeigebereich (unter 9,5 V) absinken.

▸ Ist man sich über den Zustand der Zweitbatterie nicht sicher, sollte man sie vorsichtshalber nachladen.

Stromversorgung Wohnmobile und Wohnwagen können sowohl mit einem 12-V-Netz als auch zusätzlich mit einem 220-V-Netz ausgestattet sein. Arbeiten am 12-V-Netz sind relativ harmlos und können deshalb ohne Gefahr auch selbst durchgeführt werden. Reparaturen oder Wartungsarbeiten am 220-V-Netz können dagegen lebensgefährlich sein und müssen deshalb grundsätzlich von einem Fachmann ausgeführt werden.

▸ Eine Kontrolle der Verkabelung ab dem 12-Volt-Umformer ist für den Laien problemlos möglich.

▸ Das 220-V-Kabel sollte aus Sicherheitsgründen in Schlaufen verlegt sein. Auf diese Weise läßt sich verhindern, daß es an Knickstellen aufscheuert, die die Ursache für Kabelbrände darstellen können.

▸ Im 12-V-Bereich des Fahrzeugs wird in der Regel nicht nur mit dünneren Kabelquerschnitten, sondern vielfach auch mit eher geringem Sicherheitsaufwand gearbeitet. Die Isolierungen sind wesentlich dünner und können aus diesem Grund sehr viel leichter beschädigt werden. Man sollte die Gefährlichkeit einer 12-V-Anlage auf keinen Fall unterschätzen: Sind die Leitungen nicht ausreichend abgesichert, kann ein Kurzschluß einen Kabelbrand verursachen. Deshalb sollte man sämtliche Kabelbäume auch im Bereich der Staukästen sorgfältig auf ihre Verlegung prüfen und gegebenenfalls mit Hilfe von Isolierband und Kabelschellen sichern.

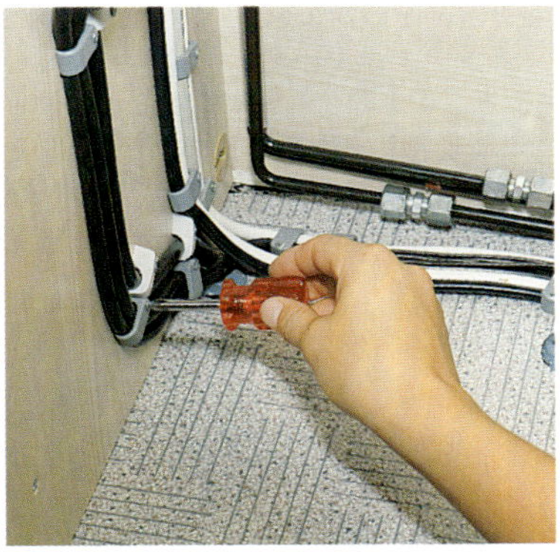

Stromkabel werden sicher verlegt, indem man sie mittels Kabelschellen befestigt.

▸ Wer die Stromversorgung seines Fahrzeugs auf Campingplätzen noch immer über die früher weitverbreitete Schukosteckdose gewährleistet, sollte allmählich an eine Umrüstung auf die CEE-Norm-Steckdose denken. Diese ist mittlerweile nämlich auch auf den meisten Campingplätzen im Ausland Standard. Dadurch vermeidet man am Urlaubsort eine provisorische Lösung durch den Einsatz eines Adapters, die nicht selten Ärger und auch unvorhergesehene technische Probleme schafft.

Die internationale CEE-Norm-Steckdose sollte zur Standardausrüstung eines Fahrzeugs gehören.

Sanitärbereich Der Frischwassertank des Fahrzeugs sollte mindestens einmal im Jahr, am besten am Ende oder kurz vor Beginn der Reisesaison ausgebaut und danach mit einer Essiglösung gereinigt werden.

▸ Wenn sich im Frischwassertank bereits Kalkablagerungen gebildet haben, kann man diese mit einer Essigessenz auflösen. Anschließend spült man den Frischwassertank sorgfältig mit klarem Wasser aus, damit kein Essiggeruch zurückbleibt.

▸ Bei der Kontrolle der Sanitäranlagen sollte aus Gründen der Sicherheit auch die Verkabelung der elektrischen Wasserpumpe überprüft werden.

▸ Es empfiehlt sich, von Zeit zu Zeit auch die Schlauchbinder der Frischwasserleitungen zwischen dem Tank und dem Pumpensystem zu überprüfen. Falls sie sich gelockert haben sollten, müssen sie auf jeden Fall nachgezogen werden, um eventuelle Undichtigkeiten zu vermeiden.

Die Schlauchbinder werden mit einem passenden Schraubendreher nachgezogen.

▸ Gegebenenfalls sollten auch die Schlauchbinder der Leitungen zwischen Wasserbecken, Arbeitsbereich und Abwassertank nachgezogen werden, um ein Austreten von Wasser an diesen Stellen zu vermeiden.

▸ Eventuelle Gerüche lassen sich mühelos beseitigen, indem man das System mit einem Wasserschlauch gründlich durchspült.

▸ Ist eine Bordtoilette vorhanden, reinigt man die Sanitärteile mit heißem Seifenwasser, poliert sie danach mit siliconhaltigem Pflegemittel auf und füllt den Behälter für das Sanitärspülmittel.

VOR DEM START

▸ Bevor man mit Wohnwagen oder Wohnmobil in den Urlaub fährt, muß eine Reihe von Vorbereitungen getroffen werden. Dabei sollte man systematisch vorgehen.

Stauräume auffüllen Schwere Zuladung darf man auf keinen Fall in den oberen Hängekästen des Fahrzeugs unterbringen. Zwar würde die Befestigung halten, aber die Schwerpunktverlagerung beeinflußt den Fahrbetrieb nachteilig. Deshalb sollte die schwere Zuladung in den tiefer gelegenen Stauräumen und leichtes Gut im oberen Ladebereich verstaut werden.

▸ Geschirr und Töpfe werden mit Tüchern so gesichert, daß sie nicht beschädigt werden können. Außerdem wird so das Klappern des Geschirrs unterbunden, das gerade in Wohnmobilen für den Fahrer äußerst störend sein kann.

In Stauräumen schützt man Töpfe und Geschirr vor Beschädigungen durch zwischengelegte Tücher.

▸ Eine sehr wirksame Sicherung des Ladeguts bieten die einfachen und überall erhältlichen Spanngurte. Sie werden straff um einen Staukasten gelegt und zusätzlich an einem festen Gegenstand im Fahrzeuginnern befestigt.

Mit einem Spanngurt können Staukästen wirksam befestigt werden.

▸ Empfindliche Zuladung, die in von außen zugänglichen Staukästen untergebracht wird, wie etwa Sitzmöbel, Sportgeräte u. ä., steckt man besser in große Plastiktüten und verschließt diese mit einem Klebeband, auch wenn die Außenklappen der Staukästen gut abgedichtet sind. Nach einer längeren Fahrt auf staubiger Straße stellt sich nämlich immer wieder heraus, daß es irgendwo doch eine undichte Stelle gab und die Zuladung gelitten hat.

▸ Damit die verstauten Gegenstände während der Fahrt nicht herausfallen und dadurch Schaden nehmen, überprüft man sämtliche Riegel und Schlösser auf ihre einwandfreie Funktion und schmiert sie gegebenenfalls mit etwas Fett oder Öl.

▸ Ebenso wichtig wie das Verstauen des Ladeguts im Innern eines Wohnmobils ist es, Gepäck in den von außen erreichbaren Kästen unterzubringen. Nach Möglichkeit sollte man auf der Innenseite der Türen Packlisten aufkleben. Dadurch erspart man sich den Ärger mit der Suche nach einem bestimmten Ladegut.

Listen auf der Türinnenseite der Staukästen ersparen das Suchen.

Fahrerkabine des Wohnmobils einräumen In der Fahrerkabine von Wohnmobilen sind zahlreiche Ablagemöglichkeiten vorhanden. Bei deren Nutzung ist jedoch eine besondere Sorgfalt geboten.

▸ Beim Packen immer darauf achten, daß die zu verstauenden Gegenstände gut gesichert sind. Sie dürfen den Fahrer während des Fahrens unter keinen Umständen ablenken, behindern oder gar gefährden.

▸ Im Handschuhfach oder in der Seitenablage der Wagentüren kann man häufig verwendete Landkarten und Stadtpläne griffbereit unterbringen.

▸ Zwischen den Vordersitzen sollte man für Notfälle eine Taschenlampe, ein Klebeband und einen Universalschraubendreher griffbereit unterbringen.

▸ Um Scheibenreinigungsmittel und Putzlappen während einer längeren Fahrt stets griffbereit zu haben, empfiehlt es sich, sie hinter dem Fahrersitz zu verstauen. Dies kann sich vor allem dann als nützlich erweisen, wenn man fernab einer Tankstelle nach einer längeren Fahrt die Scheiben reinigen muß.

▸ Falls auch unter den Sitzen in der Fahrerkabine genügend Stauraum vorhanden ist, können hier wahlweise Ersatzteile, etwas Bordwerkzeug oder der Verbandkasten rutschfest untergebracht werden.

▸ Es empfiehlt sich, das amtlich vorgeschriebene Warndreieck ebenfalls griffbereit im Fahrerraum unterzubringen, damit im Fall einer Panne oder eines Unfalls nicht lange danach gesucht werden muß.

Radlager und Radbremsen prüfen Aus Sicherheitsgründen sollten die Radlager und Radbremsen rechtzeitig vor Fahrtantritt auf ihren einwandfreien Zustand hin überprüft werden. Wer diese Kontrolle nicht selbst durchführen will, kann damit eine Fachwerkstatt oder Servicestelle beauftragen.

Reifen prüfen Reifen und Räder werden bei Wohnwagen und Wohnmobilen häufig stark vernachlässigt. Zwar wird in aller Regel von Zeit zu Zeit der Luftdruck geprüft, doch reicht dies bei weitem nicht aus. Damit während der Urlaubszeit die Reifen nicht kaputtgehen, sollte man sie vor dem Antritt einer Fahrt unbedingt sorgfältig untersuchen.

▸ Manche Wohnwagenreifen, vor allem wenn das Fahrzeug lange Zeit abgestellt war, können schon nach etwa 6–8 Jahren ernsthafte Schäden in ihrer Struktur aufweisen. Mit solchen Reifen sollte man keinesfalls mehr in den Urlaub fahren.

▸ Um das Herstellungsdatum der Reifen herauszufinden, prüft man die sogenannte DOT-Nummer, die auf jedem Reifen zu finden ist. Dabei handelt es sich um eine codierte Zahl, die Woche und Jahr der Reifenherstellung angibt. 229 bedeutet beispielsweise, daß der Reifen in der 22. Woche des Jahres 1989, bei einem älteren Wohnwagen sogar in der 22. Woche 1979 hergestellt wurde.

Die Zahl 229 an der DOT-Nummer weist auf eine Herstellung des Reifens in der 22. Woche 1989 hin.

▸ Vor Reisebeginn muß man auch das Reserverad prüfen. Die Prüfung sollte sich nicht auf dessen Zustand und den richtigen Luftdruck beschränken, sondern auch das Herstellungsdatum, also die DOT-Nummer, umfassen.

Wagenheber Vor der Fahrt in den Urlaub muß auf jeden Fall geprüft werden, ob im Wagen oder Wohnmobil ein Wagenheber vorhanden ist, zumal er nicht immer zur serienmäßigen Ausstattung gehört.

▸ Den Wagenheber immer griffbereit unterbringen, z. B. unter den Sitzen, falls genug Stauraum vorhanden ist.

WOHNMOBIL ODER WOHNWAGEN EINLAGERN

▸ Wohnmobile und Wohnwagen, die nur in der Reisesaison eingesetzt werden, sollte man in der kalten Jahreszeit einlagern.

▸ Wer keine Garage zum Abstellen besitzt, kann das Fahrzeug auch in einer alten, angemieteten Scheune oder einem ähnlichen Gebäude unterbringen.

▸ Wenn man das Wohnmobil oder den Wohnwagen im Freien abstellen muß, sind einige zusätzliche Arbeiten notwendig. Diese lohnen aber, denn bei Beginn der nächsten Saison hat man nicht nur weniger Arbeit, vielmehr dient eine richtige Einlagerung auch der Werterhaltung des Wohnwagens oder Wohnmobils.

▸ Viele der Arbeiten an einem Wohnmobil oder Wohnwagen, die nur einmal im Jahr durchgeführt werden müssen, verbindet man am besten mit dem Abstellen des Fahrzeugs am Ende der Reisezeit.

Motoröl und Ölfilter wechseln Wenn man das Fahrzeug für die kalte Jahreszeit einlagert, sollte man die Gelegenheit für einen ohnehin anstehenden Ölwechsel nutzen. Im Motoröl sammeln sich im Lauf der Betriebsstunden aggressive Stoffe an, und es ist erwiesen, daß verbrauchte Öle im Motorinnern Korrosionsschäden auslösen können.

▸ Den Ölwechsel führt man wie bei einem gewöhnlichen Pkw durch, und zwar mit Hilfe der Absaugmethode an den Tankstellen an den dafür vorgesehenen Ölabsaugern. Wer sich dies nicht zutraut oder diese Arbeit nicht selbst ausführen möchte, kann auch eine Fachwerkstatt mit dem Ölwechsel beauftragen.

▸ Wenn man einen Ölwechsel durchführt, sollte man die Gelegenheit nutzen und auch noch das Ölfilter auswechseln.

Dieselfilter entwässern Bei allen Modellen mit Dieselmotor sollte vor Beginn der kalten Jahreszeit, und zwar gleichgültig, ob das Fahrzeug eingelagert wird oder nicht, unbedingt das Dieselfilter entwässert werden. Dieseltreibstoff kann Kondenswasser enthalten, das im aufwendigen Filter zurückgehalten wird und später zu Störungen im Fahrbetrieb führen kann.

▸ Das Dieselfilter kann man ohne Problem auch selbst entwässern.

▸ Das Dieselfilter entwässert man grundsätzlich bei abgestelltem Motor.

▸ Um die auslaufende Flüssigkeit aufzufangen, benötigt man eine kleine Auffangwanne, die unter dem Dieselfilter Platz hat. Eine größere Blechdose kann ebenfalls verwendet werden. Man dreht den Motor mit Hilfe des Anlassers so lange durch, bis wieder Treibstoff aus der oberen Entlüftungsschraube austritt. Danach wird diese Schraube sicher verschlossen. Man startet den Motor und überprüft die Entlüftungs- und Bewässerungsschraube auf Dichtigkeit. Zum Schluß säubert man den Einbaubereich von Dieselspritzern mit einem trockenen Lappen und entsorgt die entnommene Flüssigkeit.

▸ Kondensat und Dieseltreibstoff müssen umweltgerecht entsorgt, d. h. an den dafür vorgesehenen Stellen abgegeben werden.

Fahrzeug auftanken Damit im Treibstofftank während des Einlagerns kein Kondenswasser entsteht und damit auch keine Korrosionsschäden auftreten, empfiehlt es sich, das Fahrzeug randvoll aufzutanken.

Laufräder und Federn richtig entlasten Eine unnötige Belastung der Laufräder und Fahrzeugfedern sowie eine einseitige Profilabplattung der Reifen während der Einlagerung kann man vermeiden, indem man die Räder richtig entlastet.

▸ Wohnwagen entlastet man, indem man die am Fahrzeugaufbau vorhandenen Stützen so weit herunterkurbelt, daß das Fahrzeuggewicht gleichmäßig auf die Reifen und auf die Stützen verteilt wird. Je nach Aufbauhersteller sollte man stets die Belastbarkeit der Stützelemente berücksichtigen und sie nicht übermäßig belasten.

Der Wohnwagen ist entlastet, wenn das Gewicht gleichmäßig auf Stützen und Räder verteilt ist.

DIESELFILTER ENTWÄSSERN

1. Mit einem Schraubendreher öffnet man die Entlüftungsschraube am Oberteil des Dieselfilters.

2. Untere Entwässerungsschraube öffnen, Kondensat ablaufen lassen, Motor mit Anlasser drehen lassen.

3. Sobald an der Entlüftungsschraube nur Treibstoff entweicht, schließt man sie wieder.

▸ Wohnmobile werden richtig entlastet, indem man sich Vierkanthölzer besorgt, die es bei jedem Zimmermann als Abfallstücke gibt. Mit Hilfe eines normalen serienmäßigen Wagenhebers wird das Fahrzeug an allen vier Ecken aufgebockt, und zwar so lange, bis die Räder frei sind. Dann legt man die Vierkanthölzer unter ein stabiles Rahmenteil. Eine optimale Entlastung erzielt man, wenn man die Räder frei hängen läßt.

▸ Die zur Entlastung des Fahrzeugs vorgesehenen Vierkanthölzer darf man auf keinen Fall unter Ölwanne, Getriebe, Tank oder andere empfindliche Einbauten legen.

▸ Wer das Wohnmobil oder den Wohnwagen während der kalten Jahreszeit auf der Straße abstellen muß, kann das Fahrzeug nicht aufbocken, sondern sollte am besten einmal im Monat die Räder um ein kleines Stück weiter drehen. Auf diese Weise werden Abplattungen der Reifenprofile vermieden.

Deichsel und Anhängerkupplung pflegen Bei allen Wohnwagen mit starrer Deichsel reinigt man zuerst die beweglichen Elemente des Kupplungsmauls mit einem sauberen Tuch und streicht sie anschließend mit einem steifen Universalfett ein. Entgegen der weitverbreiteten Meinung bleibt das Kupplungsmaul selbst aber trocken, denn die hier auftretende Reibung dient im Fahrbetrieb der Stabilisierung des Gespanns.

▸ Auf jeden Fall soll die Verriegelung der Kupplung eingehend überprüft werden. Stellt man hier nämlich Spiel oder gar Verschleißerscheinungen fest, sollte man das Ersatzteil schon so früh wie möglich bestellen, um eventuell auftretende Beschaffungsschwierigkeiten oder Zeitprobleme zu Beginn der Reisesaison zu vermeiden.

Die Verriegelung der Anhängerkupplung muß auf Spiel und Verschleiß überprüft werden.

▸ Wenn der Wohnwagen eine Auflaufbremse besitzt, empfiehlt es sich, den Faltenbalg auf eventuelle Beschädigungen hin zu untersuchen.

▸ Kleinere Beschädigungen am Faltenbalg kann man auch selbst recht einfach beseitigen. Dazu eignet sich eine Gummilösung, mit der man die schadhafte Stelle abdichtet. Bei etwas größeren Schäden muß man zusätzlich einen Gummiflicken, wie er bei der Reparatur von Fahrradschläuchen verwendet wird, aufbringen.

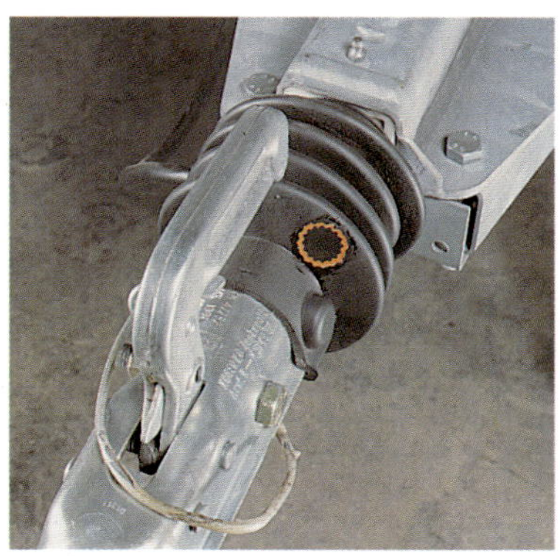

Leichtere Beschädigungen am Faltenbalg kann man mit einem Gummiflicken ausbessern.

▸ Weist der Faltenbalg jedoch größere Schäden auf, sollte er grundsätzlich erneuert werden.

▸ Es ist zu beachten, daß das bewegliche Teil der Deichsel unter dem Faltenbalg dick mit Fett eingestrichen wird. Zusätzlich setzt man eine Fettpresse am vorhandenen Schmiernippel ein, um die Beweglichkeit zu sichern.

Steckverbindungen, Anhängersteckdose und Kabel überprüfen Da der Kontakt zwischen Zugfahrzeug und Wohnwagen häufig eine Problemstelle ist, sollte er vor der Einlagerung überprüft werden. Dann hat man vor der nächsten Reisesaison genügend Zeit, eventuell notwendige Reparaturen auszuführen.

▸ Wenn man feststellt, daß infolge des Rangierbetriebs ein Stecker überfahren wurde oder eine Steckdose geplatzt ist, muß das betreffende Teil umgehend ersetzt werden.

▸ Durchgescheuerte Stellen am Verbindungskabel kann man notdürftig instand setzen, indem man mit Isolierband absichert.

▸ Weist das Verbindungskabel bereits brüchige Stellen auf, sollte man es in einer Fachwerkstatt ersetzen lassen.

▸ Bei hergestelltem Kontakt wird die Funktionsfähigkeit der Lichter überprüft.

▸ Korrosionsschäden an Stecker und Steckdose vermeidet man, indem man sie mit einem Kontaktspray behandelt. Dabei werden die beweglichen Teile der Steckdose kontrolliert und eingesprüht.

▸ Kabelabdichtungen hinter der Steckdose und am Stecker müssen eingehend auf ihre Dichtigkeit und auf ein Eindringen von Wasser untersucht werden.

▸ Wenn Feuchtigkeit in Stecker und Steckdose eingedrungen ist, diese öffnen und mit Preßluft oder einem Tuch trocknen. Danach alle

Teile mit Kontaktspray einsprühen, wieder abdichten und zusammenmontieren.

▸ Sind entweder Dose, Steckverbindung oder beide Anbauteile beschädigt, ist es sinnvoll, gleich eine neue 13polige Normsteckdose zu beschaffen. Dies ist nicht nur betriebssicherer, sondern bietet noch einige zusätzliche freie Steckverbindungen.

Lichtanlage und Lichtscheiben prüfen Da es bei Rangiervorgängen mit den mitunter etwas unübersichtlichen Wohnwagen oder -mobilen immer wieder vorkommen kann, daß Lichtscheiben beschädigt werden, sollte man diese vor der Einlagerung in der kalten Jahreszeit eingehend auf eventuelle Schäden überprüfen.

▸ Durch kleinere Risse oder Sprünge, die während der Reisesaison auftraten und nicht beseitigt wurden, kann Feuchtigkeit eindringen. Sie führt zu Korrosionsschäden an den Lampenfassungen. Deshalb sollte man sie provisorisch mit einem Klebeband absichern, sich den Hersteller der Leuchteinheiten notieren und beim Caravanhändler die Ersatzteile bestellen.

Ein Klebeband verhindert das Eindringen von Feuchtigkeit durch die beschädigten Lichtscheiben.

▸ Auch größere Schäden an den Lichtscheiben können, bis die Ersatzteile eingetroffen sind, behelfsmäßig mit Klebeband gesichert werden.

Unterboden, Bremsseile und -gestänge kontrollieren Wer in unbefestigtem Gelände unterwegs war, sollte vor dem Einlagern den Unterboden gründlich kontrollieren.

▸ Zur Überprüfung benötigt man eine Taschenlampe, gegebenenfalls auch ein Rollbrett.

▸ Aufgeschrammte Teile werden mit einer Stahlbürste bearbeitet, um alle Verschmutzungen gründlich zu entfernen. Anschließend wird die schadhafte Stelle mit Unterbodenschutz ausgebessert. Nach der Trocknung wird dieser Vorgang mehrfach wiederholt, damit die Schutzschicht ausreichend dick ist.

▸ Bremsgestänge und Bremsseile sollten auf ihren Zustand hin untersucht werden.

▸ Man prüft die Lage der Abdichtmanschetten an allen beweglichen Teilen, und alle Gelenkpunkte erhalten etwas Öl oder Fett.

▸ Wenn am Bremsseil noch Schmiernippel vorhanden sind, werden diese aufgefüllt.

Radlager und Radbremsen am Wohnwagen überprüfen Da Arbeiten an Radlagern und Radbremsen meist sehr umfangreich sind, sollten sie in der Regel vom Fachmann ausgeführt werden. So ist das Wohnmobil oder der Wohnwagen während der Reisezeit stets optimal betriebsbereit.

▸ Um die Radlager prüfen zu können, wird der Wohnwagen mit einem geeigneten Wagenheber aufgebockt. Dann faßt man das Rad am Laufreifen mit beiden Händen und versucht es quer zur Fahrtrichtung kräftig hin und her zu bewegen. Das Radlager darf dabei kein oder ein nur sehr geringes Spiel aufweisen.

Durch kräftige Bewegungen quer zur Fahrtrichtung erkennt man, ob das Radlager abgenutzt ist.

▸ Radlagerspiel oder knackende Geräusche bei den Bewegungen sind ein Hinweis, daß das Radlager neu eingestellt, vielleicht sogar ausgewechselt werden muß.

▸ Einen Radlagerschaden erkennt man auch daran, daß sich an der Radnabenkappe fettige oder gar rostige Spuren gebildet haben.

▸ Da es auch in schlechter versorgten Urlaubsländern – in denen also kaum Ersatzteile zu erhalten sind – viele Mechaniker gibt, die ein defektes Radlager ausbauen können, ist es bei der Fahrt in ein solches Land zweckmäßig, immer einen kompletten Radlagersatz und die dazu notwendigen Abdichtungen als Ersatzteile mit sich zu führen. Dies alles sollte man bereits während der Winterruhe in das Fahrzeug packen.

▸ Zur Kontrolle der Bremsbeläge besitzen einige Fahrzeuge Durchbrüche entweder in der Bremstrommel oder in der Bremsankerplatte. Die Überprüfung durch die Ankerplatte erfolgt von hinten, d. h., man muß mit der Taschenlampe unter das Auto kriechen. Die Kontrollbohrungen an der

Peripherie der Bremsankerplatte sind meist mit einem Gummistöpsel verschlossen. Man nimmt ihn heraus und kontrolliert die Bremsbelagstärke.

▸ Ein gut erhaltener Bremsbelag ist etwa 6–8 mm dick. Bei geringeren Belagstärken sollte man die Bremsbeläge so schnell wie möglich auswechseln.

Wasserbehälter Sind an Bord des Fahrzeugs Wasserbehälter oder gar Warmwasserboiler vorhanden, müssen diese ebenfalls vor der Einlagerung entleert und gereinigt werden,

▸ Damit es in den Wasserbehältern des Fahrzeugs während der Einlagerung in der kalten Jahreszeit zu keinen Frostschäden und Stockflecken kommt, ist es sinnvoll, die Behälter offen zu lassen. Allerdings werden Handlochdeckel und ähnliches, sofern vorhanden, mit einem durchlässigen Stoff (z. B. einer alten Tüllgardine) abgedeckt, um zu verhindern, daß Insekten eindringen.

Mit einer Tüllgardine lassen sich Wasserbehälter gegen eindringende Insekten absichern.

▸ Durchlauferhitzer oder Warmwasserboiler sollten nach längerem Gebrauch entkalkt werden. Man verwendet hierfür ein handelsübliches Entkalkungsmittel. Nach einer Wirkzeit von mehreren Stunden den Behälter mit Wasser mehrfach durchspülen.

Be- und Entlüftung des Fahrzeugs Heute verfügen Wohnkabinen häufig über ein sehr umfangreiches Be- und Entlüftungssystem. Dazu gehören auch die Dachluken. Im Rahmen der Einlagerung darf man keinesfalls das Fahrzeug hermetisch verschließen, denn sonst entsteht durch den ständigen Temperaturwechsel im Innenraum Schwitzwasser und bald auch ein unangenehmer Geruch.

▸ Bei Wohnmobilen oder Wohnwagen, die in Garagen oder anderen Räumlichkeiten untergebracht sind, empfiehlt es sich, sämtliche Be- und Entlüftungseinrichtungen des Fahrzeugs offen zu lassen. Diese sollen aber mit Hilfe einer alten Tüllgardine und einem Klebeband so abgesichert werden, daß keine Insekten oder irgendwelche Kleintiere eindringen können.

▸ Gegebenenfalls besorgt man sich Fliegengitter, das z. B. im Eisenwarenfachgeschäft als Meterware erhältlich ist. Belüftbare Abdeckhauben für die Dachluken gibt es im Caravanhandel auch in Profiqualität.

▸ Fahrzeuge, die im Freien abgestellt sind, sollten regelmäßig gelüftet werden.

Lack pflegen und sichern Bevor man einen Wohnwagen oder ein Wohnmobil einlagert, sollte man eine sehr intensive Außenreinigung durchführen. Danach wird der Lack reichlich mit Schutzwachs eingerieben, und alle Zier- und Kunststoffteile sowie die Gummiprofile werden mit Silicon geschützt.

▸ Wenn sich auf dem Dach in den vergangenen Urlaubsmonaten Reste von Vogelkot und Blütenstaub angesammelt haben, muß man nach dem Einsatz eines Insektenreinigungsmittels die Fläche mit einem kräftigen Poliermittel behandeln, um Lackschäden zu vermeiden.

Umweltfreundliche Entkalkungsmittel

Viele der im Handel angebotenen Entkalkungsmittel und Entkeimungstabletten besitzen eine ausgezeichnete Reinigungswirkung, können sich jedoch je nach Dosierung schädlich auf die Umwelt auswirken.

- **Man sollte grundsätzlich nur solche Entkalkungsmittel verwenden, die kein Formaldehyd aufweisen und die von einem anerkannten Prüfinstitut freigegeben wurden.**
- **Eine ebenso wirksame Alternative zu den im Handel erhältlichen Entkalkungsmitteln sind Essig oder Essigessenz, da sie nach entsprechender Verdünnung keine Umweltbelastung darstellen.**

Innenreinigung Vor dem Einlagern sollte man noch eine besonders gründliche Innenreinigung des Fahrzeugs durchführen.

▸ Bei der Reinigung sämtliche Stauräume leeren – auch den Kühlschrank nicht vergessen – und danach die Gasflasche verschließen.

Fahrzeug abdecken Während der Einlagerung sollte das Fahrzeug mit einer geeigneten Plane abgedeckt werden.

▸ Die Plane wird mit Hilfe von Vierkanthölzern so auf das Fahrzeug gelegt, daß sie überall etwas Abstand zu diesem hat, damit keine Scheuerstellen entstehen. Vermieden werden sollte außerdem, daß sich unter der Abdeckplane Schwitzwasser bildet, das ebenfalls das Fahrzeug schädigen kann.

ROUTINEREINIGUNG

▸ Wasserschlauch und Dampfstrahler sind für die Reinigung nicht unbedingt erforderlich. Häufig genügen schon ein Eimer mit handwarmem Wasser, dem etwas Autoshampoo zugesetzt wurde, und ein Schwamm, um die Lackteile zu reinigen. Viele Blankteile lassen sich ohnehin trocken besser säubern.

▸ Das Autoshampoo trägt man mit einem weichen Schwamm auf. Bei großflächigen Frontpartien (Vollverkleidungen, Windschutzscheiben) empfiehlt es sich, zusätzlich etwas Insektenentferner zu benutzen. Gespült wird mit klarem Wasser ohne jeglichen Zusatz.

▸ Wer über einen Kompressor verfügt, kann die unzugänglichen Stellen von Motor und Rahmen mit der Preßluftpistole trockenblasen. Diese Art der Reinigung empfiehlt sich besonders für Kabelbäume und empfindliche Elektronikbauteile.

Mit Preßluft bekommt man unzugängliche Stellen problemlos trocken.

▸ Eventuell fleckig gebliebene Blankteile erhalten ihren Glanz zurück, wenn sie mit etwas handelsüblicher Chrompolitur gepflegt werden, die man mit einem trockenen Lappen aufträgt. Besonders bei Aluminiumteilen lohnt sich dieser Einsatz auch bei der Routinereinigung.

Blankteile werden mit Chrompolitur behandelt.

▸ Bauteile mit rauher, nicht lackierter Oberfläche, in denen sich Schmutz festgesetzt hat, kann man nachträglich noch mit Pinsel und Kaltreiniger behandeln. Damit es keine Flecken gibt, wenn Reinigungsmittel auf den Boden tropft, sollte man unter dem Motorrad eine Plastikfolie ausbreiten. Anschließend den Kaltreiniger mit einem trockenen Tuch abreiben. Je nach Verschmutzungsgrad kann es notwendig sein, das Reinigungsmittel einige Minuten lang einwirken zu lassen.

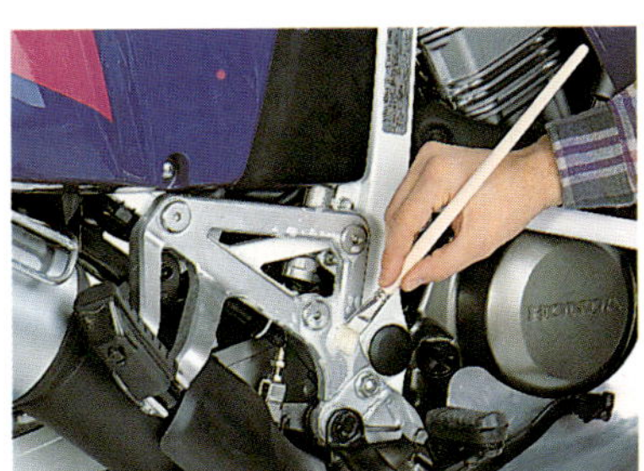

Auf nicht lackierte Bauteile mit einem Pinsel Kaltreiniger auftragen.

INTENSIVREINIGUNG

Stärkere Verschmutzungen, wie sie beim Einsatz des Fahrzeugs im Gelände auftreten, erfordern die Verwendung wirksamerer Hilfsmittel. Es lohnt sich, zu diesem Zweck eine Waschanlage oder eine Tankstelle aufzusuchen, um dort die notwendigen Arbeiten mit Dampfstrahler und Preßluftgerät durchzuführen. Dies hat nicht nur praktische Gründe: In vielen Gemeinden sind solche Reinigungsarbeiten, bei denen viel Schmutz anfällt, auf privatem Grund und Boden verboten.

Kaltreiniger Zur Beseitigung ölhaltigen Schmutzes, vor allem an schwer zugänglichen Stellen von Motor und Rahmen, eignet sich Kaltreiniger. Die Verschmutzungen werden kräftig eingesprüht. Nach einer gewissen Einwirkzeit läßt sich der Schmutz sehr viel leichter entfernen. Der Kaltreiniger sollte aus Gründen des Umweltschutzes biologisch abbaubar sein. Die Anwendungsvorschriften des Herstellers sind unbedingt zu beachten, denn das Abwasser mancher Produkte darf nicht in die Kanalisation gelangen.

▸ Achtung: Die Kette darf auf keinen Fall mit Kaltreiniger behandelt werden; ein Ölfilm ist für ihre einwandfreie Funktion unerläßlich.

Hochdruck-Reinigungsgerät Sehr effektiv im Einsatz gegen grobe Verschmutzungen sind Hochdruckreinigungsgeräte. Allerdings ist beim Hantieren mit dem schweren Gerät Vorsicht angebracht. Nicht selten verlieren lackierte Aluminiumoberflächen ihre schützende Schicht, wenn man mit der Waschlanze zu nah an das betreffende Teil herankommt.

▸ Der scharfe Wasserstrahl darf nicht für empfindliche Elektronik- und Elektrikeinbauten, Instrumente, Scheinwerfer, Bowdenzüge und Lenkergriffe verwendet werden. Für die meisten Reinigungsarbeiten reicht der normale Gartenschlauch aus.

▸ Wer auf Nummer Sicher gehen will, deckt vor einer gründlichen Wäsche die wasserempfindlichsten Teile (Instrumente, Luftfilter, Auspuff) sorgfältig mit Plastikfolie ab.

Abtrocknen Ist am Waschplatz Preßluft verfügbar, kann das Motorrad im Bereich um den Motor, den man sonst mühsam abreiben müßte, trockengeblasen werden. Insbesondere der Hochspannungsteil der Zündanlage wird auf diese Weise getrocknet, und der Luftfilterkasten läßt sich so gut reinigen.

▸ Größere, besser zugängliche Flächen werden mit dem Fensterleder abgezogen und trockengerieben.

Polieren Die Intensivreinigung von Sitzbank, Armaturen und anderen Kunststoff- und Blankteilen wird abgeschlossen, indem man sie mit trockenen Tüchern abreibt bzw. poliert.

▸ Gegen stumpf gewordenen Lack hilft ein entsprechendes Poliermittel.

▸ Chromteile werden am besten mit einer speziellen Chrompaste versiegelt.

▸ Gummi bleibt länger haltbar, wenn er regelmäßig mit Glycerin gepflegt wird.

▸ Kunststoff- und Gummiteile werden wieder glänzend, wenn man sie mit einem Siliconspray behandelt.

Nach der Pflege mit Silicon sehen Kunststoff- und Gummiteile wieder wie neu aus.

Antriebskette Für die Pflege der Kette muß man das Motorrad auf den Hauptständer aufbocken und dann das Hinterrad Stück für Stück weiterdrehen, so daß man das untere, freiliegende Teil gut erreichen und bearbeiten kann.

▸ Je nach Verschmutzung die Kette mit einer sauberen Bürste abbürsten; auch ein trockener Lappen leistet gute Dienste. Dabei sollte man einen Handschuh anziehen.

Um eine leicht verschmutzte Kette zu säubern, reicht es aus, sie mit einem Lappen abzuwischen.

Start- und Bremsprobe Nach den Reinigungsarbeiten sollte man die Zündung auf ihre Funktion prüfen. Springt der Motor nicht an, werden die Zündkerzenstecker abgezogen und abgetrocknet, ebenso die Kabel und die Umgebung der Steckverbindung.

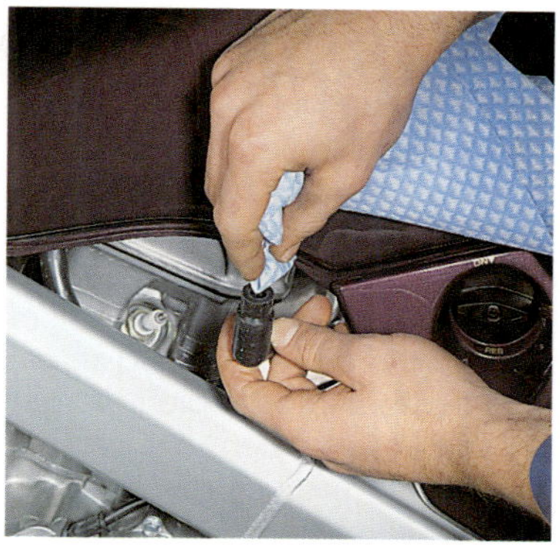

Die Zündkerzenstecker mit einem Tuch abtrocknen.

▸ Nachdem man sich überzeugt hat, daß die Bremsscheiben schmutz- und fettfrei sind, werden die Bremsen bei langsamer Fahrt mehrmals nacheinander betätigt. Zeigen sie ihre normale Wirkung, ist das Fahrzeug betriebsbereit. Wenn nicht, muß die Bremsanlage unbedingt erneut überprüft werden.

WARTUNG

▸ Die regelmäßige Wartung des Motorrades sichert nicht nur seine einwandfreie Funktion, sondern erhält auch seinen Wert. Technisch begabte Fahrzeugbesitzer können viel Geld sparen, wenn sie Wartungsarbeiten selbst erledigen.

▸ Die Kontrolle und Reparatur bestimmter Teile (Bremsen, Zündung, Fahrwerk) werden besser der Werkstatt überlassen, da sie entweder für die Sicherheit entscheidend sind oder teures Spezialwerkzeug erfordern.

▸ Wenn man vermeiden will, daß in der Werkstatt Arbeiten ausgeführt werden, die man selbst schon erledigt hat, muß man bei der Auftragsvergabe möglichst genau angeben, was gemacht werden soll.

▸ Besitzer neu gekaufter Motorräder können häufig Garantie- und Kulanzreparaturen verlangen, wenn an ihrem Fahrzeug ungewöhnliche Mängel auftreten. Voraussetzung ist jedoch, daß das Motorrad bei einem autorisierten Kundendienst gewartet wurde und außerdem nur zugelassene Betriebsstoffe und Ersatzteile verwendet wurden. Wer bei einem neuen Zweirad selbst Hand anlegt und darüber hinaus nicht vorgesehene Materialien verwendet, gefährdet seinen Garantieanspruch. Daher lohnt es sich, zumindest während der Garantiezeit die Herstellerempfehlungen genau zu beachten.

Schrauben Ratsam ist es, immer wieder den festen Sitz von Muttern und Schrauben zu überprüfen, die von den heftigen Vibrationen während des Fahrbetriebs losgeschüttelt werden können. Besonders wichtig sind Achsmuttern, Befestigungen von Lenker und Bremse sowie Öleinfüll- und Ablaßschrauben.

Bremsflüssigkeit Den Vorratsbehälter, der am Lenker oder direkt an der Bremse sitzt, reinigen. Gegen hartnäckigen Schmutz hilft etwas Kaltreiniger.

▸ Am sauberen Sichtfenster sind die Pegelmarken für minimale und maximale Befüllung zu erkennen. Ist die untere Marke erreicht, muß das System auf Undichtigkeit kontrolliert werden. Dazu verfolgt man die Bremsleitungen und Schläuche bis hin zur Bremsscheibe, reibt sie mit einem trockenen Tuch ab und betätigt die Bremse. Dann wird untersucht, ob sich an der Scheibe feuchte Stellen bilden. Ist dies nicht der Fall, kann Bremsflüssigkeit – meist ist die Qualität DOT 4 vorgeschrieben – nachgefüllt werden. Gibt es undichte Stellen, gehört das Fahrzeug in die Werkstatt.

▸ Bei Reparaturen und zum Nachfüllen sollte man nur frische Bremsflüssigkeit aus einem ungeöffneten Behälter verwenden. Die vorgeschriebene Qualität ist meist am Bremsflüssigkeitsbehälter abzulesen; sie geht auch aus der Betriebsanleitung für das Motorrad hervor.

▸ Nach dem Füllvorgang setzt man die Membrane wieder sorgfältig in den Behälter, legt vorsichtig die Dichtung ein und zieht nach dem Aufsetzen des Deckels die Schrauben über Kreuz an. Hier ist Vorsicht geboten, damit die Dichtung nicht zerquetscht wird. Eine beschädigte Dichtung muß ersetzt werden.

▸ Ist das Motorrad mit einer hydraulischen Hinterradbremse ausgerüstet, müssen zwei Bremsflüssigkeitsbehälter gewartet werden.

▸ Unabhängig vom Zustand der Bremsleitungen sollte die Bremsflüssigkeit aus Sicherheitsgründen alle zwei Jahre gewechselt werden.

Bremsen entlüften Läßt sich der Bremshebel weich und ohne festen Druckpunkt anziehen, kann sich Luft im hydraulischen System befinden. Die Bremsanlage muß in diesem Fall entlüftet werden.

▸ Das Entlüften der Bremsanlage sollte nur von einem versierten Hobbymechaniker ausgeführt werden, da die Verkehrssicherheit der Maschine von der einwandfreien Funktion der Bremsanlage abhängt.

▸ Zur Entlüftung einen durchsichtigen Kunststoffschlauch auf das Entlüftungsventil eines Bremssattels stecken und das andere Schlauchende in einen Behälter führen. Dann das Ventil öffnen. Bei geöffnetem Bremsflüssigkeitsbehälter betätigt man den Bremshebel bzw. das Bremspedal, bis die gesamte Flüssigkeit in das Gefäß gelaufen ist.

Nun wird das Entlüftungsventil geschlossen und frische Bremsflüssigkeit nachgefüllt. Anschließend das Ventil öffnen und den

BREMSFLÜSSIGKEIT NACHFÜLLEN

1. Die bis zu vier Schrauben des Vorratsbehälters herausdrehen und ablegen.

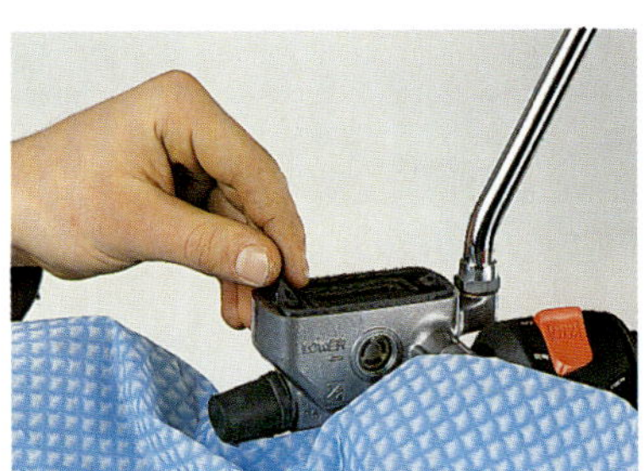

2. Vor dem Nachfüllen zuerst die Gummimembran abnehmen. Dabei ein Tuch unterlegen.

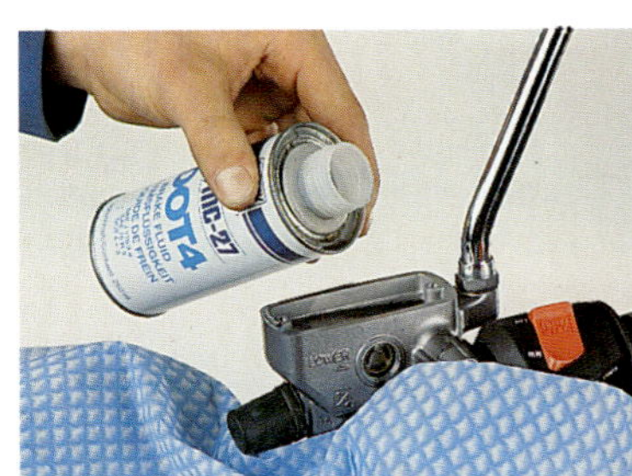

3. Die Bremsflüssigkeit bis zur Marke „max" oder „top" auffüllen.

Bremshebel ziehen. Dann das Ventil wieder schließen und den Hebel zurückfedern lassen. Den Vorgang so oft wiederholen, bis Bremsflüssigkeit aus dem Entlüftungsventil auszutreten beginnt.

Den Ausgleichsbehälter wieder auffüllen und danach den Bremshebel mehrmals langsam betätigen, bis im Vorratsbehälter keine Luftblasen mehr aufsteigen. Nun sind Hauptbremszylinder und oberes Leitungsende entlüftet.

Bei angezogenem Bremshebel das Entlüftungsventil kurz öffnen und wieder schließen, dann die Bremse lösen. Diesen Vorgang so oft wiederholen, bis im transparenten Schlauch keine Luftblasen mehr zu sehen sind, das System also vollständig entlüftet ist. Auf den Flüssigkeitsstand achten und gegebenenfalls nachfüllen. Danach den Schlauch abziehen und die Schutzkappe aufsetzen. Den Vorratsbehälter bis zur oberen Markierung auffüllen und verschließen.

Den gesamten Vorgang muß man bei einer eventuell vorhandenen zweiten Bremszange wiederholen.

Motorölkontrolle Um den Stand des Motoröls zu kontrollieren, läßt man den Motor im Leerlauf einige Minuten lang laufen. Danach wird das Motorrad auf ebenem Boden abgestellt. Dann dreht man die Verschlußkappe mit dem daran angebrachten Meßstab heraus. Dieser wird mit einem Tuch oder einem Stück Papier abgewischt und wieder eingeführt, ohne ihn jedoch einzuschrauben. Zieht man ihn nun erneut heraus, ist auf der markierten Fläche des Stabes der Ölstand zu erkennen. Dieser muß zwischen der oberen und der unteren Markierung liegen. Nähert er sich der Minimummarkierung, muß geeignetes Motoröl nachgefüllt werden.

▸ Im Handel sind speziell für Motorräder entwickelte Schmiermittel erhältlich. Welche Ölsorte der Hersteller empfiehlt, ist der Betriebsanleitung zu entnehmen.

▸ Damit kein Öl verschüttet wird, empfiehlt es sich, beim Einfüllen einen Trichter zu verwenden.

▸ Unter die Einfüllschraube sollte man ein Tuch legen, damit eventuell hinuntertropfendes Öl davon aufgenommen und der Boden nicht verschmutzt wird.

Getriebeölkontrolle Statt mit einem Peilstab wird bei den meisten Motorrädern der Getriebeölstand an einem Schauglas am Motor oder direkt an der Öleinfüllschraube kontrolliert. Man reinigt den Bereich um die Öleinfüllschraube und dreht sie heraus. Zur Kontrolle muß das Motorrad auf den Rädern stehen. Der Ölstand ist korrekt, wenn das Getriebeöl an der Unterkante der Einfüllschraube steht.

▸ Ist der Ölstand an der Einfüllschraube schlecht zu erkennen, kann er mit einem sauberen Draht geprüft werden. Gegebenenfalls kann man eine Taschenlampe zu Hilfe nehmen.

Den Ölstand kann man mit einem sauberen Draht prüfen.

▸ Wenn die Prüfung ergibt, daß Getriebeöl nachgefüllt werden muß, wird die Maschine leicht zur Seite geneigt. Man sollte unbedingt nur solche Ölsorten verwenden, die in der Betriebsanleitung des Motorrads ausdrücklich als geeignet angegeben sind.

Altöl entsorgen

Altöl zählt zum Sondermüll und darf nur an zugelassenen Annahmestellen abgegeben werden!

- **Die meisten Gemeinden oder Städte besitzen Altöl-Erfassungsstellen; Auskünfte erteilt die zuständige Verwaltungsbehörde.**
- **An einer Tankstelle ist die Altölentsorgung am einfachsten. Beim Ölkauf ist jeder Händler verpflichtet, das anfallende Altöl kostenlos entgegenzunehmen.**

Motorölwechsel Am einfachsten ist es, wenn man den Ölwechsel nach einer kurzen Probefahrt ausführt. Dann ist das Öl warm und fließt leichter ab. Auch Rückstände werden so besser ausgeschwemmt.

▸ Wenn nötig, das Ölfilter ebenfalls wechseln. Meist sitzt es unter einem eigenen Deckel, der mit einem O-Ring abgedichtet ist. Deshalb zusammen mit dem neuen Filter auch einen solchen Ring besorgen. Zuerst das Ölfiltergehäuse reinigen, den neuen O-Ring leicht einölen, mit dem frischen Filterelement ansetzen und mäßig festziehen. Sind am Deckel des Gehäuses mehrere Schrauben vorhanden, zieht man diese über Kreuz an. Vorsicht, den Deckel dabei nicht verspannen! In der Zwischenzeit ist das Öl abgelaufen. Man setzt die Ablaßschraube, wenn erforderlich, mit einer neuen Dichtung versehen, wieder ein.

▸ Wenn man das frische Motoröl auffüllt, unbedingt auf die richtige Füllmenge achten. Überflüssiges Öl wird durch die Kurbelgehäuseentlüftung herausgedrückt. Bei dieser Gelegenheit sollte man auch die Kurbelgehäuseentlüftung untersuchen. Sie darf nicht verstopft sein. Man zieht das Entlüftungsventil zusammen mit dem Schlauch ab, entfernt eventuell vorhandene Ablagerungen und reinigt das Ventil mit etwas Benzin. Dann bringt man den Stopfen wieder an.

▸ Beim Probelauf des Motors darauf achten, daß die Ölkontrollleuchte verlischt, wenn man Gas gibt und der Motor hochtourig läuft. Ölstand und Dichtungen überprüfen.

Luftfilter wechseln Das Luftfilter ist vom Hersteller genau auf den Motor abgestimmt und dient auch zur Geräuschdämpfung. Durch den Ausbau des Luftfilters ist keine Leistungssteigerung zu erwarten.

▸ Das Luftfilter ist meist hinter einem Seitendeckel oder einem Verkleidungsteil untergebracht, manchmal auch unter der Sitzbank. Diese Teile müssen zuerst abgebaut werden, bevor man an das Filter herankommt. Dann dreht man die Schrauben des Luftfilters heraus und hängt das alte Filterelement aus. Ist es stark verschmutzt, sollte man es ersetzen.

▸ Geringfügig verschmutzte Filter können mit Preßluft von innen nach außen durchgeblasen und wiederverwendet werden. Papierfilter nicht auswaschen!

▸ Filtergehäuse und Deckel mit einem feuchten Tuch abwischen und das neue Filterelement einsetzen. Dabei muß man darauf achten, daß die Dichtung richtig sitzt.

Mit einem feuchten Lappen wird das Luftfiltergehäuse ausgewischt.

Zündkerzen Sie sollten vor allem dann untersucht und gegebenenfalls gereinigt werden, wenn der Motor nicht rund läuft. Zum Ausbau verwendet man einen speziellen Kerzenschlüssel, der es erlaubt, die Kerzen ohne Verkanten herauszuschrauben, da sonst die Gefahr besteht, daß der Isolator bricht. Gut geeignet sind Kerzenschlüssel mit einem innenliegenden Gummi, der die Kerze gleichzeitig festhält, wenn man sie herausnimmt.

▸ Sind neue Zündkerzen notwendig, muß man beim Kauf darauf achten, daß sie den richtigen Wärmewert haben. Angaben dazu kann man der Betriebsanleitung entnehmen. Außerdem muß die Gewindelänge von alten und neuen Kerzen übereinstimmen. Spätestens nach einer Fahrleistung von 10 000 km sollten die Kerzen durch neue ersetzt werden.

▸ Groben Schmutz an der Zündkerze entfernt man mit einer Drahtbürste. Stärkere Ablagerungen sind selten, da moderne Kerzen selbstreinigend sind.

▸ Am Zustand der Zündkerze ist zu erkennen, ob sie einwandfrei funktioniert. Eine gute Kerze hat einen hellbraunen Porzellankörper mit voll ausgeformter Mittelelektrode ohne Abbrand. Ist sie verölt, besteht der Verdacht auf Probleme bei der Zündung oder verschlissene Kolbenringe. Verölte Kerzen sollten in jedem Fall ersetzt werden. Sind die Kerzen naß, deutet dies auf eine Zündungsstörung hin.

▸ Sind die Kerzen noch brauchbar, wird mit einer Fühlerlehre der Elektrodenabstand untersucht. Dieser liegt in den meisten Fällen zwischen 0,8 und 0,9 mm.

MOTORÖL WECHSELN

1. Ein geeignetes Gefäß unter die Ölablaßschraube stellen und diese vorsichtig öffnen.

2. Die Dichtung prüfen und – wenn nötig – durch eine neue ersetzen.

3. Mit Hilfe eines Trichters wird das neue Öl in die vorgesehene Öffnung eingefüllt.

Eventuell kann man die Elektrode nachbiegen.

Mit der Fühlerlehre den Elektrodenabstand der Zündkerze messen.

▸ Die gereinigte und eingestellte Zündkerze darf man nicht allzu fest anziehen, wenn man sie einsetzt. Aluminiumzylinderköpfe, wie sie bei modernen Motorrädern verwendet werden, sind in dieser Hinsicht empfindlich.

Ventilspiel Eine Arbeit, die bei unsachgemäßer Verrichtung schwerwiegende Folgen haben kann, ist das Einstellen des Ventilspiels. Dies sollten nur erfahrene Hobbymechaniker machen.

▸ Damit kein Schmutz in den Ventiltrieb gelangt, muß man die Ventildeckel reinigen, bevor man sie abnimmt. Dann wird der Motorseitendeckel abgenommen. Die Kurbelwelle wird gegen den Uhrzeigersinn so gedreht, daß die Kipphebel am einzustellenden Ventil voll entlastet werden.

Die Kurbelwelle gegen den Uhrzeigersinn drehen, um die Ventile zum Einstellen zu entlasten.

▸ Der Kolben muß zur Prüfung des richtigen Spiels im Verdichtungstakt am oberen Totpunkt (OT) stehen. Um dies zu kontrollieren, baut man gegebenenfalls die Zündkerze aus und prüft mit Hilfe einer Taschenlampe nach, wo sich der Kolben befindet. Steht er richtig, kann man mit dem Finger den Kipphebel hin- und herbewegen.

Danach wird eine Fühlerlehre zwischen Kipphebel und Ventil geschoben. Die Einstelldaten stehen in der Betriebsanleitung oder sind beim Hersteller zu erfahren. Ist das Spiel zu groß oder zu klein, wird die Kontermutter gelöst und die Einstellschraube neu justiert. Danach muß man die Schraube durch Kontern erneut sichern.

Die Einstellung ist korrekt, wenn sich die Fühlerlehre mit mäßigem Widerstand herausziehen läßt. Zum Abschluß der Einstellung des Ventilspiels den Ventildeckel wieder aufsetzen.

Das Ventilspiel wird mit Hilfe einer Fühlerlehre geprüft.

Drehzahl- und Leerlaufeinstellung Wenn an Zündkerzen und Ventilen gearbeitet wurde, kann es notwendig werden, das Standgas neu einzustellen.

▸ Bevor man die Einstellung vornimmt, muß man eine kurze Fahrt machen, um den Motor auf Betriebstemperatur zu bringen. Das Motorrad wird danach mit laufendem Motor auf den Hauptständer gestellt.

Mit Hilfe des Drehzahlmessers kann der in der Betriebsanleitung angegebene Sollwert überprüft werden. Dieser liegt bei den meisten Motorrädern ungefähr bei 1000–1200 Umdrehungen pro Minute. An einer Einstellschraube am Vergaser wird die Drehzahl reguliert. Linksdrehen ergibt eine etwas höhere Drehzahl, während eine Drehung im Uhrzeigersinn die Leerlaufdrehzahl senkt.

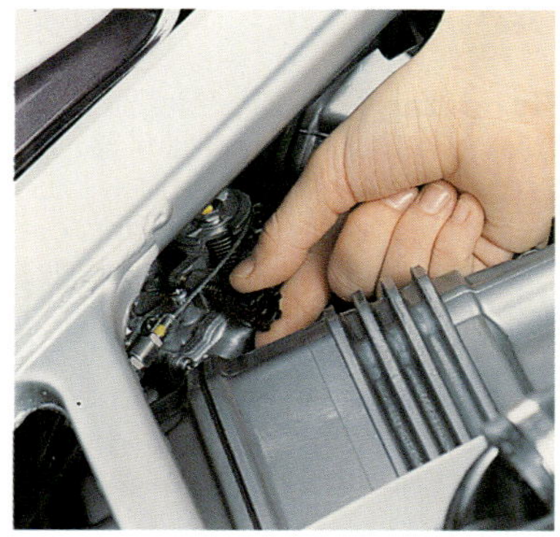

An einer Einstellschraube am Vergaser reguliert man das Standgas.

▸ Läßt sich die Leerlaufdrehzahl nicht optimal einstellen, liegt ein Fehler an der Gemischbildung oder an der Zündung vor.

▸ Zur Prüfung der Leerlaufeinstellung schaltet man das Licht ein, um den Motor zu belasten. Nun werden die Gänge eingelegt. Der Motor darf dabei nicht ausgehen, und das Getriebe muß sich problemlos schalten lassen.

▸ Bei älteren Motorrädern mit einfacheren Vergasern kann die Leerlaufeinstellung mit Hilfe des Gaszuges sowie durch Höher- und Niederhängen der Nadel am Kolbenschieber variiert werden.

Gasgriffspiel Ein gewisses Spiel am Gasgriff ist normal. Es liegt üblicherweise zwischen 2 und 5 mm. Mehr Spiel ist ungünstig, weil der Motor in diesem Fall schlecht Gas annimmt. Um das Spiel zu korrigieren, wird die Kontermutter am Gaszug gelöst (bei manchen Motorrädern muß hier vorher eine Schutzkappe entfernt werden). Man verändert das Spiel durch Verdrehen der Einstellschraube. Die Schraube festhalten und mit der Kontermutter sichern, dann die Abdeckung wieder anbringen.

▸ Meist muß nach dem Einstellen des Gasgriffspiels die Leerlaufdrehzahl erneut eingestellt werden.

Kupplung Zur Einstellung zieht man die Staubkappe am Kupplungshebel zurück, löst die Kontermutter und verdreht die Einstellschraube so, daß sich das Spiel verringert. Je nach Kupplungssystem muß am Kupplungshebel ein freies Spiel von etwa 10–15 mm vorhanden sein. Bei zu straff eingestellter Kupplung besteht die Gefahr, daß sie durchrutscht; bei zu großem Spiel trennt sie nicht richtig. Um das Auslösen der Kupplung zu testen, nimmt man die Maschine vom Ständer, läßt den Motor an und zieht den Kupplungshebel. Legt man nun den Gang ein, muß sich das Getriebe leicht und ohne unübliche Geräusche schalten lassen. Beim Anfahren muß die Kupplung allmählich, aber sicher greifen. Nach diesen Arbeiten die Kontermutter anziehen und die Schutzkappe wieder anbringen.

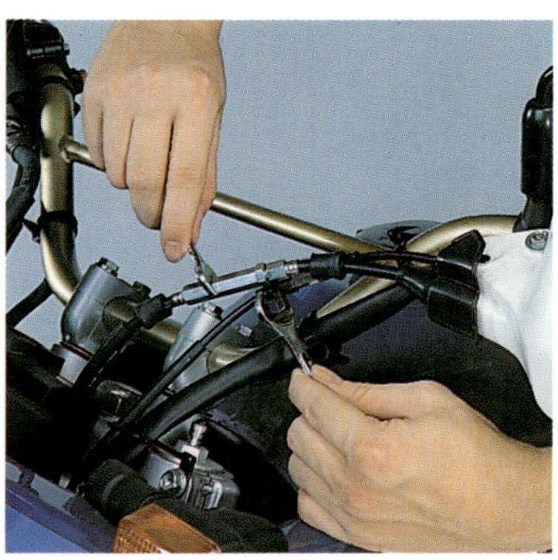

Bevor man das Spiel vom Bowdenzug einstellt, Kontermutter lösen.

Bremsen einstellen Wenn man an der Bremsanlage Einstellungen verändert hat, sollte man unbedingt eine Probefahrt machen. Probefahrten sollten in jedem Fall auf ruhigen Nebenstraßen stattfinden, da man sich als Fahrer auf die zu überprüfende Funktion konzentrieren muß und das Motorrad möglicherweise noch nicht 100%ig verkehrssicher ist.

▸ Bei Bremsen, die mit Seilzug oder Gestänge arbeiten (Trommelbremsen), muß mit zunehmendem Verschleiß der Bremsbeläge das Spiel an Bremsgriff und -pedal nachgestellt werden. (Bei den moderneren Scheibenbremsen, bei denen die Bremskräfte per Hydraulik übertragen werden, ist dies nicht notwendig.)

▸ Man löst am Handbremshebel eine Kontermutter und spannt den Bowdenzug so, daß noch ein Spiel von etwa 4 mm bleibt. Danach hebt man das Vorderrad leicht an und prüft, ob die Bremsbeläge an der Trommel schleifen. Ist dies der Fall, muß man die Einstellung etwas lokkern, erneut überprüfen und die Kontermutter bei korrekter Einstellung wieder festziehen. Bei manchen Motorradtypen kann diese Einstellarbeit auch direkt an der Nabe vorgenommen werden.

▸ An der Hinterradbremse findet man statt des Seilzuges meist ein Gestänge. Die Kontermutter lösen, die oft durch einen Splint gesichert ist, die Einstellmutter anziehen und etwa 4 mm Spiel belassen. Das Hinterrad der aufgebockten Maschine auf freien Lauf prüfen. Wenn die Einstellung stimmt, schraubt man die Kontermutter fest und sichert sie mit einem neuen Splint.

Fußbremspedal Wenn man die Bremsanlage nachstellt, kann sich die Stellung des Bremspedals verändern. Um diese Veränderung auszugleichen, wird das Pedal mit Hilfe einer Einstellschraube mit Kontermutter auf die gewünschte Höhe gebracht. Die korrekte Position wird ermittelt, wenn man sich auf das Motorrad setzt und prüft, ob die Fußstellung bequem und die Bremse gut zu bedienen ist. Stimmt die Einstellung, wird die Kontermutter festgezogen.

Mit Hilfe der Einstellschraube das Bremspedal auf die richtige Höhe bringen.

▸ Wenn man die Bremspedaleinstellung korrigiert, kann man auch gleich den hinteren Bremslichtschalter einstellen, der direkt vom Bremspedal betätigt wird. Durch Drehen an zwei Muttern wird er in seiner Halterung nach oben oder unten verschoben. Er sollte so justiert werden, daß die Bremslampe nach einem Pedalweg von etwa 15 mm aufleuchtet. Der vordere Bremslichtschalter sitzt direkt am Bremshebel und muß nicht eingestellt werden.

Bremsbelagkontrolle Das Auswechseln von Bremsbelägen gehört zu den anspruchsvolleren Wartungsarbeiten am Motorrad. Wer kein Risiko eingehen will, überläßt diese Arbeiten dem Fachmann in der Werkstatt.

▸ Leicht zu kontrollieren ist der Zustand der Bremsbeläge bei Scheibenbremsen. Meist haben sie Verschleißmarkierungen, die von außen zu erkennen sind. Sind die Beläge bis zu den Markierungen abgenutzt, ist ein Austausch fällig.

▸ Sind an den Bremsen keine Verschleißmarkierungen vorhanden, entnimmt man der Betriebsanleitung die Sollstärke der Beläge, prüft sie mit Hilfe eines Meterstabes und sorgt gegebenenfalls dafür, daß sie ausgetauscht werden.

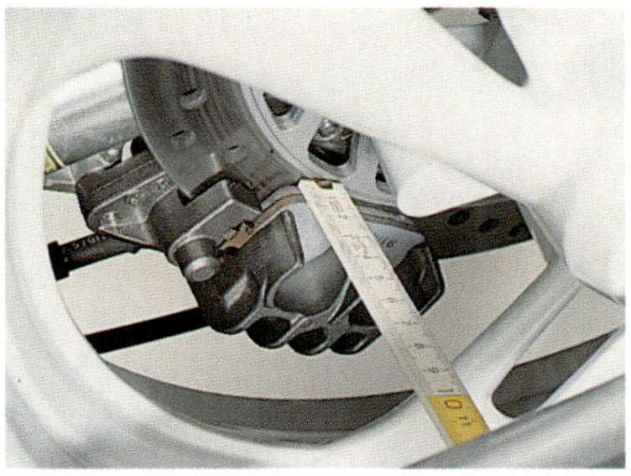

Die Stärke der Bremsbeläge in regelmäßigen Abständen mit einem Meterstab kontrollieren.

▸ Wer diese Arbeiten selbst ausführen will, sollte daran denken, daß Bremsbeläge vom Fahrzeughersteller auf das vorhandene Bremsscheibenmaterial abgestimmt sind. Deshalb nur zugelassene Beläge verwenden.

Batterie Um den Ladezustand zu kontrollieren, schaltet man bei abgestelltem Motor das Licht ein. Die Lichtstärke darf auch nach einigen Minuten nicht nachlassen.

▸ Damit Wartungsarbeiten an der Batterie ausgeführt werden können, muß man sie abklemmen und ausbauen. Sie ist meist hinter einem Seitendeckel oder unter der Sitzbank zu finden.

▸ Zum Nachfüllen von Batteriewasser müssen die Kunststoffdeckel der einzelnen Batteriekammern herausgeschraubt werden. Wieviel Flüssigkeit fehlt, ist am transparenten Batteriegehäuse zu erkennen, an dem Markierungen für Minimal- und Maximalstand angebracht sind. Bis zum oberen Strich mit destilliertem Wasser auffüllen. Bei wartungsfreien Batterien mit verplombtem Gehäuse entfällt diese Arbeit.

▸ Um die Batterie zu laden, ist es sinnvoll, ein Ladegerät mit Automatikschaltung zu verwenden, damit die Batterie nicht überladen wird.

▸ Zum Laden wird ein Ladegerät mit einer Stromstärke von etwa 1 A benötigt. Zunächst werden die Kappen der Batteriekammern herausgeschraubt. Wenn man die Klemmen an die Batterie anbringt, muß man unbedingt die Polung beachten, also das schwarze Kabel an den Minus- und das rote Kabel an den Pluspol anschließen. Dann das Gerät einschalten. Vorsicht: Der Platz sollte gut durchlüftet sein, denn bei dem nun stattfindenden chemischen Prozeß entsteht explosives Knallgas. Daher sollte man in der Nähe eines Ladegerätes auch nicht rauchen. Die Batterie ist in aller Regel über Nacht so stark geladen, daß das Motorrad wieder in Betrieb genommen werden kann. Wenn im Wasser starke Gasblasen aufsteigen, sollte man den Ladevorgang unbedingt abbrechen. Nach dem Laden füllt man, falls erforderlich, noch einmal destilliertes Wasser nach. Dann werden die Kappen aufgeschraubt und die Batterie wieder eingebaut.

▸ Beim Einbau einer Batterie ist darauf zu achten, daß der Belüftungsschlauch nicht geknickt ist und keine Beschädigungen aufweist.

Kette Um die Kette zu warten, stellt man die Maschine auf den Hauptständer.

▸ Um die Spannung der Kette zu kontrollieren, benutzt man ein langes Lineal und einen Meterstab. Der Durchhang der Kette sollte einen bestimmten Höchstwert, den man der Betriebsanleitung entnehmen kann, nicht überschreiten. Die Prüfung nimmt man im unteren Teil der Kette vor. Das Lineal wird an die Kette angelegt, mit einem Meterstab wird der Durchhang gemessen.

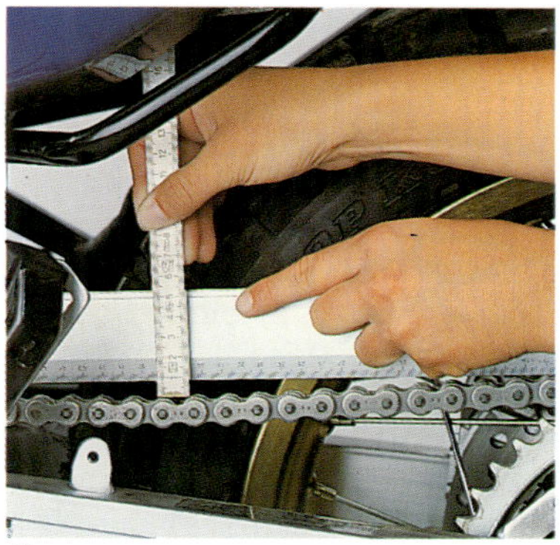

Überschreitet der Durchhang den Sollwert, muß die Kette nachgespannt werden.

▸ Muß die Kette nachgespannt werden, wird die Hinterradverschraubung gelöst und, wenn vorhanden, der Sicherungssplint entfernt. Nun werden die Spannsysteme auf beiden Seiten des Hinterrads gleichmäßig angezogen. Je nach Motorrad gibt es hier Exzenterscheiben oder Einstellschrauben, die beide mit entsprechenden Markierungen versehen sind. Auf jeden Fall muß die Einstellung so vorgenommen werden, daß anschließend das Hinterrad gerade in der Schwinge sitzt. Ist dies der Fall, werden die Einstellschrauben auf beiden Seiten gekontert. Dann zieht man die Hinterradverschraubung fest und sichert mit einem Splint.

▸ Die Kette darf, wenn das auf den Rädern stehende Motorrad unter Belastung einfedert, nicht stark spannen!

▸ Bei einigen Maschinen gibt es an der Hinterradschwinge ein Verschleißmaß. Wird diese Markierung beim Nachstellen erreicht, muß die Kette ersetzt werden. Empfehlenwert ist es, gleichzeitig auch das Antriebsritzel und das Kettenrad auszutauschen, da die neue Kette sonst übermäßigem Verschleiß ausgesetzt wird.

▶ Ist die Kette so stark verschlissen, daß sie nicht weiter gespannt werden kann, muß man sie ersetzen. Um den Austausch durchzuführen, wird bei Ketten mit Schloß das Hinterrad so lange gedreht, bis das Kettenschloß gut zugänglich auf dem hinteren Zahnkranz liegt. Nun kann es mit Hilfe eines Schraubendrehers entfernt und die Kette abgezogen werden. Wenn man die neue Kette aufzieht, legt man die beiden Enden so auf das Zahnrad, daß man das neue Kettenschloß leicht montieren kann. Die Klemmfeder muß man unbedingt so aufstecken, daß die offene Seite gegen die Kettenlaufrichtung zeigt.

▶ Da für den Ausbau von Endlosketten Spezialwerkzeug erforderlich ist, überläßt man den Austausch besser der Werkstatt.

▶ Die Motorradkette muß regelmäßig (etwa alle 1000 km, bei entsprechendem Wetter und Straßenbedingungen noch öfter) gereinigt und geschmiert werden.

▶ Der Einsatz von Preßluft kann die Reinigung erleichtern. Entbehrlich sind Reinigungsmittel oder gar die Wäsche mit Hochdruck-Wasserstrahl. Wer die Kette mit zuviel Druck reinigt, drückt den Schmutz erst richtig hinein. Außerdem könnten die O-Ringe beschädigt werden, die das Fett in den Kettengliedern halten.

▶ Anschließend bringt man kriechfähiges Kettenspray auf. Dabei wird die Kette Stück für Stück weitergezogen. Bei der Verwendung von Kettenspray muß darauf geachtet werden, daß es die O-Ringe nicht angreift. Auf der Sprühdose weist ein Vermerk auf eine entsprechende Gefährdung hin. Anstelle von Spray kann auch dickflüssiges Getriebeöl verwendet werden.

▶ Gründlicher, aber auch etwas mühsamer ist das „Auskochen" der Kette (nicht zweckmäßig bei O-Ring-Ketten). Dazu wird die Kette nach der Demontage mit Benzin gründlich gereinigt. Die getrocknete Kette dann in einer mit Spezialfett aus dem Fachhandel gefüllten Dose erhitzen, so daß das Schmiermittel in alle Zwischenräume eindringen kann. Die Kette anschließend über der Dose abtropfen lassen.

Bewegliche Bauteile schmieren und ölen Bowdenzüge, Gestänge und Gelenke müssen regelmäßig geschmiert werden. Für Brems- und Kupplungszug eignet sich Sprühöl. Gefettet werden bewegliche Verbindungen, z. B. an Bremspedal und Ständer, sowie Schraubverbindungen, die häufig gelöst werden.

▶ Die Anschaffung einer Handfettpresse lohnt sich, wenn Abschmiernippel eingebaut sind.

▶ Nicht ölen sollte man Gummi- oder Kunststoffteile.

Reifen und Räder Bei jedem Tanken sollte der Reifenluftdruck kontrolliert werden.

▶ Die vorgeschriebenen Luftdruckwerte kann man der Betriebsanleitung entnehmen. Man notiert sie am besten auf einem Stück Klebeband und bringt dieses an geschützter Stelle am Motorrad an. Auf dem Klebeband kann man auch Werte für Fahrten mit voller Beladung und mit hohen Dauergeschwindigkeiten aufschreiben. Dafür benötigt man meist 0,3–0,5 bar mehr.

▶ Die Luftdruckangaben gelten für kalte Reifen. Kontrolliert man den Luftdruck an warmen Reifen, muß man auf die vorgeschriebenen Werte etwa 0,2 bar aufschlagen. Grundsätzlich gilt, daß der Druck lieber etwas zu hoch als zu niedrig sein soll.

▶ Bei der Reifenkontrolle muß man beachten, daß die Profiltiefe bei Maschinen bis 50 ccm Hubraum 1 mm, bei größeren Maschinen 1,6 mm nicht unterschreitet. Sicherheitshalber ist jedoch schon ein Reifenwechsel zu empfehlen, wenn das Profil nur noch 2 mm tief ist.

▶ Bei der Wartung die Reifen immer auch auf Beschädigungen und Risse überprüfen.

▶ Wer den Reifenwechsel bei einem Reifenhändler erledigen läßt – man kann einfach ein ausgebautes Rad hinbringen –, spart viel Mühe und Zeit. Auch das Auswuchten macht der Fachmann maschinell schneller. Er weiß zudem, welcher Reifen für welches Motorrad zugelassen ist.

▶ Jeweils nach etwa 10000 km Fahrleistung müssen die Räder auf korrekte Speichenspannung überprüft werden. Dabei wird jede Speiche mit einem Schraubenzieher leicht angeschlagen. An der niedrigen Tonhöhe erkennt man schwach gespannte Speichen. Mit einem speziellen Schlüssel wird die Spannung korrigiert.

▶ Beim Radlager ist nach jeweils 20000 km Fahrleistung eine Schmierung nötig.

Gabel und Schwinge Bei gezogener Vorderradbremse überprüft man die Gabel auf ruck- und spielfreies Ein- und Ausfedern. Falls Unregelmäßigkeiten festgestellt werden, sollte man einen Fachmann zu Rate ziehen.

▶ Die Dichtungen zwischen Stand- und Gleitrohr, die durch Staub und Insekten besonders verschleißanfällig sind, von Zeit zu Zeit auf Dichtigkeit untersuchen. Tritt Öl aus, müssen die Manschetten erneuert werden.

▸ Jeweils nach etwa 10 000 km Fahrleistung ist das Gabelöl zu wechseln. Dazu muß das Motorrad aufgebockt werden. Man dreht die Ablaßschraube heraus, nimmt den oberen Verschlußstopfen ab und läßt das Öl vollständig auslaufen. Nun läßt man die Gabel einige Male einfedern, um Öl herauszutreiben. Bevor man die Ablaßschraube wieder anbringt, muß man sie gründlich reinigen. Dabei die Dichtung nicht vergessen.

▸ Beim Nachfüllen von Gabelöl sollte man die vorgeschriebene Menge und Qualität genau einhalten. Das Öl beidseitig wechseln!

▸ Das exakte Lenkkopflagerspiel zu ermitteln ist für den Laien schwierig. Ein Anhaltspunkt für die korrekte Einstellung ist, wenn die Gabel bei aufgebockter Maschine von selbst aus der Geradeausrichtung nach rechts oder links fällt. Außerdem darf beim Hin- und Herrütteln an der Vorderachse in Fahrtrichtung kein Spiel festgestellt werden.

▸ Das Schwingenlager muß nach jeweils 10 000 km Fahrleistung geschmiert werden.

Beleuchtung Von anderen Verkehrsteilnehmern gesehen zu werden ist für Motorradfahrer lebenswichtig. Deshalb kommt der Kontrolle der Beleuchtungseinrichtungen besondere Bedeutung zu. Vor jeder Fahrt sollte man sich von der ordnungsgemäßen Funktion von Scheinwerfer, Brems- und Rücklicht sowie der Blinker überzeugen.

▸ Unterwegs sollte man Ersatzlämpchen mitführen. Bei den Wartungsarbeiten gelegentlich überprüfen, ob sie noch funktionsfähig sind.

▸ Wenn man eine neue Glühlampe einsetzt, sollte man diese nie mit bloßen Fingern am Glas anfassen, sondern ein Tuch benutzen.

Sicherungen Bei Störungen an der Stromversorgung oder an der Lichtanlage schaltet man die Zündung aus und öffnet den Sicherungskasten. Dieser befindet sich bei den meisten Motorrädern hinter einer der beiden Seitenverkleidungen oder unter der Sitzbank, gelegentlich auch unter einer Klappe am Lenker oder in der Frontverkleidung. Durchgebrannte Sicherungen erkennt man leicht an dem durchgeschmolzenen Faden zwischen den beiden Kontakten. Sie müssen ersetzt werden.

Bei einer Störung der Stromversorgung zunächst die Sicherungen prüfen.

▸ Ist äußerlich keine Beschädigung der Sicherung zu erkennen, liegt es oft nur an Korrosion, die den Stromfluß unterbricht. In diesem Fall genügt es, die Sicherung aus der Halterung zu nehmen und gründlich zu reinigen. Auch die Halterung muß sorgfältig gereinigt werden, bevor die Sicherung wieder eingesetzt wird.

▸ Steht für eine durchgebrannte Sicherung im Moment kein Ersatz zur Verfügung, kann sie vorübergehend durch eine gleichartige Sicherung aus einem anderen Stromkreis ersetzt werden. Von der jeweiligen Situation hängt es ab, auf welchen Stromkreis man am ehesten verzichten kann.

▸ Zu unterscheiden sind die Sicherungen verschiedener Nennwerte (meist Werte zwischen 10 und 25 A) durch ihre Farbe oder Beschriftung.

▸ Auf keinen Fall darf man eine durchgebrannte Sicherung durch eine mit höherem Nennwert ersetzen, denn dann besteht die Gefahr, daß das abgesicherte elektrische Bauteil Schaden nimmt. Auch das behelfsmäßige Flicken einer Sicherung ist riskant.

▸ Besonders vor längeren Fahrten ist es ratsam, Ersatzsicherungen der gebräuchlichsten Werte mitzuführen, da diese unterwegs oft schwer zu beschaffen sind.

FAHRZEUG-HAUPTUNTERSUCHUNG

▸ Der Termin für die Fahrzeughauptuntersuchung darf nicht überzogen werden, denn sonst droht ein Bußgeld oder sogar die Stillegung der Maschine.

▸ Vor der Untersuchung sollte man die Maschine gründlich reinigen und die Funktion von Licht, Bremse, Blinker und Hupe überprüfen; wenn nötig, müssen sie instand gesetzt werden. Nicht vergessen, die Reifenprofiltiefe zu kontrollieren.

▸ Falls am Motorrad nach der letzten Prüfung An- oder Umbauten vorgenommen worden sind, muß man Bescheinigungen über deren Zulässigkeit vorlegen. Daher nimmt man zur Untersuchung die Allgemeine Betriebserlaubnis bzw. die Unbedenklichkeitsbescheinigung des Herstellers mit.

▸ Oft ist es günstiger, die Mängelliste des Sachverständigen abzuwarten und dementsprechend Reparaturen auszuführen, als die Maschine vor der Untersuchung auf Verdacht zu reparieren.

STILLEGUNG

▸ Steuern und Versicherungsbeiträge spart, wer sein motorisiertes Zweirad in der kalten Jahreszeit stillegt, solange es nicht benutzt wird.

▸ Das stillgelegte Zweirad darf nicht nur einfach abgestellt werden, sondern muß für die Einlagerung sachgemäß vorbereitet werden, damit es die Winterpause ohne Schäden übersteht.

▸ Reparaturen, die nicht unbedingt sofort ausgeführt werden müssen, und eine eventuell fällige Generalüberholung der Maschine sollte man in den Wintermonaten ausführen lassen. Dann sind die Werkstätten weniger beschäftigt und haben kürzere Wartezeiten.

Abmeldung Wenn man das Fahrzeug vorübergehend stillegen will, muß man bei der Zulassungsstelle den Fahrzeugschein, den Fahrzeugbrief und das Kennzeichen vorlegen. Außerdem ist ein Vordruck auszufüllen. Bei der Behörde wird die Stillegung eingetragen und das Kennzeichen entstempelt. Der Fahrzeugschein wird einbehalten; als Ersatz erhält man eine Bestätigung für die Stillegung.

Fahrzeugreinigung Vor der Einlagerung wird das Motorrad gründlich gereinigt.

▸ Alle Chrom- und Lackflächen dick mit einem Wachs einreiben, wie es zum Versiegeln von Autolacken verwendet wird. Das Hartwachs wird allerdings nicht blankpoliert.

Den Lack dick mit Autowachs einreiben und nicht polieren.

Kühlflüssigkeit Wer ein Motorrad mit wassergekühltem Motor hat, sollte die Kühlflüssigkeit wechseln oder zumindest auf ihren Gehalt an Frostschutzmittel überprüfen.

Kette Bei kettengetriebenen Zweirädern sollte die Kette grob gereinigt und mit Kettenspray behandelt werden, damit sie nicht rostet.

Motor-, Getriebe- und Differentialöl Bei Viertaktmotoren sollte man einen Ölwechsel durchführen. Denn während des Fahrbetriebs sind aggressive Komponenten entstanden. Sie können während der Überwinterungszeit auf das Innenleben des Motors einwirken und eventuell Schäden verursachen.

▸ Das Ölfilter sollte man bei einem Ölwechsel ebenfalls auswechseln.

▸ Den Ölstand im Getriebe sollte man bei der Stillegung kontrollieren und, wenn nötig, Öl nachfüllen.

▸ Bei Motorrädern mit Kardanantrieb muß auch das Hinterraddifferential auf ausreichende Ölmenge überprüft werden. Dies geschieht auf gleiche Art und Weise wie die Getriebeölkontrolle.

Bei Kardanmaschinen kann man den Differentialölstand oft an einem Schauglas prüfen.

Kraftstoffversorgung Weniger für Viertakt- als für Zweitaktmotoren gilt die Regel, daß der Vergaser bzw. die Schwimmerkammer entleert werden sollte. Dazu gibt es meist eine Ablaßschraube im unteren Teil der Schwimmerkammer, die man herausdreht, um den Kraftstoff bzw. bei Zweitaktern das Kraftstoffgemisch in einen geeigneten Behälter ablaufen zu lassen.

Die Schwimmerkammer wird entleert, indem man die Ablaßschraube herausdreht.

▸ Um Schwimmerkammer bzw. Vergaser zu entleeren, kann man auch den Benzinhahn schließen und den Motor bis zum Stillstand laufenlassen.

▸ Um Rostansatz im Tank zu verhindern, kann man ihn vollständig auffüllen; so kann keine feuchte Luft an die Tankinnenwände gelangen.

Brennräume Damit sich im Inneren der Brennräume während der Einlagerung kein Rost ansetzen kann, werden die Zündkerzen herausgedreht. In die Kerzenlöcher wird ein wenig Motoröl eingefüllt. Danach läßt man den Motor mit Kickstarter oder Anlasser etwas durchdrehen, damit sich das Öl gleichmäßig verteilt. Den Motor dann aber nicht laufenlassen! Die Zündkerzen werden wieder eingeschraubt.

Durch die Zündkerzenöffnungen gibt man mit einem Löffel etwas Öl in den Brennraum.

- Ansaugöffnung und Auspuff werden mit einem Lappen verstopft, damit keine Feuchtigkeit eindringen kann.

Batterie Die Batterie sollte während der Einlagerungszeit nicht im Fahrzeug gelassen werden. Damit sie funktionsfähig bleibt, muß man sie ausbauen, mit destilliertem Wasser auffüllen und anschließend laden. Etwa alle vier Wochen sollte man die Ladung wiederholen.

MOTORRAD EINLAGERN

- Manche Motorradhäuser bieten einen Winterschlaf-Service an, der die Abmeldung und sämtliche notwendigen Arbeiten umfaßt: Die Maschine wird am Ende der Saison dort abgegeben, von den Mechanikern entsprechend präpariert und fachgerecht abgestellt. Zu Beginn der neuen Motorradsaison kann der Besitzer sein Gefährt einsatzbereit abholen.

Aufbocken Mit Hilfe einiger zurechtgeschnittener Holzlatten sollte das auf dem Hauptständer stehende Motorrad so aufgebockt werden, daß die Räder nicht auf dem Boden stehen. Dadurch werden Reifenabplattungen während einer längeren Einlagerungszeit vermieden.

Stützende Holzlatten sorgen dafür, daß die Räder keinen Bodenkontakt haben.

- Die Reifen, deren Luftdruck man um 0,3 bar gegenüber den Standardwerten erhöht, werden auf Verschleiß kontrolliert. Außerdem sollte man auf Fremdkörper im Profil achten.

Abdecken Das fertig aufgebockte Fahrzeug sollte man zum Schutz vor Staub sorgfältig abdecken. Zu diesem Zweck empfiehlt sich eine Plastikplane. Zu vermeiden ist eine enganliegende und damit zu dichte Umhüllung des Motorrads, da sich sonst leicht Feuchtigkeit sammeln kann.

- In die Abdeckplane schneidet man am besten einige Luftlöcher. Mit mehreren Streifen Klebeband gesichert, bleibt die Schutzfolie an ihrem Platz.

- Auch ein stillgelegtes Motorrad kann gestohlen werden; daher sollte es mit einer geeigneten Kette gesichert werden.

- Für die Überwinterung des Fahrzeugs sollte man einen möglichst trockenen und sauberen Abstellraum suchen.

- Öffentliche Wege kommen, wenn das Fahrzeug erst einmal abgemeldet ist, nicht mehr als Stellplatz in Frage.

WERKZEUG

- Soll das Motorrad fachgerecht gewartet werden, ist gutes Werkzeug unverzichtbar. Das serienmäßige Bordwerkzeug ist oft von schlechter Qualität und häufig schon bei kleineren Reparaturen überfordert. Daher sollte man sich ausschließlich Qualitätswerkzeug anschaffen.

- Um für Reifenpannen gerüstet zu sein, sollte man eine Luftpumpe, zwei Montierhebel und Reifenflickzeug oder einen Reserveschlauch parat haben. Bei kleineren Beschädigungen genügt es, Reifenflickspray ins Ventil zu sprühen. Damit wird der Reifen innen abgedichtet und gleichzeitig wieder aufgepumpt.

- Einige Werkzeuge dürfen nicht fehlen: Schraubendreher verschiedener Größen (für Schlitz- und für Kreuzschrauben), ein Satz Ring- bzw. Maulschlüssel, ein Sortiment Innensechskantschlüssel, eine Kombi- und eine Wasserpumpen- oder Gripzange. Praktisch ist ein kleiner Steckschlüsselsatz.

- Zusätzlich zum Werkzeug empfiehlt es sich, immer etwas Draht, Klebeband und einen Putzlappen dabeizuhaben.

FAHRRADREINIGUNG

▸ Moderne Fahrräder sind pflegeleicht. Dennoch sollte das Rad in regelmäßigen Abständen gereinigt werden, da hierdurch die Funktionstüchtigkeit, die Sicherheit und der Wert des Fahrrads erhalten werden.

▸ Es ist sinnvoll, die Fahrradreinigung mit einer technischen Überprüfung zu verbinden.

Montageständer Nicht nur für die Pflege des Fahrrads, auch für Inspektion und Reparaturen ist ein Montageständer nützlich. Er gibt dem Rad festen Halt und erspart bei Tätigkeiten in den unteren Bereichen des Fahrrads das ständige Bücken.

▸ Eine gute Möglichkeit zur Erleichterung von Wartungs- und Reparaturarbeiten ist eine Aufhängevorrichtung, die man sich leicht selbst herstellen kann: Man befestigt Gurte, wie sie für die Befestigung von Ladung auf Autodachträgern verwendet werden, mit Hilfe von eingedübelten Haken an der Garagen- oder Kellerdecke. Zwei Gurte genügen: Einer wird am Sattel, der andere am Lenkervorbau festgemacht.

▸ Aufhängevorrichtungen muß man nicht selbst bauen, sie werden vom Fachhandel auch komplett angeboten.

▸ Wer sich keine Montagevorrichtung anschaffen möchte, kann das Fahrrad für Arbeiten in den unteren Bereichen auch einfach auf Lenker und Sattel stellen.

▸ Damit das Rad sicher steht und um zu verhindern, daß die Anbauten am Lenker stören oder beschädigt werden, baut man sich aus Holz einen Ständer. Dazu werden zwei kurze, jeweils auf der Schmalseite stehende Bretter in geeignetem Abstand mittels zweier Leisten standfest miteinander verbunden. An ihren oberen Schmalseiten versieht man die Bretter mit Kerben, welche die Lenkstange aufnehmen. Den Sattel schützt man durch eine Unterlage vor Beschädigungen.

Einen solchen Ständer aus Holz kann man leicht selbst herstellen.

Trockenreinigung Wer sein Fahrrad nur bei schönem Wetter benutzt, kann sich in der Regel mit einer einfachen Trockenreinigung begnügen.

▸ Stark verschmutzte Fahrräder werden mit einem Kaltreiniger eingesprüht, den man einwirken läßt. Dann wird das Rad mit einem weichen Tuch trockengerieben. Der Kaltreiniger löst den Schmutz und erleichtert so die Arbeit.

▸ Wer sich das Einsprühen mit Kaltreiniger und die damit verbundenen Verschmutzungen ersparen will, verwendet Pflegemittel, wie sie fürs Auto angeboten werden. Neben einem weichen Tuch benötigt man Autowachs und Chrompolitur.

▸ Mit einem wachsgetränkten Tuch reibt man alle lackierten Bauteile und die Kunststoff-, die Chrom- sowie die oberflächenbehandelten Aluminiumteile des Fahrrads ab. Das Wachs bindet den Staub und konserviert.

▸ Auch wenn es Mühe macht, sollte man sich unbedingt Felgen und Speichen vornehmen. Rost an diesen Stellen stört den Gesamteindruck eines ansonsten gut gepflegten Fahrrads.

▸ Nicht behandeltes Aluminium bekommt durch normale Oxidation eine eigene Schutzschicht, die allerdings schnell grau und stumpf wird. In diesem Fall benutzt man eine herkömmliche Chrompolitur. Dabei ist eine leichte Schwärzung des Putztuches vollkommen normal.

▸ Sehr stark verschmutzte Aluminiumteile lassen sich mit einer rotierenden Schwamm- oder Textilbürste reinigen, die man in eine Handbohrmaschine einspannt. Das erspart mühevolle Handarbeit. Nach dieser Behandlung sind die Teile wieder wie neu.

Das Reinigen stark verschmutzter Aluminiumteile erleichtert eine in die Bohrmaschine eingespannte rotierende Bürste.

Naßreinigung Wer mit seinem Fahrrad bei jedem Wetter unterwegs ist, hat größere Verschmutzungen zu beseitigen und muß für die Reinigung Wasser und ein Spülmittel benutzen. Sehr gut geeignet ist auch ein Autoshampoo. Man sollte darauf achten, daß die Reinigungsmittel umweltverträglich sind.

▸ Das Fahrrad wird mit einem Wasserschlauch gründlich abgespritzt.

▸ Etwas größeren Wasserdruck benötigt man, wenn die Schutzbleche und die Reifen gereinigt werden.

▸ Auf keinen Fall darf man den Wasserstrahl direkt auf Schalter, Elektrik, Radlager, Kette, Schaltung oder das Tretlager richten.

▸ Die Waschlauge trägt man mit einem Autoschwamm auf alle Fahrradteile auf und läßt sie einwirken. Man kann die Teile aber auch mit dem Schwamm abreiben, wobei man zuerst Lenker, Rahmen, Oberseite der Schutzbleche und andere weniger stark verschmutzte Teile des Rads behandelt. Erst dann werden die Laufräder gereinigt. Zum Reinigen stark verschmutzter Reifen benutzt man eine weiche Bürste. Nicht vergessen darf man die Rohrunterseiten, die oft stark mit Teer verunreinigt sind.

▸ Nach der Reinigung spritzt man das Fahrrad mit dem Schlauch ab.

Kette Die Fahrradkette und die zugehörigen Teile werden gesondert gereinigt. Zunächst reibt man sie mit einem Lappen oder einer Bürste ab und befreit sie so von grobem Schmutz. Hierbei empfiehlt es sich, Schutzhandschuhe zu tragen.

▸ Zur Naßreinigung der Fahrradkette setzt man dem Wasser etwas Spülmittel oder Autoshampoo zu und befreit mit dieser Lösung und einer alten Handbürste Kette, Kettenblatt, Zahnkranz, Umwerfer und Schaltwerk von Fett und Schmutz.

▸ Zum Putzen der Kettengliederzwischenräume eignet sich eine alte Zahnbürste sehr gut.

▸ Einen verhärteten Fett- und Schmutzfilm beseitigt man, indem man die Fahrradkette mit einem Lappen abreibt, der in Waschbenzin oder Petroleum getränkt wurde.

▸ Im Fahrradhandel gibt es zur bequemen Reinigung stark verschmutzter Ketten spezielle Reinigungströge.

Ein spezieller Reinigungstrog sorgt für die bequeme und gründliche Reinigung der Fahrradkette.

▸ Zur Reinigung einer stark verschmutzten Kette bockt man das Fahrrad so auf, daß man das Hinterrad mit Hilfe der Pedale gut durchdrehen kann. Dann nimmt man das Rad heraus und legt die Kette in einen kleinen Behälter mit Waschbenzin, Petroleum oder Reinigungsflüssigkeit. Von Zeit zu Zeit wird die Kette ein Stück weitergedreht. Durch das Bad werden die Schmutzteile von der Kette gelöst.

▸ Mindestens einmal jährlich, am besten nach der Saison, sollte eine Fahrradkette gründlich gepflegt werden. Wer besonders viel im Gelände fährt, sollte die Kette häufiger warten.

Trocknen Zum Trockenreiben des Fahrrads benutzt man einen weichen Lappen.

▸ Wer einen Kompressor besitzt, kann Feuchtigkeit aus den Gelenkstellen auch mit Preßluft entfernen.

▸ Die Kette wird mit einem sauberen Tuch abgetrocknet.

Polieren und Wachsen Um das Fahrrad vor Witterungseinflüssen zu schützen und seinen Wert zu erhalten, muß man es nach einer Naßreinigung entsprechend behandeln. Dazu bedient man sich derselben Pflegemittel wie beim Auto. Besonders wichtig ist eine gute Konservierung, wenn man das Rad auch im Winter benutzt.

▸ Kleinere Lackschäden schmirgelt man vorsichtig ab und bessert sie mit Lack aus, um Roststellen am Rahmen zu verhindern.

▸ Die Lackteile des Fahrrads poliert man mit einer Autopolitur.

▸ Bei älteren Rädern sorgt eine etwas schärfere Autopolitur für einen glänzenden Rahmen. Im dicken Fahrradlack beseitigt sie auch größere Kratzer.

▸ Nach der Lackpolitur wird eine starke Wachsschicht aufgetragen, die den Lack konserviert.

▸ Alle Chrom- und Aluminiumteile werden mit Chrompolitur aufpoliert oder mit Siliconspray behandelt.

▸ Für die Behandlung von Ledersätteln und schwarz eloxierten Anbauteilen nimmt man Siliconspray.

Abschmieren Nach der Naßreinigung ölt man alle Gelenke,

Drehpunkte und Scharniere des Fahrrads. Verwendet wird zu diesem Zweck ein spezielles Fahrrad- oder Haushaltsöl, das nicht verharzt.

▸ Für die Kette benötigt man ein haftfähiges Spezialschmiermittel, das einen klebrigen Belag bildet und nicht gleich beim ersten Regen abgewaschen wird. Im Fachhandel erhält man kriechfähige Sprays, die auch in die Zwischenräume der Kettenglieder eindringen.

FAHRRADINSPEKTION

▸ Je häufiger das Fahrrad benutzt wird, desto öfter ist eine Inspektion erforderlich. Wer jeden Tag fährt, sollte etwa alle ein bis zwei Wochen eine Kontrolle durchführen.

▸ Vor jeder größeren Fahrt muß das Fahrrad inspiziert werden.

Sattel Er sollte sicher befestigt sein. Gegebenenfalls muß man die Sattelklemmschraube bzw. die Schrauben oder Muttern am Sattelkloben, der direkt unter dem Sattel liegt, nachziehen.

▸ Wenn sich der Sattel gelockert hat, muß er vor dem Befestigen in die richtige Position bzw. Höhe gebracht werden.

Lenker Er sollte absolut fest sitzen. Gegebenenfalls muß man die Schraube am Lenkervorbau nachziehen.

▸ Falls sich der Lenker gelockert hat, muß vor dem Festziehen der Schraube geprüft werden, ob er noch in der richtigen Position sitzt und ob die korrekte Höhe eingestellt ist.

Klingel Man prüft sie durch einen kurzen Druck mit dem Daumen. Das Klingeln muß hell klingen und gut hörbar sein.

▸ Von Zeit zu Zeit sollte man den Deckel der Klingel abschrauben und etwas Öl auf die beweglichen Teile geben.

Gangschaltung Man kontrolliert, ob die Schalthebel fest sitzen und sich einwandfrei verstellen lassen. Gegebenenfalls muß man die Befestigungsschrauben der Schalthebel nachziehen und das Schaltwerk ölen bzw. die Schaltungszüge fetten.

▸ Einstellmängel erkennt man daran, daß bei der Kettenschaltung die Kette über die Zahnräder rutscht bzw. bei der Nabenschaltung die Pedale plötzlich leer durchlaufen oder die Schaltung knackt. Dann muß die Einstellung verändert werden: Bei Kettenschaltungen gibt es Einstellschrauben am Schaltwerk; die Nabenschaltung läßt sich mit der variablen Schaltkette, die aus der Nabe herausragt, leicht einstellen.

Bremsen Eine kurze Funktionsprobe nach Fahrtantritt ist immer sinnvoll.

▸ Bei der Inspektion stellt man sicher, daß die Bremshebel kein allzu großes Spiel haben. Gegebenenfalls muß man die Bremse neu einstellen.

▸ Die Bremsen müssen leichtgängig sein. Falls nicht, ölt oder fettet man die Bowdenzüge, die Gelenke der Bremsgriffe und die Gelenke der Bremse.

▸ Bei den Innenzügen überprüft man, ob sie fest in den Klemmen der Bremsarme sitzen. Nötigenfalls muß die Klemmschraube angezogen werden.

▸ Damit Felgenbremsen richtig greifen, müssen die Felgen sauber sein. Fett- oder schmutzüberzogene Felgen reinigt man mit Kaltreiniger und einem Lappen.

▸ Es empfiehlt sich, etwa einmal im Monat die Bremsklötze zu überprüfen und zu ersetzen, wenn sie abgefahren sind.

Beleuchtung Auch wenn keine Nachtfahrt bevorsteht, muß die Lichtanlage regelmäßig überprüft werden.

▸ Man rastet den Dynamo aus und dreht mit der Hand das entsprechende Laufrad. An einer Hauswand oder Scheibe kann man die Funktion von Scheinwerfer und Rücklicht gut erkennen.

▸ Von Zeit zu Zeit sollte auch die Verkabelung geprüft und eventuell mit Klebeband befestigt werden.

Reifendruck Mit sinkendem Luftdruck nimmt nicht nur der Rollwiderstand der Reifen zu, sondern auch die Pannenanfälligkeit. Deshalb sollte man den Druck regelmäßig kontrollieren.

▸ Man prüft den Reifendruck, indem man den Reifen zwischen Daumen und Zeigefinger kräftig zusammendrückt. Der Reifen darf sich nur einige Millimeter eindrücken lassen.

▸ Nach dem Pumpen darf man nicht vergessen, die Ventilmutter nachzuziehen und die Ventilkappe wieder aufzusetzen.

Kette Wirkt die Kette trocken und stumpf, sollte man sie mit einem Kettenspray behandeln.

▸ Bei allen Fahrrädern mit Nabenschaltung ist die Spannung zu kontrollieren, damit die Kette nicht abspringt. Die Kette ist richtig gespannt, wenn sie sich in der Mitte etwa 2 cm auf und ab bewegen läßt. Die Spannung kann entweder mit Hilfe von besonderen Kettenspannern oder durch Versetzen des Laufrads korrigiert werden. Dabei muß man darauf achten, daß das Laufrad im Rahmen gerade läuft.

Kugellagereinstellung Das Kugellagerspiel des Lenkkopfes, der Naben und des Tretlagers überprüft man, indem man an den Teilen wackelt.

Schraubverbindungen prüfen Fängt ein Fahrrad an zu klappern, hat sich in den meisten Fällen nur eine Schraubverbindung gelöst. Dadurch kann die Sicherheit des Rads beeinträchtigt sein. Deshalb muß man alle Schraubverbindungen regelmäßig kontrollieren und nachziehen.

▸ Schraubverbindungen, die sich immer wieder lösen, unterlegt man mit einem Sprengring oder einer Zahnscheibe, bevor man sie wieder festdreht. Man kann auch die Schrauben zweimal mit Kleber einstreichen und sie dann wieder ansetzen.

WERKZEUGE UND ERSATZTEILE FÜR DIE FAHRRADREPARATUR

▸ Preiswertes Werkzeug in guter Qualität gibt es sowohl im Fachhandel als auch in vielen Verbrauchermärkten.

▸ Bevor man Werkzeug kauft, sollte man klären, welches man für sein Fahrrad braucht – z. B. welche Schlüsselweiten erforderlich sind oder ob ein Innensechskantschlüssel (Inbusschlüssel) benötigt wird.

Werkzeug für unterwegs Auf jeden Fall sollte jedes Fahrrad mit geeignetem Bordwerkzeug und einem kleinen Ersatzteil-Sortiment ausgestattet sein, damit man unterwegs einfachere Reparaturen ausführen kann.

▸ Zum Bordwerkzeug gehört ein kräftiger Schraubendreher, möglichst als Kombination von Schlitz- und Kreuzschraubendreher mit kurzem Griff, um auch schwerer zugängliche Stellen gut erreichen zu können. Ferner benötigt man eine kleine Kombizange, einige Gabel-Ring-Schlüssel je nach den erforderlichen Schlüsselweiten (alternativ tut es auch der sogenannte Knochen), eventuell einen oder mehrere Innensechskantschlüssel und einen Speichennippelschlüssel. Außerdem benötigt man für das Abnehmen des Radmantels bei einer Reifenpanne einen Satz Reifenheber.

Ersatzteile für unterwegs Zusätzlich zum Bordwerkzeug sollte man einige Ersatzteile mit sich führen. Dazu gehören ein Flickzeugsortiment, Ventileinsätze und -schläuche bzw. Blitzventile, Reserveglühlampen für Scheinwerfer und Rücklicht und ein Stück isoliertes Kabel. Nützlich sind darüber hinaus Bindedraht und ein Putzlappen. Auch die Luftpumpe sollte man dabei haben.

▸ Es empfiehlt sich, das Flickzeug von Zeit zu Zeit auf Vollständigkeit zu überprüfen und dabei auch zu kontrollieren, ob die Gummilösung noch frisch ist.

▸ Wer auf eine längere Fahrradtour geht bzw. das Rad mit ins Ausland nimmt, sollte einige Ersatzteile mehr mitführen. Dazu gehören Ersatzschläuche und -mäntel, Bowdenzüge, Bremsklötze und Ersatzspeichen, die es auch in Universallängen gibt.

▸ Die Speichen befestigt man mit Klebeband an geeigneter Stelle am Rahmen.

▸ Der Transport von Ersatzglühlampen am Fahrrad ist oft schwierig, weil diese leicht beschädigt werden können. Im Fachhandel ist ein Rücklicht erhältlich, bei dem es einen besonderen Stauraum für Flickzeug, Ersatzventile und Ersatzglühlampen gibt. Dieses praktische Rücklicht mit Großflächenstrahler und Spiegeloptik läßt sich leicht gegen die Originalausrüstung auswechseln.

Werkzeug für daheim Wer auch größere Reparaturen an seinem Fahrrad selbst ausführen will, braucht eine Werkzeuggrundausstattung für die häufigsten Arbeiten.

▸ Ein einfacher Schlosserhammer mit ungefähr 300 g Gewicht ist unentbehrlich. Zum Hammer gehört als Hilfswerkzeug ein kleiner Meißel, mit dem man sehr fest sitzende Schraubverbindungen trennt. Ferner benötigt man einen Körner und einen schlanken Durchschlag, mit dem man einen Nippel oder eine Schraube heraustreiben kann.

▸ Zur Grundausstattung sollten eine Wasserpumpenzange, ein Seitenschneider und eine Spitzzange gehören.

▸ Schraubendreher gibt es mit verschiedenen Klingenbreiten als Schlitz- und als Kreuzschraubendreher. Jeder Schraubendreher sollte ein griffiges und schlagfestes Kunststoffheft besitzen. Die Klinge muß aus Chromvanadium bestehen, damit man auch fest sitzende Schrauben ohne Schäden lösen kann.

▸ Bei den Schlüsseln sind kombinierte Gabel-Ring-Schlüssel aus Chromvanadium sinnvoll. Meist beginnt ein Werkzeugsatz mit einer Schlüsselweite von 6 mm; an Fahrrädern sind Schrauben über 15 mm Schlüsselweite selten. Wer allerdings das Lenkungslager zerlegen will, um den Steuersatz auszuwechseln, benötigt größere Schlüssel mit einer Weite bis 36 mm. Ein kleiner Steckschlüssel mit Verlängerung und Ratsche ist auch für die Fahrradreparatur zu empfehlen.

▸ Moderne Fahrräder haben oft an der Bremsanlage Innensechskantschrauben (Inbusschrauben), für die man einen entsprechenden Schlüssel benötigt.

▸ Je eine Flach-, Rund- und Halbfeile sollten in der Fahrradwerkstatt nicht fehlen, damit man sich beispielsweise bei einer überstehenden Schraube oder Speiche behelfen kann.

▸ Wer alle Wartungs- und Reparaturarbeiten selbst durchführen will, muß sich auch Spezialwerkzeuge zulegen, die es im Fachhandel gibt. Hier findet man z. B. Abzieher für die Mehrfachzahnkränze, Hakenschlüssel, Zahnkranzzangen, Schneidwerkzeuge und Meßgeräte. Je nach Fahrradtechnik muß man zum Teil unterschiedliche Geräte bestellen, denn hier ist die Normierung noch nicht so weit fortgeschritten.

Ersatzteile für daheim Neben dem Werkzeug gehört ein kleines Ersatzteillager zu jeder Fahrradwerkstatt.

▸ In die Werkstatt gehört auch ein kleines Sortiment zum Fahrrad passender Schrauben, Sicherungsscheiben und Muttern.

FAHRRADREPARATUREN

▸ Bevor man sich an die Reparatur seines Fahrrads macht, sollte man sich vergewissern, ob man alle benötigten Werkzeuge und Ersatzteile zur Verfügung hat oder schnell beschaffen kann.

▸ Man sollte grundsätzlich nur solche Bauteile auseinanderbauen, von denen man sich zutraut, sie auch wieder korrekt zusammenzusetzen.

▸ Kleinteile wie Lagerkugeln oder kleine Schrauben und Muttern, die bei der Demontage hinunterfallen, findet man schneller wieder, wenn man bei allen Reparaturen ein großes Tuch unter das Fahrrad legt.

▸ Unsachgemäße Reparaturen können die Verkehrssicherheit eines Fahrrads beeinträchtigen; deshalb sollte man das Fahrrad im Zweifelsfall lieber vom Fachmann reparieren lassen.

Reifenpanne Wenn man eine Reifenpanne feststellt, sollte man versuchen, den Zielort zu erreichen, indem man den Reifen zwischendurch mehrmals aufpumpt. Dort läßt er sich meist besser reparieren als unterwegs.

▸ Häufig ist einfach nur das Ventil defekt, wenn der Reifen die Luft nicht hält. Man überprüft es auf Dichtigkeit, indem man bei abgeschraubter Kappe ein Glas Wasser so unter das Ventil hält, das seine Spitze ins Wasser hineinreicht. Aufsteigende Luftblasen zeigen an, daß an dieser Stelle Luft entweicht und einfach nur das Ventil ausgewechselt werden muß.

In einem untergehaltenen Glas Wasser zeigen aufsteigende Blasen an, daß das Ventil kaputt ist.

▸ Ein Ventil kann man auf seine Dichtigkeit überprüfen, indem man einen reichlich mit Speichel benetzten Finger bei aufgepumptem Reifen an seine Öffnung hält. Bilden sich Blasen, ist das Ventil defekt; bleibt ein Flüssigkeitsfilm über der Ventilöffnung, ist es in Ordnung.

▸ Um den Schlauch eines Reifens zu reparieren, muß das Laufrad ausgebaut werden. Hierzu dreht man das Fahrrad um und stellt es auf Lenker und Sattel. Insbesondere bei einem empfindlichen Ledersattel sollte man etwas unterlegen.

▸ Um den Mantel auf einer Seite von der Felge abzuheben, damit der Schlauch herausgenommen werden kann, verwendet man spezielle Reifenheber. Sie werden zwischen Mantel und Felge geschoben, nach unten gedrückt und an den Speichen festgehakt. Hierdurch wird verhindert, daß der Mantel wieder zurück in das Felgenblatt rutscht.

▸ Hat man keine Reifenheber zur Hand, um den Mantel abzuheben, kann man auch die Stiele von Kaffeelöffeln verwenden.

▸ Beim Abheben des Mantels geht man vorsichtig vor und achtet besonders darauf, den Schlauch mit dem Werkzeug nicht noch zusätzlich zu beschädigen. Deshalb sollte man nie einen Schraubendreher anstelle von Reifenhebern verwenden.

▸ Der Mantel muß auf eingedrungene Fremdkörper untersucht werden, damit der neue bzw. der reparierte Schlauch nicht gleich wieder beschädigt wird. Es sollte auf jeden Fall der ganze Mantel innen und außen untersucht werden, so daß auch die Fremdkörper entfernt werden können, die bisher noch nicht zu einer Panne geführt haben.

▸ Bei längeren Radtouren sollte man immer einen Ersatzschlauch dabeihaben, der im Fall einer Reifenpanne schnell eingebaut werden kann. Den kaputten Schlauch repariert man erst am Zielort, er wird dann als Ersatzschlauch verwendet.

▸ Das Felgenband schützt den Schlauch vor den Speichennippeln. Es muß jedesmal auf Beschädigungen und korrekten Sitz überprüft werden, bevor ein

EINEN REIFEN FLICKEN

Ein Loch im Reifen gehört nach wie vor zu den häufigsten Schäden am Fahrrad. Ursache sind in vielen Fällen schlecht verarbeitete Speichenenden, eine zu weiche Gummierung oder eine zu geringe Stärke des Fahrradreifens. Doch selbst ein Reifen mit gutem Profil kann von spitzen Steinchen oder Glassplittern leicht durchdrungen werden. Ein Loch im Reifen zu flicken ist aber relativ einfach.

1. Man hebt den Mantel aus der Felge und zieht dann den Schlauch heraus.

2. Man setzt das Ventil wieder in den Schlauch ein und pumpt ihn etwas auf.

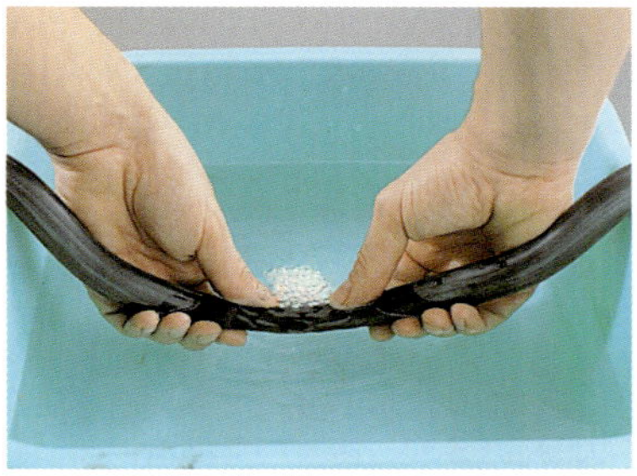

3. Man hält den Schlauch in ein wassergefülltes Gefäß – wo Luftblasen austreten, ist das Loch.

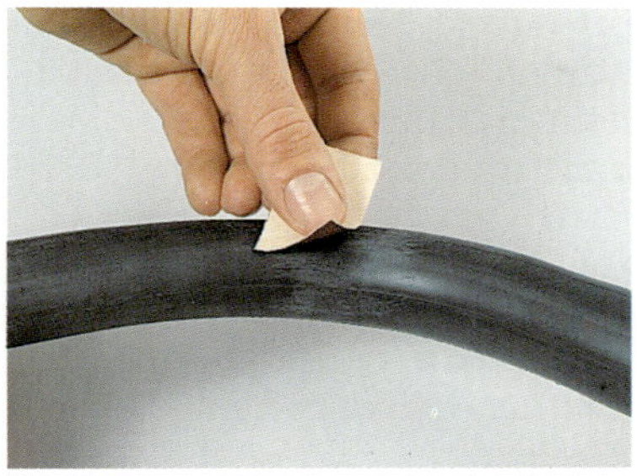

4. Anschließend rauht man die Schadstelle mit Schleifpapier oder einem Schleifblech auf.

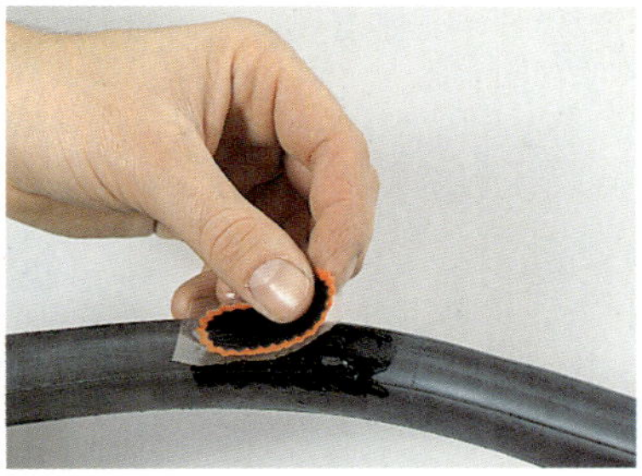

5. Auf die mit Gummilösung eingeriebene Schadstelle setzt man den Flicken.

6. Anschließend wird der Reifen wieder montiert und das Rad eingebaut. Jetzt muß er nur noch aufgepumpt werden, und das Fahrrad ist wieder fahrbereit.

KETTE AUSWECHSELN

1. Die Kette muß zum Auswechseln ein wenig entspannt werden; hierzu löst man das Hinterrad.

2. Mit der Kombizange entfernt man die Federlasche, die das Kettenschloß zusammenhält.

3. Die Stecklasche wird abgenommen; gegebenenfalls benutzt man dazu auch die Kombizange.

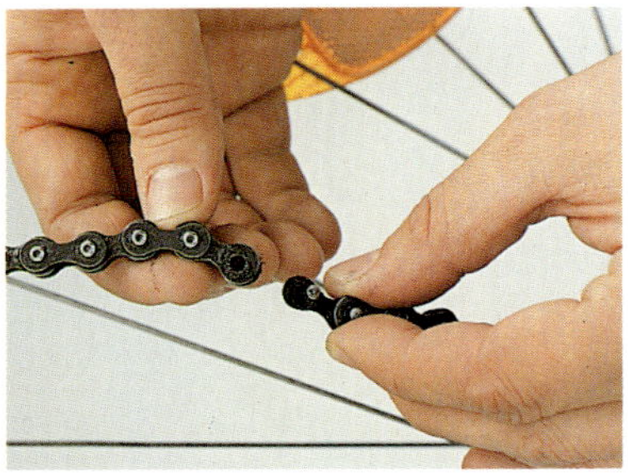

4. Schließlich kann man die beiden Enden der Kette leicht voneinander trennen.

neuer bzw. ein geflickter Schlauch eingesetzt wird.

▸ Bei der Montage des Schlauches muß man darauf achten, daß er nicht verdreht oder eingeklemmt wird. Hierzu steckt man das Ventil durch das Loch in der Felge und schraubt die Sicherungsmutter gerade so weit auf, daß man den Ventileinsatz richtig montieren kann. Pumpt man nun den Schlauch etwas auf, kann man ihn glatt in den Mantel einlegen.

▸ Besonders am Ventil kann der Schlaucht leicht eingeklemmt werden. Man verhindert dies, indem man das Ventil einige Male kräftig nach innen drückt.

▸ Die richtige Position des Mantels erkennt man daran, daß die außen am Wulst vorhandene Kennlinie rundum den gleichen Abstand zur Felge hat. Dies erreicht man durch kräftiges Walken und Verdrehen.

▸ Der Reifen wird erst dann voll aufgepumpt, wenn die Bereifung rundum richtig positioniert ist und die Ventilsicherungsmutter festgeschraubt ist.

▸ Nach dem Aufpumpen des Reifens wird die Ventilsicherungsmutter nachgezogen.

Schlauch flicken Um unterwegs die Schadstelle am Schlauch zu finden, pumpt man ihn kräftig auf und führt ihn stückweise an den befeuchteten Lippen oder am Auge vorbei, da man hier besonders empfindlich auf den feinen Luftzug reagiert.

▸ Um auf dem Schlauch die Schadstelle zu markieren, nimmt man einen Kugelschreiber.

▸ Eine Schadstelle muß gründlich gereinigt und aufgerauht werden, bevor die Gummilösung aufgetragen werden kann. Hierzu kann man anstelle des Schleifblechs, das zu den meisten Reparatursets gehört, auch feines Schleifpapier verwenden.

▸ Die Gummilösung muß ablüften, bevor der Flicken aufgebracht werden kann. Fühlt sich die Oberfläche völlig trocken an, läßt er sich besser anpressen.

▸ Das Ablüften der Gummilösung kann man mit einem Fön beschleunigen.

▸ Die durchsichtige Schutzfolie wird erst entfernt, wenn der Flicken gut angepreßt wurde und sich nicht mehr lösen läßt. Die Folie wird immer von innen nach außen vom Flicken abgezogen. Sie hat meist in der Mitte eine Sollbruchstelle; wenn man den Schlauch mit dem Flicken kräftig zusammendrückt, reißt die Folie in der Mitte auf und kann in zwei Hälften abgezogen werden.

Laufräder aus- und einbauen Die meisten Arbeiten an den Rädern (Bereifung, Radlager, Speichen) können nur durchgeführt werden, wenn man sie ausbaut.

▸ Um das Laufrad besser an den Bremsbacken der Felgenbremse vorbei aus Rahmen oder Gabel ziehen zu können, entspannt man die Bremsen und läßt etwas Luft aus den Reifen.

▸ Bei Fahrrädern mit Rücktrittbremse darf man nach dem Einbau nicht vergessen, den Bremshebel wieder an der Schelle zu befestigen.

▸ Der Schaltzug von Nabenschaltungen muß beim Ausbau vom Einstellmechanismus gelöst werden. Nach dem Wiedereinbau des Hinterrads muß also in jedem Fall die Gangschaltung neu eingestellt werden.

▸ Die Kette wird bei Rädern mit Kettenschaltung am Tretlager und an der Nabe jeweils auf das kleinste Zahnrad gelegt, um den Kettenspanner so stark wie möglich zu entspannen.

▸ Bevor man beim Einbau eines Laufrads die Radmuttern, Flügelschrauben oder die Schnellspanner richtig festzieht, kontrolliert man, ob das Rad zentriert ist und leicht läuft.

▸ Felgenbremsen müssen überprüft und gegebenenfalls neu eingestellt werden, nachdem man ein Laufrad aus- und wieder eingebaut hat.

Kette Die Kette gehört zu den Verschleißteilen des Fahrrads, die regelmäßig überprüft werden müssen. Eine optimale Kraftübertragung ist nur bei einer gut gepflegten und nicht verschlissenen Kette möglich.

▸ Die Fahrradkette sollte immer richtig gespannt sein. Bei Fahrrädern mit Kettenschaltung sorgt hierfür das Schaltwerk am Hinterrad. Bei anderen Rädern muß die Kette durch Versetzen des Hinterrads gespannt werden. Die Spannung ist in Ordnung, wenn die Kette etwa 1 cm durchhängt.

▸ Bei schwergängigen Gliedern ist es häufig ausreichend, die Kette gründlich zu reinigen und zu pflegen.

▸ Wenn die Kette häufig abspringt, ist sie in den meisten Fällen ausgeleiert und muß ausgewechselt werden.

▸ Man erkennt eine verschlissene Kette auch daran, daß sie sich quer zur Laufrichtung zu einem Bogen biegen läßt.

▸ Um den Verschleiß der Kette zu überprüfen, besorgt man sich im Fachhandel eine sogenannte Kaliberlehre. Sie wird in die Kette eingehängt. An ihr kann man die Soll-Länge einer bestimmten Anzahl Kettenglieder ablesen und so erkennen, ob die Kette verschlissen ist.

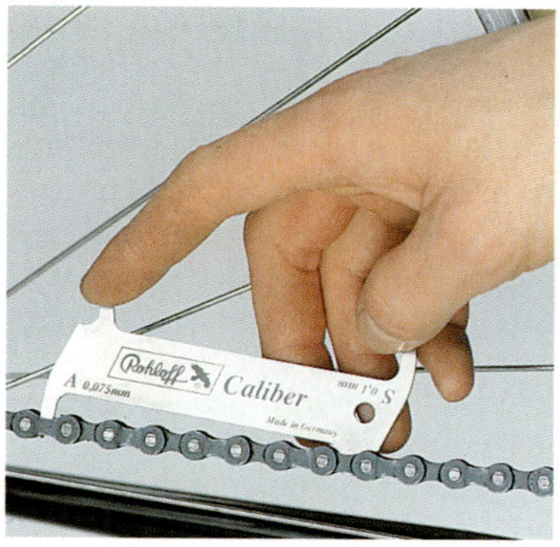

Mit Hilfe der Kaliberlehre kann man den Verschleiß der Kette genau kontrollieren.

▸ Den Kettenverschleiß kann man auch ohne Spezialwerkzeug prüfen: Man drückt die Kette am Kettenrand (vorderes Zahnrad) so zusammen, daß sie sich etwas abhebt. Bildet sie einen deutlichen Buckel, ist sie verschlissen; hebt sie sich kaum ab, kann sie weiter verwendet werden.

Man kann die Kette prüfen, indem man sie am Zahnkranz des Tretlagers zusammendrückt.

▸ Bei Fahrrädern ohne Gangschaltung bzw. mit Nabenschaltung sind die Enden der Kette mit einem Kettenschloß verbunden. Bei der Montage muß man darauf achten, daß die geschlossene Seite der Federlasche in Laufrichtung der Kette zeigt.

▸ Bei Fahrrädern mit Kettenschal-

ENDLOSKETTE WECHSELN

1. Die Kette wird in den Nietendrücker gelegt und die Niete herausgedrückt.

2. Will man die alte Kette nicht wieder einbauen, entfernt man die Niete ganz und öffnet die Kette.

3. Die Kette wird mit einer neuen Niete versehen und mit dem Nietendrücker zusammengefügt.

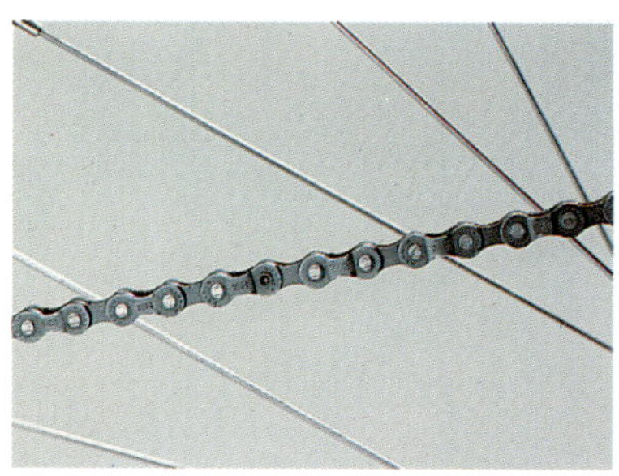

4. Die neu eingesetzte Niete darf nicht stärker hervorstehen als die übrigen Kettenglieder.

tung verbindet man die losen Kettenenden nicht mit einem Kettenschloß, da die Kette sonst an dieser Stelle breiter wird und sich in der Schaltung festsetzen kann.

▸ Endlosketten bei Fahrrädern mit Kettenschaltung kann man nur auswechseln, indem man eine Niete mit einem Spezialwerkzeug herausdrückt.

▸ Soll eine Endloskette nur gewartet und hinterher wieder montiert werden, drückt man die Niete nur so weit heraus, daß man die Kette öffnen kann. Hierdurch erleichtert man sich hinterher das Zusammenfügen der Kette.

▸ Häufig klemmt die Kette an der neu vernieteten Stelle. Durch leichtes Hin- und Herbewegen wird sie wieder gängig gemacht.

▸ Montiert man eine neue Kette, sollte man sie vorher mit einem speziellen Kettenfett oder einem kriechfähigen Spray behandeln.

Speichen erneuern Eine gebrochene Speiche muß unverzüglich ersetzt werden, da sich die Felge sonst verzieht und weitere Speichen brechen.

▸ Um eine gebrochene Speiche auszubauen, muß das Laufrad demontiert und die gesamte Bereifung abgenommen werden. Man entfernt den äußeren Teil der Speiche zusammen mit dem Nippel und hängt den inneren Teil an der Nabe aus, indem man ihn um 90° dreht.

▸ Um bei einem Fahrrad mit Kettenschaltung auf der Antriebsseite des Hinterrads eine Speiche zu erneuern, muß der Mehrfachzahnkranz abgenommen werden. Hierzu ist ein Spezialwerkzeug erforderlich, das auf den jeweiligen Zahnkranz abgestimmt ist. Diesen sogenannten Abnehmer spannt man am besten in einen Schraubstock ein, setzt das Laufrad mit dem Zahnkranz auf und dreht nun das Rad im Gegenzeigersinn von den Ritzeln ab.

▸ Bei einem Fahrrad mit Rücktrittbremse muß der Zahnkranz beim Speichenwechsel auf der Antriebsseite abgebaut werden. Er ist meist mit einem Sprengring gesichert.

▸ Bei der Montage einer neuen Speiche muß man darauf achten, daß sie genauso zwischen die anderen gefädelt wird, wie die alte Speiche verlief, da nur dann ein festes und stabiles Verspannen des Rads möglich ist.

▸ Bevor man die Bereifung montiert, muß man prüfen, ob im Innern des Nippels noch genügend freies Gewinde vorhanden ist. Die Speiche darf nicht aus dem Nippel herausragen, da sie sonst den Schlauch beschädigen würde.

Felge ausrichten Um die Felge neu zu zentrieren, stellt man das Fahrrad so auf Lenker und Sattel, daß man das Laufrad gut durchdrehen kann.

▸ Bevor man das Laufrad überprüft, sollte kontrolliert werden, ob alle Speichen gleichmäßig festgezogen sind. Hierzu greift man die Speichen paarweise und drückt sie leicht zusammen. Lockere Speichen werden sofort festgezogen.

▸ Um einen Seitenschlag, den sogenannten Achter, zu markieren, benötigt man etwas Kreide oder einen wasserlöslichen Filzstift.

▸ Nachden man die Abweichung an einer Stelle korrigiert hat, wischt man die Markierung ab und nimmt eine erneute Prüfung vor. Auf diese Weise wird das ganze Rad komplett ausgerichtet.

▸ Bei einem Höhenschlag führt man einen geraden Gegenstand, den man fest an den Rahmen drückt, so dicht wie möglich an die Lauffläche des Rades heran. Dreht man das Rad, verklemmt es sich an einigen Stellen. Hier müssen die Speichen etwas stärker angezogen werden. Ist der Ab-

EINE NEUE SPEICHE EINSETZEN

1. Die Speiche wird waagrecht in das Loch der Nabe geschoben und um 90° abgewinkelt.

2. Dann hält man die Speiche vor das Loch der Felge und setzt den Speichennippel dagegen.

3. Man zieht den Nippel etwas an. Zum Schluß wird die Speiche mit einem Nippelspanner gespannt.

stand zwischen dem Gegenstand und der Lauffläche zu groß, müssen die entsprechenden Speichen etwas gelockert werden.

Radlager überholen Nach längerem Gebrauch (nach fünf Jahren) müssen die Radlager gewartet werden, damit die Laufräder leichtgängig bleiben.

▸ Das Radlagerspiel muß regelmäßig überprüft und gegebenenfalls sofort korrigiert werden, damit es nicht übermäßig verschleißt.

▸ Soll das Radlager gereinigt und neu gefettet werden, muß das Laufrad demontiert und die Radachse ausgebaut werden.

▸ Ein verschlissener Lagerkonus und abgenutzte Lagerkugeln sollten ausgetauscht werden, da sie sonst das Lager beschädigen und eine präzise Einstellung unmöglich machen.

▸ Beim Öffnen von Kontermutter und Lagerkonus muß man darauf achten, daß die Kugeln nicht herausfallen und verlorengehen.

▸ Lagerkugeln reinigt man am besten, indem man sie in ein sauberes Tuch einschlägt und dieses zwischen den Handflächen reibt.

▸ Beim Reinigen von Lagerschale und -kugeln muß man gründlich vorgehen. Zurückbleibende Sand- oder Staubkörnchen schleifen das Lager schnell aus.

▸ Muß man neue Lagerkugeln kaufen, nimmt man die alten Kugeln mit zum Fachhändler, damit man mit Sicherheit die richtige Größe erwirbt.

▸ Damit die Kugeln aus dem frisch gereinigten Lager nicht herausfallen, wird zuerst reichlich Kugellagerfett in beide Lagerschalen gestrichen. Mit einer Spitzzange oder einer Pinzette drückt man die Kugeln auf einer Seite in das Fett hinein und schiebt die leicht gefettete Achse, auf die Konus, Scheibe und Kontermutter aufgeschraubt wurden, in die Nabenhülse. Legt man das Rad nun auf diese Seite, kann man die Kugeln auf der anderen Seite in die Lagerschale legen, ohne daß diese nach unten hinausfallen können.

▸ Um die Lagerkugeln in die Lagerschalen zu drücken, kann man einen dünnen Schraubendreher

DIE FELGE AUSRICHTEN

1. Man hält einen Filzstift so an die Felge, daß er am Seitenschlag beim Drehen einen Strich hinterläßt.

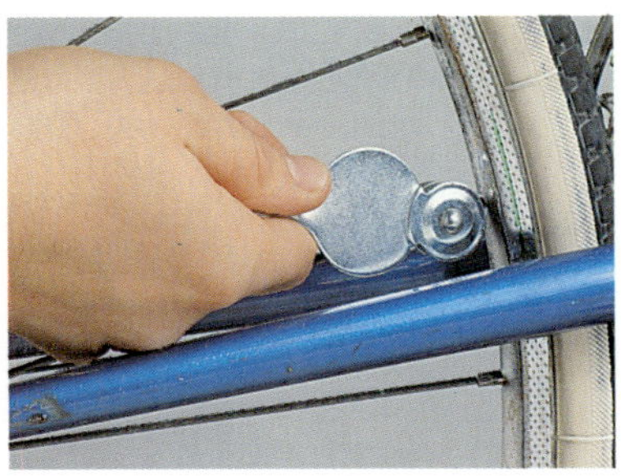

2. An der farbig gekennzeichneten Stelle wird ein Speichennippel geringfügig gelöst.

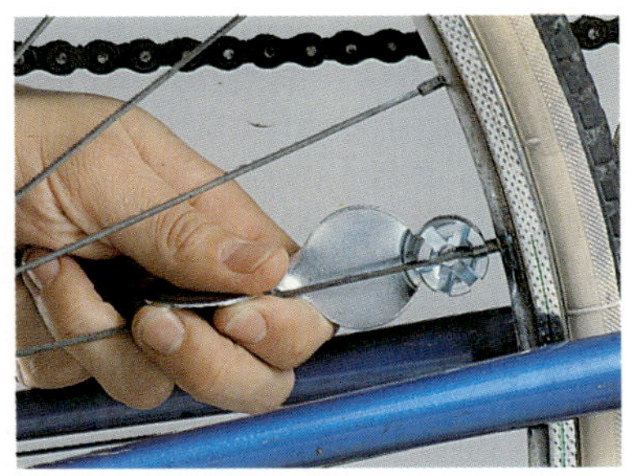

3. Anschließend zieht man auf der gegenüberliegenden Seite ein bis drei Nippel leicht an.

EIN RADLAGER FETTEN

1. Mit einem Schlüssel den Konus festhalten und mit einem anderen die Kontermutter öffnen.

2. Zusammen mit der gelösten Kontermutter wird der Konus abgedreht.

3. Sind Lagerkugeln und Konus noch in einem guten Zustand, preßt man Fett in die Öffnung.

verwenden, auf dessen Spitze man mit etwas Lagerfett die Kugeln klebt.

▸ Um das Lagerspiel richtig einzustellen, werden die Konen auf beiden Seiten so fest angezogen, daß kein Spiel mehr zu spüren ist. Der Konus wird dann mit dem flachen Konusschlüssel festgehalten und die Kontermutter fest dagegengeschraubt. Schließlich wird der Konus um maximal eine Vierteldrehung zurückgeschraubt, da er sonst zu fest sitzen würde.

▸ Die Radlager sind optimal eingestellt, wenn kein Spiel mehr zu spüren ist und das Rad so leicht läuft, daß das Ventil immer am tiefsten Punkt stehenbleibt, wenn das frei drehende Rad ausgelaufen ist.

Pedal auswechseln Ein beschädigtes Pedal sollte unverzüglich ausgetauscht werden, da zum einen keine optimale Kraftübertragung möglich ist und zum anderen die Unfall- und Verletzungsgefahr vergrößert wird.

▸ Es gibt zwei verschiedene Gewindenormen für Pedale. Beim Kauf muß das neue Pedal unbedingt mit dem alten verglichen werden.

▸ Die Gewinde der Pedale haben einen unterschiedlichen Drehsinn, den man an der Kennzeichnung R bzw. L erkennt. Das rechte (kettenseitige) Pedal hat ein Rechtsgewinde, wird also durch Drehung im Gegenzeigersinn gelöst; damit sich das linke Pedal durch die normale Tretbewegung nicht von selbst löst, hat es ein Linksgewinde und wird durch Drehung im Uhrzeigersinn abmontiert.

▸ Zum Abmontieren des Pedals muß man die Tretkurbel arretieren. Man steckt den Griff eines Schraubendrehers so in den Rahmen, daß die Kurbel nicht mehr bewegt werden kann.

▸ Bevor man ein Pedal einschraubt, sollte man das Gewinde reinigen und schmieren.

▸ Nach der ersten Fahrt sollte das Pedal nachgezogen werden.

Bowdenzüge ersetzen Bei Bremsen und Gangschaltungen erfolgt die Kraftübertragung vom Griff zum entsprechenden Bauteil mit Hilfe von Bowdenzügen. Damit insbesondere die Bremsen ohne großen Kraftaufwand bedient werden können, müssen die Innenzüge aus Stahl leicht in der kunststoffummantelten Hülle gleiten können.

▸ Bremsbowdenzüge kann man leichter lösen, wenn man sie entspannt, indem man die Bremsarme zusammendrückt.

▸ Das Stahlseil sollte ausgetauscht werden, wenn es Knicke oder Roststellen aufweist, sich nur schwer aus der Hülle herausziehen läßt oder sogar einzelne Drähte schon gerissen bzw. gebrochen sind.

▸ Die Kunststoffhülle darf an keiner Stelle beschädigt, geknickt oder gequetscht sein.

▸ Neue Innenzüge müssen auf die richtige Länge gekürzt werden. Da sie aus sehr hartem Stahl bestehen, lassen sie sich häufig nur schlecht mit einem Seitenschneider abschneiden, ohne daß sie auffasern. Um dem vorzubeugen, klemmt man den Zug in eine Kneifzange, legt diese mit einer Backe auf eine stabile Unterlage und schlägt kräftig mit einem Hammer auf die andere Backe; der Bowdenzug wird so glatt abgeschnitten.

▸ Bevor man die Stahlseile in die Kunststoffhülle einschiebt, muß man sie schmieren. Dazu gibt man etwas Öl auf einen Lappen und streicht damit über das Seil.

▸ Um das Auffasern der Bowdenzugenden zu verhindern, werden Hülsen auf die Stahlseile geschoben und mit einer Zange festge-

EINEN BOWDENZUG AUSWECHSELN

1. Um den Bowdenzug auszubauen, löst man die Klemmschrauben an den Bremsarmen.

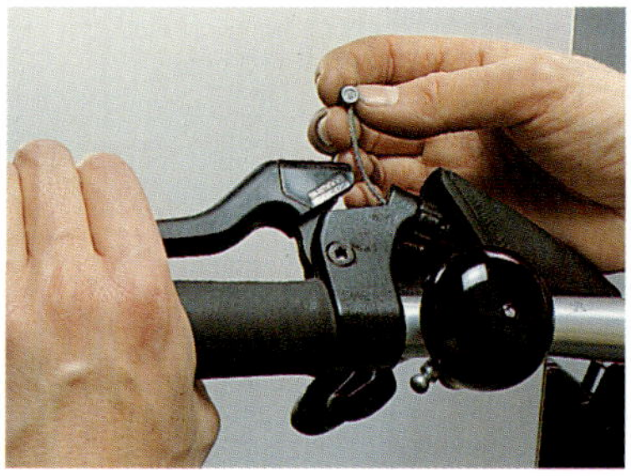

2. Der Innenzug wird aus dem Griff genommen und nach oben herausgezogen.

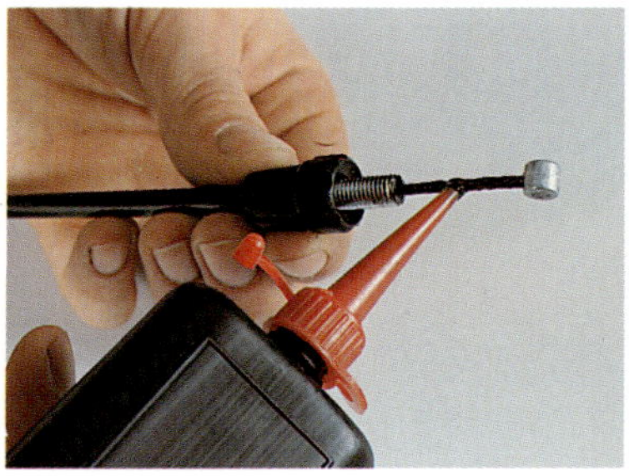

3. Bevor man die Bremse wieder zusammenbaut, fettet man den Innenzug sorgfältig ein.

quetscht. Hat man keine speziellen Endhülsen zur Hand, können auch Aderendhülsen von Elektrokabeln oder sogar Speichennippel verwendet werden.

▸ Einstellschrauben und -hülsen an Bremsen oder Schaltungen sollten vor dem Einbau neuer Bowdenzüge in ihre Ausgangsposition gebracht werden, damit man an ihnen anschließend Feineinstellungen vornehmen kann.

▸ Bowdenzüge sollten in großzügigen Bogen verlegt werden, da sonst zuviel Zugkraft verlorengeht.

Bremsklötze auswechseln Abgenutzte Bremsklötze muß man auswechseln. Der Bremsschuh aus Metall darf beim Bremsen nie direkt auf die Felge drücken.

▸ Es sollten immer beide Bremsklötze ausgewechselt werden.

▸ Bei vielen Bremsklötzen können die Bremsschuhe weiter benutzt werden, wenn man die Gummis auswechselt.

▸ Für manche Felgenmaterialien, wie z. B. für Aluminiumfelgen, gibt es spezielle Bremsgummis.

▸ Bremsschuhe biegt man etwas zusammen, damit neu montierte Bremsgummis gut in ihnen halten. Man spannt sie dazu der Länge nach vorsichtig in einen Schraubstock ein.

▸ Entspannt man die Bremse, können die Bremsklötze leichter aus der Halterung genommen werden.

▸ Bremsklötze verdrehen sich beim Festschrauben am Bremsarm nicht so leicht, wenn ein Helfer den Bremsgriff zieht.

▸ Nach der Montage der neuen Bremsklötze muß die Bremse erneut eingestellt werden.

Bremse einstellen Die Felgenbremsen sollten so eingestellt sein, daß sie schon nach einem kurzen Hebelweg greifen. Sie müssen regelmäßig nachgestellt werden, da sich die Bremsklötze abnutzen.

▸ Um die Bremse richtig einzustellen, muß man die Bremsarme so zusammendrücken, daß die Felge gerade noch frei zwischen den Bremsklötzen laufen kann, und gleichzeitig den Bowdenzug neu spannen.

▸ Ein Felgenbremsenspanner ist zum Einstellen der Bremse hilfreich, da man mit ihm die Bremsarme in Position halten kann und beide Hände frei hat, um den Bowdenzug neu zu befestigen. Statt des Spezialwerkzeugs kann man auch eine Schraubzwinge verwenden oder einen Helfer bitten, die Bremsarme zusammendrücken.

▸ Der Bremsgriff muß sich bei allen Einstellarbeiten in seiner Ruheposition befinden.

▸ Der Bremszug sollte nicht mehr als 5 cm aus der Klemmschraube herausschauen; er sollte abgeschnitten und mit einer Endhülse gesichert werden. Provisorisch kann der Bremszug auch mit einem stabilen Klebeband umwickelt werden.

TRANSPORTMITTEL RAD

▸ Beim Transport von Gegenständen und Gepäck auf dem Fahrrad muß man beachten, daß sich der Schwerpunkt des Rads verlagert. Dies macht sich besonders beim Lenken bemerkbar.

▸ Je mehr Gepäck auf das Rad geladen wird, desto länger wird der Bremsweg.

▸ Man sollte auf gleichmäßige Beladung des Fahrrads achten und eventuell auch Gepäck über dem Vorderrad befestigen.

Gepäckträger Nur kleinere und leichte Gegenstände können

EINE FELGENBREMSE EINSTELLEN

1. Die Kombizange strafft den Bowdenzug, während man die Klemmschraube anzieht.

2. Die Feineinstellung der Bremse erfolgt mit der Einstellhülse, die man danach wieder sichert.

3. Zum Schluß kontrolliert man die Stellung der Bremsschuhe und korrigiert sie gegebenenfalls.

mit Hilfe des Federbügels sicher befestigt werden. Größere Gegenstände sollte man immer zusätzlich mit Hilfe von Gummispannbändern befestigen.

▸ Gepäckträger über dem Vorderrad eignen sich nur für leichte Lasten.

▸ Spezialgepäckträger an der Gabel ermöglichen die Befestigung von Packtaschen am Vorderrad. Da die Taschen in diesem Fall sehr tief befestigt werden, beeinflussen sie den Schwerpunkt des Fahrrads nicht negativ.

Fahrradkörbe Sie eignen sich besonders gut für Gepäckstücke, die nur über kurze Strecken transportiert werden und schnell auf- und abgeladen werden sollen.

▸ Mit einem Vorhängeschloß kann der Fahrradkorb auf dem Gepäckträger gegen Diebstahl gesichert werden.

▸ Körbe sollten an vier Stellen mit Hilfe von Schellen fest mit dem Gepäckträger verschraubt werden, damit sie auch bei voller Beladung sicher sitzen und nicht verrutschen können.

Einen Fahrradkorb befestigt man mit speziellen Schellen sicher und stabil auf dem Gepäckträger.

Packtaschen Das Gepäcktaschenmaterial sollte wasserdicht und reißfest sein.

▸ Lenkertaschen sind besonders für kleine Utensilien geeignet, die man häufig braucht (Landkarte, Geldbeutel, Fotoapparat usw.).

▸ Satteltaschen sollten so bemessen sein, daß man beim Treten nicht mit den Fersen an die vollgepackte Tasche stößt.

▸ Die Öffnungen von Satteltaschen sollten so groß sein, daß man an alle Gegenstände leicht herankommen kann, ohne die Tasche vom Rad nehmen zu müssen.

FAHRRADTRANSPORT

▸ Oft wird das Fahrrad nicht in erster Linie als Verkehrsmittel, sondern als Freizeit- oder Sportgerät

FAHRRÄDER AUF DEM AUTODACH TRANSPORTIEREN

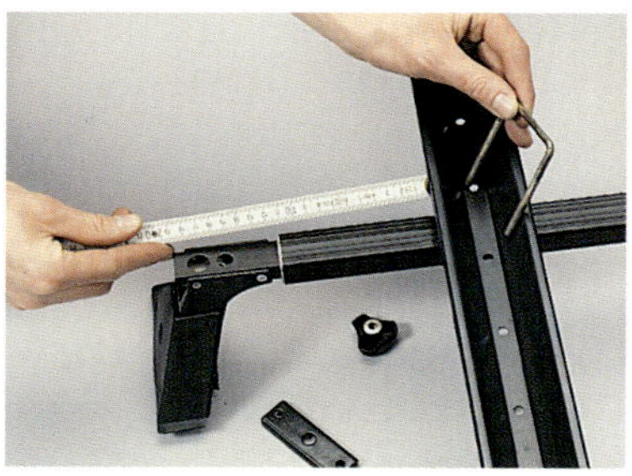

1. Auf die Universalträger werden in Fahrtrichtung die Längsträger für das Fahrrad montiert.

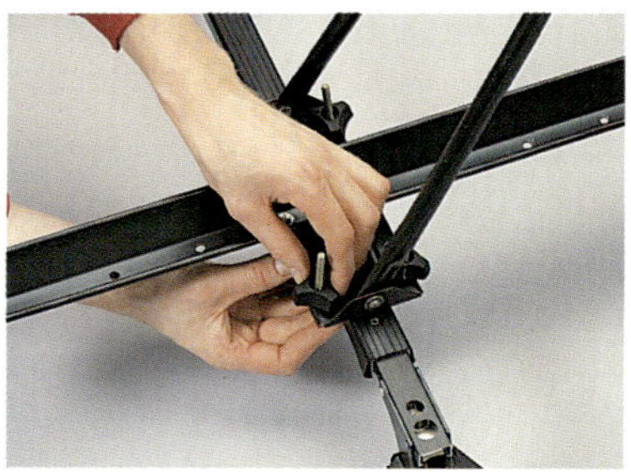

2. Der Bügel, der später das Fahrrad aufrecht hält, muß so montiert werden, daß er drehbar bleibt.

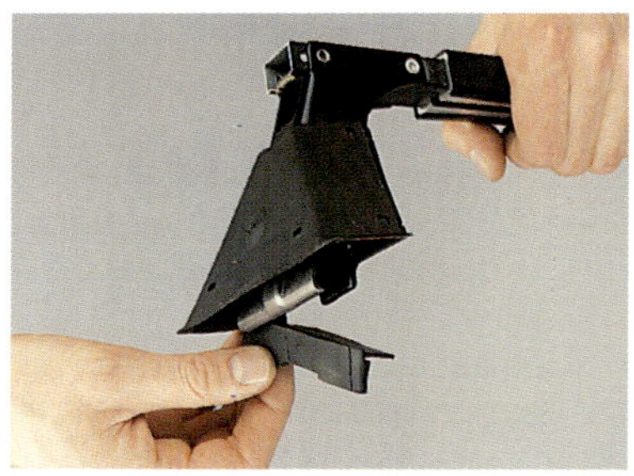

3. Um den Lack zu schonen, legt man zwischen Dach und Kralle eine Zwischenlage aus Gummi.

4. Wenn man den Träger auf das Auto setzt, muß man aufpassen, daß er nicht auf das Dach fällt.

5. Sobald das Fahrrad steht, klappt man den Bügel gegen das Unterrohr und fixiert ihn.

6. Mit den beigelegten Riemen sichert man zum Schluß das Fahrrad an den Rädern.

eingesetzt. Dann will man häufig nicht gleich vor der eigenen Haustür losradeln. Für das Auto gibt es verschiedene Möglichkeiten, ein Fahrrad zu transportieren.

Dachgepäckträger Normale Dachträger, wie sie auch für den Transport von größeren Gepäckstücken verwendet werden, sind für den Fahrradtransport ungeeignet, weil hier die Gefahr besteht, daß Autodach oder Fahrradrahmen beschädigt werden.

▸ Gut geeignet sind universell erweiterbare Dachträgersysteme, die durch Ergänzung von speziellen Bauteilen auch für den Transport anderer Sportgeräte genutzt werden können. Sie bestehen aus zwei Universalträgern, die quer über das Autodach montiert werden und auf denen das jeweilige Trägersystem befestigt wird.

▸ In Deutschland gibt es für Dachträger ein Normprüfverfahren. Beim Kauf deshalb darauf achten, daß auf der Verpackung oder in der Gebrauchsanleitung ein entsprechender Hinweis zu finden ist. Die Gültigkeit der Prüfung muß vom TÜV oder einer entsprechenden Organisation bestätigt sein.

▸ Bei der Auswahl des Dachgepäckträgers sollte man die Empfehlungen der Autohersteller und der Automobilklubs beachten.

▸ Man sollte nur einen Dachgepäckträger verwenden, der für ein bestimmtes Fahrzeugmodell geeignet ist. Entsprechende Hinweise findet man in der Gebrauchsanleitung.

▸ Meist werden die Fahrräder ohne Demontage senkrecht auf den Rädern stehend transportiert.

▸ Bei manchen Transportsystemen muß das Vorderrad entnommen werden. Das Fahrrad wird auf einer Stützschale und die Gabel an einem fest montierten Schnellspannsystem befestigt.

Trägermontage Man sollte einen Dachgepäckträger immer zusammen mit einem Helfer montieren, damit der Träger auf beiden Seiten behutsam aufgesetzt werden kann.

▸ Kunststoffzwischenlagen klebt man an die Trägerkrallen an, damit sie nicht verlorengehen.

▸ Bei Pkw ohne Regenrinne reinigt man die Auflagestelle gründlich und trägt eine Schicht Autowachs auf.

▸ Um die Dichtlippen an den Türen zu schonen, bringt man etwas Siliconspray auf.

Heckträger Bequemer lassen sich Heckträger be- und entladen, da die Fahrräder hier niedriger montiert werden. Sie werden entweder auf die Heckklappe von Kleinbussen oder Kombis montiert oder auf der Anhängerkupplung befestigt.

▸ Für Cabriolets gibt es spezielle Gepäckständer. In der Regel werden sie über dem Kofferraumdeckel befestigt.

▸ Bevor man einen Heckständer erwirbt, sollte man sich vergewissern, daß der Fahrzeughersteller den Träger für das entsprechende Modell für geeignet hält. Heckträger und Fahrräder dürfen weder Nummernschild noch Rückleuchten bedecken.

Diebstahlsicherung auf dem Träger Wer einen mit Fahrrädern beladenen Pkw abstellt, sollte stets auch an eine entsprechende Diebstahlsicherung für das Trägersystem und die Räder denken.

▸ Das Trägersystem sollte mit verschließbaren Befestigungskrallen ausgestattet sein, damit es nicht als Ganzes abgenommen werden kann.

▸ Die Räder sollten immer mit einer gehärteten Kette oder mit einem Stahlseil und einem schweren Schloß am Dachgepäckträger festgeschlossen werden.

EINEN HECKTRÄGER MONTIEREN

1. Für Fahrzeuge mit Heckklappe gibt es Träger, die man in die Klappe einhängt.

2. Man fixiert den Träger, indem man Ober- und Unterteil um die Klappe herum verspannt.

3. Anschließend stellt man das Fahrrad auf und sichert es mit Spannriemen am Träger.

10

Garten und Terrasse

BODENUNTERSUCHUNG

▸ Für das Gedeihen der Pflanzen im Garten ist die Beschaffenheit des Bodens von großer Bedeutung. Wichtig sind insbesondere die Bodenart, der Humusanteil, der Säuregrad und der Gehalt an Nährstoffen. Exakte Angaben erhält man nur durch eine Bodenuntersuchung. Da die Beschaffenheit des Bodens Veränderungen unterliegt, sollte eine solche Analyse in gewissen Abständen durchgeführt werden. Ein sinnvoller Zeitabstand beträgt etwa drei Jahre.

Laboruntersuchung Eine Bodenanalyse kann man mit handelsüblichen Schnelltests selbst ausführen. Genauer ist jedoch die Untersuchung im Labor, wie sie private und staatliche Untersuchungsinstitute anbieten.

▸ Die Adressen der nächstgelegenen Labors erhält man bei Landratsämtern und Landwirtschaftsämtern sowie bei Gartenbauberatern usw.

▸ Die Standarduntersuchung, die nicht kostspielig ist, umfaßt in der Regel die Feststellung der Bodenart, des Säuregrads bzw. des Kalkzustands und des Gehalts an Phosphorsäure und Kalium.

▸ Da die Stickstoffuntersuchung schwieriger ist, wird sie meist nur auf besonderes Verlangen durchgeführt.

▸ Gegen Aufpreis wird auch der Humus-, Salz- und Magnesiumgehalt des Bodens ermittelt.

▸ Spezialuntersuchungen, bei denen auch andere Nährstoffe und Mikronährstoffe festgestellt werden, sind ebenfalls möglich, aber aufwendig und teuer.

▸ Für eine Bodenanalyse muß die sogenannte Durchschnittsprobe gezogen werden. Diese Probe nimmt man immer nur von einem einheitlich bewirtschafteten Stück Obst-, Gemüse- oder Ziergarten bzw. einer Rasenfläche.

▸ Eine Durchschnittsprobe besteht aus 10–15 Einzelproben, die man an verschiedenen Stellen der zu untersuchenden Fläche dem Boden entnimmt und anschließend auf einer sauberen Unterlage mischt. Daraus wird dann die Bodenmenge entnommen, die für die Untersuchung erforderlich ist. In der Regel reichen für eine Standarduntersuchung etwa 500 g Boden aus.

▸ Bodenproben werden im allgemeinen aus der Krumentiefe genommen. Sie beträgt 15–20 cm. Bei tiefwurzelnden Gehölzen wie Obstbäumen kann zusätzlich der Unterboden separat untersucht werden.

▸ Von frisch gedüngten oder gekalkten Böden sollen keine Bodenproben entnommen werden, da hierdurch das Analyseergebnis verfälscht wird.

▸ Bei Einsendung an ein Labor füllt man die vorgesehenen Proben in einen Plastikbeutel. Jede Probe wird numeriert und am besten mit dem Ort der Probenahme, z. B. Gemüsegarten, Beerenobstgarten, Rasen, versehen.

▸ Mit einem Begleitschreiben werden die Proben an das Labor gesandt. Das Schreiben sollte Probenummer, Art des Gartenlandes, Nutzung, vorangegangene Düngung und eigene Beob-

EINE BODENPROBE NEHMEN

1. Man sticht mit dem Spaten in den Boden und wirft den ersten Stich zur Seite.

2. Von der angeschnittenen glatten Grundfläche schneidet man eine etwa 2 cm dicke Scheibe ab.

3. Man gibt die Scheibe in einen Eimer. 10–15 solcher Scheiben ergeben die Durchschnittsprobe.

achtungen enthalten. Manche Labors versenden Fragebogen, die man hierzu verwendet.

▸ Aufgrund der Untersuchungen erhält man ein Bild vom Zustand des Bodens. Bezüglich der Nährstoffe geben die Untersuchungsinstitute meist an, welche Mengen festgestellt wurden und ob diese für die Ernährung der Pflanzen ausreichend, ob sie zu hoch oder zu niedrig sind. Aus dem Befund können dann entsprechende Düngemaßnahmen abgeleitet werden.

Eigenuntersuchung Den Kalkgehalt des Bodens bzw. den von diesem abhängigen Säuregrad kann man durchaus auch selbst feststellen. Für die Ermittlung des Säuregrades, die in den Bodenuntersuchungsinstituten auf elektronischem Weg erfolgt, werden im Gartenfachhandel verschiedene Typen von Reaktionsmeßgeräten angeboten.

▸ Ausgedrückt wird der Säuregrad durch den sogenannten pH-Wert. Um diesen zu ermitteln, bestimmt man den Anteil an Wasserstoffionen in einer Lösung. Je höher die Wasserstoffionenkonzentration ist, desto niedriger liegt der pH-Wert, und desto saurer ist der Boden; je niedriger die Wasserstoffionenkonzentration ist, desto höher liegt der pH-Wert und desto alkalischer (basischer) ist der Boden. Die Skala umfaßt die Werte 1–14. Der saure Bereich wird durch die Werte 1–6, der alkalische durch die Werte 8–14 beschrieben. Neutraler Boden hat den pH-Wert 7. Der Boden ist also um so saurer, je weiter die jeweilige Zahl unter 7 liegt. Umgekehrt ist er um so alkalischer (basischer), je weiter der pH-Wert über 7 liegt.

▸ Bei Indikatorpapieren stellt man entsprechend der Gebrauchsanweisung einen Bodenauszug her und taucht dann den Indikatorstreifen in die Lösung ein. Durch den Vergleich der Verfärbung mit den beigelegten Farbtafeln erkennt man den vorliegenden pH-Wert.

▸ Sogenannte Soiltester verfügen über Elektroden, die man in den Boden steckt. Der festgestellte pH-Wert wird auf einer Skala angezeigt.

▸ Beim Pehameter wird die entnommene Bodenprobe in eine Vertiefung des Gerätes gefüllt. Man beträufelt die Probe so lange mit Indikatorlösung, bis die überschüssige Flüssigkeit in eine Meßrinne fließt. Durch Farbvergleich mit der links und rechts der Meßrinne angebrachten Farbskala ermittelt man den vorhandenen pH-Wert.

▸ Einfach und preiswert läßt sich der pH-Wert mit Hilfe von speziellen Testtabletten feststellen.

▸ Den freien Kalk im Boden kann man mit der recht einfachen Salzsäureprobe ermitteln. Dazu benötigt man 10%ige Salzsäure, die man in der Drogerie erhält, nimmt mit einem Löffel oder Handspaten eine Bodenprobe und beträufelt die Erde mit einigen Tropfen Salzsäure. Im Boden vorhandener freier Kalk braust je nach Menge stärker oder schwächer auf. Braust die Bodenprobe bei dem Versuch nicht auf, liegt Kalkmangel vor, der gegebenenfalls behoben werden muß.

BODENBEARBEITUNG

▸ Während sich in der freien Natur die verschiedenen Pflanzen auf den jeweils zu ihnen passenden unterschiedlichen Böden ansiedeln, finden sie im Garten in der Regel einheitliche Bodenverhältnisse vor. Damit die Pflanzen gut gedeihen, muß man deshalb den Gartenboden in einen möglichst günstigen Zustand versetzen. Die Art der Bodenbearbeitung richtet sich nach der Bodenbeschaffenheit, der Jahreszeit und dem Pflanzenbestand. Die Bearbeitung dient gleichzeitig auch der Bekämpfung von nicht gewünschten Wildkräutern.

EINEN PH-TEST DURCHFÜHREN

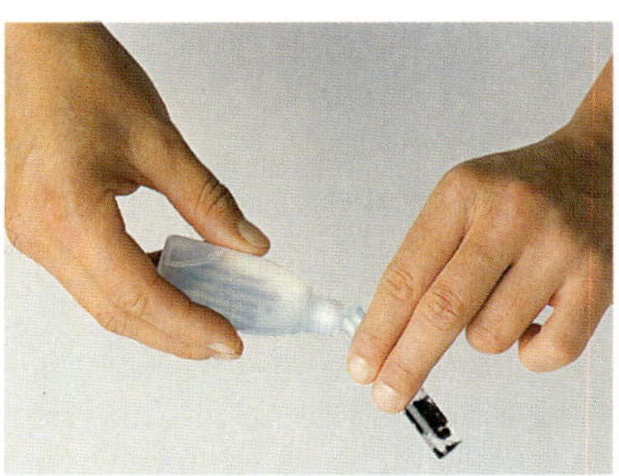

1. Zunächst füllt man in ein Teströhrchen mit einer Bodenprobe destilliertes Wasser.

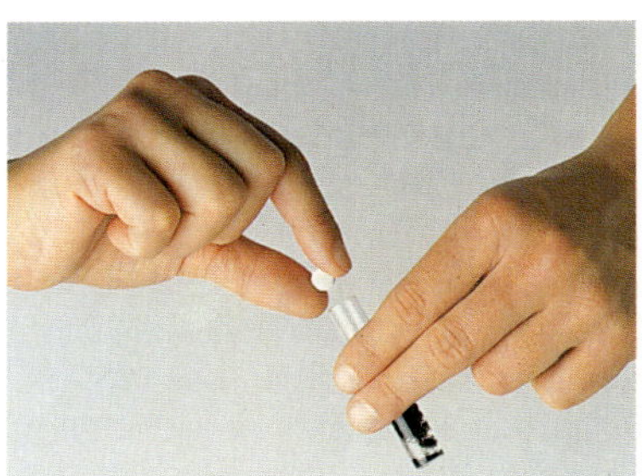

2. Man fügt eine Testtablette hinzu und löst sie im verschlossenen Röhrchen auf.

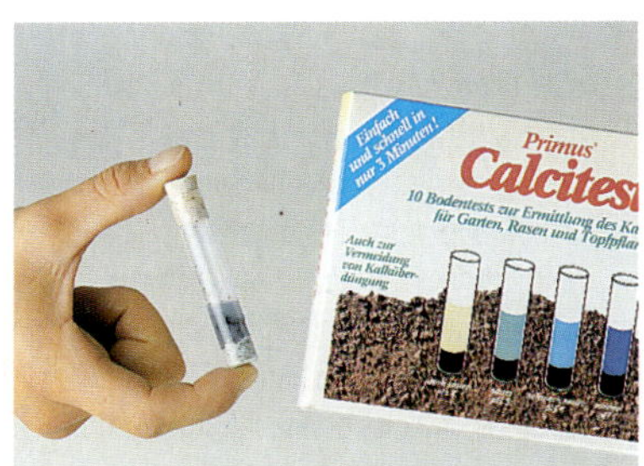

3. Nach einiger Zeit vergleicht man den Farbton mit der Farbskala und liest den pH-Wert ab.

Bodenarten Leichte Böden haben große Poren, lassen das Wasser rasch hindurchfließen, trocknen schnell aus und erwärmen sich im Frühjahr innerhalb kurzer Zeit. Typische leichte Böden sind Sandböden. Man verbessert sie, indem man Lehm und Humus untermischt. Dadurch halten leichte Böden das Wasser besser.

▸ Schwerer zu bearbeiten, aber gut geeignet für die allgemeine Pflanzenkultur, sind mittelschwere Böden, die neben groben auch feine Poren aufweisen. Sie bestehen aus sandigem Lehm und verfügen über einen ausgeglichenen Wasser- und Lufthaushalt.

▸ Schwere Böden enthalten weniger grobkörnige, dafür sehr viele feine Bodenteile. Aus diesem Grund lassen sie sich nur schwer bearbeiten. Die meist feinen Poren sind mit Wasser gefüllt, grobe Poren fehlen, so daß diese Böden oft unter Luftmangel leiden. Sie sind naß, trocknen langsam ab und sind nach dem Austrocknen meist sehr hart. Man macht sie lockerer und damit wasserdurchlässiger, indem man grobkörnigen Sand und reichlich Humus untermischt.

▸ Moorböden bestehen vorwiegend aus organischen Substanzen. Heideböden enthalten außerdem noch mineralische Anteile. Auf Moor- und Heideböden kultiviert man kalkfeindliche Pflanzen wie Rhododendren und Heidekräuter.

Bodentypen Gut geeignet für Gartenkulturen ist braune Walderde, zu der die Mehrzahl unserer Ackerböden zählt.

▸ Die besten Böden für pflanzenbauliche Kulturen sind Schwarzerdeböden, die u. a. aus Löß und Geschiebemergel entstanden sind und in den trockensten Gebieten von Deutschland vorkommen.

Bodenprofil Wichtig für den Garten ist auch das Bodenprofil. Wer sich über den Zustand seines Gartenbodens informieren will, sollte einmal ein Bodenprofil anschneiden und dazu eine etwa 1,2 m tiefe Grube ausheben.

▸ Die oberste Schicht, die der Bearbeitungstiefe der letzten Jahrzehnte entspricht, heißt Krume. Der Boden ist um so besser, je tiefer die Krume hinabreicht. Im allgemeinen liegt ihre Stärke zwischen 15 und 20 cm.

▸ Die folgende, etwa 1 m tiefe Schicht ist der Unterboden. Günstig für das Pflanzenwachstum ist eine lockere Schichtung. Ist der Unterboden dagegen dicht und kompakt, muß man vor der Neuanpflanzung mehrjähriger Gewächse eine gründliche und tiefgreifende Bearbeitung vornehmen. Sonst können die Wurzeln von Stauden, Sträuchern und Gehölzen nur schwer in tiefere Schichten vordringen, und diese Pflanzen können sich nur schlecht entwickeln.

▸ Der Untergrund, der unter dem Unterboden liegt und aus nur grob oder gar nicht verwitterten Schichten besteht, ist im allgemeinen für die Anpflanzung ohne Bedeutung. Durchzieht diese Ebene den Boden allerdings schon in einer Tiefe von etwa einem halben Meter, kann es Probleme mit tiefwurzelnden Gewächsen geben.

▸ Da Baumaßnahmen, an denen schwere Geräte wie Raupenfahrzeuge und Baukräne beteiligt sind, die Erde stark in Mitleidenschaft ziehen, muß man als Bauherr auf die Erhaltung eines lockeren Bodens achten. Unter Umständen empfiehlt es sich, die Krume vor Beginn der Arbeiten beiseite zu schaffen und in der Nähe der Baustelle zu lagern, bis die Baumaßnahmen abgeschlossen sind.

Bodenreaktion Beim Säuregrad muß man beachten, daß der Boden in unseren Breiten zur Versauerung neigt. Kommt es zu Veränderungen, muß man geeignete Maßnahmen ergreifen und den Reaktionsgrad so verändern, daß die Kulturen die notwendigen Bodenbedingungen vorfinden.

▸ Um einen sauren Boden neutral oder basischer zu machen, verwendet man kalkhaltige Düngemittel. Im Garten ist der Einsatz von kohlensaurem Kalk, Korallenkalk usw. üblich. Bei starker Versauerung des Bodens greift man zu Branntkalk.

Ist der Boden zu sauer, kann man ihn durch Einarbeiten von Kalk verbessern.

▸ Will man auf einem basischen Boden säureliebende Pflanzen wie Rhododendren und Heidekräuter kultivieren, greift man zu sauren Substraten wie Torf. Auf diesen Böden dürfen dann aber keine kalkhaltigen Düngemittel wie z. B. Kalksalpeter oder Kalkstickstoff ausgebracht werden.

UMGRABEN UND HACKEN

▸ Die mechanische Bearbeitung des Bodens mit der Grabgabel, dem Spaten oder der Hacke dient in erster Linie der Lockerung der oberen Schichten. Dadurch wird die Struktur des Bodens verbessert, der Gasaustausch zwischen Boden und Atmosphäre gefördert, und Wildkräuter werden niedergehalten.

▸ Beim Umgraben, das bei lokkeren, nicht verdichteten Böden sinnvoll ist, wird der Boden einen Spaten tief umgegraben und so der Oberboden gewendet.

▸ Beim Hacken wird die Oberfläche des Bodens nur flachgründig gelockert. Außerdem beseitigt man mit der Hacke unerwünschte Wildkräuter.

Das Hacken dient der flachgründigen Lockerung des Bodens.

▸ Bei den Hacken unterscheidet man Zieh- und Schlaghacken. Ziehhacken haben den Vorteil, daß das Gerät bei der Arbeit immer in der Erde bleibt, also nicht angehoben werden muß. Man kann mit ihnen bei nur geringem Kraftaufwand in aufrechter Haltung arbeiten. Schlaghacken, mit denen man fast doppelt soviel Zeit benötigt, werden nur bei schweren Böden eingesetzt.

▸ Man verwendet beim Umgraben und Hacken meist Handgeräte, in größeren Gärten auch Maschinen.

Frühjahr Die Bearbeitung des Bodens im Frühjahr erfolgt, ehe man Gemüse, Blumen, Stauden und andere Pflanzen sät oder anpflanzt.

▸ Man bearbeitet den Boden im allgemeinen nur flachgründig, um die Frostgare nicht zu zerstören. (Von Frostgare spricht man, wenn das Wasser im Boden im Winter gefriert und dadurch die Erdschollen zerkleinert werden.) Man reißt also die Oberfläche nur leicht auf und ebnet sie ein.

▸ Im Frühjahr sollte man den Gartenboden möglichst wenig betreten, weil er dadurch verdichtet und seine Struktur ungünstig beeinflußt wird.

Sommer Während des Vegetationsjahrs nimmt man die sogenannte Sommerbearbeitung vor. Sie dient in der Regel dazu, durch Niederschläge verschlämmte und so verdichtete Bodenschichten aufzulockern und Wildkräuter zu beseitigen. Der Boden wird im Sommer immer nur flach bearbeitet, um die dicht unter der Oberfläche verlaufenden feinen Haarwurzeln der Pflanzen nicht zu beschädigen. Bewährt hat sich auch das Mulchen.

▸ Herausgehackte Wildkräuter kann man am Boden liegen lassen. Sie werden durch die Sommersonne ausgedörrt, und das zerfallende Gewebe liefert wertvollen Humus.

▸ Werden im Gemüsegarten im Lauf des Jahres Beete für eine zweite Kultur saat- oder pflanzfertig gemacht, genügt auch hier eine flache Bearbeitung. Sie soll so ausgeführt werden, daß ohne Schwierigkeiten gesät oder gepflanzt werden kann.

Herbst Im Herbst wird der Boden auf freien Flächen mit dem Spaten umgegraben oder gepflügt. Danach bleibt er grobschollig liegen. So können Feuchtigkeit und Frost tief eindringen und den Boden auflockern. Für größere Flächen leiht man sich die Geräte von Fachfirmen oder

BODEN UMGRABEN

1. Zu Beginn des Umgrabens stößt man den Spaten mit dem Fuß senkrecht in den Boden.

2. Dann greift man mit einer Hand unten den Spatenstil, wobei man leicht in die Knie geht.

3. Anschließend hebt man den Spaten und streckt die Beine, damit der Rücken entlastet wird.

läßt die Arbeit gleich von einem Fachmann erledigen.

▸ Neuerdings verzichtet man bei leichten Böden auf das Umgraben, da sie auch ohne diese Bearbeitung ausreichend durchfrieren.

▸ In einem flachgründigen Boden leidet die Standfestigkeit der Pflanzen, außerdem sind das Wasserspeichervermögen und der Vorrat an Nährstoffen gering. In einen tiefgründigen Boden können die Wurzeln dagegen sehr weit eindringen, und sie haben viel Wasser und Nährstoffe zur Verfügung. Flachgründige Böden lassen sich durch die sogenannte Tiefenlockerung verbessern.

▸ Der Tiefenlockerung dienen das Holländern und das Rigolen, wobei der Boden zwei bzw. drei Spaten tief umgegraben wird.

▸ Keinesfalls dürfen bei einer Tiefenlockerung Bodenschichten, die unterhalb der Krume liegen, nach oben gelangen.

▸ Um die Vermischung der Bodenschichten bei der Tiefenlokkerung zu vermeiden, teilt man die zu bearbeitende Fläche in mehrere Streifen ein. Beim Holländern hebt man den Boden des ersten Streifens einen Spatenstich tief ab und lagert das Material am Rand der Fläche. Danach lockert man die sich darunter befindende Schicht und füllt den Graben mit dem nächsten Streifen Oberboden. So gräbt man die ganze Fläche um und füllt zum Schluß den letzten Graben mit der Erde des ersten. Beim Rigolen geht man sinngemäß vor, indem man auch die Erde der zweiten Schicht zur Seite schafft und sie auf die umgegrabene dritte aufbringt. Darüber kommt zum Schluß die Erde der obersten Schicht.

▸ Weil die groben Schollen im Winter durch die jahreszeitliche Witterung zerkleinert werden, man also den Boden nicht zusätzlich noch mechanisch feinkrümelig machen muß, erfolgt auch die Tiefenlockerung im Herbst.

▸ Die Tiefenlockerung ist aufwendig. Deshalb kann es sinnvoll sein, bei größeren Flächen die entsprechenden Geräte bei einer Fachfirma auszuleihen bzw. die Arbeit gleich von einen Fachmann ausführen zu lassen. Das kann z. B. bei der Neuanlage eines Gartens nach Zerstörung der Bodenstruktur durch umfangreiche Baumaßnahmen mit schweren Maschinen notwendig sein. Man sollte bedenken, daß es sich bei Tiefpflügen um große Geräte handelt, die eine entsprechende Fläche zum Wenden benötigen.

DRAINAGE

▸ Schwere Böden leiden oft unter Staunässe, besonders dann, wenn sich schon in geringer Tiefe wasserundurchlässige Schichten befinden. Sandige Böden sind im allgemeinen gut drainiert.

▸ Um die Wasserdurchlässigkeit eines Bodens zu prüfen, gräbt man ein 60 cm tiefes Loch und füllt es mit Wasser. Bei einer guten Drainage versickert das Wasser innerhalb von 24 Stunden, bei einer schlechten bleibt es 48 Stunden oder länger stehen. In diesem Fall muß überschüssiges Wasser durch eine künstliche Drainage abgeleitet werden.

▸ Ist der Boden nicht zu stark verdichtet, kann man eine höhere Wasserdurchlässigkeit erreichen, indem man scharfen Sand oder Styromull einarbeitet. Auch organische Stoffe, aus denen Dauerhumus entsteht, z. B. Gartenkompost, wirken sich günstig auf die Durchlässigkeit aus.

▸ In stark verdichtete Böden mit anhaltender Staunässe gräbt man Tonrohre oder perforierte Kunststoffrohre ein, die das überschüssige Wasser ableiten.

▸ Drainagen müssen so tief verlegt werden, daß der Boden problemlos mechanisch bearbeitet werden kann und die Rohre im Winter nicht durch Frost gefährdet sind. Die optimale Tiefe liegt bei ungefähr 70 cm.

MULCHEN

▸ Unter Mulchen versteht man das Abdecken der Bodenoberfläche mit in der Regel organischem Material. Dadurch schützt man die Bodenstruktur vor negativen Witterungseinflüssen wie starken Niederschlägen. Außerdem bleibt die Erde durch das Mulchen feucht, und nicht gewünschte Wildkräuter werden unterdrückt.

Das Mulchen – hier mit Rindenmulch – schützt die Struktur des Bodens.

▸ Man sollte nicht nur freie Beete und Flächen mulchen, sondern auch die, auf denen noch kein dichter Pflanzenwuchs den Boden schützt.

▸ Organisches Material, das zum Mulchen verwendet werden kann, ist z. B. halb verrotteter Kompost, Rindenmulch oder -humus, Holzfaserstoffe, gehäckseltes Stroh, Torf, gemähtes Gras und Laub.

▸ Vorsicht bei frischem Grasschnitt. Da er bei feuchtem Wetter leicht zu faulen beginnt, sollte man ihn unbedingt trocknen lassen, bevor man ihn zum Mulchen verwendet.

▸ Üblicherweise ist eine Mulchdecke 3–5 cm dick. Mindestens 5 cm sind notwendig, wenn Wildkräuter die Mulchdecke nicht durchdringen sollen.

▸ Bei Dauerkulturen wartet man ab, bis sich das Material von selbst zersetzt hat. Bei Gemüsebeeten wird es dagegen im Herbst mit der Krume vermischt.

▸ In Mulchschichten aus organischem Material können sich gelegentlich Tiere einnisten, die Schaden anrichten, etwa Mäuse und Schnecken. Um das zu verhindern, sind von Zeit zu Zeit Kontrollen notwendig.

▸ Gemüse- und Erdbeerbeete werden gelegentlich beim Pflanzen mit Mulchfolie oder Mulchpapier abgedeckt. Dadurch erzielt man einen ähnlichen Effekt wie bei der Verwendung organischer Stoffe.

HUMUSVERSORGUNG

▸ Für die Fruchtbarkeit des Bodens ist die Humusversorgung von ausschlaggebender Bedeutung. Unter Humus versteht man alle organischen Substanzen, die sich zersetzen. Sie bilden die Nahrung für die Mikroorganismen, die für eine gute Struktur des Bodens verantwortlich sind. Außerdem werden bei der Zersetzung wichtige Nährstoffe wie Stickstoff frei.

▸ Pflanzliche Böden, also solche, die aus verrottetem Pflanzenmaterial bestehen wie z. B. Torf, enthalten genügend Humus. In einem mineralischen Boden, der sich aus zerriebenem Gestein zusammensetzt, sollte der Humusanteil mindestens 3–10 % betragen. Da in unserem Klima der Humusgehalt des Bodens ständig abnimmt, muß man häufig Humusstoffe einarbeiten, wenn man einen guten Gartenboden erhalten will.

▸ Die Düngung erfolgt im Herbst oder im Frühjahr. Nährstoffhaltige Humusdünger wie Stallmist oder Kompost bringt man besser im Frühjahr aus, um hohe Nährstoffverluste und die damit verbundene Nitratbelastung des Grundwassers im Winter durch Auswaschen zu vermeiden.

Gründüngung Unter Gründüngung – bei der man Sommer- und Wintergründüngung unterscheidet – versteht man die Einsaat schnell wachsender Pflanzen, die später in die Krume eingearbeitet werden. Sie verrotten dort und liefern Nährstoffe für die Pflanzen und Humus für den Boden. Die intensive Durchwurzelung lockert außerdem den Boden. Auch das Aufkommen von Wildkräutern wird durch die Gründüngung verringert.

▸ Die Gründüngung wird im Frühjahr eingesetzt oder wenn nach der Sommerernte größere Flächen unbestellt bleiben. Ebenfalls empfehlenswert ist eine Gründüngung, wenn ein Boden urbar gemacht werden soll, ehe die erste Kulturpflanzung vorgenommen wird.

▸ Eine Gründüngung kann aus einer einzelnen Pflanzengattung bzw. -art oder aus einem Gemenge bestehen. Im Sommer verwendet man vorzugsweise Schmetterlings- und Kreuzblütler sowie *Phacelia* (Bienenfreund). Diese Pflanze liefert besonders viel organische Substanz, und außerdem sind die blühenden Pflanzen eine Bienenweide.

▸ Saatgutmischungen, die im Gartenfachhandel erhältlich sind, werden je nach Bodenart verwendet (z. B. Grünhumus für leichte und mittlere Böden).

▸ Weitere bekannte Gründüngungspflanzen für Frühjahr und Sommer sind Ackerbohne, Gelbklee, Ölrettich, Sommerwicke und Weißklee. Man sät sie im Frühjahr oder aber im Juli und August. Im späten Herbst werden die Pflanzen beim Umgraben in den Boden eingearbeitet.

Die Sommergründüngung arbeitet man beim Umgraben im Herbst in den Boden ein.

▸ Die Nitratbelastung des Grundwassers kann man auf Böden, die nicht umgegraben werden, durch eine Wintergründüngung mindern. Die aufgegangenen Samen der Pflanzen nehmen die löslichen Nährstoffe auf.

▸ Für eine Wintergründüngung werden u. a. Gelbsenf, Winterraps, Winterroggen und Winterwicke verwendet. Man sät die Pflanzen im Oktober aus. Im Frühjahr arbeitet man sie in den Boden ein oder trennt Blätter und Halme mit einer scharfen Hacke von den Wurzeln. Während die Wurzeln verrotten und den Humusanteil im Boden erhöhen, dienen die abgehackten Halme und Blätter der Pflanzen als Mulchmaterial.

Stallmist Bestens geeignet für die Humusversorgung von freien Flächen ist Stallmist, der bei der Viehwirtschaft anfällt. Er besteht aus den Exkrementen von Groß- und Kleinvieh sowie aus der Einstreu. Der Wert eines solchen Wirtschaftsdüngers hängt davon ab, von welchem Tier die Exkremente stammen, von der Art der Einstreu und der Lagerdauer des Mistes.

▸ Unter einem hitzigen Mist versteht man einen Wirtschaftsdünger, der sich schnell zersetzt und entsprechend schnell seine Nährstoffe freigibt. Wird er in Haufen gelagert, findet die Zersetzung unter hoher Temperaturentwicklung statt – ein Umstand, den man bei der Anlage von Frühbeeten ausnutzt. Zu dieser Gruppe zählt in erster Linie Pferdemist mit Stroheinstreu, aber auch Hühner- und Schafmist.

▸ Kalter Mist ist besonders wasserreich, enthält weniger Stickstoff und zersetzt sich langsam. Dazu zählen Rinder- und Schweinemist.

▸ Für die Humusdüngung im Garten sollte möglichst kein frischer Mist verwendet werden. Günstig ist es, wenn der Mist ein halbes bis ein Jahr alt ist und vorher kompostiert wurde. Keinesfalls darf frischer Stallmist unvermischt in Pflanzgruben gegeben werden.

Kompost Kompost ist für den Gartenbesitzer der wichtigste und preiswerteste Humusdünger. Er entsteht durch die Zersetzung von Gartenabfällen, liefert wertvollen Humus und Nährstoffe für die Pflanzen, kann vielseitig eingesetzt werden und kostet bei eigener Erzeugung nichts. Außerdem können alle Grüngutabfälle des Gartens auf diese Weise entsorgt werden.

▸ Der Kompostplatz im Garten sollte gut zugänglich sein, etwas geschützt liegen und den Blicken – auch denen der Nachbarn – entzogen sein. Gegebenenfalls sollte man sich bei der Anlage eines Kompostplatzes an der Grundstücksgrenze mit dem Nachbarn abstimmen. Eventuell kann man auch einen gemeinsamen Kompostplatz anlegen.

▸ Ein möglichst schattiger Platz ist vorteilhaft, damit das Material nicht zu schnell und zu stark austrocknet.

▸ Ein Komposthaufen kann lose aufgeschüttet werden. Er sollte nicht zu breit und zu hoch sein, damit das Material stets gut durchlüftet ist. Ideal ist eine Sohlenbreite von etwa 1,5 m. Der Haufen sollte sich nach oben verjüngen. Die ideale Höhe liegt zwischen 1,2 und 1,5 m. Die Länge des Haufens kann beliebig gewählt werden.

▸ Kompostbehälter (z. B. Komposttonnen oder -lagen) können verwendet werden. Sie sehen besser aus als ein Komposthaufen, und wenn der Kompost locker geschichtet ist und der Behälter Luftzufuhr hat, zersetzt sich das organische Material darin genauso schnell wie in einem Komposthaufen.

Kompostbehälter haben den gleichen Effekt wie Komposthaufen, sehen aber besser aus.

▸ Auf den Kompost werden alle organischen Pflanzenabfälle gebracht, sofern sie sich zersetzen und nicht von Krankheiten und Schädlingen befallen sind.

▸ Auch Küchenabfälle wie Kaffee- und Teesatz sowie zerdrückte Eierschalen können zum Kompost gegeben werden, doch besser keine Fleischreste oder Fischabfälle. Diese locken leicht Ungeziefer an.

▸ Vorsicht mit Wildkräutern. Sie dürfen keinen Samen angesetzt haben, da sie sonst später mit dem entstandenen Humus verbreitet werden.

▸ Zweige und verholzte Stengel sollten vor der Kompostierung mit der Schere zerkleinert oder gehäckselt bzw. geschreddert werden.

Grob strukturiertes Kompostmaterial wie Zweige sollte man vor der Kompostierung zerkleinern.

▸ Der Kompost muß locker aufgeschüttet und ständig feucht gehalten werden, damit Mikroorganismen und Regenwürmer das organische Material zersetzen können.

▸ Gute Komposterde entsteht, wenn das Material jährlich ein- bis zweimal umgesetzt wird. Dabei vermischt man es und schüttet es wieder locker auf.

▸ Im Fachhandel sind sogenannte Kompoststarter erhältlich – in der Regel sind dies Reinkulturen aerober Mikroorganismen, die den Rotteprozeß sofort einsetzen lassen sollen. Sie sind im allgemeinen nicht erforderlich.

▸ Um eine schädliche Säurebildung zu verhindern, kann etwas kohlensaurer Kalk zugesetzt werden. Der Kalk bindet die Säuren. Pro Kubikmeter Kompostmaterial sind 1–3 kg ausreichend.

▸ Auch Kalkstickstoff kann dem Kompost beigemengt werden. Dieser Dünger bindet nicht nur die Säuren, sondern beschleunigt durch den Stickstoff auch die Zersetzung des Materials.

▸ Andere stickstoffhaltige Materialien oder Dünger regen die Mikroorganismen ebenfalls an und begünstigen somit die Verrottung. Empfehlenswert sind Stallmist, Horn- oder Blutmehl und Guano. Auch stickstoffreiche Pflanzenabfälle wie etwa Tomatensprosse oder Brennesselschnitt eignen sich gut.

▸ Meist wird Kompost, je nach Ausgangsmaterial und Zersetzungsgrad, nach ein- bis dreijähriger Lagerung verwendet.

▸ Bei der Neuanlage eines Gartens benötigt man 30–50 l Kompost pro Quadratmeter, während bei der jährlichen Humusdüngung im allgemeinen Mengen von 5–10 l/m^2 ausreichen.

▸ Da oft nicht genügend Kompost aus dem eigenen Garten für die Humusversorgung zur Verfügung steht, kann auch sogenannter Grüngutkompost verwendet werden, der aus den bei Grüngutsammlungen der Städte und Gemeinden anfallenden Materialien gewonnen wird.

▸ Biomüllkompost sollte im Garten nicht verwendet werden. Er wird aus Haushaltsmüll hergestellt, enthält oft schädliche Substanzen und vielerlei nicht verrottbares Material.

▸ Wenn man nicht ausreichend Stallmist oder Kompost zur Verfügung hat, muß die Humusversorgung mit Ersatzstoffen aufrechterhalten werden. Wertvolle Ersatzstoffe sind Rindenhumus, Torf, Stroh, Holzfaserprodukte und ähnliches Material.

Rindenhumus Zerkleinerte und fermentierte, also bereits kompostierte Rinde, die beim Schälen von Waldbäumen anfällt, wird als Rindenhumus angeboten. Er dient in erster Linie zur Verbesserung der Bodenstruktur und erhöht den Wasser- und Luftgehalt des Bodens sowie seine Fähigkeit, Wärme zu speichern.

▸ Wird kein Rindenhumus angeboten, kann man auch auf Rindenkompost zurückgreifen. Dabei handelt es sich um eine Mischung aus Rindenhumus und Grüngutkompost.

▸ Bei der Gartenneuanlage verwendet man bis zu 50 l Rindenhumus pro Quadratmeter. Für die jährliche Verbesserung der Humusversorgung des Gartens reichen 2–5 l Rindenhumus pro Quadratmeter aus.

Torf Er besteht fast ausschließlich aus Pflanzenresten, die sich unter Luftabschluß in feuchter Umgebung nicht zersetzt, sondern vertorft haben. Um die Moore zu erhalten, versucht man Torf neuerdings u. a. durch Rindenhumusprodukte zu ersetzen. Wenn es darum geht, den pH-Wert mineralischer Böden abzusenken, ist Torf jedoch nach wie vor ein wichtiges Hilfsmittel.

▸ Verwendet wird überwiegend relativ wenig zersetzter saurer Hochmoorweißtorf. Vorsicht ist bei Schwarztorf geboten, der bereits stärker zersetzt ist und oft nicht sauer, sondern neutral oder sogar alkalisch reagiert.

▸ Trockener Torf nimmt nur schlecht Wasser auf. Deshalb muß man ihn vor dem Ausbringen gut anfeuchten.

Stroh Auch Stroh dient der Humusverbesserung des Bodens. Man kann es preiswert beziehen, weil es in landwirtschaftlichen Betrieben, die Getreide anbauen, in großen Mengen anfällt.

▸ Da Stroh nur langsam verrottet, ist es nicht für die direkte Einarbeitung in den Boden geeignet. Um den Verrottungsprozeß zu beschleunigen, muß man Stickstoff zugeben. Dazu tränkt man kleingehäckseltes Stroh mit Wasser, schichtet es in mehreren Lagen von jeweils 30 cm Stärke auf und streut Stickstoffdünger wie z. B. Kalkstickstoff oder Harnstoff dazwischen. Man verwendet je Kubikmeter Strohmaterial 7–10 kg Stickstoffdünger. Der angesetzte Haufen bleibt drei bis vier Wochen liegen, wird dann umgesetzt, und nach weiteren drei bis vier Wochen kann der Strohkompost im Garten ausgebracht werden.

Holzfaserprodukte Seit kurzer Zeit werden Holzfaserprodukte angeboten, die aus Abfallholz hergestellt werden. Das Material wird vorbehandelt und durch die Zugabe von Stickstoff und anderen Substanzen angereichert. Holzfaserstoffe können in ähnlicher Weise wie Rindenhumus eingesetzt werden. Die Mengen richten sich nach den Angaben des Herstellers.

PFLANZENERNÄHRUNG

▸ Damit Pflanzen organische Substanzen wie Kohlenhydrate, Eiweiße und Fette aufbauen können, brauchen sie neben Wasser und Sauerstoff Kohlendioxid aus der Luft und weitere Nährstoffe. Man unterscheidet Kernnährstoffe wie Stickstoff, Kalium und Magnesium sowie Mikronährstoffe oder Spurenelemente wie Zink, Bor und Kupfer. Letztere werden von den Pflanzen nur in geringen Mengen benötigt.

▶ Im Gartenboden müssen alle Kernnährstoffe und die für die jeweiligen Pflanzen wichtigen Spurenelemente vorhanden sein. Nährstoffmangel bremst das Wachstum, die Blüte und den Fruchtertrag. Wenn also im Boden einer oder mehrere Nährstoffe fehlen, müssen die Pflanzen gedüngt werden.

▶ Genauso schädlich wie Nährstoffmangel ist Überdüngung. Indem sich die Nährstoffe bei einem unausgewogenen Verhältnis gegenseitig in ihrer Wirkung behindern, wirkt sich ein Überschuß ungünstig auf das Wachstum aus. Zusätzlich wird das Grundwasser belastet. Es ist besser, die Düngermenge knapp zu bemessen, um eine Überdüngung zu vermeiden und umweltschonend zu arbeiten. Vorzugsweise richtet man sich nach den Angaben der Hersteller bzw. nach den Ergebnissen einer Bodenanalyse.

Wichtige Elemente Die im Handel angebotenen Dünger setzen sich aus unterschiedlich vielen Elementen zusammen, die von den Pflanzen über die Wurzeln aufgenommen werden können. Einzeldünger enthalten immer nur einen Nährstoff und sind in erster Linie dazu geeignet, ein harmonisches Nährstoffverhältnis im Boden zu schaffen.

▶ Stickstoff begünstigt besonders das Wachstum der Pflanze. Ein Mangel führt zu kümmerlichem Wuchs, ein Überschuß z. B. bei Kohl zu Geschmackseinbußen. Da es bei Stickstoff leicht zu grundwasserbelastenden Nitratauswaschungen kommt, ist die genaue Dosierung von Stickstoffzugaben besonders wichtig.

▶ Phosphorsäure fördert die Entwicklung der Wurzeln, den Knospenansatz, die Blüten- und die Fruchtbildung und ist deshalb besonders bei Pflanzen wichtig, deren Früchte man ernten möchte.

▶ Kalium wird in größeren Mengen benötigt. Es fördert die Stabilität der Zellwände. Dadurch steigt die Widerstandskraft der Pflanzen gegen Wassermangel, Frost, Krankheiten und Schädlinge. Besonders Wurzelgemüse, Fruchtgemüse und Obst brauchen Kalium. Es löst sich schnell im Boden und kann deshalb nicht auf Vorrat gegeben werden.

▶ Magnesium ist an vielen Aufbauprozessen der Pflanze beteiligt. Außerdem ist es für die Blattgrünbildung unverzichtbar. Wenn sich die Blätter der Pflanzen zwischen den Adern gelb verfärben, düngt man mit Magnesium.

▶ Calcium festigt das Gewebe der Pflanzen und wirkt der Versauerung des Bodens entgegen. Dadurch schafft es harmonische Verhältnisse im Nährstoffhaushalt der Gewächse. Außerdem gibt man Kalk in den Boden, um eine stabile Bodenstruktur zu schaffen.

Düngerkombinationen Düngermischungen, die mindestens zwei Kernnährstoffe enthalten, werden Mehrnährstoffdünger genannt, während Volldünger stets aus drei Kernnährstoffen bestehen. Ein für den Garten besonders geeigneter Volldünger ist Blaukorn, das Stickstoff, Phosphorsäure und Kalium enthält und die Pflanze mit allen notwendigen Nährstoffen versorgt.

▶ Volldünger gibt es auch als Depotdünger. Bei dieser Form werden die Nährstoffe langsam über einen größeren Zeitraum hinweg gelöst und so den Pflanzen zugeführt. Depotdünger stehen den Pflanzen über einen Zeitraum von drei bis sechs Monaten zur Verfügung. Ihr Einsatz ist auf bestimmte Bereiche begrenzt, z. B. auf Rasen und Pflanzgefäße.

Düngerformen Dünger sind in fester und flüssiger Form erhältlich. Bei flüssigen Düngern sind die Nährstoffe in Wasser gelöst. Diese Dünger, die speziell für die Versorgung von Zimmerpflanzen und Balkonkästen angeboten werden, haben den Vorteil, daß sie sofort von den Pflanzenwurzeln aufgenommen werden.

▶ Feste mineralische Dünger, die in pulvriger oder körniger Form erhältlich sind, werden ausgestreut und möglichst sofort in die Krume eingearbeitet. Man kann sie auch in Wasser auflösen, bevor man sie ausbringt. Zu beachten ist eine gleichmäßige Verteilung.

Düngearten Mit einer Grund- oder Vorratsdüngung gibt man dem Boden vor Vegetationsbeginn oder bevor gesät bzw. gepflanzt wird die notwendigen Nährstoffe für die folgende Vegetationsperiode.

▶ Um eine Krumendüngung handelt es sich, wenn man kurz vor dem Säen oder Pflanzen noch fehlende Nährstoffe in die Krume einarbeitet.

▶ Bei einer Kopfdüngung werden Nährstoffe während der Kultur zugeführt. Dabei sollen fehlende Nährstoffe ersetzt und ein optimales Wachstum, Blühen und Fruchten der Pflanzen bis zum Ende der Kultur bzw. der Vegetationszeit erreicht werden.

▶ Bei einer Kopfdüngung werden flüssige oder feste Dünger verwendet. Wichtig ist, daß sie leicht löslich sind und gleichmäßig in nicht zu hoher Konzentration ausgebracht werden, da sonst die Gefahr besteht, daß die Kulturen verbrennen.

▶ Nachdem man eine Kopfdüngung durchgeführt hat, müssen die oberirdischen Pflanzenteile mit Wasser abgespritzt werden, um Schäden durch Salzkonzentration zu vermeiden. Danach sollten die Pflanzen einige Tage lang gleichmäßig feucht gehalten werden, damit die Nährstoffe von den Wurzeln aufgenommen werden können.

Organische Dünger Organische Düngemittel bestehen in erster Linie aus tierischen Abfallprodukten wie Blut, Knochen, Hörnern, Klauen, Häuten sowie aus Fisch- und Fleischabfällen, aber auch aus Exkrementen wie Guano oder getrocknetem und aufbereitetem Hühner- und Rinderdung.

▸ Organische Einzeldünger sind z. B. Hornmehl, Hornspäne und Blutmehl. Sie enthalten vor allem Stickstoff, während Knochenmehl reich an Phosphorsäure ist.

▸ Dünger aus Tierexkrementen sind in der Regel als Volldünger erhältlich.

▸ Ebenfalls zu den organischen Düngern rechnet man die Holzasche. Man kann sie auf die Gartenbeete streuen, aber auch für den Kompost verwenden.

▸ Organische Dünger haben den Vorteil, daß sie bei maßvoller Dosierung die Salzkonzentration im Boden nicht erhöhen. Günstig ist auch, daß sie über einen längeren Zeitraum wirken, weil ihre Nährstoffe zuerst von den Mikroorganismen des Bodens aufbereitet werden müssen. Damit stellen organische Dünger eine langsam, aber stetig fließende Nährstoffquelle dar.

▸ Organische Düngemittel verwendet man als Grund- bzw. Vorratsdünger sowie als Krumendünger.

▸ Für die Zersetzung organischer Düngemittel ist eine ausreichende Temperatur und gleichmäßige Feuchtigkeit wichtig.

▸ Organische Düngemittel bringt man am besten im Frühjahr und Frühsommer aus. Sie sollen nicht im Herbst verabreicht werden, da sonst bis zum Frostbeginn Nährstoffe frei werden, die von den Pflanzenwurzeln nicht mehr aufgenommen werden können.

▸ Organische Dünger werden ausgestreut und dann flach in die oberste Bodenschicht eingearbeitet.

Organisch-mineralische Volldünger Mit Ausnahme von Exkrementen gibt es organische Volldünger aus tierischen Abfallprodukten nicht. Werden solche angeboten, sind es organisch-mineralische Volldünger. Diese enthalten z. B. Horn- oder Blutmehl als Stickstoffkomponente, Knochenmehl für die Phosphorsäure und Patentkali als mineralischen Dünger.

▸ Organisch-mineralische Volldünger werden überwiegend als Grund- bzw. Vorratsdünger, aber auch als Krumendünger verwendet. Für die Kopfdüngung kommen sie kaum in Frage. Sehr gut können sie bei Blumenerden für Zimmer-, Balkon- und Kübelpflanzen verwendet werden.

Mineralische Dünger Mineralische Dünger sind entweder Naturprodukte (Phosphate, Kalisalze usw.) oder werden chemisch erzeugt (Stickstoffdünger).

▸ Als ein Vorteil mineralischer Dünger gilt, daß man sie in allen denkbaren Formen herstellen kann. Man unterscheidet hoch- und schwachkonzentrierte, saure und alkalische sowie leicht- und schwerlösliche mineralische Dünger. Diese Dünger, die zudem meist preiswerter als organische Dünger sind, kann man deshalb sehr gezielt einsetzen. Ein weiterer Vorteil mineralischer Dünger ist, daß akute Nährstoffmangelerscheinungen rasch behoben werden können.

▸ Der Nachteil mineralischer Dünger besteht darin, daß ihre Anwendung nicht ganz problemlos ist. Man muß sie exakt dosieren und gleichmäßig verteilen. Fehler führen zu Salzkonzentrationsschäden – die Pflanzen verbrennen. Darüber hinaus kann der unvorsichtige Gebrauch mineralischer Düngemittel das Grundwasser gefährden.

▸ Mineralische Dünger werden als Grund- bzw. Vorratsdünger sowie als Krumen- und Kopfdünger verwendet. Die Auswahl erfolgt nach Bedarf und Zusammensetzung des Düngers.

▸ Für besondere Kulturen wendet man Spezialdünger an. So werden z. B. Moorbeetpflanzen wie Rhododendren und Azaleen mit sauren Düngemitteln gedüngt. Diese sind meist unter der Bezeichnung Rhododendrondünger im Handel erhältlich.

▸ Für manche Kulturen gibt es Spezialmischungen, z. B. für Rasen und für Nadelgewächse. Derartige Kulturen haben besondere Nährstoffansprüche, die von diesen Düngermischungen abgedeckt werden.

▸ Eine große Bedeutung haben Kalkdünger. Sie sind nicht nur für den Boden, sondern auch für die Pflanzen wichtig. Vorsicht ist jedoch bei Kulturen geboten, die sauren Boden benötigen wie z. B. Moorbeetpflanzen.

▸ Kalkdünger werden vorzugsweise im Herbst auf den trockenen Boden ausgestreut und sofort in die Krume eingearbeitet. Nur dann kommen sie voll zur Wirkung.

Spurenelementedünger Sie enthalten entweder einen oder mehrere Mikronährstoffe. Diese Dünger werden nur dann eingesetzt, wenn bei den Pflanzkulturen starke Nährstoffmangelerscheinungen auftreten.

GEMÜSE PFLANZEN

▸ Man kann Gemüse in jedem lockeren, humosen Boden kultivieren. Sonnige, etwas geschützte, gut bewässerte Flächen eignen sich besonders gut für den Anbau.

Saatgut kaufen Hochwertiges Saatgut und gute Sorten bilden die Voraussetzung für einen guten Ertrag. Deshalb sollte man beim Sameneinkauf nicht sparen.

▸ Man wählt entweder Normalsaatgut, das nach Gewicht oder in Portionstüten angeboten wird, oder Pillensaatgut. Hier sind die einzelnen Samenkörner in einer Hüllmasse eingebettet (Pille). Feines Saatgut kann so im Einzelkornverfahren ausgesät werden. Dadurch erzielt man gleichmäßige Abstände und spart sich später das Vereinzeln.

▸ Besonders empfehlenswert sind die sogenannten F_1-Hybriden. Diese hochwertigen Sorten zeichnen sich durch einen kräftigen, ausgeglichenen Wuchs und einen hohen Ertrag aus.

▸ Da Gemüse von vielen Krankheiten befallen werden kann, empfiehlt es sich, resistente Sorten zu wählen. So können gesunde Ernten auch ohne Pflanzenschutzmittel erzielt werden.

Saat- und Pflanzverfahren Bei der Breitsaat wird das Saatgut breitwürfig ausgesät. Wichtig dabei ist, daß die Samen über die ganze Fläche gleichmäßig verteilt werden. Angewandt wird die Breitsaat z. B. bei Feldsalat oder Kresse, wenn man möglichst viele Pflanzen auf der zur Verfügung stehenden Fläche ernten möchte.

▸ Wenn man die Samen in Reihen aussät, spricht man von der Drill- oder Reihensaat. Dieses Verfahren hat den Vorteil, daß der Pflanzenabstand von Reihe zu Reihe festliegt und man früh keimende Wildkräuter jäten kann. Werden die Samenkörner auch in der Reihe in einem bestimmten Abstand einzeln ausgesät, so spricht man vom Einzelkornverfahren.

▸ Wenn mehrere Samenkörner an einer Saatstelle ausgesät werden, so bezeichnet man dies als Horst- oder Stufensaat. Diese wendet man beispielsweise bei Bohnen an, um die Gewähr zu haben, daß die Pflanzen buschig wachsen.

▸ Sät man Gemüse aus, müssen dichtstehende Pflanzen einige Zeit, nachdem sie gekeimt haben, vereinzelt (pikiert) werden. Man zieht also zu eng stehende Pflanzen heraus, damit die verbleibenden einen ausreichenden Abstand haben. Die herausgezogenen Pflanzen kann man an anderer Stelle einpflanzen.

Zu dicht stehendes Saatgemüse (hinten) vereinzeln (vorn), um gutes Wachstum zu ermöglichen.

▸ Pflanzgemüse wird meist auf dem Anzuchtbeet pikiert oder in kleine Töpfe gepflanzt. So erzielt man einen guten Wuchs und einen kräftigen Wurzelballen. Pflanzen mit Topfballen wachsen kräftiger als pikierte Pflanzen. Diese wiederum sind besser als Setzlinge direkt aus dem Saatbett.

▸ Zum Eintopfen nimmt man kleine Töpfe mit einem Durchmesser von 6–8 cm. Gut geeignet sind Torfquelltöpfe oder Biotöpfe, die aus Recyclingmaterial, überwiegend aus Altpapier, hergestellt werden. Diese Töpfe werden mit den Setzlingen ausgepflanzt und verrotten im Boden.

Bio- und Torfquelltöpfe sind gut zum Eintopfen geeignet.

Anbauverfahren Die Mehrzahl der Gemüsearten hat nur eine relativ kurze Kulturzeit. Oft werden im Jahr mehrere Ernten auf derselben Fläche erzielt. Dabei muß man vermeiden, daß der Boden ausgelaugt wird.

▸ Damit der Boden nicht auslaugt, sollte man Fruchtwechsel betreiben. Darunter versteht man den Wechsel der Kulturen von Jahr zu Jahr. Am besten teilt man den Garten dazu in drei Abteilungen ein und pflanzt im ersten Jahr in die erste Abteilung u. a. Erbsen, Bohnen, Sellerie, Gurken,

Lauch, Kopfsalat, Spinat und Tomaten, in die zweite Abteilung Wurzelgemüse oder Kartoffeln und in die dritte Kohlgemüse. In den folgenden Jahren wird die Bepflanzung entsprechend gewechselt.

▸ Wer einen guten Boden möglichst optimal ausnutzen will, sollte Kulturfolge betreiben. Das ist der Wechsel der Kulturen innerhalb eines Jahres auf demselben Beet, z. B. Spinat, Frühweißkohl, Feldsalat oder Frühkopfsalat, Chinakohl usw.

▸ Um einen sinnvollen Wechsel der Kulturen zu erzielen, sollte ein genauer Anbauplan aufgestellt werden.

▸ Werden auf einem Beet mehrere Kulturen zum gleichen Zeitpunkt angebaut, spricht man von einer Mischkultur. Manche Pflanzen vertreiben durch Duftstoffe Schädlinge. Werden solche Pflanzen zusammen mit anderen angebaut, kann man so einem Schädlingsbefall entgegenwirken.

▸ Bei einem Hügelbeet können mehr Pflanzen auf einer Grundfläche kultiviert werden. Es wird am besten im Herbst neu angelegt und ist in seiner Sohle 1,5–1,8 m breit und etwa 1 m hoch. Die unterste Schicht besteht aus Zweigen, Ästen oder Staudenstengeln; es folgt eine Schicht Grassoden, dann eine Lage Laub; grober Kompost bildet die nächste Schicht, die von der obersten Schicht aus guter Gartenerde oder Humus bedeckt wird. Die einzelnen Schichten sind jeweils 15–20 cm dick.

▸ Im ersten Jahr kann man auf einem Hügelbeet Früherernten erzielen, da bei der Verrottung seiner Bestandteile Wärme entsteht.

▸ Ein Hügelbeet kann in der Regel 5–6 Jahre benutzt werden. In dieser Zeit muß jedoch immer wieder frische Deckerde aufgebracht werden.

Der Schnitt durch ein Hügelbeet zeigt die verschiedenen Schichten, aus denen es aufgebaut ist.

▸ Ein Hochbeet, das man u. a. dann anlegt, wenn der vorhandene Boden zu schlecht ist, hat senkrechte Außenwände aus Holzbohlen, Rundhölzern, Holzdielen, Hohlblocksteinen o. ä. Die Höhe beträgt etwa 75 cm, die Breite sollte etwa 120 cm betragen. Die Länge des Hochbeets hängt von den jeweiligen Gegebenheiten des Gartens ab. Den Schichtaufbau gestaltet man ähnlich wie beim Hügelbeet.

Pflanzung Wer besonders schöne, kräftige Pflanzen heranziehen will, greift am besten auf eingetopfte Setzlinge mit großem Wurzelballen zurück.

▸ Man kann die Startbedingungen verbessern, wenn man die Setzlinge auf dem Anzuchtbeet einen Tag vor dem Pflanzen mit einer Nährlösung düngt. Verwendet werden beispielsweise 20 g Blaukornvolldünger in 10 l Wasser pro Quadratmeter. Anschließend spritzt man die Pflanzen mit klarem Wasser ab, um Salzkonzentrationsschäden zu vermeiden.

▸ Gemüse pflanzt man in Reihen. Üblich ist die Rechteckpflanzung. Hier sind die Reihenabstände etwas größer als die Abstände der Pflanzen in der Reihe. Platzsparend ist die Pflanzung auf Lücke. Der Pflanzabstand selbst richtet sich immer nach der Größe der Pflanze während ihrer Entwicklung. Hierzu kann man auch beim Kauf in der Gärtnerei Richtwerte erfragen.

Beim Pflanzen auf Lücke spart man Platz.

▸ Setzlinge müssen vorsichtig aus dem Anzuchtbeet genommen und möglichst sofort ausgepflanzt werden. Dadurch vermeidet man unnötigen Wasserverlust.

▸ Pflanzen sollten nicht tiefer in den Boden gesetzt werden, als sie im Saat- oder Anzuchtbeet gestanden haben.

▸ Rosettenpflanzen, beispielsweise Kopfsalat, darf man nicht zu tief pflanzen, da sonst kein schöner Kopf entsteht.

▸ Frisch gepflanzte Setzlinge müssen sofort angegossen und in den darauffolgenden Tagen mäßig feucht gehalten werden.

Pflegemaßnahmen Zu den wichtigsten Pflegemaßnahmen gehören das regelmäßige Lockern des Bodens, Bewässerung, Düngung und Pflanzenschutz.

▸ Während der Kultur wird der Boden nur oberflächlich bearbeitet. Verkrusteten Boden lockert man mit einer Hacke. Gute Arbeitsgeräte sind Ziehhacken;

Schlaghacken erfordern wesentlich mehr Kraft.

▸ Mulchen von Gemüsebeeten ist empfehlenswert, vor allem bei Gemüsesorten mit langer Kulturdauer, z. B. Tomaten, Gurken und Kürbissen. Dadurch wird der Boden feucht gehalten und Wildkrautwuchs verhindert.

▸ Pflanzen sollte man in ständigem Wachstum halten. Bei Wachstumsstockungen, vor allem durch Trockenheit, bilden sich Holzstoffe (Lignin). Dadurch wird die Qualität vieler Gemüsepflanzen gemindert. Deshalb rechtzeitig und regelmäßig wässern!

▸ Es ist besser, einmal gründlich zu wässern, damit auch tiefere Bodenschichten durchfeuchtet werden, als häufig oberflächlich zu gießen. Im Frühjahr und im Herbst bewässert man morgens, damit die Pflanzen nicht über Nacht feucht bleiben (sonst droht Pilzbefall). Im Sommer wird am Abend bewässert, damit die Pflanzen über Nacht die Feuchtigkeit aufnehmen können; bei der Bewässerung am Vormittag würde zuviel Wasser verdunsten.

Ernährung Durch eine harmonische Ernährung wird nicht nur das Wachstum gefördert, sondern auch eine qualitativ hochwertige Ernte erzielt. Vermeiden muß man Nährstoffmangel, eine einseitige Ernährung und Nährstoffüberschuß.

▸ Wichtig ist ein ausgeglichenes Nährstoffverhältnis zwischen Kalium, Stickstoff, Phosphorsäure und Magnesium. Exakte Angaben über den Nährstoffgehalt des Bodens und den notwendigen Düngeraufwand ergibt eine Bodenuntersuchung, die man bei manchen wissenschaftlichen Instituten durchführen lassen kann. Die Grunduntersuchung auf Phosphorsäure, Kalium und den pH-Wert ist relativ preiswert.

Pflanzenschutz Die Schädlingsbekämpfung möglichst mit biologischen Mitteln und Methoden vornehmen, z. B. durch Mischkulturen oder Tiere, die schädliche Tiere vernichten (Nützlinge). Sind zur Abwendung größerer Schäden andere Maßnahmen erforderlich, darf man nur die für Kleingärten zugelassenen Mittel verwenden. Informationen darüber erhält man beim amtlichen Pflanzenschutzdienst, das sind die Landwirtschaftsämter oder ähnliche Dienststellen.

▸ Pflanzenschutzmittel im Gemüsegarten exakt dosieren und anschließend die Wartezeiten genau einhalten. Unter Wartezeit versteht man den Zeitraum zwischen der Anwendung eines Mittels und der Ernte.

▸ Das Gemüse gründlich waschen, ehe man es ißt. So werden nicht nur Pflanzenschutzmittelreste, sondern auch Umweltgifte weitgehend beseitigt.

Ernteverfrühung Oft möchte man den Reifungsprozeß beschleunigen, um früher ernten zu können. Dafür gibt es Folien, die meist aus bis zu 0,05 mm starkem Polyethylen (PE) bestehen. Ideal ist eine perforierte Folie mit etwa 500 Löchern pro Quadratmeter. Gut ist auch eine mitwachsende Schlitzfolie mit bis zu 30 000 Schlitzen pro Quadratmeter.

Die Schlitzfolie ist gut geeignet, um die Ernte zu verfrühen.

▸ Die Folie wird nach dem Säen oder Pflanzen im März über die Beete gelegt und an den Rändern mit Steinen, Sandsäcken oder Spezialhaltern gut befestigt. Damit die Pflanzen bei stürmischem Wetter nicht durch die Folie beschädigt werden, muß man sie gut spannen.

▸ PE-Folien können mehrmals verwendet werden. Jedoch muß man sie dunkel lagern, da sie sonst brüchig werden.

▸ Nur bei anhaltender Trockenheit muß man Gemüse unter der Folie bewässern.

▸ Es ist wichtig, die Folie rechtzeitig von den Kulturen abzunehmen, wenn die Durchschnittstemperaturen ansteigen.

▸ Spinnvlies aus Polypropylen (PP) kann man zur Ernteverfrühung verwenden. Eine günstige Eigenschaft von Vlies ist, daß das Gewebe wasserdurchlässig ist und einen guten Luftaustausch gewährleistet.

Spinnvlies aus Polypropylen läßt Wasser und Luft an die Pflanzen.

▸ Folientunnel ermöglichen, daß Kulturarbeiten wie Jäten, Gießen und Lüften bequem ausgeführt werden können. Als Halterung werden Federstahlstäbe verwendet, die an beiden Seiten etwa 30 cm tief in die Erde gesteckt werden. Für eine Beetbreite von 100 cm und eine Tunnelhöhe von

70 cm müssen die Stäbe 260 cm lang sein. Eine seitliche Lochung der Folie wirkt sich günstig aus.

- Gemüsekulturen kann man im Frühbeetkasten oder Kleingewächshaus verfrühen.

ERNTE UND LAGERUNG

- Für den Frischverzehr sollte das Gemüse nach der Ernte umgehend in der Küche verarbeitet werden. Frischgemüse, vor allen Dingen Frühgemüse, sollte man so früh wie möglich ernten.

- Lagergemüse wird immer relativ spät geerntet. Durch eine späte Ernte gewinnt es an Gewicht. Außerdem wird die Haltbarkeit gefördert.

- Am besten lagert man Gemüse im Keller. Die beste Lagertemperatur liegt bei +1 bis +3 °C, bei einer relativen Luftfeuchtigkeit zwischen 80 und 90 %.

- Kohlgemüse auf Horden oder in Gemüsekisten lagern.

- Wurzelgemüse, z. B. rote Rüben, Rettiche, Möhren, wird in leicht angefeuchtete, sandige oder torfmullhaltige Erde eingeschlagen, d. h. so bedeckt, daß nur noch der obere Teil des Gemüses zu sehen ist.

Wurzelgemüse wird zum Lagern mit torfmullhaltiger Erde bedeckt.

- Kartoffeln legt man auf Horden und hält sie bei Temperaturen zwischen 4 und 6 °C. Die Temperatur sollte nicht weiter absinken, da die Knollen sonst süß werden.

- Knollensellerie oder Porree schlägt man so in Erde ein, daß die grünen Pflanzenteile oben herausschauen.

- Zwiebeln sollte man möglichst trocken bei Temperaturen um 0 °C und bei einer Luftfeuchtigkeit von 75 % lagern.

- Zuckerhutsalat, Endivien und Chinakohl rollt man in Zeitungspapier ein und stellt sie aufrecht und lose in Holzkisten.

- Obst, vor allem Äpfel, und Gemüse darf man nicht in einem Raum lagern, da das Obst Gas verströmt, das die Haltbarkeit von Gemüse beeinträchtigt.

SALATGEMÜSE

- Salate sind wichtig für die Ernährung. Verschiedene Gemüsearten können als Salate zubereitet werden.

Gartensalat Man kann Kopfsalat das ganze Jahr während der nachtfrostfreien Zeit im Freien anbauen, sonst im Frühbeet, unter Folie, Vlies oder im Kleingewächshaus. Die wichtigsten Voraussetzungen sind: ein guter Boden, Tagestemperaturen möglichst über 10 °C (zur Keimung um 15 °C) und ausreichend Licht.

- Es gibt verschiedene Sorten, die in verschiedenen Jahreszeiten ihre Wachstumsphase haben. Während der lichtarmen Jahreszeit wählt man Sorten mit kurzer Kulturzeit, im Sommer dagegen ausgesprochene Sommersorten. Für den Anbau im heizbaren Kleingewächshaus besondere Treibsalate wählen.

- Der Wintersalat ist ein Kopfsalat, der im August oder Anfang September ausgesät, später in 5 cm tiefe Furchen gepflanzt wird und im Freien überwintert. Er bringt im Frühjahr relativ zeitig einen Ertrag.

Wintersalat wird in Furchen gepflanzt und überwintert im Freien.

- Der Eis- oder Krachsalat ist eine robuste Form des Kopfsalats. Die Sorten sind relativ krankheitsresistent.

- Römischer oder Romanasalat bildet einen besonders festen, tütenförmigen Kopf.

- Pflücksalat wird ähnlich wie Feldsalat in Reihen oder breitwürfig dicht ausgesät; die relativ kleinen Blätter werden in jungem Zustand geerntet.

- Zur Bekämpfung der verschiedenen Krankheiten und Schädlinge ist vom Einsatz von Pflanzenschutzmitteln abzuraten. Aus diesem Grund sollte man resistente Sorten auswählen.

- Resistent gegen den häufig auftretenden Falschen Mehltau sind z. B. die Kopfsalatsorten 'Elvira', 'Mirena', 'Ovatio', 'Reskia', 'Soraya', die Eissalatsorte 'Saladin' und die Krulsalatsorten 'Krizet' und 'Raisa'.

- Rotblättrige Salate sind etwas widerstandsfähiger gegen kühle Temperaturen, brauchen allerdings für die Entwicklung meist etwas länger.

Winterendivie Sie wird meist vom Sommer bis zum Herbst gepflanzt, da diese Pflanzen bei hohen Temperaturen schießen.

▸ Man kultiviert Winterendivie in lockerem, nährstoffreichen Gartenboden.

▸ Winterendivie kann man auf einem Saatbeet aussäen und später auspflanzen. Frühsorten werden im Mai, spätere bis Mitte Juli ausgesät. Man sollte dünn säen und die Setzlinge 4 – 5 Wochen später ohne Pikieren auspflanzen. Setzlinge sollten vier bis sechs kräftige Blätter besitzen.

▸ Man kürzt die Blätter beim Auspflanzen ein und verringert so die Verdunstungsfläche der Pflanze. Gelbe Herzblätter erzielt man, wenn man die Blattschöpfe zwei Wochen vor der Ernte zusammenbindet.

Die Blattschöpfe von Winterendiviensalat zusammenbinden, damit die Herzblätter gelb werden.

▸ Deckt man Winterendiviensalat kurz vor der Ernte mit Bleichhauben ab, erhält man gelbe Herzblätter.

Deckt man Winterendiviensalat mit Bleichhauben ab, werden die Herzblätter schön gelb.

▸ Selbstbleichende Endiviensorten braucht man nicht einzubinden oder abzudecken.

▸ Von September an kann geerntet werden. Gegen leichte Frühfröste im Oktober und November ist Winterendivie unempfindlich. Mit Matten, Vlies oder anderem Material können die Pflanzen geschützt werden.

▸ Der Friséesalat ist eine Endivie mit feingeschlitzten, gezahnten Blättern und gelbem Innenherz. Die verschiedenen Sorten reagieren sehr empfindlich auf Verdichtung, Versalzung und Vernässung des Bodens.

Chicorée Diesen Salat kultiviert man in zwei Abschnitten. Zunächst zieht man die rübenförmigen Wurzeln, dann die gelbgrünen Blattschöpfe. Zwischen dem 15. und 25. Mai sät man Salatzichorie auf Freilandbeete aus. Die Wurzeln, aus denen man schließlich die Blattschöpfe gewinnt, können dann Ende Oktober bis Mitte November geerntet werden.

▸ Chicorée kann man in Plastikeimern, Töpfen oder Holzkisten antreiben.

▸ Die in Erde eingeschlagenen Chicoréewurzeln mit Erde oder einem schwarzen Eimer bedecken, damit die austreibenden Blattschöpfe kein Licht erhalten.

▸ Wer eine besonders appetitliche Salatsorte kultivieren möchte, sollte den Zuckerhut (Fleischkraut) anpflanzen. Er wird ab Juni ausgesät und bildet noch im selben Jahr Blattschöpfe. Rotblättrige Sorten werden als Radicchio angeboten. Schnellwachsende Sorten, z. B. 'Roter Ballon', oder 'Palla Rossa', werden im selben Jahr geerntet, andere überwintern bei mildem Klima ohne Blätter im Garten und bilden im nächsten Frühjahr dunkelrote Blattrosetten (z. B. 'Roter von Verona').

Feldsalat Acker- oder Feldsalat braucht einen humusreichen,

CHICORÉE ZIEHEN

1. Im Winter die Salatzichorie-Rüben in lockere, sandige Erde einschlagen und kräftig angießen.

2. 15–20 cm Erde aufbringen. Im warmen Keller bei 15–20 °C aufbewahren. Nicht mehr gießen.

3. Nach 4–5 Wochen haben sich die gebleichten Blattschöpfe gebildet. Diese abschneiden.

kalkhaltigen Gartenboden mit guter Wasserhaltefähigkeit.

▸ Man sät breitwürfig oder in Reihen aus. Es sind etwa 1–2 g Saatgut pro Quadratmeter nötig, die Saattiefe liegt bei 1–1,5 cm. Das Saatbeet gleichmäßig feucht halten, um eine gute Keimung zu erzielen.

▸ Vor allem in den Herbstmonaten kann Falscher Mehltau auftreten. Wo mit größeren Ausfällen gerechnet werden muß, sollte man resistente Sorten aussäen, wie 'Vit', 'Elan' und 'Jade'.

Gartenkresse Das Saatgut wird breitwürfig und sehr dicht auf Beete ausgesät. Der Saatgutbedarf liegt bei 15–20 g pro Quadratmeter. Die Samen entweder gar nicht oder nur ganz dünn mit Erde oder Sand überdecken und angießen. Man muß für ausreichende, gleichmäßige Feuchtigkeit sorgen.

▸ Man kann ernten, sobald die Pflänzchen 6–8 cm lang geworden sind. Bei günstiger Temperatur ist dies bereits 2–3 Wochen nach der Aussaat.

▸ Gartenkresse kann man sehr gut im späten Herbst oder zeitigen Frühjahr auch im Kleingewächshaus in kleinen Kästen oder im Frühbeetkasten aussäen.

Gartenkresse kann problemlos in kleinen Behältern ausgesät werden.

KOHLGEMÜSE

▸ Kohlgemüse stellt relativ geringe Ansprüche an die Temperatur. Deshalb wächst dieses Gemüse in fast allen Klimagebieten Mitteleuropas gleich gut. Günstig für den Anbau von Kohlgemüse sind niederschlagsreiche Gebiete. In trockeneren Gegenden muß aus diesem Grund ausreichend gewässert werden.

▸ Alle Böden sind für Kohlgemüse geeignet, am besten ist jedoch mittelschwerer, humoser Lehm mit neutraler bis schwach saurer Bodenreaktion. Er sollte tiefgründig gelockert sein. Bei Frühkulturen wird der Boden nach der letzten Frucht grobschollig umgegraben.

▸ Meist sät man Kohlarten auf Saatbeete, im Frühjahr auch in Kistchen, pikiert und pflanzt sie später um. Auf einen genügend großen Abstand sollte man achten, damit sich die Pflanzen gut entwickeln können. Frühkohlpflanzen sollen einen Abstand von 40, Spätkohlpflanzen einen Abstand von rund 50 cm zueinander haben.

▸ Alle Kohlgemüsearten können von vielen Krankheiten und Schädlingen befallen werden. Besonders gefürchtet ist die Made der Kohlfliege. Will man die Beete vor der Eiablage schützen, dann deckt man sie am besten mit Kulturschutznetzen ab. Diese müssen an den Beeträndern sorgfältig abgedichtet werden, damit die Fliegen nicht hindurchschlüpfen können.

Blumenkohl Er braucht einen Boden von bester Struktur mit viel Humus, einer gewissen Bodenwärme, reichlich Nährstoffen und ausreichender Feuchtigkeit.

▸ Die normalerweise schneeweiße Blume wird im Sommer bei starker Sonneneinstrahlung gelb oder braun. Deshalb sollte man rechtzeitig zwei bis drei Blätter als Sonnenschutz umknicken.

Einige Blätter des Blumenkohls als Sonnenschutz umknicken.

▸ Der Blumenkohl muß rechtzeitig geerntet werden, sonst schießt die Blume. Frühsorten schießen schneller als ausgesprochene Sommersorten.

▸ Brokkoli, eine besondere Form des Blumenkohls, wird meist erst zwischen April und Ende Juni ausgesät, da die Pflanzen bei sehr früher Aussaat im Früh- und Hochsommer schießen.

▸ Bei Brokkoli bilden sich oft neben der Mittelknospe noch Seitenknospen. Wenn man erntet, schneidet man zunächst die Mittelknospe ab und einige Tage später die Seitenknospen. So kann von einer Pflanze zweimal geerntet werden.

Kohlrabi Der Abstand zwischen den einzelnen Pflanzen sollte etwa 20–30 cm betragen.

▸ Kohlrabi muß vor allem durch Gießen im Wachstum gehalten werden, da bei Wasserschwankungen die Knollen platzen oder holzig werden können.

▸ Im Frühjahr muß man ausgesprochene Frühsorten pflanzen,

da Sommersorten leicht schießen, besonders wenn die Pflanzen zu kühl angezogen wurden.

▸ Nach der Ernte entfernt man ältere Blätter und verwendet nur junge Blätter, da diese wesentlich weniger Nitrat enthalten. Auch nimmt der Nitratgehalt in den Knollen von außen nach innen stark ab. Deshalb Schalen großzügig entfernen.

Rosenkohl Er kann im Juni auf nährstoffreichen Gartenböden angepflanzt werden. Die Standweite beträgt 50 cm.

▸ Pflanzt man zu spät, bilden sich zuwenig Röschen. In diesem Fall hilft es, die Triebspitze zwischen Ende September und Anfang Oktober auszubrechen.

▸ Rosenkohl verträgt Frost bis –12 °C. Bei längeren Frostperioden können jedoch trotzdem Schäden auftreten. Deshalb sollte man die Pflanzen in Gebieten mit rauhem Klima auf den Beeten schützen oder sie vorher ausgraben und an geschützter Stelle einschlagen, damit man auch im Winter ernten kann.

BLATTGEMÜSE

▸ Blattgemüse enthält Stoffe, die man nicht in großen Mengen zu sich nehmen sollte, wie z. B. Oxalsäure. Aus diesem Grund sollte man es nicht zu oft essen. Dies ist auch zu bedenken, wenn man die Größe eines Beetes mit Blattgemüse festlegt.

Spinat Dieses Blattgemüse wird vor allem im Herbst und im Frühjahr angebaut.

▸ Man erreicht ein gesundes Wachstum, wenn man in gut gelockerten, ausreichend feuchten Gartenboden pflanzt.

▸ Um die Anreicherung von Nitrat in den Blättern zu vermeiden, darf man nicht zuviel Humus (z. B. Stallmist, Kompost) verabreichen. Nachteilig wirkt sich auch eine einseitige Stickstoffdüngung aus.

▸ Man sät 5–6 g Saatgut pro Quadratmeter auf feinkrümelig vorbereitetem Boden aus. Die Aussaattiefe beträgt 3–4 cm. Frühspinat von Ende Februar bis Ende März aussäen, Herbstspinat Anfang August, Winterspinat bis Mitte September.

▸ Um Falschen Mehltau, eine Pilzkrankheit, zu vermeiden, wählt man resistente Sorten wie beispielsweise 'Melody', 'Monnopa', 'Rico' oder 'Solar'.

▸ Geerntet wird, indem man entweder die Blätter abschneidet oder die Pflanzen mit der Wurzel herauszieht (Wurzelspinat) und möglichst rasch in der Küche verwendet.

Mangold Ein guter Spinatersatz ist Mangold. Man sät im April den Samen dünn in 2,5 cm tiefe Saatrillen aus, die 20–30 cm voneinander entfernt sind. Später vereinzelt man die Sämlinge, so daß sie in einem Abstand von 20 cm zueinander stehen.

▸ Bei längerer Trockenheit die Pflanzen hin und wieder gießen.

▸ Man kann Mangold den ganzen Sommer über und bis in den Herbst ernten, wenn man jeweils nur die äußeren Blätter pflückt und das Herz stehenläßt.

▸ Alle groben Blätter, die man nicht verwendet, werden mit abgepflückt und kommen auf den Kompost.

WURZELGEMÜSE

▸ Vorteilhaft für Wurzelgemüse ist im allgemeinen ein nicht zu schwerer, tiefgründiger Boden.

Möhre Vom Frühjahr bis zum Sommer können Möhren (Mohrrüben, Karotten, gelbe Rüben) als Früh-, Sommer- oder Lagermöhren angebaut werden.

▸ Man sät in der Regel in Reihen im Abstand von 15–25 cm. Die Saattiefe sollte ungefähr 2 cm betragen, der Saatgutaufwand 0,5–1 g pro Quadratmeter. Nachdem die Frühmöhren gekeimt haben, vereinzelt man sie auf einen Abstand von 1–2 cm in der Reihe, Spätmöhren auf 3 cm Abstand.

▸ Zu den Schädlingen von Möhrenkulturen gehört die Larve der Möhrenfliege. Um einen Befall zu vermeiden, legt man Mischkulturen an. Die Möhren werden dabei zwischen Zwiebeln, Tomaten, Sellerie, Erbsen oder Buschbohnen angebaut. Man kann sie auch mit einem Netz abdecken.

▸ Möhren nicht mit frischem Stallmist düngen, dies begünstigt den Befall durch die Möhrenfliege.

Knollensellerie Dieses Pflanzgemüse wird erst nach den Eisheiligen (Mitte Mai) gepflanzt.

▸ Setzlinge sollte man nur dann selbst anziehen, wenn die Jungpflanzen bei Temperaturen von mindestens 16 °C gehalten werden können. Zu kühl kultivierte Jungpflanzen schießen vorzeitig.

▸ Sellerie braucht einen mittelschweren, humusreichen und möglichst leicht sauren Boden, der sehr gut vorbereitet sein sollte. Reichlich Feuchtigkeit und Nährstoffe sind günstig.

Rettich und Radieschen Vorteilhaft ist ein humusreicher Boden, der jedoch keinen frischen Stallmist enthalten sollte, denn dieser begünstigt den Befall durch die Rettichfliege.

▸ Man sät in Reihen aus. Häufig wird der Samen auch, damit man später nicht pikieren muß, einzeln ausgelegt. Dadurch spart man außerdem Saatgut ein.

▸ Will man Schäden durch die Rettichfliege vorbeugen, deckt man die Beete mit Kulturschutznetzen ab. Frühe Aussaaten von Radieschen, die schon Ende April bis Anfang Mai geerntet werden können, werden nicht befallen.

Ein Kulturschutznetz schützt Rettiche vor der Rettichfliege.

ZWIEBELGEMÜSE

▸ Baut man Zwiebelgemüse zusammen mit Frühkarotten an, verhindert der Geruch der Karotten einen Befall durch einige Parasiten.

Speisezwiebel Man kann Speisezwiebeln entweder als Saatgemüse im Frühjahr aussäen oder im April Steckzwiebeln auslegen. Diese zieht man entweder selbst heran oder kauft sie in einem Fachgeschäft. Steckzwiebeln, die im Frühahr ausgelegt werden, ergeben bis zum Spätsommer hochwertige, große Speisezwiebeln.

▸ Um zu verhindern, daß die Zwiebeln von der Zwiebelfliege befallen werden, deckt man die Beete mit Kulturschutznetzen ab.

Porree (Lauch) Obwohl Porree nicht besonders anspruchsvoll ist, sollte man den Boden vor der Aussaat tiefgründig bearbeiten. Beim Vorbereiten des Beetes arbeitet man auch etwas Gartenkompost in den Boden ein.

▸ Die Aussaat von Porree erfolgt zwischen Mitte Februar und Anfang April, zunächst unter Glas, später im Saatbeet im Freien. Die jungen Pflanzen werden erst auf das endgültige Beet ausgepflanzt, wenn sie etwa 15–20 cm groß sind.

▸ Vor dem Auspflanzen der Setzlinge werden die Blätter mit der Schere oder einem Messer um ein Viertel gekürzt. Gepflanzt wird im Abstand von 20 cm, die Pflanzlochtiefe beträgt etwa 15 cm. Das Pflanzloch nicht mit Erde auffüllen, lediglich Wasser direkt auf die Pflanze gießen.

FRUCHTGEMÜSE

▸ Eine gute Auswahl von Fruchtgemüse im eigenen Garten, erspart oft den teuren Einkauf. Außerdem schmecken frisch geerntete, gut ausgereifte Tomaten oder Gurken aus dem eigenen Garten besser als gekaufte.

Tomaten Angebaut werden meist Stabtomaten, also Pflanzen, die mit einem Trieb an einem Stab hochgezogen werden. Alternativ können aber auch Busch- und Balkontomaten angebaut werden.

▸ Es gibt viele verschiedene Tomatenformen und -sorten. Besonders geschmackvoll sind die kleinfrüchtigen Kirsch- und Cocktailtomaten, die auch gut zu Dekorationszwecken geeignet sind. Neben Sorten mit roten Früchten gibt es auch solche mit gelben; diese sind aber verhältnismäßig schwer als Setzlinge zu erhalten.

▸ Tomatenpflanzen kann man im Kleingewächshaus oder an einem hellen Zimmerfenster heranziehen. Ausgesät wird im Februar oder Anfang März.

▸ Ausgepflanzt werden Tomaten Mitte April ins unbeheizte Gewächshaus oder nach den letzten Nachtfrösten Mitte Mai ins Freiland.

▸ Tomaten brauchen einen lockeren, humosen, nährstoffreichen Boden.

▸ Damit Stabtomaten nicht buschig werden, kultiviert man sie meist eintriebig. Alle Seitentriebe werden ausgebrochen, wenn sie 5–10 cm lang sind.

Damit Stabtomaten nicht buschig werden, Seitentriebe ausbrechen.

▸ Weil im Garten höchstens sechs Blütentrauben reife Früchte bilden, entfernt man vom Spätsommer an alle überschüssigen Blütenstände, damit die Nährstoffe den Früchten zugute kommen.

Im Spätsommer enfernt man alle überschüssigen Blütenstände.

▸ Kurz vor den ersten Nachtfrösten pflückt man grüne Tomaten und läßt sie dann in einem warmen Raum nachreifen. Man wickelt sie in Papier ein und lagert sie bei Temperaturen zwischen 18 und 25 °C. Sonne ist zum Nachreifen nicht erforderlich.

Grüne Tomaten wickelt man zum Nachreifen in Zeitungspapier ein.

Gurken Ein geschützter Standort ist für Gurkenkulturen notwendig. Ein zügiges Wachstum ist erst ab 10 °C möglich. Stockungen gibt es bei Kälterückfällen. Deshalb ist es oft besser, Gurken im Frühbeet, im Kleingewächshaus oder unter Folie zu kultivieren.

▸ Wichtig ist ein nährstoff- und humusreicher sandiger Lehm- oder lehmiger Sandboden; schwere Böden sind ungeeignet.

▸ Gurken entwickeln sich üppig, wenn dem Boden reichlich abgelagerter Stallmist oder Kompost beigemischt wurde.

▸ Gurken sollte man besser in einem geschützten Raum (beispielsweise einem Frühbeetkasten) aussäen und erst nach den Eisheiligen auspflanzen. Man kann sie aber auch Ende April oder Anfang Mai aussäen, wenn sich der Boden bereits etwas erwärmt hat. Die Mindestkeimtemperatur liegt bei 12 °C.

▸ Die Triebe der Gurken im Freilandbeet gleichmäßig über die Bodenfläche verteilen. Sollte eine Pflanze zuwenig Seitentriebe bilden, schneidet man die Spitze vom Haupttrieb ab. Dann bilden sich Seitentriebe aus den Blattachseln des Haupttriebs.

Den Haupttrieb entspitzen, wenn sich zuwenig Seitentriebe bilden.

▸ Gurken werden von vielen Krankheiten heimgesucht. Deshalb Sorten auswählen, die gegen Mehltau, Blattbrand und andere Krankheiten resistent sind.

▸ Das Bitterwerden der Gurken wird durch einen krassen Wechsel zwischen Trockenheit und Feuchtigkeit gefördert. Daher sollte man die Pflanzen bei heißem Wetter mindestens zweimal am Tag gießen.

▸ In Kleingewächshäusern können Gurkenpflanzen an Schnüren hochgeleitet werden, die an der Tragkonstruktion befestigt sind.

Im Kleingewächshaus Gurkenpflanzen an Schnüren hochleiten.

▸ Werden Gurken im Kleingewächshaus von Schädlingen befallen, kann man Nützlinge einsetzen. So werden beispielsweise Spinnmilben mit Raubmilben oder Weiße Fliegen und Blattläuse mit Schlupfwespen erfolgreich bekämpft.

Bohnen Busch- und Stangenbohnen benötigen einen warmen, sonnigen Standort und einen tiefgründigen, humosen, lockeren Gartenboden.

▸ Gartenbohnen sät man Ende April oder Anfang Mai aus, wenn sich der Boden und die Luft ausreichend erwärmt haben. Für die Keimung ist eine Temperatur von mindestens 10 °C erforderlich.

▸ Bei Buschbohnen werden im Abstand von etwa 40 cm vier bis sechs Samenkörner an derselben Saatstelle abgelegt. Die optimale Saattiefe beträgt 2–3 cm.

▸ Bei Stangenbohnen und Feuerbohnen muß man bei der Aussaat einen Abstand von 60 cm einhalten. Die Zahl der Samenkörner je Saatstelle beträgt acht, die Saattiefe 2–3 cm.

▸ Verschiedene Krankheiten treten wesentlich häufiger auf, wenn zu früh in naßkalten Boden ausgesät wird. Daher bei nasser Witterung lieber noch mit der Aussaat warten.

▸ Wer vermeiden will, daß Fettflecken- und Brennfleckenkrankheit sowie Rost und Mosaikvirus auftreten, sollte entsprechend resistente Sorten kaufen.

Gartenerbsen Man sät in mittelschweren, tiefgründigen, humosen Gartenboden aus. Dann siedeln sich an den Wurzeln Knöllchenbakterien an, die zur Stickstoffernährung der Pflanzen beitragen. In diesem Fall muß nicht zusätzlich mit Stickstoff gedüngt werden.

▸ Da Reiser- oder Stiefelerbsen besonders starkwüchsig sind, leitet man die Triebe an Reisern oder Maschendraht hoch.

Die Triebe von Reiser- oder Stiefelerbsen werden an Reisern hochgeleitet.

▸ Pahlerbsen (Brockel-, Roll- oder Schalerbsen) sind relativ frostresistent und können schon von Anfang März an gesät werden. Das Erntegut muß rasch verwertet werden, da die Pahlerbsen sonst unangenehm mehlig und hart werden.

▸ Markerbsen sind süßer im Geschmack. Auch bleibt das Erntegut länger frisch und zart, jedoch sind die Pflanzen im Keimstadium frostempfindlich. Deshalb sollte man sie nicht vor April aussäen.

▸ Zuckererbsen sparen Arbeit, denn sie müssen wegen ihrer zarten Hülsen vor der Zubereitung nicht ausgehülst werden. Zuckererbsen können auch roh gegessen werden. Sie schmekken sehr gut und enthalten viele Vitamine.

AUSDAUERNDES GEMÜSE

▸ Bei ausdauerndem Gemüse wie Rhabarber und Spargel muß man zwar mindestens zwei Jahre lang warten, bis man das erste Mal ernten kann, aber man kann von einer Pflanze dann mehrere Jahre hintereinander ernten.

Rhabarber Man pflanzt Rhabarber in einen mittelschweren, feuchten, humus- und nährstoffreichen Boden. Vor der Pflanzung wird dieser tiefgründig gelockert. Möglichst verrotteten Stallmist, Kompost oder andere Humusstoffe einarbeiten.

▸ Die günstigste Pflanzzeit ist der Oktober. Wurzelstöcke mit mindestens einer guten Knospe im Abstand von 80–100 cm so tief pflanzen, daß die Triebknospen gerade noch zu sehen sind.

▸ Im ersten Jahr nach der Pflanzung sollte man möglichst noch keine Stiele ernten. Für eine üppige Laubentwicklung durch Nährstoffgaben sorgen.

▸ Ab dem zweiten Jahr kann man von Mitte bis Ende April ernten. Eine Woche vor Beginn der Ernte sollte man die Pflanzen kräftig wässern. Geerntet wird möglichst bei sonnigem Wetter und am späten Vormittag. So lassen sich hohe Nitratwerte senken.

▸ Man nimmt bei der Ernte nur kräftige Stiele, um die Pflanze nicht zu stark zu schädigen. Den Stiel muß man an der Basis anfassen und mit einem kurzen Ruck abreißen.

▸ Geerntet werden die Stiele bis ungefähr Ende Juni. Von da an müssen Pflanzen mit den verbleibenden Blättern bereits wieder Nährstoffe für die Ernte im nächsten Jahr aufbauen. Nun kräftig gießen und düngen.

▸ Rhabarberblätter und -stiele enthalten Oxalsäure, die im Körper zusammen mit Kalk Calciumoxalatkristalle bilden kann. In höherer Dosierung können dadurch bei empfindlichen Menschen Nierenschäden auftreten. Einen zu hohen Oxalsäuregehalt kann man verhindern, indem man die Blattansätze großzügig abschneidet.

▸ Durch Blanchieren wird der Oxalsäuregehalt in den Rhabarberstielen gesenkt.

Spargel Der Anbau von Spargel ist besonders lohnend, da es sich dabei um ein recht teures Gemüse handelt und man von denselben Pflanzen, die bis zu 20 Jahre alt werden, immer wieder ernten kann.

▸ Man unterscheidet zwischen Bleich- und Grünspargel. Bleichspargel kann man nur in humosem, lehmigem, lockerem Sandboden anbauen. Grünspargel gedeiht auch in einem etwas schwereren Boden, beispielsweise in sandigem Lehmboden.

▸ Den Boden muß man vor dem Pflanzen tiefgründig lockern und reichlich Humus einarbeiten.

▸ Auf gute Jungpflanzen achten. Meist erhält man im zeitigen Frühjahr einjährige Jungpflanzen. Sie müssen gut ausgebildete Speicherwurzeln besitzen.

▸ Die Spargelreihen werden in Nord-Süd-Richtung angelegt. Der Abstand zwischen den Reihen sollte etwa 125 cm, der der Pflanzen in der Reihe 30–40 cm bei Bleichspargel und 30 cm bei Grünspargel betragen. Je dichter gepflanzt wird, um so höher ist der Ertrag in den ersten Jahren. Pflanzt man aber zu dicht, läßt die Stangenstärke bald nach.

▸ Bleichspargel wird in etwa 20 cm tiefe, Grünspargel in 15 cm tiefe Gräben gepflanzt. Das ausgehobene Erdreich mit Sand mischen, um eine gute Belüftung und Entwässerung im Wurzelbereich zu erzielen.

▸ Die Wurzeln werden strahlenförmig ausgebreitet und etwa 5 cm hoch mit Erde abgedeckt. Mit fortschreitendem Wachstum der Pflanzen füllt man die Furche mit Erde auf.

KÜCHENKRÄUTER IM EIGENEN GARTEN

Name	Verwendung	Standort und Boden	Anzucht	Ernte
Basilikum	Die Blätter von Basilikum verleihen vielen Speisen einen kräftigen und würzigen Geschmack.	Volle Sonne, geschützt. Leicht bis mittelschwerer, nährstoffreicher Boden.	Man sät Ende März oder Anfang April unter Glas bei 15 °C.	Im August zum sofortigen Gebrauch. Dann vor dem Frost.
Bohnenkraut	Traditionelle Zugabe zu Bohnengemüse. Auch zum Würzen von Wurst, Fleisch, Suppen, Fisch, Salaten u. a. geeignet.	Volle Sonne. Gut dränierter, lockerer und nährstoffreicher Boden.	Anfang April sät man in 1 cm tiefen Rillen. Reihenabstand: 30 cm.	Im Juli vor der Blüte. Zurückschneiden ermöglicht zweite Ernte.
Dill	Blätter und Samen werden in der Küche für Soßen, Fisch, Eierspeisen, Käsegerichte, Gemüse und Salate verwendet.	Volle Sonne. Gut dränierter, aber feuchter Boden.	Ab April sät man in 1 cm tiefen Rillen. Reihenabstand: 20 cm.	Blätter nach Bedarf. Stengel, wenn Samen reif sind.
Estragon	Die gehackten Blätter des Estragons werden in Kräutermischungen für Fischsoßen, in Suppen, Omeletts, Kräuterbutter u. a. benutzt.	Volle Sonne, geschützter Platz. Gut dränierter und trockener Boden.	Jungpflanzen im März oder April einpflanzen. Abstand: 45 cm.	Blätter bei Bedarf pflücken.
Knoblauch	Knoblauch kann man zum Würzen vieler Fleisch- und Gemüsegerichte, Suppen, Salate und Eintöpfe verwenden.	Volle Sonne. Lockerer Boden.	Ende Oktober oder im Frühjahr die Zehen stekken.	Knoblauchzehen ausgraben, wenn die Stengel abwelken.
Kümmel	Man nimmt die reifen Körner zum Würzen von Fleisch, Fisch, Soßen, Suppen, Käse, Gemüse und Salaten, für Brot, Kuchen und Gebäck.	Volle Sonne. Gut dränierter Boden.	Aussaat im August oder September in 1 cm tiefen Rillen.	Blütenköpfe bei einsetzender Reife abschneiden.
Majoran	Die Blätter werden frisch oder getrocknet für Geflügel, Fisch, Suppen, Eintopfgerichte, Soßen, Eierspeisen, Salate und Käsegerichte benutzt.	Volle Sonne. Gut dränierter und nährstoffreicher Boden.	Aussaat im März unter Glas bei 10-15 °C in Töpfen.	Blätter bei Bedarf pflücken. Zum Trocknen im Juni schneiden.
Minze	Minze wird zum Würzen von Salaten benutzt und paßt auch gut zu jungen Erbsen, Bohnen oder Spinat.	Teilschatten oder Sonne. Nährstoffreicher und feuchter Boden.	Im Herbst oder Frühjahr Wurzelstecklinge in 5 cm tiefe Rillen legen.	Blätter bei Bedarf pflücken. Ganze Pflanzen Ende Juni.
Petersilie	Petersilie nimmt man zum Würzen von Fleisch, Geflügel, Fisch, Soßen, Suppen, Gemüse und Eierspeisen. Auch zum Garnieren geeignet.	Im Winter ein geschütztes, nach Süden gerichtetes Beet. Tiefgründiger und feuchter Boden.	Man sät im Frühjahr bzw. Ende Juli für Sommer- bzw. Winterernte.	Blätter nach Bedarf schneiden, maximal drei von einer Pflanze.
Rosmarin	Rosmarin verwendet man sparsam zum Würzen von Fleisch, Geflügel, Fisch, Soßen, Marinaden, grünen Bohnen und Kartoffeln.	Sonnig, geschützt. Lockerer und gut dränierter Boden.	Im Februar oder im März wird in Töpfen im Kleingewächshaus gesät.	Kleine Zweige nach Bedarf schneiden.
Salbei	Salbei ist als Gewürz für Schweinefleisch und Lammfleisch besonders beliebt. Er wird auch für Tomatensoße, Gemüse und Fisch benutzt.	Volle Sonne oder leichter Schatten, warm. Gut dränierter, lockerer und nährstoffreicher Boden.	Jungpflanzen März oder April auspflanzen oder im Frühjahr säen.	Blätter nach Bedarf pflücken.
Schnittlauch	Schnittlauch wird kleingehackt auf Eierspeisen, Schmelzkäse, Salate, Brotaufstriche, Suppen, Schmorfleisch und Soßen gestreut.	Direkte Sonne oder leichter Schatten. Wichtig ist ein gut dränierter, nährstoffreicher Boden.	Von April bis Juni im Abstand von 25 cm jeweils 30 Körner säen.	Sechs Wochen nach der Aussaat erste Ernte möglich.
Thymian	Mit gehackten frischen oder getrockneten Blättern kann man Hammel- oder Kalbfleisch, Wild, Geflügel u.a. würzen.	Sonniger Platz. Gut dränierter Boden.	Jungpflanzen im März oder April pflanzen, Aussaat im April.	Blätter nach Bedarf pflücken. Zum Trocknen im Juni schneiden.

▸ Etwa Mitte April häuft man bei Bleichspargelkulturen 40 cm hohe Erdhügel über der Reihe auf; die Oberfläche wird glattgestrichen.

▸ Spargel sollte erstmals 2–3 Jahre nachdem er gepflanzt wurde, geerntet werden. Wenn über der Spitze des Bleichspargels die Erde reißt, kann man damit beginnen, die Stangen mit dem Spargelmesser zu schneiden (stechen).

Spargelstangen mit einem Spargelmesser schneiden.

▸ Grünspargel wird geerntet, sobald die Spargelpfeife eine Länge von 15–20 cm über der Erdoberfläche erreicht hat.

▸ Erntet man schon im zweiten Jahr, sticht man pro Pflanze nur die dickste Stange. Im dritten Jahr sticht man alle Stangen, und zwar über einen Zeitraum von fünf Wochen. In den darauffolgenden Jahren kann man sechs Wochen lang ernten.

▸ Nach dem 24. Juni sollte man Spargel nicht mehr ernten.

▸ Gleich nach der Ernte müssen die Wälle des Bleichspargels wieder eingeebnet werden. Danach wird ausreichend gewässert und gedüngt.

▸ Nach der Erntezeit läßt man die Stangen wachsen. Erst wenn sich das Spargelkraut Ende Oktober verfärbt, werden die Stiele bis zum Erdboden zurückgeschnitten, um so das Wachstum neuer Stangen anzuregen.

GEWÜRZ- UND KÜCHENKRÄUTER

▸ Reizvoll und nützlich ist es, an einer Stelle des Gartens ein Kräutergärtchen anzulegen, damit man zum Würzen von Mahlzeiten stets frische Pflanzen zur Verfügung hat. Ihr Aroma ist kräftiger als das getrockneter Kräuter.

Kräutergarten anlegen Günstig ist ein sonniger Platz, der Schutz vor Nord- und Ostwinden bietet, denn viele Gewürz- und Küchenkräuter stammen aus südlichen Ländern. Ein nach Süden abfallender Hang eignet sich besonders gut. Die höher wachsenden Pflanzen können dann oben an der Böschung gepflanzt werden, während man die kleineren, feuchtigkeitsliebenden Sorten unten pflanzt.

▸ Wer einen attraktiven Kräutergarten haben möchte, sollte eine Skizze entwerfen und die Pflanzung so detailliert wie möglich planen.

▸ Vorteilhaft ist ein rechteckiges Feld, das man in Quadrate aufteilt. Für jedes Quadrat wählt man eine bestimmte Sorte. Dazwischen ordnet man in regelmäßigen Abständen Trittplatten an, und rings um das Feld werden Einfassungssteine für die Abgrenzung vorgesehen.

▸ Bei der Pflanzung sollte man beachten, daß es ein- und mehrjährige Kräuter gibt. Zu den einjährigen gehören beispielsweise Borretsch, Dill, Kerbel und Basilikum, zu den mehrjährigen Estragon, Fenchel, Sauerampfer und Zitronenmelisse. Sinnvoll ist es, die einjährigen von den mehrjährigen Pflanzen getrennt anzubauen, damit sie sich ungestört entfalten können.

▸ Die einjährigen Kräuter kann man aus Samen anziehen, die mehrjährigen kauft man entweder als Jungpflanze beim Gärtner oder sät sie ebenfalls aus. Manche Kräuter brauchen nur einmal gesät zu werden, andere müssen in gewissen Abständen neu ausgesät werden, damit jederzeit genügend junge Kräuter für den Sofortgebrauch zur Verfügung stehen.

▸ Bei mehrjährigen Kräutern sollte man sich genau informieren, wie groß und breit sie werden, damit von vornherein die Abstände von Pflanze zu Pflanze groß genug sind und sie sich später nicht gegenseitig das Licht wegnehmen.

Düngen und pflegen In mageren, lockeren, wasserdurchlässigen Böden gedeihen die meisten Kräuter besser als in nährstoffreicher Erde. Zwar entwickeln sich die Blätter der Pflanzen in gut gedüngtem Boden üppig, doch ihr Duft und ihr Geschmack lassen zu wünschen übrig.

▸ Gewürz- und Küchenkräuter brauchen wenig Wasser. Nach der Aussaat muß man den Samen und später die jungen Pflanzen jedoch in regelmäßigen Abständen gießen. Sobald die Pflanzen genügend Wurzeln entwickelt haben und fest im Boden sitzen, brauchen sie nur in heißen Sommerwochen gelegentlich etwas Wasser. Die meisten Arten vertragen Trockenheit sogar besser als Nässe.

▸ Gedüngt wird im Kräutergarten mit Kompost. Nur starkwüchsige Pflanzen, z. B. Liebstöckel, vertragen eine leichte Zusatznahrung in Form eines organischen Vorratsdüngers; im Frühjahr können beispielsweise Hornspäne eingeharkt werden.

EINEN BAUM PFLANZEN

1. Den Baum in das vorbereitete Pflanzloch halten und Erde einfüllen.

2. Damit die Wurzeln rundum von Erdreich umgeben sind, den Baum etwas auf und ab bewegen.

3. Wenn der Boden trocken ist, die Erde fest antreten. Bei sehr feuchtem Boden nur leicht antreten.

4. Damit beim Angießen das Wasser nicht seitlich abfließt, einen Gießrand aufwerfen.

BAUMOBST

▸ Die für unser Klimagebiet typischen Baumobstarten teilt man im wesentlichen in Kern- und Steinobst ein. Zu Kernobst zählen Äpfel und Birnen, zu Steinobst Kirschen, Pflaumen, Pfirsiche und Aprikosen. Diese Obstarten stellen unterschiedliche Ansprüche an Klima und Standort. Weiterhin spielen Stammform, Unterlage, Befruchtungsverhältnisse usw. eine große Rolle für die Wahl des richtigen Obstbaums. Hierbei sollte man sich in einer Gärtnerei oder einer Baumschule ausführlich beraten lassen.

▸ Die Obstbäume bezieht man am besten von einer Baumschule. Sie garantiert Sortenechtheit und Gesundheit des Pflanzenmaterials. Meist werden zweijährige Obstbäume erworben, die neben einem geraden Stamm in Kronenhöhe mindestens vier kräftige Triebe besitzen sollten.

Baumformen Für den Gartenbau werden die verschiedenen Baumobstarten in unterschiedlichen Baumformen angeboten. Sie werden je nach Nutzungsweise ausgewählt.

▸ Buschbäume sind vor allen Dingen für den kleinen Garten geeignet. Sie haben eine geringe Kronenausdehnung. Die übliche Stammhöhe liegt zwischen 40 und 60 cm. In diese Kategorie gehören auch die Spindelbüsche. Sie werden bei der Anlage einer Obstspalierhecke verwendet.

▸ Je nach der geplanten Verwendung werden Obstbäume in Form von Niederstämmen, Halbstämmen und Hochstämmen angeboten. Die jeweilige Stammhöhe liegt bei 80–100 cm, 100–120 cm bzw. 160–180 cm.

Pflanzung Die günstigste Pflanzzeit für Kernobstgehölze ist der Herbst vom Laubfall bis Mitte November. Steinobst sollte man besser im Frühjahr pflanzen.

▸ Gepflanzt wird bei frostfreiem Wetter, da das Wurzelwerk von Obstgehölzen frostempfindlich ist.

▸ Ehe man pflanzt, lockert man den Boden gründlich auf und versorgt ihn mit Humus. Staunasse Böden müssen zunächst dräniert werden.

▸ Zuerst muß eine ausreichend große Pflanzgrube ausgehoben werden. Als goldene Regel gilt, daß sie mindestens anderthalbmal so groß sein sollte wie der Wurzelballen. Die Sohle der Grube muß gründlich aufgelockert werden.

▸ Vor dem Pflanzen wird der Baumpfahl in die Erde getrieben. Wichtig ist, daß er so weit eingeschlagen wird, daß er dem Baum einen festen Halt bietet.

▸ Die Veredlungsstelle an der Basis der Stämme muß sich nach dem Pflanzen dicht über der Bodenoberfläche befinden. Damit man die richtige Pflanztiefe findet, legt man eine Latte quer über das Pflanzloch. Sie zeigt an, wie hoch die Veredlungsstelle aus dem Boden ragen muß. Zu beachten ist, daß sich der Boden nach dem Pflanzen noch einige Zentimeter setzt.

Eine quer über das Pflanzloch gelegte Latte hilft, die richtige Pflanztiefe zu finden.

Aufbau einer Rundkrone Bei einzeln stehenden Obstbäumen wird gewöhnlich eine Rundkrone angelegt. Man unterscheidet hier den Mitteltrieb, auch Hauptleittrieb oder Stammverlängerung genannt, Leitäste und Fruchtäste. Ideal ist es, wenn zum Aufbau einer Rundkrone bei Kernobstbäumen drei, bei Steinobstbäumen vier Leitäste vorhanden sind. Sie werden gleichmäßig nach allen Seiten verteilt.

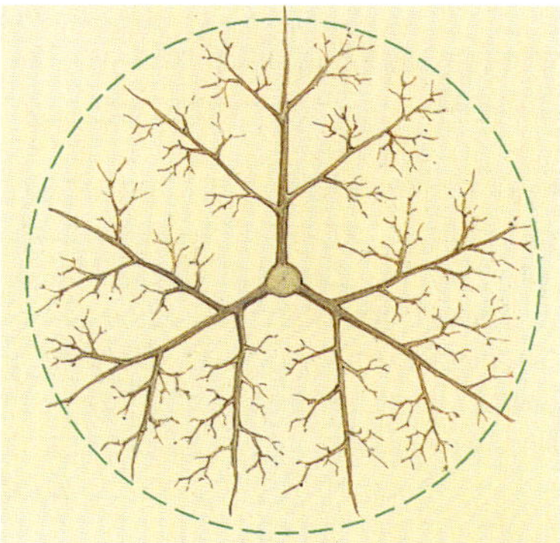

Auf dieser Draufsicht einer ausgebildeten Rundkrone erkennt man drei kräftige Leitäste.

▸ Als erste Schnittmaßnahme sofort nach dem Pflanzen werden die künftigen Leitäste auf 10–15 Knospen zurückgeschnitten. Dabei soll die oberste Knospe immer nach außen gerichtet sein. Die oberen Schnittflächen der Leitäste liegen nach dem Schnitt in einer Ebene. Der Mitteltrieb sollte die Leitäste um 10 cm überragen.

▸ Wenn sich im Sommer viele neue Triebe gebildet haben, werden im folgenden Winter beim zweiten Rückschnitt alle Triebe, die sich zu zusätzlichen Leitästen oder zu Konkurrenztrieben des Mitteltriebs entwickeln könnten, weggeschnitten und ebenso die Triebe, die sich ins Kroneninnere hinein entwickeln. Die Leitäste kürzt man dann um etwa ein Drittel ihres Wachstums seit dem letzten Schnitt ein. Nach außen wachsende Seitentriebe können waagrecht heruntergebunden werden. Dies bewirkt einen frühzeitigen Knospen- und Fruchtansatz. In den folgenden Jahren wird in ähnlicher Weise verfahren, wobei alle zu dicht stehenden Seitentriebe entfernt werden. Ungefähr vom fünften Standjahr an ist der Kronenaufbau beendet. Dann brauchen die Leitäste in der Regel nicht mehr zurückgeschnitten zu werden. Die kräftigen Leitäste sind nun deutlich von den Fruchtästen zu unterscheiden. Die Leitäste stehen etwas steiler, während die relativ dünnen Fruchtäste sich mit der Zeit unter der Last der Früchte absenken.

▸ Beim Aufbau der Krone sollten die Leittriebe in einem Winkel von 50–60° zum Mitteltrieb stehen. Stehen sie zu steil, kann man die jeweiligen Äste durch das Einspannen eines zugeschnittenen Holzes abspreizen und in die richtige Lage bringen.

Ein eingespanntes Holz bringt Äste in die richtige Lage.

Aufbau einer Längskrone Diese wird dann bevorzugt, wenn die Äste an einem Drahtspalier festgebunden werden.

▸ Nach dem Pflanzen werden die Leittriebe und der Mitteltrieb zurückgeschnitten. Darüber hinaus bindet man vorhandene Seitentriebe an den Spanndrähten waagrecht an. In den folgenden Jahren muß man jeden Winter die Stammverlängerung und die Leittriebe zurückschneiden. Dieser Schnitt braucht nicht so streng zu erfolgen wie bei der Rundkrone, da die Äste am Drahtgerüst festgebunden werden und dadurch ausreichend Halt haben.

▸ Die Leitäste werden möglichst gleichmäßig im Winkel von 30° zur Waagrechten erzogen. Bei starkem Wuchs kann der Winkel bis zu 45° betragen.

Instandhalten, Verjüngen und Auslichten Alle Obstbäume müssen auch nach dem Kronenaufbau weiteren Schnittmaßnahmen unterzogen werden. Der jeweilige Schnitt richtet sich nach dem Alter der Bäume und dem Zustand der Krone.

▸ Durch den Instandhaltungsschnitt erhält man die Wuchskraft der Bäume. Auch nimmt man Einfluß auf die richtige Verteilung der Leitäste.

▸ Der Auslichtungsschnitt wird besonders bei älteren Obstbaumkronen ausgeführt. Er soll ein gestörtes Gleichgewicht der Krone wiederherstellen.

▸ Herausgesägt werden überflüssige Mitteltriebe und zu stark entwickelte Leitäste. Man entfernt zu starke Ständer (senkrecht stehende Äste), die sich auf der Oberseite der Äste gebildet haben. Ältere, stark abgeneigte Hölzer werden entfernt, doch sollte man das wichtige zwei- bis dreijährige Fruchtholz schonen.

▸ Sowohl beim Instandhaltungs- als auch beim Auslichtungsschnitt werden ältere Fruchthölzer ausgeschnitten. Dadurch wird sowohl die Verjüngung des Fruchtholzes als auch die Bildung neuer Triebe gefördert.

▸ Ein Verjüngungsschnitt ist nur dann erforderlich, wenn ältere Kronen vergreisen oder zu hoch geworden sind.

▸ Bei einem kräftigen Verjüngungsschnitt werden die Äste der Krone um etwa ein Drittel oder sogar bis zur Hälfte ihrer Länge eingekürzt. Dabei müssen die verbleibenden Gerüstäste zu den Leitästen (Seitentriebe zweiter Ordnung) einen Winkel von 120–140° bilden. Austriebe, die 15–20 cm unterhalb der Schnittstelle stehen, werden vollkommen entfernt.

Beim Verjüngungsschnitt werden die Äste teilweise bis zur Hälfte ihrer Länge gekürzt.

▸ Nach der Verjüngung bilden sich an den Schnittstellen oft sogenannte Stammausschläge und Wildtriebe, die entfernt werden müssen.

Wildtriebe und Stammausschläge sind zu entfernen.

▸ Neben dem Winterschnitt führt man bei jungen Obstbäumen auch einen Sommerschnitt durch. Dabei werden die Triebe entfernt, die weder zum Kronenaufbau noch zur Fruchtholzbildung erforderlich sind.

▸ Meist werden vom zweiten Standjahr an im Sommer die vorhandenen Konkurrenztriebe an den Hauptästen und der Stammverlängerung weggeschnitten. Man entfernt auch nach innen wachsende Triebe. Diese werden entweder ganz beseitigt oder bis zum Stummel über dem zweiten oder dritten Blatt abgeschnitten.

Wundverschluß Nach allen Schnittmaßnahmen müssen die Schnittflächen fachgerecht verschlossen werden, um eine Infektion durch Pilze und Bakterien zu verhindern.

▸ Für den Wundverschluß eignen sich Baumwachs und Präparate auf Kunststoffbasis. Sie werden mit einem Pinsel oder einem Spachtel aufgetragen und gleichmäßig so verteilt, daß die ganze Wunde einschließlich des Wundrandes lückenlos bedeckt ist.

Um Wunden zu verschließen, trägt man Baumwachs mit einem Pinsel gleichmäßig auf.

Umpfropfen Ältere Bäume können umgepfropft werden, wenn die bisherige Sorte den Ansprüchen nicht mehr genügt.

▸ Im Winter wählt man drei bis vier Äste aus, die später beim veredelten Baum die Leitastfunktion übernehmen. Dann legt man die Länge der Leitäste, die sogenannte Abwurfhöhe, fest. Da jedoch erst zu einem späteren Zeitpunkt umgepfropft wird, sollte man der Abwurfhöhe bei Kernobst 20 cm, bei Steinobst 30 cm zugeben und die Leitäste zunächst nur auf diese Länge kürzen. So entsteht ein sogenannter Sicherungszylinder, der das Austrocknen der Pfropfstelle verhindert. Er wird erst später, kurz vor dem Umveredeln, in der gewünschten Veredelungshöhe rechtwinklig weggeschnitten. Zu eng stehende oder ungünstig wachsende Äste sägt man vorher ganz ab.

▸ Zum Veredeln gut ausgereifte, einjährige Reiser der gewünschten Sorte bereits im Winter während der Saftruhe auswählen, abschneiden und in feuchten Sand einschlagen oder in ein feuchtes Tuch einwickeln, damit sie in einem kühlen Raum bis zum Frühjahr frisch bleiben.

▸ Umgepfropft wird im zeitigen Frühjahr. Bei Steinobst beginnt man oft schon Ende Februar, sofern das Wetter mild ist. Kernobst wird ab Mitte März umveredelt.

▸ Vor der eigentlichen Umveredelung sägt man alle Äste und Zweige in unmittelbarer Nähe des Pfropfkopfes ab. Für die Umveredelung gibt es mehrere Verfahren; oft wird das Geißfußpfropfen angewandt. Dabei macht man in die Unterlage einen keilförmigen Einschnitt. Das Edelreis wird diesem Keil durch zwei Schnitte so angepaßt, daß die Pfropfteile dicht aufeinanderliegen. Nun wird die Veredelungsstelle mit Bast verbunden. Zuletzt muß man die Veredelungsstelle und die Pfropfköpfe luftdicht mit Baumwachs verschließen.

▸ Die Länge der Edelreiser wird auf sechs bis acht Knospen begrenzt. Die oberste Knospe sollte möglichst immer nach außen gerichtet sein.

▸ Die Zahl der Reiser je Pfropfkopf (das ist der Ast, auf den man pfropfen will) hängt von seiner Stärke ab. Normalerweise werden zwei Reiser einander gegenüber eingepfropft.

Pflegemaßnahmen Obstgehölze werden im Kleingarten meist im offenen Boden kultiviert. In diesem Fall ist die Bodenpflege wichtig. Mechanische Bodenbearbeitungsmaßnahmen sollten jedoch möglichst selten ausgeführt werden, da selbst bei einer oberflächlichen Bearbeitung die Wurzeln beschädigt werden können. Deshalb sollte man den Boden rund um den Baum unmittelbar nach dem Pflanzen mulchen. Dadurch hält man Wildkräuter fern, und die lockere Bodenstruktur bleibt erhalten.

▸ Frisch gepflanzte Bäume müssen gut eingewässert werden. Später wässert man nur noch nach Bedarf. Obstbäume brauchen zur Zeit des Austriebs und der Blüte sehr viel Wasser, damit sich Blätter, Triebe und Früchte optimal entwickeln können. Staunässe sollte jedoch auf jeden Fall vermieden werden.

▸ Eine erste Düngung ist angebracht, wenn frisch gepflanzte Obstbäume etwa 10 cm lange Triebe gebildet haben. Es werden dann 50–70 g Volldünger je Quadratmeter rund um den Baum ausgestreut und flach in die Krume eingearbeitet bzw. eingewässert. Der beste Zeitpunkt zum Düngen ist das zeitige Frühjahr bei Vegetationsbeginn.

▸ Wird häufig mit Kompost oder verrottetem Stallmist gemulcht, sind zusätzliche Düngergaben nicht nötig.

▸ Durch das Waagrechtbinden von Seitentrieben kann die Bildung von Fruchtholz unterstützt werden. Denn bei waagrechten Seitentrieben wird der Saftstrom gebremst, und Blütenknospen werden früher angelegt.

Bindet man Äste waagrecht, unterstützt man damit die Bildung von Fruchtholz.

▸ Zum waagrechten Ausrichten der Äste werden oft auch Betonklötzchen und mit Kieselsteinen gefüllte Kunststoffnetze verwendet. Am Drahtspalier werden die Zweige mit S-förmigen Haken befestigt oder festgebunden.

Kieselsteine in Kunststoffnetzen zum Beschweren benutzen.

▸ Um zu vermeiden, daß Stamm und Äste beschädigt werden, müssen schwer mit Früchten behangene Zweige rechtzeitig abgestützt werden. Dazu verwendet man Stangen, an deren oberem Ende gebogene Haken aus Rundeisen angebracht werden.

▸ Alle Stützmaterialien, vor allem metallene, sollten mit Schlauchstücken oder ähnlichem Material gepolstert werden.

RINDENPFROPFEN

1. Zunächst ein Stück vom Ast absägen und den Pfropfkopf dann glattschneiden.

2. Anschließend den Pfropfkopf längs einschneiden und die Rindenflügel vorsichtig anheben.

3. Das Edelreis so einpassen, daß die Pfropfteile dicht aufeinanderliegen.

4. Abschließend die Veredelungsstelle mit Bast verbinden und mit Baumwachs verschließen.

STRAUCH- UND BEERENOBST

▸ Obwohl Strauch- und Beerenobst einen größeren Platzbedarf haben als z. B. Gemüse, sollte man sich auch bei kleinen Gärten überlegen, ob man nicht einen Teil des Gartens für diese Pflanzen reserviert.

Erdbeeren Im Normalfall werden einmal jährlich tragende Sorten angebaut. Wer diese Sorten verwendet, kann zwischen Ende Mai und Mitte Juli ernten. Es gibt auch mehrmals tragende Sorten. Ihre Erntezeit erstreckt sich vom Frühsommer bis zum Herbst. Monatserdbeeren tragen mehrfach kleine oder große Früchte.

▸ Wer wenig Platz hat, kann Klettererdbeeren anpflanzen. Sie ranken an Spalieren und fruchten im Sommer.

▸ Die beste Pflanzzeit ist der August. Die Pflanzen müssen rasch und gut einwurzeln, da bereits im September die Blüten für die Ernte im nächsten Jahr angelegt werden.

▸ Oft empfiehlt es sich, Jungpflanzen von Gartenbaubetrieben zu beziehen, die sich auf Erdbeeren spezialisiert haben; wenn man die Pflanzen durch Ausläufer selbst vermehrt, können leicht Krankheiten und Schädlinge übertragen werden.

▸ Beim Einkauf von Jungpflanzen sollte man auf Qualität achten. Empfehlenswert sind kräftige Jungpflanzen mit Topfballen.

▸ Jungpflanzen aus Gewebevermehrungen (In-vitro-Kulturen, Meristemkulturen) sind immer krankheits- und schädlingsfrei.

▸ Bei Eigenvermehrung legt man im Frühsommer die Ausläufer von gesunden Pflanzen zwischen die Reihen. Die Bewurzelung wird durch eine Schicht Kompost unterstützt. Man kann auch junge Pflanzen abtrennen und im Frühbeet bewurzeln.

▸ Damit die Jungpflanzen an den Ausläufern einen guten Halt haben und schnell einwurzeln, kann man einen 10–12 cm langen Draht U-förmig biegen und die Ausläufer damit am Boden befestigen.

Ausläufer mit Jungpflanzen können mit einem gebogenen Draht am Boden befestigt werden.

▸ Eine gute Jungpflanze sollte bis zum Pflanztermin mindestens drei Blätter und etwa 5 cm lange Wurzeln entwickelt haben.

▸ Erdbeeren sollten an einem geschützten, sonnigen, luftigen Standort gepflanzt werden. Dort können sie ihr bestes Aroma ausbilden. Nur auf leichteren Böden kann auch im lichten Halbschatten kultiviert werden.

▸ Eine gründliche Bodenvorbereitung ist wichtig. Man gräbt spatentief um und mischt reichlich Humus unter.

▸ Die Beetbreite für Erdbeeren im Garten liegt bei etwa 120 cm. Ausgepflanzt werden zwei Reihen. Auf größeren Flächen pflanzt man Reihen im Abstand von etwa 60–80 cm. Innerhalb der Reihe sollte der Abstand bei Frühsorten ungefähr 20 cm, bei Spätsorten 30 cm betragen.

▸ Unkrautwuchs kann unterdrückt werden, wenn das Beet vor dem Pflanzen mit schwarzer Folie abgedeckt wird, die man an den Rändern eingräbt. An den Pflanzstellen wird dann mit einem scharfen Messer ein Kreuzschnitt durchgeführt, und die Setzlinge werden eingepflanzt.

Pflanzt man Erdbeeren auf schwarze Folie, wird Unkrautwuchs unterdrückt.

▸ Vor dem Pflanzen werden die Wurzeln nicht gekürzt. Sie müssen in voller Länge senkrecht in den Boden kommen. Die Pflanztiefe sollte dieselbe sein wie vor dem Verpflanzen. Zu tiefes Pflanzen fördert Herzfäule, zu flaches Pflanzen kann Trockenschäden verursachen.

Die Wurzeln von Erdbeerpflanzen müssen in voller Länge senkrecht in den Boden kommen.

▸ Der Fruchtertrag wird begünstigt, wenn nach der Ernte bis in den September hinein und während der Entwicklung der Früchte gut gewässert wird.

▸ Nach der Blüte unterlegt man die Pflanzen mit Stroh oder mit Folie. Dadurch wird verhindert, daß die Früchte, die auf dem Boden aufliegen, faulen oder von Schnecken befallen werden.

Nach der Blüte sollte man Erdbeerpflanzen mit Stroh oder Folie unterlegen.

▸ Erdbeeren kann man zwei Wochen früher als gewöhnlich ernten, wenn man das Beet von Mitte Februar bis Mitte März mit einem Folientunnel abdeckt.

Im Folientunnel entwickeln sich Erdbeerpflanzen schneller.

▸ Ist bei einmal tragenden Erdbeersorten die Ernte abgeschlossen, schneidet man das Laub etwa 5 cm über der Erde ab. Dadurch wird die Ausbreitung von Krankheiten eingedämmt und die Bildung neuer Blätter begünstigt. Die Blätter von mehrmals tragenden Erdbeersorten werden nicht abgeschnitten.

Bei einmal tragenden Erdbeeren wird nach der Ernte das Laub abgeschnitten.

▸ Erdbeeren können mehrjährig kultiviert werden. Wichtig ist die Düngung nach der Ernte, um den Durchtrieb neuer Blätter und den Knospenansatz zu fördern. Nach 4–5 Jahren sollte neu gepflanzt werden.

Johannisbeeren Die Sorten wählt man am besten nach dem Reifetermin aus. Manche Sorten fruchten bereits ab Anfang Juli, andere erst im August.

▸ Der Pflanztermin ist von der Lage des Gartens abhängig. In milden Klimagebieten können Johannisbeeren im Herbst und im Frühjahr gepflanzt werden. In ungünstigen Lagen sollte man erst im Frühjahr pflanzen.

▸ Obwohl Johannisbeeren relativ bescheidene Ansprüche an den Boden stellen, ist die Wuchskraft und Blühwilligkeit deutlich größer, wenn sie in einem gut vorbereiteten, tiefgründigen, humosen, nährstoffhaltigen Boden stehen.

▸ Die Sträucher – man kauft sie am besten in einer Baumschule – sollten mindestens vier kräftige Triebe aufweisen.

▸ Können wegen frühem Frost Johannisbeersträucher nicht mehr gepflanzt werden, schlägt man sie an einer geschützten Stelle im Garten ein und pflanzt sie erst im Frühjahr ein. Dazu eine Furche ziehen, die Pflanzen schräg hineinlegen und die Wurzeln mit lockerer, humushaltiger Erde bedecken. Angießen und den Boden zum Schutz vor Frost mit Reisig, Laub oder Stroh abdecken.

Johannisbeersträucher schlägt man ein, wenn man erst im Frühjahr pflanzt.

▸ Ehe man pflanzt, schneidet man alle beschädigten Wurzeln über der Schadstelle glatt ab.

▸ In einem tiefgründig gelockerten Boden kann die Pflanzgrube klein sein, sonst ist sie ausreichend groß auszuheben.

▸ Sind die Pflanzen sehr trocken, taucht man die Wurzeln vor dem Pflanzen in einen Brei aus 50 % Wasser und 50 % Erde.

Trockene Wurzeln in einen Brei aus Wasser und Erde tauchen.

▸ Man pflanzt den Strauch 5–10 cm tiefer, als er in der Baumschule gestanden hat. Dann wird der Boden gut festgetreten und anschließend mit Wasser eingeschlämmt.

▸ Bei weißen und roten Johannisbeeren beträgt der Pflanzabstand bei einreihiger Pflanzung 1,5–1,8 m und bei schwarzen 2–2,5 m. Hochstämmchen mit einer Stammhöhe von 80–100 cm und Fußstämmchen mit 30–50 cm Höhe werden im Abstand von 80–100 cm gepflanzt.

▸ Nach dem Pflanzen werden die Triebe um zwei Drittel ihrer Länge zurückgeschnitten. Dadurch werden die Pflanzen zu einem kräftigen Austrieb angeregt. Der Rückschnitt der Triebe soll immer bis zu einer nach außen gerichteten Knospe vorgenommen werden.

Johannisbeeren nach dem Pflanzen zurückschneiden.

▸ Nach dem Pflanzen die Bodenoberfläche mit Kompost, Stroh, Gras, verrottetem Stallmist oder Rindenhumus abdecken.

▸ Bei Bedarf sind Johannisbeersträucher im Frühjahr beim Austrieb und nach der Blüte bis zur Fruchtreife zu wässern.

▸ Einen kräftigen Wuchs und hohen Ertrag erzielt man nur dann, wenn im Boden genug Nährstoffe vorhanden sind. Gedüngt werden sollte im März/April und im Juni.

▸ Richtige Schnittmaßnahmen sind nötig. Anfänglich werden die Jahrestriebe auf die Hälfte ihrer Länge eingekürzt, später werden sie meist nicht mehr beschnitten. Dafür entfernt man vom vierten oder fünften Standjahr an jedes Jahr ein bis zwei ältere Leitäste ganz. Bei allen Schnittmaßnahmen auf gute Belichtung im Strauchinnern achten. Je nach Wuchsstärke sollen sich die Sträucher bei roten Johannisbeeren aus 6–10 Hauptästen aufbauen, bei schwarzen Johannisbeeren verbleiben 8–10 Äste.

▸ In regenreichen Jahren tritt an roten und weißen Johannisbeeren die Blattfallkrankheit auf. Auf den Blättern erscheinen violette bis braune Flecken. Die Blätter vergilben und fallen ab. Bei starkem Auftreten im Folgejahr zugelassene Pilzmittel spritzen.

▸ Schwarze Johannisbeeren werden gelegentlich von Echtem Mehltau befallen. Bei starkem Auftreten kann man zugelassene Pflanzenschutzmittel mehrmals von Anfang Mai an spritzen.

▸ Johannisbeergallmilben sitzen in befallenen Knospen. Diese sind ballonförmig angeschwollen. Im Frühjahr treiben die Knospen nicht aus, und es gibt keinen Ertrag. Befallene Knospen im Winter oder während des Austriebs ausbrechen und vernichten.

Befallene Knospen muß man ausbrechen und vernichten.

Stachelbeeren Man kann zwischen zahlreichen Kultursorten wählen, die sich u. a. durch verschiedene Farben und Reifetermine unterscheiden. Stachelbeeren sollte man gut pflegen, dann können die Sträucher bis zu 15 Jahre lang gute Erträge liefern.

▸ Eine Sonderform ist die Jostabeere. Sie ist eine Kreuzung zwischen Stachelbeeren und schwarzen Johannisbeeren. Die Sorte ist relativ resistent gegen verschiedene Krankheiten.

▸ Für Stachelbeeren sind kühle Lagen geeignet. In sehr heißen, trockenen Lagen werden die Sträucher häufig von tierischen Schädlingen (Spinnmilben, Läusen) befallen.

▸ Am besten geeignet sind mittelschwere bis schwere, lehmhaltige und frische Böden. Leichte Böden müssen durch reichliche Humusgaben verbessert werden.

▸ Vor dem Pflanzen sollte man den Boden tiefgründig lockern.

▸ Von der Baumschule bezieht man 2- bis 3jährige Sträucher mit fünf bis sieben Trieben.

▸ Empfehlenswert sind Sorten, die gegen die verbreitetsten Krankheiten resistent oder weniger anfällig sind, wie z. B. 'Reflamba', 'Rixanta', 'Rolanda', 'Invicta'.

▸ Stachelbeersträucher pflanzt man im Abstand von 1,2–1,5 m. Sie werden 5–10 cm tiefer gesetzt, als sie in der Baumschule gestanden haben.

▸ Bei Jostabeeren sollte der Pflanzabstand mindestens 2 m, wenn möglich 2,5 m betragen.

▸ Beim Pflanzschnitt werden alle beschädigten Wurzeln ausgeschnitten. Von den oberirdischen Trieben läßt man vier bis fünf als

Leitäste stehen. Sie werden auf eine Länge von 20–30 cm zurückgeschnitten.

Die Leitäste schneidet man auf 20–30 cm zurück.

▸ Die Bodenoberfläche sollte man nach dem Pflanzen mulchen.

▸ Stachelbeeren müssen ausreichend mit Feuchtigkeit versorgt werden. Dies gilt besonders zur Zeit der Fruchtreife.

▸ Bei Bedarf chlorfreien Dünger verabreichen. Man düngt am besten nach dem Austrieb im März und April und direkt nach der Ernte im Juli oder August.

▸ In den ersten 3–4 Standjahren des Strauches werden jedes Jahr im Winter die Leitäste um mehr als ein Drittel zurückgeschnitten. Die Seitenäste kürzt man auf sechs bis acht Knospen.

▸ Bei älteren Sträuchern werden zunächst alle auf dem Boden aufliegenden Frucht- und Leitäste entfernt und zu dicht stehende Triebe ausgelichtet. Es reicht aus, wenn sechs bis acht Leitäste stehenbleiben. Von diesen werden alljährlich zwei der ältesten ganz entfernt; sie werden durch Jungtriebe ersetzt. Dadurch wird der Strauch ständig verjüngt.

▸ Einjährige Fruchtäste lichtet man aus. Dabei entfernt man stark mit Mehltau befallene Triebspitzen. Die schönsten und größten Früchte entwickeln sich immer an den ein- bis zweijährigen Zweigen.

▸ Stark befallen werden Stachelbeeren vom Amerikanischen Stachelbeermehltau. Blätter, Triebspitzen und Früchte sind mit einem dichten, weißen, später sich braun färbenden, filzartigen Belag überzogen. Die Früchte reifen nicht aus. Vorbeugend sollte man kranke Triebspitzen abschneiden und vernichten. Bei sehr starkem Befall von Anfang Mai an dreimal im Abstand von 10–14 Tagen mit zugelassenen Pilzmitteln spritzen.

Himbeeren Hat man einmal tragende Sorten in den Garten gepflanzt, beginnt die Haupterntezeit Ende Juni und dauert den ganzen Juli an. Man kann aber auch Sorten kaufen, die über diesen Termin hinaus tragen bzw. eine Herbsternte bringen. Sie werden als zweimal tragende Sorten oder Sorten für die Herbsternte bezeichnet.

▸ Die beste Pflanzzeit für Himbeersträucher ist der Herbst.

▸ Obwohl man Himbeerruten aus dem eigenen Garten für eine Neupflanzung verwenden kann, sollte man besser gesunde Pflanzen von einer guten Baumschule beziehen. Empfehlenswert sind weniger anfällige Sorten, wie 'Schönemann', 'Meeker' usw.

▸ Frei von Krankheiten sind Jungpflanzen aus Gewebevermehrungen. Dieses Verfahren kann nur in speziellen Laboreinrichtungen durchgeführt werden.

▸ Gepflanzt werden einjährige Ruten, die mindestens 1 m lang sein sollten, oder zweijährige Pflanzen mit 70 cm langen Ruten. Wichtig ist dabei, daß die Ruten gut bewurzelt sind und zumindest eine kräftige Wurzelknospe besitzen.

▸ Himbeeren benötigen im Garten volles Licht.

▸ Bevorzugt werden lockere, humose, mäßig saure und feuchte Böden. Zuviel Kalk ist für Himbeeren schädlich.

▸ Den Boden muß man gründlich vorbereiten. Bei zu kalkhaltigen Böden etwas Torf untermischen.

▸ Zum Pflanzen hebt man einen kleinen Graben aus und setzt die Pflanzen im Abstand von 40–50 cm. Die Pflanztiefe sollte so gewählt werden, daß die Bodenknospen etwa 10 cm hoch mit Erde bedeckt sind.

▸ Himbeeren benötigen eine Rankhilfe. Zwischen zwei Pfosten werden Drähte zwischen 80 cm und 150–160 cm Höhe gespannt.

Himbeeren brauchen eine Rankhilfe.

▸ Der Pflanzschnitt der Triebe erfolgt nach dem Setzen. Jede einzelne Rute wird auf 30–50 cm Länge zurückgeschnitten.

▸ Nach dem Pflanzen deckt man den Boden mit Mulchmaterial ab. Durch das Mulchen wird das Auftreten der Himbeerrutenkrankheit unterbunden.

▸ Heranwachsende Ruten werden am Spalier festgebunden.

▸ Wenn es nicht regnet, ausreichend wässern, da die Wurzeln

nur etwa 10–15 cm unter der Erdoberfläche verlaufen.

▸ Im August oder September schneidet man den Vorjahrestrieb dicht über dem Boden ab. Die jungen Ruten bringen im folgenden Jahr den ersten guten Ertrag.

▸ Alte Ruten sollte man verbrennen, um die Übertragung von Krankheiten auszuschließen.

▸ In den folgenden Jahren muß man nach der Ernte im Juli oder August bei einmal tragenden Sorten alte Ruten entfernen und nur die Jungruten stehenlassen. Alle schwachen und kranken Triebe dicht über dem Boden entfernen.

▸ Bei den zweimal tragenden Sorten wird die Triebspitze nach der Ernte im Herbst abgeschnitten. Der Rest der Rute trägt dann ein zweites Mal im Frühjahr. Danach wird sie im Sommer entfernt. Soll eine zweimal tragende Sorte nur im Herbst fruchten, werden alle Triebe gegen Ende des Winters dicht über dem Boden abgeschnitten. Die im Frühjahr erscheinenden jungen Triebe fruchten im Herbst.

Bei zweimal tragenden Himbeeren wird die Triebspitze nach der Ernte im Herbst abgeschnitten.

▸ Manche Sorten treiben über 2 m lange Ruten. Sie werden im Frühjahr auf eine Länge von 1,6–1,8 m zurückgeschnitten. Will man die Ruten nicht einkürzen, bindet man sie bogenförmig an der oberen Querverbindung der Stützhilfe fest.

Lange Ruten kann man bogenförmig am oberen Teil der Stützhilfe befestigen.

▸ Bei Bedarf düngt man zusätzlich nach dem Frühjahrsaustrieb und zur Blütezeit im Mai und Juni sowie direkt nach der Ernte.

▸ Will man morgens große Früchte ernten, wässert man bei Trockenheit am Abend zuvor.

▸ Von der Himbeerrutenkrankheit befallene Sträucher bringen nur einen geringen Ertrag. Die Krankheit wird durch stark wechselnde Bodenfeuchtigkeit begünstigt. Deshalb sollte man vorbeugend für ausgeglichene Feuchtigkeitsverhältnisse sorgen. Ist die Krankheit aufgetreten, treiben die Tragruten im Frühjahr nicht mehr aus und sterben ab. Dann muß man die befallenen Pflanzen zusammen mit den Wurzeln entfernen. In diesem Gartenbereich sollte man keine Himbeeren nachpflanzen, da der Pilz, der die Krankheit verursacht, jahrelang im Boden überleben kann. Auf schweren Böden ist für Drainage zu sorgen.

Brombeeren Die Pflanzen können sowohl im Herbst als auch im Frühjahr gesetzt werden, doch oft wird die Frühjahrspflanzung bevorzugt, weil dann die Frostgefahr geringer ist.

▸ Empfehlenswert sind zweijährige Pflanzen. Sie sollten am Wurzelhals ein oder zwei gut ausgebildete Triebknospen besitzen.

▸ Ausgepflanzt wird möglichst in vollsonniger Lage. Windlagen sollte man vermeiden.

▸ Der Boden sollte tiefgründig, mittelschwer und in gutem Kulturzustand sein. Gefährlich ist Staunässe. Sehr schwere Böden muß man durch die Anlage einer Drainage entwässern.

▸ Vor dem Pflanzen errichtet man ein Spalier, sofern Brombeeren nicht am Zaun kultiviert werden sollen. Beim einfachen Spalier werden 2,5–2,8 m lange Stützpfähle, die einen Durchmesser von 6 – 8 cm haben sollten, im Abstand von 5–6 m in den Boden geschlagen; zwischen den Pfosten werden drei oder vier Drähte gespannt.

▸ Für rankende Sorten wird die Palmettenerziehung vorgezogen. Hierbei werden die Ruten einzeln waagrecht an die Drähte gebunden.

Die einzelnen Ruten waagrecht an die Drähte binden.

▸ Für schwächer wachsende und für nicht rankende Sorten wird die Fächererziehung angewandt. Hier werden drei bis sechs Ruten fächerförmig hochgeleitet und an die Drähte gebunden.

▸ Der Pflanzabstand richtet sich nach der Wuchsstärke der Sorten. Stark wachsende, rankende Sorten pflanzt man im Abstand von 2,5–3 m, schwächer wachsende mit 2–2,5 m Abstand. Aufrecht wachsende Sorten können im Abstand von 1,5–1,8 m gepflanzt werden.

▸ Beim Pflanzen muß man alle vorhandenen Wurzeln schonend behandeln und die Pflanzen so tief setzen, daß die am Wurzelhals sitzenden Knospen etwa 5 cm hoch mit Erde bedeckt sind.

▸ Erst nachdem man die Pflanzen gesetzt hat, wird der Schnitt ausgeführt. Die Ruten kürzt man auf eine Länge von 20–30 cm ein. Danach entwickeln sich im ersten Jahr nur die Triebe.

▸ Nach dem Pflanzen muß gut angegossen und der Boden stets gleichmäßig feucht gehalten werden. Das Mulchen des Bodens wirkt sich ebenfalls günstig aus.

▸ Dünger sollte je nach Bedarf, d. h. je nach Wuchs und Fruchtertrag, in drei Gaben über das Vegetationsjahr verteilt ausgebracht werden: im Frühjahr, zur Blütezeit und zur Zeit der Entwicklung der Früchte. Bei spätreifenden Sorten darf die letzte Düngung nicht zu spät gegeben werden. Man verwendet chlorfreie Dünger, z. B. Blaukorn oder organisch-mineralischen Volldünger.

▸ Durch einen fachgerechten Schnitt kann man den Ertrag wesentlich erhöhen.

▸ Meist werden Brombeeren erst geschnitten, wenn die strengsten Fröste vorbei sind. Dann kann man frostgeschädigte und kranke Ranken entfernen sowie alle Ruten, die Früchte getragen haben, an der Basis abschneiden. Um die Übertragung von Krankheiten zu vermeiden, sollte man die Ruten vernichten und nicht zum Kompost geben.

▸ Man kann den Winterschnitt bereits im späten Herbst ausführen. Man läßt dann die abgeschnittenen Ranken als Frostschutz im Spalier hängen.

▸ Beim Sommerschnitt werden die Seitentriebe, die sich vorzeitig an den Jungruten gebildet haben, auf zwei bis vier Augen zurückgeschnitten. Treiben sie dann nochmals aus, müssen auch die neuen Triebe eingekürzt werden. In den verbleibenden Blattachseln bilden sich bis zum Herbst schon die neuen Knospen. Durch diesen Schnitt werden die Knospen kräftiger und leistungsfähiger. Gleichzeitig werden alle überzähligen Jungruten entfernt.

▸ Führt man den Schnitt richtig durch, bleiben bei stark wachsenden Sorten immer drei bis vier kräftige Jungruten stehen, die im folgenden Vegetationsjahr blühen und fruchten. Bei schwach wachsenden Sorten kann man mehr Jungruten stehenlassen.

▸ In klimatisch ungünstigen Gebieten kann man junge Ranken im Herbst abbinden und auf den Boden legen. Sie werden dort zum Schutz gegen Frost mit Reisig, Tannengrün oder lockerem Stroh abgedeckt.

Junge Ranken legt man zum Schutz gegen Frost auf den Boden.

▸ Die Früchte werden häufig von der Brombeermilbe befallen. Dann verfärben sie sich teilweise oder vollständig rot und reifen nicht aus. Sie können nicht geerntet werden. Tritt die Brombeermilbe auf, kann man die Pflanze bei einem sehr starken Befall mit Schwefelpräparaten behandeln. Man spritzt, wenn die Seitentriebe 10 cm lang sind, ein zweites Mal 14 Tage später und noch einmal zu Beginn der Blüte.

Heidelbeeren Kulturheidelbeeren enthalten meist weniger Säure als Waldheidelbeeren.

▸ Die beste Pflanzzeit ist der Herbst nach dem Laubfall.

▸ Man bezieht die Pflanzen von einer Baumschule. Meist werden zwei- bis dreijährige Sträucher mit Wurzelballen angeboten.

▸ Sonnige bis halbschattige Standorte sind günstig.

▸ Am besten wachsen Heidelbeeren auf stark saurem, durchlässigem, humosem und ausreichend feuchtem Boden. Ist der Boden kalkhaltig, hebt man eine sehr große Grube aus, kleidet sie mit Folie aus und ersetzt zwei Drittel des Bodens durch sauren Hochmoor-Weißtorf oder ähnliches Material. Schwerer Boden wird zusätzlich mit Sand vermischt und so gelockert.

Bei kalkhaltigem Boden füllt man sauren Torf in die Pflanzgrube.

▸ Besondere Schnittmaßnahmen sind vor der Pflanzung nicht zu beachten. Beschädigte Wurzeln oder abgeknickte Triebe werden entfernt.

▸ Ausreichend große Pflanzgruben ausheben. Je ungünstiger der Boden, desto größer muß die Grube sein. Bei schlechten Bodenverhältnissen Pflanzgruben 1,2–1,5 m lang und breit vorbereiten; die Tiefe beträgt 50–60 cm. Entsprechend geeignetes Pflanzsubstrat einfüllen.

▸ Der Pflanzabstand beträgt 1,5 m. Die Pflanzen dürfen nicht tiefer stehen, als sie in der Baumschule gestanden haben.

▸ Da Kulturheidelbeeren ausgesprochene Flachwurzler sind, darf die Bodenpflege nur oberflächlich ausgeführt werden. Am besten mulcht man mit saurem Torf oder Rindenmulch. Auch Sägemehl hat sich bewährt.

▸ Auslichtung und Schnitt erfolgen im Winter ab dem dritten Standjahr. Man schneidet maximal vier der ältesten Triebe bis an einen kräftigen Jungtrieb zurück oder, wenn ausreichend Bodentriebe vorhanden sind, in Bodennähe ab. Schwache Jungtriebe entfernt man. Gute Erträge kann man bei sechs bis acht Haupttrieben erzielen.

▸ Genußreif und voll aromatisch sind die Früchte erst ungefähr eine Woche, nachdem sie sich blau verfärbt haben. Reife Früchte erkennt man an der rötlichen Verfärbung des Fruchtstiels.

Kiwis Kiwisträucher sollte man in Mitteleuropa nur in milden Klimagebieten anbauen, da die Pflanzen aus subtropischen Gebieten stammen. Neuerdings werden auch Sorten angeboten, die Winterfröste besser überstehen.

▸ Da die angebotenen Sorten in der Regel zweihäusig sind, müssen normalerweise weibliche und männliche Pflanzen gesetzt werden. Auf drei bis vier weibliche Pflanzen sollte dann eine männliche kommen. Neuerdings werden auch Sorten mit zwittrigen Blüten angeboten.

▸ Die beste Pflanzzeit ist im April und im Mai. Der Pflanzabstand sollte zwischen 2 und 3 m liegen.

▸ Kiwipflanzen bezieht man am besten von einer Baumschule.

▸ Wichtig ist eine geschützte Lage, da die Pflanzen windempfindlich sind. Die Triebe der Kiwipflanzen werden 3–4 m lang, man läßt sie am besten an einem Spalier an der Hauswand oder auch an einer frei stehenden Rankhilfe entlangwachsen.

Kiwisträucher sollten immer eine Rankhilfe haben.

▸ Ein sonniger Standort ist günstig, im Sommer kann es aber bei Südlage zu Sonnenbrandschäden kommen.

▸ Günstig ist ein humoser, lockerer, gut wasserführender, saurer Boden.

▸ Um die Feuchtigkeit des Bodens zu erhalten, sollte man nach dem Pflanzen mulchen. Günstig ist das Abdecken mit saurem Torf.

▸ Immer für eine ausreichende Bewässerung sorgen.

▸ Man düngt mit verrottetem Stallmist oder Kompost. Zusätzlich kann man noch schwache Gaben eines Blaukornvolldüngers verabreichen. Günstige Düngezeiten sind im Frühjahr (März oder April) und im Sommer (Juli). Nicht zu spät düngen, da die Triebe sonst nicht ausreifen.

▸ Ernten kann man erst ab dem zweiten bis dritten Standjahr. Gute Erträge mit schönen Früchten erzielt man nur, wenn die Pflanze regelmäßig geschnitten wird. Unterschieden wird zwischen einem Winterschnitt (Februar/März) und einem Sommerschnitt (Juli/August). Einen zu späten Winterschnitt vermeiden.

▸ Zwei bis dreijährige abgetragene Fruchttriebe werden im Winter herausgeschnitten. Als Ersatz läßt man immer wieder junge Triebe heranwachsen.

▸ Im Sommer werden die Triebe nach dem vierten bis sechsten Blatt entfernt, damit die Früchte und nicht die Triebe stärker ausgebildet werden. So verbleiben bei ausgewachsenen Pflanzen immer drei bis vier Früchte an der Basis der jeweiligen Triebe. Alle nicht benötigten Triebe werden entfernt.

▸ Man erntet Früchte je nach der Lage des Gartens zwischen Ende Oktober und Mitte November. Nicht zu früh ernten, da sonst die Früchte ihren typischen Geschmack nicht entwickeln. Die Frucht wird vorsichtig in eine flache Kiste gelegt, nachdem man den Stiel knapp über der Frucht abgeschnitten hat.

▸ Bis zur Genußreife müssen die Früchte noch einige Zeit gelagert werden. Die Haltbarkeit beträgt bei 3–4 °C etwa 3–4 Monate, bei höheren Temperaturen ist sie entsprechend kürzer. Genußreif sind Kiwis, wenn sich die Haut leicht abziehen läßt.

ZIERGARTEN

GEHÖLZE PFLANZEN UND PFLEGEN

▸ Unter Gehölzen versteht man mehrjährige, winterharte Pflanzen mit holzigen Trieben oder Stämmen. Dazu zählen Bäume, Sträucher, Hecken- und Kletterpflanzen. Vor dem Einkauf muß man sich informieren, welche Gehölzformen sich für welche Standorte eignen.

Auswahl der Gehölze Zunächst ist der Wuchs ausschlaggebend für die Auswahl eines Gehölzes. Man muß stets überlegen, wie groß und breit ein Baum oder Strauch im ausgewachsenen Zustand ist.

▸ Die Kronenform von Bäumen spielt bei der Gehölzauswahl eine große Rolle. Der optische Gesamteindruck und die Form des Schattens sind recht unterschiedlich. So gibt es Bäume mit kegelförmigen, säulenförmigen oder schirmartigen Kronen und solche mit hängenden Trieben.

▸ Häufig werden Gehölze nach dem Blühtermin und den Blütenfarben ausgewählt. Ähnlich ist es mit dem Fruchtschmuck. Wichtig ist oft auch, ob ein Gehölz nur sommer- oder auch wintergrün ist. Außerdem sollte die Herbstfärbung beachtet werden.

▸ Ein wichtiges Auswahlkriterium ist der geplante Standort: ob er sonnig oder schattig, geschützt oder Winden ausgesetzt ist.

▸ Die Eigenschaften des Bodens sind zu beachten.

▸ Blütengehölze sind für die Ernährung von Bienen und Vögeln wichtig. Auch werden die Früchte von Wildgehölzen, beispielsweise von Holunder und Sanddorn, häufig in der Küche verwendet.

▸ Zur Abgrenzung von Grundstücken werden oft Heckengehölze gepflanzt. Man unterscheidet zwischen frei wachsenden Hecken und Schnitthecken. Für freiwachsende Hecken werden meist Blütensträucher verwendet, die in gemischter Form angepflanzt werden können. So kann man die Blütezeit der Hecke – je nach Sorten der Sträucher – vom Frühjahr bis in den Sommer ausdehnen. Allerdings müssen die Platzansprüche beachtet und die Grenzabstände eingehalten werden.

▸ Schnitthecken brauchen verhältnismäßig wenig Platz. Deshalb werden sie auch oft in kleinen Gärten gepflanzt.

▸ Für Schnitthecken gut geeignet sind die Laubgewächse Liguster, Hainbuche und Buchsbaum, von den Nadelgewächsen besonders Eibe und Lebensbaum.

Pflanzzeit Die beste Pflanzzeit für die meisten Gehölze sind Herbst und Frühjahr. Die Pflanzzeit sollte so gewählt werden, daß die Gehölze im Herbst noch vor den ersten Frösten einwurzeln. Im Frühjahr pflanzt man, sobald der Boden nicht mehr gefroren ist.

▸ Gehölze in Containern können während der ganzen Vegetationszeit gepflanzt werden. Bei Pflanzung im Sommer muß die Wasserversorgung gesichert sein.

▸ Die beste Pflanzzeit für Nadelgehölze und immergrüne Gehölze ist der September.

▸ Damit Birken schnell anwachsen, werden sie zu Beginn des neuen Austriebs im Frühjahr gepflanzt. Muß diese Arbeit im Herbst getan werden, sollte der Termin nicht vor Anfang November liegen.

▸ Gehölze, die bei Frost angeliefert werden, legt man in einen kühlen, frostfreien Raum, z. B. in den Keller, damit sie über Nacht auftauen können. Erst dann auspacken und, sobald es wieder etwas wärmer ist, einpflanzen.

▸ Manchmal kann nicht sofort gepflanzt werden. Dann schlägt man die Gehölze an einem schattigen Platz in lockeren Boden ein und gießt gründlich an. Im späten Herbst, vor allem bei Frostgefahr, werden die Pflanzen mit Fichtenreisig, Laub oder einem feuchten Sack vor Frost und Wind, im Frühjahr auf die gleiche Weise vor der Sonne geschützt.

Vorbereitung des Bodens Vor dem Pflanzen muß der Boden tiefgründig bearbeitet und Humus eingebracht werden, damit die langlebigen Gehölze gut einwachsen können. Schwere Böden sollten dräniert werden.

▸ Wichtig ist eine ausreichend große Pflanzgrube, vor allem für Gehölze mit großen Wurzelballen. Ideal sind Pflanzgruben von etwa 1 m Durchmesser und 0,6 m Tiefe. Eine Pflanzgrube sollte gut anderthalbmal so groß sein wie der Wurzelballen. Die Sohle der Grube muß aufgelockert werden. Schwere Böden verbessert man mit Flußsand und Humus.

▸ Eine Düngung der Pflanzerde kommt nur dann in Betracht, wenn der Boden absolut nährstoffarm ist. Gewöhnlich beginnt man mit der Nährstoffversorgung erst, wenn die Gehölze eingewachsen sind.

Pflanzung Die Gehölze werden in der Baumschule entweder in Containern oder im freien Gelände herangezogen. Gehölze werden mit Wurzelballen oder losen Wurzeln geliefert. Beim Pflanzen müssen je nach der Beschaffenheit des Wurzelwerks unterschiedliche Maßnahmen getroffen werden.

▸ Bekommt man Gehölze mit trockenen Wurzeln geliefert, müssen sie vor dem Pflanzen gründlich gewässert werden.

▸ Bei Gehölzen ohne Wurzelballen die Wurzeln vor dem Pflanzen beschneiden. Dabei werden beschädigte Wurzeln bis ins gesunde Holz zurückgeschnitten. Beim Wurzelschnitt läßt man möglichst viele Wurzeln am Gehölz. Wichtig sind vor allem die feinen Faserwurzeln, die für das Anwachsen unentbehrlich sind.

▸ Beim Pflanzen darauf achten, daß die Wurzeln ringsum von gutem Boden umgeben sind. Dazu hält man den Baum oder Strauch in das Pflanzloch, füllt Erde ein und bewegt das Gehölz etwas auf und ab.

▸ Gehölze aus Containern müssen vorsichtig ausgetopft werden, damit der Wurzelballen nicht zerfällt. Den Ballen vorsichtig in die Grube stellen und das Gehölz gleichmäßig mit Pflanzerde umgeben.

▸ Bei Sorten, die aus der Baumschule mit Wurzelballen geliefert werden, ist dieser zum Schutz mit Sackleinwand oder Jute umgeben. Beim Pflanzen die Umhüllung nicht entfernen, da der Ballen zerfallen könnte. Erst nachdem die Pflanze in der Grube steht, den Knoten am Stamm lösen und das Tuch hinunterklappen.

Umhüllung des Wurzelballens erst in der Pflanzgrube lösen.

▸ Die Gehölze sollten möglichst so tief gepflanzt werden, wie sie

GEHÖLZE OHNE WURZELBALLEN PFLANZEN

1. Vor dem Pflanzen müssen alle beschädigten Äste herausgeschnitten werden.

2. Gehölze 4–5 Stunden lang ins Wasser stellen, damit sie sich erholen können.

3. Die Wurzeln so beschneiden, daß alle beschädigten Teile entfernt werden.

4. Das Gehölz in die Pflanzgrube stellen und die Wurzeln gleichmäßig mit Erde bedecken.

5. Das frisch gepflanzte Gehölz mit einem Gießrand umgeben und kräftig angießen.

6. Nach dem Pflanzen mit verrottetem Mist, Rindenhumus oder ähnlichem Material mulchen.

vorher in der Baumschule gestanden haben.

▸ Die eingefüllte Erde muß festgetreten werden. Vorsicht bei sehr feuchtem Boden! In diesem Fall nicht so stark antreten, da er sich sonst zu stark verfestigt.

▸ Günstig ist es, wenn nach dem Pflanzen die Erde um das Gehölz zu einem Gießrand aufgeworfen wird. Er verhindert, daß das Wasser beim Angießen abfließt.

▸ Frisch gepflanzte Gehölze müssen kräftig angegossen werden. Dadurch werden die Wurzeln dicht mit Erde umgeben. Bei trockenem Wetter sollte man in den ersten 4–6 Wochen mindestens einmal wöchentlich gründlich gießen.

Versorgung nach dem Pflanzen Bei einer Frühjahrspflanzung muß während trockener Witterungsperioden bis etwa Juli zusätzlich gewässert werden. Überbrausen begünstigt das Anwachsen der Pflanze.

▸ Die Stämme frisch gepflanzter Bäume umwickelt man in windigen und kalten Lagen mit Sackleinwand, die zuvor in Lehmbrei getaucht wurde. Dieser Verband wird nach einem Jahr entfernt.

In extremen Lagen den Baumstamm mit in Lehm getauchter Sackleinwand umwickeln.

▸ Große Gehölze müssen fest verankert werden, damit sie starkem Wind und Schneedruck standhalten.

▸ Halb- und Hochstämme werden an einem senkrecht in den Boden getriebenen Pfahl mit Baumbändern angebunden. Das Anbinden erfolgt mit einer Achterschleife. Dabei muß man beachten, daß der Stamm nicht eingeschnürt wird. Der Pfahl sollte nicht in die Krone hineinreichen.

Mit einer Achterschleife werden Stämme an einen Pfahl gebunden.

▸ Hochstämmige Solitärgehölze werden an drei oder vier Pfählen angebunden, die am Kopfende durch Latten oder Rundhölzer verbunden sind. Man kann sie mit Schnur oder Drähten befestigen. Beim Anbinden mit Draht sollte man Gummimanschetten anbringen, damit die Stämme nicht beschädigt werden.

Hochstämmige Solitärgehölze an mehreren Seiten festbinden.

▸ Damit möglichst wenig Feuchtigkeit verdunstet, deckt man den Boden um das Gehölz mit organischem Material ab. Geeignet sind z. B. verrotteter Mist, Kompost, Rindenhumus, Rasenschnitt.

▸ Bei manchen laubabwerfenden Gehölzen werden im Frühjahr die Triebe beschnitten. Entfernt werden die feinen Zweige. Die restlichen Triebe kürzt man um ein Drittel ein.

Pflege Ziergehölze müssen während der Anwachsphase bei Bedarf gewässert werden. Später reichen gewöhnlich die natürlichen Niederschläge aus.

▸ Nur wenn es unbedingt erforderlich ist, den Boden oberflächlich lockern und Wildkräuter entfernen.

▸ Mulchen mit organischem Material ist sinnvoll. Gut bewährt haben sich verrotteter Mist, Rindenkompost, Grüngutkompost und Laubkompost.

▸ Keinesfalls im Herbst umgraben, da dadurch feine Faserwurzeln direkt unter der Bodenoberfläche zerstört werden könnten.

▸ Günstig ist auch eine Unterpflanzung mit Bodendeckern. In diesem Fall muß man aber mehr gießen und düngen.

▸ Gehölze zählen zu den Pflanzen mit niedrigem Nährstoffbedarf. Werden immer wieder organische Materialien ausgebracht, kann oft auf eine zusätzliche Düngung verzichtet werden.

Gehölzschnitt Bei vielen Ziergehölzen müssen im Lauf der Jahre verschiedene Schnittmaßnahmen zum Aufbau einer schönen Form, zur Erhaltung und zur Beschränkung des Wachstums ausgeführt werden.

▸ Nadelgehölze werden meist nicht geschnitten; viele Gattungen und Arten treiben nach dem Schnitt ungenügend durch. Eibe und Lebensbaum hingegen vertragen einen Schnitt. Bei Tanne und Fichte können diesjährige Triebe im Juni oder Juli zurückgeschnitten werden, da sie aus den vorhandenen Knospen neu austreiben. Bei manchen Kiefern, z. B. der Bergkiefer, kann schon im Mai der diesjährige Trieb gekürzt werden.

▸ Aufbauschnitt nennt man die Schnittmaßnahmen, durch die ein Baum eine schöne Krone erhält. Er wird ähnlich wie bei Obstgehölzen ausgeführt. Üblich ist er bei Zieräpfeln, Zierbirnen und Zierkirschen.

Beim Aufbauschnitt werden Konkurrenztriebe entfernt.

▸ Ein Erhaltungsschnitt wird vor allem bei Sträuchern ausgeführt, um vergreiste Triebe zu entfernen und durch nachwachsende junge, blühfreudige Triebe zu ersetzen. Dabei wird gleichzeitig der Strauch ausgelichtet.

Sträucher auslichten, indem man alte Triebe entfernt.

▸ Schnittmaßnahmen werden gewöhnlich im Winter ausgeführt, wenn die Sträucher kahl sind.

▸ Frühjahrsblüher wie Forsythien, Mandelbäumchen, Flieder und Zierjohannisbeeren sollte man nicht im Winter schneiden, da diese bereits im Herbst Knospen angesetzt haben. Sie werden im Frühjahr nach der Blüte zurückgeschnitten. Hortensien blühen zwar erst im Sommer, sollten aber auch nicht im Winter geschnitten werden, da sich die Knospen auch schon im Herbst ausbilden.

▸ Schling- und Klettergehölze werden meistens nicht geschnitten. Ein Auslichten oder ein Rückschnitt ist allerdings dann notwendig, wenn sie über den ihnen zugedachten Raum hinauswachsen.

▸ Die Glyzine und die Trompetenblume müssen geschnitten werden. Alle langen einjährigen Seitentriebe werden im späten Winter auf zwei bis drei Knospen zurückgeschnitten. Dabei ist jedoch das kurze blütentragende Holz sorgfältig zu schonen.

▸ Bei den verschiedenen Waldreben kann man die frühjahrsblühenden Sorten im Februar oder März etwas auslichten, wobei das kräftige, einjährige Holz geschützt werden muß. Anders ist es bei den Sommerblühern. Sie vertragen einen kräftigen Rückschnitt im Spätwinter, auch in das mehrjährige Holz.

▸ Baumartige Gehölze benötigen selten einen Erhaltungsschnitt. Manchmal ist eine Korrektur der Krone notwendig.

Verjüngungsschnitt Werden Sträucher jahrelang nicht gepflegt und beschnitten, können sie zu dicht werden oder von unten nach oben verkahlen. Verjüngt werden insbesondere solche Sträucher, die an der Strauchbasis neue Triebe bilden können, beispielsweise Berberitze, Sommerflieder, Haselstrauch, Deutzie, Forsythie, Ranunkelstrauch, Falscher Jasmin, Zierjohannisbeere und Hortensie.

▸ Beim Verjüngungsschnitt muß man alle Äste auf etwa 30–40 cm zurückschneiden. Dann nimmt man die überflüssigen Triebe ganz heraus und läßt nur so viele stehen, wie für den Neuaufbau des Strauchs nötig sind. Im nächsten Winter entfernt man dann die Jungtriebe, die für den Aufbau des Strauchs nicht mehr erforderlich sind. Ein Drittel der übrigen läßt man unbeschnitten, die restlichen kürzt man auf unterschiedliche Höhen ein.

Die Äste auf etwa 30–40 cm zurückschneiden.

Heckenschnitt Wenn sich eine Hecke nach oben verjüngt, hat sie die ideale Form.

Eine Hecke so schneiden, daß sie sich nach oben verjüngt.

▸ Bei Hecken aus Laubgehölzen werden die Verjüngungsmaßnahmen während der Ruheperiode im Winter vorgenommen.

▸ Sofort nachdem man sie gepflanzt hat, werden strauchige Heckenpflanzen, etwa Liguster, zurückgeschnitten. Je intensiver der Rückschnitt ist, um so besser verzweigen sich die Pflanzen. Deshalb sollte man die Triebe um bis zu zwei Drittel ihrer Länge zurückschneiden.

Strauchige Heckenpflanzen werden sofort nach dem Pflanzen zurückgeschnitten.

▸ Haben Heckenpflanzen die gewünschte Höhe erreicht, schneidet man sie zwischen Ende Juli und Anfang August zurück.

▸ Nadelgehölze werden entweder kurz vor dem Austrieb im Frühjahr oder im Frühherbst von Ende August bis Anfang September geschnitten.

ROSEN

▸ Rosen kann man, mit anderen Sträuchern und Stauden gemischt, überall im Garten anpflanzen.

Rosengruppen Bevor man Rosen für den eigenen Garten auswählt, sollte man sich über die Eigenschaften der einzelnen Sorten und Arten informieren.

▸ Edelrosen, die auch als Teehybriden bezeichnet werden, sind kräftig wachsende Rosen für Gruppenpflanzungen und Beete, die sich durch große, schön geformte und duftende Blütenknospen auszeichnen. Sie eignen sich gut als Schnittrosen; die Seitenknospen werden entfernt, damit immer eine große Rosenblüte an einem Stiel entsteht. Der Pflanzabstand beträgt 30 cm.

Die Seitenknospen bei Rosen entfernen.

▸ Beet- oder Buschrosen sind aufrecht wachsende, mehrtriebige Rosen, die eine Höhe von 30–90 cm erreichen und doldenförmige Blütenstände mit mehreren Einzelblüten entwickeln. Beetrosen können in verschiedene Gruppen eingeteilt werden, etwa in Polyantharosen (große Dolden, kleinblütig) und in Floribundarosen (Dolden mit edelrosenähnlichen Blüten). Sie eignen sich gut für Beete, Rabatten, Vorgärten, kleine Hecken und auch als Schnittblumen. Der Pflanzabstand liegt zwischen 30 und 40 cm.

▸ Zwergrosen sind sehr niedrige, buschig wachsende Rosen, die bis zu 35 cm groß werden können. Sie eignen sich gut für Steingärten, niedrige Beeteinfassungen, Schalen oder größere Balkonkästen. Der Pflanzabstand beträgt etwa 25 cm.

▸ Bodendeckende Rosen haben kriechende, flach wachsende oder bogenförmige, breit wachsende Triebe, die größere Flächen schnell begrünen und hübsche Blüteneffekte hervorrufen. Die Triebe werden bei einzelnen Sorten 2–3 m lang. Von stark wachsenden Sorten werden ein bis zwei, von nicht so stark wachsenden zwei bis drei Pflanzen auf 1 m^2 gepflanzt.

▸ Kletterrosen bilden lange Triebe, die an Spalieren, Pergolen usw. angebunden werden müssen. Stark wachsende Sorten erreichen Trieblängen von mehr als 4 m. Der Pflanzabstand beträgt 1–2 m.

▸ Strauchrosen sind für die Einzel- oder Gruppenpflanzung und als Pflanzung vor größeren Laub- und Nadelgehölzen geeignet. Meist überläßt man diese Rosen ihrem natürlichen Wuchs und lichtet sie nur gelegentlich etwas aus. Die Sorten erreichen eine Höhe zwischen 0,8 und 2 m. Der Pflanzabstand von Strauchrosen beträgt etwa 0,6–1 m.

▸ Zu den Park- und Moosrosen gehören alle botanischen Rosenarten und ihre Sorten, die sich frei wachsend als Einzelexemplar oder auch in Gruppen für eine lockere Hecke oder für die Bepflanzung eines Hangs eignen. Je nach Art und Sorte erreichen sie Höhen von 0,8–2,5 m. Der Pflanzabstand beträgt 1–1,5 m.

▸ Wildrosen eignen sich insbesondere für die Anpflanzung in der freien Landschaft. Sie dienen als Wildschutzanlagen, für Hekken und sind ideale Nistplätze für Vögel. Gut geeignet sind sie auch für die Befestigung des Bodens bei Pflanzungen an Böschungen und Hängen. Der Pflanzabstand beträgt 1–1,5 m, bei Hecken 0,2–0,6 m, je nach Wuchsstärke.

▸ Stammrosen werden immer als Solitärpflanzen verwendet. Als Hochstämme (Stammhöhe 90 cm) werden vor allen Dingen kurztriebige Edel-, Floribunda- und Polyantharosen verwendet.

Pflanzung Die beste Pflanzzeit bei normalen Gartenböden sind die Monate Oktober und November. Man kann Rosen aber auch im Frühjahr pflanzen.

- Treffen Rosen von der Versandbaumschule mit trockenen Wurzeln ein, stellt man sie eine Nacht lang in einen mit Wasser gefüllten Eimer, um Trockenschäden zu vermeiden.

- Wichtig ist der richtige Standort. Rosen bevorzugen einen freien, luftigen Platz. Nur an einem vollsonnigen Standort blühen sie stark.

- Auf eine gute Vorbereitung des Bodens ist zu achten. Ein mittelschwerer, humoser Boden ohne Staunässe ist für Rosen besonders gut geeignet.

- Da Rosen Tiefwurzler sind, muß man die Pflanzgrube möglichst bis in eine Tiefe von 50 cm lockern. Der Durchmesser ist vom Wurzelwerk der jeweiligen Pflanze abhängig.

- Auf die richtige Pflanztiefe achten. Die Veredlungsstelle an der Triebbasis sollte 5 cm unter der Oberfläche liegen.

- Die festgetretene Erde gründlich angießen und dann, vor allem bei der Herbstpflanzung, etwa 20 cm hoch anhäufeln, damit die Veredlungsstelle nicht austrocknet oder im Winter abplatzt.

- Hochstammrosen werden an einem kräftigen Pfahl befestigt, der bis unter die Krone reicht.

Eine Hochstammrose knapp unterhalb der Krone an einem Pfahl festbinden.

- Einen Pflanzschnitt vor oder nach dem Pflanzen ausführen. Wenn man im Herbst pflanzt, beschädigte Triebe entfernen und die übrigen leicht einkürzen. Der eigentliche Pflanzschnitt wird erst im Spätwinter bzw. im zeitigen Frühjahr ausgeführt.

- Die Triebe werden zurückgeschnitten, sobald die strengen Fröste vorbei sind. Edel- und Strauchrosen schneidet man auf zwei bis vier Knospen (Augen), Kletterrosen auf vier bis acht Knospen zurück. Rosen, die im Frühjahr gepflanzt werden, sofort auf diese Weise zurückschneiden.

- Im Herbst angehäufelte Rosen muß man im Frühjahr abhäufeln und normal weiterkultivieren.

Pflege Im Jahr nach der Pflanzung für genug Feuchtigkeit sorgen. Den Boden mit organischem Material mulchen. Geeignet sind z. B. verrotteter Stallmist oder nährstoffreicher Kompost.

- Verblühte Rosen abschneiden. Hagebutten sind nur bei Strauchrosen zur Zierde erwünscht. Bei Edel- und Beetrosen entziehen sie den Pflanzen Saft und schwächen die erneute Triebbildung.

Verblühte Rosen sollte man grundsätzlich abschneiden.

ROSEN PFLANZEN

1. Vor dem Pflanzen jeden Trieb über einem nach außen weisenden Auge abschneiden.

2. Beschädigte Wurzeln ausschneiden und alte, dicke Wurzeln entfernen.

3. Die eingesetzte Pflanze schütteln; dann den Boden vorsichtig festtreten.

▸ Bei Beet- und Edelrosen, je nach Wuchsstärke, im Spätherbst Triebe auf eine einheitliche Höhe von ungefähr 40 cm zurückschneiden. Der eigentliche Rückschnitt wird erst im Spätwinter ausgeführt.

Den eigentlichen Rückschnitt erst im Spätwinter durchführen.

▸ Strauch-, Kletter- und alle Stammrosen werden im Spätwinter geschnitten.

▸ Vom zweiten Standjahr an auf ausgeglichene Nährstoffversorgung achten. Im Frühjahr mäßig mit einem organisch-mineralischen Volldünger düngen.

▸ Wachsen die Rosen schlecht und entwickeln sie nur wenige und kurzlebige Blüten, sind in der Regel Nährstoff- und Wassermangel die Ursache. Daher muß man bei langanhaltender Trockenheit grundsätzlich ausreichend bewässern.

Krankheiten und Schädlinge Rosen können von zahlreichen Krankheiten und Schädlingen befallen werden. Deshalb sollte man sich beim Einkauf beraten lassen und robuste Sorten auswählen.

▸ Gegen Schädlinge möglichst nur biologische Verfahren anwenden und Nützlinge, beispielsweise Marienkäfer und Florfliegen, einsetzen. Bei starkem Befall nur für den Garten zugelassene Mittel verwenden.

▸ Mischpflanzungen können Rosen vor Schädlingen schützen. So vertreibt Lavendel Blattläuse, Salbei, Ysop und Thymian halten zusätzlich noch Raupen fern, und Studentenblumen schützen vor Schäden durch Wurzelälchen.

Um die Rosen vor dem Befall durch Blattläuse zu schützen, Lavendel daneben pflanzen.

Winterschutz Um Winterschäden zu vermeiden, werden Edel- und Beetrosen im Spätherbst 10–15 cm hoch mit Gartenerde, Kompost o. ä. angehäufelt.

▸ Hochstammrosen schützt man am besten gegen Winterschäden, indem man den Stamm im Spätherbst umbiegt, ihn mit Haken am Boden befestigt und die Krone mit Erde abdeckt.

Den Stamm umbiegen, am Boden festhaken und die Krone mit Erde bedecken.

▸ Lassen sich ältere Rosenstämme nicht mehr niederbiegen, müssen bei stärkeren Frösten und kräftiger Wintersonne die Hochstammrosen gut mit Tannen- oder Fichtenreisig eingebunden werden.

Zum Schutz vor Frost und Sonnenstrahlung Rosen im Winter mit Tannen- oder Fichtenreisig einbinden.

▸ Winterschutz im Frühjahr zeitig abnehmen, damit die neuen Triebe nicht beschädigt werden.

RHODODENDREN

▸ Rhododendren bevorzugen halbschattige Lagen. Reine Südlagen sind ungünstig.

▸ Rhododendren gehören zu den Moorbeetpflanzen; sie brauchen einen sauren Boden. Wo nur kalkhaltige Böden vorhanden sind, muß man das Pflanzsubstrat z. B. mit Hochmoor-Weißtorf mischen.

Pflanzung Die besten Pflanzzeiten sind das Frühjahr zwischen März und April oder der Herbst von Mitte September an.

▸ Nur Pflanzen mit feuchtem Wurzelballen setzen, da trockene Erde das Wasser schlecht aufnimmt.

▸ Die Sohle der Pflanzgrube wird 10–15 cm hoch mit Sand, kalkfreiem Geröll oder Reisig bedeckt. So sorgt man für eine gute Dränage. Anschließend pflanzt man die Rhododendren in saures Substrat, und zwar so tief, daß der Wurzelballen etwa 2 cm hoch mit Erde bedeckt ist.

▸ Bei kalkhaltigen Böden hebt man eine Pflanzgrube mit einem Durchmesser von 1–1,5 m aus. Für stark wachsende Sorten gräbt man 70–80 cm tief, für schwach wachsende Sorten genügt eine Tiefe von 30–40 cm. Um den seitlichen Zufluß von Sickerwasser zu verhindern, kann man die Wände der Pflanzgrube mit Folie oder Dachpappe auskleiden, jedoch nicht die Sohle.

Die Wände der Pflanzgrube mit Dachpappe auskleiden.

▸ Die Pflanzen werden vorsichtig festgetreten und gut gewässert.

▸ Frisch gepflanzte Rhododendren einige Zeit mit Jute, Sackleinen oder Reisig vor direkter Sonnenbestrahlung schützen.

Nach dem Pflanzen muß man Rhododendren abdecken und so für Schatten sorgen.

▸ Den Boden deckt man nach dem Pflanzen mit Laub, Rindenmulch oder Torf ab.

Pflege Man sorgt für gleichmäßige Feuchtigkeit. Besser ist es, einmal gründlich als mehrmals oberflächlich zu wässern. Kein kalkhaltiges Leitungswasser verwenden! Am besten eignet sich gesammeltes Regenwasser.

▸ Nach dem Anwachsen sollte ein spezieller Rhododendrondünger verwendet werden. Die günstigste Zeit dafür liegt zwischen März und Mitte Juni. Später darf man nicht mehr düngen!

▸ Der Boden wird immer wieder gemulcht; auf kalkhaltigem Boden verwendet man saures Humusmaterial.

▸ Ein kräftiger Austrieb nach der Blüte wird erzielt, wenn die verblühten Dolden sofort vorsichtig ausgebrochen werden. Dabei die seitlichen Knospen unbedingt schonen.

Sofort nach der Blüte müssen verblühte Dolden vorsichtig ausgebrochen werden.

Schnittmaßnahmen Rhododendren werden in der Regel nicht geschnitten. Man überläßt sie ihrem natürlichen Wuchs. Bei Bedarf sind jedoch Schnittmaßnahmen möglich.

▸ Ein Rückschnitt kann dann vorgenommen werden, wenn der Strauch verjüngt werden soll. Außerdem ist er nach Schneebruch sinnvoll. Den Schnitt immer über den Blattansatzstellen ausführen, da sich die Knospen für einen neuen Austrieb in den Blattachseln befinden.

Den Rückschnitt immer über den Blattansatzstellen ausführen.

▸ Schnittmaßnahmen werden am besten zwischen Ende März und Mitte April ausgeführt.

Begleitpflanzen Rhododendren sollten sich in das Gesamtbild des Gartens einfügen. Als Begleitpflanzen bieten sich an: Kirschlorbeer, Stechpalme, Zaubernuß, Magnolie, Felsenbirne, verschiedene Koniferen und Stauden wie Astilbe, Silberkerze, Bergenie, Funkie, außerdem verschiedene Farne und Gräser.

▸ Rhododendren sollte man nicht unter flachwurzelnde Bäume wie Birken pflanzen, da eine starke Wurzelkonkurrenz möglich ist. Gut geeignet dagegen sind Tiefwurzler wie Eichen und Kiefern.

STAUDEN

▸ Stauden sind winterharte, krautige Blatt- und Blütengewächse, die einen ausdauernden Wurzelstock, Zwiebeln oder Knollen ausbilden. Die meisten von ihnen werden in Gruppen mit anderen Stauden angepflanzt. Einige Gattungen sind jedoch auch für Einzelpflanzungen geeignet.

▸ Sollen auf einem Beet das ganze Jahr über Stauden blühen,

muß man die Pflanzen je nach den Blühterminen auswählen und im Garten gruppieren.

Staudengruppen Die Zahl der Gartenstauden ist groß. Bei der Standortwahl muß man beachten, daß die meisten Stauden in Gruppen gepflanzt werden sollten.

▸ Sehr umfangreich ist die Gruppe der Beetstauden. Sie eignen sich für die Bepflanzung von Rabatten und Beeten sowie zu Pflanzungen vor Zäunen, Hecken und Mauern. Viele lassen sich auch in Tröge und Schalen pflanzen, die auf der Terrasse, dem Dachgarten usw. aufgestellt werden. Viele Beetstauden liefern vorzügliche Schnittblumen.

▸ Steingartenpflanzen sind kleine, oft polsterförmig wachsende Stauden. Man verwendet sie außer im Steingarten auf Trokkenmauern, an Treppenaufgängen, in kleinen Rabatten und in Pflanztrögen.

▸ Neben sehr vielen Frühjahrsblühern gibt es auch sommerblühende Steingartenpflanzen. Um einen langen Blütenflor zu erreichen, sollte man die Sorten gemischt pflanzen.

▸ Steingartenstauden bevorzugen volle Sonne und vertragen sehr gut Trockenheit.

▸ Bodendecker überziehen den Boden in kurzer Zeit mit einer dichten Pflanzendecke. Sie werden oft als Rasenersatzpflanzen an ungünstigen Standorten, beispielsweise unter Gehölzen, gepflanzt.

▸ Wildstauden, meist heimische Pflanzen, die keine besondere Pflege benötigen, eignen sich in erster Linie für den Natur- oder naturnahen Garten.

▸ Farne zählen ebenfalls zu den Stauden. Sie eignen sich vor allen Dingen für schattige Lagen und für die Vor- oder Unterpflanzung von Gehölzen. Frische, humusreiche und leicht saure Böden sind für sie optimal.

▸ Auch viele Wasser- und Sumpfpflanzen gehören zu den Stauden. Sie sind für die Bepflanzung von Teichen und Uferrändern unentbehrlich.

Pflanzung Die besten Pflanzzeiten für Stauden sind der Herbst (Oktober/November) oder das Frühjahr (März/April). Stauden in Töpfen bzw. Containern können während der ganzen Vegetationszeit gepflanzt werden.

▸ Da es sich bei Stauden um eine Dauerpflanzung handelt, ist eine gründliche Vorbereitung des Bodens sehr wichtig.

▸ Durch tiefgründiges Umgraben im Herbst wird der Boden gelockert. Gleichzeitig kann in schwere Böden lockerndes Material wie Sand oder Humus eingearbeitet werden. Will man den Boden mit Stallmist oder Kompost verbessern, sollte dieses Material relativ spät ausgebracht und kurz vor den ersten stärkeren Frösten umgegraben werden.

▸ Unerwünschte Wildkräuter wie die Quecke muß man vor dem Pflanzen sorgfältig aus dem Boden auslesen.

▸ Eine Grunddüngung ist nur bei nährstoffarmen Böden notwendig. Dazu verwendet man am besten einen organisch-mineralischen Volldünger.

▸ Stauden werden in den meisten Fällen flächig gepflanzt. Eine besondere Wirkung erzielt man, wenn sie in unregelmäßigen Gruppen gepflanzt werden, wobei man niedere Stauden in den Vordergrund, höhere in den Hintergrund pflanzt.

▸ Vorteilhaft ist ein Pflanzplan, in den man die einzelnen Gruppen vorab einzeichnet.

▸ Als Leitstauden bezeichnet man größere Stauden, z. B. Rittersporn, Sonnenhut, Sommerphlox, Pfingstrose, Fackellilie, Sonnen-

STAUDEN PFLANZEN NACH PLAN

1. Stauden gemäß Pflanzplan in den vom Lieferanten angegebenen Abständen auslegen.

2. Mit dem Handspaten ein ausreichend großes Loch ausheben und die Staude einsetzen.

3. Die Wurzeln gut in Erde einbetten und diese leicht andrücken. Bei Trockenheit gut angießen.

braut usw., die vorab in kleinen Gruppen zu drei oder fünf Pflanzen gesetzt werden und anschließend mit niederen Stauden umgeben werden.

▸ Sollen gemischte Pflanzungen mit Sträuchern oder Bäumen ausgeführt werden, setzt man diese zuerst und gruppiert die Stauden anschließend um die Gehölze.

▸ Stauden werden im allgemeinen so tief gepflanzt, wie sie vorher im Anzuchtbeet gestanden haben. Dies gilt auch für Containerpflanzen.

Vermehrung Samen von Staudenpflanzen werden in Handkisten oder Töpfen ausgesät, später werden die Jungpflanzen pikiert und dann im Frühjahr in den Garten ausgepflanzt. Diese unterscheiden sich oft stark von der Mutterpflanze.

▸ Die Samen verschiedener Stauden müssen kühlen Temperaturen oder leichten Frösten ausgesetzt werden. Man sät sie im Spätherbst oder im Winter aus. Die Aussaatgefäße stellt man an einem geschützten Platz im Garten auf.

▸ Die vegetativen Vermehrungsmethoden durch Stecklinge oder durch Teilung sind einfach und empfehlenswert.

▸ Stecklinge werden in einem Zimmergewächshaus bewurzelt. Um dieses zu konstruieren, steckt man zwei gebogene Drähte über Kreuz in den Topf und zieht dann eine durchsichtige Plastiktüte darüber.

▸ Abrißstecklinge nimmt man im Frühjahr von Stauden wie der Grasnelke oder der Lupine, die zahlreiche Vegetationspunkte haben und oft schon an den unteren Stengeln Wurzelansätze besitzen. Zur Bewurzelung pflanzt man sie in Töpfchen.

Triebstücke und Mutterpflanze vorsichtig trennen.

STAUDEN VERMEHREN DURCH TEILUNG

1. Größere, ältere Stauden ausgraben und mit der Gartenschere zerteilen.

2. Abgestorbene und besonders lange Wurzeln muß man vorsichtig abschneiden.

3. Die Pflanze in einen Topf setzen, mit Erde auffüllen und leicht andrücken.

ABNAHME VON TRIEBSTECKLINGEN

1. Im September 7–10 cm lange Seitentriebe ohne Blüten abschneiden.

2. Stecklinge mit etwa vier Blättern oder Blattpaaren am Knoten unter dem Blattansatz abschneiden.

3. Mit dem Pikierholz Löcher in ein Gemisch aus Torf und Sand bohren; die Stecklinge einsetzen.

Pflege Viele Stauden entwickeln sich naturbelassen am besten, jedoch muß man nach dem Pflanzen und auch bei trockener Witterung genügend gießen, um das Anwachsen und Einwurzeln zu begünstigen. Später wird nur während längerer Trockenperioden gegossen.

- Im allgemeinen haben Stauden einen niederen bis mittleren Nährstoffbedarf. Oft reicht es aus, wenn in gewissen Abständen mit nährstoffhaltigem Humus (z. B. Kompost, verrottetem Stallmist) gedüngt wird.

- Zu Stauden mit geringem Nährstoffbedarf zählen u. a. Margerite, Tränendes Herz, Lilie, Feinstrahl, Prachtscharte, Lupine, Skabiose, Eisenhut, Sonnenauge, Sonnenhut und Pfingstrose.

- Stauden mit mittleren bis höheren Nährstoffansprüchen: Schafgarbe, Astilbe, Dahlie, Taglilie, Schwertlilie, Indianernessel, Steppenkerze, Sonnenbraut, Sonnenauge, Rauhblatt- und Glattblattaster, Rittersporn, Sommerphlox.

- Am besten düngt man im zeitigen Frühjahr, und zwar mit einem organisch-mineralischen Volldünger.

- Nach Mitte Juli sollte man im allgemeinen nicht mehr düngen, um das Ausreifen der Pflanzen bis zum Herbst nicht zu gefährden.

- Hacken ist nur kurz nach dem Pflanzen zur Lockerung der obersten Bodenschicht empfehlenswert. Später muß darauf verzichtet werden, da sonst die flach unter der Bodenoberfläche wachsenden Wurzeln beschädigt werden.

- Im Herbst darf keinesfalls tief umgegraben werden, weil dadurch feine Faserwurzeln direkt unter der Bodenoberfläche zerstört werden.

- Wichtig ist die Bekämpfung von Wildkräutern, weil sie die Entwicklung von Stauden hemmen können. Am besten werden die Beete regelmäßig von Hand gejätet oder die Wildkräuter herausgestochen.

Regelmäßig jäten und Wildkräuter entfernen.

- Mulchen wirkt sich günstig aus. Dafür eignen sich Laubkompost, stark verrotteter Rindenkompost usw. Weniger günstig ist Rindenmulch, da dieses Material Gerbsäure enthält und daher Stauden schädigen kann.

- Verblühte Pflanzenteile schneidet man stets kurz über dem Boden ab. Dadurch kann bei frühblühenden Gattungen das Nachblühen gefördert werden. Das gilt z. B. für Rittersporn, Sommermargeriten, Feinstrahl, Sommersalbei, Lupine.

Verblühte Pflanzenteile knapp über dem Boden abschneiden, um das Nachblühen zu fördern.

- Hochwachsende Stauden müssen rechtzeitig an Bambus- oder Holzstäben festgebunden werden. Im Fachhandel erhältliche Staudenhalter sind ebenfalls gut für den Schutz der Stauden geeignet. Sie verhindern, daß die Pflanzen bei starkem Wind oder Gewitterregen umfallen.

Hochwachsende Stauden werden durch Staudenhalter geschützt.

- Der Rückschnitt der Stauden im Herbst muß gattungsabhängig erfolgen, je nach Beginn ihrer Ruhezeit. Gleichzeitig lichtet man stark wuchernde Stauden aus, damit sie Nachbarpflanzen nicht erdrücken.

- In extremen Lagen brauchen einige Stauden Winterschutz. Man deckt sie gewöhnlich mit Reisig ab.

SOMMERBLUMEN

- Für Sommerblumen ist ein geschützter, aber trotzdem vollsonniger Standort günstig. In schattigen Lagen werden wesentlich weniger Blüten ausgebildet.

- An schattigeren Plätzen, z. B. an der Nordseite eines Hauses, gedeihen einige wenige Sommerblumen wie Fuchsien, Fleißiges Lieschen und Semperflorens-Begonien.

- Einjährige Sommerblumen wachsen im Frühjahr heran,

blühen im Sommer und sterben im Herbst wieder ab. Zu ihnen zählen die meisten Sommerblumen.

▸ Die Gruppe der einjährigen Sommerblumen umfaßt Beetpflanzen, die sich auch für Balkonkästen und Pflanzkübel eignen, sowie Arten, deren Blumen geschnitten für bunte Sommerblumensträuße verwendet werden können.

▸ Zu den einjährigen Sommerblumen gehören auch einige Schlinger. Ihre langen, rankenden Triebe eignen sich für die Begrünung von Zäunen, Wänden, Spalieren oder Pergolen. Bekannt sind u. a. Kaiserwinde, Schwarzäugige Susanne, Glockenrebe und Duftwicke.

▸ Buntlaubige Sommerblumen werden wegen ihrer schönen Blätter kultiviert. Man pflanzt sie meist in kleinen Gruppen zwischen andere Sommerblumen. Hochwachsende Gattungen und Arten sind als Solitär beliebt, z. B. Sommerzypresse, Buntnessel und Wunderbaum.

▸ Zweijährige Sommerblumen werden im ersten Jahr ausgesät, wachsen bis zum Herbst als Jungpflanzen heran und überwintern in diesem Stadium. Erst im zweiten Vegetationsjahr blühen sie. Zu den bekanntesten Zweijährigen gehören u. a. Gänseblümchen, Stiefmütterchen, Goldlack, Fingerhut, Vergißmeinnicht und Malve.

▸ Wer zweijährige Sommerblumen sät, sollte beachten, daß viele von ihnen bereits im zeitigen Frühjahr blühen. Sie sind die Vorläufer der charakteristischen Sommerblumen. Diese werden nämlich erst nach den Eisheiligen ausgepflanzt und blühen dann von Juni an. Einige Zweijährige blühen auch erst im Frühsommer, beispielsweise die Malve und der Fingerhut.

Vermehrung durch Samen Fast alle Sommerblumen werden generativ, also durch Samen, vermehrt. Schöne Pflanzen erhält man allerdings nur, wenn man hochwertiges Saatgut verwendet, den richtigen Aussaattermin einhält und günstige Kulturbedingungen herrschen.

▸ Wer besonderen Wert auf eine reiche Blüte und einen lang andauernden Blütenflor legt, sollte sogenannte F_1-Hybriden kaufen. Es handelt sich dabei um Sorten, die aus speziell gezüchteten Elternpflanzen entstanden sind. Mit F_1-Hybriden erreicht man einen völlig ausgeglichenen, sehr homogenen Pflanzenbestand.

▸ Stets nur frisches Saatgut verwenden. Vor allem kleinkörniges Saatgut verliert innerhalb kürzester Zeit seine Keimfähigkeit.

▸ Hat man von älterem Saatgut noch einen größeren Vorrat, sollte man einige Zeit vor der Aussaat eine Keimprobe machen, um Mißerfolge zu vermeiden. Dazu legt man eine Schale mit Löschpapier aus und feuchtet es an. Darauf werden die Samen in gleichmäßigen Abständen zum Keimen ausgelegt. Ist das Keimergebnis zufriedenstellend, kann das Saatgut für eine Aussaat noch verwendet werden. Andernfalls sollte man neues kaufen.

In einer mit angefeuchtetem Löschpapier ausgelegten Schale den Samen verteilen.

▸ Zum Zweck einer Keimprobe kann man auch eine bestimmte Anzahl Samen in ein Töpfchen aussäen, im Zimmer aufstellen und später zählen, wie viele Pflänzchen gekeimt haben.

Aussaat von Einjährigen auf Freilandbeete Direkt auf Freilandbeete ausgesät werden solche Sommerblumen, die eine relativ kurze Kulturzeit bis zur Blüte haben. Die üblichen Aussaattermine liegen zwischen Ende März und Anfang Mai. Sie sind vom örtlichen Klima und von der Robustheit der einzelnen Gattungen abhängig.

▸ Man sät besser etwas zu spät als zu früh aus, da ein kalter Boden oder Kälteeinbrüche Schäden oder zumindest Wachstumsstockungen verursachen können. Der Keimvorgang kann gefördert werden, indem man die Erde mit einer Folie abdeckt.

▸ Vor der Aussaat sollte der Boden sorgfältig bearbeitet und bei Bedarf Humus (verrotteter Stallmist, Kompost, Rindenhumus usw.) eingearbeitet werden.

▸ Eine Grunddüngung empfiehlt sich, wenn der Boden relativ nährstoffarm ist. Doch im allgemeinen zählen Sommerblumen zu den Pflanzen mit nur mittlerem Nährstoffbedarf.

▸ Ist eine zusätzliche Düngung erforderlich, können 30–50 g/m² eines organisch-mineralischen Volldüngers 8–10 Tage vor dem voraussichtlichen Saattermin ausgestreut und sofort in die Krume eingearbeitet werden.

▸ Will man mit Sommerblumen große Flächen bedecken, wird breitwürfig ausgesät. Sonst ist die Reihensaat vorzuziehen, da auf diese Weise im jungen Zustand der Pflanzen der Boden besser bearbeitet werden kann.

▸ Während des gesamten Keimvorgangs muß der Boden feucht

gehalten werden. Trocknet er zu sehr aus, können Samen oder Keimlinge absterben.

▸ Nachdem die Sämlinge herangewachsen sind, muß bei Bedarf vereinzelt werden, damit die Pflanzen genügend Abstand voneinander haben und sich gut entwickeln können.

Die herangewachsenen Sämlinge vereinzeln, damit sie genügend Abstand voneinander haben.

Vorkultur von Einjährigen
Einige Sommerblumen besitzen sehr feinkörnigen Samen oder benötigen eine lange Anzuchtzeit. In diesem Fall muß man bereits zu einem frühen Zeitpunkt im geschützten Raum aussäen und die Jungpflanzen vorkultivieren.

▸ Eine Vorkultur kann in einem Frühbeetkasten, in einem Kleingewächshaus oder an einem hellen Zimmerfenster vorgenommen werden. Ausreichend Licht und günstige Keimtemperaturen sind die Voraussetzung für den Erfolg. Die Mehrzahl der Sommerblumen benötigt zum Keimen Temperaturen zwischen 20 und 25 °C. Anschließend reichen 18–20 °C aus.

▸ Ausgesät wird in Handkistchen, Tonschalen oder Tontöpfen in eine humose, lockere, durchlässige Blumenerde. Handelsübliche Erde ist vorzuziehen, da sie meist steril ist; die selbst bereitete Komposterde ist dagegen oft stark mit den Samen von Wildkräutern durchsetzt.

▸ Den Sämlingen mit der Sprühflasche oder einer Gießkanne mit feiner Brause Wasser sparsam zuführen, damit sie nicht zu feucht werden. Zu feucht gehaltene Sämlinge werden an der Stielbasis braun und fallen um.

Sämlinge mit der Sprühflasche befeuchten.

▸ Größere Samen legt man einzeln aus, ebenso Pillensaatgut. Feines Saatgut sollte man gleichmäßig mit einem gefalteten Papier über die Aussaatfläche verteilen.

Das Saatgut mit Hilfe eines gefalteten Papiers verteilen.

▸ Ob das Saatgut abgedeckt werden muß, hängt von der jeweiligen Pflanzengattung ab; es gibt Licht- und Dunkelkeimer.

▸ Der Samen von Dunkelkeimern wird ganz abgedeckt. Dabei sollte die Dicke der Erdschicht etwa der zwei- bis dreifachen Stärke des Samenkorns entsprechen.

▸ Lichtkeimer werden nur mit einer dünnen, feinen Erdschicht bedeckt, um zu verhindern, daß die Samen austrocknen.

▸ Nach der Keimung benötigen Sämlinge viel Licht. Man stellt sie deshalb am Fenster oder im Frühbeet oder Kleingewächshaus auf. Bekommen die Sämlinge zu wenig Licht, wachsen sie zu stark in die Länge. Nur wenn die Sonne mittags zu stark scheint, muß schattiert werden.

▸ Haben sich zwei Laubblätter gebildet, werden die Sämlinge in kleine Töpfe gepflanzt. Dazu wird feuchte humose Erde in Töpfe gefüllt, deren Durchmesser 6–7 cm beträgt. In jeden Topf mit dem Pikierholz oder einem Bleistift ein Loch eindrücken, den einzelnen Sämling einpflanzen und mit dem Pikierholz festdrücken. Auf diese Weise können sich die Pflanzen kräftig entwickeln. Außerdem bildet sich dadurch ein schöner Wurzelballen.

Den Sämling einsetzen und vorsichtig festdrücken.

Aussaat von Zweijährigen
Zweijährige Sommerblumen sät man zwischen Ende Mai und Mitte Juli aus; im ersten Jahr werden die Setzlinge herangezogen.

▸ Die Aussaat erfolgt im Frühbeetkasten oder auf einem geschützten Freilandbeet. Gut ist die Reihensaat. Der Reihenabstand sollte dabei ungefähr 10 cm betragen.

- Um ein gutes Keimergebnis zu erzielen, muß man das Saatgut mäßig feucht halten.

- Zu dicht stehende Sämlinge muß man vereinzeln. Übrigbleibende Pflänzchen können an anderer Stelle gesetzt werden.

Vermehrung durch Stecklinge Einige Sommerblumen vermehrt man durch Stecklinge. Das ist üblich, wenn eine generative Vermehrung nicht möglich oder zu umständlich ist. Die bekanntesten Beispiele sind Pelargonien, Margeriten, Fuchsien und Sonnenwende.

- Meist werden Sommerblumen schon im August und September durch Stecklinge vermehrt.

- Als Vermehrungssubstrat ist eine Mischung aus Düngetorf (Weißtorf) und Sand im Verhältnis 1 : 1 am besten geeignet. Die Stecklinge muß man flach und fest, bei Tontöpfen nah an den Rand stecken, da die poröse Wand die Bewurzelung begünstigt und das Ergebnis meist besser ausfällt.

- Die Gefäße mit den Stecklingen sollten in ein Zimmergewächshaus gestellt werden. Dadurch wird die Verdunstung herabgesetzt und der Anwachserfolg begünstigt.

- Die Bewurzelungszeit von Stecklingen liegt zwischen zwei und vier Wochen. Haben die Stecklinge etwas kräftigere Wurzeln ausgebildet, werden sie vorsichtig herausgenommen und in Töpfe mit einem Durchmesser von 8 cm gepflanzt.

- Den Winter über bleiben die Pflanzen am hellen Fenster in einem mäßig temperierten Raum (15–18 °C) oder im beheizbaren Kleingewächshaus. Von März an setzt meist das Längenwachstum ein. Dann kann die Triebspitze der Pflanzen entfernt werden. So wird die Bildung von Seitentrieben angeregt, und man erhält eine buschigere Pflanze.

Die Pflanze wird buschiger, wenn man die Triebspitzen entfernt.

- Wenn in den Frühjahrswochen das Hauptwachstum einsetzt, werden die Jungpflanzen entweder noch einmal verpflanzt oder durch zusätzliche Düngergaben kräftig ernährt.

Pflanzung Sommerblumen gedeihen am besten in einem humosen, lehmigen Sand oder in humosem, sandigem Lehm.

- Einjährige Sommerblumen sind frostempfindlich. Deshalb werden sie in den meisten Fällen erst nach den Eisheiligen (Mitte Mai) ausgepflanzt. Sonst müssen die Pflanzen vor Spätfrösten geschützt werden.

- Zweijährige Sommerblumen werden noch im Herbst an Ort und Stelle gepflanzt. In rauhen Lagen empfiehlt sich die Überwinterung auf einem geschützten Beet. Im Frühjahr (ab März) werden sie ausgepflanzt. In rauhen Lagen und bei Nachtfrösten sollte man zweijährige Sommerblumen zum Schutz vor Frost mit Reisig bedecken.

- Sommerblumen müssen sorgfältig gepflanzt werden. Man macht das Pflanzloch ausreichend groß, damit der Wurzelballen bequem Platz findet.

- Pflanzen leicht andrücken und anschließend kräftig angießen.

SOMMERBLUMEN DURCH STECKLINGE VERMEHREN

1. Die 5–10 cm lange Triebspitze mit einem scharfen Messer direkt unter dem Blattknoten abtrennen.

2. Das untere Blatt und die Blütenansätze entfernen; Stecklinge in ein Vermehrungssubstrat stecken.

3. Gefäß in Plastikfolie einhüllen und hell, aber nicht vollsonnig aufstellen. Gleichmäßig feucht halten.

▸ Bei der Gestaltung der Beete sollten im Vordergrund niedere Gattungen und Arten stehen, hinten die größeren. Stehen größere Flächen zur Verfügung, faßt man höhere Pflanzen zu Gruppen zusammen.

▸ Zweijährige Sommerblumen eignen sich für Rabatten und flächige Bepflanzungen, aber auch für die Pflanzung zwischen frühjahrsblühenden Zwiebelgewächsen wie Tulpen, Narzissen und Hyazinthen.

Pflege Einjährige Sommerblumen sollte man stets in zügigem Wachstum halten. Das erreicht man vor allem dadurch, daß man sie regelmäßig gießt.

▸ Wässern ist während trockener Perioden unbedingt erforderlich. Im Frühjahr und Frühsommer gießt man am Vormittag. Im Sommer wird abends gegossen, damit das Wasser über Nacht von den Pflanzen aufgenommen werden kann; wird morgens gegossen, verdunstet zuviel Wasser.

▸ Bodenverdichtungen, die nach häufigem Gießen oder starken Regenfällen auftreten, beseitigt man durch flaches Hacken.

▸ Mulchen verhindert die Verkrustung des Bodens. Deshalb bedeckt man die Bodenoberfläche mit Strohhäcksel, Rindenhumus, Holzfaserstoffen, verrottetem Kompost usw.

▸ Sommerblumen müssen ausreichend ernährt werden. Bei Bedarf flüssig düngen (Kopfdüngung). Anschließend werden die Pflanzen mit klarem Wasser abgespritzt, sonst können Salzkonzentrationsschäden entstehen.

▸ Zweijährige Sommerblumen werden im Spätsommer des ersten Jahres nicht gedüngt, damit sie bis zum Herbst ausreifen und im Winter nicht erfrieren.

ZWIEBEL- UND KNOLLENGEWÄCHSE

▸ Zahlreiche Zwiebel- und Knollengewächse sind gut als Ergänzung zu Stauden geeignet.

▸ Zwiebel- und Knollengewächse können durch Brutzwiebeln oder -knollen, die an der Basis der Mutterzwiebeln bzw. -knollen entstehen, vermehrt werden. Man trennt sie ab und kultiviert sie ein oder zwei Jahre auf einem separaten Beet.

Winterharte Zwiebel- und Knollengewächse Die winterharten Zwiebel- und Knollengewächse wachsen und blühen vor allem im Frühjahr oder Frühsommer, z. B. Tulpe, Narzisse, Hyazinthe, Krokus und Schneeglöckchen. Vom Sommer an gehen sie bereits in eine Ruheperiode über, in der die Knospen für das nächste Frühjahr gebildet werden. Die meisten dieser Pflanzen bevorzugen sonnige Flächen, einige Gattungen wie Blaustern, Schneestolz, Traubenhyazinthe und Maiglöckchen gedeihen allerdings auch im lichten Halbschatten.

▸ An den Boden werden keine besonderen Ansprüche gestellt. Gut geeignet sind humose, sandige Lehm- oder humose, lehmige Sandböden.

▸ Wichtig ist, daß keine Staunässe auftritt und die Standfläche im Sommer möglichst trocken ist. Andererseits ist genügend Feuchtigkeit vom Frühjahr bis zum Frühsommer notwendig, weil in diese Jahreszeit die Blüte und das Hauptwachstum fallen.

▸ Winterharte Zwiebelgewächse werden im Herbst gepflanzt.

▸ Die Hauptpflanzzeiten sind die Monate September und Oktober. Je früher gepflanzt wird, um so eher können die Zwiebeln am neuen Standort einwurzeln. Wird zu spät gepflanzt, können die Zwiebeln nicht mehr einwurzeln und gehen im Winter ein.

▸ Schönheit und Größe der Blüten im Frühjahr hängen von der Größe der Zwiebeln ab. Je größer die Zwiebeln, um so größer ist der Nährstoffspeicher. Man sollte deshalb kräftige Zwiebeln kaufen!

▸ Die Zwiebeln einiger Gattungen vertragen es nicht, lange gelagert zu werden. Man sollte möglichst umgehend pflanzen. Das gilt z. B. für Lilien und Kaiserkrone.

▸ Man muß den Boden gründlich vorbereiten. Er wird tief gelockert. Schweren Boden macht man mit Humus und Sand durchlässiger.

▸ Zwiebeln und Knollen werden meist in Gruppen auf dem pflanzfertig gerichteten Boden ausgelegt und anschließend mit der Hand, dem Pflanzspaten oder dem Zwiebelpflanzer in die Erde gebracht.

Zwiebeln und Knollen werden am besten in Gruppen ausgelegt und gepflanzt.

▸ Bei sehr schweren Böden lohnt es sich, etwas Sand einzustreuen, nachdem man die Pflanzstellen ausgehoben hat, und darauf die Zwiebeln locker aufzusetzen. Die Zwiebeln dürfen niemals kräftig eingedrückt werden, damit ihr Boden nicht in der festen Erde sitzt. Dann besteht die Gefahr, daß Staunässe auftritt.

- Die Pflanztiefe hängt von der Größe der Zwiebeln und Knollen ab. In schweren Böden wird flacher, in leichten tiefer gepflanzt. Die allgemeine Regel gilt: Zwiebel oder Knolle zwei- bis dreimal so hoch mit Erde überdecken, wie sie selbst dick bzw. hoch ist.

- Nach dem Pflanzen ebnet man den Boden ein und gießt gut an.

- Zwiebelgewächse werden nur dann in den Rasen gepflanzt, wenn das Gras im Frühjahr spät gemäht wird. Man kann sie auch in Gruppen pflanzen und den Rasen dort spät mähen. Wird der Rasen schon kurz nach der Blüte der Zwiebelgewächse geschnitten, fallen auch die Blätter der Zwiebelgewächse dem Rasenmäher zum Opfer, die Pflanzen können keine Nährstoffe mehr speichern und keine Knospen für das folgende Jahr bilden. Deshalb blühen Zwiebelgewächse im Zierrasen oft nur einmal.

- Zwiebel- und Knollengewächse können von Mäusen befallen werden. Um das zu verhindern, kann man sie in einen Korb aus Maschendraht pflanzen. Dann Erde einfüllen, den Korb mit Draht abdecken und eingraben. Keine chemischen Mittel einsetzen.

Zum Schutz vor Mäusen kann man die Zwiebeln in einem Korb aus Maschendraht einsetzen.

- Nach dem Pflanzen sind keine besonderen Pflegemaßnahmen notwendig.

Pflege nach der Blüte Sollen die Zwiebelgewächse mehrjährig kultiviert werden, muß man sie nach der Blüte sorgfältig pflegen.

- Sind die Pflanzen verblüht, sollten bald alle verwelkten Blüten ausgebrochen werden; sonst bilden sich Samenansätze, die den Pflanzen viel Kraft entziehen.

- Nach der Blüte setzt das Hauptwachstum der Pflanzen ein. Sie bilden kräftige Blätter, die die Baustoffe für den Knospenansatz im Sommer schaffen. Diese Entwicklung sollte man während trockener Perioden durch Gießen und Nährstoffgaben unterstützen.

- Keinesfalls Zwiebeln nach dem Verblühen aus dem Boden nehmen, da sich sonst keine oder nur minderwertige Knospenansätze in der Zwiebel bilden.

- Im frühen Sommer, meist von Juli an, werden die Blätter der Pflanzen braun und die Nährstoffe in der Zwiebel gespeichert. Nun beginnt die Ruheperiode. Wenn man möchte, kann man die Zwiebeln jetzt aus dem Boden nehmen und bis zum Herbst kühl und trocken lagern. Man kann sie aber auch im Boden lassen.

Sind die Blätter von Zwiebelgewächsen braun geworden, kann man die Zwiebeln ausgraben.

Schnittblumen Von den zahlreichen Zwiebelgewächsen kann man Tulpen und Narzissen besonders gut zu bunten Frühlingssträußen binden.

- Narzissen werden im fast aufgeblühten Zustand geschnitten, Tulpen dagegen noch im Knospenstadium.

- Narzissen darf man nicht sofort mit Tulpen oder anderen Blumen zusammen in ein Gefäß stellen, da sie aus der Schnittfläche einen unverträglichen Schleim aussondern. Dieser bewirkt, daß andere Blumen oft schon über Nacht welken. Deshalb stellt man Narzissen zunächst eine Nacht lang separat ins Wasser und bringt sie erst am nächsten Tag mit anderen Blumen zusammen.

Narzissen müssen zunächst über Nacht separat ins Wasser gestellt werden.

- Narzissen können gleich mit anderen Blumen zusammen in die Vase gebracht werden, wenn dem Wasser ein im Handel erhältliches Frischhaltemittel beigemischt wird, das die schädlichen Auswirkungen des Narzissenschleims verhindert.

Sommerblühende Zwiebel- und Knollengewächse Zu dieser Gruppe gehören nicht winterharte Gewächse; sie sind ausgesprochene Sommerblüher, beispielsweise Gladiolen, Dahlien, Knollenbegonien oder Indisches

Blumenrohr. Alle sommerblühenden Zwiebel- und Knollengewächse brauchen einen sonnigen, geschützten Standort.

▸ Sofern man nicht selbst Zwiebeln und Knollen überwintert hat, bezieht man im März/April Gladiolen und Dahlien als Knollen, Sommerhyazinthen als Zwiebeln, Indisches Blumenrohr als angetriebene Jungpflanzen etwa Anfang bis Mitte Mai und Knollenbegonien zur gleichen Zeit als kräftige, meist aus Samen vermehrte Pflanzen.

▸ Günstig für Zwiebeln und Knollen ist ein reich mit Humus durchsetzter, feinkrümeliger Gartenboden in gutem Kulturzustand.

▸ Die Gladiole ist unempfindlich gegen leichte Spätfröste. Deshalb können die Knollen schon Mitte bis Ende April gelegt werden.

▸ Meist legt man Gladiolen in Reihen auf Beete. Sie können aber auch in Gruppen gepflanzt werden.

▸ Der Reihenabstand bei Gladiolen beträgt ungefähr 20 cm, der Abstand der Knollen innerhalb der Reihe etwa 10 cm, die Pflanztiefe 6–10 cm. Werden die Knollen zu flach gepflanzt, fallen die Pflanzen später leicht um.

▸ Da Dahlien sehr frostempfindlich sind, frühestens Anfang Mai, besser aber erst ab Mitte Mai auspflanzen. Gepflanzt wird meist in Gruppen, doch auch die Einzelpflanzung ist möglich. Knollen so tief pflanzen, daß sie ungefähr 8 cm hoch mit Erde bedeckt sind.

▸ Hat man selbstüberwinterte, größere Dahlienknollen, kann man sie vor dem Pflanzen teilen. Mit einem scharfen Messer werden dabei die Knollen so zerschnitten, daß jedes Teil einen Wurzelhals oder einen Teil des Wurzelhalses mit einem Auge besitzt. Schnittfläche etwas antrocknen lassen und erst dann pflanzen.

Größere, selbstüberwinterte Dahlienknollen werden mit einem scharfen Messer zerteilt.

▸ Die Knollenbegonie ist eine geeignete Pflanze für halbschattige und schattige Lagen. Ein geschützter Standort und ein humusreicher Boden sind wichtig. Die Pflanzung kann erst ab Mitte Mai erfolgen, da die jungen Triebe frostempfindlich sind.

▸ Die Knollen werden im Abstand von 15–20 cm gelegt und anschließend etwa 4–6 cm hoch mit Erde bedeckt.

▸ Gärtnereien bieten meist Jungpflanzen in Töpfen an, die aus Samen gezogen wurden. Diese je nach dem Entwicklungsstadium der Pflanzen im Abstand von 20–25 cm auspflanzen.

▸ Beim Indischen Blumenrohr werden die überwinterten, bereits angetriebenen Wurzelstöcke Anfang oder Mitte Mai in Gruppen im Garten ausgepflanzt.

▸ Der Pflanzabstand sollte beim Indischen Blumenrohr ungefähr 30–50 cm betragen, die Pflanztiefe wählt man so, daß die Knollen ungefähr 5 cm hoch mit Erde bedeckt sind.

Knollengewächse vortreiben Manche Knollengewächse kommen verhältnismäßig spät zum Blühen. Eine Verfrühung der Blütezeit ist aber durch Vortreiben möglich.

▸ Man kann die Knollen an einem hellen, mäßig temperierten Platz in einem geschützten Raum, Kleingewächshaus oder Frühbeetkasten bei etwa 18–20 °C vortreiben.

▸ Im März oder April schlägt man die Knollen in lockere, humusreiche Erde ein. Geeignet ist mit Sand, Torf oder Rindenhumus verbesserte Kompost- oder Gartenerde, handelsübliche Blumenerde oder ähnliches.

▸ Sobald die Triebe erscheinen, werden die Pflanzen sehr hell gestellt, damit sie gedrungen bleiben.

▸ Die Temperaturen zum Vortreiben werden auf die Bedürfnisse der Pflanzen abgestimmt: Gladiole und Indisches Blumenrohr etwa 15 °C, Dahlie und Knollenbegonie bei etwa 18–20 °C. Die Feuchtigkeit muß man nach Bedarf regulieren.

▸ Man pflanzt ab Mitte Mai aus. Gladiolen, die etwas robuster sind, können schon früher gepflanzt werden.

Pflege Während der Kulturzeit normal bewässern, Staunässe vermeiden.

▸ Im Juni und Juli gibt man eine Kopfdüngung bei Bedarf.

Überwinterung Sommerblühende Zwiebel- und Knollengewächse müssen vor dem ersten Frost aus der Erde genommen werden. Ihre Zwiebeln bzw. Knollen läßt man in einem geschützten Raum überwintern.

▸ Ausgegraben werden die Pflanzen bei trockenem Wetter kurz vor den ersten Nachtfrösten oder sobald die oberirdischen Teile abgestorben sind. Die Pflanzen läßt man auf einer trockenen Unterlage abtrocknen.

▸ Bei Gladiolen die oberirdischen Pflanzenteile kurz über der Knolle abschneiden. Die Knolle vorsichtig putzen, trocknen und auf Horden in einem kühlen Raum lagern. Die Brutknöllchen von Gladiolen können abgenommen, geputzt, wie die großen Knollen gelagert und im Frühjahr gelegt werden.

Gladiolenknollen werden auf Horden gelagert.

▸ Die Stengel der Dahlie 3–5 cm über der Knolle abschneiden, die Knolle trocknen und dann bei etwa 5 °C und 60–75 % Luftfeuchtigkeit überwintern. Die Knollen dürfen den Winter über nicht einschrumpfen. Deshalb schlägt man sie in Sand oder Torfmull ein oder setzt sie auf Sand, der ab und zu etwas befeuchtet wird.

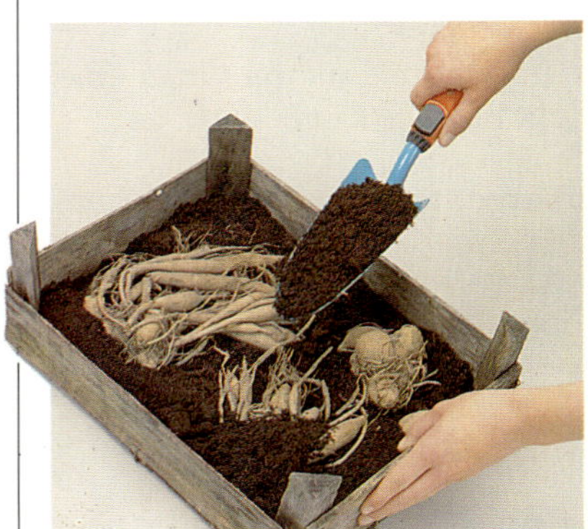

Dahlienknollen über den Winter in Sand oder Torfmull einschlagen.

▸ Die oberirdischen Teile der Knollenbegonie abschneiden, die getrockneten Knollen in lockeren, trockenen Torf in Kistchen einschlagen und bei etwa 15 °C überwintern.

▸ Beim Indischen Blumenrohr die Triebe etwa 15–20 cm über den Wurzelstöcken abschneiden und diese bei 10–12 °C überwintern. Die Temperatur darf nicht unter 10 °C absinken.

RASEN UND BLUMENWIESE

Wer einen Teil seines Gartens nicht mit Bäumen oder Blumenbeeten bepflanzen möchte, sollte sich beraten lassen, ob er lieber eine Blumenwiese, d. h. eine mit Wiesenblumen durchsetzte Grünfläche im Garten, einen strapazierfähigen Gebrauchsrasen oder einen Zierrasen, der weit weniger strapaziert werden kann, anlegen soll. Extensivrasen wird oft nur ein- bis dreimal im Jahr geschnitten. Zier- und Gebrauchsrasen sind meist Intensivrasen, die man wesentlich häufiger mähen muß.

Anlage eines Rasens oder einer Blumenwiese Einen Rasen oder eine Blumenwiese kann man auf ebenen oder geneigten Flächen anlegen. Wichtig ist, daß die Fläche keine Höcker oder Absätze aufweist, die später das Mähen erschweren. Aus dem gleichen Grund sollte auf Rasenkantensteine verzichtet werden. Wege und Terrassenflächen sollten so angelegt werden, daß das Mähen ebenfalls nicht behindert wird. Das gleiche gilt für den Abstand von Mauern, Zäunen und Hauswänden.

▸ Rasen und Blumenwiesen brauchen viel Sonne. Im Dauerschatten entwickeln sich zu viele Moose.

▸ Ideale Bodenverhältnisse für Rasen und Blumenwiesen sind ein humoser, lehmiger Sand- oder ein humoser, sandiger Lehmboden. Schwere Lehm- oder Tonböden müssen mit Sand und Humus verbessert werden. Reine Sandböden müssen ebenfalls mit Humus ergänzt werden.

▸ Schwere Böden werden vor der Neueinsaat tiefgründig gelockert.

▸ Rasengräser gedeihen auf einem leicht sauren Boden besonders gut.

▸ Das Auslesen von Wildkräutern ist bei der Bodenbearbeitung sehr wichtig. Das gilt besonders für Ampfer, Löwenzahn, Quecken und Winden.

▸ Grunddüngergaben sind ausschließlich bei ausgesprochen nährstoffarmen Böden erforderlich. Sonst kann zu einem späteren Zeitpunkt nach der Keimung gedüngt werden.

▸ Bei der Neuanlage einer Blumenwiese wird grundsätzlich nicht gedüngt. Auf stark mit Nährstoffen versorgten Böden kann sich keine natürliche Wiese entwickeln.

Aussaat Die Rasenmischung, für die man sich entscheidet, richtet sich nach der späteren Nutzung. Für einen Hausgarten, in dem auch Kinder spielen sollen, ist eine Gebrauchs- oder Sportrasenmischung einem Zierrasen vorzuziehen, da die Gräser trittfester sind.

▸ Sinnvoll ist es, wenn eine Saatgutmischung für eine Blumenwiese auf die Pflanzengemeinschaften, die in der Umgebung der geplanten Wiese vorhanden sind, abgestimmt ist. Man hat dann die Gewähr, daß diese Pflanzen im Bestand erhalten bleiben. Gibt es keine anderen Blumenwiesen in der Nähe, wählt man je nach Standort eine passende Mischung.

‣ Gute Aussaatzeiten sind April und Mai sowie September und Oktober. Der Grassamen benötigt für die Keimung eine Temperatur von mindestens 10 °C. Im Sommer können Ausfälle durch Trockenheit auftreten.

‣ Eine gute Rasennarbe wird erzielt, wenn etwa 40 000–50 000 Körner pro Quadratmeter ausgesät werden. Diese Menge ist in etwa 15–20 g einer Saatgutmischung enthalten.

‣ Bei einer kleinen Fläche sät man, indem man das Saatgut zwischen den Fingern herausrieseln läßt. Auf größeren Flächen schreitet man langsam voran, schwingt den Arm und läßt dabei das Saatgut durch die Finger gleiten.

‣ Die ideale Saattiefe liegt bei 3–5 mm, kann aber – abhängig vom Saatgut und dem Boden – auch bis 15 mm betragen.

‣ Bei sehr kleinen Flächen den Samen nicht einarbeiten, sondern einfach Garten- oder Komposterde über die ausgestreuten Samen streuen.

‣ Um den Boden zu festigen, kann man die Oberfläche walzen oder mit an den Schuhen befestigten Bretter festtreten.

‣ Bei trockenem Wetter wird die Fläche angegossen und in den folgenden Tagen feucht gehalten.

Roll- und Fertigrasen Soll eine Fläche schnell begrünt werden, verwendet man am besten Roll- oder Fertigrasen.

‣ Unter Rollrasen versteht man rechteckige, zusammengerollte Rasenbahnen, die aus besonderen Rasenmischungen bestehen. Man bestellt sie am besten bei einer Landschaftsgärtnerei.

‣ Rollrasen wird auf dem vorbereiteten Boden ausgerollt, mit Erde leicht überstreut und angegossen. Nach kurzer Zeit sind die Rasengräser am neuen Standort eingewurzelt.

Rollrasen rollt man auf dem vorbereiteten Boden aus.

‣ Rollrasenflächen werden wie gesäte Rasenflächen gepflegt.

Rasenpflege Die wichtigste Arbeit ist das Mähen. Intensivrasenflächen werden nach Bedarf gemäht.

‣ Es gibt mechanische Rasenmäher und solche mit Benzin- oder mit Elektromotor. Benzinmotoren sind leistungsstärker als Elektromotoren. Sogenannte leise Mäher sollte man beim Kauf eines Rasenmähers bevorzugen.

‣ Zier- und Gebrauchsrasenflächen mäht man zum erstenmal, wenn sich die Grashalme leicht neigen, im allgemeinen bei Halmlängen ab 10 cm. Nicht zu früh mähen, da die Rasenpflanzen noch nicht fest im Boden verankert sind.

‣ Die Schnittfolge richtet sich nach der Entwicklung des Rasens. Die günstigste Halmlänge für einen Zierrasen liegt bei etwa 4–5 cm, die eines Gebrauchsrasens bei bis zu 8 cm. Je kürzer gemäht wird, um so sorgfältiger müssen die anderen Pflegemaßnahmen sein. Zu kurzer Rasen verbrennt im Sommer leicht.

‣ Im Herbst schneidet man den Rasen zum letztenmal kurz vor den ersten Frösten.

‣ Das geschnittene Gras wird abgeräumt und kompostiert. Es kann auch zum Mulchen von Beeten im

EINE BLUMENWIESE ODER EINEN RASEN AUSSÄEN

1. Den Samen ausbringen, indem man ihn einfach zwischen den Fingern herausrieseln läßt.

2. Den Samen mit einer Gabel oder einer Harke in den Boden einarbeiten.

3. Abschließend muß die Erde noch – am besten mit Hilfe einer Walze – gefestigt werden.

GERÄTE ZUM MÄHEN

Bei kleineren Gärten und Zierrasenflächen mäht man zumeist mit dem Spindelmäher.

Mit dem Sichelmäher, dessen Messer um eine vertikale Achse drehen, mäht man größere Flächen.

Balkenmäher sind zum Mähen von Blumenwiesen und großen Flächen geeignet.

Zum Schneiden und Bereinigen von Rasenkanten verwendet man am besten Rasentrimmer.

Nutz- und Ziergarten verwendet werden. Bei häufigem Schnitt von Zierrasenflächen (mindestens einmal in der Woche) kann das Mähgut liegenbleiben. Es verrottet und führt der Fläche wieder Humus und Nährstoffe zu.

Blumenwiesen pflegen Eine Blumenwiese mäht man im Normalfall nur zweimal im Jahr. Der erste Schnitt der Blumenwiese erfolgt nach dem Abblühen der Frühjahrs-, meist auch der Frühsommerblumen Mitte Juni. Wird zu früh gemäht, läßt der Blumenreichtum bald nach.

▸ Das zweite Mähen im Herbst ausführen, damit die Wiese kurzgeschnitten überwintern kann.

▸ Hohes Gras von Blumenwiesen muß abgeräumt werden.

Wässern Bei warmem Wetter verdunstet der Rasen täglich bis zu 3 l Wasser pro Quadratmeter. An sehr heißen Sommertagen kann die Verdunstung sogar auf bis zu 8 l ansteigen.

▸ Je nach Bodenart und Niederschlagshäufigkeit und -menge muß zusätzlich bewässert werden. In den Sommerwochen bei hoher Verdunstung sollte man im Abstand von vier bis sieben Tagen wässern, sofern es sich um eine Intensivrasenfläche handelt.

▸ Man verteilt die Wassergaben über die ganze Fläche und bewässert ausreichend. Einmal gut sprengen ist besser als häufig nur ein wenig.

▸ Am Abend wässern ist besser als am Tag, weil das Wasser nicht sofort verdunstet, sondern in den Boden einziehen kann. Gründlich wässern heißt, auf den trockenen Boden mindestens 10 l Wasser pro Quadratmeter aufbringen.

Düngen Zusätzliche Nährstoffgaben sind von der Art des Rasens abhängig. Intensivrasen mit häufiger Schnittfolge muß mit mehr Nährstoffen versorgt werden als eine Blumenwiese, die oft gar nicht gedüngt werden muß.

▸ Zum Düngen verwendet man einen Spezialrasendünger, der auf die Bedürfnisse der Rasenpflanzen abgestimmt ist.

▸ Die beste Zeit, nährstoffarme Böden zu düngen, ist zwischen Mitte März und Anfang April. Günstig ist auch der Beginn der Hauptwachstumszeit von Mai an. Langzeitdünger sind gut geeignet.

▸ Läßt man Rasenschnittgut auf der Fläche liegen, muß man beim Düngen beachten, daß Nährstoffe in den Boden zurückgeführt werden. Diese Rückführung beträgt etwa 5 g Stickstoff pro Quadratmeter im Jahr.

▸ Einzelne Nährstoffgaben sollte man nicht zu hoch dosieren, um eine Überdüngung zu vermeiden.

Belüften und Vertikutieren Auf Intensivrasenflächen ist eine zusätzliche Behandlung des Bodens bzw. des Rasens dann nötig, wenn Bodenverdichtungen auftreten oder die Rasennarbe verfilzt.

▸ Zum Belüften, dem sogenannten Aerifizieren, mit der Grabgabel im Abstand von 8–10 cm etwa 8–10 cm tief einstechen.

Mit der Grabgabel kann der Boden belüftet werden.

▸ Zum Belüften gibt es auch Spezialgeräte. Eingesetzt werden Geräte, die mit Stacheln oder Zinken versehen sind und Löcher in den Boden stoßen. Für den Haus- und Kleingarten sind Handgeräte erhältlich, für größere Flächen gibt es Motorgeräte zu kaufen. Diese können in Fachgeschäften auch ausgeliehen werden.

▸ Auf großen Flächen lohnt es sich, nach dem Belüften die Löcher mit Sand aufzufüllen, wodurch der Boden eine bessere Drainage erhält.

▸ Beim Vertikutieren wird mit senkrecht arbeitenden Schneidmessern die verfilzte Rasenfläche aufgeschnitten, zweikeimblättrige Wildkräuter werden herausgerissen und auf diese Weise die Rasennarbe gelockert.

Beim Vertikutieren wird die verfilzte Rasenfläche aufgeschnitten.

▸ Vertikutieren kann auch dann als Pflegemaßnahme des Rasens durchgeführt werden, wenn in Rasenflächen viele Wildkräuter wachsen oder starker Moosbesatz auftritt.

▸ Nach dem Vertikutieren räumt man die Pflanzenreste ab. Sollten bei der Arbeit kahle Flächen entstanden sein, sät man nach.

Bekämpfung von Wildkräutern und Moos Im Zierrasen breiten sich oft Wildkräuter aus. Man kann sie bei Bedarf jäten. Wildkräuter in der Blumenwiese sollte man stehenlassen, sie tragen zur Pflanzenvielfalt bei.

▸ Moos im Rasen verdrängt oft die Rasengräser. Deshalb sollte man es entfernen. Der günstigste Zeitpunkt ist der Spätherbst oder das zeitige Frühjahr.

▸ Moos tritt auf, wenn der Boden zu viel Feuchtigkeit enthält. Die weitverbreitete Meinung, man könne Moos bekämpfen, indem der Boden gekalkt und dadurch alkalischer wird, ist also falsch. Der Boden muß drainiert und belüftet werden.

Krankheiten und Schädlinge Die sogenannten Hexenringe werden durch verschiedene Hutpilze hervorgerufen, deren Myzel im Boden lebt und Gräser abtötet. Da sich der Pilz von einer zentralen Stelle aus nach allen Seiten gleichmäßig ausbreitet, erscheinen die Fruchtkörper (Hüte) an der Oberfläche immer in Kreisform (Hexenringe). Sobald die Fruchtkörper auftreten, sammelt man sie ein. Dadurch kann die Ausbreitung eingedämmt werden.

▸ Häufig tritt Schneeschimmel auf, eine Pilzkrankheit, bei der Rasenflächen im Frühjahr plattenweise absterben. Diese Krankheit breitet sich oft aus, wenn der Rasen im Herbst nicht mehr gemäht wurde und das Gras unter einer dichten Schneedecke unter Sauerstoffmangel leidet. Nur gute Pflege des Rasens verhindert diese Erkrankung. Die wichtigste Maßnahme dabei ist, den Rasen im Herbst zu mähen.

▸ Neben Wühlmäusen und Maulwürfen sind Larven von Insekten, z. B. Drahtwürmer und Engerlinge, häufig die Ursache von Rasenschäden. Da die Verwendung von Pflanzenschutzmitteln im Haus- und Kleingarten nicht mehr erlaubt ist, ist die Bekämpfung dieser Schädlinge nicht mehr möglich. Abhilfe schafft nur die Nachsaat auf den befallenen Rasenteilen.

GARTENTEICH

▸ Sollen in einem Gartenteich Wasser- und Sumpfpflanzen gut gedeihen und sich Fische wohl fühlen, muß man den richtigen Standort wählen.

▸ Günstig ist eine sonnige Stelle. Es können aber auch einige schattige Zonen vorhanden sein. Ein Teich, der vollständig im Schatten liegt, scheidet aus, da sich das Wasser zu spät erwärmt und die Pflanzen sich nicht optimal entwickeln können. Mindestens 4–5 Stunden täglich sollte die Sonne auf die Teichfläche scheinen.

▸ Die unmittelbare Nähe von Bäumen oder größeren Sträuchern sollte vermieden werden, um die Verschmutzung des Teichs durch herabfallendes Laub zu verhindern.

▸ Die Wasserfläche eines Gartenteichs sollte möglichst größer als 10 m^2 sein; ansonsten kann man ihn nur schwer gestalten.

▸ Ein genügend großer Gartenteich kann in drei unterschiedlich tiefe Zonen eingeteilt werden: in eine Sumpfzone (0–20 cm), eine Flachwasserzone (20–60 cm) und eine Tiefwasserzone (über 60 cm).

▸ Sollen in den Teich Fische eingesetzt werden, muß die Tiefwasserzone mindestens 1–1,2 m tief sein. Dann ist der Teich nahezu frostsicher und bietet im Winter Fischen, Insekten und Lurchen eine Rückzugszone.

▸ Gewöhnlich wird ein Teich in das Gelände des Gartens aus

FOLIENTEICH ANLEGEN

1. Die Umrisse des geplanten Teichs mit Pflöcken oder mit Sand markieren. Mulde ausheben.

2. Den Teichfilz einlegen. Er schützt die Folie vor Beschädigungen durch Steine.

3. Die Folie ausbreiten und danach Erde – am besten Lehmboden – einfüllen.

4. Wasser in den Teich einfüllen und dann die überstehenden Folienränder mit Steinen bedecken.

möglichst naturnahem Material einmodelliert. Dabei muß man auf die Neigung des Teichrands achten. Sie darf nicht zu steil sein, da sonst der eingefüllte Boden abrutscht oder einbricht. Ein günstiger Neigungswinkel im Uferbereich liegt bei etwa 20–25°, im tieferen Bereich bei 30 bis höchstens 45°.

▸ Ideal ist es, wenn zum Entleeren des Teichs eine Abflußvorrichtung eingebaut wird. Sie ist jedoch sehr aufwendig und kostspielig.

▸ Wenn der Teich einen natürlichen Wasserzufluß besitzt, muß ein Überlauf eingebaut werden. Überfließendes Wasser wird je nach der Menge in einen Bach abgeführt oder über einen Sickerschacht in den Boden abgeleitet.

Gartenteich abdichten Nur in sehr seltenen Fällen kann man einen Teich direkt aus einem natürlichen Wasserzufluß speisen. Ansonsten muß das Wasser auf einem künstlichen Weg zugeführt werden. Es darf dann aber nicht im Untergrund versickern. Deshalb muß der Teich abgedichtet werden.

▸ Naturnah, jedoch verhältnismäßig aufwendig ist das Abdichten mit Ton. Man bringt eine 20–30 cm dicke Tonschicht auf dem Untergrund aus und stampft sie oder kleidet sie mit Lehmziegeln aus.

▸ Das Abdichten mit Teichfolie hat sich durchgesetzt. Das Material paßt sich den Formen des Teichs so gut an, daß alle Wünsche hinsichtlich Neigung, Mulden und Wasserzonen erfüllt werden können.

▸ Im Fachhandel gibt es Folien in verschiedenen Größen und Qualitäten. Beim Einkauf muß man auf gute Qualität achten, da nur solche Folien eine lange Lebensdauer besitzen.

▸ Manche Unternehmen können auf Wunsch Teichfolien mit bis zu 500 m² Fläche herstellen. In diesem Fall muß man die Folie später nicht mehr zusammenschweißen.

▸ Teichfolien werden in Stärken von 0,5–2 mm angeboten. Die Kosten für eine Folie sind von ihrer Qualität und Stärke abhängig.

▸ Gute Folien haben eine Lebenserwartung von bis zu 30 Jahren. Sie sind blei- und cadmiumfrei. Außerdem haben sie eine spezielle Antirutschprägung, damit das Abdeckmaterial (Sand oder Lehm) besser haftet.

▸ Fertigteiche bestehen aus Kunststoffschalen. Hergestellt werden sie meist aus glasfaserverstärktem Polyester.

Folienteich anlegen Beim Ausheben der Mulde für den geplanten Teich sollte man bereits die jeweiligen Bereiche für die spätere Sumpfzone, die Flachwasserzone und die Tiefwasserzone schaffen.

▸ Die beim Ausheben anfallende Erde kann später für andere Bodenmodellierungen verwendet werden. Dabei muß der Oberboden vom unbelebten Unterboden getrennt verwendet werden.

▸ Statt eines Teichfilzes kann zum Schutz der Folie vor Steinen auch eine Sandschicht ausgebracht werden.

▸ Die Folie muß beim Verlegen den Bodenunebenheiten angepaßt werden; kleinere Falten sollte man möglichst zu einer großen zusammenziehen, die man seitlich umschlägt und mit Sand abdeckt.

▸ Man sollte die Folie möglichst

bei sonnigem, warmem Wetter verlegen, da sie dann besonders geschmeidig ist und sich der Bodenform wesentlich besser anpaßt. Bei der Berechnung der Größe der Folie darauf achten, daß sie am Teichrand mindestens 20 cm überlappt, damit sie nicht in den Teich zurückrutscht.

▸ Die Folie 2–3 Tage offen liegenlassen. Dann erst kann man die Erde einfüllen.

▸ Die Teichränder werden mit Platten, Natursteinen, Rollkieseln o. ä. befestigt. Die Arbeit führt man aus, nachdem die Erde in den zukünftigen Teich eingefüllt wurde.

▸ Der Teichboden kann entsprechend der Bepflanzung bis zu 20 cm hoch aufgeschüttet werden. Die Erde bzw. das Substrat sollte möglichst lehmhaltig und nährstoffarm sein. Je nach Ausgangsmaterial können bis zu 50 % Quarzsand untergemischt werden.

▸ Die eingefüllte Erde tritt man etwas fest oder klopft sie an. Eingeplante Pflanzmulden kann man mit Holzpflöcken markieren. Dabei muß man darauf achten, daß die Folie nicht beschädigt wird.

▸ Gut geeignet zum Füllen eines Gartenteichs ist Brunnen- oder Regenwasser. Oft muß jedoch Leitungswasser benutzt werden. Da dieses gechlort ist, sollte es 2–3 Tage abstehen, falls man Fische einsetzen will.

▸ Das Wasser läßt man langsam einfließen, damit die Erde nicht hochgewirbelt wird.

▸ Nach ungefähr zwei Wochen, wenn sich das Erdreich gefestigt hat, beginnt man mit dem Bepflanzen.

Bepflanzung Alle Pflanzen für einen Gartenteich bezieht man am besten von einer Stauden- oder Wasserpflanzengärtnerei. Man darf keine Wildpflanzen sammeln und auspflanzen!

▸ Die beste Pflanzzeit ist das Frühjahr (April).

▸ Man wählt die Pflanzen für die jeweilige Wassertiefe aus. Es gibt verschiedene Gruppen: Pflanzen für Feuchtzonen im Randbereich, solche für die Sumpfzone und außerdem Schwimmblatt- und Tauchblattpflanzen.

▸ In einem Teich sollten eine oder mehrere Seerosen blühen. Bei der Auswahl ist zu beachten, daß man sich nach der Wassertiefe richten muß. So kommt beispielsweise die Zwergseerose mit einer Wassertiefe von 10–20 cm aus, andere Sorten benötigen 20–50 cm oder sogar 30–80 cm Wassertiefe.

▸ Sumpf- und Teichrandpflanzen werden meist direkt in den Teichgrund gepflanzt. Pflanzen für die Tiefwasserzone kann man auch in Kunststoffkörbe pflanzen und in den Teich stellen.

Pflanzen für die Tiefwasserzone kann man in Kunststoffkörbe einpflanzen.

Fische Während sich verschiedene Wassertiere im Gartenteich von selbst ansiedeln, müssen Fische eingesetzt werden. Dafür muß aber der Teich groß genug und ausreichend tief sein. Flache Teiche sind für die Überwinterung von Fischen nicht geeignet, da das Wasser im Winter gefriert. Außerdem können sie sich in vollsonniger Lage im Sommer zu stark erwärmen.

▸ Man geht im allgemeinen davon aus, daß jeweils mindestens fünf Fische einer Art in den Teich eingesetzt werden sollten.

▸ Alle Fische benötigen eine gewisse Wassermenge, und zudem können sich die Tiere im Lauf der Zeit stark vermehren. Um den Wasserbedarf eines Fisches in Litern zu berechnen, multipliziert man die Körperlänge des Tieres in Zentimetern mit fünf. Hat beispielsweise ein Goldfisch eine Länge von 20 cm, so benötigt er mindestens 100 l Wasser. Es ist besser, wenn mehr Wasser vorhanden ist, als rein rechnerisch ermittelt wird.

▸ Der häufigste Fisch im Gartenteich ist der Goldfisch. Er ist nicht sehr empfindlich gegen Temperaturschwankungen und auch nicht teuer. Eingesetzt werden können aber auch Moderlieschen, Goldorfen, Bitterlinge, Rotfedern, Goldschleien.

▸ Fische müssen, zumindest am Anfang, gefüttert werden. Am besten verwendet man ein handelsübliches Fischfutter. Benötigt wird täglich maximal 1 % des Körpergewichts der Fische. Nicht mehr Futter verabreichen, als in 10–15 Minuten gefressen werden kann.

▸ Nach einiger Zeit muß in der Regel nicht mehr täglich gefüttert werden, da Fische die vorhandene Naturnahrung aufnehmen können.

▸ Bei Wassertemperaturen unter 8 °C sollte die Fütterung eingestellt werden.

▸ Ein zu umfangreicher Fischbestand muß verkleinert werden, da sonst Sauerstoffmangel und Überschuß an Kotrückständen auftreten können. Dies regt unerwünschten Algenwuchs an.

Algen Man muß immer darauf achten, daß die Lebensgemeinschaft im Gartenteich ausgewogen ist. Dann ist das Wasser klar und rein. Durch einen ständigen Kreislauf werden Reststoffe verwertet und das Wasser auf natürlichem Weg gefiltert. Funktioniert die Lebensgemeinschaft nicht mehr, wird das Wasser trüb, riecht muffig und ist mit einer dicken, meist grünlichen Algenschicht bedeckt.

- Algen entwickeln sich vor allem in stark besonnten Gartenteichen bei Temperaturen über 30 °C. Deshalb sollte der Teich teilweise im Schatten liegen.

- Keinesfalls sollte man nährstoffhaltiges Wasser in den Teich einleiten oder Dünger für die Wasserpflanzen verwenden.

- Die Zahl der Unterwasserpflanzen kann erhöht werden, um Algenwachstum einzudämmen. Da sie durch die Assimilation Kohlendioxid verarbeiten und Sauerstoff abgeben, wirken sie der Algenbildung entgegen.

- Man setzt nährstoffbedürftige Pflanzen wie das Hornblatt als Unterwasserpflanze ein. Es reduziert den Nährstoffgehalt im Wasser und entzieht somit den Algen die Lebensgrundlage für die Entwicklung.

- Größere Mengen absterbenden Pflanzenmaterials sollten nicht in den Teich fallen. Organische Pflanzenteile gehen im Teich in Fäulnis über, liefern Nährstoffe für Algen und entziehen dem Wasser den Sauerstoff.

- Sehr wichtig ist, daß der Teich nicht mit Algen zuwächst. Man fischt die Algen ab und entschlammt den Teich, wobei vorsichtig vorgegangen werden muß, um das Leben im Bodenbereich und in den Uferpartien nicht zu stören. Im Herbst räumt man auch den Schlick, der sich am Teichboden angesammelt hat, aus.

Algen müssen abgefischt werden, damit der Teich nicht zuwächst.

- Im Bereich der Sumpfzonen kann man Substrat aus saurem Torf wählen. Die Säure des Torfs hemmt die Algenbildung.

- Filteranlagen können den Algenwuchs verhindern bzw. beseitigen.

- Im Handel sind mineralische Produkte erhältlich, die Abhilfe schaffen können. Nach der Anwendung dieser Mittel müssen die entstandenen Algenwolken abgeschöpft werden. Man kann sie kompostieren.

Überwinterung Um Pflanzen und Tiere vor strengem Frost zu schützen, können kleinere Teiche mit Brettern abgedeckt und zusätzlich mit einer Laubschüttung weitgehend frostfrei gehalten werden. In frostfreien Perioden muß man jedoch lüften.

- Laub, das von Bäumen und Büschen herabfällt, fängt man durch ein über den Teich gespanntes engmaschiges Netz auf und kompostiert es.

- Besteht die Gefahr, daß kleinere Teiche im Winter zufrieren, fängt man die Fische im frühen Winter ab und überwintert sie in einem Aquarium. Die Pflanzen setzt man in Kübel ein und überwintert sie in einem geschützten Raum. Dann wird das Wasser des Teichs abgelassen.

- Natürlich kann auch in größeren Teichen die Wasseroberfläche gefrieren. Besteht die Gefahr des Sauerstoffmangels, legt man vorher einen Styroporblock ein, der auf der Wasseroberfläche schwimmt. Diesen nimmt man dann jeden Tag einige Stunden heraus, damit die Wasseroberfläche frei und so ein Luftaustausch möglich ist.

- Es gibt elektrisch betriebene Teichheizer, um die Wasseroberfläche freizuhalten. Die Eisbildung kann auch durch eine starke Filteranlage, die man im Winter laufen läßt, verhindert werden.

- Auf keinen Fall darf man die Eisdecke aufhacken, weil dadurch die in Winterruhe verharrenden Fische und andere Tiere aufgeschreckt werden.

- Die Halme von Schilf und Rohrkolben schneidet man im Herbst bis auf zwei Drittel ab. Den Rest läßt man stehen, da durch die Hohlräume Faulgase abziehen können.

Sicherheit am Gartenteich

Immer wieder kommt es am Gartenteich zu Unfällen, insbesondere durch Kinder, die in einen nicht gesicherten Gartenteich fallen. Zwar besteht keine gesetzliche Pflicht, Grundstücke gegen unbefugtes Betreten zu sichern, jedoch muß jeder Besitzer eines Grundstücks dafür Sorge tragen, daß sein Gartenteich durch Zäune o. ä. so abgesichert ist, daß keine Unfälle passieren können.

DER GARTENTEICH IN DER KUNSTSTOFFWANNE

Eine platzsparende, billige und nicht besonders arbeitsintensive Alternative zu einem ausgedehnten Gartenteich ist ein Miniteich. Dieser findet in jedem Garten Platz und kann leicht mit Hilfe einer Kunststoffwanne hergestellt werden.

Um einen solchen Teich fertigzustellen, benötigt man nur ein paar ausgewählte Pflanzen, etwas Sand und Natursteine, die in die Umgebung passen.

1. Die Kunststoffwanne am geplanten Standort aufstellen, um die Größe der Grube festzulegen.

2. Die Grube ausheben und die Wanne hineinstellen. Sie muß genau waagrecht stehen.

3. Den Raum um die Wanne zunächst mit Sand und danach mit Humus auffüllen.

4. Den Teichboden mit 10–20 cm Lehm bedecken, die Pflanzen einsetzen.

5. Den Miniteich mit schwachem Wasserstrahl langsam und vorsichtig füllen.

6. Zum Abschluß der Arbeiten sollte man das Ufer mit Natursteinen befestigen. Bei der Auswahl der Steine ist darauf zu achten, daß sich der Teich harmonisch in die Umgebung einfügt.

WAHL DER PFLANZEN

▸ Für Balkon und Terrasse sind alle Pflanzen geeignet, die mit einem kleinen Wurzelraum vorliebnehmen.

▸ Balkonkästen, Kübel und andere Gefäße kann man mit selbst herangezogenen Gewächsen bepflanzen. Man kann die Pflanzen aber auch beim Gärtner, Floristen, in der Baumschule oder im Gartencenter kaufen.

▸ Bei der Wahl der Pflanzen sollte man ihren zukünftigen Standort (Sonne, Halbschatten oder Schatten) berücksichtigen.

▸ Besonders windempfindliche Pflanzen sind für Westlagen oder in den oberen Stockwerken eines Hochhauses nicht geeignet.

EINJÄHRIGE SOMMERBLUMEN

▸ Einen reichen Blütenschmuck erzielt man mit einjährigen Sommerblumen. Dazu zählen beispielsweise Clarkie, Löwenmaul, Nemesie, Salvie und Zinnie. Da man diese Pflanzen nur den Sommer über kultivieren kann, müssen sie jedes Jahr neu gekauft werden.

▸ Viele einjährige Sommerblumen werden im Winter oder im Frühjahr ausgesät und später in die Pflanzgefäße gesetzt. Typische Vertreter sind Leberbalsam, Semperflorens-Begonie, Blaues Gänseblümchen, Schmuckkörbchen, Sommernelke, Zigarettenblümchen, Fleißiges Lieschen, Bechermalve, Lobelie, Duftsteinrich, Ziertabak, Petunie, Husarenknopf, Studentenblume, Eisenkraut. Einen reichen Blütenansatz erzielt man nur, wenn diese Pflanzen an einem geschützten, vollsonnigen Standort stehen.

▸ Für halbschattige Lagen eignen sich z. B. Knollenbegonie, Ringelblume, Hundszunge, Leimkraut und Kapuzinerkresse.

▸ Als Sichtschutz für den Balkon oder die Terrasse können auch einjährige Kletterpflanzen in Pflanzgefäßen kultiviert werden, wie die Prunkwinde, die Glockenrebe und die Wicke.

ZWEIJÄHRIGE SOMMERBLUMEN

▸ Will man auch im Frühling Balkon und Terrasse schmücken, kann man zweijährige Sommerblumen verwenden, die in der Regel in der Zeit von März bis Mitte Mai ihre Blütenpracht entfalten. Zu den bekannten zählen Stiefmütterchen, Vergißmeinnicht, Gänseblümchen, Goldlack und Frühlingsprimeln.

▸ Ausgesät werden die zweijährigen Sommerblumen zwischen Mai und Juli. Man überwintert sie in Balkonkästen, muß sie aber vor Frost schützen. Von Mitte März des folgenden Jahres an kann man bei gutem Wetter mit dem Umpflanzen beginnen.

▸ Pflanzen gibt es von Mitte März an beim Gärtner zu kaufen. Man muß bedenken, daß sie meist im Gewächshaus überwintert wurden und sie deshalb auf dem Balkon oder der Terrasse vor Nachtfrösten geschützt werden müssen.

▸ Moderne Stiefmütterchensorten blühen bereits im Herbst und werden oft schon zu diesem Zeitpunkt in Pflanzgefäße und Balkonkästen gepflanzt. Den Winter über sollten sie mit Reisig oder Tannenzweigen bedeckt werden, um sie vor Frost zu schützen.

FRÜHLINGSBLÜHENDE ZWIEBELGEWÄCHSE

▸ Einen farbigen Blütenflor erzielt man mit frühlingsblühenden Zwiebelgewächsen.

▸ Für Pflanzkästen geeignet sind mehrblütige Wildtulpen, kleinkronige und mehrblütige Narzissen, Hyazinthen, Krokusse, Blausterne, Traubenhyazinthen, Märzbecher und Schneeglöckchen.

▸ Zwiebelgewächse soll man bereits im September und Oktober einpflanzen, damit sie bis zum Beginn der Fröste schon genügend tief eingewurzelt sind.

▸ Zwiebeln können im Freien überwintern, wenn man die Balkonkästen mit einer dichten Laubschicht abdeckt. Besser ist es jedoch, sie in einem kühlen Raum zu lagern. Licht brauchen die Zwiebeln nicht. Gut geeignet ist ein Keller, ein Schuppen oder eine Scheune mit Temperaturen zwischen 5 und 10 °C.

▸ Ab Anfang März können die Zwiebeln, je nach der Witterung, ins Freie gebracht werden.

▸ Im Freien muß man trockene Erde auch im Winter bei mildem Wetter befeuchten.

▸ Überwintern die Pflanzen im Keller, genügt es, die Erde nur wenig zu befeuchten, damit sie nicht ganz austrocknet.

WINTERBEPFLANZUNG

▸ Auch nach den ersten Frösten braucht man auf einen Pflanzenschmuck auf dem Balkon und der Terrasse im Herbst und Winter nicht zu verzichten. Ausgesprochene Herbstpflanzen sind z. B. Topfchrysanthemen, die im Oktober und November reich blühen.

▸ Einen Blütenflor erzielt man auch spät im Jahr mit herbstblühender Erika. Ausgepflanzt wird sie im Oktober. Je nach Standort und Wetter hält die Blüte meist bis Weihnachten an, und selbst leichte Fröste werden problemlos überstanden.

▸ Wenn man den Wurzelballen dieser Pflanzen feucht hält, läßt sich ihre Blütezeit verlängern.

▸ Ein ausgesprochener Winterblüher ist die Schneeheide. Sie wird im Oktober und November oft schon blühend angeboten, obwohl die Hauptblütezeit zwischen Dezember und April liegt.

▸ Für die Dauerbepflanzung von Balkonen und Terrassen sind auch viele Zwergkoniferen und andere winterharte, meist immergrüne Gehölze geeignet. Die Kultur dieser Pflanzen gelingt, wenn die Gefäße genügend groß sind. Außerdem müssen die immergrünen Gehölze im Winter ausreichend feucht gehalten werden.

GEMÜSE UND KRÄUTER

▸ Auf einer größeren Terrasse lassen sich auch verschiedene Gemüse- und Kräuterarten kultivieren. Allerdings empfiehlt sich für ein gutes Wachstum ein sonniger Standort.

▸ Im Balkonkasten gedeihen Spinat, verschiedene Salate, Topftomaten und Kohlrabi. In größeren Pflanzgefäßen kann man sogar Stabtomaten kultivieren.

▸ Schnittlauch, Petersilie, Dill, Basilikum, Zitronenmelisse und Borretsch wachsen gut in Balkonkästen oder anderen Pflanzgefäßen.

▸ Kurzlebige Kräuter werden im Frühjahr und im Sommer so ausgesät, daß man sie immer frisch ernten kann.

BALKONKÄSTEN UND PFLANZGEFÄSSE

▸ Balkonkästen und andere Pflanzgefäße müssen ausreichend groß und aus pflanzenverträglichem Material hergestellt sein. Im Handel übliche Blumenkästen sind aus Hartplastik, Ton oder Keramik.

▸ Will man Pflanzgefäße selbst anfertigen, kann man auch Holz oder Metall verwenden, doch diese Materialien dürfen nicht mit pflanzenschädigenden Mitteln behandelt worden sein.

▸ Sollen Pflanzgefäße auch im Winter im Freien bleiben, müssen sie aus frostbeständigem Material gefertigt sein.

▸ Alle Pflanzgefäße müssen mit einer ausreichenden Anzahl von Wasserabzugslöchern im Boden versehen werden, da sonst Staunässe auftritt und infolge davon Wurzelfäule entstehen kann.

Mit einer Bohrmaschine lassen sich Wasserabzugslöcher in den Boden von Balkonkästen bohren.

▸ Bei der Anschaffung ist unbedingt auf die Größe des Blumengefäßes zu achten. Je größer ein Balkonkasten oder Pflanzkübel ist, um so besser entwickeln sich die Gewächse, da mehr Substrat und Bodenfeuchtigkeit vorhanden sind. So enthält ein Balkonkasten von 1 m Länge, 18 cm Breite und gleicher Höhe ungefähr 32 l Erde. Ein gleich langer Kasten, der aber nur 15 cm hoch und breit ist, faßt nur 22 l Erde.

▸ Größere Balkonkästen und Pflanzgefäße haben den Nachteil, daß sie auch schwerer sind. Das kann mitunter zu Problemen beim Transport und beim Aufhängen führen. Deshalb muß unbedingt die Belastung einer Terrasse und eines Balkons oder seiner Brüstung berücksichtigt werden; ein großer Balkonkasten (1 m lang, 18 cm breit und hoch) wiegt mit ausreichend befeuchteter Erde und mit Pflanzen rund 40 kg.

▸ Blumenkästen sind an Fenstern oder Balkonbrüstungen immer so anzubringen, daß sie sturmgesichert sind. Entsprechende, auf die Kasten- und die Brüstungsbreite abgestimmte Halterungen gibt es im Fachhandel und in jedem Gartencenter.

Mit passenden Halterungen lassen sich Balkonkästen sturmsicher an Brüstungen aufhängen.

▸ In Hochhäusern kann man Balkonkästen unter Umständen auf der Innenseite der Brüstungen anbringen. Dann sind die Pflanzen vor stärkeren Winden besser geschützt, und außerdem tropft kein Wasser auf Balkone in unteren Stockwerken.

▸ Im Handel erhältlich sind auch Pflanzgefäße mit integrierten Wasserreservoiren. Diese sind für eine Langzeitbewässerung nicht geeignet, da sie nur für einige Tage Wasser aufnehmen können.

BLUMENERDE

▸ Für Gefäßpflanzen sollte man die bestmögliche Erde verwenden, denn die Gewächse müssen auf engstem Raum mit einer geringen Substratmenge auskommen. Ideal ist eine mittelschwere Erde mit hohem Humusanteil. Selbsthergestellte Mischungen sollen aus Komposterde, Rindenhumus, Holzfasersubstraten, Torf und reichlich Flußsand bestehen.

▸ Nach einem Jahr intensiver Nutzung empfiehlt es sich, die Erde auszutauschen, denn durch häufiges Gießen wird ihre Struktur zerstört.

▸ Bei gekaufter Blumenerde oder einem fertigen Gemisch aus überwiegend Komposterde ist eine zusätzliche Grunddüngung meist nicht erforderlich.

▸ Das Substrat sollte nicht überdüngt werden. Deshalb empfiehlt es sich, lieber öfter und in regelmäßigen Zeitabständen wenig Dünger zu verabreichen.

▸ Bei selbsthergestellter Blumenerde empfiehlt sich eine Grunddüngung mit einem organisch-mineralischen Volldünger oder einem Depotdünger, damit das Substrat ausreichend mit sämtlichen notwendigen Nährstoffen angereichert wird.

PFLANZUNG

▸ Damit man das ganze Jahr über blühende Balkonpflanzen hat, muß man die entsprechenden Pflanztermine einhalten.

▸ Zweijährige Sommerblumen werden im März gepflanzt.

▸ Die Sommerbepflanzung soll nach den Eisheiligen (Mitte Mai) ausgeführt werden, wenn die Gefahr von Nachtfrösten vorbei ist.

▸ Die Herbstbepflanzung und die Pflanzung von Dauergewächsen erfolgt von Oktober bis Anfang November. Ende September und im Oktober ist Pflanzzeit für frühjahrsblühende Zwiebelgewächse.

▸ Man darf die Pflanzen nicht zu eng aneinander setzen. Der Ab-

INTEGRIERTES WASSERRESERVOIR BEI BALKONKÄSTEN

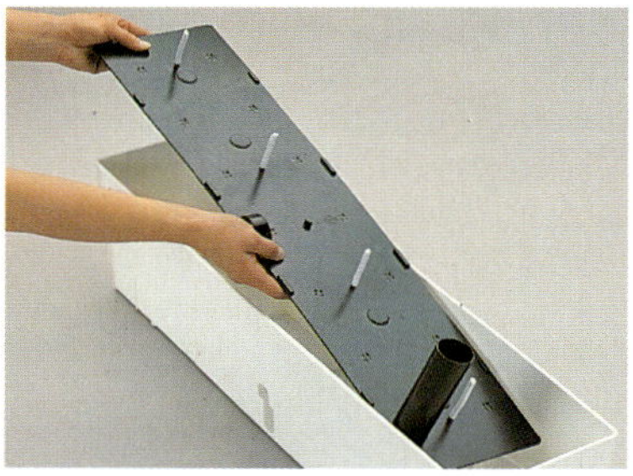

1. Den Zwischenboden mit den Dochten zur Bewässerung in den Blumenkasten einlegen.

2. Blumenerde mit einer Schaufel im Balkonkasten bis unter den Rand gleichmäßig verteilen.

3. Nachdem die Blumen gepflanzt wurden, gießt man das Wasser durch das Füllrohr ein.

INTEGRIERTES WASSERRESERVOIR BEI PFLANZGEFÄSSEN

1. In das mit einem Abflußloch versehene Gefäß stülpt man 6–10 cm hohe Blumentöpfe.

2. Die Zwischenräume mit vorgewässerten Blähtonkügelchen bis über die Blumentöpfe füllen.

3. Erde auffüllen und durch das zusätzlich eingesetzte Füllrohr Wasser eingießen.

stand soll bei einreihiger Bepflanzung mit größeren Exemplaren (Sommerbepflanzung) 20–25 cm und bei kleineren Pflanzen 10–15 cm betragen.

▸ Einen schönen Balkonschmuck erhält man, wenn in breiteren Kästen Blumen unterschiedlicher Größe auf Lücke, d. h. zweireihig versetzt, gepflanzt werden. Hohe Pflanzen, Leitpflanzen genannt, kommen in die hintere Reihe und solche mit niederem Wuchs oder Hängepflanzen nach vorn. Auf Lücke kann man aber auch Blumen gleicher Höhe pflanzen und so den Platz im Balkonkasten optimal nutzen.

Durch Pflanzung auf Lücke kann man in breiten Balkonkästen den Platz besser nutzen.

▸ Kauft man Pflanzen in Anzuchttöpfen, nimmt man sie zuerst vorsichtig heraus. In Biotöpfen herangezogene Sommerblumen oder Gehölze brauchen nicht ausgetopft zu werden.

▸ Die Pflanzen werden so tief eingepflanzt, daß die Oberfläche des Wurzelballens etwa 1 cm hoch mit Erde bedeckt ist.

▸ Die Erde soll nach dem Einpflanzen etwa 1 cm unterhalb vom Gefäßrand abschließen, damit das Gießwasser nicht hinausgespült wird.

▸ Nach dem Einpflanzen wird einmal gründlich gewässert.

▸ Die frisch bepflanzten Blumenkästen sollten zunächst noch nicht an ihren endgültigen Standort gebracht werden, sondern einen oder mehrere Tage lang an einem schattigen Platz, etwa im Schutz der Brüstung auf dem Boden des Balkons, aufgestellt werden. Auf diese Weise können sich die Pflanzen – vor allem bei sonnigem Wetter – an ihre neue Umgebung gewöhnen.

PFLEGE DER PFLANZEN

▸ Einen dauerhaften und schönen Blumenschmuck erzielt man nur bei regelmäßiger Pflege der Pflanzen. Dazu zählen vor allem Gießen und Düngen.

▸ Frühjahrpflanzungen und sehr früh gepflanzte Sommerblumen schützt man vor Nachtfrost, indem man sie mit Papier, einem leichten Tuch oder einer Kunststoffolie bedeckt oder aber ins Haus stellt.

Eine Kunststoffolie bietet den jungen Pflänzchen ausreichenden Schutz vor Nachtfrost.

▸ Während der Vegetationszeit sollte das Substrat stets feucht, aber nie naß sein.

▸ Bei längerer Abwesenheit sollte man dafür sorgen, daß jemand das Gießen übernimmt. Ist dies nicht möglich, dann kann man automatisch bewässern. Anschlußfertige Sets mit Tröpfchenschläuchen bekommt man im Fachhandel. Die Steuerung erfolgt über eine Schaltuhr oder durch einen Feuchtigkeitsfühler.

▸ Dauerbepflanzungen, vor allem immergrüne Gehölze, gießt man bei mildem Wetter auch im Winter, wenn die Erde trocken ist.

▸ Im Sommer wird stets abends gegossen, damit die Pflanzen über Nacht ihren Wasserbedarf

AUTOMATISCHE BEWÄSSERUNGSANLAGE

1. Das Steuergerät der Bewässerungsanlage wird an den Wasserhahn angeschlossen.

2. Ein Schlauch führt zum Basisgerät, das das Wasser filtert und den Wasserdruck reguliert.

3. Der Feuchtigkeitssensor sperrt bei ausreichender Bodenfeuchtigkeit die Wasserzufuhr ab.

decken können. Wird morgens gegossen, ist die Verdunstung meist sehr groß.

▸ Man soll nie bei voller Sonne, sondern nur abends düngen, da das Wasser sonst rasch verdunstet und Salzkonzentrationsschäden auftreten können. Man löst den Dünger in Wasser auf bzw. gibt flüssigen Volldünger ins Wasser und gießt damit die Pflanzen. Danach spritzt man sie mit klarem Wasser ab, damit an ihnen keine Salzreste zurückbleiben. In den folgenden Tagen muß man das Substrat feucht halten, um Wurzelverbrennungen zu vermeiden.

▸ Verblühte und kranke Pflanzenteile bricht oder schneidet man immer aus. Auch Frucht- bzw. Samenansätze werden entfernt.

Zur Pflege gehört auch das regelmäßige Ausbrechen verblühter Pflanzenteile.

▸ Manche Sommerblumen legen nach dem ersten Hauptflor eine Pause ein. Durch einen Rückschnitt kann ein zweiter Flor gefördert werden (z. B. bei Lobelie, Duftsteinrich, Husarenknopf).

▸ Um gegen tierische Schädlinge und Krankheitserreger vorzubeugen, kann man die Pflanzen mit einem Stärkungsmittel behandeln. Über das geeignete Präparat informiert der Fachhandel. Auch das Spritzen mit selbsthergestellter Rainfarn-, Wermut- oder Brennesselbrühe ist wirksam. Eine Alternative dazu sind die im Fachhandel erhältlichen biologischen Pflanzenschutzmittel.

ÜBERWINTERUNG

▸ Die meisten zum Überwintern geeigneten Pflanzen stellt man in einen kühlen, hellen Raum.

▸ Geranien kann man auch überwintern, indem man sie aus den Gefäßen nimmt und im kühlen Raum aufhängt oder die Wurzelballen in Folie einschlägt.

VERMEHRUNG

▸ Zieht man Pflanzen selbst aus Samen oder aus Stecklingen, sollte man damit schon im Spätsommer des Vorjahres beginnen.

▸ Für die Anzucht eignet sich ein Raum mit einer ausreichenden Temperatur (18 °C) und günstigen Lichtverhältnissen (Zimmer in Südlage, eine verglaste Loggia oder ein Kleingewächshaus).

HOCHSTÄMMCHEN UND KÜBELPFLANZEN

▸ Hochstämmchen und Kübelpflanzen werden in Gefäßen kultiviert. Man unterscheidet zwischen winterharten und nichtwinterharten Gattungen.

▸ Für Kübelpflanzen benötigt man große Gefäße aus Holz, Terrakotta oder Kunststoff; winterharte Gattungen gedeihen auch in Natur- oder Kunststeingefäßen.

Winterharte Kübelpflanzen Dazu empfehlen sich z. B. Nadelgehölze oder immergrüne Laubgehölze, etwa Pfaffenhütchen, Buchsbaum und Felsenmispel.

▸ Bei Überwinterung auf der Terrasse oder dem Balkon umgibt man das Gefäß zum Schutz vor Frost mit einer Laubschicht.

Nichtwinterharte Kübelpflanzen Hierzu zählen z. B. Bleiwurz, Engelstrompete, Schönmalve und Hibiskus. Man stellt sie in der Vegetationszeit an einem geschützten und sonnigen Platz auf.

▸ Während der Vegetationsperiode gießt und düngt man regelmäßig. Nährstoffgaben sollten vor allem im Frühjahr und Frühsommer verabreicht werden.

▸ Als Winterquartier eignen sich kühle Nebenräume mit ausreichend Licht wie etwa ein Treppenhaus, eine Garage oder ein Dachboden.

▸ Die Pflege im Winter hängt vom Standort und der Temperatur ab. Je kühler der Raum ist, desto weniger muß man gießen. Allerdings dürfen die Pflanzen nicht austrocknen. Eine wöchentliche Kontrolle ist daher zu empfehlen.

▸ In wärmeren Räumen vermehren sich Schädlinge weiter. Deshalb gegebenenfalls Schutzmaßnahmen ergreifen.

▸ Wenn nichtwinterharte Hochstämmchen und Kübelpflanzen im Spätwinter oder Frühjahr die ersten Austriebe zeigen, müssen sie beschnitten werden. Ebenso entfernt man vertrocknete Triebe.

Ein Auslichten der Triebe bewirkt bei Hochstämmchen einen dichten Wuchs der Krone.

Anzucht von Hochstämmchen Mit etwas Geschick kann man Hochstämmchen auch selbst heranziehen. Möglich ist dies bei

BEDINGUNGEN FÜR DIE ÜBERWINTERUNG VON KÜBELPFLANZEN

Botanischer Name	Deutscher Name	Standort hell	Standort weniger hell	Standort dunkel	Temperatur in °C	Bemerkungen
Abutilon	Schönmalve	×	–	–	0–15	Rückschnitt beim Einräumen
Acacia	Mimose	×	–	–	0–15	Rückschnitt nach der Blüte; Winterblüher, liebt sauren Boden
Agapanthus	Schmucklilie	×	×	–	0–18	–
Agave	Agave	×	×	–	0–20	–
Anisodontea	Scheinmalve	×	–	–	5–15	Rückschnitt im zeitigen Frühjahr; in trockenen Räumen häufig Befall durch Blattlaus und Weiße Fliege
Aucuba	Aukube	×	×	–	0–20	–
Bougainvillea	Bougainvillee	×	–	–	10–20	–
Callistemon	Zylinderputzer	×	–	–	5–20	Hoher Lichtanspruch
Camelia	Kamelie	×	×	–	0–15	Winterblüher; gleichmäßig behandeln, sonst Knospenfall
Cestrum	Hammerstrauch	×	×	–	5–20	Auch winterblühend
Chamaerops	Zwergpalme	×	×	–	0–20	–
Chrysanthemum frutescens	Strauchmargerite	×	–	–	5–15	Rückschnitt beim Einräumen
Citrus	Orangen- und Zitronenbäumchen	×	–	–	5–20	–
Cypressus	Zypresse	–	×	–	0–10	–
Cytisus	Geißklee, Ginster	×	–	–	5–15	Spätwinterblüher
Datura (Brugmansia)	Engelstrompete	–	×	×	5–15	B. sanguinea kann durchkultiviert werren; dann heller Standort
Dracaena	Drachenbaum	×	–	–	5–20	–
Ensete (Musa)	Zierbanane	×	×	–	10–20	–
Eriobotrya	Wollmispel	×	×	–	5–20	–
Erythrina	Korallenstrauch	×	×	–	5–20	–
Ficus carica	Feigenbaum	–	×	–	5–10	–
Fuchsia	Fuchsie	×	×	–	5–15	–
Heliotropium	Sonnenwende	×	–	–	5–15	–
Hibiscus	Eibisch	×	–	–	10–20	–
Howeia	Kentia–Palme	–	×	–	5–15	–
Iochroma	Veilchenstrauch	×	×	–	5–15	–
Lagerstroemia	Kreppmyrte	×	–	–	5–10	–
Laurus	Lorbeer	–	×	×	5–15	Schildlausbefall, wenn Standort zu warm
Leptospermum	Südseemyrte	×	–	–	5–15	Spätwinterblüher
Myrtus	Brautmyrte	×	×	–	5–20	Kann auch im Zimmer überwintern
Nerium	Oleander	×	×	–	0–15	Schildlausbefall im Winterquartier möglich
Passiflora	Passionsblume	×	×	–	5–20	–
Pelargonium	Geranie	×	–	–	5–15	Rückschnitt im Winter
Phoenix–Palma	Phönix-Palme	×	×	–	0–20	–
Pittosporum	Klebsame	×	×	–	0–20	–
Plumbago	Bleiwurz	×	×	–	5–15	–
Punica	Granatapfel	×	×	–	0–10	–
Solanum, versch. Arten	Nachtschatten	×	×	–	0–15	–
Strelitzia	Paradiesvogelblume	×	×	–	5–15	–
Tibouchina	Tibouchina	×	–	–	5–15	–
Yucca	Palmlilie	×	×	–	0–20	–

Fuchsien, Eibisch, Wandelröschen, Geranien (Pelargonien) und Strauchmargeriten.

▸ Als Ausgangsmaterial verwendet man eine kleine Topfpflanze, die entweder beim Gärtner gekauft oder aus Stecklingen selbst gezogen wurde. Man läßt den Haupttrieb stehen und bricht alle Seitenknospen und -triebe aus. Danach wird die Pflanze gut gewässert und gedüngt. Den Trieb bindet man an einem Stab fest, damit er nicht abbricht. Hat der Trieb die gewünschte Höhe erreicht, schneidet man die Spitze ab, damit sich Seitentriebe bilden können. Aus diesen baut man eine Krone auf, indem man die Triebe mehrmals stutzt.

▸ Die Kronen vieler Kübelpflanzen können auch zu besonderen Formen geschnitten werden. Dies gilt besonders für immergrüne Gattungen wie Lorbeer, Buchsbaum, Zitronen- und Orangenbäumchen. Auch bei immergrünen winterharten Gehölzen wie der Eibe und der Zypresse ist ein solcher Formschnitt möglich.

TORFWAND ANLEGEN

▸ Eine Torfwand eignet sich auf der Terrasse als Sichtschutz besonders gut.

▸ Bei einseitiger Bepflanzung sollte das Gestell 18 cm, bei beidseitiger Bepflanzung etwa 30 cm tief sein.

▸ Bei einer einseitigen Bepflanzung sollte der Boden der Torfwand aus einer Kunststoffplatte oder aus einer Sperrholzplatte bestehen, die mit einer pflanzenunschädlichen Imprägnierung behandelt wurde.

▸ Da Metall in Torf schnell rostet, ist für das Geflecht ein kunststoffummantelter Draht gut geeignet.

▸ Wird als Füllmaterial reiner Weißtorf verwendet, sollte man 10 l Torf, 20–30 g kohlensauren Kalk und 20 g Volldünger beimischen. Fertige Torfkultursubstrate sind gewöhnlich schon mit Kalk und Nährstoffen versetzt.

▸ Zur Bepflanzung eignen sich z. B. Leberbalsam, Semperflorens-Begonie, Nelke, Fleißiges Lieschen, Geranie (Pelargonie), Petunie, Husarenknopf, Fuchsie sowie Efeu und Immergrün.

▸ Der Pflanzabstand beträgt etwa 20 cm zwischen den Reihen und 15–20 cm innerhalb einer Reihe.

▸ Man muß das völlige Austrocknen des Torfes vermeiden, da die erneute Benetzung schwierig ist.

EINE TORFWAND ERRICHTEN

1. Der Metall- oder Holzrahmen wird mit Eisenwinkeln zu einem Gestell zusammengeschraubt.

2. Als Boden bzw. Rückwand bei einseitiger Bepflanzung verwendet man eine Sperrholzplatte.

3. Als Füllmaterial dient Weißtorf oder eine Mischung aus grobem Torfstreu und Torfmull.

4. Dem Wasser zum Befeuchten des Torfs Netzmittel zusetzen, da Torf Feuchtigkeit schlecht aufnimmt.

5. Den Maschendraht (Drahtstärke 2 mm, Maschenweite 50–70 mm) am Gestell befestigen.

6. Die Pflanzen setzt man mit dem Wurzelballen schräg nach unten ein, damit sie nicht herausfallen.

WEGE UND TREPPEN, TORE UND ZÄUNE

GARTENWEGE

▸ Nicht nur vom Haus zur Straße oder zur Garage, sondern zu jeder Ecke des Gartens, die man öfter aufsucht – Kinderspielplatz, Komposthaufen –, sollte man einen festen Weg bzw. eine Treppe anlegen, damit man bei schlechtem Wetter nicht schmutzig wird oder ausrutscht.

Material Alle verwendeten Materialien müssen witterungsbeständig sein. Der Belag sollte außerdem auch bei Nässe rutschfest sein, insbesondere bei häufig benutzten Wegen wie dem zur Garage oder zur Haustür.

▸ Gut geeignet sind Betonplatten, Betonsteine, Verbundsteine, Klinker, Natursteine oder Kies.

▸ Mit verputzten Fassaden harmonieren besonders Betonsteine oder -platten, mit Holzfassaden Klinker und mit Natursteinfassaden farblich abgestimmte Natursteinbeläge.

▸ Bei großen Flächen kann man ein eintöniges Bild vermeiden, wenn man verschiedene Materialien oder Farben miteinander kombiniert.

▸ Größere Wegplatten lagert man am besten auf Latten und aufrecht gegen eine Wand gelehnt. Dann kann man sie später wesentlich leichter wegnehmen, und die Plattenkanten sind außerdem vor Verschmutzung und Stößen geschützt.

Einen Weg planen Ein oft benutzter Weg sollte mindestens 1 m breit sein, damit zwei Personen bequem aneinander vorbeigehen können. Soll der Rand des Weges befestigt werden, muß man dies bei der Breite berücksichtigen.

▸ Damit sich der Weg gut in den Garten einfügt, paßt man seinen Verlauf dem Gartengelände an und führt ihn harmonisch zwischen Pflanzen und Gebäuden hindurch.

▸ Um den Verlauf des Weges zu markieren, verwendet man am besten Pflöcke und Schnüre.

▸ Mit dem Bandmaß kann man leicht überprüfen, ob eine Fläche überall gleich breit ist; die Rechtwinkligkeit der Ecken kontrolliert man am besten mit dem Maurerdreieck.

Unterbau Damit sich das Belagmaterial nicht verschiebt oder senkt, muß man einen soliden Unterbau vorbereiten, wobei eine erhebliche Menge an Aushub anfällt. Daher sollte man frühzeitig überlegen, ob und wofür man diese überschüssige Erde später verwenden will.

▸ Als unterste Schicht hat sich eine 10 cm starke Schotterunterlage bewährt, die man mit Erdstampfer, Gartenwalze oder Rüttler verdichtet. Darauf kommt eine bis zu 10 cm dicke Schicht Splitt, um Zwischenräume auszufüllen und mehr Stabilität zu erreichen. Für das Sand- oder Mörtel-

BELÄGE FÜR GARTENWEGE

Belag	*Beschaffenheit*	*Vor- und Nachteile*
Betonsteine	*Betonsteine oder Verbundsteine in verschiedenen Formen und Farbtönen, in Sand verlegt.*	*Fügen sich in beinahe jede Umgebung; je nach Form auch für geschwungene Wege gut geeignet; preiswert und leicht zu verlegen.*
Betonplatten	*Größere Platten aus Beton in verschiedenen Formen, in Mörtel oder Sand verlegt.*	*Preisgünstig; auf geraden Flächen relativ schnell und einfach zu verlegen; wirken bei größeren Flächen monoton.*
Klinker	*Frostbeständige, sehr harte Ziegel in verschiedenen Farbtönen, in Sand oder Mörtel verlegt.*	*Für viele Umgebungen passend; etwas schwieriger zu verlegen als Betonsteine.*
Naturstein	*Unregelmäßig geformte Pflastersteine oder Platten, die meist aus Granit oder Basalt bestehen und vorzugsweise in Mörtel verlegt werden.*	*Ergeben ein lebhaftes Bild; schwieriger zu verlegen und teurer als die meisten anderen Materialien.*
Kies	*Kieselsteine mit einer Korngröße von 1–2 cm, in groben Sand verlegt.*	*Billig; leicht und schnell aufzubringen, aber weniger gut begehbar; muß regelmäßig geharkt oder gewalzt werden.*

VERBUNDSTEINE VERLEGEN

1. In das Sandbett Latten legen und dem seitlichen Gefälle des Weges entsprechend ausrichten.

2. Sandbett mit einem Brett glattziehen; dabei immer wieder die richtige Lage der Latten prüfen.

3. Die Steine ineinander verhaken und mit einem Gummihammer in das Sandbett klopfen.

4. Sand in die Fugen fegen und – bei größeren Flächen – das Pflaster mit einem Rüttler bearbeiten.

bett des Belags rechnet man mit einer Stärke von bis zu 5 cm.

▸ Soll der Weg mit dem Boden bündig sein, muß man entsprechend der Belagstärke mehr Erde ausheben. So bildet der Weg keine Stolperfalle, und der Belag bekommt durch das angrenzende Erdreich seitlichen Halt. Nachteilig ist, daß leichter Gras oder Erde auf den Weg gelangen kann.

▸ Um beim Unterbau exakt arbeiten zu können, schlägt man Holzpfähle ein, auf denen man die Höhe der verschiedenen Schichten und die Höhe des Belags vorher markiert hat.

Randbefestigung Um sicher zu sein, daß das Belagmaterial seitlich nicht wegrutschen kann, faßt man den Weg am besten auf beiden Seiten ein. Vor allem bei Kiesschüttungen ist dies zu empfehlen.

▸ Sehr gut geeignet sind Pflastersteine, die auf einem vorher angelegten Betonstreifen in Mörtel verlegt werden.

▸ Einfach anzulegen, aber weniger dauerhaft ist eine Umrandung aus Holz.

Verlegen Bei einem soliden Unterbau kann man die meisten Beläge in einem 3–5 cm dicken Sandbett verlegen. Man muß darauf achten, daß die Wegoberfläche ein leichtes Gefälle zur Seite hat, damit Regenwasser abfließen kann. Führt der Weg an einem Gebäude entlang, muß sich der Weg zur gebäudeabgewandten Seite neigen.

Einzelne Gehwegplatten austauschen Fugen aus Mörtel lassen sich am besten mit einem Spaten oder mit einem Winkelschleifer durchtrennen.

▸ Hat man die Platte mit einem Nageleisen angehoben, schiebt man einen Besenstiel oder ein stabiles Rohr darunter. Man kann sie dann leicht herausrollen.

Auf einem Besenstiel oder einem Rohr läßt sich die Platte leichter herausnehmen.

TREPPEN

▸ Ist bei einem Weg ein größerer Höhenunterschied zu überwinden, sollte man eine Treppe anlegen. Sonst hat der Weg ein zu starkes Gefälle, und besonders Kinder und ältere Menschen können schlecht darauf gehen.

▸ Die Materialien müssen witterungsbeständig und rutschsicher sein. Relativ einfach zu bauen sind Treppen, bei denen die Setzstufe (senkrechter Teil der Stufe) aus Ziegeln gemauert wird und als Auftritt (waagrechter Teil der Stufe) Gehwegplatten verwendet werden.

Maße Treppen, die man sehr häufig benutzt, sollten etwa 1 m breit sein.

▸ Am bequemsten zu begehen ist eine Treppe mit tiefem Auftritt und niedriger Setzstufe oder umgekehrt: mit kurzem Auftritt und hoher Setzstufe.

▸ Die genauen Maße hängen von der jeweiligen Hanglänge und der zu überwindenden Höhendifferenz ab. Als Faustregel gilt: Die Tiefe des Auftritts und die doppelte Höhe der Stufe sollte zusammengerechnet 63 cm ergeben. Bewährt hat sich die Kombination von 35 cm tiefem Auftritt und 14 cm hoher Setzstufe.

▸ Wird die Treppe sehr lang, empfiehlt es sich, alle zehn Stufen einen Absatz einzubauen.

Abstecken Mit zwei parallelen Richtschnüren, die man im Abstand der Treppenbreite am Hang von oben nach unten spannt, kann man den Verlauf einer geraden Treppe am einfachsten markieren. Die Länge einer Richtschnur entspricht der Hanglänge.

▸ Zur Ermittlung der Höhendifferenz legt man am oberen Ende des Hanges eine lange Latte an und hält sie mit Hilfe einer Wasserwaage genau waagrecht. Am unteren Ende des Hanges mißt jetzt ein Helfer den Abstand zwischen Boden und Latte.

Der Abstand zwischen Latte und Boden entspricht der zu überwindenden Höhendifferenz.

▸ Damit die Stufenvorderkanten genau rechtwinklig zum Treppenverlauf liegen, markiert man sie mit Richtschnüren und prüft den Winkel zu den Längsschnüren mit dem Maurerdreieck.

Stufen anlegen Damit die unterste Stufe einen sicheren Halt hat, errichtet man ein Streifenfundament, auf das die erste Setzstufe gemauert wird. Alle weiteren Setzstufen werden auf die Auftritte der vorhergehenden Stufen gesetzt.

▸ Das Material für den Auftritt wird immer vollflächig in Mörtel gelegt, damit es sich auch unter größeren Belastungen nicht ablöst. Den Auftritt ungefähr 2,5 cm überstehen lassen und nach vorn ein leichtes Gefälle einrichten, so daß Regenwasser abfließen kann.

WEGE UND TREPPEN REINIGEN

▸ Da Schmutz, Moos- und Flechtenbildung die Rutschgefahr erhöhen – vor allem bei Natursteinbelägen – und die Verwitterung des Belags beschleunigen, muß man Wege und Treppen im Garten regelmäßig reinigen.

▸ Heißdampf- und Sandstrahlgeräte oder Hochdruckreiniger kann man bei Baumärkten, Reinigungsfirmen oder Baugeschäften ausleihen.

Wasser Die Reinigung mit Wasser und einer nicht zu harten Bürste ist am schonendsten für das Belagmaterial. Um den Schmutz aufzuweichen, bespritzt oder berieselt man die Fläche 30 Minuten lang mit kaltem Wasser.

▸ Vorsicht ist bei Hochdruckreinigern geboten. Der starke Wasserstrahl kann vor allem bei Natursteinen die Oberfläche beschädigen.

▸ Ölflecke lassen sich mit Heißdampfstrahlen lösen. Die mechanische Schädigung der Oberfläche ist hierbei geringer als bei der Druckwasserreinigung.

Chemische Mittel Gegen sehr starke, festhaftende Verschmutzungen gibt es im Fachhandel chemische Reinigungsmittel.

▸ Da chemische Reinigungsmittel die Oberfläche angreifen, zur Salzbildung führen oder die Materialfarbe verändern können, sollten sie nur sparsam angewandt werden. Am besten vorher die Wirkung an einer unauffälligen Stelle oder auf der Rückseite eines Belagstücks testen.

Das Reinigungsmittel sollte zuerst an einer unauffälligen Stelle ausprobiert werden.

▸ Angrenzende Bauteile aus Metall, Glas oder Holz müssen bei Verwendung von Reinigungschemikalien gegebenenfalls abgedeckt werden.

Sandstrahlung Für eine rein mechanische Reinigung verwendet man ein Sandstrahlgerät. Dabei wird die obere Schicht abgetragen und das Material aufgerauht, so daß es anfälliger für Verwitterung und Verschmutzung wird. Daher nur bei extrem fest haftendem Schmutz anwenden.

▸ Um sich vor den scharfen, mit sehr hoher Geschwindigkeit umherfliegenden Sandkörnern zu schützen, muß man eine Schutzbrille, Handschuhe, eine lange Hose und feste Schuhe tragen.

▸ Da man den Sand zwei- bis dreimal verwenden kann, sollte man die Arbeitsfläche mit Brettern begrenzen, damit man ihn leichter zusammenfegen kann. Zusätzlich werden auf diese Weise angrenzende Bauteile oder Blumenbeete geschützt.

TORE

▸ Wenn man es gern bequem hat, kann man ein- und zweiflügelige Tore sowie Schiebe- oder Kipptore mit einem elektrischen Antrieb ausstatten. Sie werden über Schlüsselschalter oder Funksender bedient. Für Störfälle ist auch eine Handentriegelung über das Schloß möglich

Abgesenktes Tor reparieren Hat sich ein Tor etwas abgesenkt, kann man Unterlegscheiben auf die Zapfen der Bänder stecken. Eventuell kann man das Teil des Bandes am Pfosten entfernen und etwas höher wieder anschrauben.

▸ Wenn sich ein Torrahmen aus Holz abgesenkt hat, setzt man eine Bugleiste ein. Diese muß man so anbringen, daß sie diagonal über die Fläche des Tors verläuft, und zwar von der unteren Rahmenecke beim Pfosten, an dem das Tor befestigt ist, zur gegenüberliegenden oberen Ecke.

▸ Bei unebenem Untergrund, z. B. einer Wiese, kann man vor allem breite Tore in Position halten, indem man von der Spitze des Pfostens, an dem das Tor befestigt ist, zur vorderen Torecke einen Draht spannt. Dazu muß der Pfosten ungefähr doppelt so hoch sein wie bei der normalen Konstruktion.

Zweiflügelige Gartentore anschlagen Will man ein zweiflügeliges Gartentor anschlagen, unterlegt man die Torflügel am besten mit Mauersteinen und spannt sie vor dem Anschrauben der Scharniere in der Mitte mit zwei oder drei stabilen Schraubzwingen zusammen. Damit zwischen den Flügeln genügend Abstand bleibt, spannt man eine etwa 15 mm dicke Leiste zwischen sie. Oben muß man den Abstand mit einem zusätzlichen Klötzchen auf 20 mm erweitern, damit der Abstand der Flügel auch dann gleich bleibt, wenn sie sich durch ihr Eigengewicht leicht absenken sollten.

Betonfundament Funktionieren weder Schloß noch elektrischer Türöffner, dann können die Pfeiler ihre Position zueinander geändert haben. Das kann bei extremen Temperaturschwankungen der Fall sein. Abhilfe schafft ein armiertes, unterirdisches Betonfundament, das die beiden Pfosten verbindet. Frosttiefe von mindestens 80 cm beachten.

PFOSTEN

▸ Torpfosten aus Holz sollte man im unteren Bereich unbedingt mit Holzschutzmittel tränken, bevor man sie in den Boden einschlägt. Es muß mindestens 24 Stunden einwirken.

Holzpfosten verstärken Ist ein Holzpfosten im Bereich der Erdoberfläche nur angemorscht, dann kann man ihn mit einem kurzen Pfostenstück aus Holz oder auch Beton verstärken.

Nur leicht angemorschte Holzpfosten werden mit einem Pfostenstück verstärkt.

Pfostenträger Da Holz bei direktem Kontakt mit dem Erdreich schnell zu faulen beginnt, sollte man bei Pergolen, Geräteschuppen u.ä. Pfostenträger aus Metall verwenden. Sie haben oben eine quadratische Öffnung, die den Pfosten aufnimmt. So wird verhindert, daß der Holzpfosten direkt in der Erde steht.

▸ Der Pfostenträger endet meist in einer langen Spitze. Mit einer zusätzlichen Einschlaghilfe kann man ihn leicht bis zur erforderlichen Tiefe einschlagen.

Eine Einschlaghilfe aus Metall wird mit dem Pfostenträger mitgeliefert.

▸ Auf massivem Untergrund wie Beton oder in Mörtel verlegten Platten setzt man aufschraubbare Pfostenträger ein.

Pfostenkappen Um Holzpfosten vor Regen und Fäulnis zu schützen, kann man Pfostenkappen aus Holz anbringen. Die einfachste Lösung ist ein Brett, das man auf den schräg abgesägten Pfosten aufnagelt.

Ein aufgenageltes Brett ist der einfachste Schutz für einen Pfosten.

▸ Eine Pfostenkappe, die die

Form einer Pyramide hat, ist schön anzusehen, erfordert aber handwerkliches Können.

Eine pyramidenförmige Pfostenkappe ist optisch reizvoll.

Pfosten aushebeln Läßt sich ein alter Pfosten nicht aus dem Boden herausziehen, kann man ihn mit Hilfe eines Kantholzes und einem großen Holzblock heraushebeln. Ein Ende des Kantholzes am Pfosten festbinden und mit Nägeln sichern. Den Holzblock benutzt man als Drehpunkt.

Einen alten Pfosten kann man mit einem Kantholz und einem Holzblock heraushebeln.

Erdbohrer Wenn man Pfostenlöcher aushebt, leistet ein spezieller Erdbohrer – außer bei steinigem Untergrund – gute Dienste. Es gibt ihn mit 12 oder 15 cm Durchmesser. Um das Loch auszuheben, dreht man den an einen Korkenzieher erinnernden Bohrer in das Loch und zieht ihn zusammen mit der Erde wieder heraus. Das wiederholt man dann mehrmals. Erdbohrer kann man im Gartenmarkt mieten.

Mit einem Erdbohrer kann man leicht Pfostenlöcher ausheben.

Pfosten vor Fäulnis schützen Stützt man eine Böschung mit Holzpalisaden ab, muß man das Holz vor dem Einfüllen der Erde mit einer Teerpappe oder dicker Folie schützen. Im anderen Fall kommt das Holz direkt mit dem Erdreich in Berührung; dies kann schon bald zu Fäulnis führen.

Holzpalisaden schützt man mit Teerpappe gegen Feuchtigkeit aus dem Erdreich.

ZÄUNE

▸ Um Holz vor Witterungseinflüssen zu schützen und zu pflegen, verwendet man Holzschutzmittel. Auch bereits behandeltes, z. B. kesseldruckimprägniertes Holz sollte regelmäßig nachbehandelt werden.

Holzschutzmittel Aus Gründen des Umweltschutzes sollte man möglichst auf chemische Holzschutzmittel verzichten. Es sind auch Mittel auf biologischer Basis erhältlich, die sehr wirksam sind.

▸ Holzzäune muß man regelmäßig mit Holzschutzmitteln behandeln. Dabei wird das Holzschutzmittel auf das trockene Holz aufgetragen. Bei der Arbeit muß man aus Sicherheitsgründen Schutzhandschuhe tragen! Das gilt auch für Holzschutzmittel auf biologischer Basis.

▸ Sehr preiswert ist Karbolineum. Es ist eines der ältesten und bekanntesten Holzschutzmittel. Leider riecht es recht unangenehm, kann nicht mit Farbe überstrichen werden und ist bei direkter Berührung für Pflanzen schädlich. Man sollte das Mittel deshalb im Garten nur mit äußerster Vorsicht verwenden.

▸ Bevor man Holz verarbeitet, muß man die Schnittstellen gewissenhaft imprägnieren. Bei Reparaturen die Ersatzteile vor der Montage allseitig konservieren.

Spanndrähte Zäune aus Maschengeflecht befestigt man an mindestens zwei waagrechten Spanndrähten. Die Spanndrähte starr an den Endpfosten befestigen und etwa in der Mitte einen speziellen Drahtspanner befestigen. Mit diesem läßt sich jede gewünschte Spannung einstellen. Dazu befestigt man ein Ende des Spanndrahts fest am Drahtspanner, das andere wird über die bewegliche Achse gerollt und am Vierkantansatz des Drahtspanners gespannt.

▸ Montiert man einen sogenannten Wildzaun, ein großmaschiges Drahtgeflecht ohne Spanndrähte, muß man alle waagrechten Drähte durchtrennen und jeweils einen Drahtspanner einsetzen.

GARTENZÄUNE

Name	Beschreibung	Vor- und Nachteile
Senkrechte Stülpschalung	Zwischen den Pfosten, Abstand etwa 240 cm, setzt man mindestens zwei Querriegel ein. Die Bretter sind an den Stirnseiten abgeschrägt und werden überlappend angebracht. Unten sollte man ein Spritzbrett befestigen.	Dichter Zaun, als Wind- und Sichtschutz sowie als Sicherheitszaun geeignet. Als Baukastensystem oder in Zaunfelderform erhältlich, aber teuer in der Anschaffung.
Waagrechte Stülpschalung	Nach oben abgeschrägte oder gefalzte Bretter werden waagrecht sich gegenseitig überlappend auf Pfosten genagelt, Abstand etwa 125 cm. Die etwa 250 cm langen Bretter werden versetzt stumpf gegeneinander gestoßen.	Dichter Zaun, sehr stabil. Mehr Pfosten als bei senkrechter Schalung erforderlich, daher teuer.
Lamellen-Zaunfeld	Fertige Zaunfelder werden zwischen zwei Pfosten montiert. Sie bestehen aus einem stabilen Rahmen und einem dünneren Flechtwerk mit senkrechter oder waagrechter Faserrichtung. Breite meist 180 cm, Höhe 60–180 cm.	Leicht aufzustellen. Bestens als Sicht- und Windschutz geeignet. Das Holz muß regelmäßig gepflegt werden. Große Qualitätsunterschiede.
Flechtwerk	Runde oder gespaltene Weiden- oder Haselruten sind zu Hürden von 180 cm Breite geflochten und auf Pfosten befestigt. Höhe von 60–200 cm.	Als vorübergehende Maßnahme zum Sicht- und Windschutz sowie für Pflanzenbewuchs geeignet. Preisgünstig, Kosten je nach Material. Nicht sehr haltbar.
Pfosten und Riegel (Ranchzaun)	Waagrecht an Pfosten angenagelte oder eingezapfte Riegel. Pfostenabstand ungefähr 180 cm, Höhe 30–180 cm. Am gängigsten sind 90 cm hohe Zäune mit drei Riegeln.	Geeignet als Grenzzaun sowie für die Einzäunung von Pferdekoppeln. Relativ preisgünstig und nicht sehr witterungsanfällig.
Rankgitter	Meist als Rahmen mit dünnem Holz- oder Drahtgitter, auch diagonal gestellt erhältlich.	Vielseitig einsetzbares Pflanzengerüst, als Wandspalier oder Trennung verwendbar.
Scherenzaun (Jägerzaun)	Meist aus Halbrundhölzern zu ausziehbaren Gattern vormontiert. Etwa 180 cm lang und 30–120 cm hoch.	Kann auf Pfosten montiert werden. Hohe Zäune muß man durch Querriegel stabilisieren, niedrige Zäune kann man auch auf Gartenmauern anbringen.
Latten oder Staketen	Latten, die in regelmäßigen Abständen oder dekorativ gruppiert auf Querriegel genagelt sind. Pfostenabstand etwa 240 cm.	Preiswerter Gartenzaun aus Halbrundmaterial oder gehobelten Leisten. Kann farbig gestrichen oder konserviert werden.
Pfähle aus Nadelholz	Dünne, runde Nadelholzpfähle mit gleichmäßigem Abstand zueinander, die mit Draht zwischen Pfosten gespannt werden. Die Eck- und Endpfosten werden mit Streben verstärkt. Pfostenabstand etwa 270 cm.	Als provisorischer Grenzzaun geeignet. Preiswert, mühelos auf- und abzubauen. Keine Instandhaltungsarbeiten, nur der Draht muß nachgespannt werden.
Maschendraht	Verzinktes oder kunststoffummanteltes 4-Eck-Maschendrahtgeflecht wird mit Spannprofilen aus Metallwinkeln zwischen Pfosten gespannt. Geflecht an Spanndrähten befestigen. Gängige Maschenweite 50 mm.	Als Grenz- und Sicherheitszaun gut geeignet, besonders bei Tieren. Außer Pflege der Pfosten nicht wartungsbedürftig.
6-Eck-Maschendraht	Verzinktes oder kunststoffummanteltes Geflecht, leichte Ausführung; mit Krampen oder Draht an Pfosten befestigt. Waagrechte Spanndrähte erhöhen die Stabilität.	Als Grenz- oder Sicherheitszaun nur bedingt geeignet. Billiger als 4-Eck-Maschendraht, jedoch weniger haltbar. Ein Kunststoffnetz hält länger.
Pfosten und Draht	Verzinkter oder kunststoffummantelter Draht, der über etwa 80–100 cm hohe Pfosten gespannt und mit Krampen befestigt wird. Das Material ist in Rollen nach Gewicht zu kaufen.	Ist sehr gut als provisorische Abgrenzung geeignet. Den Draht kann man in verschiedenen Dicken erhalten. Preiswert, wenn größere Grundstücke eingezäunt werden müssen.

FREIZEIT IM GARTEN

SICHT- UND SONNENSCHUTZ

▸ Neugierige Blicke von Nachbarn oder Passanten können die Freude am Garten verringern. Schutz vor unerwünschten Einblicken gewährt ein Holzgerüst, das begrünt wird.

Ein Holzgerüst eignet sich als Kletterhilfe für Pflanzen und bietet so einen guten Sichtschutz.

▸ Man kann auch ein Drahtgitternetz an einem Holzrahmen befestigen und begrünen. Attraktiver ist eine Bespannung mit bunten Seilen, die parallel oder quer zueinander gespannt oder zu einem Spinnennetz geflochten werden.

Sonnenschutz Um eine Terrasse vor Sonneneinstrahlung zu schützen, befestigt man Holzblenden mit Dübeln und Winkeln an der Hauswand und an zwei Holz- oder Stahlstützen von 2,3–2,5 m Höhe. Kann man die Konstruktion nicht direkt am Haus befestigen, benötigt man mindestens vier Stützen. Für eine komfortable Sitzecke reicht eine Grundfläche von etwa 4×3 m aus. Zum Schutz vor Sonneneinstrahlung von oben bringt man in gleichmäßigen Abständen Holzstreben an, die seitlich 30–50 cm über die Holzblende hinausragen sollten. Sie dienen hochrankenden Kletter- und Schlingpflanzen als Gerüst und geben ihnen Halt. Zum Schutz vor Regen kann man auf diesen Streben leichte Platten befestigen.

Ist diese Konstruktion begrünt, wird aus der ungeschützten Terrasse ein schattiges Plätzchen.

RANKGERÜSTE

▸ Im Handel sind Matten aus Stahlgeflecht erhältlich, die man vor kahle Mauern hängen und begrünen kann.

KINDERSPIELPLATZ

▸ Bei der Planung und Gestaltung einer Spielecke im Garten sollte man auf jeden Fall die Ideen und Wünsche der Kinder mit einbeziehen.

▸ Die Spielecke sollte windgeschützt liegen und vom Haus aus einzusehen sein, damit man die Kinder bequem im Auge behalten kann.

▸ Um die spielenden Kinder vor Wind zu schützen, kann man einen selbstgemachten Windschutz aufstellen. Dafür wird eine 10 m lange und 1,6 m hohe Segeltuchbahn mit Hilfe einiger Zeltstangen verspannt.

Mit Zeltstangen und Segeltuch läßt sich leicht ein Windschutz konstruieren.

Sandkasten Im Handel sind viele verschiedene Sandkästen aus Kunststoff erhältlich, man kann aber auch leicht einen Kasten aus Holz anfertigen. Einen relativ mobilen Sandkasten erhält man, wenn man einige, an den Ecken überplattete Stämme junger Nadelbäume im gewünschten Format übereinanderlegt und zusammennagelt. Die Nägel gut versenken und in das Viereck Sand einfüllen.

In den fertigen Sandkasten aus Rundhölzern Sand einfüllen.

▸ Wer einen Sandkasten auf Dauer anlegen will, kann dazu

6–8 cm dicke und etwa 70 cm lange imprägnierte Rundhölzer verwenden. Sie werden nebeneinander 30 cm tief in den Boden geschlagen, so daß sich die gewünschte Sandkastenform ergibt. In die Rundhölzer wird eine Aussparung eingeschnitten, in die ein Stahlband eingeschoben und festgenagelt wird. Den Boden des nun 40 cm hohen Kastens nicht mit einer Plane o. ä. abdecken, denn Regenwasser muß versickern können. In den fertigen Sandkasten wird nun feiner Bausand eingefüllt.

▸ Den Sand sollte man einmal im Jahr auswechseln.

Spielgeräte Eine Wippe oder eine Spielhütte kann selbst gebaut werden; wer eine Schaukel, Rutsche oder Turngeräte installieren will, sollte darauf verzichten, sie selbst herzustellen und auf ihre Sicherheit überprüfte Geräte kaufen. Es gibt im Handel Schaukel- und Spielkombinationen, die sicher, wetterfest und leicht zu montieren sind.

▸ Als Polsterunterlage für Turn- und Klettergeräte sind Gummiplatten empfehlenswert.

▸ Eine abwaschbare Kunststoffplatte, frei stehend oder an eine Mauer montiert, eignet sich gut als Malfläche.

GARTENMÖBEL

▸ Beim Möbelkauf vor allem auf die Verarbeitung achten. Schrauben sollen bei Holzmöbeln versenkt und verkittet, bei Kunststoffmöbeln mit Knöpfen abgedeckt sein, damit man sich nicht an ihnen verletzt.

▸ Bei verstellbaren Liegen, Tischen und Stühlen darauf achten, daß alle Einzelteile gut einrasten und in ihrer Halterung verbleiben.

▸ Für kleine Gärten wählt man leichte und kompakte Möbel.

▸ Für Rasenflächen sind Stühle und Liegen mit kufenartigen Stellflächen vorteilhaft, da sie nicht so tief einsinken.

▸ Bei der Auswahl der Sitzkissen sollte berücksichtigt werden, daß sich einfarbige Bezüge, vor allem in kleinen Gärten mit bunten Gartenblumen, besser einfügen als auffällige Muster.

▸ Beim Kauf von Gartenmöbeln muß man überlegen, ob sie den ganzen Sommer draußen stehen und eventuell auch im Garten überwintern sollen. Entsprechend ist das Material auszuwählen.

Holzmöbel Eine Sitzgruppe aus Holz fügt sich in den Gartenbereich besonders harmonisch ein. Möbel aus druckimprägniertem Holz sind wetterfest und gegen Pilzbefall und Fäulnis geschützt; sie können auch draußen überwintern.

▸ Lackierte Holzmöbel sollte man im Herbst ins Haus holen und nach einer gründlichen Reinigung in einem stets trockenen Raum – z. B. im Keller oder in der Garage – bis zum nächsten Sommer aufbewahren.

Kunststoffmöbel Möbel aus Kunststoff gelten als relativ witterungsunempfindlich, sie werden jedoch mit der Zeit brüchig.

▸ Farbige Möbel bleichen mit der Zeit aus.

▸ Starker Frost läßt Kunststoffmöbel spröde werden, deshalb gehören sie im Winter ins Haus.

Metallmöbel Möbel aus behandeltem Eisen oder Aluminium können das ganze Jahr über im

SCHÄDEN AN HOLZMÖBELN AUSBESSERN

1. Rund um die Lackabsplitterung den Lack mit einer Heißluftpistole erhitzen und abschaben.

2. Sichtbare Schäden muß man mit Holzkitt ausbessern und die Flächen abschleifen.

3. Die ausgebesserte Stelle gut trocknen lassen und dann mit Acryllack überstreichen.

Gefahren im Garten

Im Garten sollte man einige Vorsichtsmaßnahmen einhalten:

- **Gartengeräte, Pflanzenschutz- und Düngemittel sollte man immer unter Verschluß halten, damit Kinder nicht an sie herankommen.**
- **Platten öfter reinigen und auf ihre Standfestigkeit hin überprüfen; auf lockeren, bemoosten Platten kann man ausrutschen.**
- **An Treppen und Stufen sollten Außenleuchten angebracht sein, um an diesen Stellen die Trittsicherheit in der Dunkelheit zu erhöhen.**
- **Beim Spielen und bei der Gartenarbeit kann man sich leicht verletzen. Zum eigenen Schutz ist deshalb eine Tetanusimpfung empfehlenswert.**

Freien bleiben. Leichtmetallfabrikate und Metallgitterkonstruktionen brauchen keine besondere Pflege.

Korbmöbel Möbel aus Korbgeflecht sind schön und leicht, aber empfindlich. Abends sowie bei Regen und Nebel müssen sie ins Haus geholt werden.

▸ Möbel aus Rohr- oder Weidengeflecht (Rattan oder Peddigrohr) wäscht man mit Seifenwasser ab; für die Zwischenräume nimmt man eine weiche Bürste.

▸ Möbel aus Binsen-, Seegras- oder Naturbastgeflecht darf man nur gelegentlich mit einem feuchten Tuch abwischen.

▸ Korbmöbel, die durch häufige Anstriche unansehnlich geworden sind, kann man abbeizen und anschließend neu lackieren.

Hängematte Im Freien kann man Hängematten zwischen zwei Bäumen aufhängen. Medizinische Bedenken gegenüber dem Schaukeln in der Hängematte sind weitgehend unbegründet. Wer jedoch unter entzündlichen Veränderungen der Wirbelsäule oder einer ausgeprägten Osteoporose leidet, sollte auf die Entspannung in der Hängematte verzichten.

▸ Die Schaukelringe der Hängematte sollte man in einer Höhe von 1,8–2 m anbringen; der Abstand der Haken voneinander sollte etwa 3,5 m betragen.

GARTENARBEIT

▸ Die Arbeit im Garten hat einen hohen Erholungswert und ist für die Fitneß vorteilhaft.

Mit Kindern gärtnern Kinder kann man in die Gartenarbeit mit einbeziehen. So kann z. B. gemeinsam ein Gemüsebeet zu einem Wigwam aus Stangenbohnen gestaltet werden. Drei Bohnenstangen werden als Dreieck in die Erde gesteckt und oben mit einer Schnur zusammengebunden. Um jedes Stockende herum vier Bohnenpflanzen einsetzen.

▸ Ein Beet, das von einem Kind selbständig bearbeitet wird, darf nur so breit sein, daß der kleine Gärtner von den Längsseiten aus mit ausgestreckten Armen bequem die Mitte erreichen kann. Kinder sollten eigene kleine Geräte für die Gartenarbeit bekommen.

▸ Mit Blumensamen können Kinder ihren Namen ins Beet säen. In die geharkte Erde werden mit einem Holzstab die Buchstaben eingezeichnet. In jede Rille Samen geben und die Körner behutsam mit einem flach in die Rille gelegten Brett in den Boden drücken. Als Blumen eignen sich Steinkraut, Vergißmeinnicht und Fleißiges Lieschen.

▸ Für Kinder ist es besonders reizvoll und lehrreich, wenn man mit ihnen zusammen Ableger zieht. Gut dafür geeignet sind die vielfarbig blühenden Fuchsien oder Geranien. Die selbstgezogene Pflanze kann später in das eigene Beet eingepflanzt werden.

▸ Für Kinder kann es auch eine schöne Erfahrung sein zu erleben, wie aus Samen eine Pflanze entsteht. Den Samen bewahrt man in Gläsern auf, die mit einem Stück Stoff und einem Gummiband verschlossen werden. Der Inhalt ist so vor Staub und Feuchtigkeit geschützt, kann aber atmen. Die Gläser mit einem Etikett versehen.

Samen kann man in Gläsern geschützt aufbewahren.

▸ Kartoffeln eignen sich besonders gut, um Kindern die natürlichen Abläufe im Garten zu demonstrieren. Im Frühjahr nimmt man eine keimende Kartoffel und läßt das Kind sie im Garten einpflanzen. Man sollte dann gemeinsam mit ihm regelmäßig beobachten, wie sich die Pflanze entwickelt. Im Herbst kann das Kind bei der Ernte dann erleben, wie aus einer Kartoffel viele andere geworden sind.

Trockenblumen Getrocknete Blumen aus dem eigenen Garten sind als Kränze oder Gesteck ein individueller Tischschmuck. Ab Mitte des Sommers werden die Blumen und Gräser geschnitten, gebündelt und an luftigen, trockenen Plätzen mit den Köpfen nach unten aufgehängt. Bei Rosen und Strohblumen darauf achten, daß sie noch nicht voll erblüht sind.

Blumen werden zum Trocknen mit der Blüte nach unten aufgehängt.

KINDERGEBURTSTAG

▸ Ein Garten ist für Kinder der ideale Ort, um Feste zu feiern.

▸ Die Einladungen früh genug verschicken; auch die Nachbarn informieren und um Verständnis bitten, wenn es an diesem Tag etwas lauter zugeht.

▸ Eine Liste anfertigen, welche Vorbereitungen zu treffen sind.

▸ Der Garten wird mit Lampions, Luftballons, Fähnchen und Bonbonketten dekoriert.

▸ Um das Büffett aufzubauen, ist ein Tapeziertisch sehr praktisch. Mit bunten Laken oder Papierbahnen bedeckt, bekommt er ein festliches Aussehen.

▸ Für die Getränke läßt sich eine einfache Trittleiter in eine attraktive Bar umwandeln. Dazu werden die Stufen mit Tapete verkleidet. Man beginnt bei der untersten Stufe mit dem Abwickeln der Rolle, klebt das Papier mit doppelseitigem Klebeband auf jedem Trittbrett fest und läßt es von der obersten Stufe nach hinten hinunterfallen. Diese glatte Seite kann mit einer lustigen Zeichnung verziert werden.

▸ Damit es keine Verwechslungen gibt, verziert man die Trinkgläser mit verschiedenen Stickermotiven; die gleichen Motive können auch auf Besteck und Teller geklebt werden.

Die Trinkgläser kann man mit Stickermotiven bekleben.

▸ Um Mücken zu vertreiben, spickt man Zitronenhälften mit Nelken und beträufelt sie mit Nelkenöl.

Zitronenhälften mit Nelken spicken und mit Nelkenöl beträufeln.

▸ Eine Konstruktion aus stabilen Obstkisten, über die man ein Brett legt, kann als provisorische Sitzgelegenheit dienen.

Spiele Bei der Planung der Feier sollte genau überlegt werden, welche Spiele man durchführen möchte.

▸ Wäscheleinen sind vielseitig verwendbar. Man kann Ballons und bunte Bänder als Schmuck an ihnen befestigen und auch kleine Päckchen (Spielzeug, Süßigkeiten) aufhängen; wer sie durch Hochspringen erreicht, darf das Geschenk behalten.

▸ Auf einer ebenen Rasenfläche kann man gut Boccia oder Krocket spielen.

▸ Ein großer Rasen eignet sich gut für Wettläufe, bei denen man ein Stückchen Holz auf dem Kopf oder einen kleinen Ball zwischen den Knien tragen muß.

▸ Ein Wettlauf mit Bierdeckeln ist ein attraktives Spiel. Vom Start bis zum Ziel darf sich jedes Kind nur auf drei Bierdeckeln bewegen. Man legt zwei Bierdeckel in Richtung des Ziels versetzt zueinander aus und stellt sich mit je einem Bein auf einen Deckel. Nun legt man den dritten Deckel in Richtung des Ziels so aus, daß man ihn mit dem hinten stehenden Fuß gut erreichen kann. Dann bleibt man auf einem Bein auf dem jetzt mittleren Deckel stehen, hebt den hinteren auf und legt ihn nach vorn. So nähert man sich Schritt für Schritt dem Ziel. Wer daneben tritt, muß von vorn anfangen.

GRILLFEST

▸ Wer als Gartenbesitzer im Sommer ein Fest veranstalten will, kann bei schönem Wetter Garten und Terrasse nutzen und dort z. B. eine Grillparty feiern.

▸ Der Garten wird mit Lampions, Lichterketten und Fackeln geschmückt.

▸ An den Rändern von Blumenbeeten und Wegen und auf dem Rasen kann man Teelichter aufstellen und bei Dunkelheit anzünden. Auch auf dem Teich kann man Teelichter schwimmen lassen, wenn keine Tiere im Wasser leben.

Grillgeräte und Ausstattung Wer keinen festen gemauerten Grillplatz im Garten hat, kann unter Grillgeräten wählen, die es in verschiedenen Ausführungen und Größen im Handel gibt.

▸ Wichtig ist, daß das Gerät stabil und standfest ist. Es sollte einen verstellbaren Rost haben, damit man das Grillgut je nach Temperatur höher oder tiefer setzen kann.

▸ Das Grillgerät muß trocken und sauber sein. Die Feuerschale wird mit Alufolie ausgelegt; das verstärkt die Hitze, und die Asche läßt sich leicht beseitigen.

▸ Den Blasebalg nur verwenden, wenn kein Fleisch auf dem Grill liegt; die aufgewirbelte Asche verschmutzt sonst das Grillgut.

▸ Mit einem selbstgebastelten Kamin erhält man schnell gleichmäßig glühende Kohlen. Von einer leeren Konservendose entfernt man auch den Boden. Diese Blechhülle setzt man auf einige Kohlen, gibt einen Grillanzünder hinein und füllt dann die Dose mit weiteren Kohlen auf.

Eine Konservendose sorgt schnell für gleichmäßig glühende Kohlen.

▸ Zur Grillausstattung gehören außerdem feuerfeste Grillhandschuhe und -schürze, Fleischheber, Zange und Gabel zum Wenden, Alufolie und Aluschalen sowie ein Pinsel.

▸ Der Pinsel, den man benutzt, um das Grillgut mit Marinade oder Öl zu bestreichen, muß Naturborsten haben, die bei Hitze nicht schmelzen.

▸ Wer größere Mengen grillen will, sollte neben dem Grillgerät einen Beistelltisch aufbauen. Darauf kann man das vorbereitete Grillgut, Gewürze, Soßen, Geschirr und Besteck ablegen.

▸ Beim Grillen sollte man aus Gründen des Umweltschutzes kein Plastikgeschirr und -besteck verwenden.

▸ Immer einen Eimer mit Wasser neben dem Grill bereithalten; bei Gefahr Wasser über die Flammen gießen.

Grillkohle Die Qualität von Holzkohle oder Holzkohlenbriketts ist sehr unterschiedlich, sie sollte auf jeden Fall der DIN 51749 entsprechen.

▸ Die Glut hat die richtige Temperatur, wenn die Holzkohle mit einer feinen Ascheschicht bedeckt ist (nach etwa 30 Minuten). Diese Zeit muß man bei der Vorbereitung unbedingt einplanen.

Grillanzünder Nur die im Handel erhältlichen Grillanzünder verwenden. Auf keinen Fall Benzin oder Brennspiritus benutzen, denn dabei können leicht Stichflammen entstehen. Auch Kiefernzapfen, Holz oder Papier sind ungeeignet.

Grillgut Zum Grillen eignet sich durchwachsenes Fleisch besonders gut, da es saftig bleibt. Doch auch Fisch, Geflügel, Gemüse und Obst kann man auf den Rost legen. Besonders wohlschmeckend und zart wird das Grillgut, wenn man es zuvor für einige Stunden in eine Marinade einlegt.

▸ Mariniertes Fleisch gründlich trockentupfen, ehe man es auf den Rost legt.

▸ Kein gepökeltes Fleisch und keinen Speck verwenden, da beim Grillen gesundheitsschädliche Nitrosamine frei werden. Auch Würstchen sollten nicht mit Pökelsalz behandelt sein.

▸ Das Fleisch, außer Hähnchen, erst nach dem Grillen salzen; Salz entzieht Flüssigkeit, und das Grillgut wird trocken und zäh.

▸ Wichtig für das Grillvergnügen sind die Beilagen: Salate, Soßen, in Folie gegrillte Kartoffeln, Tomaten usw.

Garen Wenn sich die Glut vollständig entwickelt hat, wird sie mit dem Feuerhaken gleichmäßig verteilt. Der Abstand zwischen Glut und Grillrost sollte anfangs 4–5 cm betragen.

▸ Wird die Kohle am Rand dünner geschichtet, kann hier fertiges Grillgut warm gehalten werden, während man in der Mitte weitergrillt.

▸ Den Rost dünn mit Öl einstreichen, damit sich das Grillgut besser löst. Empfehlenswert sind Grillpfannen aus Alufolie, die man auf den Rost stellt; so verhindert man, daß Fett in das Feuer tropft und das Grillgut anbrennt.

▸ Bei modernen Biogrillgeräten mit Auffangschalen für das tropfende Fett muß darauf geachtet werden, daß die Ablaufrinnen nicht verstopfen.

▸ Wenn hinabtropfendes Fett zu brennen beginnt, schiebt man das Grillgut an eine andere Stelle des Rostes, damit es nicht von der Rauchfahne und den Flammen erreicht werden kann. Verkohltes oder angekohltes Grillgut keinesfalls essen.

▸ Koteletts, Steaks und andere flache Fleischstücke wendet man, wenn auf der Oberseite Saftperlen austreten. Das Fleisch ist gar, wenn auf der anderen Seite ebenfalls Saftperlen erscheinen.

▸ Fertiggegrilltes Fleisch sollte man sofort verzehren, sonst wird es trocken.

▸ Beim Grillen von Fisch, Gemüse und Obst empfiehlt es sich, diese empfindlichen Nahrungsmittel in Aluminiumfolie einzuwickeln.

VÖGEL ALS GÄSTE IM GARTEN

▸ Vögel sind wichtige Helfer beim Pflanzenschutz; so kann z. B. ein Meisenpaar bei zweimaliger Brutaufzucht in einem Jahr bis zu 75 kg Insekten vertilgen.

▸ Da die Vögel in der freien Natur oft nicht mehr genug Platz für die Aufzucht ihrer Nachkommen finden, sollte man Nistkästen anbringen. Bevor man eine Nisthilfe baut oder kauft, sollte man überlegen, welche Vogelart einziehen soll, und dann einen den Brutgewohnheiten der Vögel entsprechenden Nistkasten anbringen.

▸ Nach jeder Brut müssen die Nistkästen gereinigt und repariert werden. Das Nistmaterial, das Milben und andere Parasiten enthält, wird vergraben.

Katzenabwehrgürtel An Bäumen, in denen Vögel brüten, kann man einen Katzenabwehrgürtel anbringen, der die Katzen daran hindert, am Baum hochzuklettern. Dazu mißt man den Umfang des Baumes und schneidet in eine entsprechend lange Blechplatte Zacken hinein. Die gerade Seite der Platte befestigt man nun in etwa 2 m Höhe am Baumstamm, indem man die Enden fest miteinander verbindet, und biegt die Zacken nach außen.

Um Katzen abzuwehren, wird ein sogenannter Abwehrgürtel um den Stamm gelegt.

▸ In einem Baum brütende Vögel kann man vor Katzen schützen, indem man einen Streifen Maschendraht in etwa 2 m Höhe rund um den Baumstamm legt und an der Unterkante mit kurzen Krampen befestigt. Nun biegt man den Draht insgesamt nach unten, so daß er wie ein Schirm rund um den Stamm liegt.

Futterhäuschen Vögel nur bei ganztägigem Frost füttern. Das Futterhäuschen – meist reicht schon ein überdachtes Brett – so aufstellen, daß es für Katzen unerreichbar ist. Vögel gewöhnen sich schnell an solche Futterplätze und kommen regelmäßig wieder.

▸ Futterhäuschen können allerdings zu Brutstätten für Krankheiten werden, da die Vögel das Futter mit Kot verunreinigen und sich Salmonellen entwickeln. Vogelhäuser daher unbedingt häufig und gründlich säubern.

▸ Winterfutter kann man aus folgenden Zutaten selbst herstellen: 1400 g Rindertalg, 300 g Hanfsamen, 100 g Mohn und je 50 g weiße Hirse, getrocknete Holunderbeeren und Sonnenblumenkerne. Den Talg dickflüssig machen und die Samen und Beeren untermischen. Die Masse in halbe Kokosschalen füllen und abkühlen lassen.

▸ Tannenzapfen kann man mit gehärtetem, ungesalzenem Fett überziehen und mit Vogelfuttersamen gespickt an einem Ast aufhängen.

Vogeltränke Vögel brauchen das ganze Jahr über Wasser zum Trinken und Baden. Eine Vogeltränke sollte maximal 10 cm tief sein. Das Wasser muß man häufig wechseln und die Schale regelmäßig reinigen, um Algenbefall zu vermeiden.

▸ Eine Tränke ist leicht selbst zu fertigen. Man schneidet aus einer dünnen Hartfaserplatte einen etwa 10 cm breiten Streifen aus, biegt diesen zu einem Ring und nagelt die Enden auf einem Holzklötzchen zusammen. Nun mischt man etwas Mörtel an, füllt ihn in den Ring und formt daraus eine flache Schale. Nachdem der Mörtel getrocknet ist, löst man den Ring ab. Auch Blumenuntersetzer aus Ton eignen sich als Tränke.

Aus Mörtel kann man eine einfache Vogeltränke formen.

▸ Im Winter kann eine gefrorene Vogeltränke mit heißem Wasser aufgetaut werden. Keinesfalls Frostschutzmittel oder Salz zufügen, um ein Einfrieren zu verhindern.

EINEN NISTKASTEN BAUEN

Einen Nistkasten kann man – gerade auch mit Kindern – leicht selbst bauen, wenn man einen Bausatz verwendet, der im Fachhandel erhältlich ist. Den Kasten hängt man Ende Februar/Anfang März in einer Höhe von mindestens 2 m auf. Das Flugloch sollte in Richtung Südosten oder Osten zeigen. Um das Flugloch herum kann man ein Stück Blech anbringen, um z. B. Spechte daran zu hindern, es zu vergrößern.

1. Zusätzlich zu dem Bausatz benötigt man Leim, Hammer, Säge und Meterstab.

2. Zunächst die Seitenteile mit Holzleim auf die Rückwand kleben.

3. Die geklebten Seiten mit Nägeln stabil verbinden. Boden und Dach ebenso einbauen.

4. Die Vorderseite mit einer Klammer und einer Leiste befestigen. Auf das Dach Teerpappe nageln.

5. An den Seitenteilen des Nistkastens nun den Aufhänger befestigen.

6. Vielen Kindern macht es Freude, einen Nistkasten zu bauen, einen Baum für ihn auszusuchen und dann aus der Entfernung zu beobachten, wie der Kasten einer Vogelfamilie als Heim dient.

REGISTER

Die Umlaute ä, ö, ü werden wie a, o, u behandelt. Kursiv gedruckte Seitenzahlen weisen auf eine Abbildung zu dem Stichwort hin.

A

E

F

G

H

I

J

K

N

O

P

S

T

U

V

W

BILDNACHWEIS

Apple Computer GmbH: 172 l. u.;
Art Studio Wellinger + Heidrich: 228 l. u./r. M.; 229 l. o.;
Autorengemeinschaft H. Mönster/K. H. Eden/B. Bohn: 347;
Bacmeister: 202 r. o.; 203 l. o.; 206; 208; 209 l. M.; 213 l. o.; 217–224; 263;
Bettenring/dormabell: 275 l. M.;
Bildagentur SCHUSTER: 70 (Plakat auf der Tür);
Blanco Box: 15 r. u.;
BLV Verlag: 359 l. M. r. /u.;
BOES Studio: 272 l. M. r. /u.;
Compact Verlag/Himmelhuber: 601;
Geiler: 154; 155 l. M. r./u.; 156 M. o.; 157 l. o.; 159 M. o.; 160 l. M. r./u. und r. M.; 162 l. M. r./u.; 163 l. M. r. /u.; 165; 166 r. M.; 168; 171; 172 M. o.; 173 r. u.; 174;
goldreif Küchen: 13 l. o.;
Gugenhan: 557 l. u.; 558 M. o.; 559 r. o.; 561 l. o.; 563 l. o.; 569 M. u.; 583 r. o.; 584 M.;
HACA Leitern: 260 M. o.;
Himmelhuber: 556; 568 l. u./M. u.; 571 l. o.; 598; 600 M. o.; 606 l. M.; 615 l. o./M. M./r. u.;
IFA Bilderteam: 440/441;
IKEA: 14 l. o./M. u./o. r.; 15 l. u./M. o./M.; 20 r. u.; 67 M./r. o.; 68 r. u.;
Interessengemeinschaft Deutscher Hundehalter e.V.: 179 l. M. r./u.;
INTERIEUR Textiles GmbH + Co.: 200 l. u.;
Jahreszeitenverlag/K. Vogel-Berensmann: 204 M. o.;
Kling: 328–331; 343 r. o.; 344–345; 350–351; 379;
Loster und Weisensel: 14 M. o./r. u.; 15 l. o./r. o.; 16–17; 21; 23–30; 32–49; 52–62; 64–66; 67 l. u./r. u.; 69–70; 70; 81 l. u.; 129 M. o.; 130; 133–136; 138–153; 155 r. o.; 156 l. M. r./u.; 157 l. M. r./u.; 162 l. o.; 166 M. u.; 169 r. u.; 176 M. o.; 177 l. u.; 178 r. u.; 179 l. o./M. o.; 180 l. o./M. o.; 181–184; 186–191; 193–196; 270 M. u.; 268–271; 272 r. o.; 273–283; 285–298; 300–310; 311–318; 320–323; 324 M. u./r. M.; 326 M. u.; 333–341; 343 l. M. r./u.; 348–349; 352 r. M./r. u.; 354–358; 360–377; 380; 385–386; 396–397; 402; 404 l. o.; 412–416; 419–421; 423; 425–432; 437–438; 442–445; 447; 451–452; 454; 456–457; 461–463; 467; 469; 471; 478; 482–488; 490–496; 498–529; 532–542; 544–550; 554; 555 r. o.; 557 r. o.; 558 l. M. r./u. und l. M.; 559 l. u.; 561 r. M./r. u.; 562; 565–566; 567 M. o.; 568 l. o.; 569 M. o./r. alles; 570; 571 l. u./M. o./r. alles; 572–576; 578–582; 583 l. o./M. o./M. u.; 584 l. o./ l. u./r. o.; 585–597; 599 M. u.; 603–605; 606 r. u.; 608; 611; 616 r. o.; 616–621;
NO WORX SAILS: 346;
OKAPIA/Dr. Frieder Sauer: 324 M. o.;
SieMatic: 13 l. M.; 15 M. u.;
Studio Döbbelin: 101; 111;
TLC Fotostudio, Bisschops: 74 M. u.; 75; 76 M. o.; 83 l. u.; 85–95; 97 r. o.; 98–99; 102–110; 112–118; 120–125; 127–128; 129 l. o.;
Verein Deutscher Katzenfreunde e.V.: 180 l. M. r./u.;
Verlag Das Beste GmbH: 100; 119;
Wellinger: 202 l. M. r./u.; 203 r. u.; 204 l. o./l. M.; 205; 207; 209 l. M. r./u.; 210 r. u.; 212 r. u.; 213 l. M. r./u.; 214–216; 225–227; 228 r. o./r. u.; 229 M. o./M. M./r. u./und l. M. r./u.; 230–236; 238–259; 260 l. M. r./u. und r. o.; 261–262; 264 r. u.; 265–266; 610; 612–613.

Die Fotos auf den Seiten 270–273 wurden in Abstimmung mit dem Deutschen Roten Kreuz, Generalsekretariat, Ref. 11 erstellt.